2010

中国工业经济年鉴

China Industry Economy Yearbook

《中国工业经济年鉴》编辑部 编

中国财政经济出版社

图书在版编目(CIP)数据

中国工业经济年鉴.2010 /《中国工业经济年鉴》编辑部编.--北京 ：中国财政经济出版社,2011.6

ISBN 978-7-5095-1504-4

Ⅰ.①中… Ⅱ.①中… Ⅲ.①工业经济-中国-2010-年鉴 Ⅳ.①F42-54

中国版本图书馆 CIP 数据核字(2011)第 037573 号

广告代理:北京国联视讯广告有限公司

登记证号:京工商印广登字 20080112 号

责任编辑:肖　蕾　　**责任校对:**王建军

封面设计:林海涛　　**版式设计:**蔡中华　侯树珍

中国财政经济出版社 出版

URL:http://www.cfeph.cn

E-mail:cfeph@cfeph.cn

社址:北京海淀区阜成路甲 28 号　　邮政编码:100142

发行处电话:010-88190406　　财经书店电话:010-64033436

北京鑫富华彩色印刷有限公司印刷　　各地新华书店经销

880×1194 毫米　16 开　46.25 印张　925,000 字

2011 年 3 月第 1 版　　2011 年 3 月北京第 1 次印刷

定价:480.00 元

ISBN 978-7-5095-1504-4/F·1299

(图书出现印装问题,本社负责调换)

本社质量投诉电话:010-88190744

《中国工业经济年鉴》(2010 年刊)
编委会名单

联系方式：

地址：北京市西城区展览路葡萄园 1 号(100037) 中国工业报社

电话：010-68321348　68325919

E-mail：qyllb@126.com

《中国工业经济年鉴》特邀编委名单

（按姓氏笔画排序）

《中国工业经济年鉴》(2010年刊)
编辑说明

创刊于2005年的《中国工业经济年鉴》(以下简称《年鉴》)是由国家新闻出版署批准,中国工业经济联合会和中国工业报社联合编纂出版的大型行业年刊,每年出版一部。旨在翔实、准确记录中国工业经济发展历程,真实反映我国工业在社会发展的历史进程中所发挥的重要作用。

《年鉴》(2010年刊)所采用的全国性数据以国家统计局提供的为准;各工业行业的分析与统计数据以各工业行业协会提供的为准。"行业篇" 稿件由相关行业协会提供;"地方工业篇"稿件由地方工经联及国家统计局提供;"数据篇"和"统计分析篇"由国家统计局和中国工业报产业形势研究室联合分析制作;"专题篇"由年鉴编辑部选编;"大事记"由中国工业报产业形势研究室编辑整理。

《年鉴》(2010年刊)出版后,将赠送工信部、国资委、商务部等相关部门。国内各大图书馆、国内外大中型企业、各大院校、工业设计研究院(所)等均有订阅。

本书的组稿及编辑出版工作,得到了国家统计局、中国煤炭工业协会、中国石油和化学工业协会、中国电力企业联合会、中国钢铁工业协会、中国有色金属工业协会、中国建筑材料联合会、中国机械工业联合会、中国轻工业联合会、中国纺织工业协会、中国食品工业协会、各地方工业经济联合会等单位的大力支持。在以上单位的支持和全体编辑部工作人员的共同努力下,《年鉴》(2009年刊)在第四届全国年鉴编纂出版质量评比中荣获综合一等奖。在此一并致谢。

由于时间紧迫、经验不足,《年鉴》(2010年刊)难免有疏漏之处,敬请业内专家、广大读者批评指正。

联系电话:010-68321348

E-mail:qyllb@126.com

《中国工业经济年鉴》编辑部

2010年12月20日

目录

综合篇

行业篇

地方工业篇

目录

数据篇

目录

目录

统计分析篇

目录

专 题 篇

重点领航企业风采篇

目录

企业篇

大事记

附录

中国海洋石油总公司

CHINA NATIONAL OFFSHORE OIL CORP.

中国海洋石油总公司是中国最大的国家石油公司之一，负责在中国海域对外合作开采海洋石油及天然气资源。公司成立于1982年，总部位于北京，现有员工近6万人。公司现有油气勘探开发、化工炼化化肥、天然气及发电、新能源、专业技术服务、金融服务等六大产业板块。

中国海油自成立以来保持了良好的发展态势，由一家单纯从事油气开采的上游公司，发展成为主业突出、产业链完整的综合型能源集团。近年来，中国海油坚持以科学发展观为指导，着眼建设国际一流能源公司的宏伟目标，大力实施“协调发展、人才兴企、科技领先、低成本”四大战略，成功实现了从上游油气开发到上中下游一体化、从浅水到深水、从国内到国际、从传统能源到传统能源与新能源相结合的“四大跨越”，综合实力、核心竞争力和可持续发展能力不断增强，初步发展成为具有一定国际竞争力和影响力的现代化综合型能源产业集团。

2009年，中国海油努力克服国际金融危机影响，取得较好生产经营业绩。全年完成油气产量4766万吨油当量，同比增长11%；炼化产品产量3200万吨。实现销售收入2096亿元，利润总额524亿元，上缴各类税费507亿元。总资产首次突破5000亿元，达到5183亿元；净资产达到3255亿元。总资产在全国中央企业中排名第7位，销售额排名第11位，利润排名第4位。中国海油在《财富》“世界500强”中的排名继续攀升，达到第318位。中国海油有限公司入选美国《商业周刊》2009年“全球最佳企业40强”，位列第16位，成为首家进入该榜单的中国内地企业。

展望未来，中国海油将继续以科学发展观为指导，加快转变经济发展方式，大力推进自主创新，加快低碳、清洁、高效发展，继续打造可持续发展新优势。在2010年将实现国内外油气总产量7000万吨油当量，其中国内产量达到5000万吨，建成中国的“海上大庆”；在“十二五”期间将建成新型能源产业体系，进入国际石油公司第一阵营，成为具有高度社会责任感、受人尊敬的国际一流能源公司。

SYMG 沈阳机床

企业简介

沈阳机床（集团）有限责任公司(以下简称沈阳机床集团)成立于1995年12月，目前拥有沈阳、昆明和德国阿瑟斯雷本三大业务群。沈阳业务群企业主要有沈阳机床股份有限公司（原沈阳第一机床厂、中捷友谊厂和沈阳第三机床厂资产重组组建而成，A股代码000410）、沈阳机床（集团）成套设备有限责任公司和沈阳机床设计研究院等。沈阳业务群所属全部企业于2007年1月完成异地搬迁，重组到数控机床产业园、重大型数控机床产业园（在建）、铸锻件产业园和功能部件产业园四个专业化、现代化、数字化产业园。其中，数控机床产业园是全球规模最大的单体数控机床制造基地。昆明业务群企业主要有云南CY集团有限公司(原云南机床厂)和沈机集团昆明机床股份有限公司（原昆明机床厂，A股代码600806、H股代码0300）等。德国业务群主体企业为沈机希斯（SCHIESS）有限公司。

2009年，沈阳机床集团实现产品销售收入120亿元，同比增长6%。行业排名为中国首位，跻身世界三强。

企业获得的荣誉有：

1. 首届中国工业大奖表彰奖
2. 中国名牌产品——“沈一机”牌数控车床，“中捷”牌重型数控镗铣床
3. 最具市场竞争力品牌——“沈一机”牌、“昆机”牌、“中捷”牌
4. 创新型企业
5. 自主创新、数控产值、产品销售收入、产品出口、精心创品牌五项十佳企业称号

沈阳数控机床产业园装配车间现场

沈阳数控机床产业园装配车间现场

产品加工场景

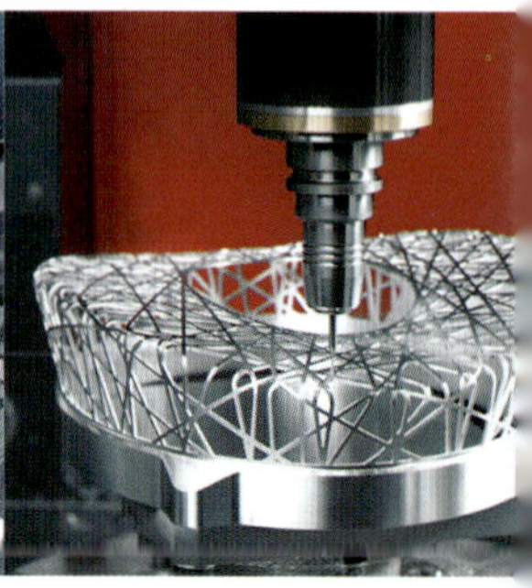
产品加工场景

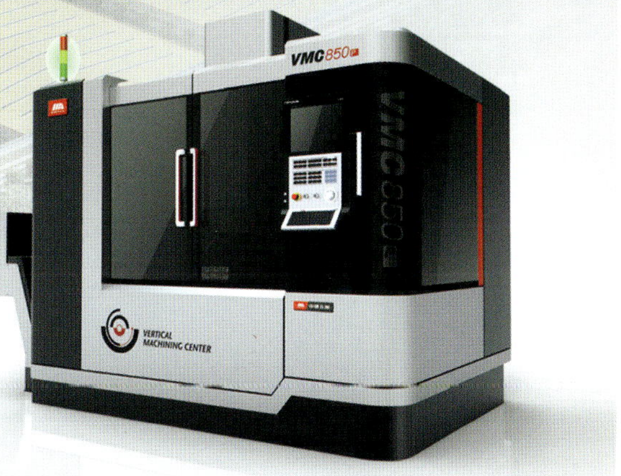

新五类产品之

新立加-VMC850p

立式加工中心（飞阳系统）

新五类产品之

新镗床-AH110

自动卧式铣镗床

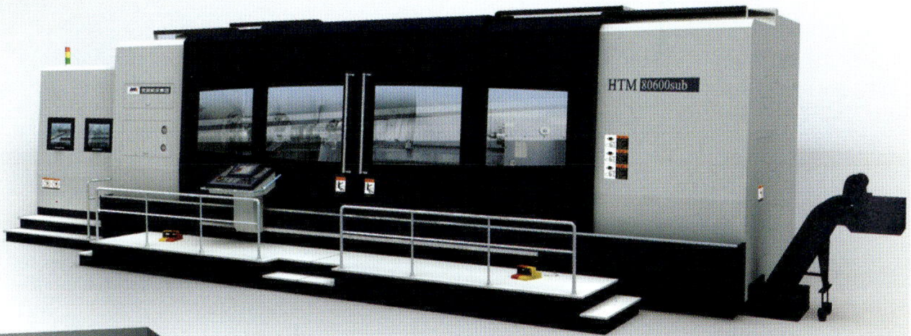

HMC80600sub

车铣加工中心

HTM125600型

大型五轴联动复合加工中心

新五类产品之新

CAK-CAK50100

数控车床

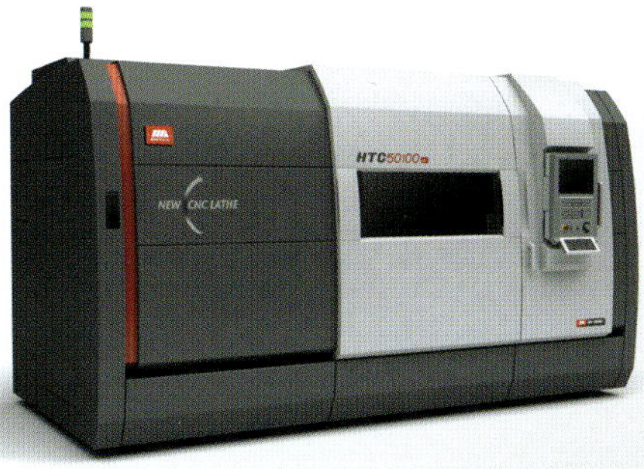

新五类产品之

新HTC系列-HTC50100n

数控车床

新五类产品之

新卧加-HMC50h

卧式加工中心

Haier
一个世界一个家
祝贺海尔
ECO LIFE 同贺海尔彩电中国用户满意度
海尔集团公司 服务热线:4006999999 网址:http://www.haier.com

白电、冰箱
洗衣机
全球销量第一！
第一！
SMARTER LIFE
BETTER PLANET
★ 引自消费市场研究机构Euromonitor(欧睿国际)09年统计数据
▲《中国用户满意度手册》统计数据

奉献清洁能源

中国石化
SINOPEC

构建和谐社会

鞍山钢铁集团公司

ANSHAN IRON AND STEEL GROUP CORPORATION

2009年，鞍钢积极发挥国民经济的骨干和支柱作用，大力推进产业结构调整，加快发展方式的转变，企业综合竞争力不断提高。规模化、多角化、国际化经营再上新台阶。鲅鱼圈新区投产仅10个月全部实现达产，主要技术经济指标持续提高。朝阳基地建设按计划推进。与攀钢联合重组取得重大进展，实现了鞍钢在西南地区的战略布局。深化与国际知名企业的战略合作，加大合资合作的深度和广度，多角化经营的水平和档次不断提升。推进资源保障战略，增持澳大利亚金达必公司股权，成为该公司第一大股东。与该公司合资经营的卡拉拉铁矿项目正式开工建设，在海外拥有了一个储量可观的铁矿石基地，为鞍钢的未来发展增添了原料保障。创新型企业建设取得新成绩，荣获国家首批“全国企事业知识产权示范单位”称号，并荣获国家认定企业技术中心成就奖。鞍钢在钢铁行业中的地位和品牌形象全面提升，位列2009年《亚洲品牌500强排行榜》亚洲冶金行业第4名，居排行榜第94位。

鞍山钢铁集团公司
ANSHAN IRON AND STEEL GROUP CORPORATION

2009年，鞍钢将发展低碳经济视为难得的发展机遇和应尽的社会责任，积极探索引领世界钢铁工业发展的绿色工厂模式。鲅鱼圈新区全面采用清洁生产工艺，积极应用可再生能源，减少常规能源和资源的消耗。目前，鞍钢鲅鱼圈项目已经成为低碳经济和“绿色钢铁”示范样板工程。下一步，鞍钢将认真贯彻落实科学发展观，加快产业结构调整和发展方式的转变，努力打造最具国际竞争力的跨国钢铁企业集团，早日实现“全面腾飞”奋斗目标，为构建和谐社会作出应有的贡献。

江苏沙钢集团

沙钢集团董事局主席
总　裁
沈文荣

沙钢集团是目前国内最大的电炉钢和优特钢生产基地、江苏省最大的企业集团，全国最大的民营钢铁企业。现拥有总资产1100多亿元，职工2.7万余名，主要工艺装备均达国际先进水平，形成了年产铁2265万吨、钢2720万吨、材2525万吨，其中不锈钢板100万吨的生产能力。

沙钢集团坚持走创新发展之路，不断优化产品结构，深化节能减排，推进资产重组，企业生产经营始终保持了良好的发展态势。2008年全年完成炼铁1877万吨、炼钢2330万吨、轧材2057万吨；粗钢产量在全球钢铁企业中名列第10位；实现销售收入1452亿元、利税148亿元。

沙钢第一卷

沙钢200万吨宽厚板生产线

沙钢 450 万吨热卷板生产线

沙钢码头全景

沙钢180t转炉生产线

沙钢高速线材生产线

沙钢集团在2008年中国企业500强中名列第36位，制造业500强中名列第12位，在全国民企中名列第2位，粗钢产量在国内钢铁行业中名列第5位，并跻身于全世界最具竞争力钢铁企业行列。企业还先后荣获“中国企业管理杰出贡献奖”、“全国质量效益型先进企业”、“全国用户满意企业”、“全国优秀企业（金马奖）”、“中国质量、服务、信誉AAA级企业”、“中国名牌企业”、“中华慈善奖”、“江苏省高新技术企业”、”国家创新型试点企业”、“江苏省循环经济建设示范单位”、“江苏省优秀民营企业”、“江苏省质量管理30年优秀企业”、“江苏省扶贫状元”、“江苏省支援抗震救灾先进集体”等荣誉称号。主导产品宽厚板、热轧卷板、不锈钢热轧和冷轧板、高速线材、大盘卷线材、特钢大棒材等已形成数十个系列和500多个品种2000多个规格，其中高速线材、带肋钢筋等产品荣获“实物质量达国际先进水平金杯奖”、“全国用户满意产品”等称号。螺纹钢还获得了CARES认证，优质高线荣获“中国名牌”产品和“出口免验”商品，热轧板卷通过欧盟CE认证，船板钢通过九国船级社认证。“沙钢”牌商标还获得“中国驰名商标”，并以品牌价值95.69亿元荣列“中国500最具价值品牌”第67位。

武钢研究院

山东新汶矿业集团协庄煤矿

协庄煤矿矿长：袁秋新

袁秋新同志主要业绩

袁秋新同志在长期的管理实践中，始终致力于企业创新创业，在实践中积累了丰富的管理工作经验。近年来，他带领协庄煤矿全体员工，创新安全管理，实施科技兴矿战略，大力发展非煤产业，努力构建企业文化，不断提高企业经济效益，企业可持续发展能力和综合竞争力增强，焕发出了勃勃生机，实现了超常规、跨越式大发展。

一、创新安全管理，建立安全长效机制。坚持以人为本、创新求变，努力创建本质安全型矿井。创建并实施了“煤炭企业2S安全管理模式”、“安全责任经营化管理”、“职工安全年功档案管理”，推动了安全目标的顺利实现。截止2009年10月1日，矿井实现连续安全生产3162天，继续全国同类矿井最好水平。“煤炭企业2S安全管理模式”、“安全责任经营化管理”分别被煤炭工业协会、煤炭工业企业管理现代化成果评委会评为煤炭行业管理现代化优秀成果特等奖。

二、实施科技兴矿战略，增强矿井发展动力。大力倡导、实施“科技兴安、科技兴企”战略。形成了五套综采、六套综掘生产能力，采、掘机械化综合程度达到了97.5%；完成了-1050水平以深扩大区勘探项目及报告编制工作，提交地质储量5707万吨，为矿井持续发展积蓄了后劲；同时，大力实施走出去谋发展战略，实现了内蒙古农乃庙煤田、山西莲胜煤矿等外部煤炭资源的占有、开发，为企业创造了更广阔的发展空间。

三、创新经营管理，提升企业经济运行质量。创新践行“链式管理法”，经营管理重心和经营责任不断下移，岗位模拟法人运作成效显著，在此基础上，实施了单位区域利益对称化管理，企业内部建立起了“岗位资产经营责任制”、“材料控制充值卡”等制度，提升了企业经营管理水平；积极推进全面预算管理，达到了超前控制综合成本的目的；强化煤质管理，扩大了“大协煤”、“新煤一号”两个品牌的知名度，提升了产品的市场竞争力和企业经济效益。

四、创新实施整合战略，推进非煤产业快速发展。充分整合企业内外部资源，发挥企业原有产业优势，提升发展速度，提高运营效益，不断延长企业“煤—电—纸—包材”发展产业链，形成以煤为主、以无菌包材项目带动、以三大专业化公司（天元安装、中选设备、天元环保）拉动、其它非煤企业推动企业发展的新格局，并为矿区提供了大量就业机会。全矿32家非煤企业分别制定了历史上第一个非煤战略发展规划，使发展方向更加明确，发展思路更加清晰。非煤总产值连续多年全面超越煤炭主业，撑起了矿井半壁矿山，为企业掀起新一轮发展提供了强大动力。

五、构建企业文化，打造文化矿井。提炼形成了具有时代特征和企业特色的“111168”企业文化体系，为实现“安全高效、多元并进、文明富足、持续发展”的企业愿景提供了强有力的文化支撑。企业形成了强大的凝聚力、向心力，激发了企业的创新力，使企业呈现跨越式发展强势。

个人先后被中国煤炭工业协会授予“全国煤炭工业优秀矿长”，被煤炭工业技术委员会授予“煤炭工业科技进步先进工作者”，被山东省总工会授予“富民兴鲁”劳动奖章，被山东省人事厅、山东省煤炭工业局授予“全省煤炭系统安全生产先进个人（三等功）”，被山东省煤矿安全监察局授予“煤矿安全生产优秀矿长”等荣誉称号。

山东新汶矿业集团有限责任公司协庄煤矿产品介绍：

山东新汶矿业集团有限责任公司协庄煤矿生产煤种有气煤、气肥煤，主要产品有冶炼精煤、动力精煤、块煤、混煤，注册商标为：“大协煤”和“新煤一号”，并以低硫、低灰和高发热量、高挥发分、高灰熔点而闻名国内外，产品畅销全国，动力精煤出口日本、韩国、西欧等地，并素有“煤炭精粉”之美誉，在市场上众口皆碑。

该矿非煤产品涉及无菌包材、矸石发电、煤层气化、机械制造、建筑材料、卫生材料、特种用纸、油脂化工等行业，特别是“百川”牌化纤纸（羊皮纸）已占全国市场近1/2的份额，纱管纸、薄页纸、办公用纸等纸品也迅速在全国特种纸领域抢滩，名副其实地撑起了企业“半壁江山”，呈现出了煤与非煤“比翼齐飞”的大好局面。

主要非煤品牌及产品：

1、纸塑包材。纸塑包材是山东新巨丰科技包装有限责任公司自行研发，拥有自主知识产权，取得国家发明专利的新型产品。其核心技术是用高阻隔涂布材料代替传统的铝箔层，不仅性能与纸塑材料相媲美，而且成本大大降低，可使用微波加热，能全部回收复用，具有减排环保的特点。纸塑包材的发明，打破了国外企业的长期垄断，将为我国的乳制品行业、无菌包装行业及广大的消费者带来更多的实惠。

2、无菌灌装机。为配合纸塑包材的销售和使用，山东新巨丰科技包装有限责任公司自行研制开发了拥有30多项专利技术的无菌灌装机，不仅填补了国内市场空白，而且将打破多年来外国企业在该产品市场上的垄断局面。

3、煤矸石制备聚合氯化铝。聚合氯化铝又称絮凝剂，广泛应用于各种污水处理系统。通过对协庄煤矿煤矸石的化验发现三氧化铝的含量为22%，经过一年多试验，成功制备出高品质的聚合氯化铝，在造纸污水处理及洗煤污水处理中应用均取得良好效果。该技术的推广应用，将减少铝矾土资源的开采，对于保护环境有着积极而深远的影响。

4、百川、三羽品牌。作为国内专业生产特种纸的泰安百川纸业有限责任公司，实施名牌战略，创出了“百川”、“三羽”等优秀品牌。其中，“百川”牌被评为“中国著名品牌”、“山东十大影响力品牌”，“百川”牌轻型胶版印刷纸和工业羊皮纸被评为“山东名牌产品”。主导产品羊皮纸已占领了全国60%的市场；轻型纸在出版印刷业集中、市场竞争激烈的北京、上海等市场以质优价廉名列前茅。

5、研制新型掘进机。该矿山东中选机械设备有限公司，充分吸收利用国内外掘进机的优点，研制开发出轻、中、重规格型号掘进机，适合于截割硬度f8－10，经济切割f6－8半煤岩底板。产品具有可靠性能高、作业效率高、智能化程度高等显著特点。

6、刮板转载机。主要用于高产、高效综合机械化工作面顺槽转载输送煤炭，该系列转载机采用液压伸缩机头，机头架采用前开口、箱式对称结构，强度高、钢性好。落地段中部槽槽间采用哑铃销柔性连接，以更加适应顺槽底板起伏不平角度的变化。与工作面刮板输送机、破碎机及皮带机配套使用，极大的提高了综采工作面的运输能力及效率。

2001年，该矿被中国保护消费者基金会评为“国内首批质量信誉优势示范单位”，“大协煤”、“新煤一号”两个注册商标被中国进出口检验检疫协会命名为“知名出口品牌”，荣获山东出入境检验检疫局出口质量许可，被中国质量检验协会评为“国家权威检测达标品牌”，列入国家质量检测连续合格产品年度公告。在矿井区域范围内精煤、中煤、混煤的等煤炭产品的开采和洗选加工及相关管理活动中，2003年11月，矿井通过了中国方圆委认证中心组织的质量管理、环境管理、职业健康安全“三位一体”体系认证，从而提高了企业管理综合素质，增强了企业在市场的竞争力。

协庄煤矿热忱欢迎各界朋友光临。

协庄矿调度指挥中心

协庄矿新巨丰科技包装公司车间

协庄矿综采工作面

协庄矿环境整洁的——中央配电所

矿区角落

地址：山东省新泰市协庄煤矿　　**邮编：271221**

电话：0538－7834147　7834640　　**传真：0538－7834855**

胜利油田

——谱写科学和谐发展新篇章

■ 企业简介

胜利油田是我国东部重要的石油工业基地，是全国第二大油田，工作区域主要分布在山东省的东营、滨州、德州、济南、潍坊、淄博、聊城、烟台等8个市的28个县（区），主体位于黄河下游的东营市。胜利油田隶属中国石化集团公司，是一个以油气生产为主，集勘探、开发、施工作业、后勤辅助生产等为一体，专业门类齐全的国有特大型企业。

地震资料处理解释

胜利油田是在20世纪50年代华北地区早期找油的基础上发现的。1961年4月，位于东营地区的华8井首获工业油流，从而发现了胜利油田。1964年1月25日，中共中央同意组织华北石油勘探会战，标志着胜利油田勘探会战和开发建设拉开序幕。1964年6月，石油部华北石油勘探会战总指挥部成立，简称“九二三厂”。1972年8月，改称胜利油田会战指挥部。1989年7月30日，中国石油天然气总公司决定将胜利油田会战指挥部更名为胜利石油管理局。1998年6月，胜利油田划归中国石油化工集团公司领导和管理。2000年5月，依据中国石化集团公司重组改制上市的整体部署，胜利油田的机构、资产、人员从法律上分为胜利油田有限公司（上市）和胜利石油管理局（存续）两部分。2005年8月，中国石化股份公司决定将胜利油田有限公司改制为中国石油化工股份有限公司胜利油田分公司。胜利油田现指胜利石油管理局、胜利油田分公司的统称。

高级工人技师代旭升研制的移动式套管气回收装置获国家科技进步二等奖

截至2008年年底，全油田共有二级单位57个，其中管理局36个、分公司21个。已投入开发70个油田，累计生产原油9.36亿吨，累计生产天然气525.87亿立方米。

胜利油田

川东北作业施工

胜利油田威风锣鼓队参加全运会开幕式

钻井施工

BENEFO
百利机电
人与工具的创新

天津百利机电控股集团有限公司

公司简介

天津百利机电控股集团有限公司系由原天津市机械局改制的，归属天津市国资委管理的市属国有集团公司，是天津装备制造业主力军，中国装备制造业重要基地。近年来，连续进入中国企业500强、中国企业效益200佳、中国机械工业百强。

“百利机电”传承天津机械工业百余年的产业积淀，以电工电器、重型矿山、机床工具、通用及环保四大产业板块为核心业务，形成了以发电设备、输配电、电梯、液压机、金切机床、起重设备、工业泵、减速装置、风机、柴油机、冰箱压缩机等重要产品为代表的产业体系。产品覆盖电力、石化、冶金、建筑、交通、环保、船舶修造、轨道交通、筑路、军工等诸多行业，行销全国各地，出口60多个国家和地区。先后为长江三峡工程、神州号载人飞船、核电站、奥运会项目等一系列国家重点工程提供产品和服务。

“百利机电” 积极发展国际化联盟合作，与世界许多著名企业有着20多年成功的合作经验。目前，与美国“奥的斯”、德国“西门子”、法国“阿尔斯通”、韩国“LS”等25家国际著名企业合资合作，在与国际先进的同行中，百利机电逐渐成为极具吸引力的合作者。

“百利机电”秉持“创造智慧、装备经济、造福社会”的价值理念和“人与工具的创新”的品牌理念，以回报股东、回报客户、回报员工、回报社会为己任，与各界伙伴精诚合作，共同进取，正在成为一个业务流程高效、整体优势突出、综合实力明显、发展潜力充足的多元化现代大型企业集团。

THP22-5000核电站CV封头压制专用液压机

国家863项目之一YK2275数控铣齿机

国内最大的贯流式水轮发电机组

2008奥运会配套的北京小武基地垃圾精分选项目

spc-600短塔型钻机车

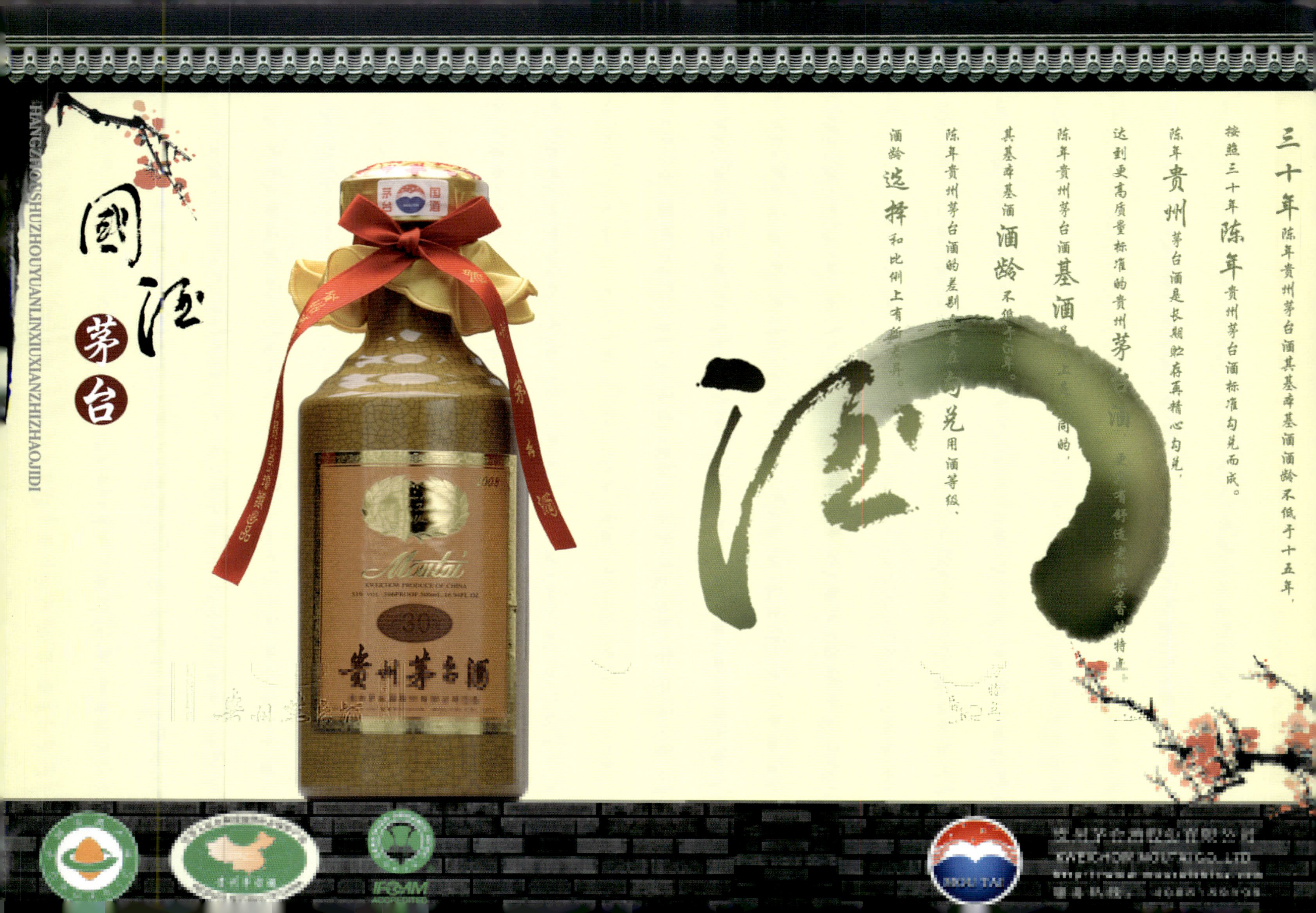

三十年陈年贵州茅台酒其基本基酒酒龄不低于十五年。
按照三十年陈年贵州茅台酒标准勾兑而成。
陈年贵州茅台酒是长期贮存再精心勾兑，
国酒
茅台
贵州茅台酒
Moutai
KWEICHOW PRODUCE OF CHINA
30
HANGZHOUSHUZHOUYUANLINXIUXIANZHIZHAOJIDI
IFOAM

国酒
MOUTAI CHINA
完美。
50年陈年贵州茅台酒其基本基酒酒龄不低于15年，
按照50年陈年贵州茅台酒标准勾兑而成。
陈年贵州茅台酒是长期贮存再精心勾兑，
达到更高质量标准的贵州茅台酒，
更具有舒适老熟芳香的特点。
陈年贵州茅台酒基酒总体上是相同的，
其基本基酒酒龄不低于15年。
陈年贵州茅台酒的差别主要在勾兑用酒等级、
酒龄选择和比例上有所差异。
2006
50 YEARS
KWEICHOW
MOUTAI
贵州茅台酒
贵州茅台酒股份有限公司
KWEICHOW MOUTAI CO.,LTD
http://www.moutaichina.com
服务热线： 4008189999

综合篇

——2009年中国工业经济概况

中华人民共和国
2009年国民经济和社会发展统计公报

中华人民共和国国家统计局

2010年2月25日

2009年，全国各族人民在党中央、国务院的领导下，以邓小平理论和“三个代表”重要思想为指导，深入贯彻落实科学发展观，认真贯彻积极的财政政策和适度宽松的货币政策，全面落实应对国际金融危机的一揽子计划和政策措施，国民经济形势总体回升向好，各项社会事业取得新的进展。

一、综合

初步核算，全年国内生产总值335353亿元，比上年增长8.7%。分产业看，第一产业增加值35477亿元，增长4.2%；第二产业增加值156958亿元，增长9.5%；第三产业增加值142918亿元，增长8.9%。第一产业增加值占国内生产总值的比重为10.6%，比上年下降0.1个百分点；第二产业增加值比重为46.8%，下降0.7个百分点；第三产业增加值比重为42.6%，上升0.8个百分点。(见图1)

全年居民消费价格比上年下降0.7%，其中食品价格上涨0.7%(见表1)。固定资产投资价格下降2.4%。工业品出厂价格下降5.4%，其中生产资料价格下降6.7%，生活资料价格下降1.2%。原材料、燃料、动力购进价格下降7.9%。农产品生产价格下降2.4%。农业生产资料价格下降2.5%。70个大中城市房屋销售价格上涨1.5%，其中新建住宅价格上涨1.3%，二手住宅价格上涨2.4%；房屋租赁价格下降0.6%。(见图2)

年末全国就业人员77995万人，比上年末增加515万人。其中城镇就业人员31120万人，增加910万人，新增加1102万人。年末城镇登记失业率为4.3%，比上年末上升0.1个百分点。

年末国家外汇储备23992亿美元，比上年末增

图1 2005~2009年国内生产总值

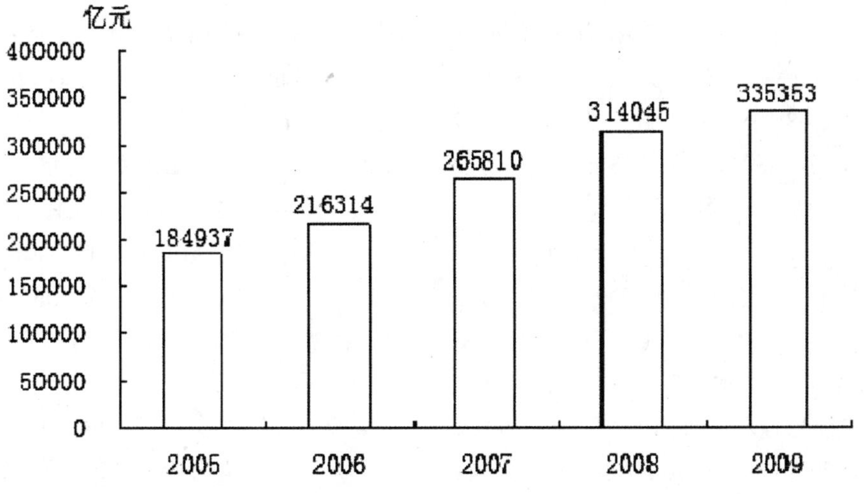

图 2 2005~2009 年居民消费价格涨跌幅度

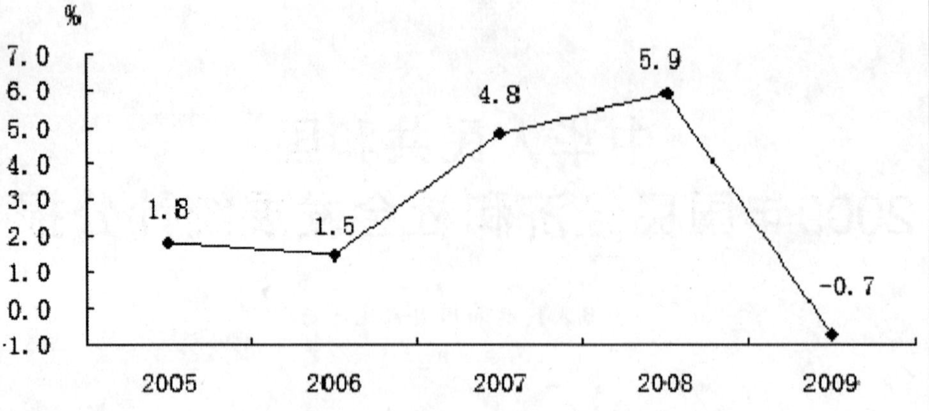

表 1 2009 年居民消费价格比上年涨跌幅度

单位:%

指　　标	全　国	城　市	农　村
居民消费价格	-0.7	-0.9	-0.3
食　品	0.7	1.0	0.1
其中：粮食	5.6	5.7	5.5
肉禽及其制品	-8.7	-8.5	-9.2
油脂	-18.3	-17.9	-18.8
鲜蛋	1.5	1.3	2.0
鲜菜	15.4	15.0	16.7
鲜果	9.1	9.0	9.5
烟酒及用品	1.5	1.7	1.3
衣　着	-2.0	-2.2	-1.6
家庭设备用品及服务	0.2	0.3	0.0
医疗保健及个人用品	1.2	1.1	1.5
交通和通信	-2.4	-2.7	-1.8
娱乐教育文化用品及服务	-0.7	-1.2	0.6
居　住	-3.6	-4.6	-1.5

加 4531 亿美元。年末人民币汇率为 1 美元兑 6.8282 元人民币，比上年末升值 0.1%。(见图 3)

全年财政收入 68477 亿元，比上年增加 7147 亿元，增长 11.7%；其中税收收入 59515 亿元，增加 5291 亿元，增长 9.8%。(见图 4)

二、农业

全年粮食种植面积 10897 万公顷，比上年增加 217 万公顷；棉花种植面积 495 万公顷，减少 80 万公顷；油料种植面积 1360 万公顷，增加 76 万公顷；糖料种植面积 188 万公顷，减少 11 万公顷。

全年粮食产量 53082 万吨，比上年增加 211 万吨，增产 0.4%。其中，夏粮产量 12335 万吨，增产 2.2%；早稻产量 3327 万吨，增产 5.3%；秋粮产量 37420 万吨，减产 0.6%。(见图 5)

全年棉花产量 640 万吨，比上年减产 14.6%。油料产量 3100 万吨，增产 5.0%。糖料产量 12200 万吨，减产 9.1%。烤烟产量 280 万吨，增产 6.7%。茶叶产量 135 万吨，增产 7.1%。

全年肉类总产量 7642 万吨，比上年增长 5.0%。其中，猪肉产量 4889 万吨，增长 5.8%；牛肉

图 3 2005~2009 年年末国家外汇储备

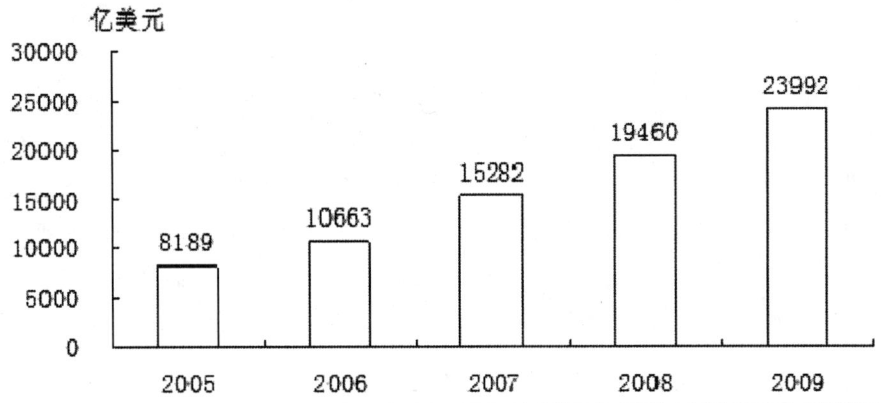

图 4 2005~2009 年财政收入

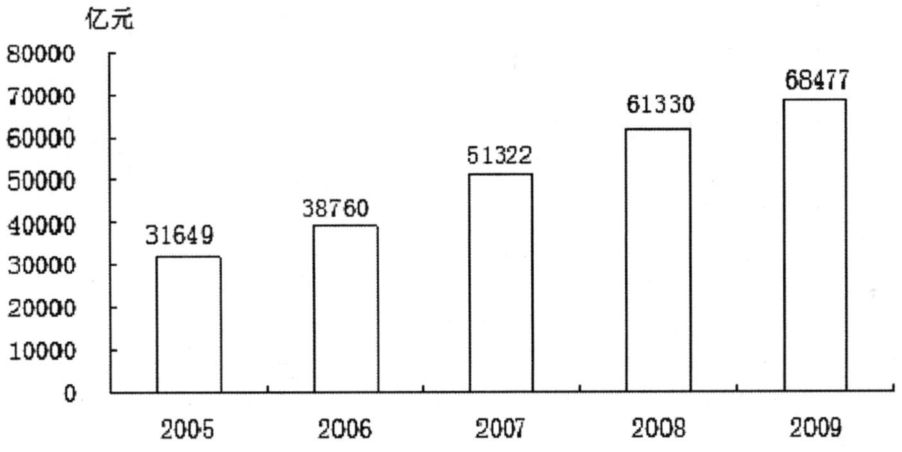

图 5 2005~2009 年粮食产量

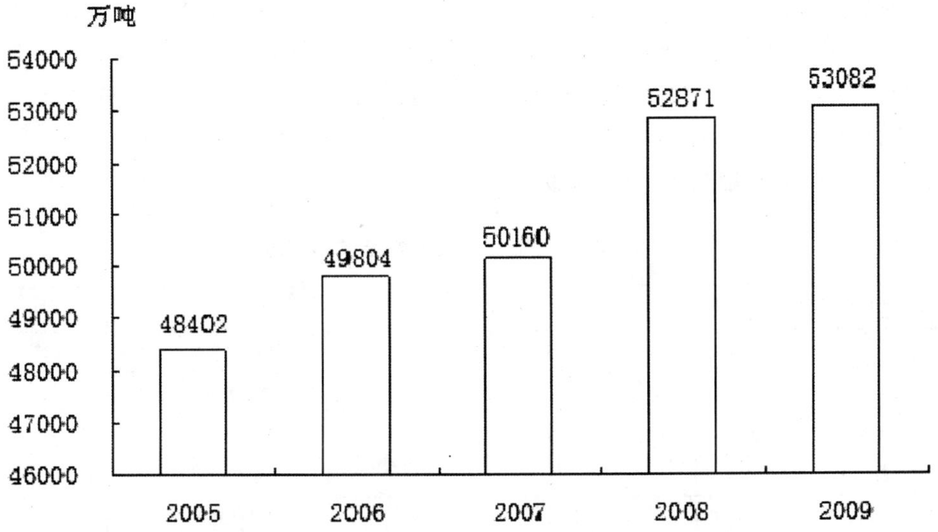

产量636万吨，增长3.6%；羊肉产量389万吨，增长2.4%。生猪年末存栏46985万头，增长1.5%；生猪出栏64507万头，增长5.7%。牛奶产量3518万吨，下降1.1%；禽蛋产量2741万吨，增长1.4%。

全年水产品产量5120万吨，增长4.6%。其中，养殖水产品产量3635万吨，增长6.5%；捕捞水产品产量1485万吨，增长0.1%。

全年木材产量6938万立方米，比上年下降14.4%。

全年新增有效灌溉面积147.1万公顷，新增节水灌溉面积182.6万公顷。

三、工业和建筑业

全年全部工业增加值134625亿元，比上年增长8.3%(见图6)。规模以上工业增加值增长11.0%，其中国有及国有控股企业增长6.9%；集体企业增长10.2%，股份制企业增长13.3%，外商及港澳台商投资企业增长6.2%；私营企业增长18.7%。分轻重工业看，轻工业增长9.7%，重工业增长11.5%。

图6 2005~2009年工业增加值

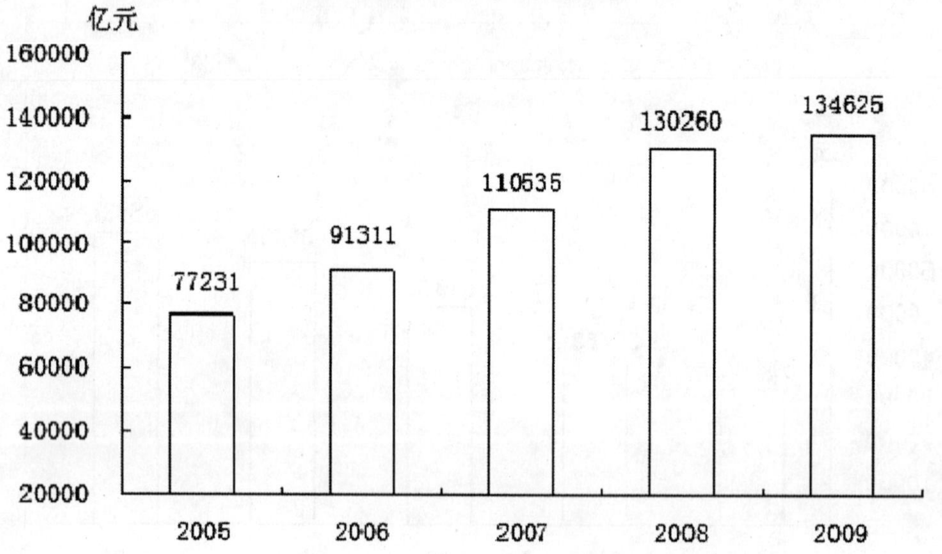

全年规模以上工业中，煤炭开采和洗选业增加值比上年增长8.3%；石油和天然气开采业增长4.8%；农副食品加工业增长15.9%；纺织业增长8.5%；通用设备制造业增长11.0%；专用设备制造业增长13.0%；交通运输设备制造业增长18.4%，其中汽车制造增长20.3%，船舶制造增长20.7%；通信设备、计算机及其他电子设备制造业增长5.3%；电气机械及器材制造业增长12.0%。6大高载能行业比上年增长10.6%，其中，非金属矿物制品业增长14.7%，化学原料及化学制品制造业增长14.6%，有色金属冶炼及压延加工业增长12.8%，黑色金属冶炼及压延加工业增长9.9%，电力、热力的生产和供应业增长6.0%，石油加工、炼焦及核燃料加工业增长5.2%。高技术制造业增加值比上年增长7.7%。(见表2)

表2 2009年主要工业产品产量及其增长速度

产品名称	单 位	产 量	比上年增长%
纱	万吨	1321.2	-8.9
布	亿支	22901.5	3.2
化学纤维	万吨	2393.5	12.7
成品糖	亿米	740.0	4.2
卷 烟	万吨	2730.0	13.0

续表

产品名称	单　位	产　量	比上年增长%
彩色电视机	万台	9898.8	9.6
其中：液晶电视机	万台	6765.3	85.2
家用电冰箱	万台	5930.5	24.7
房间空气调节器	万台	8078.2	-1.9
一次能源生产总量	亿吨标准煤	28.0	5.8
原　煤	亿吨	30.50	8.8
原　油	亿吨	1.89	-3.1
天然气	亿立方米	851.7	6.1
发电量	亿千瓦小时	37146.5	6.3
其中：火　电	亿千瓦小时	29827.8	10.2
水　电	亿千瓦小时	6156.4	-3.3
核　电	亿千瓦小时	701.3	2.5
粗　钢	万吨	56803.3	12.9
钢　材	万吨	69626.3	15.2
十种有色金属	万吨	2650.1	5.2
其中：精炼铜（电解铜）	万吨	413.5	9.1
原铝（电解铝）	万吨	1296.5	-1.5
氧化铝	万吨	2379.3	3.3
水　泥	亿吨	16.5	16.0
硫　酸	万吨	5960.2	16.9
纯　碱	万吨	1938.4	3.0
烧　碱	万吨	1832.4	-1.1
乙　烯	万吨	1066.3	8.0
化　肥（折100%）	万吨	6599.7	9.8
发电机组（发电设备）	万千瓦	11729.3	-11.9
汽　车	万辆	1379.5	48.2
其中：基本型乘用车（轿车）	万辆	748.5	48.6
大中型拖拉机	万台	37.1	30.6
集成电路	亿块	414.4	-0.7
程控交换机	万线	4147.4	-9.5
移动通信手持机	万台	61924.5	10.7
微型计算机设备	万台	18215.1	33.3

1~11月全国规模以上工业企业累计实现利润25891亿元，比上年同期增长7.8%。（见表3）

全年全社会建筑业增加值22333亿元，比上年增长18.2%。全国具有资质等级的总承包和专业承包建筑业企业实现利润2663亿元，增长21.0%，其中国有及国有控股企业697亿元，增长23.9%。（见图7）

四、固定资产投资

全年全社会固定资产投资224846亿元，比上年增长30.1%。分城乡看，城镇投资194139亿元，增长30.5%；农村投资30707亿元，增长27.5%。分地区看，东部地区投资95653亿元，比上年增长

表 3:2009 年 1~11 月规模以上工业企业实现利润及其增长速度

单位:亿元

指　　标	利润总额	比上年同期增长%
规模以上工业	25891	7.8
其中:国有及国有控股企业	7514	-4.5
其中:集体企业	545	10.3
股份制企业	13890	4.2
外商及港澳台商投资企业	7511	16.9
其中:私营企业	6849	17.4

图 7 2005~2009 年建筑业增加值

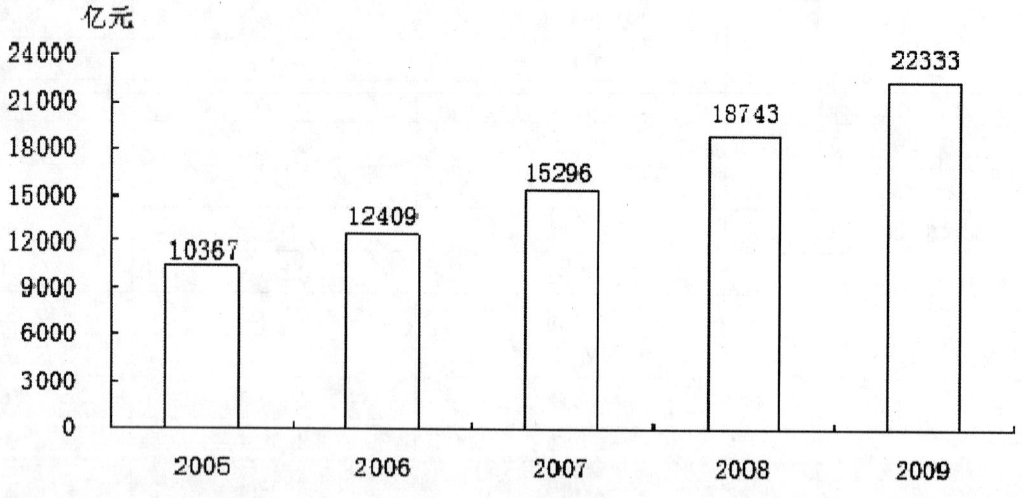

23.0%;中部地区投资 49846 亿元,增长 35.8%;西部地区投资 49662 亿元,增长 38.1%;东北地区投资 23733 亿元,增长 26.8%。

在城镇投资中,第一产业投资 3373 亿元,比上年增长 49.9%;第二产业投资 82277 亿元,增长 26.8%;第三产业投资 108489 亿元,增长 33.0%。

表 4 2009 年分行业城镇固定资产投资及其增长速度

单位:亿元

行　　业	投资额	比上年增长%
总　　计	194139	30.5
农、林、牧、渔业	3373	49.9
采矿业	8093	18.2
其中:煤炭开采及洗选业	3021	25.9
石油和天然气开采业	2793	4.4
制造业	58817	26.8
其中:农副食品加工业	2826	38.2
食品制造业	1513	32.4
纺织业	1768	14.8
纺织服装、鞋、帽制造业	1051	17.0

续表

行　　业	投资额	比上年增长%
石油加工、炼焦及核燃料加工业	1835	0.4
化学原料及化学制品制造业	6006	26.9
非金属矿物制品业	5948	43.5
黑色金属冶炼及压延加工业	3206	-1.3
有色金属冶炼及压延加工业	2202	16.8
金属制品业	2836	29.2
通用设备制造业	4465	37.6
专用设备制造业	3111	37.3
交通运输设备制造业	4965	31.3
电气机械及器材制造业	3545	51.2
通信设备、计算机及其他电子设备制造业	2627	6.7
电力、燃气及水的生产和供应业	13482	28.5
其中：电力、热力的生产与供应业	11078	22.8
建筑业	1884	57.6
交通运输、仓储和邮政业	23278	48.3
信息传输、计算机服务和软件业	2515	18.0
批发和零售业	4451	39.4
住宿和餐饮业	2333	34.4
金融业	349	38.2
房地产业	43065	19.9
租赁和商务服务业	1887	50.4
科学研究、技术服务和地质勘查业	1066	48.5
水利、环境和公共设施管理业	17814	45.1
居民服务和其他服务业	506	61.8
教育	3231	37.2
卫生、社会保障和社会福利业	1689	58.5
文化、体育和娱乐业	2117	47.4
公共管理和社会组织	4189	29.3

表 5　2009 年固定资产投资新增主要生产能力

指　　　标	单　位	绝对数
新增发电机组容量	万千瓦	8970
22 万伏及以上变电设备	万千伏安	27161
新建铁路投产里程	公里	5557
增建铁路复线投产里程	公里	4129
电气化铁路投产里程	公里	8448
新建公路	公里	121013
其中：高速公路	公里	4391
港口万吨级码头泊位新增吞吐能力	万吨	31318
新增光缆线路长度	万公里	149
新增数字蜂窝移动电话交换机容量	万户	27580

全年房地产开发投资 36232 亿元，比上年增长 16.1%。其中，商品住宅投资 25619 亿元，增长 14.2%；办公楼投资 1378 亿元，增长 18.1%；商业营业用房投资 4172 亿元，增长 24.4%。(见表 6)

表 6 2009 年房地产开发和销售主要指标完成情况

指　标	单 位	绝对数	比上年增长%
投资完成额	亿元	36232	16.1
其中：住宅	亿元	25619	14.2
其中：90 平方米以下住宅	亿元	8351	24.1
其中：经济适用房	亿元	1139	17.3
房屋施工面积	万平方米	319650	12.8
其中：住宅	万平方米	250804	12.5
房屋新开工面积	万平方米	115385	12.5
其中：住宅	万平方米	92463	10.5
房屋竣工面积	万平方米	70219	5.5
其中：住宅	万平方米	57694	6.2
商品房销售面积	万平方米	93713	42.1
其中：住宅	万平方米	85294	43.9
本年资金来源	亿元	57128	44.2
其中：国内贷款	亿元	11293	48.5
其中：个人按揭贷款	亿元	8403	116.2
本年购置土地面积	万平方米	31906	-18.9
完成开发土地面积	万平方米	23006	-19.9
土地购置费	亿元	6039	0.7

五、国内贸易

全年社会消费品零售总额 125343 亿元，比上年增长 15.5%。分地域看，城市消费品零售额 85133 亿元，增长 15.5%；县及县以下消费品零售额 40210 亿元，增长 15.7%。分行业看，批发和零售业零售额 105413 亿元，增长 15.6%；住宿和餐饮业零售额 17998 亿元，增长 16.8%；其他行业零售额 1932 亿元，增长 2.5%。

图 9 2005~2009 年社会消费品零售总额

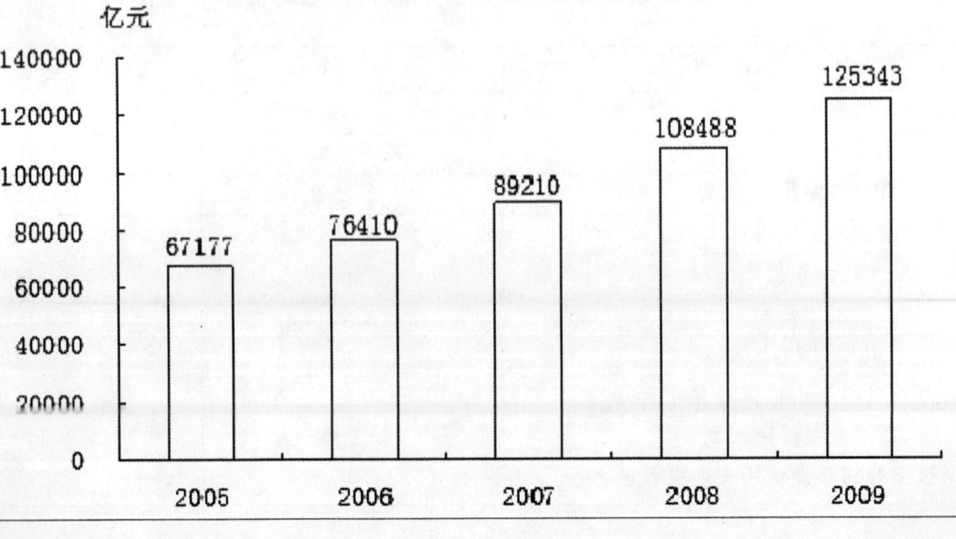

在限额以上批发和零售业零售额中，汽车类零售额比上年增长32.3%，粮油类增长13.0%，肉禽蛋类增长8.3%，服装类增长20.8%，日用品类增长15.6%，文化办公用品类增长6.7%，通讯器材类下降1.3%，化妆品类增长16.9%，金银珠宝类增长15.9%，中西药品类增长21.7%，家用电器和音像器材类增长12.3%，家具类增长35.5%，建筑及装潢材料类增长26.6%。

六、对外经济

全年货物进出口总额22072亿美元，比上年下降13.9%。其中，货物出口12017亿美元，下降16.0%；货物进口10056亿美元，下降11.2%。进出口差额（出口减进口）1961亿美元，比上年减少1020亿美元。（见表7）

表7 2009年货物进出口总额及其增长速度

单位：亿美元

指　　标	绝对数	比上年增长%
货物进出口总额	22072	-13.9
货物出口额	12017	-16.0
其中：一般贸易	5298	-20.1
加工贸易	5870	-13.1
其中：机电产品	7131	-13.4
高新技术产品	3769	-9.3
其中：国有企业	1910	-25.8
外商投资企业	6722	-15.0
其他企业	3384	-11.6
货物进口额	10056	-11.2
其中：一般贸易	5339	-6.7
加工贸易	3223	-14.8
其中：机电产品	4914	-8.7
高新技术产品	3098	-9.4
其中：国有企业	2885	-18.5
外商投资企业	5452	-12.0
其他企业	1719	7.9
进出口差额（出口减进口）	1961	-

表8 2009年主要商品出口数量、金额及其增长速度

商品名称	单位	数量	比上年增长%	金额（亿美元）	比上年增长%
煤	万吨	2240	-50.7	24	-54.7
钢材	万吨	2460	-58.5	223	-64.9
纺织纱线、织物及制品	--	-	-	600	-8.4
服装及衣着附件	--	-	-	1071	-11.0
鞋类	--	-	-	280	-5.7
家具及其零件	--	-	-	253	-6.0
自动数据处理设备及其部件	万台	131331	-8.5	1224	-9.4
手持或车载无线电话	万台	58280	9.4	396	2.7
集装箱	万个	69	-77.2	19	-78.6
集成电路	百万个	56608	16.8	233	-4.2
液晶显示板	万个	192414	-5.1	192	-14.1
汽车（包括整套散件）	万辆	35	-45.2	47	-47.3

表 9 2009 年主要商品进口数量、金额及其增长速度

商品名称	数量(万吨)	比上年增长%	金额(亿美元)	比上年增长%
谷物及谷物粉	315	104.6	9	22.7
大豆	4255	13.7	188	-13.9
食用植物油	816	8.4	59	-30.1
铁矿砂及其精矿	62778	41.6	501	-17.4
氧化铝	514	12.1	13	-26.6
煤	12583	211.9	106	201.3
原油	20379	13.9	893	-31.0
成品油	3696	-5.4	170	-43.7
初级形状的塑料	2381	34.5	348	2.2
纸浆	1368	43.7	68	2.1
钢材	1763	14.3	195	-16.9
未锻造的铜及铜材	429	62.7	226	18.0

表 10 2009 年对主要国家和地区货物进出口额及其增长速度

国家和地区	出口额(亿美元)	比上年增长%	进口额(亿美元)	比上年增长%
欧盟	2363	-19.4	1278	-3.7
美国	2208	-12.5	774	-4.8
中国香港	1662	-12.8	87	-32.6
东盟	1063	-7.0	1067	-8.8
日本	979	-15.7	1309	-13.1
韩国	537	-27.4	1026	-8.5
印度	297	-6.1	137	-32.3
中国台湾	205	-20.8	857	-17.0
俄罗斯	175	-47.1	213	-10.7

图 10 2005~2009 年货物进出口总额

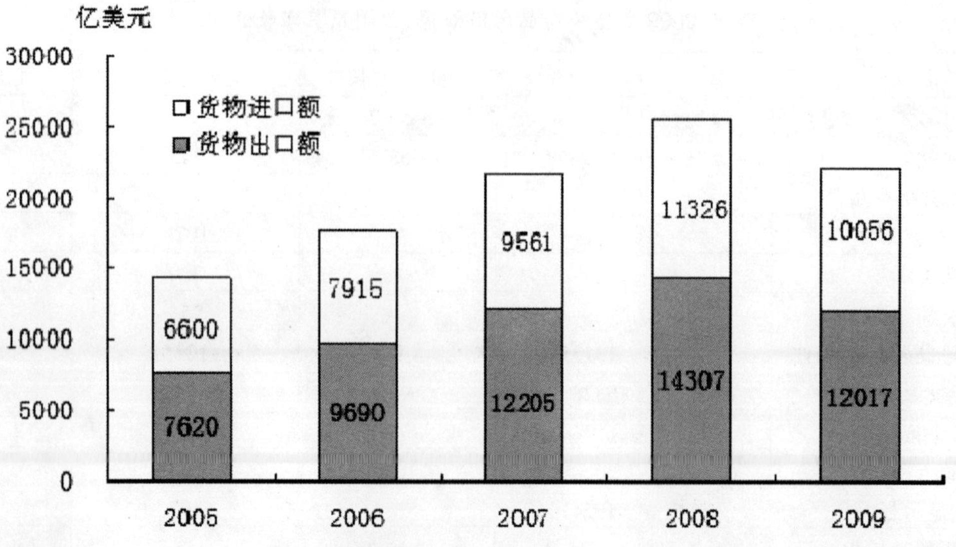

全年非金融领域新批外商直接投资企业23435家，比上年减少14.8%。实际使用外商直接投资金额900亿美元，下降2.6%。其中，制造业占52.0%；房地产业占18.7%；租赁和商务服务业占6.8%；批发和零售业占6.0%；交通运输、仓储和邮政业占2.8%。

表11 2009年分行业外商直接投资及其增长速度

行业	企业数(家)	比上年增长%	实际使用金额(亿美元)	比上年增长%
总计	23435	-14.8	900.3	-2.6
农、林、牧、渔业	896	-2.3	14.3	20.0
采矿业	99	-33.6	5.0	-12.6
制造业	9767	-15.6	467.7	-6.3
电力、燃气及水的生产和供应业	238	-25.6	21.1	24.5
建筑业	220	-16.0	6.9	-36.7
交通运输、仓储和邮政业	395	-24.5	25.3	-11.4
信息传输、计算机服务和软件业	1081	-15.9	22.5	-19.0
批发和零售业	5100	-12.9	53.9	21.6
住宿和餐饮业	502	-20.7	8.4	-10.1
金融业	52	108.0	4.6	-20.3
房地产业	569	25.9	168.0	-9.7
租赁和商务服务业	2864	-8.7	60.8	20.2
科学研究、技术服务和地质勘查业	1066	-42.0	16.7	11.2
水利、环境和公共设施管理业	183	32.6	5.6	63.4
居民服务和其他服务业	207	1.0	15.9	178.3
教育	20	-16.7	0.1	-63.0
卫生、社会保障和社会福利业	18	80.0	0.4	127.0
文化、体育和娱乐业	158	-7.1	3.2	23.0
公共管理和社会组织	-	-	-	-
国际组织	-	-	-	-

全年非金融类对外直接投资额433亿美元，比上年增长6.5%。

全年对外承包工程业务完成营业额777亿美元，比上年增长37.3%；对外劳务合作完成营业额89亿美元，增长10.6%。

七、交通、邮电和旅游

全年交通运输、仓储和邮政业增加值17058亿元，比上年增长3.7%。

表12 2009年各种运输方式完成货物运输量及其增长速度

指标	单位	绝对数	比上年增长%
货物运输总量	亿吨	278.8	7.5
铁路	亿吨	33.3	1.9
公路	亿吨	209.7	9.4
水运	亿吨	31.4	3.0
民航	万吨	445.5	9.3
管道	亿吨	4.4	1.3
货物运输周转量	亿吨公里	121211.3	9.8
铁路	亿吨公里	25239.2	0.5
公路	亿吨公里	36383.5	10.7

续表

指标	单位	绝对数	比上年增长%
水运	亿吨公里	57439.9	14.0
民航	亿吨公里	126.3	5.6
管道	亿吨公里	2022.4	4.1

表 13 2009 年各种运输方式完成旅客运输量及其增长速度

指标	单位	绝对数	比上年增长%
旅客运输总量	亿人	297.7	3.8
铁路	亿人	15.2	4.3
公路	亿人	278.0	3.6
水运	亿人	2.2	2.9
民航	亿人	2.3	19.7
旅客运输周转量	亿人公里	24773.6	6.8
铁路	亿人公里	7878.9	1.3
公路	亿人公里	13450.7	7.8
水运	亿人公里	69.1	5.8
民航	亿人公里	3374.9	17.1

全年规模以上港口完成货物吞吐量 69.1 亿吨，比上年增长 8.2%，其中外贸货物吞吐量 21.4 亿吨，增长 8.6%。港口集装箱吞吐量 12082 万标准箱，下降 5.8%。

年末全国民用汽车保有量达到 7619 万辆（包括三轮汽车和低速货车 1331 万辆），比上年末增长 17.8%，其中私人汽车保有量 5218 万辆，增长 25.0%。民用轿车保有量 3136 万辆，增长 28.6%，其中私人轿车 2605 万辆，增长 33.8%。

全年完成邮电业务总量 27313 亿元，比上年增长 14.6%。其中，邮政业务总量 1632 亿元，增长 16.4%；电信业务总量 25681 亿元，增长 14.4%。全年局用交换机容量减少 1644 万门，总容量 49219 万门；新增移动电话交换机容量 27580 万户，达到 142111 万户。固定电话年末用户 31369 万户。其中，城市电话用户 21178 万户，农村电话用户 10191 万户。新增移动电话用户 10614 万户，年末达到 74738 万户。年末全国固定及移动电话用户总数达到 106107 万户，比上年末增加 7947 万户。电话普及率达到 79.9 部/百人。互联网上网人数 3.8 亿人，其中宽带上网人数 3.5 亿人；互联网普及率达到 28.9%。

图 11 2005~2009 年年末电话用户数

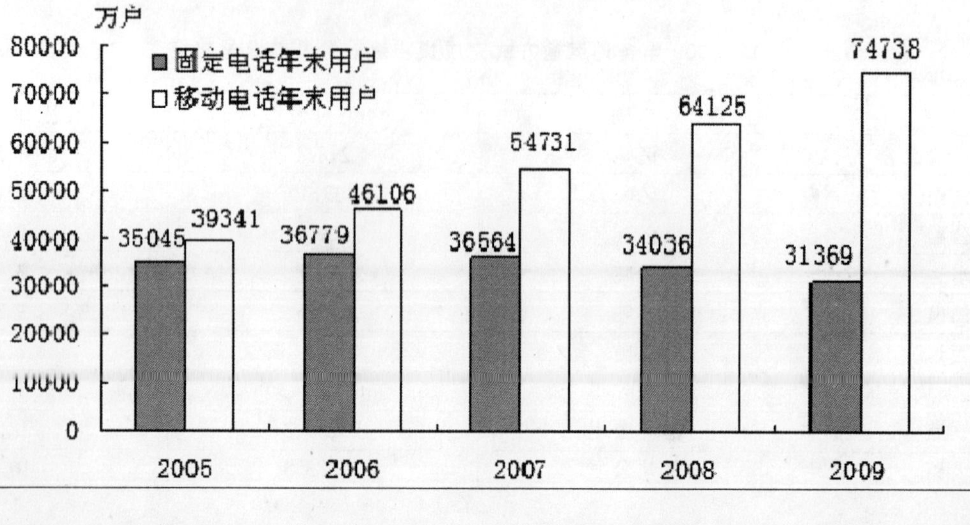

全年国内出游人数达19.0亿人次，比上年增长11.1%；国内旅游收入10184亿元，增长16.4%。入境旅游人数12648万人次，下降2.7%。其中，外国人2194万人次，下降9.8%；香港、澳门和台湾同胞10454万人次，下降1.1%。在入境旅游者中，过夜旅游者5088万人次，下降4.1%。国际旅游外汇收入397亿美元，下降2.9%。国内居民出境人数达4766万人次，增长4.0%。其中因私出境4221万人次，增长5.2%，占出境人数的88.6%。

八、金融

年末广义货币供应量（M2）余额为60.6万亿元，比上年末增长27.7%；狭义货币供应量（M1）余额为22.0万亿元，增长32.4%；流通中现金（M0）余额为3.8万亿元，增长11.8%。

年末全部金融机构本外币各项存款余额61.2万亿元，比年初增加13.2万亿元。其中人民币各项存款余额59.8万亿元，增加13.1万亿元。全部金融机构本外币各项贷款余额42.6万亿元，增加10.5万亿元。其中人民币各项贷款余额40.0万亿元，增加9.6万亿元。

表14 2009年全部金融机构本外币存贷款及其增长速度

单位：亿元

指标	年末数	比上年末增长%
各项存款余额	612006	27.7
其中：企业存款	224357	36.5
城乡居民储蓄存款	264761	19.5
其中：人民币	260772	19.7
各项贷款余额	425597	33.0
其中：短期贷款	151353	17.7
中长期贷款	235579	43.5

图12 2005~2009年城乡居民人民币存款余额

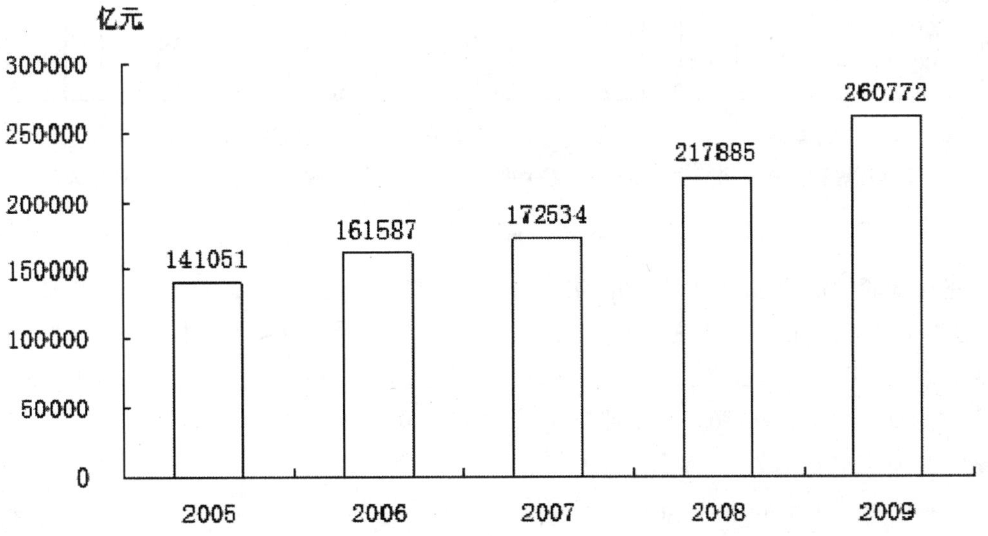

全年农村金融合作机构（农村信用社、农村合作银行、农村商业银行）人民币贷款余额4.7万亿元，比年初增加9727亿元。全部金融机构人民币消费贷款余额5.5万亿元，增加17976亿元。其中，个人短期消费贷款余额0.6万亿元，增加2465亿元；个人中长期消费贷款余额4.9万亿元，增加15511亿元。

全年上市公司通过境内市场累计筹资3653亿元，比上年增加1255亿元。其中，首次公开发行A股99只，筹资2062亿元，增加995亿元；A股再筹资（包括配股、公开增发、非公开增发、认股权证）筹资1591亿元，增加259亿元；上市公司通过发行可转债、可分离债、公司债筹资813亿元，减少185亿元。全年首次公开发行创业板股票36只，筹资204亿元。

全年发行非上市公司企业（公司）债券4252亿元，比上年增加1885亿元。企业发行短期融资券4612亿元，增加281亿元；中期票据6987亿元，增加5250亿元。发行中小企业集合票据12.7亿元。

全年保险公司原保险保费收入11137亿元，比上年增长13.8%，其中寿险业务原保险保费收入7457亿元；健康险和意外伤害险业务原保险保费收入804亿元；财产险业务原保险保费收入2876亿元。支付各类赔款及给付3125亿元，其中寿险业务给付1269亿元；健康险和意外伤害险赔款及给付281亿元；财产险业务赔款1576亿元。

九、教育和科学技术

全年研究生教育招生51.1万人，在学研究生140.5万人，毕业生37.1万人。普通高等教育本专科招生639.5万人，在校生2144.7万人，毕业生531.1万人。各类中等职业教育招生873.6万人，在校生2178.7万人，毕业生619.2万人。全国普通高中招生830.3万人，在校生2434.3万人，毕业生823.7万人。全国初中招生1788.5万人，在校生5440.9万人，毕业生1797.7万人。普通小学招生1637.8万人，在校生10071.5万人，毕业生1805.2万人。特殊教育招生6.4万人，在校生42.8万人。幼儿园在园幼儿2657.8万人。

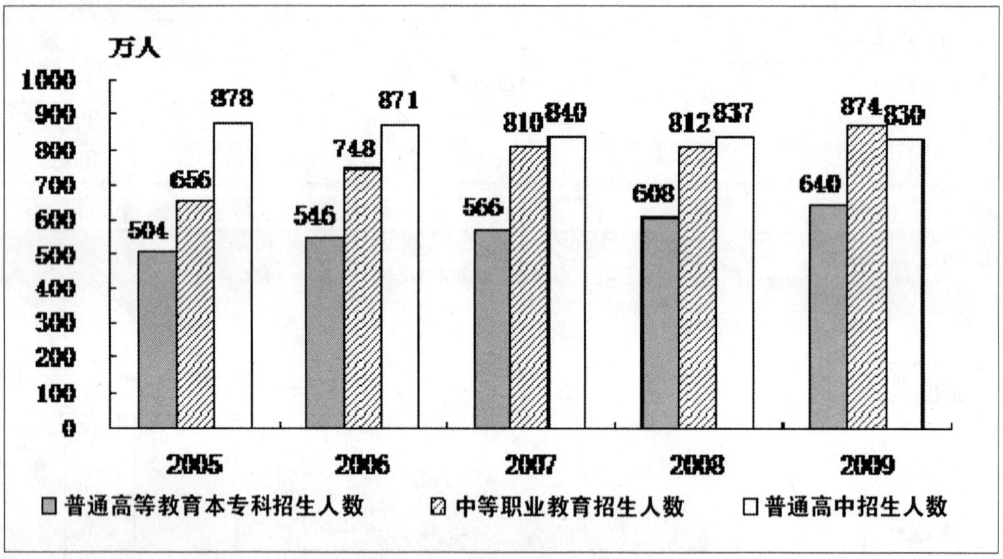

全年研究与试验发展（R&D）经费支出5433亿元，比上年增长17.7%，占国内生产总值的1.62%，其中基础研究经费272亿元。全年国家安排了639项科技支撑计划课题，1328项“863”计划课题。累计建设国家工程研究中心127个，国家工程实验室85个。国家认定企业技术中心达到636家。省级企业技术中心达到5011家。启动实施新兴产业创投计划，支持设立20家创业投资基金。全年受理国内外专利申请97.7万件，其中国内申请87.8万件，占89.9%。受理国内外发明专利申请31.5万件，其中国内申请22.9万件，占72.8%。全年授予专利权58.2万件，其中国内授权50.2万件，占86.2%。授予发明专利权12.8万件，其中国内授权6.5万件，占50.9%。截至2009年底，有效专利152.0万件，其中国内有效专利119.3万件，占78.5%；有效发明专利43.8万件，其中国内有效发明专利18.0万件，占41.1%。全年共签订技术合同21.4万项，技术合同成交金额3039亿元，比上年增长14.0%。全年成功发射卫星6次。首台千万亿次超级计算机系统“天河一号”研制成功；嫦娥一号卫星成功受控撞月。

年末全国共有产品检测实验室25000个，其中国家检测中心414个。全国现有产品质量、体系认证机构168个,已累计完成对4.1万个企业的产品认证。全国共有法定计量技术机构3760个,全年强制检定计量器具4560万台(件)。全年制定、修订国家标准3158项,其中新制定2102项。全年中央气象台和省级气象台共发布气象预警信号2737次,警报3950次。全国共有地震台站1457个,地震遥测台网32个。全国共有海洋观测站66个。测绘部门公开出版地图2060种,测绘图书307种。

十、文化、卫生和体育

年末全国共有艺术表演团体2478个, 文化馆3214个,公共图书馆2833个,博物馆1996个。广播电台251座,电视台272座,广播电视台2087座,教育台44个。有线电视用户17398万户,有线数字电视用户6200万户。年末广播节目综合人口覆盖率为96.3%; 电视节目综合人口覆盖率为97.2%。全年生产故事影片456部,科教、纪录、动画和特种影片102部。出版各类报纸437亿份,各类期刊31亿册,图书70亿册(张)。年末全国共有档案馆4035个,已开放各类档案7991万卷(件)。

年末全国共有卫生机构28.9万个,其中医院、卫生院6.0万个, 社区卫生服务中心 (站)2.6万个,妇幼保健院(所、站)3013个,专科疾病防治院(所、站)1315个,疾病预防控制中心(防疫站)3543个,卫生监督所(中心)2706个,诊所及其他19.3万个。卫生技术人员522万人,其中执业医师和执业助理医师216万人,注册护士174万人。医院和卫生院床位396万张。乡镇卫生院3.9万个,床位91万张,卫生技术人员89.8万人。全年甲、乙类法定报告传染病发病人数377.6万例, 报告死亡15105人;报告传染病发病率284.34/10万,死亡率1.14/10万。

全年运动健儿在30个项目中共获得142个世界冠军,11人3队22次创22项世界纪录。在第十一届全国运动会上,共有7人9次创超5项世界纪录;12人3队21次创16项亚洲纪录;29人5队52次创39项全国纪录。

十一、人口、人民生活和社会保障

年末全国总人口为133474万人, 比上年末增加672万人。全年出生人口1615万人, 出生率为12.13‰;死亡人口943万人,死亡率为7.08‰;自然增长率为5.05‰。出生人口性别比为119.45。

表15 2009年人口数及其构成

单位:万人

指标	年末数	比重%
全国总人口	133474	100.0
其中:城镇	62186	46.6
乡村	71288	53.4
其中:男性	68652	51.4
女性	64822	48.6
其中:0~14岁	24663	18.5
15~59岁	92097	69.0
60岁及以上	16714	12.5
其中:65岁及以上	11309	8.5

全年农村居民人均纯收入5153元, 剔除价格因素, 比上年实际增长8.5%; 城镇居民人均可支配收入17175元,实际增长9.8%。农村居民家庭食品消费支出占消费总支出的比重为41.0%,城镇为36.5%。按2009年农村贫困标准1196元测算,年末农村贫困人口为3597万人。(见图14)

年末全国参加城镇基本养老保险人数23498万人, 比上年末增加1607万人。其中参保职工17703万人,参保离退休人员5795万人。参加城镇基本医疗保险的人数40061万人,增加8239万人。其中, 参加城镇职工基本医疗保险人数21961万人, 参加城镇居民基本医疗保险人数18100万人。

图 14 2005~2009 年农村居民人均纯收入

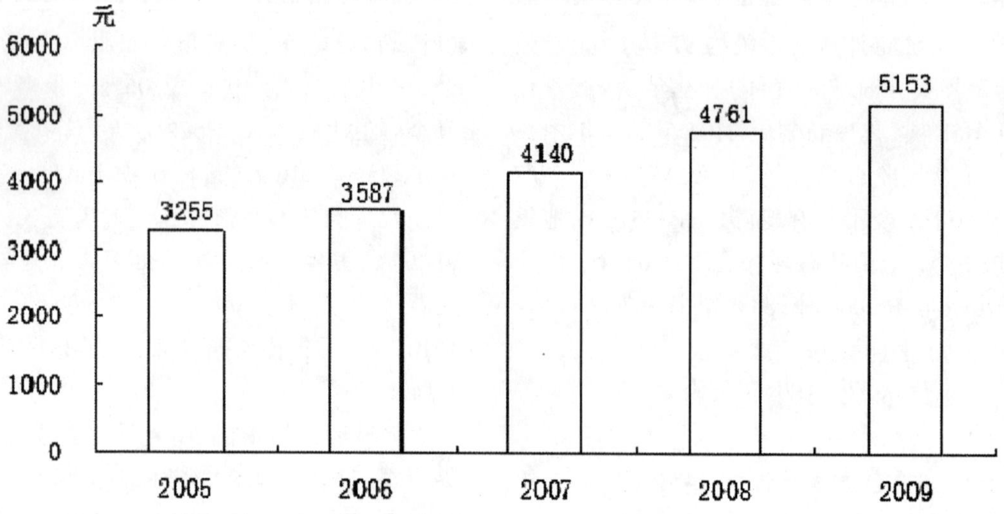

图 15 2005~2009 年城镇居民人均可支配收入

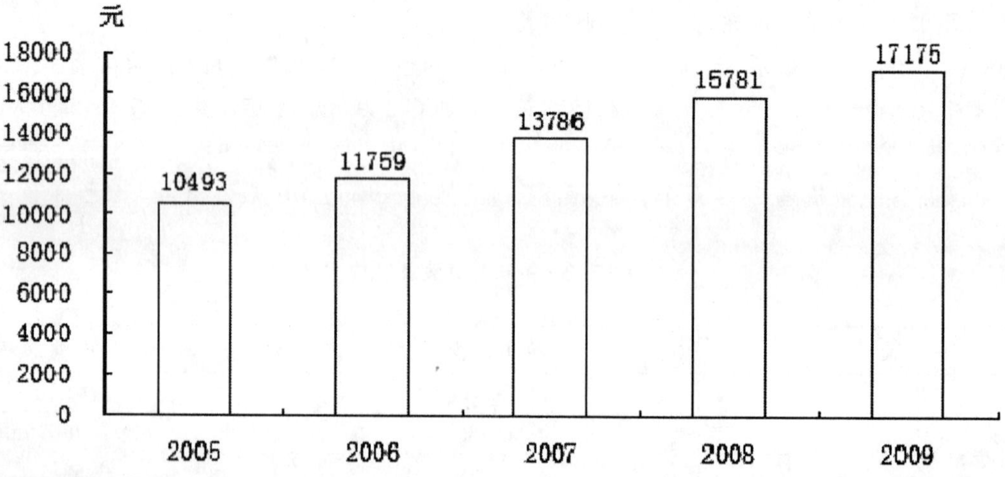

参加城镇医疗保险的农民工 4335 万人，增加 69 万人。参加失业保险的人数 12715 万人，增加 316 万人。参加工伤保险的人数 14861 万人，增加 1074 万人。其中参加工伤保险农民工 5580 万人，增加 638 万人。参加生育保险的人数 10860 万人，增加 1606 万人。2716 个县(市、区)开展了新型农村合作医疗工作，新型农村合作医疗参合率 94.0%。新型农村合作医疗基金累计支出总额为 646 亿元，累计受益 4.9 亿人次。新型农村社会养老保险试点顺利启动。年末全国领取失业保险金人数为 235 万人。

年末全国共有各类提供住宿的收养性社会服务机构 3.9 万个，床位 275.4 万张，收养各类人员 208.8 万人。其中，农村养老服务机构 3.0 万个，床位 188.5 万张，收养各类人员 151.1 万人。各类不提供住宿的社区服务设施 14.0 万个，其中，社区服务中心 9726 个，社区服务站 2.5 万个。全年 2347.7 万城市居民得到政府最低生活保障，比上年增加 12.9 万人；4759.3 万农村居民得到政府最低生活保障，增加 453.8 万人；554.3 万农村居民得到政府五保救济，增加 5.7 万人。全年救助城市医疗困难群众 417.2 万人次，救助农村医疗困难群众 688.4 万人次；资助 1047.8 万城镇困难群众参加城镇医疗保险，资助3689.8万农村困难群众参加新型农村合作医疗。全年销售社会福利彩票756亿元，直接接收社会捐赠款41亿元。

十二、资源、环境和安全生产

全年土地整理复垦开发补充耕地26.9万公顷。

全年全国国有建设用地供应总量31.9万公顷，比上年增长44.2%。其中，工矿仓储用地11.9万公顷，增长44.1%；房地产用地10.3万公顷，增长36.7%；基础设施等其他用地9.7万公顷，增长53.0%。全年全国105个重点监测城市综合地价比上年上涨5.0%，其中商业地价上涨5.6%，居住地价上涨7.9%，工业地价上涨1.6%。

全年水资源总量23763亿立方米，比上年减少13.4%；人均水资源1784.9立方米，减少13.8%。全年平均降水量583.1毫米，减少10.9%。年末全国大型水库蓄水总量1805亿立方米，比上年末少蓄水156亿立方米。全年总用水量5933亿立方米，比上年增加0.4%。其中，生活用水增加2.9%，工业用水减少0.6%，农业用水增加0.6%，生态补水减少9.8%。万元国内生产总值用水量209.3立方米，比上年下降7.6%。万元工业增加值用水量116.4立方米，下降8.2%。人均用水量445.7立方米，下降0.1%。

国土资源调查及地质勘查新发现大中型矿产地398处，其中，能源矿产地107处，金属矿产地177处，非金属矿产地109处，水气矿产地5处。有65种矿产新增查明资源储量，其中，石油11.2亿吨，天然气7234亿立方米，原煤503.6亿吨。

根据第七次全国森林资源清查结果，截至2008年，森林面积19545万公顷，森林覆盖率20.36%，活立木总蓄积量149.13亿立方米，森林蓄积量137.21亿立方米。

全年完成造林面积588万公顷，其中人工造林389万公顷。林业重点工程完成造林面积447万公顷，占全部造林面积的76.0%。全民义务植树24.8亿株。截至年底，自然保护区达到2529个，其中国家级自然保护区319个。新增综合治理水土流失面积4.8万平方公里，新增实施水土流失地区封育保护面积2.7万平方公里。截至2009年底，已确权集体林地面积为10093万公顷，其中发放林权证的面积为7573万公顷。

全年平均气温为9.8℃，共有9个台风登陆。

初步测算，全年能源消费总量31.0亿吨标准煤，比上年增长6.3%。煤炭消费量30.2亿吨，增长9.2%；原油消费量3.8亿吨，增长7.1%；天然气消费量887亿立方米，增长9.1%；电力消费量36973亿千瓦小时，增长6.2%。全国万元国内生产总值能耗下降2.2%。主要原材料消费中，钢材消费量6.9亿吨，增长22.4%；精炼铜消费量753万吨，增长39.7%；电解铝消费量1439万吨，增长14.4%；乙烯消费量1066万吨，增长8.0%；水泥消费量16.3亿吨，增长17.0%。

七大水系的408个水质监测断面中，Ⅰ~Ⅲ类水质断面比例占57.1%，比上年提高2.1个百分点；劣Ⅴ类水质断面比例占18.4%，比上年下降2.4个百分点。七大水系水质总体上持续好转，部分流域污染仍然严重。

近岸海域299个海水水质监测点中，达到国家Ⅰ~Ⅱ类海水水质标准的监测点占72.9%，比上年上升2.5个百分点；Ⅲ类海水占6.0%，下降5.3个百分点；Ⅳ类、劣Ⅳ类海水占21.1%，上升2.8个百分点。

在监测的612个城市中，有504个城市空气质量达到二级以上（含二级）标准，占监测城市数的82.4%；有100个城市为三级，占16.3%；有8个城市为劣三级，占1.3%。在监测的327个城市中，城市区域声环境质量好的城市占4.9%，较好的占70.0%，轻度污染的占23.9%，中度污染的占1.2%。

年末城市污水处理厂日处理能力达8664万立方米，比上年末增长6.9%；城市污水处理率达到72.3%，提高2.1个百分点。集中供热面积35.6亿平方米，增长2.0%。建成区绿地率达到34.4%，提高1.1个百分点。

全年各类自然灾害造成直接经济损失2524亿元，比上年下降78.5%。全年农作物受灾面积4721万公顷，增加18.1%。其中，绝收492万公顷，增加22.0%。全年因洪涝灾害造成直接经济损失655亿元，增加0.5%；死亡902人，下降10.8%。全年因旱灾造成直接经济损失1099亿元，增加2.58倍。全年低温冷冻和雪灾造成直接经济损失172亿元，死亡40人。全年因海洋灾害造成直接经济损失100

亿元，下降51.3%。全年累计发生赤潮面积14102平方公里，增加2.7%。全年实际发生各类地质灾害1.0万起，直接经济损失18.3亿元，死亡331人。全年大陆地区共发生5级以上地震24次，成灾8次，造成直接经济损失27.4亿元，死亡3人。全年共发生森林火灾8808起，下降37.7%。

全年生产安全事故死亡83196人，比上年下降8.8%。亿元国内生产总值生产安全事故死亡人数为0.248人，下降20.5%；工矿商贸企业就业人员10万人生产安全事故死亡人数为2.4人，下降14.9%；煤矿百万吨死亡人数为0.892人，下降24.5%。全年共发生道路交通事故23.8万起，造成6.8万人死亡，27.5万人受伤，直接财产损失9.1亿元；道路交通万车死亡人数为3.6人，减少0.7人。

注：

1.本公报中数据均为初步统计数。

2.各项统计数据均未包括香港特别行政区、澳门特别行政区和台湾地区。

3.部分数据因四舍五入的原因，存在着与分项合计不等的情况。

4.国内生产总值、各产业增加值绝对数按现价计算，增长速度按不变价格计算。

5.六大高载能行业分别为：化学原料及化学制品制造业、非金属矿物制品业、黑色金属冶炼及压延加工业、有色金属冶炼及压延加工业、石油加工炼焦及核燃料加工业、电力热力的生产和供应业。

6. 钢材产量及消费量数据中均含部分使用钢材加工成其他钢材的重复计算因素。

7.固定资产投资按东部、中部、西部和东北地区计算的合计数据小于全国数据，是因为有部分跨地区的投资未计算在地区数据中。其中：东部地区是指北京、天津、河北、上海、江苏、浙江、福建、山东、广东和海南10省市；中部地区是指山西、安徽、江西、河南、湖北和湖南6省；西部地区是指内蒙古、广西、重庆、四川、贵州、云南、西藏、陕西、甘肃、青海、宁夏和新疆12省(区、市)；东北地区是指辽宁、吉林和黑龙江3省。

8.房地产业投资除房地产开发投资外，还包括建设单位自建房屋以及物业管理、中介服务和其他房地产投资。

9.表11中“金融业”是指国民经济行业分类中的证券分析与咨询、保险辅助服务和其他金融活动等。

10.原保险保费收入是指保险企业确认的原保险合同保费收入。

11.特种影片是指那些采用与常规影院放映在技术、设备、节目方面不同的电影展示方式，如巨幕电影、立体电影、立体特效(4D)电影、动感电影、球幕电影等。

12.城镇职工基本医疗保险人数包括参保职工和参保退休人员。城镇居民基本医疗保险的参保对象是不属于城镇职工基本医疗保险覆盖范围的城镇非从业人员。

13.农村五保救济是指老年、残疾或者未满16周岁的村民，无劳动能力、无生活来源又无法定赡养、抚养、扶养义务人，或者其法定赡养、抚养、扶养义务人无赡养、抚养、扶养能力的村民，在吃、穿、住、医、葬方面得到的生活照顾和物质帮助。

14.建设用地供应总量是指报告期市、县人民政府根据年度土地供应计划依法以出让、划拨、租赁等方式将国有建设用地使用权提供给单位或个人使用的国有建设用地总量。

15.地价是指根据《城市地价动态监测技术规范》，以城市监测点地价为基础，综合土地市场和房地产市场交易价格测算反映城市整体状况的土地价格水平。综合地价是指同一城市或地区的不同用途土地的平均价格水平。

16.万元国内生产总值用水量按2005年不变价格计算，邮电业务总量按2000年不变价格计算。

2009年我国工业经济运行情况

工业和信息化部

2009年是进入新世纪以来我国工业发展最为困难的一年。我国工业受到国际金融危机的严重冲击，产品出口持续下滑，工业品价格低位运行，生产增速在年初跌至近十年最低点。在中央“保增长、扩内需、调结构、惠民生”一揽子计划的持续作用下，工业经济较快扭转了增速下滑局面，回升向好的运行态势不断明朗并得到巩固，全年工业运行呈现出“前低后高”走势。

2009年，全国规模以上工业增加值同比增长11%，增速比上年回落1.9个百分点；其中，一季度增长5.1%，二季度增长9.1%，三季度增长12.4%，四季度增长18%，工业生产回升向好态势基本确立。12月份，规模以上工业增加值同比增长18.5%，比上月回落0.7个百分点；环比增长1.3%。

轻工业增长平稳，重工业反弹强劲。轻工业受国内消费需求拉动运行平稳，全年增长9.7%，比上年回落2.6个百分点；重工业从二季度开始表现出强劲回升势头，全年增长11.5%，比上年回落1.7个百分点。12月份，轻、重工业分别增长12.1%和21.4%，比上月回落0.5个和0.8个百分点。

东部地区率先回升，中西部地区实现两位数增长。东、中、西部地区工业增加值分别增长9.7%、12.1%和15.5%。东部地区增速在头两个月下滑到2.3%后触底回升，11、12月份增速分别达到16.6%和16.4%。中部地区进入6月份以后、西部地区进入10月份以后加快攀升，11月份增速分别达到23.3%和25.1%，12月份分别达到23.6%和20.5%。分省市看，全年24个省份达到两位数增长，其中内蒙古、天津、安徽、四川分别增长24.2%、22.8%、22.6%和21.2%。工业大省山东、江苏、河南、辽宁同比分别增长14.9%、14.6%、14.6%和16.8%；广东增长8.9%。山西、上海分别于12月和10月结束累计负增长，全年分别增长2.5%和3%。12月份，全国26个省份增加值增速超过20%。

产销衔接较好。全国工业产品销售率97.7%，与去年持平；12月份，全国产销率99.3%，同比提高0.9个百分点。

工业品出口下降一成。全年规模以上工业完成出口交货值72882亿元，同比下降10.1%，其中前8个月降幅均在13%以上，9月份以后由于去年同期基数较低，降幅持续收窄，9、10月份分别下降9.9%和7.3%，11、12月份转为增长5.3%和12.4%。另据海关统计，2009年我国外贸出口额12017亿美元，同比下降16%；其中12月份增长17.7%。

工业投资持续增长。工业投资8.04万亿元，同比增长26.2%，占城镇固定资产投资的比重为41.4%；其中制造业投资5.88万亿元，增长26.8%。

工业品出厂价格持续回升。工业品出厂价格从上年四季度开始大幅下滑后，4月份开始回升，12月份累计比3月份上涨4.7%。全年工业品平均出厂价格同比下降5.4%，其中11月份同比下降2.1%，12月份增长1.7%。原材料、燃料、动力购进价格指数同比下降7.9%，当月增长3%。

企业效益状况明显改观。1~11月，规模以上工业企业实现利润25891亿元，同比增长7.8%。从3月份开始企业效益状况明显改善，3~5月、6~8月、9~11月分别实现利润6310亿元、8245亿元和9144亿元。规模以上工业企业亏损面17.4%，比1~8月收窄2.9个百分点；亏损企业亏损额3270亿元，同比下降33.5%(1~8月下降18.8%)。11月末，产成品资金占用2.4万亿元，同比增长0.2%(1~8月下降0.8%);应收账款5.3万亿元，增长14%，增幅比8月末上升4.8个百分点。

2009年工业行业运行情况之一：原材料工业

总体运行态势是：上半年低位回升，下半年特别是进入四季度，在上年同期生产基数较低的基础上加快增长，年末增速恢复到较高水平。全年规模以上原材料工业增加值比上年增长12%，同比加快1.6个百分点;12月份增长20.1%，增速已连续3个月保持在20%以上。1~11月，原材料工业实现利润5276亿元，同比下降11.2%，降幅比1~2月收窄62.4个百分点。

冶金：上半年生产震荡调整，下半年持续回升，四季度增速达到20%以上，全年增加值同比增长11.9%，比上年加快1.4个百分点。全年粗钢产量56784万吨，同比增长13.5%，日均产量156万吨。钢材产量69244万吨，同比增长18.5%。1~11月，冶金行业实现利润1433亿元，同比下降40.8%，降幅比1~2月缩小49.2个百分点；亏损面由1~2月的25.4%缩小到22.8%。

钢材出口大幅下降。2009年，出口钢材2460万吨，同比下降58.5%,降幅比上半年收窄6.9个百分点;进口钢材1763万吨，增长14.3%;进口钢坯459万吨，同比增长17.7倍。全年钢材、钢坯进出口折合粗钢净出口287万吨(其中3~7月连续五个月折合粗钢净进口)，同比下降94%。进口铁矿石62778万吨，同比增长41.6%;12月31日，青岛港印度矿粉价格为890元/吨，比上年末上涨250元/吨。

钢材价格呈W型震荡运行。国内市场钢材综合价格指数分别于2月初、8月初两次上升到109.26和116.32高点，又分别在4月底、10月初跌至95.01和100.06的低点，12月末回升到107.23;主要钢材品种年度平均价比上年下降20%以上。据钢铁工业协会统计，12月末，6.5mm普线、10mm中厚板吨钢价格分别为3744元和4012元，比上月末上涨108元、107元；0.5mm冷轧薄板价格为5586元，比上月末上涨307元。

钢材库存量小幅回升。据钢铁协会统计，12月末，全国26个大中城市经销商库存1233万吨，比11月末增加36.3万吨，主要品种中，螺纹钢、冷轧卷板库存比上月略有增长，热轧卷板、中板和线材库存有所下降。

建材：总体运行态势平稳，生产增速各月均保持在13%以上，利润增速由负转正。建材行业增加值同比增长15.1%，同比回落2.5个百分点。据中国建材协会统计，生产水泥164559万吨，增长16%；生产平板玻璃57515万重量箱，下降1.6%。1~11月，建材行业实现利润1346亿元，由1~2月同比下降0.5%转为增长32.6%。

水泥价格保持平稳，玻璃价格持续攀升。据建材联合会统计，全年重点建材企业水泥平均出厂价290.2元/吨，比上年下降2.6%;平板玻璃平均出厂价67.4元/重量箱，与上年基本持平。12月份，水泥平均出厂价为291元/吨；平板玻璃出厂价为80元/重量箱，已连续10个月上涨，比2月份年内最低价累计上涨38.3%。12月末，重点建材企业水泥库存1389万吨，同比增长29.8%；平板玻璃库存1298万重量箱，下降38.3%。

有色：随着市场需求回升，有色行业生产稳步增长。全年十种有色金属产量2681万吨，同比增长5.8%，一季度日均产量5.98万吨，二、三、四季度逐季上升到6.95万吨、7.68万吨和8.73万吨;电解铝、电解铜产量分别达到1299万吨和425万吨，同比增长1%和9.6%。

铜、铝进口量大幅增长。据海关快报统计，全年未锻轧铜及铜材进口429万吨，增长62.7%;未锻轧铝及铝材232万吨，增长1.6倍。

有色产品价格持续回升。12月份，国内市场铜、铝现货月度平均价格均创年内新高，分别达到55695元/吨和15839元/吨，比年初累计上涨114.4%和31.4%。上海期货市场主要有色金属价格持续走强，12月31日，三个月期铜、铝、锌价格分别为60020元/吨、17390元/吨和21375元/吨，皆创年内最高收盘价。

经营状况好转。1~11月，有色金属行业实现利润809亿元，下降20.4%，比1~2月缩小79.1个百分点。

化工：化工行业生产形势总体好于全国平均水平，下半年运行情况继续好转，主要化工产品市场出现回暖迹象。全年化工行业增加值同比增长15.9%，同比加快5.9个百分点。主要产品中，烧碱、纯碱、乙烯产量分别增长8.6%、8.7%和8.3%;化肥、农药产量分别增长16.3%和12.3%。1~11月，化工行业实现利润1687亿元，由1~2月下降

55.5%转为增长 13.7%。

2009 年工业行业运行情况之二:装备工业

总体运行态势是:在投资拉动和政策推动下,生产增速温和上升,其中汽车消费拉动作用明显,利润加速回升。全年规模以上装备工业增加值增长 13.8%,同比回落 3.3 个百分点;其中头两个月增长 5.4%,此后逐月攀升,从 5 月份开始连续 8 个月实现两位数增长,11、12 月分别增长 20.8%和 22.8%。1~11 月,机械行业实现利润 6018 亿元,由 1~2 月同比下降 24.3%转为增长 23.7%。

通用设备生产总体向好。全年通用设备制造行业增加值同比增长 11%,12 月份增长 18.2%,比上月加快 0.6 个百分点。主要产品中,发动机增长 30.1%,其中汽车用发动机增长 44.6%;金属切削机床、金属成形机床产量分别为 58.1 万台和 21.9 万台,我国首次成为世界机床第一大生产国。

农机购置补贴政策带动作用显著。2009 年中央财政投入 130 亿元用于农机购置补贴,惠及到全国所有农牧区县,覆盖 12 大类 38 种农机产品,拉动地方和农民投入 360 亿元。全年大、中、小型拖拉机分别增长 30.7%、29%和 9.8%,收获机械和粮食机械分别增长 55.4%和 23%。

汽车产销双双超过 1300 万辆。据中国汽车工业协会统计,全年汽车产销分别达到 1379 万辆和 1364 万辆,同比增长 48.3%和 46.2%;年内汽车产销连续十个月达到百万辆水平,月度历史最高纪录五次被刷新。小排量乘用车市场快速增长。全年乘用车销售 1033 万辆,同比增长 52.9%;其中,1.6 升及以下排量乘用车销售 720 万辆,增长 71.3%,占乘用车销售市场的 69.7%,占有率同比提高 8 个百分点。自主品牌市场份额扩大。全年自主品牌乘用车共销售 457 万辆,占乘用车销售总量的 44%,比上年提高 4 个百分点。企业兼并重组稳步推进。2009 年销量超百万辆企业集团达 5 家,共销售汽车 966 万辆,占汽车销售总量的 71%,比上年提高 9 个百分点,集中度进一步提高。

船舶生产实现平稳较快增长。2009 年,我国造船完工 4243 万载重吨,同比增长 47%,占世界市场份额的 34.8%。新接船舶订单国际市场份额大幅提高。2009 年,全球成交新船订单 4219 万载重吨,较 2008 年下降 71%,但在出口买方信贷等政策支持下,我国新接订单达 2600 万载重吨,占世界市场份额的 61.6%,居世界第一位,同比提高 23.9 个百分点。

2009 年工业行业运行情况之三:消费品工业

总体运行态势是:在国内消费支撑下,消费品工业总体运行态势平稳;提高出口退税率政策减缓了轻纺等产品出口大幅下滑趋势。全年消费品工业增加值同比增长 10.8%,其中 12 月份增长 13.4%。1~11 月,消费品工业实现利润 7675 亿元,同比增长 20.9%,比 1~2 月加快 20 个百分点。

轻工:生产平稳上升,效益状况好于整体工业。全年轻工行业增加值同比增长 11.2%,比上年回落 3.1 个百分点;出口交货值同比下降 5.4%,其中 11、12 月份分别增长 3.9%和 10.9%。1~11 月,轻工行业实现利润 4846 亿元,增长 23.8%,高于全国平均水平 16 个百分点。

食品生产保持较快增长水平。农副食品加工、食品制造和饮料制造行业增加值同比分别增长 15.9%、14.1%和 14.6%;主要产品中,精制食用植物油产量增长 22.9%,肉类和冷冻水产品产量分别增长 39.9%和 20.8%,饮料酒和软饮料分别增长 9.5%和 24.3%。

家电产品产销两旺。家用电冰箱、洗衣机、电热水器产量分别达到 6064 万台、4936 万台和 1989 万台,同比分别增长 18.8%、13%和 15.7%。据家电下乡信息系统数据显示,截至 12 月 31 日,累计销售家电下乡产品 3768 万台,销售金额 692.5 亿元。

纺织:全年纺织行业增加值同比增长 9.1%,出口交货值同比下降 3%。全年纱产量 2406 万吨,增长 12.7%;布产量 568 亿米,增长 5.3%;服装 237.5 亿件,增长 6.9%。1~11 月,纺织行业实现利润 1307 亿元,增长 25.4%,比 1~8 月提高 12.7 个百分点;其中纺织业实现利润 777 亿元,增长 17.8%,服装及其制造业实现利润 416 亿元,增长 21.3%。

国内棉花价格总体攀升。12 月份,国内棉花价格指数(328 级)价格在 10 月份创下年内新高后继续上扬,达到 14873 元/吨,比上月末上涨 115 元/吨;聚脂切片、涤纶短纤、涤纶长丝价格有不同程度回落,比上月下降 250~800 元/吨。

医药:全年医药行业增加值增长 14.9%,同比回落 2.5 个百分点。生产化学药品原药 194 万吨,同比增长 3.4%;中成药 180 万吨,增长 29.2%。1~11 月,医药行业实现利润 896 亿元,同比增长 25.9%,增幅比 1~8 月提高 9.7 个百分点。

烟草：全年烟草行业增加值同比增长8.2%。生产卷烟22909亿支，同比增长3.2%。1~11月，烟草行业实现利润626亿元，下降8.1%（上年同期增长16.4%），比2009年1~8月收窄2.9个百分点。

2009年工业行业运行情况之四：电子制造业

总体运行态势是：由于外贸依存度高，电子工业在工业大门类中受国际金融危机冲击最为明显，生产持续低迷，回升相对乏力。全年电子制造业增加值同比增长5.3%，其中11、12月份分别增长14.4%和19.8%。主要产品中，微型计算机设备产量18215万台，增长27.5%，其中笔记本计算机增长38.8%；手机61788万台，增长9.8%；彩电产量9966万台，增长9.3%，其中液晶电视机增长85.2%；集成电路416亿块，同比下降6.6%。

出口交货值降幅收窄。全年规模以上电子制造业出口交货值同比下降5.5%，降幅比年初1~2月收窄13.5个百分点；其中，11、12月份分别增长9.8%和17.7%，结束了此前连续12个月的出口持续下滑。

2009年工业行业运行情况之五：能源保障

受需求增加、恶劣天气等因素影响，进入四季度特别是11月份以后，煤炭需求迅速增加，煤炭市场形势从供应相对宽松、供需基本平衡迅速转为向大部分地区趋紧方向发展，部分地区出现煤炭、电力、天然气供应紧张状况。发、用电量快速回升。成品油市场需求有所恢复，生产经营出现好转。

煤炭：煤炭生产稳步回升。全年煤炭产量29.6亿吨，同比增长12.7%。据海关统计，煤炭出口2240万吨，下降50.7%；进口12584万吨，增长2.1倍；全年净进口10344万吨，首次成为煤炭净进口国。煤炭价格基本平稳，四季度后快速上涨。12月末，秦皇岛5500大卡山西优混煤价格升至770~790元/吨附近，比上月末上涨80~100元/吨，比年初上涨220~225元/吨，创年内新高。前11个月，煤炭行业实现利润1827亿元，同比下降9.4%（去年同期增长133.7%）。库存回落。12月末，统调电厂存煤4156万吨（比上月下降3.6%），平均可用10天，同比减少13天；秦皇岛港存煤536万吨，同比减少38万吨。

电力：全年规模以上工业企业发电量36506亿千瓦时，同比增长7%。其中火电增长7.2%，同比加快4.2个百分点；水电增长4.3%，同比减缓13.2个百分点。工业用电快速回升。据中国电力企业联合会统计，全国工业用电量为26664亿千瓦时，同比增长4.3%，比上年加快0.4个百分点。前11个月，电力行业实现利润891亿元，同比增加624亿元，增长2.3倍（上年同期下降82.3%）。

石油：石油供应基本平稳。全年原油产量1.89亿吨，同比下降0.4%；据海关统计，进口原油2亿吨，增长13.9%。原油加工量3.7亿吨，增长7.9%；其中汽油产量增长13.1%，同比加快7.3个百分点；柴油产量增长6%，回落2个百分点。12月份，全国原油产量1607万吨，同比增长1.6%；进口原油2126万吨，同比增长47.9%。原油加工量3460万吨，同比增长24.8%。受国际油价变化影响，国家发展改革委2009年共8次调整国内成品油价格，汽、柴油每吨分别累计上调了1520元和1390元。

国际油价总体呈现逐步回升的走势。12月份，布伦特原油现货月度平均价为74.3美元/桶（比11月回落2.4美元/桶），比年初上涨30.7美元/桶，已连续三个月保持在70美元/桶之上。

（有关统计数据除有注明外，进出口数据为海关统计数据，其余均为国家统计局数据或根据国家统计局数据测算。）

（稿件来源：工信部网站）

2009年中国工业经济运行春季报告

工业和信息化部运行监测协调局、中国社科院工业经济研究所联合发布

（2009年5月21日）

去年下半年特别是四季度，受国际金融危机等不利因素影响，中国工业经济面临不断加大的下行压力，部分行业、企业生产经营陷入困境。为防止经济增速过快下滑，中国政府迅速推出扩大内需、促进经济增长的一揽子计划，制定和出台了钢铁、汽车等十个重点产业调整和振兴规划，这些措施对缓解经济运行中的突出矛盾、增强信心、稳定预期、保持经济平稳较快发展，发挥了至关重要的作用。从今年前四个月经济运行情况看，工业增速呈现低位趋稳运行态势，部分地区和行业生产过快下滑势头初步得到遏制，企业应对危机影响、适应市场变化能力得到提高，工业整体运行朝着积极方向转化。

同时，工业经济运行面临的形势仍然复杂严峻。从经济运行的内外部环境看，今年将是我国工业进入新世纪以来最为困难的一年，尽管经济运行中出现了一些积极变化，但基础尚不牢固，实现工业"保增长、调结构、上水平"任务十分艰巨。

一、前四个月工业经济运行基本情况

（一）工业增速大幅下滑势头初步得到遏制，整体运行正朝着积极方向转化

1~4月，规模以上工业增加值同比增长5.5%，其中一季度增长5.1%，是过去15年来季度最低增长水平。从月度运行情况看，前两个月增长3.8%，处于去年下半年以来下滑的最低点；3、4两个月增速分别回升到8.3%和7.3%，均高于去年11、12月增长水平。前四个月运行情况表明，中央一系列"扩内需、保增长"的政策措施已初见成效，工业经济呈现出止跌回升的积极变化。

1.轻工业运行基本稳定，重工业由降转升。1~4月，轻、重工业增加值同比分别增长7%和4.9%。轻、重工业增速经历了去年下半年以来的持续下滑，于今年前两个月分别跌至6.5%和2.7%的低点，随后出现程度不同的回升。3、4两个月，轻工业增速回升到8.5%和8.2%，重工业回升到8.3%和6.9%。从总体运行态势来看，轻工业主要受消费刚性需求拉动，下滑程度浅，生产形势相对稳定；重工业在经历了半年多的调整后，前期高价购进原材料基本得到消化，产品库存基本恢复到正常水平，加上原材料、燃料和动力购进价格下降，运行状况得到改善。

2.效益下滑状况有所改观，"两项资金"占用增幅回落。一季度，全国22个统计工业效益的省份规模以上工业合计实现利润3227亿元，同比下降32.2%，降幅比前两个月缩小7.3个百分点。3月末，22个省份工业应收账款和产成品库存占用资金同比分别增长7%和10.4%，增幅比前两个月分别回落0.4个和3.6个百分点。效益状况的改善，将进一步缓解企业生产经营遇到的压力。

3.多数省份生产恢复加快，东部地区回升态势明显。4月份，全国21个省份工业增速比一季度有不同程度加快或降幅减缓。工业大省中，占全国工业增加值比重14%、12.2%和10.5%的山东、江苏、广东三省当月增速分别为14.1%、14.4%和3.5%，比一季度回升7.6个、3.8个和2.6个百分点；占全国工业增加值比重5.6%的浙江省当月增加值由一季度下降5.6%转为增长0.2%；占全国工业增加值比重5.4%和5.3%的河南、辽宁两省当月增速分别

为 7.3%和 12%，比一季度回升 4.2 个和 0.8 个百分点。当月，东、中、西部地区工业增加值同比分别增长 6.7%、5.5%和 12.7%，比一季度分别回升 3 个、0.3 个和 0.9 个百分点。相对来说，国际金融危机对我国东部地区工业影响在时间上要早、在程度上更深，东部地区工业基础好、规模大，其生产形势的较快恢复将为拉动全国工业增速平稳回升奠定良好基础。

4.调整出口退税率的政策作用显现。据海关统计，1~4 月，我国外贸出口 3374 亿美元，同比下降 20.5%；其中 4 月份出口 919 亿美元，下降 22.6%，降幅比 3 月份加深 5.4 个百分点，按工作日平均计算，当月出口比 3 月份增长 6.8%。去年下半年以来国家 6 次调高出口退税率的商品 4 月份出口合计 487 亿美元，同比下降 18.6%，低于全国整体出口降幅 4 个百分点，出口值占当月全国出口总值的 52.8%；按工作日平均计算，当月出口比 3 月份增长 9.4%。出口大省中，广东、浙江、山东、福建、北京五省市(出口合计占全国比重的 57%)当月出口降幅在 12.9%~20.3%，小于全国平均水平。

5.工业投资平稳增长，企业技术改造稳步推进。1~4 月，全国城镇固定资产投资同比增长 30.5%，其中对工业的投资 15698 亿元，增长 27.7%，占全国城镇固定资产投资 42.3%。在固定资产投资中，建筑安装工程投资和设备及工器具购置费用分别增长 33.1%和 31.1%。今年中央财政安排的 200 亿元技术改造专项资金项目申报、审批工作稳步推进，已下达计划的 70%以上，项目总投资超过 2000 亿元。今年以来，固定资产投资的强劲增势，不仅形成对原材料工业和装备制造业的强大拉动作用，同时对工业直接投资的较快增长也将进一步增强工业发展后劲。

6.综合能耗水平下降，重点耗能企业能源利用效率提高。一季度，规模以上工业综合能源消费 4.89 亿吨，同比下降 6.2%，占全国能源消费总量的 74%；39 个工业大类行业中，综合能源消费量下降的有 29 个，其中下降 10%以上的有 9 个；工业单位增加值能耗同比下降 10.8%。重点耗能企业单位能耗指标继续降低，能源利用效率提高。对年综合能耗万吨标准煤及以上工业企业能源消费统计数据显示，在 53 种产品或工序中，一季度单位综合能耗同比下降的有 41 种，上升的有 12 种，分别占 77%和 23%；能源回收利用的能量达到 1935 万吨标准煤，回升利用率为 2.25%。

(二)扩大内需的政策效应逐步显现，部分行业在调整中企稳回升

1.原材料工业　1~4 月，原材料工业增加值同比增长 5.3%，其中 4 月份增长 7%。主要行业中，冶金、有色、建材和化工行业分别增长 1%、4%、12.8%和 6.1%，四个行业增加值分别占全部工业增加值比重的 10%、3.4%、5.2%和 6.9%，合计占 25.5%。

钢铁行业整体处于震荡调整之中。一季度全球粗钢产量同比下降 22.8%，而我国在扩内需政策拉动下，市场供需状况有所改善，前四个月粗钢产量 17067 万吨，同比基本持平，3、4 两个月日均产量均维持在 145 万吨/天。长材增长较快，板材相对疲软。受国际市场价格大幅下滑和国内市场供大于求影响，钢材价格总体处于低位波动，全行业整体处在亏损状态。据中国钢铁协会统计，4 月末，国内市场钢材综合价格指数为 95.56，低于去年 11 月份的最低点，近期随着库存下降、需求增加，国内钢材市场价格也走出了连续 10 周的下跌局面，到 5 月 15 日已连续三周保持回升态势。1~4 月，72 家大中型生产企业盈亏相抵净亏损 51.8 亿元，其中 4 月份净亏损 15 亿元，亏损面近四成。

有色金属行业初步摆脱亏损困境。1~4 月，十种有色金属产量 733 万吨，同比下降 6.5%；其中电解铜产量 127 万吨，增长 6.7%；电解铝产量 354 万吨，下降 15.2%。在国家扩大内需，实施产业调整振兴等政策措施作用下，主要有色金属价格震荡回升，行业效益状况好转。4 月末，国内市场铜、锌现货平均价分别回升到 37675 元/吨和 12587 元/吨，电解铝现货平均价回升到 13165 元/吨，为企业实现扭转增盈留出盈利空间。1~4 月，71 户重点联系企业盈亏相抵净亏损 4.9 亿元，其中 3、4 月分别盈利 17.3 亿元和 16.5 亿元，铜企业已扭亏为盈，其他金属品种也呈现减亏态势。

建材行业表现出良好的增长势头。在基础设施建设拉动下，今年以来水泥生产一直保持较快增长。1~4 月，全国水泥产量 42891 万吨，同比增长 13%，增速同比加快 3.1 个百分点。平板玻璃生产相对低迷。1~4 月，平板玻璃产量 10100 万重量箱，同比仅增长 0.9%；但随着房地产市场开始回暖，4 月份产量增长 3.1%，比一季度加快 2.6 个百分点。

前四个月，水泥价格总体仍处在下行区间，但高于去年同期水平；平板玻璃价格在经历7个月连续回落下，3、4两个月已有所回升。4月末，重点建材企业水泥库存1150万吨，同比上升6.7%；平板玻璃库存1933万重量箱，下降25.4%。

化工行业呈现企稳回升态势。4月份，化工行业增加值同比增长10.6%，已连续两个月保持在10%以上的增速；在重点监测的30种主要化工产品中，超过七成产品生产增速快于一季度(包括部分产品降幅趋缓)。4月份，多数化工产品价格延续了前两个月的上涨态势。据中国物流采购协会统计，当月主要化工产品价格比上月回升7.3%。中国化工网重点监测的42种主要化工产品价格比3月末上升的有25种，9种与上月末持平，仅有8种下降。深、沪两市33家化工类上市公司季报显示，一季度实现净利润6.8亿元，尽管同比下降19.5%，但环比增长1.12倍。

2.装备工业　受政策利好和市场需求拉动，装备工业呈现恢复性增长趋势。1~4月，装备工业增加值同比增长7.3%；3、4月份分别增长10.1%和9.7%，均快于去年后两个月和今年1~2月，并高于全部工业增速。装备工业在全部工业增加值中所占的比重为18.7%。

汽车产销增势强劲。据中国汽车工业协会统计，1~4月，生产汽车372.3万辆，销售汽车383.2万辆，同比分别增长6.4%和9.4%；其中4月份生产115.7万辆，销售115.3万辆，分别增长17.9%和25%，产、销量连续两个月保持在100万辆以上。得益于1.6升及以下乘用车购置费减半政策，1~4月，销售1.6升及以下乘用车200.6万辆，同比增长30.4%。中高排量轿车出现回暖迹象，4月份1.6升到2升(含)、2升到2.5升轿车销售量分别比3月份增长2.2%和5.2%。产销形势好转带来行业效益上升，一季度19家重点汽车生产企业(营业收入约占全行业的50%左右)盈亏相抵实现利润108亿元，同比下降48.8%，降幅比前两个月缩小11个百分点。

农机下乡进程加快。据农业部统计，截至4月30日，中央财政已下达农机具购置补贴资金100亿元，实际已补贴购机农户122万户、资金61.6亿元，补贴农机具132万台(套)。在市场需求拉动下，1~4月，大、中型拖拉机生产分别增长50%和33.2%，农作物收获机械和场上作业机械分别增长33%和25.8%。

专用设备受投资拉动生产加快。1~4月，在全国城镇固定资产投资中，对化学原料及制品业、印刷业、铁路运输业的投资同比分别增长34.1%、19.8%和94.2%。在投资大幅增长的拉动下，炼油及化工生产专用设备产量同比增长25.6%，印刷专用设备产量增长21.9%，铁路客车产量增长1.68倍。

工程机械产销形势好转。进入3月份以来，随着国内各类工程项目大规模开工建设，工程机械需求有较明显回升，内销形势好于出口。一季度，累计销售挖掘机24027台、装载机31375台，其中3月份分别销售13314台、16792台，占一季度销量的一半以上；累计销售推土机、起重机分别超过2000台和7000台，其中3月份分别销售800余台和3000余台。4月份，起重机日均产量比3月份增长4.1%，装载机、输送机、挖掘机、压实机械增幅在12.6%~50.6%。

机床行业处于调整期。1~4月，金属切削机床、金属成形机床产量分别下降20.5%和20.2%，其中数控金属切削机床、数控金属成形机床分别下降18.7%和8.3%，机床行业整体仍处于下滑状态。不少企业反映，国家扩大内需、实施重点产业调整振兴规划等政策措施效应正通过上游产业向机床行业传导，近两个月机床订单已有所回升，高档数控机床需求增多，但中小型普通机床市场形势仍不乐观。从4月份生产情况看，尽管金属切削机床和成形机床产量同比下降21%和34%，按日均计算当月产量分别比3月份增长5.1%和17.7%。

3. 消费品工业　国内市场平稳增长在一定程度上弥补了外需不足、出口下滑的影响，消费品工业运行相对稳定，对促进工业平稳回升发挥了积极作用。1~4月，消费品工业增加值同比增长8%，其中3、4两个月增长9.8%和9.2%。主要行业中，轻工、纺织、烟草和医药行业分别增长8.1%、6.6%、6.1%和13.8%，四个行业增加值分别占全部工业增加值比重的18.7%、6.3%、3%和2.4%，合计占30.4%。

轻工、纺织行业运行态势较为平稳。在国际市场萎缩、出口受阻的不利形势下，轻工、纺织行业立足国内市场，整体运行保持稳定回升的良好态势。4月份，轻工行业增加值同比增长9.8%，比3月份又加快0.4个百分点,其中农副食品加工、食品制造和饮料制造当月增速达到13.2%~19.2%。3、4两个月,纺织行业增速均超过8%,并高于去年四季度各月水平,其中服装及鞋帽制造达到10%的增长水平。

轻纺产品出口降幅扩大趋势减缓。1~4月,轻工、纺织行业出口交货值同比分别下降10.9%和8.4%,下降幅度分别小于整体工业出口降幅4.8个和7.4个百分点。从月度出口交货值增速变动情况看,3、4两个月轻纺产品出口降速扩大的趋势已初步得到遏制。

"家电下乡"等扩大消费政策效应正逐步显现。1~4月,重点统计的14种主要家电产品中,同比增长的有8种,其中电冰箱、电饭锅分别增长7%和8.1%,饮水机、燃气灶具分别增长22%和20.3%。为加快推进家电下乡,4月16日,财政部、商务部、工业和信息化部等部门联合下发《家电下乡实施细则》,进一步简化补贴兑付程序。4月份,14种主要家电产品日均产量比3月份增长的有10种,其中增速超过10%的有8种。另据商务部统计,1~4月,累计销售下乡家电产品446万台,销售金额达到68亿元。

4.电子制造业　由于外向程度高(前四个月出口交货值占行业销售产值的比重为64.2%),电子制造业受国际金融危机影响冲击程度最大的行业之一,目前总体上处于低位调整阶段。1~4月,电子制造业增加值同比下降3.7%,3、4月份由降转升,分别增长1.2%和1.1 %,但回升的前景仍不明朗。

出口下滑态势未有根本性改观。据海关统计,1~4月,电子信息产品出口1207亿美元,同比下降24.1%;其中4月份下降22.9%,降幅比3月份扩大0.8个百分点。

国内市场增势较好。1~4月,规模以上电子信息制造业内销产值增长5.1%,其中4月份增长11.4%,比上月回升0.9个百分点。受电信业3G投资拉动,4月份,通信设备制造业内销增长9.5%,其中交换设备行业增长79%。但国内市场增势对扭转行业下滑的作用有限。

多数产品生产仍在下滑。4月份,重点监测的55种产品产量同比下降的有37种,占总数的67.3%;增速比上月回落或降幅扩大的有33种,占总数的60%。当月,手机、微型计算机设备产量分别由上月增长1.2%和15.4%转为下降9.3%和5%,数字程控交换机产量由上月增长20.5%转为下降9.7%。

5.能源供需　1~4月,全国一次能源生产总量78443万吨,同比增长6.6%,其中4月份增长7.3%。

煤、电供求较为宽松。1~4月,全国原煤产量82780万吨,同比增长6.8%,其中4月份增长7.9%。煤炭出口934万吨,下降36%;进口2275万吨,增长55.7%。由于电力、钢铁等主要用煤行业需求下滑,一些大矿采取了限产措施,4月份煤炭价格小幅回升,港口存煤减少较多。4月末,秦皇岛港存煤370万吨,比上月末减少160万吨;秦皇岛港发热量在5500大卡/吨的山西优混煤平仓参考价格为570~585元/吨,比上月末上涨20~25元/吨。

1~4月,全国发电设备累计平均利用小时为1354小时,比去年同期降低202小时。其中,火电设备平均利用小时为1468小时,同比降低238小时;水电设备平均利用小时为854小时,同比上升18小时。

石油供应基本平稳。1~4月,全国原油产量6175万吨,同比下降0.9%;原油进口量5707万吨,增长4.5%;原油加工量11172万吨,下降1.8%,其中汽油、柴油产量分别增长10.1%和1.9%。国际油价振荡上行。4月份,布伦特原油月度平均价为50.42美元/桶,比上月上涨6美元/桶,比去年年底上涨10美元/桶。3月末,国家相应上调国内成品油价格。

二、影响当前工业运行的主要问题

前四个月,我国工业运行出现了一些积极的变化,但整体形势依然严峻,影响工业运行的不确定因素还比较多,回升的基础还不牢固。

1. 国际金融危机蔓延加深,外部需求持续萎缩。国际金融危机发生以后,各国政府采取了一系列经济振兴措施,并取得一定成效。但是,这些措施难以在短期内使经济摆脱衰退。3月13日,国际货币基金组织再次下调今年全球经济增长预期,预计下降0.5%~1.5%,比去年11月份的预测值下调2.2个百分点。3月23日,世贸组织预测今年世界贸易额将下降9%。在经济全球化背景下,我国经济难以独善其身,外需不足特别是发达国家市场萎缩仍将是未来我国工业出口面临的最大困难,工业下行风险加大。

2.部分行业产能过剩严重,短期内难以解决。

近些年，部分行业、地区盲目投资、低水平重复建设问题突出，导致产能过剩，在外部需求大幅萎缩的情况下，这一问题表现得更加突出。2008年底，我国钢铁产能年已达到6.6亿吨，占到世界钢铁产能的近一半，预计今年供需平衡量不足5亿吨，产能过剩逾亿吨。4月末，全国26个大中城市5类钢材库存总量达到947万吨，同比增长17.3%。电解铝生产能力放空40%左右。解决产能过剩问题既涉及到企业层面，又涉及到社会层面，在职工安置、债务处理、企业转产等方面机制尚不完善，因此将是一个长期复杂的过程。

3.企业经营环境有待进一步的改善。扭转当前工业增速下滑，企业是关键。目前，企业融资难的问题没有得到有效解决，在信贷规模大幅增加的情况下，中小企业授信额度总体偏小。国家减轻企业经营负担的政策在一些地方尚未落实到位，部分企业反映，税费负担仍然较重，乱摊派、乱收费的问题依然存在。

4.利润下滑导致企业投资能力不足。一季度，工业利润仍呈大幅下滑的局面，企业亏损面达四分之一，39个工业大类行业中有21个行业效益状况比前两个月恶化。经营效益滑坡，不仅影响企业投融资能力，而且影响社会资本向工业领域流入。

三、近期工业经济走势及政策措施建议

二季度，工业经济将继续保持今年以来积极向好的运行态势，预计工业增速可能达到8%左右。下半年，随着国家“扩内需、保增长”各项措施逐步到位，工业增速会进一步回升，并达到10%以上的增长水平。

为实现工业经济的平稳运行，完成全年各项目标任务，建议当前要着重注意以下几个方面：

1.坚持把扩大内需作为扭转增速下滑的主要途径。尽快扭转工业增速下滑是当前工业经济运行的首要目标。要充分发挥内需，特别是消费需求对稳定工业的主导作用，进一步完善和落实扩大内需、拉动消费的政策措施。继续落实好家电下乡、农机下乡、汽车(摩托车)下乡政策，着力解决“三下乡”过程中的售后服务不到位等突出问题，引导企业努力开发适合农村市场需求的产品。研究推动其他工业品下乡的相关政策措施，进一步开拓农村市场。要为加快启动民间投资创造更为宽松的政策环境，形成政府投资拉动与民间投资跟进的良性互动。积极推动房地产市场稳定健康发展，充分发挥房地产市场对经济的拉动作用。

2.坚持把调整结构作为实现可持续发展的重要手段。要正确处理好保增长与调结构的关系，认真实施重点产业调整振兴规划，大力推进企业技术改造，加快转变工业发展方式，不断形成新的增长点。以技术改造为抓手，以产业升级为目标，加快推进先进适用技术改造传统产业。大力推进跨地区、跨行业兼并重组，支持优势企业并购落后企业和困难企业。建立健全淘汰落后产能的退出机制，严格控制低水平重复建设，防止落后产能死灰复燃。支持发展研发设计、技术咨询、现代物流、融资信贷等工业服务业，促进新能源、新材料等新兴产业发展。

3.坚持把推进改革作为改善发展环境的体制保障。当前，我国经济运行中存在的问题和困难，既有国际金融危机的冲击，也有长期积累的制约经济平稳较快发展的体制性、结构性障碍。要加快推进重点领域改革，着力解决工业发展中体制性障碍，进一步提高应对国际金融危机能力。要把当前企业反映的突出问题作为改革的切入点，建立公平的竞争环境，支持非公经济和中小企业加快发展。要进一步创新企业融资模式，通过设立小额贷款公司等方式解决中小企业融资难问题。要进一步完善规范的税费征收和监管机制，切实减轻企业负担。

4.坚持把稳定出口作为促进工业增长的重要举措。充分发挥我国出口产品的比较优势，继续完善卖方信贷、买方信贷和对外担保等扩大出口的政策，进一步加大对进出口的支持力度，稳定和扩大我国机电产品和劳动密集型轻纺产品出口市场。鼓励有条件的企业“走出去”，通过承包工程和基础设施建设，带动相关产品出口。

三十年来，工业一直是我国改革开放最前沿的领域，也是国际竞争力提升最快的产业，工业的发展对于增强国力、改善民生具有决定性作用，实现工业振兴对于尽快摆脱国际金融危机影响具有极其重要意义。中国工业已具备抵御国际金融危机冲击的实力和能力，在受危机影响最大、下滑最为明显的行业中一批优势企业正逆势奋起，将在这场金融危机中经受不断得到锻炼和考验，中国工业整体竞争力将进一步提升。

2009年中国工业经济运行夏季报告

工业和信息化部运行监测协调局、中国社科院工业经济研究所联合发布

(2009年8月26日)

今年以来,在党中央、国务院的坚强领导下,在各地区、各部门的共同努力下,中央应对国际金融危机、促进经济平稳较快发展的政策效果逐步显现,工业增速下滑势头得到遏制,企稳回升态势趋于明朗,工业整体运行向好的方向发展。

一、今年以来工业经济运行基本情况

(一)工业增速见底回升,企稳向好态势更加明朗

前7个月,规模以上工业增加值同比增长7.5%,尽管增速比去年同期回落8.6个百分点,但从月度数据看,1~2月增长3.8%,3、4、5三个月增速回升到8.3%、7.3%和8.9%,呈现出止跌回升的运行态势,6、7两个月增速进一步达到10.7%和10.8%,继续向好的方向发展。工业经济运行呈现以下特点:

1.轻工业运行相对平稳,重工业回升态势明显。前7个月,轻、重工业增加值同比分别增长8.1%和7.2%,其中7月份增长9.2%和11.3%。轻工业主要受消费刚性需求拉动,运行比较平稳,7月份增速较1~2月回升2.7个百分点;重工业在经历半年多的调整后,去库存化基本完成,加上中央政策拉动,运行状况得到改善,7月份增速较1~2月回升8.6个百分点。

2.效益下滑状况有所改观,多数行业利润实现增长。上半年,全国上报工业效益的22个省份规模以上工业企业实现主营业务收入18万亿元,由1~5月下降0.3%转为增长0.4%;实现利润8941亿元,同比下降21.2%,降幅比一季度缩小11个百分点,比1~5月缩小3.4个百分点;在39个工业大类行业中,有23个行业利润同比上升,有27个行业利润增幅比1~5月回升或降幅缩小。

3.东、中部地区回升加快,西部地区保持较快增速。1~7月,东、中、西部地区规模以上工业增加值同比分别增长6.3%、7.3%和13.2%,其中7月份增长9.5%、11.8%和15.2%。前7个月,工业增速超过10%的有江苏、山东、辽宁、天津、重庆等13个省份,仅有两省市为负增长,7月份所有省份工业增速均实现正增长。

4.出口大幅下降,国内需求成为拉动增长的主要力量。1~7月,规模以上工业出口交货值同比下降15.6%,其中7月份下降14.7%。在外需严重萎缩的情况下,扩大内需有力支撑工业生产企稳回升。前7个月,城镇固定资产投资同比增长32.9%,其中建筑安装工程和设备工具购置费用分别增长35%和30.4%;工业投资同比增长27.2%,其中制造业投资增长28.1%。前7个月,社会消费品零售总额同比增长15%。

(二)主要工业行业总体上呈加快回升运行态势

1.原材料工业　在固定资产投资强劲增长的拉动下加快回升。1~7月,原材料行业增加值同比增长7.8%,其中1~2月增长3.1%,3、4、5、6、7五个月分别增长8.8%、7%、8.9%、11%和13%。

冶金、有色行业生产恢复加快,经营状况好转。1~7月,冶金、有色金属行业增加值同比分别增长4.2%和7.9%,其中7月份分别达到14%和11.5%。粗钢产量3.17亿吨,同比增长2.9%,其中7月份达到5068万吨,产能已恢复到九成左右。7月份,十种有色金属产量同比增长2%,改变了去年11月份以来连续8个月同比下降局面,电解铜、电解铝日均

产量分别比一季度上升17.8%和29.5%。主要产品国内市场价格整体呈震荡回升趋势，冶金、有色行业效益状况得到改善。上半年，89户重点大中型企业盈亏相抵实现利润26.2亿元，扭转了前5个月累计亏损局面，其中6月当月实现利润66.4亿元；统计的22个省份规模以上有色金属企业实现利润139亿元，其中6月当月实现利润50亿元。

建材行业保持较快增速，化工行业回升势头强劲。1~7月，建材行业增加值增长13.7%，其中7月份增长16.5%。主要产品中，水泥产量达到8.7亿吨，同比增长13.6%，新型干法水泥熟料产量所占比重已超过70%；平板玻璃产量3.2亿重量箱，同比略有下降。1~7月，化工行业增加值同比增长9.4%；其中7月份增长14.7%，增幅同比提高0.1个百分点，较6月份加快3.5个百分点，为去年下半年以来最高增幅。当月纯碱、烧碱产量同比分别增长6.5%、13.2%，比6月份加快5.2和7.3个百分点，已连续两个月保持增长；乙烯产量由6月份下降3.3%转为增长2%。在国家支农惠农政策支持下，化肥、农药生产增长平稳，前7个月产量分别增长10.4%和9.2%。

2. 装备制造业　受益投资和政策等因素拉动表现出良好的增长态势。1~7月，装备制造业增加值同比增长10.1%，其中7月份增长15.9%，连续三个月保持两位数增长。

汽车行业产销连创新高，农机行业增势良好。在1.6升及以下乘用车购置税减半、“汽车下乡”、“汽车以旧换新”等政策作用下，1~7月，生产汽车710万辆，销售汽车718万辆，同比分别增长20.2%和23.4%(汽车协会统计数)，产销量连续五个月超过100万辆，其中1.6升及以下乘用车产量同比增长39.8%。效益状况有所好转。上半年，19户重点汽车企业实现利润422亿元，同比下降1.4%，降幅比1~5月缩小8.6个百分点。“农机下乡”政策调动了农民购置农机具积极性，拉动了企业生产。截至7月底，已实施中央补贴资金90.4亿元，补贴农机具206万台(件)，其中补贴大中型拖拉机19.47万台，补贴水稻插秧机、玉米收获机械、谷物收获机械合计10.43万台(农业部统计数)；前7个月，大中型拖拉机产量22.81万台，同比增长29.6%，农作物收获机械和场上作业机械分别增长23.6%和37.3%。

通用设备生产形势有所好转，专用设备增势平稳。1~7月，通用设备制造行业增加值同比增长7.7%，其中7月份增速回升到11.3%；专用设备制造行业增加值同比增长12.1%，二季度及7月份各月均保持在12%以上增长。随着国内各类工程项目大规模开工建设，工程机械国内需求量明显上升，前7个月，起重机械、输送机械、压实机械、混凝土机械产量同比分别增长9.9%、12%、9.5%和30.6%，叉车、挖掘机、装载机等受出口大幅下降影响生产形势低迷；水泥、炼化、粮食、饲料、印刷等专用设备产量同比增长15%~31.9%。

机床行业加速向高端和大型化方向发展。1~7月，金属切削机床和金属成型机床产量同比分别下降18.6%和13.5%，7月当月，金属切削机床产量同比下降10.6%，金属成型机床产量增长11.3%。普通机床、低档机床呈现大幅萎缩状态，而大型、重型和高档数控机床需求基本稳定。据中国机床工具工业协会对179家重点联系企业统计，今年上半年金属加工机床数控化率达到53.7%，同比提高7.7个百分点；金属切削机床单价同比提高36.7%，其中数控机床上升46.7%。近期协会对130余家企业调查显示，目前行业内有三成以上企业正着手或准备上大型、重型机床项目。

船舶行业保持较快增长，新承接订单情况有所改善。据中国船舶工业协会统计，1~7月，全国造船完工量1878万载重吨，同比增长78%。前7个月，新承接船舶订单787万载重吨，同比下降78%，6月份以来订货情况有所好转，其中7月份新接订单199万载重吨。截至7月底，各造船企业手持船舶订单19235万载重吨，比年初下降6%。据不完全统计，1~7月，全国共撤消船舶订单75艘、388万载重吨。

3.消费品工业　立足国内市场需求，表现出较为平稳的运行态势。1~7月，消费品工业增加值同比增长9.5%，其中7月份增长11.4%，已连续三个月保持两位数增长。主要消费品行业中，轻工、纺织、医药、烟草四个行业规模以上工业增加值同比分别增长9.6%、8.5%、14.1%和7.5%。

食品生产保持较快增长，健身器材、电动自行车增势良好。1~7月，农副食品加工、食品制造和饮料制造行业增加值同比分别增长16.5%、11.9%和12.9%；主要产品中，精制食用植物油产量增长25%，肉类和冷冻水产品产量分别增长36.5%和34.8%，糖果、速冻米面食品、罐头产量增长10.9%

~13.8%，饮料酒和软饮料分别增长8.2%和19.2%。前7个月，室内训练健身器材、电动自行车产量同比分别增长23.2%和13.5%，其中7月份分别增长65%和27.6%。

造纸行业生产增速回升，出口形势有所好转。1~7月，造纸及纸制品行业增加值同比增长6.5%，其中6、7两个月增速分别回升到10.9%和9.4%。另据海关统计，1~7月，造纸及纸制品出口量同比下降13.3%，但6、7两个月出口同比分别增长11.5%和16.4%，改变了前5个月出口连续下降局面。

"家电下乡"稳步推进，对家电生产拉动作用增强。1~7月，累计销售"家电下乡"产品1388万台（件），销售金额达251亿元；其中销售冰箱768万台、空调116万台，销售金额分别占家电下乡产品总金额的62.9%和24.6%。7月当月，共销售"家电下乡"产品427万台，销售金额达88亿元，其中销售冰箱256万台、空调92.8万台。在"家电下乡"政策带动下，7月份家电生产形势有所好转，当月家用电冰箱产量同比增长32.7%，房间空调器产量增长9.8%。受出口大幅下降影响，家电生产总体形势仍然低迷。

纺织品服装生产基本平稳，化纤生产增速加快。1~7月，纺织业、服装及鞋帽制造业增加值同比增长7. 2%和10.8%，其中7月份分别增长8.6%和11.3%；化纤行业增加值同比增长5.7%，其中7月份增长18.4%。从主要产品生产情况看，1~7月，纱、布、服装产量同比分别增长10%、1.1%和4.8%，增幅同比分别回落0.8、5.6和1.4个百分点，其中7月份分别增长13.4%、4.1%和8.9%，均高于去年7月份增幅；化纤产量增长11.8%，同比加快7个百分点，其中7月份产量增长22.6%。提高出口退税率减缓了纺织品服装出口下降趋势，前7个月出口值同比下降11.3%，降幅小于我国外贸出口整体降幅11.3个百分点。

4.电子制造业　在"家电下乡"、提高出口退税率等鼓励消费、稳定出口政策和3G建设的带动下，电子信息产业生产下滑趋势逐步得以遏制。1~7月，规模以上电子制造业增加值同比增长0.8%，扭转了上半年下滑的势头；5、6、7三个月增速分别回升到4.3%、6.5%和5.3%，出口交货值降幅由一季度的15.3%缩小到7.1%、5.8%和6.2%。

内销市场拉动电子制造业回升。1~7月，电子制造业内销产值增长12.0%，其中二季度增长19.6%，增幅比5、6月均提高2个百分点以上。"家电下乡"、"以旧换新"政策刺激城乡市场消费。1~7月，累计销售"下乡"彩电233万台、计算机24.9万台、手机54.6万部，销售金额分别达到29.45亿元、8.31亿元和2.96亿元；其中7月份销售"下乡"彩电48.8万台、计算机13.9万台、手机12万部。

受3G建设及新业务开展拉动，通信和网络设备行业生产加快。1~7月，通信设备、计算机网络设备行业内销分别增长10%、19.4%。主要通信产品生产快速增长，前7个月生产光缆同比增长51.7%；移动通信基站信道增长159.1%；程控交换机增长3.3%。微型计算机产量8849万台，同比增长14.6%，其中笔记本电脑7426万台，同比增长31.3%。

彩电行业在调整产品结构中逐步复苏。1~7月，全国彩色电视机产量5018万台，同比增长2%。其中液晶电视增长77.1%，占全国彩电产量的比重由去年同期的25.7%上升到44.7%；CRT彩电下降32.6%，占全国彩电产量的比重由去年同期的46.2%下降到30.5%。出口形势好转。据海关统计，1~7月，全国累计出口彩电2483万台，同比下降6.6%，其中6、7两个月彩电出口同比分别增长4.1%和16.8%，改变了前5个月单月出口连续下降局面。

从前几个月情况看，工业经济运行克服了国际金融危机的冲击影响，度过了最艰难的时期，稳步回升的力量正在聚集增强，总体向好的运行态势已经形成。

二、影响当前工业经济运行的主要问题

当前，我国经济发展面临的国际国内环境依然严峻复杂，工业企稳回升的基础还不牢固，运行态势还不平稳，民间投资跟进滞后，产能过剩等问题突出。

世界经济复苏漫长曲折，外需不足仍然是制约我国经济发展的重要原因。4月份以来，世界各主要经济体的一些先行指标出现了不同程度反弹，美、欧、日制造业采购经理人指数已保持4~5个月的连续回升，并接近临界点50的复苏水平；美国、日本以及我国香港地区等主要股票市场从3月份开始出现回升，股市价格指数上涨幅度达到40%~

70%；主要国家和经济体消费者信心指数也有所恢复。但各主要国家和经济体复苏主要靠政府投入和政策刺激，美国、日本、德国等国政府都投入了巨量资金“救市”，政策的持续效果还有待观察；由于经济基本面未有根本性改观，就业形势仍在恶化，产能利用率低下，6、7两个月美国、欧元区失业率仍维持9.4%~9.5%水平，日本在5.4%左右，产能利用率在65%~72%，为历史低点。总体来看，随着各国政府应对危机措施到位，其效果逐步显现，从二季度开始全球金融市场趋稳，发达国家经济萎缩幅度也有所放缓，一些经济指标也显示世界经济正在触底，但短期内出现强劲复苏的可能性不大，国际货币基金组织7月份最新预计今年全球经济增长-1.4%。

民间投资动力不足，内需较快增长难以弥补外需萎缩形成的缺口。积极的财政政策和适度宽松的货币政策对于扩大内需发挥了积极的作用。今年以来，投资增长主要靠政府投入和银行信贷资金较快增长的支撑，民间投资的潜力尚未得到充分发挥。在城镇固定资产投资的资金来源中，1~7月国家预算内资金增长了84.9%，高于其他资金来源，这表明当前的投资快速增长受政府投资的驱动较大，市场驱动特征还不明显。政策的最终效果是要带动民间投资，形成持久的增长动力，如果民间投资不能充分启动，政策的带动效果将会受到很大影响。在国家鼓励消费政策的作用下，国内消费持续较快增长在一定程度上支撑了消费类产品生产企稳回升，但由于外需缺口较大，短期内难以依靠内需弥补。前7个月，我国外贸出口同比下降22.6%，如果全年出口下降20%，其形成的需求缺口总量相当于两万亿元人民币。我国轻工、机械、电子等行业许多产品出口占其生产比重超过50%，很难靠国内市场的拓展去消化外需不足形成的需求缺口。另外，我国多数出口企业特别是加工贸易企业只是全球生产体系中的一个环节或“车间”，由于缺乏产业链的支撑和内销网络的对接，也难以实现外销转内销。

工业经济仍未步入正常增长轨道，下行压力依然较大。前7个月，规模以上工业增加值同比增长7.5%，仅为近年来正常增长水平的一半左右；7月份工业增速比6月份加快0.1个百分点，主要是建立在去年下半年增速逐月下滑基础上（去年7月份增速比6月份回落1.3个百分点），回升的基础并不牢固。工业品出厂价格同比大幅下滑，近期一些产品市场价格波动较大。前7个月，工业品出厂价格同比下降6.2%，其中7月份下降8.2%。工业效益状况仍不乐观。尽管利润降幅呈现逐步缩小的变化趋势，但上半年上报效益情况的22个省份利润降幅仍在20%以上，全年利润实现正增长难度很大。近几个月，规模以上企业应收账款增幅呈逐月上升的态势，加大了企业流动资金压力，影响企业正常生产经营。

产能过剩问题凸现，加快推进结构调整和发展方式转变任务艰巨。目前我国多数工业产品已在国际市场中占有较高份额，但在国际金融危机的冲击下，产能严重过剩表现得更为突出。目前，钢铁行业产能过剩超过1亿吨，而今年以来新开工项目同比增长20%左右；水泥产能过剩3亿吨，而在建水泥生产线超过200条，将新增产能超过2亿吨；铝冶炼行业产能利用率仅为65%左右，在建氧化铝、电解铝产能仍达560万吨和200万吨。此外，造船、化工、平板玻璃等行业也都存在较为突出的产能过剩问题，太阳能、风能等新兴产业重复建设、无序上马的问题也不容忽视。近期，在国内需求有所好转的情况下，一些本该淘汰的落后产能又在恢复生产。

三、在实现“保增长”中着力推进工业结构调整

前7个月情况表明，尽管工业经济运行仍然面临着不少困难和挑战，但积极向好的方面不断增多，企稳回升态势已经形成，预计后几个月在中央“扩内需、保增长”政策的持续作用下，工业经济运行总体上将保持稳步回升。考虑去年下半年工业增速呈逐月走低的运行态势，预计第三季度规模以上工业增加值同比增长11.5%左右，全年增速在11%~12%。

当前工业经济运行正处在企稳回升的关键时期，在努力实现“保增长”的过程中，要把大力推动产业结构调整放到更加重要位置，全面贯彻落实重点产业调整振兴规划，稳步推进兼并重组和淘汰落后产能，加强企业技术改造和自主创新，加快培育和发展新兴产业，加大对中小企业支持力度，加强对民间投资的引导。近期，着力提高增长质量和效益，应更加注重把握好以下几个方面：

（一）更加注重处理好保增长和调结构的关系。“保增长”和“调结构”并不冲突，持续稳定的经济增长是建立在结构不断优化的基础上，在保增长中要更加重视增长的质量和效益，避免因为过度追求经济增长速度而放松了对“调结构”的要求，要把大力推进结构调整作为转变发展方式的着力点，力争做到经济增长和结构调整相互促进。当前，要把全面贯彻落实重点产业调整振兴规划作为重要任务，抓紧落实和组织实施好振兴规划中已明确的各项政策措施，努力完成调整振兴规划确定的各项目标。要注重研究国际金融危机背景下结构调整所面临的新情况、新问题，积极探索新形势下结构调整的新思路、新办法。应当统筹好国内、国外两个市场，把扩大内需和稳定外需结合起来，继续扩大开放，鼓励企业国际化经营。

（二）更加注重解决兼并重组和淘汰落后产能中的难点问题。尽快出台加快推进企业兼并重组的指导意见，建立和完善淘汰落后产能激励机制，要把解决企业兼并重组和淘汰落后产能中所涉及的资产、债务、人员安置、地方财税收入等难点问题作为优化结构的突破口，充分考虑兼并重组和淘汰落后产能中的职工利益问题。加大对企业并购重组融资支持力度，对于那些能够明显促进产业结构调整和淘汰过剩产能的并购重组给予政策支持，建立跨地区并购重组的利益协调机制，努力消除跨地区、跨行业、跨所有制兼并重组的政策障碍。综合运用经济、法律和必要的行政手段，充分发挥市场机制作用，加快淘汰落后生产能力，严格控制过剩产能扩张，避免低水平重复投资。

（三）更加注重推进企业技术改造和培育新兴产业。要加强政策引导和资金投入，切实用足用好中央财政技术改造专项资金，带动企业、地方和社会投资，充分发挥企业的主体作用，推动工业实现内涵式发展。传统产业在未来较长的一段时间内，将始终是中国工业的比较优势所在，对解决就业有着非常重要的意义。传统产业与先进技术的结合能够创造新的需求，形成新的增长点。要继续鼓励和支持企业运用先进适用技术改造提升传统产业，尤其是要加大与节能减排和产业技术升级有关的技术改造投入。同时，加快培育新兴产业是应对未来竞争、实现长远发展的关键所在，要重点扶持和发展那些具有高成长性和带动作用强的新能源、新材料、新医药等产业，大力发展节能环保产业，积极推广应用节能环保新技术、新工艺、新产品，加快信息产业发展，以信息化促进企业提高效率和竞争力。

（四）更加注重改善中小企业发展环境。促进中小企业发展，是适应不同层次市场需求、扩大城乡就业、增强经济活力、保持国民经济平稳较快发展的重要基础。要把切实缓解中小企业融资难问题作为当前一项重点工作来抓，继续完善相关信贷支持政策，设立包括中央、地方财政出资和企业联合组建的多层次中小企业贷款担保基金和担保机构。加大对中小企业的财税扶持，加快设立国家中小企业发展基金，研究对小型微利企业的税收扶持政策，坚决清理和禁止不合理收费。加强和改善对中小企业的服务。把改善外部环境与引导企业加强管理相结合，积极营造公平竞争的市场环境、法律环境，促进企业提高自身素质、树立良好的市场信誉。

（五）更加注重加强质量品牌建设。制定加强工业产品质量的整体规划，健全质量监管体制机制，以“品种、质量、品牌、服务”为重点，全面加强工业产品质量管理工作。要积极引导企业采用国际标准和国内外先进标准，推广国内外先进管理技术和方法，实施品牌发展战略。强化企业的主体责任，建立全员、全过程、全方位的质量管理体系和质量诚信体系。大力开展质量宣传活动，积极营造有利于提高产品质量的良好社会氛围，努力形成“政府指导、行业自律、社会监督、企业诚信”的齐抓共管工作格局。

（六）更加注重加强政府对民间投资的引导。继续发挥好民间投资对拉动经济和调整结构的重要作用。要通过发挥政府投资的“乘数效应”拉动民间投资的增长，把握政府投资方向，突出重点，认真选择，提高资金使用效率。避免政府投资向竞争性领域渗透，把握政府投资的节奏和力度，注意政策出台的时机，高度关注政策措施产生的长期效果。要鼓励和促进民间投资，放宽民间投资的领域和范围，消除制约民间投资的体制机制障碍，严格执行市场准入标准，引导民间资本投向符合国家产业政策的领域，特别是要与促进产业结构优化升级相协调，防止引发新一轮的经济过热和粗放式扩张。

（报告中引用的数据除特别注明外，均为国家统计局公布或据其测算。）

2009年中国工业经济运行秋季报告

工业和信息化部运行监测协调局、中国社科院工业经济研究所联合发布

（2009年11月5日）

今年以来，在中央"保增长、扩内需、调结构、惠民生"一揽子计划和政策措施的持续作用下，工业经济扭转了去年下半年到今年年初增速大幅下滑的局面，特别是进入6月份以后，随着市场形势的好转，工业生产呈现出加快增长的运行态势，工业品出厂价格逐月回升，企业效益状况明显改善，结构调整、节能减排等工作取得新的进展，企稳向好的态势基本确立。

一、前三季度工业经济运行情况

（一）工业经济企稳回升态势更加明朗

生产增速稳步回升，重工业回升快于轻工业。前三季度，全国规模以上工业增加值同比增长8.7%，其中一季度增长5.1%，二季度增长9.1%，三季度增长12.4%。从6月份到9月份，工业生产增速已连续四个月保持两位数水平，其中9月份达到13.9%，是去年8月份以来增长最快的一个月。轻工业增长基本稳定，重工业回升势头强劲。前三季度，轻、重工业增加值同比均增长8.7%，增速比上半年分别加快0.5个和2.1个百分点，其中9月份增速分别达到11.8%和14.8%。

东、中部生产回升加快，西部地区保持较快增长。前三季度，东、中、西部地区工业增加值分别增长7.5%、8.7%和13.8%，比上半年加快1.7个、2个和0.6个百分点。分地区看，前三季度全国17个省份规模以上工业生产达到两位数增长，其中天津、四川、内蒙古分别增长20.8%、19.9%和19.4%；工业大省山东、江苏、河南、辽宁同比分别增长12.9%、13%、10.5%和14.4%；9月份，全国14个省份增加值增速超过20%。

工业品出厂价格止跌回升，企业效益状况明显改善。在经历了半年多的大幅下滑后，从4月份开始工业品出厂价格环比保持了连续6个月的回升，到9月份工业品出厂价格比3月份上涨3%，其中7、8、9各月环比分别上涨1%、0.8%和0.6%。产销衔接好转，前三季度，工业产品销售率为97.4%，比上半年提高0.2个百分点，其中9月份提高到97.7%，达到去年全年平均水平。从效益状况看，前8个月，规模以上工业企业实现利润16747亿元，同比下降10.6%，降幅比1~5月缩小12.3个百分点，其中6~8月实现利润同比增长6.9%；亏损企业亏损额同比由1~5月增长14.3%转为下降18.8%。

出口大幅下滑的趋势有所趋缓，工业品出口降幅逐步收窄。前三季度，规模以上工业出口交货值同比下降14.7%，其中一季度下降16%，二季度下降15.1%，三季度下降13%，9月当月下降9.9%。另据海关统计，前三季度，全国进出口总额同比下降20.9%，其中9月份下降10.1%，降幅较8月份收窄10.5个百分点；出口总额同比下降21.3%，其中9月份下降15.2%，降幅较8月份收窄8.2个百分点。

工业投资稳定增长，技术改造投资积极跟进。前三季度，工业投资5.57万亿元，同比增长26.6%，占城镇固定资产投资的比重由去年同期的44.1%下降到41.9%；其中，采矿业投资0.53万亿元，增长17.5%；制造业投资4.14万亿元，增长27.7%，占城镇固定资产投资的比重由去年同期的32.5%下降到31.1%；电力、燃气及水的生产和供应业投资0.9万亿元，增长27.3%。中央财政200

亿元技术改造专项资金的引导和带动作用明显，从已审核通过的项目看，可带动社会投资5000亿元以上。

结构调整积极推进，节能减排取得明显进展。据不完全统计，今年以来，在钢铁、有色金属、建材、石化、装备制造、汽车、轻工、纺织、电子信息等行业成功进行了50多起国内大型企业之间的并购重组，首钢、宝钢、武钢、山水水泥、冀东水泥、云南冶金、中金黄金、中海油、湖北宜化、上海机电、比亚迪、中粮集团、三元乳业等一批优强企业通过股权收购、并购等方式，进一步提高了企业竞争力和资源配置效率。前8个月，年综合能耗万吨标准煤及以上企业累计能耗同比下降4.51%，电石、铁合金、焦化等行业淘汰落后产能已完成全年任务的80%左右。

(二)主要工业行业呈加快回升态势

原材料工业受投资拉动回升明显。前三季度，原材料工业增加值同比增长9.3%，增速从一季度的5.1%加快到9月份的16.5%，4月份以后各月增速平均以2个百分点左右的上升幅度直线攀升。粗钢产量达到4.2亿吨，同比增长7.5%。十种有色金属产量1894万吨，同比下降0.5%，降幅比上半年缩小4.6个百分点，其中9月份增长10%；铜材、铝材加工量同比分别增长18.4%和9.7%。水泥产量达到11.8亿吨，同比增长18.2%，增幅同比提高11.3个百分点；平板玻璃产量同比由上半年下降0.1%转为增长1.8%。化工行业增加值同比增长11.7%，比上半年加快3.2个百分点，其中9月份增长22.2%。

装备工业在投资拉动和政策支持下保持较快增长。前三季度，装备制造业增加值同比增长11.2%，比上半年加快2个百分点；其中，交通运输设备增长13.6%，比上半年加快4.8个百分点；通用设备制造行业增加值同比增长8.9%，比上半年加快1.6个百分点；专用设备制造行业增加值同比增长11.6%，比上半年减缓0.8个百分点。汽车行业继续保持强劲增长势头。前三季度，生产汽车983万辆，同比增长31.7%，其中9月份产量达到137万辆，连续7个月超过百万辆。船舶工业新承接订单情况有所改善。前三季度，全国造船完工量2778万载重吨，同比增长63%；新承接船舶订单1692万载重吨，占世界造船市场的七成，其中三季度新接订单占65.3%，9月当月新接订单594万载重吨。

消费品工业立足国内市场增长平稳。前三季度，消费品工业增加值同比增长9.7%，其中一季度增长7.8%，二季度增长10.5%，三季度增长11.8%，9月当月增速达到13%。轻工行业增加值同比增长9.9%，比上半年加快0.5个百分点；出口交货值同比下降9.2%，降幅比上半年收窄1.9个百分点。纺织行业增加值增长8.4%，比上半年加快0.2个百分点；出口交货值同比下降5.9%，降幅比上半年收窄1.9个百分点。在“家电下乡”等政策带动下，家电生产形势有所好转。前三季度，冰箱、洗衣机、电热水器生产分别增长16.2%、8%和7.9%，比上半年加快7个、3.9个和1.7个百分点；空调下降10.3%，降幅比上半年收窄9.7个百分点；累计销售下乡家电产品2083万台，销售额388亿元。

电子制造业缓慢回升但仍处低位运行。受出口大幅萎缩影响，前三季度，电子制造业增加值同比仅增长1.8%，其中一季度下降5.3%，二季度增长4%，三季度增长5.7%；出口交货值下降10.3%，比上半年缩小1.1个百分点，出口交货值占行业销售产值的比重由去年同期的68.3%下降到63.2%。微型计算机设备产量增长17.7%，其中笔记本计算机增长32.9%；彩色电视机产量增长3.3%，其中液晶电视机增长82.4%，受需求结构变化影响，液晶电视机产量占彩色电视机生产的比重由去年同期的31.2%上升到55.1%；手机下降0.3%，降幅比上半年缩小4.8个百分点。

能源生产基本恢复到正常增长水平。前三季度，全国一次能源生产总量20.1亿吨，同比增长9%。煤炭产量21.4亿吨，增长10.3%。发电量增长1.9%，其中9月份增长9.5%；据中国电力企业联合会统计，工业用电同比下降1.8%，降幅比上半年缩小4.1个百分点，其中9月份工业用电量同比增长8.8%。全国原油产量1.42亿吨，同比下降0.5%；原油进口量1.46亿吨，增长8.2%；原油加工量2.74亿吨，增长4.6%。

二、2010年工业经济发展展望

在各国经济救援和经济刺激政策作用下，国际金融危机造成的实体经济下跌已经基本触底，西方发达国家经济出现一些回暖迹象，预计明年全球经济将呈现一定程度回升。国际货币基金组织10月份发布的《世界经济展望报告》，预计2009年全球经济收缩1.1%，2010年增长3.1%（较7月份预计的2.5%上调0.6个百分点）；2009年全球贸易量将下降11.9%，2010年将恢复增长。但是世界经济复苏的基础并不稳固，仍然面临很多不确定不稳定因素，导致危机爆发的主要矛盾和制度性根源还没有彻底解决，消费不振、产能利用率低、就业形势严峻等问题仍未得到明显改善，世界经济要恢复到金融危机前的水平可能需要两三年甚至更长时间，一些潜在的金融风险及贸易保护主义等都可能对世界经济带来新的冲击。

当前我国经济运行仍然处于巩固企稳回升的关键时期。中央已明确继续实施积极的财政政策和适度宽松的货币政策，强调进一步增强政策的针对性、有效性和可持续性，将为下一步工业经济保持平稳较快增长创造良好的政策环境。从三大需求看，投资仍然是明年拉动工业增长的主要力量，前三季度全社会固定资产投资增长33.4%，新开工项目计划总投资同比增长83%，投资的持续较快增长将继续拉动投资类产品的市场需求。消费对拉动工业增长具有十分重要的作用，今年前三季度社会消费品零售总额同比增长15.1%，在政府鼓励消费、加大社会保障投入、促进农民增收等政策措施的作用下，加之居民刚性需求的支撑，国内消费将继续保持平稳的增长态势。尽管国际贸易摩擦有所加剧，但在世界经济恢复性增长的环境下，2010年我国工业产品出口在今年较低的基数上将有所增长。

明年是我国工业实施十大产业调整振兴规划的第二年，随着各项政策措施的落实到位，工业结构调整、转型升级、自主创新以及培育新的经济增长点等方面将取得新的成效，并进一步增强工业长远发展后劲，巩固和发展工业经济回升向好的基本态势。

同时也应看到，工业经济运行中仍存在一些问题。比如，投资效率下降，保持消费较高增长的难度也不小，产能过剩问题凸现，产业升级步伐缓慢，企业兼并重组和淘汰落后产能面临着体制性、机制性障碍，一些企业特别是外向型企业生产经营仍然面临较大困难。

综合分析，2010年工业经济既有有利条件，同时仍存在一些影响平稳发展的不确定因素，预计全年工业经济将继续延续今年平稳增长态势。

三、大力推进结构调整和自主创新

经济结构不合理是长期困扰我国经济发展的难题。在国际金融危机的冲击下，外需急剧萎缩使我国产业结构存在的问题更加突出，自主创新能力不足影响工业增长的质量和可持续发展的后劲。在保增长的同时，要进一步提高对推进结构调整和自主创新重要性、紧迫性的认识，不失时机地加快推进结构调整和提高自主创新能力。

（一）协调投资、消费稳定经济增长

过度依赖投资拉动的经济增长模式不可持续。2003年以来，我国资本形成率（资本形成额占GDP的比重）已经连续6年维持在40%以上，2008年我国资本形成率高达43.5%，接近世界平均投资率两倍。今年前三季度全社会固定资产投资实际增长率高达37.4%，经济增长对投资的依赖程度进一步加大。从增量资本产出比（当年固定资产投资额/当年GDP增量）来看，2004~2008年，我国的平均值已达到5.61，其中2008年高达7.58，已接近1998年亚洲金融危机前夕泰国、印尼、韩国等国的水平。需要高度重视投资高速增长可能引发的问题。相对而言，我国最终消费率尤其是居民消费率持续下降，消费结构升级乏力。2008年我国最终消费率为48.6%，比2000年下降13.7个百分点，居民消费率降至35.3%，均大大低于世界平均水平。另一方面，投资和消费的内部结构不合理也较为突出，持续增长的内生动力仍然不足。今年以来，投资增长主要依靠政府投资拉动，民间投资的等待观望情绪较浓；消费较快增长在很大程度上依赖于政策的刺激，目前实施的一些政策效应有可能出现递减。

正确处理好投资和消费的关系，是实现经济可持续发展的重要保证。一方面，要积极发挥投资在拉动经济增长中的主导作用，进一步优化投资结构，加大对民生、科技创新、环保等薄弱领域的投资，引导民间投资健康发展。同时，要研究制定促进消费和提高居民收入的相关措施，提高消费对经济增长的贡献率。一是降低民间投资的市场准入门槛。对于非自然垄断行业或自然垄断行业的可竞争环节，要考虑引入竞争机制，允许民间投资进入。应进一步完善投资审批、土地、贷款、税收扶持等方面政策，促进民间投资的稳定增长。二是加快收入分配改革，完善社会保障制度。从长期来看，拉动消费需求关键在于提高居民收入的增长速度以及居民收入在国民收入中的比重。应逐步提高劳动报酬在初次分配中的比重，保护劳动者在劳动市场的合法权益，推动企业建立工资集体协商制度，提高劳动者的相对谈判能力，建立职工工资稳步增长的机制；加快新一轮税制改革，实施结构性减税政策，减轻企业和居民负担，缩小收入差距；加大社会保障等民生投入，提高社会保障统筹的层次，扩大社会保障覆盖面；建立基本住房保障制度，提高居民消费能力。三是推动消费结构升级，促进消费增长。应加强和完善政府的基本公共服务，增加居民消费需求；放宽对服务业的进入限制，增加竞争，降低成本，刺激消费。目前，汽车购置税减半、汽车下乡、家电下乡等政策在提振需求、促进结构调整方面起到了明显的作用，可考虑延续实施期限和扩大实施范围。继续采取财政补贴与税收减免等措施刺激节能、环保、绿色产品的消费需求，引导消费升级。

(二)以结构调整夯实经济发展的基础

产能过剩、重复建设是当前影响我国经济持续稳定增长的突出问题。不仅传统产业中存在产能严重过剩，部分新兴产业也存在过热或过剩倾向。兼并重组、淘汰落后产能面临的体制性、机制性问题仍然没有解决，市场机制的作用难以充分发挥；片面追求规模扩张、"拉郎配"式的兼并重组，导致一些企业重组后效率不高。在市场好转的形势下，钢铁、汽车等行业企业兼并重组动力不足、步伐放缓；钢材、水泥、电解铝等产品产销量快速上升，淘汰落后产能难度增大。部分地区仍沿用高投入、高消耗、高排放、低效率的增长模式承接产业转移，产业结构"同构性"问题突出，人才、技术储备不足，在技术水平、生产组织方式、产品质量、管理水平等方面不升反降。

重复建设和产能过剩有其特殊性和深刻的体制背景。我国处在工业化中期阶段，重化工业快速发展，对基础原材料和能源的需求旺盛，部分企业片面追求生产规模和眼前利益，一些地方不顾资源环境的承载能力单纯追求 GDP 增长，一些行业市场准入门槛低、落后产能退出机制不健全等，都是形成产能过剩的诱因。从根本上治理产能过剩，应进一步深化体制改革，充分发挥市场机制的基础性作用。继续完善行业准入条件，提高能源消耗、环境保护、资源综合利用、安全生产等方面的准入门槛，强化监管，把住信贷和土地两个闸门，遏制低水平重复建设，防止新增落后生产能力。综合运用法律、经济、技术以及必要的行政手段，形成引导产业健康发展的合力。

兼并重组和淘汰落后产能，一方面要加强政府指导和政策支持，另一方面要充分发挥市场机制的作用。应着力消除跨地区、跨所有制企业兼并重组的障碍，加快垄断行业改革，放宽民营资本市场准入，鼓励管理水平高、经营业绩好的企业在兼并重组中发挥积极作用。解决好税收、土地、债务处理、职工安置等突出问题，减轻企业兼并重组的负担。进一步完善企业兼并重组的金融服务，创新发展有利于推动企业兼并重组的多种融资方式。营造有利于落后产能退出的市场环境，完善对淘汰落后产能的激励机制，统筹考虑加大对淘汰落后产能的支持力度，通过增加转移支付，对经济欠发达地区淘汰落后产能给予支持和奖励，对经济发达地区淘汰落后产能给予适当引导。

产业转移是实现区域协调发展的重要途径。促进产业转移的有序对接，应注意加强地区间生产技术、管理经验、生产组织方式与人才的交流和转移，避免产业转移过程中技术水平、管理水平与产品质量的下降，防止产业转移过程中重走低水平重复建设与盲目扩张的老路。

(三)以加快创新增强经济增长的动力

支持自主创新和培育新兴产业是应对金融危机的重要措施，也是为工业平稳较快发展注入持久动力的战略举措。要把加快提升工业企业自主创新能力作为一项紧迫的战略任务，瞄准世界科技前沿和产业发展的方向，根据经济社会发展的迫切需要，整合创新资源，加大科技和人才投入，理顺体制机制，提高企业自主创新的动力和能力，切实增强科技创新对经济发展后劲的支撑作用，促使工业经济走上创新驱动、内生增长的轨道。

继续完善以企业为主体、以市场为导向的技术创新体系，支持企业建立技术中心和研发中心，培育企业自主创新能力。一是鼓励大型企业发挥研发优势，培育技术创新能力，完善产业内和产业间的技术渗透体系。二是加强技术创新网络体系建设，鼓励中小企业积极进行应用性创新。三是加强科技创新园区建设，提升科技创新园区在资产、资源、环境、技术、人才等方面的集聚创新能力，搭建共性技术和公共服务平台。四是组织开展重大科技攻关，解决制约发展的重大技术难题。以实施重大科技专项为契机，整合科技资源，突破制约工业发展的核心技术和关键技术，加速推进产品研发和产业化。

应把培育新的经济增长点作为提高自主创新能力的重要目标。大力发展新能源、节能环保、航天航空、软件、新材料、新医药等战略性新兴产业。加快推进这些领域重大科技成果的工程化、产业化，加快新兴支柱产业基地建设和发展，在财税、金融上积极支持新兴行业的发展，扶持产品和服务创新，积极引导消费，加强人才队伍建设，努力为新兴支柱产业发展创造良好的环境。

（以上数据除特别注明外，均引用国家统计局统计数据或据此测算，请引用时加以注明。）

在应对国际金融危机中加快中国工业结构调整和产业升级

——在2009年中国发展高层论坛上的讲话（摘编）

工业和信息化部部长　李毅中

2009年3月23日

在国际金融危机日益加剧、各国采取措施应对冲击的时刻，各位朋友共聚北京，共同研讨国际金融动荡中的中国发展和改革。我很高兴有机会就中国工业发展的相关问题与大家进行交流和探讨，主要介绍三个方面的情况。

一、中国工业发展的情况

改革开放30年来，中国工业综合实力不断增强，工业化加速发展，在国民经济中的作用不断增强。主要表现在：

一是规模迅速扩大。2008年，工业实现增加值12.9万亿元人民币，规模以上工业增加值增长12.9%；工业增加值占GDP的比重达43%，对GDP增长的贡献率达到42.8%，对国家税收的贡献率达到50%。钢、氧化铝、水泥、原煤、化肥、微型计算机等产量均居世界第一。

二是建立起了具有一定技术水平、门类齐全的完整工业体系，工业区域布局和产业组织结构得到优化，能源原材料工业、装备工业、消费品工业和电子制造业等快速发展。

三是资源综合利用水平不断提高。2008年，规模以上工业的万元增加值能耗为2.19吨标准煤，比2007年下降8.43%；万元工业增加值用水量下降7%；单位国内生产总值化学需氧量、二氧化硫排放量分别减少4.42%和5.95%。

四是工艺装备水平和产品附加值持续提高。2007年，高技术产业增加值占工业增加值的10.1%，新产品销售收入比重达14.8%，发电设备、轨道交通、船舶、航空航天等装备保障能力明显提高。

五是成长起了以进入世界五百强企业为代表的一批世界级工业企业，分布在各行各业、各具特色的骨干企业和龙头企业发挥着重要作用。数量庞大、广泛吸纳就业的中小企业和民营企业充满活力。

六是工业成为社会就业的重要方面。2007年，全国工业行业就业超过1.2亿人，其中规模以上工业企业就业达7800多万人，大量农村富余劳动力进入采掘业和制造业。

回顾三十年的历程，中国工业的发展得益于坚定不移的改革开放，积极参与了国际产业的分工合作。多年来，中国积极承接国际产业转移，在长三角、珠三角、环渤海湾等地区形成了较强的生产制造能力。2007年中国制造业增加值占全球的比重上升到14%，工业制成品出口规模居世界第二。世界也从中国工业的高速发展中受益，大量外资企业来中国投资建厂，2008年中国出口货物1.4万亿美元，其中外商投资企业达7900多亿美元，占55%。同时，我们也清醒地认识到，同先进国家相比，我国工业还存在大而不强、增长方式粗放、结构不尽合理、缺乏核心技术、大量落后产能亟需淘汰、综合竞争力不高等深层次矛盾和问题。这些问题制约着中国工业的进一步发展。

二、金融危机对我国工业发展的影响及应对措施

2008年下半年以来，国际金融危机对中国工

业的影响加重，工业增速大幅回落，从6月份的16%逐月下降到11月份的5.4%、12月份的5.7%。具体分析来看，一是对国际市场依存程度高的产业影响很大，出口萎缩，订单减少，影响企业开工和社会就业。二是由于国际市场初级产品价格高企高落，导致国内市场原材料价格剧烈波动，原油、钢材、铜、铝以及石化产品价格都出现了大幅的跌落。三是一些行业产量下降、出现亏损。2008年11月份粗钢、汽车、乙烯等产量分别同比下降12.4%、15.9%、12.2%，工业用电下降7.5%；12月份又下降了10.5%、18.9%、19%，工业用电下降8.7%。四是一批中小企业和部分大型企业生产经营困难，库存增加，资金短缺，限产停产乃至关闭波及的面扩大，裁员减薪情况增多。

中国政府审时度势，及时果断调整宏观经济政策，积极应对国际金融危机的严重冲击，实施了积极的财政政策和适度宽松的货币政策。推出了加快民生工程、基础设施、生态环保、自主创新等扩内需促增长的十项措施；提出了扩大消费、稳定出口、支持重点产业发展、推进企业技术改造和兼并重组、支持中小企业发展、加快服务业发展等措施。特别是制定了十个重点产业调整和振兴规划，为工业早日走出低谷创造了条件，增强了信心。目前，有些措施已见到成效，一些行业出现了积极迹象。2009年1~2月，发电量合计同比下降3.7%，汽车产量同比下降1.7%，降幅明显减缓；2月份汽车产量销量均超过80万辆，达到去年7月以来的最高值；粗钢产量同比增长2.4%，钢材产量增加3.1%；乙烯的开工率回升到90%，化肥企业提高负荷保障生产供应；工业增加值同比增长3.8%，剔除日历天数影响，大体保持了去年11~12月的增速。但工业形势依然严峻，仍处于最困难时期，决不能掉以轻心，更不能轻言好转。

保持经济平稳较快增长，重点在工业，难点在企业。为尽快改变工业发展的困难局面，全国工业系统坚决贯彻落实中央的部署，当前正在积极推动落实以下措施：一是落实已经确定的各项政策措施，如稳定出口、拉动消费，提高轻纺、机电等产品出口退税；推动“家电下乡”、“农机下乡”、“汽车、摩托车下乡”，扩大工业产品销售。二是抓好钢铁、汽车、造船、石化、轻工、纺织、有色金属、装备制造、电子信息等九个重点工业产业和物流业调整振兴规划的组织落实，制定具体实施方案，逐条推动落实相关支持政策和措施。三是大力推进企业技术改造。利用技术改造技术新、投资省、工期短、见效快、效益好的特点，重点在品种质量、节能降耗、环境保护、装备水平和安全生产等五个薄弱环节进行改造。主要采用贷款贴息办法，努力用好中央财政200亿元技改专项资金，推动一批项目尽快实施。四是会同相关部门加强中小企业融资担保，缓解融资困难，落实用好中央财政96亿元中小企业发展资金，改善对中小企业的技术和管理服务，扶持中小企业发展。

三、在扩内需保增长中推进工业结构调整和产业升级

经济发展的规律表明，在经济下行时为结构调整和产业升级提供了机遇。应对国际金融危机，推进中国工业发展，既要立足当前，保持工业平稳较快增长，更要从战略和长远出发，加快结构调整和发展方式转变。

第一，推进产业结构调整。坚持用高新技术、先进适用技术改造提升传统产业，促进信息化与工业化融合。振兴装备制造业，夯实工业发展基础。发展高新技术产业群，支持新能源、新材料、信息、生物、医药、节能环保等新兴产业发展，培育新的经济增长点。加快发展生产性服务业。支持发展具有比较优势的劳动密集型产业。改善工业投资结构，防止重复建设，淘汰落后产能。

第二，推进区域结构调整。按照工业生产力区域布局功能化的思路，引导沿海地区发展面向国际市场竞争的产业群，支持内地发展特色优势产业，加快东北地区等老工业基地改造。坚持从全球产业分工和国内区域布局全局出发，加强工业园区建设，引导企业集聚发展。

第三，推进产业组织结构调整。推进企业兼并重组，鼓励优势企业强强联合，培育一批行业龙头骨干企业，提升产业集中度。鼓励中小企业向“专、精、特、新”方向发展，增强工业发展活力。支持优势企业并购落后企业和困难企业，加快形成大、中、小企业结构合理，产业链上下游企业协作配套的产业组织体系。鼓励引导外商投资符合我国产业政策发

展要求的产业,鼓励支持国内企业"走出去"。

第四,推进产品结构调整。加强技术创新、改进生产工艺,提高产品技术含量和附加值。顺应国内外市场和客户的需求变化,开发生产适销对路的产品。高度重视产品质量和安全,健全售后服务体系,提升产品品牌价值,提高经济效益。

第五,推动工业节能减排和循环经济发展。大力倡导节约生产、清洁生产、安全生产和可持续发展,推广应用节能降耗技术,推进重大工业节能项目,推进重大工业污染源治理,加强产品回收利用和可再生资源开发。修订完善技术标准,淘汰落后技术和装备。

第六,提高自主创新能力。抓好相关国家重大科技专项,着力突破制约工业发展的核心技术、关键技术和关键设备、零部件研发,提高产业国际竞争力。加快建设以企业为主体的技术创新、技术进步体系,特别要重视加强科技成果转化,变为现实生产力。

中国工业发展任重道远。我们愿与各国产业界、企业界和广大专家学者开展交流合作,分享应对国际金融危机的做法和经验,共同为推动世界经济的复苏和发展做出努力。

深入贯彻落实科学发展观
努力提高国有经济发展质量和效益

——在全国国有资产监督管理工作会议上的讲话(摘编)

国务院国资委主任、党委书记 李荣融

(2009年12月24日)

这次会议的主要任务是,全面贯彻落实党的十七大和十七届三中、四中全会以及中央经济工作会议精神,深入贯彻落实科学发展观,总结2009年工作,分析当前形势,交流经验,研究安排2010年工作。国务院领导同志对这次会议十分重视,张德江副总理百忙中亲临会议并作重要讲话,我们要认真学习,深刻领会,扎扎实实贯彻落实。这次会议之前,我们委领导分别带队到各地进行了调研,了解各地国资国企改革发展情况,听取大家的意见,进行了认真研究。下面,我代表国务院国资委讲三点意见。

一、2009年国有企业改革和国有资产监管工作取得积极进展

2009年,是新世纪以来我国经济发展最为困难的一年。在党中央、国务院和各级党委、政府的正确领导下,各级国资委和广大国有企业认真贯彻落实党中央、国务院关于应对国际金融危机、保持经济平稳较快发展和全力保增长、保民生、保稳定的一系列战略部署,按照去年底全国国有资产监督管理工作会议提出的"改革、调整、创新、提高"的总体要求,迎难而上,共克时艰,做了大量扎实有效的工作,国有经济总体上呈现平稳运行态势,主要生产经营指标稳步回升,为我国经济保持平稳较快发展做出了积极贡献。

1~11月,全国36个省、自治区、直辖市、计划单列市和新疆生产建设兵团国资委直接监管和委托监管的省(市)级国有及国有控股企业,累计实现营业收入5.9万亿元,同比增长2.8%,扭转了前10个月同比下滑的态势,其中营业收入同比增长的地区有22个;累计实现利润2583.9亿元,同比下降6.5%,降幅比1~10月收窄11.7个百分点,其中实现利润同比增长的地区有12个,实现利润最多的前三个地区分别为上海(273.8亿元)、山东(244亿元)、北京(209.9亿元)。1~11月,国务院国资委监管的中央企业累计实现营业收入11.1万亿元,同比增长3.4%;实现利润7109.6亿元,同比增长3.4%;上交税金9963.8亿元,同比增长7%。预计全年实现营业收入12万亿元,实现利润7500亿元。在外部环境十分困难的情况下,能够取得这样的成绩是非常不容易的。

一年来,各地国资委认真贯彻落实国家宏观调控政策和各地党委政府的一系列部署,结合各地经济发展实际,推进国有企业改革发展,加强国有资产监管,各项工作取得了积极进展。

(一)积极应对金融危机,在保增长、保民生、保稳定中发挥了重要作用。加强预警预测,促进企业平稳发展。面对国际金融危机的严峻挑战,各地国资委保持清醒的头脑,加强经济形势分析和企业财务动态监测,指导和帮助企业积极开拓市场,稳定生产经营。许多地方成立了保增长工作机构,出台相关工作措施,加大为企业服务的力度。上海按月召开出资企业财务工作例会,分析企业月度运行特征与问题,沟通交流工作措施与经验。陕西从今年3月起增加了半月报,对企业运行异常指

标建立"问询制",对收入效益等指标下降较大的企业进行督促和警示。河北对重点企业建立了周报制度,企业每周报告上周主要指标变化情况,坚持做到"月分析,季总结"。辽宁选择了56户重点大型企业进行跟踪分析,并对主要经营指标实行预报制度,快速反映全省重点企业经济运行动向、态势与存在的问题。山西建立了重点监管企业旬报制度,对煤炭、电力、机械等行业的17户重点监管企业产销量及价格等主要指标进行监控。许多地方积极帮助企业拓展融资方式,增强企业资金保障能力,为企业实现平稳发展发挥了积极作用。许多地方积极支持监管企业"走出去",在全球范围内配置资源、获得技术和开拓市场,取得了积极成效。

指导企业强化管理,降本增效。各地把指导企业降本增效作为应对金融危机的重要措施,督促企业强化管理,努力降低成本。湖南通过在监管企业大力开展"拧毛巾、降成本"活动,监管企业成本费用同比降幅超过10个百分点,多数企业实现了成本费用增幅低于同期营业收入增幅,重点骨干企业非生产性开支压缩了10%~25%。吉林制定了监管企业"节本降耗、提速增效"活动方案,提出明确的增收节支措施,并成立了由委领导任组长的十个工作组,深入企业现场督导,取得明显成效,5月份以来,重点出资企业可控成本下降25%。深圳积极引导企业过紧日子,加大内部挖潜,强调成本费用预算刚性约束,要求各企业将各项成本费用预算层层分解,落实到人,严格考核,并坚持每月向市领导报送各企业费用预算执行情况,定期检查费用压缩的落实情况,1~11月监管企业成本费用利润率同比提高11.8个百分点。

督促企业加强资金管理,防范风险。各地普遍加大了推动监管企业强化资金管理的力度,确保企业现金流稳定。江苏在大型监管企业推行以信息化建设平台为基础的资金集中管理,督促企业建立"收支两条线加备用金"的管理体系,严格资金预算管理,提高企业集团资金整体使用效率。福建加大企业资金预算的执行监督,要求企业加强资金集中和大额资金支出管理,坚持以销定产,加强应收及预付款项管理,减少资金占用。深圳建立了监管企业现金流量月报制度,对企业现金流量连续净流出的企业给予重点关注和预警,开展大额资金调用实时监控,并按季跟踪企业银行存贷款情况。各地把推进企业规范内部控制和加强风险管理摆在重要位置,建立健全法律风险防范机制,重视合同审核把关和重大法律纠纷案件的处理,积极推进企业做好风险应对工作。天津对全市国有企业确定了资产负债率的监控区间,对资产负债率高出正常值的企业,重点跟踪关注货币资金、存货、应收账款和各项长短期借款等指标,并明确了高负债企业重大事项备案管理制度。河南制订下发文件,督促企业切实将投融资、担保、资金等重要业务的风险进行控制,并建立了以资产负债率为核心,包括流动比率、应收账款周转率、现金流量等14项具体指标的财务风险监控体系。厦门通过编制现金流量预算和完善财务指标分析体系等多种措施,建立长短结合的财务风险预警监测机制。

(二)深入推进国有企业改革,国有经济活力进一步增强。公司制股份制改革取得新进展。各地通过引进战略投资者、规范改制和重组上市等多种方式,加快公司制股份制改革步伐。山东稳步推进公司制改革,省属30户企业中按《公司法》注册的达25户。上海推动企业整体上市和核心业务资产上市,1~9月约有150亿元国有资产实现证券化,资本证券化率提高到25.4%。重庆认真落实市政府出台的《关于进一步推进重庆市国有重点企业整体上市工作的指导意见》,全面推进集团整体上市工作。江苏、贵州等地整体上市工作取得新突破。

完善公司治理结构迈出新步伐。各地积极推进规范的董事会建设,取得积极进展。上海发挥外部董事监事资格认定委员会的作用,建立外部董事监事候补人才库,按照外部董事占多数的原则,在出资企业委派了18名外部董事,开展了对董事会的任期业绩评价。江苏7家企业探索建立规范的董事会,完善外部董事制度,提高外部董事履职能力,促进董事会规范运作。山东扎实推进完善公司治理结构试点工作,组织开展面向社会公开招聘省管企业外部董事工作,确定116名入库外部董事人选,3户企业建立了外部董事制度。湖南顺利完成2户企业董事会建设试点工作,并在试点企业推行了总经理职位竞争上岗。大连实行外派董事长和董事会选聘副总经理与高管人员工作的试点。深圳基本实现了国有独资公司董事会建设试点的全覆盖,6家试点企业全部建立起了外部董事占多数的董事会，其中4家企业外部董事占2/3，并开展了董事会试点企业董事会选聘经营班子工作。

企业内部改革取得新成效。各地进一步推进企业内部改革，适应市场化要求的企业内部机制不断完善。福建、四川等地积极推行工资总额预算管理，改进完善工资总额调控。深圳积极推动三项制度改革全覆盖，二级企业全面开展三项制度改革，彻底转换职工身份，实行市场化、契约化管理。海南实施"百名未来商业精英"培养工程，大力推进企业人事制度改革。山东、湖北、湖南等地加大企业经营管理者的市场化选聘力度，完善企业领导人员选拔任用方式。河北、山西、甘肃等地组织做好中小学和公安机构等移交工作，吉林、黑龙江稳妥推进厂办大集体改革试点，主辅分离及企业分离办社会职能取得重要进展。

（三）积极推进调整重组，布局结构进一步优化，调整重组力度加大。各地围绕地方经济发展规划，积极制订方案，加快了企业调整重组步伐。福建研究起草的《关于加快国有企业改革发展的若干意见》，成为省委、省政府建设海峡西岸经济区的第十大举措，提出了"五大板块"的发展思路。陕西提出了监管企业并购重组整体方案，对石化、煤化工、有色金属、医药等八大行业25个项目进行了规划布局，目前监管企业由国资委组建初的120户减少到目前的26户。山西按照省委、省政府整合地方煤矿的有关精神，认真做好调整重组工作，七户煤炭企业经确定的重组煤矿共1025座，通过整合改变了粗放发展模式，为解决煤炭资源浪费和生态破坏问题，切实提高安全生产水平，实现煤炭行业科学发展探索了道路。山东积极实施大企业集团发展战略，推动山钢集团与日照钢铁集团重组。许多地方加强与中央企业合作，吸引中央企业参与当地调整重组，拓宽地方企业与央企合作的领域和范围，积极探索在全国范围内国有资本优化配置的新途径和新模式。

产业结构升级步伐加快。落实国家产业振兴规划和地方促进经济发展的政策措施，各地国资委加大推动企业重点项目建设力度，加快产业结构升级。北京加快发展电子信息、汽车、装备制造等战略性产业，为首都经济的企稳回升和长远发展奠定基础。河北以本省钢铁集团为平台，加大钢铁结构调整，淘汰落后产能，推进钢铁产业结构升级。广东推动省属企业积极落实省委、省政府出台的十六条促进经济平稳较快发展和产业转型升级的政策措施，主动承担了一大批重点项目建设工程。浙江、广西、大连等地围绕转型升级，加大科技创新和科技成果转化，促进企业调整产业结构。

（四）完善国有资产管理体制，国有资产监管进一步加强。国资监管制度和组织体系进一步完善。各地认真贯彻《企业国有资产法》，组织学习《关于进一步加强地方国有资产监管工作的若干意见》，并结合实际，研究发布各项监管法规规范，完善国有资产法规体系建设。湖北代拟起草了《湖北国有资产监督管理条例（草案）》，列入省人大预备立法项目。江苏、安徽等地规范省属企业公司章程，组织省属企业修订公司章程，使公司章程与《企业国有资产法》、《公司法》、《企业国有资产监督管理暂行条例》等法律法规的有关规定相衔接。云南加快州市国资监管机构建设，要求今年全省2/3的州市完成单独设立国资监管机构工作。浙江积极探索县级国有资产监管的有效模式，义乌市等10个县（市）成立了政企分开、政资分开的国有资产监管机构。

监管范围进一步扩大。许多地方在省（市）党委、政府的领导和支持下，解放思想，大胆探索，加大改革力度，进一步扩大国有资产监管的领域和范围，提高国有资本的配置效率。上海按照市政府授权，实现国有资产监管全覆盖，对市属经营性国有资产履行出资人职责；以出资监管为主，委托监管为辅，对金融、文化、教育、卫生等领域国有资产采取委托监管。天津基本实现了监管范围全覆盖，完成了14个政府组成部门直属企业的交接工作，河西区率先实现了经营性和非经营性国有资产的统一监管。河南积极推进经营性国有资产的集中监管，明确所有国有企业（除金融类投资外）移交国资委管理。湖北、宁夏等地开展省直机关所属企业脱钩改制工作，将其纳入国资委监管范围。云南选择昆明市等地开展国资监管的全覆盖试点工作，将市属国有企业资产，市级党政机关行政事业单位经营性和非经营性资产，自然资源性国有资产，文化、旅游、体育和传媒等可市场化运作、企业化经营的国有资产全部纳入国资监管范围。

国有资产监管进一步加强。各地进一步强化财务监督、产权管理、监事会监督，国有资产监管进一步加强。江苏改进企业年度财务决算报表审计监督办法，建立中介机构审计与外派监事会财务检查沟通协调机制。江西实行外派财务总监、法务总监制度，共向九个集团委派财务总监，向两家试点企业派驻了法务总监，进行了有益的探索。新疆兵团、宁波等地进一步加强了对重大投资、担保事项的监管，有效规避投资担保风险。北京、天津、上海、重庆四市实现了企业国有产权转让的交易制度统一、操作细则统一、交易系统统一。河北、山东、福建、黑龙江等地初步实现了省内跨地区联网交易企业国有产权。西藏高度重视产权管理业务培训工作，组织地市国资委和所出资企业进行了为期一周的产权管理业务培训。各地普遍加强了监事会工作，扩大监督检查覆盖面，形成更加有力的监督网络，建立健全监督机制，积极探索股权多元化企业国有资产监督方式，强化当期监督，提高了监督的灵敏性和有效性。

业绩考核与薪酬管理工作扎实推进。各地不断完善"考核层层落实、责任层层传递、激励层层连接"的国有资产保值增值责任体系。北京、天津、上海、安徽、深圳等地组织开展了经济增加值考核试点。上海突出对主业的考核，发挥了业绩考核对促进企业做强主业、增强实力的引导作用。辽宁、黑龙江、江西、云南起草相关文件，加快推进企业中长期激励机制建设，研究对业绩突出的企业负责人探索实施中长期激励。安徽将节能目标完成情况纳入业绩考核，有力地促进了节能减排工作，充分发挥了考核的导向性作用。

国有资本经营预算制度初步建立。大部分地方建立了国有资本经营预算制度，积极推进国有资本经营预算工作。广东、浙江等地进一步完善了国有资本经营预算内部工作流程，稳步推进国有资本经营预算工作。黑龙江、安徽、陕西、大连等地积极组织完成国有资本收益上缴，合理安排支出。吉林、甘肃、青岛等地加强国有资本预算管理，发挥国有资本的导向作用。内蒙古正式启动国有资本经营预算制度，制订完善了国有资本经营预算编制办法、国有资本经营收益收缴管理办法等基础制度。

（五）深入开展学习实践科学发展观活动，国有企业党建工作进一步加强。按照中央部署，各地认真开展学习实践科学发展观活动。各地按照"党员干部受教育、科学发展上水平、人民群众得实惠"的总体要求，紧扣科学发展主题，深入调查研究，认真查找和分析了影响和制约企业科学发展的突出问题和矛盾，认真落实整改措施。通过深入开展学习实践科学发展观活动，不断推动企业调整优化上水平，在实现企业科学发展、提升核心竞争力方面迈出了坚实步伐。各地认真组织学习贯彻党的十七届四中全会及全国国有企业党建工作会议精神，积极探索加强和改进企业党建工作的新思路、新方法、新途径。云南、青海等地积极探索研究把国有企业党组织政治优势转化为竞争优势的具体措施。甘肃开展了企业"样板支部"创建活动和党组织政治核心作用与法人治理结构有机结合的试点工作，积极推进党建工作创新。宁夏指导部分企业党委进行换届"公推直选"工作，在基层党组织民主建设方面进行了有益探索。各地以完善惩防体系为重点，加强国有企业反腐倡廉建设，党风廉政建设责任制得到有效落实，企业领导人员廉洁从业意识进一步增强。

一年来，各地推动国有企业积极履行社会责任，在国家和社会发展的关键时刻和特殊时期发挥关键作用。北京发挥国有企业主力军作用，圆满完成国庆60周年的各项筹备、服务和保障任务。四川引导国有企业与汶川地震受灾市州的企业及项目进行对接，实现国有企业与受灾市州在恢复重建中的互惠双赢。新疆认真贯彻落实中央和自治区关于维护稳定一系列重大决策部署，积极应对乌鲁木齐"7·5"事件，国资委系统没有一人参与或受伤；积极为受灾群众捐款，慰问武警官兵和公安干警，并派出了3个维稳工作组支援社区工作；在两个月内组织30多家企业的40多个重大投资项目开工，提振了各族人民的发展信心，充分发挥了国有企业推动经济发展和维护稳定的关键作用。上海下发了企业积极履行社会责任通知，启动推进企业履行社会责任的相关工作。

回顾2009年，我们经历了波澜壮阔、艰难曲折的不平凡历程，取得了来之不易、难能可贵的成绩。这是党中央、国务院和各级党委、政府正确领导的结果，是广大国有企业开拓进取、辛勤努力的结果，也是各级国资委积极探索、扎实工作的结果。我代表国务院国资委对国资系统广大干部职工表示衷心的感谢。

二、2010年面临的形势和任务

关于明年的形势，中央经济工作会议进行了全面的分析。总的看，明年经济发展环境将好于今年。国际上，主要经济体经济出现好转现象，在各国政府大规模金融救助和经济刺激措施推动下，发达国家金融体系功能有所恢复，股市、房市和工业生产出现积极现象，一些新兴经济体和发展中国家经济增速加快，世界经济有望恢复性增长。我国经济在中央保增长、保民生、保稳定的政策引导下，实施积极的财政政策和适度宽松的货币政策，加大投入拉动内需，有效遏止了经济下滑态势，在全球率先实现了经济形势总体回升向好。国有企业经过多年的改革发展，活力、竞争力和整体实力都有很大的提高，在这次应对危机中也显示出较强的抗风险能力。这些都是我们明年经济发展的有利条件，也是国有企业改革发展的有利条件。

但我们也要看到，影响世界经济全面复苏和我国经济发展的不稳定不确定因素依然较多，国有经济运行中的困难和问题还很多，明年国有企业改革发展将面临十分复杂的形势。

一是世界经济复苏基础并不稳固。西方国家失业率居高不下，消费市场疲软，经济缺乏新的增长点；国际金融体系受损对实体经济的制约仍然很大，旧的问题如去杠杆化还没有结束，新的问题如资产泡沫又开始积聚；大量资金流入石油等商品市场投机套利，国际市场大宗商品价格和美元汇率震荡可能加剧，世界经济复苏将是一个缓慢、曲折的过程。

二是我国经济回升的基础还不牢固。经济运行中新老矛盾相互交织，经济增长的内生动力依然不足，结构性矛盾仍很突出；当前投资和消费增长较快，很大程度上是政策作用的结果，居民消费不足，出口因为国际市场萎缩而显著下滑，经济回升依然主要依赖投资拉动；发展粗放、结构失衡没有显著改善，重复建设和产能过剩严重；节能减排和发展低碳经济的压力越来越大，解决环境问题的紧迫性日益增强。

三是国有企业改革发展深层次矛盾和问题仍然十分突出。国有大型企业公司制股份制改革相对滞后，公司治理结构还不完善，特别是董事会建设还需要进一步规范。国有经济布局结构还不合理，分布过广、战线过长等问题依然突出，一些地区布局调整缺乏明确导向，只是简单地归大类，产业趋同化倾向比较突出。企业发展方式比较粗放，自主创新能力不强，缺乏关键技术、核心技术和知名品牌。国有资产监管工作进展还不平衡，“三统一、三结合”原则在一些地方还未落实到位，国有资产监管工作的能力和水平有待提高，监管的方式方法需要进一步改进。从今年国有经济发展情况看，地区之间、企业之间发展不平衡，效益增长的基础不稳固。

面对复杂的经济形势和国有企业改革发展中的矛盾和问题，我们要进一步增强责任感，坚定必胜的信心，搞好国有企业，提高国有经济发展的质量和效益，为国民经济平稳较快发展做出积极贡献；要进一步增强危机感，冷静分析形势，及时调整策略，趋利避害，及时化解各种可能出现的风险；要进一步增强紧迫感，加大改革力度，加快调整步伐，抓紧解决制约国有企业改革发展的深层次矛盾和问题，切实增强国有经济的活力、控制力、影响力。

按照中央经济工作会议的要求，2010年国有资产监管和国有企业改革发展的总体思路是：以邓小平理论和“三个代表”重要思想为指导，全面贯彻落实党的十七大和十七届三中、四中全会以及中央经济工作会议精神，深入贯彻落实科学发展观，以提高国有经济发展质量和效益为核心，以转变国有企业发展方式为主线，深化国有企业改革，完善国有资产管理体制，调整优化国有经济布局结构，加强和改进国有企业党建工作，进一步增强国有经济活力、控制力、影响力，为保持国民经济平稳较快发展做出新的更大贡献。做好明年的工作，要着力在以下四个方面下功夫。

（一）着力完善国有资产管理体制，加强国有资产监管。完善的国有资产管理体制是国有企业改革发展的体制保障。推动国有企业平稳较快发展，必须进一步完善国有资产管理体制。要以《企业国有资产法》等法律法规为依据，进一步加强企业国有资产监管法规体系建设，依法促进国有资产监督管理制度的完善。按照《关于进一步加强地方国有资产监管工作的若干意见》要求,在地方党委和政府的领导下,合理界定企业国有资产监管范围,准确把握国资委的机构性质和职能定位,依法规范国资委与所出资企业之间的关系,不断探索国资委履职的形式和国有资本的运营管理模式。继续完善国有企业经营业绩考核制度,坚持考核指标少而精和目标管理,探索推进经济增加值(EVA)考核,稳妥做好国有企业负责人薪酬管理工作,进一步规范企业负责人的中长期激励和职务消费。继续深化财务监督管理工作,强化财务预决算管理和总会计师职责管理,加强投资、担保等重大事项监督,深入开展财务绩效评价。加快国有资本收益制度体系建设,进一步落实国有资本收益权。继续完善产权管理制度体系,逐步实现企业国有产权交易在全国范围内联网交易和动态监测。加强和改进监事会监督,继续推进监事会当期监督,积极探索监事会监督与现代企业制度结合的有效途径,不断增强监督的时效性、灵敏性和针对性。

(二)着力优化国有经济布局结构,推进国有企业调整重组。优化国有经济布局结构是提高国有经济发展质量和效益的重要途径。要按照国务院出台的区域经济社会发展意见要求,紧密结合编制"十二五"规划和重点产业调整振兴规划,培育发展技术含量高、带动作用大的战略性产业,推动国有资本向优势、支柱、特色产业及行业的龙头企业集中,推动产业结构优化升级,做强做大有优势的国有企业。围绕地方经济发展规划和布局结构调整重点,以骨干企业为龙头推进并购重组,进一步提高产业集中度。推动企业进一步明确战略定位和发展方向,加大企业内部资源整合力度,推进非主业资产的剥离重组,推动优势资源向主业集中。鼓励、支持国有企业开展跨国、跨区域、跨所有制的联合重组,鼓励、支持各种所有制性质的企业,特别是有实力、有信誉的民营企业参与国有经济布局结构战略性调整。继续推进劣势国有企业关闭破产,努力探索在市场经济条件下劣势国有企业依法、有序、平稳退出市场的通道。进一步发挥国有资本经营预算对企业重组的引导和带动作用,通过国有资本的有序合理流动,有效配置国有资本,推动国有经济布局与结构不断优化。

(三)着力建立现代企业制度,深化国有企业改革。激发国有企业内在发展活力是提高国有经济发展质量和效益的必然要求。要继续加大公司制股份制改革力度,通过重组上市、合资合作、相互参股等多种途径,加快推进国有企业,特别是母公司层面的公司制股份制改革,促进投资主体多元化。积极推动企业集团核心业务资产上市或整体上市,推动优势资源向绩优上市公司集中,提高企业资本的证券化比重。继续推动规范的董事会建设,坚持外部董事占多数的原则,选好配好外部董事,真正实现决策层和经营层分开;推进董事会规范运作,建立完善规章制度,充分发挥各专门委员会的作用,提高董事会科学决策水平;开展对董事会、董事的年度和任期评价工作,对董事会运作较为规范的国有独资公司,按照《公司法》的要求将经营班子管理权下放董事会,逐步将部分属于股东的权利下放给董事会;根据企业股权结构的不同,依法正确处理好国资委与董事会的关系,建立健全董事、董事会与国资委的信息沟通与交流机制,建立完善董事会向国资委报告年度工作制度。健全适应现代企业制度要求的选人用人新机制,进一步加大企业领导人员选聘方式改革力度,继续深化企业用人、考评、激励制度改革,加快企业市场化选聘人才步伐。

(四)着力提高监管能力和水平,强化出资人队伍建设。提高国有资产监管能力和水平,是完善国有资产管理体制和制度、推进国有企业改革发展的重要保证。各级国资委要进一步学习领会党的十六大和十六届二中全会精神,认真贯彻执行《企业国有资产法》、《企业国有资产监督管理暂行条例》和《关于进一步加强地方国有资产监管工作的若干意见》等法律法规和规范性文件,准确把握出资人定位,依法履行出资人职责,界定好出资人与所出资企业的关系,充分尊重所出资企业的市场主体和法人实体地位,充分尊重企业的法人财产权和经营自主权,不直接干预企业的生产经营活动。要多学习宏观经济管理、企业管理、金融证券、财务审计、法律法规等专业知识,多举办专家讲座,加强培训交流,建设学习型出资人队伍。要廉洁自律,正确运用权力,拒绝各种诱惑,防止腐败,建立清正廉洁、甘于奉献的出资人队伍。

三、推进国有企业转变发展方式

加快经济发展方式转变是保证我国经济发展和社会和谐的迫切需要，也是提高经济发展质量和效益的内在要求。要把推进国有企业转变发展方式作为深入贯彻落实科学发展观的重要举措，引导国有企业将发展的方式转向主要依靠科技进步、劳动者素质提高和管理创新上来。明年要重点抓好以下几项工作。

（一）引导企业强化管理控制风险。要积极推进管理创新，引导企业向管理要效率，向管理要效益，向管理要竞争力。要引导企业提高集团控制力，加大集团资金集中管理力度，严控对外担保，严控借贷规模和资产负债率，切实降低债务风险。严格现金流管理，做好资金筹划，加强应收款项和存货管理，减少资金占用。强化投资管理，严把投资方向，严格投资程序，严管投资项目，严控投资成本，切实降低投资风险。对长期亏损企业，要下定决心予以关闭，消除亏损源。加强全面风险管理，建立健全地方国有重点企业总法律顾问制度，进一步提高企业依法决策、依法经营管理、依法维护自身合法权益的能力和水平。

（二）引导企业加强自主创新和品牌建设。要引导企业提升自主创新能力，加快技术创新步伐，加快建立和完善有利于多出成果、快出成果和促进成果转化的技术创新体制和机制，加大研发投入，加强关键技术和核心技术的自主创新，加快形成更多拥有自主知识产权的技术和产品。加强产学研结合，集中突破一批制约企业发展的核心技术、共性技术、关键技术。加强品牌建设，将品牌战略纳入企业发展战略当中，进一步确定品牌定位，做好品牌推广，强化品牌识别，切实提升品牌价值，提高品牌影响力。

（三）引导企业切实做好节能减排工作。要把节能减排作为转变经济增长方式的重要工作来抓，按照加快建设资源节约型、环境友好型社会的要求，加强节能减排组织、监测、考核体系和相关制度建设，强化重点企业节能减排工作的监测与分析，督促企业落实国家关于节能减排的相关政策和措施，使国有企业成为节约资源、保护环境的表率。要引导重点耗能企业加快节能技术改造，降低能源消耗。大力开展与绿色经济、循环经济、低碳经济相关的新技术研发，切实抢占新一轮节能减排技术制高点。

（四）引导企业加强职工队伍建设。要引导企业大力推进“人才强企”战略，推动企业培养高层次、高技能人才，全面提高职工队伍综合素质，增强广大职工的创业创新能力。建立健全行之有效的教育、培训、考核、激励和管理机制，努力创造培养高技能人才、提高职工素质的良好环境。高度重视班组建设，健全班组规章制度，搞好班组长培训，开展优秀班组和班组长表彰活动，创建学习型班组。抓好中高级技工的培养，突出新知识、新技术和新工艺，强化各类专业技能训练，引导职工岗位成才。继续推动企业开展技术比武、岗位练兵、劳动竞赛、拜师学技等活动，着力打造一支爱岗敬业、技术精湛、作风过硬的高素质、高层次、现代化职工队伍。

（五）加强和改进国有企业党建工作。要指导企业深入学习贯彻党的十七届四中全会和全国国有企业党的建设工作会议精神，进一步巩固和扩大学习实践科学发展观活动成果，把整改落实作为当前和今后一个时期的突出任务抓紧抓好，努力建立贯彻落实科学发展观的长效机制。按照“把建设高素质经营管理者队伍、人才队伍、党员队伍、职工队伍和增强国有经济活力、控制力、影响力贯穿国有企业党组织活动始终，保证党组织参与决策、带头执行、有效监督，发挥政治核心作用”的要求，积极探索发挥企业党组织政治核心作用的方法和途径，推动企业党建工作的创新与发展。认真开展争创“四好”班子、“四强”党组织，争做“四优”共产党员为主要内容的争先创优活动，加强领导班子建设，建立健全考核评价机制。进一步落实党建工作责任制，推动企业党建工作创新与发展。进一步加强基层党组织建设和党员队伍建设，加强党员教育培训，努力把党员培养成生产经营的能手、创新创业的模范、提高效益的标兵。要引导企业建立健全职工代表大会制度，支持职工参与企业管理，维护职工合法权益。继续推进惩防体系建设，将惩防体系建设融入企业经营管理，落实责任分解、责任考核和责任追究。严格执行党风廉政建设责任制，认真贯彻落实《国有企业领导人员廉洁从业若干规定》。加强和改进新闻宣传工作，营造有利于国有企业改革发展的良好氛围。

（六）督促企业抓好安全稳定工作。要督促企业加强安全生产管理，推动企业不断完善安全生产管理体系，进一步健全安全生产责任制，建立完善应急管理体系和应急预案体系，努力构建安全生产管理的长效机制，全面提升安全生产管理整体水平。安全生产管理是公共管理职能，各级国资委对安全生产的监管，不能代替各级安全生产监管部门行权履职，重点是维护国有资产安全和职工安全，督促企业落实国家关于安全生产的一系列措施。要认真做好稳定工作。在重组调整、改制分流、关闭破产时，必须严格按照有关政策和规范的程序执行，切实维护职工的合法权益。做好困难职工的帮扶工作，努力帮助他们解决一些实际困难。建立健全信访工作长效机制，及时解决职工群众的合理诉求。大力加强群体性事件预防和处置工作，抓早、抓小、抓苗头，切实消除各种隐患，维护好企业和社会的稳定。

最后需要强调的是，上一级国资委要依法加强对下一级国有资产监管工作的指导与监督。要认真贯彻《企业国有资产法》和《企业国有资产监督管理暂行条例》，进一步落实《关于进一步加强地方国有资产监管工作的若干意见》的有关要求，把握国有资产管理体制改革的基本原则和方向，切实加强对国有资产监管和国有企业改革发展中一些重大共性问题的探索研究，上下联动，共同推进。严格执行《地方国有资产监督管理工作指导监督暂行办法》和即将出台的《国务院国资委指导和监督地方国有资产监管工作实施办法》，在加强指导的同时，强化监管。特别是对国有企业改制、国有产权交易等工作，要从严监督，强化责任追究，防止国有资产流失，确保国有资产保值增值。要加强国有资产统计工作，确保国有资产数据真实、可靠。

明年是应对国际金融危机的关键之年，国有资产监管工作和国有企业改革发展工作十分繁重。让我们在以胡锦涛同志为总书记的党中央的领导下，以邓小平理论和“三个代表”重要思想为指导，深入贯彻落实科学发展观，脚踏实地，埋头苦干，扎实推进国有企业改革发展，不断提高国有经济发展的质量和效益，为国民经济平稳较快发展做出新的更大贡献！

《中国工业经济年鉴·2010》

行业篇

——2009年中国主要工业行业经济运行概况

2009年中国煤炭工业经济运行概况

2009年以来，在党中央国务院的坚强领导下，全国各族人民认真贯彻落实“保增长、扩内需、调结构、惠民生”的一系列政策措施和一揽子计划，我国经济企稳回升。全国煤炭产销量继续增加，煤炭净进口和产能较快增长，企业成本上升、价格小幅波动、应收账款增加、行业利润总额下降，煤炭经济运行继续保持基本平稳态势。

一、煤炭生产情况分析

2009年全国原煤产量完成30.5亿吨，同比增长8.8%；煤炭消费量30.2亿吨，同比增长9.2%。其主要特点表现在以下几个方面：

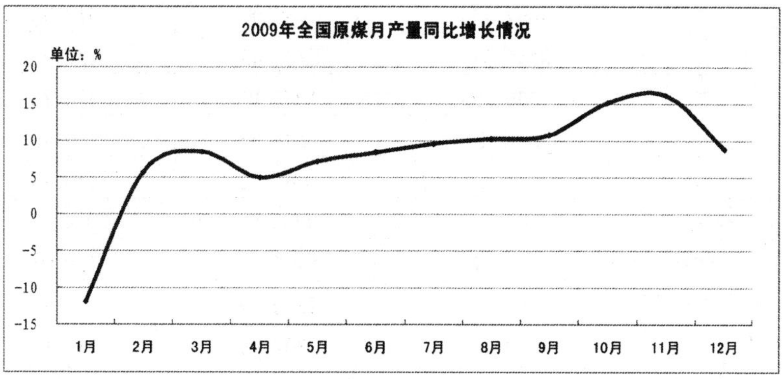

(一)全国原煤产量增加

其中，排名前10位省份的原煤产量合计为243227.49万吨，占全国原煤产量的79.74%；同比增加20331.94万吨，增长9.12%。

2009年1~12月全国原煤产量前10名省份

排名	单位名称	原煤产量(万吨)	上年同期(万吨)	同比增加(+,-)	增减%
1	山西省	61534.93	64501.3	-2966.37	-4.6
2	内蒙古自治区	60280.03	50222.82	10057.21	20.03
3	陕西省	29819.94	24162.79	5657.15	23.41
4	河南省	23037.92	21305.66	1732.26	8.13
5	山东省	14377.72	13742.5	635.22	4.62
6	贵州省	13690.74	11319.53	2371.21	20.95
7	安徽省	12848.55	11649.49	1199.06	10.29
8	黑龙江省	9900.5	9760.12	140.38	1.44
9	四川省	8997.34	9495.46	-498.12	-5.25
10	新疆自治区	8739.82	6735.88	2003.94	29.75
小计		243227.49	222895.55	20331.94	9.12
全国合计		304988.62	280217.4	24771.22	8.84
前10省所占比重		79.74%	79.54%		0.20%

其中，七个省份产量超过亿吨，一个省份同比增产过亿吨。在产量前十省份中，山西、四川两个省份产量同比下降，其余省份产量同比增长。其中，同比增产最多的省份是内蒙古自治区，增产10057.21万吨。同比增产最少的省份是黑龙江省，增产140.38万吨。同比增幅最大的省份是新疆，增长29.75%，同比增幅最小的省份是黑龙江省，增长1.44%。

2009年1~12月原煤产量同比增加的省份(21个)

排名	省份	本年累计(万吨)	上年同期(万吨)	同比增加(+,-)	增减%
1	内蒙古自治区	60280.03	50222.82	10057.21	20.03
2	陕西省	29819.94	24162.79	5657.15	23.41
3	贵州省	13690.74	11319.53	2371.21	20.95
4	新疆自治区	8739.82	6735.88	2003.94	29.75
5	河南省	23037.92	21305.66	1732.26	8.13
6	宁夏自治区	5598.96	4325.35	1273.61	29.45
7	安徽省	12848.55	11649.49	1199.06	10.29
8	湖南省	6879.98	6153.86	726.12	11.8
9	山东省	14377.72	13742.5	635.22	4.62
10	云南省	8625.07	8029.72	595.35	7.41
11	吉林省	4497.45	3980.09	517.36	13
12	河北省	8585.34	8145.43	439.91	5.4
13	湖北省	1399.45	1073.19	326.26	30.4
14	青海省	1577.1	1293.64	283.46	21.91
15	黑龙江省	9900.5	9760.12	140.38	1.44
16	广西自治区	589.27	451.17	138.1	30.61
17	辽宁省	6624.17	6495.12	129.05	1.99
18	福建省	2466.13	2350.19	115.94	4.93
19	江西省	3414.14	3302.98	111.16	3.37
20	北京市	653.74	578.62	75.12	12.98
21	浙江省	13.2	13.12	0.08	0.61
小计		223619.22	195091.27	28527.95	14.62

在全国产煤的26个省(市、自治区)中，21个省(市、自治区)原煤产量同比增加，同比增产28527.95万吨，增长14.62%。从增长绝对量来看，依次分别是内蒙古(+10057.21万吨)、陕西(+5657.15万吨)、贵州(+2371.21万吨)、新疆(+2003.94万吨)、河南(+1732.26万吨)、宁夏(+1273.61万吨)、安徽(+1199.06万吨)、湖南(+726.12万吨)、山东(+635.22万吨)、云南(+595.35万吨)、吉林(+517.36万吨)、河北(+439.91万吨)、湖北(+326.26万吨)、青海(+283.46万吨)、黑龙江(+140.38万吨)、辽宁(+129.05万吨)、广西(+138.1万吨)、福建(+115.94万吨)、江西(+111.16万吨)、北京(+75.12万吨)、浙江(+0.08万吨)。

从增幅来看，21个省依次分别是：广西(+30.61%)、湖北(+30.4%)、新疆(+29.75%)、宁夏(+29.45%)、陕西(+23.41%)、青海(+21.91%)、贵州(+20.95%)、内蒙古(+20.03%)、吉林(+13.00%)、北京(+12.98%)、湖南(+11.8%)、安徽(+10.29%)、河南(+8.13%)、云南(+7.41%)、河北(+5.4%)、福建(+4.93%)、山东(+4.62%)、江西(+3.37%)、辽宁(+1.99%)、黑龙江(+1.44%)、浙江(+0.66%)。

5个省(市、自治区)的原煤产量同比减产，同比减产3746.23万吨，下降4.4%。从减产绝对量来看，依次分别是：山西(-2966.37万吨)、四川(-498.12万吨)、重庆(-202.79万吨)、甘肃(-46.28万吨)、江苏(-32.67万吨)。

从降幅来看，5个省依次分别是：四川(-

2009 年 1~12 月原煤产量同比减少的省份(5 个)

排名	省份	本年累计(万吨)	上年同期(万吨)	同比增加(+,-)	增减%
1	山西省	61534.93	64501.3	-2966.37	-4.6
2	四川省	8997.34	9495.46	-498.12	-5.25
3	重庆市	4463.73	4666.52	-202.79	-4.35
4	甘肃省	3975.96	4022.24	-46.28	-1.15
5	江苏省	2397.44	2430.11	-32.67	-1.34
小计		81369.4	85115.63	-3746.23	-4.40

5.25%)、山西(-4.6%)、重庆(-4.35%)、江苏(-1.43%)、甘肃(-1.15%)。

(二)大型企业原煤产量增加

1~12 月,96 家大型企业原煤产量完成 165206.0 万吨,占全国原煤产量的 54.16%,同比增加 16602.8 万吨,增长 11.2%。其中,排名前 10 家企业原煤产量合计为 95892.5 万吨, 占全国原煤产量的 31.44%;同比增加 11027.6 万吨,增长 13.0%。

大型企业原煤产量前 10 名的单位依次是:神华集团 (32759.7 万吨,+16.3%)、中煤集团(12505.2 万吨,+9.6%)、山西焦煤(8078.8 万吨,+0.6%)、同煤集团(7450.4 万吨,+8.1%)、陕西煤业(7100.5 万吨,+17.5%)、淮南矿业(6715.5 万吨,+11.1%)、潞安矿业(5509.2 万吨,+30.9%)、龙煤集团(5494.0 万吨,+0.0%)、河南煤业(4971.2 万吨,+26.2%)、平煤神马(4581.0 万吨,+11.2%)。

2009 年 1~12 月大型煤炭企业原煤产量前 10 名企业

排名	单位名称	原煤产量(万吨)	上年同期(万吨)	同比增加(+,-)	增减%
1	神华集团	32759.7	28161.0	4598.7	16.3
2	中煤集团	12505.2	11411.1	1094.1	9.6
3	山西焦煤集团	8078.8	8029.1	49.7	0.6
4	大同煤矿集团公司	7450.4	6890.5	559.9	8.1
5	陕西省煤业集团	7100.5	6040.8	1059.7	17.5
6	淮南矿业集团公司	6715.5	6043.3	672.2	11.1
7	河南煤业化工集团公司	5698.2	4464.8	1233.3	27.6
8	潞安矿业集团公司	5509.2	4209.2	1300.0	30.9
9	龙煤矿业集团	5494.0	5495.0	-1.0	0.0
10	平煤神马集团公司	4581.0	4120.0	461.0	11.2
小计		95892.5	84864.8	11027.6	13.0
大型企业合计		165206.0	148297.2	16602.8	11.2
全国合计		304988.62	280217.4	24771.22	8.84
大型企业占全国比重		54.16%	52.92%		1.24%
前 10 名占大型企业比重		58.04%	57.22%		0.81%
前 10 名占全国比重		31.44%	30.28%		1.15%

在原煤产量排名前 10 位的企业中, 产量同比都是增长的。其中山西焦煤集团幅度止跌回升,龙煤集团增长幅度趋缓。

大型企业中, 原煤产量同比增长的有 79 个企业,其余 17 个企业产量同比下降。

大型企业中, 原煤产量同比绝对量增加的前 10 家企业分别是:神华集团(+4598.7 万吨)、潞安矿业(+1300.0 万吨)、河南煤业(+1233.3 万吨)、中煤集团(+1094.1 万吨)、陕西煤业(+1059.7 万吨)、开滦集团(+759.2 万吨)、冀中能源(+677.9 万吨)、淮南矿业(+672.2 万吨)、阳泉煤业(+616.9 万吨)、

2009 年 1~12 月大型煤炭企业原煤产量同比增加前 10 名企业

排名	单位名称	本年累计(万吨)	上年同期(万吨)	同比增加(+,-)	增减(%)
1	神华集团	32759.7	28161.0	4598.7	16.3
2	潞安矿业集团公司	5509.2	4209.2	1300.0	30.9
3	河南煤业化工集团公司	5698.2	4464.8	1233.3	27.6
4	中煤集团	12505.2	11411.1	1094.1	9.6
5	陕西省煤业集团	7100.5	6040.8	1059.7	17.5
6	开滦集团公司	4045.1	3285.9	759.2	23.1
7	冀中能源集团	4237.4	3559.5	677.9	19.0
8	淮南矿业集团公司	6715.5	6043.3	672.2	11.1
9	阳泉煤业集团公司	4346.4	3729.5	616.9	16.5
10	大同煤矿集团公司	7450.4	6890.5	559.9	8.1
小计		90367.5	77795.6	12571.9	16.2

大同煤业(+559.9 万吨)。

从增幅来看，增幅较高的前 10 家企业依次是：舒兰矿业(+38.7%)、新汶矿业(+34.3%)、潞安矿业(+30.9%)、辽源矿业(+28.7%)、河南煤业(+27.6%)、水城矿业(+25.8%)、开滦集团(+23.1%)、神火煤业(+22.9%)、济宁矿业(+21.3%)、通化煤业(+20.6%)。

2009 年 1~12 月大型煤炭企业原煤产量同比减少前 10 名企业

排名	单位名称	本年累计(万吨)	上年同期(万吨)	同比增加(+,-)	增减(%)
1	小龙潭矿务局	949.0	1012.2	-63.2	-6.2
2	铁法煤业集团公司	2096.3	2140.0	-43.7	-2.0
3	沈阳煤业集团公司	822.0	852.1	-30.1	-3.5
4	天能集团有限公司	249.9	264.8	-14.9	-5.6
5	淄博矿业集团公司	1108.3	1117.6	-9.3	-0.8
6	东山煤矿有限公司	154.1	162.0	-7.8	-4.8
7	抚顺矿业集团公司	393.2	400.2	-7.0	-1.8
8	福建省煤炭工业集团	492.0	493.7	-1.6	-0.3
9	龙煤矿业集团	5494.0	5495.0	-1.0	0.0
10	鹊山精煤有限公司	110.0	110.0	0.0	0.0
小计		15416.8	16017.8	-601.0	-3.8

在原煤产量同比减少的企业中，减产最多的前 10 名企业分别是：小龙潭(-63.2 万吨)、铁法煤业(-43.7 万吨)、沈阳煤业(-30.1 万吨)、天能煤业(-14.9 万吨)、淄博矿业(-9.3 万吨)、东山煤业(-7.8 万吨)、抚顺矿业(-7.0 万吨)、福建能源(-1.6 万吨)、龙煤矿业(0.0 万吨)、鹊山精煤(-0.0 万吨)。

从降幅来看，降幅较大的前 10 个企业依次为：小龙潭(-6.2%)、天能集团(-5.6%)、东山煤矿(-4.8%)、沈阳煤业(-3.5%)、铁法煤业(-2.0%)、抚顺矿业(-1.8%)、淄博矿业(-0.8%)、福建能源(-0.3%)、龙煤集团(0.0%)、鹊山精煤(0.0%)。

(三)大型企业洗精煤产量增加

1~12 月，全国大型煤炭企业洗精煤产量完成 26792.6 万吨。其中，排名前 10 家企业洗精煤产量合计为 19747.8 万吨，占大型企业洗精煤产量的 73.71%；同比增加 2064.6 万吨，增长 11.7%。

大型煤炭企业洗精煤产量前 10 名的单位依次是：山西焦煤（3665.4 万吨，-2.8%）、中煤集团(2774.3 万吨，+9.8%)、神华集团（2907.8 万吨，+17.4%)、同煤集团(2452.4 万吨，+15.4%)、冀中能源(1701.0 万吨，+13.7%)、龙煤集团(1562.0 万吨，+19.6%)、潞安矿业(1242.7 万吨，+31.0%)、兖矿集团(1229.3 万吨，+0.1%)、河南煤业(1184.5 万吨，+14.7%)、开滦集团(1028.4 万吨，+33.3%)。

在洗精煤产量排名前 10 位的企业中，山西焦煤的产量同比继续下降，其余 9 个企业的产量同

2009 年 1~12 月大型煤炭企业洗精煤产量前 10 名企业

排名	单位名称	本年累计(万吨)	上年同期(万吨)	同比增加(+,-)	增减(%)
1	山西焦煤集团	3665.4	3770.8	-105.4	-2.8
2	神华集团	2907.8	2477.1	430.7	17.4
3	中煤集团	2774.3	2526.0	248.3	9.8
4	大同煤矿集团公司	2452.4	2126.0	326.4	15.4
5	冀中能源集团	1701.0	1496.5	204.5	13.7
6	龙煤矿业集团	1562.0	1306.0	256.0	19.6
7	潞安矿业集团公司	1242.7	948.8	293.9	31.0
8	兖矿集团有限公司	1229.3	1228.0	1.3	0.1
9	河南煤业化工集团公司	1184.5	1032.5	152.0	14.7
10	开滦集团公司	1028.4	771.5	256.9	33.3
小计		19747.8	17683.2	2064.6	11.7
大型企业合计		26792.6	23983.9	2808.7	11.7
前 10 家所占比重		73.71%	73.72%		-0.01%

比保持增长。

二、煤炭运销情况分析

2009 年国内煤炭市场经历了由适度宽松、基本平衡向逐渐偏紧方向发展的变化过程。全年煤炭资源供应保持稳定增长，而同期煤炭需求则是在四季度明显放大，尤其是进入 12 月份，全国大范围出现的暴雪寒潮天气，带来了持续的超低气温，对电煤的需求急剧增加，电煤日耗达到了历史最高水平。受此影响，煤炭资源紧张状况在全国多省区显现，国内各地区市场煤交易价格继续保持普遍上扬态势。

(一)铁路煤炭装车情况

12 月份，全国煤炭日均装车完成 57537 车，装车数环比增长 1.5%；同比增加 2436 车，上涨 4.42%。其中，电煤日均装车完成 38056 车，装车数环比增长 8.4%。

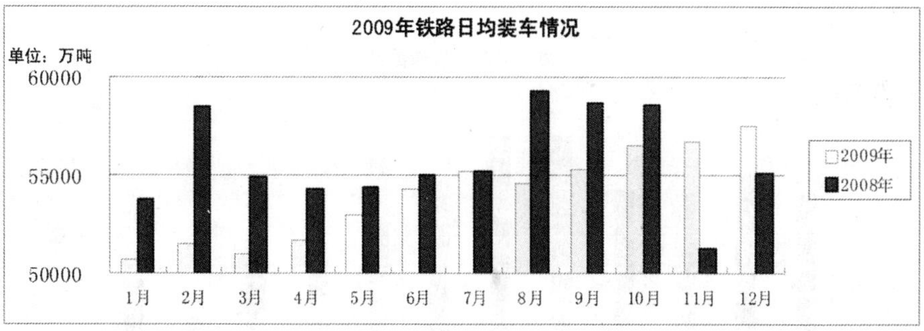

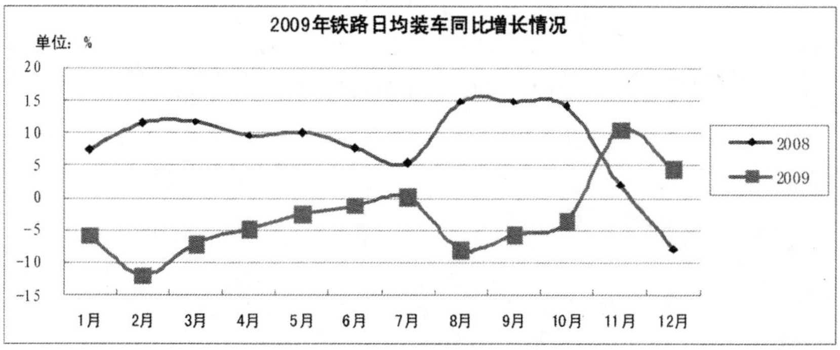

(二)煤炭运量情况

12 月份，全国铁路煤炭发送量完成 15696 万吨，同比增加 3127 万吨，增长 24.9%。其中电煤发送量完成 11247 万吨，同比增加 3300 万吨，增长 41.5%。

1~12月，全国铁路煤炭发送量完成174881万吨，同比增加2039万吨，增长1.2%。其中电煤发送量完成113929万吨，同比减少4234万吨，下降3.6%。

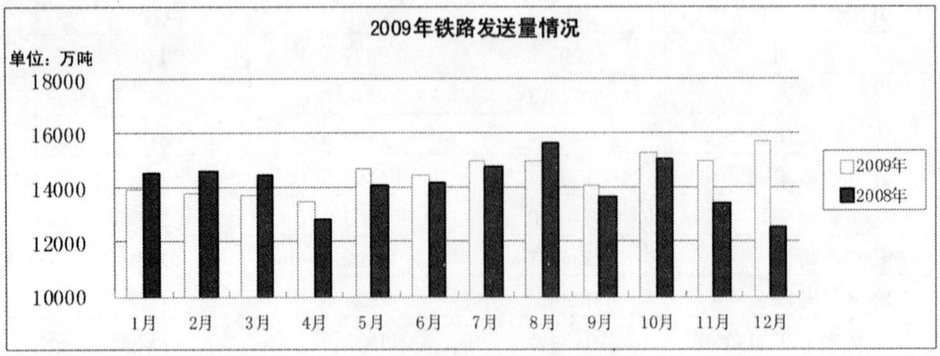

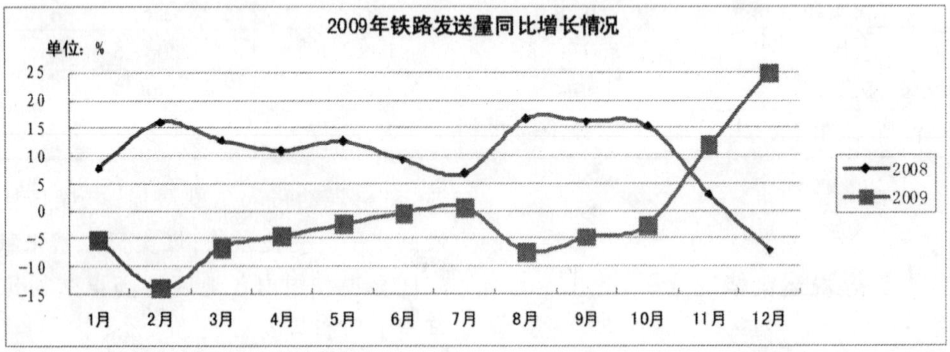

12月份，全国主要港口共发运煤炭4464万吨，同比增加912万吨，上升25.7%；港口煤炭总发运量比上月增加709万吨，上升18.9%。其中，内贸煤炭发运完成4126万吨，同比增加998万吨，上升31.9%，外贸煤炭发运完成339万吨，同比减少86万吨，下降了20.2%。

1~12月份，全国主要港口累计完成煤炭发运46669万吨，同比减少4282万吨，下降了8.4%。其中，内贸煤炭发运累计完成44248万吨，同比减少2030万吨，下降了4.4%，外贸煤炭发运累计完成2421万吨，同比减少了2252万吨，下降了48.2%。

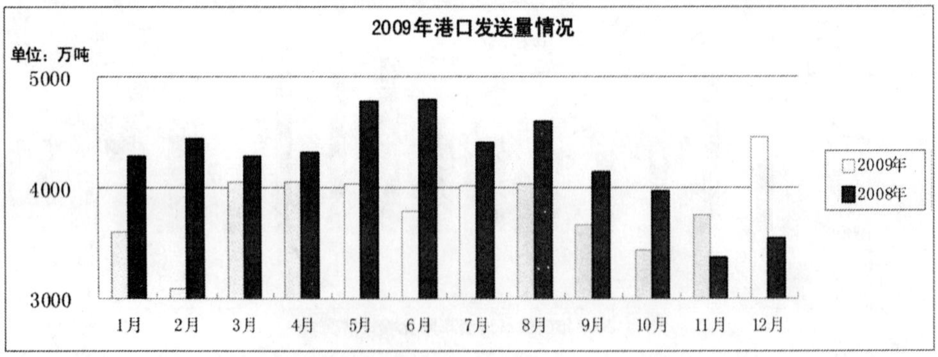

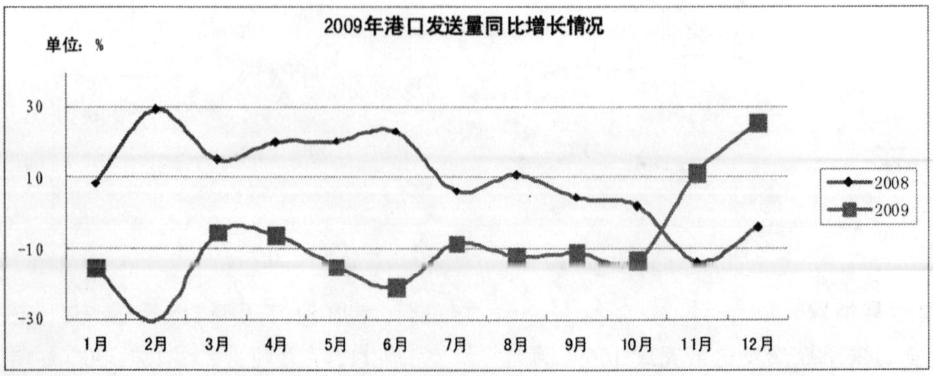

(三)煤炭销售情况

12月份，全国煤炭销量完成28954.5万吨，同比增加5454.5万吨，增长23.21%。

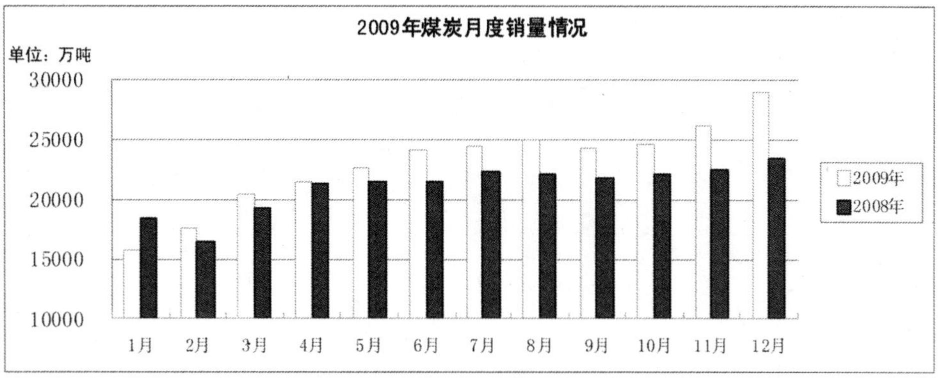

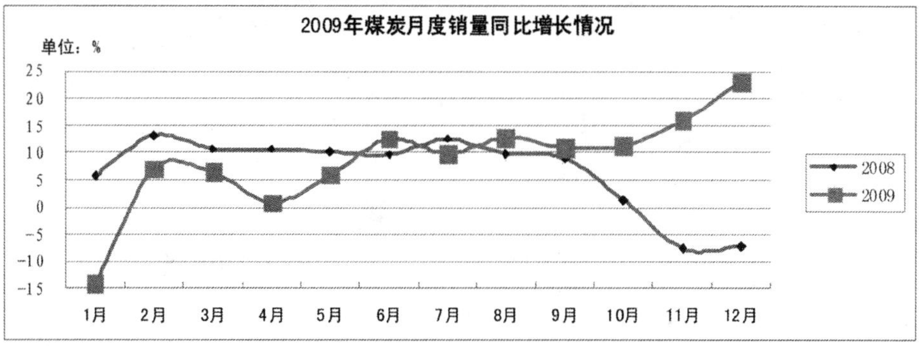

1~12月，全国煤炭销量累计完成283723万吨，同比增加21620万吨，增长8.25%。

(四)煤炭库存情况

12月末，全国社会煤炭库存17000万吨，比上月末减少1079万吨，下降6%；比2008年末的20100万吨减少3100万吨，下降15.42%。

煤炭企业库存4606万吨，比上月末减少674万吨，下降12.76%；比2008年末的5092万吨减少

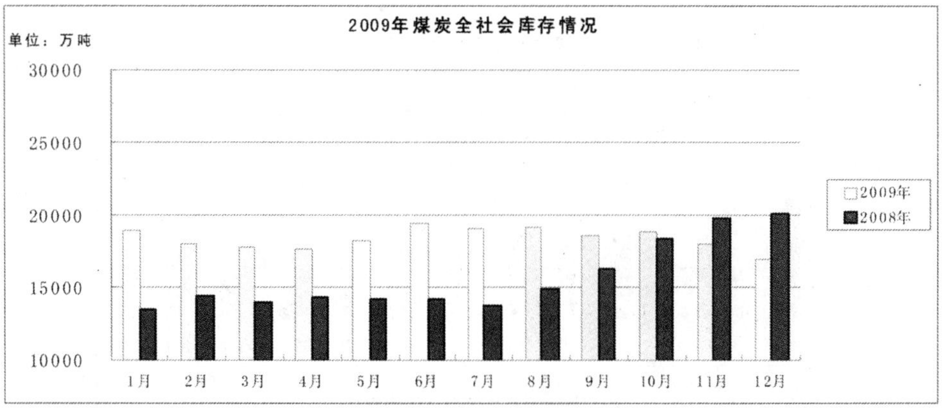

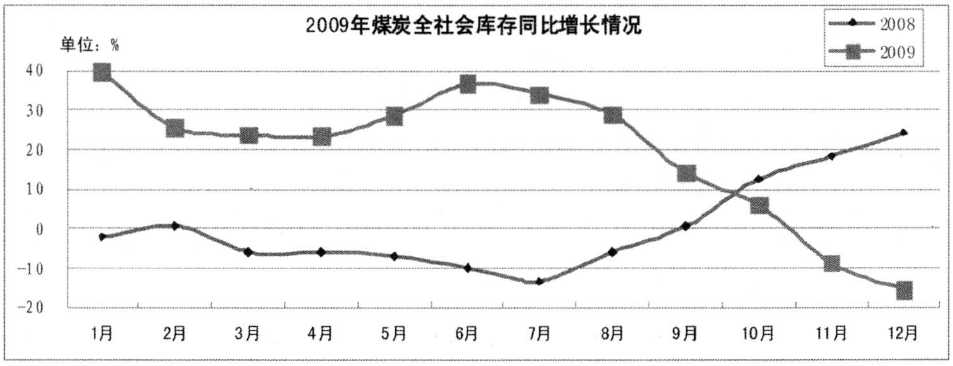

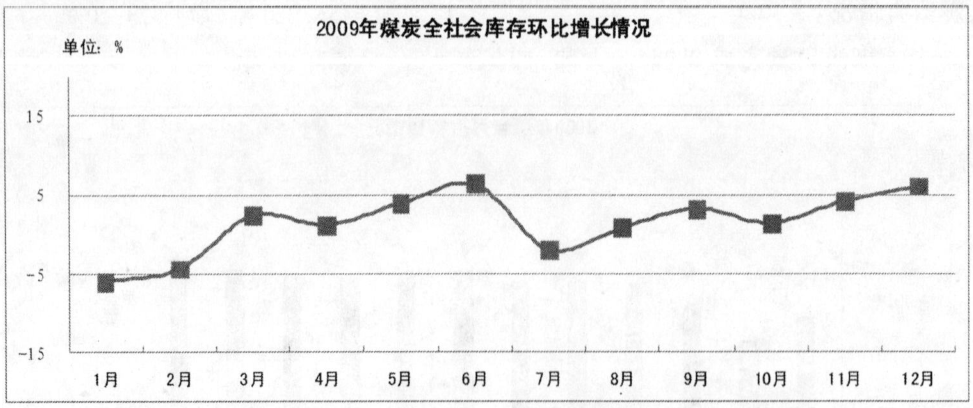

486万吨，下降9.54%。

至12月末，全国主要港口存煤为1436万吨，比上月末减少159万吨，比年初减少539万吨。秦皇岛煤炭库存536.5万吨，比上月末减少192.4万吨，下降26.4%。

（五）煤炭进出口情况

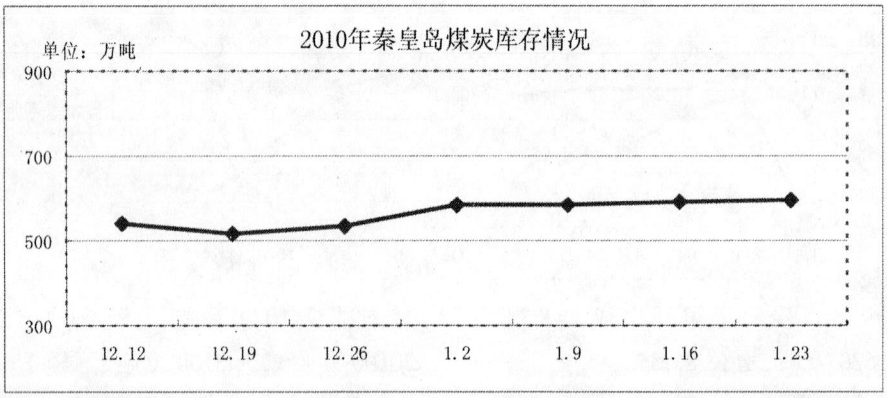

1.煤炭出口完成情况

据海关统计，2009年1~12月我国出口煤共完成2239万吨，同比减少了753万吨，下降50.7%。

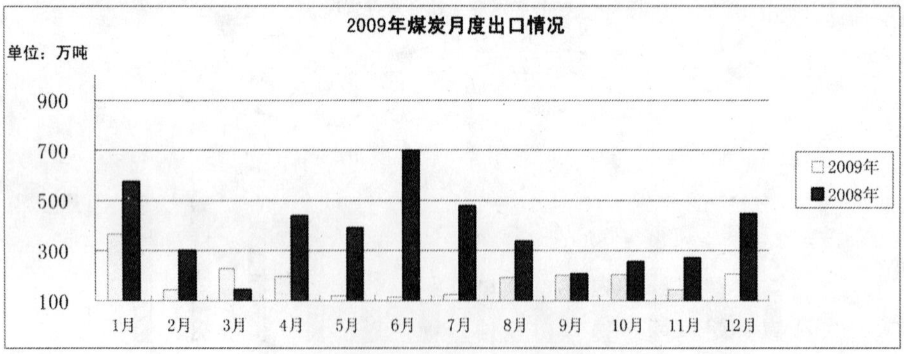

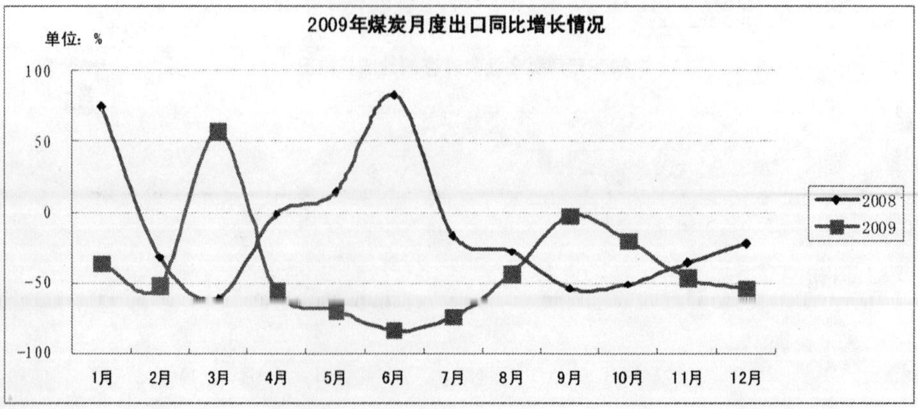

2.煤炭进口完成情况

据海关统计，12月份，煤炭进口1638万吨，同比增加1370万吨，增长512.79%，比上月增加373万吨。1~12月，全国累计进口煤炭12583万吨，同比增加8549万吨，增长211.93%。

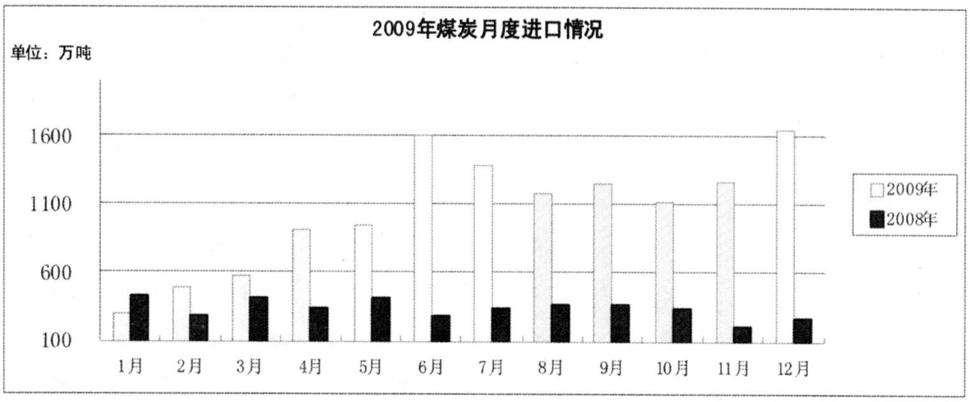

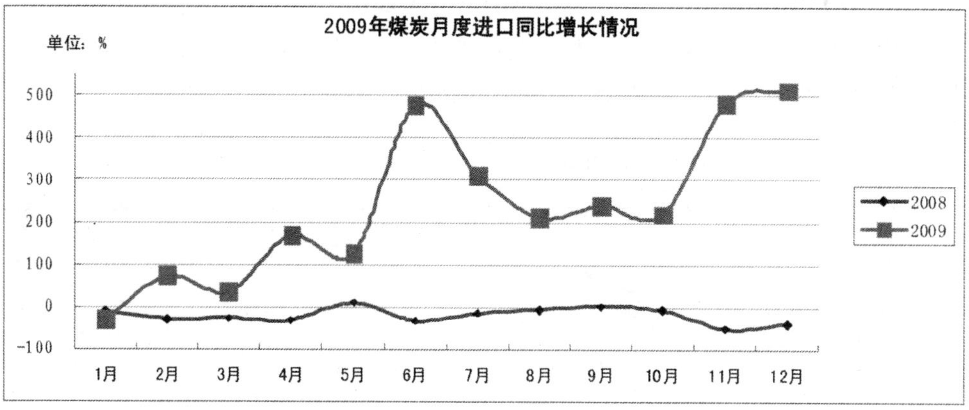

（六）电力行业耗煤情况

12月份，直供电网当月供煤7350.4万吨，日均供煤237.1万吨，同比增长51.9%；耗煤7642.4万吨，日均耗煤246.5万吨，同比增长34.2%。

截至12月底，直供电网累计供煤68234万吨，同比减少2233万吨，下降3.2%；累计耗煤70558万吨，同比增加2061万吨，增长3.0%；库存2147万吨，较11月底减少233.2万吨，可耗用8天。

（七）冶金行业耗煤情况

冶金十四家重点钢厂12月份煤炭消耗888.59万吨，同比增加146万吨，增长19.7%，比上月增加22.5万吨，增长2.6%。12月份，煤炭收入量为856.65万吨，同比增加132万吨，增长18.2%，比上月减少23.4万吨，下降2.8%。

1~12月，重点钢厂煤炭消耗总量为9870.7万吨，同比增加698.9万吨，增长7.6%。至12月末，煤炭库存为438.75万吨，同比减少48.4万吨，比上月煤炭库存减少13.2万吨。其中，炼焦煤库存285.5万吨，同比减少25.3万吨；燃料煤库存153.22万吨，同比减少23.13万吨。

（八）煤炭市场价格及其变化情况

12月份，国内重点地区市场煤的供求关系保持“卖方市场”格局，交易价格继续上扬，具体情况如下：

1.主要生产地区煤炭坑口价格继续上涨。12月份，继续受下游地区煤炭价格上涨的拉动，重点资源地区山西的大同、朔州地区的煤炭出矿价格延续上涨态势。月末，大同地区发热量5800大卡/千克以上煤炭的“上站”价格升至620~640元/吨，比11月末水平提高了80元/吨以上；发热量5500大卡/千克以上煤炭的“上站”价格升至580~590元/吨之间，比11月末水平提高了70元/吨以上。

2. 重点集散地区市场动力煤交易价格加速上扬。12月末，秦皇岛港平仓的发热量5800大卡/千克市场动力煤的主流成交价格升至810~840元/吨之间，比11月末上涨了80元/吨左右；5500大卡/

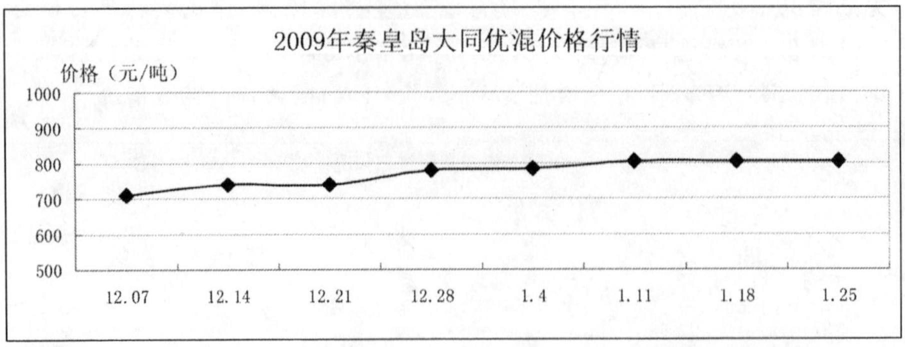

千克市场动力煤的主流成交价格升770~790元/吨之间，比11月末上涨了80元/吨左右；5000大卡/千克市场动力煤的主流成交价格升至670~690元/吨之间，比11月末上涨了70元/吨以上。

3.主要消费地区煤炭交易价格上涨。12月份，受上游地区煤炭价格上涨和海上煤炭运价上涨的双重因素影响，重点消费地区浙江沿海各港的煤炭交易价格出现大幅攀升行情，12月底，发热量5500大卡/千克的优质动力煤，在宁波港的提货价格达到了850~860元/吨，比11月末水平上涨了40~50元/吨。由于受到进口煤炭的影响，广州港动力煤的提货价格的上涨受到抑制，12月末仅比11月末上涨了20元/吨左右，小幅回升到850~870元/吨之间。

2010年澳大利亚动力煤现货价格

日期	价格(美元/吨)	日期	价格(美元/吨)
12.03	81.4	1.7	90.6
12.10	80.6	1.14	99.1
12.17	80.7	1.21	98.8
12.24	83.1	1.28	98.9
12.31	83.3	7.30	

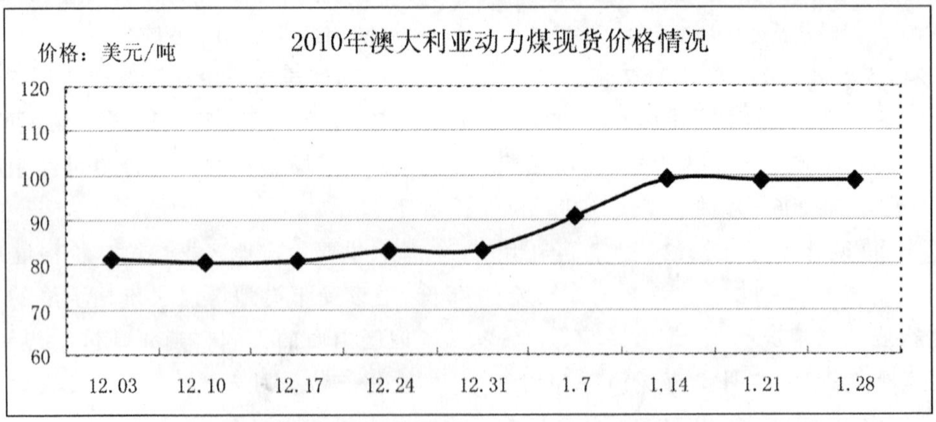

4.国内海上煤炭运价出现"过山车"走势。12月份，国内海上煤炭运价出现暴涨、急跌的"过山车"走势，首先是进入12月份以后，炒作倾向明显的国内海上煤炭运价继续快速攀升，到12月中旬，秦皇岛至上海方向2~3万吨船舶的煤炭运价已经攀升到了100~110元/吨，秦皇岛至宁波方向2~3万吨船舶的煤炭运价升至110~120元/吨，秦皇岛至广州方向3~4万吨船舶的煤炭运价升至140~150元/吨。

到了12月下旬，国内海上煤炭运价形势急转直下，各条航线的运价迅速下滑，12月末，秦皇岛至上海方向2~3万吨船舶的煤炭运价已经回落到了80~85元/吨，秦皇岛至宁波方向2~3万吨船舶的煤炭运价升至85~90元/吨，秦皇岛至广州方向3~4万吨船舶的煤炭运价升至120~130元/吨。

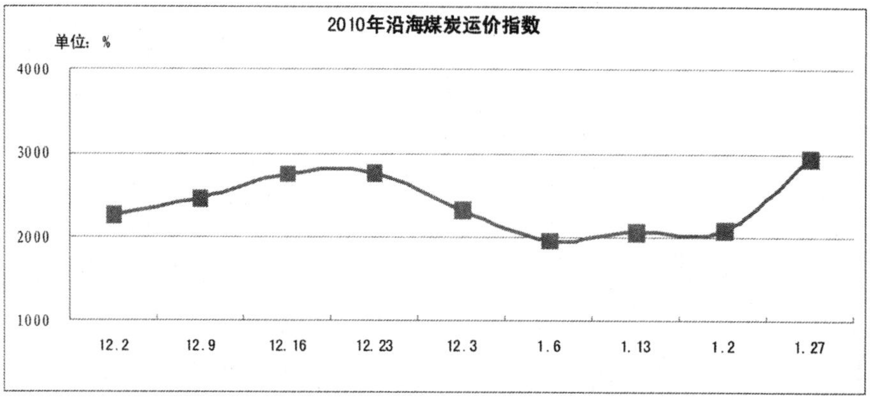

三、煤炭经营状况分析

1.主营业务收入同比增加

1~12 月，大型煤炭企业（集团）主营业务收入 11885.70 亿元，同比增加 1173.45 亿元，增长 10.95%，增幅比 1~11 月增长 1.65 个百分点。其中，前 10 家煤炭企业主营业务收入 7214.99 亿元，占大型煤炭企业主营业务收入的 60.72%。

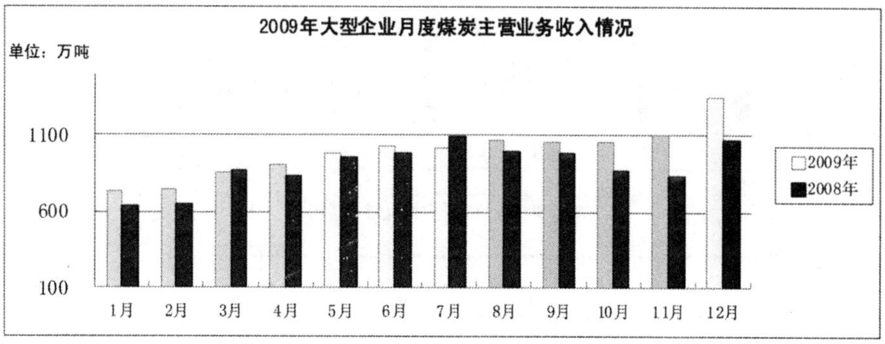

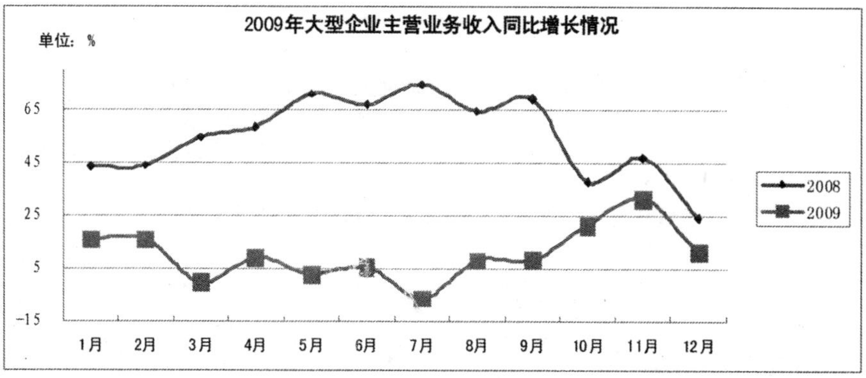

2009 年 1~12 月大型煤炭企业收入前 10 名企业

排名	单位	主营业务收入(亿元)
1	神华集团	1579.32
2	河南煤业化工集团公司	1030.57
3	山西焦煤集团	756.49
4	平煤神马集团公司	697.39
5	中煤集团	682.17
6	开滦集团公司	548.55
7	冀中能源集团	520.00
8	晋城无烟煤集团公司	486.46

续表

排名	单位	主营业务收入(亿元)
9	阳泉煤业集团公司	461.00
10	潞安矿业集团公司	453.01
小　计		7214.99
大型企业收入合计		11885.70
前10名所占比重		60.72%

2.利润增幅同比继续下降

1~12月，大型煤炭企业（集团）实现利润1155.53亿元,同比减少69.74亿元,下降5.69%,增幅比1~11月上涨5.63个百分点。其中,前10家煤炭企业实现利润868.39亿元，占大型企业利润的75.15%。

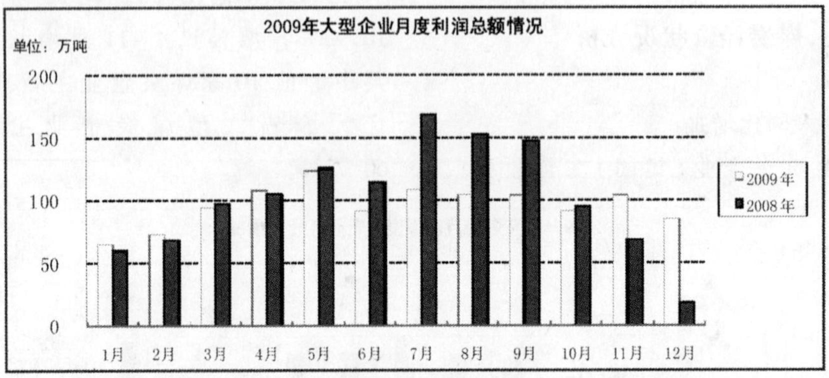

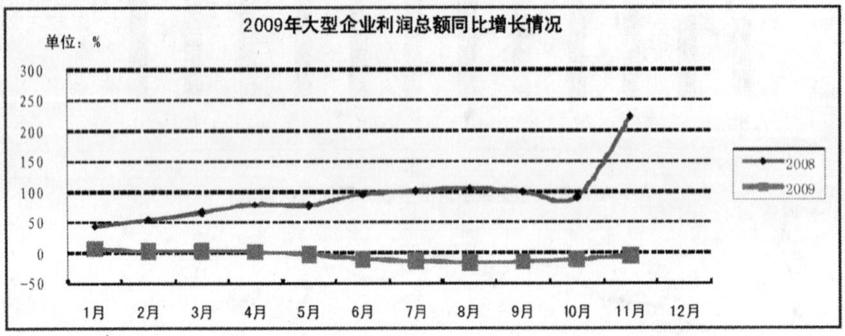

2009年1~12月大型煤炭企业利润前10名企业

排名	单位	利润总额(亿元)
1	神华集团	464.94
2	中煤集团	103.06
3	河南煤业化工集团公司	56.18
4	晋城无烟煤集团公司	43.09
5	山西焦煤集团	42.36
6	枣庄矿业集团公司	35.98
7	潞安矿业集团公司	35.35
8	兰花煤炭集团公司	32.03
9	新汶矿业集团公司	30.56
10	兖矿集团有限公司	24.81
小　计		868.39
大型企业利润合计		1155.53
前10名所占比重		75.15%

1~12 月，大型煤炭亏损企业达到 4 个，亏损面为 4.17%，亏损企业同比增加 2 个，亏损面同比增加 2.09%。其中，亏损最多的企业是天府矿业公司，亏损 7850 万元；其次是扎赉诺尔煤炭公司，亏损 6151 万元；第三是大雁煤业公司，亏损 1934 万元。

3.成本费用利润率下降

1~12 月，大型煤炭企业集团成本费用利润率 10.82%，同比下降 2.28 个百分点。

4.税收贡献保持增长

1~12 月，大型煤炭企业应交税金总额 1430.59 亿元，同比增长 10.61%；其中，应交增值税 749.85 亿元，同比增长 14.22%。

5.成本售价降低

煤炭成本下降。据统计，随着各类煤炭企业成本费用同比继续上升，1~12 月，全国大型煤炭企业原煤单位成本 328.91 元/吨，同比减少 5.46 元/吨，下降 1.63%；比 1~11 月减少 5.59 元/吨。原选煤单位成本 389.52 元/吨，同比增加 4.30 元/吨，增长 1.12%；比 1~11 月增加 5.62 元/吨。

煤炭价格同比下降。1~12 月，原煤平均售价 353.63 元/吨，同比减少 20.89 元/吨，下降 5.58%；比 1~11 月增加 3.93 元/吨。原选煤平均售价 427.10 元/吨，同比减少 64.8 元/吨，下降 8.9%；比 1~11 月增加 3.5 元/吨。

6.应收账款同比增加，增幅下降

1~12 月，大型煤炭企业应收账款 825.97 亿元，同比增加 82.96 亿元，增长 11.17%，增幅环比下降 4.18 个百分点。其中，应收账款最多的是神华集团，达到 113.77 亿元，比 11 月末增加 5.67 亿元；其次是中煤集团，应收账款 61.12 亿元，比 11 月末减少 23.79 亿元；第三是河南煤业化工集团公司，应收账款 57.84 亿元，比 11 月末减少 29.82 亿元。

7.煤炭工业固定资产投资增加

1~12 月，全社会固定资产投资 194238.62 亿元，同比增长 30.5%。其中，煤炭开采及洗选业投资 3021 亿元，同比增长 29.5%；电力、热力的生产与供应业投资 11077 亿元，增长 22.8%。

8.安全费用提取情况

1~12 月，大型煤炭企业吨煤安全生产费用累计提取 27.2 元，同比减少 3.4 元。

回顾 2009 年煤炭经济运行形势，呈现出以下几个特点：一是全国煤炭市场供需经过了由总体宽松、到基本平衡、再到供求偏紧的发展过程。进入今年 2 月下旬以来，煤炭供求又开始转向基本平衡，总量略有宽松。二是价格随市场供求关系变化呈现小幅波动变化，且与国际煤炭价格变化基本同步。三是煤炭供需形势受主要耗煤产业发展、水电出力情况、季节和气候变化，以及运输条件等多重因素影响，市场供需基本平衡与局部时段、部分地区、个别煤种供应紧张现象同时存在。四是我国由传统的煤炭出口国快速转向煤炭净进口国，与国际市场关联度越来越高，影响越来越大。

四、煤炭行业改革发展取得成效

（一）行业改革开放稳步推进

1.国家推进煤炭市场化改革，促进了全国煤炭市场供需基本平衡。一是价格机制在资源配置中的作用增强。国家积极稳妥地推进反映资源稀缺程度、市场供求关系、煤矿安全和环境成本的价格形成机制，煤炭价格市场化定价不断完善，煤炭工业能力增强。二是市场主体地位增强。大型煤炭企业主动与电厂、钢厂等主要用户签订中长期协议或战略联盟，充分运用市场机制努力破解煤炭供需矛盾，维护了全国煤炭市场的稳定运行。三是投资主体呈多元化发展态势。煤炭下游行业通过参股煤矿企业、加大煤矿项目投资，产能规模不断扩大。初步统计，截至 2009 年底，非煤央企投资煤矿 133 处（不含参股煤矿）设计能力 3.19 亿吨，原煤产量 1.72 亿吨。

2.国家推进煤炭订货制度改革，产运需衔接工作平稳有序。2009 年 12 月，国家发展改革委下发了《关于完善煤炭产运需衔接工作的指导意见》，提出进一步发挥市场配置资源的基础性作用，继续实行市场定价，由供需双方企业协商确定，坚持以质论价、优质优价的原则。煤炭市场化改革迈出了关键性一步。《指导意见》是对近年来煤炭市场化改革成绩的充分肯定，也为今后顺利推进煤炭市场化改革奠定了坚实的基础。目前，在国家有关部门和煤炭产供需各方的共同努力下，2010 年度煤炭订货工作已基本结束。根据中国煤炭市场网网上合同汇总统计，2010 年全国供需衔接签订合同总量 17.2 亿吨，比 2008 年增加 4.1 亿吨。其中跨省区产需衔接合同量已超过了框架方案。电力、冶金、建材和化肥等行业签订的重点合同量均高于往年。煤炭价格保持基本稳定，重点电煤合同价格略有增长。

3.煤炭企业"走出去"取得实质进展。2009年12月5日，兖州煤业收购澳大利亚菲利克斯资源公司项目获国家有关部门批准。2009年12月21日，开滦股份公司全资子公司—加拿大中和投资有限责任公司注册成立，并取得了国家商务部颁发的企业境外投资证书，将全面开展加拿大的煤炭资源并购投资工作。神华集团公司获得了澳大利亚沃特马克勘探区的探矿权，在印尼的一座年产煤炭150万吨的露天煤矿开建。中煤装备、郑州煤机等大型煤机企业煤矿成套技术装备已先后出口俄罗斯、印度等产煤国家。

(二)结构调整取得重大进展

1.生产结构不断优化。2009年，煤炭行业坚持集约化生产，加大淘汰落后产能力度，生产结构得到了进一步优化，煤矿集约化生产稳步推进。根据国家有关部门统计，目前全国已建成年产120万吨以上的大型煤矿434处，核定能力12.63亿吨，占总核定能力的50.62%；年产30万吨以上的中型煤矿1004处，核定能力4.9亿吨，占19.64%；全国大中型煤矿产量比重提高到70%以上。长期以来我国煤炭生产以中小型煤矿为主的局面得以改变。

2.产业集中度提高。自2008年第四季度以来，受国际金融危机影响，煤炭市场需求减缓、价格下滑，经济面临困难。煤炭行业抓住这一结构调整的有力时机，着力推进煤炭资源整合和企业兼并重组工作，煤炭产业规模化发展进展顺利。全国煤矿数量由2005年的24800多处减少到目前的15000多处，主要产煤省区煤矿数量大幅减少。如，山西省煤矿数量由2005年的4237处减少到2009年的1053处，减少了3184处，减少75.15%；河南省由1670处减少到639处，减少了1031处，减少61.74%；内蒙古由1165处减少到501处，减少了664处，减少57%。通过煤炭资源整合与企业兼并重组，大型煤炭企业快速发展壮大。2009年，原煤产量前10家企业总产量9.59亿吨，占全国煤炭总产量的31.44%。

3.产业多元化发展取得成效。近年来，随着煤炭市场化改革的稳步推进，煤炭上下游产业联合发展机制逐步建立，煤炭、电力、铁(公)路、港口、建材、冶金、煤化工以及煤炭物流等密切相关产业通过产业延伸、互相参股、企业兼并重组、战略联合等形式快速发展，传统以煤炭生产为主的产业格局悄然变化。神华集团煤电化路港航一体化发展模式，显示出了强大的发展活力。陕西煤业化工集团依托煤炭主业领跑，煤化工转型提速的思路，不断延伸产业链，形成了以煤炭开发为基础，以煤化工延伸为主导，多元化推进的发展格局。山西大同煤矿集团塔山工业园正式建成投入运营，形成了"一矿八厂一条路"的发展循环经济模式。淮南矿业集团煤电一体化经营，发展顺利。河南煤业化工集团通过战略性重组，形成了包括煤炭、化工、有色金属、装备制造、物流贸易、矿建、实业等"4+3"产业格局。开滦集团通过加快物流产业发展，已初步形成了"支撑企业转型发展，煤路港航一体化，供应链管理，工贸结合、物商互动"等四个方面独具特色的综合服务型物流发展模式，实现了向社会物流、第三方现代物流发展。

(三)煤炭科技进步成果显著

1.煤炭科技创新能力显著增强。"十一五"以来，煤炭行业承担国家863计划、973计划和自然科学基金等科研项目31项，重点科研课题336个；实施国家科技大型示范工程项目13个；建成国家工程中心3个，国家认定的企业技术中心12个。涉及煤炭资源开发与利用一大批共性关键性技术难题攻关获得突破性进展。

2002~2009年，全行业评审出煤炭工业协会科学技术奖1157项，其中经协会推荐获得国家科技进步奖30项(其中，一等奖1项、发明奖2项，二等奖21项)。

2009年，全行业获得专利授权182件，同比增长149.31%；新申请专利75件，同比增长97.36%。

以市场为导向、企业为主体、产学研相结合的煤炭科技创新机制基本形成。在2009年申报的485项中国煤炭工业协会科学技术奖项目中，70%以上是煤炭企业作为第一完成单位或独立完成单位。

多年来，通过参与国家重大科技攻关课题研究和行业科技攻关，培养了一大批中青年科技专家。2009年，煤炭行业有3名同志入选为中国工程院院士。

2.煤炭生产力总体水平大幅提高。在煤矿建设方面，钻井法、冻结和注浆法等特殊施工技术已经达到了国际先进水平。

在煤矿技术装备制造方面，大功率电牵引采煤机总功率达到2500kW，重型刮板输送机总功率达到3×1000kW，强力液压支架支撑高度达到7.0m，工作阻力达到17000kN，主要技术指标均位于世界前列。

在煤矿开采技术方面，大采高厚煤层一次采全高、特厚煤层综放开采、薄煤层综采、急倾斜和地质构造复杂煤层开采技术等先进工艺被广泛推广应用；大型综采、综掘、运输、提升技术装备国产化研制取得新的进展。

在煤矿信息化技术方面，大型矿区建成了集矿区采掘生产、机电装备、安全监测、信息通讯、多媒体和可视化的煤矿自动化、信息网络化系统。

在煤矿灾害防治技术方面，煤矿重大灾害防治技术取得突破性进展，煤矿瓦斯（煤层气）抽采技术、煤与瓦斯突出、煤矿火灾、水灾防治技术和煤矿顶板事故防治与支护技术取得新的进展。

在煤炭洗选加工技术工艺方面，重介质大型选煤设备、选煤自动化仪表、计算机测控系统，主要生产环节的自动检控和全厂集中控制技术性能接近国际先进水平；年产能力400万吨以下选煤厂成套装备国产化程度大幅提高。

在煤炭转化技术方面，洁净煤技术取得重大突破，具有自主知识产权的煤炭直接液化技术和工艺取得突破，神华集团煤炭直接液化年产100万吨商业化示范生产线投入运行；世界上第一套以高硫煤为原料生产清洁能源的甲醇装置，在兖矿集团建成投产。

（四）煤炭产能建设速度加快

“十一五”以来，煤炭固定资产投资快速增加，产能建设速度不断加快。据统计，2006~2009年的4年间，全国煤炭采选业固定资产投资总额达到8405亿元，较“十五”期间投资总额净增6000亿元，大幅提高了煤炭产能建设速度。据有关统计显示，截至2009年底，全国已取得采矿权的煤矿项目14423处，总产能超过36亿吨。

（五）行业节能减排工作稳步推进

初步统计，2009年，煤炭行业大力发展循环经济，提高资源综合利用率，通过煤矸石发电、煤矸石制墙体材料、粉煤灰制水泥等，煤矸石综合利用率达到62.5%，其中，已建成煤矸石及煤矿瓦斯综合电厂总装机容量2500万千瓦；矿井水复用率达到61.67%。全国19个产煤省区煤矿瓦斯抽采量达到64.5亿立方米，利用19.3亿立方米，同比分别增长21.7%和20.6%；地面煤层气抽采10.1亿立方米，利用量5.8亿立方米，同比分别增长102%和57%。2009年，煤炭行业吨原煤生产综合能耗8.51kgce/t，同比下降9.02%。

（六）煤炭企业社会责任意识普遍增强

1.加强信用建设，企业信用建设取得进展。2009年中国神华股份公司、中煤集团公司等25家大型煤炭企业发布了社会责任报告。神华宝日希勒能源公司等20家煤炭企业通过行业信用等级评价。截至2009年底，全行业共有26家煤炭企业获得AAA级信用等级评价，有5家煤炭企业获得AA级信用等级评价。

2.履行社会责任，勇于承担保障全国煤炭供应任务。2009年，在新中国60年大庆、全国人大和政协会议、极端气候影响以及春节等重大活动和特殊时期，煤炭企业特别是大型煤炭企业勇于承担保障全国煤炭稳定供应的重任，春节不放假，积极组织生产，认真履行合同，确保发电、制气和居民用煤需要，为国民经济和社会平稳较快发展做出了突出贡献。

3.关注民生，煤矿棚户区改造取得新进展。在国家相关政策支持下，老矿区的大型煤炭企业积极筹措资金，加大煤矿棚户区改造力度，努力改善煤矿工人的居住条件，营造和谐发展的矿区环境，一大批煤矿职工喜迁新居。如，山西省截至2009年11月底，在国有重点煤矿棚户区11.38万户居民中，已完成改造9.53万户，新建住房715.61万平方米。

4.坚持安全发展，煤矿安全生产形势持续好转。国家支持煤矿企业加大安全生产投入，提高煤矿安全保障能力。初步统计，自2004年开始提取煤矿安全生产费用以来，全国煤矿已累计提取1633亿元。其中，2009年全国大型煤炭企业平均吨煤提取煤矿安全生产费用27.2元/吨，共提取449.3亿元。2009年，全国煤矿共发生事故1616起，事故死亡2631人，同比分别下降17.3%和18.2%；煤矿平均百万吨死亡率0.892，同比下降24.5%。煤矿百万吨死亡率首次降到1以下。

2009年1~12月煤炭工业主要经济指标(大型企业)

指标名称	单位	本月止累计	去年同期	增长(增加)
一、主要产品产量				
原煤合计	万吨	165206.0	148297.23	11.40%
洗精煤合计	万吨	26792.62	23983.94	11.71%
二、煤炭销量	万吨	157083.71	147540.19	6.47%
三、生产销售总值				
工业总产值(当年价格)	亿元	9669.44	9208.60	5.00%
工业销售产值(当年价格)	亿元	9307.69	8886.38	4.74%
产品销售率	%	96.26	96.50	-0.24
全部从业人员平均人数	万人	316.00	303.00	4.29%
四、主要财务指标				
亏损企业个数	个	4	2	2
亏损面(补贴后)	%	4.17	2.08	2.09
应收账款净额	亿元	825.97	743.01	11.17%
流动资产合计	亿元	8541.47	6837.71	24.92%
资产合计	亿元	22905.59	18622.43	23.00%
负债合计	亿元	13333.36	10763.07	23.88%
所有者权益	亿元	9572.23	7859.36	21.79%
主营业务收入	亿元	11885.70	10712.25	10.95%
主营业务成本	亿元	8835.52	7511.52	17.63%
应交增值税	亿元	749.85	656.52	14.22%
营业费用	亿元	296.92	296.61	0.10%
主营业务税金及附加	亿元	164.53	153.83	6.96%
管理费用	亿元	1145.52	1154.75	-0.80%
财务费用	亿元	246.09	225.04	9.35%
利润总额(补贴后)	亿元	1155.53	1225.72	-5.73%
资产负债率	%	58.21	57.80	0.41
成本费用利润率	%	10.82	13.11	-2.28

说明:本表为各大型企业直报协会汇总,采用了神华、中煤等集团合并报表快报数,与国家统计局口径不同。

2009年1~12月煤炭工业大型企业原煤及洗精煤产量

单位：万吨

企业名称	原煤产量			洗精煤产量		
	本年累计	上年同期	增减%	本年累计	上年同期	增减%
全国合计	165206.0	148297.2	11.4	26792.6	23983.9	11.7
神华集团	32759.7	28161.0	16.3	2907.8	2477.1	17.4
其中：神东煤炭公司	12431.0	12700.2	-2.1	587.0	356.4	64.7
宁夏煤业集团	5083.6	3813.8	33.3	868.4	745.1	16.5
准格尔能源公司	3874.8	2283.9	69.7	643.6	645.5	-0.3
新疆能源有限公司	1850.2	1658.2	11.6			
乌海能源有限责任公司	1585.6			808.8	730.1	10.8
宝日希勒能源有限公司	1330.2	917.3	45.0			
中煤集团	12505.2	11411.1	9.6	2774.3	2526.0	9.8
其中：平朔煤炭工业公司	8701.2	8000.9	8.8	1591.8	1469.5	8.3
太原煤炭气化有限公司	353.9	403.7	-12.3	162.2	131.9	22.9
大屯煤电集团有限公司	780.0	780.0	0.0	278.2	223.7	24.4
北京市	513.0	462.7	10.9		4.4	
京煤集团有限责任公司	513.0	462.7	10.9		4.4	
河北省	8282.5	6845.4	21.0	2729.4	2268.1	20.3
开滦集团公司	4045.1	3285.9	23.1	1028.4	771.5	33.3
冀中能源集团	4237.4	3559.5	19.0	1701.0	1496.5	13.7
其中：金牛股份集团公司	1217.5	1166.9	4.3	529.1	492.2	7.5
邯郸矿业集团公司	635.8	562.9	12.9	307.4	197.0	56.0
井陉矿务局	260.9	106.1	145.9	51.2	44.6	14.8
张家口矿业集团公司	702.0	411.4	70.6	55.4	56.4	-1.7
峰峰集团有限公司	1421.2	1312.2	8.3	757.9	706.4	7.3
山西省	31062.8	27896.8	11.3	8003.8	7344.1	9.0
山西焦煤集团	8078.8	8029.1	0.6	3665.4	3770.8	-2.8
其中：西山煤电集团公司	3511.0	3500.0	0.3	1437.0	1630.0	-11.8
汾西矿业集团公司	2269.2	2211.2	2.6	1361.2	1219.0	11.7
霍州煤电集团公司	2016.1	2009.9	0.3	771.1	751.5	2.6
华晋焦煤有限公司	274.6	308.0	-10.9	93.6	170.0	-45.0
大同煤矿集团公司	7450.4	6890.5	8.1	2452.4	2126.0	15.4
晋城无烟煤集团公司	4260.6	3743.7	13.8			
阳泉煤业集团公司	4346.4	3729.5	16.5			
潞安矿业集团公司	5509.2	4209.2	30.9	1242.7	948.8	31.0
兰花煤炭集团公司	1153.3	1022.8	12.8	598.3	465.6	28.5
东山煤矿有限责任公司	154.1	162.0	-4.8			
鹊山精煤有限责任公司	110.0	110.0	0.0	45.0	33.0	36.4
内蒙古自治区	8971.3	8195.1	9.5			
中电投霍林河煤电集团公司	4096.4	3606.3	13.6			
平庄煤业集团公司	2139.0	2002.0	6.8			
大雁煤业有限责任公司	611.0	570.0	7.2			
扎赉诺尔煤业有限公司	726.4	633.8	14.6			

续表

企业名称	原煤产量			洗精煤产量		
	本年累计	上年同期	增减%	本年累计	上年同期	增减%
华能伊敏煤电有限公司	1398.5	1383.0	1.1			
辽宁省	4851.7	4786.4	1.4	540.4	420.1	28.6
铁法煤业集团公司	2096.3	2140.0	-2.0			
抚顺矿业集团公司	393.2	400.2	-1.8	81.9	62.9	30.4
沈阳煤业集团公司	822.0	852.1	-3.5	458.5	357.3	28.3
阜新矿业集团公司	1350.8	1213.5	11.3			
南票矿务局	189.5	180.6	4.9	0.0		
吉林省	2498.2	1977.1	26.4	87.5	59.7	46.6
辽源矿业集团公司	1101.0	855.6	28.7			
通化矿业集团公司	422.0	350.0	20.6	87.5	59.7	46.6
舒兰矿业集团公司	388.8	280.2	38.7			
珲春矿业集团公司	586.4	491.3	19.4			
黑龙江省	5494.0	5495.0	0.0	1562.0	1306.0	19.6
龙煤矿业集团	5494.0	5495.0	0.0	1562.0	1306.0	19.6
其中：双鸭山矿业集团公司	1243.6	1314.0	-5.4	217.1	137.0	58.5
七台河矿业精煤集团	1368.0			238.8		
鸡西矿业集团公司	1094.2	1016.5	7.6	251.3	180.8	39.0
鹤岗矿业集团公司	1563.3	1554.7	0.5	516.0	377.5	36.7
江苏省	2190.3	2201.0	-0.5	426.9	242.5	76.1
徐州矿务集团有限公司	1940.4	1936.3	0.2	426.9	242.5	
天能集团有限公司	249.9	264.8	-5.6	0.0	0.0	
安徽省	10702.6	9877.3	8.4	1072.4	929.7	15.4
淮南矿业集团公司	6715.5	6043.3	11.1	240.3	214.2	12.2
淮北矿业集团公司	2734.1	2653.1	3.1	832.1	715.4	
国投新集能源股份公司	1253.1	1181.0	6.1			
福建省	492.0	493.7	-0.3			
福建省煤炭工业集团	492.0	493.7	-0.3			
江西省	862.0	727.0	18.6			
江西煤业集团	862.0	727.0	18.6			
山东省	10600.7	10103.7	4.9	3051.1	2807.2	8.7
兖矿集团有限公司	3854.0	3970.3	-2.9	1229.3	1228.0	0.1
新汶矿业集团公司	1824.9	1358.9	34.3	618.5	450.3	37.4
枣庄矿业集团公司	1747.8	1697.0	3.0	661.2	734.5	-10.0
淄博矿业集团公司	1108.3	1117.6	-0.8	20.2	23.4	-13.7
肥城矿业集团公司	487.5	485.6	0.4	253.7	212.5	19.4
济宁矿业集团公司	417.5	344.2	21.3	42.8	36.3	18.0
龙口矿业集团公司	562.7	559.3	0.6			
临沂矿业集团公司	598.0	570.7	4.8	225.4	122.3	84.3
河南省	14954.3	12908.5	15.8	2265.8	2077.9	9.0

续表

企业名称	原煤产量			洗精煤产量		
	本年累计	上年同期	增减%	本年累计	上年同期	增减%
平煤神马集团公司	4581.0	4120.0	11.2	762.0	811.0	-6.0
义马煤业集团公司	2260.2	2183.7	3.5			
神火集团公司	578.8	470.9	22.9	319.3	234.4	36.2
郑州煤炭工业集团公司	1836.2	1669.2	10.0			
河南煤业化工集团公司	5698.2	4464.8	27.6	1184.5	1032.5	14.7
其中：永城煤电集团公司	3349.2	2932.5	14.2	640.3	662.1	-3.3
鹤壁煤业集团公司	975.0	750.9	29.8	215.1	179.5	19.8
焦作煤业集团公司	1098.9	612.7	79.4	307.8	236.9	29.9
湖南省	769.5	725.5	6.1	46.0	33.5	37.2
湖南煤业集团有限公司	769.5	725.5	6.1	46.0	33.5	37.2
重庆市	1316.9	1270.1	3.7	82.5	77.9	5.9
重庆能源投资集团公司	1316.9	1270.1	3.7	82.5	77.9	5.9
其中：松藻煤电公司	534.5	512.7	4.3	87.6	89.0	-1.6
永荣矿业有限公司	190.2	188.4	0.9	101.3	106.2	-4.6
天府矿业公司	173.1	179.0	-3.3	24.7	27.3	-9.6
四川省	1414.4	1300.1	8.8	317.5	281.4	12.8
四川省煤炭产业集团	1414.4	1300.1	8.8	317.5	281.4	12.8
其中：攀枝花煤业集团公司	394.3	376.2	4.8	169.8	149.5	13.5
达竹煤电集团公司	226.9	219.7	3.3	117.3	104.7	12.1
华蓥山广能集团公司	282.6	216.7	30.4	24.6	23.5	4.5
芙蓉煤业集团公司	219.0	216.5	1.2			
广旺能源发展集团公司	98.6	104.5	-5.7			
古叙煤田开发股份公司	185.4	166.2	11.6			
贵州省	2637.8	2272.2	16.1	368.7	730.0	-49.5
盘江煤电集团公司	1340.7	1190.5	12.6	332.6	677.9	-50.9
水城矿业集团公司	1016.0	807.5	25.8	36.1	52.1	-30.7
六枝工矿(集团)公司	281.2	274.3	2.5			
云南省	1432.5	1446.1	-0.9	175.0	186.9	-6.4
东源煤业集团有限公司	483.6	434.0	11.4	175.0	186.9	-6.4
小龙潭矿务局	949.0	1012.2	-6.2	0.0		
陕西省	7659.7	6526.8	17.4	304.6	127.1	139.7
陕西省煤业集团	7100.5	6040.8	17.5	149.9		
其中：铜川矿务局	1003.0	1047.8	-4.3	17.0	1.7	
黄陵矿业有限公司	1256.1	915.1	37.3	22.3		
韩城矿务局	457.5	496.7	-7.9	110.5	93.8	17.8
蒲白矿务局	332.7	567.3	-41.3			
彬县煤炭有限责任公司	559.2	486.0	15.1	154.7	127.1	21.7
甘肃省	3234.7	3214.6	0.6	76.9	84.4	-8.9
华亭煤业集团公司	1792.0	1789.8	0.1	76.9	84.4	-8.9
窑街煤电有限公司	505.8	492.9	2.6			
靖远煤业公司	937.0	931.9	0.5			

2009年1~2月煤炭工业大型企业工业总产值及销售产值

单位:万元

企业名称	工业总产值(当年价)			工业销售产值(当年价)		
	本年累计	上年同期	增减%	本年累计	上年同期	增减%
全国合计	96694427.0	92086001.8	5.0	93076937.5	88863837.9	4.7
神华集团	15289416.0	14344534.0	6.6	15499573.0	14402329.0	7.6
其中:神东煤炭公司	3962247.0	3556052.7	11.4	3962247.0	3556052.7	11.4
宁夏煤业集团	1531904.7	1377537.8	11.2	1558059.3	1375121.5	13.3
准格尔能源公司	1187232.7	751158.1	58.1	1187931.2	902640.6	31.6
新疆能源有限公司	202150.9	183340.4	10.3	191478.5	183358.9	4.4
乌海能源有限责任公司	1224299.7			1114558.7		
宝日希勒能源有限公司	165927.0	109072.0	52.1	162740.0	105904.0	53.7
中煤集团	5154684.0	5098701.8	1.1	4992836.0	4877013.0	2.4
其中:平朔煤炭工业公司	2305613.0	2047535.0	12.6	2306679.0	2048278.0	12.6
太原煤炭气化有限公司	414790.3	598875.2	-30.7	423286.0	593414.6	-28.7
大屯煤电集团有限公司	775011.0	835496.0	-7.2	779241.0	809838.0	-3.8
北京市	336956.2	384245.1	-12.3	334707.5	370028.7	-9.5
京煤集团有限责任公司	336956.2	384245.1	-12.3	334707.5	370028.7	-9.5
河北省	5475378.9	5152306.7	6.3	5297356.6	5031625.0	5.3
开滦集团公司	2335228.0	2002582.4	16.6	2286130.0	2000124.0	14.3
冀中能源集团	3140150.9	3149724.3	-0.3	3011226.6	3031501.0	-0.7
其中:金牛股份集团公司	923502.2	892157.8	3.5	926409.7	892081.9	3.8
邯郸矿业集团公司	444509.0	463433.0	-4.1	440860.0	436540.0	1.0
井陉矿务局	236556.2	183519.0	28.9	239969.3	184049.0	30.4
张家口矿业集团公司	210302.0	161595.0	30.1	195799.0	170181.0	15.1
峰峰集团有限公司	1101178.0	1250200.0	-11.9	1109534.0	1270692.0	-12.7
山西省	21464201.5	19368227.8	10.8	21019057.4	19206908.9	9.4
山西焦煤集团	4724505.4	4853731.6	-2.7	4619878.5	4848596.4	-4.7
其中:西山煤电集团公司	1936458.0	2177323.0	-11.1	1874688.0	2126849.0	-11.9
汾西矿业集团公司	1420420.4	1160939.0	22.4	1418427.8	1149920.0	23.4
霍州煤电集团公司	954943.2	862896.4	10.7	903165.0	855336.1	5.6
华晋焦煤有限公司	106960.4	243437.0	-56.1	121076.7	302036.0	-59.9
大同煤矿集团公司	3471111.0	3378773.0	2.7	3140939.0	3360208.3	-6.5
晋城无烟煤集团公司	4560113.0	3687896.0	23.7	4561716.0	3627552.0	25.8
阳泉煤业集团公司	3198565.0	3059106.3	4.6	3177115.0	3008163.4	5.6
潞安矿业集团公司	4539558.0	3542106.0	28.2	4535210.0	3530823.0	28.4
兰花煤炭集团公司	864364.4	747952.0	15.6	874170.5	726306.0	20.4
东山煤矿有限责任公司	63984.7	58662.9	9.1	68028.3	65259.7	4.2
鹊山精煤有限责任公司	42000.0	40000.0	5.0	42000.0	40000.0	5.0
内蒙古自治区	2323905.6	2432387.5	-4.5	2250377.0	2429414.5	-7.4
中电投蒙东能源集团有限责任公司	1303736.4	1480137.0	-11.9	1218885.8	1472592.0	-17.2
平庄煤业集团公司	414646.0	406143.0	2.1	414940.0	409947.0	1.2
大雁煤业有限责任公司	82631.0	68699.0	20.3	93659.0	69467.0	34.8
扎赉诺尔煤业有限公司	90116.5	78811.5	14.3	90116.5	78811.5	14.3

续表

企业名称	工业总产值(当年价)			工业销售产值(当年价)		
	本年累计	上年同期	增减%	本年累计	上年同期	增减%
华能伊敏煤电有限公司	432775.6	398597.0	8.6	432775.6	398597.0	8.6
辽宁省	2736797.3	2669950.9	2.5	2692340.6	2641283.6	1.9
铁法煤业集团公司	799409.5	824450.0	-3.0	771744.0	802054.0	-3.8
抚顺矿业集团公司	427399.0	414533.0	3.1	412611.0	408552.0	1.0
沈阳煤业集团公司	686032.4	737025.9	-6.9	683582.2	728143.6	-6.1
阜新矿业集团公司	746581.0	622217.0	20.0	747028.0	630809.0	18.4
南票矿务局	77375.5	71725.0	7.9	77375.5	71725.0	7.9
吉林省	745760.7	607406.8	22.8	649791.1	569858.8	14.0
辽源矿业集团公司	317484.7	257945.5	23.1	267609.0	232750.1	15.0
通化矿业集团公司	241272.4	203167.1	18.8	231830.8	200469.1	15.6
舒兰矿业集团公司	63552.0	43461.8	46.2	47109.8	33494.2	40.7
珲春矿业集团公司	123451.6	102832.4	20.1	103241.5	103145.5	0.1
黑龙江省	2462904.0	2367593.5	4.0	2399067.3	1953854.2	22.8
龙煤矿业集团	2462904.0	2367593.5	4.0	2399067.3	1953854.2	22.8
其中:双鸭山矿业集团公司	413014.9	399642.0	3.3	401890.9	415951.0	-3.4
七台河矿业精煤集团	454316.4			442080.0		
鸡西矿业集团公司	227042.2	197738.2	14.8	242511.3	195550.9	24.0
鹤岗矿业集团公司	563308.4	518451.3	8.7	506977.1	461421.8	9.9
江苏省	1315344.0	1370412.7	-4.0	1318488.6	1353286.2	-2.6
徐州矿务集团有限公司	1187078.0	1216367.7	-2.4	1188600.6	1205704.2	-1.4
天能集团有限公司	128266.0	154045.0	-16.7	129888.0	147582.0	-12.0
安徽省	5178972.0	5112587.6	1.3	5213918.5	5050599.2	3.2
淮南矿业集团公司	2726584.0	2539589.0	7.4	2846873.0	2465179.0	15.5
淮北矿业集团公司	1985841.0	2076770.0	-4.4	1899804.0	2087115.0	-9.0
国投新集能源股份公司	466547.0	496228.6	-6.0	467241.5	498305.2	-6.2
福建省	494229.0	436164.0	13.3	475237.0	412295.0	15.3
福建省煤炭工业集团	494229.0	436164.0	13.3	475237.0	412295.0	15.3
江西省	677715.0	657264.0	3.1	671658.0	643997.0	4.3
江西煤业集团	677715.0	657264.0	3.1	671658.0	643997.0	4.3
山东省	11084988.2	11615544.1	-4.6	10922058.5	11220005.0	-2.7
兖矿集团有限公司	3230488.7	3930307.0	-17.8	3185925.4	3754916.0	-15.2
新汶矿业集团公司	2689821.0	2511973.0	7.1	2633927.0	2403012.0	9.6
枣庄矿业集团公司	1975053.6	2038722.5	-3.1	1955348.4	1991887.6	-1.8
淄博矿业集团公司	1348849.0	1319908.0	2.2	1333407.0	1296705.0	2.8
肥城矿业集团公司	434260.9	576951.4	-24.7	425564.0	540175.0	-21.2
济宁矿业集团公司	255233.6	242103.1	5.4	246494.0	248331.6	-0.7
龙口矿业集团公司	701177.0	548166.7	27.9	701177.0	548166.7	27.9
临沂矿业集团公司	450104.5	447412.4	0.6	440215.7	436811.1	0.8
河南省	13928762.5	13615169.3	2.3	13818293.8	13564187.7	1.9

续表

企业名称	工业总产值(当年价)			工业销售产值(当年价)		
	本年累计	上年同期	增减%	本年累计	上年同期	增减%
平煤神马集团公司	3979038.0	4191493.0	-5.1	4029103.0	4166340.0	-3.3
义马煤业集团公司	1218807.7	1041275.3	17.0	1205415.4	1038571.7	16.1
神火集团公司	1385112.0	1373921.0	0.8	1374124.4	1384912.0	-0.8
郑州煤炭工业集团公司	932802.8	974431.0	-4.3	920352.0	956311.0	-3.8
河南煤业化工集团公司	6413002.0	6034049.0	6.3	6289299.0	6018053.0	4.5
其中:永城煤电集团公司	4238769.3	4329966.5	-2.1	4248353.4	4337614.0	-2.1
鹤壁煤业集团公司	977825.8	810055.7	20.7	895072.4	806689.3	11.0
焦作煤业集团公司	888844.6	695086.3	27.9	834100.9	672077.7	24.1
湖南省	406412.3	469913.4	-13.5	408524.3	477327.0	-14.4
湖南煤业集团有限公司	406412.3	469913.4	-13.5	408524.3	477327.0	-14.4
重庆市	946124.6	877673.1	7.8	449488.5	409470.6	9.8
重庆能源投资集团公司	946124.6	877673.1	7.8	449488.5	0.0	
其中:松藻煤电公司	199420.4	176097.8	13.2	195132.0	171429.8	13.8
永荣矿业有限公司	160020.0	197846.0	-19.1	156681.0	199090.0	-21.3
天府矿业公司	65983.0	77034.0	-14.3	62340.0	67820.0	-8.1
四川省	710795.0	683631.5	4.0	705353.7	667876.8	5.6
四川省煤炭产业集团	710795.0	683631.5	4.0	705353.7	667876.8	5.6
其中:攀枝花煤业集团公司	252104.9	264136.4	-4.6	245221.6	258714.5	-5.2
达竹煤电集团公司	123240.0	146943.0	-16.1	121888.0	144004.0	-15.4
华蓥山广能集团公司	126930.8	97159.0	30.6	128429.9	93308.5	37.6
芙蓉煤业集团公司	63069.8	68818.3	-8.4	63811.3	67026.6	-4.8
广旺能源发展集团公司	74896.1	55300.6	35.4	76244.7	55290.6	37.9
古叙煤田开发股份公司	45062.8	34855.6	29.3	45518.8	33889.8	34.3
贵州省	1140765.4	1085743.9	5.1	998812.0	945197.9	5.7
盘江煤电集团公司	547387.0	533691.0	2.6	551164.0	535425.0	2.9
水城矿业集团公司	409677.8	401040.7	2.2	301007.0	285244.5	5.5
六枝工矿(集团)公司	183700.6	151012.2	21.6	146641.1	124528.4	17.8
云南省	628714.2	596870.5	5.3	658045.9	686127.5	-4.1
东源煤业集团有限公司	487802.0	455331.0	7.1	517134.0	544591.0	-5.0
小龙潭矿务局	140912.2	141539.5	-0.4	140911.9	141536.5	-0.4
陕西省	3145299.3	2234631.3	40.8	1259301.9	1050184.6	19.9
陕西省煤业集团	2944639.0	2064998.0	42.6	1056348.1	880757.7	19.9
其中:铜川矿务局	336227.9	279217.7	20.4	330693.6	281387.3	17.5
黄陵矿业有限公司	455083.2	367564.5	23.8	450346.2	341678.2	31.8
韩城矿务局	169574.8	159766.4	6.1	153126.4	149823.1	2.2
蒲白矿务局	128775.3	112877.5	14.1	122181.8	107869.1	13.3
彬县煤炭有限责任公司	200660.3	169633.3	18.3	202953.8	169426.9	19.8
甘肃省	1046301.5	905042.3	15.6	1042650.4	900967.6	15.7
华亭煤业集团公司	527308.3	480595.0	9.7	539320.4	504198.5	7.0
窑街煤电有限公司	170107.6	149821.1	13.5	165675.3	120495.3	37.5
靖远煤业公司	348885.6	274626.2	27.0	337654.8	276273.8	22.2

2009年中国石油和化学工业经济运行概况

2009年，中国石油和化学工业已走出2008年的低迷状态，特别是随着国家《石化产业调整和振兴规划》的出台，2009年下半年石油和化学工业企稳向好，生产大幅增长，利润稳步回升。2009年全国石油和化学工业企业数（规模以上，下同）35222家，比2008年的34567家增长15.11%；工业总产值64953.12亿元(现行价格)，比2008年的65182.88亿元增长-0.4%，基本持平，实属不易；工业销售产值63774.37亿元（现行价格），比2008年的62913.62增长-1.23%；产品销售率98.2%，上升0.2个百分点。 全国石油和化学工业进出口总额3122.8亿美元，比2008年大幅下降26.7%，贸易逆差1482.2 1635.4亿美元，比2008年减少15.3亿美元。

2009年，经济危机为我国企业海外并购提供了绝好良机。2009年2月，中石油以4.99亿美元加拿大油气公司VerenEnergy在利比亚的石油资产；4月，中石油联手哈萨特斯坦国家油气公司，收购了曼格什套石油天然气公司全部股权；6月，中石油以10.2亿美元收购新加坡石油公司45.51股份；同月，中石化耗资72.4亿美元购得瑞士Addax石油公司普通股。

2009年，中石油、中石化、中海油、中国中化、陕西延长等五大公司全年主营业务收入3.12万亿元，比2008年仅下降了5.6%，利润总额2680.42亿元，增长8%，成效卓著，为全行业企稳回升发挥了龙头作用。

2009年，我国石化产业的格局未发生大的变化，重心仍在东部沿海一带，但部分产业正由东部向中西部地区转移。山东省、江苏省、广东省和辽宁省，4省的行业产值合计已达全行业总产值的46.2%；内蒙古自治区、江西省、四川省和湖北省等中西部省区的增速已位于全国前列。

2009年，化工行业比较大的问题是生产能力过剩。据统计，50%的石化产品供需基本平衡，20%的产品供过于求，只有30%的产品供不应求。纯碱生产能力过剩27.4%、烧碱过剩33.4%、硫酸过剩25.2%、聚氯乙烯过剩超过40%、黄磷过剩61.8%、甲醇过剩50%、电石过剩30%、焦炭过剩也超过30%。调整产业结构，合理布局，治愈生产能力过剩仍是我国要尽快解决的难题。

一、2009年石化工业经济运行情况

1.工业总产值　2009年，全国国有及年销售收入500万元以上的非国有(以下简称规模以上企业)石油和化学工业企业完成工业总产值(当年价格) 64953.12亿元，比2008年增长-0.4%。绝大数行业与产品的工业总产值，比2008年有所增长。其中，化学工业实现工业总产值40159.72亿元，增长9.2%，是2009年石油和化学工业经济运行的一大亮点；有机肥料及微生物肥料制造实现工业总产值236.95亿元，增长49.4%；专项化学用品制造3515.33亿元，增长30.2%。

2009年全国石油和化学工业总产值(当年价格)

单位：亿元

行业名称	2008	2009	2009/2008 增长(%)
石油和化学工业合计	62913.62	63774.37	1.4
天然原油和天然气开采	7902.64	6023.13	-23.8
原油加工及石油制品制造	18150.78	17476.60	-3.7
人造原油生产	26.66	28.29	6.1

续表

行业名称	2008	2009	2009/2008 增长(%)
石油钻采专用设备制造	1059.16	1084.86	2.4
化学工业合计	36774.34	40159.72	9.2
化学矿采选	191.65	213.35	11.3
基本化学原料制造业	9321.76	9579.21	2.8
无机酸制造	569.11	478.45	-15.9
无机碱制造	1096.11	990.63	-9.6
无机盐制造	1158.74	1212.43	4.6
有机化学原料制造	5291.58	5549.40	4.9
其他基础化学原料制造	1206.23	1348.31	11.8
化学肥料制造业	4433.51	4578.48	3.3
氮肥制造	1793.94	1757.69	-2.0
磷肥制造	465.78	404.44	-13.2
钾肥制造	174.54	200.72	15.0
复混肥料制造	1794.84	1928.55	7.4
有机肥料及微生物肥料制造	158.57	236.95	49.4
其他肥料制造	45.83	50.12	9.4
化学农药制造业	1286.25	1331.74	3.5
化学农药制造	1158.24	1182.16	2.1
生物化学农药及微生物农药制造	128.01	149.58	16.8
涂料、油墨、颜料及类似产品制造	2898.78	3198.40	10.3
涂料制造	1627.00	1859.10	14.3
油墨及类似产品制造	210.76	230.62	9.4
颜料制造	349.98	387.53	10.7
染料制造	564.62	567.00	0.4
密封用填料及类似品制造	146.43	154.16	5.3
合成材料制造业	5712.48	6051.87	5.9
初级形态的塑料及合成树脂制造	3620.84	3923.02	8.3
合成橡胶制造	364.42	441.33	21.1
合成纤维单(聚合)体的制造	1462.93	1395.67	-4.6
其他合成材料制造	264.28	291.85	10.4
专用化学品制造业	8144.49	9839.93	20.8
化学试剂和助剂制造	3151.18	3662.89	16.2
专项化学用品制造	2700.90	3515.33	30.2
林产化学产品制造	236.24	298.93	26.5
炸药及火工产品制造	724.04	939.06	29.7
信息化学品制造	603.49	728.12	20.7
环境污染处理专用药剂材料制造	87.22	76.16	-12.7
动物胶制造	55.61	65.07	17.0
其他专用化学产品制造	585.80	554.38	-5.4
橡胶制品业	4228.61	4767.86	12.8
轮胎	2150.57	2437.41	13.3
车辆、飞机及工程机械轮胎制造	2052.27	2306.01	12.4
力车胎制造	71.92	92.29	28.3

续表

行业名称	2008	2009	2009/2008 增长(%)
轮胎翻新加工	26.39	39.11	48.2
橡胶板、管、带的制造	513.99	606.11	17.9
橡胶零件制造	395.99	457.59	15.6
再生橡胶制造	141.57	152.77	7.9
日用及医用橡胶制品制造	202.95	232.27	14.4
橡胶靴鞋制造	454.30	471.06	3.7
其他橡胶制品制造	369.23	410.65	11.2
炼油、化工生产专用设备制造	429.92	466.56	8.5
橡胶加工专用设备制造	126.90	132.31	4.3

2.工业销售产值　2009 年全国石油和化学工业产品销售产值快速增长，实现产品销售产值 63774.37 亿元(当年价格)，比 2009 年增长 1.4%。其中原油加工及石油制品制造销售产值 17476.60 亿元，增长-3.7%；化学工业销售产值为 39218.84 亿元，增长 9.5%。销售产值增长最大的是有机肥料及微生物肥料制造，销售产值由 2008 年的 154.01 亿元，增长到 2009 年的 231.69 亿元，增长高达 50.4%。

2009 年全国石油和化学工业销售产值(当年价格)

单位：亿元

行业名称	2008		
石油和化学工业合计	62913.62		
天然原油和天然气开采	7902.64		
原油加工及石油制品制造	18150.78		
人造原油生产	26.66		
石油钻采专用设备制造	1002.39		
化学工业合计	35831.15		
化学矿采选	184.11		
基本化学原料制造业	9085.49		
无机酸制造	559.17		
无机碱制造	1072.81		
无机盐制造	1123.02		
有机化学原料制造	5167.90		
其他基础化学原料制造	1162.60		
化学肥料制造业	4256.28		
氮肥制造	1754.49		
磷肥制造	430.28		
钾肥制造	143.91		
复混肥料制造	1729.05		
有机肥料及微生物肥料制造	154.01		
其他肥料制造	44.56		
化学农药制造业	1237.72		
化学农药制造	1115.49		
生物化学农药及微生物农药制造	122.23		
涂料、油墨、颜料及类似产品制造	2824.30		

续表

行业名称	2008		
涂料制造	1588.83		
油墨及类似产品制造	204.78		
颜料制造	337.98		
染料制造	547.85		
密封用填料及类似品制造	144.86		
合成材料制造业	5655.67		
初级形态的塑料及合成树脂制造	3559.37		
合成橡胶制造	360.83		
合成纤维单(聚合)体的制造	1473.68		
其他合成材料制造	261.78		
专用化学品制造业	7917.94		
化学试剂和助剂制造	3074.38		
专项化学用品制造	2618.21		
林产化学产品制造	226.69		
炸药及火工产品制造	712.41		
信息化学品制造	576.22		
环境污染处理专用药剂材料制造	84.71		
动物胶制造	54.22		
其他专用化学产品制造	571.10		
橡胶制品业	4144.00		
轮胎	2115.66		
车辆、飞机及工程机械轮胎制造	2018.68		
力车胎制造	70.99		
轮胎翻新加工	25.99		
橡胶板、管、带的制造	497.96		
橡胶零件制造	386.92		
再生橡胶制造	137.15		
日用及医用橡胶制品制造	200.82		
橡胶靴鞋制造	445.72		
其他橡胶制品制造	359.77		
炼油、化工生产专用设备制造	411.57		
橡胶加工专用设备制造	114.08		

二、主要产品产量

2009 年，全国主要石油、化工及相关行业产品产量，绝大部分都有不同程度的增长。全国天然原油产量为 1.89 亿吨，比 2008 年下降 0.1%；原油加工量 3.75 亿吨，增长 9.5%；乙烯产量 1069.69 万吨，增长 4.3%；合成树脂及共聚物产量(包括聚乙烯、聚丙烯、聚氯乙烯) 3603.24 万吨，增长 15.1%；合成橡胶产量 275.50 万吨，增长 15.6%；合成纤维单体产量(包括对苯二甲酸、乙二醇、丙烯腈、己内酰胺、尼龙 66 盐) 1171.87 万吨，增长 20.7%；合成纤维共聚物产量 1302.11 万吨，增长 12.5%；合成纤维产量 (包括涤纶、腈纶、锦纶、维纶和丙纶) 2494.05 万吨，增长 11.3%；随着数码技术的进步与普及，照相胶卷产量继续大幅下降，已不在国家统计局统计范围之内。

2009 年全国石油和化学工业主要产品产量

单位:万吨

产品名称	2008	2009	2009/2008 增长(%)
天然原油	18972.81	18948.97	-0.1
天然气(亿 m^3)	760.81	829.92	9.1
硫铁矿(折含 S 35%)	1243.54	1247.94	0.4
磷矿石(折含 P_2O_5 30%)	5074.07	6020.89	18.7
原油加工量	34206.59	37460.12	9.5
汽油	6347.54	7194.77	13.3
煤油	1165.36	1479.46	27.0
柴油	13323.62	14126.78	6.0
润滑油	640.84	744.46	16.2
燃料油	2228.69	1856.72	-16.7
石油沥青	1477.59	2354.41	59.3
液化石油气	1859.78	1791.69	-3.7
原盐	5535.21	5845.10	5.6
焦炭	32359.24	34501.69	6.6
机械化焦炉生产的焦炭	27615.08	29447.07	6.6
硫酸(折 100%)	5110.11	5958.37	16.6
浓硝酸(折 100%)	183.76	205.57	11.9
盐酸(含量 31%以上)	757.12	803.46	6.1
氢氧化钠(烧碱,折 100%)	1852.16	1890.99	2.1
离子膜法烧碱	819.04	1034.89	26.4
碳酸钠(纯碱)	1881.30	2001.36	6.4
碳化钙(电石,折 300L/kg)	1360.81	1503.27	10.5
合成氨	4995.14	5135.51	2.8
农用氮、磷、钾化学肥料总计(折纯)	5867.55	6706.19	14.3
氮肥(折含 N 100%)	4331.18	4863.68	12.3
尿素	2591.23	2932.42	13.2
磷肥(折合 P_2O_5 100%)	1258.88	1479.74	17.5
钾肥(折含 K_2O 100%)	277.48	362.78	30.7
磷酸铵肥	1386.98	1810.11	30.5
化学农药原药	190.27	226.24	18.9
杀虫剂原药	65.77	79.67	21.1
杀菌剂原药	19.64	23.97	22.0
除草剂原药	61.59	81.59	32.5
乙烯	1025.63	1069.69	4.3
纯苯	403.45	463.77	15.0
精甲醇	1126.28	1133.39	0.6
冰醋酸	254.04	272.06	7.1
涂料	832.67	911.34	9.4
建筑涂料	194.08	261.67	34.8
油墨	43.39	51.46	18.6
颜料	159.73	183.88	15.1
染料	124.81	142.40	14.1

续表

产品名称	2008	2009	2009/2008 增长(%)
塑料树脂及共聚物	3129.59	3603.24	15.1
聚氯乙烯树脂	881.64	915.53	3.8
聚乙烯树脂	689.47	812.85	17.9
聚丙烯树脂	733.21	742.36	1.2
合成橡胶	238.30	275.50	15.6
合成纤维单体	970.70	1171.87	20.7
合成纤维聚合物	1156.99	1302.11	12.5
聚酯	1058.31	1152.09	8.9
化学试剂	224.63	362.02	61.2
催化剂	46.45	58.48	25.9
化学原料药	187.29	193.59	3.4
化学纤维	2404.61	2726.06	13.4
粘胶纤维	131.88	151.22	14.7
合成纤维	2241.31	2494.05	11.3
锦纶纤维	101.61	137.27	35.1
涤纶纤维	1924.97	2204.39	14.5
腈纶纤维	60.37	68.39	13.3
维纶纤维	5.47	4.78	-12.6
丙纶纤维	25.99	26.38	1.5
轮胎外胎(万条)	54614.52	65464.12	19.9
子午线轮胎外胎(万条)	25744.31	29803.64	15.8
胶鞋(万双)	198122.15	199708.71	0.8
塑料制品	4048.58	4479.28	10.6
塑料薄膜	590.10	690.43	17.0
农用薄膜	93.91	119.34	27.1
塑料板片材	301.07	320.26	6.4
塑料丝及编织制品	477.18	581.56	21.9
塑料人造革	160.47	184.82	15.2
泡沫塑料	170.83	187.05	9.5
塑料包装箱及容器	227.48	274.49	20.7
日用塑料制品	501.88	544.18	8.4
塑料制管子及其附件	488.01	580.37	18.9
塑料加工设备	25.32	20.50	-19.0
肥(香)皂	74.75	88.33	18.2
合成洗涤剂	633.88	692.87	9.3
合成洗衣粉	335.30	380.23	13.4
香精及其他香料混合物(香精)	23.51	26.46	12.5
牙膏(折65g标准支)(万支)	718939.01	741234.04	3.1
火柴(折50支标准盒)(万件)	517.81	530.55	2.5
平板玻璃(万箱)	55184.63	56073.29	1.6
氧化铝	2278.82	2382.61	4.6

注:表中数据为国家统计局快报数据。

三、进出口贸易

2009年，全球金融危机尽管有所缓和，但对石油和化工产品的需求疲软亦然，使我国进出贸易受到极大地影响，特别是出口，比2008年大幅降低63.2%。全国石油和化学工业进出口总额3122.8亿美元，比2008年大幅下降26.7%。其中，进口2302.5亿美元，降低29.8%；出口820.3亿美元，降低63.2%；贸易逆差1482.2 1635.4亿美元，比2008年减少15.3亿美元。

进口金额居前列的行业为：天然原油和天然气开采，进口924.3亿美元，占石油和化学工业进口总额的40.1%；合成材料，进口399.6亿美元，占17.4%；有机化工原料，进口365.9亿美元，占15.9%。

出口金额居前3名的行业为有机化工原料、橡胶制品和专用化学品，出口额分别为183.6亿美元、105.5亿美元和78.8亿美元，在石油和化学工业出口总额中所占比重分别为22.4%、12.9%和9.6%。

2009年全国石油和化学工业产品进出口金额

单位：万美元

行业(产品)名称	进口金额	2009/2008增长(%)	出口金额	2009/2008增长(%)
石油和化学工业	23025487.12	-29.78	8203069.59	-63.18
天然原油和天然气开采	9243296.55	-42.67	315322.85	-19.12
石油加工及炼焦制品	1825736.85	-73.80	1378836.10	-53.66
化工产品小计	11956453.73	-4.78	6508910.62	-39.83
基础化学原料	553401.72	-60.02	787044.53	-70.05
有机化学原料	3658806.32	-8.37	1836411.31	-27.78
化肥	198344.67	-74.88	260796.77	-69.17
涂料、油墨、颜料	359300.21	-11.94	306639.45	-21.10
日用化学品	159258.88	-0.72	314495.45	-4.35
专用化学品	1272175.85	-5.42	788169.06	-19.72
农药	33384.95	11.53	142082.38	-48.27
合成材料	3996078.93	-0.71	518722.18	-39.73
橡胶制品	881736.84	-21.93	1054971.70	-235.58
化工生产专用设备	448489.06	-25.87	351003.42	-15.64
化学矿	81128.05	-395.63	48545.23	-160.65
其他化学制品	314348.25	-3.62	100029.14	-14.32

四、投资项目

2009年，石油和化学工业投资仍然呈较快增长势头，全国石油和化学工业施工项目13366个，比2008年增长20.7%；新开工项目9447个，增长29.9%；竣工项目8051个，增长48.7%。

2009年石油和化学工业投资项目

单位：个

行业	本年施工项目数	2009/2008增长(%)	本年新开工项目数	2009/2008增长(%)	本年竣工项目数	2009/2008增长(%)
总　计	13366	20.66	9447	29.91	8051	48.71
天然原油和天然气开采	254	6.72	151	9.42	125	28.87
化学矿采选业	143	-2.72	101	0.00	89	17.11
石油加工业	1030	37.88	636	40.09	530	82.76

续表

行业	本年施工项目数	2009/2008增长(%)	本年新开工项目数	2009/2008增长(%)	本年竣工项目数	2009/2008增长(%)
原油加工及石油制品制造	983	36.15	597	36.30	509	84.42
人造原油生产	47	88.00	39	143.75	21	50.00
基础化学原料制造业	2924	16.22	2061	28.57	1770	41.71
无机酸制造	378	19.24	266	26.07	238	54.55
无机碱制造	246	24.24	160	68.42	141	85.53
无机盐制造	527	42.82	406	46.04	330	72.77
有机化学原料制造	1092	-2.15	738	6.80	653	8.65
其他基础化学原料制造	681	31.98	491	49.70	408	79.74
化学肥料制造业	1781	30.38	1346	35.55	1098	60.29
氮肥制造	396	3.66	245	2.51	232	42.33
磷肥制造	219	36.02	180	40.63	137	85.14
钾肥制造	54	31.71	34	61.90	32	113.33
复混肥料制造	589	28.04	464	31.44	377	47.84
有机肥料及微生物肥料制造	393	78.64	322	90.53	239	106.03
其他肥料制造	130	27.45	101	21.69	81	30.65
化学农药制造业	474	12.06	333	23.33	272	35.32
化学农药制造	335	17.54	249	36.07	195	32.65
生物化学农药及微生物农药制造	139	0.72	84	-3.45	77	42.59
涂料、油墨、颜料及类似产品制造业	1148	26.85	847	36.83	719	61.94
涂料制造	732	25.56	543	36.09	451	52.36
油墨及类似产品制造	77	50.98	55	66.67	46	130.00
颜料制造	116	20.83	81	32.79	81	107.69
染料制造	143	37.50	108	42.11	90	80.00
密封用填料及类似品制造	80	12.68	60	20.00	51	30.77
合成材料制造	780	16.59	526	31.50	444	63.84
初级形态的塑料及合成树脂制造	401	53.05	285	109.56	240	128.57
合成橡胶制造	117	-23.03	81	-28.95	62	3.33
合成纤维单(聚合)体的制造造	92	-1.08	50	-1.96	47	23.68
其他合成材料制造	170	4.94	110	11.11	95	39.71
专用化学产品制造业	2711	18.38	1936	27.87	1672	43.64
化学试剂和助剂制造	936	22.03	712	36.66	592	39.62
专项化学用品制造	805	17.01	585	29.14	518	41.92
林产化学产品制造	189	16.67	113	14.14	99	54.69
炸药及火工产品制造	179	27.86	86	1.18	87	67.31
信息化学品制造	102	29.11	78	59.18	66	57.14
环境污染处理专用药剂材料制造	55	12.24	41	2.50	33	43.48
动物胶制造	445	9.88	321	20.22	277	42.78
橡胶制品业	1366	13.64	950	18.45	844	33.12
轮胎制造	325	12.46	193	21.38	145	25.00
车辆、飞机及工程机械轮胎制造	233	7.87	121	14.15	90	18.42
力车胎制造	36	38.46	25	56.25	18	63.64
轮胎翻新加工	56	19.15	47	27.03	37	27.59
橡胶板、管、带的制造	350	23.67	267	27.14	245	48.48
橡胶零件制造	249	16.90	182	23.81	165	30.95

续表

行业	本年施工项目数	2009/2008增长(%)	本年新开工项目数	2009/2008增长(%)	本年竣工项目数	2009/2008增长(%)
再生橡胶制造	78	-4.88	62	-1.59	54	-10.00
日用及医用橡胶制品制造	71	0..00	44	-10.20	47	62.07
橡胶靴鞋制造	62	14.36	47	20.51	41	20.59
其他橡胶制品制造	231	35.96	155	14.81	147	41.35
石油钻采专用设备制造	465	22.22	345	41.98	302	52.53
炼油、化工生产专用设备制造	220	34.62	169	60.95	153	88.89
橡胶加工专用设备制造	70		46	53.33	33	37.50

附

2009年中国石化工业科研创新情况

2009年，石化行业坚持以技术创新为主导，自主创新能力明显提高，在重大项目科技攻关、引进技术消化吸收与创新、科技成果推广应用以及利用先进技术改造提升传统产业等方面都有了长足的进步。全国石油和化学工业有近钻头地质导向钻井系统与工业化应用等12项成果获国家技术发明奖二等奖；石脑油催化重整成套技术的开发与应用获国家科学技术进步奖一等奖；化学固壁与保护油气储层的钻井液技术及工业化应用等19项获二等奖。中国石油和化学工业协会，科学科学技术奖322项，其中：技术发明奖22项（一等奖8项、二等奖9项、三等奖5项）；科学技术进步奖300项（一等奖51项、二等奖108项、三等奖141项）。

2009年度全国石油和化学工业获奖情况

国家技术发明奖

二等奖

项目名称	主要完成单位	主要完成人
近钻头地质导向钻井系统与工业化应用	中国石油集团钻井工程技术研究院	苏义脑 盛利民 邓 乐 李 林 窦修荣 王家进
超分子结构无铅热稳定剂	北京化工大学	李殿卿 林彦军 段 雪 刘振宇 张法智 李 峰
聚四氟乙烯复合膜共拉伸制备方法与层压覆膜技术	浙江理工大学 总后军需装备研究所 北京化工大学（浙江理工大学）	郭玉海 张建春 张卫东 陈建勇 张华鹏 张 华
超细耐磨钛酸盐纤维制备新技术及其应用	南京工业大学	陆小华 冯 新 王昌松 刘 畅 汪怀远 史以俊
渗透汽化透水膜、膜组件及其应用技术	清华大学	陈翠仙 李继定 蒋维钧 张立平 秦培勇
齿轮油极压抗磨添加剂、复合剂制备技术与工业化应用	中国石油兰州润滑油研究开发中心	伏喜胜 续 景 华秀菱 许向真 李 军 糜莉萍
聚醚醚酮酮树脂的制备及应用技术	吉林大学	姜振华 王贵宾 吴忠文 陈春海 关绍巍 杨延华
高性能聚合物/超细无机粉体复合材料制备的关键技术	四川大学 浙江工业大学 宁波信高塑化有限公司	傅 强 黄 锐 张 琴 王 旭 陈海涛 杜荣昵
高性能丙烯酸树脂的制备新技术及其在涂层中的应用	复旦大学	武利民 周树学 顾广新 游 波 陈 敏
化工园区工业废水处理新技术及工程应用	南京大学 无锡轻工大学 上海埃梯梯恒通先进水处理公司 国家环境保护制药废水污染控制工程技术中心	任洪强 丁丽丽 严永红 伦世仪 张国平 王路光
涂料工业清洁生产工艺和方法	湖南大学	曾光明 单文伟 汤 琳 牛承岗 肖汉宁 李小明
油气集输的节能减排和安全高效关键工艺及装备	西安交通大学 西安交通大学-宁夏三新热工能源环保技术联合研究院 中国石油天然气集团公司长庆油田分公司	郭烈锦 白博峰 张西民 张少军 王 鑫 冉新权

国家科学技术进步奖

一等奖

项目名称	主要完成单位	主要完成人
石脑油催化重整成套技术的开发与应用	中国石化集团洛阳石油化工工程公司 中国石油化工股份有限公司石油化工科学研究院 中国石油化工股份有限公司洛阳分公司 中国石化扬子石油化工有限公司 湖南建长石化股份有限公司中国石油化工股份有限公司 镇海炼化分公司	马爱增 徐又春 赵振辉 王净依 杨宝贵 潘锦程 许浩洋 孙敏杰 周立进 李　彬 郭劲鹤 帅　峰 任坚强 刘贵平 阎遂宁

二等奖

项目名称	主要完成单位	主要完成人
化学固壁与保护油气储层的钻井液技术及工业化应用	中国石油集团钻井工程技术研究院 长江大学 中国石油大学(北京) 西南石油大学油气藏地质及开发工程国家重点实验室 吉林石油集团有限责任公司钻井工艺研究院 中国石油集团西部钻探工程有限公司 中国石油集团长城钻探工程有限公司钻井一公司	孙金声 余维初 鄢捷年 罗平亚 周保中 汪世国 肖登林 黄达全 宋元森 杨泽星
大幅度提高油气产量的非平面压裂技术与工业化应用	中国石油大学(北京) 中国石油天然气股份有限公司勘探开发研究院廊坊分院 中国石油化工股份有限公司石油勘探开发研究院	陈　勉 曾义金 雷　群 金　衍 胥　云 张福祥 张广清 赵振峰 张旭东 史明义
二元复合高效驱油提高采收率技术	中国石油化工股份有限公司胜利油田分公司 中国科学院兰州化学物理研究所 山东大学	孙焕泉 王增林 李振泉 曹绪龙 宋新旺 崔晓红 蒋生祥 李　英 姜颜波 曾流芳
中国东部断陷盆地洼槽聚油新理论、勘探新技术与重大发现	中国石油天然气股份有限公司华北油田分公司 中国石油大学(北京) 中国石油集团东方地球物理勘探有限责任公司 中国石油天然气股份有限公司勘探开发研究院廊坊分院 西南石油大学	赵贤正 金凤鸣 邹伟宏 易士威 王　权 赵力民 李先平 刘　震 邓志文 卢拥军
基于深井钻柱动力学的高速牙轮钻头与振动筛研制及应用	四川石油管理局装备制造公司 中国石油集团川庆钻探工程有限公司 中国石油集团长城钻探工程有限公司 中国石化集团中原石油勘探局 中国石油集团西部钻探工程有限公司	刘清友 王国荣 张明洪 郑家伟 杜广义 赵业荣 林元华 胡欣峰 韩传军 祝效华
高含水期油田整体优化工艺、关键技术与工业应用	大庆石油学院 大庆油田有限责任公司 清华大学	刘　扬 计秉玉 宋考平 刘宝碇 李福军 康红庆 魏立新 杨二龙 曹广胜 王洪星
胜利油区复杂结构井钻井技术开发与应用	中国石油化工集团胜利石油管理局	赵金洲 韩来聚 唐志军 马凤清 赵金海 闫振来 杨锦舟 王敏生 王爱国 牛洪波
中深层稠油热采大幅度提高采收率技术与应用	中国石油天然气股份有限公司辽河油田分公司 中国石油天然气股份有限公司勘探开发研究院	谢文彦 任芳祥 刘喜林 赵政超 张方礼 张义堂 杨立强 蒋生健 刘德铸，陈韶生
乙苯脱氢制苯乙烯关键技术轴径向反应器和新型催化剂的研发及应用	中国石油化工股份有限公司上海石油化工研究院 华东理工大学 中国石化集团上海工程有限公司	朱子彬 吴德荣 缪长喜 朱学栋 钱小燕 邵百祥 朱中南 李瑞江 沈　江 刘文杰
大型乙烯装置优化运行技术与工业应用	中国石化扬子石油化工有限公司 华东理工大学	蒋　勇 钱　锋 卫　达 贡宝仁 王振雷 许岩峰 韩金华 杜文莉 查星祺 费建国
可降解生物基高吸水性树脂生产技术开发及推广应用	仲恺农业工程学院 珠海得米化工有限公司 广东工业大学 西北工业大学 哈密市博仲生物科技有限公司	崔英德 尹国强 贾振宇 廖列文 黎新明 赵国强 杜建军 刘正堂 王　梅 崔艳琦
环己酮氨肟化路线己内酰胺生产工艺成套技术	中国石油化工股份有限公司石油化工科学研究院 中国石油化工股份有限公司巴陵分公司 湖南百利工程科技有限公司 湘潭大学 中国石化工程建设公司	朱泽华 吴　巍 程立泉 孙　斌 罗和安 张德明 刘小秦 付锦晖 瞿亚平 杨立新
高效洁净煤制甲醇与联合循环集成系统的研发和示范	兖矿集团有限公司 中国科学院工程热物理研究所	肖云汉 耿加怀 王　信 黄伟光 张鸣林 聂超群 韩　梅 赵丽凤 丁　辉 徐　纲

续表

项目名称	主要完成单位	主要完成人
聚烯烃材料的化学与生物改性及其大规模应用	中国科学院长春应用化学研究所 威高集团有限公司 哈尔滨工业大学五塑实业有限公司	殷敬华 陈学利 安立佳 姚占海 宋永贤 石 强 张华威 李忠志 王广泽 姜传庚
有机化无机颗粒改性聚合物复合材料制备关键技术	华东理工大学 华之杰塑料建材有限公司 南京聚隆化学实业有限责任公司 芜湖市科华新型材料应用有限责任公司 南通中蓝工程塑胶有限公司 南京华格电汽塑业有限公司 聚威工程塑料(上海)有限公司	李春忠 张 玲 王庚超 周晓东 牛建华 吴 汾 程 巍 窦新华 徐国忠 王 晶
化学镀镍动态控制技术与应用	上海交通大学 湖南科力远新能源股份有限公司	胡文彬 钟发平 刘 磊 汤文武 沈 彬 仵亚婷 邓意达 甘雪萍 刘新宽 唐 砾
含硫含碱废液过程减排新技术及在化工行业中应用	华东理工大学 中国石化集团资产经营管理有限公司巴陵石化分公司 中国石油化工股份有限公司镇海炼化分公司 中国石油天然气股份有限公司克拉玛依石化分公司	汪华林 黎树根 钱卓群 胡江青 白志山 杜海波 张明会 刘成军 唐新华 瞿 滨
新型作物控释肥研制及产业化开发应用	山东农业大学 山东金正大生态工程股份有限公司	张 民 万连步 史衍玺 杨越超 杨 力 马 丽 杨守祥 陈宝成 宋付朋 范玲超
磷化工全废料自胶凝充填采矿技术	贵州开磷(集团)有限责任公司 中南大学	李夕兵 屈庆麟 赵国彦 姚金蕊 王新民 杜绍伦 刘志祥 李文成 周子龙 蹇明星

中国石油和化学工业协会科学技术奖

技术发明奖

一等奖

项目名称	主要完成单位	主要完成人
聚丙烯酸系高性能水性木器涂料的制备及应用技术	北京化工大学 武汉安泰化学工业有限公司 北京普龙涂料有限公司	李效玉 何立凡 张胜文 王海侨 杨品文 赵立建
新型强化双射流流化床反应器技术	青岛科技大学 青岛新天地固体废物综合处置有限公司	郭庆杰 梁治国 王 昕 曹长青 韩清洁 刘新民
高性能硼酸酯型制动液先进合成技术	北京化工大学 张家港迪克汽车化学品有限公司	李 峰 何 静 林彦军 段 雪 王兆银 钱雪芬
陶瓷滤膜连续反应器的设计与工程应用	南京工业大学	邢卫红 徐南平 范益群 陈日志 金万勤 景文珩
高效紧凑节能的新型板翅式换热器关键技术及工业应用	南京工业大学 无锡宏盛换热器制造有限责任公司 华东理工大学	凌 祥 缪志先 彭 浩 诸雪峰 钮法清 涂善东
基于数值模拟的多相搅拌槽反应器设计和工业应用	中国科学院过程工程研究所	杨 超 禹耕之 毛在砂 张广积 雍玉梅 李向阳
甲硫嘧磺隆等超高效环境友好旱地除草剂的创制研究与应用	湖南化工研究院 国家农药创制工程技术研究中心 湖南海利化工股份有限公司	黄明智 王晓光 黄 路 雷满香 任叶果 余淑英
气波制冷新技术及装置	大连理工大学	胡大鹏 邹久朋 朱 彻 代玉强 王予新 刘培启

二等奖 续表

项目名称	主要完成单位	主要完成人
离子液体催化合成环状碳酸酯技术	中国科学院兰州化学物理研究所	夏春谷 陈 静 许传芝 李福伟 张 惜 张宏祥
自主创制农药杀虫剂新品种“丁烯氟虫腈”产业化	大连瑞泽农药股份有限公司	王正权 李彦龙 朱秀凤 周丽平 李瑞奇 孙维宁
煤液化煤浆制备装置及方法	上海化工研究院	章序文 何建铧 翟金国 兰建华 吴向阳 陈奕峰
创制杀菌剂氰烯菌酯（JS399-19）研究开发	江苏省农药研究所股份有限公司	王凤云 刁亚梅 王 宁 黄华强 周明国 沈迎春
HR 烃重组技术	北京金伟晖工程技术有限公司 中国石油天然气股份有限公司乌鲁木齐石化分公司	丁冉峰 李石新 王德义 刘北松 姚 伟
利用高温缩合和串级重结晶制备单、双季戊四醇技术	湖北宜化集团有限责任公司	蒋远华 杨晓勤 卞平官 冯加新 董进军
原位污泥减量化污水生物处理新技术及其应用	清华大学 北京思清源生物科技有限公司	邢新会 冯 权 初里冰 于安峰 闫桑田 梁 鹏
三羟甲基丙烷烯丙基醚的制备方法	深圳市飞扬实业有限公司	肖增钧
生物医用高分子材料的结构、改性和成型应用基础研究	清华大学	胡 平 徐 军 齐宏旭 郭宝华 董利民 董念国

三等奖

项目名称	主要完成单位	主要完成人
一种用液体二氧化硫和焦亚硫酸钠生产甲酸钠法保险粉的方法	烟台市金河保险粉厂有限公司	张宝健 张心遵 王国清 邹广柱 孙内谦
注聚驱块原油脱水及污水处理技术研究	中国石油天然气股份有限公司华北油田分公司第五采油厂	付亚荣 付丽霞 田 炜 李冬青 蔡远红 刘建华
稠油开采配套工艺技术	中国石油天然气股份有限公司华北油田分公司第五采油厂	付亚荣 李冬青 付丽霞 田 炜 蔡远红 刘建华
耐候性和弹性兼优的涂料组合物	中海油常州涂料化工研究院	狄志刚 付 敏 朱晓丰 潘云飞
SR18 造纸用中性施胶剂	上海埃格环保科技有限公司	朱勇强 程 伟 刘长峰 夏华林 丁国际

科学技术进步奖

一等奖

项目名称	主要完成单位	主要完成人
彩色涂层钢板用功能性卷材涂料关键技术的开发和应用	上海涂料有限公司	俞剑峰 石剑峰 胡丕山 戚 平 苏 狄 庄晓彤 黄 燕 朱秉中 朱梅芳 史志宏 朱建荣 宋媛媛
塔里木盆地高压、超高压气藏动态描述技术	中国石油勘探开发研究院廊坊分院 中国科学院力学研究所	孙贺东 刘晓华 韩永新 万玉金 刘曰武 李熙喆 钟世敏 陈建军 石 石 马惠芳 姜艳东 罗瑞兰 杨依超 杨希翡 徐艳梅
岩性圈闭有效识别的地球物理技术及应用	中国石油勘探开发研究院西北分院	王西文 赵应成 卫平生 杨午阳 潘建国 曹正林 王天奇 苏明军 王建功 马 龙 胡自多 高建虎 邓 央 雍学善 刘军迎
利用磷石膏—黄磷炉渣制备新型高强耐水磷石膏砖新工艺	贵州开磷（集团）有限责任公司 重庆大学	刘 芳 屈庆麟 邓竹林 李应平 彭小芹 杨步雷 王国维 杨庭华 杨永彬 杨长辉 陈 科 王光来 段豫川 韦明志 罗 彬

续表

项目名称	主要完成单位	主要完成人
聚合物驱后提高采收率接替技术研究与应用	中国石油大学（华东）	戴彩丽 赵福麟 王业飞 冯其红 汪庐山 薄启炜 侯 健 张 波 贾庆升 何 龙 黄 翔 苏建栋 王建国 赵小明 焦 翠
特殊精馏过程的应用基础研究	北京化工大学	雷志刚 陈标华 李群生
3000 吨/年丁二酸绿色电化学清洁生产工艺的研究与工业化	浙江工业大学 安庆和兴化工有限责任公司	马淳安 毛信表 赵峰鸣 马世金 褚有群 童少平 朱英红 曹祝生 徐颖华 何良栋 王素琴
两段提升管催化裂解多产丙烯兼顾轻油生产（TMP）技术	中国石油天然气股份有限公司大庆炼化分公司 中国石油大学（华东） 石油化工研究院 华东设计分公司	徐占武 杨朝合 李春义 吴冠京 从森滋 山红红 马 安 丁海中 丁洪春 王国辉 许 延 高雄厚 赵 辉 李建国 白跃华
间接换热干燥装置及系统在石油和化工行业的研发及应用	山东天力干燥设备有限公司	史勇春 马训强 王宏耀 刑召良 彭丽华 蒋 斌 柴本银 李选友 吴 静 苗 帅 刘 峰 郭 文 董宪华 金 鹏 史元芝
亚胺培南/西司他丁钠化学-酶法合成关键技术及产业化开发	浙江工业大学 浙江海正药业股份有限公司	郑裕国 白 骅 郑仁朝 杨仲毅 王远山 杨志清 王亚军 吕中原 徐建妙 金晓东 金利群 王献周 施珍娟 沈寅初
百草枯催吐剂的研发应用	沈阳科创化学品有限公司 北京广源资信精细化工科技发展中心	程春生 秦友山 杨春河 王龙根 黄耀师 李钟华 李 鹏 赵显哲 王鑫磊
罗布泊硫酸镁亚型盐湖卤水年产 2 万吨硫酸钾工业性试验	国投新疆罗布泊钾盐有限责任公司 化工部长沙设计研究院	李 浩 唐中凡 尹新斌 刘传福 张青运 谭昌晶 卢志斌 贺其华 雷光元
提高丁苯橡胶聚合转化率工业化技术开发及其应用	中国石油吉林石化公司研究院 中国石油吉林石化公司有机合成厂	陆书来 隋 军 赵 纯 李 铁 李 正 张冠英 李永茹 张 伟 张 柳 王 军 王明成 殷 兰 王海泉 王秀芝 单崇杰
高性能全钢载重子午线 45～55 系列无内胎轮胎研制	风神轮胎股份有限公司	冯耀岭 尚永宁 应世洲 安登峰 任利利 朱海涛 王兴玉 姬新生 谢慧生 刘文民 张春学 任绍文 贾继斌 杨辉林 杨艳平
双极膜制备与应用基础研究	中国科学技术大学 山东省海洋化工科学研究院	徐铜文 刘兆明 黄川徽 傅荣强 杨伟华 李旭娣
钻井平台位置优选与从式井优化设计技术研究	中国石油大学（华东）	管志川 史玉才 黄根炉 宋洵成 夏 焱 廖华林 韩志勇 陈炜卿 黄凯文 周延军
脱硫石膏制硫酸联产水泥技术研究与工程示范	山东鲁北企业集团总公司	冯久田 冯怡生 刘希岗 冯永田 冯淑华 张 涛 冯立田 翟洪轩 赵 华
离子液体的结构、性质及应用基础研究	中国科学院过程工程研究所 北京化工大学	张锁江 李春喜 张香平 刘晓敏 董 坤 周 清 吕兴梅 成卫国 何宏艳 韩丽君 王 蕾 孙 剑 闫瑞一 姚晓倩
光纤管道安全预警系统	中国石油天然气管道局	张金权 王小军 焦书浩 王 飞 方德学 王 赢 霍 峰 刘素杰 赵 锋 闫会朋 杨文明 厉 宇 崔海龙
超干密集填料工业电加热器系列产品的开发与应用	江苏工业学院 镇江东方电热有限公司	丁建宁 谭 克 华同曙 李锦春 袁宁一 孔德军 赵 勇 董国俊 徐金华 王建萍 苗乃明 班书昊
		李久春 李育忠 常连庚 金 莹 陈崇祺
高清晰度管道漏磁检测技术开发与应用	中国石油天然气管道局	周燕萍 周 春 杨博霖 刘利威 张永江 邸强华 田爱民 金 虹 傅 强 张新荣
大型连续制备碳酸二甲酯（DMC）工业化技术开发及应用	山东石大胜华化工股份有限公司	胡成洋 马志涛 孙 武 丁伟涛
四川盆地须家河组储层评价与勘探实践	中国石油勘探开发研究院廊坊分院 中国石油西南油气田分公司	魏国齐 蒋伟雄 杨 威 焦贵浩 江兴福 金 惠 谢增业 彭 勇 孙 平 郑得文 李国辉 张福东 施振生 朱秋影 谢武仁
超低断面抗湿滑低噪声乘用子午线轮胎	山东玲珑轮胎有限公司	董毛华 朱丽艳 郭其焰 李杰青 刘世江 高明伟 于 菲 邢 涛 孙成林
甲醇-CO-醋酸一体化工艺	成都市通用工程技术有限责任公司	庞玉学 万 蓉 王志坚 刘武烈 夏自强

续表

项目名称	主要完成单位	主要完成人
甲醇-CO-醋酸一体化工艺	成都市通用工程技术有限责任公司	庞玉学 万 蓉 王志坚 刘武烈 夏自强 杨泳涛 庞 彪 汪 涛 杨志群 杨必树 申南庄 张永祥 曾竹平 蒲洪瑛 黄乾文
稠油大斜度井机械采油技术研究与推广应用	中国石油大学(华东)	王海文 高国强 赵明宸 谢文献 张 超 赵 辉
深井、超深井套管磨损机理及监测预防技术研究	中国石油大学（北京）	张来斌 樊建春 宋周成 骆发前 储胜利 温 东 李 杰 乐法国 梁 伟 段礼祥 秦宏德 余 磊 梁红军 郑文培 于会媛 周思柱 吕志鹏 王晋龙 白文雄 李美求
固控系统相关设备关键技术研究	长江大学	王长建 李 宁 胡胜良 华 剑 吴爱军 黄天成 袁新梅 陈 明 景华斌 廖 燕
橡胶纳米复合材料的制备科学与应用	北京化工大学	张立群 吴友平 王益庆 田 明 刘 力 卢咏来 赵素合
云南省晋宁县待云寺矿区(肖家营-大石岩山-干海子矿段)磷矿勘探	中化地质矿山总局云南地质勘查院	蔡章杨 李云灿 别庆礼 刘应辉 邓泉江 周孟阳 杨龙才 周 军 张 成 毛红晶 朱 勇
农药关键中间体—乙基氯化物的绿色合成技术及其产业化开发	浙江工业大学 浙江新农化工股份有限公司 浙江大学	许丹倩 徐群辉 戴金贵 张坚荣 李钟华 阳 艺 朱国念 赵金浩 杨宏武 张飞龙 李 俊 汪晓清 徐振元
工业连续化废塑料低温裂解油化成套技术及装备	青岛科技大学 济南友邦恒誉科技开发有限公司	牛 斌 汪传生 曾宪奎 边慧光 林广义 于绍明 刘竹林 付 平 孙建珺 钟穗丽 李 利 李宗才 郭 磊 李镇江
年产500吨纳米TiO_2低温晶化、高分散生产线的研制和原位表面处理工艺	江苏河海纳米科技股份有限公司 江苏工业学院 苏州科技学院	姚 超 成庆堂 徐斌海 陈志刚 吴凤芹 高国生 李为民 王茂华 吴卫星 戴正明 陈 美 徐新前
聚驱采出液和采出水的高效化学处理技术	大庆油田工程有限公司	李杰训 赵兰水 乔丽艳 张兴福 吴 迪 叶 坚 李颖慧 蔡 磊 马 骥 郭春昱 刘 威 龙 彪 蔡 徇 王 翀 薛 强
辽河探区西部凹陷深化勘探理论与实践	中国石油大学（北京） 中国石油天然气股份有限公司辽河油田分公司	庞雄奇 谢 文 钟宁宁 孟卫工 吕修祥 张占文 鲍志东 李晓光 黄志龙 单俊峰 高先志 蔡国刚 王志章 刘宝鸿 漆家福
重油催化裂化后反应系统关键装备技术开发与应用	中国石油大学（北京）	卢春喜 时铭显 杨启业 郝希仁 孙国刚 张永民 相养冬 徐春明 高金森 蔡 智 韩守知 边兴福 丁海中 刘志杰 魏耀东
低压低渗低产气藏开发基础理论与应用技术研究	西南石油大学	杜志敏 郭 肖 李 闽 李颖川 刘建仪 刘启国 陈小凡 刘永辉 熊 伟 郭 平 付 玉 陈 洪 李传亮 胡星琪 孙 雷
厚壁容器筒体窄间隙自动焊接工艺与数字探伤技术研究	大庆油田建设集团	刘家发 官云胜 董利苹 林春文 刘庆忠 高延杰 郭晓春 王立哲 朱宪宝 张绪海 姜静威 梁一鸣
特殊油气藏增产理论与应用技术	西南石油大学	赵金洲 郭建春 赵立强 胡星琪 陈红军 李勇明 王世彬 邓 燕 卢 聪 刘平礼 胡永全 郭大立 胡卫东 李小刚 刘建仪
ACE抑制剂系列原料药绿色合成技术开发及产业化	浙江昌明药业有限公司 浙江工业大学	朱明辉 夏建胜 谢媛媛 益 平 高小根 李坚军 边高峰 施湘君 周章兴 文 双 倪恩魏 陈 平 葛进东
彩色激光打印粉系列产品的大规模生产关键技术及集成	中国科学院过程工程研究所 无锡佳腾磁性粉有限公司	宋宝珍 周学良 唐 清 李洪钟 莫海涛 张伟刚 甘耀焜 樊红雷 张小勇 周维伟 李锦芳 周维明 马宝林 李巧霞
炼厂气梯级回收技术	大连理工大学	贺高红 吴雪梅 李保军 阮雪华 赵 薇 刘红晶 聂 飞 苏学锋 范瑛琦 李祥村 潘艳秋 孙 力 柴永峰 朱向阳 何 振

续表

项目名称	主要完成单位	主要完成人
海底管道维修干式高压焊接	北京石油化工学院	焦向东 房晓明 周灿丰 薛 龙 陈家庆
特种材料设备设计、制造关键技术研究及其产业化	合肥通用特种材料设备有限公司 合肥通用机械研究院	崔 军 陈学东 汪 兵 张海波 王 坚 葛新生 吴 磊 张 伟 陆兴培 胡积胜
《流态化手册》	化学工业出版社 中国科学院过程工程研究所	郭慕孙 李洪钟 李佑楚 马兴华 白蕴如 郭长生 张红兵 辛 田
非熔渣—熔渣分级气化技术	北京达立科科技有限公司 清华大学 山西阳煤丰喜肥业（集团）股份有限公司	岳光溪 顾大地 王中刚 张建胜 韩喜民 柳小丰 吴存仓 卢正滔 赵冬兴 李思斌 吕俊复 马宏波
15万立方米大型浮顶油罐地基与基础监测技术研究	胜利油田胜利工程设计咨询有限责任公司	荆少东 刘 杰 邹积山 王 强 张卫明 王连好 赵海培 王占元 马学东 李洪增 钟储汉 雷中华 张向峰 姚 伟 徐帅陵
中国硫化氢天然气形成分布与开发战略	中国石油勘探开发研究院	张水昌 朱光有 戴金星 罗 凯 梁英波 钟太贤 帅燕华 王汇彤 张 斌 王晓梅 苏 劲 程 蒲
超低浓度羧甲基瓜胶压裂液及其配套技术研究与应用	中国石油勘探开发研究院廊坊分院	雷 群 胥 云 徐敏杰 崔明月 丁云宏 管保山 刘 萍 杨艳丽 蒋廷学 王丽伟 梁 利 杨振周 许志赫 蒋建方 王 欣
特低渗透油藏有效开发渗流理论和开发方法研究及应用	北京科技大学 大庆油田有限责任公司采油工程研究院 吐哈油田公司勘探开发研究院 胜利油田东胜精攻石油开发集团股份有限公司 大庆油田有限责任公司第九采油厂 大庆油田有限责任公司第八采油厂	朱维耀 孙玉凯 刘 合 王 明 宋洪庆 王世虎 王志平 王文军 徐新丽 沈宝明 张传绪 张玉广 李正科 麻成斗 黄延章
复杂碳酸盐岩油气藏高效酸化酸压技术研究与应用	中国石油勘探开发研究院 中国石油化工股份有限公司西北油田分公司 中国石油塔里木油田分公司	周福建 甘振维 张福祥 刘玉章 林 涛 何 君 熊春明 刘雄飞 杨贤友 张 烨 连胜江 耿宇迪 李向东 石 阳 刘建东

二等奖（略）

2009年中国电力工业经济运行概况

2009年对中国电力工业来说是不平凡的一年。上半年全国电力需求低迷，电煤矛盾集中爆发，发电企业面临结构转型阵痛，电力企业亏损严重，水电开发遭遇环球风暴。下半年，全国电力需求逐步回升，全社会用电量同比增长6.44%，增速超过上年同期；电力投资规模加大、结构继续优化，新增装机保持较大规模，非化石能源发电加快发展，电力技术取得重要突破；发电装机容量突破8亿千瓦达到8.74亿千瓦，同比增长10.26%；水电水情和电煤供应情况前三季度总体较好、四季度变化较大，电力供应能力整体较为充裕，发电设备利用小时降幅收窄。总体来看，全国电力供需总体平衡、个别省区略有富余，四季度在局部地区出现供电紧张状况。火电企业效益有所好转、电网公司盈利下降，但地区间分布极不均衡，且没有稳定的市场机制保障。

一、2009年电力工业运行情况

（一）电力投资和新增能力的结构继续优化

2009年，全国电力投资基本实现了电源电网协调发展。全年电力建设完成投资 7702亿元，同比增长22.20%，其中电网投资大幅增长，占电力投资的比例在厂网分开后首次超过50%；火电投资占电源投资的比重由前几年的80%左右下降到49.38%；核电、风电等新能源投资比重大幅上升。

新增发电生产能力结构继续优化。全年全国新增发电生产能力9667万千瓦，其中火电占新增生产能力的比例比上年下降3.11个百分点，新投产百万千瓦火电机组10台，新投产单机容量60万千瓦及以上火电机组容量比重高达53.9%；核电新开工规模850万千瓦，在建规模2192万千瓦，居世界首位；新增并网风电973万千瓦，占全部新增能力的10.85%，连续四年实现翻倍增长；新增太阳能发电装机2.79万千瓦，首次年投产规模超过二万千瓦，酒泉10MW太阳能光伏示范工程开工；“上大压小”继续推进，全年关停小火电机组2617万千瓦，提前一年半完成国家“关小”5000万千瓦的目标。

（二）电力技术取得重大突破

百万千瓦超超临界机组批量投产，我国已经成功掌握了这一先进的发电技术；世界首批核电自主化AP1000依托化项目开工建设，超大型锻件、主管道、安全壳等关键设备自主化研制取得重要突破，自主创新稳步推进；国产1.5MW陆上风电已成为主力机型，亚洲首台3MW海上风机成功并网发电；太阳能光伏发电关键技术逐步实现突破，我国已初步建立了比较完备的太阳能技术体系。

特高压技术取得实质性成果。1000千伏晋东南—荆门特高压交流试验示范工程顺利投产，已稳定运行一周年，发挥了显著的综合效益；11月，世界第一个±800千伏特高压直流输电工程—云南至广东特高压直流输电工程单极成功送电；向家坝—上海特高压直流示范工程成功实现800千伏全线带电，标志着我国输电电压等级、交直流输电技术、装备制造以及电网建设管理上升到一个新水平、新台阶，进入世界领先行列；500千伏海南联网工程正式投运，全国联网继续推进；电网智能化研究和试点示范工程扎实推进。

（三）供应和输配能力充足，设备利用状况下降

2009年底，全国全口径发电设备容量8.74亿千瓦，同比增长10.26%，其中水、火电同比分别增长13.72%、8.0%；核电908万千瓦；并网风电1760万千瓦，同比增长109.82%。发电机组结构逐步优化，非化石能源所占比重有所上升。2009年底，全

国电网35千伏及以上输电线路回路长度122.9万千米,同比增长5.18%;35千伏及以上公用变设备容量32亿千伏安,同比增长16.05%。

发电量增速加速回升,火电生产快速恢复。2009年,全国全口径发电量36812亿千瓦时,同比增长6.67%,高于上年同期,其中水、火电分别同比增长1.08%、7.45%,核电增长1.2%,并网风电增长111.14%。分月来看,发电增速逐月加速回升,6月份实现单月增速正增长,8月份实现累计发电量正增长。下半年火电生产快速增长,12月火力发电量首次超过3000亿千瓦时,创造单月火电发电量的新纪录,也是部分地区电煤比较紧张的因素之一。

由于装机增长快于发电量增长,导致设备利用状况持续下降,全国大部分地区统调最高用电负荷增速快于统调用电量,电网负荷率下降,峰谷差拉大,设备利用小时下降。2009年,全国6000千瓦及以上电厂发电设备利用小时4546小时,比上年降低102小时,降幅较上年明显收窄,6月以后月度发电设备利用小时数逐步回升,四季度已经恢复到常年水平。

(四)特高压在跨区跨省送电中的作用较为突出

2009年,全国跨区送电量完成1213亿千瓦时,同比增长13.52%,其中1000千伏特高压交流线路作用突出,送电量占全国新增跨区送电量的61.4%。2009年,通过特高压线路由华北向华中累计输入电量为55.5亿千瓦时。特别是在四季度湖北电力供需紧张时,每天向华中电网送电5000万千瓦时左右,相当于每天从空中输煤2.5万吨,极大地缓解了湖北的电力供需矛盾。

水电出力下降对电力供需影响较大。下半年,全国水电出力下降,9月以后连续四个月同比下降,导致三峡送出和南方电网区域内"西电东送"连续四个月同比下降,华中区域内部分省份供需矛盾比较突出。京津唐电网受电电量341亿千瓦时,同比增长52.92%;省间累计输出电量5247亿千瓦时,同比增长17.93%,全年各月均保持较快增长,进出口电量均有增加。

(五)全社会用电量逐月加快回升

2009年,全国全社会用电量36595亿千瓦时,同比增长6.67%,增速高于上年;各月用电量增速逐月加快回升,电力消费走势实现了与经济走势的完美重合。第三产业和城乡居民生活用电分别增长12.75%和12.08%,其中第二产业用电从低迷中开始逐步回升,带动全社会用电增速逐步快速回升,第三产业和城乡居民生活用电量各月都保持了稳定增长,农村居民用电增速略高于城镇居民用电。全年电力消费弹性系数0.74,比上年提高0.17。

(六)电力回升的政策拉动效果明显

受国家政策拉动等因素共同拉动,全国工业快速回升,2009年,全国工业用电量26754亿千瓦时,同比增长4.60%。特别是重工业回升势头快于轻工业,重点行业(钢铁、化工、建材、有色)用电全面复苏,建材行业最早回暖,四个行业在11、12月的单月用电量创出历史新高。交通运输设备制造业受铁路、交通投资大幅拉动,各月(除元月外)用电量均实现正增长且逐月加速。

(七)电力企业总体盈利,分布不均,亏损面仍然较大

2009年电力行业利润有所回升,但利润分布极不均匀,电力行业效益缺乏机制保障。1~11月份,电力行业利润总额891亿元,但是全行业销售利润率3.16%,资产利润率1.41%,仍明显偏低。火电行业利润由上年同期的净亏损377亿元转为盈利465亿元,扭亏增盈842亿元;但是利润在地区间分布极不均衡,江苏、浙江、广东三省火电企业利润占全部火电利润的73.75%。电网企业政策性亏损的趋势在9月份尤其是11月份的电价调整后情况好转,1~11月份,实现利润63亿元,但北京和广东电力供应企业利润是其他供电企业利润总和的2.30倍,相当部分省份亏损严重。

(八)节能减排效果显著

电力行业积极加大科技创新力度,推进节能减排。电力生产及输送环节能源利用效率继续提高。2009年,全国供电标准煤耗340克/千瓦时,比上年同期降低5克/千瓦时。线路损失率6.72%,比上年同期降低0.07个百分点。6000千瓦以上电厂用电率5.76%,比上年下降0.14个百分点。脱硫装机增长9575.2万千瓦,达到4.7亿千瓦,占燃煤装机的比例约76%。同时,二氧化硫排放总量提前一年实现了"十一五"确定的目标限值。电力行业向节约发展、清洁发展方向又迈进了一步。

二、2010 年全国电力供需形势预测

(一)影响电力供应能力的因素分析

1.投资保持较大规模,结构继续优化

预计 2010 年电源和电网投资都将在 3300 亿元左右,全年全国电力投资完成额 6600 亿元左右,低于 2009 年水平。火电投资比重继续下降,清洁能源发电投资比重持续提高,电网投资占电力投资的比重也会再度低于 50%。

2.全国装机规模将达 9.5 亿千瓦

预计 2010 年年底,全国发电装机容量在 9.5 亿千瓦左右,其中水电 2.1 亿千瓦、火电 7 亿千瓦、核电 1016 万千瓦、并网风电 3000 万千瓦、并网太阳能光伏发电 20 万千瓦。

3.电煤供需偏紧,价格上涨压力很大

由于现在水库蓄水偏少、需求高位增长,部分省份煤炭资源整合过程中将难以完全释放生产能力,煤炭生产量下降,对电力供应和地区平衡产生一定影响,预计 2010 年上半年火电发电量及火电耗煤量仍将保持在很高的水平上,电煤供需偏紧的局面短期内难以改变。预计 2010 年全国电厂发电、供热生产电煤消耗在 16 亿吨左右。煤炭需求总量增加和结构性、地区性矛盾将进一步推动煤价继续走高,增加电厂煤炭采购难度和采购成本。

4.气温、水情仍有可能影响供需

据分析,2010 年全国来水情总体为平水年偏枯,全国特别是华中地区冬春季干旱严重。至 2010 年汛前,主要流域水情将继续维持目前严重偏枯的趋势。汛期也存在来水集中、来水量大等可能。

(二)电力需求及供需形势预测

预计 2010 年,以 2009 年全国电力工业统计快报为计算基数,全年电力消费同比增长 9%,达到 39700 亿千瓦时左右。全社会用电量增速将呈现"前高后低"的总趋势,上半年增速将超过 10%,下半年逐步回落。

预计 2010 年,全国电力供需总体平衡有余。受水情、电煤及天然气供应等不确定性因素影响,上海、江苏、浙江、湖北、湖南、江西、四川、重庆等地区部分时段电力供需偏紧,可能存在一定的电力电量缺口。

三、当前电力工业发展对策

(一)转变电力发展方式,推进行业科学发展

当前,我国电力工业最突出的矛盾仍是电力结构性问题。由于受电煤供应、运输、煤价、来水、气温等因素影响,目前全国电力总体平衡与局部地区供电紧张的情况并存,装机容量快速增长与发电利用小时数持续下降的情况并存。近年来,我国煤电运紧张局面反复出现,特别是电煤价格持续上涨,缺煤停机现象时有发生,电力企业发展面临困境,与长期局部地区就地平衡的电力发展方式有很大关系。要实现电力行业的健康持续发展,加快转变电力发展方式刻不容缓。

我国能源结构具有以煤为主、能源资源与生产力逆向分布的特点,能源开发正在加速向西部和北部转移,特高压远距离输电将在优化能源资源配置方面发挥更大作用。电力工业要实现科学发展,必须从我国能源分布及开发现状出发,加大特高压等远距离输电技术的开发和建设力度,变输煤为输电,实现输煤输电并举;大力推进特高压、大煤电、大水电、大核电、大型可再生能源基地的建设,优化电源结构和布局,促进能源资源在更大范围的优化配置;要大力发展清洁能源及可再生能源发电,加大科技投入,解决新能源发电上网难的问题;要大力开展智能电网相关技术研究与突破,实现电网与电源的和谐发展;要加快城农网建设改造力度,实现各级电网协调发展,促进电力发展方式的根本性转变。

(二)进一步改善电煤供应

一是努力做好当前的煤炭供应工作。煤炭企业应在安全生产的前提下努力提高产量,运输行业应优化调整运力,保证重点地区、重点电厂的煤炭供应。要加强对重点合同量、价的监管力度,提高履约率,保证电煤供应。对于部分省份的煤炭资源近期不得外运出省的地方保护政策,要坚决制止。

二是加强国家对煤炭资源的调配力度,建立国家煤炭应急储备制度。煤炭资源作为关系国计民生的基础性资源,国家应具备相当的调配能力,从宏观制度层面构架煤炭储备体系,以应对电煤频繁告急的局面。启动煤炭储备机制不仅可以缓解

能源安全与经济发展提速间的冲突与矛盾，也可以平抑煤炭市场异常波动，防止过度投机行为，符合国际通用做法。同时，也应鼓励各发电集团建立自己的电煤储运机制。

三是加强煤炭产运需协调，整顿电煤流通环节，加大力度帮助电力企业协调重点地区、重点电厂（特别是新增的重点电厂）的电煤产运需保障平衡，确保资源总量基本平衡和稳定供应。尽快建立电煤信息统计体系，完善电煤价格指数测算与发布机制，做好电煤的预测预警工作。

（三）再次启动煤电联动机制，推进电价改革

煤电联动机制自2004年底实施以来，一是不能及时启动，二是有关机制存在问题。现阶段，应进一步完善煤电价格联动机制，调整发电企业消化煤价上涨比例，设置煤电联动最高上限，控制电煤价格涨幅，保持煤炭、电力价格基本稳定。应根据2009年底及2010年初以来电煤价格不断上涨的情况，及时启动煤电联动，以缓解发电企业的经营压力和煤电之间的矛盾。

近年来的经济运行中，“市场煤、计划电”的体制性矛盾依然突出，电力企业已难以承受煤价频繁上涨和电价调整滞后造成的刚性成本增加，煤电价格矛盾已影响到部分时段、部分地区的电力供需平衡。此种矛盾已成为近年来媒体特别关注炒作的重大话题，如不能及时得到解决，有可能会随着火电装机的较快增长而导致电煤消耗量不断加大，使矛盾愈演愈烈，无论对于煤炭行业、电力行业，还是我国经济的协调发展，都将产生十分不利的影响。从根本上理顺煤电关系，应采取切实可行的措施，进一步推进电价改革，全面系统地解决煤电长期以来的矛盾。

（四）加强能源规划与政府协调能力，发挥行业协会作用

近两年电力发展和运行中，暴露出经济发展和电力发展、清洁能源发展与传统能源及电网发展、电力运行与上下游以及相关行业如何协调的问题，电力作为经济运行的晴雨表，又深刻影响这些重大关系的协调发展。建议政府有关部门要综合考虑煤电油运各种因素，做好“十二五”能源总体规划，坚持电力适度超前发展，统筹解决能源布局的结构性问题。建立健全能源综合运输调配体系，包括发展特高压长距离输电，提高相关部门能源跨区域调配能力，增强应对能源资源需求突发性、大规模变动的能力。电力行业发展与煤炭、石油、天然气、交通运输、机械制造、信息通讯、科研教育等行业密切相关。要采取措施推动电力行业和其他行业间合作，建立行业之间的工作沟通与协调机制，努力推动煤电油气运等问题的有效解决。

随着政府职能的进一步转变，行业协会作为政府与社会、企业间的桥梁和纽带，在实施行业自律，开展政策法规、行业规划制定研究，行业统计分析、标准制定、国际合作交流等各项工作中承担着越来越重要的责任。建议国家给予相关行业协会更大的支持，使行业协会更充分地发挥作用。

2009年中国钢铁工业经济运行概况

2009年是新世纪以来中国经济发展最困难的一年，也是钢铁工业经历严峻考验的一年。2008年下半年爆发国际金融危机以来，受世界经济衰退的影响，我国钢铁产品直接和间接出口急剧下降，钢铁企业效益大幅下滑，企业生产经营陷入严重困难的局面。在严峻形势面前，钢铁行业广大干部职工，迎难而上，奋力拼搏，认真落实党中央、国务院应对国际金融危机的一系列政策措施，使钢铁生产经营逐步恢复，并实现平稳较快增长，行业扭亏为盈，初步摆脱了困难局面，为国家实现“保增长、扩内需、调结构”的战略目标做出了积极贡献。

一、2009年钢铁行业取得的主要成绩

1.战胜国际金融危机的严重冲击，钢铁生产复苏，全年钢产量再创新高

由于中央采取了一系列有效的政策措施，极大地拉动了国内钢铁市场需求，2009年5月我国钢铁生产全面复苏，6月份钢铁生产超过上年历史最高水平，9月份日产水平再创新高，已相当于年产6.17亿吨钢。在其他主要产钢国家粗钢产量大幅度下降的情况下，我国全年粗钢产量达56784.24万吨，比上年增长13.50%。

表1 2005~2009年我国粗钢、生铁、钢材生产情况

单位：万吨

	2005年	2006年	2007年	2008年	2009年
粗钢	35324	41915	48929	51234	56784
生铁	34375	41245	47652	48323	54375
钢材	37771	46893	56561	61379	69244

数据来源：中国钢铁工业协会《中国钢铁统计(2009)》、《中国钢铁工业统计月报》(2009年12月)。①其中2005~2008年为国家统计局年报数据，2009年为快报数据；②国家统计局2010年2月28日发布的《2009年国民经济和社会发展统计公报》中，粗钢产量为56803.3万吨，增长12.90%，钢材产量为69626.3万吨，增长15.2%；③钢材产量包含重复材。

表2 2005~2009年我国粗钢产量增加情况

单位：万吨

	2005年	2006年	2007年	2008年	2009年
粗钢产量	35324	41915	48929	51234	56784
增加量	7033	6591	7014	2305	5550*
年增长(%)	24.9	18.7	16.7	4.7	10.83*

数据来源：中国钢铁工业协会《中国钢铁统计(2009)》《中国钢铁工业统计月报》(2009年12月)。2005~2008年数据为国家统计局年报数据，2009年为快报数据。*根据快报数据2009年粗钢产量与2008年同口径相比，粗钢产量增加6753.09万吨，增长13.5%，本文涉及2009年粗钢产量及增长率均采用这一数据，特此说明。

表 3 2005~2009 年全球产钢前 10 位国家

单位：百万吨

年份	第 1 位	第 2 位	第 3 位	第 4 位	第 5 位	第 6 位	第 7 位	第 8 位	第 9 位	第 10 位
2005	中国	日本	美国	俄罗斯	韩国	德国	印度	乌克兰	巴西	意大利
	353.2	112.5	94.9	66.1	47.8	44.5	40.9	38.6	31.6	29.3
2006	中国	日本	美国	俄罗斯	印度	韩国	德国	乌克兰	意大利	巴西
	419.2	116.2	98.6	70.8	49.5	48.5	47.2	40.9	31.6	30.9
2007	中国	日本	美国	俄罗斯	印度	韩国	德国	乌克兰	巴西	意大利
	489.3	120.2	98.2	72.4	53.1	51.5	48.6	42.8	33.8	31.5
2008	中国	日本	美国	俄罗斯	印度	韩国	德国	乌克兰	巴西	意大利
	512.3	118.7	91.3	68.5	55.1	53.6	45.9	37.3	33.7	30.6
2009	中国	日本	俄罗斯	美国	印度	韩国	德国	乌克兰	巴西	土耳其
	567.8	87.5	59.9	58.1	56.6	48.6	32.7	29.8	26.5	25.3

数据来源：国际钢铁协会。其中 2009 年数据为 2010 年 1 月公布的统计数据。

表 4 2009 年全球产钢前 10 位国家粗钢产量增长率

单位：百万吨，%

	第 1 位	第 2 位	第 3 位	第 4 位	第 5 位	第 6 位	第 7 位	第 8 位	第 9 位	第 10 位
国家	中国	日本	俄罗斯	美国	印度	韩国	德国	乌克兰	巴西	土耳其
产量	567.8	87.5	59.9	58.1	56.6	48.6	32.7	29.8	26.5	25.3
增长率	13.5	-26.3	-12.5	-36.4	2.8	-9.4	-28.7	-20.2	-21.4	-5.6

数据来源：国际钢铁协会 2010 年 1 月公布的数据。

图 1 2009 年各月粗钢、生铁、钢材日产水平

单位：万吨

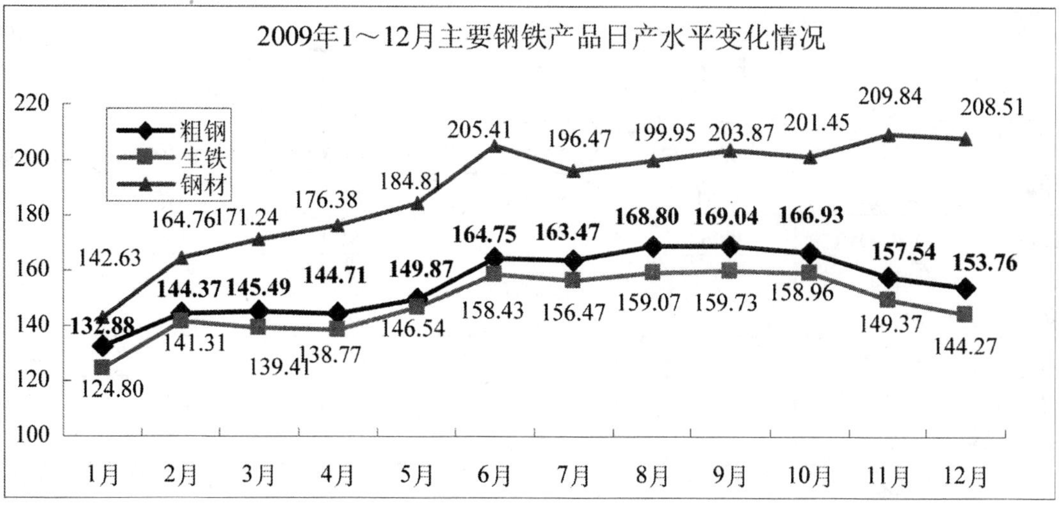

2.有力支撑了国家扩大内需措施对钢铁的需求

2009 年全社会固定资产投资完成额达 22.49 万亿元，比上年增长 30.1%。新开工项目计划总投资额高达 15.19 万亿元，比上年增加 6.11 万亿元，增长 67.2%。保增长、扩内需主要靠扩大固定资产投资，钢铁行业去年增产 6753 万吨钢，以及由于出口减少转供国内 4400 多万吨钢，满足了大规模固定资产投资对钢材的需求，有力地支撑了国家应

表 5 2005~2009 年我国粗钢产量居前 5 位的省市

单位：万吨

年份	第 1 位	第 2 位	第 3 位	第 4 位	第 5 位
2005	河北省	江苏省	山东省	辽宁省	上海市
	7425	3301	3188	3059	1928
2006	河北省	江苏省	山东省	辽宁省	山西省
	9096	4205	3715	3687	1949
2007	河北省	江苏省	山东省	辽宁省	山西省
	11047	4862	4394	4141	2515
2008	河北省	江苏省	山东省	辽宁省	山西省
	11523	4861	4458	4056	2346
2009	河北省	江苏省	山东省	辽宁省	山西省
	13536	5490	4857	4783	2649

对国际金融危机措施的实施。2009 年国内市场粗钢表观消费量 56497 万吨，比上年增加 11229 万吨，增长 24.8%，考虑 2009 年全社会钢材、钢坯库存折合粗钢增加 3000 万吨以上，国内市场实际增加消费粗钢 8200 万吨左右，为国家保增长目标的实现做出了积极贡献。

表 6 2009 年国产钢材国内市场占有率和自给率

单位：百万吨，%

	消费量	产量	进口	出口	市场占有率%	自给率%
钢材总计	68547.3	69243.7	1763.2	2459.6	97.4	101.0
上年同期	54054.4	58434.0	1538.7	5918.3	97.2	108.1
增减量	14492.9	10809.7	224.5	-3458.7	0.3	-7.1
同比增长%	26.8	18.5	14.6	-58.4		
长材	32683.1	32953.6	147.8	418.3	99.5	100.8
上年同期	25176.9	26715.3	134.5	1672.9	99.5	106.1
增减量	7506.3	6238.4	13.4	-1254.5	0.1	-5.3
同比增长%	29.8	23.4	9.9	-75.0		
板带材	30220.9	29877.8	1527.4	1184.3	94.9	98.9
上年同期	24578.6	26184.7	1273.2	2879.3	94.8	106.5
增减量	5642.3	3693.1	254.2	-1695.0	0.1	-7.7
同比增长%	23.0	14.1	20.0	-58.9		
管材	4773.7	5281.6	62.4	570.4	98.7	110.6
上年同期	3772.9	4656.6	105.8	989.5	97.2	123.4
增减量	1000.8	625.0	-43.4	-419.2	1.5	-12.8
同比增长%	26.5	13.4	-41.0	-42.4		

数据来源：中国钢铁工业协会《中国钢铁工业统计月报》(2009 年 12 月)。

3.在钢材价格持续处于低位的形势下，大力降低成本，调整结构，实现全行业扭亏为盈

国际金融危机爆发后，钢铁企业通过加强管理，大力开展降本增效活动。据协会统计的 68 户大中型钢铁企业在连续亏损 7 个月后，于 2009 年 5 月份实现当月扭亏为盈，6 月份实现上半年累计扭亏为盈，全年累计实现销售收入 22441.4 亿元，实现利税 1254.55 亿元，实现利润 553.88 亿元，其

中投资收益 131.02 亿元，资产减值损失转回 36.50 亿元。

太钢启动全员降本增效行动，紧盯市场，通过倒逼成本制定产品目标盈利水平；河北钢铁集团宣钢公司立足于ERP系统，减少管理环节，降低成本；凌钢以行业内同口径先进指标为标杆，通过比、学、赶、超缩小与先进企业差距；马钢进行全方位、全流程降本增效，全年降低成本 36 亿元。

图 2 2009 年各月 CSPI（中国钢材价格指数）情况

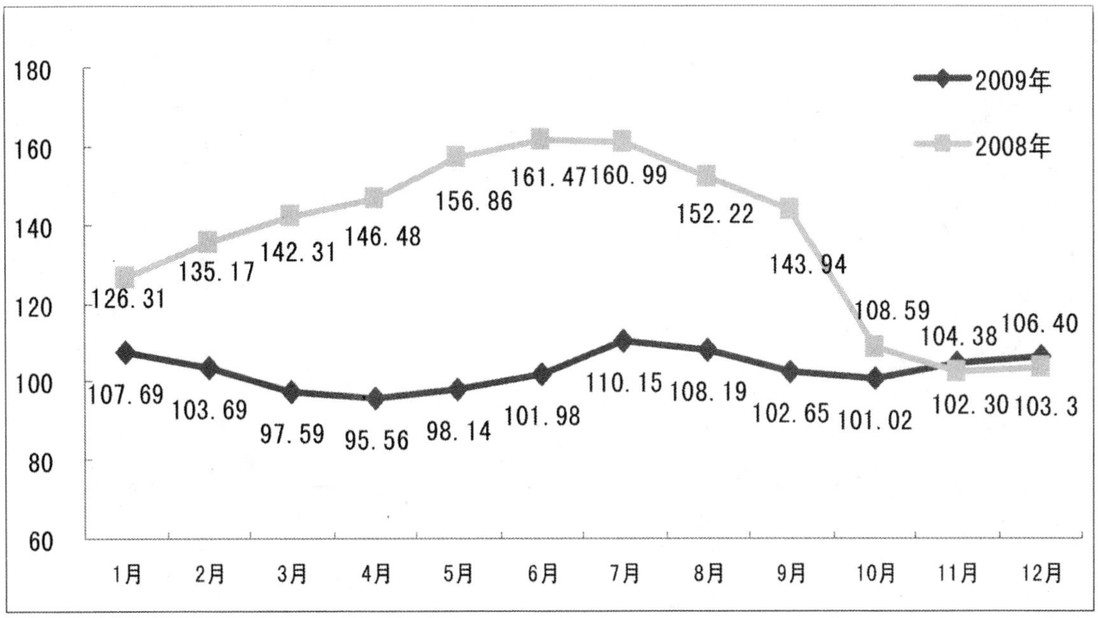

4.技术进步取得重大进展，品种质量进一步改善

鞍钢营口鲅鱼圈临海新钢铁基地投产一年，主要生产技术经济指标全面达到或超过设计水平，其厚板轧机已成功生产出核电站用的高强度高韧性厚钢板；首钢京唐曹妃甸临海新钢铁基地 1 号高炉系统自 2009 年 5 月份投产以来，各项新技术新工艺应用和开发取得可喜成绩；武钢、宝钢着力于自主创新取得重大突破，具有自主知识产权的高档取向硅钢实现批量生产并已用于替代进口硅钢生产 50 万伏以上等级的超高压大型变压器；宝钢、鞍钢、本钢在高强度汽车板研发和生产上正不断缩小与国际先进水平的差距；武钢、马钢自主研发的汽车板产量迅速上升，武钢 2070 毫米宽汽车板成功进入市场；太钢不断开发新品种，不锈钢材产量增长 30%；攀钢、包钢、鞍钢、武钢生产的重轨满足了我国高速铁路建设的需要；沙钢在开发长材产品方面又取得了新成绩。（见表 6）

5.节能减排取得新成绩

2009 年钢协会员企业粗钢产量增长 11.27%，但总能耗只增长 5.42%。吨钢综合能耗下降 1.74%；吨钢耗新水下降 12.75%，平均已降到 4.43 立方米。二氧化硫排放减少 4.90%，烟尘排放减少 7.87%；钢渣和高炉渣利用率进一步提高，一大批节能环保综合利用项目建成，为加快节能减排步伐创造了条件。

6.积极实施“走出去”发展战略，加大对境外资源投资的力度，促进与上下游企业之间的战略合作

2009 年是钢铁行业对境外资源投资力度最大的一年。武钢、鞍钢、华菱、宝钢、沙钢、中钢、中冶、中信泰富等一大批企业抓住机遇，在澳大利亚、巴西、加拿大等地投资参股铁矿山开发建设取得较大进展，资源保障能力增强；太钢在成功收购土耳其 CVK 公司西部铬矿部分股权的基础上，又出资收购了其东部和南部铬矿 43%的股权，成为合资公司第一大股东。首钢等与国内煤炭企业以股份合作方式结成战略结盟；一些企业加强了与重大战略客户形式多样的紧密合作；钢材剪切配送中心布点建设加快；特大型钢铁集团的国际化经营

表7 2009年国产钢材国内市场占有率和自给率

单位:万吨

	2009年	2008年	增减量	累计增长%
钢材合计	69243.7	58434.0	10809.7	18.5
铁道用钢材	586.0	474.4	111.6	23.5
所占比重%	0.8	0.8	0.0	
长材	32367.6	26240.9	6126.8	23.3
所占比重%	46.7	44.9	1.8	
板管带材	35159.4	30841.3	4318.0	14.0
所占比重%	50.8	52.8	-2.0	
其中:板材(不含窄带)	24628.5	22040.7	2587.9	11.7
所占比重%	35.6	37.7	-2.2	
窄带	5249.2	4144.0	1105.2	26.7
所占比重%	7.6	7.1	0.5	
管材	5281.6	4656.6	625.0	13.4
所占比重%	7.6	8.0	-0.3	

数据来源:中国钢铁工业协会《中国钢铁工业统计》(2009年12月)。

与合作迈出新步伐。

7.企业联合重组取得新进展,信息化建设步伐加快

宝钢重组宁波钢铁,首钢重组长治钢铁和贵阳特钢,河北钢铁、山东钢铁实行大集团统一运营,管理上了新台阶。一大批企业将信息化与企业发展战略、核心业务相结合,提升企业的软实力。南钢利用信息系统,提升成本管理和盈利能力,合同兑现率从87%提高到96%,2009年还获得全国质量奖;马钢搭建产销一体化信息平台,实现了在现有条件下的生产系统优化。

二、2009年钢铁行业运行存在的主要问题

1.由于供大于求,造成市场价格低迷,企业增产减收

尽管国家刺激经济的政策措施极大地拉动了钢材需求,但钢材市场供大于求的基本格局没有改变,导致市场供需维持平衡的难度加大,2009年12月末CSPI(中国钢材价格指数)仍只有106.4点,处于较低水平,钢铁行业出现了增产不增收的现象。2009年钢协会员企业钢产量比上年增长11.27%,产品销售收入同比下降10.14%,实现利税下降34.37%,其中实现利润下降33.64%。

2.钢材(坯)进口增加,出口大幅度下降,国内市场压力增大

2009年进口钢材1763.2万吨,进口钢坯458.5万吨,折合粗钢进口2334.25万吨,同比增加672.76万吨,增长40.5%;出口钢材2459.65万吨,出口钢坯4.32万吨,折合粗钢出口2620.96万吨,同比减少3803.69万吨,下降59.1%。进出口相抵,折合粗钢净出口286.71万吨,比2008年的4763.16万吨,减少4476.45万吨,下降94%。这部分粗钢由出口转向国内市场,进一步加剧了国内市场供大于求的压力。

3.国产铁矿石增长增速同比大幅下降,进口铁矿石超常增长,增大了进口铁矿和海运费价格上涨压力

受价格等因素影响,2009年我国铁矿石原矿生产8.80亿吨,同比增产7212万吨,仅增长8.92%,而生铁产量同比增加7446万吨,增长15.87%,需要增加成品矿1.19亿吨,而国产成品铁矿石只增产2400万吨左右,需增加进口矿石9500万吨,实际全年进口矿石62778万吨,比上年增加18142万吨,增长41.50%。铁矿石超需求进口增大了铁矿石和海运费上涨压力。

4.产能继续增长,淘汰落后进展缓慢

根据钢协2008年年报统计,当年新增炼钢产

表 8 2009 年钢材进出口主要国家和地区

单位：万吨

进口						
地　区	2009 年	2008 年	同比增长%	2009 年比例%	2008 年比例%	增减(百分点)
钢材合计	1763.2	1538.7	14.6	100.0	100.0	0.0
日本	611.3	701.8	-12.9	34.7	45.6	-10.9
韩国	457.4	353.5	29.4	25.9	23.0	3.0
中国台湾地区	250.3	248.0	0.9	14.2	16.1	-1.9
俄罗斯	151.3	15.8	860.6	8.6	1.0	7.6
欧盟 25 国	95.0	110.5	-14.0	5.4	7.2	-1.8
哈萨克斯坦	51.3	15.5	230.6	2.9	1.0	1.9
出口						
地　区	2009 年	2008 年	同比增长%	2009 年比例%	2008 年比例%	增减(百分点)
钢材合计	2459.7	5918.3	-58.4	100.0	100.0	0.0
韩国	556.1	1395.4	-60.2	22.6	23.6	-1.0
欧盟 25 国	160.5	756.4	-78.8	6.5	12.8	-6.3
越南	147.8	276.3	-46.5	6.0	4.7	1.3
印度	118.3	195.3	-39.4	4.8	3.3	1.5
美国	105.0	502.3	-79.1	4.3	8.5	-4.2
泰国	68.7	157.7	-56.5	2.8	2.7	0.1
东南亚合计	553.8	1087.47	-49.1	22.52	18.37	4.1

数据来源：海关总署。

能 6229 万吨，当年淘汰落后炼钢产能 648 万吨，到 2008 年底我国钢的生产能力为 64400 万吨。

2009 年黑色金属冶炼及压延加工完成投资 3206.12 亿元，约新增炼钢能力 5500 万吨左右。

5.产业结构调整难度进一步增大

2009 年河北钢铁、宝钢、武钢、鞍本、沙钢等五大集团合计产钢 1.65 亿吨，仅占同期全国钢产量的 29%；沿海、沿江钢铁企业产钢占全国产量比例尚不到 20%，与《钢铁产业调整和振兴规划》提出的“国内排名前 5 位钢铁企业的产能占全国产能的比例达 45%以上，沿海沿江的钢铁产能占全国产能的比例达到 40%以上”的目标还有很大差距。

而与此同时，非钢协会员的中小企业粗钢产量快速增长，2009 年钢产量增长 24.73%，而钢协会员企业只增长 11.27%。大企业发展缓慢，小企业数量不断增多，使今后调整产业结构的难度加大。

近年来，大中型企业伴随大量板材项目投产，形成了先进产能的过剩和同质化竞争，如何根据我国城市化、工业化市场需求特点和企业自身优势进行产品结构调整，是危机之后大中型企业要深入研究的课题。

2009年中国有色金属工业经济运行概况

2009年，中国有色金属工业在党中央"保增长、扩内需、调结构"方针的指引下，全面贯彻落实《有色金属产业调整和振兴规划》，应对国际金融危机取得明显成效，全行业企稳向好的态势不断巩固，企业盈利能力逐步恢复，节能降耗取得新成效，兼并重组和境外资源开发取得新进展。

一、工业生产企稳向好

（一）十种有色金属产量同比增长4%

2009年，全国十种有色金属产量为2605万吨，同比增长4%。其中，精炼铜411万吨，同比增长8.74%；原铝1284.60万吨，同比下降2.51%；铅370.79万吨，同比增长15.64%；锌435.67万吨，同比增长11.34%；镍16.48万吨，同比增长28.03%；锡13.45万吨，同比增长4.16%；锑16.58万吨，同比增长13.72%；镁50.08万吨，同比下降4.75%；海绵钛6.15万吨，同比增长38.89%。

全年十种有色金属产量超过100万吨的省、自治区有10个，分别为：河南471.13万吨，同比增长2.14%；山东212.65万吨，同比增长2.77%；云南211.96万吨，同比增长1.76%；湖南199.55万吨，同比增长10.16%；内蒙古175.99万吨，同比增长8.56%；甘肃172.74万吨，同比增长4.60%；安徽116.00万吨，同比增长25.13%；广西110.25万吨，同比增长10.05%；山西105.29万吨，同比下降25.68%；青海102.56万吨，同比下降7.26%。

这10个省、区的十种有色金属产量达到1878.10万吨，占全国总产量72.10%。

精炼铜产量位于全国前10位的省、市、自治区是：江西81.62万吨，同比增长4.83%；山东56.36万吨，同比增长20.54%；安徽53.92万吨，同比增长2.12%；甘肃41.89万吨，同比增长14.07%；云南29.84万吨，同比下降4.60%；湖北27.16万吨，同比增长0.22%；浙江22.73万吨，同比下降23.62%；江苏22.10万吨，同比增长28.58%；内蒙古21.08万吨，同比增长44.36%；上海8.82万吨，同比下降19.05%。

以上10省、市、自治区的精炼铜产量为365.51万吨，占全国总产量的88.94%。

原铝（精炼铝）产量位于全国前10位的省、自治区是：河南314.97万吨，同比下降2.86%；山东152.07万吨，同比下降5.05%；内蒙古129.69万吨，同比增长5.86%；甘肃94.88万吨，同比增长0.02%；青海89.11万吨，同比下降10.57%；贵州80.27万吨，同比增长38.05%；山西75.84万吨，同比下降22.70%；宁夏65.55万吨，同比增长8.60%；云南63.67万吨，同比增长16.22%；广西53.48万吨，同比增长7.39%。

以上10省、区的原铝产量均超50万吨，共产原铝1119.53万吨，占全国总产量的87.15%。

铅产量位于全国前10位的省、自治区是：河南119.16万吨，同比增长7.54%；湖南63.63万吨，同比增长17.53%；安徽61.70万吨，同比增长55.81%；云南31.87万吨，同比下降12.34%；江苏17.28万吨，同比增长34.71%；广西13.81万吨，同比下降6.33%；广东13.31万吨，同比增长2.38%；湖北7.76万吨，同比增长50.65%；江西7.54万吨，同比下降2.53%；陕西7.29万吨，同比增长51.41%。

以上10省、区的铅产量为343.36万吨，占全国总产量的92.60%。

锌产量位于全国前10位的省、自治区是：湖南98.42万吨，同比增长13.80%；云南77.53万吨，同比增长1.51%；陕西37.93万吨，同比增长7.66%；广西37.69万吨，同比增长19.79%；辽宁35.28万吨，同比下降0.92%；河南29.56万吨，同比下降52.79%；广东25.68万吨，同比增长3.8%；四川25.05万吨，同比增长44.77%；内蒙古21.84万吨，同比增长7.79；甘肃19.85万吨，同比下降4.47%。

以上10个省、区的锌产量为408.83万吨，占全国总产量的93.84%。

（二）有色金属矿山及氧化铝产品产量稳步增长

1.规模以上企业六种精矿金属含量同比增长3.94%。2009年，规模以上企业生产六种精矿金属含量566.30万吨，同比增长3.94%。其中，铜金属含量96.15万吨，同比增长4.65%；铅金属含量136.04万吨，同比增长18.77%；镍金属含量8.11万吨，同比增长13.46%；锡金属含量7.25万吨，同比增长11.24%；锑金属含量9.60万吨，同比增长1.74%；锌金属含量309.16万吨，同比下降1.95%。

规模以上六种精矿金属含量位于全国前10位的省、自治区是：内蒙古91.08万吨，同比增长4.77%；云南87.62万吨，同比下降14.70%；湖南67.68万吨，同比增长13.73%；四川52.42万吨，同比增长35.64%；广西34.07万吨，同比增长9.09%；甘肃32.62万吨，同比下降10.33%；广东31.47万吨，同比增长0.89%；江西29.75万吨，同比增长16.35%；陕西22.59万吨，同比增长21.71%；福建17.56万吨，同比增长21.87%。

2.钨、钼精矿折合量同比稳定增长。2009年，全国钨精矿折合量9.91万吨，同比增长17.35%，其中钨精矿的主要生产省份江西4.66万吨，湖南2.31万吨，这两个省的钨精矿产量占全国总产量的70.37%；钼精矿折合量20.78万吨，同比增长20.39%，其中，钼精矿的主要生产省份河南和陕西分别完成了10.31万吨和3.66万吨，河南省同比增长32.64%，陕西省同比下降1.71%。

3. 氧化铝产量继续企稳回升，同比增长4.43%。2009年，全国氧化铝产量2379.24万吨，同比增长4.43%。其中，河南850.07万吨，同比下降0.71%；山东655.68万吨，同比下降0.02%；广西455.29万吨，同比增长81.20%；山西省259.80万吨，同比下降23.79%。

（三）铜、铝加工材产量呈增长态势

2009年，全国铜、铝材等深加工产品产量呈增长态势，铜材产量888.42万吨，同比增长18.68%；铝材产量1650.35万吨，同比增长15.62%。

铜材产量位于全国前10位的省、市、自治区是：江苏185.95万吨，同比增长33.56%；浙江179.60万吨，同比增长18.81%；江西131.55万吨，同比增长20.99%；广东104.09万吨，同比下降8.09%；安徽81.54万吨，同比增长43.64%；河南40.93万吨，同比下降5.95%；天津26.84万吨，同比增长1.37%；湖南26.37万吨，同比下降37.67%；山东24.80万吨，同比增长42.68%；上海20.59万吨，同比增长45.43%。

这10个省、市、区铜材产量为822.26万吨，占全国总产量的92.55%。

铝材产量位于全国前10位的省、市、自治区是：广东404.78万吨，同比增长8.23%；河南286.56万吨，同比增长6.08%；山东224.98万吨，同比增长36.39%；江苏129.67万吨，同比增长30.75%；浙江104.63万吨，同比增长24.55%；辽宁78.52万吨，同比增长2.75%；重庆75.15万吨，同比下降3.17%；福建64.56万吨，同比增长4.97%；湖南27.00万吨，同比增长19.19%；四川26.19万吨，同比下降10.89%。

这10个省、市、区的铝材产量为1422.03万吨，占全国总产量的86.17%。

二、企业盈利能力逐步恢复

2009年1~11月，规模以上有色金属工业企业（不包括独立黄金企业）实现主营业务收入19096亿元，同比下降3.0%。实现利润618亿元，比上年同期下降27.7%(全国规模以上企业实现利润同比增长7.8%)。2009年规模以上有色金属工业企业实现主营业务收入约2.1万亿元左右，基本与2008年持平；实现利润约750~800亿元。

三、进出口额降幅收窄

2009年，有色金属进出口贸易总额为832亿美元，同比下降11.3%。其中，进口额为659亿美元，同比增长0.4%；出口额为173亿美元，同比下降38.6%。2009年，净进口未锻轧铜316万吨，比上年增长1.24倍；净进口未锻轧铝143万吨，而上年则是净出口58万吨；净进口未锻轧铅18万吨，同比增长12倍；净进口未锻轧锌77万吨，比上年增长1.98倍。

四、固定资产投资增幅回落但新开工项目投资偏大

2009年，有色金属工业（不包括独立黄金企业）完成固定资产投资2717亿元，比上年增长16.5%，比全国城镇固定资产投资增幅低14个百分点。有色金属工业新开工项目投资额为2860.3亿元，增幅比上年增加19.4个百分点。

五、企业节能降耗取得新成效

2009年，全国铝锭综合交流电耗为14171千瓦时/吨，同比下降152千瓦时/吨，全年节电20亿千瓦时；氧化铝综合能耗为659千克标煤/吨，同比下降19.3%；铜冶炼综合能耗为366千克标煤/吨，同比下降7.2%；铅冶炼综合能耗降到459千克标煤/吨，同比下降2.8%；电锌综合能耗为922千克标煤/吨，同比下降3.2%。2009年有色金属工业（包括独立黄金企业）能源消耗量为8314万吨标准煤，同比下降3%；万元工业增加值能耗同比下降15%。

六、科技进步成果显著

由协会牵头组建的产业技术创新战略联盟取得了阶段性效果；列入《国务院关于发挥科技支撑作用，促进经济平稳较快发展的意见》中的三项有色金属产业重点先进技术均取得积极进展，其中新型阴极结构等铝电解技术使直流电耗有了大幅度降低，开始在部分铝厂推广应用；自主研发的氧气底吹熔炼多金属捕集技术，已建成处理多金属矿原料50万吨/年生产线，运行达到预期效果。中金岭南丹霞冶炼厂10万吨锌氧压浸出工程和株洲冶炼厂常压富氧浸出技改项目成功投产，标志着我国锌冶炼技术水平跃上了一个新台阶。时速350公里高铁用铝材，已实现了国产化。

七、企业兼并重组取得新进展

中国五矿集团公司与湖南有色金属控股公司2009年底正式签署战略合作协议，由中国五矿集团控股湖南有色控股公司；中国有色矿业集团收购了山东奥博特铜铝业有限公司；云南冶金集团收购美铝持有的美铝（上海）公司100%股权。青铜峡能源铝业集团公司成功回购加宁铝业外方股权。

八、有色金属境外资源开发取得新突破

中国五矿集团公司以13.8亿美元收购了澳大利亚第三大矿业公司（OZMineral公司）的主要资产。中国有色矿业集团成功收购赞比亚卢安夏铜业公司、澳大利亚特拉明矿业公司和吉尔吉斯斯坦恰拉特金矿；该集团在赞比亚谦比希的15万吨铜冶炼项目建成投产。中金岭南公司收购澳大利亚PEM公司50.1%的股权。华东有色地勘局在伦敦交易所收购了WTI50.1%的股份，控股该上市公司。吉林吉恩镍业公司分别收购加拿大3个镍矿项目和澳大利亚1家公司的镍钴项目。

九、有色金属资本市场出现可喜的变化

2009年在境内外新上市的有色金属企业4家，在香港股票市场融资105亿港元，在深圳股市融资19.8亿元人民币。资本市场有色金属板块涨幅明显超过沪深两市大盘涨幅，有色金属板块总市值从2008年末的0.43万亿元，涨到2009年末的1.03万亿元，涨幅140%，比大盘涨幅高40%。

2009年中国建材工业经济运行概况

2009年是新世纪以来中国建材工业发展遇到困难最多的一年。受国际金融危机影响,从2008年8月份以后,建材产品出口受挫,建材工业增长速度下滑,部分建材产品生产下降。针对国际经济环境的复杂多变,国家及时采取了一系列保增长扩内需的宏观调控措施,建材行业广大职工更是团结一心,奋力拼搏,克服各种困难,终于在2009年底成功遏止了下降颓势,同时保证了经济增长的质量,行业盈利水平平稳,产业结构调整取得新进展。

一、2009年建材工业运行情况

(一)增长速度是2003年以来最低水平

2008年前7个月,建材工业增加值月平均增长速度保持在30%以上,从8月份以后开始下滑,12月份仅比上年同月增长9.9%。2009年第一季度,建材工业增加值仅比上年同期增长13.1%,(见图1-1)是新世纪以来建材工业从未出现过的低值。虽然2009年下半年建材工业增长速度有所恢复,8月份以后月同比增长速度接近2008年全年平均水平,仍是2003年以来最低水平。(见图1-2)2009年规模以上建材工业完成工业增加值6532亿元,按可比价格计算比上年增长19.3%。

在建材主要产品中,2008年8月份以后全国水泥产量接近零增长,全国损失水泥产量在5000万吨以上,2008年全国水泥产量只比2007年增长4.3%,是新世纪以来最低增长速度。2009年初全国水泥产量陷入负增长,6月份以后,增长率恢复到16.1%,全年全国水泥产量16.5亿吨。受国内市场萎缩和出口大幅度下降的双重影响,全国平板玻璃产量从2008年11月份开始进入下行区间,2009年前7个月持续下降;全国平板玻璃月销售量从原4700万重量箱急剧减少到2009年年初的不足4000万重量箱,是2006年末以来最低水平。2009年全国平板玻璃产量5.77亿重量箱,比2008年下降2.3%。因出口减少,2008年8月至2009年7月全国钢化玻璃产量平均下降了5.3%;夹层玻璃产量在2009年初大幅度下降,2008年8月至2009年8月平均仅增长0.2%。2008年前7个月,水泥制品业工业增加值月平均同比增长速度保持在40%以上,2008年8月份以后下跌到20%左右,2008年12月和2009年1月分别只有4.5%和3.7%。2009年全国卫生陶瓷产量1.58亿件,比上年增长11.69%,增幅比金融危机前下降14个百分点;全国陶瓷砖产量68.79亿平方米,比上年增长9.9%,增幅比金融危机前下降8个百分点。其他如建筑用石、轻质建材、防水材料等行业工业增加值增长速度在2008年第四季度和2009年第一季度都大幅度下滑。

2009年主要建材产品产量统计表

名　称	单　位	本年累计	比上年增长(%)	产品销售率(%)	
				本年累计	上年同期
水泥熟料	万吨	107886	10.42	97.36	98.19
其中:预分解窑熟料	万吨	77945	26.05	97.51	98.64
水泥	万吨	164831	16.07	97.41	98.28
水泥排水管	千米	40324	50.82	93.78	95.79
水泥压力管	千米	2849	39.88	92.11	95.27

续表

名称	单 位	本年累计	比上年增长(%)	产品销售率(%)	
				本年累计	上年同期
水泥电杆	万根	816	21.73	94.27	97.15
商品混凝土	万立方米	41690	21.64	97.99	99.23
水泥混凝土桩	万米	22175	10.10	95.97	96.45
砖	亿块	2443.55	43.42	97.23	98.10
瓦	亿片	57.14	17.56	95.10	96.58
大理石板材	万平方米	3363	17.44	98.62	97.62
花岗石板材	万平方米	26034	13.02	97.64	97.52
石膏板	万平方米	135950	16.24	98.64	97.24
平板玻璃	万重量箱	57685	-2.33	97.76	96.89
中空玻璃	万平方米	3010	22.13	95.88	97.43
钢化玻璃	万平方米	14898	-0.06	95.58	97.67
夹层玻璃	万平方米	3630	5.59	93.93	97.96
陶瓷砖	万平方米	687855	9.97	97.14	96.34
瓷质砖	万平方米	437369	7.08	97.25	96.39
炻瓷砖	万平方米	22180	33.28	97.92	97.56
细炻砖	万平方米	13950	-3.27	97.83	98.69
炻质砖	万平方米	49299	17.83	98.47	97.79
陶质砖	万平方米	165057	14.49	96.40	94.73
卫生陶瓷	万件	15790	11.69	97.70	95.23
玻璃纤维纱	万吨	205.67	-11.03	97.49	95.76
建筑涂料	万吨	261.67	21.19	98.45	98.23
水泥专用设备	万吨	76.45	24.48	96.73	96.54

图 1 2009 年建材工业经济运行态势

图1-1 建材工业增加值月同比增长率

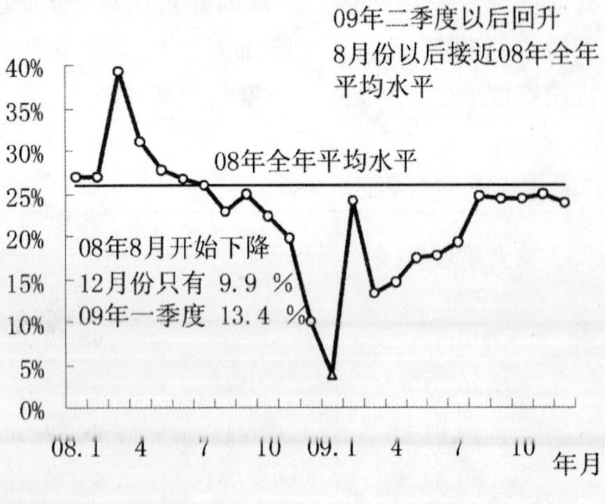

图1-2 历年建材工业增加值增长率

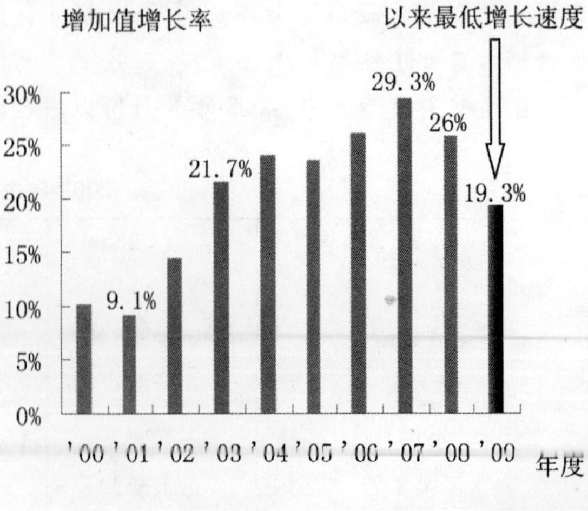

图1-3　建材及非矿出口商品月同比增长率

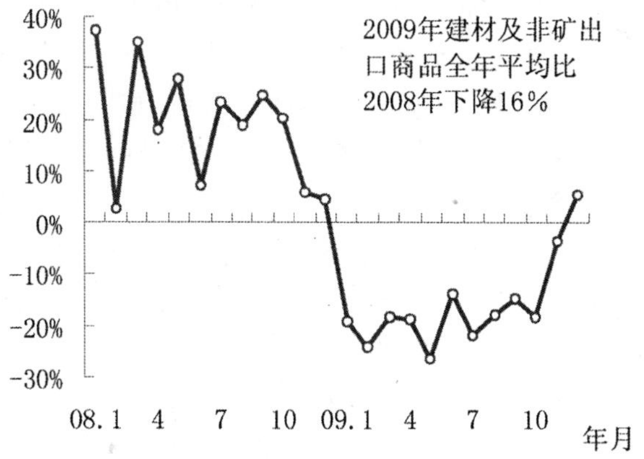

图1-4　建材及非矿出口商品月出口金额

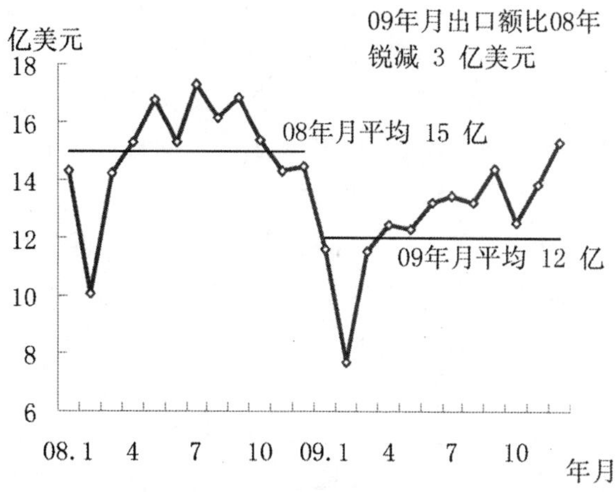

(二)建材出口大幅度下降,部分行业遭受重创

建材及非矿商品出口增长幅度自2008年11月开始下滑,2009年前11个月持续大幅度下降,全年建材产品出口151.5亿美元,比上年锐减29亿美元,下降16%。(见图1-3)建筑用石、建筑技术玻璃、玻璃纤维及制品、水泥和水泥熟料、水泥制品、石膏制品和保温材料等主要建材出口产品下降。

进入新世纪以来,我国建材出口占生产总量的比重有所提高。2008年建材及非矿商品出口曾达到180亿美元,即使按2005年7月之前的人民币汇率计算,也只占当年建材工业销售额的8.7%,对建材工业总体而言,出口依存度并不高。但是建材工业中的玻璃纤维、建筑卫生陶瓷、建筑技术玻璃等行业,出口已是其主要增长动力,因而也成为建材工业中受国际金融危机影响最重的行业。

在建材工业中,玻璃纤维行业是出口依存度最高的行业。进入新世纪以来,玻璃纤维行业在国际市场的带动下高速发展,年平均增长速度在40%以上。2008年玻璃纤维及制品出口122万吨,约占当年生产量的35%。巨石、泰山、重庆复合、金晶、圣戈班和必成等企业出口量占全国出口量70%以上。2008年8月,玻璃纤维及制品出口出现下降征兆,到年底持续下降。2009年玻璃纤维及制品出口数量锐减24万吨,下降19.5%,出口金额下降30.3%。2009年玻璃纤维及制品出口离岸价格比上年下降22.1%,出口企业即使大幅度降价也未能挽回出口数量下降的颓势,导致2009年全国玻璃纤维纱产量206万吨,比上年下降11.4%。

2008年我国卫生陶瓷出口5632万件,占当年生产量的40%;陶瓷砖出口6.71亿平方米,占当年生产量的11%。建筑卫生陶瓷出口企业众多,卫生陶瓷生产企业直接出口占50%以上,知名企业出口比重在60%~90%之间,知名陶瓷砖企业出口比重也在20%左右。2009年卫生陶瓷出口下降18.3%,2009年1~8月份,陶瓷砖出口数量下降5.7%。2009年卫生陶瓷出口生产企业产量平均下降1.8%,其中主要出口企业下降幅度10~40%;陶瓷砖出口生产企业虽因转内销力度较大,产量平均增长3.3%,仍远低于全国平均水平,斯米克等知名企业产量下降幅度在20%以上。

建筑技术玻璃出口企业集中度相当高,前10家出口企业占出口总量80%以上,出口企业出口量占生产量比重多在50%~95%之间。2009年建筑技术玻璃出口比上年同期下降19.1%,其中平板玻璃下降44.1%,中空玻璃下降11.9%,钢化玻璃前8个月下降6.1%,夹层玻璃前10个月下降6%。建筑技术玻璃出口量的减少是2009年平板玻璃产量下降的重要原因。

(三)固定资产投资拉动建材工业复苏

2009年第二季度建材工业就扼止了增长速度持续下滑局面,5~7月份在上年同期基数较高的基础上,建材工业增加值同比增长速度已经恢复到18%左右,8月份在建材工业遭受金融危机增速下滑一年以后,8~12月份建材工业增加值同比增长速度恢复到24%左右,接近2008年全年平均增长水平。(见图1-1)

固定资产投资是拉动建材工业复苏的主要因

素，国家扩大内需追加的4万亿投资扩大了基础设施建设，启动了国内建筑市场。全国固定资产投资完成额增长速度从2008全年的25.9%提高到2009年的30.1%，考虑到2009年固定资产投资价格指数比上年下降2.4%，其中建筑安装工程中的材料费下降7.2%，设备器具购置下降2.4%，2009年全国固定资产投资增长速度实际上达到33.3%，比2008年实际增长速度高出约10个百分点。在建材主要行业中，高速增长的主要是受固定资产投资拉动行业：2009年规模以上砖瓦及建筑砌块制造业工业增加值比上年增长44.4%，轻质建材增长40.5%，粘土砂石开采增长33.8%，防水材料增长22.1%，石灰石开采和石灰制造增长25.2%，建筑用石增长21.3%，水泥制品增长19.9%，水泥制造增长14.1%。

下游和新兴产业的拉动也是推动建材工业复苏的因素。2009年我国汽车产销量突破1200万辆，在汽车、新能源等下游新兴产业的拉动下，全国技术玻璃制造业摆脱了出口量骤减影响，2009年下半年产量止跌回升，2009年全国中空、钢化、夹层玻璃产量分别比上年增长19.7%、7.2%、12.3%。技术玻璃产量的止跌回升带动了平板玻璃，特别是浮法玻璃产量的回升，2009年全国浮法玻璃产量4.86亿重量箱，比上年增长0.1%，而普通玻璃产量则下降13.5%。

国内消费市场对建材工业复苏也起到一定作用。建筑卫生陶瓷行业出现了从沿海地区向中西部和欠发达地区转移的趋势，2009年在高档建筑卫生陶瓷产品出口受阻的情况下，国内中低档产品市场，特别是农村和中小城镇市场弥补了出口的下降。2009年河南卫生陶瓷产量比上年增长22.2%，弥补了广东、河北产量的下降，保持了全国卫生陶瓷产量的增长；四川、辽宁、江西、湖北等地分别增长24.1%、33.3%、50.1%和52.7%，保持了全国陶瓷砖产量的增长。

表：2009年建材工业增加值增长速度和行业、地区构成

行业分类	企业户数			增加值增长率（%）			增加值比重（%）			09年比08年增减（±）
	07年	08年	09年	07年	08年	09年	07年	08年	09年	
建材工业	20868	26553	27488	28.5	26.0	19.3				
水泥制造	5028	5156	5119	16.7	12.6	14.1	30.46	27.11	25.89	-1.22
水泥制品	3106	4332	4636	36.5	35.6	19.9	12.97	13.99	14.05	0.06
建筑卫生陶瓷	1649	1847	1860	32.0	11.6	9.4	13.12	11.59	10.63	-0.96
建筑陶瓷制品制造	1374	1532	1540	31.2	12.6	10.2	11.08	9.88	9.13	-0.75
卫生陶瓷制品制造	275	315	320	36.7	5.2	3.8	2.04	1.72	1.50	-0.22
建筑用石开采与加工	2293	2967	3038	32.3	36.6	21.3	8.61	9.41	9.64	0.23
建筑技术玻璃	841	1057	1056	31.0	18.6	17.9	7.21	6.83	6.72	-0.11
平板玻璃	258	305	313	34.5	-11.1	20.3	3.11	2.20	2.21	0.01
技术玻璃	583	752	743	28.5	42.7	16.7	4.10	4.62	4.51	-0.12
玻璃纤维制品和增强塑料	1036	1274	1289	39.4	31.0	8.3	5.73	5.95	5.44	-0.51
玻璃纤维及制品	625	773	796	40.2	38.8	-1.5	3.39	3.74	3.11	-0.63
玻璃纤维增强塑料	411	501	493	38.4	19.5	25.4	2.34	2.21	2.33	0.12
砖瓦及建筑砌块制造业	1930	3203	3482	42.4	54.5	44.4	3.91	4.74	5.68	0.94
粘土及土砂石开采业	816	1096	1142	43.1	47.2	33.8	2.94	3.42	3.81	0.39
石灰石石膏开采与石灰石膏	910	1275	1312	31.9	32.8	25.2	2.77	2.94	3.08	0.14
轻质建材	641	842	882	35.2	32.5	40.5	2.25	2.37	2.80	0.43
轻质建筑材料制造	369	430	451	33.8	18.8	33.4	1.43	1.34	1.49	0.15
隔热和隔音材料制造	272	412	431	37.9	58.7	52.0	0.82	1.03	1.31	0.28
防水建筑材料	382	494	532	88.9	53.9	22.1	1.66	2.03	2.06	0.04
石棉云母采选与制品	198	255	254	27.9	55.6	25.8	0.65	0.81	0.85	0.04
石墨滑石采选	110	139	140	52.9	6.8	19.6	0.82	0.69	0.69	0.01
东部地区	12501	14964	14959	25.2	21.9	12.2	61.13	59.05	55.75	-3.30
中部地区	5124	7368	8007	36.7	34.7	25.0	24.76	26.43	27.78	1.35
西部地区	3243	4221	4522	35.4	29.9	35.5	14.12	14.53	16.47	1.94

注：2009年数据为初步统计数

图 3 建材主要经济效益指标对比

图 3-1 建材工业历年销售收入(亿元)

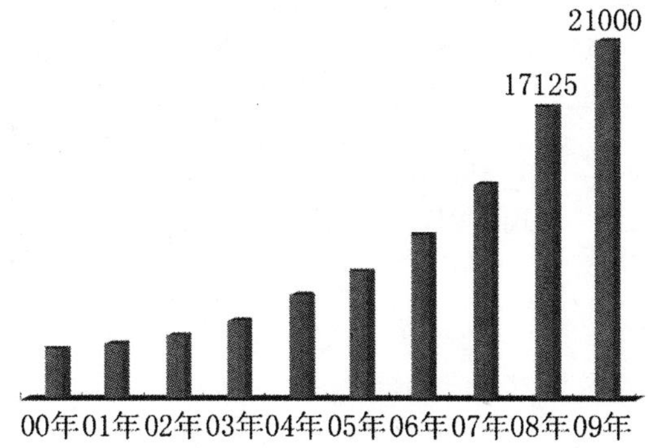

图 3-2 建材工业历年利润总额(亿元)

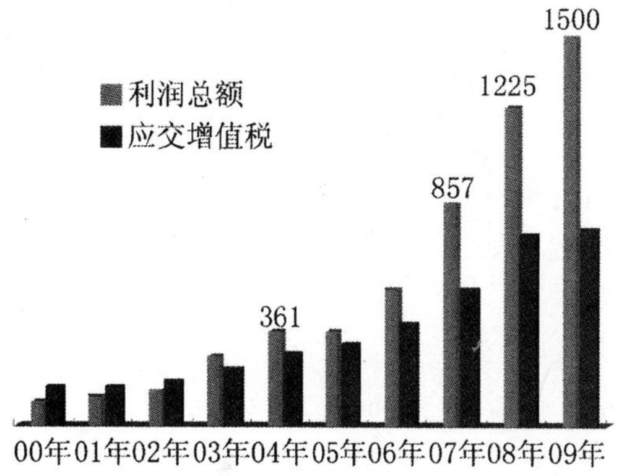

图 3-3 建材工业历年销售利润率

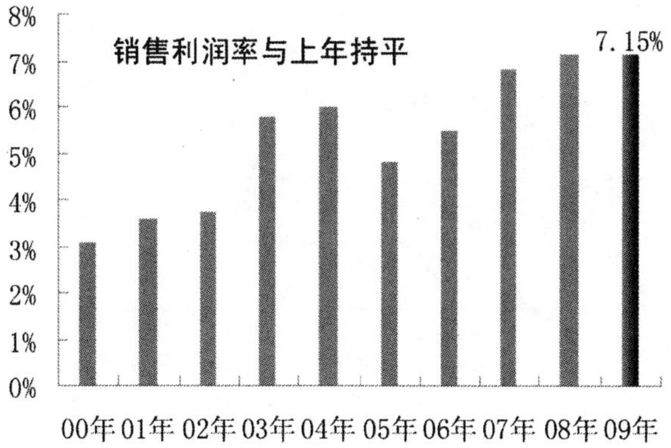

图 3-4 建材工业历年净资产贡献率

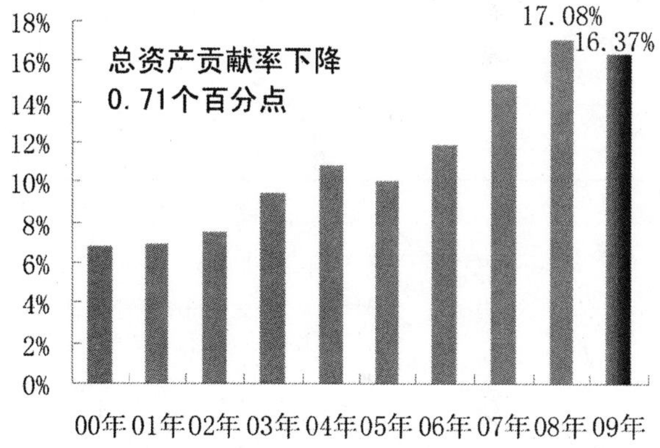

总资产贡献率是利润总额、销售税金及附加、应交增值税、利息支出与资产总额的比值,全面反映企业和行业资产获取收益的水平。2009 年建材工业总资产贡献率的下降,表明建材工业综合经济效益的下降。

图 4 建材主要产品出厂价格

图4-1 全国水泥平均出厂价格

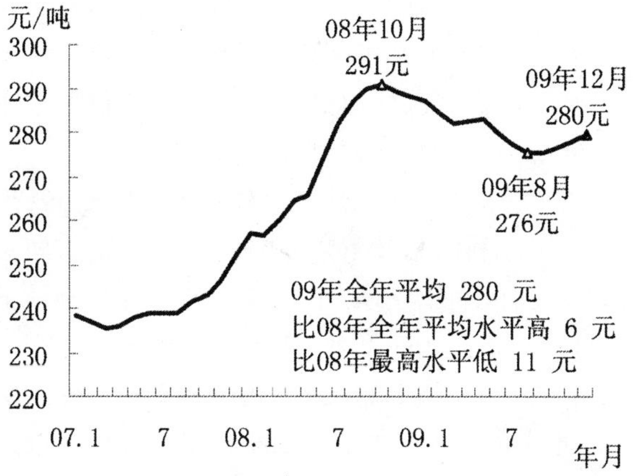

图4-2 东中西部水泥平均出厂价格

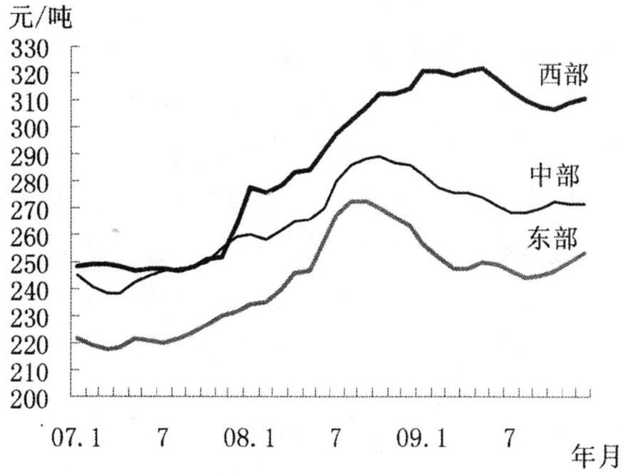

图4-3 全国平板玻璃平均出厂价格

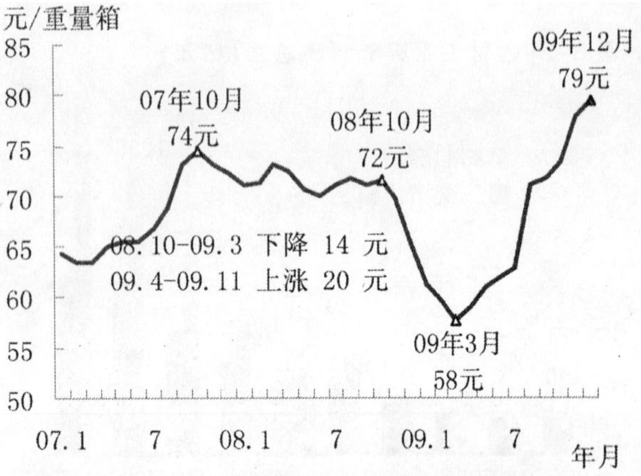

图4-4 全国玻璃纤维纱平均出厂价格

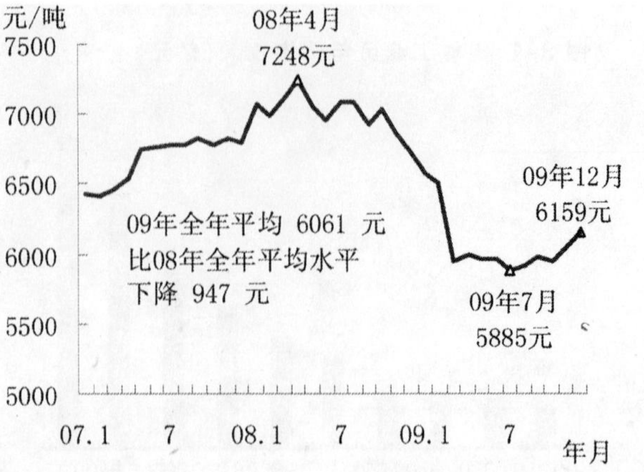

图4-5 建材企业煤炭平均购进价格

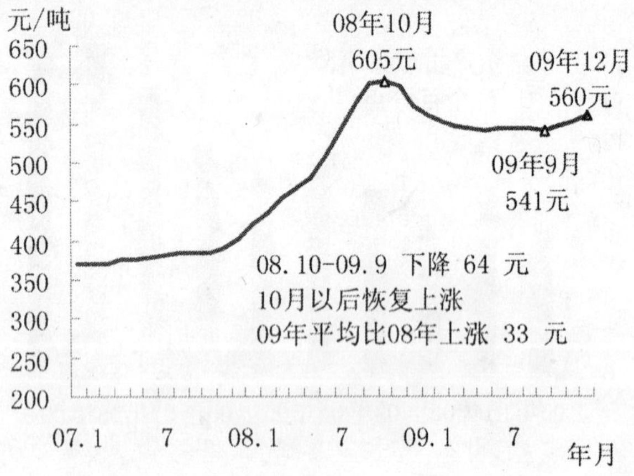

图4-6 建材企业重油平均购进价格

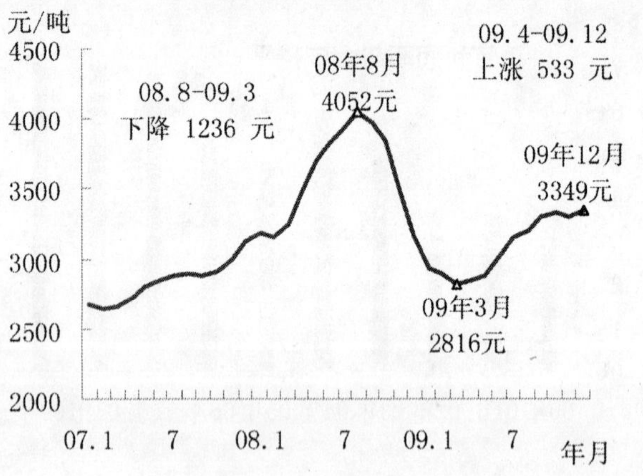

(四)建材工业既保持了增长也保证了增长的质量

2009年建材企业盈利水平保持平稳，行业部分产业结构比例继续优化，建材工业在保增长的同时,也保证了经济增长的质量。

2009年规模以上建材工业完成销售收入2.1万亿元,比上年增长22.6%,实现利润总额1500亿元,比上年增长22.5%。2009年建材企业平均毛利率15%,销售利润7.15%,与上年基本持平。(见图3-2)2008年末和2009年上半年,建材企业的原材料、燃料、动力购进价格虽然从高位回落,但2009年下半年部分能源产品价格重新上涨,(见图4-5、图4-6)2009年建材企业能源购进价格全年平均仍比2008年上涨1.34%。而建材产品出厂价格除平板玻璃等少数产品在下半年有较高幅度反弹外,多数建材产品出厂价格都低于上年水平。(见图4-1、图4-2、图4-3、图4-4)2009年建材产品出厂价格指数100.8%，与上年基本持平。2009年建材工业在能源价格居高不下的情况下，保持了盈利水平和经济效益的稳定。

全国水泥平均出厂价格在2008年10月份曾经攀升至每吨291元的近年来最高点,2009年前8个月全国水泥平均出厂价格比2008年最高点每吨下降了26元。2009年2至4月份,全国平板玻璃平均出厂价格跌破能源价格上涨后的平板玻璃盈亏平衡点,3月份曾经跌到每重量箱57.6元。

玻璃纤维纱平均出厂价格下降近1000元,玻璃纤维制品利润总额下降40%。与出口密切相关的池窑玻璃纤维纱产量自2009年年初开始持续下降,2009年产量165万吨,比上年下降8.5%,产量和销量减少10多万吨。六家出口型企业产量下降15%,部分企业减产幅度在20%以上。玻璃纤维及制品行业在国际金融危机中遭受重创。

(五)结构调整取得新进展

2009年建材工业抓住时机，继续推动结构调整，在调整产业结构方面取得新进展，主要产品中先进生产工艺和大型企业集团比重继续提高：

水泥产业：水泥生产新型干法比例历史性地突破70%关口。2009年全国水泥熟料产量10.79亿吨，比上年增长10.42%；其中新型干法熟料产量7.79亿吨，比上年增长26.05%。水泥熟料产量中新型干法的比例达72.25%，比上年上升8.96个百分点。

2009年全年运营的新型干法熟料生产线1017条，比上年增加104条；新增新型干法熟料生产能力1.57亿吨；新增水泥生产能力2.66亿吨，其中水泥粉磨企业能力5785万吨。2009年全国关停新型干法熟料生产线27条，关停水泥生产能力7173万吨。

水泥产业集中度提高。2009年规模以上水泥熟料生产企业3077家，比上年减少713家，其中年生产能力在500万吨以上水泥企业（集团）65家，水泥熟料产量占全国总量51.91%，产量集中度比上年提高7.61个百分点。水泥粉磨企业1846家，比上年增加312家，粉磨企业水泥产量5.01亿吨，占水泥产量30.37%；水泥生产企业4932家，比上年减少391家。出现了水泥产量超过1亿吨的大型水泥企业集团。

平板玻璃产业：2009年全国浮法玻璃产量4.86亿重量箱，比上年增长0.1%；浮法玻璃产量占全国总产量比例84.24%，比上年上升2.03个百分点。

2009年全年运营的浮法玻璃生产线181条，比上年减少7条；普通玻璃能力1.18亿重量箱，比上年减少1097万重量箱。2009年全国关停浮法玻璃生产线26条，关停浮法玻璃生产能力7467万重量箱；关停普通玻璃生产能力1986万重量箱。

2009年全国年生产能力在1000万重量箱以上平板玻璃企业(集团)20家，平板玻璃产量占全国总量67.47%,产量集中度比上年提高1个百分点。

地区结构继续优化：中西部地区建材工业发展势头强劲，中西部建材工业增加值分别比上年增长25.3%和35.5%，远远超过东部地区12.2%的增长率。

中西部地区建材工业增加值占全国建材工业比重分别比上年上升1.35和1.94个百分点，东部地区建材工业比重从上年的59.05%下降到55.75%，比上年下降3.3个百分点。

二、建材联合会引导和促进行业健康发展

为了应对国际金融危机造成的影响，2009年年初，建材联合会四届六次理事会议和四届四次会长全体会议就提出，全行业要进一步坚定不移地加快转变经济发展方式，实施结构调整这条主线不动摇，加强调查研究和经济运行分析，积极向政府部门反映行业发展中存在的问题和对策建议，努力促进行业保增长的同时实现健康可持续发展。

1.加强调查研究，专题向政府有关部门汇报行业情况

联合会领导深入全国各省区开展调查研究，重点围绕水泥、玻璃、陶瓷、石材、砖瓦、玻纤以及新型建材产品，了解行业、企业在生产经营中面临的形势，存在的困难和问题，向企业提出应对金融危机的措施和建议。

建材联合会先后就建材经济运行情况、问题及建议向国家发展改革委、工信部等有关部门作了20多次专题汇报；向国务院研究室报送了《水泥行业存在的问题、困难和政策建议》等文件材料。

为争取政府有关部门对建材工业发展给予更多关心和支持，张人为会长亲自给国家发改委、工信部的领导写信，汇报和反映建材行业当前运行情况和存在问题。联合向国家发改委、工信部、环保部、财政部提交书面建议，呼吁政府支持开展利用水泥回转窑处置工业废物和城市垃圾的工作。工信部、财政部、税务总局、国家发展改革委等政府部门在制订法规和部署工作时都采纳了建议。针对国际市场萎缩，建材产品出口受阻等问题，联合会多次向工信部和财政部反映企业面临的困难，提出提高部分建材商品出口退税率和免征关税的意见。经过积极的努力，已有59个税号的建材商品的出口退税率分别提高到9%、11%和13%，为建材出口企业缓解了压力。

建材各专业协会也都把应对经济危机，保持行业生产平稳增长作为重要工作，纷纷深入企业第一线调查研究、掌握信息，为政府宏观调控提供依据。水泥协会配合发改委对全国水泥投资和项目核准情况进行了调研，为国务院38号文件的制定

提供了依据；陶瓷协会每月都安排人员深入主要产区和骨干企业收集信息，掌握行业动态；石材协会两次向政府反映企业出口遇到的困难，帮助会员企业争取到出口产品免税；玻纤协会及时召集三大企业研究市场形势，建立热线电话联系，向行业提出应对危机的措施。

2.加强了经济统计数据的搜集和分析，开展具有前瞻性课题研究工作

2009年联合会系统报送工信部各类信息218篇，提供行业综合经济运行分析45篇，专题性分析22篇。及时向政府有关部门提供行业的经济运行指标、能源消耗数据、结构调整和节能减排的情况等，突出强调了行业运行中的特点、出现的问题及趋势走向。

运用联合会掌握的信息优势，完成了《建材行业发展现状、主要问题及政策建议研究》、《用信息技术改造提升建材行业政策措施研究》、《提升建材工业企业可持续竞争力的产业准入政策研究》、《我国水泥企业节能减排状况分析及政策建议》、《支撑新能源（光伏发电、风力发电）开发利用的主要材料发展研究》等研究课题，形成课题报告，为政府部门决策提供依据。

3.组织召开"水泥工业走新型工业化道路暨应对金融危机保增长海螺论坛"

针对金融危机持续蔓延、水泥行业发展面临新挑战的情况，联合会组织召开了"水泥工业走新型工业化道路暨应对金融危机保增长海螺论坛"。全国大型水泥企业（集团）的老总全部到会。会议通过学习胡锦涛总书记视察海螺集团时的重要讲话，深刻分析了水泥工业当前面临的形势，研究水泥工业的发展方向，保增长的措施和办法。更加坚定了克服国际金融危机的冲击，走新型工业化道路的信心和决心。

4.推动行业深入开展节能减排工作

2009年建材行业节能减排工作的重点，侧重在重大节能示范项目的推荐和落实。联合会向国家发改委推荐了一批对行业具有重大示范意义的水泥、玻璃、陶瓷等方面的节能项目，同时，向国家财政资金推荐了一批建材行业的节能、节约资源、综合利用等方面的项目。

联合会组织编写了《建材行业节能减排指南》；编写完成了"建材行业能效对标工作方案"，修改完善了水泥、平板玻璃余热发电等专项规划，并协助政府部门推进规划内容的逐步落实。联合会认真分析和研究建材行业环境现状和污染物防治情况，通过对建材行业资源和能源消耗、废弃物综合利用及污染物排放情况的系统分析和研究，对建材行业的污染防治情况进行了总体评价，提出改善环境状况和加强污染防治工作的对策与建议，完成了《建材行业污染防治报告》。

5.强化行业标准化工作，促进行业科技创新

截至2009年底，中国建筑材料联合会共归口管理15个全国性专业标准化技术委员会、16个分技术委员会、3个行业标准化技术委员会和2个标准化归口单位。现行有效的标准共有1189项，其中国家标准478项，行业标准711项。按照国标委和工信部的要求，联合会对2003年以前的行业标准进行了清理检查，共提出187项行业标准的复审计划。新申报国标101项，行标166项，申请了6项国际标准立项。

2009年评选出建材行业科学技术奖一、二、三等奖共36项、2009年度"建材行业技术革新奖"一、二、三等奖113项。

组织评审了《曹妃甸耐海水腐蚀混凝土技术》、《新型干法水泥生产线高温风机专用变频调速系统》、《年产10万吨脱硫建筑石膏生产线工艺技术的研发》等17个科技成果和新产品的鉴定。

6.活跃国际交往，开展经贸促进工作

联合会接待了来自英国、荷兰、法国、日本、德国、爱尔兰等国的代表团，与之进行交流洽谈。与日本财团法人煤炭能源中心签订了关于综合利用煤炭副产品的合作意向书；与德国可耐福公司交换了输美石膏板问题的意见。协会系统组织举办了第二十届国际玻璃展、第十六届国际石材展、第三届国际墙材展、第四届国际建筑展、第五届国际砂浆展、第十届国际水泥、粉体技术装备展、第十一届国际摩擦密封材料技术交流暨产品展示会、第二十三届国际陶瓷展、第七届国际建筑防水展和第十四届国际建筑贸易博览会等一批展会，取得良好的效果。这些展会在国际、国内受到关注和肯定，成为海内外合作与交流的重要桥梁。联合会还组织企业参加境外大型国际展览，帮助企业开拓国际市场。

2009年中国机械工业经济运行概况

2009年机械工业受金融危机冲击巨大，主要经济指标增长出现了近几年最大的降幅。特别是2009年初，各项经济指标出现加速下行的态势，形势相当严峻。但随着中央一系列宏观调控政策的落实，以及装备制造业和汽车工业调整和振兴规划的出台，政策支持效果逐步显现，机械产品的内需市场逐步升温，主要指标增速从二季度开始逐步回升。经过全行业艰苦努力，机械工业不仅有效遏制了经济增长的严重下滑，而且发展形势逐月向好，全年最终实现了平稳增长。

一、2009年机械工业经济运行情况

（一）生产总量继续扩大，全年产销突破10万亿元大关

2009年机械工业经济运行总体表现令人满意。全年主要经济指标的增幅均高于全国工业平均水平。

全年累计完成工业总产值和销售产值分别为10.75万亿元、10.48万亿元，产销额均首次双双突破10万亿元大关，分别比上年增长16.07%、16.11%。在全国工业中的比重，2008年达18.5%，2009年进一步提升，占全国工业比重上升到19.67%。

2009年机械工业增加值同比增长13.8%，占全国工业比重为18.86%。2009年机械工业的总产值和增加值占工业比重均位居工业各部门之首。

（二）重要产品产量再创历史新高

2009年中国机械工业又有很多产品位居世界前列，对拉动全球经济的回暖做出了重要贡献。

近年产量居世界第一位的重要产品有：大中型拖拉机、内燃机、混凝土机械、铲土运输机械、数码照相机、复印机、金属加工机床（按产量计）、数控机床（按产量计）、发电设备、变压器和摩托车等。2009年汽车产量也跻身世界第一位。

2009年主要机械产品产量创历史新高。（见下表）

2006年~2009年主要产品产量

产品名称	计算单位	2006年	2007年	2008年	2009年
大中型拖拉机	万台	19.93	20.31	21.71	37.10
农作物收获机械	万台	35.58	25.05	32.74	63.23
场上作业机械	万台	20.42	30.56	28.66	37.94
粮食加工机械	万台	168.50	140.03	154.24	233.17
发动机	亿千瓦	4.52	5.65	5.50	8.48
挖掘、铲土运输机械	万台	16.85	19.70	20.13	29.15
其中:挖掘机	万台		3.42	7.07	10.84
压实机械	万台	1.95	2.19	1.80	2.72
混凝土机械	万台	12.47	18.28	27.15	40.34
水泥专用设备	万吨	35.13	46.99	57.05	76.45
分析仪器及装置	万台（万套）	12.10	15.17	16.71	31.57
炼油、化工生产专用设备	万吨	36.47	44.81	58.90	92.59
泵	万台	3752.47	5946.93	6211.78	6931.29

续表

产品名称	计算单位	2006年	2007年	2008年	2009年
风机	万台	263.97	432.30	452.78	930.49
环境污染防治专用设备	万台(万套)	10.69	8.02	11.79	21.94
采矿专用设备	万吨	181.02	221.40	251.08	339.14
金属冶炼设备	万吨	36.87	43.65	70.30	61.77
起重机	万吨	269.48	368.54	431.49	534.55
金属轧制设备	万吨	40.34	49.41	66.33	67.51
金属切削机床	万台	59.19	60.68	61.73	58.03
其中：数控金切	万台	8.58	12.33	12.22	14.39
金属成形机床	万台	14.80	17.28	14.51	21.89
其中：数控金属成形机床	万台	0.25	0.30	0.32	0.93
铸造机械	万台	7.28	9.11	15.30	20.35
发电设备	万千瓦	11694	12991	13319	11729
工业锅炉	万蒸吨	17.51	20.86	22.28	29.22
电站水轮机	万千瓦	299.87	287.21	341.88	352.49
变压器	万千伏安	73645.49	91020.77	116078.49	126490.89
高压开关板	万面	42.75	42.73	46.98	64.54
低压开关板	万面	226.11	473.88	413.07	1090.83
电力电缆	亿米	122.79	137.30	209.38	213.83
钢绞线	万吨	92.60	107.76	124.78	199.19
绝缘制品	万吨	54.13	95.80	99.00	117.24
滚动轴承	亿套	79.94	110.23	106.92	123.49
弹簧	万吨		24.70	30.82	67.52
汽车	万辆	727.89	888.89	934.55	1379.50
其中：基本型乘用车	万辆	386.94	479.78	503.74	748.50
客车	万辆	144.27	178.69	178.74	202.85

大中型拖拉机：2009年在国家一系列惠农政策的支持下，大中型拖拉机产量创历史新高，达到37.1万台，在全球总产量的比率进一步提高。

发电设备：历史数据显示，从2003年起，全国发电设备年产量进入超高速增长期，2009年发电设备生产1.17亿千瓦，同比下降11.6%，但产量已连续4年超过亿千瓦。2009年产量相当"十五"末期的2005年(9200万千瓦)的1.27倍。2009年水电设备、风电设备、核电设备、循环流化床锅炉等清洁能源设备比重上升。

数控机床：2009年金融危机对机床行业的影响很大，金切机床产量下降，与此相反，数控机床产量创出历史新高，达14.39万台，表现出市场对高档数控机床产品的强烈需求。

汽车：2008年、2009年在世界金融危机中，汽车工业是遭受冲击最大的产业，全世界汽车产业低迷，而2008年中国汽车产销进居为世界第二位。2009年日本、美国汽车产销量受金融危机影响只有1000万辆左右；而中国汽车产销分别为1379万辆和1364万辆，比上年分别增长48.3%和46.15%，均居世界第一位。

(三)经济效益增长超过预期

2009年机械工业经济运行上半年欠佳，下半年快速回升向好，全年累计看，经济运行质量稳步回升，且各项指标都达到历史较好水平。

1.利润、税金创历史新高，增速、增额远超预期

2009年前11个月，规模以上机械工业企业实现利润总额5816亿元，是历史最高水平，同比增长22.81%，大大超过8%的预期，同比增加利润1080.4亿元。

2009年前11个月，规模以上机械工业税金总额3205.89亿元，同比增加了654.47亿元、增速25.65%。

2.主要效益指标好于上年

2009年经济环境虽然严峻，但前11个月有多项经济效益指标好于上年水平。从总体看，企业经营质量有所改善。

2009年全行业总资产的贡献率提高，由2008年12.29%提高到2009年12.74%，提高0.45个百分点。

成本费用利用率由2008年的6.25%提高到2009年的6.81%，提高0.56个百分点。

值得一提的是，主营业务收入利润率为近年较高水平。2009年主营业务收入利润率呈现逐月向好的趋势。1~2月机械工业主营业务收入利润率为3.97%，同比下降1.34点，是近年来的最低，1~11月主营业务收入利润率已达到6.31%。

2009年1~11月机械工业主要经济效益指标情况

	1~11月全国工业	机械工业		机械工业比全国工业增减(点、次)	机械工业同比增减(点、次)
		2008	2009		
1.总资产贡献率(%)	12.87	12.29	12.74	-0.13	0.45
2.资产保值增值率(%)	114.22	119.18	116.99	2.77	-2.19
3.资产负债率(%)	59.20	58.95	58.98	-0.22	0.03
4.流动资产周转率(次)	2.46	2.13	2.08	-0.38	-0.05
5.成本费用利润率(%)	5.90	6.25	6.81	0.91	0.56
6.产品产销率(%)	97.47	97.41	97.33	-0.14	-0.08
7.新产品产值率(%)		17.86	18.76		0.9
8.主营业务收入利润率(%)	5.46	5.83	6.31	0.85	0.48
9.亏损面(%)	17.37	14.28	16.46	-0.91	2.18

(四)分行业发展情况

1.行业间发展差异明显

2009年机械工业13个行业产值增长态势差异明显，农机（21.41%）、工程（24.65%），汽车(26.25%)三个行业增速在20%以上；重矿、机床等7个行业增速虽为两位数，但幅度均低于20%；仪器仪表(7.09%)、文化办公设备(-5.20%)增长为个位数和负增长。

2009年1~11月，机床工具行业利润增长为负增长(-0.47%)，而农机行业(增长36%)、工程机械行业(49.41%)、食品包装机械行业(33.79%)、汽车行业(51.78%)，利润增幅均超过30%。

2009年机械工业利润各行业发展情况分析表

	2009年1-11月					2008年1-11月				
	指标值（亿元）	比重(%)	同比增减额（亿元）	同比增减(%)	贡献率(%)	指标值（亿元）	比重(%)	同比增减额（亿元）	同比增减(%)	贡献率(%)
全国汇总	5816.02	100.00	1080.40	22.81	100.00	4605.32	100.00	649.38	16.42	100.00
按企业所属行业分列										
1、非汽车行业合计	3844.74	66.11	407.88	11.87	37.75	3308.07	71.83	541.89	19.59	83.45
农业机械行业	103.33	1.78	27.35	36.00	2.53	79.00	1.72	15.77	24.95	2.43
内燃机行业	59.14	1.02	6.33	11.98	0.59	49.88	1.08	6.11	13.96	0.94
工程机械行业	215.34	3.70	71.21	49.41	6.59	133.50	2.90	-11.04	-7.64	-1.70
仪器仪表行业	229.44	3.94	23.12	11.21	2.14	204.86	4.45	16.21	8.59	2.50
文化办公设备行业	53.31	0.92	5.43	11.34	0.50	49.88	1.08	-3.73	-6.95	-0.57

续表

	2009年1-11月					2008年1-11月				
	指标值（亿元）	比重(%)	同比增减额（亿元）	同比增减(%)	贡献率(%)	指标值（亿元）	比重(%)	同比增减额（亿元）	同比增减(%)	贡献率(%)
石化通用行业	501.75	8.63	20.89	4.34	1.93	458.10	9.95	88.31	23.88	13.60
重型矿山行业	322.95	5.55	55.67	20.83	5.15	260.13	5.65	48.79	23.09	7.51
机床工具行业	203.42	3.50	-0.47	-0.23	-0.04	201.89	4.38	37.98	23.17	5.85
电工电器行业	1422.40	24.46	145.48	11.39	13.47	1228.78	26.68	235.92	23.76	36.33
通用基础件行业	463.71	7.97	32.75	7.60	3.03	395.36	8.58	69.73	21.41	10.74
食品包装机械行业	28.75	0.49	7.26	33.79	0.67	26.33	0.57	7.35	38.69	1.13
其他民用机械行业	241.18	4.15	12.84	5.62	1.19	220.38	4.79	30.49	16.06	4.70
2、汽车行业合计										
汽车行业	1971.28	33.89	672.52	51.78	62.25	1297.25	28.17	107.49	9.03	16.55

2.行业的贡献率仍集中于汽车和电工电器行业

2009年1~11月利润增长中，汽车行业贡献最多，利润总额1971.28亿元，占机械工业利润的33.89%，净增利润672.52亿元，比上年（107.49亿元）猛增565.03亿元；电工行业是第二大盈利行业，利润总额1422.4亿元，占机械工业利润的24.46%。

（五）分地区发展情况

1.地区机械工业增长格局有所变动

在31个省市中，2009年产值超过1000亿元的21个，比上年增加1个（黑龙江）。其中万亿元以上的有江苏（17136.65亿元）、山东（14292.49亿元）、广东（11047.68亿元）3个省。

长江三角洲、珠江三角洲和环渤海湾三大都市圈增长13.13%，增速低于行业总水平，且比上年（21.25%）增幅回落8.12个百分点，总产值总计达73965.16万亿元，占机械工业总量的68.81%，比上年同期70.37%下降1.56个百分点。

2009年产值位于前6位的省市为江苏、山东、广东、浙江、上海和辽宁省，产值均超6000亿元，共达6.5万亿元，前6省的产值集中度为60.44%，比上年同期的61.79%下降1.35个百分点。

2009年机械工业产值前6位的省市分析

	2009年		2008年	
	工业总产值（亿元）	比重（%）	工业总产值（亿元）	比重（%）
机械工业全行业总计	107484.16	100.00	90740.19	100.00
其中：前6位省市合计	64957.74	60.44	56076.37	61.80
1.江苏省	17136.65	15.94	14136.93	15.58
2.山东省	14292.49	13.3	11481.79	12.65
3.广东省	11047.68	10.28	10665.48	11.75
4.浙江省	8745.23	8.14	8591.78	9.47
5.上海市	7085.13	6.59	6287.87	6.93
6.辽宁省	6650.56	6.19	4912.52	5.41

2.利润总额仍集中东部地区

2009年江苏、山东、上海、广东、浙江、河南省位于利润总额前6位，合计实现利润3594.8亿元，前6位利润集中度为61.81%，与产值集中度基本相同，比2008年同期（63.53%）降低了1.72个百分点。

（六）不同所有制企业情况

2009年，国有企业为全行业技术发展起到了明显的带动作用，新产品产值占全行业的比重超过一半多。民营经济表现出顽强的抗击风险能力，在主要经济指标中占全行业的比重最高。由于三资企业受出口影响巨大，其经济效益和生产增速回落明显，国有、民营企业的发展均好于三资企业。

2009年三种不同所有制企业完成工业总产值分别为25278.3亿元、56833.17亿元、22755亿元，同比增长19.62%、19.62%、3.89%，对全行业的贡献率民营企业最高达63.42%；三种所有制企业完成新产品产值分别为11543.47亿元、5568.32亿元、2659.52亿元，同比增长26.84%、24.5%、10.16%，对全行业贡献率最高的是国有及国有控股企业，贡献率达62.6%，显示出国有企业技术经济基础的雄厚实力，引领着全行业的技术发展、产品创新。

三种不同所有制企业实现利润总额1486.75亿元、2757.14亿元、1454.53亿元；上交税金分别为1126.28亿元、1515.08亿元、514.8亿元，同比分别增长33.89%、19.59%、28.29%，同比增加税金分别为285.08亿元、248.16亿元、113.53亿元。

二、2009年机械工业经济运行的主要特点及分析

（一）重点行业政策拉动效果尤其显著

农机和汽车行业在政策支持下回升速度明显快于其他行业。

得益于农机购机补贴大幅增加，2009年大中型拖拉机等主要农机产品产量增幅均在30%以上。

2009年汽车行业总产值同比增长26.25%，1~11月利润总额同比增长51.78%；前12个月汽车工业产值回升速度明显快于机械全行业，机械全行业平均每个月回升1个百分点，汽车行业平均每个月回升3个百分点。汽车行业是2009年机械行业增长的“发动机”。

（二）产业结构调整助推作用见成效

一是技术进步步伐加快。2009年机械工业新产品产值累计同比增长23.74%，已高出同期工业总产值增速（16.07%）7.67个百分点。表明行业的技术进步活动在市场需求拉动下重新趋于活跃。

（三）对全国工业的贡献率提高

1.产品创新的贡献率加大

2009年机械工业完成新产品产值对同期工业发展的贡献率67.58%，占同期全国工业新产品产值的38.41%，拉动工业增长8.27个百分点。

2.对全国工业发展的贡献率居工业各行业前列

2009年，全国工业和机械工业总产值比上年同期分别增加46720亿元和14885亿元，机械工业对全国工业新增总产值的贡献率达31.86%。

前11个月，全国工业和机械工业主营业务收入比上年同期分别增加了31463亿元和10983亿元，机械工业对全国工业新增收入的贡献率达34.91%。

前11个月，全国工业和机械工业利润分别比上年同期增加了1865亿元和1080亿元，机械工业对全国工业新增利润的贡献率为57.9%，在全国工业利润增长7.81%中，由机械工业拉动4.52个百分点。

前11个月，全国工业和机械工业税金分别比上年新增2724亿元和654亿元，机械工业对全国工业新增税金的贡献率24.01%。

2009年机械工业对全国工业发展的贡献

	全国工业			机械工业					
	指标值（亿元）	同比增长		指标值（亿元）	在工业中比重(%)	同比增长		对同期工业发展的贡献率(%)	拉动工业增长（百分点）
		金额（亿元）	速度(%)			金额（亿元）	速度(%)		
工业总产值	546334	46720	9.35	107484	19.67	14885	16.07	31.86	2.98
新产品产值	52948	5774	12.24	20339	38.41	3902	23.74	67.58	8.27
主营业务收入*	474609	31463	7.1	92201	19.43	10983	13.52	34.91	2.48
利润总额*	25891	1865.2	7.8	5816	22.46	1080	22.81	57.90	4.52
税金总额*	21129	2724	14.8	3206	15.17	654	25.65	24.01	3.55

收入、利润、税金为1~11月数

3. 国民经济建设所需机械设备自给程度进一步提高

近年来，机械工业在结构调整的同时，生产发展很快，重大技术装备研制取得重大进展，国民经济建设和国防建设所需机械装备，国内能更多的供应。当然2009年国家扩大内需政策的拉动因素的叠加，也促使自给率的提高，初步计算，2009年机械装备自给率超过85%。

三、机械工业有效应对金融危机实现逐步企稳回升的原因

1. 全行业快速反弹充分反映出中央保增长的宏观经济政策及落实机械、汽车工业实施调整和振兴规划的拉动结果。

2.汽车行业发挥了推动全行业快速反弹的“引擎”作用。

3.与2008年同期数据下滑有关。2008年经济运行曲线是“前高后低”，尤其是三季度更陡然下滑，基数大幅降低；而2009年经济运行走势正好与2008年相反，是“前低后高”。由于计算同比增速时作为分母的对比基数值下降，所以从计算技术的角度看，必然出现同比增速快速上扬，尾部上翘的结果。

4.利润增长主要与增值税转型效果显现有关。

5.2009年由于原材料等价格相对比较稳定，加之企业加大成本管理力度。

四、科技发展与技术创新

(一)自主创新成果丰硕，自主创新能力不断增强

通过自主创新、引进技术消化吸收再创新和集成创新，机械行业掌握了一批关键技术，增强了自主研发能力，提高了产品技术水平和成套能力；通过对一大批重点骨干机械企业的技术改造，大大提升了产业的整体技术水平，满足了国家重大工程建设的需要，为今后的发展打下了基础。近年来，需求的强力拉动，自主创新能力的提升和生产条件的改善，使我国重大技术装备的研制和生产进入了最好的发展时期。

居于世界领先水平的特高压交流成套设备在试验示范线路上安全运行已一年，特高压直流关键设备已于2009年底成功投运，30万千瓦及以上大型火电机组产量占火电机组总产量的比重由2008年的80.8%提高到2009年的82%；自主研制的大型露天矿用220吨电动轮自卸车于2009年完成鉴定；百万吨乙烯装置所需三种主要压缩机及多股流低温冷箱研制成功，国产输气管线用压缩机及阀门终于在西气东输二期工程中落实研制合同；1080吨履带起重机及500吨全路面起重机等特大型工程机械研制成功。新能源汽车、混合动力汽车已经开始试用。

(二)装备国产化不断取得新进展，技术自给水平不断提高

机械主导产品技术来源于国外的比例，已从上世纪80年代的75%下降到现在的40%，2009年，30、60万千瓦火电机组高中压转子国内市场满足率已提高到58%，低压转子国内市场满足率已提高到45%，发电机大轴国内市场满足率已提高到80%。目前世界上运行电压最高、输电能力最大、代表国际输变电技术最高水平的1000KV交流和±800kV直流特高压交流输变电试验示范工程在我国正式建成投运；世界首套百万吨级煤直接液化示范装置投产，实现了核心技术的掌握和设备国产化；百万千瓦的超临界和超超临界火电机组、大型压水堆核电装备、70万千瓦水电机组、1.5~2.5MW风电机组等电力工业装备已基本立足国内，满足了电力工业发展的需要；三代核电装备所需关键大锻件一直是影响我国核电建设自主化的进程，2009年压力壳、蒸发器、主管道等具有代表性的关键锻件的技术攻关已相继取得突破。

(三)科研成果获奖情况

国家科技进步奖：2009年机械工业获国家科技进步奖一等奖1项，二等奖8项。其中获得一等奖的《超高压直流输电重大成套技术装备开发及产业化》项目是由西电集团公司等9家单位联合申报。中国西电集团公司作为我国输变电行业的龙头企业，率先实现了超高压直流输电关键设备的国产化研制，在超高压直流输电重大成套技术设备开发中发挥了巨大的作用。通过项目实施，超高压直流输电成套设备已替代进口全部实现了产业化，打破了国外垄断，实现了技术跨越，促进了行业的技术发展和科技进步，申报专利35项，制

定并颁布国家标准24项，近三年设备制造新增利润10.6亿元，新增税收3.5亿元，为国家节支32.2亿元。

机械工业科学技术奖：2009年机械工业科学技术奖授奖项目共计334项，其中特等奖4项，一等奖23项，二等奖125项，三等奖182项。2009年获奖项目是历年来最多的一年，获奖项目的技术水平高，大多属于自主创新和具有自主知识产权，并有较好的经济效益和社会效益。

在贯彻科学发展观和提高自主创新能力的战略指导下，机械工业企业越来越重视参数高、结构复杂、制造与设计难度大项目的开发，这些获奖研究成果大多达到或超过当前国际水平，不少项目打破了国际垄断，普遍获得多项专利。对行业技术进步起到了很大作用。如获得一等奖的“大型电站综合自动化系统关键技术研发及应用”项目已经申请国家发明专利17项，其中授权5项，申请并授权6项实用新型专利和9项软件著作权授权。产品的应用实现了国有企业大型火电超临界机组控制系统的工程应用自主化，打破了我国大型超临界电站综合自动化系统长期被国外公司垄断的局面，达到国际先进水平。

获奖项目的技术来源属于自主创新，大多是集设计研究、实验研究、科技开发、工程应用为一体的综合性技术集成与创新性项目。大部分是突破了一些关键技术和掌握了核心技术的项目。如获得特等奖的“1000kV交流输变电关键技术研究、设备研制及工程应用”项目，该项目的完成使项目单位掌握了国际上最先进的特高压设备的研制、制造和试验技术；成功研制了代表世界最高水平的全套特高压交流输变电设备，且指标优异、性能稳定，并投入工程应用；建立了世界最先进的特高压设备型式试验系统。通过该项目，西电公司还创造了一大批国际输变电重大设备制造和试验技术领域的世界纪录，在国际特高压输变电领域获得了显著的技术优势和竞争优势，培育并形成了核心竞争力，实现了产业升级和跨越式发展。

2009年所有奖项中，有45项为共性技术，从一定程度上反映出机械工业重视跨行业的基础研究和软科学、管理学科的研究。获奖项目大多是产学研多单位联合完成，跨行业、跨学科并且是多项成果的共同组成。

五、机械工业投资情况

机械工业近年生产能力的大幅度提高，与持续多年的固定资产投资持续快速增长有着直接的关系，投资的大幅增加，促进了机械工业技术水平的提高和结构升级。2009年全年累计完成固定资产投资增长38.44%。投资的高增长显示了行业结构调整步伐加快，以及企业对未来发展的投资信心。

（一）机械工业固定资产计划总投资首次突破3万亿元

2009年机械工业固定资产计划总投资达31429.71亿元，同比增长37.8%。从近几年机械工业固定资产计划总投资的趋势看呈现逐年持续增加，增速均呈现逐年加快的走势。

（二）本年新开工项目投资持续增加

新开工项目计划投资反映了近期市场需求。从机械工业固定资产投资施工项目看，2009年36075个，其中当年开工项目25106个，占全部施工项目的69.59%；2009年机械工业本年新开工项目投资额13807.63亿元，占全部施工项目计划总投资的43.93%。本年投产21428个，项目建成投产率已达59.4%。

（三）机械工业固定资产投资增速高于全国城镇、制造业

2009年机械工业累计完成固定资产投资在2008年首次超过1万亿元的基础上，再创历史新高，机械工业投资增速继续表现为快于同期全社会固定资产投资（同比增长30.1%）、城镇（30.5%）和制造业投资（26.8%）的增长速度，分别快8.34、7.94、11.64个百分点。

（四）中央项目投资增幅带动地方项目

2009年机械工业的中央项目的投资占行业的比重虽然不大，但充分体现了宏观调控的导向作用，中央投资表现出了高速增长，带动了整个机械工业的投资增长。2009年机械工业中央项目投资649.5亿元，占全部投资额比重4.44%，同比增长40.56%；地方项目投资13984.71亿元，占全部投资额比重95.56%，同比增长38.34%。

从近几年中央项目与地方项目的投资对比看，2006年、2007年地方项目增长始终高于中央项目的投资，而2008年在中央应对金融危机等一系列

扩内需政策的带动下，2008、2009年机械工业固定资产投资中央项目的投资开始超过地方项目的增幅，分别超出11.91、2.22个百分点。中央项目的投资额逐年增加，已由2006年的235.06亿元，增加到2009年的649.5亿元，中央项目的投资额占行业的比重逐年小幅提高，但始终比重较小，大体在4%左右，地方项目投资额从2006年的5146.5亿元增加到2009年13984.71亿元，2008、2009年连续两年超过万亿元，地方项目的投资额占比始终占大头，占行业的比重始终超过95%。

（五）农机、汽车、发电设备投资增速加快

2009年机械工业各行业受国家扩大内需政策的拉动，分行业的投资规模不断扩大，2006、2007年机械工业固定资产投资超过千亿元的只有电工电器、汽车两个行业，2008年增加到4个行业，石化通用、机械基础件行业也分别超过了千亿元，2009年机床行业也超过了千亿元投资规模，截止到2009年底已有5个行业投资规模超过了千亿元，5个行业的投资额达11224.72亿元，占全部投资额的76.7%。

（六）中西部地区投资活力增强，但投资大户仍在东部沿海省市

从2009年投资占比看，东部向中部地区转移，东部地区虽仍占50%以上，但从年初到年底占比下降8个百分点，而中部地区则上升近8个百分点；西部地区投资占比稳定在13%~14%。中西部地区投资增速高于东部地区9~14个百分点。

（七）投资构成发生可喜变化

在投资构成中，设备购置费增加，技术改造特点明显。2009年机械工业固定资产投资显示技术改造的特点。设备工器具购置6469.32亿元，同比增长42.04%。设备工器具购置费用一般占投资的30%~35%左右，2009年在较高的基础上再提高，显示出机械工业固定资产投资具有：一是技术改造的特点较明显；二是装备向高档发展，有利于提高产品水平。

2009年我国共审核通过的装备制造业企业技术改造项目达1000余项，这些项目涵盖了高档数控机床、基础零部件、能源装备、农用机械等重要领域。近年来，机械工业的大型骨干企业全面更新了装备，扩建了场地，进行了投资额以亿计的大规模技术改造。为满足国家4万亿投资方案激发的高端装备需求，机械工业技改力度加大。2009年，从机械工业固定资产投资构成看，技改和扩建项目的投资增速（分别为64.46%和33.82%）远高于新建项目（33.44%），表明企业更加重视加强技术改造。技术改造也确实提升了企业核心竞争力和产业结构调整能力。

六、机械工业产品进出口情况

2009年金融危机席卷全球，市场需求锐减，机械工业对外贸易发展遭受重创。据海关统计，2009年机械工业实现进出口总额3767.41亿美元，较上年减少605.87亿美元，同比下降13.85%。其中出口1958.24亿美元，同比下降19.25%；进口1809.17亿美元，同比下降7.14%。全年累计实现贸易顺差149.07亿美元，较上年下降327.62亿美元，降幅达68.73%。

2009年机械工业进出口完成情况

	2009年					2008年				
	全国外贸		机械工业		机械工业占比（%）	全国外贸		机械工业		机械工业占比（%）
	总额（亿美元）	同比增减（%）	总额（亿美元）	同比增减（%）		总额（亿美元）	同比增减（%）	总额（亿美元）	同比增减（%）	
进出口总额	22072.66	-13.9	3767.41	-13.85	17.07	25616.32	17.8	4373.28	20.91	17.07
其中：进口	10056.03	-11.2	1809.17	-7.14	17.99	11330.86	18.5	1948.29	15.44	17.19
出口	12016.63	-16.0	1958.24	-19.25	16.30	14285.46	17.2	2424.99	25.70	16.98
贸易差额	1960.61		149.07		7.60	2954.60		476.69		16.13

2009年机械工业对外贸易发展呈现如下特点：行业进口冷热不均，出口全面下降；东部地区

对外贸易遭受剧烈冲击；一般贸易进口有所恢复、出口大幅下降；加工贸易进出口降幅收窄缓慢；国有企业进口实现逆势增长。

(一)行业进口

农业机械、文化办公设备和汽车行业年终实现同比增长，增幅分别为16.13%、8.94%和5.82%。其中受惠于国家优惠政策，农机行业进口自3月起始终保持同比增长，汽车行业累计同比持续收窄，于年底实现由负转正，累计进口总额达279.2亿美元，创历史新高。由此，汽车行业进口占机械工业进口总额的比重由2008年的13.54%，上升至2009年的15.43%。其他行业进口累计同比均为负增长，但多数行业的降幅总体呈显逐步收窄之势。

(二)行业出口全面下跌

2009年机械工业汇总的13个行业，年度出口全面下降。具体而言，工程机械行业累计出口71.26亿美元，同比下降38.53%；汽车行业累计出口219.68亿美元，同比下降30.24%，为出口降幅最大的两个行业。重型矿山行业和文化办公设备行业同比降幅分别为4.75%和7.98%，为出口降幅最小的两个行业。

(三)分行业贸易顺差减少，逆差增加

2009年机械工业汇总的13个行业中，农业机械、工程机械、文化办公设备、石化通用、重型矿山、电工电器6个行业实现贸易顺差，较上年减少两个行业。其中绝大多数行业顺差较上年缩水，电工电器行业顺差较少幅度最大，达64.07亿美元。

(四)东部地区受剧烈冲击

长三角地区受冲击程度超过珠三角地区和东北地区，进口、出口同比分别下降14.35%和22.15%。

进口前5位省市情况表

位次	省市	出口金额(亿美元)	其中：								
			第一位行业			第二位行业			第三位行业		
			名称	金额(亿美元)	占比(%)	名称	金额(亿美元)	占比(%)	名称	金额(亿美元)	占比(%)
1	广东	363.84	电工电器	119.06	32.72	仪器仪表	59.09	16.24	文办设备	42.37	11.65
2	北京	302.47	汽车	104.20	34.45	石化通用	47.41	15.67	仪器仪表	38.88	12.85
3	上海	277.43	电工电器	64.46	23.23	仪器仪表	41.54	14.97	石化通用	39.93	14.39
4	江苏	239.28	电工电器	53.87	22.51	仪器仪表	48.11	20.11	石化通用	29.24	12.22
5	天津	92.79	汽车	23.44	25.26	电工电器	19.18	20.67	石化通用	10.27	11.07

出口前5位省市情况表

位次	省市	出口金额(亿美元)	其中：								
			第一位行业			第二位行业			第三位行业		
			名称	金额(亿美元)	占比(%)	名称	金额(亿美元)	占比(%)	名称	金额(亿美元)	占比(%)
1	广东	547.96	电工电器	173.56	31.67	文化办公	125.17	22.84	石化通用	86.89	15.86
2	江苏	305.80	电工电器	77.54	25.36	石化通用	49.06	16.04	文化办公	36.03	11.78
3	浙江	250.64	电工电器	65.71	26.22	石化通用	56.39	22.50	汽车	32.46	12.95
4	上海	229.22	电工电器	54.94	23.97	石化通用	37.73	16.46	重型矿山	31.70	13.83
5	山东	123.79	电工电器	34.93	28.22	汽车	21.31	17.21	石化通用	20.39	16.47

(五)对主要贸易伙伴国进出口状况

中日贸易：日本依旧为机械工业的首要贸易伙伴国，2009年实现进出口总额660.02亿美元，同比下降13.99%。累计实现贸易逆差304.97亿美元，为机械工业最大贸易逆差国。

在对日本出口中，电工电器、石化通用和文化办公设备行业产品位居出口额前三位。从贸易方式看，机械工业对日本出口多为加工贸易，所占比例高达 72.28%，一般贸易仅占 24.51%。

在自日本进口中，汽车、电工电器和仪器仪表行业产品位居进口额前三位。

中美贸易：美国是机械工业第二大贸易伙伴国，全年累计实现进出口总额 473.59 亿美元，同比下降 15.47%。其中，自美国进口 171.23 亿美元，同比下降 8.76%，向美国出口 302.35 亿美元，同比下降 18.85%，累计实现贸易顺差 131.12 亿美元。

在对美国出口中，电工电器、石化通用和文化办公设备行业产品位居出口的前三位。在自美国进口中，仪器仪表、汽车和石化通用行业产品位居进口的前三位，分别实现进口 44.15 亿美元、28.61 亿美元和 27.65 亿美元，共计占机械工业自美进口总额的 58.64%。从贸易方式看，机械工业自美一般贸易进口占比为 66.84%，加工贸易进口仅占 12.22%。

十大贸易伙伴变动：机械工业十大贸易伙伴近两年发生一定变化。其中，进口位次前十位的国家未发生变化，而出口位次前十位的国家变化显著。越南、新加坡两个东南亚国家取代英国和俄罗斯联邦跻身前十，印度超越韩国、德国跻身前五，且同比实现正增长。数据显示，全球金融危机对机械工业发达国家市场的冲击显著。而发展中国家，特别是亚洲地区发展中国家，则逐步成长为机械工业对外贸易的重要合作伙伴。

（六）一般贸易进口小幅回升，出口大幅下降

2009 年，机械工业一般贸易实现进出口总额 2043.02 亿美元，同比下降 11.02%，占机械工业进出口总额的比重为 54.23%，其中，一般贸易进口 1080.84 亿美元，同比增长 6.69%。一般贸易出口 962.18 亿美元，同比下降 25%。

（七）加工贸易进出口降幅收窄缓慢

2009 年机械工业加工贸易进出口总额为 1242.95 亿美元，同比下降 14.84%。其中进口 425.28 亿美元，同比下降 11.31%，出口 817.68 亿美元，同比下降 16.57%，累计实现贸易顺差 392.4 亿美元，

（八）出口产品结构变化

2009 年机械工业重点统计的 92 种产品中，49 种产品的出口平均单价上升，其中收获及场上作业机械、扫雪机及吹雪机、大地测量仪器、气体分离设备、环保设备、输送升降搬运装卸机械、金属冶炼设备、金属轧机、燃气轮机和高压开关 10 类产品，出口数量同比下降，而出口金额实现同比增长。在一定程度上，显现出我国机械出口产品的价值正逐步提高。

2009 年机械工业在重大装备出口方面成绩斐然。超重型机床出口英国，创我国超大规模机床出口先例。世界最大规格的宽厚板轧机（5.5 米轧机）顺利出口韩国，标志我国具备向世界一流钢铁企业提供关键生产设备的能力。向新西兰出口世界窄轨线路功率最大的机车，实现我国机车首次批量出口。国产盾构机生产厂家与新加坡、英国伦敦地铁建设方达成合作意向，为国产盾构机走出国门迈出新的一步。

七、2010 年机械行业发展预测

（一）2010 年经济运行环境分析

从内需市场看，中央已明确要继续实行积极的财政政策和适度宽松的货币政策，预计 2010 年经济有望延续上年末高速反弹的势头，包括机械产品在内的国内需求有望快速回升，在各行各业更加重视结构调整的大背景下，对装备升级的要求将更为迫切，这一趋势对机械工业内需增长是长远利好。

从外需市场形势看，世界主要经济体开始触底回升，外贸市场有望停止继续下跌势头，并将出现恢复性增长；但由于国际贸易保护主义抬头，且有继续扩展蔓延之势，因此对出口增长不可过于乐观，预计出口恢复至 2008 年水平有一定的难度。

从宏观政策走向看，宏观调控政策取向的基调虽没有变，但必须密切关注经济形势的变化，以及由此而导致的政策调整的“灵活性”和“针对性”。

从产业政策导向看，装备制造业和汽车产业调整和振兴规划中扶持政策的细则仍在陆续出台，机械工业将因此而受惠。此外，增值税转型政策的实施，已经并将继续调动各方用户采购机械设备的积极性，也有利于机械企业自身降低固定资产投资成本。总体而言，2010 年产业政策的导向已由“保增长”转向“调结构”，对此一定要有足够的思想准备。

从要素供给形势看，随着煤电油运供给能力的趋紧和普遍涨价，主要原材料价格已再现涨势；企

业筹款成本也将进入上升通道；此外，人工成本也呈上升趋势。

（二）2010 年机械工业经济运行走势预测

总需求虽稳中有升，但由于全行业的产能增长过猛，故竞争也将更加激烈，企业所感受到的竞争压力继续加大。

全行业产销总量将在上年基础上继续稳定增长；但受过度竞争影响，效益增长速度有可能低于产销。

年初增速较高，但此后将逐渐回落，全年增速曲线将呈明显的“前高后低”之势。

（三）2010 年发展速度预测

预计 2010 年全年机械工业主要经济指标有望实现平稳增长：产销增长速度预计可达 22%左右；利润增长速度预计可达 20%左右；出口创汇增长速度可达 15%左右。

2010 年是实施“十一五”规划的最后一年，也是为实施“十二五”规划打基础的一年。机械工业要坚决贯彻中央经济工作会议关于五个“更加注重”的要求，加快结构调整和发展方式转变的步伐，进一步增强经济增长活力和动力，努力实现机械工业平稳较快发展。

2009年中国轻工业经济运行概况

2009年，我国轻工业受到国际金融危机较大的冲击，在异常困难的情况下，全行业坚定信心，顽强拼搏，坚决贯彻中央应对国际金融危机的决策部署，积极推动《轻工业调整和振兴规划》(以下简称《规划》)和扶持轻工业政策的出台和实施，有力地遏制了轻工业急剧下滑局面，轻工业整体企稳向好，实现了平稳较快增长。

一、2009年轻工业运行情况

(一)行业运行企稳向好

2009年，轻工业整体生产经营状况转好，已经走出2008年第四季度以来最困难的时期。2009年，轻工业工业总产值107615亿元，同比增长13.5%；工业增加值同比增长11.2%；1~11月实现利润4846亿元，同比增长23.8%，增速比1~2月提高28.0个百分点，比1~8月提高11.8个百分点，增幅高于全国工业平均水平16个百分点；1~11月轻工业平均销售利润率为5.3%，高于上半年同期0.5个百分点，其中，食品工业作为刚性需求行业，实现利润2164亿元，占轻工全行业的44.6%，同比增长29.7%，带动了轻工业整体回升；家电行业受益于“家电下乡”政策的推广，在出口大幅下降的情况下，2009年完成工业产值7433亿元，同比增长6.7%，1~11月实现利润295亿元，同比增长50%。

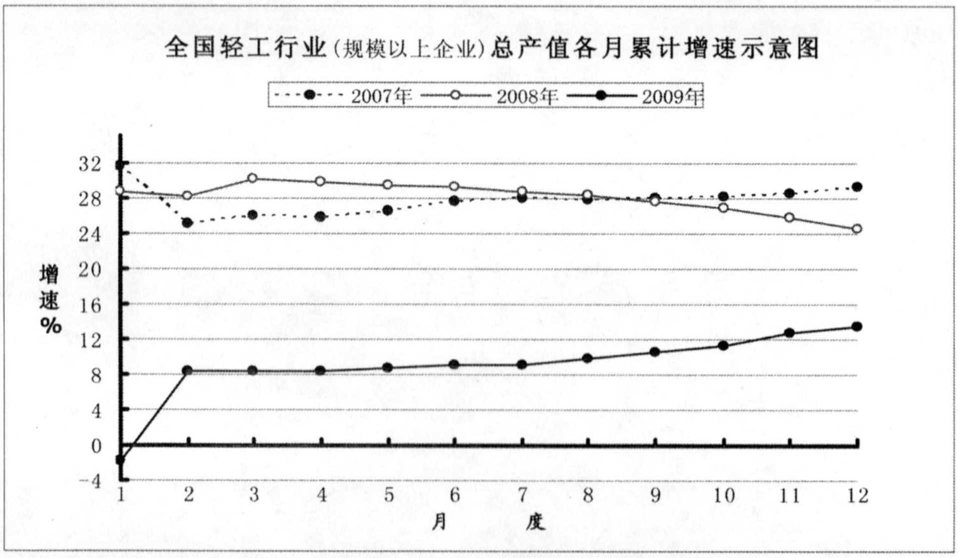

(二)内需拉动效果明显

轻工产品销售额中内销比重已由2008年的78%上升到2009年的83.5%，提高了5.5个百分点。“家电下乡”有效改善了农民生产生活条件，缓解了国际金融危机对家电行业的冲击，2009年全国销售“家电下乡”产品3768万台件，实现销售额693亿元。“以旧换新”政策既拉动了内需，也引导了城乡居民消费升级，2009年试点省区市共回收五大类废旧家电403万台，销售五大类新家电(电视机、冰箱冰柜、洗衣机、空调、电脑)共360万台，销售额达 141 亿元，发放补贴超过 14 亿元。节能产品惠民工程通过财政补贴推广高效节能产品，让老百姓享受到节电省钱的实惠，照明电器行业 2009 年推广节能灯达到 1.2 亿只，销量是 2008 年的两倍，拉动消费 15 亿元。此外，农副食品加工、食品制造、饮料制造、皮革、毛皮、羽毛(绒)及其制品、玻璃等行业在出口不畅的情况下，产值增长均在 10%以上。

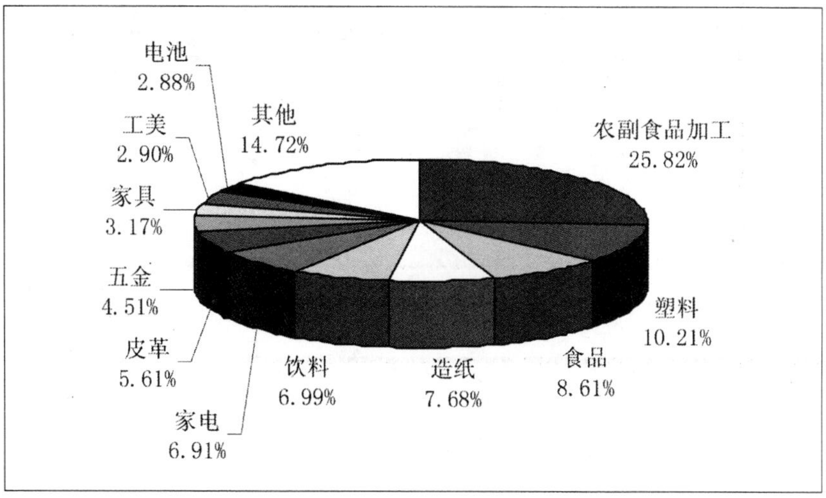

(三)出口降幅逐步收窄

轻工业出口下滑的速度和趋势得到遏制，确保了我国轻工产品在美、欧、日等主要国际市场份额的基本稳定。出口呈现环比逐季回升、降幅收窄的态势。据海关统计，2009 年轻工产品出口 2778 亿美元，同比负增长 10.2%。比 1~2 月、1~8 月分别收窄 4.9 和 3.0 个百分点，明显小于全国出口 16.0%的降幅。食品饮料、家具、家电等行业是轻工产品出口的重点行业，食品饮料出口负增长从 1~2 月-17.5%回升至 1~12 月的-6.3%，收窄 11.2 个百分点；家具从-13.2%回升至-6.0%，收窄了 7.2 个百分点；家电从-20.3%回升至-13.3%，收窄了 7.0 个百分点。

(四)吸纳就业成效显著

据中国轻工业联合会 2008 年 12 月对皮革、塑料等 35 个行业的调查，当时由于企业经营困难，影响到约 300 万职工的就业，给社会稳定带来较大隐患。《规划》实施后，全行业经营状况好转，开工率提高，特别是广大中小企业生产和经营逐步恢复，轻工业产业集群和特色区域快速发展，吸纳就业的能力迅速增强。据统计，2009 年 11 月末，规模以上轻工业企业从业人员达到 2067 万人，比 2 月末增加了 184 万个就业岗位，占全国城镇规模以上企业新增就业人数的 18.2%。

2009 年 1~12 月轻工行业出口交货值月度走势图

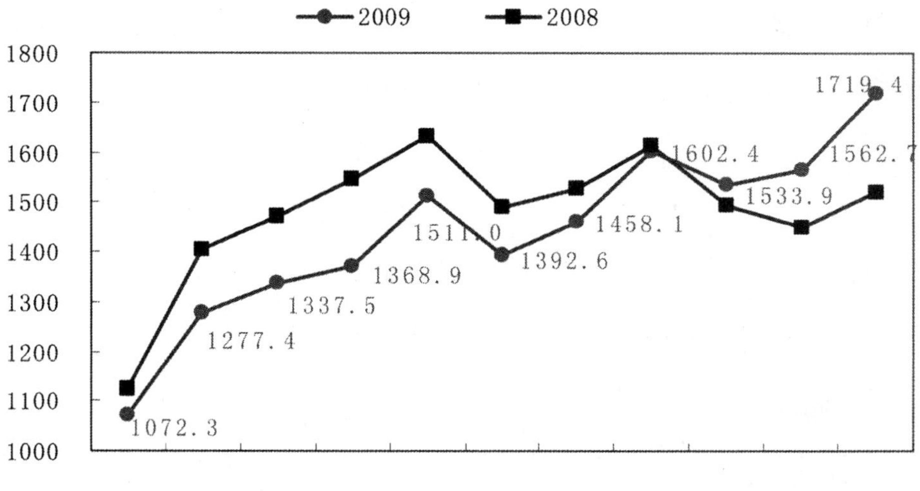

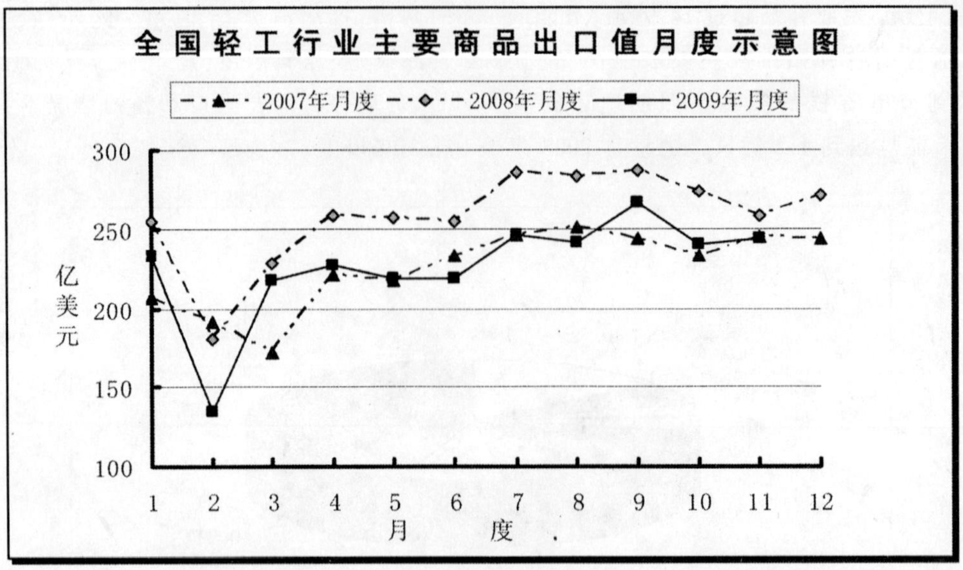

表 1 轻工行业主要经济指标

一、全国轻工业规模以上工业企业产销总值	计算单位	2009 年	比 2008 年增长（%）
汇总企业单位数	万个	12.28	—
工业总产值（当年价格）	亿元	107614	13.52
其中：新产品产值	亿元	7032	14.78
工业销售产值（当年价格）	亿元	104704	13.40
其中：出口交货值	亿元	17117	-5.21
产品销售率	%	97.30	-0.11
出口交货值占工业销售产值比重	%	16.35	-16.41
新产品产值占工业总产值比重	%	6.53	1.10
二、全国轻工行业主要商品海关进出口总值			
轻工行业主要商品进出口总值	亿美元	3505	-9.96
其中：出口总值	亿美元	2778	-10.15
进口总值	亿美元	727	-9.19
进出口差额（+出超、-入超）	亿美元	2052	-10.49
出口占进出口总值比重	%	79.27	-0.22
进口占进出口总值比重	%	20.73	0.85

表 2 2008 年全国轻工行业主要产品产量

产品名称	单位	2009 年产量累计	比 2008 年增长（%）
原盐	吨	58450994	5.60
成品糖	吨	13228866	-8.49
糖果	吨	1453133	19.98
糕点	吨	980381	6.41
饼干	吨	3430728	18.59
速冻米面食品	吨	2477332	18.75
方便面	吨	5737762	11.53
乳制品	吨	19351161	12.88
其中：液体乳	吨	16416413	13.49
罐头	吨	7450655	19.45
味精（谷氨酸钠）☆	吨	2549806	10.84
酱油	吨	5033041	28.86
发酵酒精（折 96 度，商品量）	千升	7317360	6.06
饮料酒	千升	51885558	9.50
其中：白酒（折 65 度，商品量）	千升	7069307	23.82
啤酒	千升	42363769	7.09
黄酒	千升	1062906	13.99
葡萄酒	千升	960016	27.63
软饮料	吨	80862052	24.33
其中：碳酸饮料☆	吨	12542429	7.09
果汁和蔬菜汁饮料*	吨	14476085	
包装饮用水类	吨	31590310	24.60
冷冻饮品	吨	2338978	6.03
精制茶	吨	1193236	17.32
羽绒服	万件	24302	4.35
轻革	平方米	692046918	0.44
皮革鞋靴	万双	354617	-1.94
皮革服装	件	56123452	6.61
天然皮革手提包（袋）、背包	万个	79276	-8.73
天然毛皮服装	件	2500876	21.74
家具	件	608143574	4.85
其中：木质家具	件	205010557	4.50
软体家具	件	36833806	6.37
金属家具	件	333664678	5.68
纸浆（原生浆及废纸浆）	吨	19345571	-0.44

续表

产品名称	单位	2009 年产量累计	比 2008 年增长（%）
机制纸及纸板	吨	93887411	12.11
其中：未涂布印刷书写用纸*	吨	8760439	0.59
其中：新闻纸	吨	4896031	-7.72
卫生用纸原纸*	吨	2104795	
箱纸板	吨	13911399	8.16
纸制品	吨	39223165	14.91
其中：瓦楞纸箱（纸箱）☆	吨	21771989	11.82
本册	万本	986106	5.71
木杆铅笔	万支	2095198	21.43
油墨	吨	514606	10.00
肥（香）皂	吨	883254	14.48
合成洗涤剂	吨	6928728	9.31
其中：合成洗衣粉	吨	3802339	7.46
香精*	吨	264638	15.87
牙膏（折 65 克标准支）	万支	741234	2.86
火柴（折 50 支标准盒）	件	5305520	2.46
塑料制品	吨	44792763	10.64
其中：塑料薄膜	吨	6904337	12.06
其中：农用薄膜	吨	1193412	18.39
塑料板片及类似型材*	吨	3202580	6.37
塑料制管子及其附件*	吨	5803665	18.92
塑料丝、绳及编织品*	吨	5815626	26.58
塑料人造革、合成革*	吨	1848160	15.17
泡沫塑料	吨	1870542	15.81
塑料包装箱及容器	吨	2744856	20.67
日用塑料制品	吨	5441831	8.43
日用玻璃制品	吨	11638866	1.67
玻璃保温容器	万个	61015	5.69
卫生陶瓷制品☆	件	177682429	12.31
日用陶瓷制品☆	万件	2046607	28.43
搪瓷制品☆	吨	583629	8.64
日用不锈钢制品	吨	1927577	2.13
锁具	万把	159310	3.89
家用燃气灶具	台	26384310	-5.07
家用燃气热水器	台	11594091	6.65

续表

产品名称	单位	2009 年产量累计	比 2008 年增长（%）
缝纫机	台	10230564	-13.04
两轮脚踏自行车☆	辆	52892001	-14.79
电动自行车*	辆	7185756	12.92
铅酸蓄电池	千伏安时	119302547	22.78
碱性蓄电池☆	只（自然只）	381679785	-18.79
锂离子电池	只（自然只）	1875173241	-1.91
原电池及原电池组（折 R20 标只）	万只	2904219	-5.57
灯具及照明装置	套（台、个）	2078136488	1.72
电光源	万只	1639629	-2.6
其中：灯泡	万只	272586	-18.43
家用洗衣机	台	49358246	12.96
家用吸尘器	台	56694235	-10.37
家用电冰箱	台	60635546	18.80
家用冷柜（家用冷冻箱）	台	12580359	23.84
家用电风扇	台	143653272	0.80
房间空气调节器	台	81532809	-4.12
家用吸排油烟机☆	台	16847449	2.68
家用电热水器☆	台	19892311	15.67
微波炉	台	60382069	-3.96
电饭锅	个	149569346	12.54
家用电热烘烤器具	个	149328834	-11.90
电冷热饮水机	台	17140623	11.85
钟	只	144550196	-12.75
表	只	133063707	-12.94
眼镜成镜（眼镜）☆	副	447629827	-16.91
伞类制品☆	把	845818456	-5.85

注：* 是 2009 年产量统计新增产品，数据仅供参考；☆是 2009 年产量统计更名产品，数据与上年不完全可比。

二、联合会着力推动落实《规划》工作任务

根据《规划》中确定的工作任务，中国轻工业联合会充分发挥协会的作用，配合政府有关部门主动工作，着力推动相关任务的落实。

（一）举行业之力整体推动任务的落实

中轻联主动与发改委、科技部、工信部、财政部等部委衔接，组织协调各方力量推进《规划》中相关政策和任务的落实。争取提高出口退税率政策惠及更多的行业和产品；协调解决造纸、制糖、饮料等行业的涉农产品收储问题；推动“家电下乡”活动，争取更多的轻工产品下乡；促进扶持各类中小企业的资金向轻工行业倾斜；协调落实技术改造专项、节能减排专项、重点装备自主化专项、食品安全监测能力建设专项等；落实重点行

表 3 2008 年全国轻工行业主要商品海关出口进口值

商品分类名称	累计出口值	同比增长（%）	累计进口值	同比增长（%）
全国轻工行业出口、进口总计	27783753	-10.15	7265814	-9.19
纸浆、纸及纸制品	662271	-3.15	1104881	-1.47
日用机械	759171	-14.92	201196	-17.70
日用硅酸盐	787134	-1.15	45971	-8.09
日用化学产品	1065149	-19.20	864500	-12.01
制盐	6457	6.61	6842	-14.42
食品饮料	2673145	-6.28	2023608	-9.93
皮革、毛皮及其制品	2582765	-11.64	438703	-16.58
木制品及其他天然植物制品	299399	-10.17	5873	-13.65
家具	2595804	-6.00	129680	6.22
文教体育用品	3233301	-18.38	159298	-11.66
工艺美术品	1311162	-8.89	95289	5.15
塑料制品	3343077	-5.44	1155694	-3.74
金属制轻工业品	1979704	-15.61	163141	-12.47
家用电器	3132446	-13.27	280385	-12.08
照明器具	1428072	-12.77	204080	-1.16
衡器及其零配件	69277	-12.21	8350	3.28
日用杂品	951127	-0.89	91246	-6.25
轻工机械	201186	-18.40	279428	-29.69
其他	703108	30.04	7650	-2.59

业技术创新与产业化专项，推进相关行业技术创新服务平台和技术创新战略联盟的组建和建设；组织协会、标准化组织落实相关的标准项目。在这个过程中，注意动态反映行业政策性问题，如经向财政、税务部门反映并获批准，化妆品、饮料企业广告费和业务宣传费税前抵扣率由 15%提高到 30%等。

（二）推进技改项目和轻工中小企业发展资金项目

国家审查并下达了中央地方投资和中小企业发展专项资金技术改造项目共 1453 项，项目数占全国技术改造项目的 32.7%；项目总投资 774.8 亿元，占全国技术改造项目投资的 12.3%；中央财政安排专项资金 31.4 亿元，占中央财政安排专项资金的 16.7%。中央投资和中小企业发展专项资金扶持轻工重点行业实施技术改造，带动社会和企业投资合计 743 亿元，是中央投资的近 25 倍。

（三）食品工业企业诚信体系建设工作取得初步进展

认真贯彻《食品安全法》，配合十部委联合在人民大会堂举办了《食品工业企业诚信体系建设工作指导意见》发布暨试点启动仪式，共同推进以河南省肉类加工行业和黑龙江省乳制品行业的企业为试点的食品工业企业诚信体系建设。制定了《乳制品企业诚信体系建设评价准则》，乳制品质量安全监控系统列入国家发改委的技术改造计划。同时参与清理整顿食品添加剂和非法添加物的工作，完成 19 项食品添加剂标准的制修订任务。

（四）推动产业有序转移

家电、皮革、陶瓷和发酵等传统优势行业开始由沿海地区向中西部地区转移。在承接东部沿海产业转移的推动下，安徽建立“合肥家电工业园”、重庆建立了“中国西部鞋都工业园”等。在产业的有序转移和有效承接中，四川、湖北、安徽等中西部省市轻工业得到了快速发展，总产值累计增幅近30%。同时中轻联积极探索发展产业集群的新模式。2009年8月，中轻联与辽宁省政府、皮革协会、阜新市政府签署四方协议，共同培育“承接转移—中国制革示范基地·阜新”，建设集中生产、统一治污、符合循环经济发展模式的产业集群，探索资源枯竭型城市经济转型和劳动密集型产业有序转移的有机结合。《规划》发布以来，已培育“中国家电产业基地”、“中国工艺礼品产业基地”、“中国传统工艺美术特色基地”、“中国提琴产业基地”、“中国(宜宾)白酒之都”等16个产业集群，加快培育轻工业新的经济增长点。

(五)加强科技、标准和质量工作

组织开展“十一五”国家科技支撑计划项目实施工作。向科技部重点推荐了对行业科技进步推动作用大的5项关键技术。根据科技部要求，参加首批技术创新服务平台试点工作，申报了“日用化工技术产业创新服务平台”和“中国轻工重点行业技术创新服务平台”。向科技部申报了《造纸装备产业技术创新联盟组建方案》、《包装装备产业技术创新联盟组建方案》和《制糖产业技术创新联盟组建方案》。积极参加科技部“十二五”科技规划前期研究工作，组织造纸、洗涤用品(表面活性剂)、皮革、塑料、照明电器、陶瓷和家电7个行业参加新材料领域科技规划前期研究工作。组织开展2009年度中国轻工业联合会科学技术奖励工作等等。

(六)推进节能减排

一是发挥舆论导向作用，加强行业节能减排宣传。2009年7月16日，中国轻工业联合会和中国洗涤用品工业协会联合举行了浓缩洗衣粉标志及市场推广新闻发布会，推广浓缩洗衣粉。2009年12月4日，中国轻工业联合会和中国皮革工业协会、中国电池工业协会、中国照明电器协会在北京联合举办了“推进轻工行业节能减排新闻发布会”，有关部委的相关负责人参加会议并讲话。

二是深入企业调研，发现推广典型经验。与工信部联合在广州珠江啤酒股份公司联合召开“酿酒行业推行清洁生产现场交流会议”，推动相关行业清洁生产、节能减排工作的深入开展。造纸、啤酒等行业实现了增产不增污，即使产量增长又使排放污染物总量下降。积极配合工信部组织专家对以麦草浆为主要原料的山东泉林纸业公司的循环经济经验进行了调研总结，提出了相关建议。

三是配合相关政府部门，开展节能减排工作。配合发改委组织国家清洁生产轻工业专家的申报工作，组织重点节能技术(第二批)的申报工作。受工信部委托，制定造纸、发酵、酿酒行业的清洁生产推行方案。协助工信部对各省市上报的35项轻工行业清洁生产示范项目组织了相关行业专家评审，并向工信部重点推荐了8个示范项目，主要涉及造纸、发酵和酿酒3个行业。

四是承担政府相关节能减排课题研究，摸清家底，为政府相关部门提供政策措施建议。承担工信部组织的“重点行业节能减排技术评估与应用研究”国家科技支撑项目中的“轻工行业节能减排技术筛选与评估”课题。组织造纸、发酵、制糖、皮革、家电和电池6个行业参加科技部“十二五”循环经济和资源与环境领域两个科技规划前期研究工作。承担工信部“十二五”节能规划前期研究工作课题。

(七)加强产业政策引导

按照《规划》要求，为促进制革、家电、农膜行业结构调整和产业转型升级，实现有序发展，组织行业配合工信部制定出台《关于制革行业结构调整的指导意见》、《加快我国家用电器行业转型升级的指导意见》、《农用薄膜行业准入条件》。配合发改委、工信部对《乳制品工业产业政策》进行了修订。组织行业对发改委、工信部等10部委共同制定下发的《食品工业企业诚信体系建设指导意见》贯彻落实。

(八)鼓励兼并重组和淘汰落后

鼓励规模效益型行业中有实力的企业在全国范围内进行跨省跨地区重组兼并，向集团化、特色化、多元化方向发展。如中粮集团联手厚朴基金投资61亿港币收购蒙牛公司20%的股权，成为蒙牛第一大股东，这不仅有利于行业重组和升级，而且避免了外资并购造成的产业安全问题；山东华泰纸业股份公司兼并了年产30万吨新闻纸的河北诺斯克纸业公司，成为造纸产业实现规模化生产、做大做强的又一成功范例。

2009年中国纺织工业经济运行概况

2009年是中国纺织工业努力克服金融危机影响、在逆境中寻求发展的一年。年初受国际金融危机影响，行业产销、投资增速全面下滑，效益严重恶化。但随着国家围绕"保增长、扩内需、调结构"采取了一系列宏观调控政策，纺织工业也出台了《纺织工业调整和振兴规划》，为行业提供了较为宽松的国内发展环境。另外，行业多年来围绕加快产业结构调整、转变发展方式所取得的成效，也为行业发展提供了动力和支撑。因此，在全球经济不景气、国际市场持续低迷的情况下，我国纺织行业仍然呈现出了企稳回升、发展逐渐向好的良好局面。

一、2009年纺织行业经济运行特点

(一)生产增速稳步回升

根据国家统计局数据，2009年，全国纺织行业5.3万户规模以上企业累计实现工业总产值37979.89亿元，同比增长10.3%；累计实现工业销售产值37167.07亿元，同比增10.58%。

虽然总产值和销售产值全年累计增速分别较2008年下降了3.43和3.33个百分点，但在2009年内，纺织行业产销增速整体呈现稳步回升趋势。1~2月，规模以上企业工业总产值和工业销售产值同比分别仅增长2.63%和3.13%，为近年来的最低增速，但到11~12月已分别回升至16.7%和18.48%，超过2008年同期水平。

主要大类产品产量增速普遍持续回升，根据国家统计局快报数据，2009年化学纤维产量达到2726.06万吨，同比增长14.31%，增速高于2008年12.01个百分点，比2009年初1~2月提高了10.47个百分点；纱产量达到2405.62万吨，同比增长12.71%，增速高于2008年4.61个百分点，比2009年1~2月提高了6.8个百分点；布产量达567.44亿米，同比增长5.27%，已基本接近2008年水平，比2009年1~2月提高了10.29个百分点；服装产量为237.50亿件，同比增长6.94%，增速高于2008年2.14个百分点，比2009年1~2月提高了13.55个百分点。

图1 规模以上纺织行业工业总产值、工业销售产值当月同比增长情况

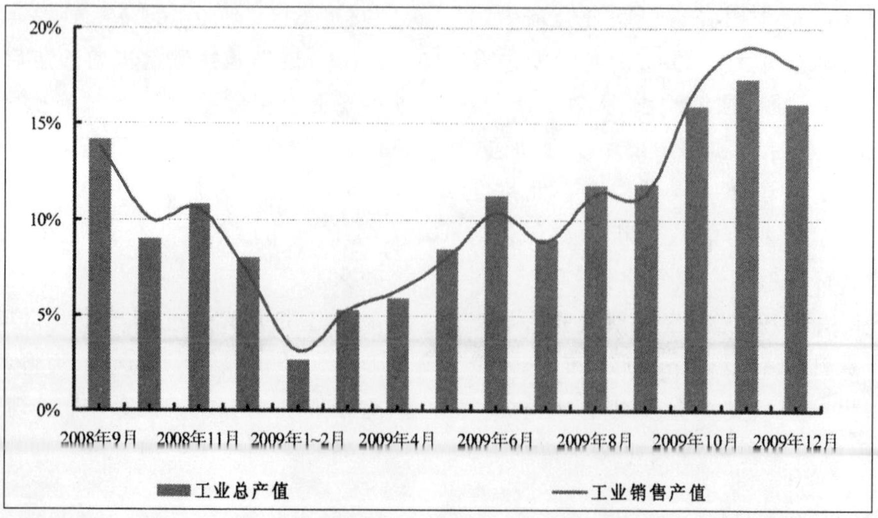

(资料来源：国家统计局、中国纺织工业协会统计中心)

图 2 规模以上纺织行业化纤、纱、布、服装产量分月累计增长情况

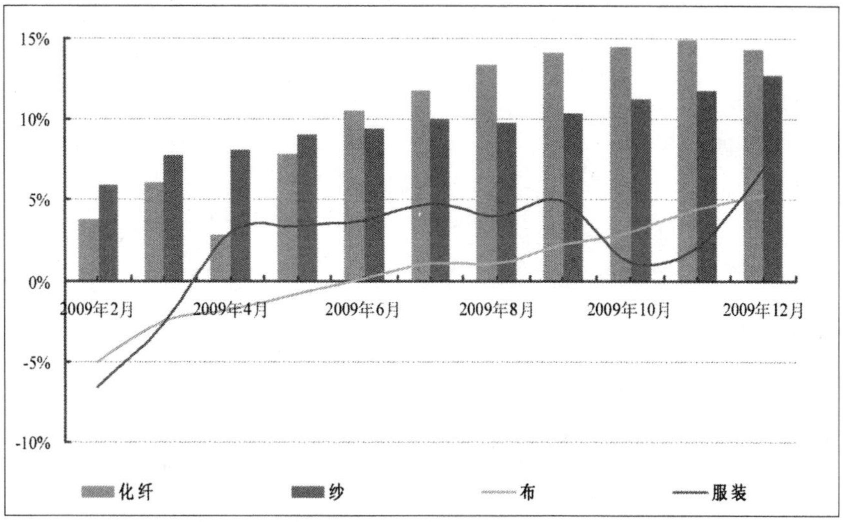

（资料来源：国家统计局、中国纺织工业协会统计中心）

表 1 2009 年规模以上纺织行业主要产品产量

产品名称	单位	2009 年产量	同比增长（%）	比 2008 年增减（百分点）	比 2009 年 1~2 月增减（百分点）
化学纤维	万吨	2726.06	14.31	12.01	10.47
纱	万吨	2405.62	12.71	4.61	6.80
布	万米	5674382	5.27	-0.07	10.29
印染布	万米	5398042	7.68	4.65	8.70
亚麻布	万米	24453	2.31	5.65	14.11
毛机织物	万米	49506	-4.99	-10.75	-6.94
丝织品	万米	77595	5.90	10.00	-1.64
棉被	万条	7222	13.29	—	—
无纺布	万米	1309817	29.25	8.00	16.72
服装	万件	2375013	6.94	2.14	13.55

注：本表格中数据为快报数据。

（资料来源：国家统计局、中国纺织工业协会统计中心）

（二）出口持续负增长

受金融危机引发国际市场需求持续低迷影响，2009 年以来纺织行业出口出现近年来最大幅度的下降。根据海关统计数据，2009 年，我国纺织品服装出口总额为 1713.32 亿美元，同比下降 9.65%，增速比 2008 年下降 17.63 个百分点。其中前 10 个月行业出口持续在-11%左右的低位徘徊，虽然 11 月以来出口降幅有所收窄，但 2 个月收窄幅度仅有 1.56 个百分点，恢复速度较为缓慢。

从国内出口企业结构看，出口下滑主要集中在规模以下的小企业。根据相关统计数据，2009 年规模以上纺织企业出口交货值同比下降 3.23%，增速低于 2008 年 1.33 个百分点；而规模以下企业出口同比降幅达到 22.28%，增速低于 2008 年 13.24 个百分点。

分出口市场看，2009 年我国对美国、欧盟、日本、加拿大、澳大利亚等发达国家及香港地区出口纺织品服装的总金额同比下降 4.16%，增速比

图 3 我国纺织品服装出口额当月同比增长情况

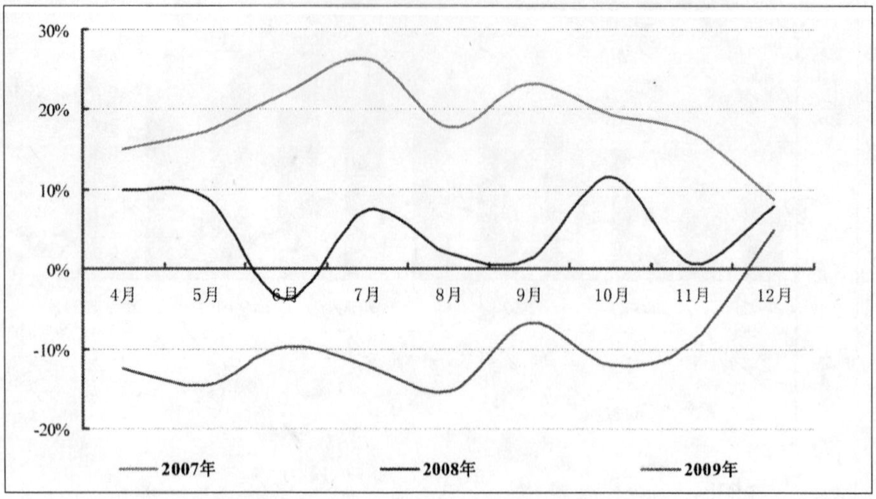

（资料来源：中国海关、中国纺织工业协会统计中心）

2008 年降低 14.17 个百分点，拉动出口负增长 2.46 百分点；对其它地区出口同比下降 17.59%，增速比 2008 年下降 22.75 个百分点，拉动出口负增长 7.19 个百分点，体现出广大新兴和发展中国家市场需求下滑更加突出。

尽管出口下滑明显，但我国纺织行业的国际竞争力仍在继续增强，在国际市场上的份额持续上升。根据相关统计数据，2009 年我国出口的纺织品服装在美国进口总额中所占的份额达到 39%，比 2008 年提高了 4 个百分点；在日本进口总额中所占份额达到 79%，比 2008 年同期提高了 2 个百分点。

表 2 2009 年我国对主要市场出口纺织品服装情况

国家或地区	出口额（亿美元）	同比（%）	比 2008 年增减（百分点）
欧　盟	370.79	-7.13	-40.79
美　国	278.37	3.44	2.40
日　本	220.80	0.27	-7.97
香港地区	139.98	-12.88	-1.03
东　盟	110.06	-2.16	-5.13
韩　国	41.80	-24.80	-22.40
加拿大	33.03	-12.94	4.12
澳大利亚	31.73	-7.04	-23.33
土耳其	10.72	-18.08	36.3
墨西哥	9.09	-34.48	-15.79
台湾地区	7.37	-10.69	-30.81
澳门地区	3.82	-51.84	-37.44

（资料来源：中国海关、中国纺织工业协会统计中心）

（三）内销起到首要支撑作用

受金融危机影响，2009 年初，我国纺织品服装内需增速一度放缓，根据国家统计局数据，前 4 个月国内衣着类消费品零售总额同比增速逐月放缓，其中4月低至13.9%，比2008年同期下降了14.7个百分点，并出现近年来罕见的增长速度低于社会消费品零售总额同期增速的情况。但5月以来，随着国家围绕“扩内需”采取的各项调控政策效果释放，内需消费提振明显，到年末持续保持稳定较快增长，成为支撑纺织行业企稳回升的首要因素。统计数据显示，2009年我国衣着类消费品零售总额累计增长18.8%，增速虽然比2008年有所下降，但整体仍保持了较高水平，且增速比年初1~2月提高了2.9个百分点。

图4 我国内需消费同比增长情况

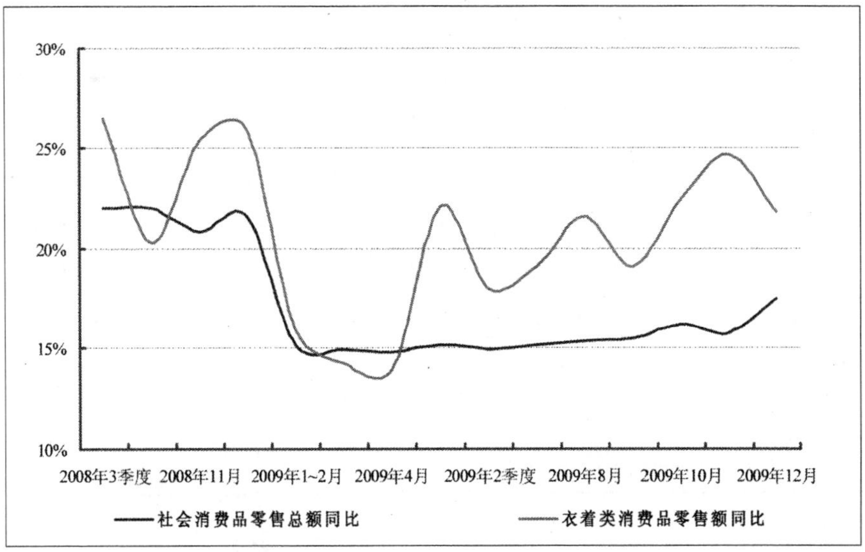

（资料来源：国家统计局）

在内需市场支撑下，行业内销产值增长持续加速。2009年，规模以上纺织企业累计实现内销产值29712.24亿元，同比增长14.69%，增速虽然较2008年下降了2.36个百分点，但比1~2月的谷底提高8.06个百分点；其中四季度内销产值增速已超过20%，基本达到危机前水平。2009年全年，行业内销产值比重达到79.94%，比2008年同期提高2.86个百分点。

图5 规模以上纺织行业内销产值当月同比增长及占比情况

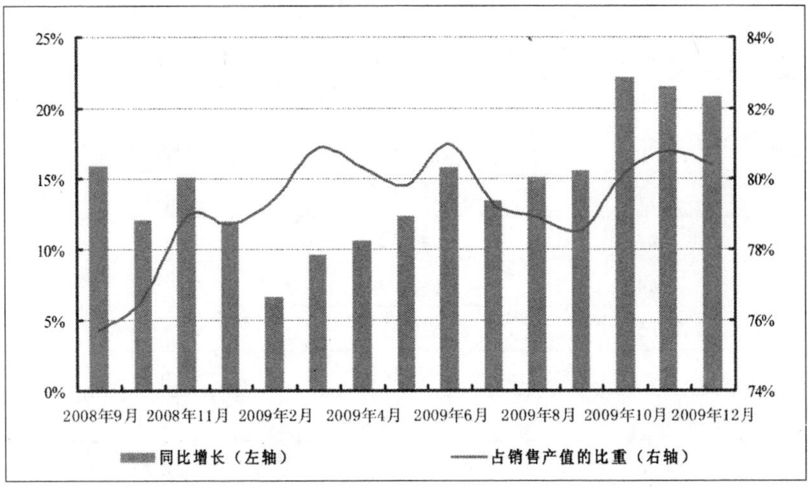

（资料来源：国家统计局、中国纺织工业协会统计中心）

（四）运行质量稳步提高

尽管金融危机以来纺织行业面临的外部形势严峻，但行业调整升级步伐从未停止，全行业科技、管理水平继续进步，运行质量稳步提高。

2009年，规模以上企业产销率达到97.86%，较2008年提高0.25个百分点，产销衔接顺畅；新产品产值同比增长13.62%，高于同期销售产值增速3.04个百分点，产品创新对行业回升向好的贡献突出；1~11月，规模以上企业劳动生产率（以工业总产值计算）达到34.48万元/人，同比增长10.22%，生产效率继续提升；三费比例为6.06%，比2008年同期下降0.35个百分点，管理水平继续提高；资产负债率为57.66%，比2008年同期下降1.45个百分点，企业运营风险下降；产成品周转率为14.68次/年，较2008年同期加快1.12次，企业的市场反应能力和运转效率得到改善。

表3 2009年规模以上纺织行业运行质量情况（一）

行业＼指标	产销率（1~12月）		劳动生产率（1~11月）		三费比例（1~11月）	
	本年累计（%）	同比（百分点）	本年累计（万元/人）	同比（%）	本年累计（%）	同比（百分点）
全行业	97.86	0.25	34.48	10.22	6.06	-0.35
棉　纺	98.31	0.48	39.98	12.31	4.70	-0.27
印　染	98.05	0.00	46.33	8.34	5.10	-0.44
毛　纺	96.41	-0.05	50.2	9.03	4.23	-0.52
麻　纺	96.10	-0.56	26.25	24.71	6.50	-0.20
丝　绸	97.78	0.06	37.83	11.00	5.06	-0.44
制成品	97.29	-0.49	43.22	11.97	6.65	-0.24
针　织	97.60	-0.55	28.00	10.20	6.53	-0.34
服　装	97.51	0.25	23.77	12.82	8.09	-0.67
化　纤	98.55	1.1	92.63	-1.46	4.76	-0.03
纺　机	99.11	1.56	44.34	21.54	8.75	-0.83

（资料来源：国家统计局、中国纺织工业协会统计中心）

表4 2009年规模以上纺织行业运行质量情况（二）

行业＼指标	资产负债率（1~11月）		产成品周转率（1~11月）	
	本年累计（%）	同比（百分点）	本年累计（次）	同比（次）
全行业	57.66	-1.45	14.68	1.12
棉　纺	57.64	-2.81	15.96	1.36
印　染	60.72	-1.80	18.94	1.54
毛　纺	53.74	-0.32	11.43	1.27
麻　纺	59.43	-0.49	6.96	1.39
丝　绸	63.51	-0.73	11.29	0.18
制成品	57.15	-1.54	16.93	0.95
针　织	55.30	-1.89	14.79	0.91
服　装	54.37	-1.80	13.95	0.42
化　纤	62.69	1.36	14.52	2.18
纺　机	59.16	0.71	11.62	1.52

（资料来源：国家统计局、中国纺织工业协会统计中心）

五、效益明显改善

伴随着行业产销回升以及国家提高出口退税率、放松融资环境等政策效果逐步显现，行业的效益状况得到明显改善。2009 年 1~11 月，规模以上全行业亏损企业数较 2008 年同期减少 1.29%，亏损面（17.69%）下降 2.75 个百分点，亏损企业亏损额同比减少 23.76%。继 1~8 月行业利润总额一年来首度扭转负增长局面后，1~11 月，规模以上纺织企业实现利润总额 1331.49 亿元，同比增长 25.39%，增速比 1~2 月显著回升 36.4 个百分点，比 1~8 月又提高了 13.11 个百分点；行业平均利润率达到 4.04%，高于 2008 年同期 0.48 个百分点。

表 5 2009 年 1~11 月规模以上纺织行业运行质量情况（一）

指标 / 行业	利润总额			亏损企业亏损额			利润率	
	本年累计（亿元）	同比增长（%）	同比增减（百分点）	本年累计（%）	同比增长（%）	同比增减（百分点）	本年累计（%）	同比（百分点）
全行业	1331.49	25.39	27.16	159.65	-23.76	-123.61	4.04	0.48
棉　纺	350.38	14.12	1.97	43.23	-9.95	-94.95	3.94	0.12
印　染	76.72	22.84	25.85	8.74	-30.38	-130.44	3.64	0.42
毛　纺	57.02	9.43	0.84	4.67	-8.66	-26.55	4.19	0.01
麻　纺	5.17	19.48	26.64	3.06	25.1	-13.93	2.42	0.19
丝　绸	31.50	25.66	14.20	5.31	-11.15	-12.08	2.74	0.38
制成品	131.76	21.40	0.82	11.03	-6.20	-48.23	4.37	0.31
针　织	124.65	24.02	24.00	13.39	-0.63	-53.89	3.75	0.43
服　装	395.85	22.02	9.76	33.82	-9.01	-63.70	4.71	0.29
化　纤	113.91	187.40	262.29	27.14	-58.24	-340.83	3.30	2.13
纺　机	24.51	26.40	66.96	6.76	29.08	-192.48	4.27	0.50

（资料来源：国家统计局、中国纺织工业协会统计中心）

（六）投资实现稳定增长

行业产销和盈利状况的好转带动企业的市场信心逐步得到恢复，行业固定资产投资增速逐步回升并实现稳定增长。2009 年全年，纺织行业 500 万元以上项目固定资产投资实际完成额达到 3102.04 亿元，同比增长 13.86%，增速高于 2008 年 7.11 个百分点，新开工项目数为 7731 个，同比增速达到 27.85%，高于 2008 年 35.71 个百分点。

图 6 纺织行业 500 万元以上项目固定资产投资累计同比增长情况

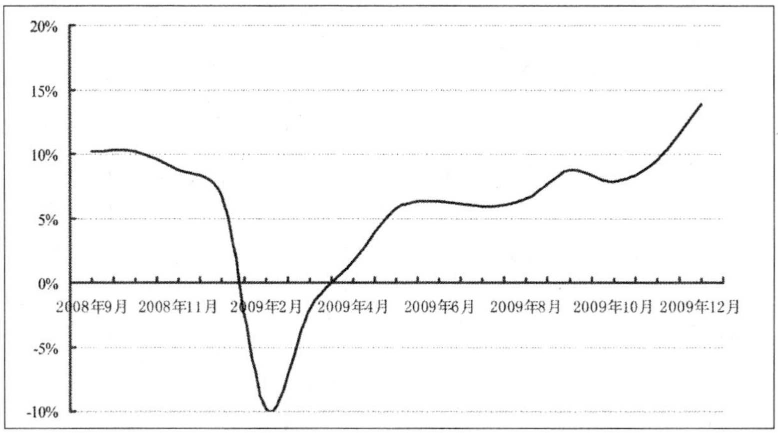

各分行业中，棉纺、印染、丝绸、制成品和针织行业投资增速较2008年有所加快，其中棉纺行业完成投资额同比增长11.25%，印染行业同比增长15.46%；毛纺、麻纺和化纤行业投资出现萎缩，其中化纤行业完成投资额同比减少4.81%；服装、纺机行业投资实现增长，但增速较2008年有所下滑。

表6 2009年纺织行业固定资产投资完成情况（分行业）

行业	完成投资额（亿元）	同比（%）	比2008年增减（百分点）
全行业	3102.04	13.86	7.11
棉纺	794.19	11.25	17.11
印染	98.46	15.46	12.2
毛纺	85.84	-1.75	-10.59
麻纺	28.90	-8.70	-28.61
丝绸	72.24	27.10	23.47
制成品	366.08	23.98	12.37
针织	290.16	24.18	23.47
服装	949.44	24.64	-6.10
化纤	273.30	-4.81	-10.58
纺机	61.78	7.00	-1.68

注：本表格中数据统计范围为500万元以上项目。

（资料来源：国家统计局、中国纺织工业协会统计中心）

二、2009年纺织行业结构调整成效

2009年以来，在内外环境的驱动下，纺织行业产业结构调整和产业升级的步伐明显加快，创新能力不断提高，市场竞争力得到进一步提升，为行业摆脱困境、较早实现企稳回升提供了动力和支撑。行业结构调整的成效主要体现在以下几个方面：

（一）科技进步取得新成果

2009年，纺织行业科技进步成果显著，高新技术纤维、新型纺纱技术、产业用纺织品、新型纺机等一批纺织高新技术研发及产业化应用取得新进展。全行业有6项科技成果荣获2009年度国家科学技术奖，其中高效短流程嵌入式复合纺纱技术获得国家科技进步奖一等奖，其余5项技术分获国家科技发明奖二等奖和科技进步奖二等奖；144项科技成果获得2009年度中国纺织工业协会科技进步奖，其中9项获一等奖，这些科技成果对于全行业的技术进步起到了积极推动作用。2009年，化纤差别化率比2008年提高了5个百分点，国产纺织机械市场占有率比2008年提高了近10个百分点。

（二）行业结构调整加快

作为纺织工业中技术型子行业和新经济增长点，产业用纺织品行业2009年以来始终保持良好发展态势，行业产销、效益、出口增长速度均明显好于全行业平均水平，全年产业用纺织品产量达到约700万吨，同比增长17%，占行业纤维加工总量的比重约达到19%，比2008年提高2个百分点，对纺织全行业发展的拉动作用更加突出。

（三）区域结构进一步优化

2009年，纺织产业向中西部地区转移的进程明显加快。中部地区承接产业转移的积极性较高，新规划纺织产业园区不断增加，2009年中部地区实际完成固定资产投资1076.76亿元，同比增长30.1%，高于东部地区22.24个百分点；新开工项目3069个，同比增长48.69%，高于东部地区26.31个百分点。2009年，中部地区规模以上纺织企业工业总产值同比增长18.17%，高于东部地区9.36个百

分点；1~11 月利润总额同比增长 44.95%，高于东部地区 22.56 个百分点。

羊绒、地毯、丝绸等西部地区特色纺织产业得到较快发展，2009 年 1~11 月宁夏、青海、四川规模以上纺织企业利润总额同比增速分别达到 61.57%、47.04%和 45.93%，均远高于行业平均水平。

表 7 东、中、西部地区纺织企业固定资产投资增长及占比情况

单位：%

地 区		2005 年	2006 年	2007 年	2008 年	2009 年
全 国	同比	39.09	27.09	25.74	6.75	13.86
东 部	同比	36.82	21.14	16.33	-3.62	7.86
	占比	73.97	71.94	66.56	60.10	56.93
中 部	同比	40.79	46.93	54.20	27.05	30.10
	占比	16.42	20.81	25.52	30.38	34.71
西 部	同比	15.57	41.06	37.39	28.47	-0.05
	占比	6.61	7.25	7.92	9.52	8.36

注：本表格中数据统计范围为 500 万元以上项目。

（资料来源：国家统计局、中国纺织工业协会统计中心）

表 8 2009 年东、中、西部地区规模以上纺织企业主要经济指标增长情况

指标 / 行业	工业总产值（1~12 月）		利润总额（1~11 月）	
	本年累计（亿元）	同比增长（%）	本年累计（亿元）	同比增长（%）
全国	37979.89	10.30	1331.49	25.39
东部	31956.67	8.81	1111.16	21.28
中部	4319.97	18.17	179.06	44.95
西部	1703.25	20.91	41.26	86.76

（四）企业优胜劣汰加快

一批优势企业在逆境中得到发展，在国内外市场上的综合竞争能力进一步提高。根据国家统计局数据，2009 年 1~11 月，占规模以上企业数 32.17%的 17038 户优势企业利润总额同比增长 30.72%，高于行业平均水平 5.33 个百分点，利润率达到 8.22%，高于行业平均水平 4.18 个百分点；其中 3666 户骨干企业利润总额同比增速达到 40.15%，利润率率达到 15.68%。

一批缺乏市场竞争力的企业在市场机制的作用下实现了淘汰和重组，2009 年化纤行业共淘汰落后生产能力 137.2 万吨，常州等环太湖地区半数以上的落后印染设备被淘汰，纺织企业的整体素质得到优化。

三、2010 年纺织行业发展趋势展望

整体上看，2010 年，我国纺织行业面临的国内外经济环境将较 2009 年明显改善，行业整体上具备继续稳步回升的条件，但同时也仍然面临一系列不确定性因素。

2010 年影响纺织工业经济运行的因素主要有：

（一）国际市场将缓慢恢复，行业出口的市场动力仍然不足

随着各国救市政策效果逐渐显现，世界经济在 2009 年末已经开始逐步呈现出复苏迹象，但由于此时的经济回暖主要依靠政策拉动，政府支出增

加和发达国家净出口改善是主要动力，因此个人消费在2009年整体上均处于持续疲弱状态，直至年底才出现好转迹象。

2010年，随着发达国家金融体系风险进一步下降，市场信心逐步改善，世界经济有望继续好转，国际市场也将得到一定程度的恢复。根据世界银行最新预测，2010年，全球GDP将由2009年的负增长2.2%恢复到增长2.7%，全球贸易额增速也将由-14.4%回升到4.3%；根据国际货币基金组织最新预测，全球GDP同比增速将由2009年的-0.8%恢复到3.9%，全球贸易额增速将由-12.3%回升到5.8%。

但是，目前美、欧、日等主要发达经济体失业率均处于历史高位，且危机过后的较长一段时间内，世界各国将对本国的经济结构进行重新平衡和调整，劳动力也将在生产部门之间重新分配，失业率将持续处于高位，甚至不排除有继续攀高的可能，失业状况仍需较长时间才能得到彻底改善，将制约个人消费的增长。此外，美国居民危机后普遍面临改善个人债务状况的压力，消费情绪在未来一段时间内也将处于相对保守的阶段。因此国际市场需求的恢复速度整体上将是缓慢的，我国纺织行业的出口增长的市场动力也仍然有限。

由于2009年基数较低，2010年，随着国际市场需求状况逐步改善，我国纺织行业出口将结束金

图7 美、欧、日服装零售额同比增长情况

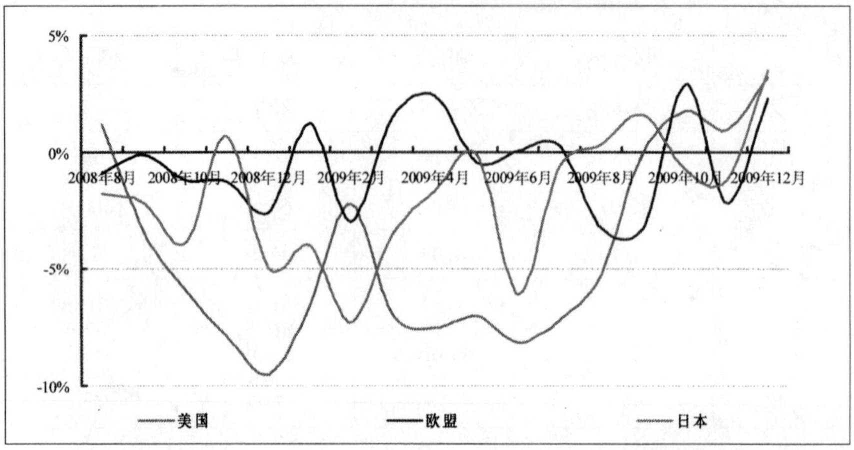

（资料来源：美国商务部、欧盟统计局、日本经济产业省）

图8 美国、欧盟、日本失业率

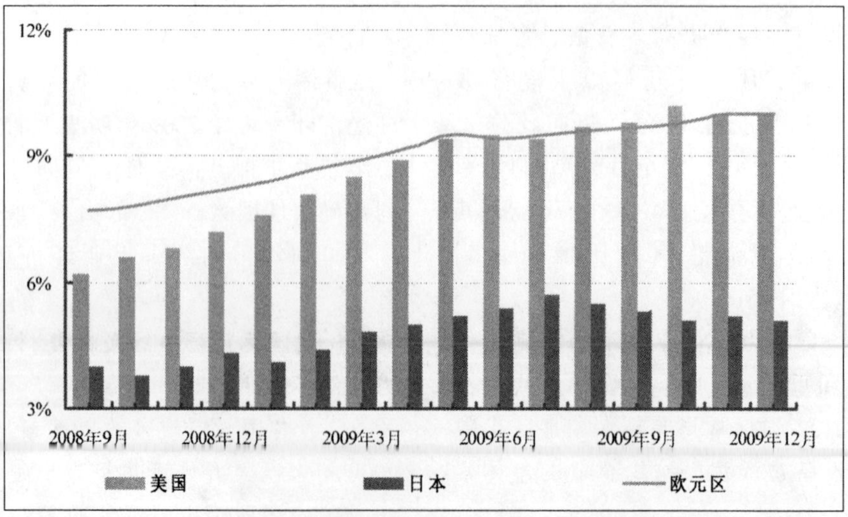

（资料来源：美国劳工部、欧盟统计局、日本统计局）

融危机以来的持续下滑态势，恢复增长，但增速将较危机前有所下降。

（二）内需将保持稳定增长，对行业的支撑作用依然突出

2009 年，尽管内需市场实现稳定增长，对纺织行业企稳回升发挥了首要支撑作用，但由于国内出口受到金融危机影响大幅下滑，就业状况随之恶化，城乡居民对于衣着消费的支出趋于谨慎，抑制了内需市场增长潜力的释放，因此年内国内衣着类商品内需的增长水平较金融危机之前仍有一定差距（增速约低 5~8 个百分点）。

2010 年，随着国际经济环境逐步改善，国内以“调结构”为主线的各项宏观调控措施逐步落实，我国宏观经济将继续回升向好。随着国内就业状况逐步稳定，市场信心得到改善，居民生活水平继续提高，衣着类消费品的市场需求仍将实现稳定增长。与此同时，国家 4 万亿扩内需计划在 2010 年仍将继续推进，围绕“扩内需”目标，一系列促消费、惠民生的措施也将先后落实，国家在三农、医疗等基本社会保障制度建设、保障性安居住房建设、促进汽车消费等方面的投入将继续增加，一方面将为家用纺织品、产业用纺织品提供了更为广阔的市场空间，另一方面也有利于为国内居民，特别是农村和城镇中低收入群体增加消费支出减轻后顾之忧，进一步增加内需市场的活力。

在市场向好、政策助推的条件下，2010 年，我国纺织品服装内需将延续 2009 年以来的稳定增长态势，且增速有望比 2009 年进一步提高，将继续对纺织行业的回升发挥重要支撑作用。

（三）不确定因素仍然存在，加大行业运行风险

在国际市场缓慢复苏、国内市场稳步增长的情况下，2010 年纺织行业仍然面临一系列不确定因素。

1.生产要素价格持续回升

2009 年二季度以来，随着内需市场增长加速和纺织行业产销增速回升，国内各种纺织原料价格较年初持续上涨，到年底棉花、涤纶短纤等主要纺织原料价格均较年初上涨了 25%以上。随着全球经济的复苏，2010 年，原油、棉花等大宗商品的价格将持续在高位波动，带动化纤、纺织原料价格高位调整。尽管目前纺织行业中游及终端产品的价格也有所提高，但增长速度相对要低得多，中下游企业的成本压力将逐步加大。

2009 年，受金融危机影响，国内劳动力、能源动力等生产要素均供给充足，价格相对较低。2010 年，随着国内宏观经济继续回升，各项生产要素市场供给将逐渐趋于紧张，价格也将呈现上升走势，纺织企业的成本压力将明显增加。

2.融资压力将继续加大

尽管国家自金融危机以来已经明确提出多项支持纺织企业融资的政策，纺织行业的融资情况也在部分地区得到一定程度的改善，但广大中小企业仍普遍面临较大的融资压力。2009 年以来，纺织行业固定资产投资增速仅有 10%左右，远低于全国制造业的平均水平，在一定程度上体现出体现资金缺乏仍是现阶段纺织行业面临的重要问题。

虽然 2010 年国内货币政策仍将保持“适度宽松”，但近期国内通货膨胀预期有所加强，2009 年 11 月，国内 CPI 自金融危机以来同比首度转负为正，同比增长 0.6%，此后同比增长幅度逐月提高；而尚未列入 CPI 统计范畴的房地产销售价格也持续高涨，加强管理通货膨胀预期成为国家 2010 年宏观调控的重点目标之一。2010 年 1 月 18 日，央行宣布将存款准备金率上调了 0.5 个百分点，货币政策向紧缩微调的趋势已经显现，纺织企业的融资难问题在 2010 年内可能会更加突出。

3.贸易保护主义依然存在

金融危机爆发以来，由于国际市场需求低迷，市场竞争日趋激烈。为保护本过出口，限制别国进口，很多国家纷纷动用贸易救济手段或增加技术贸易壁垒，2009 年以来，针对我国的各类贸易摩擦案件频发，国际贸易保护主义明显抬头。贸易保护主义将是全球经济复苏进程中难以避免的问题，2010 年我国纺织行业遭遇国际贸易摩擦的风险仍然较高，行业出口情况也仍存在不确定性。

4.人民币存在升值压力

2009 年，人民币汇率基本保持稳定，对于纺织行业“保出口”具有积极意义。但随着美国高达 7000 多亿美元的大规模经济刺激计划付诸实施，美元供给量大幅增加，流动性已濒临泛滥；而我国经济在全球范围内率先复苏吸引国际资本进入，也必然增加美元兑换人民币的需求，因此，2010 年人民币兑美元存在升值的压力。虽然现阶段，由于国内经济向好回升的基础仍不牢固，出口状况尚未彻底好转，人民币汇率仍然基本保持稳定，但随着国际市场逐步复苏以及我国经济实现稳定较快增长，人民币升值的内外压力都将明显加大，我国纺织行业在出口报价和结汇方面也将面临风险。

综合国内外市场走势及相关影响因素判断，尽管2010年纺织行业仍然面临一系列不确定因素，出口增长也仍缺乏根本性的动力，但内需市场仍将对行业发挥显著拉动作用，在国际贸易环境基本保持稳定的条件下，纺织行业将继续实现稳步回升。预计2010年规模以上全行业工业总产值、利润总额均有望实现两位数增长。

四、2010年纺织行业的发展任务

2010年是《纺织工业“十一五”发展纲要》实施的最后一年，也是《纺织工业调整和振兴规划》落实的第二年。在实现行业继续稳步回升向好的同时，全面完成《“十一五”发展纲要》目标，进一步贯彻落实《调整和振兴规划》，加快结构调整步伐，转变生产经营方式，仍是纺织全行业在2010年面临的重要任务。

（一）加快科技进步步伐

继续重点突出、目标明确地落实《纺织工业科技发展纲要》确定的“28项关键技术和10项新型成套关键装备”的技术突破和应用，加大高性能、功能性、差别化纤维的开发力度，扩大其在功能性纺织品、绿色环保生态纺织品、产业用纺织品等重点领域的应用，依靠科技贡献率提高产品附加值。

通过建立示范工程、完善行业公共服务体系等途径，着重在全行业，特别是中小企业中推广应用一批已经具备产业化条件和市场前景的适用先进技术，进一步提升行业技术装备水平，提高生产效率，优化产品质量，改善市场竞争力。

（二）推进节能减排、淘汰落后工作

大力抓好节能减排、淘汰落后产能工作，以印染、化纤等主要行业为重点，全面落实《纺织工业调整和振兴规划》和《国务院关于进一步加强淘汰落后产能工作的通知》（国发[2010]7号）中确定的节能减排目标、措施和淘汰落后任务。大力推广行业节能减排新工艺、新技术、新设备，加快技术装备更新升级，推动行业节能减排和淘汰落后工作迈出实质性步伐。

（三）加大自主品牌建设力度

加快推进行业自主品牌建设，总结行业中优秀自主品牌在品牌营销、管理、供应链建设等方面的先进经验，面向全行业加以推广；加强公共服务，建立良好的市场竞争环境，形成鼓励创新、百花齐放、推陈出新、多元文化共生的良好创意生态环境，培育企业社会责任氛围，努力营造有利于品牌元素成长的良好公共环境。

（四）积极促进产业转移

鼓励持中西部有条件的地区科学规划发展纺织产业，建立现代化的纺织产业园区和新型纺织产业集群；引导东部地区纺织企业结合中西部地区资源优势和特点，加快升级式产业转移；多渠道、多手段搭建平台，增加东部地区与中西部地区之间的交流与合作，促进纺织产业区域结构优化调整。

（五）完善公共服务

围绕“一个平台、五大支柱”建立和扩大集产品研发、质量检测、人才培训、信息化推广和现代物流于一体的纺织产业公共创新平台，并以此为基础建立和完善面向广大中小企业的公共服务体系。通过公共服务体系扶持中小企业提高产品开发能力、管理水平和人才素质，扩大专业市场联盟的影响力，全面改善广大中小企业的市场竞争力和抗风险能力，推进新型产业集群建设，提高纺织行业的整体实力。

（六）研究行业未来发展思路

在全面总结《纺织工业“十一五”发展纲要》实施效果和经验的基础上，加紧研究制定纺织行业在“十二五”期间，乃至到2020年的发展思路和工作重点，为到2020年实现纺织强国目标做好战略部署。

2009年中国食品工业经济运行概况

2009年是中国食品工业的调整振兴年。经历2008年乳业危机的阵痛之后，整个食品行业经过一年时间的调整与恢复，重新走上发展轨道。尽管不能避免金融危机的影响，但食品行业对抗风险的能力较强，加上国家扩大内需市场的政策支持，以及刚性需求，总体来说，食品行业在2009年依然保持了产销两旺的增长态势，食品饮料行业收入同比增长17.7%，利润总额同比增长29.7%。各子行业的产销量均实现回升，其中白酒、葡萄酒的增速均保持在20%以上。2009年，全国食品工业规模以上企业完成总产值49678亿元，比2005年增长了143%，平均年递增约25%，提前实现了《全国食品工业“十一五”发展纲要》的规划目标。

一、2009年食品工业产销量大增

2009年1~11月，我国软饮料产量7452.9万吨，同比增长了25.89%。从品种上看：主要饮料品种均实现了高速增长，其中增长最快的是果汁和蔬菜汁饮料类，共生产1300.2万吨，增长29.62%；包装饮用水类生产2944.3万吨，增长了29.75%；碳酸饮料类（汽水）生产1154.4万吨，增长了11.30%。

酒业：2009年1~11月份，白酒行业产量624.19万吨，同比增速22.2%，产量增速处于高位；葡萄酒行业的产量81.2万吨，同比增长21.83%，增速呈回升态势；啤酒行业产量4058.54万吨，同比增长6.43%，产量增速基本持平。

乳业：2009年1~11月乳制品企业的销售收入总计约1450亿元，出现环比向好趋势：从1~5月120亿元/月，提高至6~8月139亿元/月，再增至9~11月146亿元/月。此外，1~11月份，乳制品行业的产量1761.56万吨，同比增速10.2%，液体乳行业产量1496.56万吨，同比增长10.43%，乳制品行业消费恢复。

肉类：2009年我国肉类产量再上新台阶，全年肉类总产量7500万吨，同比增长3.1%；禽蛋产量2660万吨，生产总体稳定。按照国家“十一五”发展规划，到2015年中国肉类总产量将达到8400万吨以上，猪肉、牛羊肉和禽肉所占比重分别为60%、20%和20%；肉制品加工产量将超过1100万吨。

粮油：经历多次自然灾害的中国粮食2009年再获丰收，全年粮食产量约为10600亿斤以上，实现连续6年增产。这标志着中国粮食综合生产能力跨上了一个新的台阶。

二、2009年食品工业运行情况

回望2009年食品行业的发展，相比2008年少了些大起大落，但进入后三聚氰胺时代，需要食品行业思考和修正的事情更多。2009年全行业的经济运行围绕以下几方面进行。

（一）整顿规范措施频出

2008年10月18日，工信部、国家质检总局、国家工商总局联合发布《乳制品行业整顿和规范工作方案的通知》，经过自查自纠监督整改，在2009年逐渐进入检查验收和巩固成果阶段。

2009年1月1日~2月28日，是全国乳制品行业整顿工作的检查验收阶段。这一阶段，对验收不合格企业责令停产再整顿，至2009年2月底验收不合格的企业应予关闭。2009年3月1~31日乳制品整顿巩固阶段，其间，通过整顿规范工作，乳制品生产企业恢复到正常水平；扶持一批大型骨干企业，淘汰一批落后企业，加快企业集团化、集约化进程，整合加工资源。

同时，根据《国务院办公厅关于印发食品安全整顿工作方案的通知》要求，从2009年9月至2010年底，在开展打击违法添加非食用物质和滥用食品添加剂专项整治行动的基础上，进一步开展违法添加非食用物质和滥用食品添加剂整顿工作。2009年9月18日，卫生部、工信部、监察部、公安部、商务部、工商总局、质检总局、食品药品监管局等九部委，联合发布《全国打击违法添加非食用物质和滥用食品添加剂整顿工作方案》，通过专项抽检和监测、完善管理法规和修订标准、加大查处力度、发布违法添加的"黑名单"等措施，打击违法滥用添加食品添加剂的犯罪行为。

此外，2009年7月16日，工信部与国家发改委联合发布《乳制品工业产业政策(2009年修订)》。这是自三聚氰胺事件发生后，我国首次就乳业的发展规范等问题做出重大调整。乳制品产业新政策从优化产业布局、加强奶源控制、鼓励重组融资避免重复建设，以及加强质量安全等方面，做出明确规定。

在坚持标本兼治、着力治本的原则下，全国各工业主管部门会同相关部门机构，针对乳制品和非法添加物展开了轰轰烈烈的整顿规范。通过整顿，打击了违法经营行为，关停一部分不合格的企业，对于行业健康有序发展意义重大。在开展整顿过程中，监管力度得到进一步加强，食品行业自律显著提高，建立和完善了长效监管机制，从而使人民群众食品安全得到切实保障。

(二)将食品安全问题提高到立法高度

从2008年三聚氰胺事件发生以来，"食品安全"问题受到国家及社会各界的高度关注，甚至出台了一部法律作为保障。2009年6月1日，《中华人民共和国食品安全法》正式实施。2009年7月20日，《食品安全法实施条例》发布并实施。《食品安全法》的出台进一步明确了食品生产经营者作为食品安全第一责任人的义务，规范了食品标准制定和食品检验工作，对食品安全监督管理提出了更高的要求，为从根本上提升食品安全水平提供了体制机制保障，更是开启了中国食品安全有法律保驾护航的新时代。

随着食品安全法的出台，食品相关的各项新标准也随之出炉。2009年10月1日，国家矿泉水新标准正式颁布，该标准最大的革新在于增加了溴酸盐及3项致病菌指标，同时删除了菌落总数。溴酸盐在国际上被定为2B级的潜在致癌物，是矿泉水或山泉水等天然水源在经过臭氧消毒后生成的副产物。增加了溴酸盐指标，意味着水企设备的改良最少也要几十万甚至几百万元，准新标准成为了一道分水岭，将这个行业大鱼和小虾更明显地区分了开来，推动行业优胜劣汰、健康发展。

同样10月1日，橄榄油国家标准《GB23347-2009橄榄油、橄榄果渣油国家标准》叫停橄榄果渣油，旨在杜绝不法商家以勾兑橄榄油冒充好的橄榄油。

(三)积极开展食品质量诚信工作

三鹿奶粉事件让全国对"食品质量诚信"的关注提升到一个前所未有的高度。

2009年5月18日，国务院发布《轻工业调整和振兴规划》指出，加强食品工业企业诚信体系建设，要重点开展食品工业企业诚信体系建设试点工作，修改完善相关规范和标准，推动食品工业企业诚信体系建设。

2009年7月23日，为落实《轻工业调整和振兴规划》要求，推动食品工业企业诚信体系建设，国家认监委、工信部与黑龙江省人民政府在哈尔滨市共同签署合作备忘录，在黑龙江省启动乳制品生产企业危害分析与关键控制点体系认证的试点工作。

2009年12月30日，召开《食品工业企业诚信体系建设工作指导意见》发布会。诚信体系建设工作的核心是加强食品企业质量安全诚信，促使企业具备诚信能力，从而实现保障食品质量安全、促进行业健康发展的目标。计划用3年左右时间，初步建立起较完善的食品工业企业诚信管理体系、诚信信息征集和披露体系、诚信评价体系，以及政府部门协同推动、行业协会自律、食品企业积极参与、质量安全诚信有效落实的诚信体系运行机制。同时，黑龙江和河南两个试点省份的乳制品企业和肉类加工企业分别发表《产品质量安全诚信承诺》和《质量诚信北京宣言》。

(四)食品工业产销实现恢复性上涨

与"恢复"一词关联度最大的莫过于乳制品行业。经历了2008年乳业危机的阵痛，2009年经过一年时间的反思与整顿，乳品行业已呈现明显回暖迹象。

统计局数据显示，2009年11月，乳制品产量出现大幅的回升，规模以上企业乳制品产量165.5万吨，同比增长31.8%。而1~11月，乳制品工业销售产值1434.4亿元，同比增长12.85%。

乳制品行业回暖力度如此之强，主要有几点原因：一是政府的扶持，二是市场的需求，三是企业的努力。从几大上市公司的财报可以发现，在2009年上半年的困难时期，上市乳企都扭转了之前的亏损状态，实现了正增长，这也表明乳制品消费市场的回暖力度明显。从2010年开始，乳业有望重新进入稳步增长期。

不仅仅是乳制品行业，我国食品行业各子行业的产销量增速均呈现恢复性上涨。2009年1~11月，白酒、葡萄酒、啤酒和液体乳1~11月的累积产销量增速分别为22.24%、21.83%、6.4%和10.43%。利润方面，除屠宰及肉制品行业因2009年猪肉价格随生猪价格的下降而下降，导致肉制品行业的毛利率有所下降之外，其他包括白酒、葡萄酒和乳品行业的利润均有不同程度增长，增速分别为25.73%、19.89%、78.86%。

（五）食品价格上涨幅度较大

从2009年下半年开始，关乎老百姓日常生活的不少食品类产品的价格开始大幅度上调。

首先是白酒举起涨价大旗。随着国家税务总局向各地下发了《关于加强白酒消费税征收管理的通知》，2009年8月1日起开始试行《白酒消费税最低计税价格核定管理办法》。一些高档白酒就开始为应对这一政策而提高酒品的出厂价和零售价。茅台首先发表公告称将于2010年元旦起适当上调茅台酒出厂价，平均上调幅度约为13%，此前国窖1573、水井坊等均已低调涨价。之后，山西汾酒提价10%，洋河提价5%，二线名酒也掀起了一股涨价潮。

国内食用油价格也不断增长着。2009年11月，鲁花旗下的花生油也调高出厂价格8%，中粮福临门花生油系列也进行调整，其中5升装花生油供价上涨约20%。12月，金龙鱼、福临门两大食用油品牌，也上调部分食用油品种价格10%左右。相对于白酒厂家的提价原因，食用油企业上调价格的原因还算“说得过去”，2009年食用油价格经历了几涨和几降，大多是在原料价格上涨时，食用油企业涨价，在原料价格低位运行时，食用油企业降价。

在奶业方面，首先涨价的是上海光明，针对部分产品提价1.8%~3%。值得关注的是，2009年以来包括汽油、水电、原奶、包材等整个产业链价格上扬幅度超过10%，乳制品企业目前正承受着成本大幅上涨的压力。

（六）食品行业并购重组风起云涌

在并购风中，中粮是主角。2009年2月中粮将五谷道场纳入麾下，涉足方便面市场；接着，中粮联手厚朴以61亿港币入主蒙牛乳业，成为业内强强联合的范例。12月，中粮集团又以1.94亿元人民币收购外商投资企业万威客(华南地区占据市场主导的低温肉制品及烘焙冷冻产品商)，进军肉制品市场。

在乳品行业企业，并购重组更是风起云涌。随着三鹿宣告破产，三元等一批优质企业纷纷对原三鹿旗下的各类资产进行收购。2009年11月4日，三元宣布，其母公司首都农业集团已经与河北国信资产运营有限公司签署协议，购买后者所持唐山三鹿等资产。除君乐宝回收自己的股份外，三鹿全部资产都由三元接手。不只是向外并购，北京三元自身也完成了重组，与北京华都、大发正大三家整合，组建成了首农集团，整合了资源，减少了内耗。

纵观2009年的中国食品行业，“资本并购”是整个行业并购重组风潮的又一特点，通过资本融合，实现合纵连横，对企业实力提升和产业链延伸都将是有益的促进。2009年9月20日，凯雷投资和上海复星联合收购雅士利23.3%股权，位列第二、第三大股东。此次资本入股雅士利是中国乳业三聚氰胺事件之后，私募股权公司入股中国乳业投资的第三例。前二例分别是厚朴基金联合中粮入股蒙牛乳业，红杉中国入股飞鹤乳业。

地方工业篇

——2009年中国主要地区工业经济运行概况

2009年北京市工业经济运行概况

2009年，在国际金融危机的影响下，北京市经济艰难开局，工业增速下滑至进入新世纪以来的历史低点，产品出口大幅下降，众多企业生产经营陷入困境。在党中央、国务院、市委市政府的坚强领导下，围绕“打赢一场硬仗，办好一件大事”，全市工业战线坚定信心，知难而进，牢牢把握“保增长、保民生、保稳定、调结构、上水平”的总要求，化挑战为机遇。2009年全市规模以上工业生产呈现一季度探底、二季度复苏、三季度回升的运行态势，增速分别是-3.4%、0.5%、18.6%；进入四季度，工业保持快速增长态势，1~11月规模以上工业增长7.9%，工业经济全年保8的增长目标顺利实现。

一、2009年工业经济运行基本情况

（一）工业增速止跌回升企稳向好

1~12月，北京市规模以上工业增加值比上年同期增长9.1%，增幅比上年同期提高7.1个百分点；比1~11月提高1.2个百分点。其中，12月份，工业增加值比上年同期增长23.6%（上年同期为下降6.9%），增幅比11月份回落2.7个百分点。

从全年看，1月达到全年工业增速的最低点-14.9%；1~7月累计增速由负转正；下半年工业生产增长显著，其中，5个月份增加值总量超200亿元，最高约260亿元，创历史最高；4个月份工业增速超23%，最高到26.3%。

1~12月，规模以上工业实现工业总产值10803.3亿元，比上年同期增长3.3%，增幅比1~11月提高3个百分点。其中，12月份产值完成1202.3亿元，产值总量再创历史新高，比上年同期增长36.0%，增幅比11月份提高4.7个百分点。

（二）内销保持增长，外销复苏加快

1~12月，工业销售产值实现10699.2亿元，同比增长3.2%，增幅比上月提高2.4个百分点，连续两个月实现增长。其中，国内销售产值9190.7亿元，同比增长7.0%，比上月提高2.2个百分点，连续4个月实现正增长；出口交货值1508.5亿元，同比下降15.2%，比上月降幅收窄2.9个百分点。

12月份，工业销售产值1184.1亿元，同比增长29.1%，增幅比11月份回落0.3个百分点。其中，国内销售产值1043.8亿元，同比增长29.1%，增幅比上月回落3.6个百分点；出口实现交货值140.3亿元，同比增长29.4%，连续两个月保持增长。

（三）六大产业全年实现增长

六大产业开局艰难，增加值增速1月“一升五降”、1~2月“二升四降”，随着“保增长”政策的深入，产业发展稳步回升向好，1~7月“三升三降”、1~9月“五升一降”，到1~12月六大产业全面实现正增长。

医药产业，1~12月增加值比上年同期增长17.4%，全年始终保持平稳、较快增长。汽车和交通设备制造业，1~12月增加值比上年同期增长33.9%，完成汽车生产127万辆，对工业增长的贡献突出，1~11月对全市工业增长的拉动作用达到2.7个百分点。基础产业，1~12月增加值比上年同期增长7.0%，1~7月基础产业的企稳回升对全市工业增长起到了积极稳定作用。装备产业，1~12月增加值比上年同期增长4.6%。都市产业，1~12月增加值比上年同期增长4.6%。电子信息产业，受海外市场的影响，全年承受了巨大压力，前11个月增加值同比均为下降，直到12月才实现增长，比上年同期增长0.1%。

（四）软件和信息服务业继续保持高速增长

2009年1~11月份，北京市软件和信息服务业实现营业收入2150亿元，同比增长15%，全年实现营业收入2350亿元，其中计算机服务与软件业预计实现营业收入1800亿元，同比增长16%，约占全国比例21%。软件和信息服务业全年预计实现增加值1150亿元，同比增长16.5%，约占全市GDP的10.4%。

（五）工业节能减排成效显著

2009年，北京市共组织62家“高污染、高耗能、高耗水”企业退出，每年可以节约能源5.4万吨标准煤，节约新鲜水321万立方米。前三季度，工业万元增加值水耗为22.3吨，规模以上工业万元增加值能耗降至0.87吨标准煤，同比下降12.8%。

（六）中小企业不断发展壮大

2009年，北京市中小企业不断发展壮大。中小企业约25万户，占全市企业的99%以上，主营业务收入占56%以上，从业人员占70%以上，应税总额占60%以上。镇村企业健康发展，运行态势良好，工业增速高于全市平均水平。

（七）信息化应用水平进一步提升

2009年，北京市信息化基础设施提升计划全面推动城市信息化进程，全市网民数达到1100万，占总人口的比例达到65%，其中2兆及以上宽带用户达到135万户。全市3G网络用户达到66万，占全国的6.7%，其中，TD用户约33万，占全国TD用户的8%。高清交互数字电视用户超过7万户。首都之窗连续被评为省级政府门户网站全国第一，全年电子商务实现交易额2300亿元，同比增长15%。

二、2009年工业经济运行主要措施

（一）落实应对金融危机的一揽子计划和政策措施

2009年，北京市市委市政府高度重视、沉着应对金融危机。市领导亲自挂帅、亲临一线，解决企业面临的实际困难，组建帮扶企业应对国际金融危机协调小组，多次召开工作会，积极协调、果断决策，全力开展企业帮扶工作。

北京市各区县政府、中关村园区管委会、亦庄等开发区全面落实国家和本市各项举措，采取“一企一策”，有针对性地解决企业的具体问题。企业及时调整生产经营，采取保产能利用率、转入海外订单、岗位轮换等措施，不裁员、不减薪，为稳定生产、稳定就业做出了积极贡献。在全市上下的共同努力下，通过一系列有力的帮扶举措，在较短的时间内扭转了经济增速下滑的势头，坚定了企业战胜金融危机的信心，切实解决了困扰企业生产经营的深层次矛盾和实际问题，工作成效显著。

（二）狠抓“保增长、调结构”，增强产业可持续发展后劲

1.大力推进重点项目建设

2009年，北京市政府分别与国防科技工业九大集团、三大基础电信运营商、中石化等央企签署战略合作协议，积极争取重大项目落地北京。整合各方面资源，加大产业投资力度，全市共获得中央财政支持13.5亿元，市经信委重点推进的产业项目共201项，各方面总投资1941亿元，项目建成后预计新增销售收入5407亿元。全市开发区累计招商项目2780个，项目总投资747亿元，同比增长72.6%。

2.积极推进产业调整振兴

2009年，为了应对金融危机，北京市出台了电子信息、汽车、装备制造、生物医药、新能源和都市型产业等产业调整振兴实施方案，并以此为契机，推进产业加速发展。一是重点推进以京东方八代线为核心的数字电视产业园建设，目前总投资280亿元的京东方八代线已动工兴建。积极推进亦庄移动硅谷、望京移动谷等专业园区建设，大力发展LED产业。二是大力支持北汽福田、北京现代等公司加紧生产，北京市全年完成汽车产销127万辆，同比增长65%，约占全国的10%。启动并推进福田中重卡技改以及现代三工厂建设等一批重大项目，推动新能源汽车的研发和产业基地建设，规划建设高端汽车零部件基地，加快培育中低速磁悬浮交通设备产业。三是积极支持三一重工北京制造中心、金风风电设备产业园、中锦阳薄膜太阳能电池产业基地等项目建设，大力推动数控机床、工程机械等产业基地的建设。四是完善生物医药产业基地建设，承担肿瘤、疫苗、医疗器械等国家重大科研项目，推动苏灵等国家一类新药上市，力促抗肿瘤药K001等自主成果研发。五是燕房合作取得积极进展，启动建设石化新材料科技产业基地，双酚A、聚碳酸酯等一批项目相继落户。首钢京唐钢铁项目一期一步工程建成并投入试运行，形成年产485万吨钢的生产能力。六是支持都市型企业开拓市场，组织食品工业“走出去”，开展2009年北京“时装之都”活动，创新发展工艺美术事业。七是以中航发动机项目为依托，启动建设航空航天产业园，努力把握通用航空产业的发展前沿。

3.不断优化产业布局

2009年，北京市积极指导工业开发区建设，明确功能定位。首钢工业区启动区规划改造工作全面展开，延庆新能源和平谷绿能产业基地先后落成，雁栖、天竺空港等开发区成为第二批市级生态试点园。全市电子信息、石化新材料和汽车产业基

地成为国家新型工业化产业示范基地。发布了工业遗产保护与再利用工作导则，推进工业设计，提升工业产品核心竞争力，结合工业旅游，推动创意产业与制造业融合发展。

4.大力推进自主创新

2009年，北京市以中关村国家自主创新示范区建设为契机，积极推进01至04国家科技重大专项工作，推进02专项的装备制造和工艺项目取得重要突破，修订企业技术中心认定办法，认定了54家企业技术中心，支持资金5400万元。对物联网、云计算等先进技术开展前瞻性研究，组织推进“感知北京”示范工程，研究建设超算中心。发布了信息化标准发展规划，完成电子政务运维等地方标准的起草、编制。

5.积极开展节能减排工作

近年来，北京市通过实施耗能企业退出、资源再利用项目、生态工业园试点建设等措施，推进节能减排。2009年出台了“高污染、高耗能、高耗水”小水泥企业有序退出的实施意见。认真做好污染扰民企业搬迁工作，组织重点行业开展能效对标工作，完善重点用能企业在线监测平台建设，召开绿色节电、节水技术推广会，提前两年实现“十一五”确定的单位能耗、水耗分别下降30%的目标。

（三）软件和信息服务业健康发展

自2008年以来，北京市软件和信息服务业管理体制得到有效整合，为产业健康发展提供了保障。积极开展“软件名城”创建，在中关村软件园开展“高端软件外包服务交付中心”建设试点。信息化基础设施提升计划的实施，有力拉动了北京市软件和信息服务业需求，专门组织企业参与市场对接，3G网络建设、数字电视推广，有效促进了手机电视、导航服务等数字内容产业的繁荣。启动建设中国动漫游戏城等重点项目。继续做好软件企业优惠政策落实，促进软件企业、产品数量双增长。继续通过企业软件正版化、政府采购等活动，支持国产基础软件发展，在电子政务、企业信息化建设中不断深化实施国产软件和服务替代工程。华胜天成、东华软件等一批企业通过兼并重组，迅速成长为新领军企业，百度搜索、金山软件、暴风影音等一大批企业不断创新产品和业务模式，在产业竞争中赢得先机。长风软件联盟不断壮大，3G产业联盟、中关村物联网产业联盟先后成立，有效整合提高产业链竞争力。

（四）“数字北京”建设取得新进展

2009年，根据北京发展所处的历史阶段和建设国际大都市的战略目标，提出了北京信息化基础设施提升计划。近一年来，全市信息网络水平进一步提高，无线网络城市初步建成，各运营商累计建设无线基站1.2万个，实现了3G信号平原地区的室外全覆盖。宽带信息网络建设迈上新台阶，在全市范围内实现2M宽带全覆盖；累计完成28万户光纤入户建设，使这些用户具备了20M宽带接入能力。吸引了电信基础设施投资超过135亿。在全国率先开展高清交互网络建设，有线电视网络双向改造完成160万户。DAB数字多媒体广播、CMMB移动多媒体广播等一大批项目顺利推进。创新建立区县协调、共同推进的“双进入”体制，地铁移动信号覆盖等一批长期困扰基础设施建设的问题得到了有效突破。

（五）关心支持中小企业，逐步优化发展环境

2009年，北京市积极贯彻国务院关于促进中小企业发展的若干意见，起草了实施细则，成立多部门参加的工作小组。高起点推进中小企业地方立法，建立了中小企业统计监测体系。为解决中小企业融资难的问题，北京市搭建间接融资服务平台和上市融资服务平台，着力解决其股权、信贷和上市融资难题。设立初期规模8亿元的中小企业创业投资引导基金，可引导社会投资20亿元。设立15亿元的再担保资金，已到位10亿元，已签订再担保授信总额300亿元。建立了政府部门推动企业改制上市工作协调机制。目前全市在深交所创业板上市企业9家，占全国的21%。支持和引导14个区县建立了中小企业服务中心，为中小企业提供公益性管理咨询服务，加大宣传推介力度。

（六）机构改革稳妥推进

2008年3月底，北京市经济和信息化委员会正式挂牌，全面整合工业、信息化、乡镇企业、软件和信息服务业、中小企业等方面的管理职能。北京市各区县政府的机构改革也正在积极推进。作为全市经济统筹的综合部门，经济工作范围涉及一二三产业，信息化推进工作全面覆盖经济和社会发展的各个领域，责任重大，使命光荣。

三、2010年工作展望

2010年是实施“十一五”规划的最后一年，也是应对国际金融危机的关键一年，更是在新的起点上，加快建设“人文北京、科技北京、绿色北京”的行动之年。从国际、国内及北京经济形势看，2010年全市工业总体形势是机遇挑战并存，有利条件和不利因素同时存在。要全面贯彻党的十七大、十七届三中、四中全会和中央经济工作会议，全国工业和信息化工作会议，市委十届七次全会精神，以邓小平理论和“三个代表”重要思想为指导，深入贯彻落实科学发展观，坚持走“高端、高效、高标准”的发展道路，加快结构调整和发展方式转变，着力抓好一批重大项目，落实产业调整振兴方案，切实提高增长的质量和效益，更加注重重点产业的加快发展，更加注重培育发展战略性新兴产业，更加注重节能减排、淘汰落后和兼并重组，更加注重技术改造和自主创新，不断开创北京工业发展新局面。

2009年天津市工业经济运行概况

2009年，面对前所未有的困难形势，在天津市委、市政府的决策部署下，天津工业围绕“保增长、渡难关、上水平”，克服国际金融危机带来的不利影响，工业经济总体保持稳步加快的增长态势。2009年，天津市规模以上工业增加值增长22.8%，居全国第二位。拉动全市GDP增长9.2个百分点，贡献率55.6%。工业固定资产投资增长50.3%，创历史新高。万元工业增加值能耗下降13.5%，提前2年完成“十一五”目标。

大项目建设取得新进展。推出第五批20项重大工业项目，累计100项，总投资5029亿元。大乙烯、大飞机等20项重大工业项目竣工投产，累计竣工40项，完成投资2265亿元，占全部投资的45%。全年工业固定资产投资2211.6亿元，比上年净增756亿元。

结构调整收到新成效。高新技术产业比重达30%，航空航天、石油化工、装备制造等八大优势产业比重达93%。航空航天、重装、重化、汽车、电子信息等千亿级产业聚集区初具规模，31个区县示范工业园建设全面启动。全市百亿集团25家，其中中环、钢管、天汽等6家超过500亿元。全年新增5家国家级技术中心，累计24家。企业专利申请10289项，增长17.3%，占全市的53.6%。驰名商标33件，中国名牌产品24件。工业万元增加值能耗降至0.948吨标准煤，首次下降到1吨标准煤以下。工业万元增加值用水量12立方米，仅为全国平均水平的9.4%，居全国第一位。

信息化建设呈现新态势。贯彻“信息化带动工业化，工业化促进信息化”的战略部署，加快信息化与工业化融合，推进基础设施建设，实施信息化惠民工程，逐步向设计数字化、装备智能化、流程自动化、管理现代化发展。

一、2009年工业经济运行基本情况

工业经济稳步增长。全年实现工业增加值3749.8亿元，比上年增长18.5%。工业总产值13056.6亿元，增长8.8%。其中，滨海新区实现总产值4202.1亿元，增长12.7%；市管工业实现总产值 7156.5亿元，增长7.7%，占全市工业的54.8%，对全市增长贡献率48.5%；区县属工业实现总产值4308.5亿元，增长19.7%，高于全市平均增速10.9个百分点。

大项目拉动作用明显。40个竣工投产的重大工业项目和300个投资 3000万元以上项目，新增产出2030亿元，对工业增长的贡献率超过60%。

产销衔接稳定。全市规模以上工业企业产销率97.26%。其中，轻工产业销率97.9%，重工业产销率97.13%。重点产品生产稳步增长，生产原油2296.96万吨，增长15%；粗钢2124.2万吨，增长24.5%；成品钢材4080.49万吨，增长30.5%，其中无缝钢管324.55万吨；汽车60.24万辆，增长11.3%；移动电话8558.68万部，下降5.5%；电子元件3126.49亿只，增长34.2%。

工业企业利润回升。全年规模以上独立核算工业企业主营业务收入12913.99亿元，增长6.6%。利税总额1078.76亿元，下降1.9%。其中，利润

689.03 亿元，税金 389.73 亿元。

二、2009 年工业经济运行主要特点

(一)按照高端高质高新化的产业发展方向，加快产业、布局和组织结构调整

1.产业结构。航空航天、石油化工、装备制造等八大优势产业比重达 93%，对全市工业增长的贡献率 76%。

2.产业布局。推进产业聚集区建设，重装、重化、航空航天、汽车、电子信息等千亿级产业聚集区和初具规模，31 个区县示范工业园建设全面启动，一批龙头项目相继落户。

(二)积极实施国家产业调整振兴规划

2009 年，围绕国家重点产业调整和振兴规划要求，天津市制定了钢铁、汽车、石化、装备制造、电子信息、轻纺等 6 个重点产业调整振兴实施意见，提出重点行业 3 年发展目标，主要任务及保障措施。

(三)坚持走创新驱动、内生增长之路，由制造向创造、由要素驱动向创新驱动转变

1.建立工业自主创新体系。围绕滨海新区高水平现代制造业和研发转化基地建设，引进中船重工 718 所、中国运载火箭技术研究院、机械科学研究总院、中国钢研科技集团等 26 个国家级院所，开展部市合作共建国家生物医药国际创新园、国际生物医药联合研究院 等 12 个国家级创新平台，提升了工业原创能力。

2.自主创新取得突破。电子信息领域超百万亿次曙光计算机建成投产并投入使用，使我国成为世界上继美国之后第二个能生产高性能服务器的国家。新能源领域第二代薄膜太阳能电池、第三代聚光太阳能电池相继研制成功，进入国内领先水平；锂离子动力电池核心技术实现突破，成为国内最大的动力电池生产基地。

3.形成产学研相结合的创新机制。围绕半导体照明、现代中药、软件产业、石化产业等建立一批产学研技术创新联盟，形成大学、科研院所、上下游企业、主体企业与配套企业互动。

(四)加大招商引资力度，大量引进工业项目

1.内资引进快速增长。引进项目 576 项，增长 29.66%；协议投资额 1507.69 亿元，增长 48.78%。实际到位额 829.48 亿元，增长 62.9%。其中 5000 万元以上项目 210 项，协议投资额 920.86 亿元，实际到位额 317.66 亿元。

2.外资引进势头强劲。全市工业实际利用外资 38.8 亿美元，比上年增长 50.1%，占全市实际利用外资的 55.28%。工业新签及增资项目 408 项，投资总额 44.5 亿美元，合同外资额 36.5 亿美元。

(五)节能降耗工作成效显著

2009 年，天津市万元 GDP 能耗 0.84 吨标准煤，下降 6.03%，“十一五”前 4 年累计下降 20.1%，提前 1 年完成“十一五”下降 20%的节能目标。规模以上工业万元增加值能耗下降 13.54%，“十一五”前 4 年累计下降 37.14%，提前 2 年完成“十一五”工业节能降耗目标。

1.强化节能评估和审查。将固定资产投资项目合理用能评估和审查，纳入市和区县两级行政许可事项，实行一票否决。

2. 加强重点企业和行业管理。对占全市能耗 2/3 的 20 户“千家企业”进行重点监控，全年实现节能量 63.57 万吨标准煤，完成年度节能目标，“十一五”前 4 年累计完成节能量 317.19 万吨标准煤，完成国家下达节能任务的 177%。

3.加快节能技术开发和推广。全年国家和地方投入财政资金 1.17 亿元，带动社会投资 30.5 亿元，推广百项节能技术，实现节能量 80 万吨标准煤以上。在全市范围推广高效照明产品 600 万只，年节电 3 亿度。

4.夯实节能基础管理。在全国率先开展“能源管理师”试点工作，制定《天津市能源管理师试点方案》。

5.提升节能服务能力。推广合同能源管理、节能自愿协议等新模式，培育节能减排服务市场。

2009 年河北省工业经济运行概况

2009 年，是河北进入新世纪以来经济发展最困难的一年。面对复杂严峻的国内外形势，河北工业深入贯彻落实科学发展观，围绕中央扩大内需

的一系列政策措施，沉着应对国际金融危机的冲击。2009 年河北省工业生产指标增速逐月加快，平稳回升态势不断巩固，工业效益实现正增长，工业投资保持较快增长。

一、2009 年工业经济运行情况

数据显示，2009 年河北省累计完成工业增加值 7902.1 亿元，同比增长 9.6%，工业增加值占河北省 GDP 的 47%，同比下降 2.2 个百分点，其中规模以上工业增加值 6310.2 亿元，同比增长 13.4%。七个主要产业合计完成增加值 5158.7 亿元，占河北省规模以上工业增加值总量的 81.8%，同比增长 13.7%，产业集中度增强。河北省规模以上工业累计实现销售产值 23249.9 亿元，产销率达 97.2%；实现利润 1256.2 亿元，同比增长 0.1%；工业投资完成 4997.3 亿元，同比增长 24%；新开工项目 24918 个，同比增长 45.3%；企业技术创新能力不断增强，规模以上新产品创产值 7230.6 亿元，同比增长 5.2%。

2009 年，河北省结构调整步伐加快，淘汰落后产能也取得了新的进展。全年淘汰落后炼钢产能 400 万吨、炼铁产能 900 万吨、水泥产能 1700 万吨(已提前完成水泥“十一五”淘汰落后产能规划目标)、平板玻璃产能 710 万重量箱。2009 年，万元工业增加值能耗同比下降 5%，化学需氧量和二氧化硫排放量均削减 5.5%。

二、2009 年主要行业运行情况

2009 年，河北省钢铁、装备制造业、石化、食品、纺织、建材、医药等主要行业，完成增加值 5158.7 亿元，同比增长 13.7%；占全省规模以上工业增加值总量的 81.8%。

钢铁行业　2009 年，河北省钢铁行业完成增加值 2121.04 亿元，同比增长 18.4%；实现利润 376.5 亿元，同比增长-23.3%，占全省规模以上工业总量的 30%。其中粗钢、钢材产量分别为 1.35 亿吨、1.51 亿吨，均排全国第一，分别占全国总产量的 23.8%和 21.9%；粗钢、钢材产量同比分别增长 17.5%和 26.8%，比上年分别提高了 12.6 和 16.7 个百分点，较全国总体增幅高出了 4 和 8.3 个百分点，并且呈现逐月加快态势。

建材行业　2009 年，河北省建材工业主要经济指标保持平稳增长，下半年逐步进入快速增长期，经济效益大幅提高，全年累计完成增加值 323.3 亿元，同比增长 4.6%；实现利润 75.8 亿元，同比增长 45.4%。水泥产量 10611.5 万吨，居全国第五位，同比增长 18.2%；平板玻璃完成 8797.7 万重量箱，产量居全国第一位。

石化行业　2009 年，河北省石化行业生产呈现回升态势，经济效益逐步收窄，全年共完成工业增加值 693.1 亿元，同比增长 3.2%，增加值占全省规模以上工业增加值的比重为 10.98%。石化行业实现利润 167.6 亿元，同比下降 2%。主要化工产品产量居全国前列，纯碱产量 199.4 万吨，居全国第四位；纯苯 14.3 万吨，产量居全国第六位；原油、天然气、尿素、离子膜烧碱等产品产量均名列前十名。

装备制造业　2009 年，河北省装备制造业完成增加值 1033.5 亿元，同比增长 17.2%。装备制造业实现利润 245.1 亿元，同比增长 14.5%。其中：交通运输设备制造业、仪器仪表及文化办公用机械制造业、通用设备制造业、金属制品业增加值和利润均实现两位数增长。汽车产销稳定增长，全年累计生产汽车 51.45 万辆，同比增长 60%，比上年提高了 47.3 个百分点。

食品行业　2009 年，河北省食品行业共完成工业增加值 467.70 亿元，同比增长 9.0%，增速同比回落 5.3 个百分点，增加值占全省规模以上工业增加值的 7.41%。食品行业实现利润 101.63 亿元，同比增长 20.23%。农副食品加工业、食品制造业工业、饮料制造业工业、烟草制品业同比分别增长 10.1%、12.4%、2.6%、8.8%。食品制造业增速同比提高 10 个百分点，农副食品加工业、饮料制造业工业、烟草制品业增速同比分别回落 9.6、10.3、6.1 个百分点。2009 年全年食品工业主营业务收入、利税总额、利润总额分别同比增长 8.66%、18.33%、20.23%，分别位居全国第 9 位、第 14 位、第 11 位。

纺织行业　2009 年，河北省纺织行业完成增加值 407.3 亿元，同比增长 13.2%，高于全国同行业(9.1%)4.1 个百分点；纺织品服装出口交货值 31 亿元，同比下降 6.6%，比全国(3%)多下降 3.6 个百分点；全年纱产量105.09万吨，增长11.29%，布38.08亿米，增长2.31%，服装5.12亿件，增长22.46%。纺织行业实现利润97.9亿元，增长24.7%。

医药行业 2009年，河北省医药行业完成增加值112.8亿元，增长9.3%，低于全国(14.9%)5.6个百分点。生产化学原料药42.27万吨，同比增长-18.79%；中成药4.08万吨，增长14.54%。医药行业实现利润44.4亿元，同比增长3.5%，低于全国(25.9%)22.4个百分点。

轻工行业 2009年，河北省轻工行业实现工业增加值995.2亿元，同比增长10.79%，低于全国(11.2%)同行业0.41个百分点；出口交货值完成241亿元，同比下降6.42%，比全国(5.4%)多下降1.02个百分点；实现利润232.4亿元，增长21.3%。

煤炭行业 2009年，河北省原煤产量完成8494.58万吨，同比增长7.38%，增幅提高6.42个百分点，在全国26个产煤省市区中居第十位。洗精煤产量完成2729.42万吨，同比增长20.35%，在全国14个洗精煤省区中名列第三位。销售商品煤8018.79万吨，同比下降0.15%，但降幅缩小8.9个百分点。全行业全年实现工业总产值547.54亿元，同比增长6.27%；实现主营业务收入1098.55亿元，同比增长50.32%；实现利润31.16亿元，同比下降22.74%。

电子信息 2009年，河北省电子信息产业完成增加值148.33亿元，同比下降9.17%，低于全国同行业14.47个百分点。其中，制造业累计完成工业增加值128.5亿元，同比下降10.39%；软件业累计完成工业增加值19.83亿元，同比下降0.34%。电子信息产业完成出口交货值133.2亿元，同比增长1.78%。

三、2010年工业经济运行展望

2010年，河北省工业经济运行工作的主要任务是紧紧围绕提质增效，全力抓好工业运行调节：以重点行业、重点企业和重点产品为监测重点，建立健全运行监测体系；以超亿元企业为运行调节重点，全面提高运行调节质量和水平；以落实生产和建设条件为重点，全力加快新增长点培育；以减轻企业负担和促进中小企业发展为重点，深入推进“帮企业、保增长”活动；以切实落实国家扩大内需政策为重点，积极引导企业改善产品供给结构；以开展对标和贯标行动为重点，切实提高企业管理水平。

2009年山西省工业经济运行概况

山西工业战线深入贯彻落实全省“决战四季度、着力保增长”的战略部署，紧紧抓住全国经济持续回暖对能源原材料需求剧增的契机，积极扩大晋煤兼并重组整合取得的重大阶段性成果，及时加快煤炭企业复产提速步伐，努力抢占新的市场制高点。2009年12月，全省工业生产实现了历史性突破，当月工业增加值、主要产品产量以及用电量、外送电量和货运量绝大多数已超过金融危机前正常水平，从而使2009年全年工业生产定格于“正增长”。

一、2009年工业经济运行基本情况

(一)工业生产增速连续两月超过40%

2009年，山西省经济经历了严峻复杂形势的挑战，实现了从年初的快速下滑到年末较快增长的V型反转。上半年全省GDP增速较一季度回升3.7个百分点，进入三季度后，经济回升势头逐步巩固，回升速度进一步加快，前三季度GDP增速由负转正，增长0.5%；全年实现生产总值7365.7亿元，增速加快至5.5%，高于一季度13.6个百分点，回升幅度高出全国11个百分点，居全国31个省(直辖市、自治区)之首。进出口贸易呈现出缓慢回升态势，12月份，全省进出口总值增长45.8%，实现自2008年11月以来首次正增长。经济运行质量逐步好转，2009年12月份，山西省规模以上工业实现工业增加值368.6亿元，不仅创2008年9月份以来月度工业增加值最高水平，而且还超过危机前最高月度工业增加值近20亿元，同比增长40.5%，创同月历史最高水平；实现利润超过80亿元，重回历史最高盈利区间；工业品出厂价格10月份起降幅持续缩小。

2009年，山西工业生产不但迅速走出了危机，而且引人注目地创出了月度历史最好水平，重返

历史最高区间运行。(下图)

图 1 金融危机以来山西分月工业增加值(亿元)及增速(%)

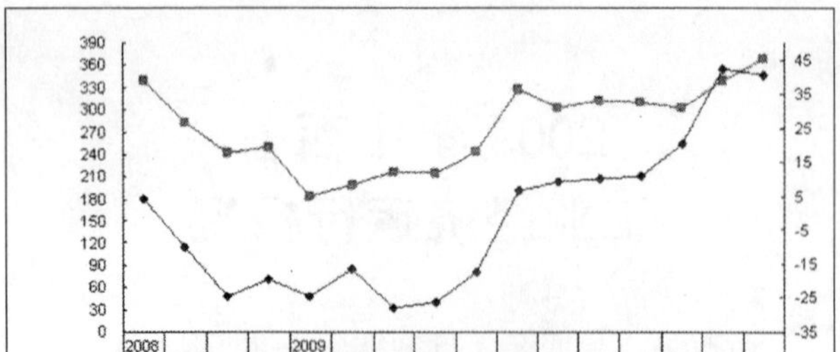

	2008年9月	10月	11月	12月	2009年1月	2月	3月	4月	5月	6月	7月	8月	9月	10月	11月	12月
增加值	338.5	283.2	241.3	249.6	183.6	198.9	216.4	215.3	243.9	327.3	301.7	311.3	309.7	302.1	339.3	368.6
增速	4.2	-9.9	-24.5	-19.2	-24.4	-16.3	-27.7	-26.1	-17.3	6.7	9.1	10.1	11.0	20.4	42.5	40.5

(二)主导产品高速增长

2009 年 11 月份,我国北方的特大降雪以及多年不遇的“寒冬”使全国煤电供应形势趋紧,山西省各级政府和有关企业“急全国人民之所急,想全国人民之所想”,保煤、保电成为当务之急,全省原煤、电力生产均创历史最高水平。

2009 年 12 月份,山西省 96.9 万吨,同比增长 39.5%,占同期全国原煤产量的比重一年后重返 20%以上,达到 22.4%,同比较上月提高 2.7 个百分点;全省发电量 195.8 亿千瓦小时,较上月增加 21.87 亿千瓦小时,同比增长 36.3%,增速创当年月度最高水平;粗钢产量创当年月度最好水平,高达 260.9 万吨,同比增长 48.5%;氧化铝 29.5 万吨,同比增长 50.9%,产量及增速均创当年各月最好水平。焦炭 724.6 万吨,同比增长 71.7%;生铁 301.5 万吨,同比增长 49.8%;钢材 225.0 万吨,同比增长 46.4%;焦炭、生铁、钢材均恢复到危机前正常水平,并保持了全年较高水平。

(三)主导产业增势强劲

12 月份,山西省 38 个行业大类中有 33 个同比增长。煤炭、冶金、焦炭、电力等四大主导行业实现工业增加值 304.6 亿元,同比增长 43.6%,超过全省工业增速 3.1 个百分点,对全省工业增长的贡献率为 86.7%,拉动全省工业增长 35.1 个百分点。其中,煤炭、冶金、焦炭、电力行业同比分别增长 40.2%、54.8%、58.5%和 31.8%,对全省工业增长的贡献率分别为 48.6%、18.6%、12.1%和 7.4%,分别拉动全省工业增长 19.7、7.5、4.9 和 3.0 个百分点;全省煤化工业、装备制造业、建材工业和食品工业等新兴产业持续向好,分别增长 39.0%、25.1%、34.0%和 13.3%,分别比 11 月增速加快 4.8、6.0、10.6 和 7.8 个百分点。

(四)全省用电量、外送电量和货运量均创全年新高

12 月份,山西省全社会用电量、工业用电量、外送电量均已恢复至 2008 年危机前的正常水平或重返历史最高区间运行,分别达到 130.45、105.41 和 64.87 亿千瓦小时,同比分别增长 24.45%、21.35%和 58.97%,均创全年新高。太原铁路局的铁路货运量再次跨越 4000 万吨大关,达到 4170.5 万吨,同比增长 45.84%(其中,晋煤外运量 3002.4 万吨,同比增长 47.1%,环比增加 270.9 万吨);全省公路货运量创全年新高,达到 5413 万吨。

二、启示和思考

2009 年,山西工业经济从止跌企稳到加速回升,与全国积极采取“扩内需、保增长”和全省全力“保增长”密切相关。独特的产业结构决定了山西工业经济的根本好转离不开全国经济形势的大反转和持续回暖。同时,也要清醒地认识到 2009 年山西工业生产增速前低后高、四季度增速大幅提高受同期基数较低影响较大。全国经济形势、煤炭资源整合、全省保增长政策举措、主要产品价格走向和企业经济效益变化等仍决定着山西工业发展的走向。

(一)全国经济率先复苏,全国工业的持续增长,拓展了山西工业高速增长的广阔空间

2009 年我国经济率先复苏,全年 GDP 比上年增长 8.7%,其中,一、二、三、四季度分别上年同期增长 6.2%、7.9%、9.1%和 10.7%,呈现出逐季加快之势。2009 年全国工业实现了漂亮的 V 型反转,呈现出逐月加速增长之势,并在四季度迅速进入高位运行区间,连续三个月增速超过 16%。全国工业持续高速增长,省外对山西能源原材料产品的需求急剧上升,山西工业的发展外部环境明显趋好。

(二)全省煤炭资源整合由“兼并重组”顺利转入“复产提速”,为全省工业增长增添了新引擎

随着煤矿企业兼并重组整合的推进,煤矿安全生产形势稳定好转,山西煤炭工业经济的质量和效益不断提升,可持续发展能力明显增强,已进入历史上最好的发展时期。2009 年 11-12 月份全省有 100 多个煤矿复产,为保证全国人民安全渡过“寒冬”和确保全国经济发展需要,山西煤炭企业在保证安全的条件下，正以历史最高生产水平开足马力生产。11月、12月全省连续增产原煤600万吨以上。2009年12月煤炭工业增加值占全省规模以上工业增加值的比重已达到48.29%，比上月又提高0.33个百分点。煤炭工业对全省工业增长的拉动和支撑作用进一步凸显。

(三)全省各级政府出台的一系列保增长和帮扶政策效应集中显现

为应对金融危机，确保山西省工业经济平稳较快发展，省政府办公厅出台《关于促进工业经济平稳较快发展的意见》，随后又陆续出台了十大产业振兴和调整规划。全省各级政府还陆续出台了一系列帮扶企业政策措施。特别是对部分企业实施的企业所得税"三免三减半"和"五缓四降三补"以及部分煤焦企业缓缴可持续发展基金、缓缴或降低排污费用等政策措施不仅解除了企业的后顾之忧，而且使企业真正获得实惠，增强了战胜危机的必胜信念，增强了企业发展的后劲，真正形成了万众一心保增长、一心一意抓转型和求发展的新局面。

(四)全省工业经济效益持续向好并创出年内月度最好水平，不断刺激着企业增产、扩产的内在动能

2009年山西工业在一季度成功扭亏为盈后，综合盈利能力持续提高，利润总额逐月增加，8~11月全省工业利润总额连续稳定在45亿元左右。最新统计数据显示，12月全省工业利润已超过80亿元，已处于历史最高盈利区间。工业经济效益的大幅提升为全省工业生产创造历史最高水平的根源所在。

(五)全省工业品出厂价格指数加速回升，企业对经济未来走向持续看好

2009年8月山西省工业品出厂价格指数(PPI)探底后，9月份起开始回升，四季度加速上扬，12月PPI达到99.62%，比9月PPI回升17.92个百分点，比11月PPI回升5.9个百分点。工业品价格指数的大幅上升，进一步支持和坚定了企业家对未来预期持续向好的判断和信心。

三、2010年工业经济展望

回顾2009年，山西工业成功地实现了历史性重大转折，"三个发展"取得了新突破，山西工业发展前景长期看好。展望2010年，实现全省工业又好又快发展，必须倍加珍惜和巩固来之不易的发展局面；必须更加注重工业经济运行的质量和效益，继续坚持转型发展、安全发展、和谐发展；必须全力以赴地加快转变经济发展方式、加快推进经济结构战略性调整、全面开展资源型行业资源整合重组，加大淘汰落后产能，大力培育战略性新兴产业，切实加强自主创新能力。必须在全力支持和服务全国经济发展全局中，加速推进新基地、新山西建设进程，加速培养全省工业新的经济增长点，努力培育全省工业新的竞争优势。

2009年内蒙古自治区工业经济运行概况

2009年，内蒙古自治区在党委、政府的正确领导下，以邓小平理论和"三个代表"重要思想为指导，深入学习实践科学发展观，努力构建社会主义和谐社会。面对国际金融危机对我国的严峻挑战，各地结合实际认真贯彻落实中央和国务院应对危机刺激经济发展的各项政策措施，全区经济增长下滑趋势得到有效遏制，国民经济总体形势回升向好，民生状况不断改善。受国际金融危机影响，内蒙古部分工业企业一度处于停产、半停产状态，2009年以来，内蒙古工业认真贯彻国家扩大内需的政策，积极采取措施保增长、保民生、保稳定，实现工业经济平稳较快发展。

一、2009年工业经济运行基本情况

2009年，内蒙古自治区实现工业增加值4503.31亿元，比上年增长21.2%。其中，规模以上工业企业完成增加值4400.45亿元，比上年增长24.2%。在规模以上工业企业中，国有企业增加值增长13.1%，集体企业增加值增长31.3%，股份合作企业增加值增长5.7%，股份制企业增加值增长26.2%，外商及港澳台商投资企业增加值增长24.6%，其他经济类型企业增加值增长6%。在规模以上工业企业中，轻工业实现增加值795.83亿元，同比增长21.8%；重工业实现增加值3604.62亿元，同比增长24.7%。

全年规模以上工业新产品产值107.85亿元，比上年增长10.6%；出口交货值141.07亿元，比上年下降35.6%。能源、冶金、化工、装备制造、农畜产品加工业和高新技术六大优势特色产业增加值占规模以上工业的87.4%，成为拉动工业生产快速增长的主要动力。

从工业产品产量看，全区原煤产量首次突破6亿吨，达6.01亿吨，比上年增长22.8%；发电量达到2239.85亿千瓦小时，同比增长5%；啤酒产量突破10亿升，达11.04亿升，同比增长12.3%。此外，水泥、钢材和化肥产量分别比上年增长48.1%、30.1%和94.5%，载货汽车增长8.4%，其他主要工业产品产量均有不同程度增长。

主要工业产品产量

产品名称	计量单位	2009年	比上年增长%
精制食用植物油	万吨	47.43	38.4
成品糖	万吨	15.42	-31.0
乳制品	万吨	379.55	5.9
液体乳	万吨	348.49	5.5
原盐	万吨	211.99	-9.3
卷烟	亿支	240.00	7.9
纱	万吨	2.03	20.8
布	万米	8030.40	45.0
白酒	万升	34360.3	37.8
啤酒	万升	110391.4	12.3
彩色电视机	万部	217.42	-41.3
原煤	万吨	60058.45	22.8
天然原油	万吨	188.85	8.0
汽油	万吨	49.65	18.3
柴油	万吨	51.13	19.8
天然气	亿立方米	146.31	45.7
发电量	亿千瓦小时	2239.85	5.0
生铁	万吨	1381.29	10.6
粗钢	万吨	1261.94	3.0
钢材	万吨	1294.87	30.1
铁合金	万吨	332.44	10.1
十种有色金属	万吨	180.75	21.1
水泥	万吨	4275.52	48.1
平板玻璃	万重量箱	1550.09	6.3
化肥(折纯)	万吨	261.53	94.5
载货汽车	辆	27362	8.4

2009年，内蒙古自治区规模以上工业企业主营业务收入10581.37亿元，比上年增长24.9%；实现利润812.03亿元，比上年增长12.9%。其中，国有及国有控股企业实现利润262.36亿元，同比增长15.9%；规模以上工业亏损企业亏损额71.1亿元，同比下降18.7%。全年规模以上工业企业产品销售率97.3%，比上年提高0.2个百分点。

二、内蒙古工业面临的挑战

挑战一：内蒙古工业经济以重工业为主，尤其是带有明显的粗放经营特点，它是导致全区电力、钢铁、水泥等行业产能过剩和企业亏损的主要原因，也是制约资源转换、制约人与自然和谐发展、制约可持续发展的主要因素。因此，如何通过工业结构优化实现集约发展是自治区工业发展面临的主要问题。

挑战二：尽管以重工业为主的发展阶段是工业化进程中不可逾越的阶段，但轻、重工业发展的不平衡也让自治区在工业结构优化中面临着两难选择。西部大开发特别是"十五"后期以来，全区重工业增加值增速一直远远高于轻工业增加值增速，由于以农畜产品为原料的轻工业产业化程度不高，除羊绒制品、乳制品和部分肉食品外，其他更多的面向生产生活的轻工业产品主要依靠区外企业供应，这使得自治区在工业结构优化中形成了投入多、效益差、资金积累慢等一系列问题。

挑战三：尽管全区工业经济增长较快，但由于后续加工业、制造业的发展滞后，高附加值、高竞争力的产品严重不足。呼、包、鄂地区虽然是全区工业结构优化步伐最快的地区，但由于煤炭、稀土、电力等资源型产业的后续产业整体优化升级进度缓慢，导致了工业品成本较高和产品结构单一，这种以资源开采和浅加工为主的工业结构造成了低层次的竞争态势，加之目前国内外工业品价格的大幅波动，全区工业结构优化面临着来自发展后续配套产业的重大考验。

挑战四：尽管内蒙古工业已形成了蒙西迅速崛起、蒙东加快发展的良好态势，但各盟市在工业发展上的巨大差距给工业结构优化造成了很大压力。近三年来，呼、包、鄂三市工业企业完成的工业增加值、工业主营业务收入和工业利税、工业利润均占全区的一半以上，而其它9个盟市工业企业完成的各项工业指标在全区同类指标中才只占40多个百分点；呼、包、鄂三市工业经济已进入产业优化阶段，其它盟市的工业经济却还在产业开发与产业升级的门槛上徘徊。

挑战五：当前，自治区正处于以原材料工业为主的工业化阶段向重化工业为主的高度加工化的工业化阶段过渡时期，但受技术能力的制约，全区重加工业尤其是以自主创新为主的装备工业、高新技术产业的发展相对缓慢，这在一定程度上制约了自治区工业品的高度加工化进程。

2009年辽宁省工业经济运行概况

2009年，在辽宁省委、省政府的领导下，全省工业战线深入学习实践科学发展观，积极贯彻落实“保增长、扩内需、调结构、促振兴”的方针政策，坚定信心、攻坚克难，工业经济增长速度稳步回升，经济效益明显提高。

一、2009年工业经济运行基本情况

12月份，辽宁省规模以上企业完成工业增加值716.89亿元，同比增长21.4%；实现产销率100.00%，同比提高1.0个百分点。其中，国有及国有控股企业完成工业增加值236.65亿元，同比增长22.1%；实现产销率99.45%，同比下降2.4个百分点。

规模以上工业增加值各月增长趋势图

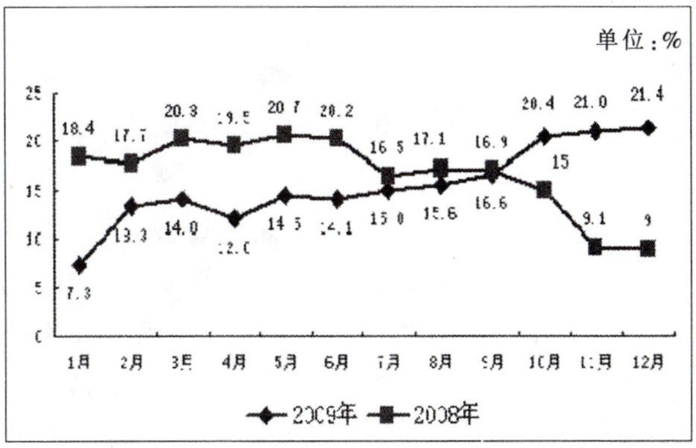

1~12月份，辽宁省规模以上企业完成工业增加值7751.60亿元，同比增长16.8%，比1~11月份增速加快0.7个百分点；实现产销率97.54%，同比上升0.1个百分点。其中，国有及国有控股企业完成工业增加值2414.91亿元，同比增长2.3%；实现产销率98.48%，同比持平。

二、2009年工业经济运行主要特点

（一）工业生产总体保持平稳较快增长

2009年，辽宁省工业生产呈前低后高态势。从2月份开始，全省工业经济扭转了2008年9月份以来的回落走势，当月增速从一位数回升到两位数。一季度增长11.2%，上半年增长12.7%，三季度增长14.4%，全年增长16.8%，增幅高于全国5.8个百分点。

（二）多数地区生产增速较快

2009年12月份，辽宁省多数地区生产增速较快，营口、锦州、大连、丹东市工业生产增长30%以上，抚顺、朝阳、葫芦岛、铁岭、阜新市增长20%以上，增幅高于全省平均水平的有营口(38.7%)、锦州(36.3%)、大连(35.5%)、丹东(30.2%)、抚顺(29.6%)、朝阳(28.6%)、葫芦岛(26.4%)、铁岭(24.8%)、阜新(21.6%)9个市。1~12月份，营口、朝阳、铁岭、本溪、丹东、锦州市工业生产增长20%以上，增幅高于全省平均水平的有营口(25.6%)、朝阳(24.8%)、铁岭(24.6%)、本溪(23.7%)、丹东(23.1%)、锦州(22.3%)、阜新(19.5%)、沈阳(19.1%)、辽阳(18.0%)、大连(17.5%)10个市。

1~12月各市规模以上工业增加值增长速度

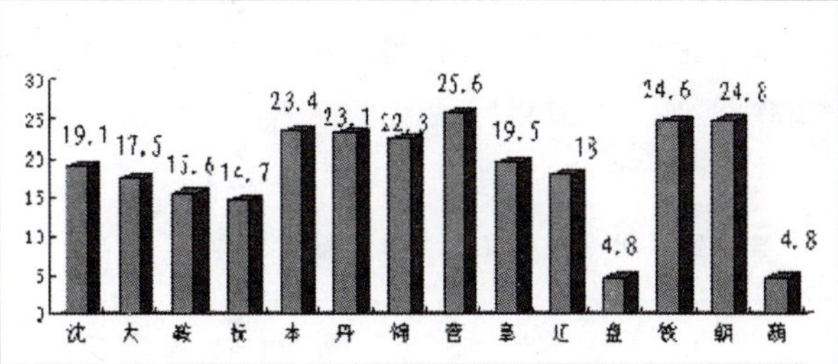

（三）重点行业支撑作用明显增强

2009年，辽宁省装备制造业完成工业增加值突破2000亿元，达到2441亿元，同比增长18.3%，增速高于全省工业1.5个百分点，拉动全省工业增长5.7个百分点，对工业增长贡献率达到33.9%。装备制造业工业增加值占全省规模以

上工业的31.5%，比上年同期提高2.8个百分点。冶金行业增速最快，2009年完成工业增加值1496.1亿元，占全省规模以上工业的19.3%，同比增长23.8%。

2009年，辽宁省石化行业完成工业增加值1286.8亿元，占全省规模以上工业的16.6%，同比增长6.8%。农产品加工业完成工业增加值1467.4亿元，同比增长21.7%。建材行业完成工业增加值575亿元，同比增长22.0%。电子信息行业完成工业增加值534.1亿元，同比增长20.6%。军工行业完成工业增加值140亿元，同比增长20.4%。医药行业完成工业增加值114.7亿元，同比增长23.4%。

（四）主要产品产量保持快速增长

2009年，辽宁省汽车产量大幅增长，首次突破50万辆，达到50.85万辆，同比增长49.1%。其中轿车产量26.04万辆，增长124.9%。民用钢质船舶产量530.52万载重吨，同比增长59.9%。变压器产量12080.25万千伏安，同比增长12.7%。生铁产量5061.29万吨，同比增长22.9%。粗钢产量4782.98万吨，同比增长17.9%。钢材产量4937.32万吨，同比增长19.4%。白酒产量47.32万千升，同比增长9.7%。家具产量1923.7万件，同比增长10.8%。布产量4.3亿米，同比增长4.6%。服装产量4.3亿件，同比增长11.9%。

（五）原油、钢材价格同比上涨

2009年12月份，国际原油平均价格74.6美元/桶，比上年同期上涨71.1%。而辽宁省内原油平均价格4446元/吨，比上年同期上涨65.8%。钢材价格小幅上涨。其中Φ12mm圆钢价格3850元/吨，比上年同期上涨10.0%；0.5mm冷薄板价格5900元/吨，比上年同期上涨20.4%；10mm中厚板价格4200元/吨，比上年同期上涨7.7%；0.5mm镀锌板价格5100元/吨，比上年同期上涨6.3%。

1~12月份全省铁路、港口运输量及能源生产图

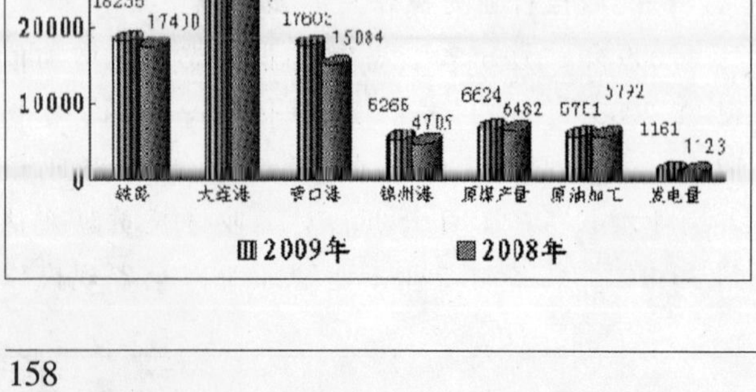

（六）生产要素运行平稳

2009年，辽宁省生产要素从需求不足到总体供给平衡，全年实现平稳运行。据统计，2009年，全省原煤产量完成6624.2万吨，同比增长2.2%。发电量1161.3亿千瓦时，同比增长3.4%。全社会用电量完成1488.2亿千瓦时，同比增长5.4%。其中，工业用电量完成1130.5亿千瓦时，同比增长5.2%。原油加工量5751.02万吨，同比下降0.7%。全省货运量完成188660万吨，同比增长12.0%。其中，铁路完成18235万吨，同比增长4.8%；公路完成105402万吨，同比增长13.4%；水运完成9673万吨，同比增长0.8%；港口完成货物吞吐量55326万吨，同比增长13.5%。其中，大连港完成货物吞吐量27203万吨，同比增长10.6%；营口港完成货物吞吐量17603万吨，同比增长16.7%。

（七）经济效益明显提高

2009年，辽宁省规模以上企业实现主营业务收入27204.46亿元，同比增长14.3%；实现利税2060.40亿元，同比增长62.4%；实现利润934.63亿元，同比增长92.9%。在全省新增利润中，石化行业新增利润303亿元，占全省新增利润的67.3%。装备制造业新增利润88.5亿元，占全省新增利润的19.7%。

从全年经济运行情况看，辽宁省克服了金融危机带来的不利影响，以保增长促发展为主线，强化经济运行监测调节职能，千方百计开拓市场，积极调整结构，工业经济总体保持平稳增长态势。但同时也应看到：一是冶金行业受产能过剩等因素影响，经济效益下降。据统计，2009年冶金行业实现利税同比下降21.5%。二是受国际金融危机和国际贸易保护主义影响，外贸出口下降。全省规模以上企业出口交货值同比下降13.9%。

三、2010年工业经济展望

2010年是实施“十一五”规划的最后一年，也是巩固和发展经济企稳回升态势的关键一年。从有利条件看，全球经济开始复苏，中央继续实施积极的财政政策和适当宽松的货币政策。同时也要清醒地看到，经济增长和出口的压力依然较大，工业经济结构调整、转型升级的任务十分艰巨，部分时段生产要素仍会紧张。因此，各地区、各部门要深入贯彻落实科学发展观，加快经济增长方式转变，着力推进结构调整，加大工业经济运行监测分析和调控力度，确保全省工业经济又好又快发展。

2009 年吉林省工业经济运行概况

2009 年是新世纪以来吉林省工业经济发展最为困难的一年。面对严峻复杂的经济形势，省委、省政府全面分析、准确判断、果断决策，有效地遏制了年初经济下滑的势头，实现了平稳快速增长。2009 年，全省规模以上工业企业完成增加值 2926.65 亿元，按可比价格计算，增长 16.8%，增幅高于年初规划目标 1.8 个百分点。其中轻工业实现增加值 809.39 亿元，增长 22.9%；重工业实现增加值 2117.26 亿元，增长 14.7%。

一、2009 年工业经济运行基本情况

在全省规模以上工业中，九大支柱、优势和特色行业共实现增加值 2267.99 亿元，按可比价格计算，增长 14.3%，对全省工业生产增长的贡献率为 68.4%。其中，交通运输设备制造业实现增加值 734.57 亿元，增长 13.6%；食品工业实现增加值 498.20 亿元，增长 20.7%；石化工业实现增加值 405.64 亿元，增长 5.8%；医药制造业实现增加值 175.05 亿元，增长 25.4%；冶金工业实现增加值 150.24 亿元，增长 11.8%；建材工业实现增加值 174.15 亿元，增长 25.8%。

全省规模以上工业企业盈亏相抵累计实现净利润 475.12 亿元，比上年增加 122.34 亿元，增长 34.7%。其中交通运输设备制造、石化、食品和医药制造行业累计实现利润 363.1 亿元，占全省规模以上工业实现利润总额的 76.4%。全年规模以上工业经济效益综合指数为 260.4%，比上年提高 18.8 个百分点。

截至 2009 年末，全省规模以上民营工业企业有 4394 户，比上年末净增加 1054 户，实现工业增加值 1344.40 亿元，增长 32.8%，增幅高于全省规模以上工业平均增长水平 16.0 个百分点；实现利润 178.32 亿元，增长 31.4%。

表 1 规模以上工业企业增加值

单位：亿元

指标	2009 年	同比增长%
工业增加值	2926.65	16.8
轻工业	809.39	22.9
重工业	2117.26	14.7
其中：国有及国有控股企业	1191.63	4.9
其中：交通运输设备制造业	734.57	13.6
石油化工业	405.64	5.8
食品工业	498.20	20.7
医药制造业	175.05	25.4
通信设备、计算机及其他电子设备制造业	13.77	13.9

二、工业经济运行的主要措施

2008 年下半年以来，吉林省工业生产受金融危机影响，增长放缓，工业增加值同比增速一度呈现出波动中下滑的态势，到 2009 年 1 月份降至 6.1%，达到最低点。

面对金融危机的严峻挑战，吉林省采取了一系列措施，加强生产组织，强化要素协调供应。密切了对重点地区、行业、企业、产品的跟踪，开展了工信厅领导包保重点企业和百名处长联系百户重点企业工作，围绕钢铁、化工、医药、食品等多个行业和产品组织开展了 23 次产需衔接活动，并积极推动银企保合作。开展省市县联保业务，通过银企保平台，共为 1180 户企业融资 173.95 亿元。积极推进信用担保体系建设，全年共为企业融资 461.2 亿元，为 72 户企业提供再担保业务额 11 亿元，有效帮助一大批企业解决了最急需的资金和市场销售问题。

此外，在产业发展上，吉林省还借助金融危机形成的倒逼机制，谋划实施了八大产业跃升计划，落实了汽车、轨道客车、石化、食品、医药等一系列产业扶持措施，推动产业结构调整和升级步伐。汽车、轨道客车等支柱和优势产业发展势头强劲。

表 2 主要工业产品产量及其增速

产品名称	单位	产量	比上年增长(%)
纱	万吨	5.67	21.7
布	亿米	0.44	2.5
服装	万件	16460.12	19.5
化学纤维	万吨	29.05	15.9
配混合饲料	万吨	470.84	17.0
精制食用植物油	万吨	36.94	47.0
软饮料	万吨	351.84	9.7
卷烟	亿支	359.00	7.0
汽车仪器仪表	万台	139.46	-2.3
原煤	万吨	4401.46	15.2
焦炭	万吨	423.78	12.7
天然原油	万吨	639.90	-6.8
原油加工量	万吨	824.81	-1.2
发电量	亿千瓦小时	538.15	7.7
粗钢	万吨	792.56	23.4
钢材	万吨	855.97	19.4
生铁	万吨	648.31	10.5
铁合金	万吨	53.10	-9.9
黄金	千克	10257.82	21.9
十种有色金属	万吨	0.32	103.3
水泥	万吨	4165.80	28.9
硫酸(折 100%)	万吨	29.15	35.3
合成氨	万吨	57.98	13.8
合成橡胶	万吨	18.11	7.7
乙烯	万吨	83.85	5.6
农用化学肥料(氮、磷、钾类折纯)	万吨	20.49	1.6
化学药品原药	万吨	0.64	12.1
中成药	万吨	10.31	39.7
汽车	万辆	123.22	37.6
轿车	万辆	86.20	36.1

图 2004~2009 年工业增加值及其增长速度

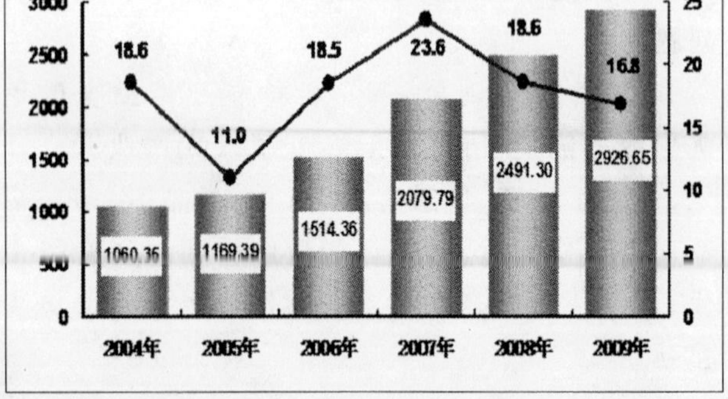

2009 年黑龙江省工业经济运行概况

2009 年，黑龙江省工业企业坚定信心、迎难而上、化危为机，积极有效应对多方面的严峻挑战和考验，2009 年，全省规模以上工业经济企稳回升态势进一步明显，生产增速逐月提高，经济效益降幅继续收窄，地方工业贡献增加，恢复性增长基础逐步巩固。

一、工业经济运行基本情况

(一)工业增加值增速逐步提高

1~11 月，黑龙江省规模以上工业企业(下同)4097 户，比上年同期增加 602 户，实现工业增加值 2568.6 亿元，增长 11.0%，2009 年以来首次实现两位数增长，比 1~10 月提高 1.2 个百分点，若扣除石油和天然气开采业因素，增长 18.7%。11 月份，全省工业实现增加值为 288.5 亿元，比上年同月增长 20.3%，高于 10 月份 3.5 个百分点。分地市看，全省 14 个市地(局)中有 13 个增加值增幅超过 10%。其中，牡丹江、佳木斯、鸡西、双鸭山、伊春、七台河、绥化、黑河、大兴安岭、农垦总局等 10 个市地(局)增速在 20%以上。分类型看，股份制企业实现增加值 2099.6 亿元，增长 10.7%；国有及国有控股企业实现增加值 1960.7 亿元，增长 10.3%；非公有制企业实现增加值 517.8 亿元，增长 13.9%。

(二)四大支柱产业稳步回升，六大高耗能行业五增一降

1~11 月，黑龙江省装备制造、石化、能源、食品四大支柱产业实现工业增加值 2313.1 亿元，比上年同期增长 10.1%，占全省工业的 90.1%。其中，装备工业增长 8.8%；石化工业增长 14.2%；能源产业增长 7.3%；食品工业增长 30.6%。1~11 月，全省六大高耗能行业实现工业增加值 527.5 亿元，比上年同期增长 11.5%。其中，石油加工、炼焦及核燃料加工业增长 16.0%；化学原料及化学制品制造业增长 9.2%；非金属矿物制品业增长 31.3%；黑色金属冶炼及压延加工业增长 14.4%；电力、热力的生产

和供应业增长4.5%；有色金属冶炼及压延加工业下降9.5%。

(三)重点行业增速较快

1~11月，黑龙江省38个大类行业中，工业增加值同比增长的行业有34个，占89.5%。其中，增幅高于1~10月的行业24个，占63.2%。煤炭开采和洗选业，农副食品加工业，电力、热力的生产和供应业，交通运输设备制造业，黑色金属冶炼及压延加工业，木材加工业等大类行业增幅较高，对全省工业的拉动较大。

(四)主要工业产品产量增加

1~11月，黑龙江省重点考核的28种工业产品，增长的18种，下降的10种。增幅较大的产品有：生铁(33.9%)、汽车(28.4%)、水泥(27.0%)、大米(26.7%)、焦炭(23.6%)、钢材(14.5%)、化肥(11.0%)。一次能源生产总量为11335.4万吨标准煤，增长2.6%。

二、工业经济效益情况

(一)工业经济效益继续保持回升

1~11月，黑龙江省规模以上工业企业实现利税1317.5亿元，同比下降33.2%，降幅比1~10月回升4.8个百分点，其中利润761.4亿元，下降45.7%，回升4.0个百分点；主营业务收入6612.3亿元，下降7.7%，回升3.3个百分点；经济效益综合指数为283.8，减少79.5点。若扣除大庆油田，按可比口径计算，主营业务收入增长9.6%；利税增长57.5%，其中利润增长44.7%。1~11月，全省规模以上地方工业企业实现利税357.7亿元，同比增长18.0%，增幅比1~10月增加12.3个百分点，其中利润177.6亿元，增长16.1%，增加16.3个百分点；主营业务收入3484.3亿元，增长16.0%，增加3.1个百分点；地方工业经济效益综合指数为166.3，增加10.1个百分点。

(二)亏损企业继续减亏

1~11月，黑龙江省亏损企业982户，亏损面24.1%，同比减少3.3个百分点，按可比口径计算，亏损企业亏损额67.0亿元，减亏0.2%。地方亏损企业945户，亏损面23.8%，同比减少3.2个百分分点，亏损企业亏损额32.2亿元，减亏0.8%。亏损企业亏损额较大的行业主要是电力热力生产供应业亏损37.6亿元，同比增亏22.8%；化学原料及化学制品制造业亏损3.4亿元，减亏51.7%；农副食品加工业亏损3.0亿元，减亏12.0%；黑色金属冶炼及压延加工业亏损2.4亿元，减亏45.9%。亏损1亿元以上的企业有：黑龙江省电力有限公司(亏损18.7亿元)、大庆石油管理局（亏损6.3亿元)、鸡西北方制钢有限公司(亏损1.9亿元)、华电能源股份有限公司哈尔滨第三发电厂(亏损1.4亿元)、华能鹤岗发电有限公司(亏损1.2亿元)、国电双鸭山发电有限公司(亏损1.0亿元)。

(三)“四大支柱产业”经济效益进一步回升

1~11月，黑龙江省的装备、石化、能源、食品四大支柱产业实现主营业务收入5762亿元，同比下降9.8%，比1~10月回升3.4个百分点；实现利税1220.5亿元，同比下降35.4%，比1~10月回升4.6个百分点。其中利润707.4亿元，同比下降48.0%，比1~10月回升3.7个百分点。

(四)重点骨干企业效益增减各半

1~11月，黑龙江省100户重点企业实现主营业务收入4434.1亿元，比上年同期下降17.9%；实现利税1113.5亿元，下降38.7%；实现利润656.7亿元，下降50.6%。有57户企业主营业务收入实现同比增长，其中黑龙江省珍宝岛制药有限公司、中国蓝星哈尔滨石化有限公司等2户企业增长2倍以上；43户下降的企业中天源煤炭降幅在50%以上。利润同比增加的有53户，其中中国石油大庆石化分公司、中国石油天然气股份有限公司大庆炼化分公司、中国石油天然气股份有限公司哈尔滨石化分公司、大庆石油管理局等22户企业利润同比增加在5000万元以上；有47户企业利润同比减少，其中，大庆油田、黑龙江省电力等16户企业利润同比减少在1亿元以上。

2009年上海市工业经济运行概况

2009年，上海市面对复杂多变的国内外经济形势，全市工业和信息化系统围绕市委、市政府关于保增长、调结构、促民生的要求，抓住国家和上海市一系列扩内需、促出口的政策机遇，使全市的工业经济运行呈现"运行企稳、效益回升，投资适度、出口萎缩"的态势。

一、2009年工业经济运行基本情况

（一）工业经济运行企稳并呈现增长态势

2009年，上海规模以上工业实现增加值5152亿元，可比增长3.0%，总产值23873亿元，可比增长3.2%。

从工业增加值的月度走势看，1~2月份下降12.4%，3月份起降幅逐月收窄，5月份基本持平，6月份实现了国际金融危机后连续七个月以来的首次月度增长，进入三季度后，增加值月度增幅不断提高，7~9月份分别增长1.8%、2.1%和9.3%，10~12月连续三个月实现两位数增长，并于10月份实现累计持平，告别负增长，工业生产呈现增长态势。从中央、市属和区县看，中央工业下降1.9%，市属和区县工业增长4.6%和1.6%。从不同所有制经济看，三资企业工业总产值可比增长4.2%，股份制经济增长1.0%，国有经济增长5.0%。从六大支柱产业看，共完成工业总产值15346亿元，可比增长7.3%，好于全市工业4.1个百分点，具体呈现"四升二降"格局，汽车、生物医药、电子信息和成套设备制造分别增长40.9%、10.4%、6.7%和1.0%，精品钢材和石化分别下降2.4%和1.5%。

（二）工业运行质量保持较高水平，利润大幅回升

2009年，上海市工业实现利润1406亿元，同比增长43.8%。其中，工业利润7月份实现了连续15个月以来首次增长，开始快速回升，三季度大幅增长80%，四季度增长34.4倍。

从中央、市属和区县看，市属工业于8月份率先实现累计增长，全年实现利润391亿元，增长66.5%；中央工业自10月份起实现累计增长，全年实现利润306亿元，增长1.4倍；区县工业11月份起实现累计增长，全年实现利润704亿元，增长15.3%。从轻重工业看，轻工业自8月份起率先实现累计增长，增幅逐月扩大，全年实现利润449亿元，增长22.8%；重工业自10月份起实现累计增长，受石化和汽车拉动回升速度较快，11月份起增幅反超轻工业，全年实现利润956亿元，增长56.4%。

从主要行业看，13个主要行业中，电子行业亏损12.5亿元，其余12个行业盈利，其中石化行业盈利118.1亿元（去年同期亏损74.1亿元）；电力、有色、汽车、轻工、纺织、医药行业增长较快，同比分别增长3.3倍、1.9倍、1.1倍、41.9%、27.3%和26.7%；机械、建材行业平稳增长，分别增长7.6%和4.9%；船舶、钢铁、烟草行业不同程度下降，分别下降35.9%、10.4%、4.6%。从产销衔接看，工业产销率99.04%，比全国平均水平高3.04个百分点，继续保持高位运行。从亏损面看，全市工业亏损面23.5%，比9月末下降8.3个百分点。13个主要行业亏损面均有明显下降，烟草、纺织、建材、机械、有色等5个行业亏损面下降快于全市平均水平，分别下降18.3个、10.9个、9.9个、8.9个和8.6个百分点。

（三）服务业重点领域成为产业发展的亮点

2009年，上海市信息服务业预计全年实现经营收入2100亿元，同比增长20%左右，增速快于全市第三产业13%的平均增速。生产性服务业预计全年实现营业收入3000亿元，基本与上年持平。总体来看，重点监测企业回升态势明显，营业收入和利润增长较为稳定。创意产业是上海重要的新兴产业之一，全年完成增加值约1200亿元，增长15%左右。该产业目前已成为转变经济发展方式和优化产业结构的重要载体。

（四）出口下行态势初步遏止

2009年，上海市工业完成出口交货值6682亿元，同比下降11.7%，出口形势依然严峻。从月度走势看，上半年出口大幅下降，进入三季度后加速下滑态势有所遏制，11月份实现了连续12个月以来的首次月度增长，12月份保持了小幅增长的态势。从主要行业看，12个主要行业（电力行业出口为零）中，仅船舶和烟草实现小幅增长，分别增长1.9%和0.8%，电子、医药、纺织降幅在10%以内，其余7个行业降幅在10%以上，其中钢铁、建材、有色、汽车降幅在20%以上。

（五）工业投资继续保持适度规模

2009年，上海市全年累计完成工业投资1420亿元，同比增长0.2%。是技术改造投资比重上升，完成技改投资711.2亿元，同比增长5.9%，占全市工业固定资产投资的比重达50%，较上年上

升2.7个百分点。二是民间投资比重上升,完成民间投资350.8亿元,同比增长15.7%,占全部工业投资的比重较上年上升3.3个百分点。三是六大支柱产业投资不平衡,共完成626.4亿元,同比下降22.6%,占全市工业投资比重为44.1%。六大支柱产业呈"二升四降"格局,其中汽车和生物医药业仍保持快速增长,分别完成投资98.6亿元和30.2亿元,同比增长14.9%和83.8%。电子信息、精品钢材、石油化工和成套设备等分别下降45.4%、39.7%、11.0%和9.4%。

(六)能源供应平稳有序,确保了城市和产业运行安全

2009年,上海市全年煤电油气供应总体平稳,能源消费总体下降,但降幅逐月缩小,供需基本平衡。煤炭消费量4924万吨,同比下降3.5%,其中电煤3115万吨,同比下降5.9%。两大公司成品油销售量572万吨,同比下降7.0%,降幅比上半年缩小14个百分点,沪IV成品油替换工作顺利完成。用电量1153亿千瓦时,同比增长1.3%;受电量389.8亿千瓦时,同比增长1.7%;发电量781.8亿千瓦时,同比下降1.6%。天然气用气量33.3亿立方米,同比增长11.9%,目前LNG最大日供应能力达到850万立方米。

(七)工业节能降耗目标基本完成

2009年,上海市全年工业用能总量约为5330万吨标煤左右,比2008年下降1.2%左右,比年度控制目标减少50万吨标煤,比2008年减少66万吨标煤左右。其中,集团公司用能量高于上年用能量,主要原因是金山石化2009年9月新上芳烃项目,宝钢集团产量、高桥石化炼油量大于上年等;区县工业用能量低于上年。万元工业增加值能耗(当量)下降5%左右,基本完成年度节能目标。

二、主要工业行业运行情况

(一)汽车行业增幅较大

2009年,上海市汽车行业实现工业总产值2566亿元,同比比增长40.5%;出口交货值119亿元,同比下降24.3%;利润340亿元,同比增长1.1倍。在国家取消养路费、降低购置税和汽车下乡等政策作用下,该行业自二季度起开始加速增长,成为拉动全市工业增长的主要力量,7月份起除9月份增长57.4%以外,其余月份增幅均超过70%,12月份产值达292亿元,增长1.3倍,创历史新高。从轿车产量看,全年实现快速增长,全市生产轿车122.4万辆,同比增长55.5%,其中排量1.0~1.6升增长80.3%,排量1.6~2.0升增长32.2%,排量2.0~2.5升增长56.4%,排量2.5~3.0升增长1.9倍。从重点企业生产情况看,该行业83%的重点企业增长,17%下降。

(二)石化行业同比持平

2009年,上海市石化行业实现工业总产值2585亿元,同比持平;出口交货值206亿元,同比下降16.6%;利润118亿元(去年受成品油价格倒挂影响亏损74亿元)。经历了上半年生产较大下滑后,随着原油价格震荡走高,化工产品价格总体走强,三季度赛科完成扩产并稳定生产,化工区企业全面复产,行业开工率不断提升,带动行业产值增速大幅回升,全行业于8月份实现了连续11个月以来的首次月度增长,此后保持了高速增长,并于12月份实现累计持平。从重点企业生产情况看,该行业56%的重点企业增长,44%下降。

(三)电子行业开始恢复性增长

2009年,上海市电子行业实现工业总产值4843亿元,同比增长8.8%;出口交货值3741亿元,同比下降6.6%;亏损12.5亿元(上年盈利49.7亿元)。电子计算机制造业自3月份起生产率先恢复,9月份出口实现2009年度的首次增长,在其带动下全行业当月实现了2009年以来的首次累计增长,扭转了持续下降的局面。集成电路制造业上半年降幅较大,进入四季度后开始恢复性增长,但该行业总体仍较困难,全年累计亏损50.9亿元,较上年增亏45亿元。从重点企业生产情况看,该行业43%的重点企业增长,57%下降。

(四)机械行业呈现负增长

2009年,上海市机械行业实现工业总产值4574亿元,同比下降4.1%;出口交货值971亿元,同比下降17.5%;利润386亿元,同比增长7.6%。该行业因生产周期较长,国际金融危机和国家刺激政策产生影响均比较滞后。上半年以来外需不振、出口下滑影响开始显现,该行业生产下降较为明显,进入三季度后投资拉动效应逐渐显现,月度降幅逐步缩小,12月份实现了连续13个月以来的首次月度增长,并实现了累计利润由降转增。从分行业情况看,动力设备、起重机械、电线电缆等行业实现了小幅增长，输配电设备等行业略有下降，集装箱制造、金属工具制造等行业降幅较大。从重点企业生产情况看，该行业38%的重点企业增长，62%下降。

（五）钢铁行业降幅收窄

2009年，上海市钢铁行业实现工业总产值1284亿元，同比下降2.4%；出口交货值93亿元，同比下降49.2%；利润55亿元，同比下降10.4%。该行业上半年产值降幅较大，其中1~4月份降幅均在20%以上，受汽车、家电增长拉动，7月份实现了连续12个月以来的首次月度增长，并连续6个月增长，累计降幅不断收窄。从钢材产量看，全年钢材产量2181万吨，同比下降0.3%，基本恢复到金融危机前水平。

（六）轻工行业呈现负增长

2009年，上海市轻工行业实现工业总产值3660亿元，同比下降4.6%；出口交货值784亿元，同比下降19.8%；利润240亿元，同比增长41.9%。从分行业情况看，37个子行业中，11个子行业实现产值可比增长，26个下降；27个子行业利润同比增长，9个下降，1个亏损。从主要子行业生产情况看，合计产值规模占轻工行业的20%以上的家电、塑料制品行业9月份起开始回升，全年累计降幅分别为3.0%和8.3%，分别比上半年收窄了8.7个和15.3个百分点；工艺品、食品、日用化学品和农副食品加工业实现累计增长，分别增长4.5%、2.6%、1.3%和0.1%；饮料、皮革、家具、印刷行业小幅下降，分别下降6.3%、4.3%、0.9%、0.6%；照明器具和电池制造行业降幅较大，分别下降19.0%和16.6%。从重点企业生产情况看，该行业39%的重点企业增长，61%下降。

（七）船舶行业利润下降

2009年，上海市船舶行业实现工业总产值516亿元，同比增长0.4%；出口交货值399亿元，同比增长1.9%；利润31亿元，同比下降35.9%。

从其他行业看，医药实现工业总产值352亿元，可比增长17.1%，利润47亿元，同比增长26.7%；烟草产值413亿元，增长11.2%，利润118亿元，下降4.6%；建材产值361亿元，增长7.6%，利润15亿元，增长4.9%；电力产值1253亿元，增长1.6%，利润39亿元，增长3.3倍；纺织产值809亿元，下降5.1%，利润40亿元，增长27.3%；有色产值322亿元，下降5.7%，利润6亿元，增长1.9倍。

三、上海市区县工业运行情况

从规模以上属地情况看，2009年，上海市区县工业完成工业总产值14742亿元，同比增长1.6%。各区县基本情况如下：

（一）区县工业生产实现由降转增

上海市区县工业生产自2009年9月份起开始实现月度增长，累计降幅逐月收窄，并于12月份实现累计由降转增。但由于区县工业的外向度接近40%，比全市工业平均水平高10.2个百分点，受国际市场影响较大，故回升速度慢于全市水平，增速仍低于全市工业平均水平7.6个百分点。

（二）产销衔接水平较好

2009年，上海市区县工业产销率为98.70%，比上年提高了0.76个百分点。其中，普陀、徐汇、虹口、卢湾、静安等区的工业产销率高于100%。

（三）出口下滑势头得到初步遏制

2009年，上海市区县工业11月份实现出口交货值同比增长5.0%，12月份增幅进一步扩大，增长10.1%。全年累计完成出口交货值5626亿元，同比下降10.5%，占全市工业出口的比重超过84%，降幅好于全市工业平均水平1.2个百分点。

（四）7个区实现累计增长

2009年，上海市的奉贤、闵行、浦东、松江、徐汇、闸北、黄浦7个区实现了工业的累积增长。

2009年江苏省工业经济运行概况

2009年，为遏制经济下滑态势，国家实施了积极的财政政策与适度宽松的货币政策，相继出台一系列产业振兴规划等“扩内需、保增长”政策措施。在此背景下，江苏省工业战线认真贯彻落实省委省政府“保增长、促发展”战略部署，积极谋划、全力应对，工业经济运行呈现生产企稳回升，全省规模以上工业实现利润同比增长24.3%，增幅是2008年的6.4倍，效益增速大幅回升。

一、2009 年工业经济运行基本情况

(一)工业生产持续回升并超上年水平

2009 年，江苏省规模以上工业实现增加值 16727.1 亿元，比上年增长 14.6%，增速比 2008 年提高 0.4 个百分点；分季度看，一季度、二季度、三季度、四季度全省规模以上工业分别实现增加值 3503.2 亿元、4328.5 亿元、4272.7 亿元、4622.7 亿元，同比分别增长 10.6%、13.7%、14.3%、18.8%，工业生产持续回升，增速逐季加快。

(二)经济效益年内止降转增并大幅回升

2009 年 1~3 月、1~6 月、1~9 月、1~12 月，全省规模以上工业实现利税同比分别增长-0.1%、1.8%、9.5%、21.2%。其中，实现利润同比分别增长-9.5%、-3.8%、7.2%、24.3%；利税、利润累计增幅分别从 6 月份、8 月份开始由同比下降转为同比增长，且累计增速呈逐月加快之势。

二、工业经济运行的主要特点

(一)工业用电低开高走，累计增幅高于上年

2009 年，江苏省工业用电呈低开高走态势，1~2 月，全社会工业用电同比下降 10.5%，为年内最大降幅；从 3 月份开始工业用电累计降幅逐月收窄，1~9 月用电降幅收窄至-0.9%；从 10 月份开始，工业用电累计增幅转降为升且持续回升，1~10 月、1~11 月、1~12 月，工业累计用电同比分别增长 0.5%、2.8%、5.1%。2009 年，全省全社会工业用电 2631.3 亿千瓦时，比上年增长 5.1%，增幅高于 2008 年 1.5 个百分点。

(二)工业生产与用电量变化趋势同步，轻重工业差距缩小

2009 年，江苏省工业经济运行趋势与工业用电保持同步，1~3 月、1~6 月、1~9 月、1~12 月，规模以上工业同比分别增长 10.6%、12.3%、13%、14.6%；轻、重工业分别实现增加值 4828.7 亿元、11898.4 亿元，比上年分别增长 11.8%、15.7%，重工业增速高于轻工业增速 3.9 个百分点，轻重工业增速差距比 2008 年缩小 0.8 个百分点；与 2008 年增速相比，轻、重工业增速分别提高 0.9 个、0.1 个百分点。

2009 年江苏工业增加值与用电量累计增速对比图

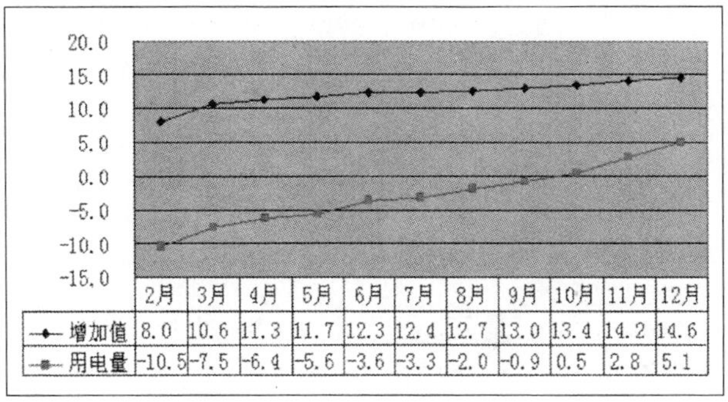

(三)“三资”工业触底回升，股份制工业运行平稳

2009 年，江苏省“三资”工业生产年初进入谷底，一季度实现增加值 1366.9 亿元，同比增长 7.3%，低于全省平均水平 3.3 个百分点；1~6 月、1~9 月、1~12 月，“三资”工业同比分别增长 9.5%、10.8%、12.7%，增速虽低于全省平均水平，但生产明显呈现逐季回升态势。股份制工业生产运行相对平稳，1~3 月、1~6 月、1~9 月、1~12 月，同比分别增长 15.2%、16.2%、16.4%、17.4%，增速分别高于全省平均水平 4.6 个、3.9 个、3.4 个、2.8 个百分点。

(四)重点行业生产企稳，经济效益持续好转

2009 年，江苏省七大重点行业(按累计产值排序，行业产值合计占全省规模以上工业产值比重高达 61.4%)生产相继企稳并趋于回升，经济效益持续好转，行业利润增幅逐季提高(或降幅收窄)。

从生产情况看，电子、纺织、交通运输设备制造行业年内产值增幅逐季加快，电气、通用设备制造行业年内产值增幅回稳后有所加快，化工、钢铁行业年内相继扭转产值同比下降局面转为同比增长。

从效益情况看，交通运输设备制造行业年内利润保持稳定增长态势，电气、纺织、通用设备制造行业年内利润转降为增，化工行业年内利润止降并大幅增长，电子行业年内利润降幅逐季收窄，钢铁行业年内利润降幅见底并趋于收窄。详见下表。

(五)百强企业生产回升，大中型企业显支撑

2009 年，江苏省产值排序居前 100 位工业企业(简称：百强企业)实现产值 16571.1 亿元，占

2009 年江苏省重点行业产值、利润增幅对比表

	产值同比增长(%)				利润同比增长(%)			
	1~3 月	1~6 月	1~9 月	1~12 月	1~3 月	1~6 月	1~9 月	1~12 月
全部规模以上工业	5.5	7.6	8.5	12.1	-9.5	-3.8	7.2	24.3
通信设备、计算机及其他电子设备制造业	0.2	5.3	7.6	8.4	-53.4	-40.9	-23.3	-7.9
化学原料及化学制品制造业	-3.6	-0.6	1.5	9.4	-18.1	-4.3	6.4	51.5
电气机械及器材制造业	10.3	9.5	9.6	14.6	-0.2	1.0	13.5	23.6
黑色金属冶炼及压延加工业	-1.9	-4.4	-3.6	4.3	-52.0	-62.2	-53.6	-24.7
纺织业	5.1	6.4	6.8	7.8	-9.1	10.7	15.6	18.9
通用设备制造业	11.5	10.0	10.6	13.4	-4.0	-0.2	7.6	19.3
交通运输设备制造业	29.7	30.0	31.0	36.7	44.0	23.1	26.7	67.2

全省规模以上工业产值比重达 22.7%，同比增长 10.8%，百强企业全年产值增幅保持回升态势，1~3 月、1~6 月、1~9 月、1~12 月，实现产值同比分别增长 4.7%、5.4%、6.2%、10.8%，有力带动全省规模以上工业生产持续回升；全省大中型企业实现增加值 9313.2 亿元，同比增长 9.7%，增速比上半年提高 2.4 个百分点，对全省规模以上工业增长的贡献率为 39%，拉动全省规模以上工业增长 5.7 个百分点，大中型企业支撑作用较为明显。

(六)企业亏损增幅下降，经济运行质量提高

2009 年，江苏省规模以上工业企业亏损面为 11.7%，比 2008 年下降 1.7 个百分点；1~3 月、1~6 月、1~9 月、1~12 月，亏损企业亏损额同比分别增长 37.2%、32.5%、-4.2%、-32.8%，企业亏损增幅年内呈高开低走格局且由升转降。

2009 年，全省规模以上工业实现主营业务收入 71181.3 亿元，同比增长 11.4%，实现利税 6448.1 亿元，其中利润 3865.4 亿元，同比分别增长 21.2%、24.3%，利润增幅高于利税，利税增幅高于销售；工业成本费用利润率 5.8%，比 2008 年提高 0.8 个百分点；人均利税 6.5 万元/人，比 2008 年增长 19.6%，经济运行质量好于上年。

三、制约全省工业经济发展的因素

虽然 2009 年江苏省工业经济运行出现了一些积极变化，工业经济发展向好态势日趋明显，但对影响全省工业经济持续又好又快发展的制约因素需引起重视。

(一)出口交货值持续下降，工业出口形势依然严峻

2009 年，全省规模以上工业企业实现出口交货值 14867.9 亿元，同比下降 3.7%，增幅比 2008 年全年回落 22.7 个百分点；1~3 月、1~6 月、1~9 月、1~12 月，全省工业出口交货值同比分别下降 4.8%、4.7%、6.4%、3.7%，虽年底降幅有所减缓，但出口同比下降之势年内仍未能扭转。

2009 年，全省出口交货值居行业第一的电子行业(通信设备、计算机及其他电子设备制造业)实现出口交货值 7173.4 亿元，占全省规模以上工业出口交货值比重达 48.3%，同比增长 4.8%，增幅比 2008 年回落 15.8 个百分点；化学原料及化学制品制造业出口增幅由 2008 年增长 20.6%转为 2009 年下降 20.5%，落差十分明显；此外，电气机械及器材制造业、纺织业、纺织服装、鞋、帽制造业等行业出口均同比下降，而 2008 年上述行业出口均呈不同程度增长。

2009 年，国际上涉及到中国产品的贸易摩擦案件超百起，涉案金额超过 120 亿美元，与 2008 年相比均翻一番；中国贸易份额约占世界 8%，却承受世界 35%的反倾销措施。2010 年，中国外贸份额占全球比重将升至 9%以上，而更具有战略性的碳关税问题的出现，则会使问题变得更加复杂，成为中美贸易摩擦新的隐患，同时西方欧美国家经济复苏进程如何又一定程度上造成外贸需求的不确定性，工业企业出口外部环境短期内难以乐观。

(二)区域经济增长差异明显，苏南地区贡献有所减弱

近年来，在江苏省委省政府大力扶持苏北、苏中地区经济发展，苏南地区产业转移及振兴沿海经济等政策推动下，苏北、苏中地区经济快速崛起，苏南地区工业经济发展步伐有所放缓。2009 年，苏南、苏中、苏北地区规模以上工业分别实现增加值 10320 亿元、3683.5 亿元、2687.8 亿元，同比分别增长 12.5%、16.7%、17.4%，工业增速苏北高于苏中、苏中高于苏南，且苏南工业增速低于全省规模以上工业增速 2.1 个百分点；苏南、苏中、苏北地区全社会工业用电同比分别增长 3.8%、6.8%、13%，与工业增长格局相同，苏南地区用电增速低于全省用电平均增速 1.3 个百分点，分别低于苏中、苏北地区 3 个、9.2 个百分点。2009 年，苏南、苏中、苏北地区对全省规模以上工业产值增长的贡献率分别为40.7%、31.8%、26.1%，与2008年相比，苏中、苏北分别提高7.2个、7.2个百分点，苏南下降14.5个百分点，苏南地区对全省工业增长的支撑作用有所减弱。

（三）中小企业融资困局犹存，民间投资意愿有待增强

2009年，江苏省金融机构贷款余额35296.7亿元，比年初新增贷款9137.6亿元。从新增贷款结构看，中长期贷款比重高达70.7%，短期贷款比重仅为28%；从贷款流向领域看，短期贷款中工业贷款比年初新增贷款479.4亿元，占短期贷款18.7%，占全部贷款额5.3%。金融机构对工业企业特别是中小企业的信贷需求持谨慎态度，中小企业融资难、流动资金紧张问题仍一定程度存在。

2009年，我国经济回升主要靠投资拉动和政策支撑，工业经济企稳向好很大程度上得益于大力度、大规模的政策性投资需求拉动，政府投资对民间投资的带动效应并不十分明显，遭受金融危机冲击的民营企业尚未完全消除对经济前景的担忧，民间投资意愿不强，地方筹措资金较为困难，经济增长的内生动力尚待强化。

2009年浙江省工业经济运行概况

2009年，浙江省深入贯彻落实科学发展观，深入实施“八八战略”和“创业富民、创新强省”总战略，大力推进“全面小康六大行动计划”，坚决贯彻落实中央刺激经济的一揽子计划和相关政策措施，坚持标本兼治、保稳促调，全力应对国际金融危机冲击，迅速扭转了经济增速过快下滑的势头，全省经济回升向好，工业经济运行趋稳。

一、2009年工业经济运行基本情况

2009年，浙江省规模以上工业企业主营业务收入为38260.1亿元，同比增长1.5%，累计增幅从一季度的-11.8%，逐步回升至上半年的-6.5%、前三季度的-5.3%和1~11月的-1.1%，到12月份实现正增长。12月，主营业务收入为4288.1亿元，同比增长27.7%，为2009年月度最高增幅。

2009年，全省实现工业增加值11843亿元，同比增长12.5%。其中规模以上工业增加值8232亿元，同比增长6.2%，轻、重工业增加值分别增长5.5%和6.7%。（见表1）规模以上工业销售产值39629亿元，增长2.1%。国有及国有控股工业企业增加值1223亿元，比上年增长3.6%。规模以上工业企业完成出口交货值8561亿元，比上年下降10.8%。出口交货值占销售产值的比重为21.6%，比上年下降3.1个百分点。

表1 2009年规模以上工业增加值

指标名称	绝对数(亿元)	比上年增长(%)
工业增加值总计	8231.71	6.2
在总计中:轻工业	3639.24	5.5
重工业	4592.46	6.7
在总计中:国有企业	667.73	4.5
集体企业	33.38	3.9
股份合作企业	76.33	-3.6
联营企业	4.70	-0.7
有限责任公司	1501.00	5.6
股份有限公司	539.89	4.6
私营企业	3228.02	8.9
其他企业	35.59	6.0
港澳台商投资企业	922.13	6.7
外商投资企业	1222.95	2.7
在总计中:国有及国有控股企业	1223.20	3.6

规模以上工业企业新产品产值为7361亿元，比上年增长12.6%，新产品产值率为18.1%，比上年提高1.7个百分点。制造业中，高新技术产业增加值1771亿元，比上年增长6.9%，占规模以上工业的比重为21.5%。汽车产量为28.2万辆，增长77.2%，其中轿车产量为22.4万辆，增长73.1%。（见表2）

二、主要行业经济运行情况

从主要行业看，2009年1~11月，石油加工业由上年同期亏损56.1亿元转为赢利60.7亿元，电

表 2 2009 年主要工业产品产量

名称	单位	绝对数	比上年增长(%)
纱	万吨	195.6	11.8
布	亿米	139.2	5.7
化纤	万吨	1207.2	18.6
卷烟	亿支	804.2	5.7
房间空调器	万台	303.1	-16.5
发电量	亿千瓦小时	2193.3	5.8
钢材	万吨	2359.4	28.7
水泥	万吨	10796.5	7.2
化肥(折 100%)	万吨	46.5	-1.7
汽车	万辆	28.2	77.2
# 轿车	万辆	22.4	73.1
集成电路	亿块	21.4	-10.2
电子元件	亿只	339.7	5.9
移动电话机	万台	2640.7	4.5
微型电子计算机	万台	89.2	-15.5

力、化工、电气机械和服装行业利润分别增长 219.4%、23.4%、16.8%和 38.4%，这五个行业分别拉动全省工业利润增长 8.5、5.6、2.1、1.9 和 1.6 个百分点。纺织、交通运输设备、有色压延、黑色压延和橡胶分别增长 14.7%、15.2%、98.0%、71.1%和 106.1%，对全省工业利润增长的贡献也较大。同时，通用设备、通信设备、非金属矿物制品、农副食品加工和木材加工业利润同比仍然下降，但降幅比 2009 年 1~10 月有所缩小。

汽车行业：2009 年 12 月份，浙江省汽车销售继续大幅增长，零售额达到 163.8 亿元，销售量再创新高，同比增幅达到 62.9%。从全年来看，受国家小排量汽车购置税减免和汽车下乡等政策效应的影响，全省汽车销售增速自 2009 年 4 月份开始一直处于高位，2009 年全年实现零售额 1261.4 亿元，比上年同期增长 30.2%。

化学原料行业；2009 年，在浙江省规模以上工业中，化学原料行业增加值 507.7 亿元，同比增长 13.9%，增幅比规模以上工业高 7.7 个百分点。化学原料行业增加值占规模以上工业的比重为 6.2%，对规模以上工业生产增长的贡献率为 13.5%，居 37 个行业之首。

交通运输、电气机械和纺织业行业：2009 年，交通运输、电气机械和纺织业等行业对浙江省规模以上工业生产增长的贡献率也位居前列，分别为 11.0%、10.9%和 10.7%。通用设备、通信设备、黑色金属矿采和家具制造等行业对工业生产增长的贡献率为负。

表 3

规模以上工业企业经济效益(亿元)(2009 年)	1-12 月	同比±%
企业单位数(个)	59068	3.0
其中：亏损企业	8516	1.0
主营业务收入	38260.15	1.5
主营业务成本	32880.77	-0.8
主营业务税金及附加	428.16	56.3
营业费用	970.59	10.0
管理费用	1635.08	7.2
财务费用	591.92	-11.2
利润总额	2041.39	34.4
亏损企业亏损额	182.26	-36.3
利税总额	3488.71	25.4
资产总计	38481.91	13.6
流动资产平均余额	20815.34	11.7
应收帐款净额	5376.69	17.2
产成品存货	2273.26	2.9
负债合计	23402.10	12.8
应交增值税	1019.16	3.1
科技活动经费支出总额	369.16	6.3
购置技术成果费用	18.60	-17.3
设备购置费	977.67	-4.0
从业人员劳动报酬	1828.58	4.3
规模以上大中型工业企业经济效益(亿元)	1-12 月	同比±%
企业单位数(个)	4424	0.1
其中：亏损企业	452	-12.9
主营业务收入	20150.38	-1.7
主营业务成本	17013.24	-5.0
主营业务税金及附加	349.84	74.4
营业费用	595.47	9.6
管理费用	804.51	4.9
财务费用	303.02	-13.2
利润总额	1270.80	33.3
亏损企业亏损额	70.69	-49.9
利税总额	2175.29	29.2
1311 家重点用能企业能耗(2009 年)	1-12 月	同比±%
综合能耗(万吨标准煤)	4387	-3.3
原煤消费量(万吨)	7352	3.0
原油消费量(万吨)	2506	9.5
电力消费量(亿千瓦时)	533	1.0

高新技术产业：2009 年，在全省规模以上工业中，高新技术产业增加值 1771.4 亿元，同比增长 6.9%，增幅比规模以上工业高 0.7 个百分点。高新技术产业增加值占规模以上工业的比重达到 21.5%。

2009 年 1~7 月，高新技术产业增加值同比下降 1.5%，增速比规模以上工业低 2.5 个百分点。在出口回暖和转型升级加快的推动下，8~12 月，高新技术产业增加值分别增长 10.8%、11.1%、14.9%、30.1%和 22.9%，增幅均高于规模以上工业。后 5 个月的强劲回升，拉动高新技术产业增速后来居上。

三、工业转型升级成效明显

经过全省上下的共同努力，浙江省工业经济已经呈现企稳回升的态势，工业转型升级工作取得初步成效，集中表现在以下 6 个方面：

一是经济效益明显好转。工业经济再现效益好于生产的运行特征。2009 年 1~10 月份，全省规模以上企业实现利润 1509 亿元，同比增长 17.3%，比上年同期提高 18.6 个百分点，高出全国平均增幅 20.7 个百分点。

二是民营企业活力增强。2009 年 1~10 月份，全省规模以上企业达到 5.81 万家，比上年同期增加 6377 家；其中 3312 家新增的规模企业 1~10 月份实现利润增幅达 778.6%。

三是市场格局得到优化。过分依赖出口推动的局面有所改变，国内市场销售份额明显增加。2009 年 1~10 月份，内销占工业销售产值的比重较上年同期提高 3.4 个百分点。

四是创新发展持续加快。全年 R&D 投入占生产总值比重预计达 1.8%。2009 年 1~10 月，全省规模以上企业科技活动经费支出 220.5 亿元，同比增长 8.2%。

五是节能降耗成效明显。2009 年 1~9 月份，全省单位 GDP 能耗同比下降 6%，规模以上单位工业增加值能耗下降 6.5%。全省 4 年累计已实现节煤量约 3150 万吨，完成“十一五”节能计划的 83.2%。

六是两化融合开始起步。2009 年前 10 个月软件业投资增长 136.1%。行业网站占到全国总数的 40%。

2009 年安徽省工业经济运行概况

2009 年，面对国际金融危机冲击和国内复杂经济形势，安徽省认真贯彻“扩内需保增长”各项政策措施，总体经济企稳早、回升快，继续保持两位数以上的增长。全省规模以上工业经济运行形势良好，全年累计实现增加值 3987.92 亿元，同比增长 22.6%，增幅居中部第一、全国第三。

一、2009 年工业经济运行基本情况

(一)工业保持快速增长

2009 年安徽省主要经济指标增长继续向好，工业经济保持快速增长。据统计，12 月份规模以上工业增加值增长 30.3%，比上月回落 0.7 个百分点，比上年同期高 16.4 个百分点。1~12 月份，工业增加值累计 3987.9 亿元，同比增长 22.6%，比前三季度、上年分别提高 3.3 个和 0.6 个百分点。全省规模以上工业企业共实现利润 514.9 亿元，增幅达 50.1%。年末，全省规模以上工业企业亏损面为 15.7%，同比下降 5.8 个百分点；亏损企业亏损额 57.1 亿元，下降 35.2%。企业效益的改善带来了财政收入的大幅增加。2009 年 12 月工业生产呈以下主要特点：

一是月度增加值创历史新高。12 月份，规模以上工业增加值突破 400 亿元，达到 426.8 亿元，为单月历史最高值。其中，轻工业增加值 133.3 亿元，增长 29.2%，比上月提高 5.8 个百分点；重工业增加值 293.5 亿元，增长 30.9%，比上月回落 3.8 个百分点。

二是工业品出口形势继续好转。12 月份，规模以上工业企业实现出口交货值 67.8 亿元，增长 18.2%，延续上月由降转升的增长态势。1~12 月份，全省累计出口交货值 589.5 亿元，下降 16.4%，降幅比上半年和前三季度分别缩小 9.5 个和 6.6 个百分点。

三是主要产品产量稳定增长。12 月份，44 种重

点监测的产品中有40种产量同比增长。其中,原煤、发电量分别增长6.9%和35.9%,粗钢、钢材、十种有色金属分别增长19.7%、32.7%和36.7%,水泥增长11.9%,汽车增长1.5倍,家用洗衣机、电冰箱分别增长35.1%和12.8%,空调、彩色电视机分别增长2.4倍和54.8%。变压器、饮料酒、毛机织物、小型拖拉机四种产品产量同比下降,降幅分别为18.7%、19.4%、65.3%和89.2%。

四是多数行业保持增长。12月份,37个工业行业中增加值同比增长的有35个,增幅在20%以上的有26个。与上月相比,16个行业增长加快,其中石油加工、电力、电气机械及器材制造、煤炭等行业分别增长135.7%、30.3%、25.9%和12.8%,提高65.6个、11.9个、7.4个和4个百分点,烟草制品业由上月下降8%转为增长15.8%。21个行业增速减缓,其中建材、交通运输设备制造、农副食品加工、钢铁、化工、有色等行业分别增长28%、86.9%、23.5%、20%、36.6%和19.7%,回落2~26.3个百分点。

(二)工业投资增长高位运行

2009年,安徽省实现固定资产投资9263.2亿元,同比增长36.2%。从行业看,装备制造业投资快速增长,增幅为49.2%,比全省高13个百分点,占总投资比重由上年的12.9%提高到14.1%;六大高耗能行业投资低速增长,增幅为15.2%,比全省低21个百分点,占总投资比重由上年的12.3%下降到10.4%。

2009年各月规模以上工业增加值增幅(%)

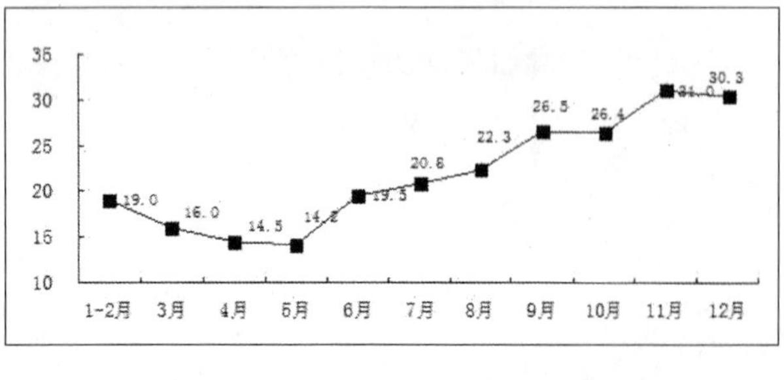

二、2009年工业经济运行主要特点

一是重工业呈现出持续增长的态势。在轻工业快速增长的同时,重工业继续保持快速增长态势,全年实现工业增加值2753.81亿元,增幅19.9%,比上年同期提高6.2个百分点。

二是行业运行情况良好。全省37个行业全部保持同比增长,其中黑色金属矿采选、农副食品加工、专业设备制造、交通运输设备制造等12个行业增幅超过30%以上。

三是多数重点产品增势稳定。全省43种重点产品中有39种产品产量同比保持增长,占总数的90.7%,16种重点产品产量增长超过20%。

四是产销衔接水平逐步回升。全省工业产品产销率由年初的96.2%逐步回升97.2%,完成全年目标任务。各市产销衔接情况如下:

高于97%全年目标的12个市。淮南(100.1%)、蚌埠(99.0%)、阜阳(98.9%)、马鞍山(98.9%)、六安(98.8%)、淮北(98.7%)、宿州(98.3%)、铜陵(98.0%)、芜湖(97.6%)、亳州(97.3%)、安庆(97.3%)、黄山(97.3%)。

低于97%全年目标的5个市。滁州(96.6%)、池州(96.2%)、巢湖(95.9%)、合肥(95.6%)、宣城(94.7%)。

五是工业用电稳步增长。全年工业用电量693.05亿千瓦时,增长9.55%。六是工业品出厂价格持续回升。

全省主要工业经济指标

指标	单位	12月	比上年同月增长(%)	1-12月累计	比上年同期增长(%)
一、规模以上工业增加值	亿元	426.8	30.3	3987.9	22.6
其中:轻工业	亿元	133.3	29.2	1234.1	29.3
重工业	亿元	293.5	30.9	2753.8	19.9
其中:国有企业	亿元	38.8	33.5	432.4	12.8
集体企业	亿元	5.5	50.9	44.1	20.8
股份合作企业	亿元	2.3	14.9	23.2	19.0
股份制企业	亿元	311.5	31.1	2825.5	24.5
外商及港澳台投资企业	亿元	50.4	18.4	517.4	15.9
其他经济类型企业	亿元	18.2	48.5	145.4	44.2
其中:大中型工业企业	亿元	232.1	21.6	2384.9	13.8
工业产品产销率	%	98.7	上升05个百分点	97.2	下降0.3个百分点

三、2010年工业经济走势及对策建议

2010年,安徽省经济发展的外部环境趋于好转,总需求进一步增强,企业生产有望稳步提高,整体经济延续近年来平稳快速增长态势。

(一)从生产角度分析,工业支撑力仍然较强

一是重工业回暖态势明显。2009年,全省规模以上重工业增长19.9%,增幅比前三季度、上半年

分别提高4.2个和7.6个百分点。随着国内经济回升,重工业有望进一步回暖。由于重工业占安徽省工业三分之二以上比重,重工业回暖对全省工业形成有力支撑。

二是制造业投资大幅度增加。2009年,全省限额以上投资中,制造业投资增长44.2%,比全省增幅高7.3个百分点。制造业投资的增长,使得主要工业产品产能快速增加,随着经济回升步伐加快,将有利于这些新增产能的进一步释放。

三是新经济增长点加速形成。主要是皖江城市带承接产业转移示范区和合芜蚌自主创新试验区建设的推进,承接产业转移能力提升等,将诞生出一大批新的增长点。

(二)对策建议

中央经济工作会议明确提出,今年要在保持宏观经济政策的连续性、稳定性的同时增强政策的灵活性和针对性。我省要密切关注国家宏观经济政策的变化,及时采取有效措施,应对和防范经济运行中可能存在的各种风险,进一步增强经济增长的内生动力,夯实经济企稳回升的基础。

当前,安徽省正处于工业加速发展期,加快服务业发展,要以生产性服务业为突破口,促进工业和服务业互动发展;各级政府和部门要加强引导和管理,提高服务业企业竞争力;充分发挥政府投资的引导和推动作用,逐步形成以政府投入为引导、企业投入为主体、多种所有制经济共同参与的多元化投融资体制,引导更多的民间资本进入服务业投资领域,增强服务业企业发展活力和竞争力。

2009年福建省工业经济运行概况

2009年,福建省工业企业坚定信心、迎难而上、化"危"为"机",积极有效应对多方面的严峻挑战和考验,工业企业经济效益整体保持平稳健康发展。特别是下半年以后,主营业务收入增幅稳步提升,利润总额增速由负转正,工业经济效益综合指数创历史新高。

一、2009年工业经济运行基本情况

(一)工业生产稳步增长

2009年,福建省规模以上工业企业完成增加值4585.23亿元,比上年增长13.0%,增幅比全国平均水平高2.0个百分点,居全国各省市第18位;增幅比1~3月、1~6月、1~9月分别提高8.9、7.2和3.9个百分点。

从企业注册类型看,集体企业、股份合作企业、股份制企业、其他经济企业分别完成工业增加值63.56亿元、75.03亿元、1926.96亿元、148.81亿元,同比增长18.6%、23.2%、18.9%和15.2%,分别比规模以上工业增幅高5.6、10.2、5.9和2.2个百分点;国有企业和总量最大的"三资"企业,分别完成工业增加值225.78亿元和2145.10亿元,分别增长8.1%和8.2%,增幅比规模以上工业低4.9和4.8个百分点。

从行业看,福建省37个工业大类行业全部实现增长。其中有25个行业实现两位数增长,燃气生产和供应业、废弃资源和废旧材料回收加工业、石油加工炼焦及核燃料加工业、黑色金属矿采选业、木材加工及木竹藤棕草制品业、化学纤维制造业、农副食品加工业7个行业增幅超过20.0%,分别增长141.2%、102.1%、75.3%、30.5%、28.8%、22.5%和21.9%。

三大主导产业完成工业增加值1569.03亿元,同比增长11.4%。石化产业在领军企业福建联合石油化工有限公司新增生产线投产带动下,2009年6月后生产持续保持较高的增长态势,全年完成工业增加值455.48亿元,同比增长18.7%,增幅比上年提高6.6个百分点。电子信息业受产品价格、家电下乡政策、国际市场需求有所恢复、上年基数较低等因素作用下,全年增幅波动较大,11月后快速增长,全年完成工业增加值385.18亿元,同比增长12.0%,增幅比上年回落4.7个百分点。机械装备业全年完成工业增加值728.37亿元,同比增长6.9%,增幅比上年回落13.5个百分点。

从主要产品生产情况看,统计的近400种主要工业产品,近七成产品有不同程度增长,部分产品快速增长。如原油加工量增长129.8%、初级形态塑料增长98.7%、发动机增长44.3%、金属紧固件增

长 113.9%、轿车增长 169.0%、发电机组增长 115.0%、锂离子电池增长 49.2%、灯具和照明装置增长 119.8%、电视接收机顶盒增长 39.1%、半导体分立器增长 51.9%、集成电路增长 115.8%、液晶显示屏增长 125.2%、电子元件增长 50.8%、液晶电视机增长 35.1%、工业自动调节仪表与控制系统增长 30.8%、数码照相机增长 29.5%。

2009 年，福建省工业经济与扩大投资相关的产品也保持了较快增长，人造板、复合木地板、水泥、沥清和改性沥清防水卷材、平板玻璃、钢板分别增长 19.7%、57.8%、25.3%、511.5%、32.8%、21.5%。保障工业稳定发展要素的能源产品平稳增长，原煤、发电量分别增长 9.7%和 7.8%。

从设区市情况看，除厦门市外，八个设区市均实现两位数增长，其中宁德市在大唐国际宁德发电有限公司、水产品加工业、船舶修造业增势迅猛的带动下，全年完成工业增加值 163.88 亿元，同比增长 19.8%，增幅居九个设区市之首；福州、莆田、三明、泉州、漳州、南平、龙岩分别完成工业增加值 906.63 亿元、320.25 亿元、303.91 亿元、1360.47 亿元、358.55 亿元、182.65 亿元、327.82 亿元，同比增长 14.1%、18.7%、19.6%、14.0%、15.8%、18.6%和 14.6%。外向度较高的厦门市受国际金融危机影响较大，全年完成工业增加值 654.62 亿元，仅增长 2.8%，增幅较上年回落 9.2 个百分点。

(二)产销衔接较好、出口降幅收窄

从工业品产销衔接看，2009 年，福建省规模以上工业产销率达 97.42%，比上年提高 0.09 个百分点，继续保持在 97%以上的好水平，其中 2009 年 12 月产销率达 98.99%，创近来新高。有 19 个行业产销率比上年有不同程度提高，提高幅度在 1 个百分点以上的行业有非金属矿采选业、农副食品加工业、木材加工及木竹藤棕草制品业、医药制造业、电气机械及器材制造业。

工业品出口从 2009 年 9 月份开始扭转下降态势，逐渐稳步增长，全年规模以上工业实现出口交货值 3787.99 亿元，比上年下降 4.1%，降幅比 1~3 月、1~6 月、1~9 月收窄 13.1、11.7 和 6.0 个百分点。其中 11、12 月受国际市场回暖和上年同期基数较低等因素作用下，出口交货值增幅出现较大幅度反弹，分别增长 17.1%和 30.1%，比上年同月增幅高出 24.4 和 44.5 个百分点。部分出口型企业增幅较大，如友达光电(厦门)有限公司、福建华冠光电有限公司、福建华映显示科技有限公司、宸鸿科技(厦门)有限公司、厦门华侨电子股份有限公司、达运精密工业(厦门)有限公司、福建省东南造船厂、福建永强力加动力设备有限公司、连江清禄鞋业有限公司等全年出口交货值增幅均超过 30%。

(三)煤电油运供应总体较为宽松

2009 年，福建省全年电煤调运量 3465 万吨，比上年增长 6.3%；全年发电量 1170.71 亿千瓦时，增长 7.8%；全年货物运输量 60614.22 万吨，增长 5.9%；沿海港口吞吐量完成 30534 万吨，增长 12.8%；煤电油运保障要素总体宽松，满足了经济增长和工业经济运行的需要。

(四)工业效益持续回升

2009 年，福建省规模以上工业企业经济效益综合指数为 190.81，比上年提高 10.0 个百分点，分别比一季度、上半年，1~9 月提高 28.10、14.28 和 7.20 个百分点。计算经济效益综合指数的七项指标中有五项指标优于上年水平，其中，总资产贡献率为 12.06%，比上年提高 0.67 个百分点；资产负债率(逆指标)为 53.67%，比上年下降 0.72 个百分点；成本费用利润率为 5.18%，比上年提高 0.99 个百分点；全员劳动生产率为 13.60 万元/人，比上年提高 10.8 万元/人；产品销售率为 97.47%，比上年提高 0.10 个百分点。资本保值增值率 117.84%，比上年下降 1.74 个百分点；流动资产周转率为 2.57 次，比上年减少 0.13 次。

2009 年，福建省规模以上工业实现利润总额 784.27 亿元，比上年增长 35.6%，增幅比上年提高 45.1 个百分点。在 37 个工业行业大类中，有 31 个行业利润实现增长。其中皮革毛皮羽毛(绒)及其制品业、通信设备计算机及其他电子设备制造业、橡胶制品业、化学原料及化学制品制造业、农副食品制造业、电力热力的生产和供应业等分别增长 50.8%、43.5%、205.0%、100.4%、56.7%和 339.5%。

2009 年，福建省规模以上工业亏损企业 2664 家，亏损面为 14.3%，比上年减少 1.7 个百分点。亏损企业亏损额 88.92 亿元，为上年的 67.7%，比上年下降 32.3%。石油加工炼焦及核燃料加工业、通信设备计算机及其电子设备制造业、化学原料及化学制品制造业3个行业减亏力度较大，分别比上年减少亏损额22.28亿元、12.13亿元和5.62亿元，同比下降99.8%、58.1%和48.9%。

二、2009年工业经济运行主要特点

（一）总体走势先抑后扬

2009年，受国际金融危机影响，福建省工业生产、经营增幅呈现出先抑后扬，增幅稳步提升的发展态势，全年运行基本经历了探底、徘徊调整、企稳回暖、稳步回升四个阶段。

1.探底阶段（1~3月）。工业增加值月增幅跌破两位数，1~2月份月均增长5.1%、3月份增长4.9%；1~3月工业用电量下降10.1%；工业实现利润同比下降20%以上，1~2月、1~3月分别下降25.2%和22.7%。

2.徘徊调整阶段（4~5月）。工业增加值月增幅保持个位数增长，4月份增长8.8%、5月份增长5.8%；4月、5月工业用电量分别下降4.3%和2.4%；实现利润同比下降两位数，但降幅有所收窄，1~4月份、1~5月份分别下降19.7%和13.5%。

3.企稳回暖阶段（6~7月）。工业经济出现积极变化，工业增加值月增幅重现两位数增长，6月份增长11.8%、7月份增长13.1%；工业用电量出现正增长，6月、7月分别增长0.2%和2.3；实现利润同比降幅继续收窄到个数位，1~6月、1~7月分别下降9.1%和3.4%。

4.稳步回升阶段（8~12月）。工业主要指标增幅明显提升，工业增加值月增幅均超过15%，8月份增长15.0%、9月份增长16.9%、10月份增长18.5%、11月份增长26.2%，12月份增长29.7%。从9月份开始，月增幅均高于上年同月增幅；工业用电量增幅持续提升，8、9、10、11、12月工业用电量分别增长6.8%、8.2%、10.2%、24.8%和22.7%；实现利润出现增长并持续向好，1~8月、1~9月、1~10月、1~11月、1~12月分别增长4.3%、9.4%、13.0%、23.8%和35.6%。

从工业增加值总量看，1~2月份月均259.75亿元，3月份338.06亿元，4月份340.17亿元，5月份346.93亿元，6月份417.48亿元，7月份375.93亿元、8月份388.03亿元，9~12月份分别达到423.43亿元、407.29亿元、429.33亿元和480.21亿元，工业生产规模呈现逐月提高态势。

（二）轻工业增长快于重工业

在消费品市场有效需求增加带动下，2009年福建省规模以上轻工业增长态势始终好于重工业，全年轻工业增加值为2263.16亿元，增长15.7%；全年重工业完成增加值2322.07亿元，增长10.6%。全年轻工业对规模以上工业增长的贡献率为57.1%，比上年提升10.8个百分点，拉动规模工业增长7.42个百分点；重工业对规模以上工业增长的贡献率为42.9%，比上年下降10.8个百分点，拉动工业增长5.58个百分点。

（三）传统行业稳定增长

2009年，福建省传统工业行业保持较好的发展势头。轻纺工业、建材工业、冶金工业和林产工业全年完成工业增加值2794.52亿元，占规模以上工业的60.9%，增长14.6%。其中，木材加工及木竹藤棕草制品业、农副食品加工业、食品制造业、造纸及纸制品制造业、饮料制造业、家具制造业和皮革毛皮羽毛（绒）及其制品业增加值分别增长28.8%、21.9%、17.5%、16.3%、15.7%、15.3%和15.0%。

传统工业行业实现利润总额474.37亿元，占规模以上工业比重为60.5%，增长25.4%。其中，农副食品加工业、皮革毛皮羽毛(绒)及其制品业、家具制造业、木材加工及木竹藤棕草制品业、饮料制造业、纺织服装鞋帽制造业、纺织业和食品制造业利润总额分别增长56.7%、50.8%、45.7%、35.6%、24.5%、24.0%、22.7%和22.2%，实现利润与生产保持同步增长。

（四）非公有工业贡献较大

2009年，福建省非公有经济完成增加值3825.59，比上年增长13.8%，比规模以上增幅高0.8个百分点，对规模以上工业增长的贡献率为87.1%，拉动规模以上工业增长11.3个百分点。全年公有工业完成工业增加值759.64亿元，增长8.8%，比规模以上工业增幅低4.2个百分点。其中国有企业完成工业增加值225.78亿元，增长8.1%，比规模以上工业增幅低4.9个百分点。

（五）小企业快速增长

2009年，福建省小型企业继续发挥其生产经营灵活性，始终保持快速增长态势，全年完成工业增加值2157.15亿元，比上年增长20.5%，比大中型工业增幅高13.2个百分点。全年小型企业实现利润

284.73亿元，比上年增长41.6%，比大中型企业增幅高9.2个百分点。但从2009年11月份开始大型工业企业带动和辐射作用明显增强，首次出现大型企业增加值增幅高于小型工业企业增幅，11月和12月的大型企业分别完成工业增加值65.86亿元和68.51亿元，分别增长41.0%和40.9%。

（六）内销支撑作用明显

2009年，全省规模以上工业国内销售产值为12480.69亿元，比上年增长15.4%，增幅比出口交货值高19.5个百分点。国内工业品销售占工业销售产值比重为76.7%，分别比2007年、2008年提高6.1个和3.3个百分点。国内工业品销售对工业销售产值增长的贡献率为110.6%，拉动工业销售产值增长11.3个百分点。福建工业增长由外需驱动型向内需驱动型转变。

三、支撑工业经济企稳回升的主要因素

（一）科学有力的政策举措是工业稳步回升的保障。面对同际金融危机的不利影响，福建省委、省政府根据福建实际情况，认真贯彻中共中央、国务院关于保增长、保民生、保稳定的一系列政策举措，为国际金融危机背景下全省工业经济实现平稳较快增长提供了坚强的保障。

（二）适度宽松的货币政策是工业经济企稳回升的核心要素。国家实施适度宽松的货币政策，金融机构为加大工业贷款创造条件，2009年底，福建省金融机构对工业企业贷款余额为3587.86亿元，比年初新增贷款706.25亿元，其中对制造业贷款余额2621.43亿元，比年初新增贷款617.60亿元，贷款的增加在一定程度上缓解工业企业流动资金紧张的状况，企业经营困境得到了有效的缓和，增强了企业家渡过难关的信心，调动了工业企业生产的积极性。

（三）内需拉动是工业企稳回升的动力。一方面国家通过对医疗、教育、住房等一系列关系民生的重大政策制度的调整，撬动国内市场消费；另一方面，通过鼓励小排量汽车消费、家电下乡等措施，扩大消费领域为工业增长注入源源不断的动力。

（四）库存回补和出口市场转暖巩固了工业企稳回升的基础。企业库存变动是影响工业生产增速的因素之一，库存增加导致工业生产增速上升，库存减少则使工业生产增速回落。2008年四季度以来，受国际金融危机的冲击，市场需求明显放缓，部分企业通过停产、半停产以及缩减采购规模、降低产品库存和原材料储备、大幅度地进行库存调整等形式，以应对金融危机的冲击，2009年2月底产成品库存为597.15亿元，比2008年12月底减少119.08亿元，导致工业生产增速回落。3月份工业企业开始进入温和的库存回补阶段，至2009年底产成品库存为784.20亿元，比2月底增加库存187.05亿元，基本上到2008年底的水平，工业生产的回升态势也得到一定程度的支撑。随着际市场需求的有所回暖，2009年9月开始工业品出口出现好转迹象，11月、12月工业品出口交货值增幅分别达17.1%和30.1%，尤其是出口依存度高的行业工业品出口出现较大程度恢复性增长。

（五）经营成本的减少为企业生产注入生机。2009年，原材料价格和工业品出厂价格同比分别下降6.8%和4.5%，原材料价格降幅比工业品出厂价格降幅大2.3个百分点，原材料价格较大幅度下降减轻了企业生产经营成本压力，全年规模以上工业主营业务成本占主营业务收入的86.2%，比上年下降1.0个百分点，企业生产经营成本压力有所缓解。2009年以来我国连续多次大规模上调纺织品、服装等传统劳动密集型产品和技术含量、附加值高的机电产品出口退税率，在较大程度上减轻了工业企业税负，拓宽了企业利润空间。成本费用利润率达到5.18%，比上年提高了0.99个百分点，增加了企业家生产的信心。

2009年江西省工业经济运行概况

2009年，面对严峻复杂的经济环境，江西省全面落实科学发展观，坚持以“三保一弘扬”统领工业战线各项工作，积极应对国际金融危机的冲击，工业经济保持了平稳较快发展，总体呈现回升向好、逆势上扬的良好态势。

一、2009年工业经济运行基本情况

2009年，江西省规模以上工业企业实现增加值2610.75亿元，同比增长20.1%，连续第七年实现20%以上增长，增幅高出全国9.1个百分点，居全国第六位。

（一）工业生产低开高走，逆势上扬

1.工业生产增速持续攀升

纵观2009年江西工业运行走势，一季度低迷起航、二季度趋稳调整、三季度回升向好、四季度加速上扬特征明显。一季度全省工业生产同比增长14.6%；经过恢复调整，上半年增长14.8%，整体略有回升；进入三季度，工业生产持续向好，增速回升至16.8%，增幅比上半年提高2.0个百分点；四季度工业生产逐月提速，单月增速均在20%以上，其中12月增速达29.5%，增长势头强劲，全年增速为20.1%，较年初回升6.3个百分点。

2.中小型企业活力彰显

2009年，江西规模以上中小型工业企业实现增加值2079.78亿元，同比增长24.5%。中小型企业占规模以上工业比重达79.7%，比2008年提高4.1个百分点；对全省规模以上工业增长贡献率为91.9%，拉动工业增长18.5个百分点。其中，小型企业完成增加值1574.95亿元，增长31.1%。中小型企业在应对金融危机中不断发展壮大，成为全省工业生产的主力军，为抗危机、保增长做出了重大贡献。

3.支柱行业拉动作用显著

2009年，江西省37个行业生产势头整体趋好，实现了全面增长，17个行业增速超过20%。江西支柱行业中，有色金属冶炼及压延加工业全年实现工业增加值318.76亿元，同比增长14.7%，拉动工业增长2.2个百分点；非金属矿物制品业完成增加值232.38亿元，增长27.5%，拉动工业增长2.2个百分点；电气机械及器材制造业实现增加值179.53亿元，增长34.1%，拉动工业增长2.2个百分点；化学原料及化学制品制造业完成增加值233.68亿元，增长19.8%，拉动工业增长1.7个百分点。

4.新建投产企业成为新的增长点

投资作为经济增长的第一推动力，在经济发展过程中起着至关重要的作用。近年来，江西省掀起了新一轮投资建设高潮，确保了投资对工业经济强而有力的拉动作用。2009年，江西工业固定资产投资额达3606.33亿元，同比增长40.7%。工业投入力度的不断加大，也促使了我省工业企业成长步伐的加快。2009年，全省规模以上工业企业数增至7329家，比2008年净增1103家，同比增长17.7%；新建投产企业实现工业增加值208.29亿元，占规模以上工业8.0%，拉动工业增长8.1个百分点。

5.逾七成工业产品实现增长

2009年，江西省重点监测的331种工业产品中有250种实现增长，增长面超过七成，达75.5%。其中，水泥、原煤、钢材和铜材产量分别为6153.20、2982.47、1647.40和163.50万吨，同比增长17.7%、15.3%、29.1%和24.3%；汽车生产28.47万辆，增长35.0%；日用陶瓷产量25.91亿件，增长65.5%。

（二）轻重工业协同增长，工业结构进一步优化

1.轻重工业协同增长

2009年，江西重工业实现增加值1733.61亿元，同比增长19.7%；轻工业完成增加值877.14亿元，增长20.9%；轻重工业速度差为1.2个百分点，同比缩小7.1个百分点。全省规模以上工业增加值增长的20.1个百分点中，重工业拉动增长13.5个百分点，轻工业拉动6.6个百分点；重工业对规模以上工业增长贡献率为67.1%，轻工业为32.9%。总体看，重工业对全省规模以上工业增长贡献更大。

2.非公有制工业比重上升

2009年，江西非公有制工业实现增加值1897.37亿元，同比增长27.3%，占规模以上工业比重的72.7%，比2008年提高6.0个百分点，对全省工业增长的贡献率达91.9%，拉动工业增长18.5个百分点。其中，私营企业完成工业增加值998.27亿元，增长26.9%，对全省工业增长贡献率为47.8%，拉动工业增长9.6个百分点。

3.产销衔接保持良好水平

2009年，江西省规模以上工业销售产值突破9000亿，达9586.41亿元，同比增长16.3%。其中实现国内销售产值8782.47亿元，占全部销售产值比重的91.6%，同比增长17.0%；完成出口交货值

803.94亿元，增长9.1%，国内销售高于出口增速7.9个百分点。国内市场的不断拓展，有力带动了工业品销售。2009年，江西工业品销售率为98.8%，同比提高0.3个百分点，产销衔接保持良好。

4.高新技术产业茁壮成长

2009年江西省规模以上工业高新技术企业1260家，较2008年新增240家，占规模以上工业比重的17.2%，同比提高0.8个百分点。2009年，全省高新技术产业实现增加值613.23亿元，同比增长21.5%，高出全省工业增速1.4个百分点，占规模以上工业的23.5%，比上年提高0.6个百分点。

(三)运行质量稳步提高，经济效益综合指数大幅提升

1.主营业务收入突破9800亿

继2008年江西省规模以上工业企业主营业务收入突破8000亿元后，全省规模以上工业企业主营业务收入再上新台阶。2009年江西省规模以上工业企业实现主营业务收入9814.16亿元，同比增长16.3%，增幅比年初(1~2月)提高10.9个百分点。随着市场逐渐回暖，一批企业快速成长，做强做大。2009年江西规模以上工业企业中，主营业务收入过亿元的企业1980家，比2008年增加513家；其户数占全部规模以上工业企业的27.0%，较2008年提高3.4个百分点。其中，主营业务收入过十亿元的企业85家，比上年多8家；主营业务收入过百亿元的企业仍保持为8家。

2.经济效益综合指数创历史最好水平

2009年，江西工业经济效益综合指数先抑后扬，由年初170.2%回升至233.8%，创历史最好水平，同比提高14.9个百分点。构成经济效益综合指数的七项指标全面回升(或改善)：劳动生产率同比大幅提高6.1%；资本保值增值率提高2.4个百分点；总资产贡献率提高1.4个百分点；成本费用利润率提高1.3个百分点。

工业"四率"中人均创利率29247元，同比增长41.0%；资金利润率9.5%，同比提高2.0个百分点。3.九成以上行业利润同比增长。2009年江西规模以上工业企业盈亏相抵后实现利润496.75亿元，同比净增164.44亿元，增长49.3%。全省37个工业行业大类中，34个行业利润实现增长。其中：有色、建材和化学原料及化学制品三大行业分别实现利润71.76、55.12和45.07亿元，同比增长22.1%、58.4%和46.5%，拉动工业利润增长14.3个百分点。受石油加工、电力两大行业大幅减亏影响，全省亏损企业亏损总额34.49亿元，同比下降54.1%，企业扭亏增盈成效明显。

(四)园区规模进一步扩大，产业集中度不断提高

1.园区建设稳步推进

截至2009年末，江西工业园区实际开发面积408.05平方公里，同比增加51.51平方公里，增长14.5%，完成基础设施投入231.76亿元，增长15.9%。全省园区投产工业企业7936家，比上年增加367家，园区内规模以上企业3809家，安置就业139.11万人，同比净增4.31万人，增长3.2%。园区建设的稳步推进和发展为积极应对金融危机，迎接后危机时期的发展打下了良好基础。

2.园区经济稳定向好

2009年，江西工业园区实现增加值2102.71亿元，同比增长21.6%，与上年22.3%的增速相比，仅回落0.7个百分点，基本恢复到金融危机前发展水平；实现主营业务收入6687.26亿元，增长19.4%；完成利税627.63亿元，增长25.4%，其中实现利润347.95亿元，增长34.9%，全省园区38个工业行业大类中35个行业利润实现增长。企业亏损面为5.3%，同比下降1.3个百分点，亏损企业亏损额为18.74亿元，同比减少3.09亿元，下降14.2%。

3.园区规模进一步扩张

2009年，江西园区工业企业资产总计4503.78亿元，同比增长26.9%。分企业看，园内工业企业户均资产5675万元，比上年增加1204万元；户均主营业务收入8426万元，较上年增加1220万元。全年主营业务收入超百亿元的园区达20个，比上年增加7个。

二、2009年工业经济运行中存在的主要问题

席卷全球的金融危机使江西工业受到巨大冲击，实体经济也遭到侵袭。全省工业探底企稳后，伴随着全球经济低位复苏，强势回升并实现加速发展。随之而来，隐藏在危机背后的深层次问题也日渐显现。

(一)产能利用率偏低，产业结构有效调整库存

压力

2009年四季度，江西省工业企业产能利用率为82.4%，比三季度回升0.7个百分点，相对于2008年前三季度全省85%的水平仍偏低。2009年，江西大中型工业联网直报企业资料显示，仅32.5%的企业认为本年主要产品生产(设备)综合能力充分发挥。一方面表明工业运行环境并未得到根本性改观，另一方面意味着某种程度上部分行业存在产能过剩。此外，国家加大了对钢铁、水泥、光伏等产能过剩行业的调控力度，推进企业兼并重组，将逐步压缩我省部分传统产业的增长空间。

(二)招商引资面临挑战，园区实际到位资金呈负增长

2009年，江西工业园区招商引资签约实际到位资金1,425.27亿元，同比下降3.2%，虽较年初收窄18.0个百分点，但与2008年同期相比，全年整体亦呈下滑趋势。全省51个园区招商实际到位资金为负增长，比重超过一半。

(三)外向型企业受冲击较大，出口增速回落

金融危机对实体经济侵蚀中，外向型企业首当其冲。2009年，江西规模以上工业企业实现出口交货值803.94亿元，同比增长9.2%，增幅比上年回落27.0个百分点。28个有出口行业中15个呈负增长，其中，黑色金属冶炼及压延加工业同比下降71.0%；有色金属冶炼及压延加工业下降49.0%；橡胶制品业下降20.4%；化学纤维制造业下降9.3%。

2009年，江西7329家规模以上工业企业中，有出口企业819家，占11.2%。从出口交货值来看，占工业销售产值的比重不到10%，是一个较典型的外向依存度低省份。但由于有色、冶金、光伏三大产业所占比重逾五分之一，国际市场有色、钢铁、光伏产品的价格波动将直接对江西工业产生强烈影响。

(四)产业结构矛盾凸显，节能降耗压力加大

2009年，江西六大高耗能行业累计实现增加值1098.23亿元，同比增长17.0%，增速比全省工业增速低3.1个百分点，受有色金属冶炼及压延加工业增速大幅回落影响，其余五个行业增速均较2008年上升0.6至21.0个百分点。六大高耗能行业增加值占全省工业比重的42.1%，较全国平均水平高出10.0个百分点左右。2009年，全省六大高耗能行业综合能源消费总量3134.27万吨标准煤，占规模以上工业总能耗的83.8%，同比增长10.2%，节能压力加大。江西工业经济增长方式过渡倚重重工业，尤其是高耗能产业发展状态仍未得到根本扭转，工业结构调整任重道远。

三、2010年工业经济运行形势展望

当前，我国经济运行仍处于巩固回升向好基础的关键时期。国际上，全球经济深度衰退中温和回暖，但是消费不振、产能利用率低、就业形势严峻等问题仍未得到明显改善，世界经济复苏基础并不稳固，仍面临很多不确定不稳定因素。从国内看，国家继续实施积极的财政政策和适度宽松的货币政策，投资仍是明年拉动工业增长的主要力量，企业投资意愿继续上升，国内消费将继续保持稳定的增长态势。综合分析，江西工业经济回升向好基础将进一步巩固，工业发展后劲不断增强，受2009年工业增速“前低后高”基数的影响，初步预测，2010年江西工业将延续上年平稳较快增长的局面，呈现前高后稳的发展态势。

2010年是实施“十一五”规划的最后一年，也是鄱阳湖生态经济区规划上升为国家战略后全面实施的起始之年。苏荣同志指出，当前和今后一个时期，我们要全力以赴保持经济平稳较快增长，千方百计实现进位赶超、跨越发展。为此，我们建议重点要做好以下几方面工作：一是在全面落实中央扩大内需各项政策措施的同时，坚持不懈抓好项目，着力增强工业发展后劲，积极拓展发展空间，促进内需和外需对工业增长的协调拉动。二是加大对重点企业的扶持力度，进一步落实、促进中小企业发展的各项政策措施，不断优化企业发展环境。三是大力推进企业科技创新和质量品牌建设，加快科技成果转换，提升工业产品质量，提升工业经济增长质量和效益，提升综合竞争力，推动工业结构调整优化。四是强化工业节能降耗，扎实推进工业领域资源节约和综合利用，走低碳经济，可持续发展之路。五是加强产业基地建设，促进优势特色工业园区产业规模发展，着力培育战略性新兴产业，促进形成工业新的竞争优势和经济增长点。

2009 年山东省工业经济运行概况

2009 年,面对国际金融危机的严重冲击,山东省按照"扩内需、调结构、保增长"总体部署,工业经济在较短时间内扭转了快速下滑势头,下半年回升向好态势进一步明朗,为全省经济稳定较快增长做出了重要贡献。

一、2009 工业经济运行基本情况

(一)工业生产稳步增长

2009 年,山东省规模以上工业完成增加值同比增长 14.9%,占全国规模以上工业增加值的比重 12.7%,居全国第一位。全省 39 个工业大类中 37 个行业增加值实现增长,其中 8 个行业增幅超过 20%;120 种重点产品中 100 种产量同比增长,43 种产量增幅超过 20%。规模以上工业企业(年主营业务收入 500 万元及以上的工业法人企业)43557 家,比上年增加 5369 家,增长 14.1%。按生产法与收入法加权计算,实现增加值 18847.8 亿元,增长 14.9%,提高 1.1 个百分点。其中,轻工业增长 12.1%,回落 1.1 个百分点;重工业增长 16.2%,提高 2.1 个百分点;非公有工业增加值 13608.4 亿元,增长 18.4%,提高 1.3 个百分点。

2008~2009 年季度累计规模以上工业增加值增长速度

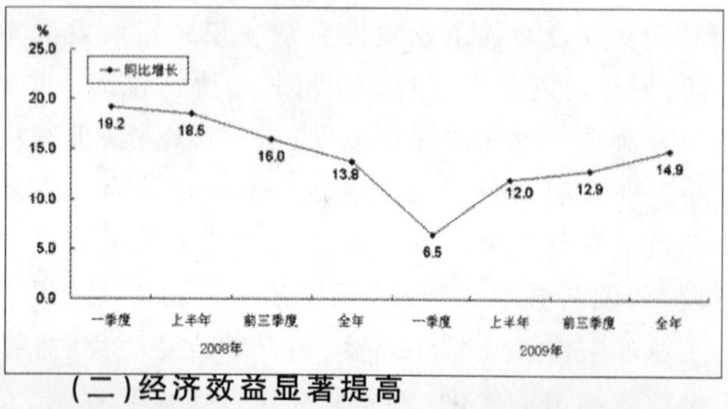

(二)经济效益显著提高

2009 年,山东全省规模以上工业实现主营业务收入 70676.8 亿元,比上年增长 14.3%;实现利润、利税分别为 4390.4 亿元、7253.4 亿元,分别增长 14.4%和 12.9%。工业经济效益综合指数达到 286.6,提高 26.4 个百分点。产销衔接良好,产销率 98.5%,提高 0.2 个百分点。扭亏成效显著,企业亏损面为 6.2%,比上年收窄 0.9 个百分点,亏损企业亏损额减少 57.5%。多数行业经济效益保持较好增长水平,重点统计的 39 个行业大类中,19 个行业利润增长超过 20%。

表 1 2009 年规模以上工业增加值及增长速度

	增加值(亿元)	比上年增长(%)
规模以上工业	18847.8	14.9
# 轻工业	6271.6	12.1
重工业	12576.2	16.2
# 国有企业	877.7	4.6
集体企业	826.7	17.8
股份合作企业	144.9	23.0
股份制企业	11214.3	16.0
外商及港澳台商投资企业	3548.6	11.0
其他经济类型企业	2235.6	19.2

(三)主要工业产品产量增长

在国家重点调度的 120 种工业产品中,产量增长的有 100 种,占 83.3%,比上年提高 12.5 个百分点。实施"家电下乡"和汽车购置税减免等政策,拉动了部分相关产品产量大幅提高。其中,汽车产量达到 100.0 万辆,比上年增长 42.5%;彩色电视机增长 26.9%;家用电冰箱增长 15.1%;家用洗衣机增长 23.3%。(见表 2)

二、工业经济运行主要特点

(一)工业结构逐步优化,装备工业增长强劲

从统计数据看,山东省制造业发展较快,实现增加值 16836.8 亿元,比上年增长 15.9%,占规模以上工业比重由上年的 86.3%提高到 89.3%;实现利润 3787.0 亿元,增长 26.3%,占规模以上工业利润比重由 77.9%提高到 86.3%。装备制造业增加值 5402.8 亿元,增长 18.2%,占规模以上工业比重由 26.1%提高到 28.7%。十大高耗能行业增加值占规模以上工业的 43.5%,比重下降 3.7 个百分点。高新技术产业比重持续上升,实现产值 23558.7 亿元,增长 18.2%,占规模以上工业总产值的 32.9%,比重提高 2.2 个百分点。其中交通运输设备制造业增加值增长 22.6%;通用设备制造业增长 19.8%;

表 2 2009 年主要工业产品产量及增长速度

产品名称	单 位	产 量	比上年增长(%)
原煤	万吨	14377.7	3.9
天然原油	万吨	2828.2	0.6
发电量	亿千瓦时	2859.9	4
水泥	万吨	14036.7	4
平板玻璃	万重量箱	6082.1	10.8
粗钢	万吨	4857.3	9
钢材	万吨	5854.3	15.5
纱	万吨	668.8	11.7
布	亿米	129.3	2.9
机制纸及纸板	万吨	1604.3	8.3
塑料制品	万吨	438.5	12.2
合成氨	万吨	691.5	6.8
啤酒	万千升	507.8	21.3
金属成形机床	万吨	2.5	15
汽车	万辆	100	42.5
摩托车	万辆	143.3	-6.1
手机	万台	5454.6	11.2
彩色电视机	万台	1090	26.9
家用电冰箱	万台	827.5	15.1
家用洗衣机	万台	532	23.3
微型电子计算机	万台	393.4	25.6
#笔记本计算机	万台	237.9	41.5
集成电路	亿块	1.7	-7.6
太阳能热水器	万台	285.1	34.9

通信设备计算机及其他电子设备制造业增长15.2%;专用设备制造业增加值增长14%。受农机下乡政策拉动,大、中、小型拖拉机产量分别增长33.2%、56%和23.8%。

(二)原材料工业增长较快,能源工业保持增长

化工、有色、建材行业增加值同比分别增长26%、22.5%和15.7%,煤炭、电力、钢铁行业增长5.3%、4.3%和7.1%。

(三)消费品工业增长稳定

农副食品加工、纺织、服装、造纸、塑料行业增加值同比增长7.6%~20.2%。

(四)企业技术改造力度加强

山东省完成工业固定资产投资增长20.3%;工业技术改造投资同比增长28.9%,占工业投资比重达到69.8%。主要行业中,装备制造业和高新技术产业完成技改投资同比分别增长30.8%和46.8%。

2009 年河南省工业经济运行概况

2009年,河南全省上下认真贯彻落实中央和省委、省政府应对危机、提振经济的"一揽子"计划和政策措施,布局一季度、决战二季度、大干三季度、决胜四季度,千方百计战危机,齐心协力保增长,工业经济运行向好态势不断明朗并得到巩固,总体形势好于预期,工业生产企稳回升,V型反转态势明显。

一、2009 年工业经济运行基本情况

(一)工业生产企稳回升,V型反转态势明显

河南省规模以上工业增加值增速由2008年9月份的21.7%下滑至2009年1~2月份的2.1%谷底后,持续稳步回升,12月增速达到29.8 %,工业生产V型反转态势明显。全年规模以上工业增速14.6%,实现了预期目标。从行业大类看,全省39个行业大类中,全年有36行业实现同比正增长,有33个行业较上半年增速加快,行业回升面达84.6%。从要素保障看,全年原煤产量2.3亿吨,同比增长10.2%,较上半年提高11个百分点;11月份累计工业用电量首次实现正增长,全年工业用电量完成1602亿千瓦时,同比增长3.2%;全年成品油销量971万吨,同比增长10.3%,较上半年回升8.5个百分点;河南境内国铁货运量达1.3亿吨,同比增幅较上半年回升6.3个百分点。从产品产量看,省内重点监测的59种主要工业产品中,有44种产品产量同比增加,有50种产品产量的增幅较上半年有所提高。

(二)重点行业总体向好,重化拉动作用突出

装备制造业快速发展,消费品工业稳步增长,原材料工业形势不断好转;装备、食品、煤炭、化工、有色、纺织等行业实现利润较多,前11个月共实现利润1335.9亿元,占全省工业利润64.8%,重点行业总体向好。12月份重工业增加值同比增长34%,高于全省工业平均水平4.2个百分点。全年重工业增加值同

比增长 15%，轻工业增加值同比增长 13.7%，重工业快于轻工业 1.3 个百分点，对全省工业增长贡献率达到 71.2%，重化工业拉动作用突出。

（三）产品价格逐步回升，企业效益不断改善

下半年以来，工业品出厂价格同比降幅逐月收窄，有 4 个月环比为正，价格逐步回升。工业产品销售率从上半年的 97.9%回升到 98.2%，产销衔接进一步好转。前 11 个月全省规模以上工业企业主营业务收入 25153.6 亿元，同比增长 10%，较上半年提高 6.6 个百分点；实现利润 2062.3 亿元，同比增长 5.5%，是 10 月份首次实现累计正增长后继续呈现增长态势；企业亏损面由上半年的 6.1%缩小到 5.0%，企业效益状况不断改善。

（四）工业投资增长较快，产业结构进一步优化

1~11 月份完成工业投资 5572.9 亿元，同比增长 31.7%，预计全年超过 6000 亿元。其中，食品、机械、建材等行业继续保持较快增长，分别同比增长 44.5%、43.5%、36.1%。国家重点监控行业投资增速明显趋缓，钢铁、铝业、水泥、焦炭、电力等行业完成投资 973.9 亿元，同比增长 16.6%，增幅较 2008 年回落 10.3 个百分点。全年高技术产业、通用设备制造业、电气机械及器材制造业增加值出现较快增长，同比增长 18.5%、19.8%、22.4%，分别较全省工业平均水平高出 3.9、5.2、7.8 个百分点。

（五）各地保增长成效明显，生产增速稳步提高

1~2 月份，河南省有 3 个省辖市的工业增加值同比负增长，从 4 月份开始，18 个省辖市全部实现同比正增长。前两个月有 4 个省辖市的工业增速超过 10%；6 月份，有 15 个省辖市的工业增速超过 10%；12 月份，18 个省辖市的工业增速均超过 20%。其中，信阳、许昌、开封等省辖市的生产增速较快，分别为 20.2%、17.9%、17.8%，郑州、三门峡、焦作等省辖市的全年增速回升较快，分别较上半年提高 10.8、9、8.9 个百分点。

二、2009 年行业运行主要特点

（一）七个主要产业发展较好

2009 年，河南省七个主要产业完成增加值 5158.7 亿元，同比增长 13.7%；占全省规模以上工业增加值总量的 81.8%。

钢铁行业完成增加值 2121.04 亿元，同比增长 18.4%；粗钢、钢材产量分别为 1.35 亿吨、1.51 亿吨，均排全国第一，分别占全国总产量的 23.8%和 21.9%。粗钢、钢材产量同比分别增长 17.5%和 26.8%，比上年分别提高了 12.6 和 16.7 个百分点，较全国总体增幅高出了 4 和 8.3 个百分点，并且呈现逐月加快态势。

装备制造业完成增加值 1033.5 亿元，占全部规模以上工业比重为 16.4%，同比增长 17.2%，增速快于全省规模以上工业 3.8 个百分点。其中：交通运输设备制造业、仪器仪表及文化办公用机械制造业、通用设备制造业、金属制品业增加值和利润均实现两位数增长。汽车产销稳定增长，全年累计销售汽车产量达 51.45 万辆，同比增长 60%，比上年提高了 47.3 个百分点。

石化行业完成增加值 693.1 亿元，同比增长 3.2%。总体效益略低于去年，累计实现利润 167.6 亿元，同比下降 2%。主要化工产品产量居全国前列，纯碱产量 199.4 万吨，居全国第四位，纯苯 14.3 万吨，产量居全国第六位；原油、天然气、尿素、离子膜烧碱、烧碱等产品产量均名列前十名。

食品行业生产平稳增长，效益明显提高。全年完成增加值 467.7 亿元，同比增长 9%；实现利润 101.6 亿元，同比增长 20.2%。其中：食品制造业实现利税总额 33.8 亿元，同比增长 62.9%，以方便面为主的方便食品制造业利润同比增长 100.4%，乳制品市场逐步恢复，液体乳及乳制品制造业实现利润 7.36 亿元，扭转了 2008 年的亏损局面。

纺织行业积极开拓内销市场，保持了较快增长，完成增加值 407.3 亿元，同比增长 13.2%；实现利润 97.9 亿元，同比增长 24.7%；纺织品服装出口交货值 31 亿元，同比下降 6.6%。

建材行业下半年逐步进入快速增长期，经济效益大幅提高，累计完成增加值 323.3 亿元，同比增长 4.6%；实现利润 75.8 亿元，同比增长 45.4%，增幅为七大主要行业之首。水泥产量 10611.5 万吨，居全国第五位，同比增长 18.2%；平板玻璃完成 8797.7 万重量箱，产量居全国第一位。

医药行业完成增加值 112.8 亿元，同比增长 9.3%；主营业务收入 370.7 亿元，同比增长 8.6%；利润 44.4 亿元，同比增长 3.5%。化学原料药产量

42.3 万吨，同比增长-18.8%；中成药 4.1 万吨，同比增长 14.5%。

（二）工业投资保持较快增长

河南省工业投资始终保持两位数增长，累计完成 4997.3 亿元，同比增长 24%。2009 年新开项目 24918 个，同比增长 45.3%。38 个行业大类中，有 23 个行业固定资产投资增幅达 30%以上，六九硅业硅材料项目一期工程、邯宝钢铁公司等一批重点项目竣工投产，带动了工业生产效益的提升。

（三）淘汰落后取得新进展

2009 年河南省企业兼并重组步伐加快，全年淘汰落后炼钢产能 400 万吨、炼铁产能 900 万吨、水泥产能 1700 万吨（已提前完成水泥“十一五”淘汰落后产能规划目标）、平板玻璃产能 710 万重量箱。2009 年，万元工业增加值能耗同比下降 5%，化学需氧量和二氧化硫排放量均消减 5.5%。企业技术创新能力不断增强，全省规模以上新产品创产值 723.06 亿元，同比增长 5.2%。

（四）中小企业发展加快

2009 年，河南省积极组织开展“帮企业、保增长”活动，在拓展产品市场、加强项目建设、推进技术创新、落实扶持政策等方面帮助企业共渡难关，开展银企对接 156 次，为企业协调解决发展建设资金 900 多亿元；开展产需衔接 58 次，达成合作项目 1200 多个，签约金额 380 亿元。积极扶持中小企业发展，出台了《关于加强全省中小企业融资性担保体系建设的实施意见》，融资担保体系建设和全民创业取得新进展，全省担保资本金达到 92.5 亿元，亿元以上核心担保机构达到 24 家，创业辅导基地达 240 个，入驻孵化企业万余家。争取国家专项资金 2.2 亿元，支持中小企业技术改造等项目 168 个，促进了全省民营经济发展，2009 年民营经济实现增加值 9041.1 亿元，比上年增长 10.9%；占全省生产总值的比重达 53.1%，比上年提高 0.2 个百分点。实缴税金 1011.5 亿元，增长 1.4%，占全部财政收入的比重为 50.1%。

（五）运行基础向好，运行环境改善

2009 年，河南省区域经济基本实现均衡发展，11 个设区市工业增加值增速全部实现了两位数增长，其中廊坊市最高，为 14.7%。工业增加值总量前 5 位的市：唐山市 1610.4 亿元，石家庄市 1203.2 亿元，邯郸市 808.2 亿元，沧州市 587.4 亿元，保定市 477.1 亿元，合计完成增加值 4686.3 亿元，占全省规模以上工业增加值的 74.3%。

工业品出口降幅继续收窄。2009 年，河南省规模以上工业累计实现出口交货值 780.7 亿元，同比增长-27.6%，自 3 月份开始，连续 10 个月环比增长，外贸出口形势不断好转，11、12 月份当月增幅转正。出口商品结构优化，机电产品和高技术产品出口快速增长，通信设备、计算机及其他电子设备制造业累计完成出口交货值 40.6 亿元，增长 81.1%。

工业品出厂价格持续回升。随着市场需求逐渐回暖，工业品出厂价格环比逐月回升。12 月，当月工业品出厂价格指数 101.5，年内首次转正。全年工业品出厂价格指数为 89.1，同比下降 10.8%，降幅逐月收窄。

主要运行要素供应较好。煤、电、油、气、运等生产要素总体供应平稳。2009 年全省原煤产量 8494.6 万吨，同比增长 7.4%；洗煤 5703.9 万吨，同比增长 14.7%；天然气 10.9 亿立方米，同比增长 24.4 %（全省全年生产量）；全省发电量 1741.9 亿千瓦时，同比增长 8.1%，工业用电量 1758.1 亿千瓦时，同比增长 11.3%。

2009 年的工业经济运行数据表明，河南省工业经济回升向好态势基本确立。但也要看到经济运行中还存在一些突出矛盾和问题：部分行业、企业生产经营仍比较困难，煤化工亏损较多，钢铁企业生产经营波动较大；全省工业品出厂价格同比仍为负增长，市场需求不足的约束尚未发生根本性改观；发展方式粗放、产业层次不高、竞争力不强在危机中凸显，结构调整、转型升级刻不容缓；近期电力供应紧张，部分地区出现让峰限电，煤电正常运行存在压力较大。

三、工业经济运行中存在的主要问题

2009 年，虽然河南省工业经济呈现向好回升态势，但经济运行中仍存在一些不容忽视的问题。一是经济增长内生动力依然不足。2009 年经济增长很大程度上受益于大力度的投资，内需和出口一直没有很好地解决和恢复，虽然企稳向好态势不断巩固，但经济运行中依然存在很多不确定因素。二是经济运行质量不够好。虽然工业生产实现较快恢复，但效益指标至年底才实现低幅增长，部分企业生产效益低位运行的局面还没有改观。三是工业品出口依然低迷。主要贸易对象经济形势未见明显好转，国际市场需求相对不足，传统产品竞争优势逐步减弱。同时贸易保护摩擦增加，外向型企业仍面临严峻形势。四是运行要素紧张状况有所加剧。生产要素供应方面面临诸多不确定因素。电价、铁路货运价格上调，企业成本增加，全省金融机构工业贷款余额增幅比短期贷款增幅低 15.3 个百分点，流动资金不足。五是结构调整和转变发展方式的压力加大。经济运行长期积累的深层次问题依然没有解决。

四、2010 年工业经济运行展望

从国际形势看，2009 年第三季度美欧日等主要发达国家经济继续回升，国际货币基金组织预计 2009 年全球经济收缩 1.1%，2010 年将增长 3.1%；2009 年全球贸易量下降 11.9%，2010 年将恢复增长。但金融领域风险并未完全消除，消费疲软、贸易壁垒增多，世界经济复苏的基础仍然比较薄弱。另外，国际大宗商品价格可能震荡走高，加上各国刺激政策退出时机和策略选择不同，世界经济复苏将经历缓慢曲折的过程。

从国内形势看，我国经济回升向好的基础逐步巩固，市场信心明显增强，保持较快增长具有较好的基础。中央已明确继续实施积极的财政政策和适度宽松的货币政策，强调进一步增强政策的针对性、有效性和可持续性，将为下一步工业经济保持平稳较快增长创造良好政策环境。

从河南省形势看，国家全面实施促进中部地区崛起规划，有利于河南省继续扩大投资和消费需求，加强薄弱环节建设，增强经济社会发展的内生动力。在国际国内经济格局大调整、大变革、大转移的关键时期，河南省的要素、成本、区位和市场优势不断上升，扩大开放、承接产业转移的有利条件不断增多，工业经济回升向好，实力不断增强，将有利于全省工业经济较快发展。

同时也要清醒地看到，河南省经济运行正处在企稳回升的关键时期，实现根本好转仍然面临许多不确定因素。一些深层次矛盾并未得到根本解决，部分经济指标增速在全国位次后移、在中部地区比较靠后。沿海地区正在努力抢占新一轮产业发展的制高点和主导权，中西部省份也在承接产业转移、推进产业升级，河南面临着保持经济较快增长和调结构、促转型、增效益的双重任务的压力。

2009 年湖北省工业经济运行概况

2009 年，湖北省工业战线积极应对国际金融危机冲击，精心组织工业经济运行，在短时间内遏制增长下滑态势，工业增速和规模稳步攀升，运行质量和效益不断提高，工业经济总体上呈现“前低后高”走势。

一、2009 年工业经济运行基本情况

(一)工业生产快速回升

2009 年，湖北省规模以上工业完成增加值 4742.2 亿元，比上年多 900 亿元；增长 20.1%，高出全国 9.1 个百分点，居全国第 6 位，超出全年增长目标 6.1 个百分点。工业生产呈现如下特点：

一是工业增速稳步提升，呈现“前低后高”态势。从当月增速运行轨迹看，元月份跌至国际金融危机以来最低点（6.4%），2 月触底回升，3 至 5 月在 15.5%左右企稳，6、7 月在 17%上下盘整，8、9 月爬升至 20%左右，10、11 月提速到 26%以上，12 月份达到 26.7%，同比加快 16.7 个百分点，当月工业增速呈现较为明显的 V 型反转态势。从累计增速看，2 月超过 10%，3 至 7 月缓步回升至 12%以上，8 月后加速上行，后 4 个月相继跨越 14%、16%、17%、20%的台阶，全年增速达到 20.1%，比上年仅回落 1.5 个百分点。

二是单月增加值持续扩大，连续数月超过 400 亿元。在国际金融危机背景下，2008 年 6 月份增加值触及 380 亿元之后，连续 7 个月下滑，2009 年元月份仅 272 亿元，2 月份重回上升通道，3 月份超过 300 亿元，7 月份创历史新高（390.8 亿元），9 月份突破 400 亿元，11 月份达

到464.8亿元，为全年最高，12月份完成451.3亿元，同比增加145.7亿元。

三是多数市州恢复较快增长，增加值不断跨上新台阶。湖北省13个市州增速超过20%，黄冈(27.6%)、襄樊(27.6%)、荆门(27.5%)、咸宁(27.3%)、荆州(27.1%)、孝感(26.9%)、恩施(26.9%)、天门(26.3%)、仙桃(26.2%)等9个市州增速在26%以上，十堰(24.2%)、鄂州(23.9%)、随州(22.2%)实现较快增长。17个市州中，14个增加值超过100亿元，其中5个超过200亿，2个超过400亿，1个超过千亿。武汉增加值1656.1亿元，占全省的34.9%，增速回升至18.5%。宜昌、襄樊增加值570.4亿元、461.5亿元，增长24.9%、27.6%。荆门(259.3亿元)、孝感(221.4亿元)、荆州(216.7亿元)增加值跨越200亿元台阶，随州(107.3亿元)、仙桃(102.3亿元)增加值超过100亿元。

(二)运行质量和效益提高

从经济效益看，效益水平不断改善和提高，营业收入、利润、税金增幅均回升20%以上。一是千亿元产业规模扩大。湖北省规模以上工业营业收入14953亿元，增长21.5%，较上半年回升15.2个百分点。汽车、钢铁、石化、食品、电子信息(宽口径)、纺织行业营业收入分别达到2135、1828、1750、1602、1267、930亿元，增长27.9%、5.7%、8.5%、39.5%、20.1%、29.7%。二是工业利税实现较快增长。湖北省规模以上工业利税总额1525.2亿元，增长24.5%。其中，利润总额754.2亿元，增长25.2%；税金总额771亿元，增长23.9%。前三季度由于产品价格下降，市场销售萎缩，全省工业利润一直呈负增长，随着工业持续回暖向好，10月利润增幅由负转正，并不断改善。在2009年特殊形势下，湖北省减税增支因素增多，工业税金持续保持20%以上的较快增长，对全省财税增长做出重要贡献。三是两项资金增幅回落。12月末，全省工业企业“两项资金”2057.7亿元，上升13.8%，升幅同比回落10个百分点以上。其中，产成品资金788.3亿元，下降4.2%；应收账款1269.4亿元，增长28.8%。四是亏损企业亏损额下降。全省亏损企业亏损额100.1亿元，下降28.8%。其中石油加工业减亏38.8亿元，拉动全省下降30个百分点。

从轻重工业结构看，轻工业受消费需求拉动，持续保持较快增长，全年实现增加值1464.4亿元，增长25.3%，同比加快2.3个百分点，快于全国15.6个百分点。重工业受金融危机影响，前几个月呈低速增长，自5月份起增速回升并逐月加快，实现增加值3277.8亿元，增长18%，比一季度、上半年、三季度分别加快11.6、9.5、6.7个百分点。轻工业增速连续5年超过重工业，并连续48个月超过20%，轻重工业比重由2005年的27:71调整为2009年的30.9:69.1，轻、重工业对增长的贡献率分别为37.3%、62.7%。

六大千亿元产业营业收入

单位：亿元

	营业收入	增速(%)	占全省比重(%)
汽车行业	2135	27.9	14.3%
钢铁行业	1828	5.7	12.2%
石化行业	1750	8.5	11.7%
食品行业	1602	39.5	10.7%
电子信息行业	1267	20	8.7%
纺织行业	930	29.7	6.2%
六大产业合计	9512	-	63.6%

从重点行业结构看，汽车、食品行业增加值占全省的14.3%、11.6%，比上年提高3.9、0.9个百分点，对全省工业增长贡献率为21.4%、21%，居于行业前列；电子设备制造、建材、纺织行业增加值分别占全省的5%、5.4%、6%，比重较上年提高0.6、0.9、0.2个百分点，对增长贡献率为9.9%、9.7%、8.6%；石化、钢铁行业占全省比重为8.8%、5.6%，较上年下降1个、2.5个百分点。烟草、医药行业比重为3.9%、2.5%，贡献率为4.1%、3%。

(三)工业用电量由降转升

2009年，湖北省全口径装机容量4566.5万千瓦，其中水电装机占65.7%，火电装机占34.1%。全年发电量1798亿千瓦时，增长2.6%，其中水力发电量1168亿千瓦时，下降2.7%，火力发电量630亿千瓦时，增长14%。全社会用电量1135亿千瓦时，增长7.2%；工业用电量800亿千瓦时，增长3.4%，占全社会用电量的比重回升至70.4%。7月份工业用电量78.2亿千瓦时，为月度最高，12月份工业用电量78亿千瓦时，同比增长22.2%。2009年，月均用电超过1亿千瓦时的9个制造行业中，7个行业用电增长，分别为钢铁(152.2亿千瓦时，4.1%)、化工(146.9亿千瓦时，3.6%)、建材(69.8

亿千瓦时，15.3%）、纺织（37.2 亿千瓦时，0.5%）、金属制品（20.6 亿千瓦时，8.5%）、食品行业（18.3 亿千瓦时，10.2%）。

二、重点行业运行情况

2009 年，湖北省轻工消费类行业高速增长，食品、纺织、电子设备制造、烟草、医药行业增速比上年加快。重化行业中，汽车、建材实现快速增长，化工、机械行业较快增长，钢铁行业低速增长，有色行业负增长。

汽车产量创历史纪录。在国家实施系列刺激消费政策措施作用下，二季度开始，湖北省汽车市场回暖，产量大幅增长。交通运输设备制造业实现增加值 793.7 亿元，增长 31.5%。全省汽车产量 119.67 万辆，增长 39.1%，比 2008 年多 34.8 万辆，居全国第 7 位，占全国的比重为 8.65%，比上年提高 0.45 个百分点。其中 12 月份汽车产量达 13.6 万辆，增长 150.4%。分车型看，轿车产量 49.5 万辆，SUV（越野车）产量 10.3 万辆，分别增长 56.1%、25.9%，比重为 41.4%、8.6%；载货车产量 40.2 万辆，客车产量 19.6 万辆，分别增长 20.5%、55.1%，比重为 33.6%、16.4%。2009 年，神龙公司、东风本田、东风商用车公司、东汽股份（天籁）、东风渝安销量分别达到 27 万辆、21 万辆、12.6 万辆、10.6 万辆、19.4 万辆。

钢铁行业运行波动较大。全年钢材价格整体低于上年，且经历几轮较大幅度波动，行业前三季度在低谷徘徊，四季度形势有所好转。全年实现增加值 282.5 亿元，增长 4%；钢材产量 2172.3 万吨，增长 0.8%，改变前 11 个月下降局面。其中 12 月份产量 202.2 万吨，增长 28.8%，单月产量连续 3 个月超过 200 万吨。武钢、新冶钢钢材产量 1263 万吨、171.8 万吨，下降 3.1%、0.4%，鄂钢产量 273.7 万吨，增长 5.2%。精炼铜、电解铝价格经过上年四季度大幅下跌后，自年初企稳并逐月回升，12 月末达到 5.62、1.71 万元/吨，较年初上涨 100%、50%。由于整体价格低于去年，十种有色金属产量 66.7 万吨，下降 12.7%。

食品行业持续高速增长。2009 年湖北省食品行业延续前几年高速增长势头，实现增加值 580.5 亿元，增长 40.7%，增加值比重和增长贡献率均仅次于汽车行业，居全省行业第二位。农副食品加工业增长 53.9%，占全行业的比重提高到 58.6%。大米、植物油、果汁蔬菜汁产量增长 40%以上。软饮料、饲料、饮料酒产量增长超过 20%。

石化行业生产稳步加快。化工行业上半年在低谷运行，下半年基础化工、化肥等产品价格回暖，行业景气度上升，拉动生产增速加快。化工行业实现增加值 346.5 亿元，增长 26.4%，连续 5 个月环比加速。化肥、农药产量 852 万吨、10.5 万吨，增长 40.7%、22.8%。基础化工原料高速增长，纯碱、烧碱产量增长 52.4%、31.7%。原油加工行业实现增加值 28.5 亿元，增长 7.2%，其中，原油加工量 935 万吨，增长 13.5%。

电子设备制造行业提速明显。电子设备制造行业 2009 年实现增加值 250.6 亿元，增长 46.5%，同比加快 30.2 个百分点。大项目投产出力明显，富士康实现产值 72.3 亿元，增长 2.36 倍；计算机净增 87.4 万台；数码相机产量增长 2.45 倍。在 3G 建设及新业务开展的拉动下，手机、光缆产量分别增长 126%、70%。

纺织行业平稳快速增长。纺织行业实现增加值 301.8 亿元，增长 29.4%，高于过去几年增速。服装业增速加快，服装产量 5.15 亿件，增长 33.4%；化纤行业改变上年负增长局面，增加值增长 64%；纺织业增速达到 28.2%，纱产量 149 万吨，布 38.6 亿米，分别增长 7.9%、12.6%。

建材行业保持强劲增势。受益于国家 4 万亿大规模工程建设投资拉动，行业增速较前几年明显加快，实现增加值 269.3 亿元，增长 40.4%，同比加快 10 个百分点。水泥产量 6983 万吨，增长 17.6%，新型干法水泥比重已占全省 80%以上；平板玻璃产量 3528 万重量箱，增长 19.9%，产量居全国第 5 位；瓷质砖、卫生陶瓷产量增长 56.2%、30.8%。

其他行业中，医药行业完成增加值 126.7 亿元，增长 22.9%；烟草行业增加值 196 亿元，增长 19.9%；通用设备、专用设备、电气机械设备制造业分别增长 23.1%、28.7%、28.7%。

三、工业经济运行中存在的主要问题

2009 年湖北省工业经济呈现企稳回升、持续向好的局面，但总体水平与金融危机前还有一定差距，同时外部环境仍然有许多不确定性因素，后几个月提速有上年同期基数走低的影响，经济运行中一些制约发展的不利因素仍然存在。

一是工业品产销率和出口下滑。2009年，全省工业品供需持续处于不平衡状态，工业销售产值增幅低于产值0.5个百分点，工业品产销率96.8%，较上年低0.8个百分点、较全国低0.9个百分点，降至多年来的低水平。由于国际贸易萎缩，加之贸易保护主义抬头，工业产品出口难度较大，虽然后两个月出口交货值由降转升，11、12月当月增长12.8%、42%，但全年出口交货值615.2亿元，同比下降9%（全国下降10.1%），影响全省工业品产销率下降0.4个百分点。

二是工业品出厂价格下降。2009年全国工业品出厂价格（PPI）下降5.4%，对企业效益提升带来影响。如钢材价格震荡反复，均价同比下降20%以上，全年行业利润下降49%。有色产品价格全年持续走高，但总体水平回落较大，行业生产和效益双双下滑。又如水泥行业，由于产能快速释放，市场竞争激烈，12月末鄂东地区水泥出厂价(强度等级32.5) 236元/吨，较年初回落50元/吨。同时，四季度原材料、能源价格上升较快，企业又面临成本压力，如年底非居民电价每千瓦时上调2.8分钱，电煤在四季度涨价80~100元/吨，原油价格由年初最低40美元/桶上涨至80美元/桶，328级棉花12月末上涨至14900元/吨。

三是电煤和电力供应由松趋紧。2009年前几个月，工业用电量持续负增长，随着工业生产快速回升，用电需求较快增长，主网用电负荷创新高，加之长江、清江流域来水比正常年份偏枯，水电大幅减发，火电满发补缺，电煤耗量增加、库存下降。全年统调电厂电煤耗量2711万吨，同比增加158万吨，12月末统调电厂电煤库存124万吨，同比减少191万吨。进入冬季后，电煤日均耗量10万吨左右，高峰时达到12万吨，电煤库存一度下跌至不足百万吨，虽然采取大量外购电、全力组煤保电等措施，但全省仍实施限电措施，12月份限电量7.5亿千瓦时。

2009年湖南省工业经济运行概况

2009年是近十年以来湖南工业经济发展最困难的一年，不仅在产品出口上出现了巨幅下降，产品价格也面临大幅跳水，部分企业的生产经营出现了难以为继的局面。面对严峻复杂的经济形势，湖南省上下以科学发展观为指导，在省委省政府保增长、扩内需、调结构的一系列政策措施的积极推动下，全省规模工业生产和销售总体上保持了稳定较快增长的势头，湖南工业最终化危为机，逆势上扬。 2009年，湖南省规模工业增加值4250亿元，增长20.5%，高于全国平均水平9.5个百分点，居全国第五、中部第二，实现历史突破。规模工业企业实现利润571.9亿元，同比增长46.1%，全省工业经济呈现又好又快发展。湖南工业对全省经济增长的贡献率首次迈上50%台阶，达到50.3%。

一、2009年工业经济运行情况

（一）工业产品销售快速增长

2009年，全省累计完成销售产值13092.75亿元，同比增长17.2%，完成工业总产值同比增长17.5%，生产与销售总体上保持了同步增长的格局。轻重工业产品销售均呈现较快增长的势头。2009年，轻工业销售产值比上年同期增长21.9%；重工业销售产值增长15.3%，轻工业快于重工业6.6个百分点。

分经济类型看，股份合作企业销售产值同比增长23.3%；股份制企业增长18.5%；集体企业增长15.2%；外商及港澳台投资企业增长11.5%；国有企业增长2.2%。

在全省重要工业产品实物量库存统计的121种主要产品中，83种产品累计销售量增长，其中有22种产品增长超过50%，民用钢质船舶累计销售增长最快，达到9.0倍。

（二）工业产销衔接水平良好

2009年，全省规模工业产销衔接良好，全年产销率为98.44%，比上年同期低0.2个百分点。其中，重工业产销率98.51%，比全省水平高0.07个百分点；轻工业98.29%。分时段看，全年产销衔接水平呈上升趋势，上半年产销率为98.22%，全年累计水平提高0.22个百分点。

全省统计的主要产品中，有56种产品产销率均比上年有不同程度提高，有43种产品产销率超过100.0%，其中大型型钢、家用电冰箱、数控金属切削机床和客车等4种产品的产销率在105.0%以上。

（三）工业产品库存回补明显

2009年，全省统计的主要产品中，企业产品实物库存比年初增加的有63种，占52.1%。其中，比年初库存增长50%以上的有25种，增长1倍以上的有17种。企业库存回补的力度比较大，显示企业对后期发展的信心增强。明显成效。经国家统计局初步审核认定，2009年湖南单位规模工业增加值能耗比2008年下降13.68%。

二、工业经济运行主要特点

（一）重工业增速加快，轻工业增速减慢

2009年，重工业累计完成增加值2855.54亿元，同比增长20.9%，较2008年快3.9个百分点；轻工业累计完成增加值1394.52亿元，增长19.6%，较2008年慢1.9个百分点。

（二）非公有制经济增长27.1%

2009年，全省非公有制规模工业累计实现增加值2451.77亿元，同比增长27.1%，比全省规模以上工业增加值增速快6.6个百分点。

（三）产品销售率98.44%

2009年全省规模以上工业累计完成销售产值13092.75亿元，同比增长17.2%。产品销售率98.44%，较2008年低0.23个百分点。

（四）九成以上大类行业生产增长

2009年，全省规模以上工业38个大类行业中，除石油加工、炼焦及核燃料加工业外，其余37个行业生产实现增长。生产增长贡献率居前7位的行业中，专用设备制造业累计增加值同比增长37.1%，拉动湖南规模工业增长2.2个百分点；交通运输设备制造业增长33.4%，拉动增长1.4个百分点；非金属矿物制品业增长29.8%，拉动增长1.6个百分点；农副食品加工业增长28.7%，拉动增长1.7个百分点；化学原料及化学制品制造业增长16.8%，拉动增长1.5个百分点；有色金属冶炼及压延加工业增长15.8%，拉动增长1.3个百分点；烟草制品业增长11.5%，拉动增长1.0个百分点。7个行业合计拉动规模工业增长10.7个百分点，增长贡献率达52.2%。

（五）高技术行业增长22.5%

2009年，全省高技术产业累计实现增加值188.69亿元，同比增长22.5%，较规模以上工业增加值增速快2.0个百分点。其中，电子计算机及办公设备制造业增加值4.91亿元，同比增长39.2%；电子及通信设备制造业增加值47.39亿元，同比增长38.7%。

（六）主要产品增长较快

2009年，全省统计的主要工业产品中，产量同比增长的有318种，占总数的72.6%，增幅超过20.0%的占49.8%。其中，混凝土机械产量同比增长68.1%，精制食用植物油增长59.0%，大米增长28.1%，化肥增长27.7%，变压器增长25.1%，水泥增长23.2%，原煤增长20.4%，发电量增长16.3%，汽车增长47.0%，钢材增长15.4%。值得关注的是，汽车产量达到21.45万辆，首次突破20万辆。

（六）新型工业化推进成效明显

全省全部工业增加值占地区生产总值的比重为37.2%，对全省经济增长的贡献率为50.3%。省级及以上园区工业增加值1443.19亿元，增长19.7%；占规模以上工业增加值的比重为34.0%，比上年提高1.0个百分点。高加工度行业增加值1280.43亿元，增长29.6%，比规模工业平均水平快9.1个百分点；高技术行业实现增加值188.69亿元，增长22.5%，比规模工业平均水平快2.0个百分点。六大高耗能行业增加值1510.18亿元，增长13.9%，比规模工业平均水平慢6.6个百分点；占规模工业增加值比重为35.5%，比上年降低4.4个百分点。全省规模工业新产品产值1380.85亿元，增长14.7%。生产性服务业支撑作用较强，实现增加值2339.63亿元，增长11.9%，对全省经济增长的贡献率为16.2%，拉动经济增长2.2个百分点。（表1）

（七）主要产品增长较快

2009年，全省统计的主要工业产品中，产量同

表 1 2009 年湖南省规模工业增加值主要分类情况

指标	绝对数（亿元）	比上年增长（%）
规模工业增加值	4250.06	20.5
其中：国有及国有控股企业	1439.37	10.6
其中：股份制企业	2425.67	22.6
外商及港澳台商投资企业	298.21	16.3
其中：轻工业	1394.52	19.6
重工业	2855.54	20.9
其中：非公有制企业	2451.77	27.1

比增长的有 318 种，占总数的 72.6%，增幅超过 20.0%的占 49.8%。其中，混凝土机械产量同比增长 68.1%，精制食用植物油增长 59.0%，大米增长 28.1%，化肥增长 27.7%，变压器增长 25.1%，水泥增长 23.2%，原煤增长 20.4%，发电量增长 16.3%，汽车增长 47.0%，钢材增长 15.4%。值得关注的是，汽车产量达到 21.45 万辆，首次突破 20 万辆。（表 2）

表 2 2009 年湖南省规模工业主要产品产量情况

产品名称	单位	绝对数	比上年增长（%）
原盐	万吨	208.93	38.6
加工大米	万吨	568.22	28.1
精制食用植物油	万吨	174.31	59.0
饲料	万吨	862.59	25.5
卷烟	亿支	1692.80	2.7
烟花	亿支	145.27	39.6
一次能源生产总量	万吨标准煤	5143.66	19.8
原煤	万吨	6572.85	20.4
原油加工量	万吨	559.63	-7.8
发电量	亿千瓦时	983.59	16.3
生铁	万吨	1380.49	13.7
粗钢	万吨	1436.55	10.6
钢材	万吨	1503.55	15.4
十种有色金属	万吨	209.12	10.3
白银	吨	4043.57	-8.0
水泥	万吨	7539.00	23.2
机制纸及纸板	万吨	349.98	16.2
平板玻璃	万重量箱	1662.98	17.8
硫酸（折 100%）	万吨	224.80	5.9
氢氧化钠（烧碱）（折 100%）	万吨	69.48	20.5
合成氨	万吨	177.86	-10.8
家用化学肥料（折纯）	万吨	366.71	27.3
汽车	万辆	21.42	47.0
其中：轿车	万辆	7.51	99.4
起重设备	万吨	42.03	32.7
混凝土机械	台	20157	68.1
发电设备	万千瓦	73.46	107.6
变压电器	万千伏安	8022.84	25.1
交流电动机	万千瓦	1285.46	-6.8
自动化仪表及系统	万台（套）	7.20	12.5

三、2010 年湖南工业展望

2010 年是湖南工业发展承前启后的一年，是全面实施“四千工程”、转变工业发展方式、调整工业结构的关键之年。湖南定下了 2010 年目标：全部工业增加值增长 14%；规模工业增加值增长 16%以上；技术改造投资增长 30%；中小工业企业增加值增长 16%；非公经济实现增加值增长 16%。

2010 年，湖南工业的重点放在转变发展方式、调整产业结构、提高增长的质量和效益上来，着力抓好以下六个方面的工作：

1.在做大规模上加力度。继续把加快发展速度、壮大总量规模作为工业发展的首要任务，力争工业增加值占全省生产总值比重增加 1 个百分点以上，工业对全省经济增长的贡献率进一步提高。

2.在转型升级上求突破。大力气加快转变经济发展方式，以产业升级带动现有产业的优化重组，加快产业转型升级步伐，着力构建具有湖南特色、富有竞争力的现代产业体系。

3.在强化特色上做文章。依托湖南现实基础和资源禀赋，围绕“四千工程”，打造一批特色产业、特色企业、特色品牌和特色产品。

4.在开放创新上迈大步。坚持自主发展和借力发展并重，深入推进对外开放和技术进步，不断增强工业经济发展的活力和动力。

5.在融合推进上下功夫。要立足新的起点，着眼新的发展方略，千方百计在加快融合上花心思，在深入推进上下功夫。

6.在改善服务上抓深化。针对企业生产经营和发展壮大中存在的突出困难和问题，进一步加强和改善服务，努力营造更加宽松、和谐的发展环境。

2009 年广东省工业经运行概况

受国际金融危机的影响，2009 年 1~2 月份广东省规模以上工业增加值增速仅为 0.8%，但随着刺激经济增长的各项政策措施落实，广东工业扭转了下滑局面，企业效益明显好转。2009 年完成工业增加值 16148.58 亿元，同比增长 8.9%，增幅比年初回升 8.1 个百分点。

2009 年广东省工业经济运行情况如下：

一、工业增速稳步提高

2009 年一季度，广东省工业各月累计增长均在 1.0 个百分点以内；二季度工业增长逐步回升，各月累计增长在 2.1%~4.4%之间；三季度工业增长明显加快，各月累计增长上升到 5.2%~6.7%之间；四季度工业增长加速回升，10 月、11 月的累计增速分别为 7.6%和 8.6%，全年累计增速进一步提高到 8.9%，为 2009 年各月最高累计增速。（见表 1）

表 1 2009 年各月累计增速

单位：%

	2月	3月	4月	5月	6月	7月	8月	9月	10月	11月	12月
全省	0.8	0.9	2.1	3.1	4.4	5.2	5.9	6.7	7.6	8.6	8.9
#轻工	1.0	1.1	2.0	2.8	3.7	4.0	4.7	5.5	6.2	7.1	7.4
重工	0.6	0.8	2.2	3.4	4.8	6.0	6.7	7.7	8.5	9.7	10.0
#大型	-3.7	-4.5	-4.1	-3.3	3.5	6.3	4.3	6.4	7.4	8.6	11.4
中型	-5.2	-0.5	-0.3	-0.2	-2.1	-2.5	-1.3	-1.1	-0.7	0.3	-0.1
小型	10.6	10.6	10.7	12.7	12.2	12.7	15.1	15.9	16.7	17.8	17.5

2009 年，广东省重工业发展态势优于轻工业。一季度延续上年的轻重发展态势，轻工业增长快于重工业。进入二季度后，轻重增长格局发生了变化，重工业生产步伐逐步加快，重工业增速不但超越轻工业，且两者差距不断扩大。1~3 月轻工业增长 1.1%，高于重工 0.3 个百分点；1~4 月重工业增长 2.2%，反超轻工 0.2 个百分点；1~6 月重工业增长 4.8%，增幅比轻工业高 1.1 个百分点；1~9 月重工业增长 7.7%，增幅比轻工快 2.2 个百分点；2009 年重工业完成工业增加值 9572.76 亿元，增长 10.0%，轻工业增加值 6575.81 亿元，增长 7.4%，轻重工增长差距进一步扩大到 2.6 个百分点。

二、不同规模类型企业发展明显分化

2009 年，全省大型企业增速先低后高。前 4 个月，大型企业各月累计增加值增速均为负增长，1~5 月增长转正（增速为 3.5%），此后增速快步走高。大型企业完成增加值 4746.84 亿元，增长 11.4%，与全年最低增长的 1~3 月份相比，增幅提高 15.9 个百分点。中型企业发展较为困难，2009 年中型企业完成工业增加值 5407.74 亿元，同比下降 0.1%，除 1~11 月外，其余各月累计增加值增速均为负增长。小型企业生产稳定增长，增速逐月攀升。2009 年小型企业完成增加值 5993.99 亿元，增长 17.5%，其余各月累计增加值增速均保持两位数以上，其中 1~3 月、1~6 月、1~9 月累计增速分别为 10.6%、12.2%和 15.9%。

（一）民营企业高速增长

受金融危机影响，广东省民营企业增速曾一度放缓，但由于民营企业主要以中小企业为主，经营灵活，再加上外向度相对不高，很快就扭转了经济下滑的局面。2009 年，全省民营企业完成工业增加值 4262.12 亿元，同比增长 20.5%，增速比上年提高 1.2 个百分点。

国有企业下半年增速不断回升。2009 年上半年，国有及国有控股企业各月的增长主要在负增长区间内运行，下半年进入正增长区间后，各月累计增长稳步提高。2009 年广东国有及国有控股企业完成工业增加值 2897.75 亿元，同比增长 7.0%，与 1~10 月、1~11 月增速 4.4%和 6.1%相比，增幅分别提高 2.6 和 0.9 个百分点。集体企业完成增加值 181.57 亿元，增长 18.8%，增幅比上年提高 8.9 个百分点。

“三资”企业由于经济外向度较高，受危机冲击相对较严重，生产增长回落幅度较大，增速相对较低。但随外围经济的逐步好转及国内宏观形势的向好，“三资”企业生产呈恢复性增长，增速渐趋向好。2009 年广东省“三资”企业完成工业增加值 8503.01 亿元，同比增长 4.1%，增幅比上年回落 6.8 个百分点，低于同年全省水平 4.8 个百分点。

（二）东翼及山区快速发展

广东省东翼及山区工业主要以传统的民营企业为主，加上受产业和劳动力双转移的影响，工业生产保持快速发展势头。2009 年，广东东翼、山区完成工业增加值 840.92 亿元和 1538.87 亿元，分别增长 17.8%和 17.5%，增幅分别高于同年全省水平 8.9 和 8.6 个百分点。其中东翼的揭阳和山区的清远增加值增速分别高达 26.8%和 27.0%。2009 年珠三角完成工业增加值 13447.89 亿元，同比增长 8.1%，增幅比上年回落 4.2 个百分点；西翼完成工业增加值 707.50 亿元，同比增长 7.4%，增幅比上年回落 2.8 个百分点。

（三）高技术制造业增长稳定

2009 年，广东省高技术制造业完成工业增加值 3455.82 亿元，占全省规模以上工业 21.4%，同比增长 10.0%，增幅高于全省 1.1 个百分点。其中部分行业产品适应市场需求或受政策影响，表现相对突出。如医改政策的推进，有力地促进了相关行业发展。2009 年医药制造业完成工业增加值 189.98 亿元，同比增长 20.0%，其中生物生化物品制造业的增速高达 47.0%，另一与此相关的医疗设备及器械制造业，表现也相对活跃，2009 年全省工业增加值增速达 30.0%。

受 3G 技术普及和市场需求拉动的影响，广东省电子及通信设备制造业迅速发展。2009 年该行业完成工业增加值 2650.30 亿元，占规模以上高技术制造业的 76.7%，增长 20.5%。相关产品产量大幅增长，移动通信基站设备、手机产量分别比上年增长 2.9 倍和 27.1%。但高技术制造业中也有部分行业生产状况相对欠佳，电子计算机及办公设备制造业增加值比上年下降 24.0%。

（四）先进制造业所涉及的行业中不乏增长亮点

2009 年，广东省先进制造业中所涉及的装备制造业完成工业增加值 5314.68 亿元，占全省规模以上工业的 32.9%，同比增长 10.7%，增幅高于同年全省水平 1.8 个百分点。其中汽车制造和船舶制造完成工业增加值 775.15 亿元和 103.56 亿元，分别增长 19.5%和 29.0%；另一新兴行业环境污染防治专用设备制造虽然生产总量不大（增加值只有 4.63 亿元），但增长最快，增速达 43.3%。钢铁冶炼及加工发展保持相对强势，增速为 15.1%，高于同期全省水平 6.2 个百分点，其中钢材加工的增速达 18.7%。石油及化学发展相对较慢，增速仅为 2.9%，但其中的石油和天然气开采业增长 10.2%。

（五）优势传统产业中消费类产品生产稳中加快

受国家政策启动消费扩大内需影响，广东省优势传统产业中消费类行业生产稳定增长。2009 年纺织服装完成工业增加值 1007.90 亿元，同比增长 12.7%，增幅同比提高 0.4 个百分点，其中纺织服装鞋帽制造业增长 16.4%，同比提高 1.4 个百分点；食品饮料完成工业增加值 988.24 亿元，同比增长 16.1%，同比提高 5.0 个百分点，其中食品制造业表现最突出，增长达 31.5%，同比提高 20.1 个百分点，饮料制造业和烟草制造业的增速为 16.3%和 12.2%，同比分别提高 6.4 和 3.7 个百分点。

（六）广东工业增速低于全国水平

2009 年，广东工业增加值增长 8.9%，低于全国水平 2.1 个百分点。从东部五省市（广东、山东、江苏、浙江、上海）主要工业增速看，山东和江苏发展相对较快，广东工业增长处于中间水平。2009 年山东和江苏工业增加值分别增长 14.6%和 14.9%，高于广东 5.7 和 6.0 个百分点；浙江和上海增长相对较缓，分别增长 6.2%和 3.0%，比广东低 2.7 和 5.9 个百分点。

从 2009 年东部五省市增长走势看，工业增加值累计增速最低点均出现在 2 月份，随着国家一揽子应对金融危机政策措施发挥积极作用，五省市工业增加值增速均呈现稳定回升趋势。特别是进入下半年后，浙江及上海继续保持快步回升态势，山东和江苏回升势头有所放缓。2009 年，浙江及上海的增速分别较 1~6 月增速提高 5.9 和 8.1 个百分点；山东和江苏全年增速比 1~6 月分别提高 2.9 和 2.3 个百分点。广东发展态势良好，在东部五省市中增长回升幅度也是处于中间位置，全年增幅较 1~6 月增速提高 4.5 个百分点。

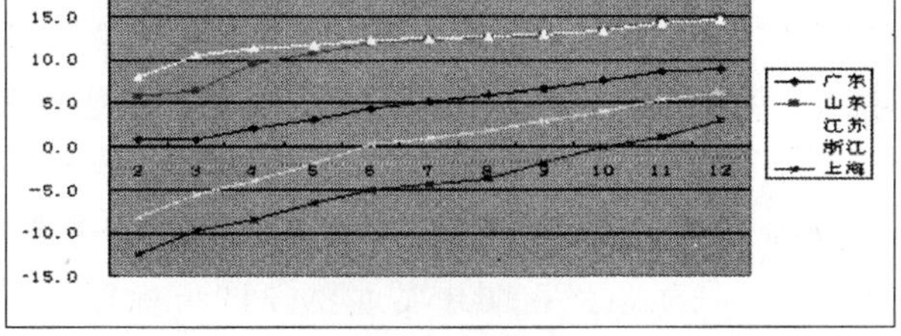

(七)工业品出口降幅有所收窄,但仍未扭转负增长态势

由于危机影响,外部市场的萎缩,广东工业品出口大幅下滑。2009 年,广东工业完成出口交货值 21488.54 亿元,比上年下降 10.3%,增幅同比回落 18.8 个百分点。从 2009 年出口各月的累计增长看,前三季度,各月的累计增长窄幅波动,小步回升,进入第四季度后,工业品出口回升幅度明显加大,但总体上,全年各月出口累计增速均在负增长区间内(0 轴以下)运行。

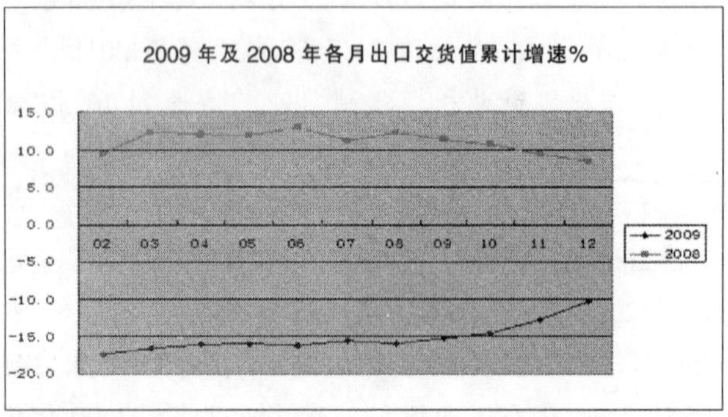

2009 年,广东工业出口总体上虽然不理想,但部分地区出口逆势上涨。韶关、阳江、揭阳的出口交货值分别增长 10.0%、22.8%和 27.3%,增幅同比提高 18.7、3.4 和 9.1 个百分点;中山、潮州的出口增速虽只有 1.2%和 1.0%,但增幅同比分别加快 1.7 和 13.0 个百分点。在全省 21 个地市中,有 10 个市的出口增速在正增长区间内,除中山、肇庆外,其余均为东西两翼及山区地市。

三、经济效益情况

2009 年广东工业增长虽低于上年,但金融危机的影响,促使企业向内挖掘潜力,节约成本,增强效益。2009 年 1~11 月,广东规模以上工业企业经济效益综合指数明显提高,工业利润大幅增长,亏损企业亏损额下降,减亏增盈成效显著。

(一)经济效益综合指数有所上升

1~11 月,广东工业经济效益综合指数 179.9,比上年同期上升 9.7 个百分点。从 2009 年四个季度的工业经济效益综合指数看,呈逐季提高态势。1~11 月,工业经济效益综合指数比 1~2、1~5、1~8 月份分别提高 31.8、18.3、7.0 个百分点。反映经济效益水平的七项主要经济指标同比有五项向好。其中总资产贡献率 11.5%,上升 1.2 个百分点;资本保值增值率 110.0%,上升 1.8 个百分点;成本费用利润率 5.0%,上升 1.1 个百分点;全员劳动生产率 12.63 万元/人·年,上升 6.0 个百分点;资产负债率 59.9%,下降 0.3 个百分点(逆指标)。同比较差的有两项,流动资产周转次数 2.3 次,下降 0.2 次;产品销售率 96.5%,下降 0.7 个百分点。

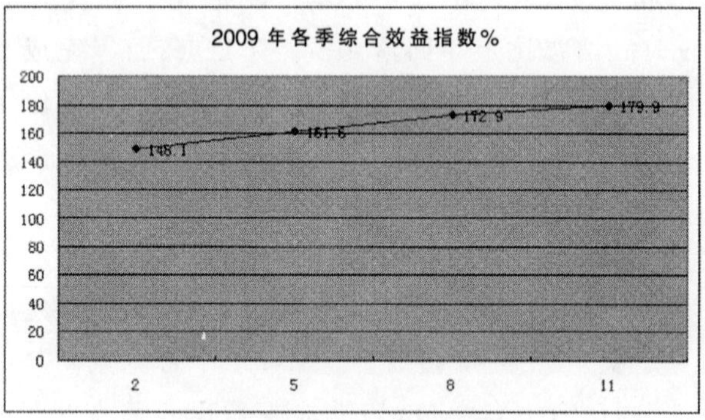

(二)主营业务收入增幅高于主营业务成本

1~11 月,广东工业企业实现主营业务成本 48160.09 亿元,同比下降 1.7%;实现主营业务收入 56467.74 亿元,同比增长 1.0%,比 1~8 月提高 4.7 个百分点,高于主营业务成本增幅 2.7 个百分点。

从行业看,在 37 个大类行业中有 27 个行业主营业务收入同比增长。其中,增长较快的行业依次是:废弃资源和废旧材料回收加工业增长 31.7%,非金属矿采选业增长 29.6%,饮料制造业增长 19.8%,医药制造业增长 19.5%,交通运输设备制造业增长 18.8%,食品制造业增长 16.1%,纺织服装、鞋、帽制造业增长 15.9%。

(二)工业利润呈正增长

1~11 月,广东工业企业实现利润总额 2643.08 亿元,同比增长 27.7%,增幅同比提高 40.8 个百分点,比 1~8 月提高 22.2 个百分点。

从企业规模看,大型企业实现利润 1065.63 亿元,同比增长 52.6%,增幅同比提高 76.8 个百分点;中型企业实现利润 935.18 亿元,同比增长 7.9%,增幅同比提高 31.9 个百分点;小型企业实现利润 642.27 亿元,同比增长 27.2%,增幅同比提高 13.5 个百分点。

从行业看,有 25 个行业实现盈利,其中利润总额超百亿行业六个,分别是石油和天然气开采业(126.76 亿元)、化学原料及化学制品制造业

(231.11 亿元)、交通运输设备制造业(332.93 亿元)、电气机械及器材制造业(240.82 亿元)、通信设备计算机及其他电子设备制造业(460.51 亿元)、电力热力的生产和供应业(261.13 亿元)。六大行业利润总额合计占全省利润的 62.6%,同比下降 5.1 个百分点,主要是由于石油和天然气开采业利润增幅同比下降 43.7%。

从利润增速看,增长最快的行业是农副食品加工业,同比增长 225.0%,增幅同比提高 291.5 个百分点;其次是石油加工、炼焦及核燃料加工业由于油价大幅回落,实现利润总额 97.32 亿元,同比增长 199.3%,增幅同比提高 504.0 个百分点;再次是黑色金属冶炼及压延加工业,同比增长 195.3%,增幅同比提高 354.4 个百分点。

从各行业利润增长对全省利润贡献率看,全省利润增长主要源于以下六大行业。2009 年广东省石油及化学的石油加工炼焦及核燃料加工业、化学原料及化学制品制造业两大行业利润增量对全省利润增长贡献率达 43.4%,其中石油加工炼焦及核燃料加工业对全省利润增长贡献率达 34.1%,为贡献率最大的行业;涉及汽车制造的交通运输设备制造业利润增长对全省利润增长贡献率为 13.7%;机电产品的电气机械及器材制造业、通信设备计算机及其他电子设备制造业,利润增长对全省利润增长贡献率分别为 9.8%和 17.4%;电力、热力的生产和供应业利润增长对全省利润增长贡献率为 10.8%;六大行业利润增量合计占全省利润增量的 95.1%,拉动全省利润增长 26.3 个百分点。除石油及化学的石油加工炼焦及核燃料加工业外,其余行业均是利润总额超百亿的行业。

(三)亏损企业亏损额下降

1~11 月,广东工业亏损企业有 13239 个,同比增长 10.9%,增幅同比下降 19.3 个百分点,比 1~8 月下降 14.1 个百分点。亏损额 349.68 亿元,下降 30.0%,与上年同期相比,完全扭转了亏损额大幅上升的局面,有力地促进了工业总体效益的提高。从企业规模看,大型企业亏损额 33.74 亿元,下降 73.8%;中型企业亏损额 151.15 亿元,下降 17.9%;小型企业亏损额 164.79 亿元,下降 11.6%。从各分行业看,有 20 个行业亏损企业亏损额下降,下降较快的依次是:石油加工炼焦及核燃料加工业下降 98.6%,烟草制品业下降 85.7%,燃气生产和供应业下降 83.0%,有色金属矿采选业下降 80.7%,电力热力的生产和供应业下降 68.4%,化学原料及化学制品制造业下降 60.0%,农副食品加工业下降 59.8%,医药制造业下降 52.6%。

四、存在问题

(一)出口形势仍不乐观

2009 年各月累计工业品出口交货值降幅虽逐步有所收窄,但仍未扭转负增长态势,其对工业的贡献率仍处于负值状态。当前世界经济在缓缓复苏,但诸多不确定因素仍值得注意。一是国际贸易保护主义有扩大的迹象。2009 年继 9 月份对中国输美轮胎实施惩罚性关税后,美国在 10 月 7 日又宣布对从中国进口的无缝钢管发起反倾销和反补贴调查。除了美欧等发达经济体外,最近,阿根廷、印度、巴西、墨西哥等发展中国家也先后对中国产品发起了反倾销和反补贴调查,涉及氯甲烷、离心泵、螺杆压缩机、皮下注射器等多种商品。二是刺激出口政策效应有所弱化。国家和省鼓励出口政策措施的实施使得出口下滑的趋势得到遏制,但从相关部门了解,上调出口退税率后,部分企业出口产品价格被国外采购商压价,部分抵消了企业从出口退税政策中的获利,一定程度上影响了企业出口的积极性。三是发达经济体的一些重要经济数据仍不乐观。

美国劳工部公布的数据显示,2009 年 12 月份美国失业率达 10%的高位,失业时间超过 6 个月的失业人员总数达到历史最高;2009 年年 11 月份欧元区失业率也达到自 1999 年欧元区成立以来最高的 10%。美国和欧元区失业率进入"两位数时代",这在一定程度上增加了广东未来出口的不确定性。

(二)企业亏损面还在不断扩大

2009 年广东企业减亏增盈虽取得显著成效,但亏损企业增多,亏损面的持续扩大,表明企业经营环境依然严峻。2009 年 1~11 月份全省共有亏损企业 13239 个,同口径相比,增加 1296 个,企业亏损面为 25.4%,同比扩大 2.5 个百分点。从企业亏损面看,五大控股类型企业中,外向型企业的亏损面相对较高,2009 年 1~11 月份港澳台商控股企业和外商控股企业的企业亏损面达 38.0%和 35.8%,同比分别扩大 2.5 和 3.0 个百分点;内源性企业的私人控股企业和集体控股企亏损面相对较低，为24.2%和17.8%，亏损面同比分别扩大1.7和2.6个百分点；国有控股企业亏损面为29.2%，处于中间位置，但亏损面与上年同期相比，收窄1.3个百分点。

从亏损企业的构成看，亏损企业主要集中在私人控股企业和港澳台商控股企业，两大控股类型亏损企业数占全省亏损企业的75.6%。

（三）企业用工荒问题重现

从2009年三季度开始，广东部分地区出现季节性和结构性用工荒。由于经济的逐步回暖和外贸季节性订单的增加，早前一些企业受金融危机影响部分裁员和部分工人返乡带来短期劳动力不足。在当前出口形势不明朗情况下，工人担忧订单的不可持续而不敢贸然离乡求职。据有关部门调研发现，目前珠三角相当部分劳动密集型企业存在用工难的问题，企业反映技工和普工缺乏，缺口最大在10%以上。虽然相关部门及业界采取多种措施（如去年下半年相关部门组织企业到外省招工等），但总体收效不大，估计企业缺工问题在短期内仍将延续。

五、建议对策

（一）积极推进产业和劳动力双转移

对珠三角实施“腾笼换鸟”，东西两翼及山区建立了产业转移工业园区的政策，通过产业和劳动力“双转移”调整广东工业结构，提升珠三角产业结构层次，强化珠三角辐射范围，增强东西两翼及山区经济发展能力。从近年来广东工业情况看，珠三角周边城市清远、河源、肇庆等市的高速发展，表明产业转移对促进广东工业结构调整已初见成效。东西两翼及山区工业发展也得到了加强，总量不断扩大。珠三角工业结构不断以渐进方式向产业层次高的产业演进。产业转移无疑在今后相当长的一段时间内影响了广东工业发展，进一步推进产业和劳动力双转移，是促进广东工业健康持续快速发展的一项重要工作。

（二）培育和发展新的经济增长点

创新行业主要集中于高技术制造业相关行业，特别是与IT产业有关的通信设备计算机及其他电子设备制造业，更是广东的主力行业，当前，与此相关的3G产业正逐步展开，广东应紧抓机遇，力促壮大3G产业发展规模，以带动相关行业发展。国务院常务会近日决定加快推进三网融合，这意味着三网融合将正式破冰，IT产业与此密切相关，政府相关部门及业界应及时跟进，充分发挥自身可挖掘的优势，全面拓展新型融合为业务和融合服务，做好前瞻性的发展战略部署。

（三）多举措扩大内需和拓展外销市场

目前扩内需战略已取得显著成效，但政策的效应也在逐渐减弱，需要进一步切实贯彻落实省委省政府扩内需战略，加大“广货全国行”的促销力度，提高广货市场全国占有率。对于尚在恢复中的海外市场，也应加以关注，除了继续在出口退税等方面鼓励企业增加出口外，政府更重要的是多搭建一些针对海外市场的展销平台，协助企业产品走入国际市场。

2009年广西壮族自治区工业经济运行概况

2009年，在全国经济稳步回升带动下，广西壮族自治区各级党委和政府坚持以科学发展观为指导，认真贯彻落实中央及自治区应对国际金融危机的一揽子计划，取得积极有效的成果。从全年走势看，全区外部需求持续改善，工业生产企稳回升，工业经济实现较快增长，总体利税再创新高。

一、2009年工业经济运行基本情况

（一）工业经济较快增长

2009年，为应对国际金融危机，根据广西壮族自治区出台的扩内需、保增长、调结构、促民生的政策措施，相关部门不断协调企业与企业之间、重点项目和生产企业之间关系，联手共同开拓市场，企业销售形势持续向好。工业运行1~4月增长不稳定，4月份触底，5月份以后总体企稳回升，进入四季度增速明显加快，全年工业生产较快增长。

(见下图)快报资料显示,全年全区规模以上工业实现工业增加值突破2000亿元,达到2265.06亿元,比上年增长18.2%。

2008年12月以来工业增加值增速示意图

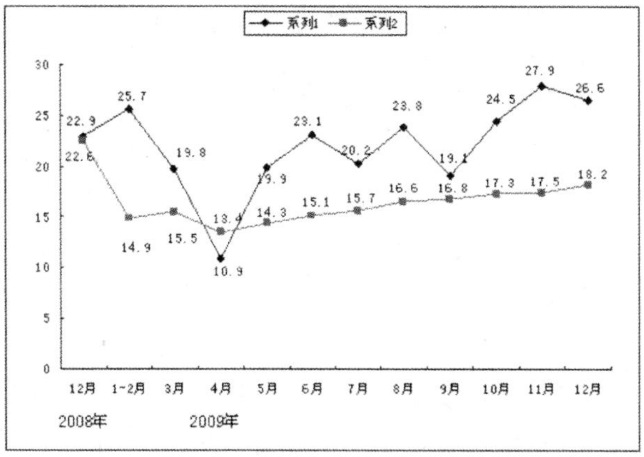

1.重工业增长加快,贡献率进一步加大

2009年,广西壮族自治区重工业增加值1584.94亿元,比上年增长20.1%,比规模以上工业增长高1.9个百分点。轻工业增加值680.12亿元,同比增长13.9%。重工业增长比轻工业增长高6.2个百分点。在规模以上工业增加值增长的18.2个百分点中,重工业拉动14.1个百分点。重工业对规模以上工业增长的贡献率为77.1%,比上年增长6.6个百分点,重工业对规模以上工业生产贡献进一步加大。

2.交通设备、黑色冶炼等七大行业对工业拉动最大

2009年,在全区38个大类行业中,有36个行业增长,占行业面的94.7%。对工业拉动最大的交通运输设备制造业、黑色金属冶炼及压延加工业、非金属矿物制品业、有色金属冶炼及压延加工业、农副食品加工业、化学原料及化学制品制造业、电气机械及器材制造业等7大行业,实现增加值合计1208.19亿元,比上年增长21.1%,高于全区平均水平2.9个百分点。其中,交通运输设备制造业、黑色金属冶炼及压延加工业、非金属矿物制品业、电气机械及器材制造业等四大行业分别增长33.8%、25.3%、25.3%、34.6%,增速均超过规模以上工业。七大行业拉动规模以上工业增长11.3个百分点,贡献率达62.6%。

3.企业用电量连续6个月正增长

2009年,广西壮族自治区电力需求年内19次

2009年对规模以上工业拉动最大的行业情况

项目	工业增加值(亿元)	比上年增长%	占规上增加值比重(%)	贡献率	拉动百分点
全区	2265.06	18.2	100	100	18.2
七大行业小计	1208.19	21.14	53.3	62.6	11.3
交通运输设备制造业	299.41	33.80	13.2	19.9	3.6
黑色金属冶炼及压延加工业	209.38	25.30	9.2	15.1	2.7
非金属矿物制品业	138.11	25.30	6.1	7.7	1.4
有色金属冶炼及压延加工业	123.19	13.60	5.4	4.9	0.9
农副食品加工业	252.82	8.40	11.2	5.5	1.0
化学原料及化学制品制造业	122.15	15.10	5.4	4.9	0.9
电气机械及器材制造业	63.12	34.60	2.8	4.6	0.8

创新高,日最大电力17次刷新历史纪录。根据企业数据汇总显示,1~3月企业用电量增长到达低谷,增速同比下降5%,此后降幅逐月收窄,1~7月结束负增长转为增长0.3%,此后连续半年逐月攀升,全年企业用电量619.48亿千瓦时,比上年增长11.5%,为工业恢复较快发展提供了保证。11月当月企业用电量增幅达最高,用电58.1亿千瓦时,同比增长44.9%。

(二)产销率好转为工业利税再创新高奠定了基础

随着增加固定资产投资等扩大内需措施逐步落实,产品销售市场趋好,价格有所回升,工业生产效益水平持续改善,工业利税实现较快增长。2009年,广西壮族自治区规模以上工业企业实现利税总额589.58亿元,比上年增长30.1%。其中,盈亏相抵后实现利润总额260.48亿元,同比增长45.7%。

1.大宗产品产量创新高,农业生产用产品增幅较大

国际金融危机袭来之时,广西壮族自治区的大企业也受到严重冲击,市场销量下滑,生产大幅减产、限产。但在自治区党委、政府的扶持下,大企业把握住了国家扩大内需等一系列政策带来的机遇,主动变革,主动创新,深化了与上下游企业的战略合作,强化了与终端市场的紧密联系。

汽车产量创历史新高。2009年,全区汽车产量118.45万辆,比上年增长69.2%,汽车生产量创历史新高。如上汽通用五菱全年生产汽车增长67.6%,比上年提高46.8个百分点。

建材类产品快速增长。2008年受金融危机影响比较严重，库存增加，生产下降。进入2009年，广西壮族自治区加大投资消费，同时出口逐步恢复，房地产进一步升温，钢材的价格也随之上扬，拉动了生产发展。如柳钢钢材产量比上年增长61%，其中中厚宽钢带增长186%；棒材上年没有，2009年则生产了3万多吨。盛隆冶炼厂生产的钢材增长48.4%，仍然供不应求，而且价格每吨也提高了100多元。铁合金增长28.3%，水泥增长24.0%。

有色金属较快增长。其中十种有色金属比上年增长9.8%，氧化铝增长81.2%。

农用产品增长迅速。化学农药比上年增长52.9%，小型拖拉机增长42.8%，饲料增长29.8%，化学肥料增长9.6%。

2.工业品产销率较好，六成以上行业有所提高

2009年，广西壮族自治区规模以上工业产品销售率为94.9%，比上年提高0.4个百分点。其中，轻工业产品销售率为94.4%，提高1.0个百分点；重工业产品销售率为95.2%，提高0.1个百分点。在38个行业大类中，有24个行业产销率有所提高，占63.2%。有14个行业产销率高于全区平均水平，占36.8%，其中有4个行业产销率超过100%，分别为化学纤维制造业（117.8%）、煤炭开采和洗选业（100.9%）、其他采矿业（112.4%）、烟草制品业（100.8%）。

3.重点行业拉动利润增长作用明显

在全区38个工业行业大类中，有22个行业利润增长，其中有16个行业增幅超过30%。交通运输设备制造业、农副食品加工业、电力热力的生产和供应业、非金属矿物制品业、专用设备制造业等五大重点行业成为拉动全区利润快速增长的主力，实现利润总额分别比上年增长62.6%、89.0%、196.8%、53.7%、95.0%，利润总额合计156.69亿元，占全区规模以上工业利润总额的60.2%，拉动全区规模以上工业企业利润增长26.9个百分点。

（三）非公经济企业较快增长

2009年，全区非公经济增加值1291亿元，比上年增长21.5%。增速比全区水平高3.3个百分点，比公有制经济高7.4个百分点。股份制企业增加值增长17.0%，外商及港澳台商投资企业增长23.0%，国有企业增长11.9%，集体企业、股份合作企业增速分别为7.3%和21.2%。

（四）9市工业增速超过全区水平，南北钦防四市增势强劲

2009年，在广西壮族自治区14个市中，工业增加值增速超过全区平均水平的有9个市：防城港（增长39.8%）、梧州（增长28.6%）、玉林（增长26.4%）、贵港（增长25.6%）、北海（增长25.4%）、柳州（增长21.1%）、百色（增长20.9%）、钦州（增长20.7%）、桂林（增长19.9%）。有5个市增长低于全区平均水平，其中河池市下降1.2%。对全区工业贡献较大的前四个市依次是：柳州（贡献率24.1%）、南宁（贡献率11.1%）、桂林（贡献率11.2%）、梧州（9.9%），合计贡献率为56.3%，拉动全区工业增长10.9个百分点。

北部湾经济区的南北钦防四市增势强劲。2009年，广西壮族自治区四市全年实现工业增加值570.90亿元，比上年增长20.7%，高于全区增速2.5个百分点；对全区工业贡献率为27.4%，拉动工业增长5.3个百分点。

二、工业经济运行存在的主要问题

一是轻工业增长不稳定。2009年以来，重工业持续稳定地增长，一季度增长14.4%，二季度增长15.6%，三季度增长18.1%，全年增长20.1%。但轻工业增长则表现不稳定，一季度增长17.3%，4月以后连续两个月走低，二季度增速回升至14%，三季度增长13.7%，全年增长13.9%，全年分别比一季度、二季度低3.4、0.1个百分点，比三季度高0.2个百分点，但比重工业增长低6.2个百分点；轻工业增加值占规模以上工业增加值比重仅有30%左右。

二是大中型工业企业辐射带动作用尚显不足。全年大中型工业企业增加值1150.72亿元，占规模以上工业增加值的50.8%，但仅增长12.0%，增速比全区平均水平低6.2个百分点，其中大中型国有工业企业增长11.3%，还比大中型工业企业低0.7个百分点。由于大中型工业企业增长较慢，引领和辐射作用难以充分发挥。

三是地区间发展不平衡。全区14个市中，有9个市工业增加值增长超过全区平均水平，有5个

增速低于全区平均水平，其中有3个增长速度不超过10%。在3市中有一个市下降1.2%，对全区工业下拉0.1个百分点。最高增速市与最低增速市相差41个百分点。同时，还应注意到全区增速仍远低于上年水平，低4.4个百分点。

四是经营管理和盈利水平有待提高。一是亏损企业亏损额占25.8%。由于原材料燃料动力购进价格指数比工业品出厂价格指数高1.6个百分点，原材料价格上涨加大企业运营成本，规模以上工业亏损企业亏损额虽然比上年下降，但仍然达67.18亿元，占利润总额的25.8%。二是两金占用较大。两金占用达964.58亿元，比上年增长16.7%，将加剧企业资金短缺矛盾，对下一步生产和经营发展产生不利影响；企业间拖欠严重，将导致企业陷入亏损境地。

三、2010年工业经济运行展望及建议

(一)2010年展望

从2009年来看，广西壮族自治区工业总体表现为年初增长不稳定，此后逐月加快发展，工业实体开始逐步摆脱金融危机的影响，工业增长基础进一步稳固，为2010年工业经济平稳较快发展奠定了基础。从经济发展的规律看，2010年仍将延续上年增长的惯性，工业将保持快速增长；同时，有利条件的保证：一是中国—东盟自贸区建设进一步取得成果，大部分企业生产有望加速；二是国家刺激消费，扩大内需的政策仍将继续发挥作用；三是以千万吨炼油厂投产为标志的一批新增企业拉动；四是交通运输、黑色有色金属工业、非金属矿物制品业、化学原料及制品、电力热力生产供应等行业有望保持持续增长的态势。因此，全年工业增长有望好于上年。

(二)建议

1.加快结构调整，转变发展方式，提高工业经济增长质量和效益

充分利用中国—东盟自贸区建设成果，在国际国内两个市场、两种资源中开辟更大发展空间。一是把改善供给结构、促进扩大内需作为保持工业平稳较快发展的根本途径。二是把技术改造和自主创新作为转变工业发展方式的中心环节。三是把控制总量、兼并重组、淘汰落后、节能减排、品种质量、产业升级作为工业结构调整的重要举措。四是把推进信息化与工业化融合作为促进工业在高起点加快发展的长期任务。五是把培育战略性新兴产业作为抢占国际经济技术竞争制高点的主攻方向。

2.发挥优势行业和产业集群的作用，加快轻工业发展

一是重视轻工业发展。轻工业在拉动消费、保证国民经济平稳较快增长具有十分重要的作用，事关全区工业总体结构的平衡，也是宏观调控中新的增长点。轻工业与扩大消费需求、增加就业密切相关，要努力克服制约全区轻工发展的瓶颈。从根本上扭转全区轻重工业比例失衡、轻工增速趋缓的现状。

二是加强对轻工行业政策的研究和支持。全区应学习借鉴先进省市加快轻工业发展的经验，制定加快全区轻工行业发展的中长期规划。要结合当地的发展优势，制定适合当地轻工业发展的产业政策。通过技改财政贴息、税费调整，对符合国家产业政策、环保要求和市场需求的企业给予重点扶持。要重视轻工业中小企业发展的环境和政策研究，对在产业结构调整、技术创新、技术引进、节能减排、赶超国际和国内领先水平的重点企业给予政策倾斜。按照国家产业政策，结合全区实际，研究制定轻工业相关的准入门槛，减少低水平重复建设和无序竞争。

三是发挥优势行业和产业集群的作用，带动相关产业的发展。要特别重视食品、纺织、造纸等重点产业的发展。要加快区域产业集群的发展，着力在延伸产业链上下功夫。对已形成规模的产业集群应提高竞争优势，培育扩张型强势企业，加快向规模化、集团化发展。对正在形成的产业集群，要给予政策扶持，促其加快发展。

四是要大力推进科技创新，贯彻落实质量兴桂战略。积极引导轻工企业建立健全科技创新体制和机制，提高企业自身研发能力和核心竞争能力。政府相关部门设立产品创新基金；建立产品、技术、工艺自主创新的体系和先进技术的引进、消化吸收和再创新的激励机制；大力推进技术创新、管理创新，鼓励轻工企业自我改造、科技创新的力度，用先进技术改造传统产业，实现产业升级和第二次创业，在科技、名牌、特色区域等多方面与国内轻工先进

省市进行对接和合作，带动相关产业的发展。

3.强化服务，加快大中型企业发展

围绕千亿元产业发展，加快大中型企业发展。一是抓科技创新。通过引进新设备，采用新工艺，推广新技术，提高技术装备水平。要组建自己的研究中心或机构，增强自主创新能力和核心竞争力。要加强企业与科研院所、大专院校以及推广机构的合作，走产学研相结合的路子，提高企业产品质量和市场开拓能力。要加速科技成果的转化，逐步发展成为有自主知识产权、创新能力强的现代化企业或企业集团。二是抓产品质量。质量是产品竞争的核心，是企业的生命。要牢固树立质量第一、产品安全第一的观念，把加强技术质量标准化建设，作为提高产品质量的关键措施来抓，严格执行质量标准，提高产品质量，保证产品安全。生产的产品不仅要达到国家的质量验证标准，也要通过国际相关组织的质量认证、安全卫生认证，以取得进入国际市场的资格和国外消费者的信任。三是抓品牌打造。品牌是产品品质差异的标志，具有相对的市场垄断优势。对消费者来说就是消费信心。大中型企业都应该打造一两个能在全国非常响亮，甚至在世界上也有名气的品牌。四是加快非公经济发展。通过整合优势资源、加大重点扶持加快非公经济发展。

4.加强企业内部管理，着力创新驱动，应对原材料价格的上涨

原材料的刚性上涨不可避免。加强和完善企业内部管理，核心是突出重点，抓好企业成本管理。首先要牢固树立“质量、信用”的观念。其次不断加强技术基础工作，建立健全质量管理机构，大力推行科学的质量管理方法，深入推行全面质量管理，认真贯彻 ISO9000 系列标准。三是从思想上，要树立勤俭办厂的精神，想方设法开源节流。四是着力创新驱动。要调动员工的劳动积极性和创造性，造就一支有理想、有文化、有道德、有纪律的职工队伍，是企业发展的力量源泉。

2009 年海南省工业经济运行概况

2009 年海南省各族人民在省委、省政府的正确领导下，深入贯彻落实科学发展观，按照中央关于保增长、保民生、保稳定的部署，着力扩大投资、促进消费，不断深化改革、扩大开放，有效应对国际金融危机的冲击和消除了甲型 H1N1 流感等不利因素的影响，促进经济持续加快回升。在一揽子经济刺激政策的作用下，全省经济运行较快地扭转了上年第四季度以来下滑的态势，在上升通道上加快回升。同时，扩大内需等一系列政策效应在工业领域进一步显现，工业生产呈现加快回升态势。

一、2009 年工业经济运行基本情况

2009 年，海南省全部工业完成增加值 300.63 亿元，比上年增长 7.4%。其中，规模以上工业完成增加值 277.17 亿元，比上年增长 7.5%，增幅比上半年加快 4.9 个百分点。分轻重工业看，重工业完成增加值 212.79 亿元，增长 7.6%；轻工业完成增加值 64.38 亿元，增长 7.4%。分经济类型看，国有企业完成增加值 41.72 亿元，增长 5.2%；集体企业完成增加值 0.44 亿元，下降 0.7%；股份合作企业完成增加值 0.20 亿元，下降 24.0%；股份制企业完成增加值 94.89 亿元，增长 12.6%；外商及港澳台企业完成增加值 133.37 亿元，增长 7.2%；其他经济类型工业完成增加值 6.54 亿元，下降 6.4%。

1~11 月，全省规模以上工业完成增加值 260.87 亿元，比上年同期增长 6.7%。

从列入监测的 24 种主要工业产品产量看，10 月份，大部分产品快速或较快增长，其中化学纤维增长 8.3 倍、涂料增长 2 倍、铁矿石增长 1.8 倍、水泥增长 80.9%、原盐增长 76.9%、罐头增长 69.4%、液化石油气增长 56.1%、原油加工增长 45.2%、钢材增长 42.9%、天然原油增长 40.9%、软饮料增长 32.5%、配混合饲料增长 30.6%、汽车增长 29.5%等。

二、2009 年工业经济运行主要特点

2009 年，海南省工业产品销售率达 99.3%。工业出口交货值快速增长。工业企业实现出口交货值达 89.72 亿元，同比增长 39.1%。

在主要工业产品产量中，适应市场需求的一批工业产品产量较快增长。主要工业产品产量如下：

主要工业产品产量

产品名称	单 位	绝对数	比上年增长%
发电量	亿度	125.07	7.0
铁矿石(原矿)	万吨	487.32	6.4
原油加工	万吨	831.06	4.7
钢材	万吨	10.68	15.7
水泥	万吨	925.69	54.4
人造板	万 M3	19.7	-11.1
汽车	万辆	9.16	7.7
精甲醇	万吨	60.63	1.0
塑料制品	万吨	1.85	-34.0
化学纤维	万吨	5.14	10.0
平板玻璃(重量箱)	万箱		
配混合饲料	万吨	110.54	11.9
成品糖	万吨	42.36	-9.6
原盐	万吨	12.2	8.3
卷烟	亿支	82.50	6.9
罐头	万吨	17.98	17.0
软饮料	万吨	38.11	10.1
饮料酒	万千升	20.1	10.3
机制纸及纸板	万吨	23.67	31.1
涂料	吨	2895	-21.8
氮肥	万吨	60.63	-8.3
天然原油	万吨	18.36	52.4
天然气	亿 M^3	1.86	-19.8
纸浆	万吨	112.07	-9.0
液化石油气	万吨	52.19	6.5

工业经济效益明显提高。2009 年,海南省列入统计监测的 420 家规模以上工业企业经济效益综合指数 283.2%,比上年提高 51.7 个百分点;实现利润总额 85.34 亿元,同比增长 1.9 倍;总资产贡献率提高 9.0 个百分点,资产负债率下降 3.1 个百分点。

2009 年重庆市工业经济运行概况

2009 年,重庆市认真贯彻落实国家"扩内需、调结构、保增长"一系列政策措施,狠抓"止滑促增",工业经济运行向好势头日趋明显,回升速度超过预期,大部分行业生产经营向好的方面转化。2009 年全市实现工业销售产值 8247 亿元,同比增长 14.1%;规模以上企业工业增加值同比增长 18.5%,高于全国平均 7.5 个百分点;利润 307 亿元,同比增长 16%。

一、2009 年工业经济运行基本情况

2009 年重庆市全年工业实现总产值 8247 亿元,同比增长 14.1%,其中规模以上企业 6707 亿元,同比增长 15.2%。实现工业增加值 2915 亿元,增长 17.2%,占 GDP 比重 44.7%;其中规模以上完成 2189 亿元,增长 18.5%。全年汽车产量 171 万辆,增长 56.9%,其中市内 119 万辆,增长 59.8%,高全国平均 11.8 个百分点;生产摩托车 960 万辆,市内 762 万辆,增长 3.1%;钢材 477.4 万吨,增长 6.3%;铝材 75.2 万吨,下降 0.2%,其中西铝 32.8 万吨,下降 16%;水泥 3611 万吨,增长 13.6%;啤酒 73 万千升,增长 7.3%;轮胎外胎 981 万条,增长 26.7%。重庆市发购电量累计 540 亿千瓦时,同比增长 10.4%,其中,发电量 428 亿千瓦时,增长 9.3%。原煤产量 4279 万吨,增长 1.7%。天然气消费量 48.6 亿立方,增长 2.3%。货运总量 6.85 亿吨,增长 7.6%,其中水路 7700 万吨,增长 11%,铁路 2181 万吨,增长 10.2%,集装箱 56.9 万标箱,下降 4%。

第一,工业迅速回升。受金融危机影响,全市规模工业增加值在去年 9 月末 23.8%的高速基础上快速滑落到今年元月-3.7%后止跌回升,一季度增长 8.8%,上半年增长 13.7%,全年增长 18.5%,快速回升势头明显。

第二,工业投资平稳较快增长。去年全市工业共完成投资 1796 亿元,同比增长 30.2%,一是制造业投资增长强劲。二是民间投资十分活跃,拉动全市工业投资上升。三是重大建设项目带动作用明显。

第三,重工业快速回升。在轻工业保持平稳较快发展的同时,重工业增加值增幅由 1 月末下降 7%转为一季度增长 7.5%(低轻工 3.1 个百分点)、上半年增长 13%(低轻工 2.2 个百分点)、1~9 月末增长 16.7%(高于轻工 2.9 个百分点),到去年末增长 20.7%(高于轻工 7 个百分点),占比重 70%,重工业回升拉动了全市工业经济快速增长。

第四,大中型企业止跌回升。受以大中型企业为主的装备制造业、化工、冶金等行业企稳回升或

降幅收窄影响，产值增幅由一季度下降 1.5%，转为上半年 2.8%，全年实现增幅 15.9%。其中，长安集团 2009 年总产值增长 61.1%；建设、宗申、庆铃、建峰、铁马、潍柴、海装公司、庆铃集团、川东船厂等大型企业集团产值增幅均超过平均水平。同时，国有及国有控股企业企稳回升。增幅由一季度下降 3.4%转为全年增长 9.9%，对推动全市工业快速发展起了重要作用。

第五，重点行业重点企业产品回升势头明显。去年，交通运输设备制造业、专用设备制造业、通信设备及其他电子装备制造业、纺织业、食品制造业、医药制造业、石油和天然气开采等 15 个重点行业产值增幅在 20%以上。汽车、服装、纯碱、化学药品原药、发电设备等 13 个重点产品产量增幅超过 25%。以汽车为例，2009 年全市生产汽车 118.7 万辆，增幅由 1 月末的-12.6%，转为 3 月末增长 6.7%，6 月末增长 24.7%，9 月末增长 42.7%，到去年末的 59.8%，高于全国平均 11.8 个百分点。

第六，工业生产要素得到保障。全市去年规模工业用电增幅由元月-13.6%，转为上半年增长 3.1%，1~9 月增长 6.4%，到 12 月底全年增长 9.5%。工业品运输量持续回升。以工业品为主的铁路货运量由元月份下降 19.1%升为一季度增长 1.2%，上半年增长 6.5%，1~9 月增长 8.6%，全年增长 10.2%，增幅创近 10 年历史新高，表明工业品总量增加。2009 年是近 10 年重庆工业经济运行最困难的一年，重庆市工业战线干部职工，努力推进中央及市委市政府的一系列“止滑促增”措施，“保增长、调结构、促发展”，推动了工业企稳回升，运行总体好于预期。

二、工业经济运行主要特点

（一）综合实力显著提升，全面实现五个突破

一是重庆市工业销售产值突破 8000 亿元，规模以上突破 6000 亿元，达到 6707 亿元。二是规模工业利润突破 300 亿元，增长 16%。三是工业企业资产总额突破 6000 亿，达到 6300 亿元，增长 17.9%。四是用电量突破 500 亿度，达 540 亿度，增长 10.4%。五是市内汽车产量突破 100 万辆，达 119 万辆，增长 59.8%。

（二）回升速度快于全国，工业经济再上台阶

受金融危机影响，重庆市规模以上工业增加值在 2008 年 9 月份 24%的高增长上快速下滑到 2009 年元月-4%后，止跌回升，一季度增长 8.8%，上半年增长 13.7%，全年增长 18.5%，高于全国平均水平 7.5 个百分点，基本摆脱世界金融危机的影响。规模以上工业增加值增幅排位由一季度的全国第 14 位，西部第 6 位，升为年末的第 8 位和第 3 位（内蒙古、四川、重庆），产值增幅高于全国 5.8 个百分点，排全国第 8 位、西部第 4 位（内蒙古、四川、广西、重庆）。

（三）区县工业持续发展，经济总量明显提高

第一从总量上看：重庆市 40 个区县中除巫山、巫溪外，其余 38 个区县工业销售产值均超 10 亿元，其中超百亿的 19 个区县，300 亿元以上的 9 个，依次有渝北 858 亿、九龙坡 660 亿、南岸 475 亿、沙坪坝 460 亿、涪陵 384 亿、巴南 380 亿、江北 367 亿、北碚 334 亿、江津 311 亿。第二从增幅上看：40 个区县有 4 户下降（大渡口、双桥、城口、武隆），27 户增长，其中增幅 15%以上的有 24 个，增幅排前 10 位的依次为：万州 56%、江北 40%、忠县 39%、铜梁 35%、奉节 35%、永川 33%、荣昌 31%、江津 31%、合川 30%、梁平 29.5%。第三总量排位变化情况：与上年相比，总量排前 10 位的区县为：渝北第 1 位上升 1 位，九龙坡第 2 位下降 1 位，南岸第 3 位上升 1 位，沙坪坝第 4 位下降 1 位，涪陵第 5 位上升 2 位，巴南第 6 位下降 1 位，江北第 7 位上升 1 位，北碚第 8 位上升 1 位，江津第 9 位上升 1 位，万州第 10 位上升 1 位。其余位次上升的区县有璧山、大足、铜梁、黔江、梁平、开县、忠县、潼南、石柱、酉阳、奉节等。

（四）重点企业强势反弹，大中型企业领跑回升

受以大中型企业为主的装备制造业、化工、冶金等重点行业企稳回升拉动，重庆市大中型企业销售产值在一季度下降 1.5%之后，止跌回升，全年增长 15.7%。其中，长安集团产值增长 61.1%，达到 664 亿元；建设、宗申、庆铃、建峰、铁马、潍柴等大型企业集团产值增幅均超过平均水平，重钢、四联、西南铝、格力等企业降幅明显收窄。全年 16 户企业集团增长 7.3%，正增长的 10 户，其中增幅 10%以上的有兵工局 50.5%、船舶 38.2%、庆铃 21.7%、重烟 21.7%、能投 14%、电力 10.3%。

（五）工业集中度明显提高，规模效益进一步显现

重庆市规模以上企业已达 6412 户，比上年净增 355 户。全年产值 10 亿元以上的企业 119 户，比

上年增加6户。以工业为主的年收入超百亿的企业有11户(长安、电力、重钢、西铝、机电、化医、力帆、隆鑫、船舶、能投、轻纺),其中,长安超600亿,重钢、机电、力帆、电力超200亿元,比上年增加1户(力帆)。

(六)民营经济加速发展,总量占据半壁河山

2009年,重庆市规模以上民营工业销售产值增长30.9%,高于全市12.9个百分点,占全市规模以上工业比重52.4%,较上年提高了7个百分点。其中年收入10亿元以上达37户。涌现出一批国内外知名企业:如力帆集团、隆鑫集团、宗申集团、渝安创新、博赛矿业、华立药业、格力电器、泰山电缆、渝江压铸、长安跨越、润通动力、金山科技、国际复合、美心门业、秋田齿轮、李尔长安等。民营企业不但在摩托车、农副产品加工、机械制造及配套、纺织服装、食品、建材中占主导地位,还涉足电子通信、仪器仪表、汽车、军品、生物技术、造船、能源等高技术领域。

(七)重工行业回升迅猛,有力支撑全市发展

2009年,重庆市70%左右的重工业在一系列利好政策的推动下,回升势头迅猛。交通运输设备制造业、专用设备制造业、石油和天然气开采等21个重点行业产值增幅在15%以上。汽车、发动机、化学药品原药等24个重点产品产量增幅超过18%。规模以上重工业增加值增幅由1月末下降7%、上半年增长13%到全年增长20.7%,分别比全市和轻工业高出1.8和7个百分点。

(八)要素需求快速回升,工业运行调度平稳

2009年,重庆市工业生产回升促使生产要素需求增加。一是工业用电稳步增长。全市规模工业用电344亿千瓦时,增幅由元月-13.6%,转为上半年增长3.1%,全年增长9.5%。二是工业品运输量持续回升。全年货物运输量6.9亿吨,增长7.6%,其中铁路货运量由元月份下降19.1%升为一季度增长1.2%,上半年增长6.5%,1~9月增长8.6%,全年增长10.2%,增幅创近10年历史新高,表明工业品生产总量增加。三是天然气供应较为紧张。全年全市天然气消费量48.6亿立方米,虽然增幅由一季度下降3.7%转为增长2.3%,但工业用气27.95亿立方,下降2.6%。

(九)资金供应充裕,中小企业贷款保障有力

2009年,重庆市为鼓励中小企业贷款,上年市级财政出资0.7亿元作为风险补助金,带动各区县配套资金1.2亿元,引导金融机构和担保公司向中小企业倾斜,取得较好成绩。一是全市中小企业各项贷款余额比年初增长52.1%,高于全市贷款平均增幅10.5个百分点。其中,中小工业企业贷款余额达741亿元,新增211亿元,增长40%。二是银行新增中小企业短期贷款比重提高1.9个百分点,达到31%。三是新增中长期贷款中用于中小企业流动资金的额度为44.2亿元,增长163.6%,净增27.4亿元。四是私营中小企业短贷余额67亿元,增长110%,比年初净增35.1亿元。五是新增银行信贷关系的中小企业近200户。

三、经济运行中的主要问题

在国家扩大内需政策刺激下,2009年“三驾马车”中,投资、消费较快发展,但出口需求下降导致企业订单和价格下降,国内竞争加剧。2010年经济增长的不确定因素仍然较多,主要影响五个方面:

(一)外需仍显不足

以美国为首的世界经济正在从金融危机中逐步恢复,但基础脆弱。复苏将是一个缓慢曲折过程,国际贸易摩擦有所加剧、人民币升值的压力加大等因素也会在一定程度上制约产品出口。全年市工业品出口交货值下降18.4%,降幅虽比上半年缩小10.9个百分点,以外向型为主的如摩托车、机电、化工等行业中的部份企业生产经营难度仍较大。

(二)金融贷款呈收紧态势

下半年工业短期贷款急剧收缩。12月末全市短贷比年初新增123.3亿,同比增长80%,其中工业贷款比年初新增18.5亿元,增幅由6月末的117.9%急降至23.9%。贷款急促收紧,导致部分企业资金紧张,对巩固发展基础不利。

(三)结构调整任务十分艰巨

出口疲软,部分行业产能矛盾显现,内需竞争加剧。2009年,全市工业设备有效能力发挥率低于正常水平约5个百分点。其中氧化铝、铝材、摩托车、机床、变压器及部分主要化工产品开工率均不足70%。

(四)原燃材料涨价压力较大

近期石油制品价格在波动中上升,电价已经上调,预计水价和天然气价格也将有所调整,铁矿石价格也将上涨。原燃材料价格上涨将增加企业成本，为企业经营带来巨大压力。

(五)煤炭和天然气供应矛盾突出

预计2010年全市产煤4000万吨，需求超过5000万吨，其中重点电厂电煤需求近1600万吨，增长12%以上。天然气缺口在5亿立方左右。

四、2010年工业经济发展目标

全市工业销售产值10000亿元，增长22%，其中规模工业产值8400亿元，增长25%。全市工业增加值突破3000亿元，增长18%，其中规模工业增长20%。实现利润360亿元，同比增长18%。全市电力需求600亿度，增长11.1%，其中发电480亿度，增长12%。天然气供应量55.5亿立方，增长12%。万元GDP耗能同比下降4.6%。

2009年四川省工业经济运行概况

随着四川省地震灾后恢复生产的加快和工业强省各项政策措施的出台与落实，新增企业的加入和金融危机影响的减弱，2009年，四川省工业生产出现快速增长态势，全年实现全部工业增加值5678.3亿元，增长19.0%，比上年回升3.4个百分点，对经济增长的贡献率为53.3%。

一、2009年工业经济运行基本情况

2009年，四川省新增规模以上工业企业2622户，规模以上工业企业户数达13111户；规模以上工业增加值增长21.2%。

规模以上工业中，重工业实现增加值增长20.9%，轻工业实现增加值增长21.8%，重轻工业的比为67.8:32.2，轻工业占全部工业的比重较上年提高0.5个百分点。“7+3”产业增加值占规模以上工业的73.4%，增长16.4%。其中，电子信息产业增长21.6%；装备制造产业增长17.6%；能源电力产业增长14.1%；油气化产业增长16.8%；钒钛钢铁产业增长6.9%；饮料产品产业增长20.4%；现代中药产业增长26.6%。全年规模以上工业企业实现出口交货值551.8亿元，增长0.4%；完成新产品产值3505.6亿元，增长28.6%。

规模以上工业39个行业大类中，除石油和天然气开采业下降4.2%，其他行业均增长。其中，煤炭开采和洗选业增长27.1%，黑色金属冶炼及压延加工业增长23.9%，化学原料及化学制品制造业增长26.5%，通用设备制造业增长21.5%，专用设备制造业增长17.8%，交通运输设备制造业增长18.6%，电气机械及器材制造业增长30.1%，通信设备、计算机及其他电子设备制造业增长27.6%，电力热力的生产和供应业增长19.0%。

在纳入统计的87种重点产品中，有77种产品生产增长，支农产品、食品和日用轻纺产品生产增势良好。其中，发电量增长25.9%，铁合金产量增长31.4%，成品钢材增长14.6%，水泥增长46.3%，布增长27.9%，纱增长30.1%，化学农药增长55.1%、食用植物油增长68.8%，白酒增长40.7%，家用电冰箱增长46.9%。

2009年主要工业产品产量及其增长速度

产品名称	单位	绝对数	比上年增长%
原煤	万吨	8997.3	4.6
汽油	万吨	69.4	34.5
天然气	亿立方米	190.6	1.4
发电量	亿千瓦小时	1468.5	25.9
生铁	万吨	1532.6	10.1
十种有色金属	万吨	70.7	8.9
钢	万吨	1509.1	10.2
成品钢材	万吨	1830.6	14.6
农用氮磷钾化学肥料	万吨	464.4	27.4
配混合饲料	万吨	616.6	27.4
食用植物油	万千升	102.2	68.8
卷烟	亿支	874	5.1
啤酒	万千升	159.1	3.3
白酒	万千升	156	40.7
布	亿米	10.9	27.9
纱	万吨	48.3	30.1
化学纤维	万吨	43.2	28.6
彩色电视机	万台	743.2	-7.0
家用电冰箱	万台	51.9	46.9
房间空气调节器	万台	72.2	-4.8
水泥	万吨	8887	46.3
内燃机	万千瓦时	1091	113.2
汽车	辆	76863	25.4

二、2009 工业经济效益情况

2009 年，四川省工业经济效益明显改善。全年规模以上实现盈利的工业企业 11643 户，占全部规模以上企业总数的 88.8%。规模以上工业企业实现主营业务收入 17184.7 亿元，增长 25.1%。实现利税 1742.5 亿元，增长 25.2%。实现净利润 908.8 亿元，增长 33.7%。其中，国有及国有控股工业企业实现净利润 306.8 亿元，增长 88.0%；股份制企业 625.4 亿元，增长 22.4%；外商及港澳台投资企业 115.0 亿元，增长 22.3%。工业经济效益综合指数 236.9，比上年提高 20.8 个点。

（一）规模以上工业企业经济效益好于全国

2009 年 1~11 月，全省规模以上的工业企业实现盈利的 11521 户，占全部规模以上企业总数的 87.9%，盈利 890.9 亿元，同比增长 14.4%；亏损企业 1590 户，亏损额 96.5 亿元，下降 34.3%；盈亏相抵后实现利润 794.4 亿元，增长 25.7%，增幅比全国高 17.9 个百分点。

1~11 月，全省规模以上工业企业利润增幅比全国高 17.9 个百分点。增幅排在海南（188.4%）、甘肃（85.9%）、辽宁（63.5%）、宁夏（60.3%）、湖南（45.1%）、江西（32.1%）、广东（27.7%）和浙江（27.0%）之后，位居第 9 位。全省利润总额占全国的比重首次突破 3%，达 3.07%，比去年提高 0.31 个百分点。1~11 月四川省工业经济效益综合指数为 241.91，比全国高 18.66 个百分点。

（二）规模以上工业利润同比增幅快速上升

2009 年 1~5 月，全省规模以上工业盈亏相抵后利润同比增幅由负转正。1~11 月，工业利润同比增幅更是呈现快速上升态势。

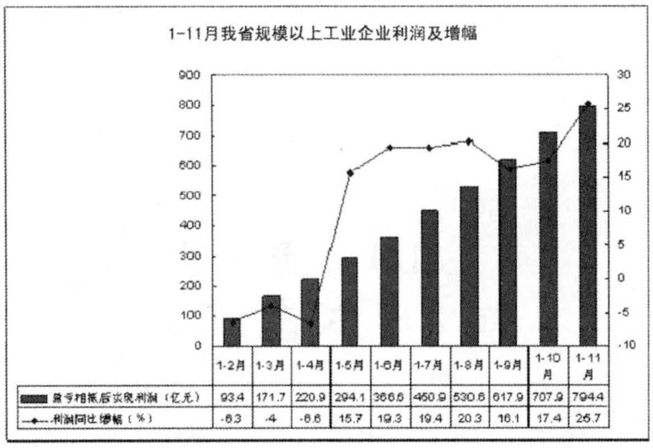

（三）亏损企业亏损情况逐月好转

2009 年 1~11 月，全省规模以上工业亏损企业 1590 家，比 1~2 月减少 608 家；全部亏损企业亏损额 96.5 亿元，同比减少 34.3%。亏损情况明显好转。

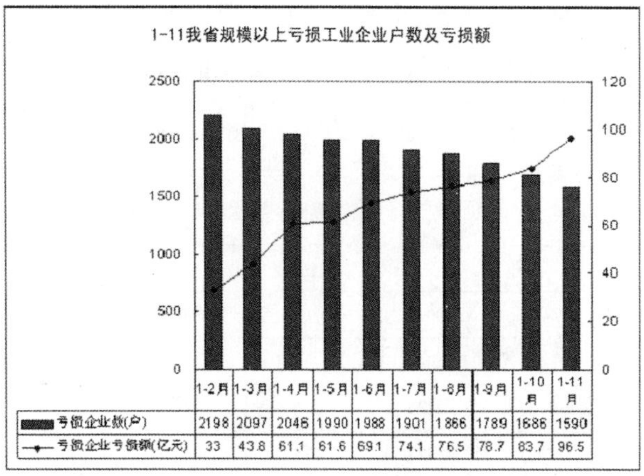

（四）27 个工业行业利润同比增长

2009 年 1~11 月，在工业 39 个行业大类中，有 27 个行业利润同比增长；12 个行业利润同比下降，其中 5 个行业利润降幅比 1~10 月收窄。以白酒制造为主的饮料制造业实现利润 103.4 亿元，这是四川省工业分行业利润首次突破百亿元大关。

1~11 月利润同比增长的部分行业

	1-8 月		1-9 月		1-10 月		1-11 月	
	利润（亿元）	同比增幅（%）	利润（亿元）	同比增幅（%）	利润（亿元）	同比增幅（%）	利润（亿元）	同比增幅（%）
总计	530.59	20.34	617.85	16.13	707.89	17.4	794.36	25.69
农副食品加工业	29.4	23.41	36.35	32.81	40.32	26.92	45.07	32.53
食品制造业	7.22	40.59	8.71	36.76	10.85	32.61	12.96	47.41
饮料制造业	74.44	24.69	86.25	27.78	94.1	28.43	103.35	33.91
纺织业	7.72	74.47	8.91	68.59	10.27	60.6	11.92	59.31
医药制造业	23.05	24.93	27.7	29.65	31.79	36.58	36.61	44.02
塑料制品业	9.88	46.38	11.39	42.33	12.89	47.34	14.09	60.03
非金属矿物制品业	47.63	49.11	55.15	42.7	64.29	46.19	73.29	44.94
非金属矿采选业	5.83	72.89	6.99	68.47	7.86	82.46	9.06	99.47
金属制品业	10.57	52.91	11.37	24.15	13.2	20.95	15.79	22.53
通用设备制造业	30.45	47.56	35.07	37.51	39.58	27.42	41.51	92.75
专用设备制造业	25.89	30.78	29.27	28.52	32.86	24.58	39.08	25.55
通信设备、计算机及其他电子设备制造业	28.39	30.13	33.29	32.78	38.05	30.81	43.58	38.73

（五）“7+3”产业经济效益发展良好

“7+3”产业即电子信息、装备制造、能源电力、油气化工、钒钛钢铁、饮料食品、现代中药和航空航天、汽车制造、生物工程（简称7+3产业）。1~11月，我省“7+3”产业共实现利润609.5亿元，同比增长24.5%，占全部规模以上工业利润的76.7%。

1-11月份全省“7+3”产业发展情况

名称	企业个数（个）		利润总额（亿元）	
	2009年1-11月	同比增减个数	2009年1-11月	同比增长(%)
总计（规上企业）	13111	1165	794.4	25.7
总计（7+3）	9045	715	609.5	24.5
一、电子信息产业	304	4	43.6	38.7
二、装备制造业	2499	236	150.4	25.4
三、能源电力业	1578	135	124	138.5
四、油气化工业	1597	134	75.7	-20.3
五、钒钛钢铁业	530	28	15.7	-61.6
六、饮料食品业	1932	152	175.9	30.1
七、现代中药业	172	7	20	64.5
八、航空航天业	19	0	2.8	23.3
九、汽车制造业	370	17	30	8.9
十、生物工程业	44	2	4.1	37.1

（六）轻工业利润比重不断提升

2009年1~11月，全省规模以上轻工业实现利润290.2亿元，同比增长33.1%；重工业实现利润504.2亿元，同比增长21.8%。轻工业利润占规模以上工业利润比重为36.53%，较1~10月提升0.31个百分点，较上年同期更是提升1.79个百分点。

三、2010年工业经济展望

从当前情况看，全省规模以上工业经济效益逐步得到改善。在国家经济刺激政策的拉动和国际大环境影响下，市场需求缓慢回暖、产成品温和回升和价格波动三大因素，将影响2010年全省工业整体经济效益走势。

（一）市场需求仍处在持续缓慢回暖的进程当中

受外需减弱、内需相对不足等多种因素的共同影响，2009年1~2月、1~3月、1~4月，省规模以上工业企业利润同比分别下降6.3%、4.0%、6.6%。到1~5月，省规模以上工业企业利润同比增长15.7%，之后利润增幅保持波动上行趋势。下半年，省规模以上工业企业利润增幅逐步走高，但需求疲软状况一直存在。石油加工冶炼、化工、钢铁等行业利润持续萎靡，还未走出低谷。1~11月，省规模以上工业企业出口交货值同比下降1.1%，同比增幅回落23.7个百分点。11月，全国制造业采购经理指数（PMI）为55.2%，与上月持平。该指数已连续九个月位于临界点——50%以上，但制造业PMI的分类指数中，出口订单指数为53.6%，虽在临界点以上，但环比回落0.9个百分点。因此，2010年投资维持高位、出口持续低迷的格局短期内难以改善。

（二）工业产成品存货温和回补，将支撑工业生产的持续回升

自国际金融危机爆发以来，同全国一样，四川省企业普遍采取“去库存化”措施，省产成品存货由1~2月同比增长20.5%逐步下降到1~10月仅增长6.9%，远低于上年同期23.6%的增幅。1~11月，四川省产成品存货820.6亿元，同比增长11.2%。2010年，随着经济向好预期的加强，产成品存货可能会温和回补，以满足不断扩大的市场需求，从而拉动全省工业生产和效益增长。

（三）生产资料价格上涨对工业经济效益的影响力增大

2009年以来，经济刺激计划推动经济逐渐回升。但货币扩张政策及经济刺激计划也激发全球黄金、铜、锌、铝、钢铁、石油等资源性商品大涨。对我国上游生产资料行业价格影响较大，我国上游生产资料价格的上涨最终会传导到下游企业，造成下游企业成本增加，压缩企业利润。

总体上看，在国家扩内需、保增长、调结构等宏观政策影响下，2010年四川省工业经济效益持续向好的可能性进一步增大，企业赢利水平止跌企稳的基础进一步加强，全省工业经济效益水平有望向好发展。

2009年贵州省工业经济运行概况

2009年，贵州省工业在省委、省政府的正确领

导下，深入学习实践科学发展观，努力克服国际金融危机的严重冲击，实现了较快增长。全年贵州实现工业增加值为1252.67亿元，比上年增长10.2%。其中，规模以上工业增加值为1170.29亿元，增长10.6%。在规模以上工业增加值中，轻工业增加值为352.39亿元，增长11.6%；重工业增加值为817.90亿元，增长10.2%。2009年，与全国工业经济发展的态势一样，贵州工业经济发展的走势图上，呈现一条V型曲线。

2009年，贵州工业经济运行呈现以下特点：

一、电力、煤炭、饮料、烟草、医药等主要行业对工业增长的拉动较大

规模以上工业中，这五个行业分别比上年增长10.5%、10.6%、12.1%、7.0%和14.6%，合计拉动规模以上工业增长6.1个百分点，其中电力行业拉动力度最大，拉动规模以上工业增长2.2个百分点。经历了上半年金融危机冲击严重的冶金、化工、有色等耗能工业，在政策推动和市场好转的情况下，下半年以后也呈现恢复性增长的势头，全年增速都实现了7%以上，从而成为全省工业经济实现较快增速的因素之一。

表1 2009年规模以上工业增加值及其增长速度

指标名称	绝对数	比上年增长(%)
规模以上工业增加值	1170.29	10.6
其中：轻工业	352.39	11.6
重工业	817.90	10.2
其中：煤炭开采和洗选业	158.48	10.6
饮料制造业	112.29	12.1
其中：酒的制造	107.76	11.3
烟草制品业	116.99	7.0
其中：卷烟制造	114.08	7.0
化学原料及化学制品制造业	71.49	7.0
医药制造业	59.98	14.6
黑色金属冶炼及压延加工业	75.94	7.7
有色金属冶炼及压延加工业	58.05	7.7
通信设备、计算机及电子设备制造业	12.00	24.6
电力、热力的生产和供应业	272.24	10.5

二、主要工业产品产量增长较快

磷酸铵肥、铁合金、电解铝、化肥、原煤、发电量分别比上年增长53.7%、39.8%、38.0%、31.8%、14.8%和14.8%。受市场需求影响，产销衔接情况逊于上年，全年规模以上工业企业产品销售率为94.7%，比上年下降0.7个百分点。

表2 2009年规模以上工业主要产品产量及其增长速度

产品名称	计量单位	绝对数	比上年增长(%)
原煤产量	万吨	13690.74	14.8
煤气生产量	亿立方米	65.18	1.5
磷矿石(折含$P_2O_5$30%)	万吨	1360.66	3.4
发电量	亿千瓦小时	1380.02	14.8
白酒(折65度，商品量)	万千升	13.79	-17.7
啤酒	万千升	27.54	20.4
卷烟	亿支	1161.22	2.4
硫酸(折100%)	万吨	513.21	52.5
合成氨	万吨	186.86	29.6
农用氮、磷、钾化学肥料总计(折纯)	万吨	347.28	31.8
磷酸铵肥	万吨	345.16	53.7
中成药	万吨	4.58	-3.5
轮胎外胎	万条	517.21	13.1
水泥	万吨	2664.78	30.0
生铁	万吨	374.82	13.3
铁合金	万吨	220.87	39.8
粗钢	万吨	343.10	-0.7
钢材	万吨	337.62	持平
电解铝	万吨	80.27	38.0
氧化铝	万吨	136.91	-5.1
彩色电视机	万台	72.56	-8.4
家用电冰箱	万台	168.16	16.9

三、工业企业经济效益下滑

规模以上工业企业实现主营业务收入3093.17亿元，比上年增长7.9%；盈亏相抵后的利润总额为178.80亿元，比上年下降0.3%，其中，国有及国有控股企业实现利润113.07亿元，增长11.4%。

四、中小工业企业发展速度快于工业总体水平

全年规模以上中小工业企业实现增加值722.23亿元，比上年增长12.2%，增速高于全部规模以上工业1.6个百分点；利润总额83.24亿元，增长8.2%；应缴税金总额113.09亿元，增长7.5%。

五、非公有制工业经济稳步增长

全年规模以上工业中，非公有制经济实现增加值451.01亿元，比上年增长12.8%；利润总额66.42亿元，下降11.7%；应缴税金总额108.22亿元。

2009年云南省工业经济运行概况

2009年，云南省工业经济受到金融危机冲击的程度进一步加深，工业发展面临形势异常艰难，1~2月全省工业经济出现多年来少有的负增长。云南省委、省政府认真分析了面临的困难和机遇，针对工业发展实际，围绕“稳运行、抓项目、调结构、扶中小、促合作、降能耗、保就业、强管理”的方针，积极采取工业品促销、重点商品收储、优惠电价扶持、支持重点州（市）、帮扶困难企业、促进中小企业发展等一系列措施，全省工业经济逐步企稳回升，有力地带动了全省经济的持续回暖。

一、2009年工业经济运行基本情况

2009年，云南省全部工业增加值完成2088.3亿元，增长11.2%，达到预期确定目标。受国际金融危机向实体经济渗透的影响，一季度全省工业经济延续2008年下半年的下行走势，工业主要经济指标增速继续回落并降至谷底；随着国家和云南省应对国际金融危机的各项政策和措施的逐步落实，二季度工业恢复增长，三季度企稳回升，四季度加快发展，全年规模以上工业增速超过全国平均水平0.2个百分点。

二、工业经济运行的主要特点

2009年，云南省工业经济运行呈现出以下特点。

（一）工业经济增幅稳步回升

12月份，全省规模以上工业完成增加值193.92亿元，增长22.3%。1~12月，全省规模以上工业累计完成增加值1904.38亿元，增长11.2%，增幅比一季度、二季度和三季度分别提高10.1、9.1和5.4个百分点。其中，轻工业完成增加值884.66亿元，增长13%，增幅比一季度、二季度和三季度分别提高8.6、3.7和1.5个百分点；重工业完成增加值1019.72亿元，增长9.8%，增幅比一季度、二季度和三季度分别提高12.1、3.74和8.5个百分点。

（二）规模以上工业用电量稳步回升

12月末，全省规模以上工业累计用电量599.29亿千瓦时，增长8.8%。其中，12月份用电量54.8亿千瓦时，增长15.8%。由于2008年10月份以后受国际金融危机影响，企业用电量快速回落，增速不具有可比性，但从3月以来的日用电量环比看，9月份规模以上工业日用电量达到1.96亿千瓦时，10月、11月、12份虽然有所回落，但12月份仍达到1.93亿千瓦时，与9月份的水平基本相当，总体上呈现逐月稳步增长势头。

（三）16个州市工业经济继续回升

1~12月，全省有11个州市累计增幅高于全省平均水平，分别是：曲靖市、玉溪市、保山市、昭通市、大理州、文山州、普洱市、版纳州、德宏州、丽江市、迪庆州。其中，增幅最高的是德宏州，达到31.4%；增速最低的是临沧市，增速为2.7%。

（四）企业家信心指数与企业景气指数继续双回升

随着全省经济形势总体回升向好，自三季度全省企业家信心指数和企业景气指数双回升后，四季度又继续呈现回升向好的态势，逐渐由2008年四季度的微弱不景气区间（99.4）和微景气区间（102.2），进入较为景气区间（123.8和124.2）。其中：工业企业家信心指数为121.4，比上年同期上升32.1个百分点；工业企业景气指数为119.5，比上年同期上升28.5个百分点。

（五）规模以上工业停产半停产企业数量大幅下降

12月末，全省停产半停产企业244户，比2008年11月最多时期减少了578户，减幅达到70.3%。其中，停产企业149户，比最多时期减少了238户，减幅达到61.5%；半停产企业95户，比最多时期减少了340户，减幅达到78.2%。停产半停产企业总户数占全省规模以上工业企业的比重7.3%，比最高时期下降21.5个百分点。

（六）单位工业增加值电耗继续下降

全省规模以上工业单位增加值能耗同比下降3.78%；全省规模以上工业单位工业增加值电耗0.319千瓦时，同比下降2.5%。

（七）工业经济总体向好态势开始形成

一是工业投资继续保持快速增长。省政府确定的22项重大工业建设项目中，在建项目投资进展良好，昆明中铁国家大型铁路养护设备昆明产业基地建设项目、云维20万吨醋酸项目、云内动力

轿车用柴油机建设等项目积极推进。1~12月，全省完成工业投资1521.55亿元，增长23.5%。其中，非电力工业投资819.09亿元，增长30.8%。

二是企业经济效益明显好转。1~11月，全省规模以上工业经济效益综合指数245.17，同比下降2.8个百分点，但降幅比1~5月末收窄24个百分点，比1~8月收窄10.9个百分点；累计实现利税941.63亿元，增长2.5%，比1~8月提高14.6个百分点，扭转了1~11月同比负增长的局面；实现利润同比下降4.7%，降幅比1~8月收窄31.3个百分点。非烟工业盈利状况进一步好转，实现利润占规模以上工业利润的60%，所占比重比1~8月提高12个百分点。

三是工业品市场持续升温。12月末，全省规模以上工业产销率96.1%，比上年提高1.2个百分点，产品市场进一步好转。受企业补库存影响，12月全省工业品出厂价格指数增幅持续上涨，同比增长6.8%。原材料、燃料和动力购进价格指数同比增长1.5%，比上月提高4.3个百分点。1~12月全省工业品出厂价格同比下降8.5%；原材料、燃料和动力购进价格指数同比下降5.6%。

四是结构调整取得新进展。2009年一批落后生产能力退出了市场，云南省共淘汰炼铁96.6万吨，炼钢30万吨，焦炭477万吨，铁合金8.58万吨，水泥352万吨，小化肥2.25万吨，造纸0.15万吨；非烟工业增加值1214.57亿元，增长11.1%，占全省工业增加值比重达到63.8%；全省非公经济完成增加值增长12.9 %，占全省生产总值的39.1 %，比上年提高0.6个百分点。

三、工业经济效益增长情况

（一）轻工业增长快于重工业

烟草业效益平稳增长，卷烟结构进一步优化。2009年全省烟草业实现税利642.98亿元，增长8.1%。一、三类烟比重有所提高，重点骨干品牌集中度进一步提高。累计销量中，一类烟销量比上年增长19.3%，比重比上年提高1.9个百分点，高档卷烟竞争力有所提升；三类烟比重44.5%，比上年提高3.2个百分点，四类烟和五类烟比重分别比上年降低了3.8个百分点和1.3个百分点。四大重点品牌集中度进一步提高，“玉溪”、“云烟”、“红塔山”、“红河”四个品牌省内企业生产量增长12.5%，比重同比提高了6.9个百分点。受其影响，12月，全省规模以上轻工业完成增加值72.38亿元，同比增长19.2%；1~12月，轻工业完成增加值884.66亿元，增长13.0%。

重工业生产继续保持迅猛增长态势。12月完成增加值121.54亿元，创“十一五”以来当月总量新高，同比增长24.3%；1~12月云南省规模以上重工业增加值突破千亿元大关，达1019.72亿元，同比增长9.8%，由于重工业增加值占全省规模以上工业增加值的比重达54%，重工业的持续回升有力支撑了全省工业经济稳步上行。

（二）各种类型企业均保持较好回升势头

2009年1~12月，云南省规模以上工业企业中，各种类型的工业企业保持较好回升势头。其中，国有企业完成增加值593.02亿元，同比增长10.6%；集体企业完成增加值18.59亿元，增长1.9 %；股份合作企业完成增加值5.62亿元，增长1.4%；股份制企业完成增加值1120.39亿元，增长12.3%；外商及港澳台企业完成增加值99.58亿元，增长7.8%；其他企业完成增加值67.18亿元，增长7.3%。全省大中型企业完成增加值1451.73亿元，增长10.6%；国有大中型企业完成增加值518.51亿元，增长8.6%。

（三）重点行业稳步回升

从工业行业大类来看，2009年1~12月，云南省38个工业行业大类中，有31个行业增加值实现不同程度的增长，行业回升面达到81.6%，比上半年提高30.2个百分点。这些工业行业的企稳向好，较好地发挥了“稳定器”作用，也夯实了全省工业经济回升的基础。从支柱产业看，1~12月，属于工业的三大支柱产业中，烟草制品业完成增加值689.82亿元，同比增长11.4%；电力生产和供应业完成增加值242.36亿元，增长16.6%；矿产业共完成增加值670.57亿元，增长6.3%。从高耗能行业看，1~12月，全省六大高耗能行业完成增加值710.82亿元，增长9.2%，增幅较上半年和前三季度分别提高12.7和7.8个百分点。高耗能行业增加值占全省规模以上工业增加值的37.3%，比重较上半年和前三季度分别提高2.6和1.3个百分点。

（四）工业经济效益逐步好转

工业经济效益逐步好转，实现利税有所增长。2009年1~11月，云南省工业经济效益综合指数为

245.17，同比下降 2.8 个百分点，但比 1~8 月提高 10.9 个百分点。1~11 月全省工业实现主营业务收入 4367.21 亿元，同比下降 1.9%；实现利税 941.63 亿元，增长 2.5%，其中利润总额为 265.37 亿元，下降 4.7%。主营业务收入、利润总额的下降幅度较 1~8 月分别缩小了 8.6 个、31.3 个百分点。1~11 月全省工业企业亏损面为 36.6%，同比上升 2.7 个百分点，但比 1~2 月、1~5 月和 1~8 月则分别下降了 11.3 个、9.4 个和 4.1 个百分点；亏损企业亏损额为 63.60 亿元，同比下降 8.9%，扭转了 2009 年以来亏损企业亏损额一直呈现上升的局面。

轻工业经济效益有所提高，重工业经济效益有所下滑。2009 年 1~11 月，云南省轻工业经济效益综合指数为 483.67，同比提高 29.0 个百分点；实现主营业务收入、利润和利税分别为 1304.68 亿元、151.33 亿元和 673.92 亿元，同比分别增长 11.3%、20.7%和 12.4%，增长幅度较 1~8 月分别提高 2.8 个、6.0 个和 3.2 个百分点。1~11 月全省重工业经济效益综合指数为 173.39，同比下降 14 个百分点。实现主营业务收入、利润和利税分别为 3062.53 亿元、114.04 亿元和 267.71 亿元，同比分别下降 6.5%、25.6%和 16.1%，下降幅度较 1~8 月分别缩小 10.4、41.9 和 29.8 个百分点。

重点行业效益逐步好转。2009 年 1~11 月，云南省电力热力的生产和供应业实现利润 29.0 亿元，同比增长 41.1%，增幅较 1~8 月提高了 29.8 个百分点；有色金属冶炼及压延加工业实现利润 17.45 亿元，同比增长 43.78 倍，扭转了 2009 年以来利润一直下降的局面；黑色金属冶炼及压延加工业实现利润 6.31 亿元，同比下降 47.3%，降幅较 1~8 月缩小了 48.6 个百分点。

2009 年陕西省工业经济运行概况

2009 年，陕西省工业在岁首出师不利的形势下，各级政府积极抓改革，努力保增长，乘国家积极财政政策和适度宽松货币政策的东风，扬鞭催马，夺取了工业生产逐步回升，经济效益持续好转的辉煌成果。2009 年全省规模以上工业实现工业增加值 3288.24 亿元，同比增长 14.8%。

一、2009 年工业经济运行特点

（一）工业生产快速回升，经济效益持续好转

分季度看，1~3 月规模以上工业增加值同比增长 7.2%；1~6 月增长 9.1%，确保实现 V 型反转；1~9 月增长 11.2%，驶入快车道；全年增长 14.8%，分别比 1~3 月、1~6 月和 1~9 月加快 7.6、5.7 和 3.6 个百分点。工业增加值增速在全国的位次从 1~2 月份的第 21 位上升至第 13 位。

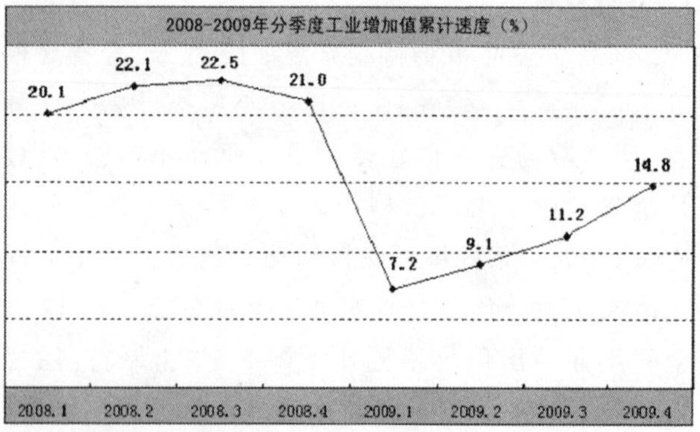

全省规模以上工业经济效益综合指数逐步趋好。分季度看，1~3 月为 230.56%，比去年同期下降 44.4 个百分点；1~6 月 257.5%，下降 38.3 个百分点；1~9 月 274.82%，下降 31.4 个百分点；1~12 月 290.94%，下降 6.1 个百分点，降幅逐季收窄。

全省规模以上工业企业主营业务收入扭转年初下滑趋势，从 5 月份开始实现同比正增长，回升向好的态势逐月巩固。全年实现主营业务收入 7937.67 亿元，同比增长 12.6%，增幅分别比 1~6 月和 1~9 月加快 10.4 和 8.2 个百分点。

（二）支柱产业带动显著，格局呈现"七增一降"

面对金融危机的冲击，陕西省工业企业积极采取应对措施，在八大支柱产业中，各产业的增速或回升速度持续加快，对经济增长的拉动作用持续增强。特别是四季度以来，能源化工工业的加速回升，结束了全省持续 10 个月的"六增"、"两降"格局。

能源工业增速由负转正。1~12 月，能源化工工业实现总产值 3750.79 亿元，同比增长 4.2%，分别比 1~3 月、1~6 月和 1~9 月回升 12.1、11.1 和 9.2 个百分点。从主要行业看，随着煤炭需求

进入旺季，煤炭开采和洗选业快速增长，1~12月完成工业总产值996.5亿元，同比增长28.7%，成为拉动全省工业增长的第一力量；石油和天然气开采业完成总产值930.92亿元，同比下降18.6%，比1~9月回升11.5个百分点；受成品油价格上涨带动，石油加工业从11月份开始实现今年以来首次同比正增长，1~12月完成工业总产值924.9亿元，同比增长5.3%；在工业生产加速回升和冬季供暖到来的共同影响下，四季度电力热力的生产和供应业回升加快，全年完成工业总产值576.07亿元，增长16.3%，比1~9月加快3.6个百分点。

能源化工工业主要行业拉动率

行业名称	1-12月工业总产值（亿元）	1-3月拉动率（%）	1-6月拉动率（%）	1-9月拉动率（%）	1-12月拉动率（%）
煤炭开采和洗选业	996.50	4.6	3.3	2.6	3.0
石油和天然气开采业	930.92	-6.7	-5.9	-4.9	-2.9
石油加工炼焦及核燃料加工业	924.90	-2.6	-1.6	-0.8	0.6
化学原料及化学制品制造业	253.44	-0.6	-0.4	-0.5	-0.1
化学纤维制造业	2.77	…	…	…	…
橡胶制品业	21.48	…	0.1	0.1	0.1
塑料制品业	44.70	0.2	0.2	0.2	0.1
电力热力的生产和供应业	576.07	1.1	0.9	0.9	1.1
能源化工工业合计	3750.79	-4.0	-3.4	-2.5	2.1

装备制造业保持快速增长。1~12月，装备制造业实现总产值1939.23亿元，同比增长21.7%，分别比1~3月、1~6月和1~9月回升14、7.8和6.4个百分点。交通运输设备制造业依然是拉动该产业快速增长的主要力量，1~12月实现总产值944.84亿元，同比增长29.8%，拉动工业增长2.9个百分点；通用设备制造业受企业订单制约影响，生产受阻，实现总产值237.98亿元，同比增长6.3%；专业设备制造业实现总产值283.43亿元，同比增长15.9%。

有色冶金工业增势平稳。随着有色冶金产品价格的缓慢回升，以及政府产品储备补贴政策的实施，有色冶金工业继续保持平稳的增长势头。1~12月，有色冶金工业实现总产值935.36亿元，同比增长19.7%，分别比1~3月、1~6月和1~9月回升12.5、9.6和8.1个百分点。其中，黑色金属冶炼及压延加工业在陕西龙门钢铁（集团）有限责任公司、宝鸡石油钢管厂等企业高速发展的带动下保持较高的增长速度；有色金属冶炼及压延加工业生产则在价格因素的助推下逐月回升，在四季度实现产值正增长。

装备制造业主要行业拉动率

行业名称	1-12月工业总产值（亿元）	1-3月拉动率（%）	1-6月拉动率（%）	1-9月拉动率（%）	1-12月拉动率（%）
通用设备制造业	237.98	-0.1	-0.2	-0.1	0.2
专用设备制造业	283.43	0.1	0.4	0.4	0.5
交通运输设备制造业	944.84	0.5	1.8	2.2	2.9
电气机械及器材制造业	333.15	1.1	1.1	0.8	0.8
仪器仪表及文化办公用机械制造业	69.07	…	…	-0.1	…
金属制品业	70.76	0.1	0.1	0.2	0.3
装备制造工业合计	1939.23	1.7	3.2	3.3	4.7
通用设备制造业	237.98	-0.1	-0.2	-0.1	0.2
专用设备制造业	283.43	0.1	0.4	0.4	0.5

有色冶金工业主要行业拉动率

行业名称	1-12月工业总产值（亿元）	1-3月拉动率（%）	1-6月拉动率（%）	1-9月拉动率（%）	1-12月拉动率（%）
黑色金属矿采选业	22.64	…	…	…	…
有色金属矿采选业	114.8	0.1	0.1	0.3	0.4
黑色金属冶炼及压延加工业	376.58	1.9	1.2	1.1	1.1
有色金属冶炼及压延加工业	421.33	-1.3	-0.4	-0.2	0.5
有色冶金工业合计	935.36	0.7	1	1.2	2.1

其他产业多数保持增长。1~12月，食品工业实现总产值715.88亿元，同比增长22.4%，比1~9月加快1.6个百分点，拉动工业增长1.8个百分点。其中，农副食品加工业实现总产值306.69亿元，同比增长31.6%，保持较高增长态势。

1~12月，非金属矿物制品业实现总产值301.16亿元，同比增长48.7%，拉动工业增长1.3个百分点，增幅比1~9月回落9.1个百分点，主要原因是进入冬季，施工对水泥的需求下降，部分水泥生产企业停产或减产。

1~12月，医药制造业实现总产值216.95亿元，同比增长25.5%，拉动工业增长0.6个百分点，增幅比1~9月回落1.8个百分点，主要受价格下调的影响。

1~12月，纺织服装工业实现总产值108.38亿元，同比增长12.4%，拉动工业增长0.2个百分点，增幅与1~9月基本持平。

1~12月，通讯设备、计算机及其他电子设备制造业实现总产值174.57亿元，同比下降9.4%，降幅比1~9月减少4.3个百分点。

（三）主要产品生产稳定，产量保持平稳增长

1~12月，从统计的主要产品看，全省工业的主导产品大多数保持了增长的势头，部分产品的下降速度明显趋缓。反映出全省大多数行业的企业生产稳定或逐步恢复正常生产。

主要产品产量及增减情况

指标名称	计量单位	1-12月产量	1-3月同比增减%	1-6月同比增减%	1-9月同比增减%	1-12月同比增减%
原煤	万吨	29611.13	11.4	14.9	11.7	14.2
天然原油	万吨	2695.89	6.1	4.9	7.1	9.4
天然气	亿立方米	189.52	41.2	43.8	37.4	31.8
发电量	亿千瓦时	899.22	7	8.6	7.4	12.8
原油加工量	万吨	1801.87	-3.4	-0.5	2.4	5.6
化肥	万吨	86.82	-5.6	-9.3	-12.8	-10
水泥	万吨	4464.66	22.8	26.9	26.4	26.5
生铁	万吨	512.48	39.4	54.1	64	69.7
粗钢	万吨	522.5	33.1	63.8	71.1	72.1
钢材	万吨	887.34	60.6	71.2	73.3	80.4
十种有色金属	万吨	89.61	-0.8	9.6	5.5	19.6
汽车	万辆	50.68	69.8	64.8	78	89

（四）工业利税实现增长，亏损状况持续改善

1~12月，全省规模以上工业实现利税1487.29亿元，比上年同期增长7.9%，比前三季度提高20.5个百分点。其中，实现利润802.5亿元，同比下降11.5%，降幅较前三季度减少20.3个百分点，主要是交通运输设备制造业快速回升和石油、有色工业利润降幅收窄的影响；实现税金684.79亿元，同比增长45.3%，加快21.3个百分点。

1~12月，全省规模以上工业企业亏损面24.9%，分别比1~6月和1~9月减少7.6和5.5个百分点。在38个工业行业大类中，有32个行业实现盈利。亏损企业累计亏损额98.82亿元，同比下降27.2%。其中大中型工业企业亏损额67.34亿元，同比下降38.2%。

二、带动工业回升加快的主要因素

2009年，随着国际经济的止跌回稳，在各项利好政策推动、市场逐步回暖等因素的共同作用下，全省经济回升速度逐月加快，向好势头进一步得以巩固。

八大支柱产业利润及增速

指标名称	1-12月利润总额（亿元）	1-3月增减（%）	1-6月增减（%）	1-9月增减（%）	1-12月增减（%）
通信设备、计算机	-2.85	…	…	…	…
能源化工工业	578.35	-50.3	-45.4	-37.4	-20.8
装备制造工业	118.02	-21	4.1	22.2	57.3
医药制造业	16.64	67.7	63.7	64.8	59.3
食品工业	34.79	0.5	-3.1	0.9	38.7
纺织服装工业	-0.48	…	…	…	…
非金属矿物制品	25.17	…	280.6	274	235.6
有色冶金工业	20.52	-99.9	-91.5	-78	-55.2

（一）煤炭需求旺盛，石油价格上涨

陕西省煤炭前三季度保持了稳步增长，进入四季度以来，煤炭需求进入旺季，特别是12月几次大范围降温使得煤炭需求更加紧张，煤炭企业加大生产力度，以满足市场需求。10月份煤炭行业的产销率为94.7%，11月为105.2%，12月为100.5%。

石油工业在陕西省工业构成中占比较大，对全省工业发展的影响举足轻重。2009年，国际原油价格缓慢上行，根据国家统计局陕西调查总队统计，陕西省石油和天然气开采业工业品出厂价格指数由年初的85.7%震荡回升，12月达到103.2%，石油开采业产值降幅逐月缩小。受国内成品油价格上调的影响，石油加工业产值在11月实现同比正增长，有力地推动了全省工业的回升。

（二）政策效应显现，助推汽车产业

2009年以来，随着家电下乡补贴范围的扩大和汽车以旧换新、小排量汽车优惠补贴政策的实施，陕西省汽车制造业进入一个前所未有的快速发展时期。1~12月，规模以上工业企业生产汽车50.68万辆，同比增长89%，增幅较2008年加快29.9个百分点。其中，生产轿车42.77万辆，增长1.2倍，加快29.5个百分点。轿车产量占全省汽车产量的比重由2008年末的72%提高到84.4%。比亚迪汽车有限公司在利好政策的驱动下保持了较高的发展速度。

（三）投资拉动显效，市场需求回暖

在基础建设投资的拉动下，相关行业逐步回暖。1~12月专用设备制造业产值增速分别比1~

6月和1~9月加快2.6和3.6个百分点，黑色金属冶炼及压延加工业和非金属矿物制品业也保持了较高的发展速度。与这些行业有关的产品如水泥、商品混凝土、平板玻璃等分别增长26.5%、91.3%和6.5%。

三、工业发展存在的主要问题

价格因素制约工业的回升。2008年下半年，国际原油价格大幅下挫，国内价格随之下行，尽管2009年原油价格小幅回升，但在上年高基数的影响下，石油工业价格指数依然低位徘徊。此外，作为陕西省主导产业的有色冶金工业多数产品价格跳水，致使相关行业产值缩水严重。根据国家统计局陕西调查总队统计，1~12月石油和天然气开采业价格指数为82.7%；黑色金属矿采选业为82.9%；有色金属矿采选业为96.7%；黑色金属冶炼及压延加工业为91%；有色金属冶炼及压延加工业为90%。

工业企业用电量低位徘徊。2009年，陕西省工业用电量持续低迷。据中电联统计数据显示，受上年高基数的影响，全省工业用电量月度增速从9月份开始才实现同比正增长，1~12月全省规模以上工业累计用电量492.24亿千瓦时，同比增长0.8%，在年底实现小幅增长。分行业看，黑色金属矿采选业、有色金属矿采选业、化学原料及化学制品制造业、医药制造业等行业用电量还未达到同期水平。反映出陕西省工业回升结构性问题依然存在，要实现整体工业的全面回升还面临不确定因素。

出口交货值低于同期水平。受国际金融危机影响，沿海工业出口受阻，2009年全国外贸出口总额12017亿美元，同比下降16.0%。作为内陆以资源类生产为主的陕西，尽管工业外向度不高，但依然受到影响。1~12月规模以上工业出口交货值222.61亿元，同比下降19.7%。在涉及出口的22个大行业中，有16个低于同期水平。从主要出口行业看，饮料制造业出口交货值30.1亿元，增长25.4%；电气机械及器材制造业43.31亿元，增长35.2%；交通运输设备制造业、专用设备制造业、有色金属冶炼及压延加工业和通用设备、计算机及其他电子设备制造业等行业市场萎缩、订单锐减，全年出口交货值仍然呈下降态势。

增产不增效现象仍然突出。2009年，工业品出厂价格(PPI)持续处于低位，对于企业的正常生产经营产生影响，导致部分企业增产不增收、增收不增效，盈利空间严重压缩，部分企业被迫停产、减产或转产。从相关指标看，2009年1~3月规模以上工业增加值同比增长7.2%，实现主营业务收入下降1.3%，利润总额下降47.3%；到年底工业增加值增长14.8%，主营业务收入增长12.6%，利润总额依然下降11.5%。企业流动资产周转率低于近年平均水平，1~2月流动资产周转率降为1.27次，为近年低点，尽管逐月回升，1~12月达到1.74次，低于同期0.14次，反映出企业流动资金周转减速，变现能力有所减弱。

四、对工业发展的建议对策

金融危机是挑战也是机遇，是对工业结构和生产能力的检验。尽管工业保增长已取得显著成效，但还应看到，陕西省工业结构性问题依然存在，资源类工业占比偏大，企业缺乏集团优势，高技术产业发展相对缓慢。

加快结构调整，培育新增长点。当前，工业生产回升向好势头已巩固，确保后续发展、加快结构调整、转变增长方式将成为重点。陕西省应依托国家产业振兴规划，做大做强优势产业，大力发展轻工业和高技术产业，积极培育新的经济增长点，将有利于抵御金融危机的影响。

强化集团优势，延长产业链条。围绕重点行业、重点企业进行整合，形成大的企业集团或产业集群，以核心产品为中心形成较为完备的产品组合，加快淘汰落后产能的步伐，提高产品加工工艺，进一步降低生产成本。

鼓励技术创新，提升竞争实力。充分发挥高校、科研院所聚集优势，积极引导企业走自主创新道路，提高新产品产值在工业总产值中的比重，推动工业化与信息化融合，提升企业核心竞争力。

五、2010年工业运行展望

2010年全球经济将处于缓慢复苏阶段，国内经济回升向好的势头也将得以巩固，进入平稳发展轨道。国家宏观调控的大方向仍然是继续坚持积极的财政政策和适度宽松的货币政策，在保持宏观经济政策的连续性、稳定性的同时增强灵活性和针对性，对工业而言应该是保持了良好的发展环境。

陕西省资源类工业比重较高，石油和煤炭价格对能源化工工业影响巨大。2010年，预计国际石油价格将在70~100美元之间波动，政策约束导致石油开采量不会大幅度增长，煤炭价格也很难维持持续上涨的势头，但能源化工工业整体明显好于2009年，将保持平稳略高的增长；由于国家调整投资方向，投资速度相对放缓，预计钢铁需求增长有限，但有色金属的价格将缓慢回升，有色冶金工业整体将较快增长；装备制造业在2009年，受交通运输设备制造业的带动高速发展，2010年交通运输制造业可能还将继续扩大产能，保持较快发展，但受上一年高基数影响，增速可能放缓。其他产业对省工业影响较小，随着市场逐步回暖，将缓慢回升。

2009年甘肃省工业经济运行概况

2009年，甘肃省工业生产保持了较快增长势头，企稳回升态势进一步巩固。受国际金融危机影响，2008年四季度全省工业生产增长速度开始下滑，2009年2、3、4月更是连续三个月呈下降趋势。5月份以来随着甘肃省各项支持企业发展以及产业振兴规划等政策措施的逐步落实到位，有色、装备制造、食品、石化等行业增长较快。受这些行业快速增长的带动，工业生产走出了年初下降的态势，且增幅不断加快。5月份当月规模以上工业增加值增速由降转升，6月份当月增长9.8%，增速基本恢复到2008年10月份的水平。12月份当月增速达到28.9%，是1998年以来全省工业生产增速最高的一个月，且四季度以来当月增速均在20%以上运行。

一、2009年工业运行基本情况

2009年甘肃省全年共完成工业增加值1191.25亿元，比上年增长9.9%。规模以上工业企业完成工业增加值1136.71亿元，比上年增长10.6%。其中国有及国有控股企业完成工业增加值847.10亿元，增长9.0%。规模以上工业企业产品销售率97.54%，比上年提高2.05个百分点。

规模以上工业中，中央企业完成工业增加值377.55亿元，比上年增长8.6%；省属企业完成工业增加值399.76亿元，增长12.9%；省以下企业完成工业增加值359.41亿元，增长14.5%。集体企业完成工业增加值38.06亿元，增长27.01%；外商及港澳台投资企业完成工业增加值32.08亿元，增长4.2%；股份制企业完成工业增加值736.62亿元，增长7.9%。轻工业完成增加值169.62亿元，增长9.0%；重工业完成增加值967.09亿元，增长10.9%。

全年规模以上工业企业盈亏相抵后，实现利润总额155.23亿元，比上年增长1.13倍。其中国有及国有控股企业实现利润118.9亿元，增长2.50倍。规模以上工业亏损企业亏损额47.69亿元，比上年下降68.72%。其中国有及国有控股亏损企业亏损额39.14亿元，下降73.20%。规模以上工业经济效益综合指数为187.44%，比上年提高7.43个百分点。

石化、有色、电力、冶金、食品和机械等支柱产业完成工业增加值占规模以上工业的84.10%。其中，石化工业完成增加值258.86亿元，比上年增长13.51%；有色工业完成增加值200.55亿元，增长15.03%；电力工业完成增加值145.95亿元，增长8.29%；冶金工业完成增加值143.24亿元，增长2.61%；食品工业完成工业增加值120.23亿元，增长10.06%；机械工业完成工业增加值87.09亿元，增长13.69%。

全省规模以上装备制造业完成工业增加值92.10亿元，比上年增长13.86%；实现利润9.54亿元，比上年增长20.61%。

二、2009年工业经济运行主要特点

（一）生产持续向好

自二季度以来，甘肃省工业增速持续走高，企稳回升态势强劲。7月份后，当月一直保持两位数的增长，特别是进入四季度，工业生产高位运行。11月份，甘肃省规模以上工业完成工业增加值116.30亿元，同比增长23.6%，1~11月份

累计完成工业增加值 1009.72 亿元，同比增长 9.1%。

(二)七成大类行业保持两位数增长、重点支柱产业拉动明显

11 月份，在甘肃省 38 个大类行业中，正增长的有 28 个行业，占全部工业的 73.68%；保持两位数增长的有 26 个，占全部工业的 68.42%；高于甘肃省平均增速的有 19 个，占 50%。这些行业共完成工业增加值 58.74 亿元，占甘肃省总量的 50.5%，平均增速高达 49.39%。从重点支柱产业看，11 月份，有色、电力、冶金、石化、装备制造业这五大重点支柱产业共完成工业增加值 86.06 亿元，占甘肃省总量的 74%，同比平均增长 34.35%，高出甘肃省平均增速 10.75 个百分点。拉动甘肃省工业增长 23.3 个百分点，对甘肃省工业增长的贡献率达到 98.8%。累计完成工业增加值 742.17 亿元，占甘肃省总量的 73.5%，平均增长 9.3%，高于甘肃省平均增速。

(三)非公有制工业增势强劲

11 月份，甘肃省非公制企业完成工业增加值 24.35 亿元，同比增长 50.3%，表现出强劲的增长态势。1~11 月累计完成工业增加值 87.60 亿元，同比增长 12.30%，高于甘肃省平均增速 3.2 个百分点。

(四)企业效益平稳增长

1~10 月份，甘肃省经济效益综合指数为 187.92%，较去年同期提高 3.15 个百分点。规模以上工业企业盈亏相抵后实现利润总额 127.09 亿元，同比增长 109.91%，利润增长较快的主要行业有石油加工、炼焦及核燃料加工业(27.81~108.27%)、非金属矿物制品业（12.36%~6.87%)、烟草制品业(6.03%~4.63%)、医药制造业(5.05%~4.28%)。

(五)用电量回升明显

11 月份，甘肃省全社会用电量为 68.05 亿千瓦时，比上年同期增长 28.48%，增速比上月加快 17.78 个百分点；1~11 月累计全社会用电量 635.73 亿千瓦时，同比增长 0.97%，2009 年首次为正增长。11 月份，甘肃省工业用电量 51.21 亿千瓦时，比上年同期增长 32.99%，较 10 月回升 21.78 个百分点；1~11 月累计工业用电量 479.17 亿千瓦时，同比下降 1.16%，降幅比 1~10 月减少 2.95 个百分点。

三、存在的主要问题和建议

(一)企业库存增大，资金周转短缺

2009 年前 10 个月，甘肃省规模以上工业在主营业务收入同比下降 4.34%的情况下，应收账款 278.11 亿元，同比增长 12.84%，产成品占用 257.03 亿元，同比增长 14.92%。10 月末，华亭煤业集团有限责任公司库存为 159.09 万吨，同比增长 28.12%，11 月份原煤销量 173.10 万吨，比上年同月增长 10.12%，但当月原煤产量只完成 125.94 万吨，比上年同月降低 25.31%，企业主要是为了减少原煤的库存。窑街煤电库存为 106 万吨，同比增长 182.14%，煤炭产品占用资金 1.88 亿元，同比上升 147.65%。酒钢集团库存钢材 19.57 万吨，同比增长 32.27%；产成品占用资金 46.67 亿元，同比增长 62.91%。库存增加一方面有市场的原因，另一方面也与企业响应政府号召保增长有关。建议各有关方面采取多种举措，为企业排忧解难，协调金融机构加大对重点企业贷款投入力度，减少资金短缺对企业生产经营的影响。

(二)装备制造企业有喜有忧

兰石集团 11 月底累计新增订货只有 15.04 亿元，同比下降 56.46%。炼化产品订货相对较好，但后续订货难度增大。石油钻采设备因多为出口产品，受国际形势的影响，订货形势严峻，国民油井公司等单位由于生产任务不足，从 2 月份开始已有部分员工轮岗。发展装备制造业可以就地、就近利用本省的能源、原材料资源和本省的人力资源、科技资源、基础设施等，是产业关联度高、影响范围广的资本和技术密集产业，应该给予重点扶持。其中作为长城电工新经济增长点的 110kV 高压开关设备，目前市场开拓有很大难度。可以在省内的项目，特别是 110kV 高压开关产品的项目招标中，按照“三优先”原则，给予大力支持。通过业绩的积累，推动其 110kV 高压开关产品尽快进入国内主电网市场。

(三)“增产不增效”问题仍较为突出

工业品出厂价格(PPI)和原材料购进价格持续下降，虽逆转了“高进低出剪刀差”并对企业降低成本产生一定积极作用，但应看到的是，工业品出厂价格持续处于低位，势必影响企业正常生产经营和产出，导致企业"增产少增收、增收不增利"，压缩盈利空间。在23户重点企业中，有色、冶金企业大都实现利润较上年有较大幅度的下降。

目前国际市场需求不足，出口形势依然严峻，一些重要产品价格仍在低位徘徊，经济增长主要还是依靠内需拉动。从重点企业反映的困难看，运输、资金、市场都还存在很多困难。因此，要继续坚定不移地贯彻实施积极的财政政策和适度宽松的货币政策，全面落实中央和甘肃省扩内需、保增长的一揽子计划和相关政策措施，进一步调整优化产业结构，加大力度开拓国际市场，继续夯实支撑工业经济运行回升的基础，努力提高工业经济效益，有效促进甘肃省经济又好又快发展。

1.加快结构调整，大力发展优势特色产业，培育新的增长点。工业生产企稳回升势头已经形成，在后续发展中加快结构调整、发挥比较优势，是巩固回升势头、实现增长方式转变的必要途径。要根据甘肃省经济特点，推进二、三产业融合发展格局，建立新生业态的管理机制、培育新的工业经济增长点。

2.推进技术改造，提升核心竞争力。积极引导、推进工业企业以自主创新为重点的技术改造工作；促进信息化和工业化的"两化"融合，走新型工业化道路，提升企业核心竞争力。

3.拓宽国内市场，加大工业品外销。巩固和完善消费需求刺激政策。帮助企业拓展市场销售渠道，建立相关信息平台，提高产品市场反应速度。帮扶企业稳定国外市场份额，充分利用中央企业出口渠道，加大工业品的外销。

2009年宁夏回族自治区工业经济运行概况

2009年以来，宁夏自治区认真落实保增长各项政策措施，全力稳定增长，着力调整结构，加大技改投入，推进技术创新，狠抓节能减排，确保了全区工业经济的稳定较快增长。工业对宁夏经济增长的贡献率为44.2%，仍然是拉动宁夏经济发展的主导力量。

一、2009年工业经济运行基本情况

2009年，宁夏规模以上工业实现增加值523.2亿元，增长14.3%，超额完成了自治区政府下达的13%年度发展目标。实现利税154.1亿元，比上年增长53.1%，实现利润78.6亿元，创历史最好水平，增长1.26倍。经济效益综合指数达到210.46点，提高27.85点。完成工业技术改造投资127.5亿元，增长23.5%，连续5年增幅保持在20%以上。

2009年，宁夏自治区全年完成规模以上工业增加值523.15亿元，比上年增长14.3%。按经济类型分，国有及国有控股企业增加值275.97亿元，增长8.0%；股份制企业增加值430.09亿元，增长16.1%；外商及港澳台商投资企业增加值24.55亿元，下降6.0%。按轻重工业分，轻工业增加值85.69亿元，增长22.7%；重工业增加值437.46亿元，增长12.8%。全区大中型企业完成工业增加值367.04亿元，增长9.1%。

图1 2003~2009年全区规模以上工业增加值及增长速度

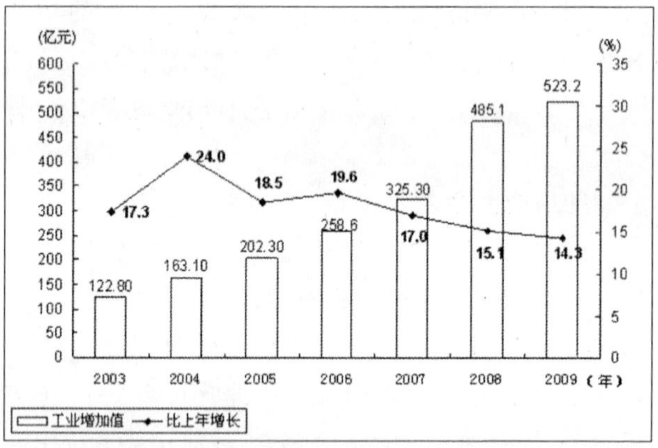

全年规模以上工业企业实现销售产值1364.36亿元，比上年增长7.2%，工业产品销售率为93.8%；工业品出口交货值37.64亿元，下降27.4%。在全区重点监测考核的48种工业产品中，有35种产品产量增长，增长面达72.9%。

全年规模以上工业企业盈亏相抵后实现利润78.6亿元，比上年增长125.6%；工业经济效益综合指数210.46，提高27.85点；工业企业资产贡献率8.15%，资本保值增值率124.84%，资产负债率66.87%，流动资产周转次数1.67次，成本费用利润率6.03%，全员劳动生产率19.3万元/人，产品销售率93.77%。

表：2009 年全区主要工业产品产量及增长速度

指 标	单 位	产品产量	比上年增长(%)
原煤	万吨	5509.53	30.2
发电量	亿千瓦小时	478.96	3.5
焦炭	万吨	273.87	136.2
原铝	万吨	65.55	8.6
轮胎外胎	万条	225.62	8.0
化肥(折纯)	万吨	91.77	-1.8
烧碱(氢氧化钠)	万吨	52.07	8.4
电石(碳化钙)	万吨	243.34	23.5
水泥	万吨	1064.50	19.8
乳制品	万吨	13.57	2.3
液体乳	万吨	9.50	2.1
饮料酒	万升	15921.52	21.9
# 白酒	万升	2291.36	239.5
啤酒	万升	11997.68	8.7
葡萄酒	万升	998.87	58.8
羊绒	吨	9468.7	34.3
钽	公斤	296649	-22.0
铌	公斤	95870	71.7
自动化仪器仪表	台(套)	39029	12.6
金属切削机床	台	2949	-24.4
数控机床	台	1790	-32.7

二、工业经济运行主要特点

工业生产逐月加快。2009 年，全区规模以上工业完成增加值同比增长 14.3%，分别比一季度、上半年和三季度加快 17.5、10.2 和 5.6 个百分点；其中，12 月份工业增加值增长 36.8%，月度增速连续三个月居全国第一。

经济效益大幅回升。1~11 月，规模以上工业实现利润 57.3 亿元。从利润增幅看，一季度为下降 84.9%，上半年仍下降 34.6%，前三季转为增长 6.1%，1~11 月同比增长 60.3%，运行质量不断向好。预计全年实现利润可超过 50 亿元，增长 20%以上。

多数行业生产向好。主要行业中，1~11 月，煤炭工业增加值增长 17.1%、化工增长 14.1%、轻工增长 25.2%、纺织增长 28%、冶金增长 25.1%，增速均高于全区平均水平。石油石化、有色行业增加值增幅继 9 月份由负转正后逐月回升，1~11 月均增长 5.2%。受用电负荷上升拉动，1~11 月电力行业增加值下降 3.7%，降幅比 1~10 月缩小 2.8 个百分点。

新能源产业异军突起。在风电建设方面，目前已开发建设的贺兰山、青铜峡、宁东等十大风电场，风电装机达到 54 万千瓦，在建风电项目装机 30 万千瓦。在光电方面，2009 年自治区建成太阳能光伏发电装机容量 5 万千瓦，在建规模 17 万千瓦，是 2008 年全国的光伏发电装机容量的总和，居全国光伏发电前列。石嘴山、太阳山、宁东等多个太阳能光伏电站项目先后并网发电。在配套产业方面，全区多晶硅、单晶硅产量约为 1700 吨和 600 吨，太阳能电池组件具备 2 万千瓦/年生产能力。风力发电机组生产能力达 500 台/年。2010 年全区风电总装机预计达到将 100 万千瓦，建成太阳能光伏并网发电项目 10 万千瓦，煤层气发电项目达到 2 万千瓦；新能源发电占全区电力总装机容量的 7%。

技术改造投资快速增长。1~11 月，全区完成技术改造投资 115.5 亿元，同比增长 26%。预计全年完成 127 亿元以上，增长 23%，将连续 5 年保持 20%以上的增长。

节能降耗工作取得新进展。2009 年上半年，全区单位 GDP 能耗同比下降 9.3%，单位工业增加值能耗同比下降 18.8%。2009 年万元 GDP 能耗约为 3.49 吨标煤，同比下降 5.2%。

2009 年青海省工业经济运行概况

2009 年青海省工业在逆境中砥砺奋进、经受住了考验。2008 年 9 月以来，国际金融危机迅速扩散蔓延，青海省工业经济受到较大冲击，许多工业企业生产经营困难，工业生产和经济效益增速大幅下滑。但在省委、省政府的正确领导下，全省工业战线以科学发展观为统领，坚持增信心、保增长、调结构、稳发展的工作主线，认真贯彻国家一系列宏观调控政策，落实省政府扶持企业发展的各项措施，坚定信心、快速反应、狠抓落实、共克时艰，工业经济逐步企稳回升发展，为全省经济向好发展做出了突出贡献。

一、2009年工业经济运行特点

(一)低位运行后企稳回升并连续增长，各相关要素同步好转

1.工业生产增速虽较上年同期大幅回落，但回暖趋势明显

西部大开发战略实施以来，青海省充分利用资源优势，通过实施资源转换战略和加快产业结构调整，逐步形成了一批特色和优势产业，使工业经济的后发优势日益显现。十年间，工业增加值年均增速达16.4%。“十一五”前三年，全省规模以上工业更是以年均20.1%的年均增速保持快速增长。进入2009年，受金融危机冲击，工业生产在2009年1月首次出现负增长。面对前所未有的困难，全省各级、各部门坚定信心，抢抓机遇，工业生产逐步转暖回升，尤其在后三个月快速增长。截至12月底，全省规模以上工业企业累计完成增加值440.10亿元，比上年增长11.0%，增幅虽较上年的21.5%回落较大，但比前三季度提高了3.5个百分点，比上半年、一季度分别提高4.8、6.3个百分点；特别是10、11、12月份当月同比增速分别为16.4%、24.0%、25.2%，12月当月增速升至2008年9月金融危机爆发以来最高。

2008年、2009年规模以上工业当月增加值增速

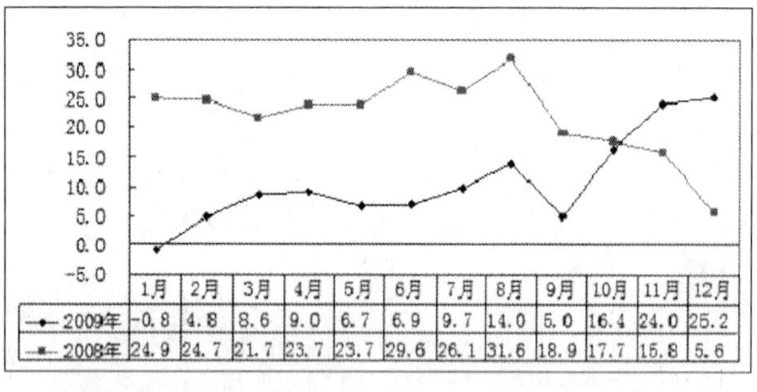

2008年、2009年规模以上工业累计增加值增速

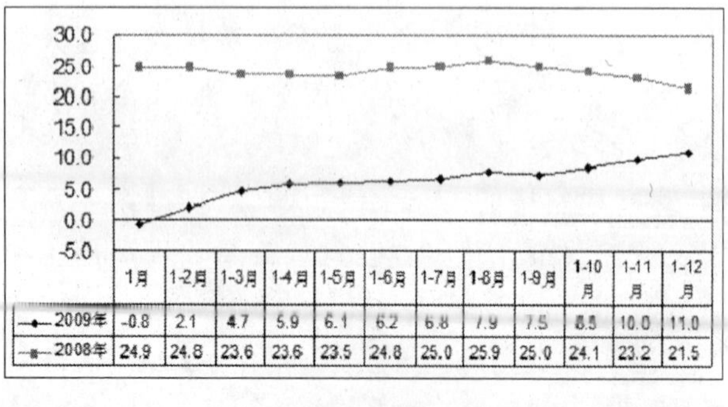

2.工业生产各相关要素配置均出现好转趋势

一是工业生产价格由降转升。2009年前11个月全省工业品出厂价格当月同比一直为下降，到7月份，当月同比降幅为16.4%，进入8月份，降幅逐渐收窄，12月份，同比增长14.4%，为2009年以来首次正增长。2008年12月以来，全省原材料、燃料、动力购进价格呈逐月走低趋势，但均高于工业品出厂价格，到2009年7月份，当月同比下降1.6个百分点，到12月，当月同比上涨0.48%，首次低于工业品出厂价格。

全省工业品出厂价格指数(上年同月=100)

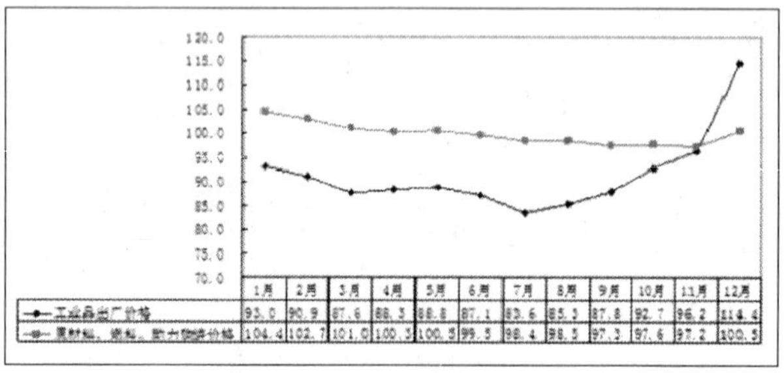

二是工业用电量由降转增且增速不断加快。据省电力公司统计，12月份全省工业用电量34.32亿千瓦时，比上年同月增长63.7%，增幅比11月提高7.4个百分点，比2009年首次出现正增长的8月提高60.2个百分点。工业用电量累计增幅在1~11月转负为正，截至12月底，全省工业用电量为308.49亿千瓦时，同比增长7.4%，增幅环比回升4.4个百分点，全年工业用电趋势与工业生产趋势基本相同。

三是工业投资增长，工业贷款投放力度不断

2009年1~12月工业用电量

时间	当月(亿千瓦小时)	上年同月	当月同比增长(%)	累计(亿千瓦小时)	上年同期	累计同比增长(%)
1月	21.40	24.70	-13.4	21.40	24.70	-13.4
2月	19.61	22.22	-11.8	41.00	46.91	-12.6
3月	23.11	23.87	-3.2	64.12	70.78	-9.4
4月	21.83	24.30	-10.1	85.95	95.08	-9.6
5月	22.49	25.29	-11.1	107.23	119.20	-10.0
6月	21.89	25.08	-12.7	130.64	145.76	-10.4
7月	24.51	25.80	-5.0	155.15	171.56	-9.6
8月	26.47	25.57	3.5	181.62	197.13	-7.9
9月	28.55	23.71	20.4	210.16	220.84	-4.8
10月	31.09	24.29	28.0	241.21	245.13	-1.6
11月	32.96	21.09	56.3	274.17	266.22	3.0
12月	34.32	20.96	63.7	308.49	287.18	7.4

加大。2009年，全省一般性工业（采掘业和制造业）累计完成投资232.22亿元，同比增长15.9%。截至12月末，各金融机构向工业企业投放的短期人民币贷款为119.1亿元，比年初增加3.83亿元，同比增长42.1%，增幅比上年末提高45.9个百分点。

四是产销率提高。2009年，全省规模以上工业企业实现现价总产值1077.57亿元，比上年下降0.1%；实现现价销售产值1030.83亿元，同比增长0.5%，销售增速快于生产增速0.6个百分点。产销率95.7%，同比提高0.6个百分点，产销衔接良好。其中：轻工业产销率为97.3%，同比提高1.5个百分点；重工业产销率为95.5%，同比提高0.5个百分点。

五是货物运输量稳步增长。2009年，全省累计完成货物运输量10092.96万吨，比上年同期增长8.3%，增幅比前三季度提高1.1个百分点。其中：铁路完成货运量2701.5万吨，增长16.9%，增幅比前三季度提高0.3个百分点；公路完成货运量7209万吨，增长5.9%，增幅比前三季度提高1.2个百分点。在铁路运输的主要货物中，增幅较高的有：原煤增长47.6%、盐增长50.3%、水泥增长50.7%、农副土特产品增长72.5%。

（二）轻工业生产表现突出

2009年，轻工业的持续快速增长，为全省工业生产企稳回升做出较大贡献，全年全省完成轻工业增加值40.52亿元，比上年增长26.2%，增幅比全省规模以上工业平均增幅高出15.2个百分点，占全省工业增加值的比重为9.2%，比重较上年提高2.3个百分点，对规模以上工业生产的贡献率为16.9%，拉动规模以上工业生产增长1.9个百分点，贡献率比上年提高10.6个百分点，比2007年提高10.4个百分点。

2008年、2009年规模以上轻工业累计贡献率（%）

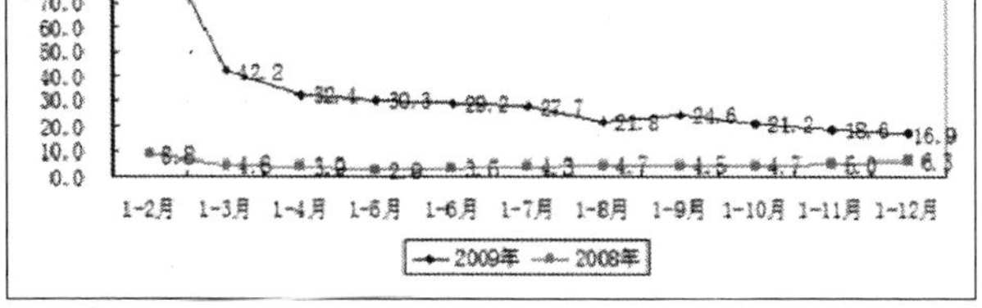

从轻工业各行业看，多数行业增速均超过全省平均水平，其中增速较快的行业有：医药制造业实现增加值10.75亿元，增长22.4%；纺织业实现增加值6.91亿元，增长52.8%；农副食品加工业实现增加值4.37亿元，增长21.8%；食品制造业实现增加值4.07亿元，增长41.6%；印刷业实现增加值2.53亿元，增长66.8%；服装制造业实现增加值2.61亿元，增长20.9%。

（三）重点行业生产有增有降，部分行业快速增长拉动全省工业企稳回升，主要产品产量保持稳定增长

2009年，全省在统计的35个行业中，26个行业保持了增长，增长行业个数比前三季度增加2个，比上半年增加3个，比一季度增加5个；其中21个行业增速超过全省平均增速。对全省规模以上工业增长贡献居前七位的行业是：化学工业，有色冶金工业，电力、热力的生产和供应业，煤炭开采业，非金属矿物制品业，纺织业和医药制造业。七大行业共完成增加值277.79亿元，占全省工业增加值的比重为63.1%，拉动规模以上工业增长11.6个百分点。

2008、2009年重点行业增加值占全省规模以上工业增加值比重（%）

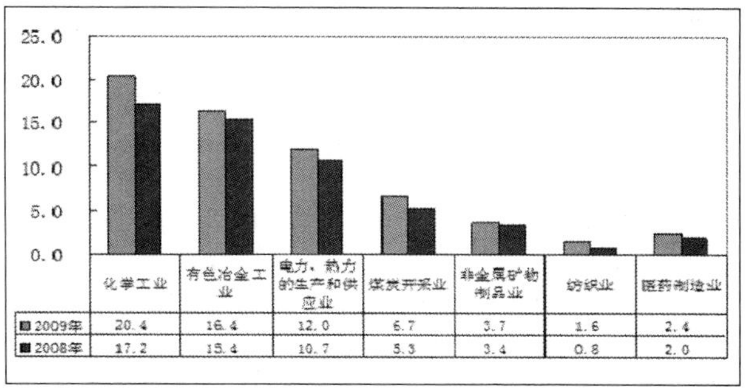

黑色冶金行业生产逐步好转。2009年全年全省黑色金属冶炼及压延加工业完成增加值35.47亿元，增长3.2%，对全省工业生产累计增速的贡献率首次为正，达到2.7%，拉动全省工业增长0.3个百分点，贡献率比11月提高5.1个百分点，比1~9月提高23.0个百分点，比上半年提高29.4个百分点。

石油开采及加工等重点行业受金融危机波及较深。2009年，中国石油天然气股份公司青海分公司原计划生产原油222万吨，受金融危机影响，原油产量削减36万吨，全年原油产量为186.06万吨；格尔木炼油厂从8月开始检修，检修时间持续三个半月，从而原油加工量也大幅度减少。全年石油天然气开采业实现增加值 41.59 亿元，同比下降 13.0%，占全省工业增加值的 9.5%，比重比上年下降 5.1 个百分点，使全省工业生产下降 1.9 个百分点；石油加工及炼焦业实现增加值 28.22 亿元，同比下降 10.0%，占全省工业增加值的 6.4%，比重比上年下降 1.1 个百分点。

重点产品产量均有所增加。2009 年，在列入国家统计目录的 92 种工业产品中，有 46 种产品产量同比增长。其中：原煤累计增长 8.5%、洗煤增长 2.78 倍、铜选矿含铜量增长 50.5%、食用植物油增长 85.4%、饲料增长 52.8%、饮料酒增长 10.5%、服装增长 36.8%、盐酸增长 1.29 倍、钾肥(折纯)增长 15.3%、中成药增长 17.1%、水泥增长 33.5%、粗钢增长 10.1%、钢材增长 10.1%、铁合金增长 30.4%、锌增长 25.3%、铝合金增长 39.8%、铝材增长 2.68 倍、水力发电量增长 27.5%。产量下降的主要产品有：天然原油下降 15.4%、天然气下降 1.3%、原油加工量下降 19.0%。

(四)园区工业逆势增长

2009 年，全省工业园区内已建成投产工业企业 201 户，累计实现工业增加值 114.78 亿元，按可比价计算，比上年同期增长 25.0%，高出全省规模以上工业增速 14.0 个百分点，在全省工业受金融危机冲击低位运行的形势下，园区工业运行良好，呈现较强增长态势。实现产品销售收入 265.84 亿元，增长 52.0%；实现利润 14.7 亿元，增长 25.4%；招商实际到位资金 159.86 亿元，增长 64.6%。在五大工业园区中，甘河工业园、东川工业园、生物产业园、格尔木昆仑经济开发区和南川工业园实现工业增加值分别为 36.92 亿元、34.99 亿元、23.76 亿元、12.64 亿元和 6.47 亿元，分别增长 12.8%、28.8%、22.5%、28.2%和 1.08 倍。

(五)企业效益快速下滑的被动局面得到遏制

一是企业效益逐步好转，主营业务收入实现正增长。2009 年 1~12 月，全省规模以上工业经济效益继续转好，实现主营业务收入 1087.95 亿元，比上年增长 6.3%，一举扭转了前 11 个月同比负增长的局面。

从经济类型看：全年国有企业完成主营业务收入 136.5 亿元，增长 37.8%；集体企业完成 7.48 亿元，增长 36.9%；私营企业完成 133.42 亿元，增长 14.4%；有限责任公司完成 329.65 亿元，增长 15.1%；港澳台商投资企业完成 137.52 亿元，增长 7.9%；股份有限公司完成 296.63 亿元，下降 15.2%。

从企业规模来看：中型企业和小型企业分别实现主营业务收入 209.75 亿元和 319.43 亿元，增长 0.4%和 46.4%；大型企业实现主营业务收入 558.77 亿元，下降 6.3%。

二是重工业依然是青海省工业利润的支柱，轻工业加快发展，成绩不菲。2009 年，全省规模以上工业企业实现利润 90.10 亿元，同比下降 51.2%，但降幅逐月减缓。其中：重工业实现利润 86.30 亿元，占全省规模以上工业利润的比重为 95.8%，比重比上年下降 2.8 个百分点；轻工业实现利润 3.80 亿元，增长 48.7%，比重为 4.2%，提高 2.8 个百分点。在轻工业中，农副食品加工业、食品制造业、印刷业、医药制造业实现利润分别增长 3.6 倍、1.5 倍、1.9 倍、1.0 倍。

从主要盈利行业看，35 个大类行业中，有 28 个行业盈利，其中盈利超亿元的行业有：化学原料及化学制品制造业实现利润 42.45 亿元，石油和天然气开采业实现利润 17.80 亿元，煤炭开采和洗选业实现利润 11.83 亿元，有色金属矿采选业实现利润 9.39 亿元，非金属矿物制品业实现利润 3.72 亿元，有色金属冶炼及压延加工业实现利润 3.04 亿元，饮料制造业实现利润 1.46 亿元，以上七大行业累计实现利润 89.69 亿元，占全部利润的比重为 99.5%，比重比上年提高 6.1 个百分点。

三是中小工业企业健康稳步发展，实现利润占全省规模以上工业的 44.7%。通过实施中小企业成长工程，把推进中小企业发展作为保增长、促发展的重要内容，落实政策，优化环境，强化服务，中小企业发展取得新的成效。截至 12 月，规模以上中小型工业企业个数发展到 549 个，占全省规模以上单位个数的 98.4%，实现利润 40.30 亿元，比上年同期下降 43.0%，降幅比全省平均水平低 8.2 个百分点。占全省规模以上工业企业实现利润的比重为 44.7%，比上年同期提高了 6.3 个百分点。其中：中型企业实现利润 21.11 亿元，小型企业实现利润 19.18 亿元。中小企业的不断发展壮大，为全省工业经济保持平稳较快发展做出了积极贡献。

二、工业经济存在的主要问题

(一)工业发展基础不牢固

当前，国际经济正处于缓慢曲折的复苏阶段。虽然全国经济企稳向好的态势进一步明朗，但主要是政策扶持和投资拉动的结果，且人民币升值、产能过剩、通货膨胀的压力仍然很大。从青海省情况看，在国家及地方政策扶持和投资拉动下，全省规模以上工业生产逐步回升，但市场波动和价格不稳定的因素仍然存在，企业生产经营也还存在诸多困难，青海省2010年工业发展基础还不稳固。

(二)产业层次还需进一步提升

近年来．青海省大力推进产业结构优化升级，产业层次获得了一定程度的提升。但目前形成的支柱产业和优势产业里，大部分仍属于资源型工业，高新技术产业发展较为缓慢，增长方式比较粗放，工业结构调整的任务依然艰巨。

(三)产品技术含量还需提高

虽然青海省发展循环经济的理念正在形成，在延伸产业链、实现资源的综合开发利用方面取得了一定进展，但受多方面因素制约，青海省资源综合开发水平还十分有限，企业市场竞争能力偏弱，产品技术含量不高，附加值较低，产业链条较短，抗风险能力较弱。

四、对策建议

(一)加强协调，进一步巩固工业经济企稳回升的良好势头

2009年以来，各相关部门和单位积极协调配合，组成联合工作组，在不同的阶段、针对不同的问题，定期和不定期地先后多次深入重点地区、重点企业，采取现场办公形式，及时解决企业生产经营中遇到的困难和问题，为全省工业经济发展做出了突出贡献。在新的形势下，仍要保持好的传统，多方联手，形成合力，为工业经济营造良好的发展环境，积极关注市场，加强企业调研，继续推进落实中央宏观调控政策和省政府扶持企业稳定生产的政策措施，及时了解市场信息，不断促进全省工业快速发展。

(二)密切监测预警，分析运行态势

密切关注国际国内经济发展形势，认真分析研究国家宏观经济政策，积极把握宏观经济运行走势，及时发现苗头性、趋势性问题，及时发出预警信号，提高工作的主动性和针对性。

(三)营造良好环境，为企业发展提供优质服务

各部门要不断加强服务意识，提高服务水平，营造廉洁高效的政务环境、公平公正的法制环境、诚实守信的市场环境，同时还应建立健全企业社会化服务体系，调动社会各界力量，为企业的发展提供有效的社会服务，促进企业快速发展。

(四)促进产业优化升级，提高企业发展能力

产业结构的调整是一个长期、动态的过程。充分发挥市场机制的基础性作用，根据市场需求调整重点产业的产品和企业组织结构。利用市场机制和宏观调控手段，推动重点产业的企业兼并重组，整合要素资源，延伸产业链，提高产业集中度，实现专业化、规模化、集群化发展的产业新格局；转变经济发展方式，把重点产业的发展与经济效益、社会效益、安全生产统一起来，实现可持续发展。

(五)坚持加快技术改造与推进自主创新相结合

支持企业加强自主创新和技术改造，提升核心竞争力，力争在关键技术上实现突破；支持企业自主开发新产品，鼓励开展引进消化吸收再创新，引导企业逐步由依赖引进技术向自主创新转变，提高技术装备水平，大力推进技术产业化。

2009年西藏自治区工业经济运行概况

2009年，西藏自治区工业企业在自治区党委、政府的坚强领导下，紧紧抓住中央出台的一系列资金、政策扶持措施，不断加大生产力度，努力开拓营销渠道，承受住了经济环境逆势冲击，工业产能稳步增长，实现了自治区“十一五”规划中提出的“二产占GDP总量每年增加一个百分点”的目标任务。

一、2009 年西藏工业运行情况

全年全部工业实现增加值 32.67 亿元，比上年增长 12.9%。规模以上工业企业实现增加值 27.56 亿元，比上年增长 10.8%。其中：轻工业实现增加值 11 亿元，增长 16.4%；重工业实现增加值 16.56 亿元，增长 7.8%。国有及国有控股企业全年实现增加值 13.69 亿元，比上年增长 12.2%。按登记注册类型分，国有企业实现增加值 9.63 亿元，增长 2.5%；集体企业实现增加值 0.65 亿元，下降 4.9%；股份制企业实现增加值 11.61 亿元，增长 15.2%；股份合作企业实现增加值 0.05 亿元，下降 60.9%；外商及港澳台企业实现增加值 4.03 亿元，增长 34.0%；其他经济类型企业实现增加值 1.59 亿元，增长 1.7%。

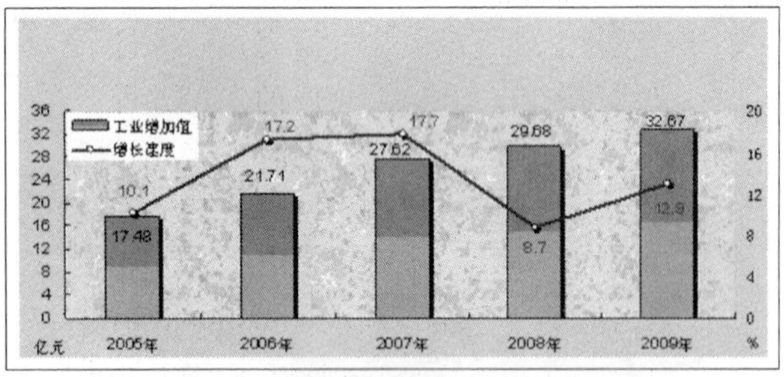

图 5 工业增加值及增长速度

全年规模以上工业企业实现利润总额 5.63 亿元，比上年增长 4.9%。其中：国有及国有控股企业实现利润 1.07 亿元，增长 7.6 倍；集体企业实现利润 0.22 亿元，增长 50.3%；股份制企业实现利润 3.68 亿元，下降 6.8%。规模以上工业企业产品销售率 97.2%。

全年规模以上工业企业完成水泥产量 187.65 万吨，比上年增长 14.9%；发电量 18 亿千瓦时，增长 12.5%；啤酒 11.30 万吨，增长 25.0%；中成药（藏医药）1319 吨，增长 5.4%；自来水 10873 万吨，增长 17.5%；瓶（罐）装饮用水 6.58 万吨，增长 71.0%；铬矿石 11.23 万吨，增长 6.0%。

二、2009 年工业经济运行主要特点

工业基础薄弱，工业化水平低，始终是西藏国民经济发展的“软肋”。2009 年，面对已经肆虐许久的国际金融危机，西藏工业经济依然能够保持良好发展态势。

（一）自治区党委、政府的决策效应和“保增长”的政策效应发挥巨大作用

2009 年以来，西藏工业经济坚持“统筹兼顾、协调发展、突出特色、带动优势”的原则，综合考虑工业现状、基础条件、产业特色、资源分布、环境影响、传统工艺等因素，制定全区工业经济中长期发展规划。强有力的政策措施，给处于“寒冬”中的工业经济注入了一剂剂强心针。

（二）产业升级步伐不断加快

根据国家扩大内需、调整产业结构、改造技术项目的要求，2009 年，全区积极组织企业申报，申报项目 36 个，国家批准 25 个（其中工业项目 22 个），项目总投资 21.89 亿元。国家下达补助资金共计 1.1252 亿元。这些项目竣工后，年产值可增加 40 亿元，年增矿泉水产量 9 万吨、水泥 60 万吨、红砖 6000 万块、藏药 500 吨。

（三）优势产业产能大幅提高

在政府引导，企业积极参与下，今年西藏矿产及建材产业分别完成了“西藏矿业集团”与“西藏建材集团”的组建工作，这两家企业注册资本均为 2 亿元，已经正式挂牌成立。两家企业的成立对做大做强矿产、建材产业，优化西藏矿业和建材产业结构，转变经济发展方式具有重要作用。强势资金的注入，将对西藏进一步加大兼并重组力度，培育形成一批具有永续竞争力的大企业、大集团，发挥龙头带动作用。

（四）“特”字产品效益逐步显现

越来越多的西藏工业企业和产品利用西藏高海拔、无污染、原生态等优势提升了自身的竞争力，闯出了广阔的市场天地。通过实施品牌推进战略，甘露藏药、奇正藏药、高争水泥、雪域圣毯、拉萨啤酒、圣鹿食用植物油等一批西藏产品发展势头良好，销量稳步提高。2009 年 3 月份，由西藏冰川矿泉水有限公司生产的 5100 矿泉水成功进入香港地区销售。5 月，拉萨啤酒公司首批 11340 箱青稞啤酒出口美国。

（五）产业布局日趋合理

目前，自治区已初步形成了以优势矿产业、建材业、民族手工业、藏医药业为支柱的包括电力、农畜产品加工业、食（饮）品加工制造等工业为主的富有西藏特点的工业生产体系。截

至目前，开发建成国家级经济技术开发区一个，县级工业园区四个，一区四园落户企业共94家，完成固定资产15.2亿元，实现税收1亿多元，劳动合同制工人5673人，劳务输出6万人次，为拉动地方经济发展，解决就业发挥了积极作用。

三、存在的主要问题

西藏工业经济总体保持了快速健康发展的良好势头，但也要清醒地看到，西藏工业化水平与内地省市相比，还有很大的差距。

一是工业经济规模小，工业化程度低。西藏第二产业在三大产业中的比例仅为28.8%，尤其是工业经济在经济总量中所占的比例不到8%。工业化程度仅为7%左右，比47%的全国平均水平差距甚远，没有完全发挥出工业对国民经济的主导作用。

二是各类工业产品结构单一，产品科技含量不高，精深加工能力不足、附加值低。

三是资源和环境约束日益突出，工业发展方式迫切需要转型。

四是利用高新技术改造提升传统产业的任务繁重，工业生产技术整体水平不高，生产效率和产品附加值较低，众多传统产业急需利用包括信息技术在内的高新技术进行改造提升。

2009年新疆维吾尔自治区工业经济运行概况

自2008年以来，全球经济出现衰退，新疆维吾尔自治区工业生产受到严重冲击，市场需求不足。受国际市场影响，新疆钢铁、建材、化工等大宗商品价格下跌、产销率下降，企业效益下滑，生产经营困难。但新疆工业积极应对国际金融危机冲击，采取多项有效措施，仍然实现了持续发展。

2009年新疆自治区工业经济增速大幅回落，一季度增速仅为5%，比上年同期降低了9.8个百分点。占据区工业经济总量三分之二的支柱产业—石油石化工业，由于受国际原油价格大幅下跌影响，原油产量和加工量大幅下降，直接影响了新疆工业经济增长。进入第二季度，新疆工业经济开始逐月回升，虽然仍处于较低位置，但下行走势已经趋缓，工业产品销售状况逐渐好转，工业经济效益降幅逐步收窄。

承接这种态势，新疆工业逐步走出低谷，以煤炭为重点的能源开发强势尤为明显。到了下半年，向好势头更为强劲。1月~11月，全区规模以上工业完成增加值1183.5亿元，同比增长6.3%。其中，11月完成增加值138亿元，增长14.6%，创2009年以来单月增速新高。

一、2009年新疆工业持续增长

2009年新疆全部工业增加值1579.88亿元，按可比价格计算，比上年增长7.0%。规模以上工业增加值增长7.2%，其中，轻工业增长10.2%，重工业增长6.9%。

2005~2009年工业增加值及增速

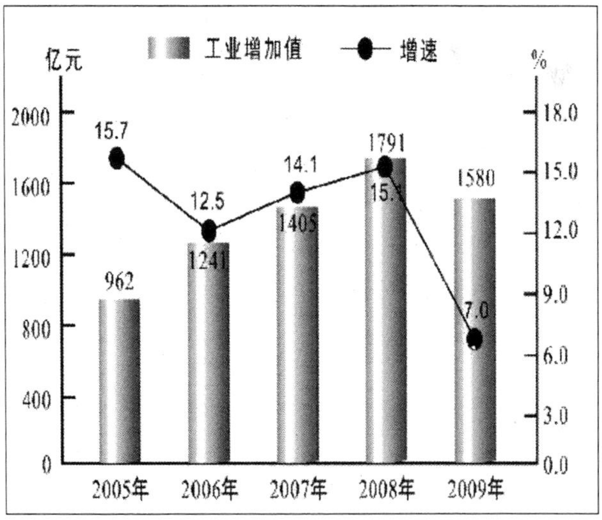

规模以上工业企业产品销售率95.6%，下降1.7个百分点，其中，轻工业92.9%，下降0.8个百分点；重工业95.9%，下降1.9个百分点。出口交货值38.31亿元，下降34.3%。实现利润443.90亿元，下降43.7%。

二、地方工业拉动增长作用明显

2009年，新疆自治区占工业总量40%的地方

表 2009 年规模以上工业主要产品产量及增速

指 标	单 位	产品产量	比上年增长(%)
原 煤	万吨	7646.00	20.0
原 油	万吨	2512.86	-8.0
天然气	亿立方米	245.36	4.0
原油加工量	万吨	1865.27	6.1
乙 烯	万吨	49.15	90.1
发电量	亿千瓦时	539.96	12.0
成品糖	万吨	40.75	-24.2
卷 烟	亿支	135.00	12.5
罐 头	万吨	91.12	43.9
化学纤维	万吨	14.00	11.8
纱	万吨	36.57	-1.4
布	亿米	1.22	持平
机制纸及纸板	万吨	23.04	-4.6
农用氮、磷、钾化学肥料(折 100%)	万吨	183.76	16.0
粗 钢	万吨	625.01	16.7
钢 材	万吨	687.34	20.5
生 铁	万吨	731.64	46.1
水 泥	万吨	2029.33	22.1
变压器	万千伏安	2611.98	15.7

工业加快上行，成为拉动 2009 年全区工业经济增长的主要动力。统计显示，上半年新疆地方工业同比增长 10.8%，增速高于同期全国规模以上工业 3.8 个百分点，成为新疆工业触底企稳的重要支撑。

三、大企业大集团是拉动增长的主要因素

乌鲁木齐“7·5”事件发生后，大企业大集团投资新疆的信心不减、力度不减。2009 年，全区有 30 多家大企业大集团的 40 多个重大投资项目奠基开工，投资总额超过 1000 亿元，成为拉动全区工业增长的主要因素。

目前，已有近 200 家国内外知名企业入驻新疆，其中世界 500 强及外国知名企业 28 家，中国 500 强企业 77 家，其他知名企业 90 家，为进一步做大做强新疆区优势产业，推动新型工业化建设上新水平奠定了坚实基础。大企业大集团在危难时机、在关键时刻发挥了中流砥柱的作用，为新疆工业经济在艰难环境中实现增长目标做出了贡献。

数据篇

——2009年中国主要工业行业经济运行数据

一、煤炭工业

2009 年 1-11 月煤炭工业主要经济指标

指标	单位	2009 年 1-11 月	2008 年 1-11 月	同期增减（%）
企业总数	个	9327		
亏损企业	个	1516	921	64.60
亏损企业亏损总额	千元	7606743	2330783	226.36
应收帐款净额	千元	143428252	131752542	8.86
产成品	千元	54451461	56077395	-2.90
资产总计	千元	2333211417	1850864035	26.06
负债总计	千元	1399765766	1117326474	25.28
主营业务收入	千元	1547321715	1401447516	10.41
主营业务成本	千元	1119160257	961139573	16.44
主营业务税金及附加	千元	25807050	22941736	12.49
营业费用	千元	44972404	43046310	4.47
管理费用	千元	128584987	129403016	-0.63
财务费用	千元	22565953	20665208	9.20
利润总额	千元	182943400	201978484	-9.42
应交增值税	千元	121132836	104316473	16.12
全部从业人员年平均人数	人	5017113	4817825	4.14

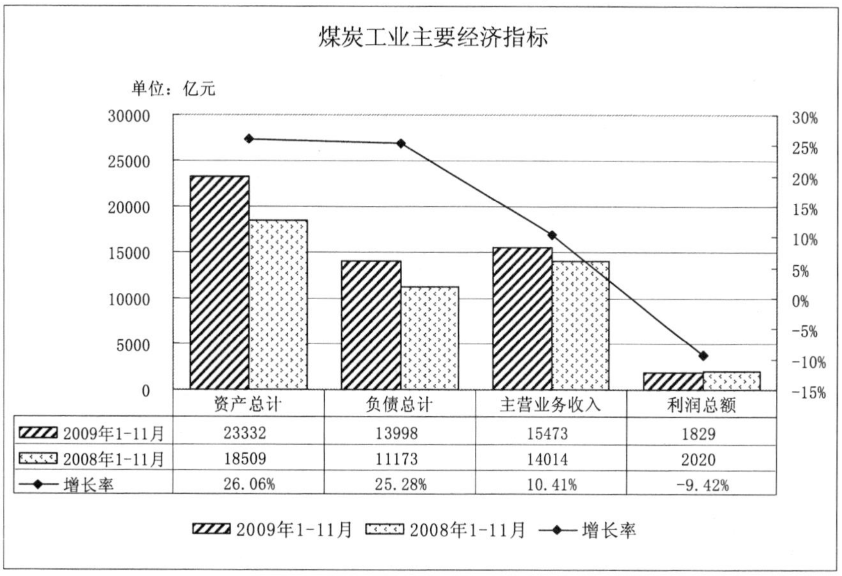

2009 年以来，为应对国际金融危机的严重冲击，在党中央和国务院的坚强领导下，我国采取了“保增长、扩内需、调结构、惠民生”的一系列政策措施，推动了经济快速企稳回升。全国煤炭产销量保持稳定增长，煤炭净进口和产能较快增长，煤炭经济运行继续保持平稳态势，但由于国际金融危机的影响，国内外市场需求相对疲软，造成我国煤炭企业的生产成本不断提高，销售价格下滑，经济效益有所下降。据统计，2009 年 1-11 月，我国 9327 家规模以上煤炭企业实现主营业务收入 15473 亿元，比上年同期增加 10.41%，增速放缓，完成利润总额 1829 亿元，同比减少了 9.42%。

2009 年 1-11 月煤炭工业分地区主要经济效益指标

地　区	销售利润(%)	成本费用利润率（%）	资产负债率(%)	流动资产周转率(次)	成本费用率(%)
全　国	11.82	13.64	59.99	1.74	17.52
北京市	5.36	5.65	45.31	4.61	2.99
天津市	-3.77	-3.62	94.67	1.72	0.67
河北省	3.76	3.93	59.07	2.44	9.28
山西省	13.61	15.87	61.85	1.17	26.50
内蒙古	20.68	28.25	45.35	1.89	15.30
辽宁省	4.06	4.27	61.64	1.19	19.81
吉林省	4.55	4.83	51.37	2.64	10.89
黑龙江	5.41	5.63	93.12	1.88	23.09
上海市	0.83	0.84	55.13	1.73	5.95
江苏省	9.67	10.46	61.76	1.46	22.13
浙江省	2.58	2.62	67.77	1.94	20.30
安徽省	5.38	5.69	75.76	1.91	26.47
福建省	11.90	13.36	47.75	2.89	19.79
江西省	10.24	12.01	57.32	4.13	11.36
山东省	12.06	13.80	61.05	1.72	19.67
河南省	10.63	11.84	59.75	2.46	9.14
湖北省	6.05	6.48	59.30	3.31	13.16
湖南省	5.85	6.91	43.75	7.41	10.08
广东省	2.06	2.24	26.80	1.08	16.31
广西区	0.69	0.65	66.60	1.42	29.74
重庆市	7.15	8.20	54.90	3.41	13.63
四川省	7.62	8.54	64.17	3.59	13.19
贵州省	10.62	12.19	52.21	1.36	29.41
云南省	10.49	11.94	55.53	1.22	23.61
陕西省	29.85	44.38	46.02	1.33	28.61
甘肃省	6.82	7.37	64.07	0.96	34.20
青海省	24.17	32.58	49.52	0.94	21.36
宁夏区	11.80	13.47	67.58	1.30	34.01
新疆区	12.16	13.98	55.74	1.23	24.45

2009年1-11月煤炭工业分地区主要经济指标（一）

单位：千元

地　区	主营业务收入			利润总额		
	2009年1-11月	2008年1-11月	同期增减（%）	2009年1-11月	2008年1-11月	同期增减（%）
全　国	1547321715	1401447516	10.41	182943400	201978484	-9.42
北京市	32886353	37378910	-12.02	1762772	2401751	-26.60
天津市	21778910	12768146	70.57	-821410	-104810	683.71
河北省	103432418	85239465	21.34	3887695	6303611	-38.33
山西省	296566725	311352789	-4.75	40348828	51868426	-22.21
内蒙古	165546723	124706407	32.75	34227840	30923747	10.68
辽宁省	32669664	31182768	4.77	1327012	1982552	-33.07
吉林省	19682916	16139654	21.95	896303	786902	13.90
黑龙江	42577685	40143987	6.06	2304529	3275907	-29.65
上海市	93924	135821	-30.85	783	666	17.57
江苏省	20528409	21533170	-4.67	1984176	2961665	-33.00
浙江省	978787	968098	1.10	25215	-32823	-176.82
安徽省	73010483	61343190	19.02	3927619	6302245	-37.68
福建省	11496499	10584159	8.62	1368500	1614457	-15.23
江西省	13757942	12907090	6.59	1408175	1255038	12.20
山东省	174090528	174072295	0.01	20991308	24686777	-14.97
河南省	230395329	199391202	15.55	24482688	24359674	0.50
湖北省	5236722	3885830	34.76	316948	365711	-13.33
湖南省	36606981	30907138	18.44	2143025	2096725	2.21
广东省	120137	101591	18.26	2478	11445	-78.35
广西区	1281190	1420519	-9.81	8894	128073	-93.06
重庆市	21748876	19772633	9.99	1555462	1419456	9.58
四川省	65705669	51632186	27.26	5005742	4396688	13.85
贵州省	31475580	30122527	4.49	3342764	4898573	-31.76
云南省	14612428	15135635	-3.46	1533019	2570196	-40.35
陕西省	85628548	67664073	26.55	25556624	22026197	16.03
甘肃省	11434329	10365656	10.31	779430	756161	3.08
青海省	4317689	4346889	-0.67	1043417	1884916	-44.64
宁夏区	20586132	18089016	13.80	2429974	1798851	35.08
新疆区	9074139	8156672	11.25	1103590	1039707	6.14

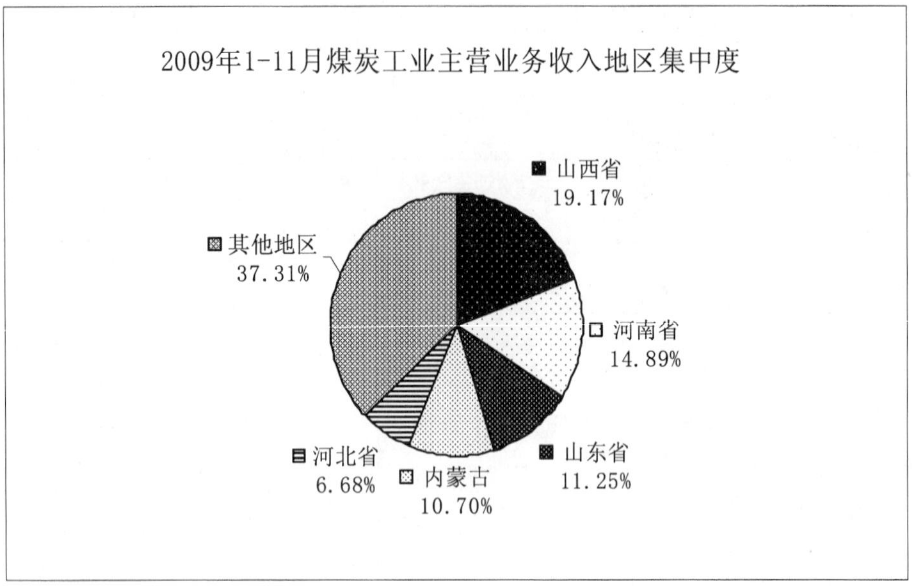

我国煤炭储量主要集中在昆仑山—秦岭—大别山以北的北方地区，因此我国煤炭工业发展也形成了明显的区域格局，主要分布在华北、西北地区。据统计，2009 年 1-11 月我国煤炭工业主营业务收入前 5 名的省份是山西、河南、山东、内蒙古和河北，分别占全国总额的 19.17%、14.89%、11.25%、10.70%和 6.68%，其他地区占 37.31%。

2009 年 1-11 月煤炭工业分地区主要经济指标（二）

单位：千元

地　区	应收帐款净额			产成品		
	2009 年 1-11 月	2008 年 1-11 月	同期增减（%）	2009 年 1-11 月	2008 年 1-11 月	同期增减（%）
全　国	143428252	131752542	8.86	54451461	56077395	-2.90
北京市	2186461	3810082	-42.61	170387	302605	-43.69
天津市	8419984	4345849	93.75	4892	795	515.35
河北省	12152870	8030317	51.34	2888846	3243855	-10.94
山西省	30167120	34547107	-12.68	14630131	17565191	-16.71
内蒙古	16481549	13628789	20.93	5263418	5146903	2.26
辽宁省	4425402	3087725	43.32	1258679	1551565	-18.88
吉林省	1668148	1538317	8.44	972760	601752	61.65
黑龙江	4762070	4271572	11.48	2115284	2035851	3.90
上海市	20914	23299	-10.24	13729	14091	-2.57
江苏省	1537454	1356088	13.37	778919	1240206	-37.19
浙江省	94384	100667	-6.24	14218	9763	45.63
安徽省	4090507	4848349	-15.63	2347707	1807009	29.92
福建省	632288	471904	33.99	314985	259809	21.24
江西省	763134	635049	20.17	262951	363718	-27.70
山东省	7312801	8116315	-9.90	6719641	7385611	9.02
河南省	14134975	12754835	10.82	4805354	5079163	-5.39
湖北省	291723	217206	34.31	196071	199930	-1.93

地区	应收帐款净额			产成品		
	2009年1-11月	2008年1-11月	同期增减（%）	2009年1-11月	2008年1-11月	同期增减（%）
湖南省	964452	1126938	-14.42	632018	634693	-0.42
广东省	10665	11126	-4.14	8135	6887	18.12
广西区	89000	103495	-14.01	126944	91115	39.32
重庆市	1352296	1203340	12.38	548120	518800	5.65
四川省	4083954	4114673	-0.75	1848392	1411873	30.92
贵州省	4326057	3605351	19.99	2057534	1524129	35.00
云南省	1861811	1996675	-6.75	940042	719928	30.57
陕西省	16349743	12645419	29.29	1856558	1305863	42.17
甘肃省	1389332	724487	91.77	929207	548495	69.41
青海省	674064	818196	-17.62	441771	640171	-30.99
宁夏区	2028108	2578984	-21.36	1292838	1504094	-14.05
新疆区	1156986	1040388	11.21	1011930	363530	178.36

2009年1-11月煤炭工业分地区主要经济指标（三）

单位：千元

地区	资产总计			负债合计		
	2009年1-11月	2008年1-11月	同期增减（%）	2009年1-11月	2008年1-11月	同期增减（%）
全国	2333211417	1850864035	26.06	1399765766	1117326474	25.28
北京市	11756487	11243343	4.56	5326626	5443315	-2.14
天津市	13471622	7680265	75.41	12753576	6613147	92.85
河北省	102602653	80675688	27.18	60612209	47619664	27.28
山西省	640682351	516620524	24.01	396234961	327832268	20.87
内蒙古	246155185	165052705	49.14	111641183	68484219	63.02
辽宁省	62606952	52049269	20.28	38590383	31212724	23.64
吉林省	21702161	17236424	25.91	11147397	11741013	-5.06
黑龙江	66049031	58824407	12.28	61505525	46498072	32.28
上海市	57767	78428	-26.34	31846	52662	-39.53
江苏省	38714072	34453915	12.36	23909312	20997271	13.87
浙江省	1184742	948811	24.87	802897	645305	24.42
安徽省	150788393	120751833	24.87	114243638	89807780	27.21
福建省	8339739	6833752	22.04	3981993	3389706	17.47
江西省	11987604	9960441	20.35	6871549	5502325	24.88
山东省	257792974	224515142	14.82	157380533	141965320	10.86
河南省	256901472	213452232	20.36	153496236	130591604	17.54
湖北省	4996497	4054278	23.24	2962837	1934397	53.17
湖南省	17496979	15412367	13.53	7654886	7306157	4.77
广东省	165139	150629	9.63	44262	38486	15.01
广西区	3261984	2976769	9.58	2172481	2002557	8.49
重庆市	20317049	17379272	16.90	11153587	9624465	15.89
四川省	46282210	35604687	29.99	29700665	22476406	32.14
贵州省	57174118	44765266	27.72	29849375	23184401	28.75

地　区	资产总计			负债合计		
	2009 年 1-11 月	2008 年 1-11 月	同期增减（%）	2009 年 1-11 月	2008 年 1-11 月	同期增减（%）
云南省	24833652	21489855	15.56	13789122	11227353	22.82
陕西省	147367054	94355778	56.18	67818393	41580259	63.10
甘肃省	24750464	19952045	24.05	15857436	12904235	22.89
青海省	9559797	7108160	34.49	4734284	3723485	27.15
宁夏区	62838800	49739513	26.34	42469294	33545961	26.60
新疆区	23374469	17498237	33.58	13029280	9381917	38.88

2009 年 1-11 月煤炭工业分地区主要经济指标（四）

单位：千元

地　区	主营业务成本			主营业务税金及附加		
	2009 年 1-11 月	2008 年 1-11 月	同期增减（%）	2009 年 1-11 月	2008 年 1-11 月	同期增减（%）
全　国	1119160257	961139573	16.44	25807050	22941736	12.49
北京市	30102810	33654600	-10.55	183401	117721	55.79
天津市	22442919	12351899	81.70	67903	698097	-90.27
河北省	89744517	68717874	30.60	777962	786835	-1.13
山西省	196797754	194871611	0.99	5249025	5366703	-2.19
内蒙古	101784548	72948408	39.53	3803962	2150001	76.93
辽宁省	25477896	24725074	3.04	549936	539161	2.00
吉林省	16551220	13132408	26.03	210400	170676	23.27
黑龙江	32718205	29943096	9.27	624543	521092	19.85
上海市	87522	122914	-28.79	143	175	-18.29
江苏省	15220392	14471693	5.17	380472	322703	17.90
浙江省	793940	892784	-11.07	6144	5258	16.85
安徽省	53745892	38555275	39.40	1060567	876039	21.06
福建省	8229865	7213670	14.09	386982	383594	0.88
江西省	10278235	9877823	4.05	277105	254331	8.95
山东省	125110611	118943300	5.19	2365259	2256207	4.83
河南省	187119937	153030313	22.28	2624268	2589317	1.35
湖北省	4228569	2962090	42.76	108370	75441	43.65
湖南省	27647363	23866497	15.84	599181	489533	22.40
广东省	94361	68207	38.35	974	946	2.96
广西区	1041302	988402	5.35	27796	31858	-12.75
重庆市	16397632	15538855	5.53	336639	297801	13.04
四川省	50925100	39334164	29.47	941838	789089	19.36
贵州省	20165992	17532160	15.02	1320891	1247117	5.92
云南省	10078121	10013430	0.65	384750	365558	5.25
陕西省	42897985	31231029	37.36	2415131	1959534	23.25
甘肃省	7659966	6256060	22.44	294164	212224	38.61
青海省	2538255	1964977	29.17	122208	111557	9.55
宁夏区	13122846	12193961	7.62	454550	226213	100.94
新疆区	6156502	5736996	7.31	232486	96955	139.79

2009 年 1-11 月煤炭工业分地区主要经济指标（五）

单位：千元

地　区	营业费用			管理费用		
	2009 年 1-11 月	2008 年 1-11 月	同期增减（%）	2009 年 1-11 月	2008 年 1-11 月	同期增减（%）
全　国	44972404	43046310	4.47	128584987	129403016	-0.63
北京市	438626	628733	-30.24	407326	557151	-26.89
天津市	5353	6177	-13.34	53595	40343	32.85
河北省	1689081	1619372	4.30	5545969	5943824	-6.69
山西省	14905786	16952897	-12.08	30236093	31154555	-2.95
内蒙古	7081321	5911947	19.78	6748718	4569901	47.68
辽宁省	549501	375596	46.30	4273070	3145327	35.85
吉林省	373674	362754	3.01	1203224	1168577	2.96
黑龙江	480519	565364	-15.01	6728098	5311676	26.67
上海市	3365	10174	-66.93	1908	5149	-62.94
江苏省	386811	385082	0.45	2913897	3375075	-13.66
浙江省	12061	9230	30.67	135735	123983	9.48
安徽省	827954	835037	-0.85	11413937	13825075	-17.44
福建省	423416	342092	23.77	1149680	1033121	11.28
江西省	298103	285110	4.56	758371	857720	-11.58
山东省	2962294	3178443	-6.80	18722456	21455826	-12.74
河南省	2808921	3194816	-12.08	10749397	13159109	-18.31
湖北省	90479	78305	15.55	421754	367308	14.82
湖南省	805313	687133	17.20	1827868	1968071	-7.12
广东省	2014	781	157.87	14128	15929	-11.31
广西区	39167	41404	-5.40	246910	246862	0.02
重庆市	481020	464601	3.53	1610985	1481730	8.72
四川省	1650092	1339877	23.15	4599764	3757427	22.42
贵州省	1606765	1459504	10.09	3714182	3260779	13.90
云南省	637533	588260	8.38	1596588	1552767	2.82
陕西省	3601769	2644381	36.20	7843909	5183209	51.33
甘肃省	408626	327970	24.59	2007222	2381662	-15.72
青海省	114439	110208	3.84	323909	187798	72.48
宁夏区	2037479	457136	345.71	2209417	2230926	-0.96
新疆区	250922	183926	36.43	1126877	1042136	8.13

2009 年 1-11 月煤炭工业分地区主要经济指标（六）

单位：千元

地　区	财务费用			应交增值税		
	2009 年 1-11 月	2008 年 1-11 月	同期增减（%）	2009 年 1-11 月	2008 年 1-11 月	同期增减（%）
全　国	22565953	20665208	9.20	121132836	104316473	16.12

地 区	财务费用			应交增值税		
	2009 年 1-11 月	2008 年 1-11 月	同期增减（%）	2009 年 1-11 月	2008 年 1-11 月	同期增减（%）
北京市	53406	65699	-18.71	911202	671096	35.78
天津市	91951	70918	29.66	752	117110	-99.36
河北省	1090480	824556	32.25	4769707	4918246	-3.02
山西省	7012489	6663065	5.24	31390893	30308166	3.57
内蒙古	1746896	1181410	47.87	14278481	8733439	63.49
辽宁省	223353	139127	60.54	2754343	2423158	13.67
吉林省	224961	160944	39.78	905787	905353	0.05
黑龙江	346455	281699	22.99	4192095	3287692	27.51
上海市	-69	-13	430.77	782	1048	-25.38
江苏省	68261	191489	-64.35	2175796	1743068	24.83
浙江省	13400	10883	23.13	48121	36314	32.51
安徽省	1983482	2095707	-5.35	7070252	6285748	12.48
福建省	55611	41502	34.00	854155	732040	16.68
江西省	111344	125999	-11.63	891398	855504	4.20
山东省	2927991	3033053	-3.46	12263162	11886801	3.17
河南省	3553248	2897700	22.62	12379997	11487046	7.77
湖北省	44149	34575	27.69	256363	207922	23.30
湖南省	153987	160367	-3.98	1909335	1697061	12.51
广东省	-756	-1209	-37.47	4327	6703	-35.45
广西区	23566	30129	-21.78	125443	121812	2.98
重庆市	142186	120812	17.69	1389206	1203987	15.38
四川省	465632	422682	10.16	3848116	3012439	27.74
贵州省	610763	454872	34.27	2984742	2454743	21.59
云南省	145509	155268	-6.29	1432791	1343613	6.64
陕西省	827058	736278	12.33	9840787	6448509	52.61
甘肃省	203896	254555	-19.90	1414497	1006784	40.50
青海省	103841	93619	10.92	502162	489131	2.66
宁夏区	215697	346718	-37.79	1511452	1141540	32.40
新疆区	127166	72804	74.67	1026692	790400	29.90

全国各省、市煤产量同期对比情况表

单位：吨

产品名称	地区	完成产量				同期增减（%）	
		2009 年 12 月	2009 年	2008 年 12 月	2008 年	12 月	全年
原煤	全国	280622337.9	2964772441	224233558	2630857417	25.15	12.69
原煤	北京市	535736.35	6412533.35	587094	5631649	-8.75	13.87
原煤	河北省	8143017.3	84945823	7740804	79107619	5.20	7.38
原煤	山西省	62968968.78	593539814.7	45154773.01	566416985.9	39.45	4.79
原煤	内蒙古	40064937.55	600584494.6	34948417.47	489133757.9	14.64	22.79
原煤	辽宁省	7553693	66241707.1	5541381.48	64841860.38	36.31	2.16
原煤	吉林省	4646443	44014553	2766704.71	38197711.61	67.94	15.23
原煤	黑龙江	8924604.58	87487223.63	8099767.46	83194048.65	10.18	5.16
原煤	江苏省	1782085	23974419	1841978	24604353	-3.25	-2.56

产品名称	地区	完成产量				同期增减（%）	
		2009年12月	2009年	2008年12月	2008年	12月	全年
原煤	浙江省	11000	132000	10100	131000	8.91	0.76
原煤	安徽省	10319873.26	128485486.4	9649859.74	114852967.7	6.94	11.87
原煤	福建省	2080128.5	24661313.25	2091765.05	22482135.39	-0.56	9.69
原煤	江西省	2729435.27	29824663.8	3137780.7	25872536.97	-13.01	15.28
原煤	山东省	12914062.68	143777195.1	11344265.81	138379817.9	13.84	3.90
原煤	河南省	25359985.1	230181186.2	13700960.3	199554387.1	85.10	15.35
原煤	湖北省	1128659.22	10584454.78	909438.82	7924668	24.11	33.56
原煤	湖南省	7359747.14	65728456.94	6943826.33	54590153.62	5.99	20.40
原煤	广西区	550264	5197185	398802.8	4406405.45	37.98	17.95
原煤	重庆市	4255206.16	42907921.61	3155928.13	36211256.22	34.83	18.49
原煤	四川省	10428309.51	104213382.4	8541476.13	88016524.29	22.09	18.40
原煤	贵州省	15745858.46	136907368.7	12018361.23	119287834.5	31.02	14.77
原煤	云南省	6649163.41	55712603.35	5476845.77	51902590.1	21.40	7.34
原煤	陕西省	29942685	296111331.6	24441715.16	259292784.2	22.51	14.20
原煤	甘肃省	2995853.23	38755893.83	3461991.1	38971834.95	-13.46	-0.55
原煤	青海省	1198267.08	12836140.73	469545	11829301.84	155.20	8.51
原煤	宁夏区	4290592	55095323.02	4177097.7	42312090.02	2.72	30.21
原煤	新疆区	8043762.32	76459966.05	7622878.09	63711143.28	5.52	20.01
洗煤	全　国	70085568.53	764701372.1	53588293.69	657969435.3	30.79	16.22
洗煤	河北省	5420760.3	57038879.51	5030395.06	49741397.23	7.76	14.67
洗煤	山西省	28705593.06	308231830.8	21395188.4	294116843.9	34.17	4.80
洗煤	内蒙古	3176279	42162641.1	2972086.85	31858926.55	6.87	32.34
洗煤	辽宁省	1345705	18751634	1078852	16391944	24.73	14.40
洗煤	吉林省	533450.94	5948473.57	178680	3705747	198.55	60.52
洗煤	黑龙江	4452509.87	46634404.04	3378062.01	41061055.48	31.81	13.57
洗煤	江苏省	824644	10237021	574692	7396027	43.49	38.41
洗煤	安徽省	1079087.2	14931029	937735.5	12766516.07	15.07	16.95
洗煤	福建省	31842	419219	40230	390911	-20.85	7.24
洗煤	江西省	445198	4239215	345220	3487139	28.96	21.57
洗煤	山东省	6072949.47	66913298.29	4041626.16	55118399.47	50.26	21.40
洗煤	河南省	7581772	73786351.6	4614314	55029689	64.31	34.08
洗煤	湖北省	11000	40800	6500	52350	69.23	-22.06
洗煤	湖南省	1016048	9357244.27	868007	7137420.86	17.06	31.10
洗煤	重庆市	1088426.75	11334961.67	764699.02	8656248.72	42.33	30.95
洗煤	四川省	2613677.94	30645026.46	1763586.5	20803556.58	48.20	47.31
洗煤	贵州省	1995384.27	21011695.93	1778412.06	17167272.95	12.20	22.39
洗煤	云南省	839344.23	8724994.5	881580.45	8328053.48	-4.79	4.77
洗煤	陕西省	923998	9241203	1472109	6491336	-37.23	42.36
洗煤	甘肃省	147348.06	906175.52	43528	817181	238.51	10.89
洗煤	青海省	0	2181896.18	0	576484	——	278.48
洗煤	宁夏区	1590872.43	18413607.46	1207932.68	14136224.68	31.70	30.26
洗煤	新疆区	189678.01	3549770.15	214857	2738711.32	-11.72	29.61

二、石油化学工业

2009 年 1-11 月石油化学工业主要经济指标

指标	单位	2009 年 1-11 月	2008 年 1-11 月	同期增减（%）
企业总数	个	62952		
亏损企业	个	10426	9998	4.28
亏损企业亏损总额	千元	65735673	230200813	-71.44
应收帐款净额	千元	727864632	652809222	11.50
产成品	千元	410614699	438124373	-6.28
资产总计	千元	7998900388	7023633626	13.89
负债总计	千元	4481132096	3887893718	15.26
主营业务收入	千元	8251074748	8247280463	0.05
主营业务成本	千元	6668404158	6940860123	-3.93
主营业务税金及附加	千元	280314201	118161314	137.23
营业费用	千元	259399999	235371085	10.21
管理费用	千元	327968787	291881442	12.36
财务费用	千元	86679633	87204234	-0.60
利润总额	千元	574300786	574116906	0.03
应交增值税	千元	272480460	279051390	-2.35
全部从业人员年平均人数	人	11167345	10853357	2.89

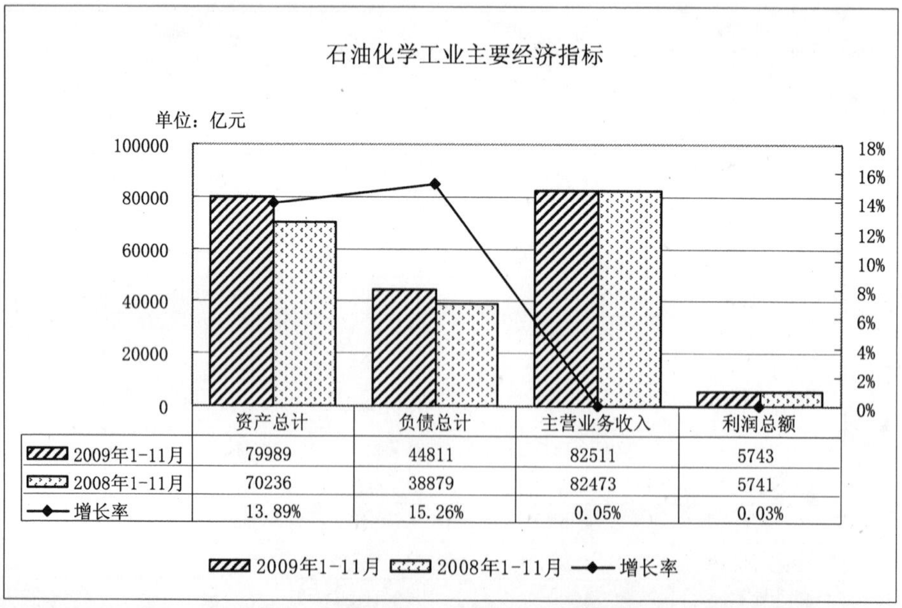

2009 年，受国际金融危机的影响，石油和化学工业经历了复杂的国内外经济环境，油价下降迅速向石化产业下游传递，石化产品价格的下跌幅度远高于油价的下跌幅度；经济衰退引发石化下游市场疲软，直接影响石化产品的需求，造成出口下降；部分行业投资过热产生市场供需矛盾。为应对金融危机，国家于 2009 年 5 月出台《石化产业调整振兴规划》，全行业认真落实调整振兴规划，在较短时间内实现了全行业的企稳回升。据统计，2009 年 1-11 月石化行业国有及规模以上的非国有企业共 62952 家，累计主营业务收入 82511 亿元，增长 0.05%，完成利润 5743 亿元，比上年同期增加 0.03%，扭转了效益下滑的趋势。

2009年1-11月石油化学工业分地区主要经济效益指标

地　区	销售利润(%)	成本费用利润率（%）	资产负债率(%)	流动资产周转率(次)	成本费用率(%)
全　国	6.96	7.53	56.02	2.53	10.11
北京市	6.91	7.40	49.27	1.91	18.91
天津市	12.48	14.22	67.40	2.21	10.39
河北省	7.51	8.15	61.97	2.52	9.25
山西省	-2.24	-2.17	73.07	1.15	13.16
内蒙古	3.86	4.16	59.14	2.84	7.90
辽宁省	2.08	2.15	58.67	2.70	7.59
吉林省	5.55	5.80	49.42	2.28	15.23
黑龙江	23.42	30.79	39.71	3.17	12.46
上海市	6.11	6.44	51.84	2.13	15.21
江苏省	5.58	5.91	54.25	2.67	9.18
浙江省	6.02	6.38	61.16	2.00	9.19
安徽省	3.81	3.96	61.46	2.45	11.40
福建省	4.83	5.15	55.27	2.19	8.35
江西省	5.08	5.63	55.49	4.15	9.01
山东省	6.86	7.50	48.95	3.92	6.54
河南省	7.54	8.15	57.13	3.78	7.55
湖北省	4.23	4.41	54.90	2.62	10.55
湖南省	3.47	3.81	58.41	4.53	9.93
广东省	7.62	8.37	57.68	2.51	12.79
广西区	2.50	2.60	57.16	2.15	12.63
海南省	14.90	17.03	44.73	3.36	7.09
重庆市	5.46	5.71	57.57	1.82	15.88
四川省	4.85	5.16	56.51	2.17	11.65
贵州省	2.80	2.89	62.67	1.47	17.10
云南省	2.31	2.33	61.22	1.51	15.31
西藏区	38.88	59.71	18.67	0.42	84.60
陕西省	13.08	15.22	57.04	1.75	16.68
甘肃省	7.79	8.37	53.65	2.43	9.09
青海省	25.96	32.58	60.07	0.78	23.36

2009 年 1-11 月石油化学工业分地区主要经济指标（一）

单位：千元

地　区	主营业务收入			利润总额		
	2009 年 1-11 月	2008 年 1-11 月	同期增减（%）	2009 年 1-11 月	2008 年 1-11 月	同期增减（%）
全　国	8251074748	8247280463	0.05	574300786	574116906	0.03
北京市	134748222	140332868	-3.98	9316899	1000541	831.19
天津市	226452857	240704041	-5.92	28257316	42560703	-33.61
河北省	287045361	301456222	-4.78	21561036	24623167	-12.44
山西省	144361162	197841433	-27.03	-3240029	8659784	-137.41
内蒙古	106611207	85729336	24.36	4110553	5625940	-26.94
辽宁省	490740347	502781007	-2.39	10211999	-18815436	-154.27
吉林省	150473280	156008786	-3.55	8344910	7964880	4.77
黑龙江	266623739	367535455	-27.46	62452544	128365811	-51.35
上海市	336494948	384833306	-12.56	20573395	2505539	721.12
江苏省	1085054846	1020950388	6.28	60519405	40055626	51.09
浙江省	681592936	690698963	-1.32	41020349	22348578	83.55
安徽省	136857277	126479772	8.20	5213080	1591753	227.51
福建省	178627228	163193786	9.46	8632888	2584964	233.97
江西省	132778074	112554232	17.97	6746695	2010988	235.49
山东省	1336987424	1213424473	10.18	91775784	97433490	-5.81
河南省	326571465	308092859	6.00	24609213	24277984	1.36
湖北省	211986856	190333294	11.38	8960579	4722085	89.76
湖南省	164360773	149985592	9.58	5706294	1426271	300.08
广东省	777077343	779886388	-0.36	59198391	40247067	47.09
广西区	53722656	48561167	10.63	1343029	1464633	-8.30
海南省	41625341	48545838	-14.26	6201642	-603138	-1128.23
重庆市	61709649	56497676	9.23	3368126	5371160	-37.29
四川省	258652392	219789221	17.68	12556370	15773748	-20.40
贵州省	49250302	49251766	0.00	1381227	2554672	-45.93
云南省	66013452	70182742	-5.94	1523277	5124306	-70.27
西藏区	470220	409095	14.94	182844	126402	44.65
陕西省	208091916	203859473	2.08	27211945	33682383	-19.21
甘肃省	100808823	110303339	-8.61	7850154	-4581523	-271.34
青海省	21330515	25955722	-17.82	5538190	11678608	-52.58
宁夏区	29107110	28793414	1.09	1206716	-1387769	-186.95
新疆区	184847027	252308809	-26.74	31965965	65723689	-51.36

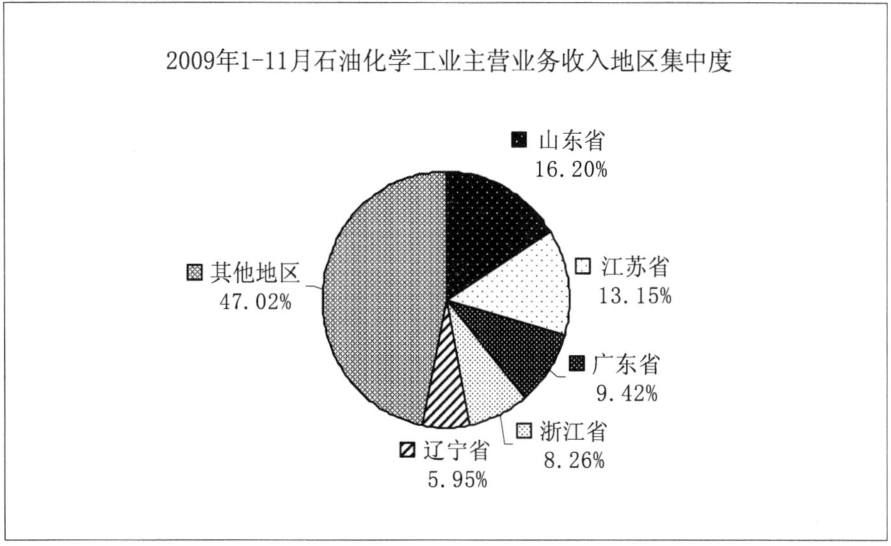

目前，我国石油和化学工业从炼油业地域分布来看，呈现明显地区集中的态势，华东和东北地区的产量远远大于其他地区，乙烯生产能力主要分布在东北和东部沿海地区。据统计，2009 年 1-11 月石化工业按主营业务收入排名前 5 名的省份是山东、江苏、广东、浙江和辽宁，分别占全国总额的 16.20%、13.15%、9.42%、8.26%和 5.95%，前 5 名省份的主营业务收入占全国总收入的 52.98%。

2009 年 1-11 月石油化学工业分地区主要经济指标（二）

单位：千元

地　区	应收帐款净额			产成品		
	2009 年 1-11 月	2008 年 1-11 月	同期增减（%）	2009 年 1-11 月	2008 年 1-11 月	同期增减（%）
全　国	727864632	652809222	11.50	410614699	438124373	-6.28
北京市	16331803	14164631	15.30	7600637	8608877	-11.71
天津市	29061807	22237147	30.69	7273248	8073599	-9.91
河北省	22591519	20823754	8.49	13590377	14616584	-7.02
山西省	17392694	17758237	-2.06	22039475	29028531	-24.08
内蒙古	8391051	8107163	3.50	4839989	6268660	-22.79
辽宁省	30602128	26066374	17.40	27384555	27099543	1.05
吉林省	16956245	16029801	5.78	7186113	6958464	3.27
黑龙江	9188138	9404599	-2.30	7933621	9122015	-13.03
上海市	50319381	48213533	4.37	19562753	21661744	-9.69
江苏省	113875119	102622262	10.97	46915078	50257629	-6.65
浙江省	79892304	69358593	15.19	38149306	41280238	-7.58
安徽省	16865664	12634612	33.49	8936338	9404374	-4.98
福建省	21046844	19320365	8.94	10759721	10942928	-1.67

地　区	应收帐款净额			产成品		
	2009 年 1-11 月	2008 年 1-11 月	同期增减（%）	2009 年 1-11 月	2008 年 1-11 月	同期增减（%）
江西省	7257812	6535630	11.05	5611257	5188744	8.14
山东省	51630121	48407139	6.66	45233633	47171446	-4.11
河南省	18986153	15962004	18.95	9604625	9906434	-3.05
湖北省	16639897	14394036	15.60	11314013	11599021	-2.46
湖南省	9709308	8610693	12.76	7072937	7295331	-3.05
广东省	92783645	92122143	0.72	41346434	45392170	-8.91
广西区	6760575	4697955	43.90	5624185	5178725	8.60
海南省	2931916	3713749	-21.05	1833522	1897696	-3.38
重庆市	6717511	5320939	26.25	4537822	4669282	-2.82
四川省	29265487	21509158	36.06	14890940	13185111	12.94
贵州省	6292129	5171214	21.68	4202045	6398784	-34.33
云南省	8320538	6865785	21.19	7604083	7598368	0.08
西藏区	245819	291303	-15.61	64121	68532	-6.44
陕西省	12227019	11913133	2.63	8212527	9079008	-9.54
甘肃省	3778998	3495883	8.10	4654110	5754419	-19.12
青海省	2972885	800498	271.38	5102660	3052675	67.15
宁夏区	1539272	1595468	-3.52	2427836	2431050	-0.13
新疆区	17290850	14661421	17.93	9106738	8934391	1.93

2009 年 1-11 月石油化学工业分地区主要经济指标（三）

单位：千元

地　区	资产总计			负债合计		
	2009 年 1-11 月	2008 年 1-11 月	同期增减（%）	2009 年 1-11 月	2008 年 1-11 月	同期增减（%）
全　国	7998900388	7023633626	13.89	4481132096	3887893718	15.26
北京市	146640466	133572267	9.78	72243624	64839572	11.42
天津市	316047706	265569065	19.01	213026977	183694466	15.97
河北省	280859389	256344941	9.56	174035065	158365690	9.89
山西省	283664504	257670859	10.09	207265940	176871984	17.18
内蒙古	109168416	91662271	19.10	64559675	52555012	22.84
辽宁省	433213367	423241975	2.36	254164651	229466720	10.76
吉林省	191114398	178749917	6.92	94444701	86314080	9.42
黑龙江	311576186	261940917	18.95	123727896	92428503	33.86
上海市	353691716	339560442	4.16	183348812	187649138	-2.29
江苏省	832937534	745272683	11.76	451875605	409147151	10.44
浙江省	665698830	587082609	13.39	407150330	360117947	13.06
安徽省	123156480	104596168	17.74	75695807	66634260	13.60

地　区	资产总计			负债合计		
	2009 年 1-11 月	2008 年 1-11 月	同期增减（%）	2009 年 1-11 月	2008 年 1-11 月	同期增减（%）
福建省	191428721	164328201	16.49	105799627	93691104	12.92
江西省	81706167	66676748	22.54	45342571	39434560	14.98
山东省	880751653	752323274	17.07	431171377	371074522	16.20
河南省	268910294	232567751	15.63	153622486	137399627	11.81
湖北省	188468329	160694457	17.28	103465248	92981678	11.27
湖南省	99922261	87768395	13.85	58363481	52804376	10.53
广东省	639618281	574322743	11.37	368934616	324994433	13.52
广西区	59846139	49417746	21.10	34207505	28276393	20.98
海南省	36864189	38110765	-3.27	16488774	21147186	-22.03
重庆市	86537353	70355459	23.00	49818518	38538527	29.27
四川省	311856281	261377289	19.31	176222635	151938124	15.98
贵州省	76608341	71844077	6.63	48012689	45458175	5.62
云南省	100388195	88397825	13.56	61458269	53497105	14.88
西藏区	1886191	1228324	53.56	352177	340405	3.46
陕西省	388663145	274178265	41.76	221681718	136281353	62.66
甘肃省	104549781	101789408	2.71	56090287	45482826	23.32
青海省	79621782	63835192	24.73	47830671	35493286	34.76
宁夏区	40307435	28716142	40.37	27309942	18412189	48.33
新疆区	313196858	290437451	7.84	153420422	132563326	15.73

2009 年 1-11 月石油化学工业分地区主要经济指标（四）

单位：千元

地　区	主营业务成本			主营业务税金及附加		
	2009 年 1-11 月	2008 年 1-11 月	同期增减（%）	2009 年 1-11 月	2008 年 1-11 月	同期增减（%）
全　国	6668404158	6940860123	-3.93	280314201	118161314	137.23
北京市	99298921	124006092	-19.92	7845217	1448514	441.60
天津市	174207448	181287753	-3.91	6455391	1975680	226.74
河北省	232550335	252965186	-8.07	10389214	3090341	236.18
山西省	131125896	165903098	-20.96	954000	1825356	-47.74
内蒙古	88639609	68172035	30.02	3204161	982971	225.97
辽宁省	408097889	482340606	-15.39	35449123	7634060	364.35
吉林省	119044689	127158972	-6.38	6612913	2684772	146.31
黑龙江	165990978	206520233	-19.62	16169033	8344237	93.77
上海市	268650948	348930551	-23.01	10134715	2391085	323.85
江苏省	923590944	906143211	1.93	16258830	6691364	142.98
浙江省	575107811	622153808	-7.56	15104376	4007665	276.89
安徽省	114912515	113086318	1.61	3706356	841322	340.54
福建省	151460827	148221915	2.19	3438180	893978	284.59

地 区	主营业务成本			主营业务税金及附加		
	2009 年 1-11 月	2008 年 1-11 月	同期增减（%）	2009 年 1-11 月	2008 年 1-11 月	同期增减（%）
江西省	106111815	98690352	7.52	4250118	1278052	232.55
山东省	1116116960	1008127886	10.71	34270529	32440748	5.64
河南省	272612249	258016784	5.66	8802908	7744798	13.66
湖北省	176394031	168698491	4.56	8211914	3450954	137.96
湖南省	130392532	133499121	-2.33	6443032	2410905	167.25
广东省	606097510	664067229	-8.73	23729222	6893025	244.25
广西区	44501859	41061682	8.38	1504704	540029	178.63
海南省	28502258	48977425	-41.81	5890810	1344182	338.24
重庆市	50678787	45064987	12.46	301860	245770	22.82
四川省	215222148	179776973	19.72	2943438	1898112	55.07
贵州省	40438240	38717197	4.45	459198	596754	-23.05
云南省	56522157	57778898	-2.18	265419	749243	-64.58
西藏区	160108	129824	23.33	10645	8294	28.35
陕西省	138398908	148204390	-6.62	17352621	4562758	280.31
甘肃省	75227020	101556797	-25.93	11779173	2179401	440.48
青海省	12583534	10534541	19.45	1478256	633125	133.49
宁夏区	24373510	27104897	-10.08	1586745	365639	333.96
新疆区	121391722	163962871	-25.96	15312100	8008180	91.21

2009 年 1-11 月石油化学工业分地区主要经济指标（五）

单位：千元

地 区	营业费用			管理费用		
	2009 年 1-11 月	2008 年 1-11 月	同期增减（%）	2009 年 1-11 月	2008 年 1-11 月	同期增减（%）
全 国	259399999	235371085	10.21	327968787	291881442	12.36
北京市	9443580	8238885	14.62	7859918	7216160	8.92
天津市	6131702	5731304	6.99	9830819	9310283	5.59
河北省	7804348	7446184	4.81	10224406	9785070	4.49
山西省	5839174	10436793	-44.05	7195645	7550360	-4.70
内蒙古	2917397	2301306	26.77	3003639	2810858	6.86
辽宁省	8065210	7088286	13.78	18536469	17293409	7.19
吉林省	7586781	5250837	44.49	8862687	8240969	7.54
黑龙江	4390656	4846763	-9.41	15528606	14751235	5.27
上海市	18260835	17470739	4.52	18847059	18319912	2.88
江苏省	36089195	32479551	11.11	38839004	33706041	15.23
浙江省	18756039	15796104	18.74	24375438	22651669	7.61
安徽省	5439308	4603323	18.16	6093006	5292561	15.12
福建省	4541864	3917148	15.95	6111897	4908140	24.53
江西省	5236715	4457975	17.47	3402929	2837992	19.91

地　区	营业费用			管理费用		
	2009 年 1-11 月	2008 年 1-11 月	同期增减（%）	2009 年 1-11 月	2008 年 1-11 月	同期增减（%）
山东省	24913819	20705935	20.32	33997860	29277320	16.12
河南省	7520036	7323024	2.69	9736877	8962637	8.64
湖北省	7731781	6068079	27.42	8547244	7264585	17.66
湖南省	4976296	4134833	20.35	6563638	5536053	18.56
广东省	41313322	37900412	9.00	31470438	29000327	8.52
广西区	2475642	2444301	1.28	2443728	2260235	8.12
海南省	640991	489359	30.99	945460	729329	29.63
重庆市	3011958	2390616	25.99	3995991	3328790	20.04
四川省	8935977	7715737	15.81	13026907	10654515	22.27
贵州省	3287024	3582365	-8.24	2616010	2641161	-0.95
云南省	3809405	3179244	19.82	3626830	2954223	22.77
西藏区	81286	86432	-5.95	57910	48791	18.69
陕西省	4940587	4466394	10.62	15658344	8653906	80.94
甘肃省	1282751	1137037	12.82	5121608	5414180	-5.40
青海省	836782	547808	52.75	1476439	1376402	7.27
宁夏区	561741	638736	-12.05	1203177	1056948	13.84
新疆区	2577797	2495575	3.29	8768804	8047381	8.96

2009 年 1-11 月石油化学工业分地区主要经济指标（六）

单位：千元

地　区	财务费用			应交增值税		
	2009 年 1-11 月	2008 年 1-11 月	同期增减（%）	2009 年 1-11 月	2008 年 1-11 月	同期增减（%）
全　国	86679633	87204234	-0.60	272480460	279051390	-2.35
北京市	1472440	1245724	18.20	6160508	3410453	80.64
天津市	2142461	2136153	0.30	6263835	8732669	-28.27
河北省	3478274	4297614	-19.06	7925356	10217984	-22.44
山西省	4216566	4917333	-14.25	6547936	15108999	-56.66
内蒙古	1077800	1012237	6.48	2790414	3240855	-13.90
辽宁省	4357024	4853052	-10.22	10987384	8477128	29.61
吉林省	1683971	1415434	18.97	5223360	6712361	-22.18
黑龙江	766636	568661	34.81	18487765	30543294	-39.47
上海市	3750327	3246553	15.52	10429996	7974867	30.79
江苏省	9822217	9826669	-0.05	31556397	26803378	17.73
浙江省	9738924	10322970	-5.66	17758654	15457869	14.88
安徽省	1570682	1928067	-18.54	3320877	2596729	27.89
福建省	1997168	2079806	-3.97	2956264	2660513	11.12
江西省	918970	1176801	-21.91	4643050	3170747	46.43

地　区	财务费用			应交增值税		
	2009 年 1-11 月	2008 年 1-11 月	同期增减（%）	2009 年 1-11 月	2008 年 1-11 月	同期增减（%）
山东省	14080616	13780146	2.18	39539146	41465573	-4.65
河南省	3338076	3474929	-3.94	11124678	10768935	3.30
湖北省	2328592	2482158	-6.19	5681123	4367830	30.07
湖南省	1413547	1580250	-10.55	5156003	4219734	22.19
广东省	4765292	3416324	39.49	27111793	22458295	20.72
广西区	699697	775559	-9.78	1742754	1596424	9.17
海南省	434756	607439	-28.43	2799549	1294181	116.32
重庆市	1042308	910963	14.42	1883438	2258638	-16.61
四川省	3104632	3249484	-4.46	9131871	8832870	3.39
贵州省	1010296	1051203	-3.89	1608655	1733234	-7.19
云南省	1218245	1536179	-20.70	2211062	2686781	-17.71
西藏区	-3747	-3064	22.29	51249	48411	5.86
陕西省	2490600	1843791	35.08	12693606	10656648	19.11
甘肃省	432002	672286	-35.74	4351224	1884420	130.91
青海省	626254	545398	14.83	1702414	2341458	-27.29
宁夏区	581371	548330	6.03	743601	712234	4.40
新疆区	2123636	1705785	24.50	9896498	16617878	-40.45

2009 年 1-11 月石油化学工业分地区主要经济效益指标

产品名称	单位	完成产量				同期增减（%）	
		2009 年 12 月	2009 年	2008 年 12 月	2008 年	12 月	全年
天然原油	吨	16065024.42	189489693.1	15806538.33	190219614.3	1.64	-0.38
天然气	万立方米	736140.98	8299218.43	679472.5	7705012.47	8.34	7.71
化学纤维用浆粕	吨	175283.5	1852981.51	89172.46	1335785.94	96.57	38.72
化学纤维	吨	2464592.71	27260632.21	2238855.33	23847073.84	10.08	14.31
粘胶纤维	吨	133900.08	1512176.63	92363.69	1322633.89	44.97	14.33
合成纤维	吨	2259636.22	24940467.83	2088071.18	21751676.25	8.22	14.66
其中:锦纶纤维	吨	136332.48	1372712.68	98517.45	1120390.2	38.38	22.52
涤纶纤维	吨	1988314.21	22043910.74	1877345.86	19249709.13	5.91	14.52
腈纶纤维	吨	52363.41	683850.17	44613.69	554383.79	17.37	23.35
维纶纤维	吨	3129.11	47758.64	4526.73	54706.68	-30.87	-12.70
丙纶纤维	吨	29023.33	263806.18	20258.41	259943.01	43.27	1.49
氨纶纤维	吨	19172.99	203120.5	9625.57	167577.61	99.19	21.21
原油加工量	吨	34598174.98	374601207	27732030.36	347180151.2	24.76	7.90
汽油	吨	6477449.93	71947725.59	5767848.88	63594902	12.30	13.13

产品名称	单位	完成产量				同期增减（%）	
		2009 年 12 月	2009 年	2008 年 12 月	2008 年	12 月	全年
煤油	吨	1371670.7	14794569.93	900835	11652169.67	52.27	26.97
柴油	吨	13235086.58	141267782.7	10161257.39	133247464.2	30.25	6.02
润滑油	吨	680156.41	7444593.66	562819.25	6845521.15	20.85	8.75
燃料油	吨	1491893.53	18567168.42	2021349.89	22928843.69	-26.19	-19.02
石脑油	吨	1683398.98	15822966.08	868996.56	13961527.69	93.72	13.33
溶剂油	吨	104446.44	1129596.6	96391.68	1187885.73	8.36	-4.91
润滑脂	吨	11119.93	135712.28	7523.49	98141.66	47.80	38.28
液化石油气	吨	1615071.24	17916933.16	1399161.1	17107705.87	15.43	4.73
石油焦	吨	1040306.1	11888960.98	657447	8963522.41	58.23	32.64
石油沥青	吨	2349208.13	23544096.73	1461071.59	15232692.46	60.79	54.56
焦炭	吨	32669727.7	345016871.6	22054716.32	312147832.6	48.13	10.53
其中:机焦	吨	26931498.3	294470673.1	18523344.64	268697012	45.39	9.59
硫酸（折 100%）	吨	6473429.08	59583656.14	4360905.44	50193222.84	48.44	18.71
盐酸（氯化氢,含量 31%）	吨	765359.54	8034622.44	566872.85	7544833.79	35.01	6.49
烧碱（折 100%）	吨	1775189.11	18909875.6	1278483.9	17410326.6	38.85	8.61
其中：离子膜法烧碱（折 100%）	吨	988150.08	10348932.32	672029.29	8645691.4	47.04	19.70
纯碱（碳酸钠）	吨	1935914.64	20013557.94	1268508.65	18403792.65	52.61	8.75
碳化钙（电石,折 300 升 / 千克）	吨	1308179.58	15032697.55	743081.39	13857743.93	76.05	8.48
乙烯	吨	1060619	10696916	718857	9875302	47.54	8.32
纯苯	吨	431754.6	4637725.16	278485.66	4182709.39	55.04	10.88
精甲醇	吨	1070226.58	11333922.96	708080.16	11152077.74	51.14	1.63
冰乙酸（冰醋酸)	吨	252242.29	2720590.45	154157.42	2540418.1	63.63	7.09
浓硝酸(折 100%)	吨	193867.36	2055650.23	131917.12	1857835.88	46.96	10.65
合成氨（无水氨）	吨	4361459.64	51355129.25	4018653.92	49449992.34	8.53	3.85
农用氮、磷、钾化学肥料总计(折纯	吨	6588277.62	67061914.48	4920988.81	57685550.88	33.88	16.25
1. 氮肥（折含 N100%）	吨	4529721.28	48636782.01	3675758.79	42632516.12	23.23	14.08
其中：尿素（折含 N100%	吨	2683640.59	29324177.74	2208306.88	26540378.85	21.52	10.49
2. 磷肥（折五氧化二磷 100 %）	吨	1754760.44	14797356	1155174.28	12140867.93	51.90	21.88
3. 钾肥（折氧化钾 100%）	吨	303795.9	3627776.47	90055.74	2912166.83	237.34	24.57
磷酸铵肥（实物量）	吨	1698889.16	18101055.29	1301375.65	13492899.65	30.55	34.15
化学农药原药(折有效成分 100%)	吨	219209.18	2262360.75	176852.45	2014294.49	23.95	12.32
其中:杀虫剂原药	吨	71996.15	796694.41	54416.84	758427.33	32.30	5.05
杀菌剂原药	吨	19013.63	239687.9	14609.48	221711.73	30.15	8.11
除草剂原药	吨	90141.55	815938.51	64553.9	689936.92	39.64	18.26
涂料	吨	882019.34	9113363.49	638024.84	8326706.61	38.24	9.45
其中：建筑涂料	吨	279866.71	2616691.84	176099.9	2159167.9	58.92	21.19

产品名称	单位	完成产量				同期增减（%）	
		2009 年 12 月	2009 年	2008 年 12 月	2008 年	12 月	全年
油墨	吨	47917.12	514606.01	42520.69	467816.32	12.69	10.00
颜料	吨	195007.4	1838828.72	133452.38	1625573.39	46.13	13.12
染料	吨	135631.63	1424029.33	105721.51	1244844.27	28.29	14.39
初级形态的塑料	吨	3552925.9	36032388.55	2481845.78	32224156.02	43.16	11.82
其中:聚乙烯树酯	吨	809108.67	8128543.06	631560.32	7586561.85	28.11	7.14
聚丙烯树脂	吨	779846.42	8205182.55	585182.25	7423607.56	33.27	10.53
聚氯乙烯树脂	吨	831282.19	9155276.27	584106.67	8246322.69	42.32	11.02
合成橡胶	吨	267287.33	2754950.56	232748.77	2534681.04	14.84	8.69
合成纤维单体	吨	983379.98	11718721.31	805623.37	10866934.16	22.06	7.84
合成纤维聚合物	吨	1127404.14	13021143.23	1028130.82	11530118.62	9.66	12.93
其中:聚脂	吨	992356.96	11520876.29	917647.82	10174536.44	8.14	13.23
化学试剂	吨	384644.1	3620200.74	193204.79	2246288.81	99.09	61.16
催化剂	吨	43834.16	584848.51	29071.87	464485.83	50.78	25.91
肥(香)皂	吨	73926.08	883254.36	50001.82	771535.49	47.85	14.48
合成洗涤剂	吨	631874.78	6928728.43	470186.19	6338793.66	34.39	9.31
其中:合成洗衣粉	吨	336726.31	3802338.5	235603.34	3538221.28	42.92	7.46
牙膏(折 65 克标准支)	万支	74415.38	741234.04	49239.16	720590.79	51.13	2.86
香精	吨	26096.54	264637.76	17638.7	228400.28	47.95	15.87
火柴(折 50 支标准盒)	件	369889	5305520	599366	5178135	-38.29	2.46
化学药品原药	吨	215720.11	1935867.91	171042.12	1872853.42	26.12	3.36
中成药	吨	222173.7	1803729.27	130758.29	1395939.78	69.91	29.21
橡胶轮胎外胎	条	57187611	654641249	37690305.06	554261122.1	51.73	18.11
其中：子午线轮胎外胎	条	28504629	298036429	19397964	260087582	46.95	14.59
胶鞋类	万双	16893.66	199708.71	17130.16	198122.15	-1.38	0.80
塑料制品	吨	4463050.49	44792762.19	3689849.6	40485839.68	20.95	10.64
其中：塑料薄膜	吨	679480.19	6904337.23	572499.2	6161333.35	18.69	12.06
其中：农用薄膜	吨	123969.89	1193411.94	109489.86	1008043.55	13.22	18.39
塑料板、片	吨	287574.89	3202579.84	225653.17	3010675.3	27.44	6.37
塑料管及其附件	吨	531947.09	5803664.79	571532.19	4880110	-6.93	18.92
塑料条、棒、型材	吨	118365.42	1603725.74	100616.62	1345524.92	17.64	19.19
塑料丝、绳及编织品	吨	581776.74	5815626.32	384167.84	4594476.25	51.44	26.58
泡沫塑料	吨	170405.45	1870542.18	142293.92	1615123.58	19.76	15.81
塑料人造革、合成革	吨	230978.83	1848159.83	143098.19	1604695.24	61.41	15.17
塑料包装箱及容器	吨	253624.83	2744856.42	191017.69	2274767.68	32.78	20.67
日用塑料制品	吨	579626.09	5441830.81	468960.75	5018792.98	23.60	8.43

三、电力工业

2009 年 1-11 月电力工业主要经济指标

指标	单位	2009 年 1-11 月	2008 年 1-11 月	同期增减（%）
企业总数	个	6325		
亏损企业	个	1903	2023	-5.93
亏损企业亏损总额	千元	55622062	88646434	-37.25
应收帐款净额	千元	196624793	172985807	13.67
产成品	千元	9511842	9592823	-0.84
资产总计	千元	6547261215	5802178073	12.84
负债总计	千元	4299078932	3737244639	15.03
主营业务收入	千元	2881916582	2618195527	10.07
主营业务成本	千元	2642695890	2434377878	8.56
主营业务税金及附加	千元	13566837	14566441	-6.86
营业费用	千元	6085844	5790716	5.10
管理费用	千元	42082095	40726248	3.33
财务费用	千元	121768013	112326459	8.41
利润总额	千元	86988724	23597497	268.64
应交增值税	千元	139914418	152481041	-8.24
全部从业人员年平均人数	人	2499941	2531154	-1.23

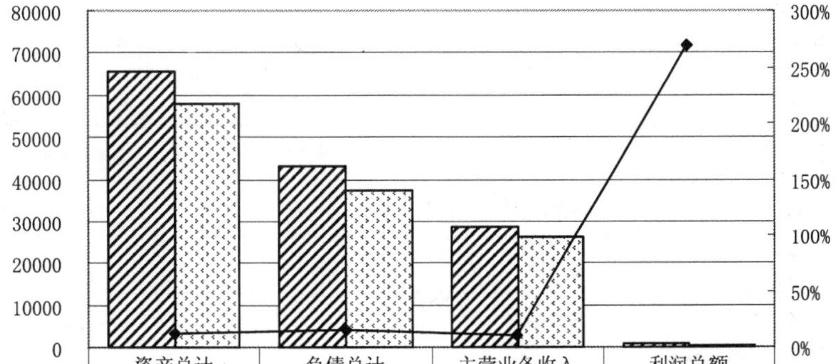

	资产总计	负债总计	主营业务收入	利润总额
2009年1-11月	65473	42991	28819	870
2008年1-11月	58022	37372	26182	236
增长率	12.84%	15.03%	10.07%	268.64%

2009 年上半年，受国际金融危机影响，电力需求减少，全国电力供需呈现供大于求的态势。下半年，受国内投资拉动及宏观政策等因素影响，电力需求逐月增加，到年底呈现电力工业增速明显加快，经济效益好转的态势。数据显示，2009 年 1-11 月电力工业累计主营业务收入 28819 亿元，同比增长 10.07%，完成利润 870 亿元，比上年同期大幅增长 268.64%。

2009 年 1-11 月电力工业分地区主要经济效益指标

地　区	销售利润(%)	成本费用利润率（%）	资产负债率(%)	流动资产周转率(次)	成本费用率(%)
全　国	3.02	3.08	65.66	2.77	6.43
北京市	5.95	5.91	44.50	1.12	4.75
天津市	-1.47	-1.43	75.28	2.79	4.68
河北省	1.28	1.30	69.42	4.91	5.35
山西省	-3.25	-3.15	80.00	2.92	6.32
内蒙古	3.89	4.05	78.80	2.70	11.98
辽宁省	-0.60	-0.59	70.58	2.48	5.24
吉林省	-1.83	-1.56	77.90	2.21	5.98
黑龙江	-3.69	-3.58	76.23	1.98	4.99
上海市	4.11	4.26	35.14	7.77	2.05
江苏省	5.42	5.45	70.48	3.42	4.93
浙江省	7.60	8.10	62.36	3.04	6.34
安徽省	0.91	0.94	75.49	4.27	5.33
福建省	3.24	3.34	65.26	3.37	6.23
江西省	-0.06	-0.06	73.77	3.66	4.70
山东省	1.70	1.72	63.55	3.86	5.66
河南省	-2.49	-2.42	76.49	3.13	5.98
湖北省	7.94	8.84	48.07	3.78	8.82
湖南省	-0.86	-0.88	80.50	3.49	10.81
广东省	7.40	7.93	53.67	2.80	4.98
广西区	4.01	4.12	71.06	2.35	11.60
海南省	4.47	4.80	87.80	4.81	9.48
重庆市	1.88	1.91	70.38	2.20	9.06
四川省	5.26	5.61	77.44	2.07	12.78
贵州省	0.87	0.87	84.15	3.15	7.61
云南省	5.20	5.43	78.12	2.41	11.01
西藏区	-43.40	-24.27	15.16	0.32	0.33
陕西省	-2.26	-2.19	80.20	2.48	8.15
甘肃省	-1.85	-1.81	83.08	2.25	8.99
青海省	-1.38	-1.37	77.95	2.74	12.04
宁夏区	2.34	2.29	72.83	2.43	8.22
新疆区	4.93	5.05	71.37	1.22	10.92

2009 年 1-11 月电力工业分地区主要经济指标（一）

单位：千元

地　区	主营业务收入			利润总额		
	2009 年 1-11 月	2008 年 1-11 月	同期增减（%）	2009 年 1-11 月	2008 年 1-11 月	同期增减（%）
全　国	2881916582	2618195527	10.07	86988724	23597497	268.64
北京市	166521028	146939068	13.33	9907750	14579884	-32.05
天津市	41087648	36584827	12.31	-602072	-257416	133.89
河北省	157287048	136303148	15.40	2018418	-760331	-365.47
山西省	80520156	74782276	7.67	-2619531	-3535388	-25.91
内蒙古	101200162	91591290	10.49	3935074	1848494	112.88
辽宁省	118803857	107792818	10.22	-713767	-2096151	-65.95
吉林省	32374634	40972816	-20.99	-591323	147171	-501.79
黑龙江	70469076	65706860	7.25	-2601680	-1996060	30.34
上海市	116107877	109939292	5.61	4774229	747864	538.38
江苏省	242401472	224442201	8.00	13130024	-877573	-1596.17
浙江省	147140088	136153442	8.07	11179023	3500066	219.39
安徽省	85277693	68679107	24.17	771857	-357239	-316.06
福建省	96547590	85579855	12.82	3128089	867426	260.62
江西省	49467742	41370431	19.57	-31276	-1331726	-97.65
山东省	220212455	194479985	13.23	3745897	-6411644	-158.42
河南省	165613008	153120428	8.16	-4121554	-3970993	3.79
湖北省	113308869	106294370	6.60	8992352	8515628	5.60
湖南省	70189618	60150456	16.69	-606053	-3627068	-83.29
广东省	353050891	335358032	5.28	26113463	19914562	31.13
广西区	57599825	52841398	9.01	2308443	1188856	94.17
海南省	8685425	7511517	15.63	388442	-206566	-288.05
重庆市	33301314	29520379	12.81	625347	415735	50.42
四川省	93237420	76701683	21.56	4908269	-3730250	-231.58
贵州省	64452430	54611013	18.02	559839	-1480653	-137.81
云南省	55739541	49034878	13.67	2900055	2054832	41.13
西藏区	651152	539318	20.74	-282607	-287680	-1.76
陕西省	50584910	44716804	13.12	-1141836	-1423086	-19.76
甘肃省	32569541	33548416	-2.92	-601741	479716	-225.44
青海省	13107699	11320713	15.79	-180747	-19826	811.67
宁夏区	18984643	19465401	-2.47	443367	886912	-50.01
新疆区	25421770	22143305	14.81	1252973	820001	52.80

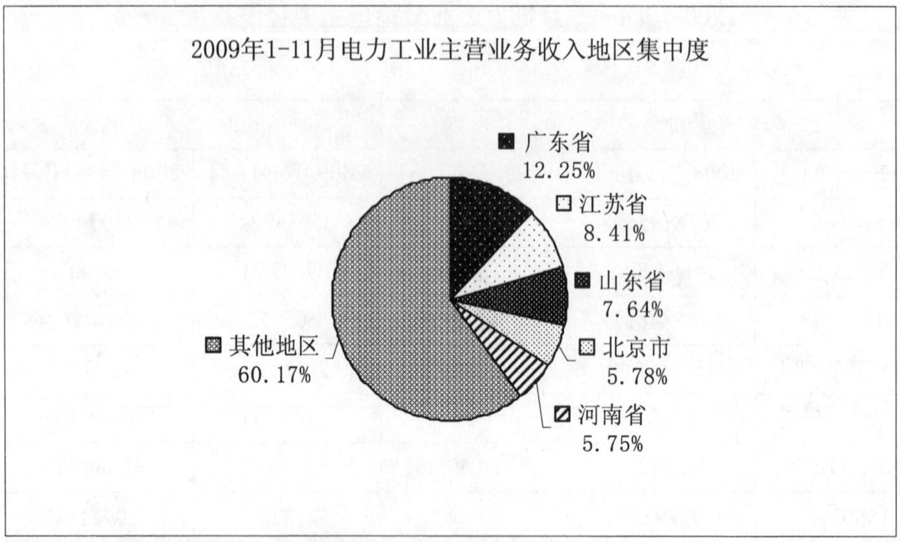

据统计，2009年1-11月我国电力工业累计主营业务收入28819亿元。从地区分布看，排名前5名的省（市）为广东、江苏、山东、北京和河南，分别占总额的12.25%、8.41%、7.64%、5.78%和5.75%，其他地区占60.17%。

2009年1-11月电力工业分地区主要经济指标（二）

单位：千元

地区	应收帐款净额			产成品		
	2009年1-11月	2008年1-11月	同期增减（%）	2009年1-11月	2008年1-11月	同期增减（%）
全　国	196624793	172985807	13.67	9511842	9592823	-0.84
北京市	14543605	7900961	84.07	12942	11281	14.72
天津市	3140082	2051255	53.08	5027	13592	-63.02
河北省	7456552	5433491	37.23	42095	51381	-18.07
山西省	5915817	5802830	1.95	149490	160489	-6.85
内蒙古	11740240	9798846	19.81	2457633	889316	176.35
辽宁省	10250693	7636877	34.23	241906	173161	39.70
吉林省	3166174	2329420	35.92	159910	106110	50.70
黑龙江	7477360	10898883	-31.39	666296	564921	17.94
上海市	3598105	3731311	-3.57	131626	67358	95.41
江苏省	12377133	10985258	12.67	1024710	1410076	-27.33
浙江省	9928881	9508121	4.43	141835	157958	-10.21
安徽省	4801434	3790100	26.68	231364	183883	25.82
福建省	4848104	4572857	6.02	60910	41422	47.05
江西省	2382151	2164383	10.06	29032	14781	96.41
山东省	9844214	10542017	-6.62	839663	2142955	-60.82
河南省	10717642	8641432	24.03	396272	406596	-2.54
湖北省	9207943	10608119	-13.20	650732	144711	349.68
湖南省	4381031	3958915	10.66	175296	113989	53.78

地　区	应收帐款净额			产成品		
	2009 年 1-11 月	2008 年 1-11 月	同期增减（%）	2009 年 1-11 月	2008 年 1-11 月	同期增减（%）
广东省	21242820	21859684	-2.82	782142	1050149	-25.52
广西区	5861430	5568800	5.25	53847	22118	143.45
海南省	548576	478131	14.73	23525	13140	79.03
重庆市	1381804	1140751	21.13	89474	248613	-64.01
四川省	6543136	5070903	29.03	563354	329439	71.00
贵州省	6069837	5093346	19.17	256809	1110824	-76.88
云南省	4873428	3826806	27.35	7523	22519	-66.59
西藏区	60360	97420	-38.04	0	52320	——
陕西省	3641503	2936137	24.02	1878	1970	-4.67
甘肃省	3678972	2528774	45.48	33366	79722	-58.15
青海省	1884293	800607	135.36	219317	154	142313.64
宁夏区	1994793	946513	110.75	9870	3211	207.38
新疆区	3066680	2282859	34.34	53998	4664	1057.76

2009 年 1-11 月电力工业分地区主要经济指标（三）

单位：千元

地　区	资产总计			负债合计		
	2009 年 1-11 月	2008 年 1-11 月	同期增减（%）	2009 年 1-11 月	2008 年 1-11 月	同期增减（%）
全　国	6547261215	5802178073	12.84	4299078932	3737244639	15.03
北京市	775863845	652373220	18.93	345273969	249516102	38.38
天津市	86070804	68482219	25.68	64789850	48844891	32.64
河北省	234410992	205417113	14.11	162716795	141191304	15.25
山西省	163948007	157309026	4.22	131157693	119903039	9.39
内蒙古	328014450	274926426	19.31	258483409	226310274	14.22
辽宁省	218356442	191324565	14.13	154106582	133164321	15.73
吉林省	107898438	77128241	39.89	84057244	57656643	45.79
黑龙江	142829301	126868745	12.58	108877675	94585156	15.11
上海市	197781055	185059453	6.87	69508062	65248902	6.53
江苏省	401375244	364826118	10.02	282882940	256408300	10.33
浙江省	235654302	215267270	9.47	146951803	137149816	7.15
安徽省	141085717	128707550	9.62	106498730	95577858	11.43
福建省	193741622	170541285	13.60	126443230	111398774	13.51
江西省	81140963	70865615	14.50	59854295	54149309	10.54
山东省	346225318	300930115	15.05	220019046	202632740	8.58
河南省	268769271	229801312	16.96	205577389	169117652	21.56
湖北省	326353073	360586893	-9.49	156872985	171147128	-8.34
湖南省	176815000	159793017	10.65	142331509	128442544	10.81
广东省	674101252	624155209	8.00	361787597	328187235	10.24

地　区	资产总计			负债合计		
	2009 年 1-11 月	2008 年 1-11 月	同期增减（%）	2009 年 1-11 月	2008 年 1-11 月	同期增减（%）
广西区	161861842	152252770	6.31	115018934	107147328	7.35
海南省	19193381	15454806	24.19	16851216	14450539	16.61
重庆市	98615455	89211752	10.54	69403286	62573160	10.92
四川省	334595822	282151528	18.59	259116694	216026135	19.95
贵州省	165328003	142265501	16.21	139121354	119234684	16.68
云南省	216919842	181897468	19.25	169457984	143277639	18.27
西藏区	12916640	12248210	5.46	1958135	2848440	-31.26
陕西省	139861267	116422096	20.13	112175684	94609218	18.57
甘肃省	83780686	68256288	22.74	69603201	55184883	26.13
青海省	73112432	60279433	21.29	56987937	46495020	22.57
宁夏区	55823482	42399057	31.66	40657113	29005866	40.17
新疆区	84817267	74975772	13.13	60536591	55759739	8.57

2009 年 1-11 月电力工业分地区主要经济指标（四）

单位：千元

地　区	主营业务成本			主营业务税金及附加		
	2009 年 1-11 月	2008 年 1-11 月	同期增减（%）	2009 年 1-11 月	2008 年 1-11 月	同期增减（%）
全　国	2642695890	2434377878	8.56	13566837	14566441	-6.86
北京市	159123832	138232046	15.11	880467	1025683	-14.16
天津市	40064619	35708650	12.20	179578	187594	-4.27
河北省	146531491	130324752	12.44	718596	603643	19.04
山西省	77811174	72324696	7.59	304515	397009	-23.30
内蒙古	86131686	77948499	10.50	706732	608865	16.07
辽宁省	113631390	103051383	10.27	680188	792950	-14.22
吉林省	35692243	39318549	-9.22	166031	240703	-31.02
黑龙江	68967051	64318928	7.23	291992	294345	-0.80
上海市	109618008	107683750	1.80	308316	350946	-12.15
江苏省	228472530	214997189	6.27	1091316	1197008	-8.83
浙江省	129054661	124916687	3.31	757238	701288	7.98
安徽省	78027682	64189354	21.56	296933	302467	-1.83
福建省	87823182	79507345	10.46	355922	384087	-7.33
江西省	46862543	40251319	16.42	197784	231020	-14.39
山东省	205459805	189305571	8.53	844446	965729	-12.56
河南省	160133389	149340494	7.23	410898	521576	-21.22
湖北省	92838621	83451181	11.25	745001	694159	7.32
湖南省	61534516	54427561	13.06	430083	414268	3.82
广东省	312426264	303877193	2.81	1460805	1877903	-22.21
广西区	49878446	46534230	7.19	376623	351335	7.20

地　区	主营业务成本			主营业务税金及附加		
	2009年1-11月	2008年1-11月	同期增减（%）	2009年1-11月	2008年1-11月	同期增减（%）
海南省	7337483	7046695	4.13	53134	42658	24.56
重庆市	29806564	26560471	12.22	203978	206724	-1.33
四川省	77032706	65300842	17.97	546870	586711	-6.79
贵州省	59496029	51615000	15.27	323036	364993	-11.50
云南省	47809909	42460751	12.60	310837	289851	7.24
西藏区	1151290	872806	31.91	9292	9603	-3.24
陕西省	48022729	43864701	9.48	277891	263453	5.48
甘肃省	30265476	30343968	-0.26	258280	274252	-5.82
青海省	11666951	9672052	20.63	94818	103794	-8.65
宁夏区	17785864	17595660	1.08	125632	135505	-7.29
新疆区	22237756	19335555	15.01	159605	146319	9.08

2009年1-11月电力工业分地区主要经济指标（五）

单位：千元

地　区	营业费用			管理费用		
	2009年1-11月	2008年1-11月	同期增减（%）	2009年1-11月	2008年1-11月	同期增减（%）
全　国	6085844	5790716	5.10	42082095	40726248	3.33
北京市	101723	106981	-4.91	1173999	1092766	7.43
天津市	140378	119816	17.16	422531	334017	26.50
河北省	502857	466749	7.74	2423426	2300079	5.36
山西省	58930	73403	-19.72	801584	820096	-2.26
内蒙古	1027045	977418	5.08	1205670	953736	26.42
辽宁省	138160	137304	0.62	2427547	2598242	-6.57
吉林省	153551	114294	34.35	445892	480442	-7.19
黑龙江	138865	145597	-4.62	830992	690282	20.38
上海市	23033	11672	97.34	567555	542799	4.56
江苏省	761549	870470	-12.51	2774152	2743317	1.12
浙江省	137143	140510	-2.40	3515894	3483241	0.94
安徽省	70514	53897	30.83	898051	756842	18.66
福建省	94674	90831	4.23	896463	876247	2.31
江西省	23086	24758	-6.75	442718	577202	-23.30
山东省	795397	695417	14.38	4318416	4056950	6.44
河南省	258666	240035	7.76	2619899	2536943	3.27
湖北省	90185	83631	7.84	1872996	1556564	20.33
湖南省	239745	198958	20.50	1587327	1522079	4.29
广东省	279890	266422	5.06	4629164	5178998	-10.62
广西区	75179	100502	-25.20	1371117	1244001	10.22
海南省	5781	5283	9.43	317940	282046	12.73

地　区	营业费用			管理费用		
	2009 年 1-11 月	2008 年 1-11 月	同期增减（%）	2009 年 1-11 月	2008 年 1-11 月	同期增减（%）
重庆市	31426	27313	15.06	527724	405602	30.11
四川省	380458	392464	-3.06	2062355	2038888	1.15
贵州省	18381	24112	-23.77	476119	397841	19.68
云南省	325305	229509	41.74	1183927	1214460	-2.51
西藏区	29	30	-3.33	5710	4045	41.16
陕西省	19225	29145	-34.04	744498	587381	26.75
甘肃省	97572	87087	12.04	599166	602950	-0.63
青海省	20424	7186	184.22	62368	53223	17.18
宁夏区	20508	14205	44.37	196142	205420	-4.52
新疆区	56165	55717	0.80	680753	589549	15.47

2009 年 1-11 月电力工业分地区主要经济指标（六）

单位：千元

地　区	财务费用			应交增值税		
	2009 年 1-11 月	2008 年 1-11 月	同期增减（%）	2009 年 1-11 月	2008 年 1-11 月	同期增减（%）
全　国	121768013	112326459	8.41	139914418	152481041	-8.24
北京市	6282889	3663593	71.50	3787441	5304041	-28.59
天津市	1310748	975538	34.36	1733842	2110371	-17.84
河北省	4907804	4302690	14.06	7416224	6663557	11.30
山西省	4059471	3944833	2.91	4225424	5364570	-21.23
内蒙古	8081835	7806104	3.53	9420723	9401268	0.21
辽宁省	3384352	3051445	10.91	4271272	5094836	-16.16
吉林省	1533267	1590065	-3.57	2357943	3126916	-24.59
黑龙江	2470559	2380316	3.79	3562901	3810622	-6.50
上海市	1658843	1434477	15.64	3673482	4131988	-11.10
江苏省	7736780	8638677	-10.44	11194166	12689910	-11.79
浙江省	4534585	5205837	-12.89	7256371	7386854	-1.77
安徽省	3192927	2625502	21.61	3020110	3425034	-11.82
福建省	4477141	4245413	5.46	4363673	5310368	-17.83
江西省	1735134	1951173	-11.07	2593612	2416393	7.33
山东省	6522398	6944169	-6.07	9286436	9414153	-1.36
河南省	6698962	5885380	13.82	5445588	6316327	-13.79
湖北省	6229765	5788447	7.62	7515163	7234750	3.88
湖南省	4824381	4653414	3.67	3294196	3304721	-0.32
广东省	10657794	8280120	28.72	16352483	20565898	-20.49
广西区	4341506	4460601	-2.67	4420114	3963097	11.53
海南省	372205	325397	14.38	597182	490342	21.79
重庆市	2141081	2015374	6.24	1812204	2092490	-13.39

地　区	财务费用			应交增值税		
	2009 年 1-11 月	2008 年 1-11 月	同期增减（%）	2009 年 1-11 月	2008 年 1-11 月	同期增减（%）
四川省	7398246	6928545	6.78	6418883	6025921	6.52
贵州省	4031627	3429193	17.57	3432964	3432841	0.00
云南省	3753411	3161239	18.73	3982126	3549084	12.20
西藏区	-1918	1988	-196.48	34396	91488	-62.40
陕西省	3149038	2512821	25.32	2769619	3268582	-15.27
甘肃省	2023829	1835875	10.24	1970813	2423483	-18.68
青海省	1322049	1432603	-7.72	980358	1006376	-2.59
宁夏区	1244954	1100035	13.17	1097797	1419452	-22.66
新疆区	1692350	1755595	-3.60	1626912	1645308	-1.12

全国各省、市发电量同期对比情况表

单位：万千瓦小时

产品名称	地　区	发电量				同期增减（%）	
		2009年12月	2009年	2008年12月	2008年	12月	全年
发电量	全　国	34977841.65	365062283.8	27784449.22	341024749.4	25.89	7.05
发电量	北京市	296824.17	2424838.92	259958.92	2440717.48	14.18	-0.65
发电量	天津市	452842.99	4157716.3	375640.96	4068036.53	20.55	2.20
发电量	河北省	1557338.17	17419030.92	1410740.66	16083000.41	10.39	8.31
发电量	山西省	1896516.82	18620383.89	1541578.45	17940660.89	23.02	3.79
发电量	内蒙古	2138159.3	22398521.64	1657788.28	21339685.13	28.98	4.96
发电量	辽宁省	1102764.78	11613200.71	821885.37	11236257	34.18	3.35
发电量	吉林省	577594.72	5381517.21	431551.71	4995870.9	33.84	7.72
发电量	黑龙江	759729.18	7189360.72	645980.39	7225662.06	17.61	-0.50
发电量	上海市	891995.06	7782039.68	670285	7735361.92	33.08	0.60
发电量	江苏省	2874760.42	29282113.41	2335308.52	28478546.84	23.10	2.82
发电量	浙江省	2109507.7	21932659.97	1684774.66	20721276.48	25.21	5.85
发电量	安徽省	1271477.23	13202371.73	935506.43	10834560.21	35.91	21.85
发电量	福建省	1068800	11707100	821800	10858400	30.06	7.82
发电量	江西省	491066.25	4964158.7	421269.4	4404517.59	16.57	12.71
发电量	山东省	2654747.06	28599020.18	2156656.2	27511501.34	23.10	3.95
发电量	河南省	2029863.2	20457874.5	1450810	19432791.2	39.91	5.28
发电量	湖北省	1180038.2	17817499.24	1145333.37	17324825.37	3.03	2.84
发电量	湖南省	972781.05	9835888.45	784915.69	8458152.97	23.93	16.29
发电量	广东省	2485763.1	26663953.4	1935179.75	26320508.76	28.45	1.30
发电量	广西区	909500.62	8851305.83	731123.1	8256594.3	24.40	7.20
发电量	海南省	100050.18	1250694.08	93961.76	1169079.82	6.48	6.98
发电量	重庆市	436561.35	4282622.13	421587.84	3917251.34	3.55	9.33
发电量	四川省	1430040.64	14684978.89	1094366.29	11666165.13	30.67	25.88
发电量	贵州省	1202457.32	13800245.23	1007263.07	12022292.94	19.38	14.79

产品名称	地　区	发电量				同期增减（%）	
		2009年12月	2009年	2008年12月	2008年	12月	全年
发电量	云南省	1005405.19	10940157.34	803857.06	9329681.76	25.07	17.26
发电量	西藏区	18828.74	179978.11	16957.18	160030.44	11.04	12.46
发电量	陕西省	991413.55	8992244.12	696067.53	7973497.84	42.43	12.78
发电量	甘肃省	729201.91	6836206.6	506560.37	6621455.21	43.95	3.24
发电量	青海省	348794.17	3605401.71	233743.57	3047740.29	49.22	18.30
发电量	宁夏区	522752.21	4789571.88	274824.19	4627971.2	90.21	3.49
发电量	新疆区	470266.37	5399628.31	417173.5	4822656	12.73	11.96
火力发电量	全　国	30302378.86	298142135.8	23184508.96	278107008.3	30.70	7.20
火力发电量	北京市	295023.92	2410072.05	257576.92	2429841.07	14.54	-0.81
火力发电量	天津市	431293.99	3896657.3	358739.96	3850339.53	20.22	1.20
火力发电量	河北省	1516681.85	17071808.97	1381280.56	15862136.39	9.80	7.63
火力发电量	山西省	1881865.87	18412010.8	1536727.14	17728473.98	22.46	3.86
火力发电量	内蒙古	1956574.38	20734866.79	1550381.43	20328187.97	26.20	2.00
火力发电量	辽宁省	1066761.74	11169559.31	788881.56	10792189.23	35.22	3.50
火力发电量	吉林省	500893.79	4586098.27	387492.33	4337915.15	29.27	5.72
火力发电量	黑龙江	713110.13	6833798.83	611134.29	6993481.69	16.69	-2.28
火力发电量	上海市	882813.56	7677718.28	661071	7649885.92	33.54	0.36
火力发电量	江苏省	2697385.09	27621485.39	2162675.52	26927929.8	24.72	2.58
火力发电量	浙江省	1883837.48	18403179.11	1433666.74	17320533.05	31.40	6.25
火力发电量	安徽省	1260196.82	13002447.16	913495.96	10637966.38	37.95	22.23
火力发电量	福建省	890600	8823000	663600	7462200	34.21	18.24
火力发电量	江西省	458294.67	4474216.42	388564.59	3853290.27	17.95	16.11
火力发电量	山东省	2622473.41	28288798	2127772.66	27255966.05	23.25	3.79
火力发电量	河南省	1959229.1	19526057.5	1392821.5	18535214.4	40.67	5.35
火力发电量	湖北省	608471.34	6060697.9	499541.68	5347220.06	21.81	13.34
火力发电量	湖南省	703730.58	6185132.26	550074.11	5252642.26	27.93	17.75
火力发电量	广东省	2128079.19	21576241.17	1537057.69	20769035.15	38.45	3.89
火力发电量	广西区	625957.76	4095130.35	282919.43	3347698.29	121.25	22.33
火力发电量	海南省	93443.29	1124943.44	88229.02	1062146.09	5.91	5.91
火力发电量	重庆市	325181.78	3072466.87	295937.91	2834981.62	9.88	8.38
火力发电量	四川省	706706.78	5125555.11	558579.94	3991274.19	26.52	28.42
火力发电量	贵州省	962578.07	9791456.11	707896.25	8113270.84	35.98	20.68
火力发电量	云南省	628802.26	5479629.45	294858.84	3968628.65	113.26	38.07
火力发电量	西藏区	2645.99	13119.8	0	1437.4	——	812.75
火力发电量	陕西省	937908.55	8324487.28	668000.41	7455972.11	40.41	11.65
火力发电量	甘肃省	527835.99	4324453.07	365119.83	4563693.68	44.57	-5.24
火力发电量	青海省	120359.18	1016230.02	96410.57	1017261.46	24.84	-0.10
火力发电量	宁夏区	500337.98	4546005.89	257386.99	4412998.52	94.39	3.01
火力发电量	新疆区	413304.32	4474812.92	366614.13	4003197.1	12.74	11.78
水力发电量	全　国	3600356.1	55449161.50	3733302.17	53130632.12	3.56	1.35
水力发电量	北京市	202.25	2315.87	82	1396.41	146.65	65.84
水力发电量	河北省	9149.76	51516.39	6261.56	52927.04	46.13	-2.67

产品名称	地　区	发电量				同期增减（%）	
		2009年12月	2009年	2008年12月	2008年	12月	全年
水力发电量	山西省	14650.95	192385.71	4851.31	212186.91	202.00	-9.33
水力发电量	内蒙古	4283.5	122956.31	7782.61	101970.65	-44.96	20.58
水力发电量	辽宁省	17575.97	278047.75	17393.61	358609.57	1.05	-22.47
水力发电量	吉林省	41157.93	525974.28	34530.49	488032.43	19.19	7.77
水力发电量	黑龙江	18514	156055	16447	112620	12.57	38.57
水力发电量	江苏省	1900	20261	2249	23652	-15.52	-14.34
水力发电量	浙江省	69827.23	1083578.92	61888.9	1024038.16	12.83	5.81
水力发电量	安徽省	7777.73	163900.1	21670.47	149069.83	-64.11	9.95
水力发电量	福建省	163000	2759200	149000	3316000	9.40	-16.79
水力发电量	江西省	32609.58	485847.28	32704.81	551227.32	-0.29	-11.86
水力发电量	山东省	318	17437.6	6959	24402	-95.43	-28.54
水力发电量	河南省	59884.6	834776.5	53291	867498	12.37	-3.77
水力发电量	湖北省	564489.27	11696116.49	644003.94	11956416.66	-12.35	-2.18
水力发电量	湖南省	269050.47	3650732.16	234841.58	3205510.71	14.57	13.89
水力发电量	广东省	95611.92	1781303.99	157375.93	2309644.11	-39.25	-22.88
水力发电量	广西区	255803.07	4576114.58	437438.49	4798669.91	-41.52	-4.64
水力发电量	海南省	6525.89	124617.64	5592.74	105485.73	16.69	18.14
水力发电量	重庆市	110837.52	1201700.51	125228.93	1076201.72	-11.49	11.66
水力发电量	四川省	722974.86	9556644.78	535786.35	7674890.94	34.94	24.52
水力发电量	贵州省	239879.25	4008789.12	299366.82	3909022.1	-19.87	2.55
水力发电量	云南省	376602.93	5460527.89	508998.22	5361053.11	-26.01	1.86
水力发电量	西藏区	14588.76	152662.88	15257.6	144228.25	-4.38	5.85
水力发电量	陕西省	53505	667756.84	28067.12	517525.73	90.63	29.03
水力发电量	甘肃省	169193.95	2371776.04	139622.21	1902594.85	21.18	24.66
水力发电量	青海省	228434.99	2589171.69	137333	2030478.83	66.34	27.52
水力发电量	宁夏区	11355	172990	10535	161515	7.78	7.10
水力发电量	新疆区	40652.02	744304.26	38742.48	701764.45	4.93	6.06
核能发电量	全　国	545159.81	6926301.21	567752.5	6839321.52	-3.98	1.27
核能发电量	江苏省	153127	1426683	157194	1407469	-2.59	1.37
核能发电量	浙江省	142351.04	2315498.52	179890.54	2299398.06	-20.87	0.70
核能发电量	广东省	249681.77	3184119.69	230667.96	3132454.46	8.24	1.65

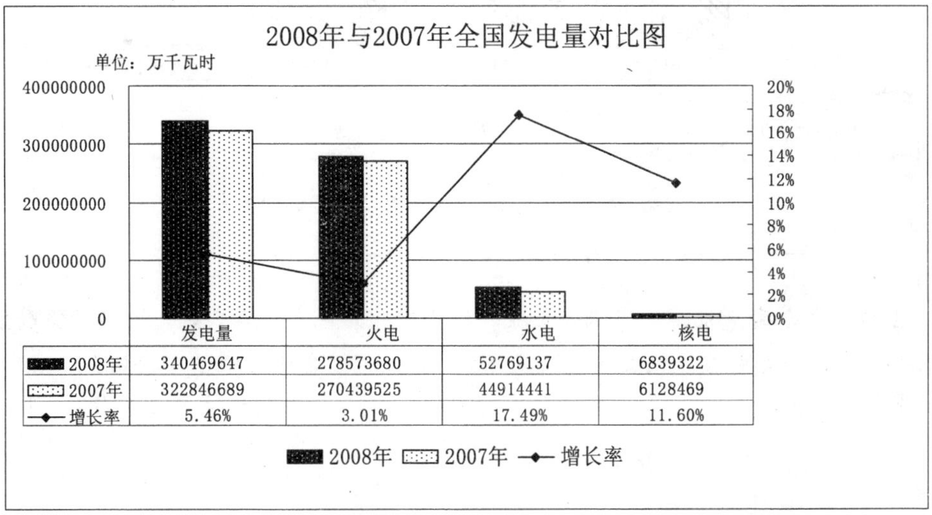

四、钢铁工业

2009 年 1-11 月钢铁工业主要经济指标

指标	单位	2009年1-11月	2008年1-11月	同期增减（%）
企业总数	个	11763		
亏损企业	个	2999	2131	40.73
亏损企业亏损总额	千元	29733378	22047419	34.86
应收帐款净额	千元	187737734	183672479	2.21
产成品	千元	192298541	221458968	-13.17
资产总计	千元	4233762454	3788378284	11.76
负债总计	千元	2685097096	2359351490	13.81
主营业务收入	千元	4220972033	4445263924	-5.05
主营业务成本	千元	3895647496	4003442568	-2.69
主营业务税金及附加	千元	15612974	25516284	-38.81
营业费用	千元	37997264	45350310	-16.21
管理费用	千元	106002561	109066150	-2.81
财务费用	千元	48213943	55260855	-12.75
利润总额	千元	109565940	196793581	-44.32
应交增值税	千元	97219999	135215774	-28.10
全部从业人员年平均人数	人	3602267	3564592	1.06

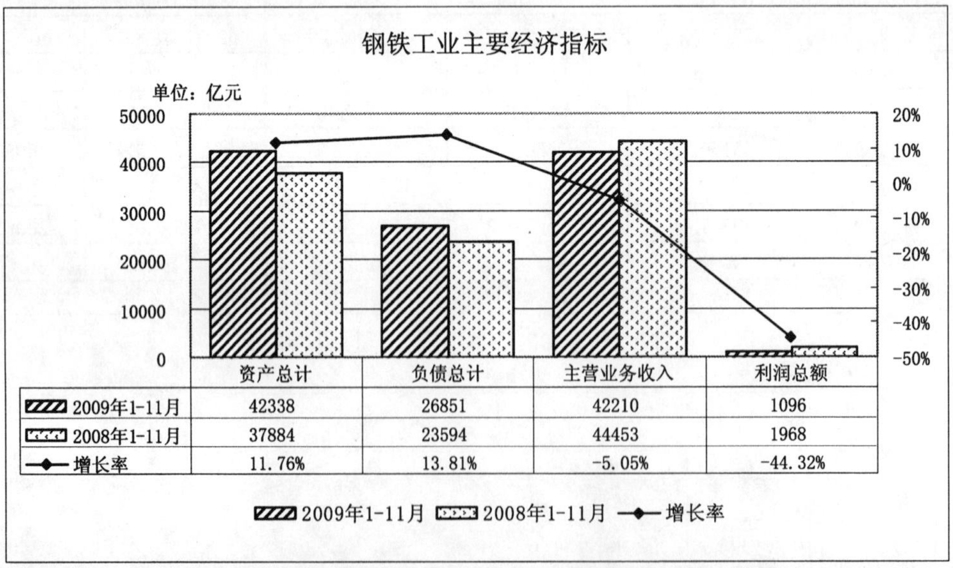

2009 年，面对国际金融危机，中国钢铁工业积极应对，在国家一系列刺激经济政策的支持下，全行业逐步走出低谷，产量恢复增长，效益得到改观。5 月起，钢铁企业遏制住亏损局面，实现赢利。至 11 月末，钢铁行业累计实现利润 1096 亿元，比上年同期减少 44.32%，累计主营业务收入 42210 亿元，同比减少 5.05%。

2009 年 1-11 月钢铁工业分地区主要经济效益指标

地　区	销售利润(%)	成本费用利润率（%）	资产负债率(%)	流动资产周转率(次)	成本费用率(%)
全　国	2.60	2.67	63.42	2.41	4.93
北京市	1.00	1.01	54.75	0.95	5.80
天津市	1.06	1.07	78.45	2.10	2.54
河北省	4.30	4.51	64.54	2.79	3.45
山西省	0.21	0.21	67.76	1.99	6.74
内蒙古	0.88	0.90	60.92	2.59	3.69
辽宁省	2.27	2.34	57.50	2.60	7.65
吉林省	-1.35	-1.31	64.31	2.34	5.24
黑龙江	1.53	1.54	76.69	1.78	5.34
上海市	4.01	4.15	49.89	2.47	4.15
江苏省	2.81	2.89	64.57	2.71	3.26
浙江省	2.33	2.38	69.72	1.85	3.95
安徽省	1.06	1.08	58.79	2.27	4.55
福建省	1.20	1.22	66.26	2.52	3.91
江西省	3.06	3.22	66.69	3.07	4.32
山东省	4.92	5.18	62.87	2.49	5.70
河南省	4.93	5.16	62.61	3.38	3.98
湖北省	1.98	2.01	62.55	2.42	7.72
湖南省	1.45	1.49	66.29	2.81	7.10
广东省	1.13	1.17	72.60	2.38	4.13
广西区	0.07	0.07	65.00	2.80	5.52
海南省	11.66	12.98	45.70	1.13	13.78
重庆市	1.58	1.64	60.44	2.51	7.54
四川省	1.14	1.15	64.30	1.98	9.39
贵州省	-2.80	-2.71	75.64	1.92	5.22
云南省	3.05	3.13	56.61	1.84	6.49
西藏区	54.14	66.92	26.30	0.32	45.82
陕西省	1.44	1.47	71.29	2.29	5.59
甘肃省	0.45	0.46	63.89	1.79	10.34
青海省	-1.68	-1.64	66.45	1.46	9.54
宁夏区	-6.57	-6.08	85.81	2.13	7.35
新疆区	2.28	2.30	57.02	1.98	7.13

2009 年 1-11 月钢铁工业分地区主要经济指标（一）

单位：千元

地　区	主营业务收入			利润总额		
	2009 年 1-11 月	2008 年 1-11 月	同期增减（%）	2009 年 1-11 月	2008 年 1-11 月	同期增减（%）
全　国	4220972033	4445263924	-5.05	109565940	196793581	-44.32
北京市	57214881	53989065	5.97	574170	335865	70.95
天津市	238772933	217059779	10.00	2535996	5110884	-50.38
河北省	756668643	785317511	-3.65	32534947	44659845	-27.15
山西省	142157990	184507719	-22.95	296620	3385441	-91.24

地　区	主营业务收入			利润总额		
	2009 年 1-11 月	2008 年 1-11 月	同期增减（%）	2009 年 1-11 月	2008 年 1-11 月	同期增减（%）
内蒙古	139864249	131809301	6.11	1226726	5359742	-77.11
辽宁省	372893332	360600921	3.41	8483089	21443320	-60.44
吉林省	45575481	52794661	-13.67	-613745	1812255	-133.87
黑龙江	21570545	25470611	-15.31	330410	605277	-45.41
上海市	132249211	179860974	-26.47	5308850	12910665	-58.88
江苏省	578321925	573832317	0.78	16235844	28227198	-42.48
浙江省	123990213	142044379	-12.71	2887054	2166681	33.25
安徽省	107973488	129087680	-16.36	1147127	5412137	-78.80
福建省	74897151	77757296	-3.68	899589	1270763	-29.21
江西省	76718716	81725995	-6.13	2347525	2412418	-2.69
山东省	341916379	368793065	-7.29	16836482	20199208	-16.65
河南省	156239391	183763648	-14.98	7696755	9662058	-20.34
湖北省	180825584	170943335	5.78	3575059	10436269	-65.74
湖南省	82990889	98801933	-16.00	1205687	2161275	-44.21
广东省	123670010	134124712	-7.79	1395003	478801	191.35
广西区	68908062	76991373	-10.50	50143	1895834	-97.36
海南省	3235233	4160006	-22.23	377342	1583310	-76.17
重庆市	25249663	30518896	-17.27	398012	1260698	-68.43
四川省	140206768	132363653	5.93	1591507	3914990	-59.35
贵州省	27819793	33676140	-17.39	-779434	-502579	55.09
云南省	59106791	67552370	-12.50	1805186	2727841	-33.82
西藏区	245147	973107	-74.81	132726	285295	-53.48
陕西省	36979530	28527109	29.63	530985	348172	52.51
甘肃省	51076678	51779277	-1.36	231978	1948365	-88.09
青海省	10286855	12137250	-15.25	-172899	852927	-120.27
宁夏区	5531907	7476048	-26.00	-363267	103730	-450.20
新疆区	37814595	46823793	-19.24	860473	4324896	-80.10

2009年1-11月钢铁工业主营业务收入地区集中度

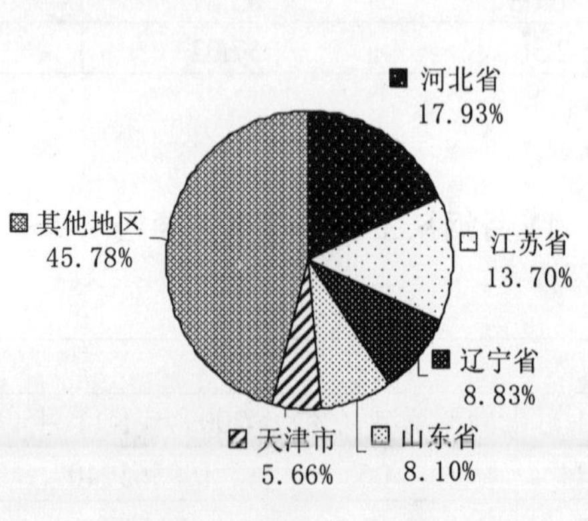

据统计，2009 年 1-11 月我国钢铁工业主营业务收入前 5 名的省（市）为河北、江苏、辽宁、山东和天津，分别占全国总收入的 17.93%、13.70%、8.83%、8.10%和 5.66%，前 5 名省（市）的主营业务收入占全国总收入的 54.22%，我国钢铁生产能力主要集中在华北、华东地区。

2009 年 1-11 月钢铁工业分地区主要经济指标（二）

单位：千元

地 区	应收帐款净额			产成品		
	2009 年 1-11 月	2008 年 1-11 月	同期增减（%）	2009 年 1-11 月	2008 年 1-11 月	同期增减（%）
全 国	187737734	183672479	2.21	192298541	221458968	-13.17
北京市	6005465	5697401	5.41	704557	1156884	-39.10
天津市	7433346	4593619	61.82	11807466	11547662	2.25
河北省	25984064	31599197	-17.77	27442934	34869790	-21.30
山西省	7451559	8998952	-17.20	9804768	16130972	-39.22
内蒙古	6936805	7487983	-7.36	5390245	4685099	15.05
辽宁省	16694315	16043037	4.06	19144179	16931015	13.07
吉林省	1465211	2027516	-27.73	1510958	1663313	-9.16
黑龙江	1854634	1633553	13.53	1306640	1594174	-18.04
上海市	8698847	9531872	-8.74	4568826	4022624	13.58
江苏省	31225753	27230151	14.67	25658657	29307369	-12.45
浙江省	10219085	8893270	14.91	7824672	8645162	-9.49
安徽省	4234153	4089384	3.54	3706137	2752927	34.63
福建省	2554691	1997833	27.87	3499482	3183208	9.94
江西省	2465802	2090802	17.94	2636987	2533849	4.07
山东省	8611700	8385703	2.70	13290209	17929548	-25.88
河南省	4687731	4071172	15.14	4723501	6660758	-29.08
湖北省	5684200	4867449	16.78	6991314	11124221	-37.15
湖南省	2944349	3185095	-7.56	3293292	4585563	-28.18
广东省	6394727	5456884	17.19	5866700	6314012	-7.08
广西区	2729630	2500820	9.15	6067745	7779782	-22.01
海南省	162087	378387	-57.16	236577	280790	-15.75
重庆市	1307842	1443455	-9.40	918782	1150016	-20.11
四川省	8516681	7861547	8.33	6095652	8240132	-26.02
贵州省	1772925	1998507	-11.29	3151192	3165208	-0.44
云南省	2272475	2820068	-19.42	3063729	3954461	-22.52
西藏区	121962	248741	-50.97	38948	49111	-20.69
陕西省	3350708	3621726	-7.48	2829791	2812005	0.63
甘肃省	2748425	1466902	87.36	6322876	4499998	40.51
青海省	1299284	946254	37.31	559919	929915	-39.79
宁夏区	190034	298193	-36.27	977419	951840	2.69
新疆区	1719244	2207006	-22.10	2864387	2007560	42.68

2009 年 1-11 月钢铁工业分地区主要经济指标（三）

单位：千元

地 区	资产总计			负债合计		
	2009 年 1-11 月	2008 年 1-11 月	同期增减（%）	2009 年 1-11 月	2008 年 1-11 月	同期增减（%）
全 国	4233762454	3788378284	11.76	2685097096	2359351490	13.81
北京市	185957991	160788531	15.65	101815707	82314321	23.69
天津市	212417251	172928184	22.84	166636032	132384979	25.87
河北省	683788842	587241394	16.44	441317231	377991920	16.75
山西省	187517729	178615336	4.98	127060755	120202692	5.71
内蒙古	130913983	117521769	11.40	79747583	67755550	17.70
辽宁省	428828155	405436859	5.77	246589509	217209562	13.53
吉林省	49312874	48759923	1.13	31714589	29568494	7.26
黑龙江	27958885	22934472	21.91	21442726	16899814	26.88
上海市	197753719	203041306	-2.60	98654174	99705724	-1.05
江苏省	436359111	373837383	16.72	281772147	230469526	22.26
浙江省	126311302	117211103	7.76	88067482	81973615	7.43
安徽省	113326627	104737651	8.20	66620253	63828896	4.37
福建省	58126046	52161985	11.43	38512171	33176829	16.08
江西省	65718233	54373300	20.86	43829118	37542025	16.75
山东省	298694351	275681209	8.35	187799422	179460018	4.65
河南省	102969988	98060087	5.01	64469989	61870720	4.20
湖北省	226629479	191054675	18.62	141755803	116861924	21.30
湖南省	94558368	80697868	17.18	62681772	53615590	16.91
广东省	106825505	97023803	10.10	77554436	68364833	13.44
广西区	54325391	50884053	6.76	35310676	32275327	9.40
海南省	5260484	5974545	-11.95	2403911	3181987	-24.45
重庆市	23889423	19485434	22.60	14438218	10950258	31.85
四川省	148740944	125566960	18.46	95642644	83722242	14.24
贵州省	25286741	24742682	2.20	19128148	19319765	-0.99
云南省	70781377	66376493	6.64	40067698	35882223	11.66
西藏区	1459103	1598220	-8.70	383675	395861	-3.08
陕西省	32248133	28181975	14.43	22990662	19900952	15.53
甘肃省	74096909	64529245	14.83	47339410	46271654	2.31
青海省	15688231	15141666	3.61	10424257	9353589	11.45
宁夏区	5378159	5023731	7.06	4615065	4038987	14.26
新疆区	42639120	38766439	9.99	24311833	22861613	6.34

2009 年 1-11 月钢铁工业分地区主要经济指标（四）

单位：千元

地 区	主营业务成本			主营业务税金及附加		
	2009 年 1-11 月	2008 年 1-11 月	同期增减（%）	2009 年 1-11 月	2008 年 1-11 月	同期增减（%）
全 国	3895647496	4003442568	-2.69	15612974	25516284	-38.81
北京市	53405105	51399806	3.90	183061	237729	-23.00
天津市	231075733	207742477	11.23	197200	376899	-47.68
河北省	695993138	709043787	-1.84	2012666	3553185	-43.36
山西省	133089210	166632126	-20.13	434779	1038058	-58.12
内蒙古	131322635	120036064	9.40	817163	1286263	-36.47
辽宁省	334258220	305641036	9.36	2407457	3896426	-38.21
吉林省	44280285	46937164	-5.66	199307	502201	-60.31
黑龙江	20346586	23312314	-12.72	75870	89228	-14.97
上海市	122405543	159923065	-23.46	358069	927195	-61.38
江苏省	542598445	525140268	3.32	948032	2201100	-56.93
浙江省	116582174	134490008	-13.32	321969	439097	-26.67
安徽省	101190321	117680256	-14.01	546083	1085466	-49.69
福建省	70625208	72121439	-2.07	201505	275222	-26.78
江西省	69400403	75183275	-7.69	426345	553547	-22.98
山东省	305771762	327634339	-6.67	1543080	2255372	-31.58
河南省	142734129	165053698	-13.52	871034	1323465	-34.19
湖北省	164305946	146639169	12.05	832000	1351441	-38.44
湖南省	74906442	88420160	-15.28	511731	842734	-39.28
广东省	114595585	125690944	-8.83	249328	259311	-3.85
广西区	64977091	69932730	-7.09	283485	541976	-47.69
海南省	2489243	2142365	16.19	75504	77917	-3.10
重庆市	22456847	26636775	-15.69	90000	57766	55.80
四川省	125806816	115925040	8.52	1001669	973849	2.86
贵州省	27188751	32092627	-15.28	126960	330797	-61.62
云南省	53839493	60545506	-11.08	281873	265444	6.19
西藏区	129879	565343	-77.03	8960	11417	-21.52
陕西省	34114905	26031576	31.05	140108	101114	38.56
甘肃省	45831317	44098376	3.93	245556	328646	-25.28
青海省	9550997	10232987	-6.66	52492	76536	-31.42
宁夏区	5542146	6787145	-18.34	22160	76926	-71.19
新疆区	34833141	39730703	-12.33	147528	179957	-18.02

2009 年 1-11 月钢铁工业分地区主要经济指标（五）

单位：千元

地 区	营业费用			管理费用		
	2009 年 1-11 月	2008 年 1-11 月	同期增减（%）	2009 年 1-11 月	2008 年 1-11 月	同期增减（%）
全 国	37997264	45350310	-16.21	106002561	109066150	-2.81
北京市	319163	348546	-8.43	1938419	1960982	-1.15
天津市	879099	866622	1.44	3002624	2592377	15.83
河北省	3464287	4676239	-25.92	12431233	12282673	1.21
山西省	1523921	2213469	-31.15	5135307	5803108	-11.51
内蒙古	1174203	1772393	-33.75	2439750	2558034	-4.62
辽宁省	3870164	5210923	-25.73	17396150	18778257	-7.36
吉林省	456020	607489	-24.93	1159548	1524067	-23.92
黑龙江	308005	437054	-29.53	514742	487784	5.53
上海市	867689	998367	-13.09	2640707	3689085	-28.42
江苏省	3923683	4458007	-11.99	8330544	8293121	0.45
浙江省	868078	902035	-3.76	2361420	2433123	-2.95
安徽省	937368	1100196	-14.80	2649837	2426150	9.22
福建省	708091	765770	-7.53	1431304	1397998	2.38
江西省	633620	676985	-6.41	1699948	1587508	7.08
山东省	2781544	3377017	-17.63	10191954	9427579	8.11
河南省	1565535	2192254	-28.59	2638416	4012604	-34.25
湖北省	1963571	2070423	-5.16	7977222	7308268	9.15
湖南省	1213689	1466194	-17.22	2880416	3186305	-9.60
广东省	1215033	1500467	-19.02	1873866	2060430	-9.05
广西区	717239	839109	-14.52	1941812	1665947	16.56
海南省	55655	57042	-2.43	236903	317111	-25.29
重庆市	605668	519570	16.57	794398	902342	-11.96
四川省	2730595	2447167	11.58	7147213	6651189	7.46
贵州省	447432	588984	-24.03	782361	982763	-20.39
云南省	1070073	947925	12.89	1764997	1986030	-11.13
西藏区	9755	18409	-47.01	46900	73262	-35.98
陕西省	572608	441725	29.63	1017901	843654	20.65
甘肃省	1474012	1687605	-12.66	2318235	2624350	-11.66
青海省	228503	290408	-21.32	345000	335904	2.71
宁夏区	150896	275424	-45.21	172029	161608	6.45
新疆区	1262065	1596492	-20.95	741405	712537	4.05

2009 年 1-11 月钢铁工业分地区主要经济指标（六）

单位：千元

地 区	财务费用			应交增值税		
	2009 年 1-11 月	2008 年 1-11 月	同期增减（%）	2009 年 1-11 月	2008 年 1-11 月	同期增减（%）
全 国	48213943	55260855	-12.75	97219999	135215774	-28.10
北京市	837643	1080408	-22.47	1831855	1977717	-7.38
天津市	1997172	2724093	-26.68	2105596	2907251	-27.57
河北省	8102948	8553759	-5.27	16843826	22086464	-23.74
山西省	2310685	3266923	-29.27	3390887	6687156	-49.29
内蒙古	1234867	1011253	22.11	4202537	4270805	-1.60
辽宁省	4314442	4836531	-10.79	8236983	13886658	-40.68
吉林省	704594	878230	-19.77	709107	1719525	-58.76
黑龙江	263384	511325	-48.49	772329	866806	-10.90
上海市	1567520	1741505	-9.99	3665367	6438057	-43.07
江苏省	5432512	6610045	-17.81	9687432	14366954	-32.57
浙江省	1379616	2064160	-33.16	2190278	3315214	-33.93
安徽省	1019134	1532336	-33.49	3028858	4919030	-38.43
福建省	625547	878770	-28.82	1133489	2175358	-47.89
江西省	665687	733498	-9.24	2359283	2681616	-12.02
山东省	4442894	4843118	-8.26	8549823	11929120	-28.33
河南省	1475497	1459562	1.09	5416965	6199619	-12.62
湖北省	2749308	1950901	40.93	4797609	6057191	-20.79
湖南省	1221024	1348559	-9.46	2316664	3229517	-28.27
广东省	1648390	1583846	4.08	2097198	2333507	-10.13
广西区	930339	956531	-2.74	1782860	2631169	-32.24
海南省	50395	11936	322.21	245164	359629	-31.83
重庆市	294090	305963	-3.88	463836	1075306	-56.86
四川省	1929961	2588362	-25.44	4293385	4492220	-4.43
贵州省	189769	277904	-31.71	840461	1235310	-31.96
云南省	660093	871872	-24.29	1890930	2348664	-19.49
西藏区	2855	8621	-66.88	31959	76921	-58.45
陕西省	317710	282165	12.60	879602	838783	4.87
甘肃省	944486	1382654	-31.69	1832458	1866809	-1.84
青海省	337636	359357	-6.04	276827	315804	-12.34
宁夏区	84388	101407	-16.78	108321	278540	-61.11
新疆区	479357	505261	-5.13	1238110	1649054	-24.92

全国钢铁工业主要产品产量同期对比情况表

单位：吨

产品名称	完成产量				同期增减（%）	
	2009年12月	2009年	2008年12月	2008年	12月	全年
铁矿石原矿	88248242	880171424.4	62946041.67	808052526.3	40.20	8.93
生铁	44723343.72	543748308.2	35895639.8	469285594.7	24.59	15.87
粗钢	47664418.85	567842368.8	37651342.53	500311540	26.59	13.50
钢材	64638721.75	692437465.8	49176886.55	584340316.7	31.44	18.50
1.铁道用钢材	384339.24	5859883.19	530802.01	4744151.66	-27.59	23.52
其中：轻轨	51925	895575.04	79946.9	873705	-35.05	2.50
重轨	308512	4420676.64	419778	3257846	-26.51	35.69
2.大型型钢	831840.29	9470446.45	531945.91	8874289.98	56.38	6.72
3.中小型型钢	3455730.69	41188813.36	3237008.2	30931850.37	6.76	33.16
4.棒材	5029802.88	55653875.19	3615255.51	47699430.98	39.13	16.68
5.钢筋	10884656.83	121505575.9	9446990.97	95600299.68	15.22	27.10
6.线材（盘条)	8725145.37	95857487.93	7062852.49	79302446.73	23.54	20.88
7.特厚板	506905.03	4745639.87	358197	4389210	41.52	8.12
8.厚钢板	1759720.16	18748669.88	1486318	19365850	18.39	-3.19
9.中板	3071181.09	34875876.27	2608107.31	35839584.51	17.76	-2.69
10.热轧薄板	666790.21	5768630.13	391615.7	3286690.98	70.27	75.51
11.冷轧薄板	1602806.91	16411317.26	1134060.53	13632722.19	41.33	20.38
12.中厚宽钢带	7892826.13	83837640.45	5032470.99	74077860.06	56.84	13.18
13.热轧薄宽钢带	3065057.7	30336329.12	1344658.53	24415511.88	127.94	24.25
14.冷轧薄宽钢带	2300894.32	21870385.95	1303996.28	18862250.97	76.45	15.95
15.热轧窄钢带	4533253.95	45747579.8	3199424.26	35838990.81	41.69	27.65
16.冷轧窄钢带	713233.86	6744753.92	449900.58	5601286.31	58.53	20.41
17.镀层板（带）	2033536.28	20138024.07	1515534.46	17739744.55	34.18	13.52
18.涂层板（带）	573464	5041444.8	394970.55	4587516.76	45.19	9.89
19.电工钢板（带）	469369	4511673	274066	4210564.33	71.26	7.15
20.无缝钢管	2218282.17	21786099.59	2031015.65	21152443.22	9.22	3.00
21.焊接钢管	2882841.21	31030013.61	2501204.56	25413735.13	15.26	22.10
22.其它钢材	1037044.43	11307306.04	726491.06	8773885.64	42.75	28.87
用外购国产钢材再加工生产的钢	2200167	22862526.29	1563570.28	19827660.18	40.71	15.31

五、有色金属工业

2009 年 1-11 月有色金属工业主要经济指标

指标	单位	2009 年 1-11 月	2008 年 1-11 月	同期增减（%）
企业总数	个	7770		
亏损企业	个	1610	1685	-4.45
亏损企业亏损总额	千元	14893499	14294284	4.19
应收帐款净额	千元	113791191	99550453	14.31
产成品	千元	74872040	81247768	-7.85
资产总计	千元	1412622578	1223995049	15.41
负债总计	千元	879323577	736333178	19.42
主营业务收入	千元	1573900578	1627504350	-3.29
主营业务成本	千元	1434169324	1478464250	-3.00
主营业务税金及附加	千元	5471082	6231856	-12.21
营业费用	千元	15297292	16140628	-5.22
管理费用	千元	35389097	33765147	4.81
财务费用	千元	19652439	19942116	-1.45
利润总额	千元	49495220	58507640	-15.40
应交增值税	千元	32584102	40807889	-20.15
全部从业人员年平均人数	人	1575815	1564987	0.69

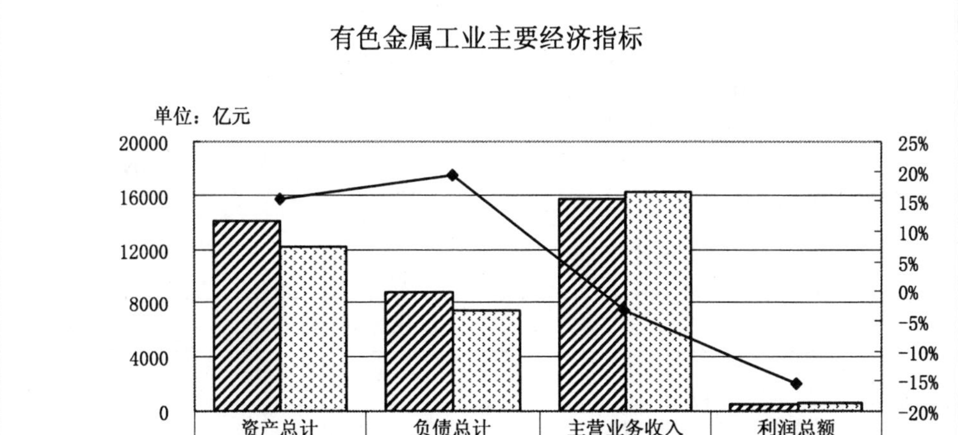

	资产总计	负债总计	主营业务收入	利润总额
2009年1-11月	14126	8793	15739	495
2008年1-11月	12240	7363	16275	585
增长率	15.41%	19.42%	-3.29%	-15.40%

在国家采取一揽子“保增长、扩内需、调结构、惠民生”等政策的大力支持下，我国有色金属工业在 2009 年较快地扭转了行业增长大幅下滑的势头，生产逐步恢复正常，企稳向好的态势不断巩固。据统计，至 2009 年 11 月末，全国有色金属行业规模以上企业共计 7700 家，累计主营业务收入达 15739 亿元，比上年同期减少 3.29%，全行业完成利润 495 亿元，降幅为 15.4%。

2009 年 1-11 月有色金属工业分地区主要经济效益指标

地　区	销售利润(%)	成本费用利润率(%)	资产负债率(%)	流动资产周转率	成本费用率
全　国	3.14	3.28	62.25	2.43	4.90
北京市	0.88	0.88	59.16	1.83	5.88
天津市	1.32	1.32	66.27	3.55	2.03
河北省	-1.01	-1.02	61.72	2.65	5.34
山西省	-14.58	-12.69	69.74	1.16	11.26
内蒙古	5.97	6.50	54.42	3.15	5.44
辽宁省	7.37	8.13	63.59	2.11	5.60
吉林省	6.20	6.63	30.22	3.20	5.65
黑龙江	3.29	3.21	57.43	0.90	13.57
上海市	2.23	2.27	60.34	2.01	6.18
江苏省	2.97	3.08	63.46	3.92	2.96
浙江省	2.60	2.65	65.69	2.25	3.67
安徽省	2.58	2.64	71.61	2.73	3.62
福建省	2.67	2.74	58.62	2.56	4.65
江西省	3.89	4.13	49.54	3.65	2.39
山东省	6.73	7.22	47.68	2.67	4.16
河南省	4.67	4.86	67.46	2.13	5.20
湖北省	1.59	1.64	62.84	2.98	4.74
湖南省	2.22	2.47	59.48	3.56	5.40
广东省	2.25	2.34	65.12	3.09	3.69
广西区	0.73	0.74	72.47	1.84	11.27
重庆市	1.57	1.62	63.36	2.26	4.79
四川省	2.33	2.39	63.48	1.78	10.18
贵州省	-5.28	-4.92	70.09	1.44	7.30
云南省	2.70	2.78	65.88	1.19	10.69
西藏区	25.89	35.49	47.76	0.41	44.78
陕西省	0.93	0.95	63.79	1.91	5.66
甘肃省	0.95	0.96	57.17	1.09	7.34
青海省	2.95	3.02	64.65	1.71	6.55
宁夏区	-6.01	-5.67	79.82	1.31	8.32
新疆区	23.98	31.07	35.47	1.63	15.10

2009年1-11月有色金属工业分地区主要经济指标（一）

单位：千元

地　区	主营业务收入			利润总额		
	2009年1-11月	2008年1-11月	同期增减（%）	2009年1-11月	2008年1-11月	同期增减（%）
全　国	1573900578	1627504350	-3.29	49495220	58507640	-15.40
北京市	4175106	4682889	-10.84	36788	9472	288.39
天津市	20734955	17756220	16.78	273870	-189341	-244.64
河北省	18795395	21064224	-10.77	-189632	316465	-159.92
山西省	19676579	31816443	-38.16	-2867945	522863	-648.51
内蒙古	74787498	67611816	10.61	4462453	6181557	-27.81
辽宁省	66436657	63584268	4.49	4896222	2641967	85.32
吉林省	5336953	3391277	57.37	331110	234253	41.35
黑龙江	2057795	2766884	-25.63	67708	97982	-30.90
上海市	28837797	37098352	-22.27	643805	379775	69.52
江苏省	189883128	178155149	6.58	5642324	3074276	83.53
浙江省	100853900	114632991	-12.02	2617851	1261600	107.50
安徽省	73882204	77974595	-5.25	1904537	1341398	41.98
福建省	22958899	25253057	-9.08	612392	741081	-17.37
江西省	135023804	137030387	-1.46	5249909	6045223	-13.16
山东省	133130360	120537169	10.45	8957184	8311868	7.76
河南省	154713086	175683184	-11.94	7218128	11800047	-38.83
湖北省	40346866	36016043	12.02	642505	1020052	-37.01
湖南省	73734639	75745824	-2.66	1633937	1616824	1.06
广东省	148339987	148774295	-0.29	3339487	3409027	-2.04
广西区	34126629	35884098	-4.90	248309	980944	-74.69
重庆市	25524848	28983968	-11.93	400548	929388	-56.90
四川省	32633878	34874009	-6.42	759747	1286910	-40.96
贵州省	11906981	13162668	-9.54	-628309	-735947	-14.63
云南省	60305529	83444522	-27.73	1630975	1384710	17.78
西藏区	392402	574456	-31.69	101579	173402	-41.42
陕西省	31539699	22711291	38.87	293562	574784	-48.93
甘肃省	20760789	24927815	-16.72	197559	1299735	-84.80
青海省	30236758	28069326	7.72	890683	2247053	-60.36
宁夏区	9772605	11045361	-11.52	-590331	248428	-337.63
新疆区	2994852	4251769	-29.56	718265	1301844	-44.83

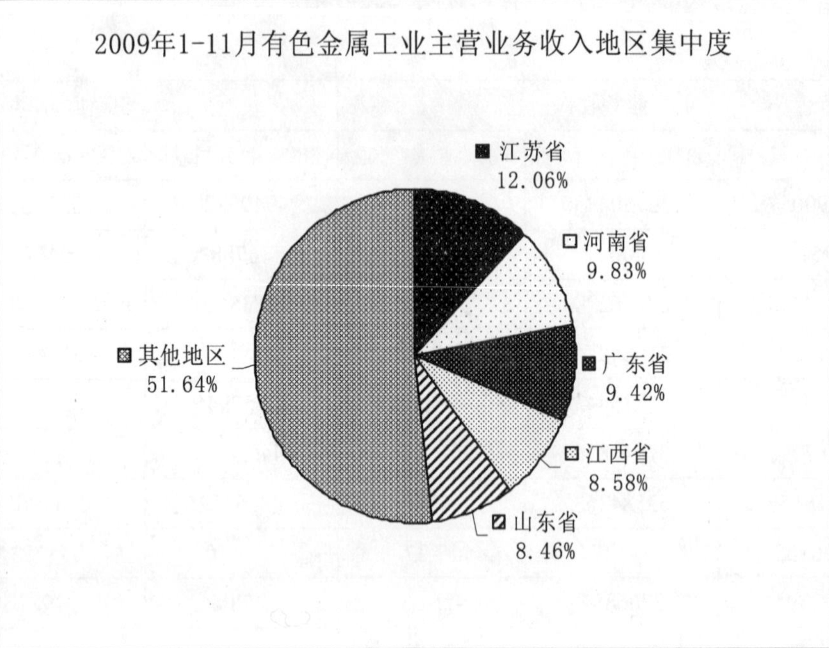

中国有色金属冶炼企业集中于产地中西部地区，而加工企业集中于消费地华东和华南地区。统计显示，2009 年 1-11 月我国有色金属工业主营业务收入前 5 名的省（市）为江苏、河南、广东、江西和山东，分别占全国主营业务收入总额的 12.06%、9.83%、9.42%、8.58%和 8.46%，其他地区占 51.64%。

2009 年 1-11 月有色金属工业分地区主要经济指标（二）

单位：千元

地　区	应收帐款净额			产成品		
	2009 年 1-11 月	2008 年 1-11 月	同期增减（%）	2009 年 1-11 月	2008 年 1-11 月	同期增减（%）
全　国	113791191	99550453	14.31	74872040	81247768	-7.85
北京市	607833	544440	11.64	232616	289243	-19.58
天津市	1107272	894473	23.79	696841	546638	27.48
河北省	1500349	1271890	17.96	1373356	1244023	10.40
山西省	1721709	1879855	-8.41	1303372	1897508	-31.31
内蒙古	2598755	2686109	-3.25	3338114	2544592	31.18
辽宁省	5048891	2976725	69.61	3570824	6953283	-48.65
吉林省	572176	419622	36.36	154406	123519	25.01
黑龙江	330140	446575	-26.07	163143	274380	-40.54
上海市	4503526	4088292	10.16	1564917	1524913	2.62
江苏省	15638092	12715571	22.98	5402831	5359737	0.80
浙江省	10028567	8040363	24.73	6048246	6271506	-3.56
安徽省	3358505	2879085	16.65	2229331	1474044	51.24
福建省	2092738	2588525	-19.15	1914238	1814918	5.47

地　区	应收帐款净额			产成品		
	2009年1-11月	2008年1-11月	同期增减（%）	2009年1-11月	2008年1-11月	同期增减（%）
江西省	5631950	5461367	3.12	3449684	3567067	-3.29
山东省	4990094	4555252	9.55	3569590	2919013	22.29
河南省	10454414	8385656	24.67	4558945	4929241	-7.51
湖北省	2771756	1563549	77.27	1663009	3426070	-51.46
湖南省	2355128	2633860	-10.58	2804655	2654458	5.66
广东省	12674235	12265973	3.33	7393740	7376762	0.23
广西区	1485879	1237730	20.05	3228187	3123666	3.35
重庆市	2738307	2672291	2.47	1370508	1377262	-0.49
四川省	3224653	3135613	2.84	2295631	3100779	-25.97
贵州省	1974284	2297781	-14.08	1487457	1142411	30.20
云南省	5971563	6450142	-7.42	6230129	8773178	-28.99
西藏区	78139	61666	26.71	157724	82653	90.83
陕西省	3297657	1894235	74.09	2453168	2001108	22.59
甘肃省	2364476	2773905	-14.76	1905306	2564069	-25.69
青海省	3026282	2262366	33.77	3183210	2461490	29.32
宁夏区	1460127	322385	352.91	950826	1139077	-16.53
新疆区	183694	145157	26.55	178036	291160	-38.85

2009年1-11月有色金属工业分地区主要经济指标（三）

单位：千元

地　区	资产总计			负债合计		
	2009年1-11月	2008年1-11月	同期增减（%）	2009年1-11月	2008年1-11月	同期增减（%）
全　国	1412622578	1223995049	15.41	879323577	736333178	19.42
北京市	3644565	3405643	7.02	2156014	1996570	7.99
天津市	8883657	6014324	47.71	5887562	3907756	50.66
河北省	15736435	14376093	9.46	9712608	7441226	30.52
山西省	54970844	54649003	0.59	38338562	35874271	6.87
内蒙古	70564055	53333248	32.31	38403126	28645991	34.06
辽宁省	61526761	53812409	14.34	39127615	33797056	15.77
吉林省	4912109	3708993	32.44	1484472	1504721	-1.35
黑龙江	4989454	4308577	15.80	2865519	2460499	16.46
上海市	24629240	23214500	6.09	14861536	13328280	11.50
江苏省	82287837	71172074	15.62	52216819	44162821	18.24
浙江省	74856473	63745028	17.43	49176936	41841824	17.53
安徽省	56437599	40769572	38.43	40416562	27751356	45.64
福建省	21006138	18143950	15.77	12313520	10184733	20.90

地 区	资产总计			负债合计		
	2009 年 1-11 月	2008 年 1-11 月	同期增减（%）	2009 年 1-11 月	2008 年 1-11 月	同期增减（%）
江西省	73617824	60241642	22.20	36467829	28598121	27.52
山东省	129034761	117236923	10.06	61525045	56164502	9.54
河南省	164817930	147305772	11.89	111179313	97933455	13.53
湖北省	26980565	22817318	18.25	16954529	12069994	40.47
湖南省	50729710	49459143	2.57	30172295	26841065	12.41
广东省	78659429	71787796	9.57	51222652	46322015	10.58
广西区	53540604	47878892	11.83	38800657	33059668	17.37
重庆市	22966186	20422256	12.46	14551883	12093240	20.33
四川省	41026276	36238913	13.21	26044822	21248927	22.57
贵州省	26573552	24450537	8.68	18626340	16415391	13.47
云南省	106015036	90508291	17.13	69839096	56790966	22.98
西藏区	3295236	2896734	13.76	1573846	1029423	52.89
陕西省	31142058	25077435	24.18	19866167	16482030	20.53
甘肃省	42162028	40125889	5.07	24105556	25289459	-4.68
青海省	50674312	35750329	41.75	32761529	19940722	64.29
宁夏区	20553111	15676930	31.10	16404750	11341740	44.64
新疆区	6388793	5466835	16.86	2266417	1815356	24.85

2009 年 1-11 月有色金属工业分地区主要经济指标（四）

单位：千元

地 区	主营业务成本			主营业务税金及附加		
	2009 年 1-11 月	2008 年 1-11 月	同期增减（%）	2009 年 1-11 月	2008 年 1-11 月	同期增减（%）
全 国	1434169324	1478464250	-3.00	5471082	6231856	-12.21
北京市	3956544	4446916	-11.03	4316	5791	-25.47
天津市	20293744	17566314	15.53	11710	9969	17.46
河北省	17622755	19597593	-10.08	43678	45628	-4.27
山西省	20237238	28541275	-29.09	87365	130501	-33.05
内蒙古	64703972	55946754	15.65	470122	311647	50.85
辽宁省	56770661	56344945	0.76	284682	223430	27.41
吉林省	4710373	2758764	70.74	14732	28775	-48.80
黑龙江	1848216	2363223	-21.79	10688	12364	-13.56
上海市	26725188	35034744	-23.72	15668	28066	-44.17
江苏省	177811149	167581911	6.10	303624	444427	-31.68
浙江省	95028594	109736757	-13.40	264935	283751	-6.63
安徽省	69161510	74024403	-6.57	385946	286015	34.94
福建省	21303964	23218768	-8.25	67534	90806	-25.63
江西省	123755309	125683172	-1.53	511932	604675	-15.34

地　区	主营业务成本			主营业务税金及附加		
	2009 年 1-11 月	2008 年 1-11 月	同期增减（%）	2009 年 1-11 月	2008 年 1-11 月	同期增减（%）
山东省	118650688	106187979	11.74	421912	298575	41.31
河南省	140599053	156327708	-10.06	547414	660899	-17.17
湖北省	37315576	32895182	13.44	119726	184231	-35.01
湖南省	62344515	65046254	-4.15	419530	479166	-12.45
广东省	137160665	137978445	-0.59	291712	278794	4.63
广西区	29841985	31655492	-5.73	234593	256944	-8.70
重庆市	23493432	26647334	-11.84	50820	108101	-52.99
四川省	28691878	30570177	-6.14	165685	173810	-4.67
贵州省	11829824	12794045	-7.54	65060	418092	-84.44
云南省	52715709	76455378	-31.05	369364	448817	-17.70
西藏区	192111	300665	-36.10	8100	6388	26.80
陕西省	29104403	20461489	42.24	86749	88948	-2.47
甘肃省	19159541	21859378	-12.35	66979	127307	-47.39
青海省	27569361	23570043	16.97	96017	124766	-23.04
宁夏区	9585383	10296817	-6.91	24995	29117	-14.16
新疆区	1985983	2572325	-22.79	25494	42056	-39.38

2009 年 1-11 月有色金属工业分地区主要经济指标（五）

单位：千元

地　区	营业费用			管理费用		
	2009 年 1-11 月	2008 年 1-11 月	同期增减（%）	2009 年 1-11 月	2008 年 1-11 月	同期增减（%）
全　国	15297292	16140628	-5.22	35389097	33765147	4.81
北京市	49039	49737	-1.40	154545	163822	-5.66
天津市	85857	83686	2.59	213985	155594	37.53
河北省	303793	415721	-26.92	424764	454966	-6.64
山西省	280625	438868	-36.06	982280	929539	5.67
内蒙古	759953	758549	0.19	1957631	1784925	9.68
辽宁省	618396	514897	20.10	1470822	1443143	1.92
吉林省	69513	57410	21.08	128793	124348	3.57
黑龙江	33950	55921	-39.29	193016	212115	-9.00
上海市	375921	371991	1.06	1012691	1020516	-0.77
江苏省	1317891	1673174	-21.23	2714856	2494755	8.82
浙江省	626324	637546	-1.76	1815815	1698819	6.89
安徽省	484777	363930	33.21	1357552	1225644	10.76
福建省	245244	315450	-22.26	496561	575556	-13.72
江西省	636653	528440	20.48	1760352	1689675	4.18
山东省	1062230	1223617	-13.19	1966797	1835878	7.13

地 区	营业费用			管理费用		
	2009 年 1-11 月	2008 年 1-11 月	同期增减（%）	2009 年 1-11 月	2008 年 1-11 月	同期增减（%）
河南省	1597491	1745750	-8.49	3013605	2882229	4.56
湖北省	453903	452077	0.40	1050086	1034208	1.54
湖南省	982866	1021041	-3.74	1812950	1877973	-3.46
广东省	1425119	1224668	16.37	2740515	2490861	10.02
广西区	559965	378153	48.08	1314171	1291821	1.73
重庆市	274493	407488	-32.64	517319	539389	-4.09
四川省	576952	577519	-0.10	1760100	1433820	22.76
贵州省	289074	379539	-23.84	408778	484907	-15.70
云南省	952960	1021390	-6.70	3176238	3022706	5.08
西藏区	14529	10018	45.03	67573	88741	-23.85
陕西省	289775	286966	0.98	957098	948589	0.90
甘肃省	295968	381149	-22.35	607365	619056	-1.89
青海省	386035	458974	-15.89	870127	751699	15.75
宁夏区	172295	225383	-23.55	234960	283820	-17.22
新疆区	75701	81576	-7.20	207752	206033	0.83

2009 年 1-11 月有色金属工业分地区主要经济指标（六）

单位：千元

地 区	财务费用			应交增值税		
	2009 年 1-11 月	2008 年 1-11 月	同期增减（%）	2009 年 1-11 月	2008 年 1-11 月	同期增减（%）
全 国	19652439	19942116	-1.45	32584102	40807889	-20.15
北京市	29027	42974	-32.45	36413	59352	-38.65
天津市	112401	157099	-28.45	120763	98617	22.46
河北省	211874	219065	-3.28	208911	259222	-19.41
山西省	1016577	1203597	-15.54	692178	1372522	-49.57
内蒙古	801274	774682	3.43	2120273	2091195	1.39
辽宁省	1091093	1021331	6.83	840936	947107	-11.21
吉林省	67855	59309	14.41	113443	95206	19.16
黑龙江	23885	52539	-54.54	83079	99505	-16.51
上海市	262484	330264	-20.52	298722	456828	-34.61
江苏省	1230715	1588626	-22.53	2933669	3206981	-8.52
浙江省	1045458	1189173	-12.09	1223074	1886419	-35.16
安徽省	664166	806805	-17.68	1469043	1662028	-11.61
福建省	249592	179579	38.99	301045	417093	-27.82
江西省	566543	626909	-9.63	4417922	4833492	-8.60
山东省	1904755	1625080	17.21	2837732	2986840	-4.99

地　区	财务费用			应交增值税		
	2009年1-11月	2008年1-11月	同期增减（%）	2009年1-11月	2008年1-11月	同期增减（%）
河南省	2699353	2480018	8.84	3875657	5882835	-34.12
湖北省	266077	378412	-29.69	562788	768570	-26.77
湖南省	571488	641722	-10.94	1908315	2477704	-22.98
广东省	899015	825520	8.90	1453660	1761287	-17.47
广西区	1489038	944357	57.68	1217364	1348391	-9.72
重庆市	334390	388429	-13.91	368863	574026	-35.74
四川省	583706	588264	-0.77	975271	1017743	-4.17
贵州省	166037	161435	2.85	251313	398886	-37.00
云南省	1503640	1975014	-23.87	2245093	3022235	-25.71
西藏区	3926	3117	25.95	51238	59797	-14.31
陕西省	399594	394463	1.30	413718	647025	-36.06
甘肃省	502160	361496	38.91	490900	810754	-39.45
青海省	549705	531737	3.38	775664	936259	-17.15
宁夏区	390119	367052	6.28	99029	326291	-69.65
新疆区	16492	24048	-31.42	198026	303679	-34.79

全国有色金属工业主要产品产量同期对比情况表

单位：吨

产品名称	完成产量				同期增减（%）	
	2009年12月	2009年	2008年12月	2008年	12月	全年
十种有色金属	2802733.2	26809204.69	2072115.82	25342941.41	35.26	5.79
精炼铜(电解铜)	417244.48	4251763.5	325981.62	3879134.83	28.00	9.61
铅	374595	3870278.2	324770.71	3324145.53	15.34	16.43
锌	461626.93	4416204.7	318784.46	3955471.79	44.81	11.65
镍	21271.01	216363.27	20184.8	186849.43	5.38	15.80
锡	14255.05	135835.92	8841.33	129955.36	61.23	4.53
锑品	24158.64	196010.44	16455.81	196355.4	46.81	-0.18
氧化铝	2438861.12	23826130.73	1767307.6	22818763.39	38.00	4.41
原铝（电解铝）	1368540.72	12984960.16	985503.09	12857492.96	38.87	0.99
铝合金	263366.19	2429698.04	176303.32	2341840.41	49.38	3.75
铜材	1005125.59	9800079.34	733960.26	8018451.76	36.95	22.22
铝材	1767608.55	17698788.57	1304704.42	15155800.56	35.48	16.78

六、建材工业

2009 年 1-11 月建材工业主要经济指标

指标	单位	2009 年 1-11 月	2008 年 1-11 月	同期增减（%）
企业总数	个	55121		
亏损企业	个	9192	8124	13.15
亏损企业亏损总额	千元	19070178	16850683	13.17
应收帐款净额	千元	396078530	346400368	14.34
产成品	千元	208845134	191958027	8.80
资产总计	千元	2965199315	2544452036	16.54
负债总计	千元	1681890605	1469604548	14.45
主营业务收入	千元	3472404171	3020250951	14.97
主营业务成本	千元	2961504651	2592425008	14.24
主营业务税金及附加	千元	21554682	18538662	16.27
营业费用	千元	87669354	80940822	8.31
管理费用	千元	120862478	106035239	13.98
财务费用	千元	37488678	35273019	6.28
利润总额	千元	195685356	158780863	23.24
应交增值税	千元	103960702	92398844	12.51
全部从业人员年平均人数	人	7667459	7566887	1.33

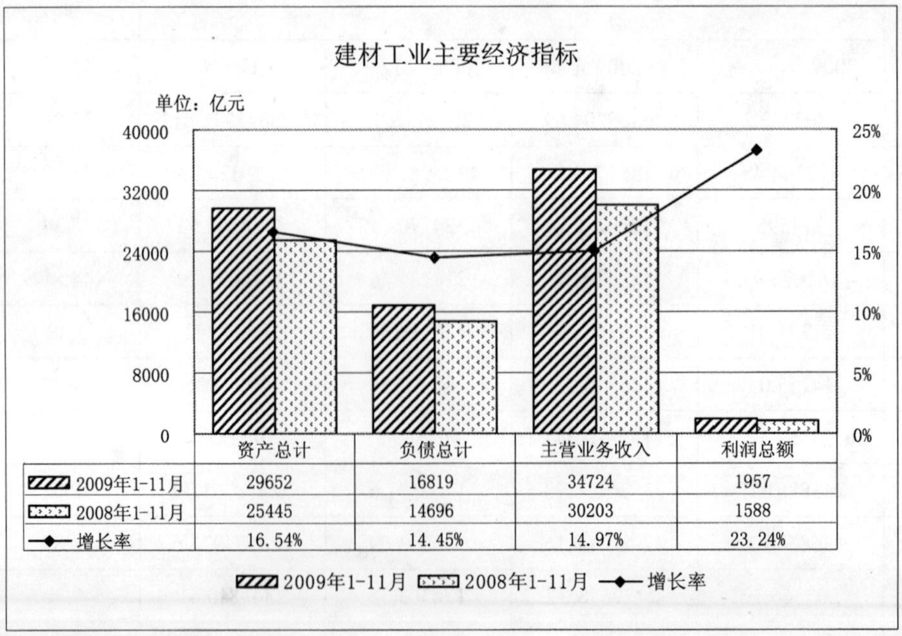

2009 年，在国家实施“保增长、扩内需、调结构、惠民生”一揽子措施的推动下，我国建材工业克服国际金融危机不利影响，总体保持了较快增长，主要建材产品生产销售增速回升，价格水平止跌回稳，经济效益稳定增长。据统计，至 2009 年 11 月末，我国 55121 家规模以上建材生产企业共实现主营业务收入 34724 亿元，比上年同期增 14.97%，完成利润 1957 亿元，同比增长 23.24%。

2009 年 1-11 月建材工业分地区主要经济效益指标

地　区	销售利润(%)	成本费用利润率（%）	资产负债率(%)	流动资产周转率(次)	成本费用率(%)
全　国	5.64	6.06	56.72	2.45	8.31
北京市	5.39	5.57	61.77	1.04	14.62
天津市	3.21	3.31	59.95	1.73	6.48
河北省	6.03	6.46	57.05	2.52	7.89
山西省	-1.97	-1.96	71.54	1.10	13.53
内蒙古	8.15	9.29	55.11	3.40	9.33
辽宁省	3.91	4.22	55.34	3.14	6.70
吉林省	6.64	7.36	56.90	2.51	8.94
黑龙江	5.05	5.25	61.09	1.43	11.66
上海市	4.80	4.99	55.83	1.38	11.71
江苏省	4.76	5.02	58.21	2.21	7.81
浙江省	4.22	4.39	63.18	1.42	10.36
安徽省	4.86	5.13	55.02	1.98	9.91
福建省	4.91	5.21	47.75	2.40	8.50
江西省	6.57	7.48	48.81	3.74	5.98
山东省	6.80	7.42	52.78	4.13	6.47
河南省	11.64	13.20	45.72	4.39	7.68
湖北省	5.01	5.31	55.66	2.33	10.69
湖南省	4.65	5.29	55.78	4.89	8.88
广东省	2.78	2.95	59.39	2.62	7.40
广西区	5.41	5.78	52.61	2.54	9.94
海南省	5.98	6.38	63.29	1.98	9.94
重庆市	6.24	6.85	61.98	1.78	11.57
四川省	6.50	6.96	55.29	2.82	8.79
贵州省	1.90	2.05	59.03	1.55	13.90
云南省	4.23	4.43	66.83	1.42	12.25
西藏区	18.02	22.36	34.84	1.51	14.13
陕西省	7.99	8.82	58.70	2.21	9.91
甘肃省	11.54	12.54	55.55	1.08	18.27
青海省	7.94	8.61	61.14	1.71	10.92
宁夏区	13.53	14.92	53.94	1.28	15.26
新疆区	10.22	10.95	58.88	1.28	14.31

2009 年 1-11 月建材工业分地区主要经济指标（一）

单位：千元

地区	主营业务收入			利润总额		
	2009 年 1-11 月	2008 年 1-11 月	同期增减（%）	2009 年 1-11 月	2008 年 1-11 月	同期增减（%）
全国	3472404171	3020250951	14.97	195685356	158780863	23.24
北京市	47874929	47263025	1.29	2581251	1988072	29.84
天津市	63652129	66262771	-3.94	2043433	2732879	-25.23
河北省	154348144	141404987	9.15	9307222	7209848	29.09
山西省	18255744	17884949	2.07	-359638	-91925	291.23
内蒙古	45145902	28457174	58.65	3678823	1765482	108.37
辽宁省	221415979	174719919	26.73	8654672	6907591	25.29
吉林省	59138093	45563148	29.79	3926134	1977825	98.51
黑龙江	17460483	13332329	30.96	880968	442025	99.30
上海市	109349270	123875228	-11.73	5245279	5883071	-10.84
江苏省	420696376	379119229	10.97	20038698	18184014	10.20
浙江省	242176047	240497338	0.70	10219775	9561485	6.88
安徽省	75140827	61501952	22.18	3653496	3294540	10.90
福建省	124559781	116381047	7.03	6110090	5086313	20.13
江西省	76070454	59264256	28.36	4995434	3457885	44.47
山东省	532887192	441492857	20.70	36230622	29135057	24.35
河南省	304829313	249127377	22.36	35482552	28340094	25.20
湖北省	87787145	68812734	27.57	4400303	3169254	38.84
湖南省	87052443	67344476	29.26	4047148	2745657	47.40
广东省	462300859	433265428	6.70	12844802	12027123	6.80
广西区	38325333	29771259	28.73	2072240	1367817	51.50
海南省	5733178	5733287	0.00	342873	456987	-24.97
重庆市	37544617	33002639	13.76	2342730	2118220	10.60
四川省	137102093	93326464	46.91	8908104	6345237	40.39
贵州省	14054275	13294092	5.72	266717	358098	-25.52
云南省	18824286	13467581	39.77	797044	37812	2007.91
西藏区	1140556	727982	56.67	205504	88681	131.73
陕西省	29105577	20477624	42.13	2326550	787941	195.27
甘肃省	11503681	9594570	19.90	1327643	794519	67.10
青海省	4781431	4807590	-0.54	379493	312850	21.30
宁夏区	8068336	6877861	17.31	1091883	654020	66.95
新疆区	16079698	13599778	18.24	1643511	1642391	0.07

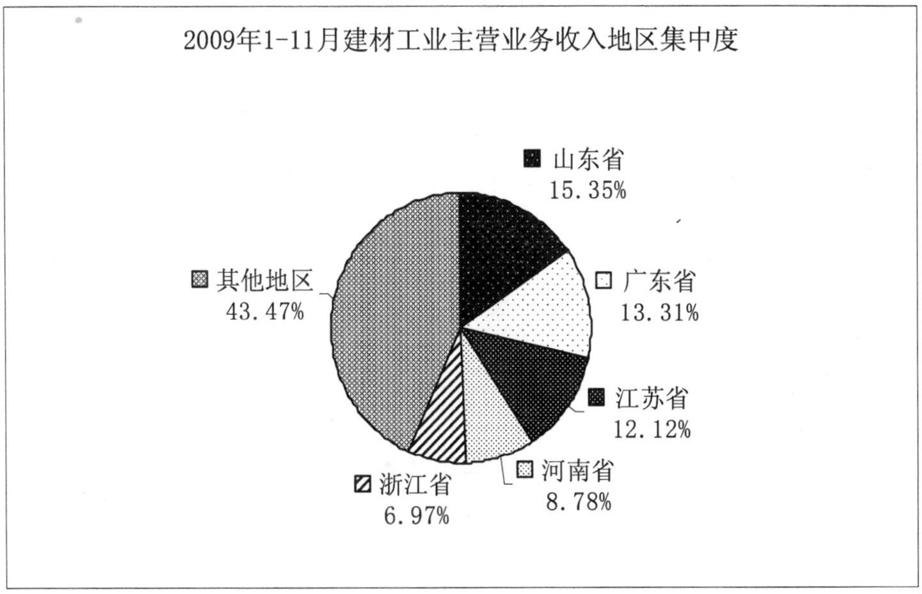

2009年1-11月，我国建材工业按主营业务收入排名前5名省份为山东、广东、江苏、河南和浙江，所占比重分别为15.35%、13.31%、12.12%、8.78%和6.97%，前5名省份所占比重达56.53%。

2009年1-11月建材工业分地区主要经济指标（二）

单位：千元

地区	应收帐款净额			产成品		
	2009年1-11月	2008年1-11月	同期增减（%）	2009年1-11月	2008年1-11月	同期增减（%）
全　国	396078530	346400368	14.34	208845134	191958027	8.80
北京市	18029491	15195330	18.65	5350187	5087378	5.17
天津市	11242806	9652999	16.47	3727888	3354708	11.12
河北省	12621801	10560854	19.51	9863354	9292080	6.15
山西省	3890453	3533180	10.11	3317323	2821124	17.59
内蒙古	2676942	2080219	28.69	2994290	2207428	35.65
辽宁省	23577424	20845193	13.11	11036406	9773310	12.92
吉林省	6066106	4850209	25.07	3356789	2857582	17.47
黑龙江	3205965	2869352	11.73	1796331	1882153	-4.56
上海市	28984372	28876702	0.37	11675315	10727701	8.83
江苏省	61864080	55238432	11.99	23864055	22319283	6.92
浙江省	47239088	39701132	18.99	19990408	18887697	5.84
安徽省	10137537	7811094	29.78	6462884	5116983	26.30
福建省	14800984	12861635	15.08	8131343	7580074	7.27
江西省	3515252	2930800	19.94	3111916	2544823	22.28
山东省	27806268	22828503	21.81	20942592	19827033	5.63
河南省	16044336	14131571	13.54	9297112	7705623	20.65
湖北省	8904962	6760293	31.72	6509128	5093854	27.78
湖南省	5058588	4165222	21.45	3695770	3617016	2.18

地　区	应收帐款净额			产成品		
	2009 年 1-11 月	2008 年 1-11 月	同期增减（%）	2009 年 1-11 月	2008 年 1-11 月	同期增减（%）
广东省	51534233	50364759	2.32	28952403	29758054	-2.71
广西区	3181541	2462840	29.18	2908037	2240323	29.80
海南省	697828	666221	4.74	467066	618594	-24.50
重庆市	5373447	4376435	22.78	2167330	2417364	-10.34
四川省	12376008	9197430	34.56	8100318	6888901	17.59
贵州省	1734759	1420518	22.12	1661935	1387760	19.76
云南省	3381690	2836110	19.24	2409025	1749500	37.70
西藏区	175479	158138	10.97	43240	55425	-21.98
陕西省	3876309	3223305	20.26	2835630	2378018	19.24
甘肃省	2572562	2240497	14.82	1424313	1139940	24.95
青海省	710421	583158	21.82	483610	394528	22.58
宁夏区	1458159	1304836	11.75	994145	924126	7.58
新疆区	3339639	2673401	24.92	1274991	1309644	-2.65

2009 年 1-11 月建材工业分地区主要经济指标（三）

单位：千元

地　区	资产总计			负债合计		
	2009 年 1-11 月	2008 年 1-11 月	同期增减（%）	2009 年 1-11 月	2008 年 1-11 月	同期增减（%）
全　国	2965199315	2544452036	16.54	1681890605	1469604548	14.45
北京市	77808902	69387982	12.14	48058899	42438879	13.24
天津市	62026418	52185282	18.86	37184084	30419237	22.24
河北省	135623900	108396535	25.12	77376148	61625917	25.56
山西省	35798985	30944502	15.69	25610883	22075341	16.02
内蒙古	44010419	31289504	40.66	24255902	18324590	32.37
辽宁省	153504611	137172274	11.91	84944609	77142284	10.11
吉林省	56191470	42584440	31.95	31972010	24337195	31.37
黑龙江	25292426	21336631	18.54	15450700	12965755	19.17
上海市	130718607	127634475	2.42	72976417	73831448	-1.16
江苏省	348876353	310580778	12.33	203075015	181958358	11.61
浙江省	307226348	272246258	12.85	194119942	171914232	12.92
安徽省	91047868	68148780	33.60	50091181	41129720	21.79
福建省	105354946	94300386	11.72	50308067	45073512	11.61
江西省	55981419	44589906	25.55	27323922	23382314	16.86
山东省	294709027	250834402	17.49	155559964	135571953	14.74
河南省	166955371	138643875	20.42	76337492	67704102	12.75
湖北省	104378062	73608484	41.80	58091896	38877284	49.42
湖南省	52842082	44109225	19.80	29475510	25113789	17.37
广东省	334911937	322936470	3.71	198892570	196628721	1.15

地　区	资产总计			负债合计		
	2009 年 1-11 月	2008 年 1-11 月	同期增减（%）	2009 年 1-11 月	2008 年 1-11 月	同期增减（%）
广西区	44675648	34698637	28.75	23506019	20218416	16.26
海南省	7381297	7023032	5.10	4671950	3901243	19.76
重庆市	49497772	41117685	20.38	30677639	25987129	18.05
四川省	113620906	86228506	31.77	62817095	49681661	26.44
贵州省	21537674	17854118	20.63	12712884	10849023	17.18
云南省	34248283	28178770	21.54	22889474	18331120	24.87
西藏区	2251808	1958674	14.97	784462	640326	22.51
陕西省	35577162	28864449	23.26	20883816	17511587	19.26
甘肃省	19549880	16769650	16.58	10859861	9850582	10.25
青海省	6479750	4496734	44.10	3961675	2588091	53.07
宁夏区	14645224	11219370	30.54	7899077	5700138	38.58
新疆区	32474760	25112222	29.32	19121442	13830601	38.25

2009 年 1-11 月建材工业分地区主要经济指标（四）

单位：千元

地　区	主营业务成本			主营业务税金及附加		
	2009 年 1-11 月	2008 年 1-11 月	同期增减（%）	2009 年 1-11 月	2008 年 1-11 月	同期增减（%）
全　国	2961504651	2592425008	14.24	21554682	18538662	16.27
北京市	40257145	40294717	-0.09	186713	163649	14.09
天津市	57798837	59969629	-3.62	125910	121504	3.63
河北省	132751515	123378732	7.60	797833	749868	6.40
山西省	16101817	15193477	5.98	99592	127416	-21.84
内蒙古	35971216	22899774	57.08	271778	186963	45.36
辽宁省	190883929	149980122	27.27	1279296	1168597	9.47
吉林省	48474747	37829745	28.14	509517	371022	37.33
黑龙江	14946871	11653384	28.26	87837	80927	8.54
上海市	93862604	107449452	-12.64	257290	243115	5.83
江苏省	368638732	333020606	10.70	1738066	1514725	14.74
浙江省	209911583	210464145	-0.26	1228608	1192531	3.03
安徽省	64250669	52438947	22.52	534323	441199	21.11
福建省	107067252	100890609	6.12	1031338	962139	7.19
江西省	62513635	49091386	27.34	550994	378776	45.47
山东省	455047699	376443274	20.88	3997727	3200164	24.92
河南省	246573982	200612806	22.91	3233425	3290951	-1.75
湖北省	74037495	57303132	29.20	933259	696911	33.91
湖南省	69343531	54622549	26.95	977874	675096	44.85
广东省	404651376	385185541	5.05	1511871	1387271	8.98
广西区	32424975	25481270	27.25	233692	172660	35.35

地　区	主营业务成本			主营业务税金及附加		
	2009 年 1-11 月	2008 年 1-11 月	同期增减（%）	2009 年 1-11 月	2008 年 1-11 月	同期增减（%）
海南省	4872281	4809072	1.31	17296	25774	-32.89
重庆市	30427258	26997061	12.71	265578	216187	22.85
四川省	116670005	78045906	49.49	1010115	656035	53.97
贵州省	11314950	11536950	-1.92	99343	92711	7.15
云南省	15928637	11731779	35.77	109231	78793	38.63
西藏区	793066	541800	46.38	13879	5023	176.31
陕西省	23801102	16888738	40.93	206793	119831	72.57
甘肃省	8867090	7269642	21.97	95690	90669	5.54
青海省	3946908	4170228	-5.36	28303	23019	22.95
宁夏区	6311052	5335083	18.29	43673	34715	25.80
新疆区	13062692	10895452	19.89	77838	70421	10.53

2009 年 1-11 月建材工业分地区主要经济指标（五）

单位：千元

地　区	营业费用			管理费用		
	2009 年 1-11 月	2008 年 1-11 月	同期增减（%）	2009 年 1-11 月	2008 年 1-11 月	同期增减（%）
全　国	87669354	80940822	8.31	120862478	106035239	13.98
北京市	2075876	2018885	2.82	3331121	3245767	2.63
天津市	1157513	1224116	-5.44	2122514	1855173	14.41
河北省	3740840	3916811	-4.49	5010724	4249172	17.92
山西省	600426	713753	-15.88	1036102	975768	6.18
内蒙古	854178	653380	30.73	2016861	1379667	46.18
辽宁省	3839117	3991301	-3.81	7110216	6046274	17.60
吉林省	1620341	1094564	48.04	1979012	1519440	30.25
黑龙江	466308	432767	7.75	1126872	828870	35.95
上海市	3466820	3768141	-8.00	6689525	6449248	3.73
江苏省	9207588	8667477	6.23	15076419	13693252	10.10
浙江省	6512611	5893301	10.51	10450102	9579431	9.09
安徽省	2492206	2170340	14.83	2839338	2204983	28.77
福建省	3340898	3127680	6.82	4479771	4086532	9.62
江西省	1354256	1103061	22.77	1730845	1386973	24.79
山东省	11165652	9283421	20.28	12867370	11043232	16.52
河南省	9851683	9742418	1.12	6312478	5691132	10.92
湖北省	3315862	2620410	26.54	3283636	2628269	24.94
湖南省	2506433	1877348	33.51	2789532	2390401	16.70
广东省	10612300	10717629	-0.98	16403533	15032319	9.12
广西区	1182002	932763	26.72	1566930	1295390	20.96
海南省	229930	178990	28.46	193646	216098	-10.39
重庆市	1122704	971335	15.59	1731814	1543942	12.17
四川省	3566055	2832659	25.89	5048184	4042325	24.88
贵州省	449258	413736	8.59	921450	895120	2.94

地　区	营业费用			管理费用		
	2009 年 1-11 月	2008 年 1-11 月	同期增减（%）	2009 年 1-11 月	2008 年 1-11 月	同期增减（%）
云南省	457334	406444	12.52	1047484	902705	16.04
西藏区	30817	25021	23.16	68854	59437	15.84
陕西省	736260	578539	27.26	1251229	887927	40.92
甘肃省	518900	435192	19.23	863369	661325	30.55
青海省	129380	121032	6.90	234839	209428	12.13
宁夏区	395335	510565	-22.57	399413	334949	19.25
新疆区	670391	517743	29.48	879295	700690	25.49

2009 年 1-11 月建材工业分地区主要经济指标（六）

单位：千元

地　区	财务费用			应交增值税		
	2009 年 1-11 月	2008 年 1-11 月	同期增减（%）	2009 年 1-11 月	2008 年 1-11 月	同期增减（%）
全　国	37488678	35273019	6.28	103960702	92398844	12.51
北京市	477303	555125	-14.02	1412173	1248510	13.11
天津市	464830	574593	-19.10	1186723	1141175	3.99
河北省	1718105	1710172	0.46	3725577	3653396	1.98
山西省	542789	519793	4.42	878150	834994	5.17
内蒙古	483456	423655	14.12	1495152	1221971	22.36
辽宁省	1831496	1717339	6.65	3980476	3550927	12.10
吉林省	736048	574595	28.10	1509732	1185823	27.32
黑龙江	149806	143601	4.32	828985	657252	26.13
上海市	832378	971987	-14.36	2736871	2634740	3.88
江苏省	4517649	4467350	1.13	14207685	11937206	19.02
浙江省	4789053	5065492	-5.46	6700602	6831139	-1.91
安徽省	1032571	1022371	1.00	2172244	2387665	-9.02
福建省	1277403	1173896	8.82	2614947	2428949	7.66
江西省	654382	551700	18.61	2321203	2159273	7.50
山东省	5410186	4781051	13.16	17775168	15096983	17.74
河南省	2780182	2601348	6.87	12934157	11027961	17.29
湖北省	1314168	1091116	20.44	2404834	2363522	1.75
湖南省	862595	798794	7.99	2797505	2438886	14.70
广东省	2940333	2565915	14.59	9325390	9152704	1.89
广西区	473948	262565	80.51	1438233	1293570	11.18
海南省	60856	74307	-18.10	171974	222617	-22.75
重庆市	666121	694701	-4.11	1546808	1504244	2.83
四川省	1646607	1191869	38.15	4534912	3664445	23.75
贵州省	201806	144204	39.94	769905	596704	29.03
云南省	446839	398068	12.25	982544	769215	27.73
西藏区	12387	12403	-0.13	124621	70826	75.95

地区	财务费用			应交增值税		
	2009年1-11月	2008年1-11月	同期增减（%）	2009年1-11月	2008年1-11月	同期增减（%）
陕西省	371904	359057	3.58	1243579	769083	61.70
甘肃省	238149	269464	-11.62	641309	477245	34.38
青海省	66620	38833	71.56	234656	166964	40.54
宁夏区	168631	187594	-10.11	399173	349053	14.36
新疆区	320077	330061	-3.02	865414	561802	54.04

全国建材工业主要产品产量同期对比情况表

产品名称	单位	完成产量				同期增减（%）	
		2009年12月	2009年	2008年12月	2008年	12月	全年
水泥熟料	吨	97394330.48	1032821090	83123818.83	891276373.7	17.17	15.88
其中:窑外分解窑水泥	吨	56818869.82	593790116.1	47519251.49	485031679.7	19.57	22.42
水泥	吨	144984749.2	1628978290	128745961.3	1381507484	12.61	17.91
商品混凝土	立方米	44116888.71	416902805.9	35348822.66	342739364.6	24.80	21.64
水泥混凝土排水管	千米	7466.94	113260.9	6832.44	93099.56	9.29	21.66
水泥混凝土压力管	千米	1174.8	11958.74	810.26	10820.42	44.99	10.52
水泥混凝土电杆	根	746808.4	8162663.07	630519.23	6705615.19	18.44	21.73
预应力混凝土桩	米	21530744.84	222443651.9	18109574.45	202390266.7	18.89	9.91
石膏板	万平方米	15395.97	154039.02	22341.16	124769.42	-31.09	23.46
砖	万块	2387931.29	24435527.64	1745555.67	17038229.34	36.80	43.42
瓦	万片	52319.17	571440.69	37799.19	486063.65	38.41	17.56
瓷质砖	平方米	459209383.8	4359266855	246460167.7	3635114719	86.32	19.92
炻瓷砖	平方米	22814396	227276309	7725487	125033402.8	195.31	81.77
细炻砖	平方米	8910485.85	118060603.4	6975504.74	94796141.82	27.74	24.54
炻质砖	平方米	54020782	478588415	28008825	398044185	92.87	20.23
陶质砖	平方米	131991694.2	1541238097	117045122.5	1237573178	12.77	24.54
天然大理石建筑板材	平方米	2766988.73	33625665.57	2817830.5	28632930.12	-1.80	17.44
天然花岗石建筑板材	平方米	21333401.95	260335761.7	17415293.78	230351873.2	22.50	13.02
沥青和改性沥青防水卷材	平方米	9587292.24	176212018.7	9066080.1	148487979.3	5.75	18.67
平板玻璃	重量箱	48019021.01	560732924.4	45209224.61	551161591.4	6.22	1.74
钢化玻璃	平方米	16579045.51	148982672	11639256.48	138978204.3	42.44	7.20
夹层玻璃	平方米	3569711.66	36299874.65	2428913.34	32313490.87	46.97	12.34
中空玻璃	平方米	3079044.98	30101919.67	2548689.81	25139574.74	20.81	19.74
日用玻璃制品	吨	1008386.17	11638865.99	989801.96	11447361.68	1.88	1.67
玻璃保温容器	万个	7735.54	61015.16	5035.02	57732.81	53.63	5.69
玻璃纤维纱	吨	252340.81	2926484.6	227326.37	2661690.46	11.00	9.95
玻璃纤维增强塑料制品	吨	124666.55	1396658.2	673641.4	1840019.22	-81.49	-24.10
卫生陶瓷制品	件	16425024.5	177682428.7	16437154.78	158209463	-0.07	12.31
日用陶瓷制品	万件	295657.56	2046606.86	200714.43	1593516.21	47.30	28.43
耐火材料制品	吨	5377684.97	68428948.28	3755766.98	50535225.57	43.18	35.41
石墨及炭素制品	吨	1858406.25	17555718.31	1258645.82	15914171.36	47.65	10.32

七、机械工业

2009 年 1-11 月机械工业主要经济指标

指标	单位	2009年1-11月	2008年1-11月	同期增减（%）
企业总数	个	116432		
亏损企业	个	21104	18767	12.45
亏损企业亏损总额	千元	77379455	61861041	25.09
应收帐款净额	千元	2534743443	2171649508	16.72
产成品	千元	781570852	766976040	1.90
资产总计	千元	12393467681	10836596470	14.37
负债总计	千元	7536424454	6638924018	13.52
主营业务收入	千元	14067143247	12889346579	9.14
主营业务成本	千元	12094377047	11156327329	8.41
主营业务税金及附加	千元	81418781	67625726	20.40
营业费用	千元	410312749	382436461	7.29
管理费用	千元	600083376	542298663	10.66
财务费用	千元	84680301	82560541	2.57
利润总额	千元	771037444	648515573	18.89
应交增值税	千元	307600401	245404577	25.34
全部从业人员年平均人数	人	23829821	24063736	-0.97

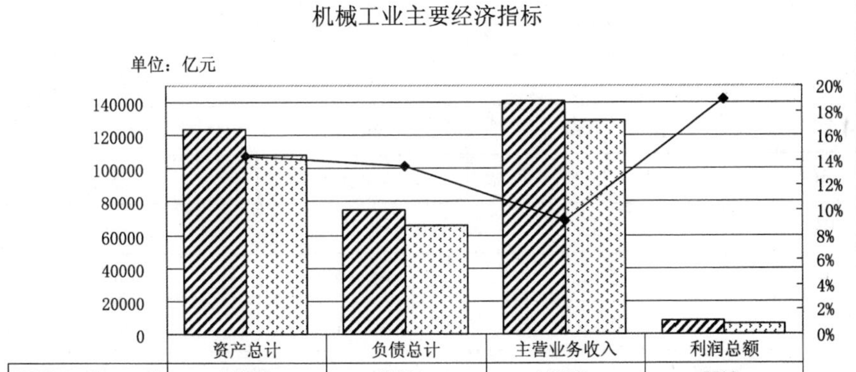

	资产总计	负债总计	主营业务收入	利润总额
2009年1-11月	123935	75364	140671	7710
2008年1-11月	108366	66389	128893	6485
增长率	14.37%	13.52%	9.14%	18.89%

从 2008 年四季度开始，受国际金融危机的冲击，机械工业主要经济指标增长出现了剧烈下滑的态势，创近年来最大的降幅，至 2009 年 2 月，主要经济指标增长数据创近 7 年来最低而触底。此后，为应对国际金融危机的严重冲击，党中央、国务院全面实施了一揽子计划，其中包括实施钢铁、装备制造业、汽车等十个重点产业的调整和振兴规划，还包括家电、汽车摩托车下乡、农机补贴等一些领域的扩大内需政策，一揽子计划的实施效果明显，在此大背景下，内需市场逐渐回暖，机械工业开始走出谷底，增长速度逐月稳步回升。据统计，2009 年 1-11 月全国机械行业规模以上企业共计 116432 家，全行业累计主营业务收入 140671 亿元，同比增长 9.14%，完成利润 7710 亿元，比上年同期增长 18.89%。

2009 年 1-11 月煤炭工业分地区主要经济效益指标

地　区	销售利润(%)	成本费用利润率（%）	资产负债率(%)	流动资产周转率(次)	成本费用率(%)
全　国	5.48	5.81	60.81	1.88	9.05
北京市	5.22	5.44	57.61	1.60	10.23
天津市	5.72	6.04	54.01	1.98	8.56
河北省	6.89	7.37	59.22	1.86	8.59
山西省	1.71	1.73	71.70	0.92	13.64
内蒙古	3.30	3.49	91.96	2.14	6.34
辽宁省	4.44	4.73	67.47	1.51	8.62
吉林省	8.81	9.18	60.54	2.63	9.65
黑龙江	6.08	6.43	71.03	0.89	11.47
上海市	5.24	5.47	59.87	1.75	9.64
江苏省	5.48	5.80	58.39	2.16	7.11
浙江省	5.63	5.91	60.93	1.39	11.67
安徽省	5.16	5.44	58.61	1.78	11.77
福建省	3.75	3.91	58.66	1.99	8.97
江西省	4.89	5.31	61.35	2.38	7.33
山东省	5.92	6.39	57.15	3.12	6.88
河南省	8.60	9.41	54.55	2.63	8.19
湖北省	6.97	7.46	57.97	1.34	11.94
湖南省	6.91	7.62	59.02	2.00	10.91
广东省	4.62	4.88	64.47	1.83	9.60
广西区	4.80	5.05	65.30	1.98	11.18
海南省	-0.60	-0.61	44.86	1.35	8.70
重庆市	4.86	5.13	61.11	2.09	10.59
四川省	5.50	5.88	68.49	1.44	10.79
贵州省	5.67	5.89	48.03	1.26	19.12
云南省	5.11	5.40	56.71	1.19	11.50
西藏区	9.44	10.42	39.66	1.54	12.34
陕西省	5.81	6.14	59.80	1.21	11.54
甘肃省	4.79	4.96	63.59	1.05	14.83
青海省	-0.32	-0.33	67.09	0.98	14.88
宁夏区	5.89	6.22	60.66	0.99	18.60
新疆区	12.38	13.78	56.29	0.99	11.96

2009 年 1-11 月机械工业分地区主要经济指标（一）

单位：千元

地　区	主营业务收入			利润总额		
	2009 年 1-11 月	2008 年 1-11 月	同期增减（%）	2009 年 1-11 月	2008 年 1-11 月	同期增减（%）
全　国	14067143247	12889346579	9.14	771037444	648515573	18.89
北京市	482379133	465765978	3.57	25184293	21130154	19.19
天津市	400811577	423782995	-5.42	22928565	23381335	-1.94
河北省	286807446	244339191	17.38	19757808	18599690	6.23
山西省	49967045	52503066	-4.83	853282	1626841	-47.55
内蒙古	51807209	34312553	50.99	1707558	1195716	42.81
辽宁省	663269356	548122996	21.01	29447473	23355797	26.08
吉林省	287866190	254140080	13.27	25370475	15261392	66.24
黑龙江	90282538	83660111	7.92	5485406	5103471	7.48
上海市	1205070588	1179702863	2.15	63152640	58393287	8.15
江苏省	2587991314	2284220238	13.30	141791376	126145597	12.40
浙江省	1033540695	1069383055	-3.35	58169853	57120238	1.84
安徽省	278487707	221939018	25.48	14369259	9959296	44.28
福建省	351711907	338032119	4.05	13205518	13432193	-1.69
江西省	146472106	117405260	24.76	7162413	6773174	5.75
山东省	1650462479	1371973643	20.30	97632751	76050137	28.38
河南省	406287968	339326806	19.73	34958271	30390366	15.03
湖北省	364682942	304989202	19.57	25427820	19270613	31.95
湖南省	246173405	185315685	32.84	17017332	10105139	68.40
广东省	2500272304	2561038491	-2.37	115435680	92874733	24.29
广西区	137865344	102994437	33.86	6615302	4264426	55.13
海南省	8964574	9601468	-6.63	-53361	249971	-121.35
重庆市	277385599	229326374	20.96	13485962	9143975	47.48
四川省	332992091	266626861	24.89	18308228	14360577	27.49
贵州省	16337290	15334019	6.54	926562	570269	62.48
云南省	29534891	25371139	16.41	1510029	1408391	7.22
西藏区	27677	15339	80.44	2613	1299	101.15
陕西省	136778258	120292245	13.70	7952592	5849466	35.95
甘肃省	15518037	15560012	-0.27	742620	642775	15.53
青海省	3062330	2881126	6.29	-9938	66901	-114.85
宁夏区	7909398	7151238	10.60	465979	530670	-12.19
新疆区	16423849	14238971	15.34	2033083	1257684	61.65

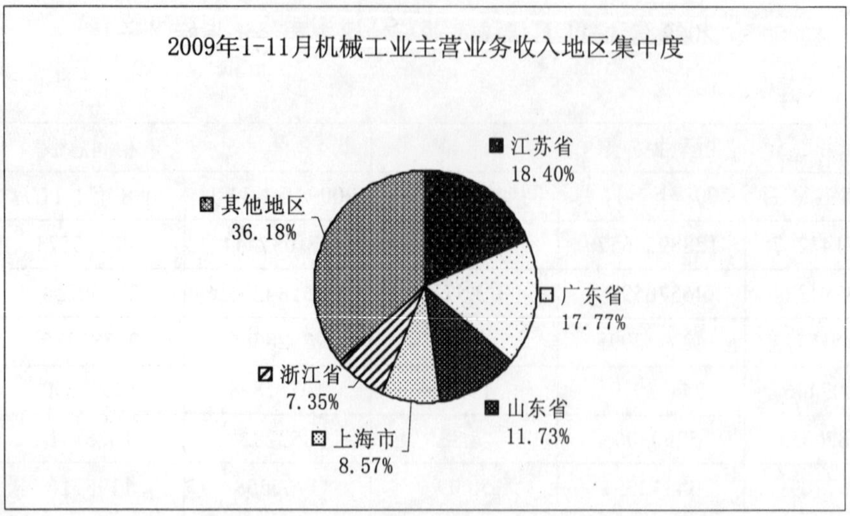

2009年1-11月，机械行业主营业务收入排名前5名的省（市）为江苏、广东、山东、上海和浙江，分别占全国总收入的18.40%、17.77%、11.73%、8.57%和7.35%。我国机械生产企业主要集中在东部地区。

2009年1-11月机械工业分地区主要经济指标（二）

单位：千元

地　区	应收帐款净额			产成品		
	2009年1-11月	2008年1-11月	同期增减（%）	2009年1-11月	2008年1-11月	同期增减（%）
全　国	2534743443	2171649508	16.72	781570852	766976040	1.90
北京市	110264379	80824723	36.42	26430471	28265835	-6.49
天津市	68674759	59754155	14.93	13699996	14257363	-3.91
河北省	47439273	35283597	34.45	25109659	21664435	15.90
山西省	21100990	16941943	24.55	6716326	7328663	-8.36
内蒙古	7703531	5168437	49.05	3150748	3417912	-7.82
辽宁省	110165916	89844234	22.62	35836521	32682067	9.65
吉林省	31989431	25724260	24.36	10878139	15797422	-31.14
黑龙江	33177106	29818139	11.26	8489605	8132192	4.40
上海市	258395545	223997037	15.36	62078935	59807979	3.80
江苏省	475335580	410994924	15.65	108688229	108972870	-0.26
浙江省	238591592	206047389	15.79	80577789	76887280	4.80
安徽省	50127808	38383248	30.60	22378531	17611020	27.07
福建省	58337321	52554915	11.00	20032180	17585184	13.92
江西省	13998006	10713063	30.66	6992092	7133478	-1.98
山东省	128362637	104990577	22.26	62109061	58818574	5.59
河南省	43515851	37451890	16.19	16138615	15456614	4.41
湖北省	65345277	52185702	25.22	28823227	25445441	13.27
湖南省	42355188	31734143	33.47	17779873	15129976	17.51
广东省	543523248	507200273	7.16	140926761	155640367	-9.45
广西区	20702915	16239492	27.48	12701807	10675767	18.98

地　区	应收帐款净额			产成品		
	2009 年 1-11 月	2008 年 1-11 月	同期增减（%）	2009 年 1-11 月	2008 年 1-11 月	同期增减（%）
海南省	1935518	1505746	28.54	834007	947081	-11.94
重庆市	39205090	32290821	21.41	16421599	15873293	3.45
四川省	61904930	49340669	25.46	27018926	22851618	18.24
贵州省	4608445	3944840	16.82	1952509	1797532	8.62
云南省	7248894	6063872	19.54	3725724	3774724	-1.30
西藏区	10730	10253	4.65	4158	4157	0.02
陕西省	35967829	29975544	19.99	17475570	16450567	6.23
甘肃省	5945079	5349593	11.13	1668054	1794602	-7.05
青海省	783089	699358	11.97	404378	268996	50.33
宁夏区	2878168	2295202	25.40	1307048	1118632	16.84
新疆区	5149318	4321469	19.16	1220314	1384399	-11.85

2009 年 1-11 月机械工业分地区主要经济指标（三）

单位：千元

地　区	资产总计			负债合计		
	2009 年 1-11 月	2008 年 1-11 月	同期增减（%）	2009 年 1-11 月	2008 年 1-11 月	同期增减（%）
全　国	12393467681	10836596470	14.37	7536424454	6638924018	13.52
北京市	479075062	406026016	17.99	275990650	228568684	20.75
天津市	324448673	303291570	6.98	175239413	164344277	6.63
河北省	270283511	220959471	22.32	160049679	130002251	23.11
山西省	90611314	80871798	12.04	64967490	58933795	10.24
内蒙古	37952589	27984577	35.62	34900928	19321094	80.64
辽宁省	692507803	627760419	10.31	467206908	416664235	12.13
吉林省	233334523	195747717	19.20	141260283	113017807	24.99
黑龙江	142414947	135658262	4.98	101160221	99894087	1.27
上海市	1146531454	1040832370	10.16	686377781	622743389	10.22
江苏省	2042793589	1845771154	10.67	1192696260	1109348790	7.51
浙江省	1232700751	1092425860	12.84	751028902	670279109	12.05
安徽省	275588629	210378693	31.00	161521099	127704369	26.48
福建省	273506813	247892469	10.33	160431378	148952418	7.71
江西省	134027233	101751137	31.72	82221359	57393132	43.26
山东省	957468154	789501775	21.27	547150404	462908000	18.20
河南省	274178169	231266752	18.55	149552172	130131557	14.92
湖北省	478231507	376239021	27.11	277250467	226709146	22.29
湖南省	228153832	176722707	29.10	134649783	103511880	30.08
广东省	2048959532	1864980620	9.86	1320910191	1211964912	8.99
广西区	115758476	90377313	28.08	75594855	58640930	28.91
海南省	11327358	10578613	7.08	5081446	4361848	16.50

地　区	资产总计			负债合计		
	2009 年 1-11 月	2008 年 1-11 月	同期增减（%）	2009 年 1-11 月	2008 年 1-11 月	同期增减（%）
重庆市	233484793	193170342	20.87	142693763	114804730	24.29
四川省	357575111	294745843	21.32	244920875	196307686	24.76
贵州省	21461591	19705411	8.91	10308035	10224106	0.82
云南省	40152887	35417933	13.37	22771567	20587594	10.61
西藏区	27387	27412	-0.09	10863	10591	2.57
陕西省	177416349	152137651	16.62	106101535	92535494	14.66
甘肃省	25102324	23154479	8.41	15962490	15322896	4.17
青海省	5645804	4717495	19.68	3787695	3009689	25.85
宁夏区	12876759	10857230	18.60	7811408	6555454	19.16
新疆区	29870757	25644360	16.48	16814554	14170068	18.66

2009 年 1-11 月机械工业分地区主要经济指标（四）

单位：千元

地　区	主营业务成本			主营业务税金及附加		
	2009 年 1-11 月	2008 年 1-11 月	同期增减（%）	2009 年 1-11 月	2008 年 1-11 月	同期增减（%）
全　国	12094377047	11156327329	8.41	81418781	67625726	20.40
北京市	416851237	407743787	2.23	3236001	2432463	33.03
天津市	346272149	366002818	-5.39	3807065	3690499	3.16
河北省	245295002	204778947	19.79	1569707	1181668	32.84
山西省	43359057	45273123	-4.23	185701	185841	-0.08
内蒙古	45725915	30562728	49.61	254175	129290	96.59
辽宁省	568544949	469496912	21.10	5087408	4065562	25.13
吉林省	245188820	213269995	14.97	7492789	6911366	8.41
黑龙江	76259771	69795599	9.26	343048	327026	4.90
上海市	1045929818	1031963905	1.35	7416899	5062685	46.50
江苏省	2276198493	2007864882	13.36	6913804	5652195	22.32
浙江省	877614091	917294990	-4.33	3963806	3756068	5.53
安徽省	234546540	188562806	24.39	1896253	1434264	32.21
福建省	308754897	297239439	3.87	1022940	948148	7.89
江西省	124816310	98842554	26.28	818540	702969	16.44
山东省	1421678219	1186233765	19.85	8476862	7061959	20.04
河南省	340874894	282687683	20.58	2741917	2542485	7.84
湖北省	300597399	256248071	17.31	4386566	3576481	22.65
湖南省	199131224	149531764	33.17	2329065	1865647	24.84
广东省	2150379367	2249890087	-4.42	10666923	9403371	13.44
广西区	116766179	86171072	35.51	1109325	725226	52.96
海南省	7883556	8576374	-8.08	224344	265045	-15.36
重庆市	234600588	198005698	18.48	3489794	2624117	32.99

地区	主营业务成本			主营业务税金及附加		
	2009年1-11月	2008年1-11月	同期增减（%）	2009年1-11月	2008年1-11月	同期增减（%）
四川省	278793844	219940366	26.76	2610672	2116539	23.35
贵州省	13152210	12484789	5.35	64555	55769	15.75
云南省	24997015	21733040	15.02	85100	71576	18.89
西藏区	21548	13504	59.57	881	805	9.44
陕西省	115150737	102882827	11.92	1063495	696426	52.71
甘肃省	12965778	13061648	-0.73	77721	67933	14.41
青海省	2599494	2425344	7.18	10042	9639	4.18
宁夏区	6294072	5676370	10.88	27655	18590	48.76
新疆区	13133874	12072442	8.79	45728	44074	3.75

2009年1-11月机械工业分地区主要经济指标（五）

单位：千元

地区	营业费用			管理费用		
	2009年1-11月	2008年1-11月	同期增减（%）	2009年1-11月	2008年1-11月	同期增减（%）
全国	410312749	382436461	7.29	600083376	542298663	10.66
北京市	17257733	16657563	3.60	23269546	20932736	11.16
天津市	11481492	14956336	-23.23	16418999	15877174	3.41
河北省	7366110	6993870	5.32	11180435	9976595	12.07
山西省	1331343	1443355	-7.76	3755355	3559179	5.51
内蒙古	1169081	881313	32.65	1433894	1133286	26.53
辽宁省	15039394	14212231	5.82	29212700	25659757	13.85
吉林省	7846840	5491403	42.89	14286543	11699924	22.11
黑龙江	2417129	2439685	-0.92	5658226	5189776	9.03
上海市	32467267	31396293	3.41	64546815	60694911	6.35
江苏省	55228644	52252994	5.69	92776765	84249141	10.12
浙江省	30432565	28310602	7.50	57359061	53333151	7.55
安徽省	14151340	11222070	26.10	11506092	9057447	27.03
福建省	10328581	11800902	-12.48	14461430	11816539	22.38
江西省	3273858	2532590	29.27	4826835	3899388	23.78
山东省	42895511	34659616	23.76	43852714	37311775	17.53
河南省	12358329	12133064	1.86	12487740	10267161	21.63
湖北省	12844759	10892743	17.92	20313940	16057814	26.51
湖南省	8669600	7589479	14.23	10972864	9104548	20.52
广东省	86844789	86002117	0.98	112682334	110497190	1.98
广西区	5905414	4326463	36.50	6336967	5013473	26.40
海南省	189025	171677	10.11	490564	466325	5.20
重庆市	10517520	8270090	27.18	12801236	10086934	26.91
四川省	11977998	10098798	18.61	15725140	13928422	12.90

地区	营业费用			管理费用		
	2009年1-11月	2008年1-11月	同期增减（%）	2009年1-11月	2008年1-11月	同期增减（%）
贵州省	999023	870699	14.74	1428127	1376577	3.74
云南省	837695	760642	10.13	1822998	1665287	9.47
西藏区	0	0	——	2582	1134	127.69
陕西省	4634631	4476325	3.54	7744014	7084343	9.31
甘肃省	550278	520521	5.72	1229044	1041423	18.02
青海省	119154	119368	-0.18	198717	182927	8.63
宁夏区	369429	357062	3.46	653417	535926	21.92
新疆区	808217	596590	35.47	648282	598400	8.34

2009年1-11月机械工业分地区主要经济指标（六）

单位：千元

地区	财务费用			应交增值税		
	2009年1-11月	2008年1-11月	同期增减（%）	2009年1-11月	2008年1-11月	同期增减（%）
全国	84680301	82560541	2.57	307600401	245404577	25.34
北京市	2110995	1333412	58.32	10798756	8402813	28.51
天津市	1734506	1193487	45.33	7347428	6782079	8.34
河北省	2525120	2572887	-1.86	6258456	4926525	27.04
山西省	827590	775514	6.72	1275352	1379734	-7.57
内蒙古	297800	286274	4.03	647563	488736	32.50
辽宁省	4749027	3955237	20.07	11249176	8715374	29.07
吉林省	1536720	702457	118.76	10064760	8311437	21.10
黑龙江	671639	767217	-12.46	2791501	2321071	20.27
上海市	3830593	1675295	128.65	22800884	15640256	45.78
江苏省	13731558	13799892	-0.50	55586995	43406303	28.06
浙江省	14608068	16141097	-9.50	24689769	23849437	3.52
安徽省	1954526	2433808	-19.69	6605555	4704902	40.40
福建省	2909158	1478083	96.82	4473697	3787873	18.11
江西省	1050241	1054179	-0.37	3412078	2264743	50.66
山东省	11010069	9293757	18.47	41948831	33156875	26.52
河南省	3084758	3427129	-9.99	12765613	11585677	10.18
湖北省	2733462	1397902	95.54	7878429	6783560	16.14
湖南省	2085551	1908340	9.29	7006855	5287886	32.51
广东省	6819083	11508750	-40.75	41741488	33041418	26.33
广西区	813620	966213	-15.79	4255840	2266787	87.75
海南省	6066	15343	-60.46	186471	144447	29.09
重庆市	1529971	1663869	-8.05	7903443	5405064	46.22
四川省	2374529	2349277	1.07	9340019	7494067	24.63
贵州省	87039	108879	-20.06	480006	442453	8.49
云南省	214136	250778	-14.61	694029	517127	34.21
西藏区	76	40	90.00	94	30	213.33
陕西省	910849	997508	-8.69	4102917	3282627	24.99

地　区	财务费用			应交增值税		
	2009 年 1-11 月	2008 年 1-11 月	同期增减（%）	2009 年 1-11 月	2008 年 1-11 月	同期增减（%）
甘肃省	142946	185977	-23.14	503604	389491	29.30
青海省	68942	54304	26.96	139263	74353	87.30
宁夏区	147574	130493	13.09	276361	210897	31.04
新疆区	114089	133143	-14.31	375168	340535	10.17

全国机械工业主要产品产量同期对比情况表

产品名称	单位	完成产量				同期增减（%）	
		2009 年 12 月	2009 年	2008 年 12 月	2008 年	12 月	全年
金属切削工具	万件	38252	417800	51068	423809	-25.10	-1.42
电站锅炉	蒸发量吨	51849	349914	41719	402025	24.28	-12.96
工业锅炉	蒸发量吨	22729	292150	22007	246813	3.28	18.37
发动机	千瓦	93243547	848020071	30265512	651817231	208.09	30.10
电站用汽轮机	千瓦	8789371	86222745	10370393	94138765	-15.25	-8.41
电站水轮机	千瓦	380692	3524920	499234	3412713	-23.74	3.29
金属切削机床	台	53746	580273	37412	671505	43.66	-13.59
其中:数控金属切削机床	台	14559	143904	10544	144573	38.09	-0.46
金属成形机床	台	23620	218867	12799	206295	84.55	6.09
其中: 数控金属成形机床(数控锻)	台	920	9315	614	7977	49.88	16.78
铸造机械	台	25091	203504	12758	183130	96.67	11.13
电焊机	台	272119	3020699	299402	2702573	-9.11	11.77
起重机	吨	383463	5345532	380691	4772937	0.73	12.00
电动车辆(电动叉车)	台	13448	116761	7269	111129	85.00	5.07
内燃叉车	台	8493	87605	3257	98451	160.76	-11.02
泵	台	7305897	69312907	6021446	69540077	21.33	-0.33
气体压缩机	台	8654687	101640163	4828162	94729060	79.25	7.30
阀门	吨	478125	4583936	407990	4418757	17.19	3.74
液压元件	件	7549967	69650935	5915672	91611011	27.63	-23.97
气动元件	件	21767177	178265996	15545575	239649307	40.02	-25.61
滚动轴承	万套	132036	1234891	83356	1044994	58.40	18.17
齿轮	吨	54845	597633	37435	568603	46.51	5.11
工业电炉	台	679	7084	344	6046	97.38	17.17
风机	台	1062748	9304910	837441	9013262	26.90	3.24
气体分离及液化设备	台	4198	36189	4737	36175	-11.38	0.04
电动手提式工具	台	21547415	249127087	16570202	244465734	30.04	1.91
包装专用设备	台	5563	63291	5685	65103	-2.16	-2.78
减速机	台	340408	3702967	292336	3720821	16.44	-0.48
金属紧固件	吨	343222	3199911	329813	3630275	4.07	-11.85
粉末冶金零件	吨	88077	766952	179141	2424007	-50.83	-68.36
采矿专用设备	吨	303086	3391413	280567	3245374	8.03	4.50
挖掘、铲土运输机械	台	30641	291510	14306	290088	114.18	0.49
其中:挖掘机	台	10711	108394	5506	95019	94.54	14.08

产品名称	单位	完成产量				同期增减（%）	
		2009年12月	2009年	2008年12月	2008年	12月	全年
压实机械	台	2467	27238	1676	22362	47.20	21.80
水泥专用设备	吨	69772	764458	57159	614145	22.07	24.48
混凝土机械	台	37931	403399	25367	283294	49.53	42.40
金属冶炼设备	吨	49166	617732	48928	687575	0.49	-10.16
金属轧制设备	吨	68700	675067	74360	768829	-7.61	-12.20
炼油、化工生产专用设备	吨	122729	925881	63241	745408	94.07	24.21
塑料加工专用设备	台	21435	204989	23017	253163	-6.87	-19.03
模具	套	855293	9702362	676820	10015285	26.37	-3.12
粮食加工机械	台	219643	2331739	169518	1895294	29.57	23.03
饲料生产专用设备	台	32533	250248	16583	191874	96.18	30.42
缝纫机	台	1218025	10230564	938625	11764416	29.77	-13.04
大型拖拉机	台	6567	74718	3343	57171	96.44	30.69
中型拖拉机	台	26483	317215	19506	245963	35.77	28.97
小型拖拉机	台	181217	1891964	87759	1723164	106.49	9.80
农作物收获机械	台	58674	632269	33906	406903	73.05	55.39
场上作业机械	台	35318	379387	17791	253412	98.51	49.71
棉花加工机械	台	4565	40205	3300	36157	38.31	11.20
环境污染防治专用设备	台（套）	24820	219360	15286	193795	62.38	13.19
其中:大气污染防治设备	台	9306	80712	3156	63021	194.81	28.07
水质污染防治设备	台（套）	7408	45197	4576	57320	61.91	-21.15
固体废弃物处理设备	台	2129	22150	529	6653	302.44	232.94
噪音与振动控制设备	台	408	7513	548	7297	-25.55	2.96
铁路机车	辆	354	1753	127	1278	178.74	37.17
铁路客车	辆	1258	7107	933	3812	34.83	86.44
铁路货车	辆	3657	42774	6205	59477	-41.06	-28.08
汽车	辆	1537376	13826680	666896	9353098	130.53	47.83
其中：基本型乘用车(轿车)	辆	874353	7491639	372225	5080892	134.90	47.45
(1)排量 1 升	辆	50944	417117	26404	272160	92.94	53.26
(2)1 升<排量 1.6 升	辆	556580	4729655	210476	2826435	164.44	67.34
客车	辆	216486	2028536	100517	1249074	115.37	62.40
载货汽车	辆	312994	3100520	144086	2292792	117.23	35.23
改装汽车	辆	96764	1001866	58910	825816	64.26	21.32
摩托车整车	辆	3166955	27514684	2355031	27519636	34.48	-0.02
两轮脚踏自行车	辆	3940721	52892001	3591962	62073136	9.71	-14.79
民用钢质船舶	载重吨	5053335	43942989	3453614	31363938	46.32	40.11
发电机组(发电设备)	千瓦	16401857	119938532	15789420	136971666	3.88	-12.44
其中：水轮发电机组	千瓦	3486937	23039479	3560732	24374715	-2.07	-5.48
汽轮发电机	千瓦	11606872	86543693	11385000	105530500	1.95	-17.99
交流电动机	千瓦	18005153	187101666	14902396	196161313	20.82	-4.62
变压器	千伏安	122625173	1264908872	106904577	1177898986	14.71	7.39
高压开关板	面	71452	645434	53883	537061	32.61	20.18
低压开关板	面	1218141	10908323	321173	4919576	279.28	121.73

八、轻工业

2009 年 1-11 月轻工业主要经济指标

指标	单位	2009年1-11月	2008年1-11月	同期增减（%）
企业总数	个	43983		
亏损企业	个	7522	7179	4.78
亏损企业亏损总额	千元	13926680	11901718	17.01
应收帐款净额	千元	240264978	218827777	9.80
产成品	千元	138198314	134609782	2.67
资产总计	千元	1919982409	1725914734	11.24
负债总计	千元	1038112478	953577422	8.87
主营业务收入	千元	2334814172	2092225732	11.59
主营业务成本	千元	2003055886	1806619775	10.87
主营业务税金及附加	千元	12396275	11376899	8.96
营业费用	千元	58484901	53470382	9.38
管理费用	千元	85287104	76980866	10.79
财务费用	千元	25431889	23811306	6.81
利润总额	千元	116695314	101105025	15.42
应交增值税	千元	58013028	52646040	10.19
全部从业人员年平均人数	人	6722989	6854404	-1.92

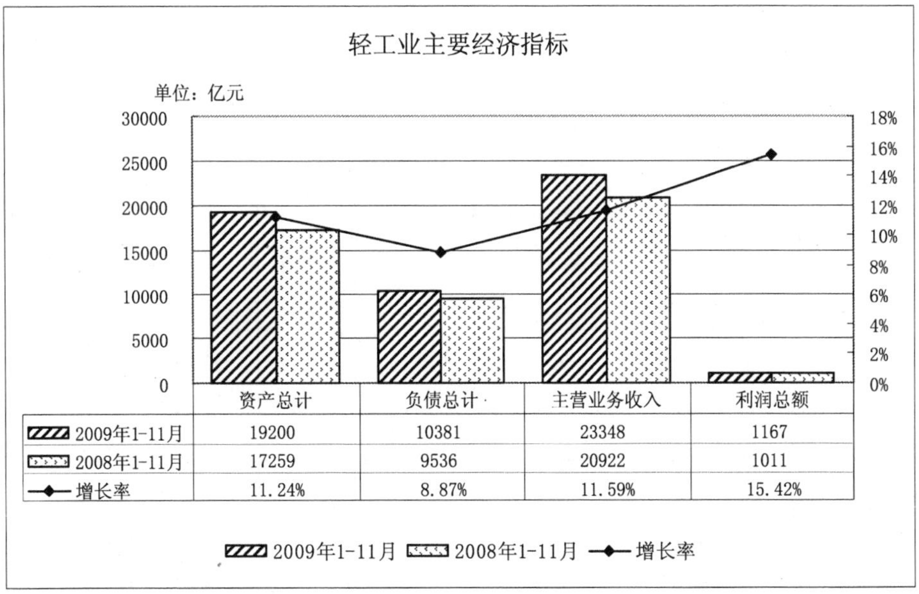

2009 年我国轻工业发展经历了前所未有的困难，一季度，轻工行业经济指标跌至此次国际金融危机爆发以来的谷底。2 月，国务院原则通过了《轻工业调整和振兴规划》。此后，在国家多重经济刺激政策推动下，轻工行业逐步企稳回升，生产增速逐月提高。2009 年全年轻工行业呈现“低谷——反弹——企稳——回升”的运行态势。数据显示，至 11 月末，轻工行业 43983 家规模以上企业累计完成主营业务收入 23348 亿元，增幅为 11.59%，实现利润 1167 亿元，同比增长 15.42%。

2009 年 1-11 月轻工业主要经济指标

地　区	销售利润(%)	成本费用利润率（%）	资产负债率(%)	流动资产周转率(次)	成本费用率(%)
全　国	5.00	5.34	54.07	2.56	8.45
北京市	6.07	6.37	56.43	1.23	16.95
天津市	3.12	3.23	53.58	1.65	9.50
河北省	6.06	6.55	49.18	4.35	7.43
山西省	0.93	0.93	59.89	1.04	12.94
内蒙古	4.77	5.61	56.75	4.40	5.95
辽宁省	3.72	4.00	47.42	4.44	7.62
吉林省	3.19	3.30	43.13	3.75	8.83
黑龙江	4.34	4.62	57.76	1.85	10.01
上海市	5.54	5.80	51.11	1.79	13.50
江苏省	5.52	5.86	55.16	2.78	8.45
浙江省	4.61	4.80	60.69	1.52	10.41
安徽省	4.27	4.49	55.09	2.71	8.55
福建省	3.52	3.73	50.04	2.52	9.19
江西省	6.01	6.69	42.09	4.55	6.32
山东省	6.32	6.88	51.67	4.02	6.20
河南省	11.15	12.59	39.72	4.78	7.08
湖北省	4.75	5.11	51.32	2.85	9.64
湖南省	3.81	4.24	62.55	4.26	7.54
广东省	2.66	2.79	54.80	2.13	7.95
广西区	2.14	2.29	56.09	2.76	8.19
海南省	3.82	3.93	66.18	0.73	18.53
重庆市	5.21	5.85	57.11	2.36	11.23
四川省	4.68	5.01	53.39	3.87	8.38
贵州省	0.42	0.43	65.22	1.76	14.88
云南省	12.44	14.04	49.94	1.16	16.34
西藏区	15.56	15.00	27.50	0.97	22.49
陕西省	7.13	8.31	42.89	2.33	11.46
甘肃省	0.81	0.82	55.58	1.41	17.51
青海省	6.43	7.48	54.26	1.74	11.87
宁夏区	1.26	1.26	69.04	0.87	16.00
新疆区	2.98	3.00	48.30	1.07	15.42

2009 年 1-11 月轻工业分地区主要经济指标（一）

单位：千元

地　区	主营业务收入			利润总额		
	2009 年 1-11 月	2008 年 1-11 月	同期增减（%）	2009 年 1-11 月	2008 年 1-11 月	同期增减（%）
全　国	2334814172	2092225732	11.59	116695314	101105025	15.42
北京市	28040523	30461241	-7.95	1702584	2023851	-15.87
天津市	21041331	19250004	9.31	657022	387316	69.63
河北省	57685512	53597642	7.63	3495384	3443470	1.51
山西省	2346896	2784164	-15.71	21932	99520	-77.96
内蒙古	17196213	12181218	41.17	819642	558390	46.79
辽宁省	91958045	69178860	32.93	3420934	2143352	59.61
吉林省	39631596	30535626	29.79	1263741	1442842	-12.41
黑龙江	19210818	14930150	28.67	834680	491942	69.67
上海市	87261850	90535240	-3.62	4837523	3512655	37.72
江苏省	254962297	223221702	14.22	14082147	11168018	26.09
浙江省	253789438	254287215	-0.20	11689582	9798116	19.30
安徽省	44447956	33941573	30.95	1897540	1265666	49.92
福建省	134412751	117269119	14.62	4733486	4169363	13.53
江西省	44003144	35420397	24.23	2643461	2128446	24.20
山东省	405338368	345187229	17.43	25614520	22444913	14.12
河南省	145204800	131248223	10.63	16186192	14899980	8.63
湖北省	37807754	28683200	31.81	1795971	1558023	15.27
湖南省	73228318	58929134	24.27	2790177	2576016	8.31
广东省	430851038	422980539	1.86	11465285	11169862	2.64
广西区	31429087	25577289	22.88	672147	702456	-4.31
海南省	5470585	6510420	-15.97	209129	555869	-62.38
重庆市	15123149	11801629	28.14	787909	516090	52.67
四川省	62284260	45699306	36.29	2913249	2331296	24.96
贵州省	3975819	2822880	40.84	16719	-15944	-204.86
云南省	9923372	9157685	8.36	1234055	941035	31.14
西藏区	238014	189054	25.90	37040	22948	61.41
陕西省	9741668	7963215	22.33	694600	583261	19.09
甘肃省	1189484	1151514	3.30	9583	19572	-51.04
青海省	521478	422136	23.53	33522	13832	142.35
宁夏区	3362642	3130432	7.42	42213	30930	36.48
新疆区	3135966	3177696	-1.31	93345	121939	-23.45

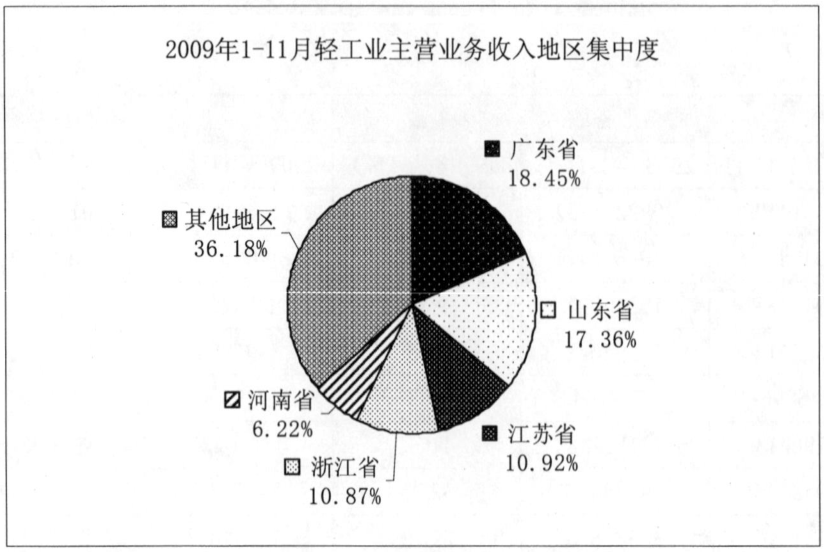

我国轻工业经过多年的发展，形成了一批特色区域，产业集群度比较高。据统计，2009 年 1-11 月，我国主营业务收入前 5 名的省份为广东、山东、江苏、浙江和河南，分别占全国总收入的 18.45%、17.36%、10.92%、10.87%和 6.22%，其他地区占 36.18%。

2009 年 1-11 月轻工业分地区主要经济指标（二）

单位：千元

地 区	应收帐款净额			产成品		
	2009 年 1-11 月	2008 年 1-11 月	同期增减（%）	2009 年 1-11 月	2008 年 1-11 月	同期增减（%）
全 国	240264978	218827777	9.80	138198314	134609782	2.67
北京市	4994680	4761879	4.89	4261093	3646478	16.86
天津市	3601540	3694436	-2.51	1186456	1174372	1.03
河北省	3030285	2820955	7.42	2849847	2888302	-1.33
山西省	611280	656333	-6.86	367774	374603	-1.82
内蒙古	576446	572137	0.75	771677	749718	2.93
辽宁省	5885972	5734882	2.63	5662444	5270036	7.45
吉林省	2445285	2246633	8.84	2454986	2503881	-1.95
黑龙江	2220230	1878080	18.22	3032408	2446672	23.94
上海市	16567941	15948051	3.89	7374790	6417228	14.92
江苏省	27467131	27179443	1.06	11993276	12249040	-2.09
浙江省	42997495	37994670	13.17	19203650	19480674	-1.42
安徽省	4512669	3500292	28.92	3242867	2696081	20.28
福建省	15477568	13056445	18.54	7888391	6945126	13.58
江西省	2306428	1972788	16.91	1578699	1749625	-9.77
山东省	18941283	16805660	12.71	15241428	15098150	0.95
河南省	5079019	4187603	21.29	3733597	2927500	27.54

地　区	应收帐款净额			产成品		
	2009 年 1-11 月	2008 年 1-11 月	同期增减（%）	2009 年 1-11 月	2008 年 1-11 月	同期增减（%）
湖北省	3607187	2818034	28.00	2941839	2171432	35.48
湖南省	3785615	3396484	11.46	2633831	2369975	11.13
广东省	62599729	58151821	7.65	29512546	31980184	-7.72
广西区	2167299	1996311	8.57	2771904	2461549	12.61
海南省	846282	1402057	-39.64	262038	615397	-57.42
重庆市	1801107	1619172	11.24	1060875	1096762	-3.27
四川省	3844542	2872529	33.84	3564408	2827749	26.05
贵州省	702518	473114	48.49	777207	660167	17.73
云南省	1437678	1168482	23.04	1671823	1318627	26.79
西藏区	109064	60305	80.85	10739	11272	-4.73
陕西省	865759	695115	24.55	784587	818091	-4.10
甘肃省	161514	182729	-11.61	240575	221803	8.46
青海省	94466	87804	7.59	73889	65995	11.96
宁夏区	845832	371539	127.66	537782	790462	-31.97
新疆区	681134	521994	30.49	510888	582831	-12.34

2009 年 1-11 月轻工业分地区主要经济指标（三）

单位：千元

地　区	资产总计			负债合计		
	2009 年 1-11 月	2008 年 1-11 月	同期增减（%）	2009 年 1-11 月	2008 年 1-11 月	同期增减（%）
全　国	1919982409	1725914734	11.24	1038112478	953577422	8.87
北京市	43184547	39148842	10.31	24367274	21685999	12.36
天津市	25689985	24067889	6.74	13765780	13399804	2.73
河北省	33788295	30118006	12.19	16615860	15560242	6.78
山西省	5121823	4970062	3.05	3067348	2646854	15.89
内蒙古	9047964	7775995	16.36	5135071	4368251	17.55
辽宁省	46224473	46659163	-0.93	21921277	21658230	1.21
吉林省	32561303	28456251	14.43	14044190	13691223	2.58
黑龙江	24704406	20667792	19.53	14268730	12496359	14.18
上海市	90545595	85252246	6.21	46278330	45528895	1.65
江苏省	205522100	192230610	6.91	113357418	113005803	0.31
浙江省	295657287	267807951	10.40	179435111	164608503	9.01
安徽省	36288446	28303890	28.21	19991133	15561364	28.47
福建省	102359956	90033698	13.69	51225362	43991622	16.44
江西省	26996828	22937494	17.70	11362956	9951350	14.19
山东省	256292625	220042596	16.47	132433869	113747207	16.43

地　区	资产总计			负债合计		
	2009 年 1-11 月	2008 年 1-11 月	同期增减（%）	2009 年 1-11 月	2008 年 1-11 月	同期增减（%）
河南省	71592295	61596131	16.23	28434145	25492910	11.54
湖北省	30127642	25471303	18.28	15461610	12828387	20.53
湖南省	51557781	41966753	22.85	32247254	22777112	41.58
广东省	363433032	341380962	6.46	199146859	194608586	2.33
广西区	29706029	26247876	13.17	16661542	15493003	7.54
海南省	26269722	24088486	9.06	17386017	15894182	9.39
重庆市	17013340	15456046	10.08	9716848	9901352	-1.86
四川省	39608467	31471918	25.85	21148150	17944986	17.85
贵州省	7040970	6285753	12.01	4592202	4043409	13.57
云南省	17074095	15503683	10.13	8527425	7812088	9.16
西藏区	618370	510561	21.12	170063	169219	0.50
陕西省	10850392	9253822	17.25	4653844	3853092	20.78
甘肃省	2000599	1828464	9.41	1111925	1094825	1.56
青海省	578318	500231	15.61	313791	198091	58.41
宁夏区	11200835	9211973	21.59	7733487	6569319	17.72
新疆区	7324889	6668287	9.85	3537607	2995155	18.11

2009 年 1-11 月轻工业分地区主要经济指标（四）

单位：千元

地　区	主营业务成本			主营业务税金及附加		
	2009 年 1-11 月	2008 年 1-11 月	同期增减（%）	2009 年 1-11 月	2008 年 1-11 月	同期增减（%）
全　国	2003055886	1806619775	10.87	12396275	11376899	8.96
北京市	22809682	24660789	-7.51	68973	67008	2.93
天津市	18541630	17237740	7.56	48415	36019	34.42
河北省	49238727	46008154	7.02	456668	455724	0.21
山西省	2087855	2411663	-13.43	9428	11572	-18.53
内蒙古	13735738	11323905	21.30	69737	47393	47.15
辽宁省	79079473	58549161	35.07	507248	420382	20.66
吉林省	34918875	25968398	34.47	283222	221925	27.62
黑龙江	16344930	12693141	28.77	82781	86528	-4.33
上海市	73390099	77916222	-5.81	139268	142569	-2.32
江苏省	220561216	194471254	13.42	1255205	958690	30.93
浙江省	219528700	222245656	-1.22	1150318	1143781	0.57
安徽省	38709073	29710841	30.29	257504	172910	48.92
福建省	115676987	102982165	12.33	657766	572488	14.90
江西省	36918034	29537682	24.99	275966	286642	-3.72

地　区	主营业务成本			主营业务税金及附加		
	2009 年 1-11 月	2008 年 1-11 月	同期增减（%）	2009 年 1-11 月	2008 年 1-11 月	同期增减（%）
山东省	347961003	296726943	17.27	2822489	2420975	16.58
河南省	118860834	107157066	10.92	1322720	1291454	2.42
湖北省	31806317	23757130	33.88	275223	228299	20.55
湖南省	60659511	48601158	24.81	639017	521945	22.43
广东省	379994826	375703718	1.14	1248827	1458285	-14.36
广西区	26934545	22507495	19.67	155791	187473	-16.90
海南省	4489183	4896477	-8.32	2459	2976	-17.37
重庆市	12028726	10038659	19.82	79319	54153	46.47
四川省	53295110	38358785	38.94	401734	342322	17.36
贵州省	3396371	2487063	36.56	26859	26943	-0.31
云南省	7512524	7221568	4.03	50220	117071	-57.10
西藏区	192380	140665	36.76	11328	9702	16.76
陕西省	7438840	6573404	13.17	66374	56572	17.33
甘肃省	987296	959767	2.87	6789	8363	-18.82
青海省	399644	351193	13.80	1090	969	12.49
宁夏区	2876393	2686343	7.07	11575	12031	-3.79
新疆区	2681364	2735570	-1.98	11962	13735	-12.91

2009 年 1-11 月轻工业分地区主要经济指标（五）

单位：千元

地　区	营业费用			管理费用		
	2009 年 1-11 月	2008 年 1-11 月	同期增减（%）	2009 年 1-11 月	2008 年 1-11 月	同期增减（%）
全　国	58484901	53470382	9.38	85287104	76980866	10.79
北京市	1217109	1470034	-17.21	2475319	2438149	1.52
天津市	469054	475525	-1.36	1095460	1013652	8.07
河北省	1772479	1643996	7.82	1383863	1416021	-2.27
山西省	48698	83626	-41.77	147861	151962	-2.70
内蒙古	218546	231426	-5.57	502929	453977	10.78
辽宁省	1647339	1334632	23.43	3844899	3231451	18.98
吉林省	1106764	925043	19.64	1512935	1080074	40.08
黑龙江	599173	671795	-10.81	851396	759267	12.13
上海市	3563905	3110436	14.58	5673332	5304979	6.94
江苏省	6938630	5971126	16.20	8515915	7550208	12.79
浙江省	6603095	6504857	1.51	11178170	10740054	4.08
安徽省	1247309	932422	33.77	1510106	1108379	36.24
福建省	3758972	3188462	17.89	5413065	4568672	18.48

地　区	营业费用			管理费用		
	2009 年 1-11 月	2008 年 1-11 月	同期增减（%）	2009 年 1-11 月	2008 年 1-11 月	同期增减（%）
江西省	799267	631767	26.51	1189208	918656	29.45
山东省	8252376	7348159	12.31	9028339	7861359	14.84
河南省	4421734	4338677	1.91	2763335	2240583	23.33
湖北省	1173850	935432	25.49	1495616	1172719	27.53
湖南省	1706641	1375810	24.05	2117404	1713047	23.60
广东省	9003001	8998758	0.05	18257710	17855490	2.25
广西区	650808	497887	30.71	1122926	952782	17.86
海南省	313248	409811	-23.56	150297	172823	-13.03
重庆市	441957	281479	57.01	682481	495127	37.84
四川省	1693870	1309956	29.31	2184570	1849659	18.11
贵州省	87406	63564	37.51	250444	189288	32.31
云南省	315070	363324	-13.28	774358	705215	9.80
西藏区	2482	2643	-6.09	40865	36506	11.94
陕西省	216577	181934	19.04	548155	479132	14.41
甘肃省	30251	34304	-11.81	125641	115625	8.66
青海省	6822	3833	77.98	39590	36098	9.67
宁夏区	87717	83519	5.03	151689	117289	29.33
新疆区	90751	66145	37.20	259226	252623	2.61

2009 年 1-11 月轻工业分地区主要经济指标（六）

单位：千元

地　区	财务费用			应交增值税		
	2009 年 1-11 月	2008 年 1-11 月	同期增减（%）	2009 年 1-11 月	2008 年 1-11 月	同期增减（%）
全　国	25431889	23811306	6.81	58013028	52646040	10.19
北京市	174552	213718	-18.33	1170598	1196319	-2.15
天津市	196757	221931	-11.34	424684	344345	23.33
河北省	504186	489167	3.07	1300738	1249581	4.09
山西省	73707	78736	-6.39	70132	82851	-15.35
内蒙古	96400	78504	22.80	357921	245878	45.57
辽宁省	536111	513966	4.31	989947	847482	16.81
吉林省	464119	495659	-6.36	426479	549011	-22.32
黑龙江	185148	166143	11.44	626175	557628	12.29
上海市	668249	887253	-24.68	2239183	1943929	15.19
江苏省	3193251	2544379	25.50	8484931	6505598	30.43
浙江省	5070404	5344063	-5.12	6347512	6588829	-3.66
安徽省	553985	485513	14.10	978486	827694	18.22

地 区	财务费用			应交增值税		
	2009 年 1-11 月	2008 年 1-11 月	同期增减（%）	2009 年 1-11 月	2008 年 1-11 月	同期增减（%）
福建省	1458063	1382047	5.50	2343841	2294218	2.16
江西省	344133	303742	13.30	1293044	1015976	27.27
山东省	4276781	4183479	2.23	11601821	10140664	14.41
河南省	1227957	1132326	8.45	5322484	4697792	13.30
湖北省	395321	340113	16.23	900262	848537	6.10
湖南省	748206	696368	7.44	1623681	1421177	14.25
广东省	2952128	1968692	49.95	7106770	7139468	-0.46
广西区	432357	452952	-4.55	835363	793075	5.33
海南省	368199	551012	-33.18	250522	404248	-38.03
重庆市	226599	152810	48.29	356492	347765	2.51
四川省	589640	471037	25.18	1688334	1367083	23.50
贵州省	167391	74294	125.31	134430	113139	18.82
云南省	138071	193546	-28.66	586194	534522	9.67
西藏区	-77	164	-146.95	16982	10233	65.95
陕西省	87866	102691	-14.44	295541	269947	9.48
甘肃省	17010	16690	1.92	28387	35912	-20.95
青海省	1007	1956	-48.52	8324	13718	-39.32
宁夏区	220764	212980	3.65	104631	129907	-19.46
新疆区	63604	55375	14.86	99139	129514	-23.45

全国轻工业主要产品产量同期对比情况表

产品名称	单位	完成产量				同期增减（%）	
		2009 年 12 月	2009 年	2008 年 12 月	2008 年	12 月	全年
人造板	立方米	14462827	137507890	11301055	117509217	27.98	17.02
其中:胶合板	立方米	6385483	65789322	5411412	55496289	18.00	18.55
纤维板	立方米	3615297	33077064	3015536	30330877	19.89	9.05
刨花板	立方米	1133316	10941509	795608	8512962	42.45	28.53
人造板表面装饰板	平方米	20939086	200873880	15721157	188755579	33.19	6.42
实木木地板	平方米	9636158	104565279	11964916	112057088	-19.46	-6.69
复合木地板	平方米	28478348	300418844	35031182	305676895	-18.71	-1.72
家具	件	64357818	608143574	55060641	579989986	16.89	4.85
其中:木质家具	件	22457940	205010557	18025022	196176511	24.59	4.50
金属家具	件	33890017	333664678	30008613	315740546	12.93	5.68
软体家具	件	4679881	36833806	3451453	34626523	35.59	6.37
纸浆(原生浆及废纸浆)	吨	1809781	19345571	1489590	19430375	21.50	-0.44
机制纸及纸板(外购原纸加工除外)	吨	9078998	93887411	7199239	83748987	26.11	12.11

产品名称	单位	完成产量				同期增减（%）	
		2009年12月	2009年	2008年12月	2008年	12月	全年
其中:未涂布印刷书写用纸	吨	798540	8760439	701005	8709007	13.91	0.59
其中:新闻纸	吨	439404	4896031	409311	5305876	7.35	-7.72
卫生用纸原纸	吨	215013	2104795	156387	1447930	37.49	45.37
箱纸板	吨	1406576	13911399	1073207	12861535	31.06	8.16
纸制品	吨	3624331	39223165	2944022	34135177	23.11	14.91
其中：瓦楞纸箱	吨	2193035	21771989	1674200	19470916	30.99	11.82
单色印刷品	令	6128231	73263718	5356443	70111974	14.41	4.50
多色印刷品	对开色令	36986823	368962108	42917642	348737502	-13.82	5.80
本册	万本	119800	986106	130300	932882	-8.06	5.71
光盘复制品	万张	18704	233251	19760	226152	-5.34	3.14
木杆铅笔	万支	223266	2095198	211197	1726721	5.71	21.34
锁具	万把	16682	159310	15581	165766	7.06	-3.89
搪瓷制品	吨	53564	583629	43860	537199	22.13	8.64
不锈钢日用制品	吨	189025	1927577	159767	1887302	18.31	2.13
通信及电子网络用电缆	对千米	5101947	58339280	6953126	75280576	-26.62	-22.50
电力电缆	千米	2220271	21382848	2246013	19642967	-1.15	8.86
光缆	芯千米	8566458	84277514	5241411	52388605	63.44	60.87
绝缘制品	吨	123067	1172359	90315	920376	36.26	27.38
铅酸蓄电池	千伏安时	12642965	119302547	8565679	97169797	47.60	22.78
碱性蓄电池	只(自然只)	41212697	381679785	44431092	469971946	-7.24	-18.79
锂离子电池	只(自然只)	174620190	1875173241	222352250	1911675324	-21.47	-1.91
原电池及原电池组(折R20标准只)	万只	275974	2904219	260713	3075384	5.85	-5.57
家用电冰箱	台	4927106	60635546	3756751	51040071	31.15	18.80
家用冷柜(家用冷冻箱)	台	1219237	12580359	780434	10158266	56.23	23.84
房间空气调节器	台	7296308	81532809	5185320	85035477	40.71	-4.12
家用电风扇	台	9942483	143653272	12048765	142509243	-17.48	0.80
家用吸排油烟机	台	2042087	16847449	1495000	16408045	36.59	2.68
电饭锅	个	18273751	149569346	11481887	132905592	59.15	12.54
家用电热烘烤器具	个	14750791	149328834	11943041	169491128	23.51	-11.90
电冷热饮水机	台	1303361	17140623	905441	15323973	43.95	11.85
微波炉	台	6859024	60382069	4035800	62873759	69.95	-3.96
家用洗衣机	台	5876550	49358246	5259589	43694285	11.73	12.96
家用电热水器	台	2203396	19892311	1724325	17196775	27.78	15.67
家用吸尘器	台	4733780	56694235	4691087	63252183	0.91	-10.37
家用燃气灶具	台	2441377	26384309	3374262	27794597	-27.65	-5.07
家用燃气热水器	台	803933	11394091	1200300	10871030	-33.03	6.05
电光源	万只	161164	1639629	145807	1683670	10.53	-2.62

产品名称	单位	完成产量				同期增减（%）	
		2009年12月	2009年	2008年12月	2008年	12月	全年
其中:白炽灯泡	万只	27985	272586	24180	334180	15.74	-18.43
荧光灯	万只	36689	349772	34285	304776	7.01	14.76
灯具及照明装置	套(台、个)	230342043	2078136488	183643813	2042906891	25.43	1.72
程控交换机	线	4379431	41474033	4466825	45056339	-1.96	-7.95
其中:数字程控交换机	线	4370430	40263622	4080025	42407811	7.12	-5.06
电话单机	部	10691223	142890866	16042933	181603829	-33.36	-21.32
传真机	部	748240	6798244	479727	7596974	55.97	-10.51
移动通信基站设备	信道	2715935	30215768	2022976	14945255	34.25	102.18
移动通信手持机（手机）	台	66386781	617874664	32794551	562940539	102.43	9.76
微型计算机设备	台	18931290	182151007	10320347	142865171	83.44	27.50
其中：笔记本计算机	台	15295305	150094736	7711368	108166591	98.35	38.76
显示器	台	12052734	130220102	8046918	121447586	49.78	7.22
打印机	台	4498076	36408175	3752745	42160009	19.86	-13.64
半导体存储盘	个	7697485	81648258	10949351	133916267	-29.70	-39.03
彩色显像管	只	2098786	22880585	2690841	57532067	-22.00	-60.23
半导体分立器件	万只	2868986	26373867	2075601	25601399	38.22	3.02
集成电路	万块	459129	4159316	306422	4451273	49.84	-6.56
光电子器件	万只(片、套)	789560	9361244	532517	8072522	48.27	15.96
电子元件	万只	16577222	157124429	10366423	161758701	59.91	-2.86
彩色电视机	台	12543801	99654546	8805440	91188230	42.46	9.28
数字激光音、视盘机	台	6779763	97114338	7650610	108448063	-11.38	-10.45
组合音响	台	8997288	96389079	8241154	108282380	9.18	-10.98
工业自动调节仪表与控制系统	台(套)	2142494	22775321	1588229	22355320	34.90	1.88
电工仪器仪表	台	8713102	86399739	8848177	89479864	-1.53	-3.44
分析仪器及装置	台（套）	31504	315723	28116	328134	12.05	-3.78
试验机	台	4694	44685	3161	43442	48.50	2.86
环境监测专用仪器仪表	台	10035	132567	13576	114493	-26.08	15.79
汽车仪器仪表	台	3438456	30068549	2411516	26475051	42.58	13.57
钟	只	14807411	144550196	18498875	165664805	-19.96	-12.75
表	只	10800835	133063707	13260442	152837792	-18.55	-12.94
光学仪器	台（个）	3123862	26829064	3146929	29991125	-0.73	-10.54
眼镜成镜	副	43710986	447629827	48239865	538700061	-9.39	-16.91
照相机	台	7731929	84578087	7510338	89253521	2.95	-5.24
其中：数码照相机	台	7294921	80263194	6345600	81632242	14.96	-1.68
复印和胶版印制设备	台	492737	4207097	393426	7203249	25.24	-41.59
伞类制品	把	79233688	845818456	72960311	898340593	8.60	-5.85

九、纺织工业

2009 年 1-11 月纺织工业主要经济指标

指标	单位	2009 年 1-11 月	2008 年 1-11 月	同期增减（%）
企业总数	个	58616		
亏损企业	个	10173	10099	0.73
亏损企业亏损总额	千元	14196864	15720989	-9.69
应收帐款净额	千元	314899787	285340057	10.36
产成品	千元	212722146	204214596	4.17
资产总计	千元	2491073449	2240209515	11.20
负债总计	千元	1407243406	1308937748	7.51
主营业务收入	千元	3449309104	3097313565	11.36
主营业务成本	千元	3026976661	2727849719	10.97
主营业务税金及附加	千元	15516324	13474368	15.15
营业费用	千元	69046681	64534174	6.99
管理费用	千元	110367079	103035666	7.12
财务费用	千元	34895592	36047341	-3.20
利润总额	千元	148583684	124514004	19.33
应交增值税	千元	80291456	73158811	9.75
全部从业人员年平均人数	人	12766584	12915543	-1.15

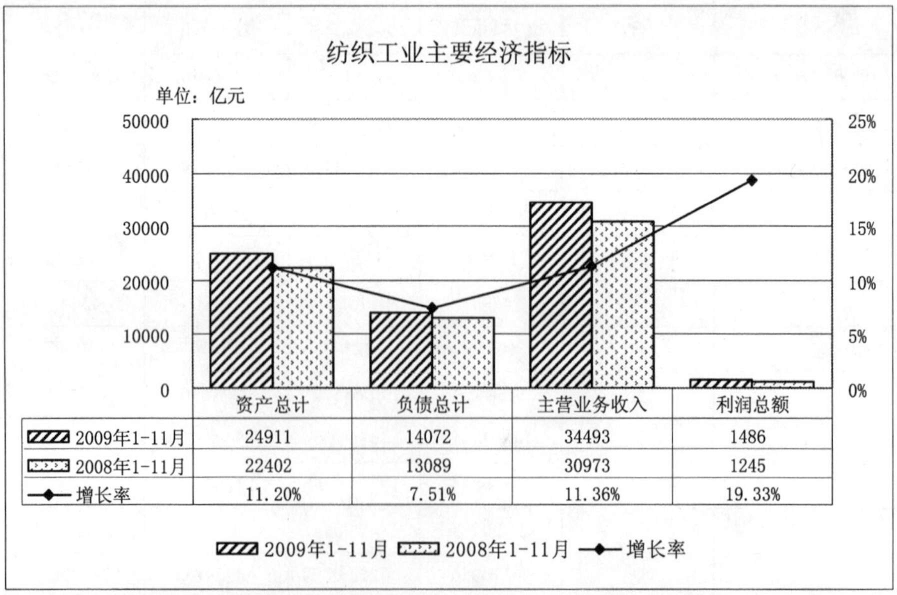

2009 年以来，在国家“扩内需、保增长、调结构、重民生”一系列宏观经济政策措施的支持下，在行业加快结构调整、转变增长方式的内生驱动力作用下，我国纺织行业运行呈现企稳回升、发展逐渐向好的良好局面。根据对纺织工业 58616 家规模以上企业的统计调查，2009 年 1-11 月全国纺织工业主营业务总收入达 34493 亿元，增幅为 11.36%，完成利润 1486 亿元，比上年同期增长 19.33%。

2009年1-11月纺织工业分地区主要经济效益指标

地 区	销售利润(%)	成本费用利润率(%)	资产负债率(%)	流动资产周转率(次)	成本费用率(%)
全 国	4.31	4.56	56.49	2.59	7.08
北京市	2.67	2.71	63.15	1.13	24.88
天津市	5.51	5.83	68.49	1.23	18.34
河北省	7.07	7.73	55.62	4.82	5.83
山西省	0.58	0.57	70.07	1.21	10.81
内蒙古	4.05	4.45	54.21	2.10	5.73
辽宁省	3.40	3.54	50.96	3.58	7.61
吉林省	2.77	2.84	53.34	3.16	6.60
黑龙江	4.05	4.22	63.97	1.21	7.83
上海市	5.29	5.49	52.55	1.46	17.27
江苏省	3.48	3.61	59.26	2.67	5.78
浙江省	4.11	4.27	63.17	1.63	8.55
安徽省	2.34	2.42	58.36	2.81	6.73
福建省	5.39	5.83	44.61	2.66	8.21
江西省	4.85	5.29	48.80	5.84	5.06
山东省	5.47	5.92	50.69	4.32	5.02
河南省	9.86	10.98	45.98	4.27	5.16
湖北省	2.85	3.00	54.95	2.93	8.60
湖南省	2.49	2.78	58.36	4.86	8.18
广东省	2.02	2.12	54.47	2.56	7.73
广西区	-0.12	-0.12	63.98	2.69	5.61
海南省	2.14	2.18	46.45	1.57	40.59
重庆市	2.81	3.09	55.37	3.55	7.57
四川省	3.12	3.29	52.42	5.21	4.98
贵州省	0.02	0.02	62.88	1.44	9.27
云南省	1.47	1.45	65.38	0.88	17.09
西藏区	7.41	7.88	55.03	0.50	17.76
陕西省	-0.99	-0.99	68.77	1.87	8.57
甘肃省	3.30	3.48	45.33	1.14	10.06
青海省	2.82	2.95	54.23	2.15	5.54
宁夏区	9.95	11.03	59.13	0.78	4.64
新疆区	-1.18	-1.16	65.26	1.15	9.60

2009年1-11月纺织工业分地区主要经济指标（一）

单位：千元

地区	主营业务收入			利润总额		
	2009年1-11月	2008年1-11月	同期增减（%）	2009年1-11月	2008年1-11月	同期增减（%）
全国	3449309104	3097313565	11.36	148583684	124514004	19.33
北京市	15407049	15885660	-3.01	411186	330254	24.51
天津市	21420474	19856540	7.88	1179781	1939067	-39.16
河北省	128199528	111917978	14.55	9069954	7531181	20.43
山西省	2391174	2445355	-2.22	13909	2625	429.87
内蒙古	31882669	27011842	18.03	1291860	648443	99.22
辽宁省	67849944	59075007	14.85	2305555	1794362	28.49
吉林省	8350023	6601467	26.49	231579	152520	51.84
黑龙江	4266996	3456427	23.45	172622	84128	105.19
上海市	76486229	79628100	-3.95	4044197	3306119	22.32
江苏省	674949629	617912491	9.23	23456956	19834457	18.26
浙江省	609485247	592455562	2.87	25036936	20810389	20.31
安徽省	48321773	36222425	33.40	1132767	544733	107.95
福建省	268338890	230450425	16.44	14462502	11192680	29.21
江西省	62518294	48624537	28.57	3033813	1681054	80.47
山东省	611160877	539990101	13.18	33443950	31086705	7.58
河南省	143476213	118872944	20.70	14143847	11993150	17.93
湖北省	80768979	64117786	25.97	2303603	1928521	19.45
湖南省	45476684	38415128	18.38	1132759	863983	31.11
广东省	420493944	379532514	10.79	8488416	6682046	27.03
广西区	11331850	9939186	14.01	-13207	7549	-274.95
海南省	870902	972297	-10.43	18642	34444	-45.88
重庆市	16988749	13994998	21.39	476815	482993	-1.28
四川省	71598019	54021475	32.54	2233040	1626249	37.31
贵州省	609152	580331	4.97	149	6131	-97.57
云南省	1105094	1000692	10.43	16223	19187	-15.45
西藏区	26510	38499	-31.14	1965	2166	-9.28
陕西省	8749502	7779020	12.48	-86654	-253417	-65.81
甘肃省	1801771	1879297	-4.13	59422	63428	-6.32
青海省	1801351	1141521	57.80	50795	32828	54.73
宁夏区	5625383	4739189	18.70	559707	347657	60.99
新疆区	7556205	8754771	-13.69	-89405	-261628	-65.83

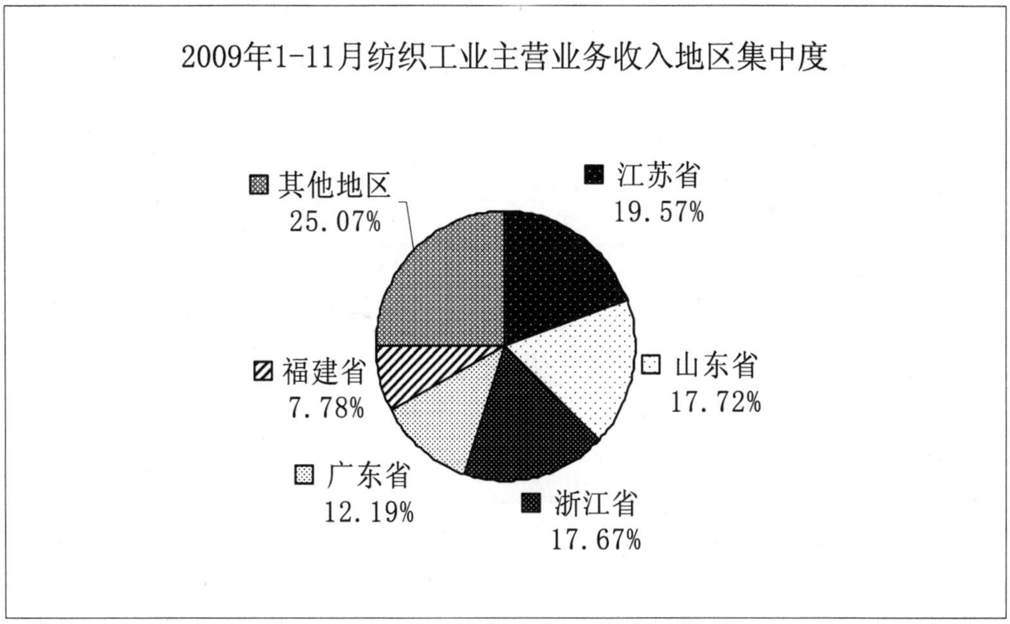

2009年1-11月，我国纺织工业主营业务收入排名前5名的省份为江苏、山东、浙江、广东和福建，分别占19.57%、17.72%、17.67%、12.19%和7.78%，我国纺织工业地区集群效应明显，主要集中在华东地区。

2009年1-11月纺织工业分地区主要经济指标（二）

单位：千元

地区	应收帐款净额			产成品		
	2009年1-11月	2008年1-11月	同期增减（%）	2009年1-11月	2008年1-11月	同期增减（%）
全国	314899787	285340057	10.36	212722146	204214596	4.17
北京市	2525435	2076542	21.62	3471399	3972728	-12.62
天津市	1731511	2318677	-25.32	2905056	2451810	18.49
河北省	4292509	3655454	17.43	5822652	5624929	3.52
山西省	375346	298038	25.94	454076	584369	-22.30
内蒙古	3506690	3427129	2.32	3611472	4109926	-12.13
辽宁省	4349797	3967152	9.65	4036195	3597828	12.18
吉林省	633872	490617	29.20	917156	837967	9.45
黑龙江	996728	960402	3.78	1212167	1597753	-24.13
上海市	16188781	12720158	27.27	10164096	9136834	11.24
江苏省	63528315	60819076	4.45	38806091	38519182	0.74
浙江省	86069276	77475492	11.09	46024685	43993396	4.62
安徽省	4509186	3511280	28.42	3915139	3110046	25.89
福建省	31434429	25209139	24.69	15296171	12918113	18.41
江西省	2444116	2113295	15.65	2385022	2396676	-0.49
山东省	21234309	19767737	7.42	20914696	20590956	1.57
河南省	4811214	4496486	7.00	4966658	4532068	9.59

地区	应收帐款净额			产成品		
	2009年1-11月	2008年1-11月	同期增减（%）	2009年1-11月	2008年1-11月	同期增减（%）
湖北省	4495233	3942897	14.01	6598302	6196543	6.48
湖南省	1939992	1606519	20.76	3077007	2720822	13.09
广东省	50595804	48507382	4.31	26829277	25931948	3.46
广西区	895795	835963	7.16	1093338	1051402	3.99
海南省	208672	190909	9.30	163878	190987	-14.19
重庆市	921208	807317	14.11	1056010	1107398	-4.64
四川省	2884568	2281072	26.46	3391014	3225100	5.14
贵州省	64216	59462	8.00	104219	169298	-38.44
云南省	129252	131126	-1.43	280333	326198	-14.06
西藏区	0	140	-100.00	4860	2505	94.01
陕西省	690221	577798	19.46	1101445	1038498	6.06
甘肃省	291675	228682	27.55	326204	339428	-3.90
青海省	175303	138791	26.31	238546	151984	56.95
宁夏区	1901184	1301302	46.10	2223696	2035518	9.24
新疆区	1075150	1424023	-24.50	1331286	1752386	-24.03

2009年1-11月纺织工业分地区主要经济指标（三）

单位：千元

地区	资产总计			负债合计		
	2009年1-11月	2008年1-11月	同期增减（%）	2009年1-11月	2008年1-11月	同期增减（%）
全国	2491073449	2240209515	11.20	1407243406	1308937748	7.51
北京市	21037642	19754741	6.49	13284280	12778104	3.96
天津市	26854845	21299673	26.08	18392946	12792997	43.77
河北省	53572760	49409433	8.43	29794601	27975097	6.50
山西省	3856852	3703601	4.14	2702314	2459503	9.87
内蒙古	29380689	27277422	7.71	15928484	17416618	-8.54
辽宁省	37485525	35048590	6.95	19102889	18215033	4.87
吉林省	6922190	4657262	48.63	3692520	2911947	26.81
黑龙江	5531433	5870287	-5.77	3538665	3597005	-1.62
上海市	84918777	77251567	9.92	44623566	40660352	9.75
江苏省	459465504	433925058	5.89	272268724	261259265	4.21
浙江省	645712899	581952399	10.96	407872159	372112430	9.61
安徽省	39380583	30334049	29.82	22983080	18840028	21.99
福建省	180899429	149397171	21.09	80692767	68063305	18.56
江西省	24835092	21077627	17.83	12119729	10491377	15.52
山东省	336682413	296343873	13.61	170664355	163469847	4.40
河南省	74370432	65561099	13.44	34192121	30597069	11.75
湖北省	60430936	48796443	23.84	33209765	29142398	13.96

地 区	资产总计			负债合计		
	2009年1-11月	2008年1-11月	同期增减（%）	2009年1-11月	2008年1-11月	同期增减（%）
湖南省	21475373	19116912	12.34	12533071	11065730	13.26
广东省	286177855	267381975	7.03	155883522	154936946	0.61
广西区	8451393	7353555	14.93	5407136	4928654	9.71
海南省	1097743	710067	54.60	509944	587823	-13.25
重庆市	9579061	8073091	18.65	5304295	4152471	27.74
四川省	30685455	27838327	10.23	16085603	14912311	7.87
贵州省	703915	761568	-7.57	442638	486228	-8.96
云南省	3117988	2974053	4.84	2038682	2172069	-6.14
西藏区	83008	84458	-1.72	45677	48515	-5.85
陕西省	9632380	9005551	6.96	6624012	7590577	-12.73
甘肃省	3016061	2523340	19.53	1367040	1278855	6.90
青海省	2178128	1783060	22.16	1181123	920888	28.26
宁夏区	9833804	7641082	28.70	5814534	4683068	24.16
新疆区	13703284	13302181	3.02	8943164	8391238	6.58

2009年1-11月纺织工业分地区主要经济指标（四）

单位：千元

地 区	主营业务成本			主营业务税金及附加		
	2009年1-11月	2008年1-11月	同期增减（%）	2009年1-11月	2008年1-11月	同期增减（%）
全 国	3026976661	2727849719	10.97	15516324	13474368	15.15
北京市	12111233	12741574	-4.95	43649	34759	25.58
天津市	17050111	15265360	11.69	44031	41201	6.87
河北省	110279859	97566403	13.03	695084	628146	10.66
山西省	2189643	2235067	-2.03	8999	8871	1.44
内蒙古	27137132	22610282	20.02	340203	307726	10.55
辽宁省	60027719	52252122	14.88	547476	514706	6.37
吉林省	7625051	5971520	27.69	26289	25277	4.00
黑龙江	3782003	3126793	20.95	12546	14439	-13.11
上海市	62733931	66610753	-5.82	105538	120670	-12.54
江苏省	612553333	561115166	9.17	2331397	2064775	12.91
浙江省	537648214	524927317	2.42	2184795	2076968	5.19
安徽省	43646526	32911418	32.62	215310	147428	46.04
福建省	228175475	199813890	14.19	1020736	969472	5.29
江西省	54349200	42045146	29.26	257573	193832	32.88
山东省	534245279	470408760	13.57	3846390	3016757	27.50
河南省	121379219	101072534	20.09	1208697	1073729	12.57
湖北省	69972238	56813406	23.16	835392	559669	49.27
湖南省	37314880	32441993	15.02	310871	219574	41.58

地　区	主营业务成本			主营业务税金及附加		
	2009 年 1-11 月	2008 年 1-11 月	同期增减（%）	2009 年 1-11 月	2008 年 1-11 月	同期增减（%）
广东省	370443718	334557757	10.73	906877	985321	-7.96
广西区	10465044	9157284	14.28	51002	40376	26.32
海南省	602946	681081	-11.47	9104	11133	-18.23
重庆市	14249326	12323154	15.63	98965	59970	65.02
四川省	64417392	47116733	36.72	316643	276561	14.49
贵州省	557100	514120	8.36	2004	1874	6.94
云南省	945711	922126	2.56	12945	2740	372.45
西藏区	21076	34554	-39.01	109	36	202.78
陕西省	8001777	7069457	13.19	39080	36476	7.14
甘肃省	1543190	2365114	-34.75	9309	8096	14.98
青海省	1632245	903819	80.59	1763	694	154.03
宁夏区	4846323	4137013	17.15	4169	4517	-7.70
新疆区	7029767	8138003	-13.62	29378	28575	2.81

2009 年 1-11 月纺织工业分地区主要经济指标（五）

单位：千元

地　区	营业费用			管理费用		
	2009 年 1-11 月	2008 年 1-11 月	同期增减（%）	2009 年 1-11 月	2008 年 1-11 月	同期增减（%）
全　国	69046681	64534174	6.99	110367079	103035666	7.12
北京市	1505825	1401904	7.41	1371352	1393412	-1.58
天津市	1964472	1596389	23.06	1021292	922726	10.68
河北省	2347059	2314952	1.39	2872948	2540123	13.10
山西省	52338	57444	-8.89	138986	160910	-13.63
内蒙古	339625	491604	-30.91	761143	729738	4.30
辽宁省	1272108	1359801	-6.45	2699541	2389790	12.96
吉林省	161304	123302	30.82	290721	239932	21.17
黑龙江	77959	82528	-5.54	178440	150154	18.84
上海市	4800460	4450444	7.86	5502651	5245301	4.91
江苏省	9848779	9354112	5.29	19338608	18342840	5.43
浙江省	11645151	11449580	1.71	24147183	23016178	4.91
安徽省	864713	650739	32.88	1504295	1220813	23.22
福建省	7300535	7072953	3.22	9182122	7842425	17.08
江西省	1054520	717388	46.99	1349922	941787	43.34
山东省	8631014	7734294	11.59	11908220	11412459	4.34
河南省	2720328	2442961	11.35	2173695	1901575	14.31
湖北省	2082174	1532100	35.90	2791478	1940763	43.83
湖南省	1329218	1145821	16.01	1297900	1132405	14.61
广东省	8858418	8695100	1.88	18176231	18137303	0.21

地区	营业费用			管理费用		
	2009年1-11月	2008年1-11月	同期增减（%）	2009年1-11月	2008年1-11月	同期增减（%）
广西区	111423	94710	17.65	313291	285781	9.63
海南省	123788	140247	-11.74	115613	102683	12.59
重庆市	392195	321230	22.09	576354	386102	49.28
四川省	1058942	782717	35.29	1632287	1358421	20.16
贵州省	12284	13712	-10.41	35964	42482	-15.34
云南省	17344	22181	-21.81	115563	111779	3.39
西藏区	705	650	8.46	2979	2432	22.49
陕西省	164598	157527	4.49	424378	521476	-18.62
甘肃省	35852	30878	16.11	100530	79776	26.02
青海省	12105	9526	27.07	47647	48333	-1.42
宁夏区	35757	18358	94.78	-9543	71813	-113.29
新疆区	225688	269022	-16.11	305288	363954	-16.12

2009年1-11月纺织工业分地区主要经济指标（六）

单位：千元

地区	财务费用			应交增值税		
	2009年1-11月	2008年1-11月	同期增减（%）	2009年1-11月	2008年1-11月	同期增减（%）
全国	34895592	36047341	-3.20	80291456	73158811	9.75
北京市	135499	160466	-15.56	601989	486359	23.77
天津市	141345	181530	-22.14	703814	736889	-4.49
河北省	1208125	1204405	0.31	2540213	2271605	11.82
山西省	45297	66775	-32.16	62115	71257	-12.83
内蒙古	455303	692624	-34.26	333329	353509	-5.71
辽宁省	594497	576493	3.12	983998	753389	30.61
吉林省	51488	43693	17.84	54274	60457	-10.23
黑龙江	39772	41667	-4.55	119442	83655	42.78
上海市	527968	669026	-21.08	1986733	1792949	10.81
江苏省	6235538	7013261	-11.09	17079092	15290571	11.70
浙江省	10174024	11964311	-14.96	15032027	15084317	-0.35
安徽省	568200	510191	11.37	758596	674555	12.46
福建省	2245642	1857383	20.90	5291417	4674990	13.19
江西省	348204	304008	14.54	1426330	977348	45.94
山东省	6279732	5780130	8.64	16771700	15123305	10.90
河南省	1371685	1355116	1.22	4589173	3993144	14.93
湖北省	1145931	905484	26.55	1618250	1398350	15.73
湖南省	426905	416289	2.55	827548	683173	21.13
广东省	1584386	938198	68.88	6855555	6273049	9.29
广西区	162578	141022	15.29	215756	228478	-5.57
海南省	5348	9785	-45.34	38521	44099	-12.65
重庆市	110306	108723	1.46	236311	247930	-4.69

地 区	财务费用			应交增值税		
	2009 年 1-11 月	2008 年 1-11 月	同期增减（%）	2009 年 1-11 月	2008 年 1-11 月	同期增减（%）
四川省	517300	534916	-3.29	1560553	1202410	29.79
贵州省	3369	5437	-38.04	16125	15140	6.51
云南省	28747	28416	1.16	30204	24953	21.04
西藏区	59	154	-61.69	1402	1441	-2.71
陕西省	96419	124065	-22.28	193742	213696	-9.34
甘肃省	18889	17611	7.26	38983	46090	-15.42
青海省	30610	23895	28.10	19240	16067	19.75
宁夏区	198845	188022	5.76	34248	34050	0.58
新疆区	143581	184245	-22.07	270776	301586	-10.22

全国纺织工业主要产品产量同期对比情况表

产品名称	单位	完成产量				同期增减（%）	
		2009 年 12 月	2009 年	2008 年 12 月	2008 年	12 月	全年
纱	吨	2355390.22	24056188.11	1892696.07	21344153.9	24.45	12.71
布	万米	553821.92	5674382.16	483245.53	5390567.65	14.60	5.27
其中：色织布(含牛仔布)	万米	21593.08	216472.17	15086.44	184618.2	43.13	17.25
其中：1.棉布	万米	312521.24	3196170.76	278354.98	3025597.4	12.27	5.64
2.棉混纺布	万米	95661.58	934325.25	80479	921650.21	18.87	1.38
3.化学纤维布	万米	145613.2	1543604.04	124380.87	1442952.83	17.07	6.98
印染布	万米	544051.15	5398041.69	438974.88	5012916.52	23.94	7.68
绒线（俗称毛线）	吨	20681.81	325641.48	22273.8	303877.89	-7.15	7.16
毛机织物（呢绒）	万米	4791.49	49506.01	3919.19	52104.58	22.26	-4.99
亚麻布(含亚麻≥55%)	万米	2741.98	24453.06	2341.61	23899.95	17.10	2.31
苎麻布(含苎麻≥55%)	万米	2751.73	23912.28	1805.69	18229.31	52.39	31.17
生丝	吨	16158.22	166476.68	14685.97	153992.05	10.02	8.11
蚕丝及交织机织物(含蚕丝≥50%)	万米	7087.07	77595.14	6262.4	73269.35	13.17	5.90
帘子布	吨	37187.37	433556.41	31024.31	448192.71	19.87	-3.27
无纺布(无纺织物)	吨	142052.92	1309817.03	86628.64	1013397.95	63.98	29.25
服装	万件	249857.43	2375012.92	220680.86	2220856.31	13.22	6.94
1、针织服装	万件	141695.77	1358344.52	125363.78	1253217.06	13.03	8.39
2、梭织服装	万件	108161.66	1016668.4	95317.08	967639.25	13.48	5.07
其中:羽绒服	万件	3559.12	24302.39	3361.99	23288.77	5.86	4.35
西服套装	万件	5064.34	50714.95	6042.17	50004.3	-16.18	1.42
衬衫	万件	10176.49	96770.58	9212.79	105468.28	10.46	-8.25
婴儿服装及衣着附件	万件	3452.1	26274.52	2773.07	24960.64	24.49	5.26
轻革	平方米	79495474.2	692046918.1	48988948.81	689002980.8	62.27	0.44
皮革鞋靴	万双	35117.21	354616.8	34730.74	361650.67	1.11	-1.94
皮革服装	件	4468205	56123451.57	3312638	52644339	34.88	6.61
天然皮革制手提包(袋)、背包	万个	7994.84	79275.91	7418.23	86859.19	7.77	-8.73
天然毛皮服装	件	230286.13	2500876.3	269942.25	2054327.49	-14.69	21.74

十、食品工业

2009 年 1-11 月食品工业主要经济指标

指标	单位	2009 年 1-11 月	2008 年 1-11 月	同期增减（%）
企业总数	个	37245		
亏损企业	个	4288	4532	-5.38
亏损企业亏损总额	千元	14710174	15216935	-3.33
应收帐款净额	千元	197912028	174863856	13.18
产成品	千元	200407175	180655822	10.93
资产总计	千元	2410787344	2045159077	17.88
负债总计	千元	1293232432	1118279885	15.64
主营业务收入	千元	3868894034	3287783603	17.67
主营业务成本	千元	3264269016	2773470813	17.70
主营业务税金及附加	千元	38476399	32192403	19.52
营业费用	千元	171188580	146980884	16.47
管理费用	千元	102396048	85054484	20.39
财务费用	千元	30855971	28506907	8.24
利润总额	千元	216353172	166809264	29.70
应交增值税	千元	88639740	74322711	19.26
全部从业人员年平均人数	人	5646554	5281779	6.91

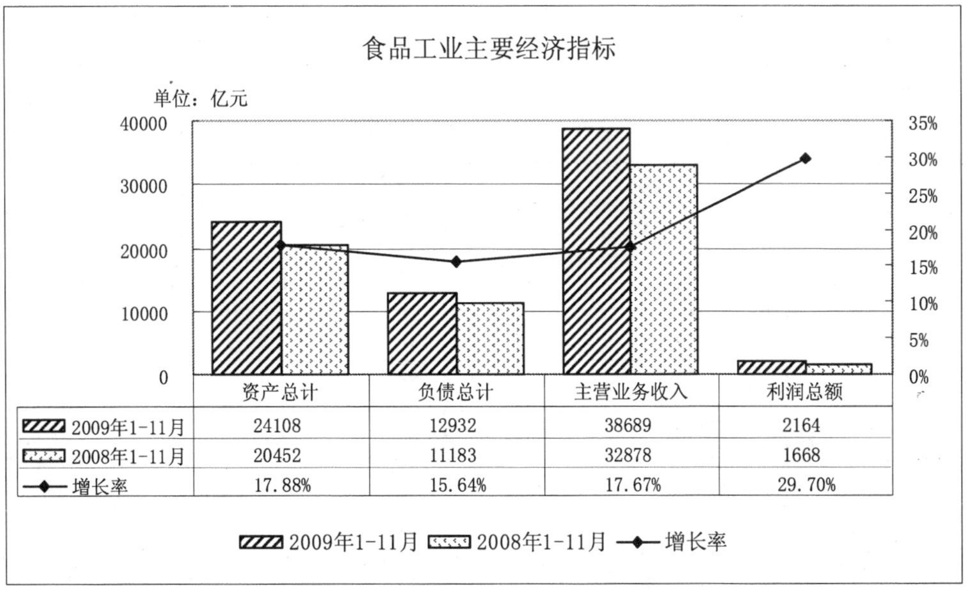

由于食品行业对抗风险的能力较强，加上国家扩大内需市场的政策支持以及刚性需求，食品工业在 2009 年依然保持了稳定的增长态势。据统计，2009 年 1-11 月全国规模以上食品工业企业 37245 家，累计主营业务收入 38689 亿元，同比增长 17.67%，实现利润 2164 亿元，增幅小幅回落至 29.70%。

2009 年 1-11 月食品工业分地区主要经济效益指标

地　区	销售利润(%)	成本费用利润率（%）	资产负债率(%)	流动资产周转率(次)	成本费用率(%)
全　国	5.59	6.00	53.64	3.26	9.33
北京市	3.59	3.67	54.75	2.05	23.48
天津市	5.12	5.28	66.03	2.34	20.44
河北省	5.54	5.88	57.25	3.54	8.09
山西省	5.73	6.00	55.73	1.76	13.09
内蒙古	4.24	4.64	54.18	4.48	8.79
辽宁省	3.39	3.63	47.10	5.07	5.49
吉林省	3.53	3.52	57.44	4.22	7.51
黑龙江	4.42	4.63	60.42	2.87	10.40
上海市	7.17	7.63	55.38	2.12	33.04
江苏省	5.11	5.41	59.12	3.14	7.50
浙江省	5.45	5.74	59.04	1.91	14.03
安徽省	3.60	3.74	55.57	3.38	8.86
福建省	4.25	4.43	52.74	2.84	9.43
江西省	5.44	5.97	47.72	4.75	7.71
山东省	5.42	5.86	48.66	4.14	5.79
河南省	9.73	10.82	45.62	5.07	6.31
湖北省	5.13	5.49	57.03	3.33	11.54
湖南省	3.51	3.98	49.82	6.54	8.41
广东省	6.13	6.53	57.72	2.44	15.22
广西区	5.02	5.30	63.75	1.87	9.33
海南省	5.81	5.99	54.52	1.59	18.04
重庆市	5.58	6.21	55.43	3.68	11.99
四川省	6.20	6.69	45.80	3.51	9.85
贵州省	32.87	49.10	28.91	1.03	27.16
云南省	5.61	5.97	57.36	1.50	14.78
西藏区	19.21	23.38	28.52	1.22	35.47
陕西省	3.85	4.14	57.93	2.91	11.13
甘肃省	3.32	3.57	58.01	1.25	12.91
青海省	8.09	9.88	72.12	1.90	8.80
宁夏区	5.53	5.80	61.88	1.54	11.90
新疆区	6.58	6.81	68.58	1.18	13.19

2009年1-11月食品工业分地区主要经济指标（一）

单位：千元

地 区	主营业务收入			利润总额		
	2009年1-11月	2008年1-11月	同期增减（%）	2009年1-11月	2008年1-11月	同期增减（%）
全 国	3868894034	3287783603	17.67	216353172	166809264	29.70
北京市	57440822	53829017	6.71	2064035	1090473	89.28
天津市	55482458	46900727	18.30	2843223	1594482	78.32
河北省	145942131	136585150	6.85	8079002	6806862	18.69
山西省	22991725	20183172	13.92	1317356	901978	46.05
内蒙古	125924016	97253538	29.48	5337066	2724574	95.89
辽宁省	236371015	186118406	27.00	8010931	5951433	34.61
吉林省	127687458	104271976	22.46	4508086	4196209	7.43
黑龙江	108959554	85012322	28.17	4817673	2760763	74.51
上海市	72001711	73895004	-2.56	5164353	3622729	42.55
江苏省	238292534	198331308	20.15	12170835	8744298	39.19
浙江省	126149560	119650816	5.43	6879285	5903392	16.53
安徽省	112696773	85617071	31.63	4061597	2592780	56.65
福建省	136503330	115393985	18.29	5801891	4880154	18.89
江西省	66090464	54359279	21.58	3594005	2608764	37.77
山东省	840772742	734122943	14.53	45567900	39297600	15.96
河南省	330406091	290377802	13.78	32138819	27396981	17.31
湖北省	140116962	103166688	35.82	7189636	4829824	48.86
湖南省	129884209	101134285	28.43	4564776	2954987	54.48
广东省	249300678	233760501	6.65	15289072	10017990	52.62
广西区	90479179	81916990	10.45	4544710	2979847	52.51
海南省	10795230	10455523	3.25	626845	391648	60.05
重庆市	36988438	30367451	21.80	2063740	1439302	43.38
四川省	260076315	196155422	32.59	16137264	11997058	34.51
贵州省	22365468	18763205	19.20	7351279	6850398	7.31
云南省	26534539	23320199	13.78	1487533	687273	116.44
西藏区	930475	723063	28.69	178744	107227	66.70
陕西省	48139907	39062801	23.24	1854748	1204369	54.00
甘肃省	16070945	14641584	9.76	533667	529740	0.74
青海省	3141345	2177693	44.25	254022	112858	125.08
宁夏区	7229880	6407924	12.83	399872	247910	61.30
新疆区	23128080	23827758	-2.94	1521207	1385361	9.81

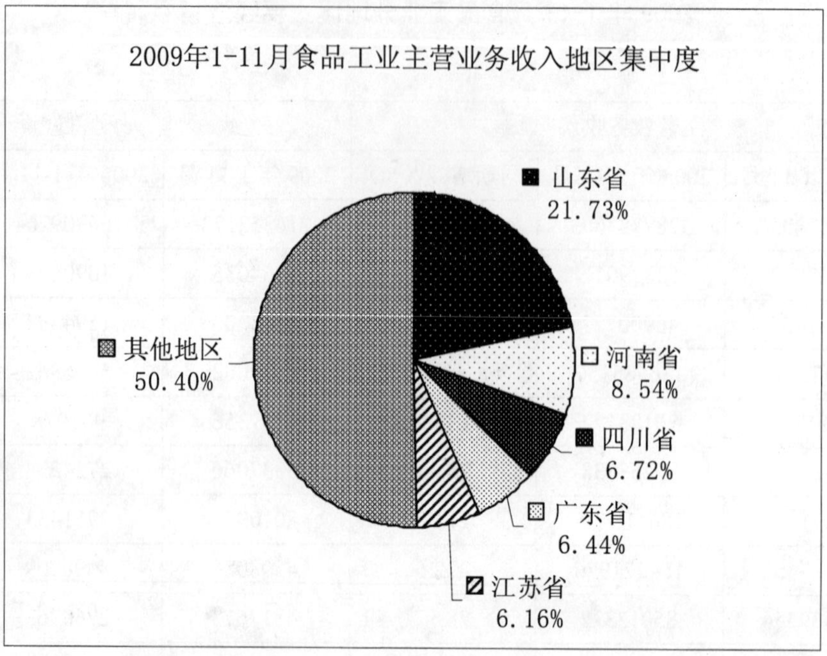

食品工业的地理分布受原料产地、消费密度（主要是人口密度）和运输条件影响较大。目前，我国食品工业主要分布在东部沿海发达地区，而西部地区丰富的原料资源优势有待转化成产业优势。根据数据统计，2009 年 1-11 月，我国食品工业主营业务收入前 5 名的省份占全国总收入的 49.60%，前 5 名省份山东、河南、四川、广东和江苏，所占比重分别为 21.73%、8.54%、6.72%、6.44%和 6.16%。

2009 年 1-11 月食品工业分地区主要经济指标（二）

单位：千元

地　区	应收帐款净额			产成品		
	2009 年 1-11 月	2008 年 1-11 月	同期增减（%）	2009 年 1-11 月	2008 年 1-11 月	同期增减（%）
全　国	197912028	174863856	13.18	200407175	180655822	10.93
北京市	5544896	5095040	8.83	3035028	3048996	-0.46
天津市	4450622	4618575	-3.64	2377404	2317858	2.57
河北省	6061794	5484234	10.53	7634881	6021749	26.79
山西省	1818712	1586633	14.63	3045376	3285761	-7.32
内蒙古	4444754	4376305	1.56	5875604	5232910	12.28
辽宁省	8729280	8391289	4.03	10039825	9416510	6.62
吉林省	8314673	4959250	67.66	6013001	6002598	0.17
黑龙江	6550143	5235331	25.11	9490627	7331102	29.46
上海市	8942788	8633506	3.58	4297384	4459863	-3.64
江苏省	12384343	10422016	18.83	9236944	8254066	11.91
浙江省	14395374	12187710	18.11	11364687	11466464	-0.89
安徽省	6200170	5426928	14.25	7097410	5693124	24.67
福建省	9997511	8282608	20.70	9770519	8379646	16.60
江西省	2317536	2001632	15.78	2014184	1879879	7.14
山东省	25305538	24130584	4.87	33602222	31043472	8.24

地　区	应收帐款净额			产成品		
	2009 年 1-11 月	2008 年 1-11 月	同期增减（%）	2009 年 1-11 月	2008 年 1-11 月	同期增减（%）
河南省	9919337	8849740	12.09	7455155	6353898	17.33
湖北省	6591658	4733846	39.25	9261623	7834212	18.22
湖南省	3455138	3141490	9.98	5380034	4463188	20.54
广东省	19923119	18802936	5.96	12287641	12747098	-3.60
广西区	7417004	7004466	5.89	6055315	5356595	13.04
海南省	1367314	1516241	-9.82	1344832	1025814	31.10
重庆市	1643087	1344434	22.21	1487007	1211356	22.76
四川省	9361547	7844098	19.35	11520365	9496667	21.31
贵州省	1060829	788131	34.60	1861941	1436940	29.58
云南省	2562944	2380174	7.68	4018057	3373383	19.11
西藏区	101808	69707	46.05	69459	50286	38.13
陕西省	2799454	2513954	11.36	4924546	4687702	5.05
甘肃省	2140508	1938286	10.43	3060293	2752824	11.17
青海省	476745	288954	64.99	445251	267909	66.19
宁夏区	584267	637156	-8.30	1170459	1045845	11.92
新疆区	3049135	2178602	39.96	5170101	4718107	9.58

2009 年 1-11 月食品工业分地区主要经济指标（三）

单位：千元

地　区	资产总计			负债合计		
	2009 年 1-11 月	2008 年 1-11 月	同期增减（%）	2009 年 1-11 月	2008 年 1-11 月	同期增减（%）
全　国	2410787344	2045159077	17.88	1293232432	1118279885	15.64
北京市	56984804	53479571	6.55	31201904	31913215	-2.23
天津市	42117739	37411940	12.58	27808445	25213588	10.29
河北省	84612093	70955604	19.25	48438704	40297882	20.20
山西省	27451775	24946674	10.04	15297684	13793521	10.90
内蒙古	71485056	58058559	23.13	38732261	31175460	24.24
辽宁省	111249133	97871574	13.67	52395649	48659960	7.68
吉林省	85970493	71990117	19.42	49383431	41827813	18.06
黑龙江	78768745	66706866	18.08	47596010	40040341	18.87
上海市	63797036	58156090	9.70	35328348	32991322	7.08
江苏省	137559346	110478115	24.51	81328951	64915958	25.28
浙江省	116994263	106237822	10.12	69078970	64628453	6.89
安徽省	71694566	60378487	18.74	39837223	34287987	16.18
福建省	87533599	74198555	17.97	46162729	38859675	18.79
江西省	32565499	27684773	17.63	15541304	13781323	12.77
山东省	421249868	355446982	18.51	204998735	180344362	13.67
河南省	150059316	124022963	20.99	68462650	59220099	15.61
湖北省	85742781	66982589	28.01	48902315	38276884	27.76
湖南省	51630662	44689594	15.53	25724436	22559518	14.03
广东省	176670423	155710432	13.46	101982656	91370763	11.61

地　区	资产总计			负债合计		
	2009年1-11月	2008年1-11月	同期增减（%）	2009年1-11月	2008年1-11月	同期增减（%）
广西区	87924864	71724958	22.59	56053901	44639125	25.57
海南省	12570912	11022688	14.05	6854003	6258416	9.52
重庆市	23109719	18060958	27.95	12809282	9458466	35.43
四川省	146171437	121201188	20.60	66941908	55189373	21.29
贵州省	34499740	27623375	24.89	9975508	8486470	17.55
云南省	35537606	29962945	18.61	20383465	18854111	8.11
西藏区	1761283	1454068	21.13	502401	403431	24.53
陕西省	36928299	31910014	15.73	21392568	19260972	11.07
甘肃省	27347559	24354079	12.29	15863489	14381641	10.30
青海省	3056073	2368700	29.02	2204017	1259480	74.99
宁夏区	10356209	8663062	19.54	6408277	5780533	10.86
新疆区	37386446	31405735	19.04	25641208	20149743	27.25

2009年1-11月食品工业分地区主要经济指标（四）

单位：千元

地　区	主营业务成本			主营业务税金及附加		
	2009年1-11月	2008年1-11月	同期增减（%）	2009年1-11月	2008年1-11月	同期增减（%）
全　国	3264269016	2773470813	17.70	38476399	32192403	19.52
北京市	44844089	43235331	3.72	857520	771559	11.14
天津市	44395356	39041599	13.71	375516	396508	-5.29
河北省	125861234	115284435	9.17	1320374	1131330	16.71
山西省	18895255	16384575	15.32	582165	520183	11.92
内蒙古	104610741	79879461	30.96	1256248	858889	46.26
辽宁省	207739902	163171151	27.31	1473347	1195211	23.27
吉林省	118278116	86315686	37.03	996877	810910	22.93
黑龙江	93428204	73366344	27.34	843536	739199	14.11
上海市	50695441	54712870	-7.34	243479	247849	-1.76
江苏省	206698818	173541362	19.11	2553860	2000980	27.63
浙江省	104252506	99642094	4.63	1052530	1029381	2.25
安徽省	98145459	74940659	30.96	1724217	1260820	36.75
福建省	118771484	99254460	19.66	956560	906617	5.51
江西省	55148397	45273400	21.81	769695	702762	9.52
山东省	728859095	632769719	15.19	7170438	6036114	18.79
河南省	276776323	244996987	12.97	2821734	2593748	8.79
湖北省	115822829	86109480	34.51	1729594	1282150	34.90
湖南省	104980589	83934556	25.07	958036	897974	6.69
广东省	201358563	195320951	3.09	2186319	1963480	11.35
广西区	77642583	72911904	6.49	827000	665013	24.36
海南省	8774321	8474353	3.54	100763	104535	-3.61
重庆市	29294172	25352375	15.55	420924	319053	31.93
四川省	215575660	159610478	35.06	4333668	3492663	24.08

地　区	主营业务成本			主营业务税金及附加		
	2009 年 1-11 月	2008 年 1-11 月	同期增减（%）	2009 年 1-11 月	2008 年 1-11 月	同期增减（%）
贵州省	10702885	8864086	20.74	1361504	1058928	28.57
云南省	21463283	19461254	10.29	269996	232511	16.12
西藏区	561402	455944	23.13	4076	1588	156.68
陕西省	39917805	32444463	23.03	475815	392343	21.28
甘肃省	12970507	11588607	11.92	296858	244312	21.51
青海省	2279323	1658509	37.43	90321	51505	75.36
宁夏区	6103088	5548082	10.00	63806	54263	17.59
新疆区	19421586	19925638	-2.53	359623	230025	56.34

2009 年 1-11 月食品工业分地区主要经济指标（五）

单位：千元

地　区	营业费用			管理费用		
	2009 年 1-11 月	2008 年 1-11 月	同期增减（%）	2009 年 1-11 月	2008 年 1-11 月	同期增减（%）
全　国	171188580	146980884	16.47	102396048	85054484	20.39
北京市	7031291	6215459	13.13	3054766	2816285	8.47
天津市	5258802	3354769	56.76	3573245	2249301	58.86
河北省	6546334	5798530	12.90	2605229	2240616	16.27
山西省	1212435	1076028	12.68	880800	842991	4.49
内蒙古	5714188	5873528	-2.71	2917916	2557748	14.08
辽宁省	5199467	4377760	18.77	4898206	4012449	22.08
吉林省	3946381	3003174	31.41	3415983	2563621	33.25
黑龙江	5988507	4783092	25.20	2725054	2133086	27.75
上海市	12754043	11566637	10.27	3640125	3659263	-0.52
江苏省	8839413	7555480	16.99	5419233	4619108	17.32
浙江省	8801584	7690022	14.45	4355622	3789050	14.95
安徽省	4841759	3721249	30.11	2908453	2415600	20.40
福建省	5705199	4654275	22.58	4267305	3616081	18.01
江西省	2286190	1953503	17.03	1607725	1302180	23.46
山东省	18932204	17714986	6.87	15812488	13055423	21.12
河南省	9754294	9157758	6.51	5189363	4327597	19.91
湖北省	8158724	5513083	47.99	3948311	2968465	33.01
湖南省	4284257	3373209	27.01	3495017	2593784	34.75
广东省	20601078	17615117	16.95	8803736	7685340	14.55
广西区	2829785	2523809	12.12	2886368	2518352	14.61
海南省	929823	914083	1.72	574470	585161	-1.83
重庆市	2078579	1591242	30.63	1134688	838570	35.31
四川省	11500443	9485882	21.24	8297594	6603862	25.65
贵州省	1359203	1285301	5.75	1555418	1250779	24.36
云南省	1477157	1409663	4.79	1170930	1076247	8.80
西藏区	134873	75313	79.08	58722	53056	10.68
陕西省	2545104	2155461	18.08	1389180	1062098	30.80

地 区	营业费用			管理费用		
	2009年1-11月	2008年1-11月	同期增减（%）	2009年1-11月	2008年1-11月	同期增减（%）
甘肃省	851797	769300	10.72	514319	461188	11.52
青海省	74524	60183	23.83	99635	82023	21.47
宁夏区	324926	283379	14.66	275047	223022	23.33
新疆区	1226216	1429609	-14.23	921100	852138	8.09

2009年1-11月食品工业分地区主要经济指标（六）

单位：千元

地 区	财务费用			应交增值税		
	2009年1-11月	2008年1-11月	同期增减（%）	2009年1-11月	2008年1-11月	同期增减（%）
全 国	30855971	28506907	8.24	88639740	74322711	19.26
北京市	445268	545210	-18.33	2298257	1778542	29.22
天津市	243689	284050	-14.21	1210497	1162892	4.09
河北省	1029372	643435	59.98	2523769	2210105	14.19
山西省	379552	407088	-6.76	676840	549028	23.28
内蒙古	560343	528015	6.12	2639600	2099553	25.72
辽宁省	1313861	1217650	7.90	2383460	1927426	23.66
吉林省	1514704	1461710	3.63	1149216	980141	17.25
黑龙江	1001716	1168123	-14.25	2788025	2039434	36.71
上海市	354626	237218	49.49	2559999	2649570	-3.38
江苏省	1251945	962633	30.05	6345967	4933199	28.64
浙江省	1471961	1574385	-6.51	3573695	3196047	11.82
安徽省	945285	921166	2.62	1579234	1313245	20.25
福建省	1233008	982615	25.48	2055817	1840740	11.68
江西省	355782	332243	7.08	1299127	1046962	24.09
山东省	7450399	6787722	9.76	18018694	15396780	17.03
河南省	2511863	2381048	5.49	8237417	7154887	15.13
湖北省	1260555	1031632	22.19	2672959	2024907	32.00
湖南省	1054404	839491	25.60	1934834	1373400	40.88
广东省	1238014	1038676	19.19	7129456	6608113	7.89
广西区	1528235	1376575	11.02	3204454	2456630	30.44
海南省	78292	120621	-35.09	583632	560642	4.10
重庆市	298156	188471	58.20	866241	669490	29.39
四川省	1430535	1360719	5.13	7723096	6106201	26.48
贵州省	-8099	81563	-109.93	2006987	1608889	24.74
云南省	523602	531771	-1.54	932274	773880	20.47
西藏区	5549	5398	2.80	61985	40853	51.73
陕西省	507192	457096	10.96	1075868	761641	41.26
甘肃省	308612	390122	-20.89	291457	278011	4.84
青海省	26436	23839	10.89	50940	31848	59.95
宁夏区	126258	140133	-9.90	155114	150685	2.94
新疆区	414856	486489	-14.72	610829	598970	1.98

全国食品工业主要产品产量同期对比情况表

产品名称	单位	完成产量				同期增减（%）	
		2009年12月	2009年	2008年12月	2008年	12月	全年
原盐	吨	2009年12月	2009年	2008年12月	2008年	12月	全年
小麦粉	吨	3982490.89	58450994.11	3270848.14	55352089.63	21.76	5.60
大米	吨	8541423.31	86951991.46	7117194.52	76184823.98	20.01	14.13
其中:配合饲料	吨	6777467.15	63053024.16	5492406.51	49055124.96	23.40	28.54
混合饲料	吨	6706439.31	71555684.87	5019306.28	56719713.27	33.61	26.16
精制食用植物油	吨	4210209.88	39250566.99	2702559.79	31051463.91	55.79	26.40
成品糖	吨	3295469.78	32801887.89	2772483.48	26692100.74	18.86	22.89
鲜、冷藏肉	吨	2681869.13	13228866.26	2411316.13	14456070.7	11.22	-8.49
冻肉	吨	1718233.64	16372591.28	1149624.18	11699471.73	49.46	39.94
冷冻水产品	吨	329149.38	2788991.48	215747.09	2204227.82	52.56	26.53
糕点	吨	452134.45	3472321.21	321345.51	2874019.23	40.70	20.82
饼干	吨	96108.75	980380.92	87936.09	921282.4	9.29	6.41
糖果	吨	362515.47	3430728.19	247055.83	2892963.94	46.73	18.59
速冻米面食品	吨	171909.62	1453137.62	119221.6	1211154.2	44.19	19.98
方便面	吨	271036.17	2477331.87	199203.78	2086249.99	36.06	18.75
乳制品	吨	540135	5737762.38	447057.12	5144569.1	20.82	11.53
其中:液体乳	吨	1730100.7	19351161.06	1386644.3	17143358.32	24.77	12.88
罐头	吨	1440071.22	16416412.5	1147468.33	14464709.06	25.50	13.49
味精(谷氨酸钠)	吨	729054.05	7450655.16	660834.98	6237341.91	10.32	19.45
酱油	吨	244364.91	2549806.22	230605.47	2300490.93	5.97	10.84
冷冻饮品	吨	496570.77	5033040.55	426493.58	3905727.58	16.43	28.86
发酵酒精(折96度,商品量)	千升	71901.08	2338978.11	84749	2205919.1	-15.16	6.03
饮料酒	千升	774781.64	7317360.36	644250.23	6899300.58	20.26	6.06
其中:白酒(折65度,商品量)	千升	3526280.84	51885558.46	3152582.75	47385215.04	11.85	9.50
啤酒	千升	844268.02	7069307.31	696884.05	5709248.02	21.15	23.82
黄酒	千升	2366134.12	42363769.42	2197376.45	39558639.41	7.68	7.09
葡萄酒	千升	117057.33	1062905.94	112133.79	932466.61	4.39	13.99
软饮料	吨	132416.12	960015.9	76636.39	752201.38	72.78	27.63
其中:碳酸饮料类(汽水)	吨	6332520.13	80862051.99	5674586.43	65039573.22	11.59	24.33
包装饮用水类	吨	1004315.46	12542429.43	1192493.29	11711980.24	-15.78	7.09
果汁和蔬菜汁饮料类	吨	2187007.58	31590309.8	2161534.39	25354363.12	1.18	24.60
精制茶	吨	1457268.76	14476084.86	975463.47	10514347	49.39	37.68
卷烟	万支	117189.22	1193236.04	87686.07	1017114.98	33.65	17.32
原盐	吨	12533872.95	229086135.4	11454909	222053700.5	9.42	3.17

《中国工业经济年鉴·2010》

统计分析篇

——2009年中国部分工业行业统计分析

包装专用设备制造行业数据统计分析

一、 从业人员情况

地区	全部从业人员平均人数（人）		同期增长（%）
	2009年1-11月	2008年1-11月	
全国	37852	34746	8.94

二、销售情况

1. 产品销售情况

	产品销售收入	产成品	企业单位数	企业平均销售收入
	(千元)	(千元)	(个)	(千元)
2009年1-11月	13667450	1614286	311	43946.7846
2008年1-11月	12085352	1511798	257	47024.716
同期增长（%）	13.09	6.78	21.01	-6.55

2. 分地区产品销售情况

地区	产品销售收入		同期增长	产品销售成本	产品销售税金及附加
	2009年1-11月	2008年1-11月		2009年1-11月	2009年1-11月
	(千元)	(千元)	(%)	(千元)	(千元)
全　国	13667450	12085352	13.09	11010910	65376
北京市	463689	212103	118.62	333474	1654
天津市	59013	14105	318.38	38021	153
河北省	657304	560454	17.28	555174	3474
辽宁省	251175	242076	3.76	212783	701
吉林省	30853	29289	5.34	19241	296
上海市	1324877	1032203	28.35	1076763	1486
江苏省	1738798	1374285	26.52	1350135	8112
浙江省	1300083	1386336	-6.22	1013085	5868
安徽省	268753	207920	29.26	205806	1921
福建省	232914	125524	85.55	191151	626
山东省	2277830	2365272	-3.70	2018181	13586
河南省	290686	351118	-17.21	230921	1754
湖北省	1094455	1327697	-17.57	923794	4008
湖南省	428593	451190	-5.01	366622	1454
广东省	2804823	1996518	40.49	2122104	15931
四川省	408609	380944	7.26	323649	3642
陕西省	22395	19304	16.01	19244	80
甘肃省	12600	5570	126.21	10762	630

销售收入前五名地区所占比重

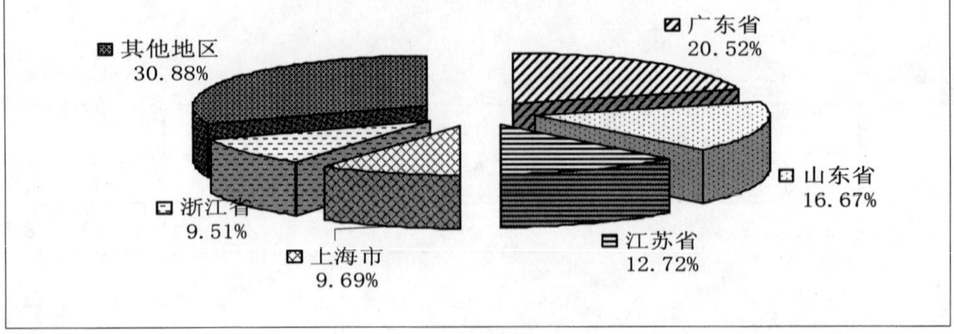

三、分地区盈利情况

地区	利润总额		产成品	全部从业人员平均人数	企业单位数
	2009年1-11月(千元)	2008年1-11月(千元)	2009年1-11月(千元)	2009年1-11月(人)	2009年1-11月(个)
全　国	878319	678318	1614286	37852	311
北京市	132826	49966	47276	1557	16
天津市	4509	-918	12873	533	6
河北省	47372	27743	59613	2577	20
辽宁省	7534	9033	27232	650	11
吉林省	3994	2862	2438	338	0
上海市	51047	78131	213936	3756	34
江苏省	143529	58975	119251	4977	35
浙江省	62741	67747	265890	5947	57
安徽省	13623	12079	28555	745	10
福建省	7896	6336	7492	504	8
山东省	107181	114143	128274	3429	20
河南省	17528	25148	11317	1067	7
湖北省	10624	41232	175872	2933	10
湖南省	31504	46614	13258	1081	10
广东省	210543	115673	485823	7114	54
四川省	25176	23763	10292	484	9
陕西省	95	110	4183	139	0
甘肃省	597	277	711	21	0

利润总额前五名地区所占比重

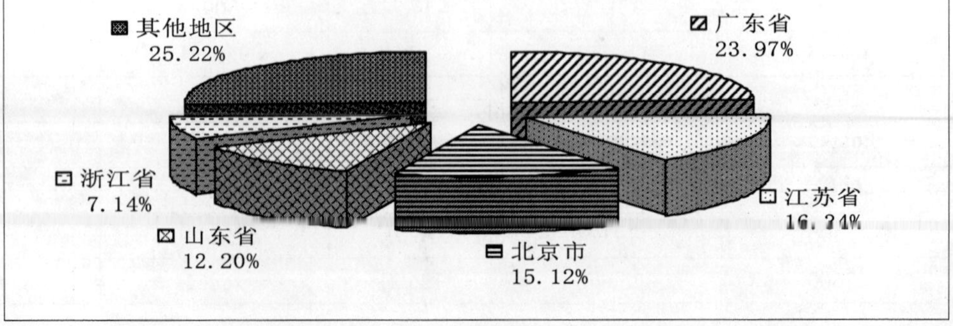

四、资产情况及利用效率分析

1. 行业资本结构

指　标	2009年1-11月		2008年1-11月	
	总额	占总资产比重	总额	占总资产比重
	千元	%	千元	%
流动资产平均余额	9662780	58.84	8424037	63.00
资产总计	16422952	--	13373266	--
负债合计	8889469	54.13	7395433	55.30
所有者权益	7533483	45.87	5977833	44.70

2. 资产利用效率

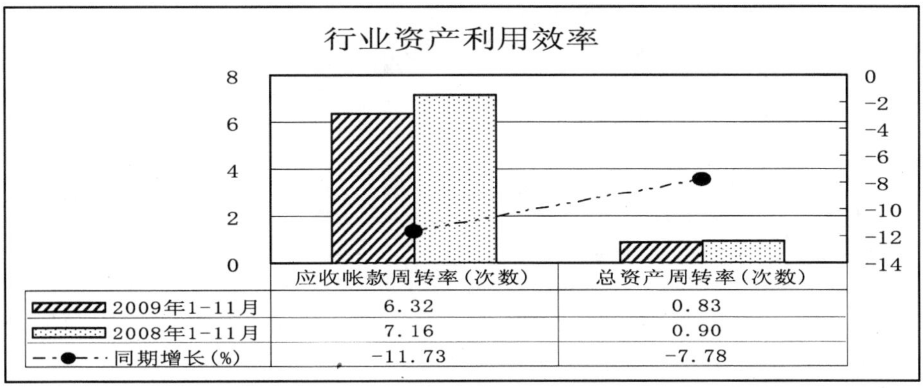

3. 分地区资产情况

单位：千元

地区	流动资产平均余额	资产总计	负债合计	应收帐款净额	所有者权益
全　国	9662780	16422952	8889469	2163371	7533483
北京市	657427	1768454	549447	86173	1219007
天津市	104567	175583	93895	16320	81688
河北省	437735	779112	415719	69189	363393
辽宁省	115479	194939	120811	31764	74128
吉林省	42479	74647	33598	16631	41049
上海市	1034889	1845729	1050583	201238	795146
江苏省	1229420	1799779	1241934	401331	557845
浙江省	1275450	2176673	1343121	262197	833552
安徽省	103395	175600	98901	32792	76699
福建省	47434	121925	41558	9069	80367
山东省	360227	671842	396525	55186	275317
河南省	215873	334528	184973	63006	149555
湖北省	1534525	2422148	944166	339309	1477982
湖南省	44366	249574	155383	11176	94191

地区	流动资产平均余额	资产总计	负债合计	应收帐款净额	所有者权益
广东省	2377391	3472093	2128660	531915	1343433
四川省	64060	133830	74487	34006	59343
陕西省	15653	23216	15008	1599	8208
甘肃省	2410	3280	700	470	2580

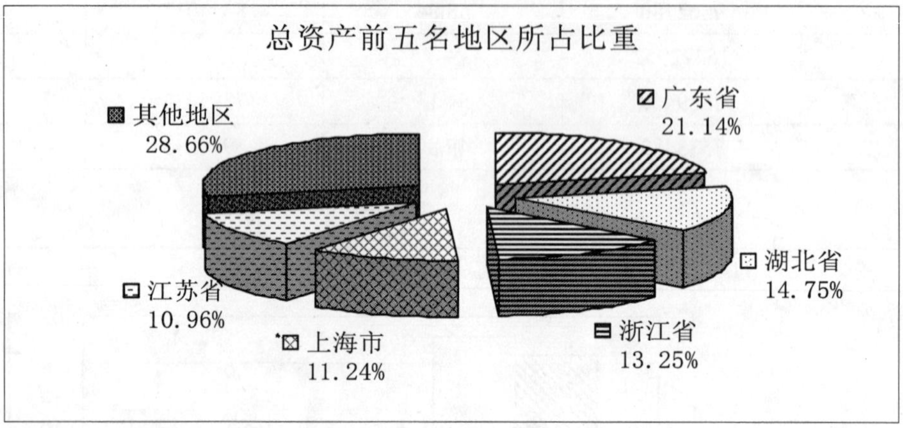

五、分地区企业亏损情况

地区	企业单位数 2009年1-11月	亏损企业单位数 2009年1-11月	亏损企业所占比例	亏损企业亏损总额 2009年1-11月
	(个)	(个)	(%)	(千元)
全　国	311	52	16.72	45664
北京市	16	2	12.5	1033
天津市	6	1	16.67	1977
河北省	20	3	15	3223
辽宁省	11	2	18.18	1652
吉林省	0	0	0	0
上海市	34	12	35.29	15243
江苏省	35	6	17.14	6644
浙江省	57	7	12.28	5462
安徽省	10	1	10	152
福建省	8	2	25	165
山东省	20	3	15	3582
河南省	7	0	0	0
湖北省	10	1	10	425
湖南省	10	2	20	2101
广东省	54	10	18.52	4005
四川省	9	0	0	0
陕西省	0	0	0	0
甘肃省	0	0	0	0

泵、阀门、压缩机及类似机械制造行业数据统计分析

一、 从业人员情况

地区	全部从业人员平均人数（人）		同期增长（%）
	2009 年 1-11 月	2008 年 1-11 月	
全国	781573	738888	5.78

二、销售情况

1. 产品销售情况

	产品销售收入	产成品	企业单位数	企业平均销售收入
	(千元)	(千元)	(个)	(千元)
2009 年 1-11 月	365909543	24679986	6086	60123.16
2008 年 1-11 月	322893369	24187481	5024	64270.18
同期增长（%）	13.32	2.04	21.14	-6.45

2. 分地区产品销售情况

地区	产品销售收入		同期增长	产品销售成本	产品销售税金及附加
	2009 年 1-11 月	2008 年 1-11 月		2009 年 1-11 月	2009 年 1-11 月
	(千元)	(千元)	(%)	(千元)	(千元)
全　国	365909543	322893369	13.32	301249019	1852298
北京市	9699384	9117255	6.38	7100507	12174
天津市	9472902	19223212	-50.72	7738159	13427
河北省	8103879	6665898	21.57	6530227	72472
山西省	1560007	1364883	14.30	1377214	4233
内蒙古	395769	297319	33.11	328877	3441
辽宁省	29346221	19365489	51.54	24148617	180776
吉林省	800154	503320	58.98	712570	2956
黑龙江	1090461	495629	120.02	941024	4662
上海市	31320126	34369796	-8.87	24458434	37312
江苏省	63545795	48064809	32.21	53332091	281413
浙江省	61582990	58455767	5.35	51250925	239185
安徽省	4061544	3182001	27.64	3259738	27047
福建省	10579361	8879996	19.14	8898754	81439
江西省	1697663	1251900	35.61	1397375	15894
山东省	68393831	58189658	17.54	56912217	541712
河南省	13734301	12344317	11.26	11452784	96772
湖北省	4038527	2721232	48.41	3189921	29351

地区	产品销售收入		同期增长	产品销售成本	产品销售税金及附加
	2009年1-11月	2008年1-11月		2009年1-11月	2009年1-11月
	(千元)	(千元)	(%)	(千元)	(千元)
湖南省	7309232	4952450	47.59	5642705	71789
广东省	20039309	20209189	-0.84	16419535	41057
广西区	675039	705991	-4.38	526664	728
重庆市	2214110	1530494	44.67	1665846	13803
四川省	12978492	8089906	60.43	11292156	60963
贵州省	69711	90609	-23.06	54846	249
云南省	114877	134851	-14.81	88304	181
陕西省	2288321	2018809	13.35	1922379	14806
甘肃省	764051	589342	29.64	580173	4258
宁夏区	15366	19116	-19.62	12687	73
新疆区	18120	60131	-69.87	14290	125

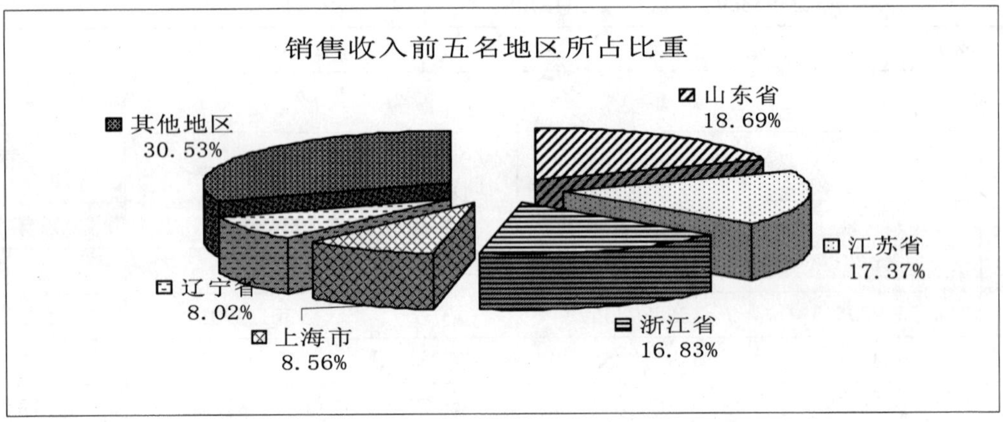

三、分地区盈利情况

地区	利润总额		产成品	全部从业人员平均人数	企业单位数
	2009年1-11月	2008年1-11月	2009年1-11月	2009年1-11月	2009年1-11月
	(千元)	(千元)	(千元)	(人)	(个)
全　国	23343158	21216410	24679986	781573	6086
北京市	962101	1012467	1014486	15501	120
天津市	790001	1168746	348889	18156	197
河北省	788270	576908	928710	24297	142
山西省	3054	4567	412683	9596	32
内蒙古	22432	11993	73011	1054	9
辽宁省	1646970	876368	1528355	51510	597
吉林省	13469	9715	46082	1949	24
黑龙江	40916	21291	63823	2589	27
上海市	2710171	3246442	3139026	54362	426
江苏省	4243308	3047009	2817164	107120	984

地区	利润总额		产成品	全部从业人员平均人数	企业单位数
	2009年1-11月	2008年1-11月	2009年1-11月	2009年1-11月	2009年1-11月
	(千元)	(千元)	(千元)	(人)	(个)
浙江省	3245467	3302675	4358203	187296	1684
安徽省	247283	176459	423800	13579	113
福建省	534326	491027	784342	27854	135
江西省	75855	37679	87481	5377	30
山东省	4546541	3811751	3864567	114533	713
河南省	1406383	1464416	438610	23916	154
湖北省	225537	142923	600421	13522	99
湖南省	392077	370424	611173	17558	116
广东省	438583	647547	1280703	47779	201
广西区	58527	71862	150313	2198	16
重庆市	172348	127104	188413	7181	41
四川省	594785	469330	1086801	23169	169
贵州省	8106	7205	16535	341	4
云南省	-2741	6292	36263	754	4
陕西省	101198	83509	281771	6206	31
甘肃省	74255	26849	66604	3886	14
宁夏区	572	1025	9859	131	0
新疆区	364	2827	21898	159	0

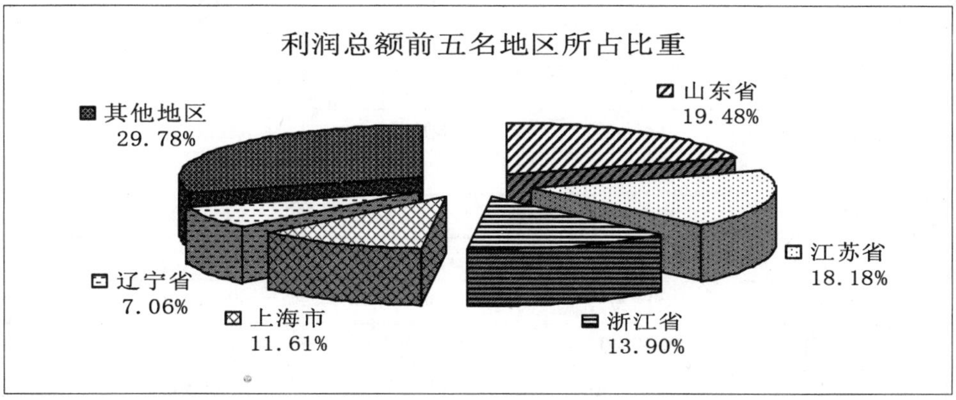

四、资产情况及利用效率分析

1. 行业资本结构

指 标	2009年1-11月		2008年1-11月	
	总额	占总资产比重	总额	占总资产比重
	千元	%	千元	%
流动资产平均余额	189748606	59.20	159739644	60.04
资产总计	320538130	--	266045757	--
负债合计	170998913	53.35	148028451	55.64
所有者权益	149539217	46.65	118017306	44.36

2. 资产利用效率

行业资产利用效率

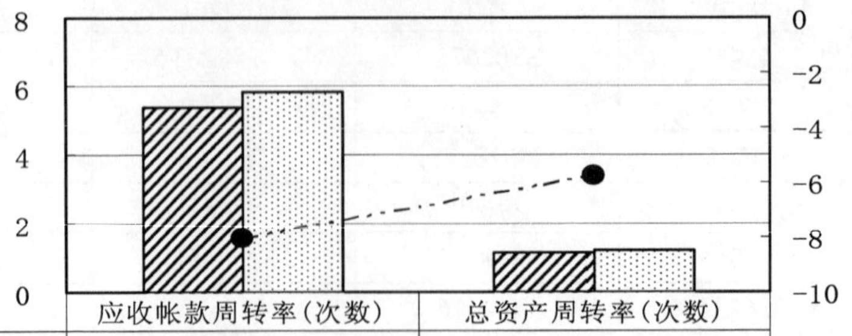

	应收帐款周转率(次数)	总资产周转率(次数)
2009年1-11月	5.37	1.14
2008年1-11月	5.84	1.21
同期增长(%)	-8.05	-5.79

3. 分地区资产情况

单位：千元

地区	流动资产平均余额	资产总计	负债合计	应收帐款净额	所有者权益
全　国	189748606	320538130	170998913	68170861	149539217
北京市	9067964	14039406	5464401	2450317	8575005
天津市	5256335	9150256	4930364	1897843	4219892
河北省	3526091	6143543	3679020	1290823	2464523
山西省	1517601	2530260	1889015	540930	641245
内蒙古	289948	399120	207454	115444	191666
辽宁省	11772746	21075092	11349949	4048250	9725143
吉林省	184434	367903	212244	82914	155659
黑龙江	1065649	1418442	805023	539612	613419
上海市	24832420	39028211	19219690	9715779	19808521
江苏省	26554260	44267946	22754386	11149043	21513560
浙江省	40509363	66561571	37863627	14355799	28697944
安徽省	2545398	4162778	2049947	903144	2112831
福建省	4628058	8058617	3949689	1509743	4108928
江西省	397115	838056	498049	100509	340007
山东省	26502883	44964399	24908129	7858747	20056270
河南省	3069426	6792003	2440647	974382	4351356
湖北省	3587207	6901007	3506226	1231319	3394781
湖南省	4152321	7707747	4443505	1623979	3264242
广东省	9629280	19093849	11008334	4326730	8085515
广西区	848621	1145239	844171	239307	301068
重庆市	1078531	1642714	830534	426729	812180
四川省	5786086	9600185	5806597	1659492	3793588
贵州省	41068	53413	34626	8067	18787
云南省	116416	217813	113121	35888	104692

地区	流动资产平均余额	资产总计	负债合计	应收帐款净额	所有者权益
陕西省	2050277	3158056	1407529	827439	1750527
甘肃省	667403	1138542	726051	235236	412491
宁夏区	29432	34419	26319	13146	8100
新疆区	42273	47543	30266	10250	17277

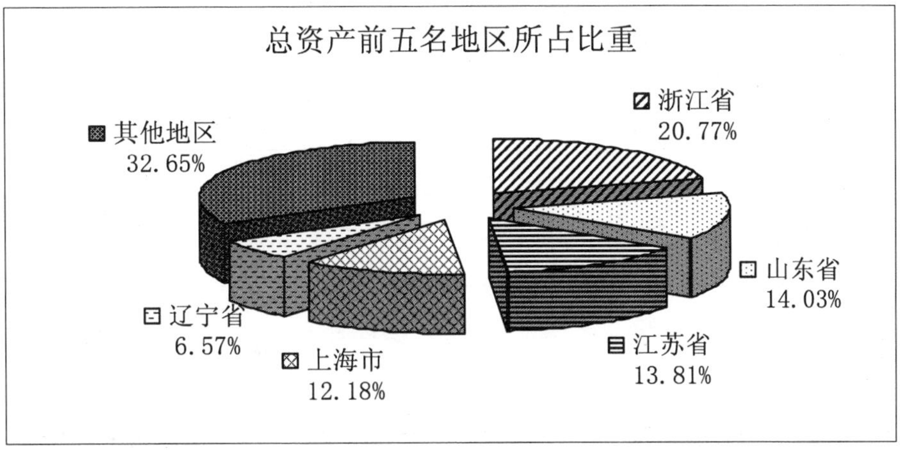

五、分地区企业亏损情况

地区	企业单位数 2009年1-11月	亏损企业单位数 2009年1-11月	亏损企业所占比例	亏损企业亏损总额 2009年1-11月
	(个)	(个)	(%)	(千元)
全　国	6086	804	13.21	2130794
北京市	120	32	26.67	42880
天津市	197	46	23.35	72409
河北省	142	24	16.90	44072
山西省	32	11	34.38	17571
内蒙古	9	2	22.22	1393
辽宁省	597	94	15.75	100812
吉林省	24	4	16.67	1910
黑龙江	27	9	33.33	40507
上海市	426	107	25.12	294636
江苏省	984	93	9.45	204551
浙江省	1684	177	10.51	777108
安徽省	113	16	14.16	15291
福建省	135	18	13.33	11910
江西省	30	2	6.67	167
山东省	713	42	5.89	121457
河南省	154	12	7.79	8684
湖北省	99	19	19.19	9409
湖南省	116	11	9.48	17469

地区	企业单位数 2009年1-11月	亏损企业单位数2009年1-11月	亏损企业所占比例	亏损企业亏损总额 2009年1-11月
	(个)	(个)	(%)	(千元)
广东省	201	41	20.40	306842
广西区	16	7	43.75	8815
重庆市	41	1	2.44	14
四川省	169	21	12.43	20114
贵州省	4	2	50.00	481
云南省	4	3	75.00	3094
陕西省	31	5	16.13	7272
甘肃省	14	4	28.57	1239
宁夏区	0	0	0.00	0
新疆区	0	1	0.00	687

泵及真空设备制造行业数据统计分析

一、 从业人员情况

地区	全部从业人员平均人数（人）		同期增长（%）
	2009年1-11月	2008年1-11月	
全国	201666	197768	1.97

二、销售情况

1. 产品销售情况

	产品销售收入	产成品	企业单位数	企业平均销售收入
	(千元)	(千元)	(个)	(千元)
2009年1-11月	87386916	6328921	1607	54378.91
2008年1-11月	82057442	6859911	1477	55556.83
同期增长（%）	6.49	-7.74	8.80	-2.12

2. 分地区产品销售情况

地区	产品销售收入		同期增长	产品销售成本	产品销售税金及附加
	2009年1-11月	2008年1-11月		2009年1-11月	2009年1-11月
	(千元)	(千元)	(%)	(千元)	(千元)
全　国	87386916	82057442	6.49	69671542	432797
北京市	820779	924772	-11.25	606654	1274
天津市	1760803	14045480	-87.46	1489899	3201
河北省	4393889	3317611	32.44	3390287	52367
山西省	739282	453135	63.15	646280	2011

地区	产品销售收入		同期增长	产品销售成本	产品销售税金及附加
	2009年1-11月	2008年1-11月		2009年1-11月	2009年1-11月
	(千元)	(千元)	(%)	(千元)	(千元)
内蒙古	204171	149306	36.75	161911	2879
辽宁省	14241797	9486584	50.13	11620057	60772
吉林省	573219	350470	63.56	516609	2165
黑龙江	218113	83738	160.47	179257	953
上海市	7772973	9047239	-14.08	5943667	10882
江苏省	10556588	9255932	14.05	8738899	40339
浙江省	15265105	12701313	20.19	12389468	58253
安徽省	1099494	922983	19.12	794150	4842
福建省	1397623	1385693	0.86	1234793	2978
江西省	607363	311617	94.91	465283	2959
山东省	8761919	6705744	30.66	7152689	82446
河南省	2052327	1841123	11.47	1709610	22168
湖北省	2090613	1521298	37.42	1613453	12635
湖南省	3747294	2357781	58.93	2760008	29121
广东省	5506398	3185018	72.88	3623149	13216
广西区	144003	129038	11.60	125991	374
重庆市	695587	589347	18.03	490896	3505
四川省	3530618	2189416	61.26	3096594	13893
贵州省	59916	83600	-28.33	46750	213
云南省	105352	80435	30.98	80029	123
陕西省	833172	757613	9.97	635399	8185
甘肃省	181765	145891	24.59	139226	857
宁夏区	8633	12587	-31.41	6244	61
新疆区	18120	22678	-20.10	14290	125

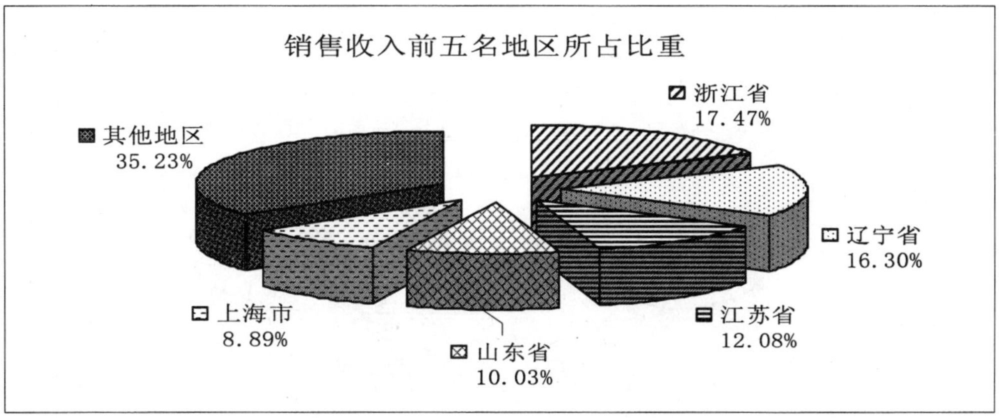

三、分地区盈利情况

地区	利润总额		产成品	全部从业人员平均人数	企业单位数
	2009年1-11月	2008年1-11月	2009年1-11月	2009年1-11月	2009年1-11月
	(千元)	(千元)	(千元)	(人)	(个)
全　国	5182434	4718093	6328921	201666	1607
北京市	49936	92270	97378	2061	25
天津市	129519	582487	87670	5437	41
河北省	577034	409269	412096	9275	53
山西省	11524	8948	131640	4301	10
内蒙古	18352	8836	14194	526	0
辽宁省	873477	445706	766744	21849	246
吉林省	6723	3447	31466	1261	12
黑龙江	11796	6644	34168	931	12
上海市	300539	653606	906505	17074	112
江苏省	427713	328923	496033	21656	229
浙江省	1216097	829523	1097907	47929	401
安徽省	69141	57879	94272	3616	26
福建省	31925	35022	80659	3621	25
江西省	32052	21295	16333	2082	12
山东省	586078	452763	467933	14315	130
河南省	193220	192627	110233	4226	36
湖北省	144902	107582	324096	6566	36
湖南省	94780	171511	332619	9604	53
广东省	173585	128108	243470	11977	60
广西区	3197	1894	23888	548	6
重庆市	51266	50814	125362	2084	13
四川省	122738	71694	160428	4989	40
贵州省	7410	6996	10583	227	0
云南省	-2448	7984	29530	582	0
陕西省	45302	39082	171421	3375	11
甘肃省	5716	1404	30710	1287	7
宁夏区	496	1069	9685	108	0
新疆区	364	710	21898	159	0

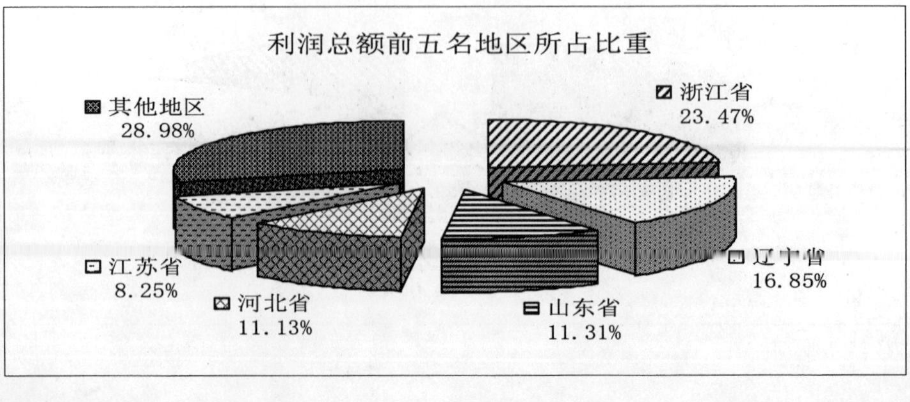

四、资产情况及利用效率分析

1. 行业资本结构

指 标	2009年1-11月		2008年1-11月	
	总额	占总资产比重	总额	占总资产比重
	千元	%	千元	%
流动资产平均余额	46289795	58.07	42075421	60.30
资产总计	79713109	--	69778084	--
负债合计	45050012	56.52	41588434	59.60
所有者权益	34663097	43.48	28189650	40.40

2. 资产利用效率

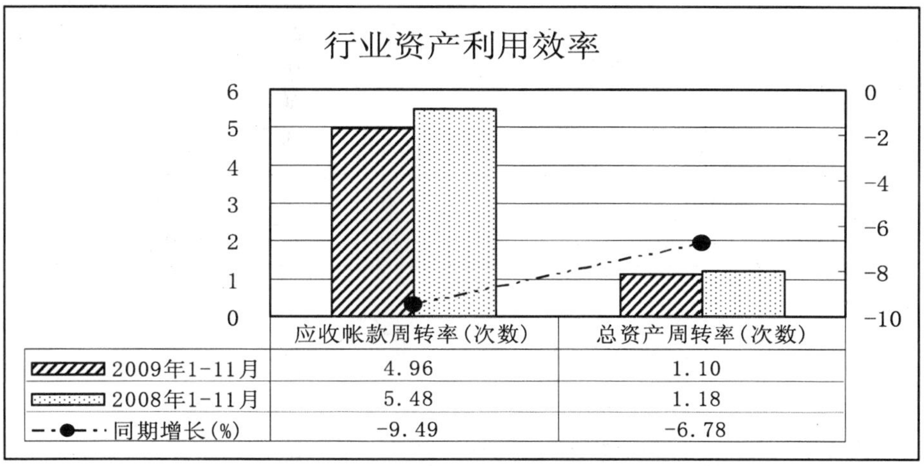

3. 分地区资产情况

单位：千元

地区	流动资产平均余额	资产总计	负债合计	应收帐款净额	所有者权益
全 国	46289795	79713109	45050012	17631743	34663097
北京市	695944	1124877	596251	261007	528626
天津市	1177356	1775067	1002363	449461	772704
河北省	1506104	2804555	1592908	537084	1211647
山西省	680772	1157759	833808	162703	323951
内蒙古	57551	85055	37703	24179	47352
辽宁省	5081934	8970871	4596461	1724440	4374410
吉林省	89865	201409	140693	40849	60716
黑龙江	344181	511114	211312	258830	299802
上海市	7372436	10253490	5763586	2668130	4489904
江苏省	5044790	8650412	5291464	2576174	3358948
浙江省	9319007	15822240	8669371	3421808	7152869
安徽省	627306	1031448	574867	197168	456581
福建省	634273	1014060	622898	131001	391162

地区	流动资产平均余额	资产总计	负债合计	应收帐款净额	所有者权益
江西省	98636	252628	134971	32413	117657
山东省	2755890	4695596	2157084	739293	2538512
河南省	500263	1678020	507301	134523	1170719
湖北省	1987237	3894064	1887931	617391	2006133
湖南省	2710398	4992741	3399531	1200874	1593210
广东省	1865168	4767034	3114065	1269850	1652969
广西区	193984	273868	203172	57941	70696
重庆市	674290	947580	582968	302916	364612
四川省	1433331	2425945	1779037	245862	646908
贵州省	30597	38332	22106	3434	16226
云南省	77143	154966	79822	26696	75144
陕西省	1054286	1716702	941037	490639	775665
甘肃省	213738	402341	256773	38760	145568
宁夏区	21042	23392	20263	8067	3129
新疆区	42273	47543	30266	10250	17277

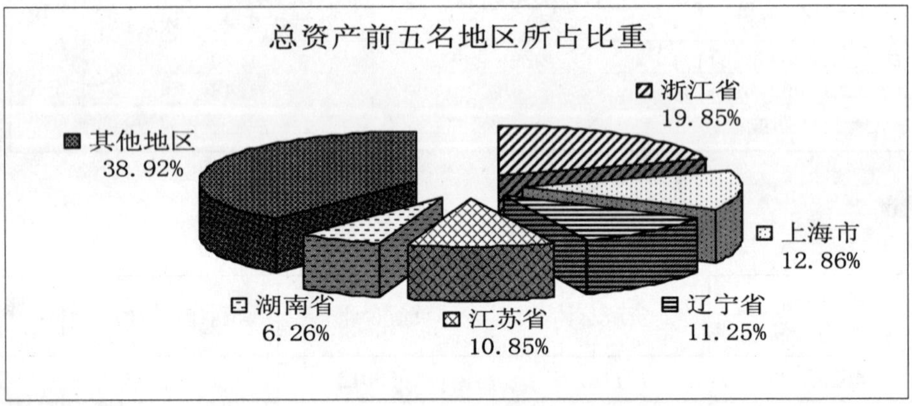

五、分地区企业亏损情况

地区	企业单位数 2009年1-11月	亏损企业单位数 2009年1-11月	亏损企业所占比例	亏损企业亏损总额 2009年1-11月
	(个)	(个)	(%)	(千元)
全　国	1607	217	13.50	389975
北京市	25	7	28.00	28304
天津市	41	8	19.51	4716
河北省	53	7	13.21	8274
山西省	10	3	30.00	1238
内蒙古	0	0	0.00	0
辽宁省	246	40	16.26	26717
吉林省	12	2	16.67	1819
黑龙江	12	4	33.33	1308

地区	企业单位数 2009年1-11月	亏损企业单位数 2009年1-11月	亏损企业所占比例	亏损企业亏损总额 2009年1-11月
	(个)	(个)	(%)	(千元)
上海市	112	30	26.79	144928
江苏省	229	31	13.54	93529
浙江省	401	38	9.48	23229
安徽省	26	3	11.54	2430
福建省	25	3	12.00	3676
江西省	12	0	0.00	0
山东省	130	2	1.54	4664
河南省	36	6	16.67	1655
湖北省	36	5	13.89	2553
湖南省	53	4	7.55	10738
广东省	60	9	15.00	9371
广西区	6	2	33.33	2072
重庆市	13	1	7.69	14
四川省	40	5	12.50	13825
贵州省	0	1	0.00	249
云南省	0	2	0.00	2801
陕西省	11	1	9.09	217
甘肃省	7	2	28.57	961
宁夏区	0	0	0.00	0
新疆区	0	1	0.00	687

变压器、整流器和电感器制造行业数据统计分析

一、 从业人员情况

地区	全部从业人员平均人数（人）		同期增长（%）
	2009年1-11月	2008年1-11月	
全国	387354	385043	0.60

二、销售情况

1. 产品销售情况

	产品销售收入	产成品	企业单位数	企业平均销售收入
	(千元)	(千元)	(个)	(千元)
2009年1-11月	208245542	16763706	2028	102685.18
2008年1-11月	184105219	14436911	1589	115862.32
同期增长（%）	13.11	16.12	27.63	-11.37

2. 分地区产品销售情况

地区	产品销售收入		同期增长	产品销售成本	产品销售税金及附加
	2009年1-11月	2008年1-11月		2009年1-11月	2009年1-11月
	(千元)	(千元)	(%)	(千元)	(千元)
全　国	208245542	184105219	13.11	172760417	704269
北京市	1331806	1270179	4.85	1090053	3446
天津市	2904294	2940752	-1.24	2196846	4201
河北省	18307664	14063357	30.18	16159164	62159
山西省	392059	140124	179.79	319596	496
内蒙古	568435	416023	36.64	478039	2146
辽宁省	23233556	14114367	64.61	19626126	75674
吉林省	1038473	774553	34.07	862306	4224
黑龙江	1211898	777667	55.84	944335	7991
上海市	9830231	10209445	-3.71	7897021	13937
江苏省	40361539	35832360	12.64	33037973	146947
浙江省	11572370	11530178	0.37	9404375	55573
安徽省	4287674	4352897	-1.50	3334648	15366
福建省	1890281	2043340	-7.49	1493295	4983
江西省	4709614	4151977	13.43	4076828	21123
山东省	30710698	26624079	15.35	26054885	115759
河南省	2635820	2098661	25.60	2169701	17782
湖北省	1253299	911108	37.56	1061320	3338
湖南省	5474351	4384184	24.87	4354073	31962
广东省	29774639	32056056	-7.12	25118785	51974
广西区	703045	707558	-0.64	546919	4361
海南省	874131	925297	-5.53	620076	0
重庆市	4568641	3425178	33.38	3501861	9874
四川省	2724037	2380283	14.44	2379816	17799
贵州省	237906	236900	0.42	196928	1220
云南省	1706346	1797785	-5.09	1235232	5684
陕西省	1017033	988076	2.93	829045	3463
甘肃省	132419	122542	8.06	113764	245
青海省	75596	79395	-4.78	74769	122
宁夏区	362479	194562	86.31	233338	1722
新疆区	4355208	4556336	-4.41	3349300	20698

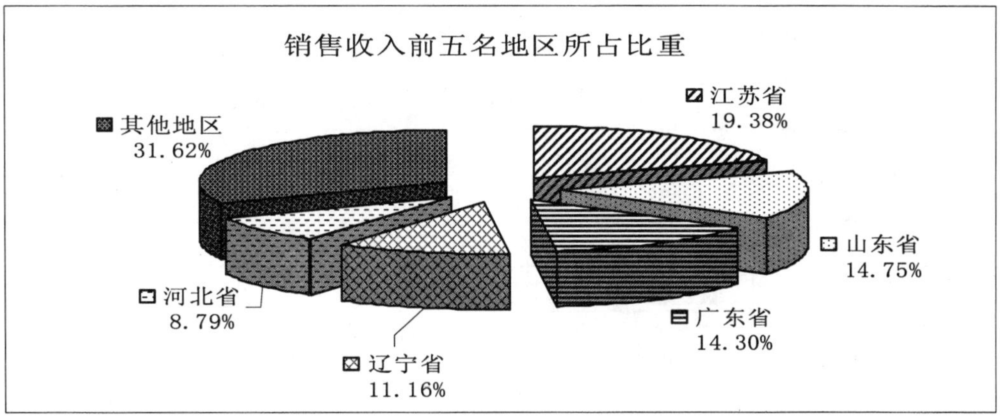

三、分地区盈利情况

地区	利润总额		产成品	全部从业人员平均人数	企业单位数
	2009年1-11月	2008年1-11月	2009年1-11月	2009年1-11月	2009年1-11月
	(千元)	(千元)	(千元)	(人)	(个)
全　国	14196527	12036454	16763706	387354	2028
北京市	69688	48791	168181	3068	46
天津市	477184	378899	98448	4177	27
河北省	945608	1155397	2659913	16868	64
山西省	18371	-3154	205150	948	9
内蒙古	11980	21269	77038	953	15
辽宁省	1275297	872541	1441168	26729	183
吉林省	65861	17502	194474	1762	16
黑龙江	82327	16644	111479	2791	18
上海市	781654	615601	1066245	18376	121
江苏省	3088457	2542408	2100545	56070	338
浙江省	748786	625607	1329588	24006	219
安徽省	517481	628554	368655	6353	55
福建省	130557	127269	149989	7866	40
江西省	170971	171099	253186	12051	43
山东省	2016340	1507551	1778331	37525	186
河南省	193193	179913	224593	5198	51
湖北省	-8883	17682	222233	3919	38
湖南省	529879	351058	227459	5610	47
广东省	1229175	1166118	2292533	128145	391
广西区	64648	68013	175792	2241	12
海南省	95382	144161	36990	700	0
重庆市	543781	676393	388047	4820	20
四川省	143591	122028	203773	4604	40

地区	利润总额		产成品	全部从业人员平均人数	企业单位数
	2009年1-11月	2008年1-11月	2009年1-11月	2009年1-11月	2009年1-11月
	(千元)	(千元)	(千元)	(人)	(个)
贵州省	1103	3870	78037	976	5
云南省	215921	76283	356041	2128	9
陕西省	28493	37887	188295	5102	19
甘肃省	2753	-8454	28005	898	5
青海省	139	150	7399	165	0
宁夏区	78438	29301	120463	581	0
新疆区	678352	446073	211656	2724	7

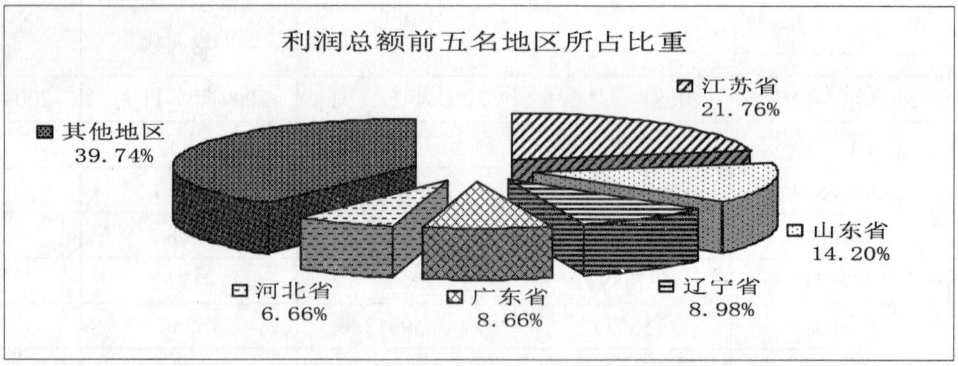

四、资产情况及利用效率分析

1. 行业资本结构

指 标	2009年1-11月		2008年1-11月	
	总额	占总资产比重	总额	占总资产比重
	千元	%	千元	%
流动资产平均余额	128049117	64.19	106386596	63.60
资产总计	199493553	--	167287502	--
负债合计	118937450	59.62	102125872	61.05
所有者权益	80556103	40.38	65161630	38.95

2. 资产利用效率

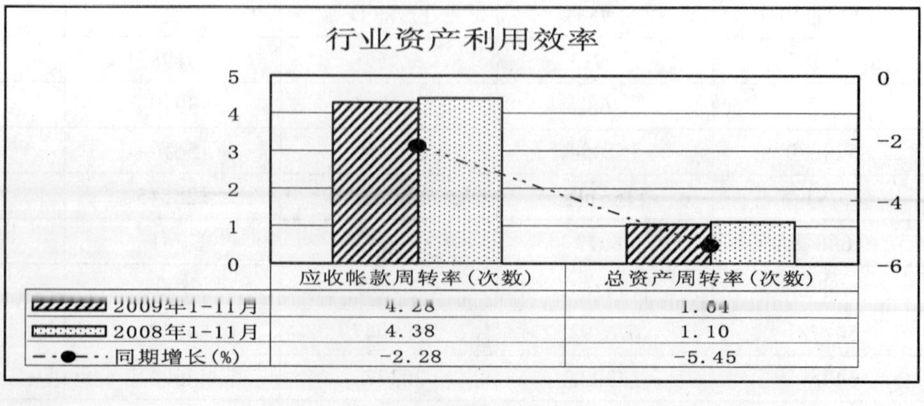

3. 分地区资产情况

单位：千元

地区	流动资产平均余额	资产总计	负债合计	应收帐款净额	所有者权益
全　国	128049117	199493553	118937450	48637185	80556103
北京市	943803	1284936	712610	453908	572326
天津市	1529547	2468228	1028998	273415	1439230
河北省	15363315	27946264	20232118	3827771	7714146
山西省	440328	624853	386036	89235	238817
内蒙古	267685	410344	256785	80295	153559
辽宁省	13254006	20077728	11701589	3938094	8376139
吉林省	657971	1220859	735479	374128	485380
黑龙江	881271	1248752	757595	383712	491157
上海市	7910119	11036855	6135533	3746618	4901322
江苏省	21721562	32243073	18453514	9241326	13789559
浙江省	9628372	15111233	9214860	4208760	5896373
安徽省	3249960	4560324	2903322	1586580	1657002
福建省	1121861	2004661	762197	606738	1242464
江西省	1819414	3025961	1998539	862411	1027422
山东省	12594026	20295968	12083333	4597015	8212635
河南省	1179635	1721990	957835	543818	764155
湖北省	840924	2043203	1145076	302286	898127
湖南省	2670167	4253341	1925076	1129950	2328265
广东省	18944260	26046362	15434637	8145495	10611725
广西区	634757	870946	517903	299472	353043
海南省	853822	1001168	394738	339636	606430
重庆市	3135830	4410453	2561123	1306566	1849330
四川省	1118892	1869070	1140786	377210	728284
贵州省	280457	349629	270504	82054	79125
云南省	1513492	1961222	1333184	662101	628038
陕西省	901571	1284780	644009	305976	640771
甘肃省	145149	279262	171579	65720	107683
青海省	22059	54746	23490	12647	31256
宁夏区	265291	413229	198880	156603	214349
新疆区	4159571	9374113	4856122	637645	4517991

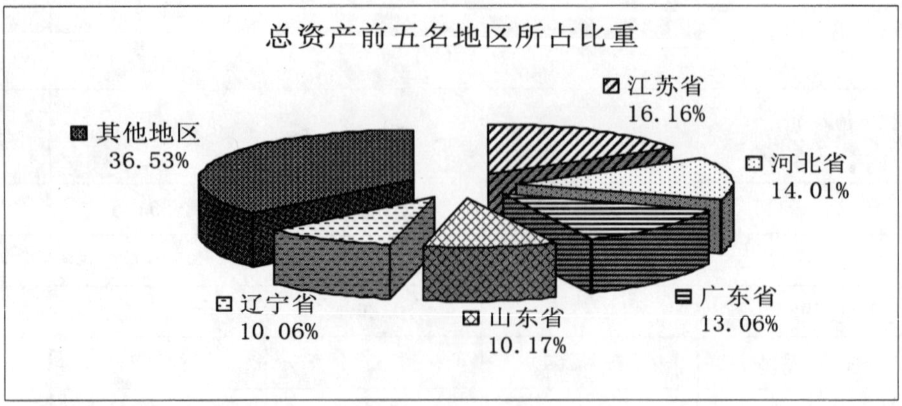

五、分地区企业亏损情况

地区	企业单位数 2009年1-11月	亏损企业单位数 2009年1-11月	亏损企业所占比例	亏损企业亏损总额 2009年1-11月
	(个)	(个)	(%)	(千元)
全　国	2028	364	17.948718	810988
北京市	46	10	21.73913	10307
天津市	27	6	22.222222	8141
河北省	64	12	18.75	10084
山西省	9	3	33.333333	3873
内蒙古	15	4	26.666667	5959
辽宁省	183	33	18.032787	41809
吉林省	16	4	25	1733
黑龙江	18	4	22.222222	1152
上海市	121	26	21.487603	125326
江苏省	338	44	13.017751	72236
浙江省	219	20	9.1324201	27737
安徽省	55	9	16.363636	4555
福建省	40	9	22.5	5333
江西省	43	1	2.3255814	26898
山东省	186	18	9.6774194	46388
河南省	51	5	9.8039216	1922
湖北省	38	10	26.315789	77014
湖南省	47	7	14.893617	16992
广东省	391	118	30.179028	279564
广西区	12	4	33.333333	7871
海南省	0	0	0	0

地区	企业单位数 2009年1-11月	亏损企业单位数 2009年1-11月	亏损企业所占比例	亏损企业亏损总额 2009年1-11月
	(个)	(个)	(%)	(千元)
重庆市	20	3	15	991
四川省	40	2	5	66
贵州省	5	1	20	2176
云南省	9	1	11.111111	21
陕西省	19	8	42.105263	32106
甘肃省	5	0	0	0
青海省	0	0	0	0
宁夏区	0	0	0	0
新疆区	7	2	28.571429	734

玻璃、陶瓷和搪瓷制品生产专用设备制造行业数据统计分析

一、 从业人员情况

地区	全部从业人员平均人数（人）		同期增长（%）
	2009年1-11月	2008年1-11月	
全国	16540	13232	25.00

二、销售情况

1. 产品销售情况

	产品销售收入	产成品	企业单位数	企业平均销售收入
	(千元)	(千元)	(个)	(千元)
2009年1-11月	7736983	586347	121	63942.01
2008年1-11月	5042240	741168	92	54806.96
同期增长（%）	53.44	-20.89	31.52	16.67

2. 分地区产品销售情况

地区	产品销售收入		同期增长	产品销售成本	产品销售税金及附加
	2009年1-11月	2008年1-11月		2009年1-11月	2009年1-11月
	(千元)	(千元)	(%)	(千元)	(千元)
全　国	7736983	5042240	53.44	6437812	31640

地区	产品销售收入		同期增长	产品销售成本	产品销售税金及附加
	2009年1-11月	2008年1-11月		2009年1-11月	2009年1-11月
	(千元)	(千元)	(%)	(千元)	(千元)
北京市	92573	23020	302.14	75981	258
天津市	70494	90237	-21.88	57826	0
河北省	152462	63641	139.57	110196	195
内蒙古	6118	5973	2.43	6290	6
辽宁省	207405	207221	0.09	179006	3818
黑龙江	87136	0	--	56941	0
上海市	281044	336729	-16.54	213628	1
江苏省	171180	203894	-16.04	148978	867
浙江省	126323	82685	52.78	111678	1025
安徽省	179287	202871	-11.63	147535	953
山东省	1498546	1387912	7.97	1288872	4591
河南省	494337	125132	295.05	425129	2958
湖北省	131261	65082	101.69	111610	1311
湖南省	255328	101994	150.34	179059	332
广东省	3465460	2043606	69.58	2910924	9544
四川省	95266	55700	71.03	77181	353
甘肃省	422763	6800	6117.10	336978	5428

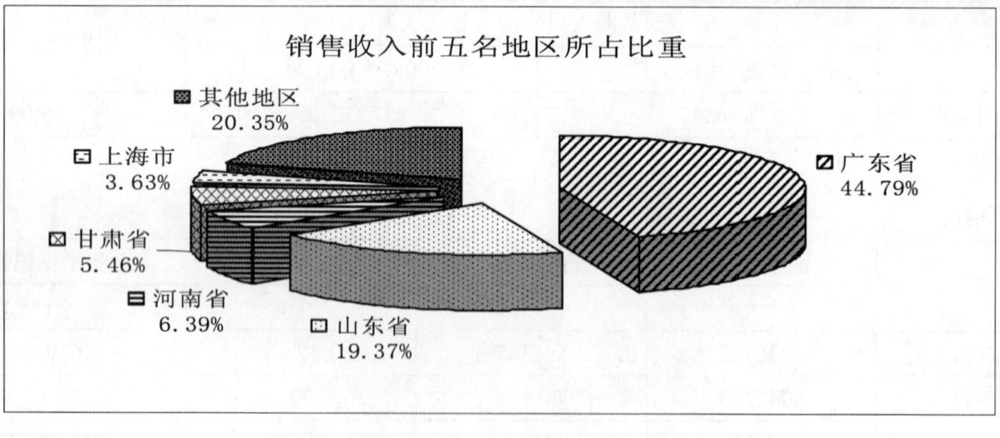

三、分地区盈利情况

地区	利润总额		产成品	全部从业人员平均人数	企业单位数
	2009年1-11月	2008年1-11月	2009年1-11月	2009年1-11月	2009年1-11月
	(千元)	(千元)	(千元)	(人)	(个)
全　国	432321	329098	586347	16540	121
北京市	-3441	265	16690	491	4
天津市	-3772	-501	34200	61	0

地区	利润总额		产成品	全部从业人员平均人数	企业单位数
	2009年1-11月	2008年1-11月	2009年1-11月	2009年1-11月	2009年1-11月
	(千元)	(千元)	(千元)	(人)	(个)
河北省	30216	3492	287	342	0
内蒙古	-823	67	6092	50	0
辽宁省	14111	14410	291	218	0
黑龙江	8959	0	0	221	0
上海市	28824	46253	20691	798	5
江苏省	8621	16753	10929	588	9
浙江省	5220	2195	16576	536	6
安徽省	16390	11765	8495	327	5
山东省	126486	132287	100849	3605	23
河南省	24830	1758	25659	1338	10
湖北省	3284	1439	7759	431	6
湖南省	2923	813	5095	598	5
广东省	110725	95629	306593	5157	37
四川省	8725	319	8340	738	0
甘肃省	51043	332	17801	1041	0

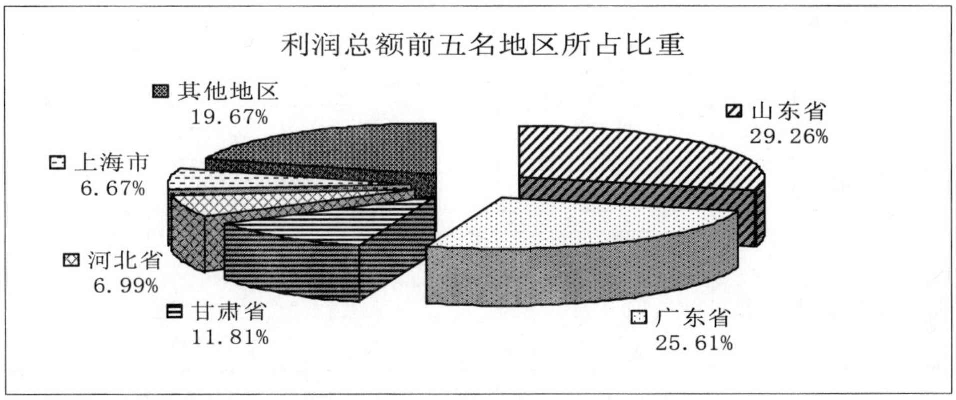

四、资产情况及利用效率分析

1. 行业资本结构

指 标	2009年1-11月		2008年1-11月	
	总额	占总资产比重	总额	占总资产比重
	千元	%	千元	%
流动资产平均余额	3905757	58.92	2563776	56.36
资产总计	6628644	--	4548632	--
负债合计	3583895	54.07	2376497	52.25
所有者权益	3044749	45.93	2172135	47.75

2. 资产利用效率

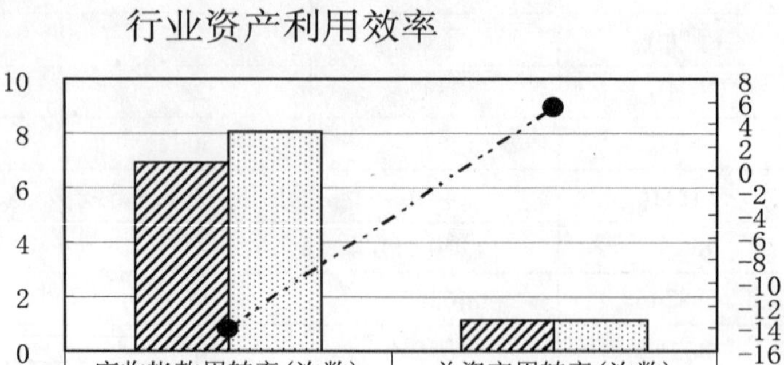

	应收帐款周转率(次数)	总资产周转率(次数)
2009年1-11月	6.91	1.17
2008年1-11月	8.05	1.11
同期增长(%)	-14.16	5.41

3. 分地区资产情况

单位：千元

地区	流动资产平均余额	资产总计	负债合计	应收帐款净额	所有者权益
全　国	3905757	6628644	3583895	1120091	3044749
北京市	95094	185680	109049	16925	76631
天津市	95792	97346	97762	32489	-416
河北省	5511	140261	83046	0	57215
内蒙古	9983	11973	9105	0	2868
辽宁省	47558	76973	58796	9539	18177
黑龙江	153444	190260	76567	90379	113693
上海市	242609	552309	279148	57132	273161
江苏省	116158	147173	64525	59669	82648
浙江省	80623	115417	65842	16240	49575
安徽省	201629	254374	155464	120007	98910
山东省	560424	1103067	602489	119931	500578
河南省	143196	281225	179777	22707	101448
湖北省	5817	41658	15877	5228	25781
湖南省	12384	20302	15880	3525	4422
广东省	1434425	2504988	1293679	352029	1211309
四川省	69122	146182	65165	40655	81017
甘肃省	631988	759456	411724	173636	347732

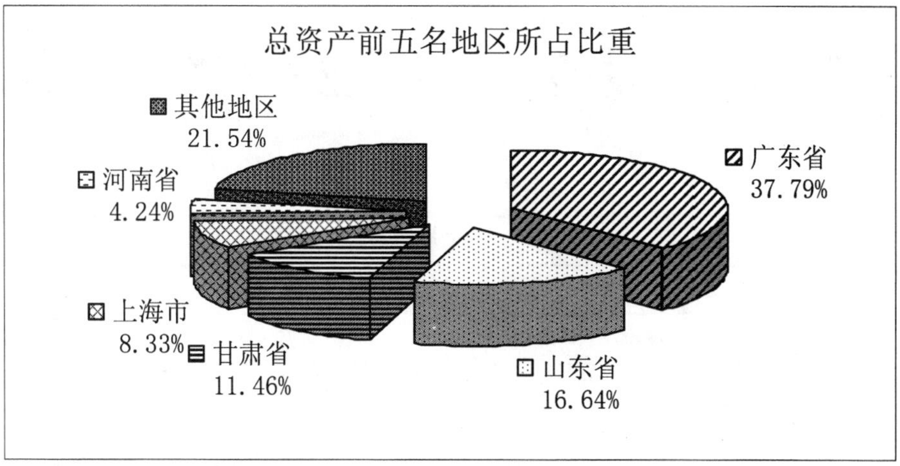

五、分地区企业亏损情况

地区	企业单位数 2009年1-11月	亏损企业单位数2009年1-11月	亏损企业所占比例	亏损企业亏损总额 2009年1-11月
	(个)	(个)	(%)	(千元)
全　国	121	21	17.36	22691
北京市	4	2	50.00	6347
天津市	0	1	0.00	3772
河北省	0	0	0.00	0
内蒙古	0	1	0.00	823
辽宁省	0	0	0.00	0
黑龙江	0	0	0.00	0
上海市	5	2	40.00	189
江苏省	9	1	11.11	260
浙江省	6	3	50.00	3273
安徽省	5	1	20.00	3130
山东省	23	2	8.70	1313
河南省	10	0	0.00	0
湖北省	6	0	0.00	0
湖南省	5	1	20.00	33
广东省	37	7	18.92	3551
四川省	0	0	0.00	0
甘肃省	0	0	0.00	0

采矿、采石设备制造行业数据统计分析

一、 从业人员情况

地区	全部从业人员平均人数（人）		同期增长（%）
	2009年1-11月	2008年1-11月	
全国	257724	225722	14.18

二、销售情况

1. 产品销售情况

	产品销售收入	产成品	企业单位数	企业平均销售收入
	(千元)	(千元)	(个)	(千元)
2009年1-11月	141169822	10909069	1572	89802.69
2008年1-11月	110595211	9985736	1153	95919.52
同期增长（%）	27.65	9.25	36.34	-6.38

2. 分地区产品销售情况

地区	产品销售收入		同期增长	产品销售成本	产品销售税金及附加
	2009年1-11月	2008年1-11月		2009年1-11月	2009年1-11月
	(千元)	(千元)	(%)	(千元)	(千元)
全　国	141169822	110595211	27.65	119366646	696972
北京市	2209093	1745137	26.59	1827296	4479
天津市	6633257	4915800	34.94	5772459	19551
河北省	7056629	5465147	29.12	5816887	40015
山西省	13954919	11980177	16.48	11834386	57994
内蒙古	651016	450469	44.52	523091	1550
辽宁省	23006319	18331741	25.50	19881339	76727
吉林省	2696563	1732698	55.63	2360149	14859
黑龙江	1401875	1269800	10.40	1015518	1356
上海市	5232809	4135825	26.52	4265533	8714
江苏省	5888403	4454056	32.20	4912371	43592
浙江省	1568770	2606085	-39.80	1312438	12013
安徽省	4219826	2466412	71.09	3702532	30699
福建省	919740	4005903	-77.04	790651	3682
江西省	1972611	1600280	23.27	1638960	15486
山东省	14428417	12222174	18.05	12206450	88336

地区	产品销售收入		同期增长	产品销售成本	产品销售税金及附加
	2009年1-11月	2008年1-11月		2009年1-11月	2009年1-11月
	(千元)	(千元)	(%)	(千元)	(千元)
河南省	32620986	21937841	48.70	27881725	157432
湖北省	1226484	755690	62.30	1047456	10237
湖南省	3222176	2092786	53.97	2704707	46241
广东省	785854	803879	-2.24	611292	3586
广西区	815802	507612	60.71	699001	3549
重庆市	1285901	836532	53.72	793177	16933
四川省	5157244	3493853	47.61	4402170	27639
贵州省	206006	67952	203.16	174874	1067
云南省	834380	559287	49.19	721495	2352
陕西省	717938	405199	77.18	566149	849
甘肃省	177700	152829	16.27	109523	547
宁夏区	2086094	1600047	30.38	1634566	7084
新疆区	193010	0	--	160451	403

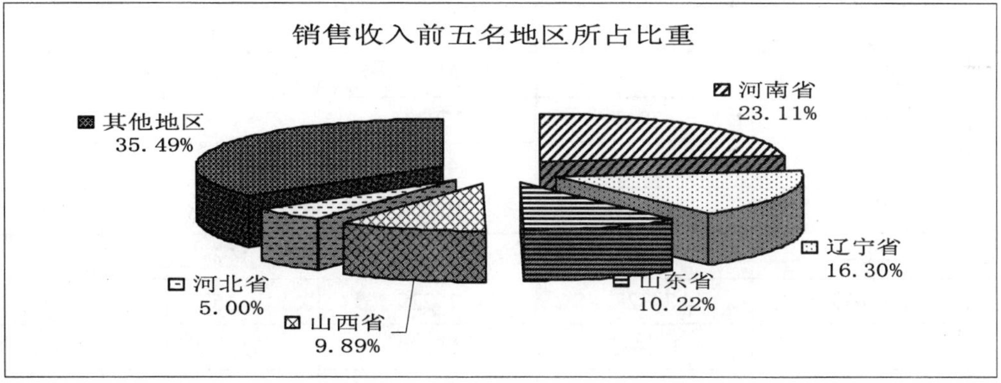

三、分地区盈利情况

地区	利润总额		产成品	全部从业人员平均人数	企业单位数
	2009年1-11月	2008年1-11月	2009年1-11月	2009年1-11月	2009年1-11月
	(千元)	(千元)	(千元)	(人)	(个)
全　国	8753138	6309130	10909069	257724	1572
北京市	231071	-50218	236634	6879	23
天津市	344287	300947	362822	10531	85
河北省	675626	551522	494307	17370	80
山西省	555293	593796	1519254	26327	44

地区	利润总额		产成品	全部从业人员平均人数	企业单位数
	2009 年 1-11 月	2008 年 1-11 月	2009 年 1-11 月	2009 年 1-11 月	2009 年 1-11 月
	(千元)	(千元)	(千元)	(人)	(个)
内蒙古	18307	24669	62968	1497	11
辽宁省	990360	546738	2724132	27619	217
吉林省	94367	60602	317161	4618	33
黑龙江	164395	230961	187074	4955	20
上海市	340353	249335	503376	5198	38
江苏省	395428	285839	281475	12760	128
浙江省	87927	198249	159827	5128	48
安徽省	157404	76955	364712	14771	115
福建省	48114	283513	39051	1497	17
江西省	107969	83935	89957	5087	34
山东省	1012451	808264	604943	28520	224
河南省	2652094	1660300	1147411	41655	209
湖北省	22621	17207	139352	4085	45
湖南省	133167	45947	629193	7965	61
广东省	18569	9230	114894	1924	14
广西区	13792	-8196	89760	3601	14
重庆市	163330	117600	67418	3457	21
四川省	263630	62849	178222	10551	41
贵州省	4440	3783	47576	975	12
云南省	18690	13153	100850	2008	8
陕西省	28547	6387	254946	2363	10
甘肃省	31637	24328	19229	1570	4
宁夏区	172762	111435	95270	4209	11
新疆区	6507	0	77255	604	5

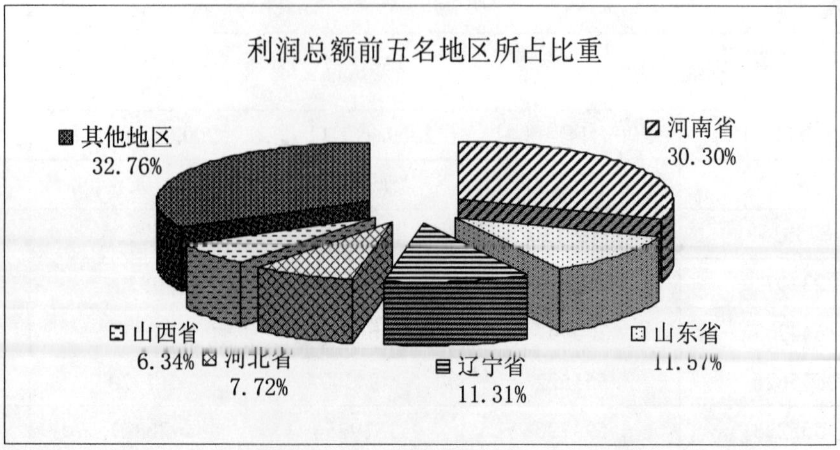

四、资产情况及利用效率分析

1. 行业资本结构

指　标	2009年1-11月		2008年1-11月	
	总额	占总资产比重	总额	占总资产比重
	千元	%	千元	%
流动资产平均余额	92361185	65.21	69065645	61.59
资产总计	141630508	--	112144753	--
负债合计	94348724	66.62	74911308	66.80
所有者权益	47281784	33.38	37233445	33.20

2. 资产利用效率

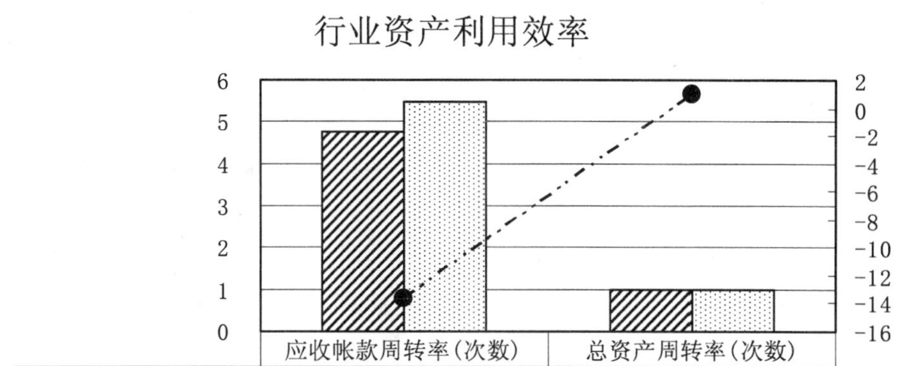

	应收帐款周转率(次数)	总资产周转率(次数)
2009年1-11月	4.74	1.00
2008年1-11月	5.49	0.99
同期增长(%)	-13.66	1.01

3. 分地区资产情况

单位：千元

地区	流动资产平均余额	资产总计	负债合计	应收帐款净额	所有者权益
全　国	92361185	141630508	94348724	29777637	47281784
北京市	3650343	7266369	4169316	941086	3097053
天津市	5434997	8335609	6370768	811426	1964841
河北省	3836885	6035359	3689878	1505576	2345481
山西省	18009750	24318668	17106638	8159393	7212030
内蒙古	334767	668623	338176	245327	330447
辽宁省	17616678	24332436	18129095	4135878	6203341
吉林省	1053734	1888832	1273550	289401	615282
黑龙江	1572230	2210285	1172710	858876	1037575
上海市	4301482	5565629	3616308	1618223	1949321
江苏省	2940585	4749368	2873690	1298519	1875678
浙江省	1010826	1648231	978880	420478	669351
安徽省	2063322	3734599	2033175	877331	1701424
福建省	306695	565685	184909	98219	380776

地区	流动资产平均余额	资产总计	负债合计	应收帐款净额	所有者权益
江西省	598224	1391887	624333	201764	767554
山东省	3800072	7200649	3960122	1235888	3240527
河南省	16665981	26429116	19097299	3842955	7331817
湖北省	483640	1366092	529100	161006	836992
湖南省	1158561	2125658	1355893	500891	769765
广东省	509038	798458	555337	172777	243121
广西区	859037	1191154	978499	172132	212655
重庆市	691068	1110632	447271	320069	663361
四川省	1473494	2489852	1374221	472852	1115631
贵州省	212583	381770	287238	44129	94532
云南省	435938	901127	408897	58671	492230
陕西省	1138141	1546268	736829	364251	809439
甘肃省	319126	485010	190550	101513	294460
宁夏区	1765562	2508583	1679722	817804	828861
新疆区	118426	384559	186320	51202	198239

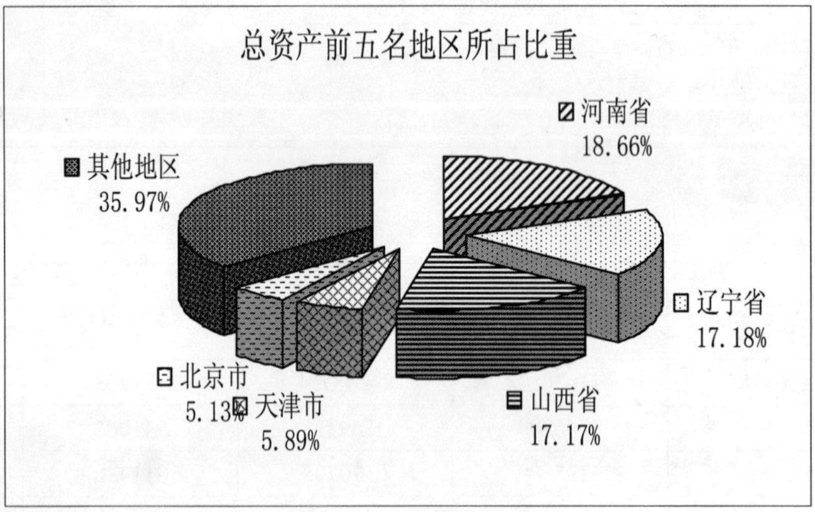

五、分地区企业亏损情况

地区	企业单位数 2009年1-11月	亏损企业单位数 2009年1-11月	亏损企业所占比例	亏损企业亏损总额 2009年1-11月
	(个)	(个)	(%)	(千元)
全　国	1572	163	10.37	256759
北京市	23	4	17.39	1568
天津市	85	21	24.71	58853
河北省	80	17	21.25	8941
山西省	44	12	27.27	68565
内蒙古	11	3	27.27	794
辽宁省	217	24	11.06	9352

地区	企业单位数 2009年1-11月	亏损企业单位数2009年1-11月	亏损企业所占比例	亏损企业亏损总额 2009年1-11月
	(个)	(个)	(%)	(千元)
吉林省	33	1	3.03	2649
黑龙江	20	7	35.00	2211
上海市	38	11	28.95	22449
江苏省	128	9	7.03	10686
浙江省	48	2	4.17	906
安徽省	115	7	6.09	1320
福建省	17	1	5.88	68
江西省	34	3	8.82	23025
山东省	224	7	3.13	2647
河南省	209	7	3.35	14046
湖北省	45	6	13.33	7462
湖南省	61	7	11.48	3547
广东省	14	2	14.29	469
广西区	14	2	14.29	9945
重庆市	21	2	9.52	172
四川省	41	1	2.44	1800
贵州省	12	2	16.67	340
云南省	8	0	0.00	0
陕西省	10	1	10.00	993
甘肃省	4	2	50.00	1235
宁夏区	11	1	9.09	7
新疆区	5	1	20.00	2709

齿轮、传动和驱动部件制造行业数据统计分析

一、 从业人员情况

地区	全部从业人员平均人数（人）		同期增长（%）
	2009年1-11月	2008年1-11月	
全国	172351	148287	16.23

二、销售情况

1. 产品销售情况

	产品销售收入	产成品	企业单位数	企业平均销售收入
	(千元)	(千元)	(个)	(千元)
2009年1-11月	76250331	5140915	1275	59804.18
2008年1-11月	58218834	3997561	968	60143.42
同期增长（%）	30.97	28.60	31.71	-0.56

2. 分地区产品销售情况

地区	产品销售收入		同期增长	产品销售成本	产品销售税金及附加
	2009 年 1-11 月	2008 年 1-11 月		2009 年 1-11 月	2009 年 1-11 月
	(千元)	(千元)	(%)	(千元)	(千元)
全　国	76250331	58218834	30.97	63448065	324771
北京市	442923	290001	52.73	593897	1047
天津市	4087839	4428044	-7.68	1268355	2849
河北省	2519043	2078279	21.21	531059	5341
山西省	104679	53094	97.16	300729	3635
内蒙古	58806	72019	-18.35	1060109	9690
辽宁省	3576376	2204781	62.21	209869	3400
吉林省	224648	44253	407.64	43777	318
黑龙江	653568	291349	124.32	694267	7313
上海市	2448891	2865894	-14.55	2021644	3037
江苏省	19298448	10676849	80.75	354281	2591
浙江省	13593692	12072281	12.60	1095310	2555
安徽省	1340601	1216414	10.21	26930	96
福建省	2170595	2366390	-8.27	7592	31
江西省	1272596	641755	98.30	51402	276
山东省	10812137	8473536	27.60	4240640	59829
河南省	5247682	2332678	124.96	201488	982
湖北省	716395	450171	59.14	11418021	56939
湖南省	813377	612110	32.88	1937343	6874
广东省	1451267	1420419	2.17	1729283	10795
广西区	344928	175394	96.66	3312902	2868
海南省	54910	42181	30.18	1938049	3496
重庆市	2066034	2742658	-24.67	9361213	48893
四川省	2277803	2184801	4.26	4034	18
贵州省	244909	286317	-14.46	2109471	11031
云南省	30877	20357	51.68	15454363	43371
陕西省	383577	154583	148.14	323012	8514
甘肃省	4605	10116	-54.48	3064530	28665
宁夏区	9125	12110	-24.65	94495	317

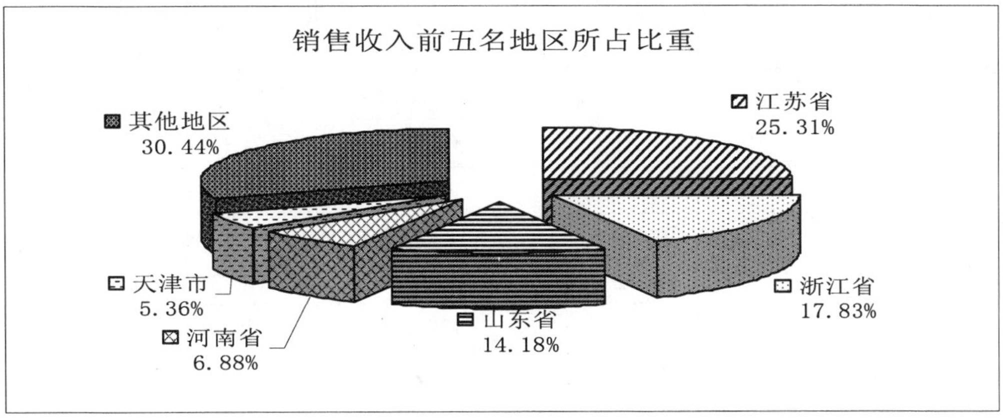

三、分地区盈利情况

地区	利润总额		产成品	全部从业人员平均人数	企业单位数
	2009年1-11月	2008年1-11月	2009年1-11月	2009年1-11月	2009年1-11月
	(千元)	(千元)	(千元)	(人)	(个)
全　国	5079782	3411374	5140915	172351	1275
北京市	23845	5030	21909	1446	11
天津市	19325	162451	170692	5729	35
河北省	14581	11807	65254	2402	29
山西省	17970	4076	69660	1531	8
内蒙古	105726	105698	159108	4788	37
辽宁省	21470	1437	11298	410	7
吉林省	11481	6313	6782	380	0
黑龙江	31029	20469	97772	2362	23
上海市	105353	190736	227868	4672	64
江苏省	22490	30187	49730	1985	12
浙江省	77360	56781	57123	3408	21
安徽省	-732	-1784	19108	273	0
福建省	-536	13	185	42	0
江西省	33	1205	2076	302	4
山东省	418316	237031	118031	9907	53
河南省	18814	21778	31531	989	0
湖北省	748263	553921	1432013	44480	338
湖南省	75376	59059	202354	6025	34
广东省	124515	112056	172660	8260	38
广西区	507102	442778	62616	2907	22
海南省	135505	145660	158511	4097	35
重庆市	638880	482868	428173	18405	124
四川省	51	68	852	35	0

地区	利润总额		产成品	全部从业人员平均人数	企业单位数
	2009 年 1-11 月	2008 年 1-11 月	2009 年 1-11 月	2009 年 1-11 月	2009 年 1-11 月
	(千元)	(千元)	(千元)	(人)	(个)
贵州省	158027	96624	140898	6848	44
云南省	1680001	590153	1226693	31700	233
陕西省	-11676	-8132	20827	2345	12
甘肃省	136569	82959	179427	5997	77
宁夏区	644	132	7764	626	6

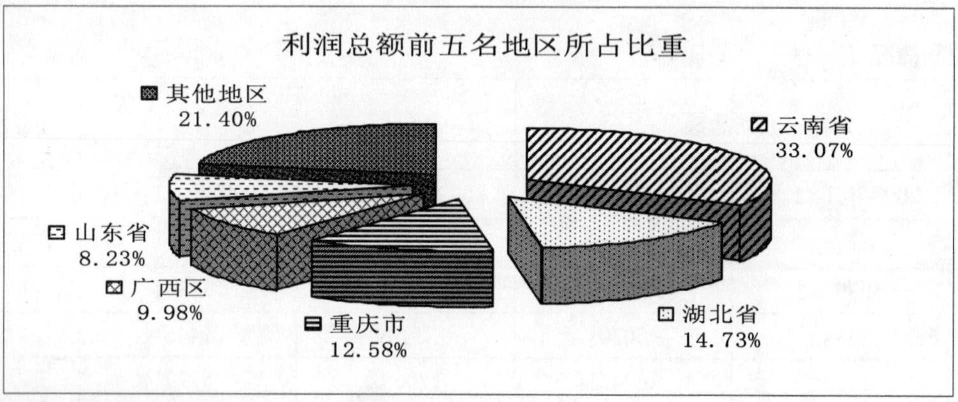

四、资产情况及利用效率分析

1. 行业资本结构

指 标	2009 年 1-11 月		2008 年 1-11 月	
	总额	占总资产比重	总额	占总资产比重
	千元	%	千元	%
流动资产平均余额	36735838	53.67	26353137	54.96
资产总计	68452610	--	47953660	--
负债合计	38764736	56.63	28441432	59.31
所有者权益	29687874	43.37	19512228	40.69

2. 资产利用效率

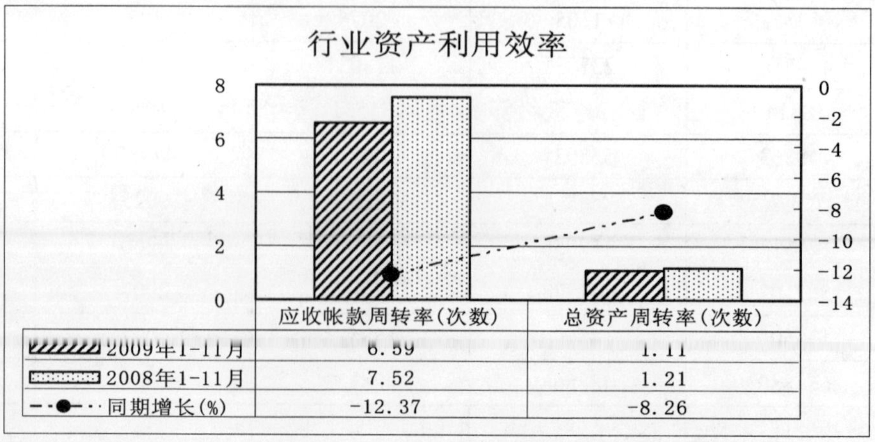

3. 分地区资产情况

单位：千元

地区	流动资产平均余额	资产总计	负债合计	应收帐款净额	所有者权益
全　国	36735838	68452610	38764736	11566830	29687874
北京市	189145	340104	247838	84075	92266
天津市	790101	1327622	702538	323716	625084
河北省	487215	646620	466055	98493	180565
山西省	150576	298885	216410	56968	82475
内蒙古	931563	1502062	818725	235643	683337
辽宁省	32037	88197	36015	9955	52182
吉林省	45077	81487	61737	12736	19750
黑龙江	357452	655107	395692	113082	259415
上海市	1587726	2312252	1293303	564429	1018949
江苏省	379722	527741	402740	86755	125001
浙江省	348181	1077476	351297	82765	726179
安徽省	31632	76849	63158	5119	13691
福建省	5741	11765	9894	0	1871
江西省	26392	44847	36414	17503	8433
山东省	1629774	3130598	1772929	506762	1357669
河南省	211679	266038	123257	77249	142781
湖北省	9755847	17843699	10917503	2878935	6926196
湖南省	832115	1944792	966304	315333	978488
广东省	1146063	2218049	1378481	390667	839568
广西区	2095338	3434618	1503567	542504	1931051
海南省	1057962	1922457	873328	426838	1049129
重庆市	2552421	4728450	2701377	675151	2027073
四川省	5173	8338	7266	2680	1072
贵州省	680541	1704183	892832	168079	811351
云南省	10234054	19842493	11242483	3447006	8600010
陕西省	119791	287339	353408	71426	-66069
甘肃省	978082	1966534	861805	338544	1104729
宁夏区	74438	164008	68380	34417	95628

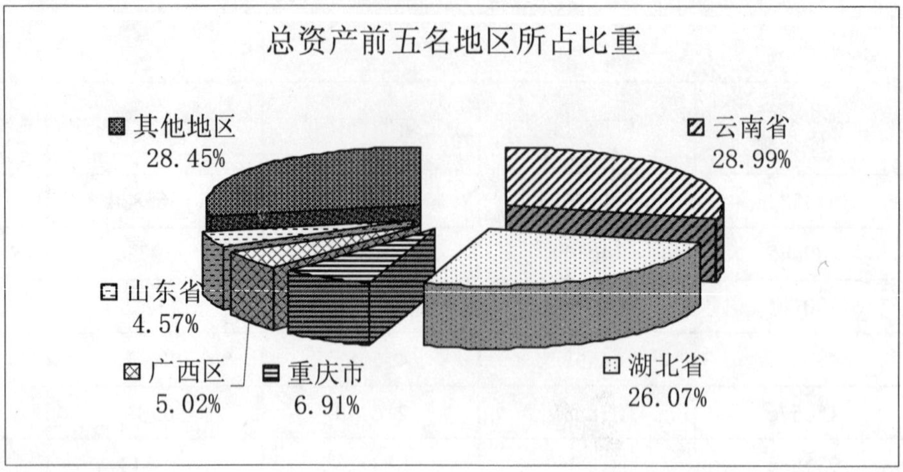

五、分地区企业亏损情况

地区	企业单位数 2009年1-11月	亏损企业单位数2009年1-11月	亏损企业所占比例	亏损企业亏损总额 2009年1-11月
	(个)	(个)	(%)	(千元)
全　国	1275	188	14.75	253603
北京市	11	2	18.18	425
天津市	35	7	20.00	18696
河北省	29	2	6.90	18458
山西省	8	1	12.50	207
内蒙古	37	7	18.92	1373
辽宁省	7	2	28.57	33
吉林省	0	0	0.00	0
黑龙江	23	1	4.35	2157
上海市	64	22	34.38	37734
江苏省	12	3	25.00	3918
浙江省	21	2	9.52	335
安徽省	0	1	0.00	1200
福建省	0	1	0.00	536
江西省	4	1	25.00	4373
山东省	53	1	1.89	176
河南省	0	1	0.00	1726
湖北省	338	60	17.75	59801
湖南省	34	5	14.71	5440
广东省	38	3	7.89	3838
广西区	22	5	22.73	8069
海南省	35	8	22.86	6773

地区	企业单位数 2009年1-11月	亏损企业单位数 2009年1-11月	亏损企业所占比例	亏损企业亏损总额 2009年1-11月
	(个)	(个)	(%)	(千元)
重庆市	124	6	4.84	4278
四川省	0	0	0.00	0
贵州省	44	7	15.91	11037
云南省	233	25	10.73	32274
陕西省	12	6	50.00	13968
甘肃省	77	7	9.09	16227
宁夏区	6	2	33.33	551

电车制造行业数据统计分析

一、 从业人员情况

地区	全部从业人员平均人数（人）		同期增长（%）
	2009年1-11月	2008年1-11月	
全国	3966	5794	-31.55

二、销售情况

1. 产品销售情况

	产品销售收入	产成品	企业单位数	企业平均销售收入
	(千元)	(千元)	(个)	(千元)
2009年1-11月	1265353	83688	34	37216.26
2008年1-11月	2093056	104011	24	87210.67
同期增长（%）	-39.55	-19.54	41.67	-57.33

2. 分地区产品销售情况

地区	产品销售收入		同期增长	产品销售成本	产品销售税金及附加
	2009年1-11月	2008年1-11月		2009年1-11月	2009年1-11月
	(千元)	(千元)	(%)	(千元)	(千元)
全　国	1265353	2093056	-39.54519	1041215	5460
天津市	58549	176633	-66.85274	49016	121
辽宁省	75679	0	--	74953	56
上海市	203605	0	--	166515	188
江苏省	170100	11900	1329.4118	160827	505
浙江省	13416	0	--	11408	14

地区	产品销售收入		同期增长	产品销售成本	产品销售税金及附加
	2009 年 1-11 月	2008 年 1-11 月		2009 年 1-11 月	2009 年 1-11 月
	(千元)	(千元)	(%)	(千元)	(千元)
福建省	54858	69395	-20.9482	43633	167
山东省	178956	108002	65.696932	160692	1085
河南省	84815	872862	-90.28311	52955	1921
湖南省	170439	638328	-73.29915	135958	63
广东省	144938	130088	11.41535	106586	410
广西区	33530	40781	-17.78034	25258	30
重庆市	66412	0	--	46732	540
四川省	10056	15606	-35.56324	6682	360

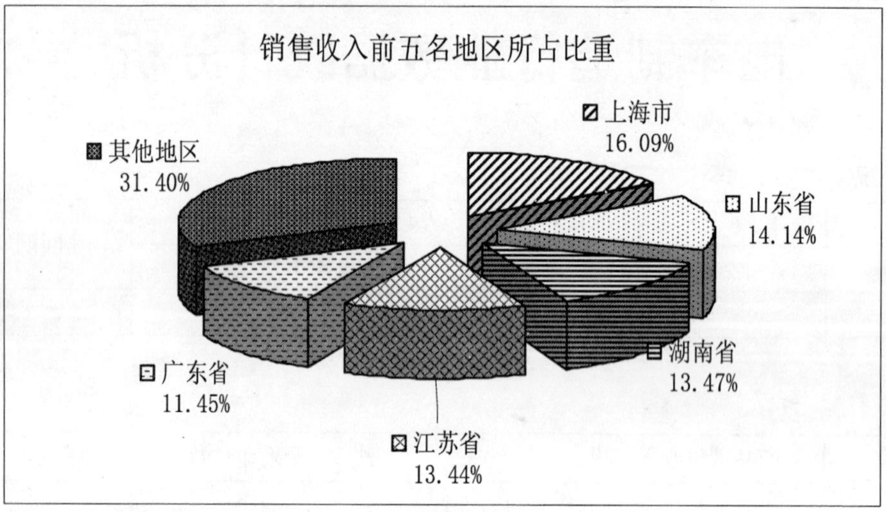

三、分地区盈利情况

地区	利润总额		产成品	全部从业人员平均人数	企业单位数
	2009 年 1-11 月	2008 年 1-11 月	2009 年 1-11 月	2009 年 1-11 月	2009 年 1-11 月
	(千元)	(千元)	(千元)	(人)	(个)
全　国	61590	103505	83688	3966	34
天津市	3378	8673	2023	352	0
辽宁省	360	0	1118	51	0
上海市	16290	0	33220	806	0
江苏省	2292	330	1099	561	0
浙江省	691	0	1295	36	0
福建省	4807	1069	11886	141	0
山东省	6369	5405	8490	420	7
河南省	24348	52540	520	370	0
湖南省	1886	30853	7494	415	4

地区	利润总额		产成品	全部从业人员平均人数	企业单位数
	2009年1-11月	2008年1-11月	2009年1-11月	2009年1-11月	2009年1-11月
	(千元)	(千元)	(千元)	(人)	(个)
广东省	-3566	1701	6595	478	0
广西区	1029	1330	1201	115	0
重庆市	3348	0	7385	81	0
四川省	358	1021	1362	140	0

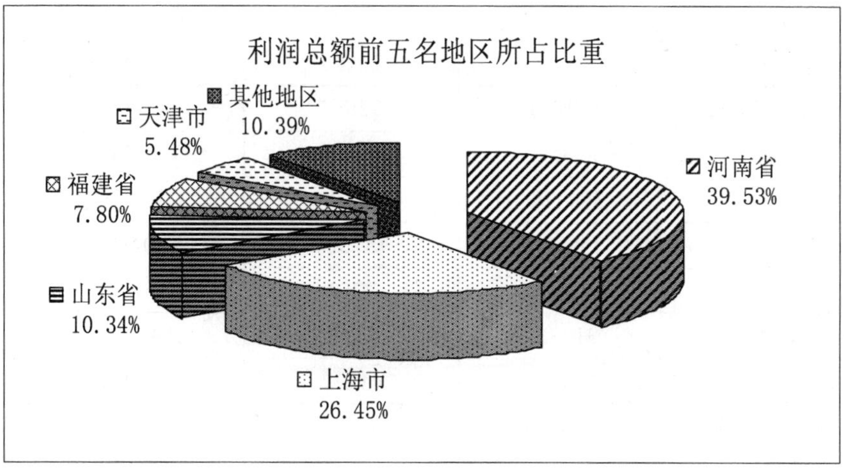

四、资产情况及利用效率分析

1. 行业资本结构

指　标	2009年1-11月		2008年1-11月	
	总额	占总资产比重	总额	占总资产比重
	千元	%	千元	%
流动资产平均余额	716721	49.82	1553024	39.33
资产总计	1438738	--	3948567	--
负债合计	717298	49.86	1407365	35.64
所有者权益	721440	50.14	2541202	64.36

2. 资产利用效率

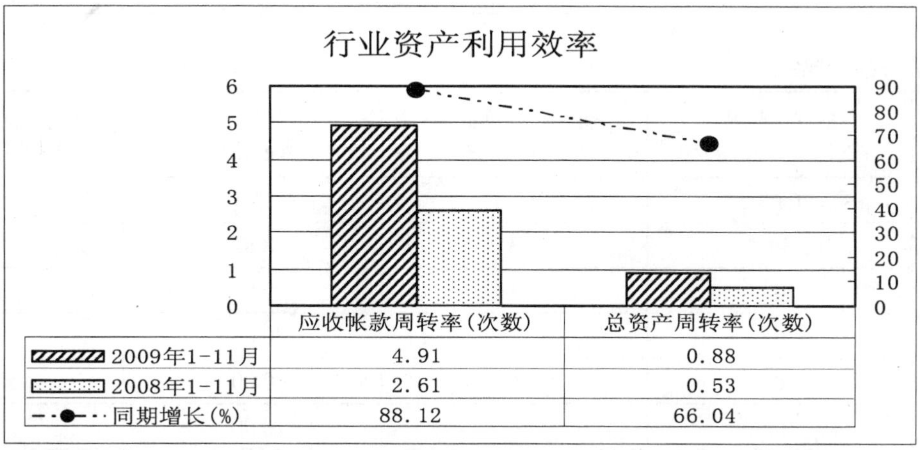

3. 分地区资产情况

单位：千元

地区	流动资产平均余额	资产总计	负债合计	应收帐款净额	所有者权益
全　国	716721	1438738	717298	257743	721440
天津市	87242	184632	88182	37752	96450
辽宁省	2863	5407	3152	793	2255
上海市	90605	202087	70942	18827	131145
江苏省	15146	30627	23365	4530	7262
浙江省	1660	1884	769	316	1115
福建省	43892	57179	28193	11667	28986
山东省	83730	130130	72817	16055	57313
河南省	26700	83362	2865	1450	80497
湖南省	175618	394470	220614	79170	173856
广东省	162315	259608	157624	80487	101984
广西区	2010	4436	2253	1088	2183
重庆市	21220	31485	5250	4210	26235
四川省	3720	53431	41272	1398	12159

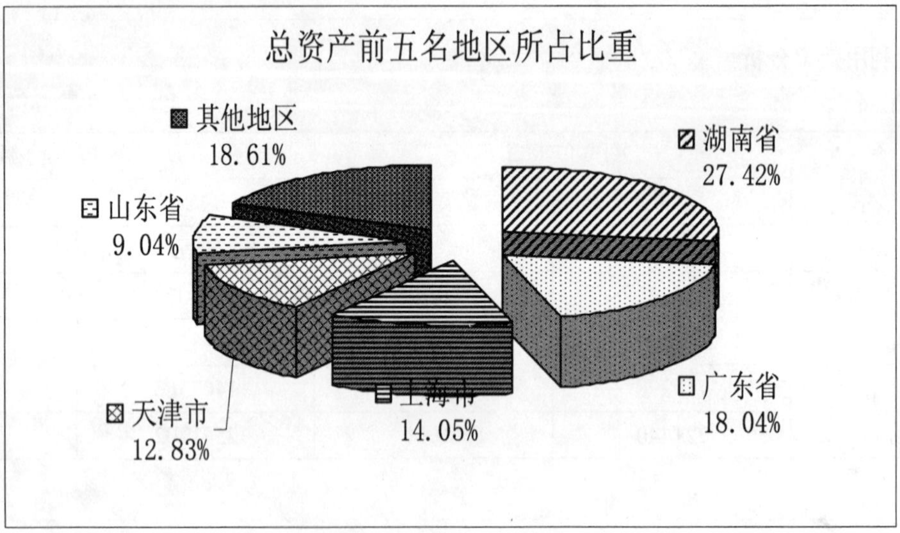

五、分地区企业亏损情况

地区	企业单位数 2009年1-11月	亏损企业单位数 2009年1-11月	亏损企业所占比例	亏损企业亏损总额 2009年1-11月
	(个)	(个)	(%)	(千元)
全　国	34	3	8.82	4317
天津市	0	1	0.00	143
辽宁省	0	0	0.00	0
上海市	0	0	0.00	0
江苏省	0	0	0.00	0

地区	企业单位数 2009年1-11月	亏损企业单位数 2009年1-11月	亏损企业所占比例	亏损企业亏损总额 2009年1-11月
	(个)	(个)	(%)	(千元)
浙江省	0	0	0.00	0
福建省	0	0	0.00	0
山东省	7	0	0.00	0
河南省	0	0	0.00	0
湖南省	4	0	0.00	0
广东省	0	2	0.00	4174
广西区	0	0	0.00	0
重庆市	0	0	0.00	0
四川省	0	0	0.00	0

电池制造行业数据统计分析

一、 从业人员情况

地区	全部从业人员平均人数（人）		同期增长（%）
	2009年1-11月	2008年1-11月	
全国	491383	432637	13.58

二、销售情况

1. 产品销售情况

	产品销售收入	产成品	企业单位数	企业平均销售收入
	(千元)	(千元)	(个)	(千元)
2009年1-11月	263405786	17177548	1476	178459.20
2008年1-11月	212639873	13809507	1160	183310.24
同期增长（%）	23.87	24.39	27.24	-2.65

2. 分地区产品销售情况

地区	产品销售收入		同期增长	产品销售成本	产品销售税金及附加
	2009年1-11月	2008年1-11月		2009年1-11月	2009年1-11月
	(千元)	(千元)	(%)	(千元)	(千元)
全　国	263405786	212639873	23.87	231533108	406332
北京市	2640924	3031888	-12.90	2519102	570
天津市	7428499	7916251	-6.16	6746625	6449
河北省	19865889	14950083	32.88	17382828	24581
山西省	354595	427585	-17.07	281161	294

地区	产品销售收入		同期增长	产品销售成本	产品销售税金及附加
	2009 年 1-11 月	2008 年 1-11 月		2009 年 1-11 月	2009 年 1-11 月
	(千元)	(千元)	(%)	(千元)	(千元)
内蒙古	443792	256184	73.23	422017	4111
辽宁省	2646052	1526219	73.37	2293928	1741
吉林省	1030178	179866	472.75	980915	1313
黑龙江	1633718	1881033	-13.15	1199785	291
上海市	8256460	9951098	-17.03	7297514	3000
江苏省	75415360	40010488	88.49	67080258	45230
浙江省	28552986	27382779	4.27	24647529	54591
安徽省	4336842	3077473	40.92	3872797	11977
福建省	9167541	9332159	-1.76	7823084	14982
江西省	19648621	16216575	21.16	17050055	18674
山东省	16676695	13747361	21.31	14578559	67518
河南省	5275136	4138472	27.47	4656801	27969
湖北省	4890625	4033033	21.26	3970138	21516
湖南省	3997185	4172204	-4.19	3346120	23509
广东省	43678253	46005375	-5.06	38495535	57296
广西区	2171489	863359	151.52	1929232	7380
海南省	16556	0	--	10933	0
重庆市	625507	533055	17.34	549187	1326
四川省	2809246	900944	211.81	2680971	10763
贵州省	81588	64530	26.43	79648	405
云南省	290336	564704	-48.59	246293	491
陕西省	1290004	1035438	24.59	1228785	150
宁夏区	181709	47173	285.20	163308	205

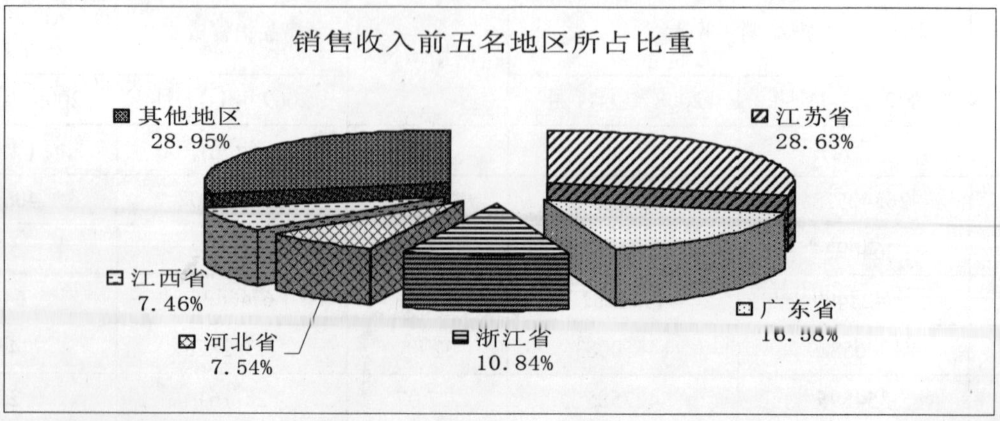

三、分地区盈利情况

地区	利润总额		产成品	全部从业人员平均人数	企业单位数
	2009年1-11月	2008年1-11月	2009年1-11月	2009年1-11月	2009年1-11月
	(千元)	(千元)	(千元)	(人)	(个)
全　国	15198602	12542862	17177548	491383	1476
北京市	-18949	191867	213829	7569	16
天津市	140727	182577	838062	9503	30
河北省	1622771	1579305	1286012	29559	35
山西省	41604	45677	58513	768	4
内蒙古	-18875	-3261	32893	870	7
辽宁省	145755	68442	105648	4284	16
吉林省	12855	4221	88610	1243	10
黑龙江	255229	185007	110456	4595	6
上海市	215591	415933	593891	17853	48
江苏省	4635348	1939296	3444140	79983	196
浙江省	1971660	1373022	1723899	41467	215
安徽省	177376	64549	375946	9544	65
福建省	540603	677088	682865	17909	64
江西省	1707659	3222710	787299	27494	48
山东省	989839	843291	807862	23381	125
河南省	425987	271208	149532	10430	49
湖北省	362766	284481	345011	12164	49
湖南省	87949	221096	194669	7702	35
广东省	1746132	935364	4312575	170098	390
广西区	41978	2530	146775	4503	13
海南省	5743	0	8179	130	0
重庆市	28885	10031	50036	2378	14
四川省	46731	19434	500641	4516	24
贵州省	-28097	-13678	13546	663	0
云南省	-3128	-3399	106275	1175	6
陕西省	55247	57014	179751	1059	5
宁夏区	9216	-11407	20633	543	0

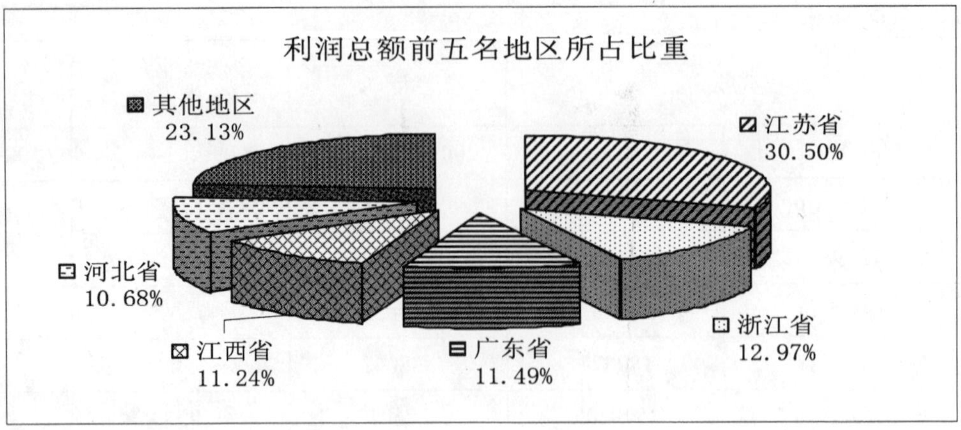

四、资产情况及利用效率分析

1. 行业资本结构

指　标	2009年1-11月		2008年1-11月	
	总额	占总资产比重	总额	占总资产比重
	千元	%	千元	%
流动资产平均余额	141940739	55.38	101952148	60.33
资产总计	256322812	--	168998932	--
负债合计	154875472	60.42	98848652	58.49
所有者权益	101447340	39.58	70150280	41.51

2. 资产利用效率

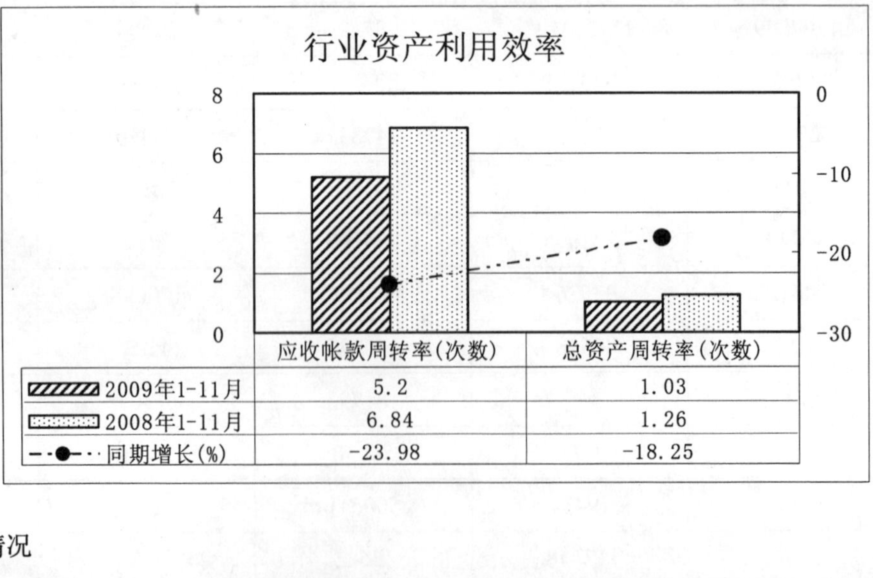

3. 分地区资产情况

单位：千元

地区	流动资产平均余额	资产总计	负债合计	应收帐款净额	所有者权益
全　国	141940739	256322812	154875472	50695460	101447340
北京市	1839596	3627423	2175787	563784	1451636

地区	流动资产平均余额	资产总计	负债合计	应收帐款净额	所有者权益
天津市	4416129	8563422	5101504	1600611	3461918
河北省	15795278	24802473	11365091	5493675	13437382
山西省	254236	477191	288814	30925	188377
内蒙古	258439	694813	546777	40295	148036
辽宁省	954004	1984959	1243501	257486	741458
吉林省	141906	493521	218216	39339	275305
黑龙江	2106646	3384179	1852589	615749	1531590
上海市	4134974	7899938	4252702	2102634	3647236
江苏省	34600048	63768152	41971390	18073268	21796762
浙江省	15396359	26043066	15203086	5472726	10839980
安徽省	1448114	2975500	1652745	401747	1322755
福建省	4548514	6679131	2827198	1399595	3851933
江西省	14534673	34243242	25539164	1158397	8704078
山东省	3224467	6283487	3370161	1158151	2913326
河南省	1709238	3714628	1783399	456692	1931229
湖北省	2321827	4060476	2417545	802722	1642931
湖南省	1074103	2841522	1616962	402457	1224560
广东省	28617608	45866571	26115789	9597757	19750782
广西区	580896	1113013	790900	277641	322113
海南省	29941	59169	2168	7971	57001
重庆市	282447	592153	275887	108834	316266
四川省	2223003	4144464	3021646	156996	1122818
贵州省	80640	166617	107997	21711	58620
云南省	643347	936900	596463	153982	340437
陕西省	599793	763388	456282	279190	307106
宁夏区	124513	143414	81709	21125	61705

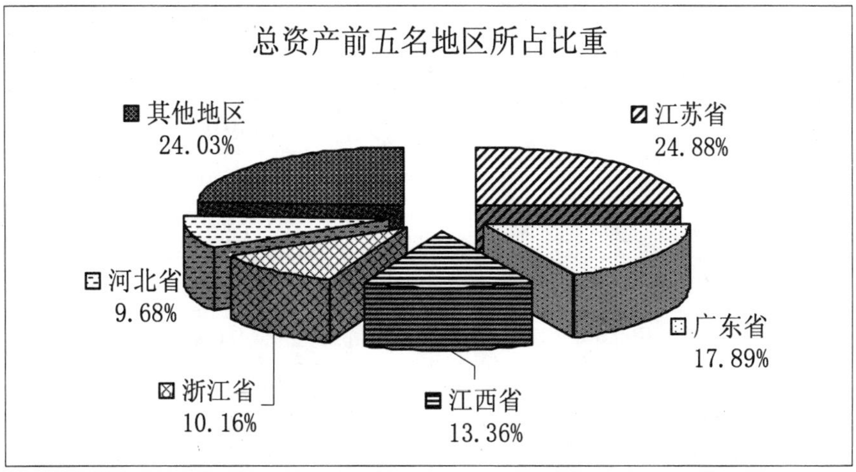

五、分地区企业亏损情况

地区	企业单位数 2009年1-11月	亏损企业单位数2009年1-11月	亏损企业所占比例	亏损企业亏损总额 2009年1-11月
	(个)	(个)	(%)	(千元)
全　国	1476	317	21.48	1279256
北京市	16	10	62.50	29170
天津市	30	13	43.33	83450
河北省	35	5	14.29	10572
山西省	4	0	0.00	0
内蒙古	7	4	57.14	23079
辽宁省	16	3	18.75	453
吉林省	10	3	30.00	5704
黑龙江	6	3	50.00	14455
上海市	48	22	45.83	125486
江苏省	196	35	17.86	395819
浙江省	215	34	15.81	91113
安徽省	65	15	23.08	19636
福建省	64	14	21.88	34720
江西省	48	2	4.17	585
山东省	125	7	5.60	13753
河南省	49	2	4.08	1240
湖北省	49	8	16.33	18231
湖南省	35	6	17.14	38189
广东省	390	114	29.23	328102
广西区	13	3	23.08	1938
海南省	0	0	0.00	0
重庆市	14	2	14.29	1237
四川省	24	4	16.67	5014
贵州省	0	2	0.00	28097
云南省	6	4	66.67	7869
陕西省	5	1	20.00	586
宁夏区	0	1	0.00	758

电动机制造行业数据统计分析

一、 从业人员情况

地区	全部从业人员平均人数（人）		同期增长（%）
	2009年1-11月	2008年1-11月	
全国	219131	208661	5.02

二、销售情况

1. 产品销售情况

	产品销售收入	产成品	企业单位数	企业平均销售收入
	(千元)	(千元)	(个)	(千元)
2009年1-11月	104345436	6490393	1138	91691.95
2008年1-11月	93839903	6347404	904	103805.20
同期增长（%）	11.20	2.25	25.88	-11.67

2. 分地区产品销售情况

地区	产品销售收入		同期增长	产品销售成本	产品销售税金及附加
	2009年1-11月	2008年1-11月		2009年1-11月	2009年1-11月
	(千元)	(千元)	(%)	(千元)	(千元)
全 国	104345436	93839903	11.20	87826733	362353
北京市	409113	550790	-25.72	321336	1898
天津市	951991	931327	2.22	833172	1618
河北省	1018355	1625088	-37.34	871244	4158
山西省	2556439	2655999	-3.75	2098265	9018
内蒙古	240298	18993	1165.19	228492	418
辽宁省	6212656	4218941	47.26	5369615	19608
吉林省	174263	162090	7.51	156616	309
黑龙江	1595848	1759382	-9.29	1100943	8993
上海市	8339024	9525526	-12.46	6969432	18341
江苏省	15113793	13416614	12.65	13086952	34032
浙江省	20475715	17477822	17.15	17290510	79645
安徽省	1693886	1401437	20.87	1496237	4170
福建省	4157658	5247775	-20.77	3700969	9273
江西省	1104108	869498	26.98	893451	5531
山东省	20222873	15628021	29.40	16811966	75777
河南省	2899753	2712034	6.92	2164773	18921
湖北省	1465801	1025825	42.89	1187095	15764
湖南省	6522537	4686682	39.17	5339966	26584

地区	产品销售收入		同期增长	产品销售成本	产品销售税金及附加
	2009年1-11月	2008年1-11月		2009年1-11月	2009年1-11月
	(千元)	(千元)	(%)	(千元)	(千元)
广东省	4193529	5569069	-24.70	3755935	12130
广西区	274107	236620	15.84	205291	957
重庆市	1006088	855062	17.66	810998	4265
四川省	1279996	766120	67.08	1062839	4220
贵州省	36090	35814	0.77	27820	40
云南省	69343	105611	-34.34	62874	40
陕西省	1899446	1996604	-4.87	1704667	3505
甘肃省	13538	15084	-10.25	6801	165
宁夏区	419188	346075	21.13	268474	2973

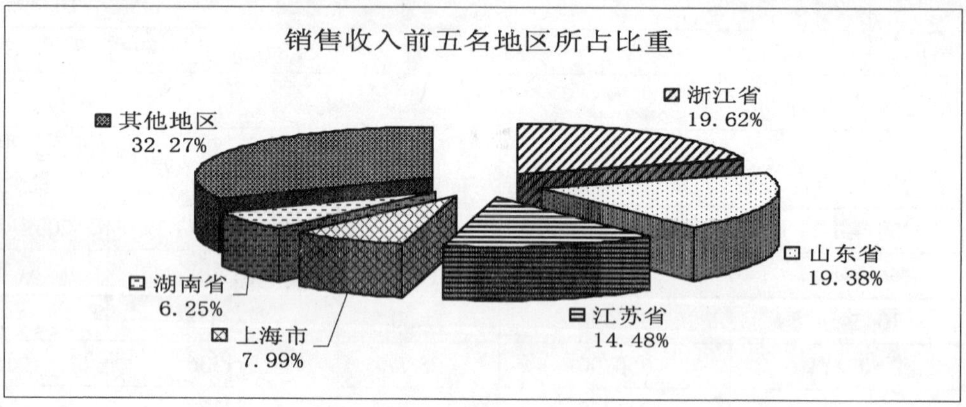

三、分地区盈利情况

地区	利润总额		产成品	全部从业人员平均人数	企业单位数
	2009年1-11月	2008年1-11月	2009年1-11月	2009年1-11月	2009年1-11月
	(千元)	(千元)	(千元)	(人)	(个)
全　国	5986882	5875992	6490393	219131	1138
北京市	228	20263	76353	2098	10
天津市	40276	137470	76217	2911	24
河北省	-306	26351	250138	4369	11
山西省	144527	72254	378076	7547	7
内蒙古	1839	3429	20818	128	0
辽宁省	234643	209951	722397	11359	69
吉林省	3833	1306	9836	356	5
黑龙江	266099	237650	184088	3905	6
上海市	599449	897504	581908	18489	74
江苏省	776336	879328	665221	30008	204

地区	利润总额		产成品	全部从业人员平均人数	企业单位数
	2009年1-11月	2008年1-11月	2009年1-11月	2009年1-11月	2009年1-11月
	(千元)	(千元)	(千元)	(人)	(个)
浙江省	1471723	1146562	878710	47824	288
安徽省	75161	66719	134247	3814	35
福建省	162079	159621	296739	8700	54
江西省	51214	27931	113702	3277	13
山东省	958647	834006	400558	22246	116
河南省	450238	320190	144720	5725	27
湖北省	107681	27847	288898	5725	30
湖南省	296067	343722	357996	13911	23
广东省	95413	256810	250458	14402	90
广西区	7453	6654	30167	1278	12
重庆市	42675	30854	229756	3055	9
四川省	71341	46090	49920	1876	16
贵州省	820	1370	12440	316	0
云南省	-699	3186	21268	379	0
陕西省	45785	63169	253913	3442	5
甘肃省	1195	1138	821	440	0
宁夏区	83165	54617	61028	1551	0

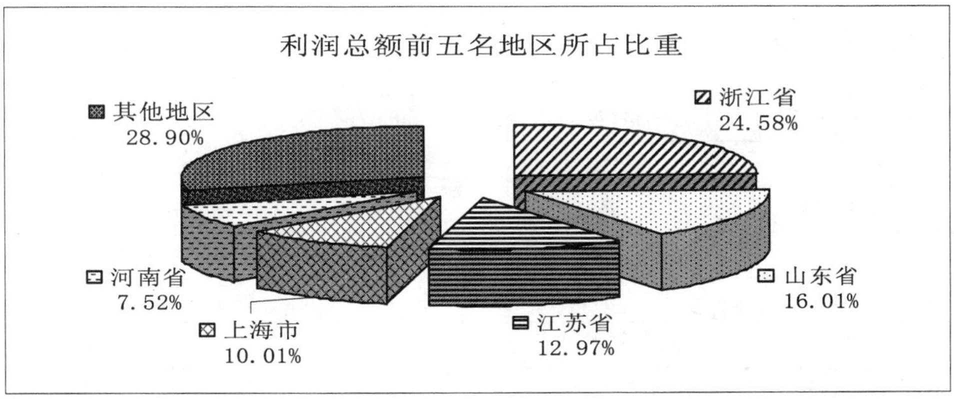

四、资产情况及利用效率分析

1. 行业资本结构

指　标	2009年1-11月		2008年1-11月	
	总额	占总资产比重	总额	占总资产比重
	千元	%	千元	%
流动资产平均余额	55216035	58.95	47522172	60.30
资产总计	93660752	--	78804417	--
负债合计	55765567	59.54	48149368	61.10
所有者权益	37895185	40.46	30655049	38.90

2. 资产利用效率

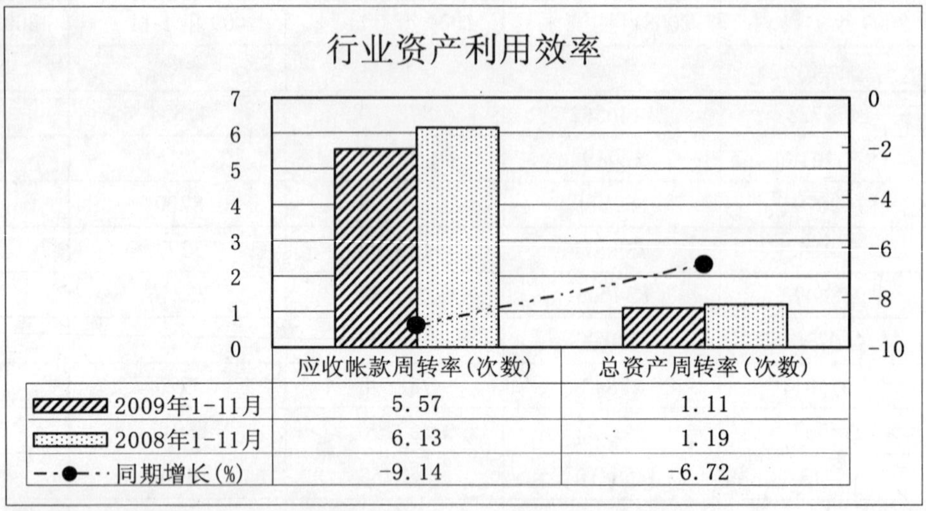

3. 分地区资产情况

单位：千元

地区	流动资产平均余额	资产总计	负债合计	应收帐款净额	所有者权益
全 国	55216035	93660752	55765567	18717201	37895185
北京市	368585	602141	426561	98266	175580
天津市	629590	1023224	603425	314147	419799
河北省	797919	1217657	938956	296213	278701
山西省	2604919	3951284	3422857	1029419	528427
内蒙古	25837	69147	26987	13255	42160
辽宁省	3324662	6341721	3650367	950576	2691354
吉林省	57889	98188	60234	20356	37954
黑龙江	1480542	1868587	984586	349320	884001
上海市	5635517	8694569	4841679	2312837	3852890
江苏省	7900934	12466944	7629400	3522145	4837544
浙江省	12766109	21952478	12093553	3726438	9858925
安徽省	532529	1031539	610466	220913	421073
福建省	1802229	2785042	1798953	426141	986089
江西省	654736	1201207	638392	200670	562815
山东省	4013959	9293022	4385436	1247713	4907586
河南省	1370271	2223410	1215176	407637	1008234
湖北省	1165887	2233254	1281481	321741	951773
湖南省	5151447	8914398	6301742	1772964	2612656
广东省	2218386	3495565	2314758	652586	1180807
广西区	213435	428133	311750	49329	116383
重庆市	593460	893183	614392	205520	278791

地区	流动资产平均余额	资产总计	负债合计	应收帐款净额	所有者权益
四川省	288576	522100	268844	85270	253256
贵州省	35040	38630	35660	6410	2970
云南省	43889	64186	53984	5554	10202
陕西省	1069360	1637086	1070267	241489	566819
甘肃省	20648	33738	10831	4713	22907
宁夏区	449680	580319	174830	235579	405489

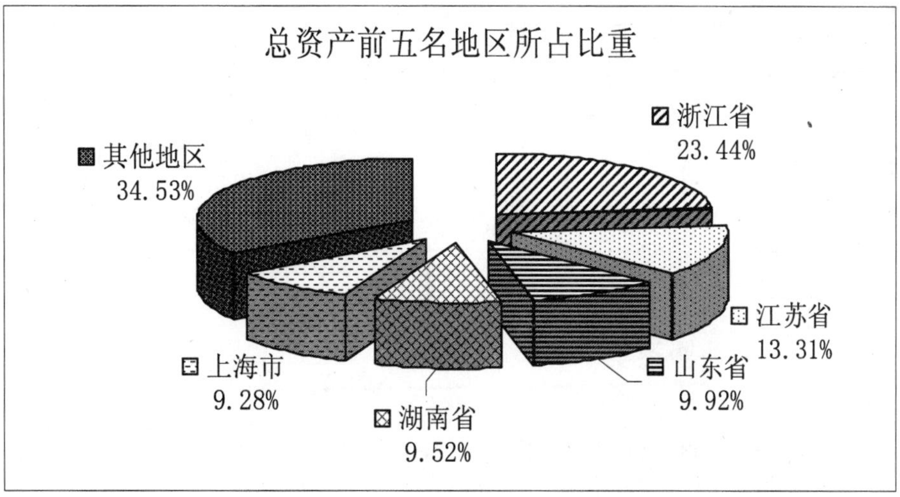

五、分地区企业亏损情况

地区	企业单位数2009年1-11月	亏损企业单位数2009年1-11月	亏损企业所占比例	亏损企业亏损总额2009年1-11月
	(个)	(个)	(%)	(千元)
全　国	1138	177	15.55	451171
北京市	10	5	50.00	36324
天津市	24	5	20.83	4314
河北省	11	5	45.45	13617
山西省	7	1	14.29	485
内蒙古	0	1	0.00	10
辽宁省	69	13	18.84	134558
吉林省	5	2	40.00	2490
黑龙江	6	1	16.67	2632
上海市	74	15	20.27	50802
江苏省	204	29	14.22	93546
浙江省	288	33	11.46	24971
安徽省	35	5	14.29	657
福建省	54	8	14.81	4669
江西省	13	0	0.00	0
山东省	116	8	6.90	32248

地区	企业单位数 2009年1-11月	亏损企业单位数 2009年1-11月	亏损企业所占比例	亏损企业亏损总额 2009年1-11月
	(个)	(个)	(%)	(千元)
河南省	27	0	0.00	0
湖北省	30	11	36.67	10007
湖南省	23	2	8.70	336
广东省	90	24	26.67	31586
广西区	12	3	25.00	1095
重庆市	9	3	33.33	360
四川省	16	1	6.25	674
贵州省	0	0	0.00	0
云南省	0	1	0.00	3058
陕西省	5	1	20.00	2732
甘肃省	0	0	0.00	0
宁夏区	0	0	0.00	0

电机制造行业数据统计分析

一、从业人员情况

地区	全部从业人员平均人数（人）		同期增长（%）
	2009年1-11月	2008年1-11月	
全国	593835	576750	2.96

二、销售情况

1. 产品销售情况

	产品销售收入	产成品	企业单位数	企业平均销售收入
	(千元)	(千元)	(个)	(千元)
2009年1-11月	302239489	17978296	2886	104726.09
2008年1-11月	257113320	17220139	2365	108715.99
同期增长（%）	17.55	4.40	22.03	-3.67

2. 分地区产品销售情况

地区	产品销售收入		同期增长	产品销售成本	产品销售税金及附加
	2009年1-11月	2008年1-11月		2009年1-11月	2009年1-11月
	(千元)	(千元)	(%)	(千元)	(千元)
全　国	302239489	257113320	17.55	255400255	904583
北京市	8046686	3456149	132.82	6859489	14795
天津市	6612826	7743335	-14.60	5271795	10444

地区	产品销售收入		同期增长	产品销售成本	产品销售税金及附加
	2009年1-11月	2008年1-11月		2009年1-11月	2009年1-11月
	(千元)	(千元)	(%)	(千元)	(千元)
河北省	7033020	2116737	232.26	5916847	11646
山西省	2556439	2655999	-3.75	2098265	9018
内蒙古	7139286	1247391	472.34	6040036	12762
辽宁省	10878207	10656266	2.08	9210327	24360
吉林省	1740554	458427	279.68	1386470	18073
黑龙江	6588670	7947528	-17.10	4878664	34881
上海市	14211044	16089402	-11.67	11673813	21194
江苏省	73515994	58987661	24.63	64173904	151060
浙江省	45637254	39493666	15.56	38640361	177197
安徽省	3432474	2861467	19.96	3058141	6793
福建省	14103952	12428297	13.48	12519042	22379
江西省	3461430	2968754	16.60	2752538	28411
山东省	37684942	30431154	23.84	31387207	133195
河南省	4335822	3540785	22.45	3374423	31152
湖北省	3516065	1897135	85.34	2796342	31184
湖南省	7830607	7343747	6.63	6399909	32870
广东省	19591129	25322022	-22.63	17078605	52989
广西区	499510	410352	21.73	365135	1249
重庆市	3261215	2085311	56.39	2746703	14814
四川省	8044090	7924174	1.51	6512314	40026
贵州省	70197	46924	49.60	62034	40
云南省	547929	589494	-7.05	457579	2747
陕西省	2136094	2356613	-9.36	1916006	4620
甘肃省	1078226	1015340	6.19	837638	6851
宁夏区	1188536	1077534	10.30	961742	4060
新疆区	7497291	3961656	89.25	6024926	5773

销售收入前五名地区所占比重

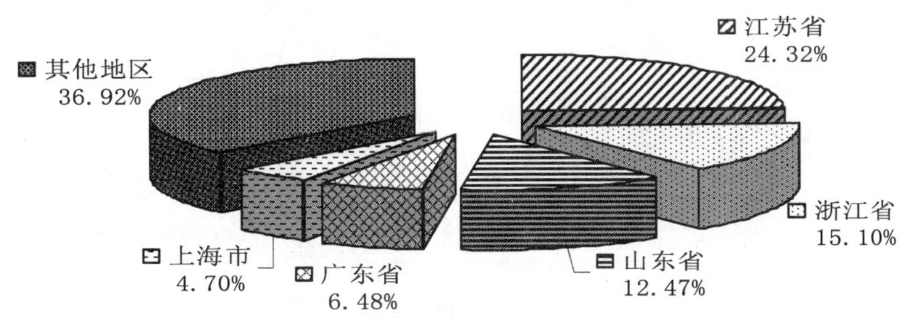

三、分地区盈利情况

地区	利润总额		产成品	全部从业人员平均人数	企业单位数
	2009年1-11月 (千元)	2008年1-11月 (千元)	2009年1-11月 (千元)	2009年1-11月 (人)	2009年1-11月 (个)
全 国	18706379	16125939	17978296	593835	2886
北京市	626972	215153	212935	7158	34
天津市	878644	1075620	184744	9554	59
河北省	445183	49261	571653	9052	25
山西省	144527	72254	493583	9488	8
内蒙古	212893	29667	315952	1842	17
辽宁省	553209	662874	834143	26805	92
吉林省	33534	30242	34072	1444	18
黑龙江	969289	1303498	770881	12603	18
上海市	1091081	1301155	1759058	29282	156
江苏省	4184751	3323544	2868418	107937	626
浙江省	2827043	2361723	2878712	123792	768
安徽省	163584	94676	225020	9718	70
福建省	432351	501397	969254	24879	151
江西省	141091	100834	389138	7336	23
山东省	1974174	1576010	1191528	41663	213
河南省	557990	392263	266237	9516	50
湖北省	260199	55206	348204	11908	57
湖南省	406372	323594	404363	16171	39
广东省	646974	707428	1155393	90180	327
广西区	43926	23734	48406	1802	18
重庆市	73599	87545	462359	10839	44
四川省	654074	1135659	851827	14885	36
贵州省	109	1322	12552	356	0
云南省	24324	27735	75563	1883	6
陕西省	43164	63036	354475	4991	13
甘肃省	120336	51897	26462	5578	8
宁夏区	105387	58349	216221	1858	6
新疆区	1091599	500263	57143	1315	0

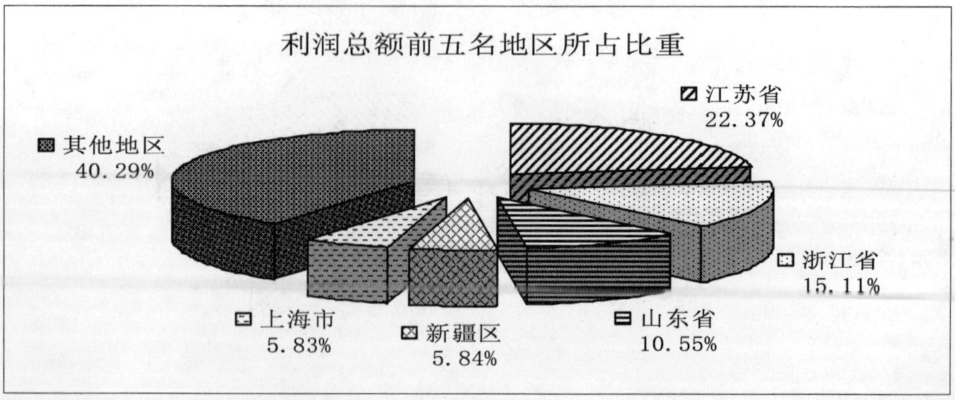

四、资产情况及利用效率分析

1. 行业资本结构

指　标	2009年1-11月		2008年1-11月	
	总额	占总资产比重	总额	占总资产比重
	千元	%	千元	%
流动资产平均余额	183567185	64.02	148764609	65.35
资产总计	286751594	--	227658096	--
负债合计	174086664	60.71	141985901	62.37
所有者权益	112664930	39.29	85672195	37.63

2. 资产利用效率

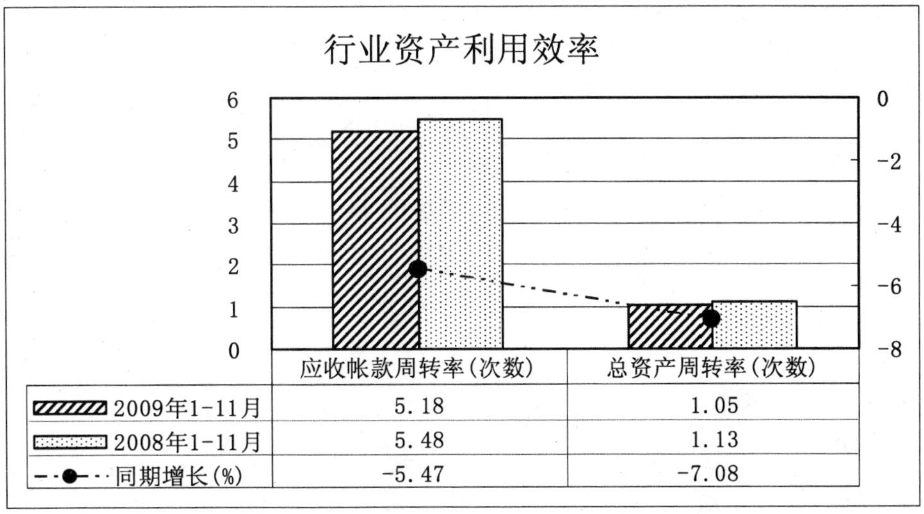

3. 分地区资产情况

单位：千元

地区	流动资产平均余额	资产总计	负债合计	应收帐款净额	所有者权益
全　国	183567185	286751594	174086664	58353541	112664930
北京市	7756589	11079254	7866535	2748904	3212719
天津市	6128202	8222636	4590204	1308902	3632432
河北省	4763233	6739391	4770905	1977603	1968486
山西省	2702036	4136086	3484084	1069886	652002
内蒙古	982378	1992919	1097021	477736	895898
辽宁省	5729371	11168702	5082788	1768761	6085914
吉林省	212358	498986	243316	46481	255670
黑龙江	12388704	14935187	9834419	2593464	5100768
上海市	11022430	15805572	9391631	4206064	6413941
江苏省	29818687	46010895	25464207	10747417	20546688
浙江省	32026183	52678707	31416535	10440853	21262172
安徽省	1448278	2524635	1627047	525462	897588
福建省	5835360	8918264	5350116	1515395	3568148

地区	流动资产平均余额	资产总计	负债合计	应收帐款净额	所有者权益
江西省	3422064	5922322	3267941	1229978	2654381
山东省	10360240	19484771	10360517	2791829	9124254
河南省	1949039	3081969	1673520	500648	1408449
湖北省	3654760	5473827	3234186	678498	2239641
湖南省	5773996	9937204	6759775	1915134	3177429
广东省	11763447	20215716	12601114	4011693	7614602
广西区	274919	540484	379231	79327	161253
重庆市	2773122	4202454	3041746	661618	1160708
四川省	12055369	16648454	12274552	2842861	4373902
贵州省	36351	44767	41582	6628	3185
云南省	514954	717645	503961	188764	213684
陕西省	1289280	1999336	1298526	299887	700810
甘肃省	1095887	1337823	963848	505408	373975
宁夏区	963846	1198796	673084	439310	525712
新疆区	6826102	11234792	6794273	2775030	4440519

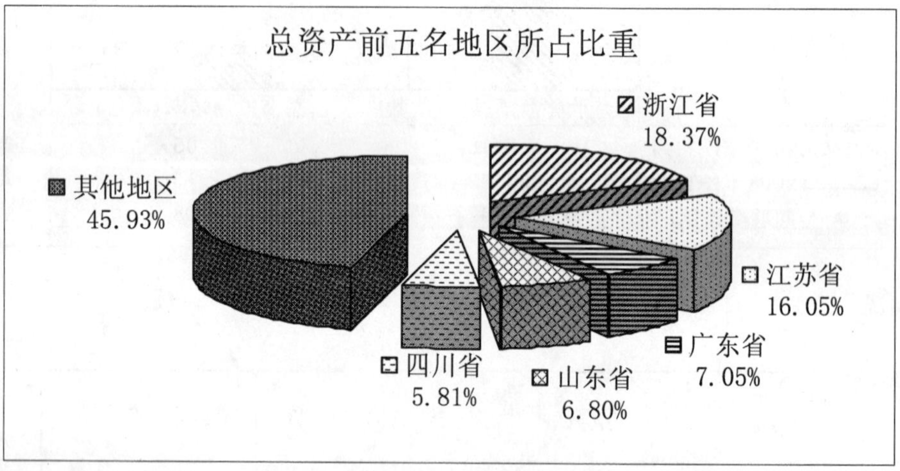

五、分地区企业亏损情况

地区	企业单位数 2009年1-11月 (个)	亏损企业单位数 2009年1-11月 (个)	亏损企业所占比例 (%)	亏损企业亏损总额 2009年1-11月 (千元)
全　国	2886	475	16.46	1286593
北京市	34	12	35.29	101254
天津市	59	18	30.51	16078
河北省	25	8	32.00	159790
山西省	8	1	12.50	485
内蒙古	17	3	17.65	1062
辽宁省	92	18	19.57	146381
吉林省	18	5	27.78	5531
黑龙江	18	1	5.56	2632

地区	企业单位数 2009年1-11月	亏损企业单位数2009年1-11月	亏损企业所占比例	亏损企业亏损总额 2009年1-11月
	(个)	(个)	(%)	(千元)
上海市	156	35	22.44	77990
江苏省	626	78	12.46	239579
浙江省	768	101	13.15	147080
安徽省	70	18	25.71	11063
福建省	151	26	17.22	20958
江西省	23	2	8.70	29450
山东省	213	14	6.57	39984
河南省	50	2	4.00	6669
湖北省	57	18	31.58	32958
湖南省	39	2	5.13	336
广东省	327	87	26.61	150620
广西区	18	4	22.22	1590
重庆市	44	10	22.73	32453
四川省	36	3	8.33	3034
贵州省	0	1	0.00	711
云南省	6	1	16.67	3058
陕西省	13	5	38.46	9122
甘肃省	8	0	0.00	0
宁夏区	6	1	16.67	15768
新疆区	0	1	0.00	30957

电力、热力的生产和供应业行业数据统计分析

一、 从业人员情况

地区	全部从业人员平均人数（人）		同期增长（%）
	2009年1-11月	2008年1-11月	
全国	2499941	2550937	-2.00

二、销售情况

1. 产品销售情况

	产品销售收入	产成品	企业单位数	企业平均销售收入
	(千元)	(千元)	(个)	(千元)
2009年1-11月	2881916582	9511842	6325	455638.99
2008年1-11月	2583933489	9995139	5737	450398.03
同期增长（%）	11.53	-4.84	10.25	1.16

2. 分地区产品销售情况

地区	产品销售收入		同期增长	产品销售成本	产品销售税金及附加
	2009年1-11月	2008年1-11月		2009年1-11月	2009年1-11月
	(千元)	(千元)	(%)	(千元)	(千元)
全 国	2881916582	2583933489	11.53	2642695890	13566837
北京市	166521028	145342723	14.57	159123832	880467
天津市	41087648	36037886	14.01	40064619	179578
河北省	157287048	137694429	14.23	146531491	718596
山西省	80520156	74277477	8.40	77811174	304515
内蒙古	101200162	87642086	15.47	86131686	706732
辽宁省	118803857	119216097	-0.35	113631390	680188
吉林省	32374634	39637528	-18.32	35692243	166031
黑龙江	70469076	64553977	9.16	68967051	291992
上海市	116107877	72580623	59.97	109618008	308316
江苏省	242401472	216720638	11.85	228472530	1091316
浙江省	147140088	136378093	7.89	129054661	757238
安徽省	85277693	67043950	27.20	78027682	296933
福建省	96547590	85270541	13.23	87823182	355922
江西省	49467742	42653789	15.98	46862543	197784
山东省	220212455	201817599	9.11	205459805	844446
河南省	165613008	170747359	-3.01	160133389	410898
湖北省	113308869	105503098	7.40	92838621	745001
湖南省	70189618	55427105	26.63	61534516	430083
广东省	353050891	329430962	7.17	312426264	1460805
广西区	57599825	53276786	8.11	49878446	376623
海南省	8685425	7436002	16.80	7337483	53134
重庆市	33301314	29128166	14.33	29806564	203978
四川省	93237420	75299188	23.82	77032706	546870
贵州省	64452430	54503431	18.25	59496029	323036
云南省	55739541	47968353	16.20	47809909	310837
西藏区	50584910	43641556	15.91	48022729	277891
西藏区	651152	575190	13.21	1151290	9292
甘肃省	32569541	32915281	-1.05	30265476	258280
青海省	13107699	10925584	19.97	11666951	94818
宁夏区	18984643	19520813	-2.75	17785864	125632
新疆区	25421770	20767179	22.41	22237756	159605

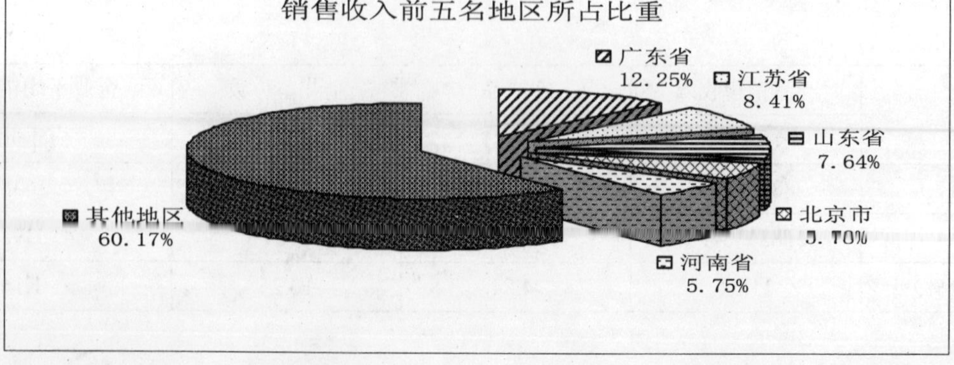

三、分地区盈利情况

地区	利润总额		产成品	全部从业人员平均人数	企业单位数
	2009年1-11月	2008年1-11月	2009年1-11月	2009年1-11月	2009年1-11月
	(千元)	(千元)	(千元)	(人)	(个)
全　国	86988724	25147932	9511842	2499941	6325
北京市	9907750	14542134	12942	53003	111
天津市	-602072	-205221	5027	26994	67
河北省	2018418	794288	42095	140302	263
山西省	-2619531	-3442258	149490	79884	102
内蒙古	3935074	1558377	2457633	96216	293
辽宁省	-713767	-1820644	241906	137224	334
吉林省	-591323	252169	159910	83861	192
黑龙江	-2601680	-1971185	666296	180671	225
上海市	4774229	-944763	131626	20699	34
江苏省	13130024	-1718323	1024710	101356	225
浙江省	11179023	3585966	141835	66551	352
安徽省	771857	-444408	231364	58542	134
福建省	3128089	832144	60910	70742	381
江西省	-31276	-1729479	29032	74110	188
山东省	3745897	-6603214	839663	196121	384
河南省	-4121554	-3622087	396272	159519	229
湖北省	8992352	12269436	650732	90534	205
湖南省	-606053	-3701200	175296	106144	321
广东省	26113463	19370774	782142	128546	431
广西区	2308443	1204359	53847	85903	242
海南省	388442	-168784	23525	11370	32
重庆市	625347	406237	89474	40777	100
四川省	4908269	-4101337	563354	131670	412
贵州省	559839	-1609855	256809	59342	183
云南省	2900055	1676792	7523	70264	321
西藏区	-1141836	-1665195	1878	65460	121
西藏区	-282607	-89513	0	3296	4
甘肃省	-601741	465061	33366	70272	208
青海省	-180747	8283	219317	14327	48
宁夏区	443367	897834	9870	24530	35
新疆区	1252973	1121544	53998	51711	148

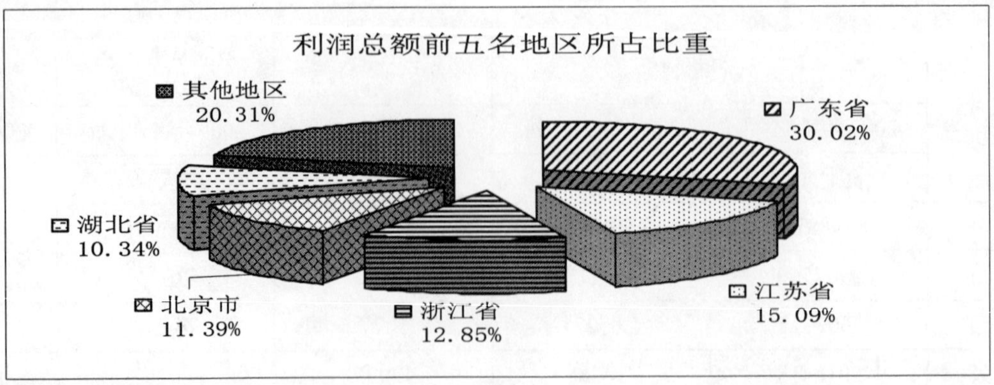

四、资产情况及利用效率分析

1. 行业资本结构

指　标	2009年1-11月		2008年1-11月	
	总额	占总资产比重	总额	占总资产比重
	千元	%	千元	%
流动资产平均余额	1041082230	15.90	911377503	16.00
资产总计	6547261215	--	5696686945	--
负债合计	4299078932	65.66	3641040289	63.92
所有者权益	2248182283	34.34	2055646656	36.08

2. 资产利用效率

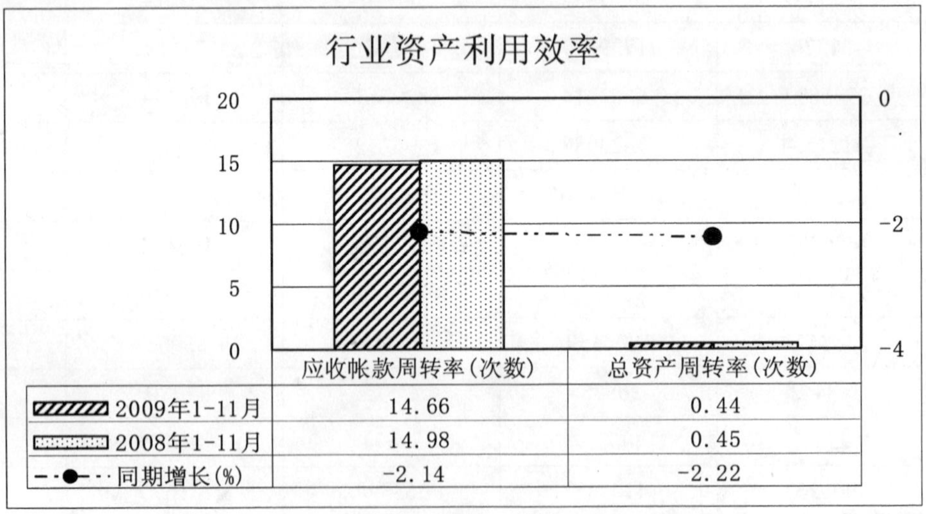

3. 分地区资产情况

单位：千元

地区	流动资产平均余额	资产总计	负债合计	应收帐款净额	所有者权益
全　国	1041082230	6547261215	4299078932	196624793	2248182283
北京市	148340345	775863845	345273969	14543605	430589876
天津市	14742969	86070804	64789850	3140082	21280954
河北省	32016335	234410992	162716795	7456552	71694197

地区	流动资产平均余额	资产总计	负债合计	应收帐款净额	所有者权益
山西省	27532353	163948007	131157693	5915817	32790314
内蒙古	37519522	328014450	258483409	11740240	69531041
辽宁省	47931574	218356442	154106582	10250693	64249860
吉林省	14653655	107898438	84057244	3166174	23841194
黑龙江	35596600	142829301	108877675	7477360	33951626
上海市	14945754	197781055	69508062	3598105	128272993
江苏省	70864556	401375244	282882940	12377133	118492304
浙江省	48374341	235654302	146951803	9928881	88702499
安徽省	19956889	141085717	106498730	4801434	34586987
福建省	28629901	193741622	126443230	4848104	67298392
江西省	13508049	81140963	59854295	2382151	21286668
山东省	56988491	346225318	220019046	9844214	126206272
河南省	52928577	268769271	205577389	10717642	63191882
湖北省	30012779	326353073	156872985	9207943	169480088
湖南省	20113303	176815000	142331509	4381031	34483491
广东省	126030108	674101252	361787597	21242820	312313655
广西区	24463379	161861842	115018934	5861430	46842908
海南省	1804489	19193381	16851216	548576	2342165
重庆市	15164415	98615455	69403286	1381804	29212169
四川省	45080859	334595822	259116694	6543136	75479128
贵州省	20461328	165328003	139121354	6069837	26206649
云南省	23147021	216919842	169457984	4873428	47461858
西藏区	20419193	139861267	112175684	3641503	27685583
西藏区	2046648	12916640	1958135	60360	10958505
甘肃省	14463990	83780686	69603201	3678972	14177485
青海省	4782715	73112432	56987937	1884293	16124495
宁夏区	7802468	55823482	40657113	1994793	15166369
新疆区	20759624	84817267	60536591	3066680	24280676

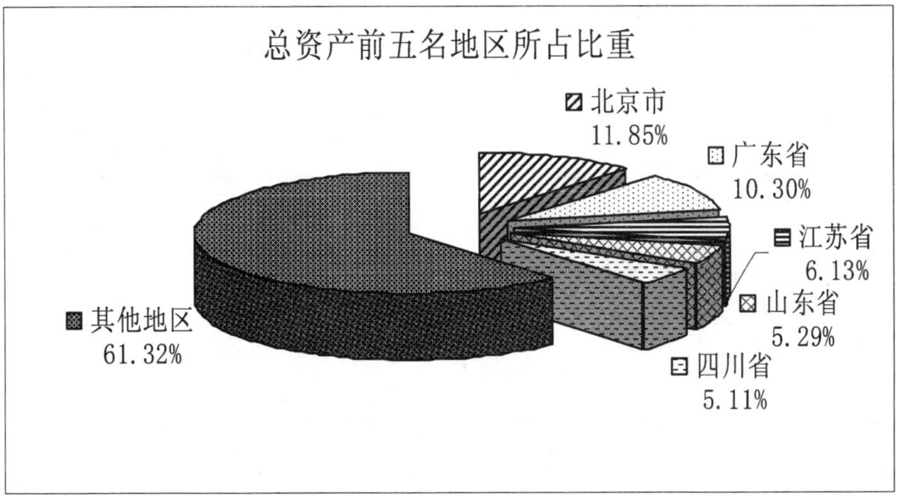

五、分地区企业亏损情况

地区	企业单位数 2009年1-11月 (个)	亏损企业单位数2009年1-11月 (个)	亏损企业所占比例 (%)	亏损企业亏损总额 2009年1-11月 (千元)
全　国	6325	1903	30.09	55622062
北京市	111	59	53.15	2030003
天津市	67	35	52.24	1301317
河北省	263	70	26.62	2423800
山西省	102	58	56.86	3757720
内蒙古	293	70	23.89	2524334
辽宁省	334	108	32.34	3601583
吉林省	192	59	30.73	1739189
黑龙江	225	111	49.33	3760784
上海市	34	6	17.65	203465
江苏省	225	41	18.22	2411210
浙江省	352	85	24.15	573544
安徽省	134	52	38.81	1610179
福建省	381	144	37.80	1833268
江西省	188	38	20.21	926488
山东省	384	103	26.82	1861934
河南省	229	72	31.44	6175968
湖北省	205	60	29.27	1932820
湖南省	321	63	19.63	2802055
广东省	431	96	22.27	1366470
广西区	242	89	36.78	1088777
海南省	32	3	9.38	71557
重庆市	100	37	37.00	307297
四川省	412	86	20.87	2011596
贵州省	183	38	20.77	1642858
云南省	321	85	26.48	586668
西藏区	121	63	52.07	3666155
西藏区	4	4	100.00	282607
甘肃省	208	73	35.10	2108247
青海省	48	17	35.42	400409
宁夏区	35	18	51.43	310701
新疆区	148	60	40.54	309059

电气机械及器材制造行业数据统计分析

一、 从业人员情况

地区	全部从业人员平均人数（人）		同期增长（%）
	2009 年 1-11 月	2008 年 1-11 月	
全国	5068791	4737456	6.99

二、销售情况

1. 产品销售情况

	产品销售收入	产成品	企业单位数	企业平均销售收入
	(千元)	(千元)	(个)	(千元)
2009 年 1-11 月	2802500167	180604816	25399	110339.00
2008 年 1-11 月	2524633600	163202167	20577	122692.02
同期增长（%）	11.01	10.66	23.43	-10.07

2. 分地区产品销售情况

地区	产品销售收入		同期增长	产品销售成本	产品销售税金及附加
	2009 年 1-11 月	2008 年 1-11 月		2009 年 1-11 月	2009 年 1-11 月
	(千元)	(千元)	(%)	(千元)	(千元)
全　国	2802500167	2524633600	11.01	2378128907	8467653
北京市	40907190	33665852	21.51	32448958	74943
天津市	50172750	52936834	-5.22	42978561	213936
河北省	84364824	65951393	27.92	72354197	306620
山西省	4778939	4623040	3.37	4015226	21069
内蒙古	10691760	3820972	179.82	9065809	35203
辽宁省	108901408	80540444	35.21	93984273	400243
吉林省	9523235	6212022	53.30	8103323	49046
黑龙江	12480552	13015929	-4.11	9675338	50734
上海市	139396256	149759055	-6.92	114484413	130791
江苏省	556438584	457145852	21.72	481784423	1267618
浙江省	313207584	299857276	4.45	265316426	1014617
安徽省	101705738	84253526	20.71	84346082	292404
福建省	58721859	58839653	-0.20	49288392	112236
江西省	57014626	43915109	29.83	49343004	169016
山东省	336876744	291280483	15.65	285372983	1522054
河南省	73799927	60458264	22.07	60701757	366532
湖北省	44296600	33525772	32.13	36897849	292144
湖南省	40424521	34190728	18.23	32882260	275359

地区	产品销售收入		同期增长	产品销售成本	产品销售税金及附加
	2009年1-11月	2008年1-11月		2009年1-11月	2009年1-11月
	(千元)	(千元)	(%)	(千元)	(千元)
广东省	611909729	623883998	-1.92	523075733	1316315
广西区	13121914	10681292	22.85	11402618	47304
海南省	2011182	1828285	10.00	1625971	787
重庆市	25810346	23275500	10.89	22053286	67025
四川省	51314570	42404784	21.01	43025462	199868
贵州省	4447218	4393442	1.22	3676182	14364
云南省	6116154	6210795	-1.52	5056729	17488
陕西省	24196302	20985631	15.30	19139214	152509
甘肃省	3987808	4114050	-3.07	3336598	15812
青海省	714691	839242	-14.84	610160	3018
宁夏区	2319523	1823037	27.23	1864296	7584
新疆区	12847633	10201340	25.94	10219384	31014

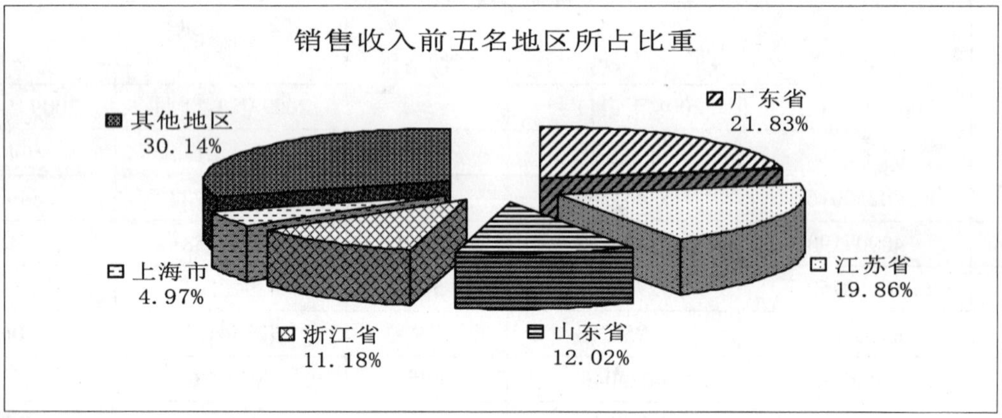

三、分地区盈利情况

地区	利润总额		产成品	全部从业人员平均人数	企业单位数
	2009年1-11月	2008年1-11月	2009年1-11月	2009年1-11月	2009年1-11月
	(千元)	(千元)	(千元)	(人)	(个)
全　国	158810616	125263603	180604816	5068791	25399
北京市	4278909	3241811	3590349	57959	516
天津市	2723386	2566157	2800042	59276	451
河北省	6313889	5691960	7373006	105033	523
山西省	188372	140559	1077268	16995	63
内蒙古	408864	171006	494627	10003	72
辽宁省	4619525	3276664	6172959	144378	1100

地区	利润总额		产成品	全部从业人员平均人数	企业单位数
	2009年1-11月	2008年1-11月	2009年1-11月	2009年1-11月	2009年1-11月
	(千元)	(千元)	(千元)	(人)	(个)
吉林省	379606	266939	909843	18302	155
黑龙江	1353940	1539926	1554704	28363	138
上海市	10348351	8977342	13058970	239796	1518
江苏省	31478493	23308490	24863158	714149	4033
浙江省	17760521	13986335	23389893	766170	5312
安徽省	5664772	3633858	8777474	140267	809
福建省	4084430	3390705	3989761	140408	613
江西省	3355394	4289357	2621999	100283	314
山东省	20022768	15787498	13350019	403412	1729
河南省	7143921	5666424	3298559	107507	527
湖北省	2549255	1704560	3165804	84942	465
湖南省	2097412	1491252	2359868	65784	378
广东省	24082271	18010733	41509383	1631535	5431
广西区	659138	540279	1167140	25215	145
海南省	162359	173028	76684	1795	6
重庆市	1602732	1503462	2330108	40250	220
四川省	2838493	3178346	4220097	73363	473
贵州省	91172	77809	413729	7749	47
云南省	368353	206193	1078761	11222	69
陕西省	2004725	1255911	5582624	45410	165
甘肃省	206130	106184	457083	17471	53
青海省	5581	36623	53575	887	10
宁夏区	212654	91961	417068	4497	28
新疆区	1805200	952231	450261	6370	36

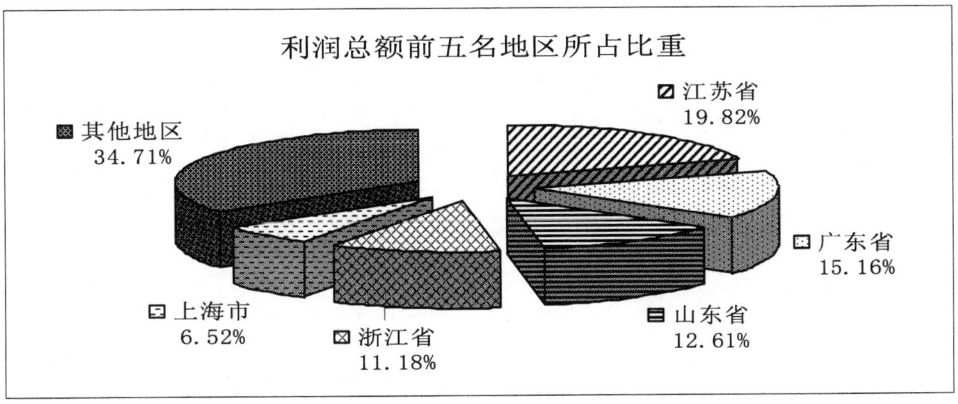

四、资产情况及利用效率分析

1. 行业资本结构

指　标	2009 年 1-11 月		2008 年 1-11 月	
	总额	占总资产比重	总额	占总资产比重
	千元	%	千元	%
流动资产平均余额	1419515481	61.74	1219457294	63.92
资产总计	2299197122	--	1907825909	--
负债合计	1350186894	58.72	1153404677	60.46
所有者权益	949010228	41.28	754421232	39.54

2. 资产利用效率

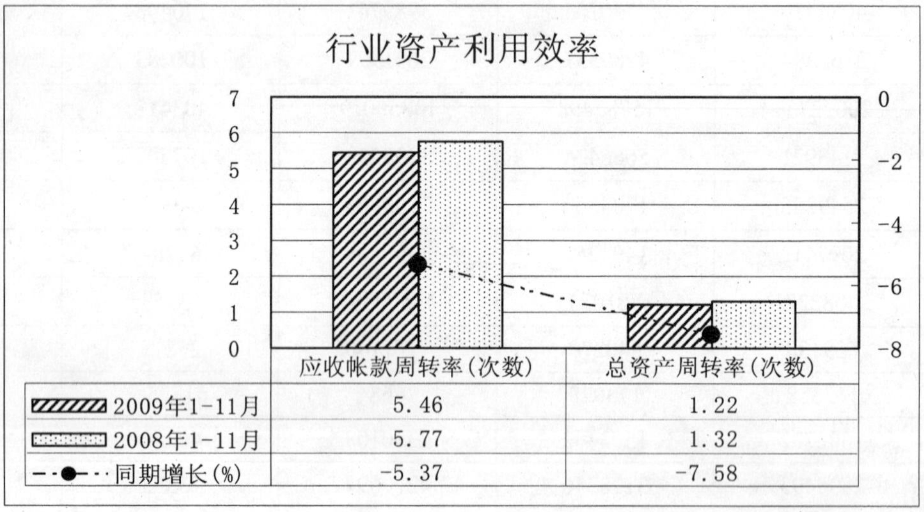

3. 分地区资产情况

单位：千元

地区	流动资产平均余额	资产总计	负债合计	应收帐款净额	所有者权益
全　国	1419515481	2299197122	1350186894	512903392	949010228
北京市	34224522	48896417	29047403	12978540	19849014
天津市	31334611	47855876	25535408	9346876	22320468
河北省	49505706	82303131	46939587	15373540	35363544
山西省	4769639	7486239	5641541	1743264	1844698
内蒙古	2382523	4742214	2754004	756769	1988210
辽宁省	49335467	82971060	45320034	16870456	37651026
吉林省	3295410	6541263	3240792	1385117	3300471
黑龙江	18109024	23516355	15769104	4505106	7747251
上海市	89242692	135922376	72355412	38909492	63566964
江苏省	256337496	410995807	230274888	111170073	180720919
浙江省	207627789	338188500	202543773	74257764	135644727
安徽省	48534011	79952298	45919084	19001810	34033214
福建省	31473267	48832547	25206583	11775139	23625964

地区	流动资产平均余额	资产总计	负债合计	应收帐款净额	所有者权益
江西省	26644333	56357589	37939884	5761695	18417705
山东省	99879716	175210957	96920990	27313893	78289967
河南省	33546030	54812414	28996163	10739236	25816251
湖北省	22341940	43306917	25840855	7946471	17466062
湖南省	16952441	30767427	17890820	6459783	12876607
广东省	290797078	456102048	291496961	98968935	164605087
广西区	7835967	13755932	8283115	3332591	5472817
海南省	1387654	2094407	639778	639308	1454629
重庆市	14831961	21830416	14479408	4813399	7351008
四川省	29715229	47630529	29805427	9143321	17825102
贵州省	2350138	3479270	1825857	1050502	1653413
云南省	5348169	8333604	5311542	2036458	3022062
陕西省	23703084	36644554	22461495	9901262	14183059
甘肃省	3901878	5350500	3372158	1824052	1978342
青海省	333943	693386	464303	146681	229083
宁夏区	1764461	2467428	1302318	785452	1165110
新疆区	12009302	22155661	12608207	3966407	9547454

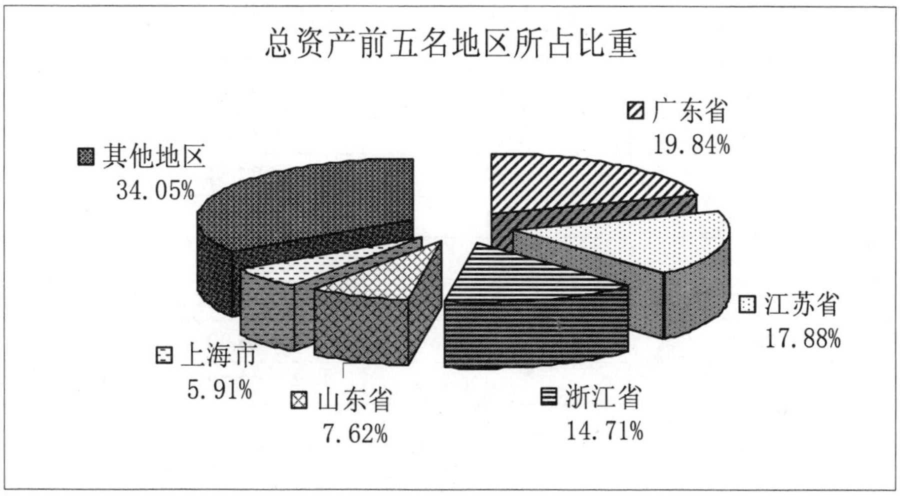

五、分地区企业亏损情况

地区	企业单位数 2009年1-11月	亏损企业单位数2009年1-11月	亏损企业所占比例	亏损企业亏损总额 2009年1-11月
	(个)	(个)	(%)	(千元)
全　国	25399	4494	17.69	9596346
北京市	516	153	29.65	383671
天津市	451	124	27.49	325211
河北省	523	63	12.05	302969
山西省	63	17	26.98	73655

地区	企业单位数 2009年1-11月	亏损企业单位数2009年1-11月	亏损企业所占比例	亏损企业亏损总额 2009年1-11月
	(个)	(个)	(%)	(千元)
内蒙古	72	20	27.78	49387
辽宁省	1100	197	17.91	543767
吉林省	155	25	16.13	24734
黑龙江	138	45	32.61	89731
上海市	1518	352	23.19	933012
江苏省	4033	519	12.87	1992485
浙江省	5312	759	14.29	883526
安徽省	809	122	15.08	100286
福建省	613	127	20.72	219835
江西省	314	17	5.41	105432
山东省	1729	146	8.44	254205
河南省	527	30	5.69	31686
湖北省	465	88	18.92	173452
湖南省	378	41	10.85	81632
广东省	5431	1405	25.87	2566567
广西区	145	39	26.90	35665
海南省	6	0	0.00	0
重庆市	220	35	15.91	60402
四川省	473	46	9.73	125448
贵州省	47	17	36.17	42437
云南省	69	19	27.54	26078
陕西省	165	54	32.73	85919
甘肃省	53	14	26.42	22678
青海省	10	3	30.00	5620
宁夏区	28	7	25.00	19359
新疆区	36	10	27.78	37497

电容器及其配套设备制造行业数据统计分析

一、从业人员情况

地区	全部从业人员平均人数（人）		同期增长（%）
	2009年1-11月	2008年1-11月	
全国	5068791	4737456	6.99

二、销售情况

1. 产品销售情况

	产品销售收入	产成品	企业单位数	企业平均销售收入
	(千元)	(千元)	(个)	(千元)
2009年1-11月	2802500167	180604816	25399	110339.00
2008年1-11月	2524633600	163202167	20577	122692.02
同期增长（%）	11.01	10.66	23.43	-10.07

2. 分地区产品销售情况

地区	产品销售收入		同期增长	产品销售成本	产品销售税金及附加
	2009年1-11月	2008年1-11月		2009年1-11月	2009年1-11月
	(千元)	(千元)	(%)	(千元)	(千元)
全　国	2802500167	2524633600	11.01	2378128907	8467653
北京市	40907190	33665852	21.51	32448958	74943
天津市	50172750	52936834	-5.22	42978561	213936
河北省	84364824	65951393	27.92	72354197	306620
山西省	4778939	4623040	3.37	4015226	21069
内蒙古	10691760	3820972	179.82	9065809	35203
辽宁省	108901408	80540444	35.21	93984273	400243
吉林省	9523235	6212022	53.30	8103323	49046
黑龙江	12480552	13015929	-4.11	9675338	50734
上海市	139396256	149759055	-6.92	114484413	130791
江苏省	556438584	457145852	21.72	481784423	1267618
浙江省	313207584	299857276	4.45	265316426	1014617
安徽省	101705738	84253526	20.71	84346082	292404
福建省	58721859	58839653	-0.20	49288392	112236
江西省	57014626	43915109	29.83	49343004	169016
山东省	336876744	291280483	15.65	285372983	1522054
河南省	73799927	60458264	22.07	60701757	366532
湖北省	44296600	33525772	32.13	36897849	292144
湖南省	40424521	34190728	18.23	32882260	275359
广东省	611909729	623883998	-1.92	523075733	1316315
广西区	13121914	10681292	22.85	11402618	47304
海南省	2011182	1828285	10.00	1625971	787
重庆市	25810346	23275500	10.89	22053286	67025
四川省	51314570	42404784	21.01	43025462	199868
贵州省	4447218	4393442	1.22	3676182	14364

地区	产品销售收入		同期增长	产品销售成本	产品销售税金及附加
	2009年1-11月	2008年1-11月		2009年1-11月	2009年1-11月
	(千元)	(千元)	(%)	(千元)	(千元)
云南省	6116154	6210795	-1.52	5056729	17488
陕西省	24196302	20985631	15.30	19139214	152509
甘肃省	3987808	4114050	-3.07	3336598	15812
青海省	714691	839242	-14.84	610160	3018
宁夏区	2319523	1823037	27.23	1864296	7584
新疆区	12847633	10201340	25.94	10219384	31014

销售收入前五名地区所占比重

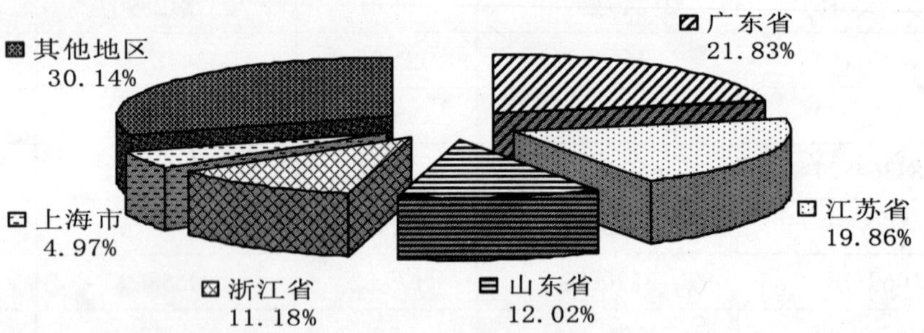

三、分地区盈利情况

地区	利润总额		产成品	全部从业人员平均人数	企业单位数
	2009年1-11月	2008年1-11月	2009年1-11月	2009年1-11月	2009年1-11月
	(千元)	(千元)	(千元)	(人)	(个)
全　国	158810616	125263603	180604816	5068791	25399
北京市	4278909	3241811	3590349	57959	516
天津市	2723386	2566157	2800042	59276	451
河北省	6313889	5691960	7373006	105033	523
山西省	188372	140559	1077268	16995	63
内蒙古	408864	171006	494627	10003	72
辽宁省	4619525	3276664	6172959	144378	1100
吉林省	379606	266939	909843	18302	155
黑龙江	1353940	1539926	1554704	28363	138
上海市	10348351	8977342	13058970	239796	1518
江苏省	31478493	23308490	24863158	714149	4033
浙江省	17760521	13986335	23389893	766170	5312
安徽省	5664772	3633858	8777474	140267	809
福建省	4084430	3390705	3989761	140408	613

地区	利润总额		产成品	全部从业人员平均人数	企业单位数
	2009年1-11月	2008年1-11月	2009年1-11月	2009年1-11月	2009年1-11月
	(千元)	(千元)	(千元)	(人)	(个)
江西省	3355394	4289357	2621999	100283	314
山东省	20022768	15787498	13350019	403412	1729
河南省	7143921	5666424	3298559	107507	527
湖北省	2549255	1704560	3165804	84942	465
湖南省	2097412	1491252	2359868	65784	378
广东省	24082271	18010733	41509383	1631535	5431
广西区	659138	540279	1167140	25215	145
海南省	162359	173028	76684	1795	6
重庆市	1602732	1503462	2330108	40250	220
四川省	2838493	3178346	4220097	73363	473
贵州省	91172	77809	413729	7749	47
云南省	368353	206193	1078761	11222	69
陕西省	2004725	1255911	5582624	45410	165
甘肃省	206130	106184	457083	17471	53
青海省	5581	36623	53575	887	10
宁夏区	212654	91961	417068	4497	28
新疆区	1805200	952231	450261	6370	36

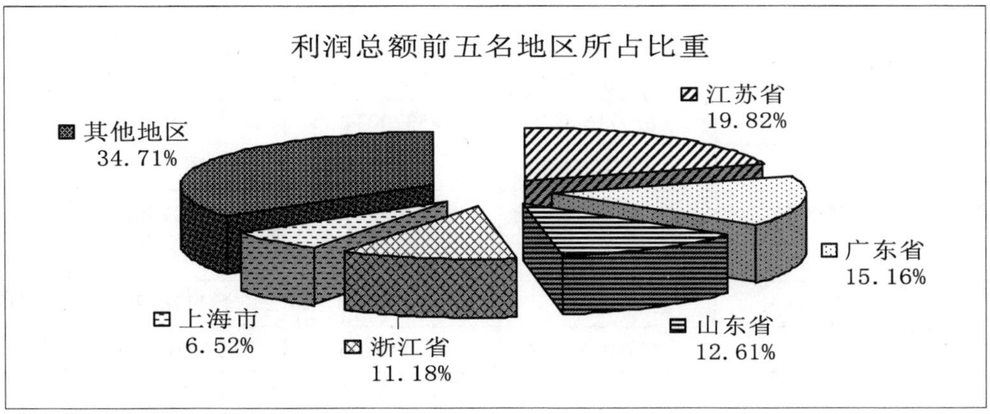

四、资产情况及利用效率分析

1. 行业资本结构

指 标	2009年1-11月		2008年1-11月	
	总额	占总资产比重	总额	占总资产比重
	千元	%	千元	%
流动资产平均余额	1419515481	61.74	1219457294	63.92
资产总计	2299197122	--	1907825909	--
负债合计	1350186894	58.72	1153404677	60.46
所有者权益	949010228	41.28	754421232	39.54

2. 资产利用效率

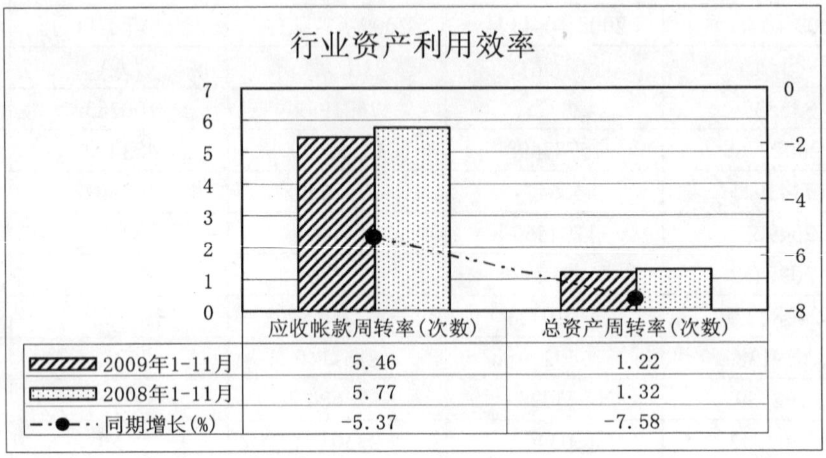

3. 分地区资产情况

单位：千元

地区	流动资产平均余额	资产总计	负债合计	应收帐款净额	所有者权益
全　国	1419515481	2299197122	1350186894	512903392	949010228
北京市	34224522	48896417	29047403	12978540	19849014
天津市	31334611	47855876	25535408	9346876	22320468
河北省	49505706	82303131	46939587	15373540	35363544
山西省	4769639	7486239	5641541	1743264	1844698
内蒙古	2382523	4742214	2754004	756769	1988210
辽宁省	49335467	82971060	45320034	16870456	37651026
吉林省	3295410	6541263	3240792	1385117	3300471
黑龙江	18109024	23516355	15769104	4505106	7747251
上海市	89242692	135922376	72355412	38909492	63566964
江苏省	256337496	410995807	230274888	111170073	180720919
浙江省	207627789	338188500	202543773	74257764	135644727
安徽省	48534011	79952298	45919084	19001810	34033214
福建省	31473267	48832547	25206583	11775139	23625964
江西省	26644333	56357589	37939884	5761695	18417705
山东省	99879716	175210957	96920990	27313893	78289967
河南省	33546030	54812414	28996163	10739236	25816251
湖北省	22341940	43306917	25840855	7946471	17466062
湖南省	16952441	30767427	17890820	6459783	12876607
广东省	290797078	456102048	291496961	98968935	164605087
广西区	7835967	13755932	8283115	3332591	5472817
海南省	1387654	2094407	639778	639308	1434629
重庆市	14831961	21830416	14479408	4813399	7351008

地区	流动资产平均余额	资产总计	负债合计	应收帐款净额	所有者权益
四川省	29715229	47630529	29805427	9143321	17825102
贵州省	2350138	3479270	1825857	1050502	1653413
云南省	5348169	8333604	5311542	2036458	3022062
陕西省	23703084	36644554	22461495	9901262	14183059
甘肃省	3901878	5350500	3372158	1824052	1978342
青海省	333943	693386	464303	146681	229083
宁夏区	1764461	2467428	1302318	785452	1165110
新疆区	12009302	22155661	12608207	3966407	9547454

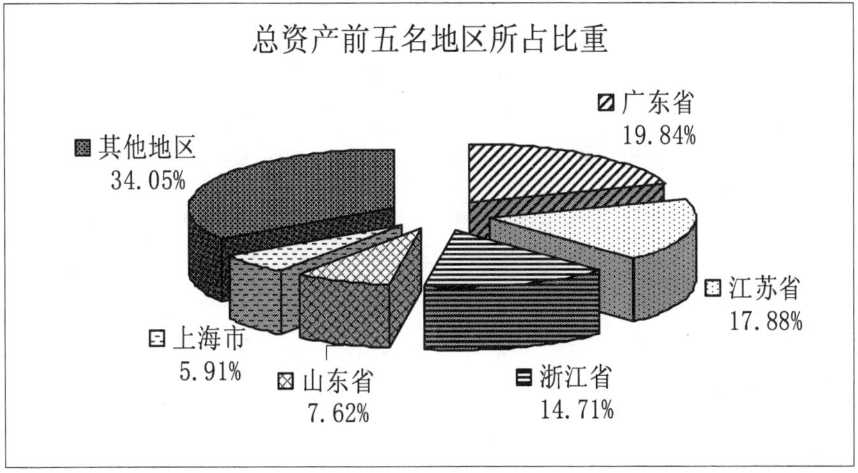

五、分地区企业亏损情况

地区	企业单位数2009年1-11月	亏损企业单位数2009年1-11月	亏损企业所占比例	亏损企业亏损总额2009年1-11月
	(个)	(个)	(%)	(千元)
全　国	25399	4494	17.69	9596346
北京市	516	153	29.65	383671
天津市	451	124	27.49	325211
河北省	523	63	12.05	302969
山西省	63	17	26.98	73655
内蒙古	72	20	27.78	49387
辽宁省	1100	197	17.91	543767
吉林省	155	25	16.13	24734
黑龙江	138	45	32.61	89731
上海市	1518	352	23.19	933012
江苏省	4033	519	12.87	1992485
浙江省	5312	759	14.29	883526
安徽省	809	122	15.08	100286

地区	企业单位数 2009年1-11月	亏损企业单位数2009年1-11月	亏损企业所占比例	亏损企业亏损总额 2009年1-11月
	(个)	(个)	(%)	(千元)
福建省	613	127	20.72	219835
江西省	314	17	5.41	105432
山东省	1729	146	8.44	254205
河南省	527	30	5.69	31686
湖北省	465	88	18.92	173452
湖南省	378	41	10.85	81632
广东省	5431	1405	25.87	2566567
广西区	145	39	26.90	35665
海南省	6	0	0.00	0
重庆市	220	35	15.91	60402
四川省	473	46	9.73	125448
贵州省	47	17	36.17	42437
云南省	69	19	27.54	26078
陕西省	165	54	32.73	85919
甘肃省	53	14	26.42	22678
青海省	10	3	30.00	5620
宁夏区	28	7	25.00	19359
新疆区	36	10	27.78	37497

电线电缆制造行业数据统计分析

一、 从业人员情况

地区	全部从业人员平均人数（人）		同期增长（%）
	2009 年 1-11 月	2008 年 1-11 月	
全国	614411	573220	7.19

二、销售情况

1. 产品销售情况

	产品销售收入	产成品	企业单位数	企业平均销售收入
	(千元)	(千元)	(个)	(千元)
2009 年 1-11 月	574752180	34494444	4380	131221.96
2008 年 1-11 月	552191606	28518960	3698	149321.69
同期增长（%）	4.09	20.95	18.44	-12.12

2. 分地区产品销售情况

地区	产品销售收入		同期增长	产品销售成本	产品销售税金及附加
	2009年1-11月	2008年1-11月		2009年1-11月	2009年1-11月
	(千元)	(千元)	(%)	(千元)	(千元)
全　国	574752180	552191606	4.09	508462100	1559675
北京市	1754237	1739005	0.88	1528037	2731
天津市	12418647	11838830	4.90	11294012	7270
河北省	25150169	25340717	-0.75	21499942	69881
山西省	679684	709084	-4.15	621795	1442
内蒙古	555991	294628	88.71	428798	2249
辽宁省	26864592	24254397	10.76	23847947	119580
吉林省	1240249	657716	88.57	1133121	8427
黑龙江	1373274	1220968	12.47	1213958	3492
上海市	22985901	30197337	-23.88	20017445	20019
江苏省	156954119	139765055	12.30	141055032	334598
浙江省	53041278	58549224	-9.41	48139071	113865
安徽省	33790790	33410369	1.14	27521748	140345
福建省	5108660	6812514	-25.01	4665506	17809
江西省	15885741	9775565	62.50	14075844	54872
山东省	67549523	59448655	13.63	59044206	277890
河南省	19937897	13849699	43.96	16992875	90570
湖北省	8699386	6574408	32.32	7486730	93491
湖南省	10180944	7991107	27.40	8613653	54074
广东省	78104506	90875314	-14.05	70259749	71181
广西区	3599119	3521563	2.20	3329088	10733
海南省	57765	49444	16.83	50526	40
重庆市	6862154	5791173	18.49	6249861	16365
四川省	15237257	12593641	20.99	13365687	36686
贵州省	1596944	1425703	12.01	1414885	4539
云南省	2297171	2261639	1.57	2079458	3195
陕西省	944454	844777	11.80	875407	791
甘肃省	1155017	1097505	5.24	1021880	2465
青海省	242677	311052	-21.98	201263	35
宁夏区	103865	117035	-11.25	89738	217
新疆区	380169	873482	-56.48	344838	823

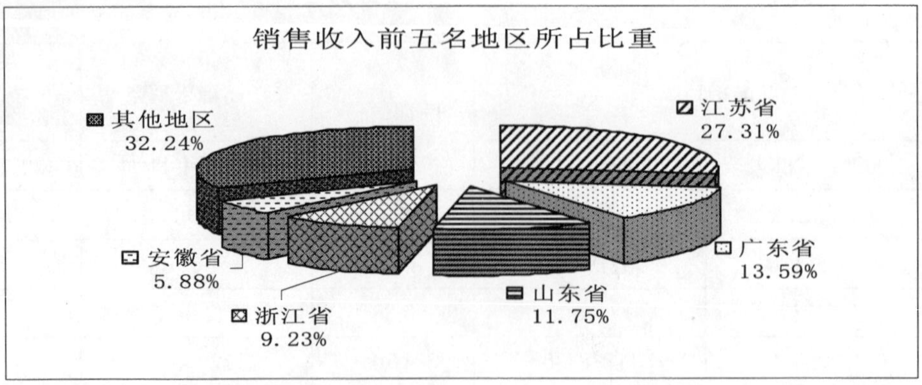

三、分地区盈利情况

地区	利润总额		产成品	全部从业人员平均人数	企业单位数
	2009年1-11月	2008年1-11月	2009年1-11月	2009年1-11月	2009年1-11月
	(千元)	(千元)	(千元)	(人)	(个)
全　国	24339712	21544407	34494444	614411	4380
北京市	72705	43326	240399	3108	56
天津市	269358	268229	765210	10400	117
河北省	2028342	1992744	2121325	23611	218
山西省	-2125	14489	210360	2258	15
内蒙古	41047	11781	39145	735	10
辽宁省	636472	574387	1694399	21209	229
吉林省	39171	48880	44909	1471	20
黑龙江	59144	41583	342885	2033	22
上海市	882804	1156982	2699309	29806	267
江苏省	5990533	4905723	8286937	131382	791
浙江省	1673080	1583797	3848618	63791	720
安徽省	1575538	1482301	2017169	29178	240
福建省	97969	69938	419697	10234	51
江西省	610782	336387	513704	20182	80
山东省	4565760	3630166	2205193	50803	245
河南省	1703514	1276098	731242	15005	131
湖北省	470450	416326	581611	10092	82
湖南省	450294	310164	739409	9990	77
广东省	2042625	2379455	4288775	149374	749
广西区	110413	124783	269614	4029	24
海南省	2913	923	26318	82	0
重庆市	262007	148270	361041	4843	46
四川省	618106	644596	751213	11270	100
贵州省	53913	25449	192705	1386	14

地区	利润总额		产成品	全部从业人员平均人数	企业单位数
	2009年1-11月	2008年1-11月	2009年1-11月	2009年1-11月	2009年1-11月
	(千元)	(千元)	(千元)	(人)	(个)
云南省	47222	42499	406446	2286	20
陕西省	4307	3458	394198	1645	23
甘肃省	30607	10597	202334	3171	12
青海省	5650	1599	5196	248	0
宁夏区	-527	3127	15177	290	6
新疆区	-2362	-3650	79906	499	10

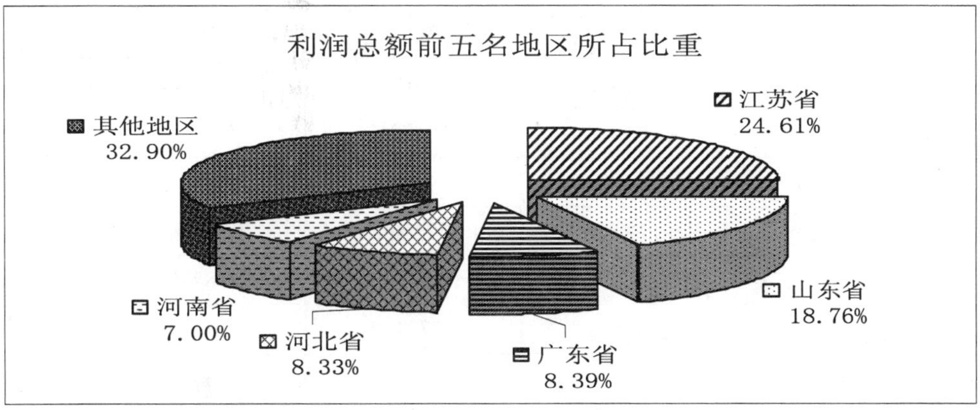

四、资产情况及利用效率分析

1. 行业资本结构

指　标	2009年1-11月		2008年1-11月	
	总额	占总资产比重	总额	占总资产比重
	千元	%	千元	%
流动资产平均余额	246116995	63.63	220680982	65.76
资产总计	386798505	--	335575518	--
负债合计	220579223	57.03	197865134	58.96
所有者权益	166219282	42.97	137710384	41.04

2. 资产利用效率

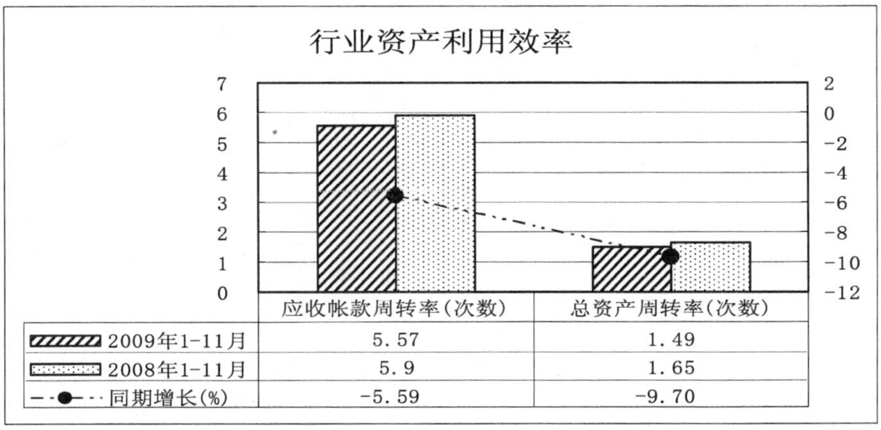

3. 分地区资产情况

单位：千元

地区	流动资产平均余额	资产总计	负债合计	应收帐款净额	所有者权益
全　国	246116995	386798505	220579223	103259004	166219282
北京市	1298698	2114441	1186779	589439	927662
天津市	7679671	11401104	7183263	2443163	4217841
河北省	8273739	14098580	6245696	2314168	7852884
山西省	621701	1072927	593687	182832	479240
内蒙古	249872	352575	250000	57447	102575
辽宁省	8983052	15926823	10163465	3343294	5763358
吉林省	224574	569779	330692	141731	239087
黑龙江	1408124	1811312	1836121	392699	-24809
上海市	13963997	21308367	12529368	7191829	8778999
江苏省	68950488	101277592	56426970	31725959	44850622
浙江省	33138629	50546053	32020686	12124739	18525367
安徽省	17583766	27685015	13268389	8982203	14416626
福建省	3032607	4944867	2773449	1142276	2171418
江西省	2977935	5596490	3018419	1234576	2578071
山东省	18439673	38214187	20819743	5170648	17394444
河南省	4218419	6990287	2862854	1344959	4127433
湖北省	3058851	6003106	3113447	1440593	2889659
湖南省	3253009	5189363	2424643	1368426	2764720
广东省	35908104	51293582	31502346	16886320	19791236
广西区	1624267	2518577	1625259	755910	893318
海南省	45371	52839	23238	35979	29601
重庆市	2495506	3795979	2402419	1177062	1393560
四川省	4310201	7560424	3980958	1632872	3579466
贵州省	839185	1254837	646898	386165	607939
云南省	1326665	2010089	1300706	396239	709383
陕西省	686495	977437	614456	223988	362981
甘肃省	853904	1211662	763328	326909	448334
青海省	116653	202357	148954	41906	53403
宁夏区	129757	224692	127835	64414	96857
新疆区	424082	593162	395155	140259	198007

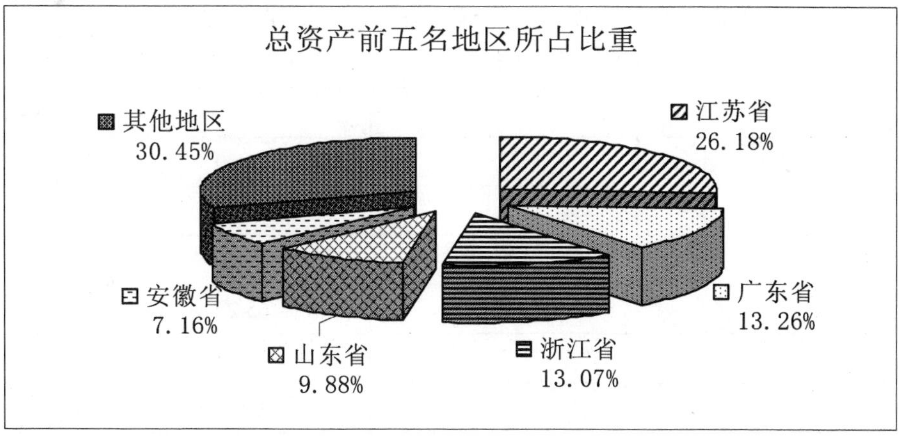

五、分地区企业亏损情况

地区	企业单位数 2009年1-11月	亏损企业单位数2009年1-11月	亏损企业所占比例	亏损企业亏损总额 2009年1-11月
	(个)	(个)	(%)	(千元)
全　国	4380	752	17.17	1584098
北京市	56	12	21.43	8451
天津市	117	32	27.35	109776
河北省	218	10	4.59	48826
山西省	15	6	40.00	21364
内蒙古	10	3	30.00	10366
辽宁省	229	39	17.03	191057
吉林省	20	1	5.00	84
黑龙江	22	9	40.91	13884
上海市	267	51	19.10	95831
江苏省	791	104	13.15	365434
浙江省	720	104	14.44	175304
安徽省	240	31	12.92	14551
福建省	51	17	33.33	78623
江西省	80	4	5.00	40536
山东省	245	19	7.76	29388
河南省	131	8	6.11	4087
湖北省	82	12	14.63	6622
湖南省	77	8	10.39	6759
广东省	749	226	30.17	294521
广西区	24	7	29.17	7922
海南省	0	0	0.00	0
重庆市	46	4	8.70	4413

地区	企业单位数 2009年1-11月	亏损企业单位数 2009年1-11月	亏损企业所占比例	亏损企业亏损总额 2009年1-11月
	(个)	(个)	(%)	(千元)
四川省	100	11	11.00	26039
贵州省	14	5	35.71	5975
云南省	20	7	35.00	5460
陕西省	23	15	65.22	7372
甘肃省	12	3	25.00	4977
青海省	0	0	0.00	0
宁夏区	6	2	33.33	2298
新疆区	10	2	20.00	4178

电子计算机制造行业数据统计分析

一、 从业人员情况

地区	全部从业人员平均人数（人）		同期增长（%）
	2009年1-11月	2008年1-11月	
全国	1360390	1456236	-6.58

二、销售情况

1. 产品销售情况

	产品销售收入	产成品	企业单位数	企业平均销售收入
	(千元)	(千元)	(个)	(千元)
2009年1-11月	1329346300	26616766	1443	921237.91
2008年1-11月	1341800451	26940517	1330	1008872.52
同期增长（%）	-0.93	-1.20	8.50	-8.69

2. 分地区产品销售情况

地区	产品销售收入		同期增长	产品销售成本	产品销售税金及附加
	2009年1-11月	2008年1-11月		2009年1-11月	2009年1-11月
	(千元)	(千元)	(%)	(千元)	(千元)
全　国	1329346300	1341800451	-0.93	1249059891	518165
北京市	46324068	45104620	2.70	42166569	65492
天津市	9196391	17602076	-47.75	8156102	1902
河北省	840153	522738	60.72	683869	1326
山西省	167549	216671	-22.67	153940	165

地区	产品销售收入		同期增长	产品销售成本	产品销售税金及附加
	2009年1-11月	2008年1-11月		2009年1-11月	2009年1-11月
	(千元)	(千元)	(%)	(千元)	(千元)
内蒙古	155405	155802	-0.25	125689	79
辽宁省	7807526	9806269	-20.38	6773349	52505
吉林省	688111	463322	48.52	607807	3134
黑龙江	619970	447996	38.39	507503	1701
上海市	299523043	307851814	-2.71	290819849	23966
江苏省	390778572	313496925	24.65	367659451	30391
浙江省	41399797	55850013	-25.87	36728099	33572
安徽省	670651	569224	17.82	452140	7162
福建省	71433456	82407730	-13.32	64773636	65709
江西省	2597754	2039758	27.36	2416397	3939
山东省	102802873	24940679	312.19	95974434	87969
河南省	89202	215522	-58.61	67449	1000
湖北省	10214303	12701689	-19.58	9772140	5327
湖南省	1645549	848075	94.03	1307202	4007
广东省	334431759	461682158	-27.56	314092312	106255
广西区	2201247	1699318	29.54	2095660	1783
重庆市	503268	99863	403.96	446295	302
四川省	4729932	2329131	103.08	2860199	18345
贵州省	39238	0	--	21185	407
云南省	427196	748824	-42.95	349963	1698
陕西省	59287	234	25236.32	48652	29

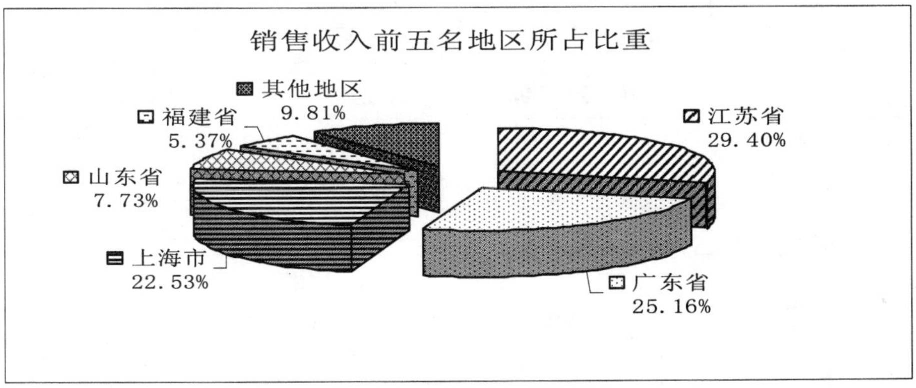

三、分地区盈利情况

地区	利润总额		产成品	全部从业人员平均人数	企业单位数
	2009年1-11月	2008年1-11月	2009年1-11月	2009年1-11月	2009年1-11月
	(千元)	(千元)	(千元)	(人)	(个)
全　国	29308981	35743881	26616766	1360390	1443

地区	利润总额		产成品	全部从业人员平均人数	企业单位数
	2009 年 1-11 月 (千元)	2008 年 1-11 月 (千元)	2009 年 1-11 月 (千元)	2009 年 1-11 月 (人)	2009 年 1-11 月 (个)
北京市	-273658	150331	1565428	15553	81
天津市	385087	331763	119629	7099	16
河北省	110395	45762	29717	2198	5
山西省	-10125	-9715	40615	3141	0
内蒙古	10279	10372	22114	342	0
辽宁省	2026	229818	110079	15905	27
吉林省	72842	70964	94094	1715	14
黑龙江	14920	-8962	10483	1031	5
上海市	1140914	2856869	4594347	112429	77
江苏省	12547694	11311215	5210713	426472	293
浙江省	1949473	4535669	1381566	44597	88
安徽省	107013	63433	56733	2884	11
福建省	610041	4006810	1608783	45669	64
江西省	48777	3272	232872	9957	16
山东省	3122652	709394	719089	89849	35
河南省	10230	17313	122	340	0
湖北省	321491	329182	468180	7457	25
湖南省	105983	135457	131170	4102	15
广东省	8418315	10612598	9498699	549525	620
广西区	28673	9049	456291	9279	15
重庆市	4911	2880	14796	1574	0
四川省	543137	302789	175125	8045	21
贵州省	4954	0	558	140	0
云南省	32717	29246	52511	727	0
陕西省	240	-1628	23052	360	0

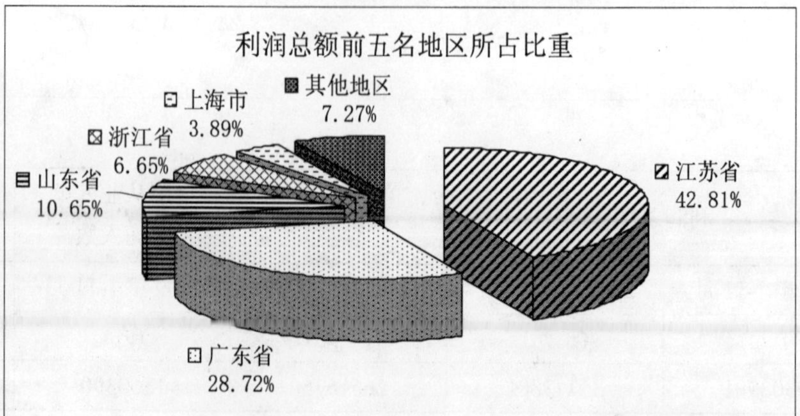

四、资产情况及利用效率分析

1. 行业资本结构

指 标	2009年1-11月		2008年1-11月	
	总额	占总资产比重	总额	占总资产比重
	千元	%	千元	%
流动资产平均余额	414471522	66.06	424895612	75.35
资产总计	627411001	--	563861757	--
负债合计	434694940	69.28	389458607	69.07
所有者权益	192716061	30.72	174403150	30.93

2. 资产利用效率

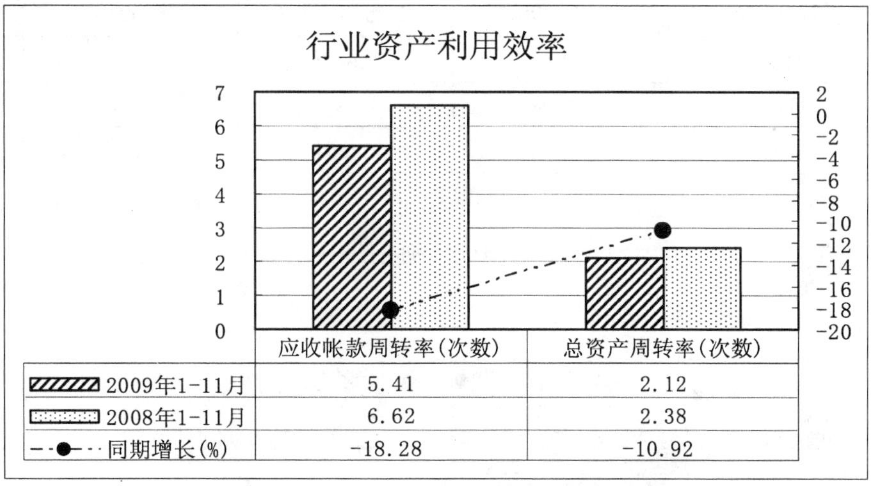

3. 分地区资产情况

单位：千元

地区	流动资产平均余额	资产总计	负债合计	应收帐款净额	所有者权益
全 国	414471522	627411001	434694940	245545754	192716061
北京市	19659627	32816411	23881168	4632240	8935243
天津市	3282305	4133370	2329416	1458284	1803954
河北省	182099	532648	220263	27382	312385
山西省	194058	606943	671894	45407	-64951
内蒙古	59269	99982	73735	10043	26247
辽宁省	3206782	5851498	1960575	1084760	3890923
吉林省	547241	1163562	1020783	88542	142779
黑龙江	151854	489070	147635	32652	341435
上海市	67946865	102526461	89895073	57671233	12631388
江苏省	97862755	158119664	103613266	71123294	54506398
浙江省	20593558	30955285	18620198	11732486	12335087
安徽省	772784	1183255	312041	215020	871214

地区	流动资产平均余额	资产总计	负债合计	应收帐款净额	所有者权益
福建省	30168954	34628840	27117423	11118389	7511417
江西省	459738	1098339	467997	226956	630342
山东省	18674560	41374101	24503983	3877016	16870118
河南省	21110	42500	170	52	42330
湖北省	3021317	5264743	3059257	2174958	2205486
湖南省	1571379	2485643	802418	498026	1683225
广东省	141029254	195482332	131213182	77963700	64269150
广西区	503359	815072	558444	299135	256628
重庆市	949333	1390952	1195055	68764	195897
四川省	2626754	4707990	2513470	856915	2194520
贵州省	35293	51069	12015	11530	39054
云南省	934954	1545685	475915	320706	1069770
陕西省	16320	45586	29564	8264	16022

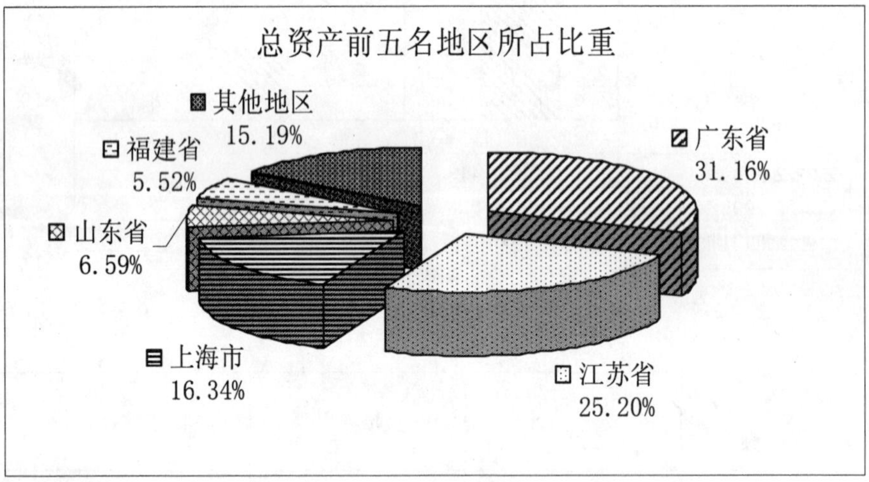

五、分地区企业亏损情况

地区	企业单位数 2009年1-11月	亏损企业单位数 2009年1-11月	亏损企业所占比例	亏损企业亏损总额 2009年1-11月
	(个)	(个)	(%)	(千元)
全　国	1443	457	31.67	4706677
北京市	81	34	41.98	683846
天津市	16	8	50.00	17802
河北省	5	0	0.00	0
山西省	0	2	0.00	10125
内蒙古	0	2	0.00	299
辽宁省	27	7	25.93	172355
吉林省	14	2	14.29	2676

<table>
<tr><td rowspan="2">地区</td><td>企业单位数
2009年1-11月</td><td>亏损企业单位数2009年1-11月</td><td>亏损企业
所占比例</td><td>亏损企业亏损总额
2009年1-11月</td></tr>
<tr><td>(个)</td><td>(个)</td><td>(%)</td><td>(千元)</td></tr>
<tr><td>黑龙江</td><td>5</td><td>0</td><td>0.00</td><td>0</td></tr>
<tr><td>上海市</td><td>77</td><td>23</td><td>29.87</td><td>372025</td></tr>
<tr><td>江苏省</td><td>293</td><td>86</td><td>29.35</td><td>725303</td></tr>
<tr><td>浙江省</td><td>88</td><td>24</td><td>27.27</td><td>706250</td></tr>
<tr><td>安徽省</td><td>11</td><td>3</td><td>27.27</td><td>5169</td></tr>
<tr><td>福建省</td><td>64</td><td>17</td><td>26.56</td><td>941025</td></tr>
<tr><td>江西省</td><td>16</td><td>4</td><td>25.00</td><td>3980</td></tr>
<tr><td>山东省</td><td>35</td><td>4</td><td>11.43</td><td>6595</td></tr>
<tr><td>河南省</td><td>0</td><td>0</td><td>0.00</td><td>0</td></tr>
<tr><td>湖北省</td><td>25</td><td>6</td><td>24.00</td><td>49388</td></tr>
<tr><td>湖南省</td><td>15</td><td>4</td><td>26.67</td><td>7114</td></tr>
<tr><td>广东省</td><td>620</td><td>223</td><td>35.97</td><td>992459</td></tr>
<tr><td>广西区</td><td>15</td><td>6</td><td>40.00</td><td>8926</td></tr>
<tr><td>重庆市</td><td>0</td><td>0</td><td>0.00</td><td>0</td></tr>
<tr><td>四川省</td><td>21</td><td>1</td><td>4.76</td><td>12</td></tr>
<tr><td>贵州省</td><td>0</td><td>0</td><td>0.00</td><td>0</td></tr>
<tr><td>云南省</td><td>0</td><td>1</td><td>0.00</td><td>1328</td></tr>
<tr><td>陕西省</td><td>0</td><td>0</td><td>0.00</td><td>0</td></tr>
</table>

锻件及粉末冶金制品制造行业数据统计分析

一、 从业人员情况

<table>
<tr><td rowspan="2">地区</td><td colspan="2">全部从业人员平均人数（人）</td><td rowspan="2">同期增长（%）</td></tr>
<tr><td>2009年1-11月</td><td>2008年1-11月</td></tr>
<tr><td>全国</td><td>224219</td><td>194931</td><td>15.02</td></tr>
</table>

二、销售情况

1. 产品销售情况

	产品销售收入	产成品	企业单位数	企业平均销售收入
	(千元)	(千元)	(个)	(千元)
2009年1-11月	150214896	6665903	2024	74216.85
2008年1-11月	113773507	6803228	1541	73830.96
同期增长（%）	32.03	-2.02	31.34	0.52

2. 分地区产品销售情况

地区	产品销售收入		同期增长	产品销售成本	产品销售税金及附加
	2009年1-11月	2008年1-11月		2009年1-11月	2009年1-11月
	(千元)	(千元)	(%)	(千元)	(千元)
全　国	150214896	113773507	32.03	131976343	842597
北京市	660074	669558	-1.42	570906	1599
天津市	331617	516906	-35.85	390011	903
河北省	962777	1116648	-13.78	846428	5594
山西省	1985333	1902577	4.35	1730863	15100
内蒙古	2000276	1264725	58.16	1918065	4594
辽宁省	6769871	4730874	43.10	5724061	48153
吉林省	464966	244508	90.16	470740	976
黑龙江	373417	303750	22.94	339570	151
上海市	4517129	4112639	9.84	3774735	9543
江苏省	17961310	13577991	32.28	15750000	117616
浙江省	5115865	5900881	-13.30	4656168	17728
安徽省	1377434	901917	52.72	1207762	9097
福建省	538080	549785	-2.13	502976	1949
江西省	1032610	928350	11.23	966383	685
山东省	89162130	63296597	40.86	78551689	508097
河南省	3201443	2873976	11.39	2623871	39955
湖北省	4039406	2982611	35.43	3333772	24488
湖南省	1311505	813285	61.26	1111731	9739
广东省	4397516	4251640	3.43	3911333	10405
广西区	48774	3943	1136.98	45664	111
重庆市	1429477	934837	52.91	1256735	4659
四川省	1484478	717800	106.81	1354969	4220
贵州省	45736	59453	-23.07	38605	241
云南省	27830	50115	-44.47	25622	120
陕西省	719450	841111	-14.46	649102	3843
甘肃省	7772	9131	-14.88	6652	38
青海省	110660	105604	4.79	92246	100
宁夏区	127006	112295	13.10	116564	2881
新疆区	10954	0	--	9120	12

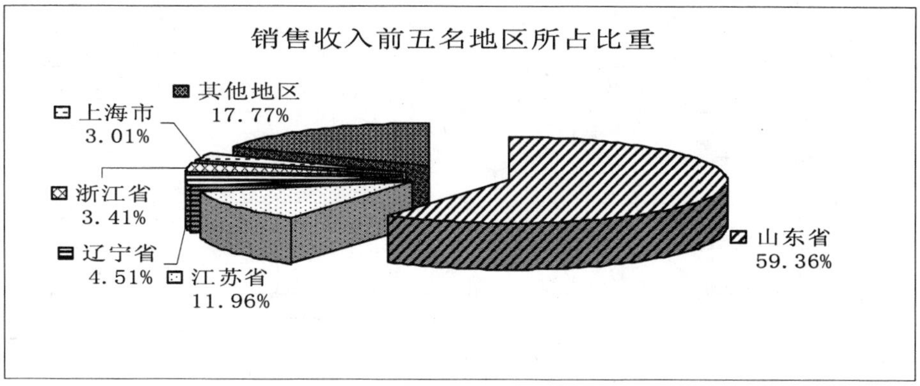

三、分地区盈利情况

地区	利润总额		产成品	全部从业人员平均人数	企业单位数
	2009年1-11月	2008年1-11月	2009年1-11月	2009年1-11月	2009年1-11月
	(千元)	(千元)	(千元)	(人)	(个)
全　国	8844137	7025362	6665903	224219	2024
北京市	46043	35646	48692	2572	27
天津市	9506	2258	27046	1047	19
河北省	45747	47859	112962	3121	22
山西省	8181	80457	219074	7258	64
内蒙古	12428	42843	185434	2346	13
辽宁省	256356	169109	318375	9036	165
吉林省	-32284	18301	51099	2511	8
黑龙江	21861	4614	22385	415	5
上海市	382012	206985	341312	8180	88
江苏省	1169233	690216	1103350	32399	388
浙江省	173960	264503	342013	15150	212
安徽省	38555	22791	116079	4904	53
福建省	6574	11417	23678	1130	22
江西省	39324	53597	55429	1065	8
山东省	5689290	4441205	2724697	98479	652
河南省	316121	294896	73423	5330	44
湖北省	373519	294178	238097	8627	62
湖南省	42207	41305	66421	2460	24
广东省	78662	202258	349455	10104	77
广西区	245	11	950	115	0
重庆市	76894	26506	102826	3834	23
四川省	50350	35500	100896	2337	29
贵州省	3731	3759	1968	150	0
云南省	1322	1484	6490	163	0
陕西省	22011	28541	10562	809	10

地区	利润总额		产成品	全部从业人员平均人数	企业单位数
	2009年1-11月	2008年1-11月	2009年1-11月	2009年1-11月	2009年1-11月
	(千元)	(千元)	(千元)	(人)	(个)
甘肃省	-103	-526	182	40	0
青海省	10620	4497	16103	584	0
宁夏区	1423	1152	313	10	0
新疆区	349	0	6592	43	0

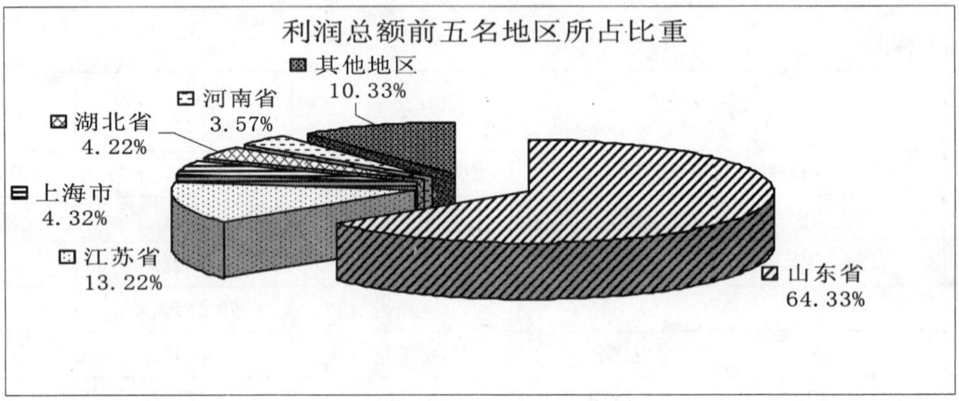

四、资产情况及利用效率分析

1. 行业资本结构

指　标	2009年1-11月		2008年1-11月	
	总额	占总资产比重	总额	占总资产比重
	千元	%	千元	%
流动资产平均余额	49635872	52.84	35375145	44.37
资产总计	93944017	--	79727167	--
负债合计	53412132	56.86	43990380	55.18
所有者权益	40531885	43.14	35736787	44.82

2. 资产利用效率

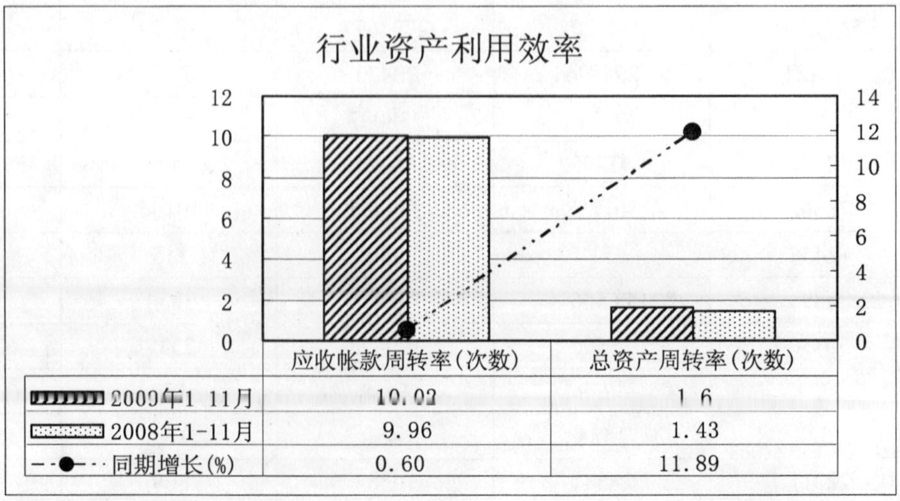

3. 分地区资产情况

单位：千元

地区	流动资产平均余额	资产总计	负债合计	应收帐款净额	所有者权益
全　国	49635872	93944017	53412132	14992146	40531885
北京市	513383	914839	413250	192543	501589
天津市	211891	332101	250878	104730	81223
河北省	488132	1008781	524246	70886	484535
山西省	1401705	2633847	1689481	431426	944366
内蒙古	804328	1324228	769793	276602	554435
辽宁省	1608388	2743801	1501290	639710	1242511
吉林省	522908	1211260	811468	146374	399792
黑龙江	261448	346703	198405	83793	148298
上海市	2807863	4262808	2168412	1242870	2094396
江苏省	7879281	14068178	7612752	3486163	6455426
浙江省	4023561	6634115	4207919	1494917	2426196
安徽省	690361	1220766	699766	191781	521000
福建省	146583	399447	138692	58163	260755
江西省	140121	310508	137883	28524	172625
山东省	20738685	42855828	24280671	4457937	18575157
河南省	546554	1014883	434740	172709	580143
湖北省	2787222	5077017	3490496	490798	1586521
湖南省	509821	1023429	366212	218392	657217
广东省	2297344	4061367	2445559	603925	1615808
广西区	6422	11626	3673	3337	7953
重庆市	471214	1084318	575051	255161	509267
四川省	404779	704194	398349	175033	305845
贵州省	38476	129843	31686	17882	98157
云南省	20831	28619	17071	3493	11548
陕西省	166609	277251	122211	63405	155040
甘肃省	5002	5466	5295	853	171
青海省	107163	209596	90034	54491	119562
宁夏区	21025	25336	14531	21025	10805
新疆区	14772	23862	12318	5223	11544

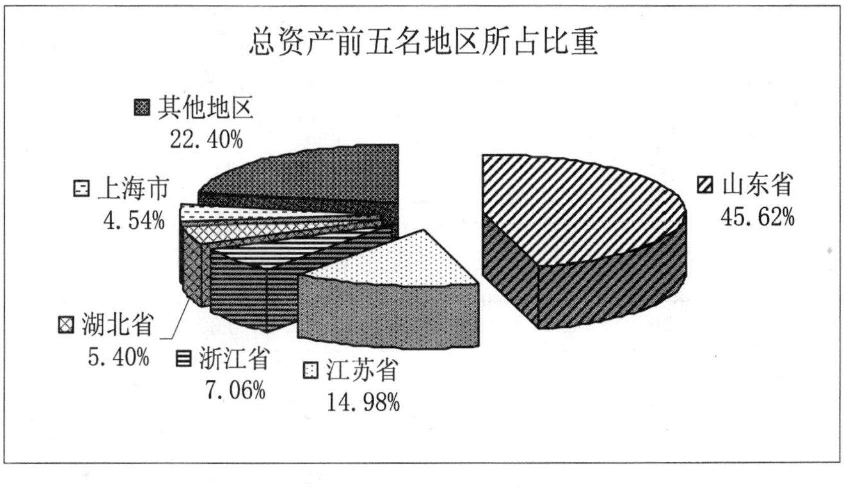

五、分地区企业亏损情况

地区	企业单位数 2009年1-11月	亏损企业单位数 2009年1-11月	亏损企业所占比例	亏损企业亏损总额 2009年1-11月
	(个)	(个)	(%)	(千元)
全　国	2024	222	10.97	364182
北京市	27	6	22.22	2286
天津市	19	3	15.79	2726
河北省	22	1	4.55	190
山西省	64	13	20.31	10712
内蒙古	13	2	15.38	12113
辽宁省	165	21	12.73	15801
吉林省	8	3	37.50	53060
黑龙江	5	1	20.00	55
上海市	88	14	15.91	15453
江苏省	388	33	8.51	59149
浙江省	212	34	16.04	26306
安徽省	53	11	20.75	3409
福建省	22	3	13.64	1248
江西省	8	0	0.00	0
山东省	652	37	5.67	123393
河南省	44	2	4.55	338
湖北省	62	12	19.35	14783
湖南省	24	3	12.50	406
广东省	77	15	19.48	17543
广西区	0	1	0.00	15
重庆市	23	5	21.74	5092
四川省	29	0	0.00	0
贵州省	0	0	0.00	0
云南省	0	0	0.00	0
陕西省	10	1	10.00	1
甘肃省	0	1	0.00	103
青海省	0	0	0.00	0
宁夏区	0	0	0.00	0
新疆区	0	0	0.00	0

发电机及发电机组制造行业数据统计分析

一、 从业人员情况

地区	全部从业人员平均人数（人）		同期增长（%）
	2009年1-11月	2008年1-11月	
全国	137594	113441	21.29

二、销售情况

1. 产品销售情况

	产品销售收入（千元）	产成品（千元）	企业单位数（个）	企业平均销售收入（千元）
2009年1-11月	118044716	7473463	690	171079.30
2008年1-11月	82795902	6378677	526	157406.66
同期增长（%）	42.57	17.16	31.18	8.69

2. 分地区产品销售情况

地区	产品销售收入		同期增长	产品销售成本	产品销售税金及附加
	2009年1-11月	2008年1-11月		2009年1-11月	2009年1-11月
	(千元)	(千元)	(%)	(千元)	(千元)
全　国	118044716	82795902	42.57	99021337	321817
北京市	7511506	2742620	173.88	6443650	12227
天津市	5054521	6076707	-16.82	3908676	5548
河北省	6001008	467072	1184.81	5033477	7338
山西省	0	0	--	0	0
内蒙古	6804630	1155515	488.88	5732703	12184
辽宁省	1452471	1569002	-7.43	1182689	4080
吉林省	1465183	250142	485.74	1126929	17736
黑龙江	4703014	5904008	-20.34	3615341	23847
上海市	3518092	3627358	-3.01	2855075	1657
江苏省	28008488	20387960	37.38	24109765	55258
浙江省	6613458	4160562	58.96	5586341	22532
安徽省	74074	77846	-4.85	61376	132
福建省	9473297	6732152	40.72	8408148	11726
江西省	2250398	2019796	11.42	1780636	22192
山东省	9756812	7016783	39.05	8366902	35006
河南省	1200241	652920	83.83	992860	11637
湖北省	1567300	376139	316.68	1255444	11937

地区	产品销售收入		同期增长	产品销售成本	产品销售税金及附加
	2009年1-11月	2008年1-11月		2009年1-11月	2009年1-11月
	(千元)	(千元)	(%)	(千元)	(千元)
湖南省	1189769	2272839	-47.65	957118	5674
广东省	3761949	3160310	19.04	3244096	8738
广西区	50893	19877	156.04	39399	135
重庆市	1227547	667807	83.82	1039674	2110
四川省	6457239	7069122	-8.66	5251025	33557
云南省	478586	483883	-1.09	394705	2707
陕西省	106395	229821	-53.71	98199	399
甘肃省	1051206	982546	6.99	818915	6600
宁夏区	769348	731459	5.18	693268	1087
新疆区	7497291	3961656	89.25	6024926	5773

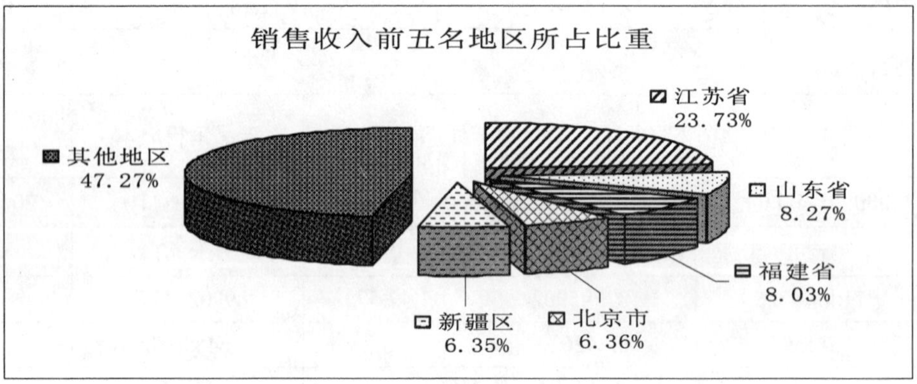

三、分地区盈利情况

地区	利润总额		产成品	全部从业人员平均人数	企业单位数
	2009年1-11月	2008年1-11月	2009年1-11月	2009年1-11月	2009年1-11月
	(千元)	(千元)	(千元)	(人)	(个)
全　国	8588702	6705116	7473463	137594	690
北京市	619518	190392	110574	4619	18
天津市	812174	915115	87730	4495	19
河北省	444396	18907	320296	4631	13
山西省	0	0	115507	1941	0
内蒙古	203009	20037	283069	1474	13
辽宁省	137	19144	36770	1033	12
吉林省	24946	20658	19199	849	8
黑龙江	640668	1003002	586793	8141	10
上海市	293742	246714	831240	3212	38
江苏省	1790079	1283424	1100309	26211	180

地区	利润总额		产成品	全部从业人员平均人数	企业单位数
	2009年1-11月	2008年1-11月	2009年1-11月	2009年1-11月	2009年1-11月
	(千元)	(千元)	(千元)	(人)	(个)
浙江省	424675	312538	656236	11738	88
安徽省	3893	5235	10050	322	4
福建省	250794	326081	638278	14155	82
江西省	86842	70622	275116	3956	8
山东省	726889	472094	577793	10126	46
河南省	99221	58384	110526	3044	18
湖北省	124038	-3367	32276	4707	14
湖南省	103036	-24604	44445	2058	13
广东省	99990	66253	348803	6692	53
广西区	4140	1570	9250	229	0
重庆市	6928	29095	202795	3003	17
四川省	568210	1086917	784937	12127	13
云南省	25023	24549	54295	1504	4
陕西省	3623	7816	0	723	4
甘肃省	118910	50545	24840	4982	6
宁夏区	22222	3732	155193	307	0
新疆区	1091599	500263	57143	1315	0

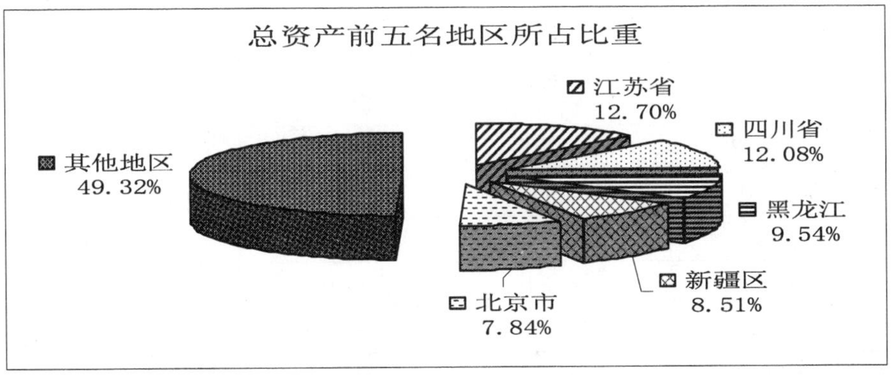

四、资产情况及利用效率分析

1. 行业资本结构

指 标	2009年1-11月		2008年1-11月	
	总额	占总资产比重	总额	占总资产比重
	千元	%	千元	%
流动资产平均余额	90340726	68.47	66149919	70.81
资产总计	131951048	--	93414776	--
负债合计	84760992	64.24	62468266	66.87
所有者权益	47190056	35.76	30946510	33.13

2.资产利用效率

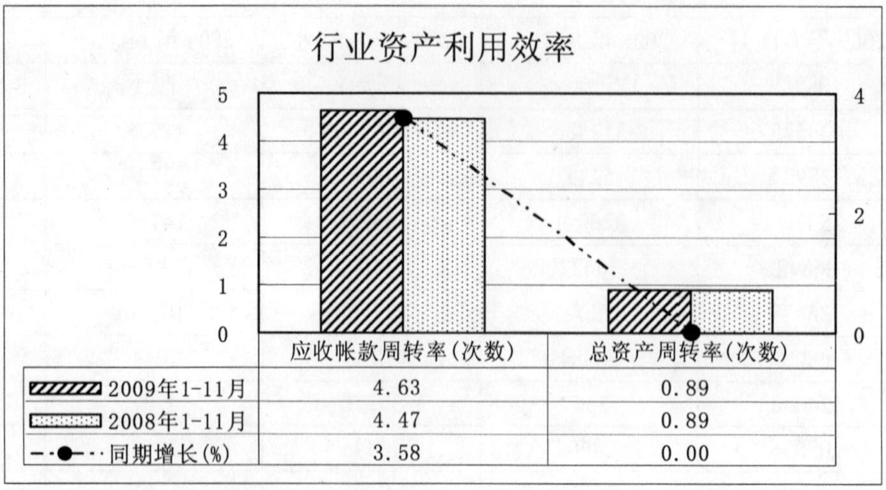

3. 分地区资产情况

单位：千元

地区	流动资产平均余额	资产总计	负债合计	应收帐款净额	所有者权益
全 国	90340726	131951048	84760992	25508195	47190056
北京市	7296868	10345038	7369538	2586579	2975500
天津市	5306772	6835188	3837662	928718	2997526
河北省	3962104	5513924	3827377	1679270	1686547
山西省	97117	184802	61227	40467	123575
内蒙古	945992	1835917	1018761	430241	817156
辽宁省	386877	2030301	708295	16533	1322006
吉林省	121523	347963	155248	15043	192715
黑龙江	10670277	12589907	8732178	2207034	3857729
上海市	3433081	4171507	3010067	1069685	1161440
江苏省	11181155	16762058	9295840	3443187	7466218
浙江省	6832071	10049345	6391013	2100826	3658332
安徽省	56647	79226	43593	21161	35633
福建省	3717424	5597794	3279817	964909	2317977
江西省	2758679	4680234	2605050	1028628	2075184
山东省	4357850	7136843	4390161	1018181	2746682
河南省	524348	761259	403914	76360	357345
湖北省	2147601	2743254	1699194	211017	1044060
湖南省	604624	975002	448086	135744	526916
广东省	3676465	7078058	5207856	880605	1870202
广西区	25407	48709	19267	4712	29442
重庆市	1610183	2330224	1641192	225078	689032
四川省	11662083	15944098	11869879	2740592	4074219

地区	流动资产平均余额	资产总计	负债合计	应收帐款净额	所有者权益
云南省	471065	653459	449977	183210	203482
陕西省	89790	111281	55492	21165	55789
甘肃省	1064455	1292388	947781	500489	344607
宁夏区	514166	618477	498254	203731	120223
新疆区	6826102	11234792	6794273	2775030	4440519

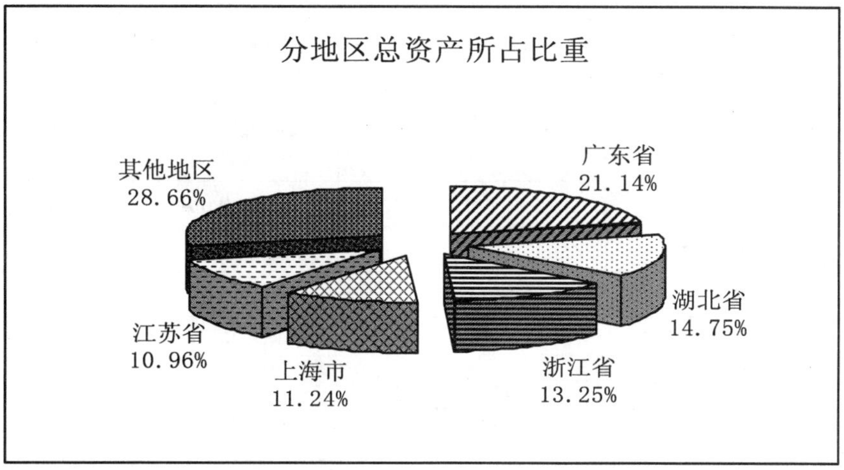

五、分地区企业亏损情况

地区	企业单位数 2009年1-11月	亏损企业单位数2009年1-11月	亏损企业所占比例	亏损企业亏损总额 2009年1-11月
	(个)	(个)	(%)	(千元)
全　国	690	108	15.65	484658
北京市	18	5	27.78	63598
天津市	19	6	31.58	8287
河北省	13	3	23.08	146173
山西省	0	0	0.00	0
内蒙古	13	2	15.38	1052
辽宁省	12	2	16.67	6239
吉林省	8	2	25.00	3016
黑龙江	10	0	0.00	0
上海市	38	7	18.42	6655
江苏省	180	17	9.44	42752
浙江省	88	15	17.05	33916
安徽省	4	3	75.00	2048
福建省	82	12	14.63	14245
江西省	8	2	25.00	29450
山东省	46	2	4.35	3685
河南省	18	2	11.11	6669

地区	企业单位数 2009年1-11月	亏损企业单位数2009年1-11月	亏损企业所占比例	亏损企业亏损总额 2009年1-11月
	(个)	(个)	(%)	(千元)
湖北省	14	4	28.57	19532
湖南省	13	0	0.00	0
广东省	53	14	26.42	24354
广西区	0	0	0.00	0
重庆市	17	6	35.29	24513
四川省	13	1	7.69	1693
云南省	4	0	0.00	0
陕西省	4	1	25.00	56
甘肃省	6	0	0.00	0
宁夏区	0	1	0.00	15768
新疆区	0	1	0.00	30957

阀门和旋塞制造行业数据统计分析

一、 从业人员情况

地区	全部从业人员平均人数（人）		同期增长（%）
	2009年1-11月	2008年1-11月	
全国	269763	248020	8.77

二、销售情况

1．产品销售情况

	产品销售收入	产成品	企业单位数	企业平均销售收入
	(千元)	(千元)	(个)	(千元)
2009年1-11月	114874106	6988428	2347	48945.08
2008年1-11月	99605495	6326913	1834	54310.52
同期增长（%）	15.33	10.46	27.97	-9.88

2. 分地区产品销售情况

地区	产品销售收入		同期增长	产品销售成本	产品销售税金及附加
	2009年1-11月	2008年1-11月		2009年1-11月	2009年1-11月
	(千元)	(千元)	(%)	(千元)	(千元)
全 国	114874106	99605495	15.33	95597920	624376
北京市	2964379	1813411	63.47	1840390	5248
天津市	3647545	3180309	14.69	3037236	6333
河北省	2937033	2739431	7.21	2476314	14760
山西省	115338	117889	-2.16	91879	462

地区	产品销售收入		同期增长	产品销售成本	产品销售税金及附加
	2009年1-11月	2008年1-11月		2009年1-11月	2009年1-11月
	(千元)	(千元)	(%)	(千元)	(千元)
内蒙古	7429	16221	-54.20	6225	0
辽宁省	8295557	5485114	51.24	6818890	73190
吉林省	60703	96278	-36.95	43198	281
黑龙江	823907	371358	121.86	721730	3505
上海市	6850509	6700519	2.24	5346941	7863
江苏省	25656136	19516202	31.46	21546528	156099
浙江省	27992941	30213652	-7.35	23735671	105742
安徽省	1222043	941401	29.81	997826	4503
福建省	7250246	5833714	24.28	6029233	66564
江西省	192320	242865	-20.81	178983	1493
山东省	6119811	4975111	23.01	5198595	45289
河南省	10144994	8922272	13.70	8477421	59855
湖北省	858190	580880	47.74	683059	9807
湖南省	939609	826577	13.67	723285	19819
广东省	3422782	3994734	-14.32	2984544	15825
广西区	36699	23920	53.42	32565	88
重庆市	1097578	532701	106.04	865702	8738
四川省	3646874	2022601	80.31	3271602	17050
陕西省	276450	117929	134.42	233568	700
甘肃省	315033	302957	3.99	256535	962

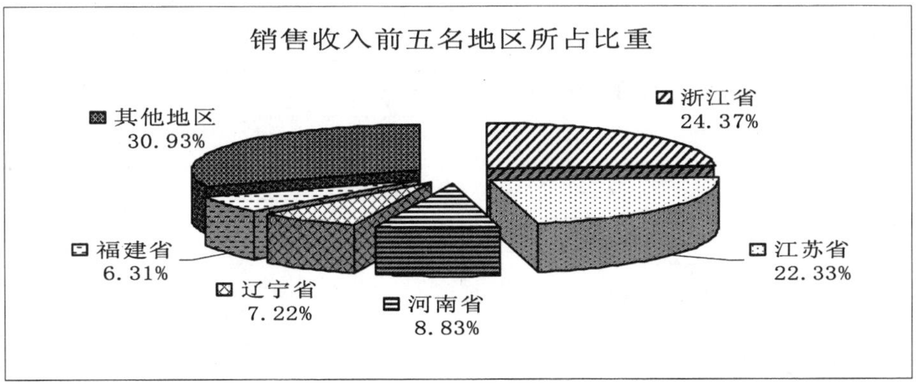

三、分地区盈利情况

地区	利润总额		产成品	全部从业人员平均人数	企业单位数
	2009年1-11月	2008年1-11月	2009年1-11月	2009年1-11月	2009年1-11月
	(千元)	(千元)	(千元)	(人)	(个)
全　国	7477850	6389712	6988428	269763	2347
北京市	307506	104303	144151	3177	46

地区	利润总额		产成品	全部从业人员平均人数	企业单位数
	2009年1-11月	2008年1-11月	2009年1-11月	2009年1-11月	2009年1-11月
	(千元)	(千元)	(千元)	(人)	(个)
天津市	280492	447585	142351	6264	85
河北省	174214	141313	374754	10640	57
山西省	1878	2383	68030	1192	0
内蒙古	-1163	-1485	1959	95	0
辽宁省	492885	272462	372334	15057	185
吉林省	1828	3056	2454	238	4
黑龙江	31032	13261	27646	1277	11
上海市	604690	653248	793461	12296	143
江苏省	1656436	1199471	1185432	45144	397
浙江省	1402302	1452533	1847274	94800	941
安徽省	80491	48712	146539	3849	34
福建省	421370	384837	595593	19310	77
江西省	3569	-3813	20846	382	5
山东省	443967	310882	184272	11045	75
河南省	1054350	1044889	263786	13630	82
湖北省	37998	6482	95032	2979	26
湖南省	29645	42190	77121	2116	20
广东省	113376	95544	321091	14327	65
广西区	4	-464	5892	227	0
重庆市	88580	32697	32092	3271	19
四川省	219187	114975	247026	5791	59
陕西省	31214	21794	8518	198	4
甘肃省	1999	3973	30774	2458	4

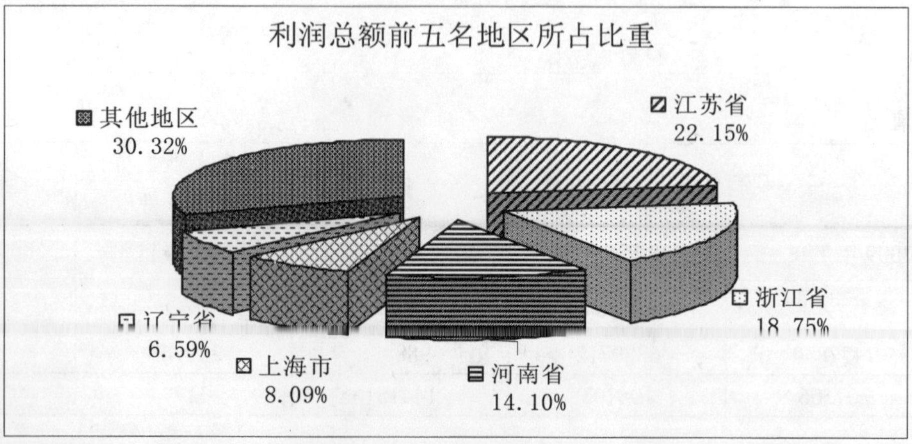

四、资产情况及利用效率分析

1. 行业资本结构

指 标	2009年1-11月		2008年1-11月	
	总额	占总资产比重	总额	占总资产比重
	千元	%	千元	%
流动资产平均余额	57149246	61.56	44986793	59.69
资产总计	92840760	--	75370356	--
负债合计	45814006	49.35	39883917	52.92
所有者权益	47026754	50.65	35486439	47.08

2. 资产利用效率

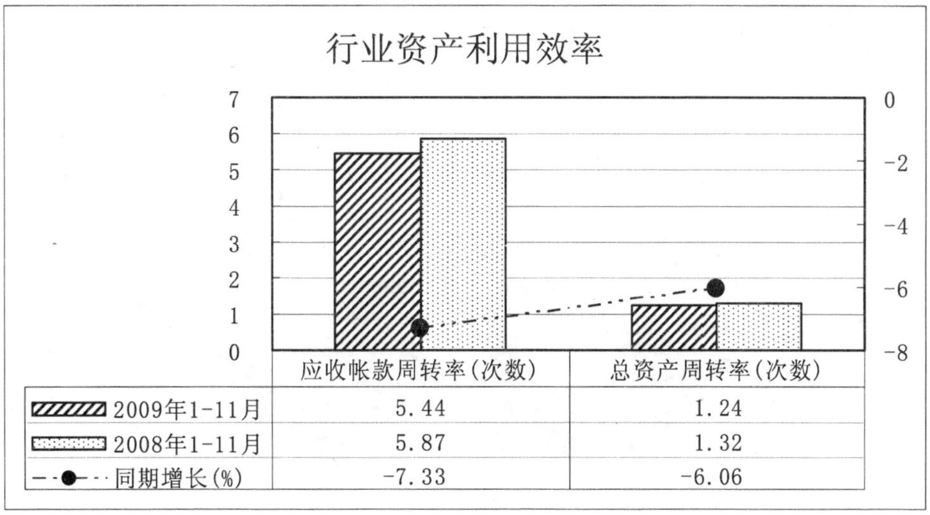

3. 分地区资产情况

单位：千元

地区	流动资产平均余额	资产总计	负债合计	应收帐款净额	所有者权益
全 国	57149246	92840760	45814006	21097642	47026754
北京市	2329373	2964394	1338289	742884	1626105
天津市	1928248	3048299	1384668	560518	1663631
河北省	1348032	2210064	1319146	556893	890918
山西省	152421	214949	179499	43203	35450
内蒙古	35618	40035	23686	1300	16349
辽宁省	3601349	6423753	3183306	1258710	3240447
吉林省	40386	73393	29207	17060	44186
黑龙江	653324	816562	532958	251693	283604
上海市	5728296	8617574	4156520	2569242	4461054
江苏省	9934374	15798259	7543682	4191874	8254577
浙江省	18591717	29713395	15900620	6476179	13812775
安徽省	876934	1310020	612748	256457	697272
福建省	3336370	5793983	2598534	1182380	3195449

地区	流动资产平均余额	资产总计	负债合计	应收帐款净额	所有者权益
江西省	42999	84783	45523	15723	39260
山东省	1301924	2624157	1044936	323727	1579221
河南省	2116326	4249753	1460267	677705	2789486
湖北省	802931	1667555	764996	330034	902559
湖南省	405910	661579	183681	196278	477898
广东省	1666720	2957751	1603106	574302	1354645
广西区	26846	33677	28547	4311	5130
重庆市	109664	218595	35145	20945	183450
四川省	1615563	2521042	1428525	601322	1092517
陕西省	177643	258308	20214	89278	238094
甘肃省	326278	538880	396203	155624	142677

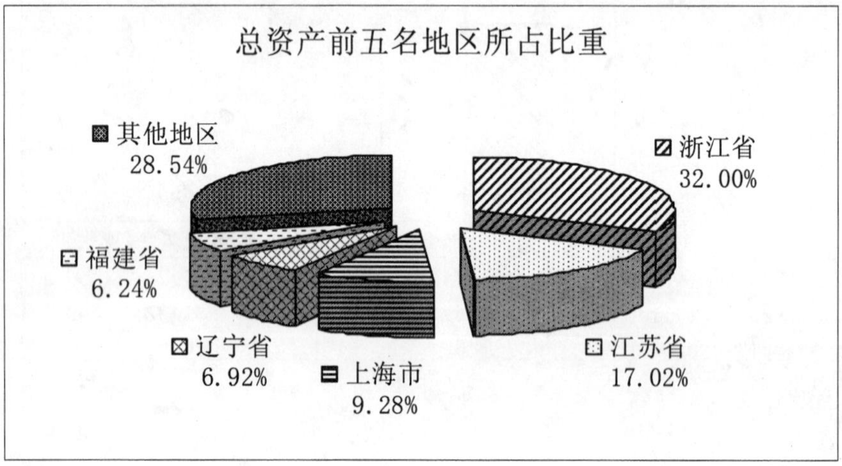

五、分地区企业亏损情况

地区	企业单位数 2009年1-11月	亏损企业单位数 2009年1-11月	亏损企业所占比例	亏损企业亏损总额 2009年1-11月
	(个)	(个)	(%)	(千元)
全　国	2347	293	12.48	387767
北京市	46	11	23.91	7791
天津市	85	18	21.18	23588
河北省	57	6	10.53	15454
山西省	0	1	0.00	1234
内蒙古	0	1	0.00	1243
辽宁省	185	26	14.05	36137
吉林省	4	0	0.00	0
黑龙江	11	4	36.36	38492
上海市	143	29	20.28	67432
江苏省	397	33	8.31	81529

地区	企业单位数 2009年1-11月	亏损企业单位数 2009年1-11月	亏损企业所占比例	亏损企业亏损总额 2009年1-11月
	(个)	(个)	(%)	(千元)
浙江省	941	107	11.37	73949
安徽省	34	5	14.71	3794
福建省	77	6	7.79	2273
江西省	5	1	20.00	58
山东省	75	9	12.00	8986
河南省	82	4	4.88	4347
湖北省	26	8	30.77	1813
湖南省	20	3	15.00	907
广东省	65	10	15.38	15010
广西区	0	1	0.00	681
重庆市	19	0	0.00	0
四川省	59	8	13.56	2771
陕西省	4	0	0.00	0
甘肃省	4	2	50.00	278

纺织、服装和皮革工业专用设备制造行业数据统计分析

一、 从业人员情况

地区	全部从业人员平均人数（人）		同期增长（%）
	2009年1-11月	2008年1-11月	
全国	221185	233495	-5.27

二、销售情况

1. 产品销售情况

	产品销售收入	产成品	企业单位数	企业平均销售收入
	(千元)	(千元)	(个)	(千元)
2009年1-11月	83291073	7687613	1582	52649.22
2008年1-11月	72417286	7273396	1513	47863.37
同期增长（%）	15.02	5.69	4.56	10.00

2. 分地区产品销售情况

地区	产品销售收入		同期增长	产品销售成本	产品销售税金及附加
	2009年1-11月	2008年1-11月		2009年1-11月	2009年1-11月
	(千元)	(千元)	(%)	(千元)	(千元)
全　国	83291073	72417286	15.02	72212377	416383

地区	产品销售收入		同期增长	产品销售成本	产品销售税金及附加
	2009年1-11月	2008年1-11月		2009年1-11月	2009年1-11月
	(千元)	(千元)	(%)	(千元)	(千元)
北京市	3419043	2329842	46.75	2963149	5225
天津市	1362085	1365991	-0.29	1248414	2647
河北省	1421757	1698784	-16.31	1219748	9246
山西省	1240132	1633138	-24.06	1254792	3310
辽宁省	1062455	860573	23.46	903959	2660
黑龙江	7931	9474	-16.29	5098	68
上海市	5028139	4738555	6.11	4435427	5343
江苏省	18953821	16927494	11.97	16322353	62260
浙江省	18041772	16369785	10.21	15248932	70928
安徽省	492521	241722	103.76	440514	1156
福建省	2403363	1684404	42.68	2033648	14140
江西省	1233397	472689	160.93	1117494	3782
山东省	16250476	11699393	38.90	14343844	174684
河南省	3155854	3510306	-10.10	2629580	18721
湖北省	1013718	839881	20.70	827911	18013
湖南省	818325	760541	7.60	697270	4124
广东省	5707937	5842629	-2.31	5034702	13021
重庆市	55149	94199	-41.45	41323	1598
四川省	95683	78391	22.06	80949	551
陕西省	1412106	1197005	17.97	1275201	4475
甘肃省	34534	18081	91.00	28287	0
新疆区	80875	44409	82.11	59782	431

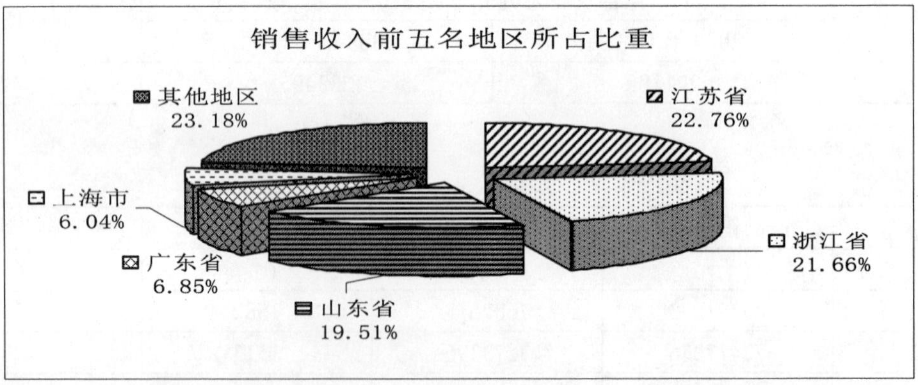

三、分地区盈利情况

地区	利润总额		产成品	全部从业人员平均人数	企业单位数
	2009年1-11月	2008年1-11月	2009年1-11月	2009年1-11月	2009年1-11月
	(千元)	(千元)	(千元)	(人)	(个)
全 国	3233047	2211218	7687613	221185	1582

地区	利润总额		产成品	全部从业人员平均人数	企业单位数
	2009年1-11月	2008年1-11月	2009年1-11月	2009年1-11月	2009年1-11月
	(千元)	(千元)	(千元)	(人)	(个)
北京市	217996	-61714	199803	7344	18
天津市	-40835	3385	128083	5100	29
河北省	72520	81386	101345	5604	29
山西省	-195712	-71451	260210	9311	18
辽宁省	408	-10061	86005	2331	30
黑龙江	616	994	0	116	0
上海市	-41308	-142564	1027501	13168	96
江苏省	842681	615179	1564394	45533	384
浙江省	905392	659417	2151245	55327	508
安徽省	-2589	-988	44327	2247	21
福建省	73829	16296	281744	6472	58
江西省	38265	7201	32982	1976	15
山东省	836109	702770	611449	23330	175
河南省	262006	267172	369088	11078	35
湖北省	40608	19014	93123	4081	27
湖南省	-7572	13213	121602	6579	16
广东省	188212	93083	305151	14190	89
重庆市	-973	69	19496	583	0
四川省	5155	5351	17801	346	4
陕西省	23841	13759	255539	5955	22
甘肃省	4359	-258	3289	328	0
新疆区	10039	-35	13436	186	0

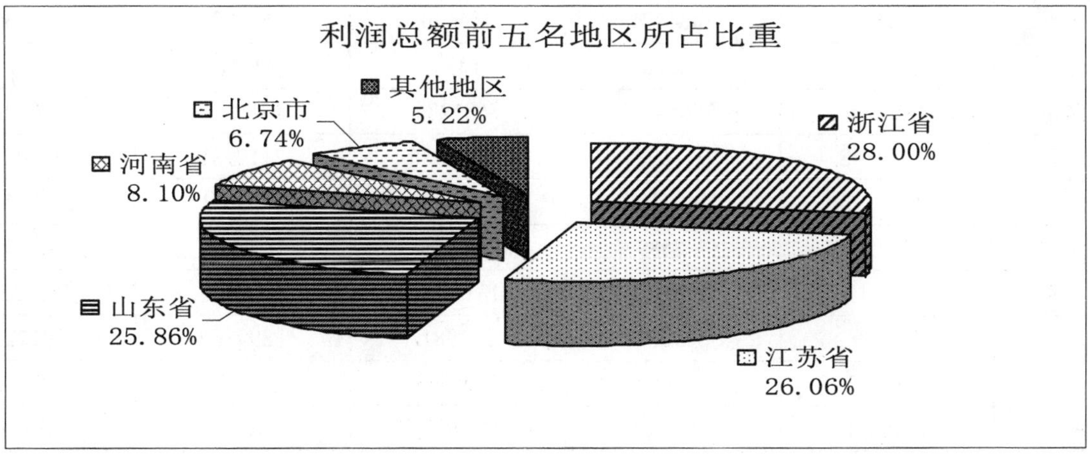

四、资产情况及利用效率分析

1. 行业资本结构

指　标	2009年1-11月		2008年1-11月	
	总额	占总资产比重	总额	占总资产比重
	千元	%	千元	%
流动资产平均余额	55527281	58.27	50357887	61.36
资产总计	95295166	--	82064753	--
负债合计	53861156	56.52	47830505	58.28
所有者权益	41434010	43.48	34234248	41.72

2. 资产利用效率

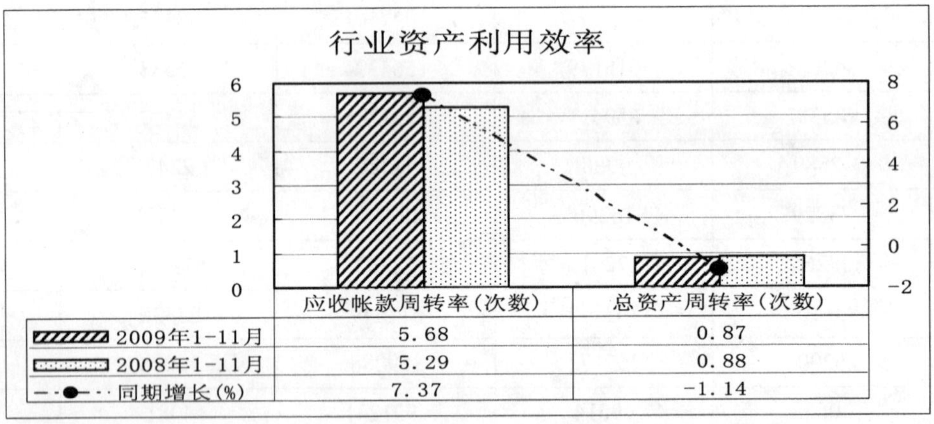

3. 分地区资产情况

单位：千元

地区	流动资产平均余额	资产总计	负债合计	应收帐款净额	所有者权益
全　国	55527281	95295166	53861156	14668129	41434010
北京市	4397025	9228049	4421571	930280	4806478
天津市	1168543	1764937	766724	283164	998213
河北省	878143	1441210	802454	212454	638756
山西省	1634320	2592436	2091884	441038	500552
辽宁省	452166	1034175	453640	58000	580535
黑龙江	6506	12518	1451	-1266	11067
上海市	4853266	8865470	5681284	1615330	3184186
江苏省	11887948	19914085	11855386	3117981	8058699
浙江省	15734373	25601107	15519657	4795031	10081450
安徽省	225329	428589	264246	69740	164343
福建省	1740617	2855561	1316205	649690	1539356
江西省	275109	603202	281981	89986	321221
山东省	3618311	7423290	3774563	526615	3650727
河南省	1886071	3203001	1787652	376824	1415349

地区	流动资产平均余额	资产总计	负债合计	应收帐款净额	所有者权益
湖北省	845388	1422228	767556	122514	654672
湖南省	855365	1400096	924243	205404	475853
广东省	2916224	4116263	2283814	758747	1832449
重庆市	73718	160028	47034	19446	112994
四川省	87704	100467	35534	4065	64933
陕西省	1934978	3022838	745317	376308	2277521
甘肃省	17295	35765	4770	2030	30995
新疆区	38882	67851	34190	14718	33661

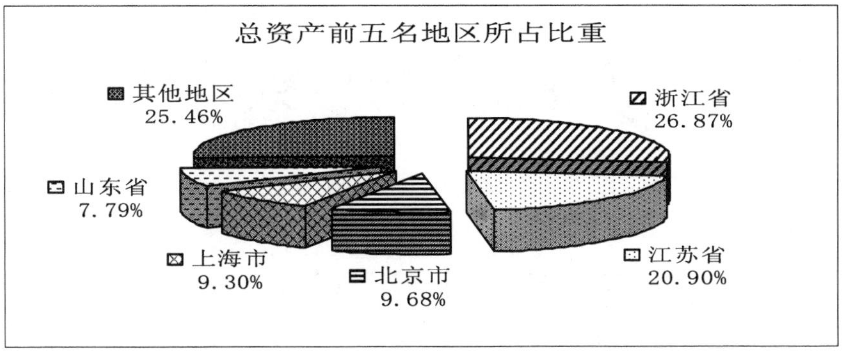

五、分地区企业亏损情况

地区	企业单位数 2009年1-11月	亏损企业单位数 2009年1-11月	亏损企业所占比例	亏损企业亏损总额 2009年1-11月
	(个)	(个)	(%)	(千元)
全 国	1582	334	21.11	1040356
北京市	18	5	27.78	30914
天津市	29	15	51.72	60992
河北省	29	9	31.03	19076
山西省	18	13	72.22	196215
辽宁省	30	10	33.33	32519
黑龙江	0	0	0.00	0
上海市	96	42	43.75	285613
江苏省	384	52	13.54	64075
浙江省	508	105	20.67	115594
安徽省	21	9	42.86	7381
福建省	58	9	15.52	36262
江西省	15	3	20.00	4005
山东省	175	12	6.86	80178
河南省	35	6	17.14	9203
湖北省	27	5	18.52	5151
湖南省	16	5	31.25	33135

地区	企业单位数 2009年1-11月 (个)	亏损企业单位数 2009年1-11月 (个)	亏损企业所占比例 (%)	亏损企业亏损总额 2009年1-11月 (千元)
广东省	89	21	23.60	32802
重庆市	0	1	0.00	2292
四川省	4	1	25.00	1349
陕西省	22	9	40.91	21335
甘肃省	0	0	0.00	0
新疆区	0	2	0.00	2265

纺织专用设备制造行业数据统计分析

一、 从业人员情况

地区	全部从业人员平均人数（人）		同期增长（%）
	2009年1-11月	2008年1-11月	
全国	141878	151115	-6.11

二、销售情况

1. 产品销售情况

	产品销售收入 (千元)	产成品 (千元)	企业单位数 (个)	企业平均销售收入 (千元)
2009年1-11月	57387549	4676048	1030	55716.07
2008年1-11月	46912294	4538106	978	47967.58
同期增长（%）	22.33	3.04	5.32	16.15

2. 分地区产品销售情况

地区	产品销售收入		同期增长	产品销售成本	产品销售税金及附加
	2009年1-11月	2008年1-11月		2009年1-11月	2009年1-11月
	(千元)	(千元)	(%)	(千元)	(千元)
全　国	57387549	46912294	22.33	49801443	339195
北京市	2840870	2208868	28.61	2628072	4710
天津市	357736	559936	-36.11	339379	716
河北省	796909	956508	-16.69	656567	8246
山西省	1240132	1633138	-24.06	1254792	3310
辽宁省	681467	501583	35.86	561432	2065
黑龙江	7931	9474	-16.29	5098	68
上海市	2938654	1972530	48.98	2604297	2638
江苏省	17249475	14833788	16.29	14850266	56101

地区	产品销售收入		同期增长	产品销售成本	产品销售税金及附加
	2009年1-11月	2008年1-11月		2009年1-11月	2009年1-11月
	(千元)	(千元)	(%)	(千元)	(千元)
浙江省	7509277	6067802	23.76	6316767	33775
安徽省	338205	134246	151.93	301788	773
福建省	1844596	1176435	56.80	1523581	11335
江西省	174450	105691	65.06	141456	1824
山东省	13853313	9362641	47.96	12223328	171189
河南省	3103807	3354497	-7.47	2590023	18353
湖北省	640845	715932	-10.49	542136	10938
湖南省	558966	541948	3.14	482547	1911
广东省	2784279	2502914	11.24	2403964	6838
重庆市	37443	34248	9.33	25101	1506
四川省	73667	50315	46.41	60998	511
陕西省	240118	127310	88.61	201782	1957
甘肃省	34534	18081	91.00	28287	0
新疆区	80875	44409	82.11	59782	431

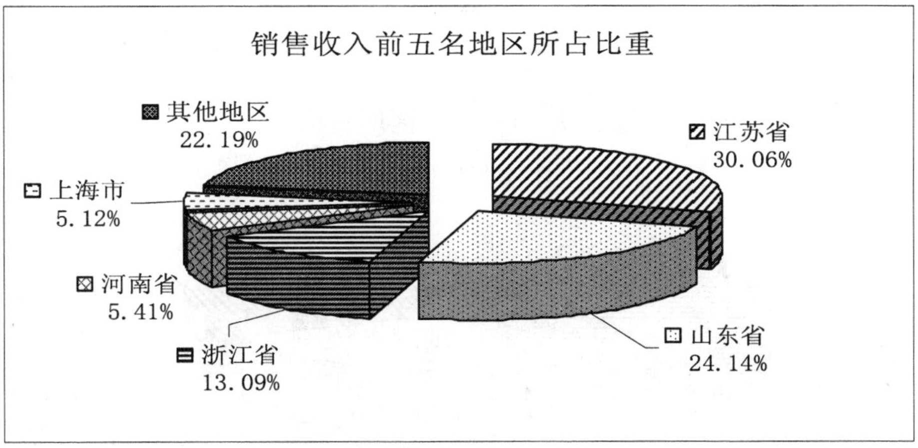

三、分地区盈利情况

地区	利润总额		产成品	全部从业人员平均人数	企业单位数
	2009年1-11月	2008年1-11月	2009年1-11月	2009年1-11月	2009年1-11月
	(千元)	(千元)	(千元)	(人)	(个)
全　国	2451337	1632559	4676048	141878	1030
北京市	58858	-31648	192874	5798	16
天津市	-39067	2771	45479	2197	14
河北省	43237	57520	81455	3295	15
山西省	-195712	-71451	260210	9311	18
辽宁省	2991	-11192	74285	1479	20

地区	利润总额		产成品	全部从业人员平均人数	企业单位数
	2009年1-11月 (千元)	2008年1-11月 (千元)	2009年1-11月 (千元)	2009年1-11月 (人)	2009年1-11月 (个)
黑龙江	616	994	0	116	0
上海市	59255	-63445	447513	5283	42
江苏省	776804	566634	1288418	39377	328
浙江省	531331	268416	632334	20538	223
安徽省	-2664	-2034	29607	1346	15
福建省	65788	11365	271458	5493	49
江西省	764	-3477	20720	639	8
山东省	719305	585627	559249	19491	162
河南省	252768	253593	368010	10872	31
湖北省	24412	14668	69512	2756	19
湖南省	-26515	-3647	105685	5505	8
广东省	146413	60758	169267	5471	40
重庆市	1319	799	9340	396	0
四川省	6496	5184	3748	248	0
陕西省	10540	-8583	30159	1753	13
甘肃省	4359	-258	3289	328	0
新疆区	10039	-35	13436	186	0

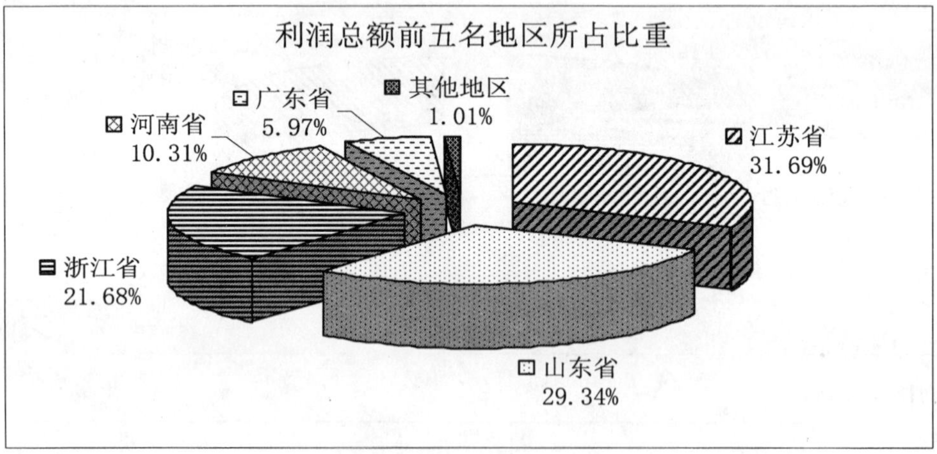

四、资产情况及利用效率分析

1. 行业资本结构

指标	2009年1-11月		2008年1-11月	
	总额 千元	占总资产比重 %	总额 千元	占总资产比重 %
流动资产平均余额	35095584	57.78	31950258	61.39
资产总计	60738475	--	52046232	--
负债合计	35932872	59.16	31524576	60.57
所有者权益	24805603	40.84	20521656	39.43

2. 资产利用效率

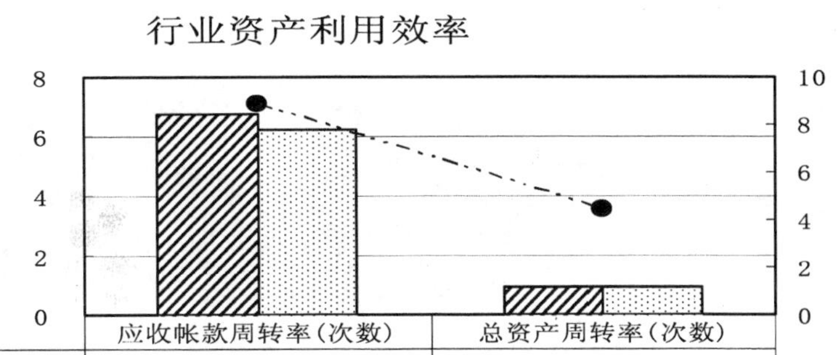

	应收帐款周转率(次数)	总资产周转率(次数)
2009年1-11月	6.76	0.94
2008年1-11月	6.21	0.9
同期增长(%)	8.86	4.44

3. 分地区资产情况

单位：千元

地区	流动资产平均余额	资产总计	负债合计	应收帐款净额	所有者权益
全　国	35095584	60738475	35932872	8488853	24805603
北京市	3695049	6625515	3785412	546692	2840103
天津市	400489	695244	405909	70937	289335
河北省	516383	873594	614887	85135	258707
山西省	1634320	2592436	2091884	441038	500552
辽宁省	328392	714172	269795	43942	444377
黑龙江	6506	12518	1451	-1266	11067
上海市	2563133	4467416	3001074	928902	1466342
江苏省	10566658	17911008	10772698	2594123	7138310
浙江省	5824602	9468500	5731471	1675418	3737029
安徽省	174886	312327	214549	50221	97778
福建省	1456315	2404175	1060900	599431	1343275
江西省	132447	382820	141787	14714	241033
山东省	3154955	6616116	3335586	484710	3280530
河南省	1877118	3173249	1769464	377365	1403785
湖北省	398114	874853	579236	93950	295617
湖南省	759774	1141398	818285	167747	323113
广东省	1263957	1797921	986194	251211	811727
重庆市	47311	101706	22402	11363	79304
四川省	23398	34776	12175	3549	22601
陕西省	215600	435115	278753	32923	156362
甘肃省	17295	35765	4770	2030	30995
新疆区	38882	67851	34190	14718	33661

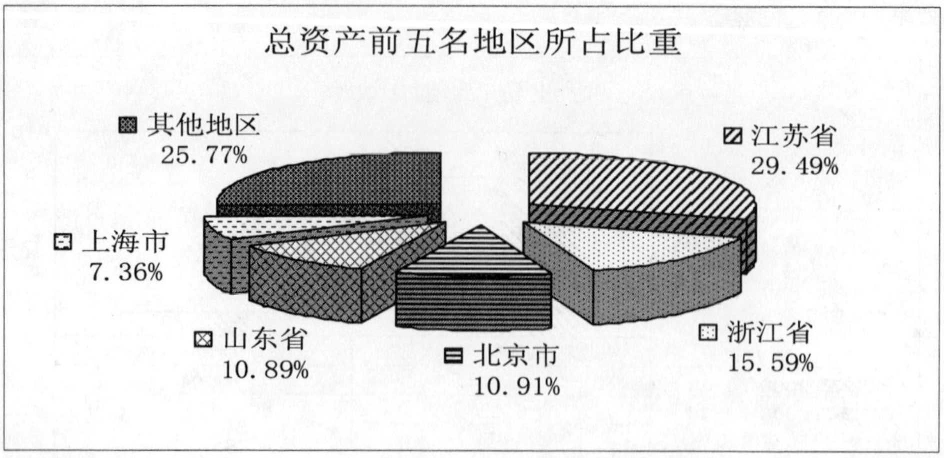

五、分地区企业亏损情况

地区	企业单位数 2009年1-11月 (个)	亏损企业单位数2009年1-11月 (个)	亏损企业所占比例 (%)	亏损企业亏损总额 2009年1-11月 (千元)
全　国	1030	181	17.57	676203
北京市	16	5	31.25	30914
天津市	14	8	57.14	46050
河北省	15	6	40.00	12537
山西省	18	13	72.22	196215
辽宁省	20	6	30.00	16826
黑龙江	0	0	0.00	0
上海市	42	14	33.33	102136
江苏省	328	39	11.89	56271
浙江省	223	36	16.14	39645
安徽省	15	7	46.67	6258
福建省	49	6	12.24	33507
江西省	8	3	37.50	4005
山东省	162	10	6.17	74379
河南省	31	6	19.35	9203
湖北省	19	3	15.79	4723
湖南省	8	5	62.50	33135
广东省	40	8	20.00	4169
重庆市	0	0	0.00	0
四川省	0	0	0.00	0
陕西省	13	4	30.77	3965
甘肃省	0	0	0.00	0
新疆区	0	2	0.00	2265

风动和电动工具制造行业数据统计分析

一、 从业人员情况

地区	全部从业人员平均人数（人）		同期增长（%）
	2009年1-11月	2008年1-11月	
全国	81705	91867	-11.06

二、销售情况

1. 产品销售情况

	产品销售收入	产成品	企业单位数	企业平均销售收入
	(千元)	(千元)	(个)	(千元)
2009年1-11月	38552783	1966030	541	71262.08
2008年1-11月	43881938	1917072	509	86212.06
同期增长（%）	-12.14	2.55	6.29	-17.34

2. 分地区产品销售情况

地区	产品销售收入		同期增长	产品销售成本	产品销售税金及附加
	2009年1-11月	2008年1-11月		2009年1-11月	2009年1-11月
	(千元)	(千元)	(%)	(千元)	(千元)
全　国	38552783	43881938	-12.14	32693188	101761
北京市	66094	29218	126.21	33785	228
天津市	216303	3887	5,464.78	219749	54
河北省	225145	125135	79.92	192281	322
内蒙古	1277385	0	--	1171639	659
辽宁省	618252	561413	10.12	619929	609
吉林省	14820	81287	-81.77	12940	0
上海市	1921117	2514186	-23.59	1657849	2094
江苏省	20292409	22228845	-8.71	17198532	58630
浙江省	7958831	11995928	-33.65	6888617	23720
安徽省	230284	60130	282.98	100499	2205
福建省	650605	708599	-8.18	534350	74
江西省	156833	180924	-13.32	117972	2550
山东省	1290128	797313	61.81	1209468	2276
河南省	261681	261001	0.26	195618	2186
湖北省	305019	210015	45.24	102272	1213
湖南省	127240	150140	-15.25	32580	260
广东省	1978036	3390762	-41.66	1646724	1356
广西区	105869	137044	-22.75	74278	0

地区	产品销售收入		同期增长	产品销售成本	产品销售税金及附加
	2009年1-11月	2008年1-11月		2009年1-11月	2009年1-11月
	(千元)	(千元)	(%)	(千元)	(千元)
重庆市	356431	23900	1,391.34	284710	1339
四川省	481926	364529	32.21	384712	1967
云南省	18375	0	--	14684	19
甘肃省	0	32565	-100.00	0	0

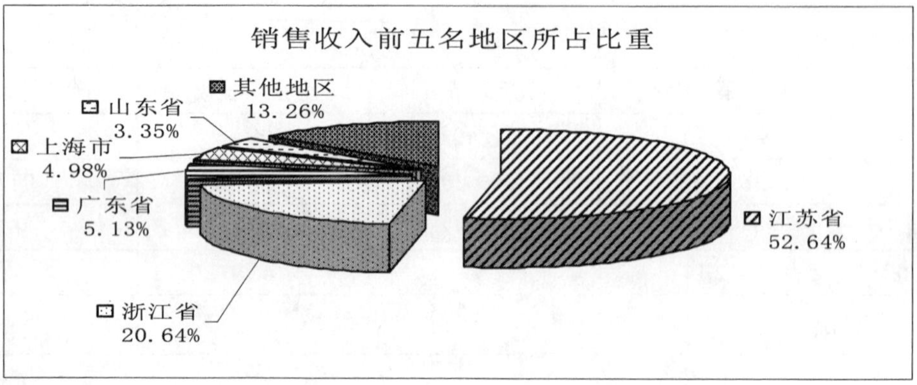

三、分地区盈利情况

地区	利润总额		产成品	全部从业人员平均人数	企业单位数
	2009年1-11月	2008年1-11月	2009年1-11月	2009年1-11月	2009年1-11月
	(千元)	(千元)	(千元)	(人)	(个)
全 国	2714817	2845878	1966030	81705	541
北京市	22229	19385	8240	207	0
天津市	-55210	131	59460	380	4
河北省	10584	9831	14135	280	0
内蒙古	13629	0	0	115	0
辽宁省	26562	7119	17820	2098	8
吉林省	230	-896	0	20	0
上海市	58491	4104	190152	4852	28
江苏省	1957929	1907316	787837	31878	204
浙江省	319929	568764	529482	27643	215
安徽省	6981	4568	44638	482	0
福建省	22468	23004	14826	1237	6
江西省	12333	16162	5633	642	5
山东省	128020	55503	107072	1327	11
河南省	27891	31768	22955	1170	5
湖北省	4928	12842	10463	343	6
湖南省	445	2194	0	90	0

地区	利润总额		产成品	全部从业人员平均人数	企业单位数
	2009年1-11月	2008年1-11月	2009年1-11月	2009年1-11月	2009年1-11月
	(千元)	(千元)	(千元)	(人)	(个)
广东省	100100	156058	70750	6401	23
广西区	23336	18437	685	268	0
重庆市	22643	-2270	20120	805	5
四川省	25766	11963	45263	1001	6
云南省	-19	0	8372	55	0
甘肃省	-14448	-434	8127	411	0

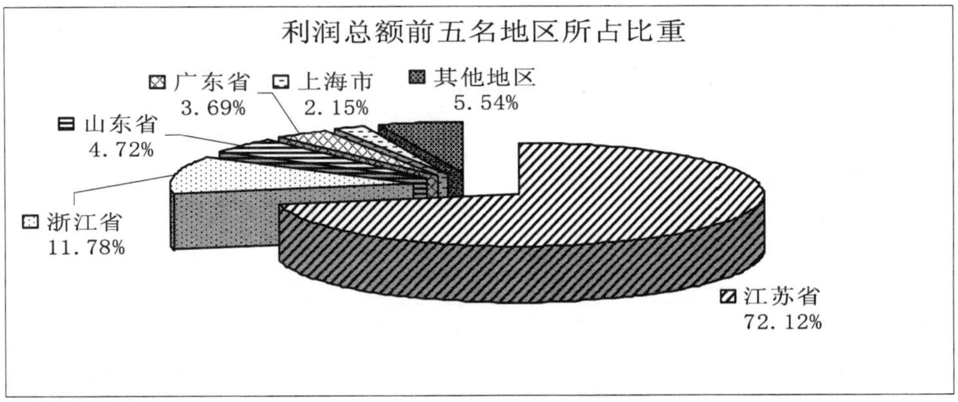

四、资产情况及利用效率分析

1. 行业资本结构

指 标	2009年1-11月		2008年1-11月	
	总额	占总资产比重	总额	占总资产比重
	千元	%	千元	%
流动资产平均余额	19119523	60.86	19049136	65.95
资产总计	31413219	--	28885679	--
负债合计	15739204	50.10	14450177	50.03
所有者权益	15674015	49.90	14435502	49.97

2. 资产利用效率

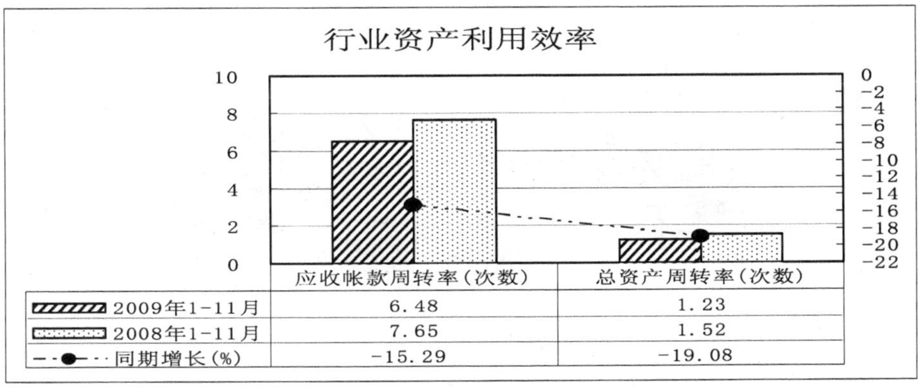

3. 分地区资产情况

单位：千元

地区	流动资产平均余额	资产总计	负债合计	应收帐款净额	所有者权益
全　国	19119523	31413219	15739204	5952244	15674015
北京市	123809	182141	32586	26949	149555
天津市	187961	904267	366206	151657	538061
河北省	53856	92319	29843	9676	62476
内蒙古	1278389	1363160	1266628	986792	96532
辽宁省	244679	470269	77263	69284	393006
吉林省	300	2300	2100	1000	200
上海市	973946	1744058	889742	365023	854316
江苏省	6436305	11357538	3533902	1883669	7823636
浙江省	7480679	11137213	7511065	1546012	3626148
安徽省	105522	155568	93515	23018	62053
福建省	163707	464305	169134	89308	295171
江西省	58363	202286	113100	7146	89186
山东省	404048	741416	262201	195242	479215
河南省	94835	267841	131039	29941	136802
湖北省	26430	76894	37455	8799	39439
湖南省	700	29000	1200	7200	27800
广东省	987567	1360961	729388	398360	631573
广西区	122177	169447	30015	23387	139432
重庆市	108709	164506	86199	21109	78307
四川省	195625	370760	221795	99697	148965
云南省	25949	27196	26471	8975	725
甘肃省	45967	129774	128357	0	1417

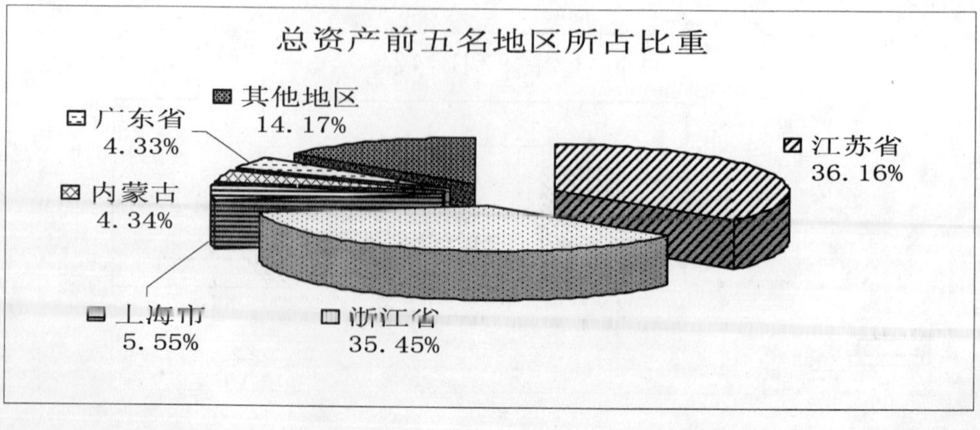

五、分地区企业亏损情况

地区	企业单位数 2009年1-11月	亏损企业单位数 2009年1-11月	亏损企业所占比例	亏损企业亏损总额 2009年1-11月
	(个)	(个)	(%)	(千元)
全　国	541	97	17.93	236316
北京市	0	1	0.00	3766
天津市	4	1	25.00	61309
河北省	0	0	0.00	0
内蒙古	0	0	0.00	0
辽宁省	8	2	25.00	750
吉林省	0	0	0.00	0
上海市	28	10	35.71	53272
江苏省	204	24	11.76	54993
浙江省	215	43	20.00	36454
安徽省	0	0	0.00	0
福建省	6	0	0.00	0
江西省	5	1	20.00	1550
山东省	11	1	9.09	658
河南省	5	0	0.00	0
湖北省	6	1	16.67	20
湖南省	0	0	0.00	0
广东省	23	8	34.78	7710
广西区	0	0	0.00	0
重庆市	5	2	40.00	1367
四川省	6	0	0.00	0
云南省	0	1	0.00	19
甘肃省	0	2	0.00	14448

钢铁铸件制造行业数据统计分析

一、　从业人员情况

地区	全部从业人员平均人数（人）		同期增长（%）
	2009年1-11月	2008年1-11月	
全国	577292	556922	3.66

二、销售情况

1. 产品销售情况

	产品销售收入	产成品	企业单位数	企业平均销售收入
	(千元)	(千元)	(个)	(千元)
2009年1-11月	303907454	15177395	5957	51016.86
2008年1-11月	249112969	14095419	4852	51342.33
同期增长（%）	22.00	7.68	22.77	-0.63

2. 分地区产品销售情况

地区	产品销售收入		同期增长	产品销售成本	产品销售税金及附加
	2009年1-11月	2008年1-11月		2009年1-11月	2009年1-11月
	(千元)	(千元)	(%)	(千元)	(千元)
全　国	303907454	249112969	22.00	265497999	1732679
北京市	1300046	1873644	-30.61	1133899	2508
天津市	6082911	4587379	32.60	5511028	2792
河北省	26332226	20867607	26.19	22782617	116642
山西省	3107212	4425172	-29.78	2779122	30909
内蒙古	1283189	572368	124.19	1172840	4872
辽宁省	38727724	25350619	52.77	33835763	220222
吉林省	2033381	1133860	79.33	1894845	25242
黑龙江	985938	736128	33.94	918927	2927
上海市	6912884	8932482	-22.61	6072868	12212
江苏省	52749785	43916582	20.11	47152402	233796
浙江省	14858365	17030538	-12.75	13089596	70594
安徽省	8430591	9532028	-11.56	7390516	40224
福建省	8390738	6049202	38.71	7775158	42142
江西省	1781989	2002179	-11.00	1530981	6560
山东省	40828400	34735415	17.54	34872736	270459
河南省	32021860	23556406	35.94	26273874	290650
湖北省	6599710	4626495	42.65	5692029	63026
湖南省	8994426	6315743	42.41	7285214	140324
广东省	20760755	18045324	15.05	19686865	32498
广西区	4009380	2344365	71.02	3426362	14018
海南省	10054	14071	-28.55	9200	16
重庆市	2154959	1442597	49.38	1824330	12753
四川省	11960236	8120307	47.29	10351745	82804
贵州省	279716	194263	43.99	174383	1491

地区	产品销售收入		同期增长	产品销售成本	产品销售税金及附加
	2009年1-11月	2008年1-11月		2009年1-11月	2009年1-11月
	(千元)	(千元)	(%)	(千元)	(千元)
云南省	482184	543566	-11.29	429245	1562
陕西省	1306047	965575	35.26	1149103	7748
甘肃省	336562	317668	5.95	300875	3297
青海省	454850	61707	637.11	478563	10
宁夏区	679110	764257	-11.14	456310	189
新疆区	52226	55422	-5.77	46603	192

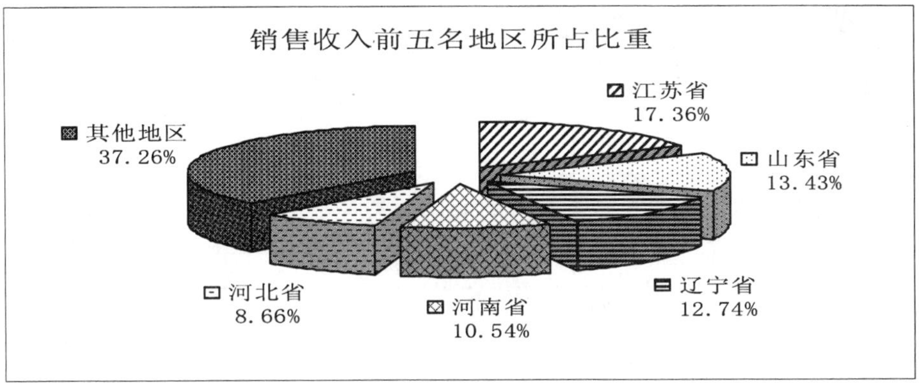

三、分地区盈利情况

地区	利润总额		产成品	全部从业人员平均人数	企业单位数
	2009年1-11月	2008年1-11月	2009年1-11月	2009年1-11月	2009年1-11月
	(千元)	(千元)	(千元)	(人)	(个)
全　国	15308595	12779894	15177395	577292	5957
北京市	9654	11008	261607	6148	65
天津市	213118	216763	460242	13644	80
河北省	1890400	1533017	1294308	53102	415
山西省	21561	97343	537965	17018	92
内蒙古	16372	-7003	84197	3192	16
辽宁省	1377525	801347	1426583	60941	718
吉林省	77096	42708	145164	2647	42
黑龙江	-660	-2857	64287	3688	28
上海市	323963	372009	815153	16330	130
江苏省	2245983	1883110	2480892	95718	1160
浙江省	731851	695572	1285854	52117	701
安徽省	337091	473707	760717	24086	293
福建省	93181	74412	489005	14820	199
江西省	111884	81749	90002	3432	33

地区	利润总额		产成品	全部从业人员平均人数	企业单位数
	2009 年 1-11 月	2008 年 1-11 月	2009 年 1-11 月	2009 年 1-11 月	2009 年 1-11 月
	(千元)	(千元)	(千元)	(人)	(个)
山东省	2554221	2265843	1238440	59179	598
河南省	3524621	2933254	644067	43275	324
湖北省	194346	169891	643036	17657	204
湖南省	597546	378102	296052	15485	190
广东省	198617	189648	597972	28499	219
广西区	20887	11744	201784	4271	72
海南省	46	43	30064	80	0
重庆市	87607	54335	128837	5391	75
四川省	507074	373681	640073	21489	190
贵州省	71839	26636	25370	1200	8
云南省	16810	-1974	81325	2855	23
陕西省	48176	14280	148232	4051	40
甘肃省	-552	5613	81158	2404	24
青海省	-55404	-36279	3115	1793	0
宁夏区	92207	121604	218424	2576	10
新疆区	1535	588	3470	204	5

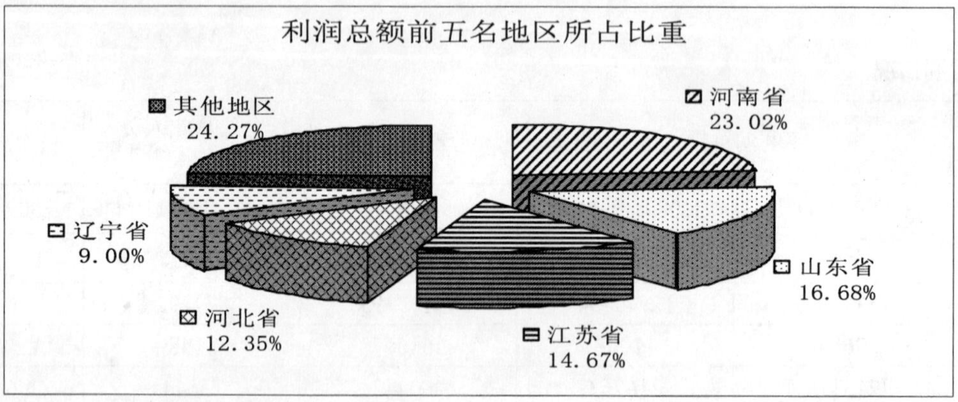

四、资产情况及利用效率分析

1. 行业资本结构

指 标	2009 年 1-11 月		2008 年 1-11 月	
	总额	占总资产比重	总额	占总资产比重
	千元	%	千元	%
流动资产平均余额	87754045	52.85	71132475	53.38
资产总计	166045077	--	133252111	--
负债合计	96583525	58.17	79326029	59.53
所有者权益	69461552	41.83	53926082	40.47

2. 资产利用效率

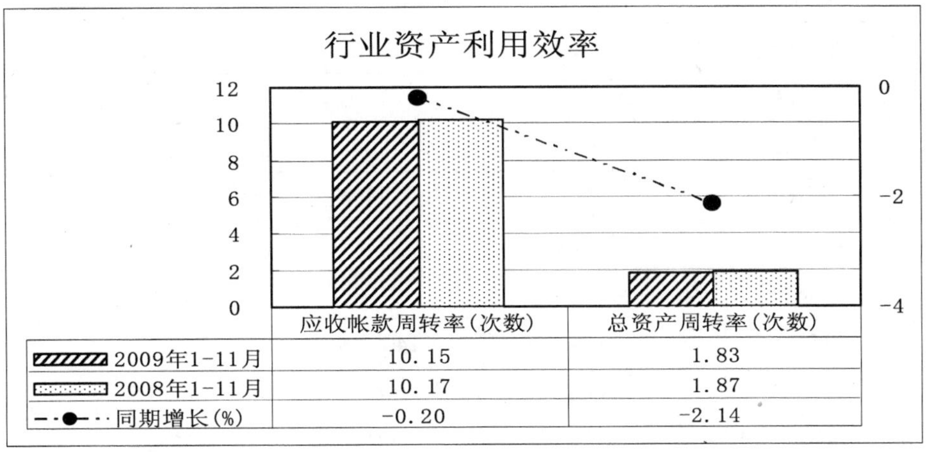

3. 分地区资产情况

单位：千元

地区	流动资产平均余额	资产总计	负债合计	应收帐款净额	所有者权益
全　国	87754045	166045077	96583525	29929257	69461552
北京市	1360114	1885742	1167726	433405	718016
天津市	3231702	6865174	4281011	667610	2584163
河北省	5217721	11041473	5460978	1419977	5580495
山西省	2358321	3955739	2924580	746688	1031159
内蒙古	377675	625241	473298	120803	151943
辽宁省	9303365	20900007	12017469	3096218	8882538
吉林省	410770	1509843	377798	202162	1132045
黑龙江	569845	832487	530354	203215	302133
上海市	4189689	6508573	4174502	1371391	2334071
江苏省	18381905	31480135	19673020	7115212	11807115
浙江省	9103908	14387931	8918003	4212613	5469928
安徽省	4141315	7238105	4040730	1421193	3197375
福建省	2244370	3714159	2115604	678509	1598555
江西省	290894	664931	283601	99932	381330
山东省	6412308	14044250	7368500	1805843	6675750
河南省	5305475	13006370	5818429	1404427	7187941
湖北省	1823437	3612743	1999873	465552	1612870
湖南省	1415818	2899121	1263968	401499	1635153
广东省	4702551	8048901	5495413	1736628	2553488
广西区	874717	1550594	1044119	275357	506475
海南省	39705	40370	39513	5294	857

地区	流动资产平均余额	资产总计	负债合计	应收帐款净额	所有者权益
重庆市	523892	917700	468988	246161	448712
四川省	2671487	5071988	3178110	1017977	1893878
贵州省	245942	429781	212498	87058	217283
云南省	325100	522066	371106	113336	150960
陕西省	445354	776064	432587	193572	343477
甘肃省	264872	438116	196938	76796	241178
青海省	715338	1493546	1401301	79992	92245
宁夏区	762528	1533523	814472	201013	719051
新疆区	43927	50404	39036	29824	11368

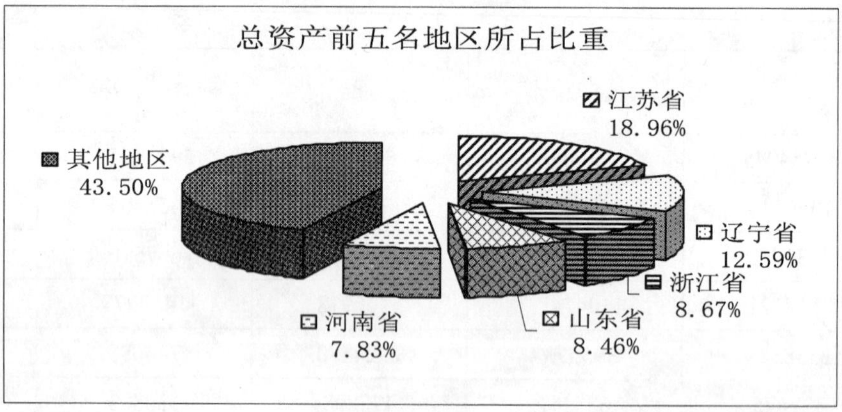

五、分地区企业亏损情况

地区	企业单位数 2009年1-11月	亏损企业单位数 2009年1-11月	亏损企业所占比例	亏损企业亏损总额 2009年1-11月
	(个)	(个)	(%)	(千元)
全　国	5957	776	13.03	1254486
北京市	65	28	43.08	17355
天津市	80	17	21.25	64622
河北省	415	55	13.25	77990
山西省	92	38	41.30	56006
内蒙古	16	5	31.25	4676
辽宁省	718	107	14.90	233216
吉林省	42	2	4.76	1381
黑龙江	28	13	46.43	11109
上海市	130	30	23.08	22922
江苏省	1160	107	9.22	228078
浙江省	701	84	11.98	48444

地区	企业单位数 2009 年 1-11 月	亏损企业单位数 2009 年 1-11 月	亏损企业所占比例	亏损企业亏损总额 2009 年 1-11 月
	(个)	(个)	(%)	(千元)
安徽省	293	53	18.09	44348
福建省	199	31	15.58	52236
江西省	33	5	15.15	2549
山东省	598	29	4.85	21578
河南省	324	8	2.47	62093
湖北省	204	20	9.80	61941
湖南省	190	9	4.74	2932
广东省	219	45	20.55	117366
广西区	72	14	19.44	14997
海南省	0	0	0.00	0
重庆市	75	10	13.33	5562
四川省	190	31	16.32	27773
贵州省	8	1	12.50	1869
云南省	23	6	26.09	1258
陕西省	40	11	27.50	4710
甘肃省	24	7	29.17	5310
青海省	0	2	0.00	55404
宁夏区	10	7	70.00	6750
新疆区	5	1	20.00	11

锅炉及原动机制造行业数据统计分析

一、 从业人员情况

地区	全部从业人员平均人数（人）		同期增长（%）
	2009 年 1-11 月	2008 年 1-11 月	
全国	365379	373838	-2.26

二、销售情况

1. 产品销售情况

	产品销售收入	产成品	企业单位数	企业平均销售收入
	(千元)	(千元)	(个)	(千元)
2009 年 1-11 月	243118428	13144245	1728	140693.53

2008年1-11月	210757428	13377659	1492	141258.33
同期增长（%）	15.35	-1.74	15.82	-0.40

2. 分地区产品销售情况

地区	产品销售收入		同期增长	产品销售成本	产品销售税金及附加
	2009年1-11月（千元）	2008年1-11月（千元）	(%)	2009年1-11月（千元）	2009年1-11月（千元）
全　国	243118428	210757428	15.35	206405346	846924
北京市	4090855	2705405	51.21	3652235	6853
天津市	5856211	5569889	5.14	4775186	6695
河北省	4364170	4008183	8.88	3675283	10947
山西省	1855495	1379295	34.52	1532137	3492
内蒙古	1517136	859243	76.57	1189757	6869
辽宁省	8080570	4381960	84.41	6858840	45291
吉林省	2193640	655999	234.40	2050141	3602
黑龙江	18784946	17852513	5.22	16841961	52238
上海市	43534303	30939207	40.71	37912443	44436
江苏省	38592286	42573044	-9.35	32895438	146559
浙江省	15465430	14528233	6.45	12342514	41139
安徽省	4728643	5670625	-16.61	3529793	12003
福建省	1119239	1004854	11.38	1011341	1534
江西省	1764850	1613941	9.35	1501315	6826
山东省	29049869	24160198	20.24	24714676	162231
河南省	6820764	5024628	35.75	5764171	102301
湖北省	8036267	7826952	2.67	6533502	21085
湖南省	2989533	2631199	13.62	2479690	29367
广东省	2821895	2559529	10.25	2349155	50183
广西区	1292074	914403	41.30	1014182	3365
海南省	367814	0	--	333190	2049
重庆市	7382138	6222785	18.63	5707540	24476
四川省	29931387	25157889	18.97	25660727	51651
贵州省	9540	28151	-66.11	7330	20
云南省	271538	343926	-21.05	233197	3123
陕西省	1969910	1951985	0.92	1645493	8017
甘肃省	139299	138453	0.61	122053	315
青海省	5503	7640	-27.97	4409	48
宁夏区	49041	36197	35.48	38860	25
新疆区	34082	11102	206.99	28787	184

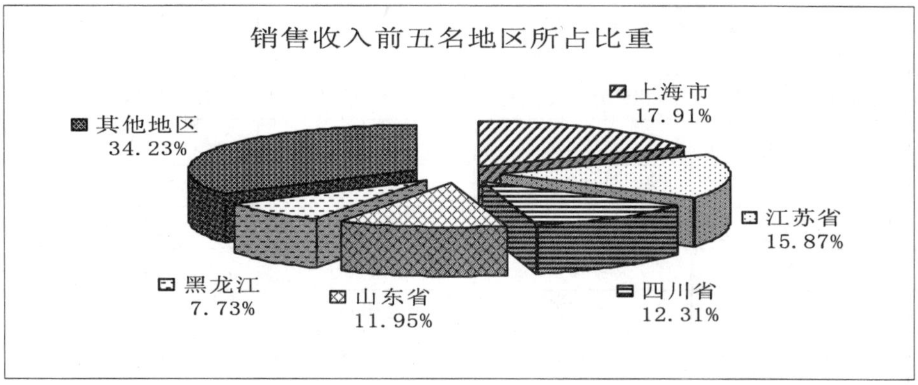

三、分地区盈利情况

地区	利润总额		产成品	全部从业人员平均人数	企业单位数
	2009年1-11月	2008年1-11月	2009年1-11月	2009年1-11月	2009年1-11月
	(千元)	(千元)	(千元)	(人)	(个)
全　国	14956703	12801322	13144245	365379	1728
北京市	117072	55584	152846	6257	36
天津市	239809	608631	139441	6164	35
河北省	178264	176390	1020369	15813	49
山西省	82935	12117	386533	6901	15
内蒙古	162305	66264	24335	1957	11
辽宁省	392028	242466	686983	16131	149
吉林省	301944	18559	79028	3748	30
黑龙江	735111	937697	208532	18708	60
上海市	2834989	2997919	1334890	25227	92
江苏省	2565571	2411622	2720495	69662	353
浙江省	1568636	1152330	1353635	23021	160
安徽省	712520	787393	335119	8677	63
福建省	6892	15416	91946	3278	28
江西省	24845	20573	109266	5501	17
山东省	2024657	1643069	1680775	48277	222
河南省	408182	345329	322287	13449	62
湖北省	-228159	-96640	282543	12326	57
湖南省	114160	61178	230024	8965	52
广东省	164830	134166	330766	6925	46
广西区	50276	18877	206169	6145	29
海南省	20192	0	0	300	0
重庆市	1115794	931762	442000	12130	32
四川省	1235648	143546	708076	30846	90
贵州省	-30	-15801	4550	430	0

地区	利润总额		产成品	全部从业人员平均人数	企业单位数
	2009年1-11月	2008年1-11月	2009年1-11月	2009年1-11月	2009年1-11月
	(千元)	(千元)	(千元)	(人)	(个)
云南省	28025	24370	25595	2499	5
陕西省	114909	122829	85839	9277	18
甘肃省	-12744	-9841	119096	2242	8
青海省	-4408	-5342	23047	84	0
宁夏区	1389	-48	6318	252	0
新疆区	1061	907	33742	187	0

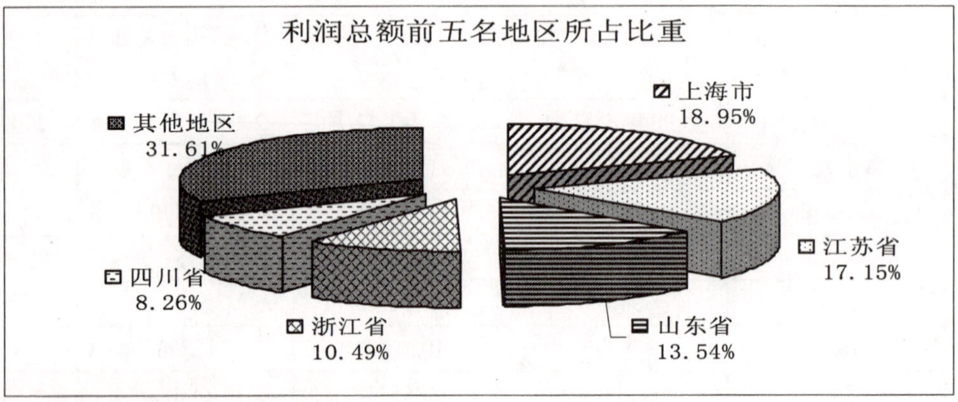

四、资产情况及利用效率分析

1. 行业资本结构

指 标	2009年1-11月		2008年1-11月	
	总额	占总资产比重	总额	占总资产比重
	千元	%	千元	%
流动资产平均余额	246377232	71.64	206217091	70.10
资产总计	343927886	--	294195089	--
负债合计	246752886	71.75	217843147	74.05
所有者权益	97175000	28.25	76351942	25.95

2. 资产利用效率

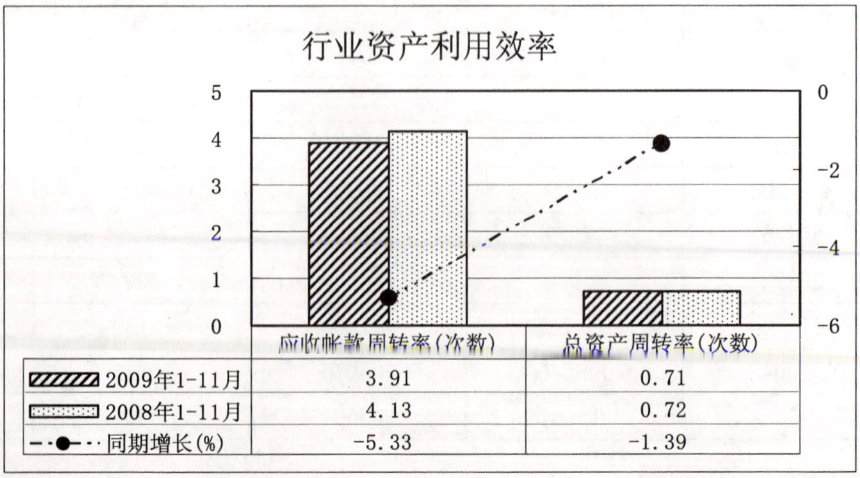

3. 分地区资产情况

单位：千元

地区	流动资产平均余额	资产总计	负债合计	应收帐款净额	所有者权益
全　国	246377232	343927886	246752886	62119140	97175000
北京市	5915378	9065531	6295361	963873	2770170
天津市	4978443	8340393	5754048	1361199	2586345
河北省	3808560	5768323	3997220	831742	1771103
山西省	2029875	3737323	2563105	510044	1174218
内蒙古	226943	582688	191791	47724	390897
辽宁省	3639804	7200515	4086946	1825430	3113569
吉林省	1460584	2745184	1106823	396487	1638361
黑龙江	32346545	36246221	30313857	9779148	5932364
上海市	53197171	65159634	49610961	13372307	15548673
江苏省	26682728	40644071	23409538	7352066	17234533
浙江省	15279086	21881853	12818093	4747942	9063760
安徽省	4322370	6829844	4335038	771898	2494806
福建省	733419	1178391	763159	250913	415232
江西省	1326864	2120665	1523171	266815	597494
山东省	13753710	24171631	13989665	2994184	10181966
河南省	2421156	4499551	2611020	636026	1888531
湖北省	8903239	12084314	10550213	1796275	1534101
湖南省	983660	2337983	1195606	325251	1142377
广东省	2215691	3385023	2165484	461096	1219539
广西区	1078892	1785032	1126978	318013	658054
海南省	361244	957908	158252	51301	799656
重庆市	5420157	8049536	3959321	2376219	4090215
四川省	51482377	69481010	59982062	10129510	9498948
贵州省	23252	28790	25250	4160	3540
云南省	277895	502128	248236	55381	253892
陕西省	3017270	4129019	3278023	368421	850996
甘肃省	342602	759512	552433	90819	207079
青海省	31859	65012	24703	8355	40309
宁夏区	76417	137552	81947	17174	55605
新疆区	40041	53249	34582	9367	18667

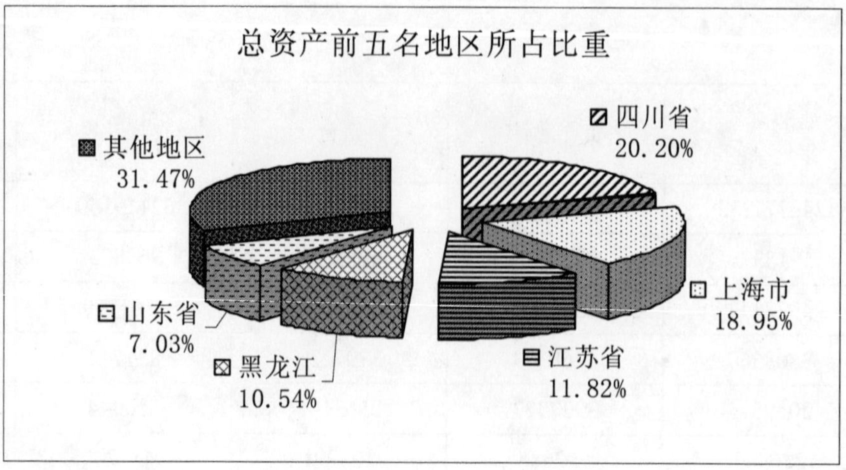

五、分地区企业亏损情况

地区	企业单位数 2009年1-11月 (个)	亏损企业单位数 2009年1-11月 (个)	亏损企业所占比例 (%)	亏损企业亏损总额 2009年1-11月 (千元)
全　国	1728	287	16.61	1373750
北京市	36	18	50.00	49823
天津市	35	10	28.57	13631
河北省	49	9	18.37	33864
山西省	15	3	20.00	581
内蒙古	11	2	18.18	879
辽宁省	149	24	16.11	44166
吉林省	30	6	20.00	3112
黑龙江	60	14	23.33	15878
上海市	92	18	19.57	191166
江苏省	353	31	8.78	61800
浙江省	160	25	15.63	42671
安徽省	63	13	20.63	7259
福建省	28	8	28.57	11556
江西省	17	2	11.76	28680
山东省	222	18	8.11	44965
河南省	62	3	4.84	2744
湖北省	57	16	28.07	582334
湖南省	52	5	9.62	14207
广东省	46	12	26.09	17529
广西区	29	8	27.59	11257
海南省	0	0	0.00	0

地区	企业单位数 2009年1-11月	亏损企业单位数2009年1-11月	亏损企业所占比例	亏损企业亏损总额 2009年1-11月
	(个)	(个)	(%)	(千元)
重庆市	32	7	21.88	49321
四川省	90	18	20.00	114172
贵州省	0	1	0.00	30
云南省	5	1	20.00	888
陕西省	18	7	38.89	13763
甘肃省	8	4	50.00	12829
青海省	0	1	0.00	4408
宁夏区	0	2	0.00	140
新疆区	0	1	0.00	97

机床附件制造行业数据统计分析

一、 从业人员情况

地区	全部从业人员平均人数（人）		同期增长（%）
	2009年1-11月	2008年1-11月	
全国	41622	40015	4.02

二、销售情况

1. 产品销售情况

	产品销售收入	产成品	企业单位数	企业平均销售收入
	(千元)	(千元)	(个)	(千元)
2009年1-11月	15792392	1263727	422	37422.73
2008年1-11月	12510324	1200762	325	38493.30
同期增长（%）	26.23	5.24	29.85	-2.78

2. 分地区产品销售情况

地区	产品销售收入		同期增长	产品销售成本	产品销售税金及附加
	2009年1-11月	2008年1-11月		2009年1-11月	2009年1-11月
	(千元)	(千元)	(%)	(千元)	(千元)
全　国	15792392	12510324	26.23	13476715	110919
北京市	355447	384905	-7.65	258705	2464
天津市	102287	78024	31.10	86756	352
河北省	393995	259265	51.97	352278	1101

地区	产品销售收入		同期增长	产品销售成本	产品销售税金及附加
	2009年1-11月	2008年1-11月		2009年1-11月	2009年1-11月
	(千元)	(千元)	(%)	(千元)	(千元)
山西省	19357	23644	-18.13	14612	150
内蒙古	181017	273386	-33.79	153448	783
辽宁省	4059067	2529629	60.46	3531804	23728
黑龙江	322308	222943	44.57	272967	2232
上海市	455270	273348	66.55	393408	730
江苏省	1709791	1644663	3.96	1435357	10641
浙江省	776183	1089293	-28.74	647330	5046
安徽省	88128	67513	30.53	76694	492
福建省	813858	650816	25.05	734922	8783
江西省	79000	34696	127.69	40100	650
山东省	4556429	3004297	51.66	3873786	39072
河南省	571855	480537	19.00	494657	5669
湖北省	156059	149304	4.52	131004	818
湖南省	30967	21037	47.20	22201	1206
广东省	309769	272552	13.66	255888	631
广西区	173254	373143	-53.57	154358	3341
重庆市	48883	67404	-27.48	26128	332
四川省	375746	304668	23.33	332352	1767
贵州省	9755	15524	-37.16	9070	31
云南省	7323	18244	-59.86	12379	111
陕西省	144657	166695	-13.22	118647	499
甘肃省	44633	41793	6.80	40771	233
宁夏区	7354	37909	-80.60	7093	57

销售收入前五名地区所占比重

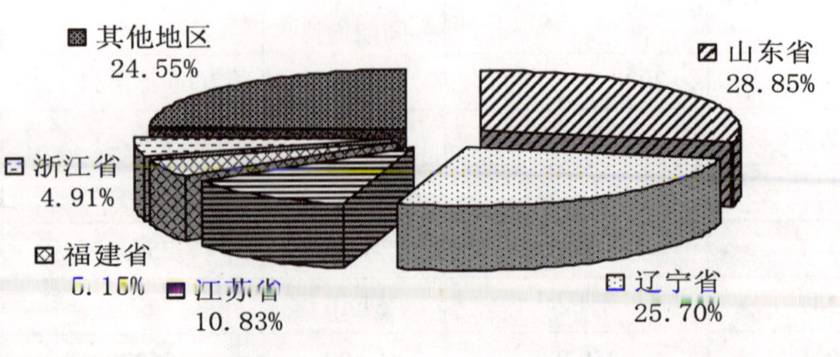

三、分地区盈利情况

地区	利润总额		产成品	全部从业人员平均人数	企业单位数
	2009年1-11月 (千元)	2008年1-11月 (千元)	2009年1-11月 (千元)	2009年1-11月 (人)	2009年1-11月 (个)
全　国	731112	772089	1263727	41622	422
北京市	41756	62459	70481	1403	16
天津市	-2137	2961	13236	782	10
河北省	17540	20139	21117	1099	9
山西省	391	514	4310	140	0
内蒙古	2131	307	183084	2391	0
辽宁省	142140	109389	181274	5867	82
黑龙江	13425	11904	4952	660	7
上海市	-2101	11005	87182	1552	28
江苏省	94179	80435	150764	4818	60
浙江省	7489	80686	106959	5741	51
安徽省	4568	2619	12430	391	7
福建省	15123	16590	34116	1471	11
江西省	11980	3996	500	656	0
山东省	282600	262849	213585	8728	78
河南省	54272	43340	7294	993	10
湖北省	5427	12918	9659	508	6
湖南省	1809	1945	199	71	0
广东省	12910	24198	27996	1689	12
广西区	908	7190	43415	261	0
重庆市	81	-1060	3790	168	0
四川省	24047	9490	15977	759	8
贵州省	-375	-347	4388	96	0
云南省	-1482	2046	812	6	0
陕西省	5933	7306	33332	812	8
甘肃省	-459	453	31068	449	0
宁夏区	-1043	1756	1807	111	0

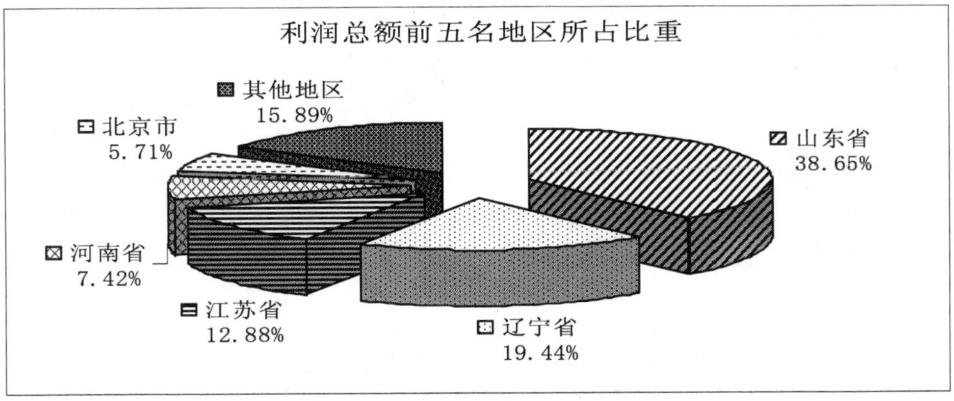

四、资产情况及利用效率分析

1. 行业资本结构

指 标	2009年1-11月		2008年1-11月	
	总额	占总资产比重	总额	占总资产比重
	千元	%	千元	%
流动资产平均余额	6331590	50.21	5460465	50.57
资产总计	12610495	--	10798737	--
负债合计	6435055	51.03	5446250	50.43
所有者权益	6175440	48.97	5352487	49.57

2. 资产利用效率

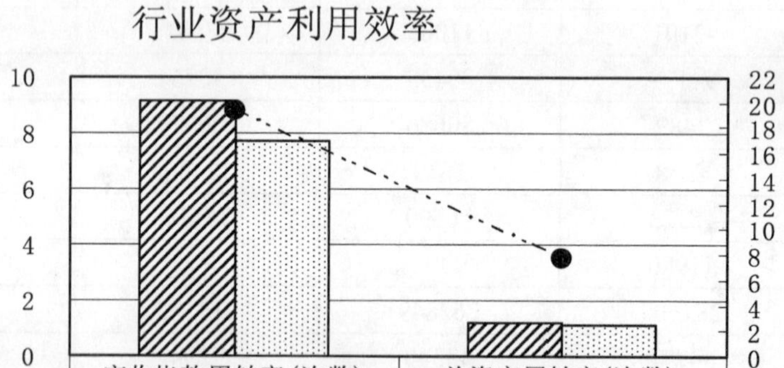

	应收帐款周转率(次数)	总资产周转率(次数)
2009年1-11月	9.16	1.25
2008年1-11月	7.68	1.16
同期增长(%)	19.27	7.76

3. 分地区资产情况

单位：千元

地区	流动资产平均余额	资产总计	负债合计	应收帐款净额	所有者权益
全 国	6331590	12610495	6435055	1723147	6175440
北京市	361300	601068	230784	102760	370284
天津市	109347	335622	172953	24160	162669
河北省	117613	246432	128394	34126	118038
山西省	17486	29347	15917	6756	13430
内蒙古	449943	630746	538523	31813	92223
辽宁省	827143	2805836	1213625	329344	1592211
黑龙江	93559	160693	88251	39570	72442
上海市	498825	663951	447081	122661	216870
江苏省	798130	1445819	746369	278284	699450
浙江省	804304	1469597	720354	223800	749243
安徽省	48918	76465	38255	15020	38210

地区	流动资产平均余额	资产总计	负债合计	应收帐款净额	所有者权益
福建省	158106	283466	125346	38551	158120
江西省	6180	16300	13500	320	2800
山东省	997738	1850307	953376	274990	896931
河南省	78686	192662	71153	23456	121509
湖北省	17806	77526	38590	13295	38936
湖南省	2989	7385	2585	747	4800
广东省	304306	445502	183100	59008	262402
广西区	257964	701257	324941	18472	376316
重庆市	74042	126940	110944	3721	15996
四川省	61108	111090	38296	27542	72794
贵州省	14147	19041	13346	3699	5695
云南省	7298	7338	18547	2788	-11209
陕西省	138620	180481	103171	30722	77310
甘肃省	70102	88963	67426	12475	21537
宁夏区	15930	36661	30228	5067	6433

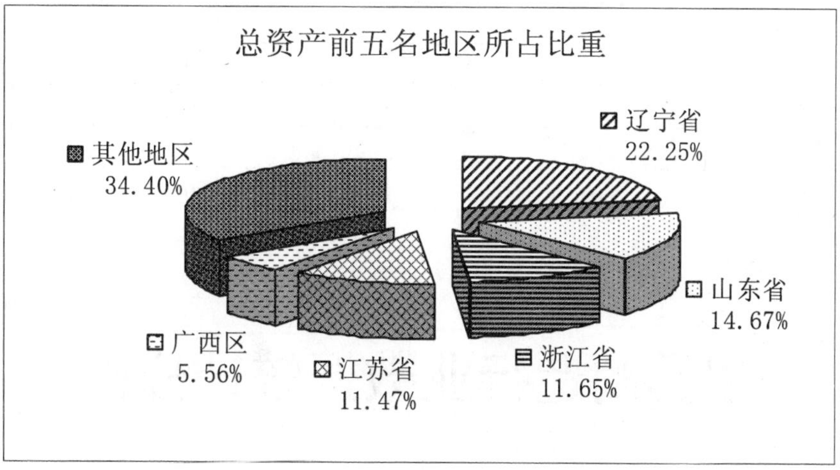

五、分地区企业亏损情况

地区	企业单位数 2009年1-11月	亏损企业单位数 2009年1-11月	亏损企业所占比例	亏损企业亏损总额 2009年1-11月
	(个)	(个)	(%)	(千元)
全　国	422	68	16.11	85088
北京市	16	7	43.75	7478
天津市	10	4	40.00	3827
河北省	9	3	33.33	3372
山西省	0	0	0.00	0
内蒙古	0	0	0.00	0
辽宁省	82	6	7.32	2893

地区	企业单位数 2009年1-11月	亏损企业单位数2009年1-11月	亏损企业所占比例	亏损企业亏损总额 2009年1-11月
	(个)	(个)	(%)	(千元)
黑龙江	7	0	0.00	0
上海市	28	7	25.00	19267
江苏省	60	9	15.00	8240
浙江省	51	13	25.49	28918
安徽省	7	0	0.00	0
福建省	11	0	0.00	0
江西省	0	0	0.00	0
山东省	78	4	5.13	2768
河南省	10	1	10.00	96
湖北省	6	0	0.00	0
湖南省	0	0	0.00	0
广东省	12	4	33.33	2333
广西区	0	0	0.00	0
重庆市	0	1	0.00	1774
四川省	8	1	12.50	757
贵州省	0	1	0.00	375
云南省	0	1	0.00	1482
陕西省	8	1	12.50	6
甘肃省	0	3	0.00	459
宁夏区	0	2	0.00	1043

家具制造行业数据统计分析

一、 从业人员情况

地区	全部从业人员平均人数（人）		同期增长（%）
	2009年1-11月	2008年1-11月	
全国	938106	921380	1.82

二、销售情况

1. 产品销售情况

	产品销售收入	产成品	企业单位数	企业平均销售收入
	(千元)	(千元)	(个)	(千元)
2009年1-11月	291100234	18022835	5411	53797.86
2008年1-11月	253537112	15922965	4432	57206.03
同期增长（%）	14.82	13.19	22.09	-5.96

2. 分地区产品销售情况

地区	产品销售收入		同期增长	产品销售成本	产品销售税金及附加
	2009年1-11月	2008年1-11月		2009年1-11月	2009年1-11月
	(千元)	(千元)	(%)	(千元)	(千元)
全　国	291100234	253537112	14.82	246910773	1524843
北京市	4400498	4409429	-0.20	3616545	10095
天津市	3304776	2957433	11.74	2903182	3309
河北省	6801579	6727351	1.10	5795037	47807
山西省	59626	71239	-16.30	48320	750
内蒙古	1047793	747675	40.14	855176	2604
辽宁省	22259348	17268917	28.90	18605597	120641
吉林省	2720757	2135181	27.43	2195571	50921
黑龙江	2256326	2289091	-1.43	1853928	16994
上海市	16368291	17278013	-5.27	13623186	12408
江苏省	13388437	12092107	10.72	11707043	27373
浙江省	39027478	36477071	6.99	32920213	144483
安徽省	2835912	1974865	43.60	2388746	21253
福建省	14836111	12962276	14.46	12913921	56026
江西省	3669564	2589401	41.71	3156406	21906
山东省	43216616	33589430	28.66	36909068	483129
河南省	16386317	12355171	32.63	12886100	157615
湖北省	1859654	1446758	28.54	1448023	12561
湖南省	7406076	5951574	24.44	6004678	58570
广东省	70456246	65956998	6.82	61610759	181344
广西区	811170	487238	66.48	670200	6009
海南省	87803	77979	12.60	74862	0
重庆市	2359134	2157633	9.34	1811517	16081
四川省	14053527	10137461	38.63	11689827	69521
贵州省	12631	9077	39.15	9780	62
云南省	68990	71545	-3.57	59016	519
陕西省	354241	284849	24.36	268829	1108
甘肃省	55599	41730	33.24	47513	301
青海省	13569	15043	-9.80	12280	372
宁夏区	60031	61847	-2.94	44404	223
新疆区	922134	912730	1.03	781046	858

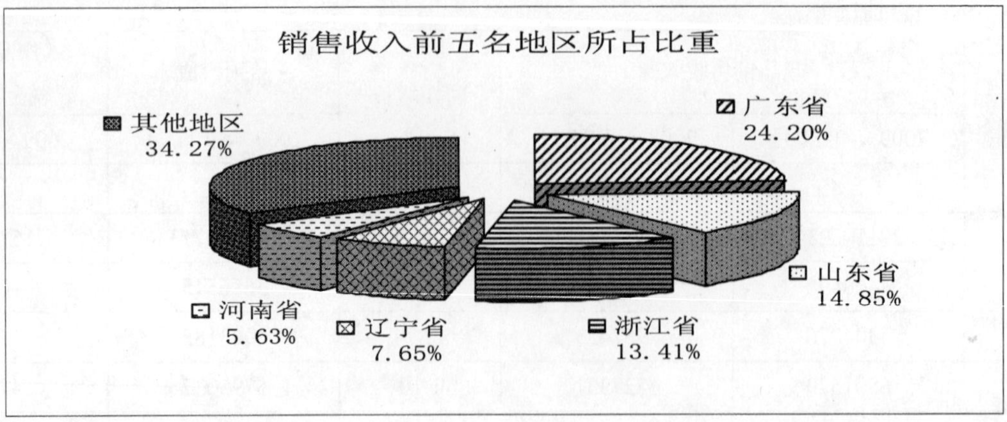

三、分地区盈利情况

地区	利润总额		产成品	全部从业人员平均人数	企业单位数
	2009年1-11月 (千元)	2008年1-11月 (千元)	2009年1-11月 (千元)	2009年1-11月 (人)	2009年1-11月 (个)
全　国	12731759	9244231	18022835	938106	5411
北京市	80310	147232	543036	19404	160
天津市	92064	-112318	299670	18004	93
河北省	351405	397143	323160	14864	108
山西省	1036	2955	13815	533	6
内蒙古	49726	62811	30692	968	10
辽宁省	1087158	706074	2737190	34351	264
吉林省	124078	79370	172472	7028	60
黑龙江	106940	86223	524165	16459	62
上海市	1000882	815231	1265375	48891	319
江苏省	669000	314394	803088	46375	275
浙江省	1778431	935302	2700668	153245	844
安徽省	102798	92899	275970	9418	113
福建省	439102	265911	864651	52037	309
江西省	166227	132318	86634	10041	55
山东省	2498017	2048875	1496085	81700	609
河南省	1799160	1334004	255378	34466	243
湖北省	102454	95854	116331	8255	76
湖南省	195361	190985	205467	14006	96
广东省	1302285	934507	4047333	310588	1398
广西区	53907	13016	131057	4244	27
海南省	2228	-1375	25423	1085	5
重庆市	176042	140716	173246	5673	63
四川省	510076	554077	752087	38586	176
贵州省	-1696	345	1547	146	0

<table>
<tr><td rowspan="3">地区</td><td colspan="2">利润总额</td><td>产成品</td><td>全部从业人员平均人数</td><td>企业单位数</td></tr>
<tr><td>2009 年 1-11 月</td><td>2008 年 1-11 月</td><td>2009 年 1-11 月</td><td>2009 年 1-11 月</td><td>2009 年 1-11 月</td></tr>
<tr><td>(千元)</td><td>(千元)</td><td>(千元)</td><td>(人)</td><td>(个)</td></tr>
<tr><td>云南省</td><td>787</td><td>3500</td><td>26883</td><td>736</td><td>6</td></tr>
<tr><td>陕西省</td><td>16498</td><td>5107</td><td>29566</td><td>2316</td><td>12</td></tr>
<tr><td>甘肃省</td><td>478</td><td>-652</td><td>7877</td><td>1064</td><td>6</td></tr>
<tr><td>青海省</td><td>-55</td><td>687</td><td>9235</td><td>89</td><td>0</td></tr>
<tr><td>宁夏区</td><td>2119</td><td>4006</td><td>6799</td><td>443</td><td>5</td></tr>
<tr><td>新疆区</td><td>24941</td><td>-4966</td><td>97935</td><td>3091</td><td>8</td></tr>
</table>

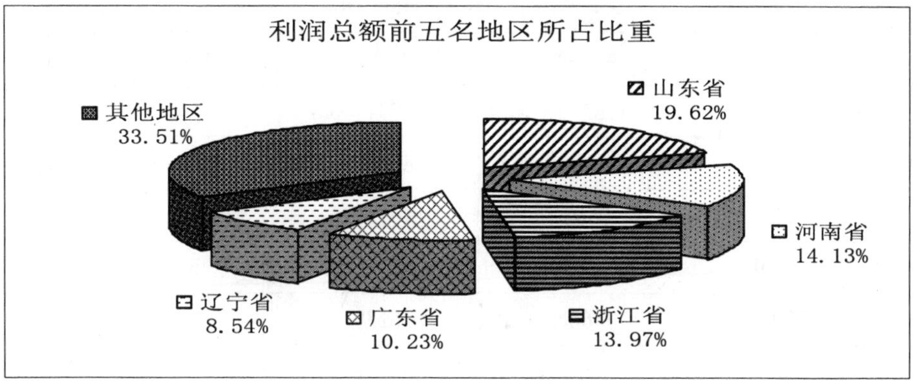

四、资产情况及利用效率分析

1. 行业资本结构

<table>
<tr><td rowspan="3">指 标</td><td colspan="2">2009 年 1-11 月</td><td colspan="2">2008 年 1-11 月</td></tr>
<tr><td>总额</td><td>占总资产比重</td><td>总额</td><td>占总资产比重</td></tr>
<tr><td>千元</td><td>%</td><td>千元</td><td>%</td></tr>
<tr><td>流动资产平均余额</td><td>111403172</td><td>55.64</td><td>97451614</td><td>56.33</td></tr>
<tr><td>资产总计</td><td>200208311</td><td>--</td><td>172991220</td><td>--</td></tr>
<tr><td>负债合计</td><td>109027412</td><td>54.46</td><td>99838877</td><td>57.71</td></tr>
<tr><td>所有者权益</td><td>91180899</td><td>45.54</td><td>73152343</td><td>42.29</td></tr>
</table>

2. 资产利用效率

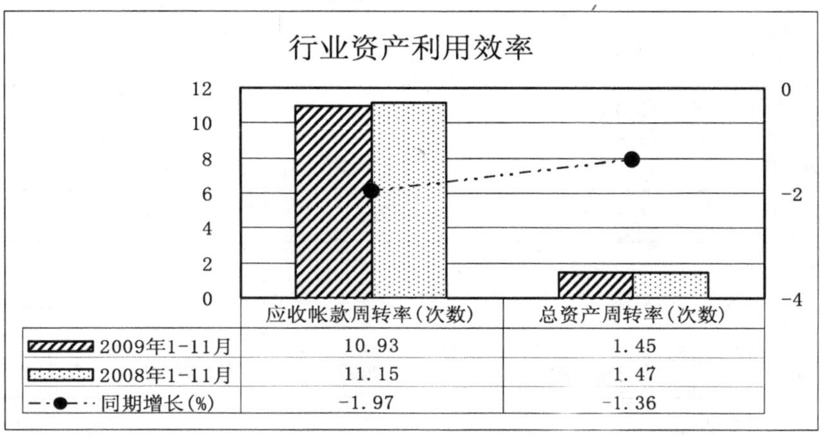

3. 分地区资产情况

单位：千元

地区	流动资产平均余额	资产总计	负债合计	应收帐款净额	所有者权益
全　国	111403172	200208311	109027412	26641113	91180899
北京市	4127747	6748405	4508180	1034842	2240225
天津市	3134149	6274163	3710811	713639	2563352
河北省	1625764	3902742	2067675	238521	1835067
山西省	49174	97525	44758	13862	52767
内蒙古	111232	298173	152025	24110	146148
辽宁省	4679246	10666045	3860181	1388114	6805864
吉林省	547180	1494078	653616	154172	840462
黑龙江	1547645	3182827	1731503	260444	1451324
上海市	8086163	13578468	8137093	2915111	5441375
江苏省	5965785	11046567	5949693	1753381	5096874
浙江省	26615119	43967384	27717556	5674168	16249828
安徽省	1039201	1986868	1023055	266319	963813
福建省	6028304	10721664	5693236	1438858	5028428
江西省	615820	1375350	587040	144124	788310
山东省	10252437	20243563	9059699	1407967	11183864
河南省	1900939	3738891	1195753	450756	2543138
湖北省	818904	1745697	833297	112738	912400
湖南省	722097	2007383	833703	149071	1173680
广东省	28100943	45828820	25971428	7339316	19857392
广西区	284098	521064	329028	57996	192036
海南省	49614	70758	29880	11272	40878
重庆市	996007	1637727	885327	355633	752400
四川省	2962960	6133428	3215784	415293	2917644
贵州省	36119	63074	51127	1201	11947
云南省	56923	134739	100082	4535	34657
陕西省	124968	250159	117396	48911	132763
甘肃省	26157	57372	42881	13895	14491
青海省	15337	29253	21407	1676	7846
宁夏区	52266	96984	64506	14783	32478
新疆区	830874	2309140	439692	236405	1869448

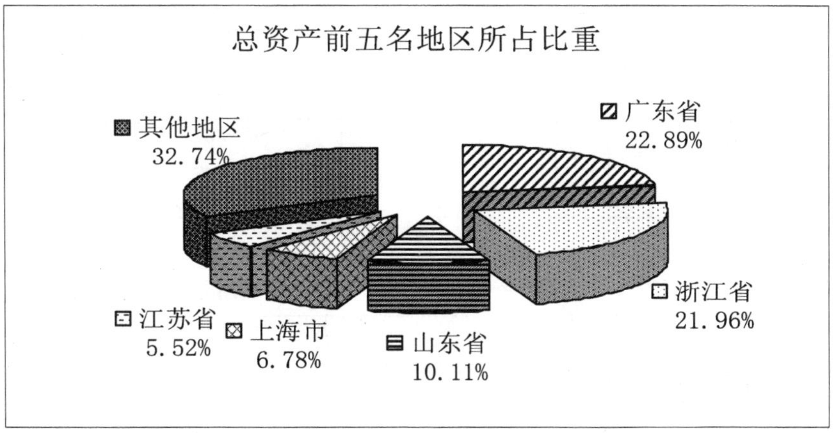

五、分地区企业亏损情况

地区	企业单位数 2009 年 1-11 月	亏损企业单位数 2009 年 1-11 月	亏损企业所占比例	亏损企业亏损总额 2009 年 1-11 月
	(个)	(个)	(%)	(千元)
全　国	5411	1071	19.79	1458563
北京市	160	56	35.00	111649
天津市	93	28	30.11	53633
河北省	108	16	14.81	48685
山西省	6	1	16.67	681
内蒙古	10	1	10.00	249
辽宁省	264	52	19.70	45055
吉林省	60	5	8.33	3656
黑龙江	62	8	12.90	5919
上海市	319	110	34.48	117424
江苏省	275	57	20.73	116835
浙江省	844	207	24.53	248226
安徽省	113	13	11.50	9037
福建省	309	54	17.48	62776
江西省	55	2	3.64	370
山东省	609	32	5.25	37024
河南省	243	0	0.00	0
湖北省	76	12	15.79	8660
湖南省	96	3	3.13	1086
广东省	1398	393	28.11	573141
广西区	27	3	11.11	4983
海南省	5	0	0.00	0
重庆市	63	3	4.76	1359

地区	企业单位数 2009年1-11月	亏损企业单位数2009年1-11月	亏损企业所占比例	亏损企业亏损总额 2009年1-11月
	(个)	(个)	(%)	(千元)
四川省	176	5	2.84	1767
贵州省	0	1	0.00	1814
云南省	6	1	16.67	1710
陕西省	12	2	16.67	1218
甘肃省	6	2	33.33	356
青海省	0	1	0.00	55
宁夏区	5	1	20.00	1074
新疆区	8	2	25.00	121

金属成形机床制造行业数据统计分析

一、 从业人员情况

地区	全部从业人员平均人数（人）		同期增长（%）
	2009年1-11月	2008年1-11月	
全国	66231	74676	-11.31

二、销售情况

1. 产品销售情况

	产品销售收入	产成品	企业单位数	企业平均销售收入
	(千元)	(千元)	(个)	(千元)
2009年1-11月	25780443	2581817	579	44525.81
2008年1-11月	27221652	2868997	482	56476.46
同期增长（%）	-5.29	-10.01	20.12	-21.16

2. 分地区产品销售情况

地区	产品销售收入		同期增长	产品销售成本	产品销售税金及附加
	2009年1-11月	2008年1-11月		2009年1-11月	2009年1-11月
	(千元)	(千元)	(%)	(千元)	(千元)
全　国	25780443	27221652	-5.29	21771869	103687
北京市	212255	387859	-45.28	172214	55
天津市	790803	684678	15.50	671944	3859
河北省	317353	213664	48.53	278122	2087
山西省	45893	46734	-1.80	41700	113

地区	产品销售收入		同期增长	产品销售成本	产品销售税金及附加
	2009年1-11月	2008年1-11月		2009年1-11月	2009年1-11月
	(千元)	(千元)	(%)	(千元)	(千元)
内蒙古	436305	318575	36.96	413576	254
辽宁省	1687707	618822	172.73	1455961	6709
吉林省	221293	52152	324.32	232305	368
黑龙江	36492	79221	-53.94	31777	135
上海市	1402070	1074252	30.52	1022594	1777
江苏省	6527512	9897941	-34.05	5697820	28565
浙江省	1945872	2201592	-11.62	1569603	8068
安徽省	1915217	1758508	8.91	1565016	6386
福建省	457136	361867	26.33	403988	610
山东省	4385665	4672391	-6.14	3701422	18405
河南省	511049	937514	-45.49	442068	2681
湖北省	715558	697905	2.53	580898	2699
湖南省	541850	251381	115.55	419122	10815
广东省	1733740	1974520	-12.19	1492632	5328
广西区	58030	73170	-20.69	48581	39
重庆市	365305	245941	48.53	315470	597
四川省	1271311	497653	155.46	1036555	2606
贵州省	21310	52030	-59.04	16430	120
云南省	10546	5302	98.91	9666	47
陕西省	158391	106853	48.23	143115	1350
宁夏区	11780	11127	5.87	9290	14

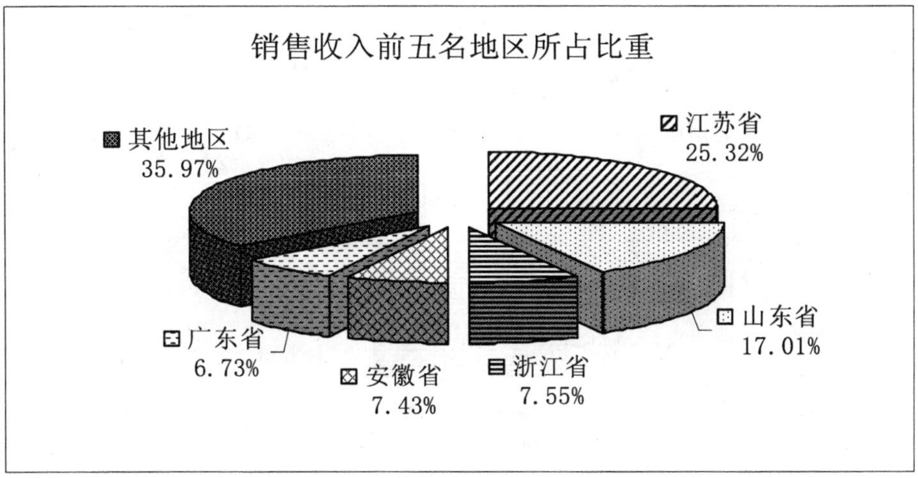

三、分地区盈利情况

地区	利润总额		产成品	全部从业人员平均人数	企业单位数
	2009年1-11月	2008年1-11月	2009年1-11月	2009年1-11月	2009年1-11月
	(千元)	(千元)	(千元)	(人)	(个)
全　国	1032611	1450016	2581817	66231	579
北京市	-456	38471	17051	678	8
天津市	15536	24590	105149	1757	10
河北省	11066	3764	46009	1416	13
山西省	2782	-68	4364	388	0
内蒙古	19637	16245	686	55	0
辽宁省	66666	14488	197247	3305	40
吉林省	1522	1320	14512	558	4
黑龙江	221	1071	3572	303	0
上海市	66448	67341	261073	2958	32
江苏省	217373	501709	509343	16507	165
浙江省	142189	169033	284837	7132	76
安徽省	112842	85669	213546	4390	46
福建省	-14944	-52821	33423	1039	8
山东省	234899	290865	200643	8461	58
河南省	20995	99346	23842	1941	12
湖北省	44504	45507	175978	2059	14
湖南省	23083	8814	80817	1654	11
广东省	23823	86841	210908	5778	49
广西区	648	4409	12237	382	0
重庆市	12141	10413	46040	962	0
四川省	35949	38913	83439	2749	12
贵州省	-160	-2250	6030	366	0
云南省	-2649	3	6582	151	0
陕西省	-2714	-4786	42709	1195	7
宁夏区	1210	1129	1780	47	0

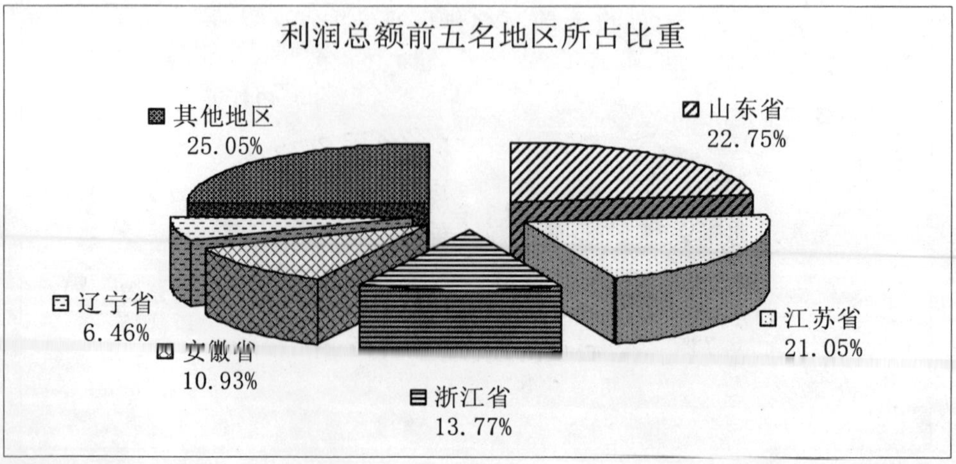

四、资产情况及利用效率分析

1. 行业资本结构

指　标	2009年1-11月		2008年1-11月	
	总额	占总资产比重	总额	占总资产比重
	千元	%	千元	%
流动资产平均余额	15027712	57.29	15045201	56.20
资产总计	26233017	--	26769572	--
负债合计	15659724	59.69	16247644	60.69
所有者权益	10573293	40.31	10521928	39.31

2. 资产利用效率

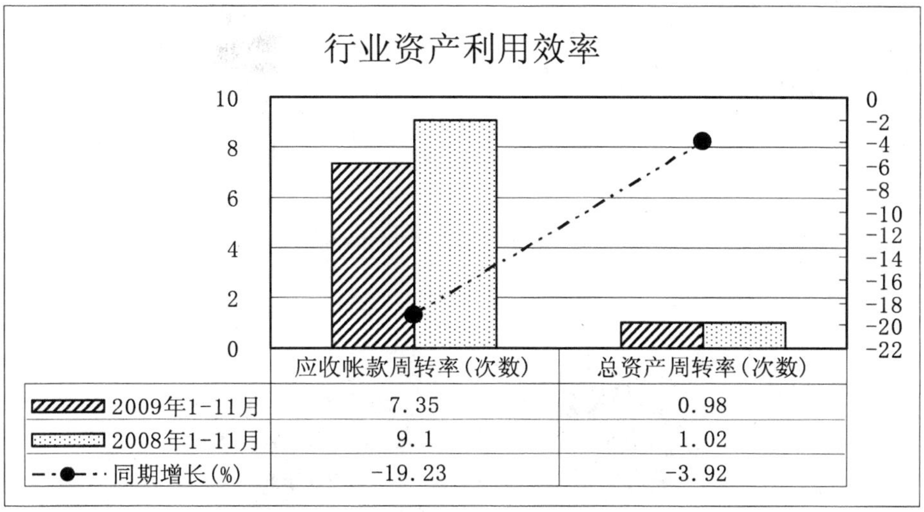

3. 分地区资产情况

单位：千元

地区	流动资产平均余额	资产总计	负债合计	应收帐款净额	所有者权益
全　国	15027712	26233017	15659724	3509605	10573293
北京市	251162	322113	159637	65183	162476
天津市	581835	736863	531747	104517	205116
河北省	470660	754960	631286	23314	123674
山西省	37494	57808	40176	8411	17632
内蒙古	29315	33718	24688	11906	9030
辽宁省	810093	1462232	889273	130790	572959
吉林省	95722	205181	112062	18306	93119
黑龙江	34638	49513	35877	6667	13636
上海市	1361843	1984230	1014467	313209	969763
江苏省	3272226	5446030	3355379	990624	2090651
浙江省	1685009	3200968	1673640	371994	1527328
安徽省	1356246	2514291	1510976	350348	1003315
福建省	341033	804687	351841	77206	452846

地区	流动资产平均余额	资产总计	负债合计	应收帐款净额	所有者权益
山东省	989480	2278428	1037557	198582	1240871
河南省	213051	401863	279797	74936	122066
湖北省	723176	1191437	713050	87087	478387
湖南省	224343	509425	300388	78546	209037
广东省	1589532	2593146	1741445	357261	851701
广西区	61655	86067	15282	23430	70785
重庆市	253986	406334	271697	44617	134637
四川省	349146	701235	611819	115530	89416
贵州省	90632	144500	128690	27560	15810
云南省	22116	34219	19819	1822	14400
陕西省	176003	292119	198241	26064	93878
宁夏区	7316	21650	10890	1695	10760

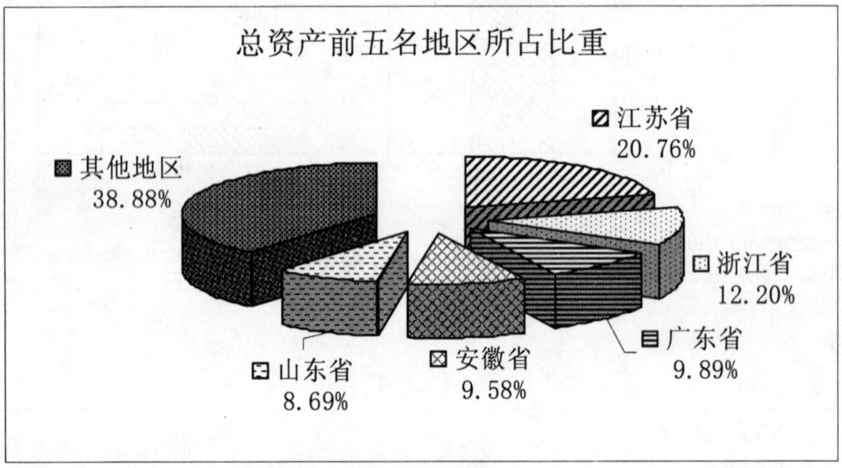

五、分地区企业亏损情况

地区	企业单位数 2009年1-11月 (个)	亏损企业单位数 2009年1-11月 (个)	亏损企业所占比例 (%)	亏损企业亏损总额 2009年1-11月 (千元)
全　国	579	101	17.44	174831
北京市	8	5	62.50	8824
天津市	10	5	50.00	2845
河北省	13	1	7.69	91
山西省	0	1	0.00	29
内蒙古	0	0	0.00	0
辽宁省	40	9	22.50	6325
吉林省	4	1	25.00	5410
黑龙江	0	1	0.00	242

地区	企业单位数 2009年1-11月	亏损企业单位数2009年1-11月	亏损企业所占比例	亏损企业亏损总额 2009年1-11月
	(个)	(个)	(%)	(千元)
上海市	32	8	25.00	28490
江苏省	165	22	13.33	40212
浙江省	76	14	18.42	11806
安徽省	46	7	15.22	3381
福建省	8	2	25.00	41977
山东省	58	5	8.62	1574
河南省	12	1	8.33	373
湖北省	14	3	21.43	1292
湖南省	11	1	9.09	4979
广东省	49	10	20.41	10567
广西区	0	0	0.00	0
重庆市	0	0	0.00	0
四川省	12	0	0.00	0
贵州省	0	1	0.00	160
云南省	0	2	0.00	2649
陕西省	7	2	28.57	3605
宁夏区	0	0	0.00	0

金属工具制造行业数据统计分析

一、 从业人员情况

地区	全部从业人员平均人数（人）		同期增长（%）
	2009年1-11月	2008年1-11月	
全国	331484	337214	-1.70

二、销售情况

1. 产品销售情况

	产品销售收入	产成品	企业单位数	企业平均销售收入
	(千元)	(千元)	(个)	(千元)
2009年1-11月	109516342	7932893	2687	40757.85
2008年1-11月	112035935	8346046	2303	48647.82
同期增长（%）	-2.25	-4.95	16.67	-16.22

2. 分地区产品销售情况

地区	产品销售收入		同期增长	产品销售成本	产品销售税金及附加
	2009年1-11月	2008年1-11月		2009年1-11月	2009年1-11月
	(千元)	(千元)	(%)	(千元)	(千元)
全　国	109516342	112035935	-2.25	93738438	509792
北京市	303236	281918	7.56	250708	1123
天津市	1333904	2121568	-37.13	1204603	2858
河北省	3394977	3622779	-6.29	2910368	22766
山西省	54875	79048	-30.58	44777	270
内蒙古	269102	170170	58.14	219676	603
辽宁省	3413830	1656120	106.13	2898291	19635
吉林省	498542	453174	10.01	444810	3258
黑龙江	331732	366924	-9.59	279949	1569
上海市	7300473	9143604	-20.16	5807578	10110
江苏省	19529062	24668337	-20.83	17290634	61071
浙江省	13372860	17885196	-25.23	11522724	52730
安徽省	997530	892843	11.73	834412	5190
福建省	2698799	2588436	4.26	2435993	6317
江西省	552249	287126	92.34	439512	1279
山东省	17860632	13267799	34.62	15452767	124967
河南省	1727931	1543687	11.94	1444608	17231
湖北省	1822556	1430176	27.44	1485105	10811
湖南省	3997480	5647488	-29.22	3414830	63228
广东省	24439508	20871766	17.09	20650753	80113
广西区	1109435	671955	65.11	978607	3234
重庆市	828346	613951	34.92	650353	3894
四川省	2622525	2514931	4.28	2232948	10817
贵州省	566710	669009	-15.29	468751	3209
云南省	9132	10383	-12.05	7316	59
陕西省	368770	519305	-28.99	271867	2372
甘肃省	86685	15562	457.03	75061	1056
青海省	18688	34264	-45.46	15535	9
宁夏区	6773	8416	-19.52	5902	13

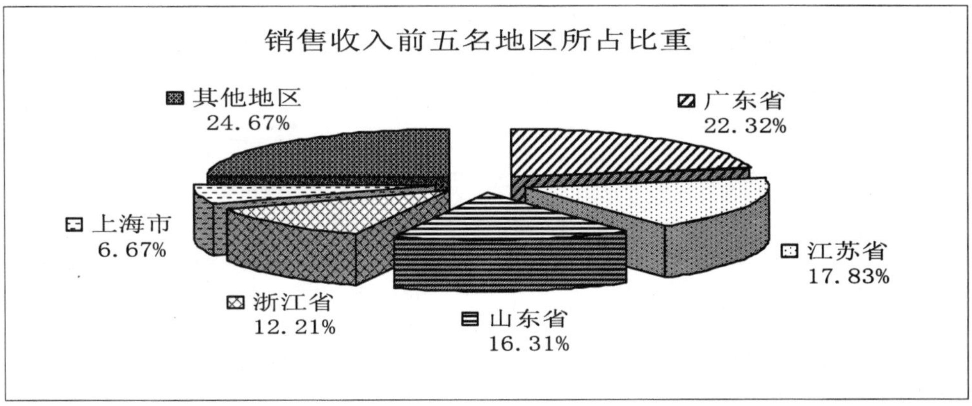

三、分地区盈利情况

地区	利润总额		产成品	全部从业人员平均人数	企业单位数
	2009年1-11月	2008年1-11月	2009年1-11月	2009年1-11月	2009年1-11月
	(千元)	(千元)	(千元)	(人)	(个)
全　国	5087629	5618831	7932893	331484	2687
北京市	9749	-15854	56336	1461	24
天津市	24382	9868	53291	4620	42
河北省	150223	234278	277427	12464	76
山西省	-11125	-8347	59739	1576	6
内蒙古	19667	7061	4582	146	0
辽宁省	88586	54210	254034	7973	102
吉林省	25036	20897	81038	1290	15
黑龙江	-12348	12839	98134	3659	18
上海市	776805	875624	914743	23553	187
江苏省	877996	986338	1692819	48308	450
浙江省	425249	682466	1225309	58792	638
安徽省	39155	40026	78560	3274	46
福建省	42751	55716	139113	6460	67
江西省	61088	12835	28691	1989	19
山东省	1045399	905722	1040603	38201	258
河南省	157561	146255	90040	4479	37
湖北省	84289	68524	125157	5987	67
湖南省	233903	383639	212263	7837	61
广东省	854552	877535	974776	80194	446
广西区	1952	-2702	23163	1126	15
重庆市	49289	24861	37609	2434	29
四川省	115763	181813	175539	7413	51
贵州省	6377	23654	165107	3614	7
云南省	75	83	1237	54	0

地区	利润总额		产成品	全部从业人员平均人数	企业单位数
	2009年1-11月	2008年1-11月	2009年1-11月	2009年1-11月	2009年1-11月
	(千元)	(千元)	(千元)	(人)	(个)
陕西省	21442	43748	88388	3666	15
甘肃省	-136	-1649	19686	437	4
青海省	-146	-988	12550	385	0
宁夏区	95	379	2959	92	0

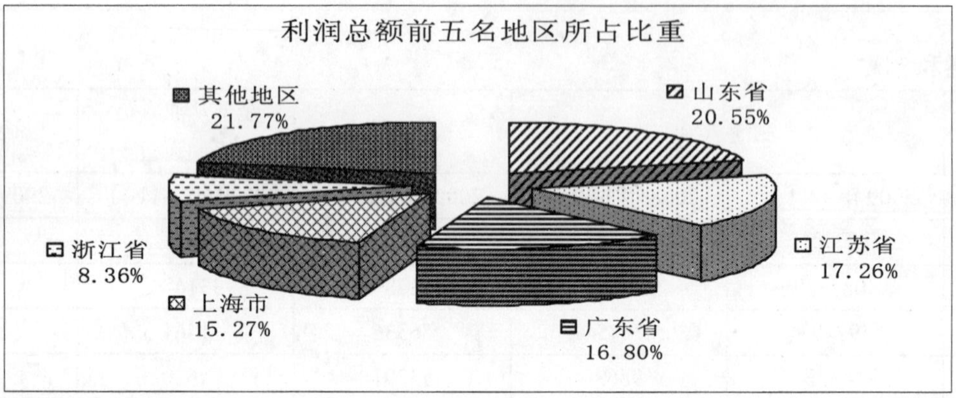

四、资产情况及利用效率分析

1. 行业资本结构

指标	2009年1-11月		2008年1-11月	
	总额	占总资产比重	总额	占总资产比重
	千元	%	千元	%
流动资产平均余额	47189874	55.15	48165804	57.83
资产总计	85570140	--	83293988	--
负债合计	44195762	51.65	45613218	54.76
所有者权益	41374378	48.35	37680770	45.24

2. 资产利用效率

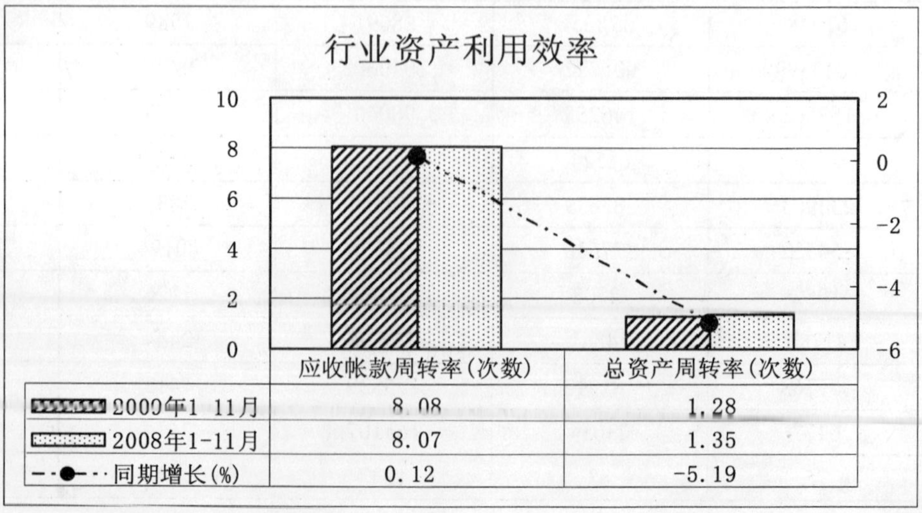

3. 分地区资产情况

单位：千元

地区	流动资产平均余额	资产总计	负债合计	应收帐款净额	所有者权益
全　国	47189874	85570140	44195762	13553601	41374378
北京市	245369	334107	224131	87639	109976
天津市	688319	1038601	748951	226035	289650
河北省	1895116	3661512	1599777	493892	2061735
山西省	415351	485162	526345	54334	-41183
内蒙古	13671	37829	34332	3664	3497
辽宁省	1408076	3313841	1270479	323052	2043362
吉林省	223886	474632	272554	71153	202078
黑龙江	413764	909937	462746	135838	447191
上海市	5528231	9135323	3623569	1789879	5511754
江苏省	8608609	14912004	7223093	2606090	7688911
浙江省	8732796	14610015	8920683	2540405	5689332
安徽省	432146	815175	414548	198668	400627
福建省	1009075	1929982	969326	362064	960656
江西省	179121	582299	181677	59102	400622
山东省	5344059	10239925	5496275	1071971	4743650
河南省	517794	1081284	489346	127308	591938
湖北省	649947	1293651	672787	170601	620864
湖南省	621836	1898353	1029198	218601	869155
广东省	7541971	13509065	7160915	2249827	6348150
广西区	114774	385336	153496	23167	231840
重庆市	176255	351264	153578	47556	197686
四川省	1347631	2430001	1466570	371086	963431
贵州省	561258	1004111	511481	156446	492630
云南省	8903	9678	3573	2050	6105
陕西省	352633	883828	483662	125265	400166
甘肃省	79880	133421	63566	22034	69855
青海省	70726	98685	33255	15431	65430
宁夏区	8677	11119	5849	443	5270

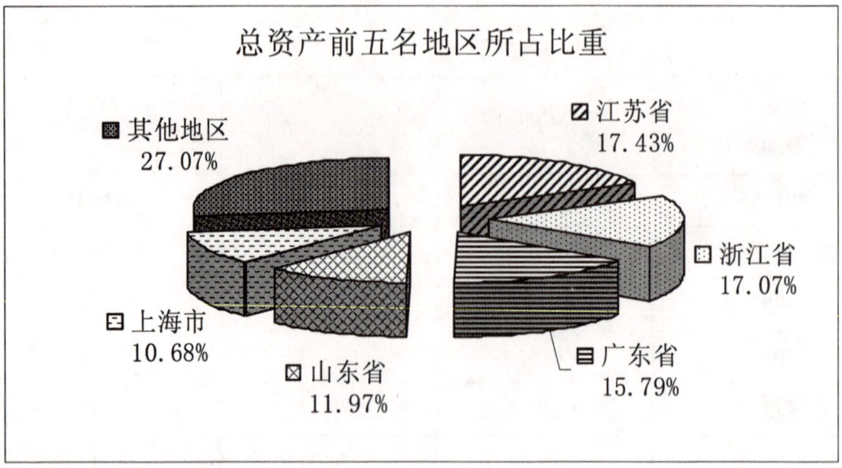

五、分地区企业亏损情况

地区	企业单位数 2009年1-11月	亏损企业单位数 2009年1-11月	亏损企业所占比例	亏损企业亏损总额 2009年1-11月
	(个)	(个)	(%)	(千元)
全　国	2687	496	18.46	767228
北京市	24	8	33.33	2769
天津市	42	12	28.57	11824
河北省	76	16	21.05	42630
山西省	6	4	66.67	11125
内蒙古	0	0	0.00	0
辽宁省	102	19	18.63	55351
吉林省	15	1	6.67	647
黑龙江	18	6	33.33	14399
上海市	187	60	32.09	56641
江苏省	450	91	20.22	159171
浙江省	638	121	18.97	83079
安徽省	46	4	8.70	1009
福建省	67	14	20.90	28639
江西省	19	1	5.26	223
山东省	258	22	8.53	114257
河南省	37	1	2.70	105
湖北省	67	5	7.46	4319
湖南省	61	4	6.56	2139
广东省	446	84	18.83	158939
广西区	15	4	26.67	4762
重庆市	29	2	6.90	445
四川省	51	5	9.80	2146
贵州省	7	2	28.57	3663
云南省	0	0	0.00	0

地区	企业单位数 2009年1-11月	亏损企业单位数2009年1-11月	亏损企业所占比例	亏损企业亏损总额 2009年1-11月
	(个)	(个)	(%)	(千元)
陕西省	15	6	40.00	4847
甘肃省	4	2	50.00	2682
青海省	0	2	0.00	1417
宁夏区	0	0	0.00	0

金属切削机床制造行业数据统计分析

一、 从业人员情况

地区	全部从业人员平均人数（人）		同期增长（%）
	2009年1-11月	2008年1-11月	
全国	204747	200337	2.20

二、销售情况

1. 产品销售情况

	产品销售收入	产成品	企业单位数	企业平均销售收入
	(千元)	(千元)	(个)	(千元)
2009年1-11月	86775547	8306652	750	115700.73
2008年1-11月	78319345	8317984	646	121237.38
同期增长（%）	10.80	-0.14	16.10	-4.57

2. 分地区产品销售情况

地区	产品销售收入		同期增长	产品销售成本	产品销售税金及附加
	2009年1-11月	2008年1-11月		2009年1-11月	2009年1-11月
	(千元)	(千元)	(%)	(千元)	(千元)
全　国	86775547	78319345	10.80	71878834	346416
北京市	2609316	2803310	-6.92	2151884	14339
天津市	922506	468148	97.05	801235	2365
河北省	592000	493245	20.02	480616	2099
山西省	142393	214526	-33.62	107829	454
辽宁省	30095510	25404636	18.46	25283025	102994
吉林省	153936	79674	93.21	156460	468
黑龙江	3905236	4206338	-7.16	3181982	9232
上海市	2854478	3587029	-20.42	2271400	7902
江苏省	9095473	7526554	20.85	7575751	37858
浙江省	5591889	5466697	2.29	4426025	24624

地区	产品销售收入		同期增长	产品销售成本	产品销售税金及附加
	2009年1-11月	2008年1-11月		2009年1-11月	2009年1-11月
	(千元)	(千元)	(%)	(千元)	(千元)
安徽省	1264086	1168784	8.15	1015527	5078
福建省	263986	303435	-13.00	222874	1758
江西省	565276	329758	71.42	495588	5500
山东省	8805963	6303774	39.69	7218461	61659
河南省	1907812	1818086	4.94	1627720	5148
湖北省	2246222	1904707	17.93	1696930	16706
湖南省	396895	441767	-10.16	282103	2254
广东省	1428807	1130922	26.34	1225716	3516
广西区	300462	363277	-17.29	250015	1627
重庆市	1308766	1186816	10.28	1112814	5374
四川省	1356637	1323263	2.52	1219233	3384
贵州省	369398	330088	11.91	283311	1740
云南省	2569453	2622938	-2.04	1902081	2102
陕西省	5169759	5583300	-7.41	4808156	16738
甘肃省	1207392	1232445	-2.03	852621	4843
青海省	966020	990975	-2.52	748355	4974
宁夏区	685876	1034853	-33.72	481122	1680

销售收入前五名地区所占比重

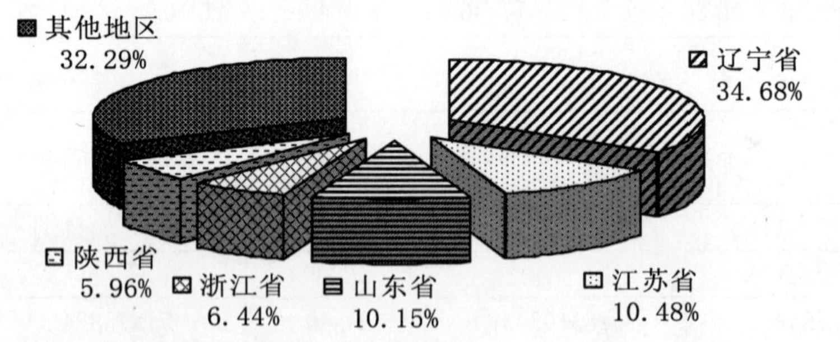

三、分地区盈利情况

地区	利润总额		产成品	全部从业人员平均人数	企业单位数
	2009年1-11月	2008年1-11月	2009年1-11月	2009年1-11月	2009年1-11月
	(千元)	(千元)	(千元)	(人)	(个)
全　国	4522008	4300916	8306652	204747	750
北京市	202094	214110	270814	5237	20
天津市	19792	18461	55766	2940	14

地区	利润总额		产成品	全部从业人员平均人数	企业单位数
	2009年1-11月	2008年1-11月	2009年1-11月	2009年1-11月	2009年1-11月
	(千元)	(千元)	(千元)	(人)	(个)
河北省	30242	14565	82076	4346	13
山西省	2642	1085	98708	1134	4
辽宁省	1148999	1078965	2210852	38400	78
吉林省	5293	1954	18212	331	0
黑龙江	372391	329906	286489	8444	6
上海市	111481	96083	502892	7392	58
江苏省	552394	589259	724296	25451	143
浙江省	317265	295008	610112	15686	112
安徽省	53385	104327	181599	4772	34
福建省	2687	10123	43753	1687	14
江西省	26110	17615	73021	955	9
山东省	636302	380883	673009	23089	84
河南省	140236	97895	113739	3690	11
湖北省	182293	56000	280520	7749	23
湖南省	29102	36151	105757	1486	10
广东省	16157	23939	187595	5733	45
广西区	-25299	-2156	117551	2555	0
重庆市	43039	38114	98493	4746	7
四川省	-41515	-86062	157595	5505	18
贵州省	1724	14631	55300	2137	4
云南省	215302	273885	564771	5861	14
陕西省	245057	378313	423586	15651	13
甘肃省	133991	170641	65740	3240	4
青海省	46968	40849	160056	4588	0
宁夏区	53876	106372	144350	1942	4

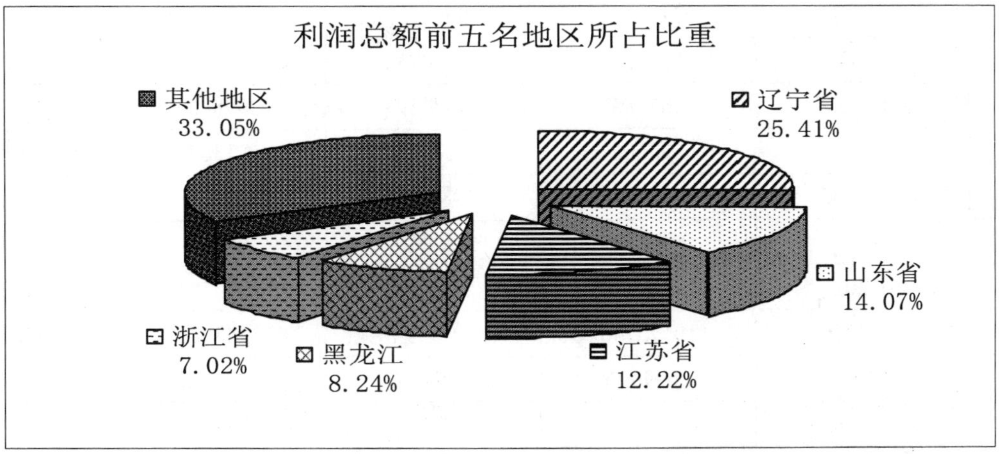

四、资产情况及利用效率分析

1. 行业资本结构

指　标	2009年1-11月		2008年1-11月	
	总额	占总资产比重	总额	占总资产比重
	千元	%	千元	%
流动资产平均余额	70310268	59.63	55281320	56.48
资产总计	117915767	--	97872327	--
负债合计	71704208	60.81	59118671	60.40
所有者权益	46211559	39.19	38753656	39.60

2. 资产利用效率

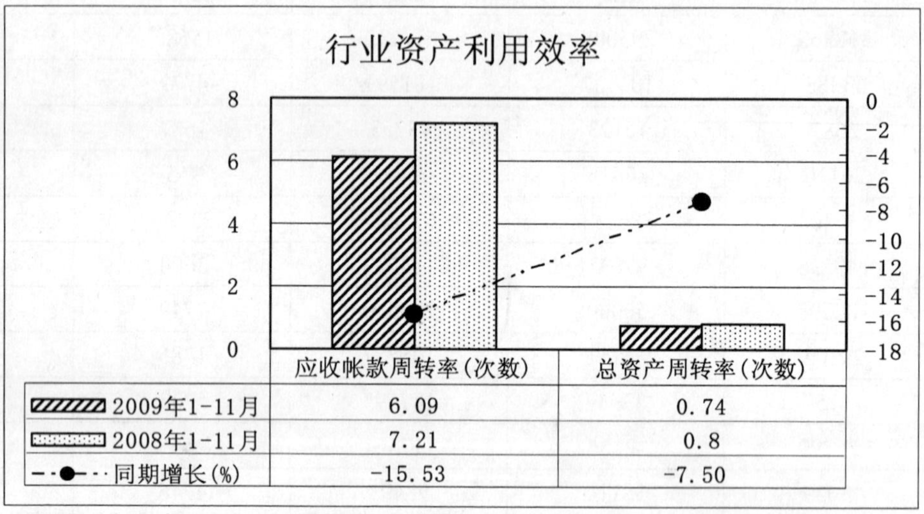

3. 分地区资产情况

单位：千元

地区	流动资产平均余额	资产总计	负债合计	应收帐款净额	所有者权益
全　国	70310268	117915767	71704208	14256510	46211559
北京市	3241755	6440848	2947684	608675	3493164
天津市	557531	912711	571234	80626	341477
河北省	446096	737337	564429	65768	172908
山西省	442431	564329	354071	31761	210258
辽宁省	23875085	35871852	24074293	3998024	11797559
吉林省	76821	192605	127507	21387	65098
黑龙江	3882300	6588749	3384406	826797	3204343
上海市	2876757	3683246	2348801	540546	1334445
江苏省	8012026	13139730	8616399	1676503	4523331
浙江省	5279626	10175146	5917994	1348986	4257152
安徽省	895280	1699896	919438	146407	780458
福建省	187802	412692	163842	53460	248850

地区	流动资产平均余额	资产总计	负债合计	应收帐款净额	所有者权益
江西省	378263	553390	298339	74094	255051
山东省	3592843	8021340	4574157	656711	3447183
河南省	572023	1027833	514215	82714	513618
湖北省	2400067	5098097	4028978	937399	1069119
湖南省	173456	936669	337191	62481	599478
广东省	1046952	1671639	937175	367633	734464
广西区	719436	1052115	791308	120142	260807
重庆市	852978	1479103	739727	183538	739376
四川省	1012224	2099226	1431432	324028	667794
贵州省	503385	749078	470190	181808	278888
云南省	2286370	3504942	1979369	397572	1525573
陕西省	3589161	6155948	2854574	738925	3301374
甘肃省	1172421	1834680	1170305	298884	664375
青海省	1304131	1716713	903714	282666	812999
宁夏区	933048	1595853	683436	148975	912417

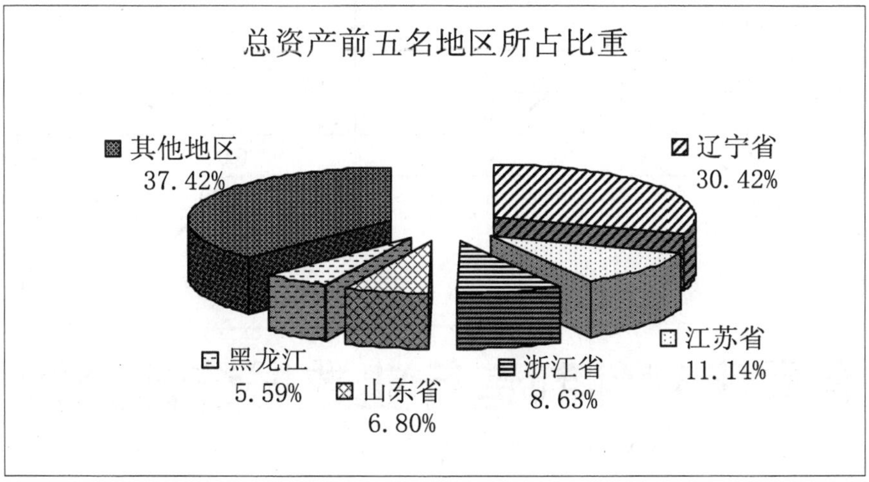

五、分地区企业亏损情况

地区	企业单位数 2009年1-11月	亏损企业单位数 2009年1-11月	亏损企业所占比例	亏损企业亏损总额 2009年1-11月
	(个)	(个)	(%)	(千元)
全　国	750	180	24.00	671806
北京市	20	8	40.00	43643
天津市	14	4	28.57	3088
河北省	13	8	61.54	7868
山西省	4	1	25.00	305
辽宁省	78	11	14.10	80132
吉林省	0	0	0.00	0

地区	企业单位数 2009年1-11月	亏损企业单位数2009年1-11月	亏损企业所占比例	亏损企业亏损总额 2009年1-11月
	(个)	(个)	(%)	(千元)
黑龙江	6	3	50.00	2304
上海市	58	28	48.28	107163
江苏省	143	25	17.48	71793
浙江省	112	31	27.68	104531
安徽省	34	5	14.71	5961
福建省	14	4	28.57	2578
江西省	9	2	22.22	859
山东省	84	7	8.33	43905
河南省	11	1	9.09	1980
湖北省	23	5	21.74	2377
湖南省	10	4	40.00	7920
广东省	45	15	33.33	38591
广西区	0	2	0.00	26691
重庆市	7	2	28.57	13590
四川省	18	1	5.56	54953
贵州省	4	3	75.00	311
云南省	14	5	35.71	39228
陕西省	13	4	30.77	5850
甘肃省	4	0	0.00	0
青海省	0	0	0.00	0
宁夏区	4	1	25.00	6185

金属密封件制造行业数据统计分析

一、 从业人员情况

地区	全部从业人员平均人数（人）		同期增长（%）
	2009年1-11月	2008年1-11月	
全国	72663	61239	18.65

二、销售情况

1. 产品销售情况

	产品销售收入	产成品	企业单位数	企业平均销售收入
	(千元)	(千元)	(个)	(千元)
2009年1-11月	47087408	1440735	555	84842.177
2008年1-11月	32713778	1197741	463	70656.108
同期增长（%）	43.94	20.29	19.87	20.08

2. 分地区产品销售情况

地区	产品销售收入		同期增长	产品销售成本	产品销售税金及附加
	2009年1-11月	2008年1-11月		2009年1-11月	2009年1-11月
	(千元)	(千元)	(%)	(千元)	(千元)
全　国	47087408	32713778	43.94	40396361	391886
北京市	7018	19286	-63.61	6207	27
天津市	165068	298183	-44.64	94487	258
河北省	292998	142270	105.95	265983	436
辽宁省	1374596	1101566	24.79	1132217	4091
吉林省	132341	0	--	122760	88667
黑龙江	54095	3769	1335.26	47952	240
上海市	503812	1276887	-60.54	384796	1552
江苏省	2187811	1842250	18.76	1697259	8154
浙江省	1505130	1007632	49.37	1161792	6479
安徽省	54787	56171	-2.46	47355	436
福建省	300385	83528	259.62	279472	222
江西省	291104	112980	157.66	242459	3912
山东省	37458158	24768478	51.23	32716462	244258
河南省	791883	398433	98.75	646715	10206
湖北省	115643	60352	91.61	100037	726
湖南省	49199	54326	-9.44	42748	21
广东省	724366	738494	-1.91	527130	3168
四川省	982206	629224	56.10	805871	18164
陕西省	34586	48143	-28.16	20209	411
甘肃省	11079	37409	-70.38	10429	277
新疆区	51143	34397	48.68	44021	181

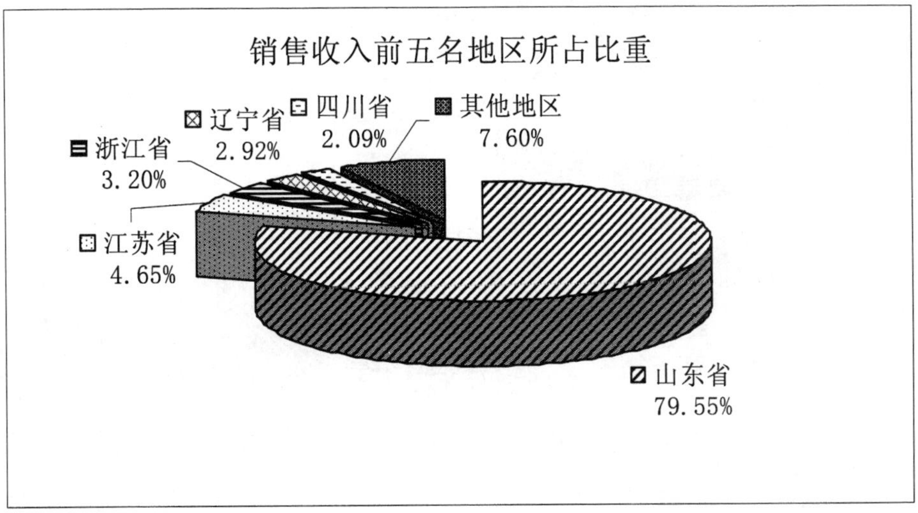

三、分地区盈利情况

地区	利润总额		产成品	全部从业人员平均人数	企业单位数
	2009年1-11月(千元)	2008年1-11月(千元)	2009年1-11月(千元)	2009年1-11月(人)	2009年1-11月(个)
全　国	3116808	2061705	1440735	72663	555
北京市	-645	-3553	5370	74	0
天津市	40884	40635	7999	477	8
河北省	7789	5308	19977	961	12
辽宁省	115496	101334	84241	3443	35
吉林省	22506	0	4871	533	0
黑龙江	77	58	10422	71	0
上海市	52451	58111	42275	2307	25
江苏省	140834	161998	128856	5892	64
浙江省	145491	87881	101308	6416	75
安徽省	4587	4290	3797	256	5
福建省	6794	185	7631	278	0
江西省	15465	3781	9328	318	0
山东省	2349382	1507718	898223	44883	262
河南省	92421	41809	15390	1200	9
湖北省	3172	1015	9967	232	5
湖南省	3161	780	0	89	0
广东省	6433	16434	53753	2640	18
四川省	109834	31138	34387	2194	21
陕西省	-376	422	0	185	0
甘肃省	776	2004	45	35	0
新疆区	276	357	2895	179	0

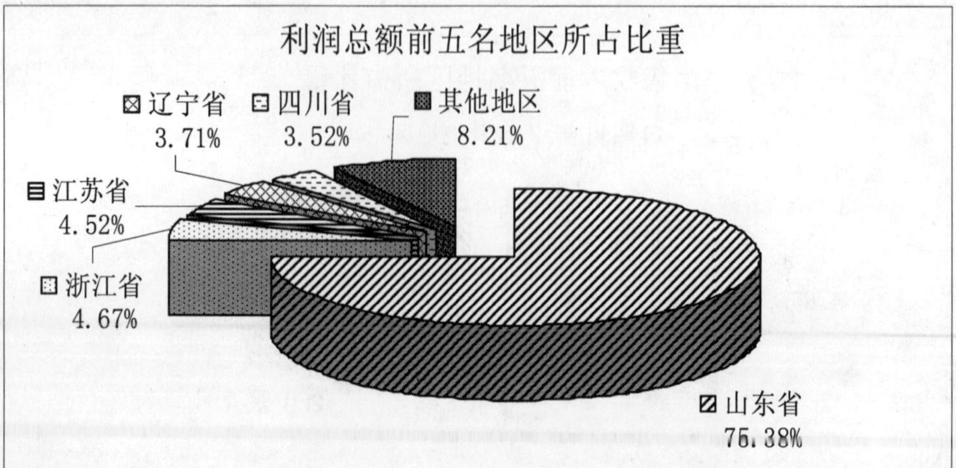

四、资产情况及利用效率分析

1. 行业资本结构

指 标	2009年1-11月		2008年1-11月	
	总额	占总资产比重	总额	占总资产比重
	千元	%	千元	%
流动资产平均余额	11897203	48.32	8427230	50.49
资产总计	24623832	--	16691839	--
负债合计	11302725	45.90	8914830	53.41
所有者权益	13321107	54.10	7777009	46.59

2. 资产利用效率

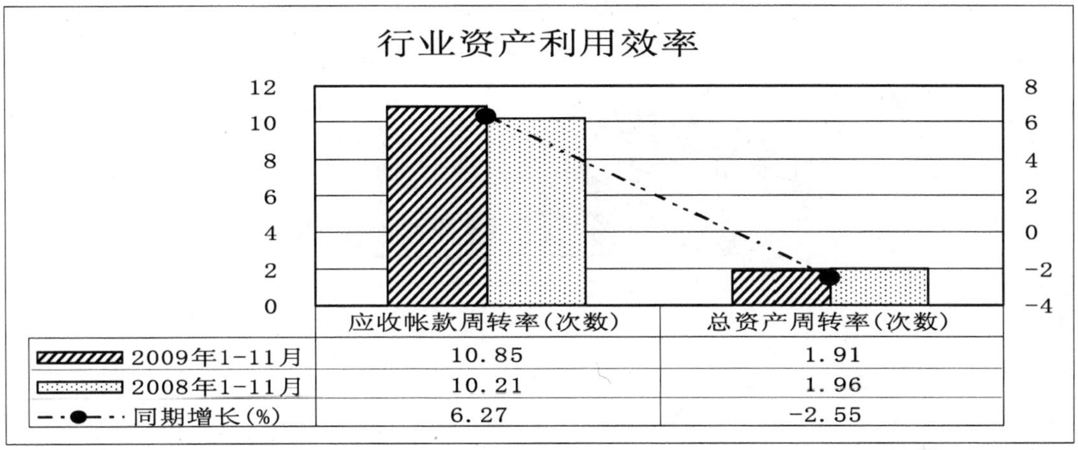

3. 分地区资产情况

单位：千元

地区	流动资产平均余额	资产总计	负债合计	应收帐款净额	所有者权益
全 国	11897203	24623832	11302725	4338379	13321107
北京市	12032	13068	7539	3564	5529
天津市	48236	79363	29335	21783	50028
河北省	120284	195292	121798	67413	73494
辽宁省	533126	1090167	401707	538692	688460
吉林省	134977	294552	80398	94520	214154
黑龙江	8189	14273	11260	13042	3013
上海市	381798	557328	199940	131968	357388
江苏省	1601725	2760843	1264566	651788	1496277
浙江省	1243462	2264941	1148556	454424	1116385
安徽省	33149	65789	26291	12579	39498
福建省	88037	226346	96226	57681	130120
江西省	56597	144115	60759	22877	83356
山东省	6614883	14938912	6771695	1853005	8167217
河南省	110911	250943	106218	29443	144725

地区	流动资产平均余额	资产总计	负债合计	应收帐款净额	所有者权益
湖北省	33827	140817	30300	9437	110517
湖南省	0	0	0	0	0
广东省	412203	710320	481508	156036	228812
四川省	342219	688727	331004	177720	357723
陕西省	50069	60784	43106	18504	17678
甘肃省	1420	4150	1550	320	2600
新疆区	70059	123102	88969	23583	34133

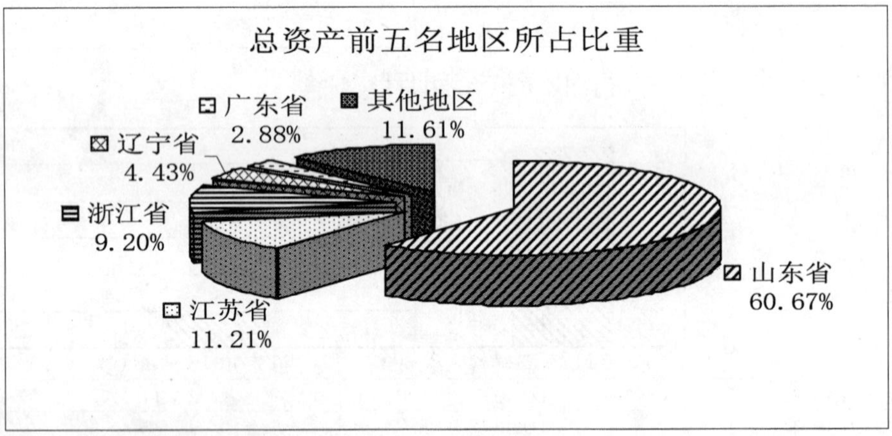

五、分地区企业亏损情况

地区	企业单位数 2009年1-11月	亏损企业单位数 2009年1-11月	亏损企业所占比例	亏损企业亏损总额 2009年1-11月
	(个)	(个)	(%)	(千元)
全　国	555	41	7.39	41605
北京市	0	1	0.00	645
天津市	8	2	25.00	1438
河北省	12	1	8.33	82
辽宁省	35	4	11.43	5571
吉林省	0	0	0.00	0
黑龙江	0	1	0.00	273
上海市	25	5	20.00	2342
江苏省	64	3	4.69	13294
浙江省	75	8	10.67	4082
安徽省	5	2	40.00	635
福建省	0	0	0.00	0
江西省	0	0	0.00	0
山东省	262	4	1.53	3372
河南省	9	2	22.22	1010

地区	企业单位数2009年1-11月	亏损企业单位数2009年1-11月	亏损企业所占比例	亏损企业亏损总额2009年1-11月
	(个)	(个)	(%)	(千元)
湖北省	5	0	0.00	0
湖南省	0	0	0.00	0
广东省	18	6	33.33	6464
四川省	21	0	0.00	0
陕西省	0	1	0.00	376
甘肃省	0	0	0.00	0
新疆区	0	1	0.00	21

专题篇

专题一 中国工业60年

2009年，新中国成立的甲子之年，中国工业伴随着新中国的成长，也经历了60年的风风雨雨，成就了令世人瞩目的辉煌成就，国家统计局为此发布了新中国60年报告、工信部发布了中国工业六十年述评、人民日报发表了“挺起工业大国的脊梁”的文章，现辑录成专题，以飨读者。

新中国60年报告
从一穷二白到现代工业体系的跨越

来源：国家统计局

伴随着共和国前进的脚步，沐浴着改革开放的春风，新中国工业走过了不平凡的60年。60年来，新中国在几乎一穷二白的基础上，建立起独立的、比较完整的、有相当规模和较高技术水平的现代工业体系，实现了由工业化起步阶段到工业化初级阶段、再到工业化中期阶段的历史大跨越，推动我国从一个物资极度匮乏、产业百废待兴的国家发展成为世界经济发展引擎、全球的制造基地。新中国工业为我国经济的繁荣、人民生活的富裕安康，以及世界经济的发展做出了卓越贡献。

60年工业的风雨历程

60年前的旧中国，工业是极为落后的。不仅产品产量低，而且工业部门残缺不全，只有采矿业、纺织业和简单的加工业，许多工业产品不能自己生产，完全依赖进口。新中国成立后，党和政府集中有限的资源，重点投向工业部门，一大批工业项目的开工建设拉开了中国工业化的序幕。从此，新中国工业以前所未有的速度波浪前行。按照历史的顺序及特点，新中国工业大体分为四个阶段：

第一阶段为1949年~1957年，国民经济恢复和“一五”时期。这期间，是中国历史上经济发展比较快的时期。一方面，仅用三年的时间，就奇迹般地在战争废墟上恢复了国民经济，工业生产迅速增长。1949~1952年，工业总产值由140亿元增加到343亿元，同比增长1.45倍，年均增长34.8%。同时，在整个“一五”期间，我国工业生产取得了巨大成就。其中最突出的标志，是新中国接受了苏联和东欧国家的资金、技术和设备援助，建设了以“156项”为核心的近千个工业项目。在这些骨干项目的带动下，工业快速建立起来。“一五”期间，我国工业增加值年均增长19.8%，农业年均增长3.8%。工业生产增长明显快于农业。在工农业总产值中，工业的比重由1952年的43.1%，提高到1957年的56.7%，上升13.6个百分点。这些项目的建成投产，建立了一系列新的工业部门，在中国大地上史无前例地形成了独立自主的工业体系雏形，奠定了社会主义工业化的初步基础。

第二阶段为1958年~1965年，“大跃进”和国民经济调整时期。由于建国后国民经济恢复和第一个五年计划顺利完成，主观主义、急于求成的情绪蔓延滋长起来，指导思想上出现“左”的倾向，提出了“以钢为纲”、“赶英超美”的口号，导致重大比例关系严重失调，工业生产难以持续发展。1958~1960年，工业增加值3年增长1.1倍，随后大幅度下降，1961年比1960年下降39%，1962年又比1961年下降13.3%。1958~1962年5年间平均每年仅增长2.7%。1961年我国被迫实行"调整、巩固、充实、提高"的八字方针，对国民经济发展进行三年的综合治理，我国国民经济发展得到了较好的恢复。工业增长速度明显加快，1963~1965年间工业增加值年均增长21.4%，比"二五"期间高18.7个百分点。

第三阶段为1966年~1978年，工业经济大起大落时期。1966~1976年是文化大革命十年动乱时期，工业经济大起大落。1967年全国工业增加值比上年下降15.1%；1968年又比1967年下降8.2%；1969年、1970年增速在30%以上，1976年又下降3.1%。1976年粉碎"四人帮"，结束了十年内乱，中国历史出现了转机。但由于党的指导思想出现失误，从1976年10月至召开党的十一届三中全会前的两年间，国民经济还未完全走向正轨。

新中国成立的最初28年，尽管有十年动乱的严重干扰，工业建设及经济发展遭到重大损失，但在部分老一辈革命家和全国人民的共同努力下，工业经济还是取得了一定的成就。中国在几乎一片废墟上，成功地构造了相对独立、比较完整的工业体系。工业化进程由起步阶段进入了工业化的初级阶段，为后一个30年的大发展打下了一定的基础。

第四阶段为1978年改革开放以来，工业经济进入腾飞期。1978年12月，中国共产党十一届三中全会召开，开启了改革开放的新时期，工业经济从此插上了腾飞的翅膀。工业经济获得空前发展。2008年全部工业增加值达129112亿元，比1978增长25.4倍(按可比价计算)，年均增长11.5%；2007年规模以上工业企业（年主营业务收入在500万元以上的工业企业，以下同）实现利润27155亿元，固定资产原值198739亿元，分别是1978年的45倍和57倍。制造业大国地位初步确立，2007年中国在全球制造业排行榜上与日本并列第二(美国经济咨询公司统计)。工业生产能力大幅提高。我国在能源、冶金、化工、建材、机械设备、电子通讯设备制造和交通运输设备制造及各种消费品等工业主要领域，已形成了庞大的生产能力。一个具有一定技术水平的、门类比较齐全的、独立的工业体系已经建立起来。工业主导地位显著增强，实现了工业化初级阶段到工业化中级阶段的历史大跨越。

60年工业的灿烂辉煌

经过六十年的艰苦努力，新中国工业取得了令世人瞩目的辉煌成就。

一、工业实力空前增强，工业化进程不断加快

——工业总量规模不断壮大。60年来，工业生产基本行驶在快车道上。工业增加值从1952年的119.8亿元增加到2008年129112亿元，扣除物价因素，增长446倍，年均增长11.5%；工业企业实现利润总额从1952年的28.3亿元增加到2007年的27155亿元，增长959倍。据测算，2008年一天创造的工业增加值比1952年全年工业增加值还多2倍；2007年一天实现的利润总额比1952年全年实现的利润总额还多1.6倍。2007年固定资产原值比1952年的149亿元增长1333倍。

——工业主导地位显著加强。2008年，工业增加值占GDP的比重高达42.9%，比1952年17.6%的比重增加了25.3个百分点。制造业产品是出口商品的主体，为国家换取了大量的外汇；我国财政收入的近一半来自于工业；2008年，仅年主营业务收入在500万元以上的工业企业就业人数达8100万，解决了大量的城镇人口和农村剩余劳动力就业问题，大大缓解了我国沉重的就业压力。

——工业生产能力迅速扩张。粗钢生产能力由1957年的648万吨增加到2007年的57045万吨，增长87倍；水泥生产能力由1957年的781万吨增加到2007年的18.34亿吨，增长234倍；化肥生产能力由1957年的20万吨增加到2007年的8230万吨，增长411倍；化学纤维由1957年的0.03万吨增加到2007年的3042万吨；洗衣机由1980年的60.7万台增加到2007年的5119万台。工业供给能力的增长，从根本上改变了长期困扰我国经济生活的工业品短缺局面，市场供应由萧条、匮乏走向繁荣和充裕。

——工业主要产品产量居世界前列。2008年与1949年相比，钢、原煤、发电量由15.8万吨、0.32亿吨、43亿千瓦时分别增加到50092万吨、27.93亿吨、34669亿千瓦时，分别增长3169倍、86倍、805倍。汽车由1955年的0.01万辆增加到2008年的935万辆。彩色电视机、电冰箱、空调器、微型计算机和手机等一大批新兴电子产品产量也呈迅猛扩张之势，彩色电视机由1971年的0.02万台左右增加到2008年的9033万台；电冰箱由1957年的0.16万台左右增加到2008年的4757万台；房间空调器由1978年的0.02万台增加到2008年的8231万台；微型电子计算机由1986年的4.21万台增加到2008年的1.37亿台；手机由2000年的5248万部增加到2008年的5.6亿部。

根据联合国工业发展组织资料，按照国际标准工业分类，如今在22个大类中，我国制造业占世界比重在7个大类中名列第一，15个大类名列前三。2007年中国制造业有172类产品产量居世界第一位，全球近一半的水泥、平板玻璃和建筑陶瓷，一半左右的手机、PC机、彩电、显示器、程控交换机、数码相机都在中国生产。中国已成为一个名副其实的工业生产大国。

——工业产品出口竞争力增强。目前，家电、皮革、家具、自行车、五金制品、电池、羽绒等行业已成为中国在全球具有比较优势、有一定国际竞争力的行业。轻工产品已出口到世界200多个国家和地区，在世界贸易量中占有极大的比重，为世界人民享受到物美价廉的日用消费品做出了巨大的贡献。从出口商品结构看，我国出口商品结构不断优化升级。1978年，初级产品出口所占比重还略高于工业制成品。如今，初级产品所占比重已下降到个位数，工业制成品已上升到90%以上的比重。在工业制成品出口中，机电产品占出口总额的比重已超过一半。高新技术产品占出口总额的比重1/4还多。机电、高新技术产品在我国出口贸易中的主导地位日益明显。

二、工业产业结构不断得到调整优化

——建立了一个行业比较齐全的工业体系。建国之初，工业部门聊胜于无。经过60年的建设，工业行业发生根本性变化。钢铁、有色金属、电力、煤炭、石油加工、化工、机械、建材、轻纺、食品、医药等工业部门逐步发展壮大，一些新兴的工业部门如航空航天工业、汽车工业、电子工业等也从无到有，迅速发展起来。目前我国已拥有39个工业大类、191个中类、525个小类，联合国产业分类中所列的全部工业门类我国都有。一个行业比较齐全的工业体系已经形成。

——轻重工业结构在反复调整中逐步得到改善。轻重工业调整大体分为三阶段。一是建国初期至1978年，重工业化特点非常明显。为改变重工业薄弱局面，从“一五”开始我国就集中力量重点发展重工业。但1958年开始的“大跃进”，由于片面强调发展重工业，最终导致轻、重工业比例关系严重失调。1960年，轻重工业总产值的比例为33.4：66.6。经过三年调整，失衡的轻重工业比例关系重新趋于协调。七十年代开始，轻重工业生产结构再次出现不协调状态。1978年轻重工业总产值比例分别为43.1:56.9。轻、重工业结构的失衡，使得国家不得不对消费品实行调拨分配，大多凭票证限量供应，市场处于全面紧张状态。二是1978年到80年代末，轻重工业均衡化调整时期。这一阶段主要对轻工业实行了“六个优先”的政策，以纺织工业为代表的轻工业获得了快速发展。1989年轻重工业总产值比例为48.9:51.1，轻重工业基本协调增长。三是90年代初至今，工业增长明显转向以重工业为主导的格局，再次出现了重化工业势头。2008年轻重工业总产值比例为28.9:71.1。但此次重化工业的增长机制与改革开放前的情况有着本质的不同。改革开放前是不计客观条件的盲目“跨越”，改革开放后是在房地产、汽车等消费结构的升级推动下发生的，是基本符合工业化进程演变规律的。这一时期的显著特点是电子信息产业高速增长，并持续成为带动我国工业发展的第一大产业。钢铁、机械、建材、化工等行业生产能力大幅度增长，也成为工业生产的重要支柱产业。

——能源生产能力显著增强，“瓶颈”制约不复存在。旧中国能源工业水平极低并多为帝国主义、官僚资本垄断。经过60年的发展，中国能源工业取得了巨大成就，实现了创纪录的飞跃。全国发电装机容量由1949年的185万千瓦，发展到2008年的7亿多千瓦，发电装机容量和发电量连续十多年稳居世界第二位。原油年产量由1949年的12万吨，到2008年的1.9亿吨，使我国一跃成为世界第五大油气生产国。原煤产量从1949年的0.32亿吨，到2008年的27.9亿吨，供给由短缺转变为总量基本平衡；生产方式由手工作业和半机械化为主转变为机械化、现代化为主。能源工业的发展，为我国的经济建设提供了源源不断的能源保障，书写了中国能源的辉煌篇章。

——高新技术制造业飞速发展。我国的高新技术起步较晚，但发展迅猛。电子信息、生物工程、航空航天、医药制造、新能源和新材料等高技术工业从无到有，蓬勃发展，成为带动我国工业实现跨越式发展的重要因素。2008年高技术制造业增加值比上年增长14%，高技术工业增加值占全部规模以上工业增加值的9.6%，高技术制造业规模已位居世界第二。计算机、移动通信手机、抗生素、疫苗等产品的产量位居世界第一。中国正成为世界高技术产品的重要生产基地，并开始向研发制造基地转型。2000~2007年，中国高技术产品出口额年均增长38%。目前，国际市场份额已接近20%，居全球第一。

——装备制造业在推动我国工业发展中发挥着重要的支撑作用。新中国成立特别是改革开放以来，我国装备制造业取得了长足的发展，形成了较为完整的产业体系。2008年，我国装备制造业增加值占全国工业的比重达28%。其主要产品矿山设备由1949年的0.07万吨增加到2008年的251万吨；冶金设备由1950年的0.02万吨增加到70.3万吨；发电设备由1951年的0.2万千瓦增加到2008年的13343万千瓦。装备技术水平和国产化率显著提高。1000万吨炼油设备国产化率已经达到90%。30万吨合成氨和52万吨尿素成套设备实现了国产化。水电设备生产技术由单机容量30万千瓦提高到70万千瓦，50万伏直流输变电设备实现了国产化。日产水泥4000~6000吨规模生产线的装备国产化率达到90%。一些电解铝、铜冶炼、铅冶炼、锌冶炼等的生产工艺已在逐步跨入世界先进行列。

三、多种经济成分竞相发展，所有制结构不断完善

建国初期至改革开放前，我国工业所有制结构的经济成分基本上是单一的公有制经济。1978年，在全部工业总产值中，国有企业占77.6%，集体企业占22.4%。党的十一届三中全会以后，中央提出了以公有制为主体、多种所有制经济平等竞争和共同发展的方针，积极探索公有制的实现形式。多种经济成份在市场经济中竞相发展。

——国有企业在艰难探索中不断发展壮大。1952年，我国国有企业完成工业总产值156.3亿元，实现利润总额28.2亿元，固定资产原值149亿元。经过建国几十年的努力，特别是改革开放30年的艰难探索，国有企业朝着建立社会主义市场经济体制的改革目标迈出了前所未有的重大步伐。一批企业在市场竞争中成长壮大，多样化的公有制的有效实现形式增强了公有制经济的活力，国有经济规模不断扩大。2007年，国有及国有控股工业企业完成工业总产值12万亿元，比1952年增长765倍；实现利润总额10795亿元，比1952年增长382倍；固定资产原值110085亿元，比1952年增长738倍。国有控制力和影响力显著增强。2007年，在石油天然气开采业和电力生产供应业中，国有及国有控股企业主营业务收入占所在行业的比重分别高达97.7%和91.3%；在煤炭采选业中，国有及国有控股企业营业收入占本行业的比重为65.2%；在冶金、有色、化工等重要的原材料工业领域，国有控股工业所占比重在27.2%~44.6%之间。国有经济在关系国家安全和国民经济命脉的重要行业和关键领域中牢牢占据了主导地位。国有企业为推进国家的工业化和现代化，做出了不可磨灭的巨大贡献。

——私营企业从被消灭到发展壮大，逐渐成为社会主义市场经济的重要组成部分。从1949年新中国成立至改革开放30年，中国的私营经济从被消灭到曲折发展，从“入宪”到地位不断提高，私营企业从无到有、从受排斥到受保护，已逐渐成为社会主义市场经济的重要组成部分，在经济社会中扮演着越来越重要的角色。据第一次经济普查资料，2004年末，我国共有私营工业企业90.3万个，吸纳就业人员3225万人，占全部工业企业的比重分别为65.6%和34.7%；全部私营企业现价工业总产值49705亿元，占全部工业的22.4%。到2008年，在我国私营企业中，年主营业务收入在500万元以上规模的企业已发展为19.2万家，其中达到大中型标准的有7000多家。2008年，规模以上私营工业企业完成出口交货值80844亿元，占全国规模以上工业企业的16.3%。

——股份制企业从试点到成为公有制的主要实现形式，在社会主义市场经济中焕发出无穷活力。从上个世纪80年代初在百般争议中试点开始，到十六届三中全会以后作为公有制的主要实现形式，股份制企业逐步发展起来。1995年全国股份制（国有独资公司、其他有限责任公司、股份有限公司、私营有限责任公司、私营股份有限公司）工业企业共有5559个，仅占全部工业企业数的

0.1%；工业总产值2727亿元，占全部工业企业的3.4%；年末从业人员253万人，占全部工业企业从业人员的1.8%。2004年全国股份制工业企业已发展到47.1万个，占全部工业企业总数的34.2%；工业总产值达10多万亿元，占全部工业企业的45.2%；年末从业人员4015万人，占全部工业企业从业人员的43.1%。2008年，规模以上股份制工业企业有20.7万个，占规模以上工业企业总数的57.6%；从业人员4010万人，占全部工业企业从业人员的50.6%。

——“三资”企业从萌芽试探阶段到快速发展，已成为我国经济建设不可或缺的重要力量。1978年4月第一家港商投资企业在虎门落户，拉开了外商在中国投资办厂的序幕。1992年邓小平南巡讲话以后，中国掀起了经济发展新高潮。全球500强为代表的大型跨国公司纷纷来华投资，外商直接投资自此开始大量涌入中国。到2004年末，全国“三资”工业企业已达10.6万个。2008年，规模以上“三资”工业企业已发展到7万个。规模以上“三资”企业共吸纳就业人员2448万人，占全部规模以上工业企业的30.2%。2008年现价工业总产值14.8万亿元，占全部规模以上工业企业的29.7%，出口交货值56331亿元，占全部规模以上工业的70%。经历了30年的发展，外资已成为我国经济建设的一支重要力量，对推动中国经济与社会的可持续发展发挥着不可或缺的作用。

四、企业组织结构不断得到优化，中小型企业活力激增，大型企业集团发展壮大

新中国成立前，我国工业企业总体数量少，且以小型企业和个体经济为主体。新中国成立后，特别是改革开放以来，我国工业企业数量不断扩张，企业规模不断扩大。一方面，随着城镇集体企业、乡镇集体企业以及非公有制企业迅速发展，小型企业数量激增，据全国第一次经济普查统计，2004年底，我国小型工业企业共有135万户，占全部工业企业总户数的98%；从业人员达到5796万人，占全部工业企业从业人员的62.3%；全年营业收入达到84304亿元，占全部工业的38.6%。另一方面，企业规模不断扩大，一批实力雄厚的大型企业得到茁壮成长。2007年底，我国工业企业集团已达1833个，拥有资产196341亿元，占全部规模以上工业企业资产的55.6%；实现主营业务收入156127亿元，占全部规模以上工业的39.1%，大中小型工业企业合理分工，优势互补，协调发展的企业组织结构体系逐步形成。

五、东中西部地区工业经济显著增强，区域经济结构在不断调整中向协调发展推进

东中西部地区工业经济显著增强。建国以来，东中西部地区工业均得到了空前大发展。2008年，东部沿海地区规模以上工业企业现价工业总产值341717亿元，比1952年增长1457倍；中部地区94405亿元，比1952年增长1289倍；西部地区60126亿元，比1952年增长1683倍。

区域经济结构在不断调整中向协调发展推进。区域经济结构调整大体经历三个时期。一是1952~1978年，区域经济基本均衡时期。由于历史原因，旧中国建立的工业主要偏集于东部地区，布局极不合理。1949年中国工业总产值按1952年不变价格计算仅有140亿元，经过三年恢复至1952年工业总产值为343亿元，其中68.3%分布东部沿海地区，中部、西部地区分别只占21.3%和10.4%。为了改变旧中国遗留下来的极不合理的地区工业布局，从60年代中期开始，中国进行了以大小三线建设为中心的地区工业布局大调整。通过向内地迁建和新建企业，使沿海和内地的工业布局明显改观。1978年东部地区工业总产值所占比例下降为59.2%，中西部地区所占比例分别上升到25.1%和15.7%。东中西部差距逐步有所缩小。

二是1979~2000年区域经济差异扩大时期。东部地区由于利用对外开放前沿地带优越的地理条件，积极开展“外引内联”，中国区域经济格局中出现了经济重心向东部沿海地区倾斜的显著特征，中国区域经济发展差距迅速拉大。2000年东部地区总产值所占比重又上升到69.7%，中西部地区总产值的比重分别下降到18.8%和11.5%。

三是2000年以来区域经济结构再次向协调发展推进。日益扩大的地区发展差距，愈来愈引起中国政府的关注，从1991年七届人大四次会议开始，中国政府开始强调区域经济的协调发展。1991~1999年为决策层开始关注、强调区域协调发展阶段。1999年3月，国务院提出了进一步推进西部大开发的十条意见；2003年9月国务院决定实施东北地区等老工业基地振兴战略；2004年3月在政府工作报告中，首次明确提出促进中部地区崛起，同年12月中央经济工作会议再次提到促进中部地区崛起。中西部地区发展步伐加快，开始出现中西部发展速度快于东部的端倪。2008年中部地区规模以上工业增加值增长15.8%，西部地区增长15%，分别比东部地区增速高2.9个和2.1个百分点。中、西部地区工业总产值所占比重分别为19%和12.1%，比2000年上升了0.6和0.2个百分点，东部地区所占比重为68.9%，下降了0.8个百分点。区域经济格局开始发生了一些积极变化，并向协调发展逐步推进。

60年工业的风雨历程，铸就了60年工业的灿烂辉煌。站在新中国60周年的庆典上，回顾过去，我们不禁心潮澎湃、激情浩荡。中国工业以其雄厚的实力和竞争力昂然屹立于世界民族之林，中国已成为名符其实的制造大国。展望未来，我们更加信心百倍、壮志满怀。中国工业化道路依然漫长。中国是一个工业大国，还不是工业强国。只要我们紧密团结在胡锦涛同志为总书记的党中央周围，深入开展学习实践科学发展观活动，在坚持改革开放上实现新突破，在推动科学发展上取得新进展，中国工业一定为国家的富强、人民的幸福作出更大贡献、再创新的辉煌。

中国工业60年述评

来源：工业信息化部

新中国成立60年以来的奋斗，为的是摆脱“一穷二白”的现状，让国家再次成为世界强国，让人民享受小康社会的富足和福利。而这一国家和民族振兴的中心内容，就是实现工业化。今天，工业化和信息化不仅是中国经济社会发展的主题，也是当今世界经济发展的主流。

回顾60年历史，我国工业战线几代人执著不懈地艰苦奋斗，走过风云际会、跌宕起伏的年月，经历了沧桑巨变，使今天的中国站在了实现千年强国之梦的新起点上。新中国成立后，经过三年恢复，国家工业化建设正式起步。“一五”时期以156个项目为重点的建设奠定了社会主义工业化的基础。此后，虽然出现了“大跃进”的严重失误和遭到“文化大革命”的巨大破坏，但经过全国人民的艰苦努力，仍建立了一个独立的、比较完整的工业体系，发挥了工业对国民经济发展的主导作用。

改革开放以来，我国工业实现了跨越式发展，工业企业在改革中焕发出巨大的活力，在开放中获得了前所未有的发展，无论是经济总量还是结构方面都跃上了新台阶，初步确立了制造大国的地位，并为向制造强国的转变奠定了坚实基础。目前，我们建成了全面的、具有相当规模和水平的现代工业体系和现代通信业。包括由完整的原材料能源工业、装备工业、消费品工业、国防科技工业、电子信息产业组成的门类齐全的产业体系和丰富的配套链条，在各个重要领域形成一批产能产量居世界前列的工业产品，“中国制造”走向全球，为国家的现代化进程做出了卓越贡献。

党的十六大提出走新型工业化道路，十七大进一步强调推进信息化与工业化的融合，坚定不移地走中国特色新型工业化道路，这是党中央、国务院的重大战略部署，也为中国工业的未来发展指明了方向。

一、新中国工业化的奠基

（一）重点建设奠定工业化基础

解放初期，我国工业基础极端落后。1949年工业总产值140亿元，工业产品中钢15.8万吨，原油12万吨，原煤3200万吨，发电量43亿度，水泥66万吨。不仅工业资本存量小，工业生产技术落后，工业结构也不合理：工业总产值中生产资料工业只占26.2%。

经过三年经济恢复，1953年新中国开始实施“一五”计划，并确立了以重工业优先发展为主导的新中国工业化发展的主要方向。

“一五”时期，我国工业总产值年均增长18.4%，其中原煤产量增长98.5%，原油、发电量、钢、机床产量分别增长1~3倍，全社会劳动生产率平均每年提高6.3%，其中工业劳动生产率提高15.5%，工业企业百元资金实现利税由1952年的25.4元增加到1957年的34.6元。

据统计，“一五”期间，开工的工业建设项目达1万多个，其中以156项工程为中心的重点建设，建立了我国社会主义工业化的初步基础，被誉为新中国工业的奠基石。飞机、汽车、重型和精密机器等一大批基础工业部门从无到有建立起来。“一五”时期，被公认为新中国前30年发展稳定、投资效益最高的时期。

向重工业和国防工业倾斜的发展战略，在新中国工业化建设初期发挥了积极作用。新中国工业自力更生、奋发图强，从无到有创造了许多“中国第一”：

1952年，中国的第一台蒸汽机车研制成功；1955年，中国的第一辆拖拉机制造成功；1956年，中国的第一辆解放牌汽车开始批量生产；1958年，中国的第一台黑白电视机研制成功；1961年，中国第一台1.2万吨水压机研制成功；1964年，第一颗原子弹爆炸成功。

(二)全国一盘棋的工业布局

经过"一五"时期的大规模、有计划的重点工业化建设,带动了新中国第一次城建高潮,涌现出一批以煤炭、钢铁、化工、机械、纺织等产业为特色的新型工业城市,出现了八大工业区,并由此奠定了中国工业化和工业城市发展的基础。

从1964年到1978年,中国进行了长达15年、横跨三个五年计划的三线建设,客观上改善了中西部工业布局和基础薄弱的现状。三线建设期间,先后建成2000个大中型骨干企业、科研院所和大专院校,形成了45个大型生产科研基地和30多个新兴工业城市。建成了门类相对齐全的工业体系。

(三)宝贵的精神财富

新中国成立的前三十年,是我国社会主义制度下工业化道路的艰辛探索时期。不但创造了坚实的物质基础,而且还留下了宝贵的精神财富,为改革开放后的经济腾飞做好了准备。

共和国永远不会忘记那些忘我奉献艰苦奋斗的建设者们:

——马恒昌小组。马恒昌小组是齐齐哈尔第二机床厂铣床分厂的一个车工班组,小组曾以第一个实行班组民主管理分工、第一个组织工人技术研究会倡导班组技术革新、第一个倡议开展全国劳动竞赛、第一个制定和完善班组管理制度、第一个建立岗位责任制等突出表现而享誉全国工业战线,被誉为"我国班组建设的摇篮"。

——老英雄孟泰。新中国成立后第一代全国著名的劳动模范、鞍钢工人孟泰忘我劳动、无私奉献,并有多项技术革新和发明成果。

——铁人精神。凭着"宁可少活二十年,拼命也要拿下大油田"的顽强意志和冲天干劲,王进喜被誉为油田铁人。

——梦桃精神。陕西西北国棉一厂工人赵梦桃十年如一日,忘我劳动,其"困难留己,方便让人"和"不让一个伙伴掉队"的思想品德,被概括为"梦桃精神"。

——两弹一星精神。"热爱祖国、无私奉献,自力更生、艰苦奋斗,大力协同、勇于攀登"。

二、改革开放后持续迅猛发展

(一)伟大的改革开放实践

中国经济体制改革的重要内涵是经济资源配置机制由计划向市场的转变,它贯穿国企改革的全部历程。

1979年,首钢等8家企业进行扩大企业自主权试点,拉开企业改革序幕。此后国家陆续推行了一系列改革措施:1979年,国有企业投资实行"拨改贷";1981年,实行经济责任制,打破"两个大锅饭";1983年,开始分两步实施利改税;1984年,进一步扩大国有企业自主权,企业内部实行责任制;缩小指令性计划范围、扩大指导性计划和市场调节范围;1988年,实行承包经营责任制的国企达到了95%;1991年,55(57)家企业集团试点;1992年,印发股份制企业试点办法,一批企业相继在国内外上市;1994年11月,国务院批准百家现代企业制度试点;1997年底,中央确定国企三年改革与脱困目标,综合实施债转股等政策性措施;2000年以后,政企脱钩,国有企业改革提速,结构布局进一步调整,积极建立现代企业制度。改革重塑了市场主体,所有制结构得到进一步调整,单一公有制经济转变为多种所有制经济共同发展。股份制作为现代企业组织形式在经济发展中发挥着越来越重要的作用。

随着改革的推进和深入,市场规则逐步完善,企业法、公司法、合同法、中小企业促进法、反不正当竞争法、反垄断法等重要法律法规陆续颁布,市场竞争秩序不断规范,企业社会责任意识逐步增强。

(二)自主创新驱动"中国制造"迈向中国创造

改革开放以来,工业企业通过引进技术消化吸收再创新,大规模技术改造和利用外资,提升了工业现代化生产能力,实现了一批重大工程的突破和跨越,重大装备国产化水平不断提高。目前全国发电总装机容量中,国产机组已达80%以上;年产千万吨级大型炼油厂设备,国产化率达90%;国产100万千瓦超超临界火电机组、国产750千伏交流输变电成套设备已投入运行;日产4000吨大型新型干法水泥生产线、60万吨乙烯、30万吨级合成氨、百万吨级钾肥等大型成套技术装备实现国产化等。

以企业为主体的技术创新体系不断完善,工业技术改造取得成效。1999年~2003年,国家运用355亿元国债贴息,支持2000多个技改项目,带动4354亿元投资,拉动效果12倍。国家工程实验室、国家工程研究中心、企业技术中心等创新能力建设进程加快。知识产权创造与保护力度加大，建立健全标准管理体系。2007年我国大中型工业企业专利申请量为95905件。形成了比较完善的工业标准化体系。截至目前共有工业标准总量52559项，提升了技术标准对科技创新的支撑力度。

（三）工业管理方式发生深刻变化，经济结构不断优化升级

我国的工业管理方式逐步向市场经济体制转轨。工业企业不再有直接的行政隶属主管部门，行业联合会、协会相继组建；同时努力摸索逐渐建立适应WTO规则的工业管理体系，“大部制”应运而生。

工业产业结构调整优化，轻重工业比例趋于合理。80年代初，国家提出“六优先”，轻纺工业得到重点发展，消费品市场极大繁荣。90年代初，重点加强能源原材料等基础产业，振兴机械、电子等支柱产业，重化工业的战略地位进一步加强。1994年国务院发布《汽车工业产业政策》，2005年发布了产业结构调整升级目录，2006年发布《关于加快振兴装备制造业的若干意见》，2009年，全面系统提出工业领域十大产业调整和振兴规划。

高新技术产业飞速发展，规模跃居世界第三，出口额跻身全球前两位，成为我国工业经济发展的新增长点。2000年，国务院发布《鼓励软件产业和集成电路产业发展若干政策》。

企业组织结构不断优化，大型企业集团日益壮大，中小企业迅速崛起。大企业在国民经济中发挥了骨干作用，涌现出一批具备国际竞争力的大型企业集团；中小企业（包括个体工商户）占企业总数的99%以上，其创造的最终产品和服务价值相当于国内生产总值的60%左右，缴税额为国家税收总额的50%左右，就业人数占到80%左右。

区域结构趋向协调，东中西部地区共同发展。东部地区率先发展，成为改革开放的排头兵；实施东北老工业基地振兴战略，辽宁铁西老工业区呈现出强劲发展势头；中部崛起，区域合作的深度和广度进一步加强；西部大开发战略向纵深发展，中西部一些省份的工业增长速度开始居全国前列。

（四）取得丰硕的发展成果

改革开放三十年，是从高度集权的计划经济跨入市场经济的大转折，书写了中国工业波澜壮阔的伟大史诗，演绎了中国制造由小变大的精彩篇章。

——形成了门类齐全的工业体系，工业经济在整个国民经济中占有绝对主体地位。1978年，工业增加值仅有1607亿元，2008年近13万亿元。效益显著增长，创造了大量社会财富，给人民带来福祉。

2008年规模以上工业企业实现利润超过2.4万亿元，工业上交的税金占税收总额的50%。工业始终是国家财政收入最重要的来源，并成为社会就业的重要渠道和吸收农村富余劳动力的重要载体。

——产品质量稳步提高，监督管理体系日趋完善。

截止到2009年，我国工业产品质量总体水平跃上了一个新台阶。机械工业主要产品中约有35%~40%的产品质量已经接近或达到国际先进水平；原材料类产品，钢铁、有色金属、建材、石油化工等主要原材料行业的高技术含量、高附加值产品比例大幅增长；基础元器件和高新技术产品，与国际先进水平的差距不断缩小；我国食品工业快速健康发展，装备水平、加工技术和质量安全水平进一步提升；轻纺产品品种增加，档次提升，实物质量提高，竞争能力增强。

——企业实力明显增强，国际竞争力大幅提高，成为对外贸易大国。主要工业产品产量位居世界前列。目前工业产品产量居世界第一位的已有210种，产品质量不断提高。

三、重点工业产业见证卓越与辉煌

（一）原材料工业

钢铁：锻造工业化的脊梁。1949年全国钢产量只有15.8万吨，不到世界钢产量的千分之一。1996年我国钢产量首次超过1亿吨，成为世界第一产钢大国。2008年粗钢产量突破5亿吨，占全球产量的近40%。2005年结束了我国净进口钢的历史。

新中国成立60年以来，我国钢铁产业规模快速扩大；产品品种优化，质量明显改善；技术装备水平大幅提升，装备国产化率显著提高，中国钢铁业在世界钢铁业已具有举足轻重地位。

石化：点燃工业腾飞的火炬。石油工业。1949年我国原油产量只有12万吨，天然气产量为0.07亿立方米。2008年，我国原油产量为18972.8万吨，天然气产量为760.8亿立方米，分别是1949年的1581倍和10869倍。

石油化工。1949年，我国仅能生产12种油品。2007年，我国成为世界第二炼油大国。到2008年底，全国原油加工量为34206.6万吨；生产乙烯1025.6万吨、合成树脂及共聚物3129.6万吨；形成了3个百万吨级乙烯生产基地。

化学工业。2008年，我国化工产值已达35522.8亿元，形成了云南、贵州、湖北三大磷肥产区，建设了青海、新疆百万吨钾肥工程，能生产6万多种产品。我国已成为石化产品生产和消费大国，多种产品产量居世界首位。

有色：弥足珍贵的崛起。新中国成立60年来，有色金属产量实现了持续增长，2008年十种有色金属产量为2519万吨，连续7年居世界第一。2008年规模以上企业主营业务预计收入21000亿元；有色金属产品外贸总额逐年增加，2008年进出口贸易总额873.65亿美元。行业技术创新能力显著提高，主要产品单位能耗明显下降，海外资源开发取得突破。

我国是世界最大的稀土资源、生产、应用和出口国，在国际市场上居支配和主导地位。2008年，我国稀土矿产品产量12.5万吨、冶炼分离产品、稀土永磁材料、发光材料、储氢材料均居世界第一位。

我国已形成了完整的黄金工业体系。2008年我国产金282吨，已成为世界黄金第一大生产国和第二大消费国。

建材：夯实现代化大厦的基石。新中国成立之初，全国水泥产量仅66万吨，平板玻璃产量仅91.2万重量箱。2008年我国生产水泥13.9亿吨，平板玻璃5.5亿重量箱，建筑陶瓷56亿平方米，玻璃纤维230万吨，成为名符其实的建材生产大国。

建材工业自主创新能力明显增强，主要产品、技术和装备达到或接近国际先进水平。节能减排成效显著，循环经济发展模式稳步推进。截至2008年底，我国新型干法水泥产量约8.4亿吨，占总产量的60%。其中，263条新型干法熟料生产线装有余热利用电站，年节约标煤465万吨。水泥工业年利用废渣超过3.5亿吨。

(二)装备工业

机械制造：中国装备、装备中国。我国机械制造业工业增加值2007年为18000亿元，是1978年的180多倍，年均增长为19.6%；对外贸易出口额2007年为1929亿美元，是1978年的739倍，年均增长25.9%。其中，发电设备产量2007年为12991万千瓦，是1978年的27倍；数控机床产量2007年为12.33万台，是1978年的210多倍。机械产品国内市场自给率在改革开放之初不到60%，2008年超过80%。机械制造工业自主化水平和国际竞争能力显著提高，我国已经成为世界装备制造业大国。

汽车：载入小康社会。1959年，全国生产汽车1.6万辆。2008年，我国汽车产量达到934.51万辆，其中轿车503.73万辆。上汽、一汽等十家企业共销售汽车782.01万辆，占汽车销售总量的83%。汽车相关行业的就业人员3000万人，占城镇就业人口的11%；汽车工业增加值占国家GDP的2.31%。今年以来，我国汽车销量世界排名第一。

(三)消费品工业

轻工："中国制造"畅销世界。2008年，轻工业增加值26235亿元，占全国工业增加值的20.3%，占GDP的8.7%。2008年出口总额3092亿美元，占全国21.7%。近30年来，轻工产品累计出口额接近2万亿美元，竞争力大幅提升。自行车、缝纫机、电池、啤酒等100多种产品的产量居世界第一。家电、皮革、家具、羽绒制品、陶瓷、自行车等产品占国际市场份额50%以上。

纺织：中国织造享誉全球。中国化纤、纱、布、呢绒、丝织品和服装产量均居世界第一位。中国棉花产量约占世界总产量的四分之一，化纤产量占据了全球化纤总产量的半壁江山。纺织工业是我国最具国际竞争力的优势产业之一。在吸纳就业方面，2008年我国规模以上纺织企业直接就业人口为2100万人，间接就业人口达到1亿人。

(四)电子信息

电子信息：国民经济的"倍增器"。2008年，全国电子信息产业实现主营业务收入6.3万亿元，工业增加值1.49万亿元。彩电等主要电子信息产品产量位居全球首位，我国成为全球最大的电子产品生产基地。

特别是改革开放以来，电子工业开始由以军品为主向以民品为主、军民结合转变。加快以彩电为代表的消费电子产业发展，带动了配套元器件的整体升级。CPU等芯片研发取得突破，中文Linux操作系统得到初步应用；高性能计算机和服务器开发成功，掌握自主知识产权的TD-SCDMA成为第三代移动通信国际标准之一。软件与信息服务业成长迅速，近年来，年均增长30%以上。2008年，软件产业收入达到7500亿元。

(五)国防科技工业

国防科技工业：承载光荣与梦想。新中国成立后，国防工业建设艰难起步。经过10年艰苦努力，陆军武器装备初步实现了国产化和制式化；航空工业从修理、仿制走向尝试自行研制；造船工业通过“转让制造”已经能够初步生产舰艇；军事电子装备从仿制开始转向自行研制；原子能技术、火箭技术开始起步。60年代，国防工业自力更生，取得以“两弹一星”为代表的一系列国防尖端技术的伟大成就。70年代末，大力发展民用高科技产品，国防工业成为国家先进制造业的重要组成部分。进入新世纪后，国防工业以重点工程为依托，引领科技创新，取得了载人航天、月球探测工程等举世瞩目的伟大成就。

四、通信业实现跨越发展

新中国成立60年来，通信业以其翻天覆地的巨大变化，支撑着国民经济高速发展，服务着千家万户，走出了一条中国特色通信业发展之路，实现了跨越式发展。已建成包括光纤、数字微波、卫星、程控交换、移动通信、数据通信等各种先进手段，覆盖全国、通达世界的公用电信网。电话用户和互联网用户位居世界第一。到2009年1月，全国电话用户总数达到9.8亿户。截至2008年底，中国网民数达到2.98亿。电信业务收入由1978年的7.3亿元增长到2008年的8140亿元；通信固定资产投资由1978年的4.1亿元，增加到2008年的2954亿元。

(一)邮政：鸿雁奋飞传信息、百年邮政换新颜

——我国邮政迅速形成了连接全国各地的邮政网络，取得了翻天覆地的变化。邮电分营促进了邮政按照自身特点和市场规律发展，发展步伐大大加快。如今用邮环境、网络规模、技术层次和服务水平都发生了质的飞跃，形成了“三流合一”邮政体系，建成了国内最大、通达全球的快递网络，邮政成为推动经济建设和社会生活保障的重要力量。

(二)电话：三步并作一步走、跨越发展创奇迹

——固定电话。经过60年的努力建设，特别是改革开放以来的超常规跨越式发展，我国的电话发展已经取得了令世界瞩目的巨大变化，技术先进，业务丰富，能力强大。截至2008年底，我国固定电话每百人拥有量为25.8部，固定电话用户数3.56亿。

——移动电话。中国移动通信紧追世界移动通信的发展迅速成长，更加便捷高效、业务丰富的移动通信有力地推进全社会向信息时代迈进。2001年11月，我国移动用户突破1亿户，同年成为全球移动电话用户最多的国家；2003年10月，移动电话用户超过固定电话用户。截至2008年6月，手机每百人拥有量为46.1部，达到手机用户数6.01亿。

村村通电话。新中国建立后，农村电话建设得到较快发展。本世纪初，大规模实施“村村通电话”工程及农村信息化建设，短短几年时间，七万多个行政村、两万多个自然村开通了电话，全国通电话的行政村比重达到99.21%，具备互联网接入能力的乡镇达到97%。

(三)网络：八横八纵起宏图、筑就信息高速路

60年来，我国信息通信网络经过从电报网到电话网，从模拟网到数字网，从国内网到国际网，从语音网到信息网一次次的跨越。已经建成了容量大、层次高、技术先进、功能多样、覆盖全国、连接全球的信息通信网络，初步形成了国家信息高速公路的基本架构，成为支撑我国信息化建设的基础平台。

——干线网络建设取得重大突破。已建成覆盖全国，以光缆为主、数字微波和卫星通信为辅的大容量、高速率的长途传输网，综合通信能力迅速增强，网络技术装备水平位居世界前列。

——国际网络建设开启了新的篇章。极大地提高了我国的国际通信能力，为我国走向世界、融入全球经济提供了通达全球的、手段多样的信息基础设施。

——互联网络广泛而深入地普及，渗透到经济与社会发展的各个领域，改变了人们的工作和生活方式，深刻地影响着经济发展和社会转型。互联网网民总数异军突起，跃居世界第一。截至2008年年底，中国网民规模达到2.98亿人，其中宽带用户数达到2.7亿。2008年年底，中国的网站总数达到287.8万个，较2007年增长91.4%。电子商务、网络学校、网上购物、网上炒股、网络媒体等迅速深入普及到人们的日常生活和工作中。

五、信息化进程快速推进

进入新世纪，面对信息化带来的难得机遇与挑战，我国政府作出了一系列的重要战略部署，加快推进国民经济和社会信息化建设。在国家信息化工作领导小组的统一部署下，我国信息化建设坚持以信息化带动工业化、以工业化促进信息化，坚持以改革开放和科技创新为动力，大力推进信息技术在经济社会各领域的广泛应用，不断提高我国信息化水平，走出了一条中国特色的信息化道路。

——电子政务。四大基础数据库建设稳步推进，“十二金”工程的加快实施，提高了政府工作效率，改进了公共服务水平，促进了政务公开，加强了市场监管，推动了公开廉政，促进了民主参与。许多涉及国民经济命脉的重要行业，日常业务的运行完全依赖信息系统，如金税、金卡、金关等。

——电子商务。电子商务交易规模持续增长。2008 年我国电子商务交易额已经突破 2 万亿元人民币，占 GDP 总量的 6.7%。截至 2008 年 6 月，网络购物用户人数已达 6329 万人。中国特色电子商务体系正在形成，综合类电子商务服务商成为新兴的信息服务行业，工业电子商务成为主导行业态势的电子商务平台，大企业电子商务成为企业信息化重要组成部分，新农村商务信息服务开始起步。

——农业信息化。我国县乡村三级农业信息服务平台及信息服务体系逐步建立，2007 至 2008 年间，全国涉农网站由 6000 个激增到 1.8 万个。信息服务网络体系初步形成，“精准农业” 等信息技术应用推广稳步推进。

——工业信息化。党的十七大提出，“发展现代产业体系，大力推进信息化与工业化融合”，为信息化的发展指明了方向。

钢铁信息化。信息化进入核心应用，管理产销一体化得到实现；信息技术取得突破性进展，企业竞争力得到提升；信息技术推动节能减排，能源利用效率得到提高。

船舶信息化。利用 CAD、CAM、MES 等系统实现设计、生产等信息一体化，缩短设计生产周期，造船质量、造船产量大幅提高；应用计算机虚拟现实和仿真技术，实现船舶绿色制造；采用导航、操舵、船用电力推进系统等船舶电子技术，提高船舶附加值与国际竞争力。

汽车信息化。利用 CAD、CAM 等信息技术，提高汽车制造水平；利用 ERP、SCM、CRM 等信息技术，提高汽车企业管理水平；利用网络技术优化供应链管理，提高产品流通效率。

石化信息化。通过 GIS、CAD、CIMS 等提高勘探开采、在线检测水平和企业级生产流程智能化水平；利用 MES、CRM、SCM 等技术逐步实现管理、计划和执行环节的有机结合；信息化从 ERP、MES 向数据库管理、BI 等更高层次的管理系统发展。

轻工信息化。采用 SCM、CRM 等技术进行供应链管理、客户需求分析，降低了企业成本，提升了市场应变能力；采用了 RFID、数据管理、信用跟踪、追溯信息系统等技术保障食品安全；采用协同与互联网技术，将上下游产业链协同互动，推动电子商务发展。

——金融信息化。金融统计监测管理信息等系统，在宏观调控中起到重要作用；现代化支付清算服务、电子支付工具发展迅速；金融监管信息化和科学化取得显著进展；金融信息安全保障体系初步建立。

——信息安全。一系列信息安全保障法律、法规出台；信息安全风险评估、等级保护工作得到推进；信息安全认证认可体系建立；加快部署了信息安全灾难备份与应急响应工作。

新中国成立 60 年来，在党中央国务院正确领导下，中国工业实现了跨越式发展，建立相对完善的产业体系，成为全球制造业大国，工业化已进入加速发展的新阶段。

目前，中国工业化的任务艰巨而繁重，也面临更加严峻的挑战。面对工业化、信息化、城镇化、市场化、国际化深入发展的新形势、新任务，党的十七大提出大力推进信息化与工业化融合，走新型工业化道路，以信息化带动工业化，以工业化促进信息化，走出一条科技含量高、经济效益好、资源消耗低、环境污染少、人力资源优势得到充分发挥的道路。

中国的工业化正处于一个新的历史起点上。走新型工业化道路，是中国现代化道路上极具挑战性的探索与实践，道路艰辛而复杂，任务艰巨而紧迫，需要我们迎难而上、勇于探索、开拓创新、脚踏实地，发展现代产业体系，大力推进信息化与工业化融合，推进军民结合、寓军于民，促进中国工业由大变强。

挺起工业大国的脊梁

来源：人民日报

“现在我们能造什么？能造桌子椅子，能造茶碗茶壶，能种粮食，还能磨成面粉，还能造纸，但是，一辆汽车、一架飞机、一辆坦克、一辆拖拉机都不能造。”

新中国成立之初，面对极端落后的工业基础，毛泽东主席曾发出这样的感慨。

当时，我国工业总产值140亿元，工业产品中钢15.8万吨，原油12万吨，原煤3200万吨，发电量43亿千瓦时，水泥66万吨。与世界主要资本主义国家相比，中国工业要落后100余年！

从那时起，实现国家的工业化，完成从农业国向工业国的历史性跨越，就成为新中国几代人执着追求的目标。

60年弹指一挥间。伴随着全面的、具有相当规模和水平的现代工业和通信业体系的建成，昔日一穷二白的落后农业国，已经成长为工业大国，并迈入了工业化中期阶段。2008年，我国完成工业增加值10.7367万亿元，按可比价格计算，比1978年增长了23倍，比建国初期更是增长了上百倍！

截至2008年，我国工业产品产量居世界第一位的已有210种；全国发电总装机容量中，国产机组已达80%以上；年产千万吨级大型炼油厂设备，国产化率达90%。

历史巨变

现代工业体系创建自主创新能力提高

沈阳机床集团董事长关锡友不会忘记，上世纪60年代，厂里的车床还是手摇的，“用笨重的设备，就算车个三角形的小铁片，也得费好大劲”。如今，用国产数控激光切割机，只需往计算机里输入一组数据，激光探头便开始工作。没有噪音，看不见火花，不到一分钟，厚厚的钢板上就切割出一个个不规则图形。

“工业化和信息化不仅是中国经济社会发展的主题，也是当今世界经济发展的主流。”国务院发展研究中心产业经济研究部部长冯飞深有感触地说，建立在落后农业国家基础上，拥有13亿人口的中国，用60年时间走过了发达国家200~300年的工业化历程，堪称人类历史上从未发生过的历史性巨变！

打开尘封的记忆，一个个振奋人心的历史镜头，见证着我国工业60年翻天覆地的变化——

1949年，“共和国钢铁工业长子”鞍钢第一炉铁水奔腾而出；如今，中国已连续10余年位居全球第一产钢大国。

1952年，第一台蒸汽机车研制成功；如今，时速350公里的国产动车组每天都在华夏大地上往来驰骋。

1956年，第一辆解放牌卡车驶下一汽生产线；2009年，中国汽车销量已连续7个月世界第一。

1958年，中国的第一台黑白电视机研制成功；如今，我国已是全球彩电第一生产大国。

上世纪50年代，除东部一些大城市外，我国固定电话几乎是空白；如今，我国电话用户和互联网用户早已位居世界第一。

……

经过新中国工业和信息化战线几代人艰苦卓绝的努力，我国不仅创建了现代工业体系，在重要领域形成了一批产能产量居世界前列的工业产品，“中国制造”更是大步走向全球。截至2008年，我国工业产品产量居世界第一位的已有210种。

从举世瞩目的“两弹一星”，到遨游太空的神舟七号；从闯入全球超级计算机十强榜单的曙光万亿次计算机，到具有自主知识产权的第三代移动通信国际标准TD-SCDMA……中国工业在载人航天、大运载火箭、月球探测、卫星导航等一些尖端领域，同样实现了历史性的突破和跨越。

在工业和信息化部总工程师、新闻发言人朱宏任眼中，我国工业60年的伟大跨越，还包括自主创新能力的提高和经济结构的优化。

伴随着以企业为主体的技术创新体系不断完善，重大装备国产化取得了实质性的突破。目前，全国发电总装机容量中，国产机组已达80%以上；年产千万吨级大型炼油厂设备，国产化率达90%……

与此同时，我国工业经济结构也不断优化升级，轻重工业比例趋于合理，重化工业的战略地位进一步加强，以信息产业、航空航天、生物医药、新材料为代表的高新技术产业规模已跃居世界第三，出口额跻身全球前两位，成长为我国工业经济发展新的增长点。

发生巨大变化的，还有我国工业企业的组织结构。目前，我国工业企业集团已达1833个，拥有资产196341亿元，占全部规模以上工业企业资产的55.6%。其中，37家企业集团进入今年的财富500强榜单。中小企业（包括个体工商户）更是迅速崛起，占企业总数的99%以上，创造的最终产品和服务价值相当于国内生产总值的60%左右，缴税额为国家税收总额的50%左右，就业人数占到80%左右。

新中国成立头30年，我们建立了独立完整的工业体系；市场化改革、对外开放、结构调整，则共同构成了改革开放30年中国工业化的推动力量。

伟大探索

从建体系到调结构走中国特色发展路

1978年12月23日，就在十一届三中全会闭幕的第二天，新中国成立后从国外引进的最大工业项目——宝钢举行了开工典礼。30年后的今天，宝钢已连续6年进入世界500强，综合竞争力位列世界钢铁企业前三。

提起新中国成立之初那个激动人心的年代，53年前驾驶着第一批12辆解放卡车驶下一汽装配线的老司机于丰年至今心潮澎湃。

1953年7月15日，万名建设者汇聚长春西南郊，在茫茫荒野上夯下中国汽车工业的第一根基桩。3年后，国产第一辆解放牌汽车在一汽下线，结束了新中国不能制造汽车的历史。

一汽只是"一五"计划全国156个重点项目之一。区别于其他国家轻纺工业起步的工业化模式，"一五"期间，中国选择了"优先发展重化工业和国防工业"的超常规道路。伴随着飞机、汽车、重型和精密机器等一大批基础工业部门从无到有建立起来，华夏大地上涌现出一批以煤炭、钢铁、化工、机械、纺织等产业为特色的新型工业城市，并由此奠定了中国工业化和工业城市发展的基础。

"新中国成立头30年，我们建立了独立完整的工业体系，实现了11%的年均工业增长，还留下了铁人精神、两弹一星精神等宝贵的精神财富。"国家发改委国有资产研究中心主任、经济体制与管理研究所研究员高粱认为，尽管重化工业起步的工业化思路取得了明显的成效，但是其缺陷和失误也是明显的。

冯飞解释说，当时，由于缺乏重工业与其他产业的协同发展机制，我国工业出现了"重工业重，轻工业轻"的结构性缺陷。此外，一、二、三产业之间、积累与消费之间的关系极不协调，资源配置和结构状况存在明显缺陷。而正是这些结构矛盾，让国民经济缺少稳定、持续的增长能力。

是改革开放的春风，是从计划经济迈向市场经济的伟大转折，让我们逐渐摸索出一条中国特色新型工业化道路。在这条前无古人的道路上，市场化改革、对外开放、结构调整，则共同构成了改革开放30年中国工业化的推动力量。

在当年宝钢的建设者之一、全国政协原副主席陈锦华看来，改革开放初期大规模成套设备的引进以及随后大范围的合资合作，不仅缩短了我国工业技术、管理与国际先进水平的差距，更是形成了中国工业全方位对外开放、积极参与国际竞争的新格局。

在对外开放的同时，一场坎坷曲折、激昂壮阔的国企改革攻坚战也拉开了大幕。从最初的扩大企业自主权试点，到实行"拨改贷"；从打破"大锅饭"，到全面推行承包经营责任制；从股份制试点，到建立现代企业制度；从国企三年改革脱困，到深化国有资产管理体制改革……30年国企改革，不仅重塑了企业的市场主体地位，提高了国有资本的控制力，中国工业经济的所有制结构，也呈现出多种经济成分共同发展的新局面。

被誉为民营企业常青树的万向集团董事长鲁冠球清楚地记得，1990年，异军突起的乡镇集体企业实现利润265.3亿元，超过了国有企业的246亿元。至2006年，国有及国有控股工业企业、民营工业企业和“三资”工业企业已是“三分天下”，分别占当年工业总产值的31.2%、37.2%和31.6%。

与改革开放同时进行的，是工业化战略的重大调整。冯飞回忆说，改革开放之初，我国放弃了单纯发展重化工业的思路，转而采取消费导向型的工业化发展战略，注重市场需求导向，并推出了“六优先”政策，大力发展轻工业。我国轻工业的比重迅速由1980年的47.0%上升至1985年的49.6%。

上世纪90年代以来，国家又相继提出重点加强能源原材料等基础产业、振兴机械、电汽车等支柱产业、加快振兴装备制造业的战略构想，重化工业的战略地位得到进一步加强。

进入新世纪，面对日益严峻的资源、环境约束，以及信息技术突飞猛进的发展，走新型工业化道路，成为中国新的选择。党的十七大提出，大力推进信息化与工业化融合。以信息化带动工业化，以工业化促进信息化，力争走出一条科技含量高、经济效益好、资源消耗低、环境污染少、人力资源优势得到充分发挥的道路。

60年一个甲子。成为全球制造业大国的中国，正处于工业化的崭新历史起点上。中国工业化这艘巨轮，正沿着中国特色新型工业化的航标，朝着工业强国的方向乘风破浪，一往无前。

专题二 工业产业调整和振兴规划

为应对国际金融危机对我国实体经济的影响，根据国务院部署，国家发改委、工业和信息化部会同有关部门开展了钢铁、汽车、船舶、石化、纺织、轻工、有色金属、装备制造业、电子信息，以及物流业十个重点产业调整和振兴规划的编制工作。2009年2月，国务院常务会议原则通过了这些规划。短期来看，这些规划将有利于解决这些产业目前遇到的实际问题，缓冲世界金融危机对中国的影响；长远来看，又将对中国产业技术升级改造、结构调整等产生深远的影响。以下是除物流业之外的工业领域九个行业的产业发展规划。

钢铁产业调整和振兴规划

为应对国际金融危机对我国实体经济的影响，根据国务院部署，国家发改委、工业和信息化部会同有关部门开展了钢铁、汽车、船舶、石化、纺织、轻工、有色金属、装备制造业、电子信息，以及物流业十个重点产业调整和振兴规划的编制工作。2009年2月，国务院常务会议原则通过了这些规划。短期来看，这些规划将有利于解决这些产业目前遇到的实际问题，缓冲世界金融危机对中国的影响；长远来看，又将对中国产业技术升级改造、结构调整等产生深远的影响。以下是除物流业之外的工业领域九个行业的产业发展规划。

钢铁产业调整和振兴规划钢铁产业是国民经济的重要支柱产业，涉及面广、产业关联度高、消费拉动大，在经济建设、社会发展、财政税收、国防建设以及稳定就业等方面发挥着重要作用。

为应对国际金融危机的影响，落实党中央、国务院保增长、扩内需、调结构的总体要求，确保钢铁产业平稳运行，加快结构调整，推动产业升级，特编制本规划，作为钢铁产业综合性应对措施的行动方案。规划期为2009~2011年。

一、钢铁产业现状及面临的形势

我国是钢铁生产和消费大国，粗钢产量连续13年居世界第一。进入21世纪以来，我国钢铁产业快速发展，粗钢产量年均增长21.1%。2008年，粗钢产量达到5亿吨，占全球产量的38%，国内粗钢表观消费量4.53亿吨，直接出口折合粗钢6000万吨，占世界钢铁贸易量的15%。2007年，规模以上钢铁企业完成工业增加值9936亿元，占全国GDP的4%，实现利润2436亿元，占工业企业利润总额的9%，直接从事钢铁生产的就业人数358万。钢铁产品基本满足国内需要，部分关键品种达到国际先进水平。钢铁产业有力支撑和带动了相关产业的发展，促进了社会就业，对保障国民经济又好又快发展做出了重要贡献。

但是，钢铁产业长期粗放发展积累的矛盾日益突出。一是盲目投资严重，产能总量过剩。截至2008年底，我国粗钢产能超出实际需求约1亿吨。二是创新能力不强，先进生产技术、高端产品研发和应用还主要依靠引进和模仿，一些高档关键品种钢材仍需大量进口，消费结构处于中低档水平。三是产业布局不合理，大部分钢铁企业分布在内陆地区的大中型城市，受到环境容量、水资源、运输条件、能源供应等因素的严重制约。四是产业集中度低，粗钢生产企业平均规模不足100万吨，排名前5位的企业钢产量仅占全国总量的28.5%。五是资源控制力弱，国内铁矿资源禀赋低，自给率不足50%。六是流通秩序混乱。钢铁产品经销商超过15万家，投机经营倾向较重。

2008年下半年以来，随着国际金融危机的扩散和蔓延，我国钢铁产业受到严重冲击，出现了产需陡势下滑、价格急剧下跌、企业经营困难、全行业亏损的局面，钢铁产业稳定发展面临着前所未有的挑战。应当看到，钢铁产业在经历了长期粗放型扩张后，必然要进行一次大的调整。现阶段，我国城镇化、工业化任务依然繁重，内需潜力巨大，钢铁产业发展的基本面没有改变。必须抓住历史机遇，制定实施钢铁产业结构调整和振兴规划，促进钢铁产业平稳运行、健康发展。

二、指导思想、基本原则及目标

（一）指导思想

全面贯彻党的十七大精神，以邓小平理论和“三个代表”重要思想为指导，深入贯彻落实科学发展观，按照保增长、扩内需、调结构的总体要求，统筹国内外两个市场，以控制总量、淘汰落后、企业重组、技术改造、优化布局为重点，着力推动钢铁产业结构调整和优化升级，切实增强企业素质和国际竞争力，加快钢铁产业由大到强的转变。

（二）基本原则

1.应对危机与振兴产业相结合。立足当前，着眼长远，既要着力解决钢铁产业当前面临的主要困难，保先进生产力，保重点骨干企业，保关键品种，保市场稳定，促进产业平稳发展，又要利用市场倒逼机制，充分利用各种有利因素，加快钢铁产业结构优化升级，不断增强产业发展后劲。

2.控制总量与优化布局相结合。按照沿海、沿江、内陆科学合理布局和与资源环境相适应的要求，结合淘汰落后、企业重组和城市钢厂搬迁，在控制总量的前提下，调整优化产业布局。

3.自主创新与技术改造相结合。培育企业原始创新、集成创新和引进消化吸收再创新能力，着力突破制约产业转型升级的关键技术，加大技术改造力度，提高工艺装备水平，提升产品档次和质量。

4. 企业重组与体制创新相结合。通过体制创新，努力消除影响企业重组的财税利益分配、资产划拨、债务核定和处置等体制性障碍，为推动钢铁企业集团化发展和实现跨地区、跨所有制、跨行业的兼并重组创造良好的环境。

5.内需为主与全球配置相结合。坚持充分利用两个市场、两种资源，以满足国内市场需求为主，优化直接出口，扩大间接出口，在努力加强地质勘查和合理开发利用国内铁矿资源的同时，抓住机遇，积极实施“走出去”战略。

（三）规划目标

力争在2009年遏制钢铁产业下滑势头，保持总体稳定。到2011年，钢铁产业粗放发展方式得到明显转变，技术水平、创新能力再上新台阶，综合竞争力显著提高，支柱产业地位得到巩固和加强，步入良性发展的轨道。

1.总量恢复到合理水平。2009年我国粗钢产量4.6亿吨，同比下降8%；表观消费量维持在4.3亿吨左右，同比下降5%。到2011年，粗钢产量5亿吨左右，表观消费量4.5亿吨左右，工业增加值占GDP的比重维持在4%的水平。

2.淘汰落后产能有新突破。按期淘汰300立方米及以下高炉产能和20吨及以下转炉、电炉产能。提高淘汰落后产能的标准，力争三年内再淘汰落后炼铁能力7200万吨、炼钢能力2500万吨。

3.联合重组取得重大进展。形成若干个具有较强自主创新能力和国际竞争力的特大型企业，国内排名前5位钢铁企业的产能占全国产能的比例达到45%以上，沿海沿江钢铁企业产能占全国产能的比例达到40%以上，产业布局明显优化，重点中心城市钢铁企业污染明显减少。

4.技术进步得到较大提升。加强技术改造，加快技术进步，降低生产成本，提高产品质量，优化品种结构。重点大中型钢铁企业60%以上产品实物质量达到国际先进水平，百万千瓦火电及核电用特厚钢板和高压锅炉管、25万千伏安以上变压器用高磁感低铁损取向硅钢等产品生产实现自主化，关键钢材品种自给率达到90%以上，400MPa及以上热轧带肋钢筋使用比例达到60%以上。

5.自主创新能力进一步增强。通过引进消化吸收和创新，提高技术装备水平，一般装备基本实现本地化、自主化，大型装备本地化率92%以上。力争在关键工艺技术、节能减排技术，以及高端产品研发、生产和应用技术等方面取得新突破。

6.节能减排取得明显成效。重点大中型企业吨钢综合能耗不超过620千克标准煤，吨钢耗用新水量低于5吨，吨钢烟粉尘排放量低于1.0千克，吨钢二氧化硫排放量低于1.8千克，二次能源基本实现100%回收利用，冶金渣近100%综合利用，污染物排放浓度和排放总量双达标。

三、产业调整和振兴的重点任务

按照上述指导思想、基本原则和规划目标，当前和今后一个时期，要着力做好以下八个方面工作。

（一）保持国内市场稳定，改善出口环境

积极落实国家扩大内需措施，稳定建筑用钢市场，保障重点工程用钢。通过调整和振兴相关产业，努力稳定和扩大汽车、造船、装备制造等产业需求，以及保障性住房等房地产建设、新农村建设、地震灾后重建和公路、铁路、机场等重大基础设施建设的用钢需求。建筑用钢占国内消费量的比重稳定在50%左右。

改善钢铁产品进出口环境，实施适度灵活的出口税收政策，稳定国际市场份额，鼓励钢材间接出口。组织协会和企业积极应对反倾销、反补贴等贸易摩擦，争取良好的国际贸易环境。

（二）严格控制钢铁总量，加快淘汰落后

严格控制新增产能，不再核准和支持单纯新建、扩建产能的钢铁项目，所有项目必须以淘汰落后为前提。2010年年底前，淘汰300立方米及以下高炉产能5340万吨，20吨及以下转炉、电炉产能320万吨；2011年底前再淘汰400立方米及以下高炉、30吨及以下转炉和电炉，相应淘汰落后炼铁能力7200万吨、炼钢能力2500万吨。实施淘汰落后、建设钢铁大厂的地区和其它有条件的地区，要将淘汰落后产能标准提高到1000立方米以下高炉及相应的炼钢产能。

（三）促进企业重组，提高产业集中度

进一步发挥宝钢、鞍本、武钢等大型企业集团的带动作用，推动鞍本集团、广东钢铁集团、广西钢铁集团、河北钢铁集团和山东钢铁集团完成集团内产供销、人财物统一管理的实质性重组；推进鞍本与攀钢、东北特钢，宝钢与包钢、宁波钢铁等跨地区的重组，推进天津钢管与天铁、天钢、天津冶金公司，太钢与省内钢铁企业等区域内的重组。力争到2011年，全国形成宝钢集团、鞍本集团、武钢集团等几个产能在5000万吨以上、具有较强国际竞争力的特大型钢铁企业；形成若干个产能在1000~3000万吨级的大型钢铁企业。

（四）加大技术改造力度，推动技术进步

实施钢铁产业技术进步与技术改造专项（详见附表1），对符合国家产业政策的大型骨干企业，对实施跨区域、跨所有制、跨行业重组的龙头企业，对实施跨区域、跨所有制、跨行业重组的龙头企业，以及国防军工、航天航空关键材料生产企业，给予重点支持；对发展高速铁路用钢、高磁感取向硅钢、高强度机械用钢等关键钢材品种，推广高强度钢筋使用和节材技术，发展高温高压干熄焦、烧结余热利用、烟气脱硫等循环经济和节能减排工艺技术，以及提升开发利用低品位、难选冶铁矿等技术，给予重点支持。

（五）优化钢铁产业布局，统筹协调发展

在减少或不增加产能的前提下，加快调整钢铁产业布局。一是建设沿海钢铁基地。按期完成首钢搬迁工程，建成曹妃甸钢铁精品基地。结合广州钢铁搬迁，推动宝钢与广东钢铁企业、武钢与广西钢铁企业兼并重组，通过淘汰或减少现有产能，适时建设湛江、防城港沿海钢铁精品基地。按照首钢在曹妃甸减少产能、发展循环经济的模式，结合济钢、莱钢、青钢压缩产能和搬迁，对山东省内钢铁企业实施重组和淘汰落后产能，推动日照钢铁精品基地建设。结合杭钢搬迁、以及宝钢跨地区重组和淘汰落后、压缩产能，论证宁波钢铁续建项目。二是推进城市钢厂搬迁，引导产业有序转移和集聚发展，减少城市环境污染。组织实施好北京、广州、杭州、合肥等城市钢厂搬迁项目，统筹研究推进抚顺、青岛、重庆、石家庄等城市钢厂搬迁。三是抓紧实施《汶川地震灾后重建生产力布局和产业调整专项规划》确定的钢铁项目建设。

（六）调整钢材品种结构，提高产品质量

重点发展高速铁路用钢、高强度轿车用钢、高档电力用钢和工模具钢、特殊大锻材等关键钢材品种，支持有条件的企业、科研单位开展百万千瓦火电及核电用特厚钢板和高压锅炉管、25万千伏安以上变压器用高磁感低铁损取向硅钢等技术进行攻关。提高认证标准，加强政策引导，促进钢材实物质量达到国际先进水平。修改相关设计规范，淘汰强度335MPa及以下热轧带肋钢筋，加快推广使用强度400MPa及以上钢筋，促进建筑钢材的升级换代。

（七）保持进口铁矿石资源稳定，整顿市场秩序

行业协（商）会通过行业协调，加强自律，规范进口铁矿石市场秩序。探索、推行代理制。抓住当前市场全面疲软时机，协调国内用户与铁矿石供应商，建立互惠互利的进口矿定价机制和长期稳定的合作关系。规范钢材销售制度，建立产销风险共担机制，发挥流通环节对稳定钢材市场的调节功能。

（八）开发国内外两种资源，保障产业安全

加大国内铁矿资源的勘探力度，合理配置与开发国内铁矿资源，增加资源储备。鼓励大型钢铁企业开展铁矿勘探开发，适度开发利用低品位矿和尾矿，加强对共生矿、伴生矿产资源的研究、开发和综合利用。积极推进河北司家营、山西袁家村等大型铁矿资源开发，提高国产铁矿石自给率；支持邯钢中关、唐钢石人沟、通钢塔东、武钢恩施等现有矿山的深部开采，提高资源综合利用水平；鼓励四川攀西、河北承德地区钒钛资源综合利用；整合开发安徽霍丘地区和山东苍山等地区的铁矿资源。

鼓励有条件的大型企业到国外独资或合资办矿，组织实施好已经开展前期工作的境外矿产资源项目。鼓励沿海钢铁企业充分利用区位和运输优势，尽可能利用国外铁矿石、煤炭等资源。

四、政策措施

（一）调整部分产品的进出口税率

继续坚持控制“两高一资”低附加值产品出口的政策导向，认真落实提高部分钢铁产品出口退税率的措施，适时适当提高技术含量高、附加值高的钢材产品的出口退税率。加快出口退税进度，确保及时足额退税。

（二）实施公平贸易政策

研究国产钢材和进口钢材公平税负政策，制订具体措施，为国内钢铁企业创造公平竞争的市场环境。

（三）加大技术进步及技术改造投入

在中央预算内基本建设投资中列支专项资金，支持钢铁企业开展技术改造（不包括节能技术改造）、技术研发和技术引进，推动钢铁产业技术进步，调整品种结构，提升钢材质量。加大节能技术改造财政奖励支持力度，鼓励、引导钢铁企业积极推进节能技术改造。

（四）完善落后产能退出机制

加大淘汰落后产能的财政奖励力度，支持钢铁企业在淘汰落后产能过程中妥善解决职工安置、企业转产、债务化解等问题，促进社会和谐稳定。严格实行节能减排、淘汰落后问责制，比照《国务院批转节能减排统计监测及考核实施方案和办法的通知》（国发[2007]36号）规定，对未完成节能减排、淘汰落后任务的地区暂停项目的核准和审批。工业和信息化部会同有关部门，加强对淘汰落后产能工作的监督检查，定期向国土资源、金融、环保、工商、质检等部门通报淘汰落后企业名单。地方各级人民政府要对限期淘汰的落后装备实施严格监管，防止擅自扩容改造或异地转移。对擅自扩容改造或异地转移落后装备的，金融机构不提供任何形式的信贷支持，国土资源管理部门不予办理用地手续。

（五）完善企业重组政策

制定鼓励钢铁企业兼并重组的政策措施，妥善解决富余人员安置、企业资产划转、债务核定与处置、财税利益分配等问题，对大型企业跨省（区、市）重组后的改扩建等项目优先予以核准。落实好鼓励钢铁企业重组的税收政策。适时研究制定钢铁企业兼并重组条例。

（六）适时修订钢铁产业政策

调整更新《产业结构调整指导目录》，修订完善《钢铁产业发展政策》。一是提高吨钢综合能耗、吨钢耗新水以及炼铁、炼钢淘汰落后标准；二是修改国内钢铁产业集中度指标的考核范围和比重；三是增加节能减排指标，包括化学需氧量（COD）排放、二氧化硫排放、烟粉尘排放、可燃气体回收利用率、固体废弃物综合利用率等环保指标；四是明确资源配置的具体要求，储量5000万吨以上铁矿资源，优先依法配置给国内大中型钢铁企业。五是提高矿产资源开发准入门槛。

（七）提高建筑工程用钢标准

尽快完善建筑领域工程建设标准体系，结合提高抗震标准，研究出台扩大工业厂房、公共建筑、商业设施等建筑物钢结构使用比例的规定，修改提高地震多发地区建筑物、重点工程、建筑物基础工程等用钢标准及设计规范。

（八）实现钢铁与相关产业协调发展

完善装备、汽车、造船、家电等相关产业发展政策，带动钢铁产品消费和产业升级。加强钢铁新技术、新产品研发，适应和促进上下游及相关产业升级和产品换代。鼓励和支持钢铁企业与相关领域用钢企业开展合作，实现协调发展。

(九)继续实施有保有压的融资政策

加大对钢铁重点骨干企业的金融支持力度，对符合环保、土地法律法规以及投资管理规定的项目，以及实施并购、重组、走出去、技术进步的企业，在发行股票、企业债券、公司债、中期票据、短期融资券以及银行贷款、吸收私募股权投资等方面给予支持。防范大型骨干企业资金断链风险，必要时给予贷款贴息支持。对违法违规建设、越权审批的项目和产能落后企业，继续实施融资限制等措施。

(十)积极实施"走出去"战略

进一步简化项目审批程序，完善信贷、外汇、财税、人员出入境等政策措施。提高境外资源开发企业准入条件。支持符合准入条件的重点骨干企业到境外开展资源勘探、开发、技术合作和对外并购。进一步加强境外资产的经营管理，切实防范和化解境外资产风险。扩大冶金设备出口信贷规模，带动设备物资出口。完善出口信用保险政策，支持钢铁企业建立境外营销网络，稳定高端产品出口份额。充分利用境外矿产资源权益投资专项资金、对外经济技术合作专项资金和国外矿产资源风险勘探专项资金，支持企业实施"走出去"战略，增强资源保障能力。

(十一)建立产业信息披露制度

建立部门联合发布信息制度，适时向社会发布产业政策导向及项目核准、生产销售库存、产能利用、淘汰落后、企业重组、污染排放、银行贷款情况等信息，切实加强信息共享，为企业投资决策、银行贷款、土地预审等提供信息指导。

(十二)发挥行业协(商)会作用

充分发挥行业协(商)会的桥梁和纽带作用，支持企业联合对外谈判，由钢铁协会组织用矿企业统一对外谈判，建立新的双赢定价机制。由钢铁协会会同相关商会协调企业，积极应对国际贸易中的反补贴、反倾销诉讼，维护市场秩序和公平竞争环境。行业协(商)会要及时反映行业问题和企业诉求，为企业提供信息服务，引导企业落实国家产业政策，加强行业自律，提高行业整体素质。

五、规划实施

各地区要按照《规划》确定的目标、任务和政策措施，结合当地实际抓紧制订具体落实方案，确保取得实效。各省(区、市)要将具体工作方案和实施过程中出现的新情况、新问题及时报送国家发展改革委。

国务院各有关部门要按照《规划》分工，加强沟通协商，密切配合，尽快制定具体实施办法，明确政策措施的实施范围和执行期限，并加强指导和监督检查。有关部门要认真开展实施《规划》的中后期后评价工作，及时提出评价意见。

汽车产业调整和振兴规划

汽车产业调整和振兴规划汽车产业是国民经济重要的支柱产业，产业链长、关联度高、就业面广、消费拉动大，在国民经济和社会发展中发挥着重要作用。

为应对国际金融危机的影响，落实党中央、国务院保增长、扩内需、调结构的总体要求，稳定汽车消费，加快结构调整，增强自主创新能力，推动产业升级，促进我国汽车产业持续、健康、稳定发展，特制定本规划，作为汽车产业综合性应对措施的行动方案。规划期为2009~2011年。

一、汽车产业现状及面临的形势

进入21世纪以来，我国汽车产业高速发展，形成了多品种、全系列的各类整车和零部件生产及配套体系，产业集中度不断提高，产品技术水平明显提升，已经成为世界汽车生产大国。但是，产业结构不合理、技术水平不高、自主开发能力薄弱、消费政策不完善等问题依然突出，能源、环保、城市交通等制约日益显现。2008年下半年以来，随着国际金融危机的蔓延、加深和国际汽车市场的严重萎缩，国内汽车市场受到严重冲击，导致全行业产销负增长、重点企业经济效益下滑、自主品牌轿车发展乏力，我国汽车产业发展形势严峻。

应该看到，结构调整是产业进一步发展的必然要求。汽车产业在经历了多年的高速增长后，必然要进行一次大的调整，以解决内部结构和外部环境积累的诸多矛盾，国际金融危机只是引发了结构调整期的提前到来。目前，我国汽车市场正处在增长期，城乡市场需求潜力巨大，汽车产业发展的基本面没有改变。为积极应对国际金融危机，保持经济平稳较快发展，必须加快汽车产业调整和振兴。

二、指导思想、基本原则和目标

（一）指导思想

全面贯彻落实党的十七大精神，以邓小平理论和“三个代表”重要思想为指导，深入贯彻落实科学发展观，通过实施积极的消费政策，开拓城乡市场，稳定和扩大汽车消费需求；以结构调整为主线，推进汽车企业兼并重组，加强关键技术研发，加快技术改造，提升企业素质；以新能源汽车为突破口，加强自主创新，培育自主品牌，形成新的竞争优势，促进汽车产业持续、健康、稳定发展。

（二）基本原则

坚持扩大内需，注重财税政策激励与消费环境改善相结合。既要立足当前，采取财政激励措施，扩大国内汽车市场需求，确保经济增长，又要着眼长远，完善消费政策，培育消费市场。

坚持结构调整，注重发挥市场作用与加强政府引导相结合。利用市场机制和宏观调控手段，推动企业兼并重组，整合要素资源，提高产业集中度，实现汽车产业组织结构优化升级。

坚持自主创新，注重改造传统产品与推广新能源汽车相结合。加强技术改造，提高研发水平，加快产品升级换代和结构调整，着力培育自主品牌，积极发展节能环保的新能源汽车。

坚持产业升级，注重工业发展与服务增值相结合。汽车生产企业既要增强制造实力，又要拓展汽车金融业务和产品售后服务，强化生产与服务的纽带联系，促进相互支撑，实现汽车制造业和汽车服务业协调发展。

（三）规划目标

1.汽车产销实现稳定增长。2009年汽车产销量力争超过1000万辆，三年平均增长率达到10%。

2.汽车消费环境明显改善。建立完整的汽车消费政策法规框架体系、科学合理的汽车税费制度、现代化的汽车服务体系和智能交通管理系统，建立电动汽车基础设施配套体系，为汽车市场稳定发展提供保障。

3.市场需求结构得到优化。1.5 升以下排量乘用车市场份额达到 40%以上，其中 1.0 升以下小排量车市场份额达到 15%以上。重型货车占载货车的比例达到 25%以上。

4.兼并重组取得重大进展。通过兼并重组，形成 2~3 家产销规模超过 200 万辆的大型汽车企业集团，4~5 家产销规模超过 100 万辆的汽车企业集团，产销规模占市场份额 90%以上的汽车企业集团数量由目前的 14 家减少到 10 家以内。

5.自主品牌汽车市场比例扩大。自主品牌乘用车国内市场份额超过 40%，其中轿车超过 30%。自主品牌汽车出口占产销量的比例接近 10%。

6. 电动汽车产销形成规模。改造现有生产能力，形成 50 万辆纯电动、充电式混合动力和普通型混合动力等新能源汽车产能，新能源汽车销量占乘用车销售总量的 5%左右。主要乘用车生产企业应具有通过认证的新能源汽车产品。

7.整车研发水平大幅提高。自主研发整车产品尤其是小排量轿车的节能、环保和安全指标力争达到国际先进水平。主要轿车产品满足发达国家法规要求，重型货车、大型客车的安全性和舒适性接近国际水平，新能源汽车整体技术达到国际先进水平。

8.关键零部件技术实现自主化。发动机、变速器、转向系统、制动系统、传动系统、悬挂系统、汽车总线控制系统中的关键零部件技术实现自主化，新能源汽车专用零部件技术达到国际先进水平。

三、产业调整和振兴的主要任务

(一)培育汽车消费市场

采取有力措施，遏制汽车产销下滑势头，确保 2009 年稳定增长。在汽车购买、使用、报废更新等环节，调整和出台鼓励汽车消费、恢复市场信心的政策措施。清理取消各种不利于小排量汽车发展的规定，通过税收等经济手段引导增加小排量汽车消费。

(二)推进汽车产业重组

鼓励一汽、东风、上汽、长安等大型汽车企业在全国范围内实施兼并重组。支持北汽、广汽、奇瑞、重汽等汽车企业实施区域性兼并重组。支持汽车零部件骨干企业通过兼并重组扩大规模，提高国内外汽车配套市场份额。

(三)支持企业自主创新

以企业为主体，加强产品开发能力建设。一是建立整车设计开发流程，掌握车身、底盘开发技术及整车、发动机、变速器的匹配技术和排气净化技术；突破碰撞安全性、NVH(振动、噪声、平顺性)等关键技术；控制新能源汽车的设计和制造成本。二是提高传统乘用车的节能、环保和安全技术水平。重点支持排量 1.5 升以下、满足国 IV 排放标准的车用直喷汽油机和排量 3 升以下、升功率达到 45 千瓦以上柴油机的研制。突破重型商用车底盘集成关键技术，提高整车驾驶舒适性和操控稳定性。重点支持大功率柴油机及其高压燃油喷射电控系统、后处理系统和商用车自动换挡机械变速器(AMT) 等关键技术研发。三是建立汽车产业战略联盟，形成产、学、研长效合作机制。

(四)实施技术改造专项

制订《汽车产业技术进步和技术改造项目及产品目录》，支持汽车产业技术进步和结构调整，加大技术改造力度。重点支持新能源汽车动力模块产业化、内燃机技术升级、先进变速器产业化、关键零部件产业化以及独立公共检测机构和“产、学、研”相结合的汽车关键零部件技术中心建设。

发展提升整车性能的关键零部件。重点支持研发车身稳定、悬架控制、驱动防滑控制、电子液压制动、车身总线、数字化仪表等电子控制系统，以及六档以上的手动和自动变速器、双离合器式自动变速器和无级自动变速器、商用车自动控制机械变速器等产品。

(五)实施新能源汽车战略

推动纯电动汽车、充电式混合动力汽车及其关键零部件的产业化。掌握新能源汽车的专用发动机和动力模块(电机、电池及管理系统等)的优化设计技术、规模生产工艺和成本控制技术。建立动力模块生产体系，形成 10 亿安时(Ah)车用高性能单体动力电池生产能力。发展普通型混合动力汽车和新燃料汽车专用部件。

(六)实施自主品牌战略

在技术开发、政府采购、融资渠道等方面制定相应政策，引导汽车生产企业将发展自主品牌作为企业战略重点，支持汽车生产企业通过自主开发、联合开发、国内外并购等多种方式发展自主品牌。

（七）实施汽车产品出口战略

加快国家汽车及零部件出口基地建设。建设汽车出口信息、产品认证、共性技术研发、试验检测、培训等公共服务平台。

（八）发展现代汽车服务业

加快发展汽车研发、生产性物流、汽车零售和售后服务、汽车租赁、二手车交易、汽车保险、消费信贷、停车服务、报废回收等服务业，完善相关的法规、规章和管理制度。支持骨干汽车生产企业加快建立汽车金融公司，开展汽车消费信贷等业务。

四、政策措施

（一）减征乘用车购置税

自2009年1月20日至12月31日，对1.6升及以下小排量乘用车减按5%征收车辆购置税。

（二）开展“汽车下乡”

在新增中央投资中安排50亿元资金，自2009年3月1日至12月31日，对农民购买1.3升及以下排量的微型客车，以及将三轮汽车或低速货车报废换购轻型载货车的，给予一次性财政补贴。

（三）加快老旧汽车报废更新

调整老旧汽车报废更新财政补贴政策，加大补贴支持力度，提高补贴标准，加快淘汰老旧汽车。2009年老旧汽车报废更新补贴资金总额由2008年的6亿元增加到10亿元。

（四）清理取消限购汽车的不合理规定

各地区、各部门要认真清理取消现行限制汽车购置的不合理规定，包括牌照注册数量、车型限制、各种区域市场保护措施、各类行政事业性收费、外地汽车进城收费，以及其他直接或间接影响汽车购置的措施，并于2009年3月底前将清理情况报国家发展改革委。对确需继续保留的限购规定，自2009年4月1日至12月31日应暂停执行，不能暂停执行的，应于2009年3月10日之前报国务院批准。

（五）促进和规范汽车消费信贷

修改和完善汽车消费信贷制度，抓紧制订汽车消费信贷管理条例，使资信调查、信贷办理、车辆抵押、贷款担保、违约处置等汽车消费信贷全过程实现规范化、法制化。

支持符合条件的国内骨干汽车生产企业建立汽车金融公司。促进汽车消费信贷模式的多元化，推动信贷资产证券化规范发展，支持汽车金融公司发行金融债券等。

（六）规范和促进二手车市场发展

建立二手车鉴定评估国家标准和临时产权登记制度，调整二手车交易的增值税征收方式。大力发展专业的二手车经销企业，倡导汽车品牌经销商开展以旧换新、以旧换旧等汽车置换业务。取消二手车交易市场的不合理收费，降低交易成本。

加强二手车市场监管，严格经营主体市场准入，规范二手车交易行为，维护市场秩序。积极推广二手车交易合同示范文本，保护消费者合法权益。充分发挥行业组织作用，加强行业自律，促进企业诚信经营。

（七）加快城市道路交通体系建设

发展现代化城市综合交通运输体系，提高综合管理效率和现代化水平。实施交通畅通工程，鼓励加快城市轨道交通设施建设。各城市人民政府要采取积极措施推动停车场建设，规范停车收费。交通换乘枢纽应建设大型停车场所，方便换乘公共交通工具，减轻交通拥堵压力。

（八）完善汽车企业重组政策

制定支持汽车企业重组的政策措施，妥善解决富余人员安置、企业资产划转、债务核定与处置、财税利益分配等问题。支持汽车生产企业通过兼并重组整合产品资源，开发新产品；鼓励汽车生产企业联合开发和制造《汽车产业技术进步和技术改造项目及产品目录》内的汽车新产品和关键总成。新建汽车生产企业和异地设立分厂，必须在兼并现有汽车生产企业的基础上进行。

（九）加大技术进步和技术改造投资力度

今后三年在新增中央投资中安排100亿元作为技术进步、技术改造专项资金，重点支持汽车生产企业进行产品升级，提高节能、环保、安全等关键技术水平；开发填补国内空白的关键总成产品；建设汽车及零部件共性技术研制和检测平台；发展新能源汽车及专用零部件。

（十）推广使用节能和新能源汽车

启动国家节能和新能源汽车示范工程，由中央财政安排资金给予补贴，支持大中城市示范推广混合动力汽车、纯电动汽车、燃料电池汽车等节能和新能源汽车。县级以上城市人民政府要制订规划，优先在城市公交、出租、公务、环卫、邮政、机场等领域推广使用新能源汽车；建立电动汽车快速充电网络，加快停车场等公共场所公用充电设施建设。

(十一)落实和完善《汽车产业发展政策》

抓紧制订道路机动车辆管理条例，完善机动车辆管理法规体系。启动对产业有重要提升和保护作用的标准的研究制订工作，抓紧制修订新能源汽车产品标准、试验方法。落实汽车整车(含摩托车、三轮汽车、低速货车)生产企业退出机制。制订新能源汽车关键总成的准入标准。研究制订三轮汽车和低速货车生产企业向相关产业转型的鼓励办法。

五、规划实施

国务院各有关部门要按照《规划》的工作分工，加强沟通协商，密切配合，尽快制订和完善各项配套政策措施，确保实现汽车产业调整和振兴三年目标。要建立部门联合发布信息制度，适时向社会发布产业调整和振兴的有关信息。有关部门要适时开展《规划》的后评价工作，及时提出评价意见。

各地区要按照《规划》确定的目标、任务和政策措施，结合当地实际抓紧制订具体落实方案，确保取得实效。各省(区、市)要将具体工作方案和实施过程中出现的新情况、新问题及时报送国家发展改革委。

电子信息产业调整和振兴规划

信息技术是当今世界经济社会发展的重要驱动力，电子信息产业是国民经济的战略性、基础性和先导性支柱产业，对于促进社会就业、拉动经济增长、调整产业结构、转变发展方式和维护国家安全具有十分重要的作用。为应对国际金融危机的影响，落实党中央、国务院保增长、扩内需、调结构的总体要求，确保电子信息产业稳定发展，加快结构调整，推动产业升级，特制定本规划，作为电子信息产业综合性应对措施的行动方案。规划期为2009~2011年。《规划》的主要内容是：

一、电子信息产业现状及面临的形势

改革开放以来，我国电子信息产业实现了持续快速发展，特别是进入21世纪以来，产业规模、产业结构、技术水平得到大幅提升。2001~2007年销售收入年均增长28%，2008年实现销售收入约6.3万亿元，工业增加值约1.5万亿元，占GDP比重约5%，对当年GDP增长的贡献超过0.8个百分点，出口额达5218亿美元，占全国外贸出口总额的36.5%。我国已成为全球最大的电子信息产品制造基地，在通信、高性能计算机、数字电视等领域也取得一系列重大技术突破。但是，受国际金融危机影响，2008年下半年以来，电子信息产品出口增速不断下滑，销售收入增速大幅下降，重点领域和骨干企业经营出现困难，利用外资额明显减少，电子信息产业发展面临严峻挑战。同时，我国电子信息产业深层次问题仍很突出。必须采取有效措施，加快产业结构调整，推动产业优化升级，加强技术创新，促进电子信息产业持续稳定发展，为经济平稳较快发展做出贡献。

二、指导思想、基本原则和目标

（一）指导思想

全面贯彻落实党的十七大精神，以邓小平理论和“三个代表”重要思想为指导，深入贯彻落实科学发展观，围绕保增长、扩内需、调结构的主线，坚持改革开放，强化自主创新，加快信息化与工业化融合，以优化环境巩固规模优势，以重大工程带动技术突破，以新的应用推动产业发展。稳定出口，拓展内需，满足人民群众的消费需求，保持电子信息产业平稳较快增长；集聚资源，重点突破，提高关键技术和核心产业的自主发展能力；以用促业、融合发展，加快培育新的增长点；在发展中保稳定，在稳定中谋转型，加快调整电子信息产业组织结构、产品结构和区域结构，实现产业持续健康发展。

（二）基本原则

坚持立足当前与谋划长远相结合。针对当前外部市场需求急剧下降、全球电子信息产业深度调整的形势，采取积极措施，保持产业的稳定增长。同时，着眼长远发展，集中优势资源，在重点领域取得突破，促进产业结构调整，加快发展模式向质量效益型转变。

坚持市场运作与政府引导相结合。充分发挥市场配置资源的基础性作用，加快完善体制机制，改善投融资环境，培育骨干企业，扶持中小创新型企业，促进产业持续健康发展。同时，国家加大财税、金融政策支持力度，增强集成电路、新型显示器件、软件等核心产业的自主发展能力。

坚持自主创新与国际合作相结合。加快自主创新步伐，以系统应用为牵引，加速技术自主开发。同时，继续加大力度吸引国际电子信息制造业和服务业向我国转移，提高利用外资水平，拓展企业海外发展空间，提高电子信息产业在国际分工中的地位。

（三）规划目标

促增长、保稳定取得显著成效。未来三年，电子信息产业销售收入保持稳定增长，产业发展对GDP增长的贡献不低于0.7个百分点，三年新增就业岗位超过150万个，其中新增吸纳大学生就业近100

万人。保持外贸出口稳定。新型电子信息产品和相关服务培育成为消费热点,信息技术应用有效带动传统产业改造,信息化与工业化进一步融合。

调结构、谋转型取得明显进展。骨干企业国际竞争力显著增强,自主品牌市场影响力大幅提高。软件和信息服务收入在电子信息产业中的比重从12%提高到15%。稳步推进电子信息加工贸易转型升级,鼓励加工贸易企业延长产业链,促进国内产业升级。形成一批具有国际影响力、特色鲜明的产业聚集区。产业创新体系进一步完善。核心技术有所突破,新一代移动通信、下一代互联网、数字广播电视等领域的应用创新带动形成一批新的增长点,产业发展模式转型取得明显进展。

三、产业调整和振兴的主要任务

今后三年,电子信息产业要围绕九个重点领域,完成确保骨干产业稳定增长、战略性核心产业实现突破、通过新应用带动新增长三大任务。

(一)确保计算机、电子元器件、视听产品等骨干产业稳定增长

完善产业体系,保持出口稳定,拓展城乡市场,提高利用外资水平,发挥产业集聚优势,实现计算机、电子元器件、视听产品等骨干产业平稳发展。

增强计算机产业竞争力。加快提高产品研发和工业设计能力,积极发展笔记本电脑、高端服务器、大容量存储设备、工业控制计算机等重点产品,构建以设计为核心、以制造为基础,关键部件配套能力较强的计算机产业体系。大力开拓个人计算机消费市场,积极拓展行业应用市场,推广基于自主设计CPU的低成本计算机和具有自主知识产权的打印机、税控收款机等产品。支持骨干企业"走出去",进一步开拓全球特别是新兴国家和发展中国家市场。

加快电子元器件产品升级。充分发挥整机需求的导向作用,围绕国内整机配套调整元器件产品结构,提高片式元器件、新型电力电子器件、高频频率器件、半导体照明、混合集成电路、新型锂离子电池、薄膜太阳能电池和新型印刷电路板等产品的研发生产能力,初步形成完整配套、相互支撑的电子元器件产业体系。加快发展无污染、环保型基础元器件和关键材料,提高产品性能和可靠性,提高电子元器件和基础材料的回收利用水平,降低物流和管理成本,进一步提高出口产品竞争力,保持国际市场份额。

推进视听产业数字化转型。支持彩电企业与芯片设计、显示模组企业的纵向整合,促进整机企业的强强联合,加大创新投入,提高国际竞争力。加快4C(计算机、通信、消费电子、内容)融合,促进数字家庭产品和新型消费电子产品大发展。推进体制机制创新,加快模拟电视向数字电视过渡,推动全国有线、地面、卫星互为补充的数字化广播电视网络建设,丰富数字节目资源,推动高清节目播出,促进数字电视普及,带动数字演播室设备、发射设备、卫星接收设备的升级换代,加快电影数字化进程,实现视听产业链的整体升级。

(二)突破集成电路、新型显示器件、软件等核心产业的关键技术

抓住全球产业竞争格局加快调整的机遇,立足自主创新,强化国际合作,统筹资源、环保、市场、技术、人才等各种要素,合理布局重大项目建设,实现集成电路、新型显示器件、软件等核心产业关键技术的突破。

完善集成电路产业体系。支持骨干制造企业整合优势资源,加大创新投入,推进工艺升级。继续引导和支持国际芯片制造企业加大在我国投资力度,增设生产基地和研发中心。完善集成电路设计支撑服务体系,促进产业集聚。引导芯片设计企业与整机制造企业加强合作,依靠整机升级扩大国内有效需求。支持设计企业间的兼并重组,培育具有国际竞争力的大企业。支持集成电路重大项目建设与科技重大专项攻关相结合,推动高端通用芯片的设计开发和产业化,实现部分专用设备的产业化应用,形成较为先进完整的集成电路产业链。

突破新型显示产业发展瓶颈。统筹规划、合理布局,以面板生产为重点,完善新型显示产业体系。国家安排引导资金和企业资本市场筹资相结合,拓宽融资渠道,增强企业创新发展能力。成熟技术的产业化与前瞻性技术研究开发并举,逐步掌握显示产业发展主动权。充分利用全球产业资源,重点加强海峡两岸产业合作,努力在新型显示面板生产、整机模组一体化设计、玻璃基板制造等领域实现关键技术突破。

提高软件产业自主发展能力。依托国家科技重大专项，着力提高国产基础软件的自主创新能力。支持中文处理软件(含少数民族语言软件)、信息安全软件、工业软件等重要应用软件和嵌入式软件技术、产品研发，实现关键领域重要软件的自主可控，促进基础软件与CPU的互动发展。加强国产软件和行业解决方案的推广应用，推动软件产业与传统产业的融合发展。鼓励大型骨干企业整合优势资源，增强企业实力和国际竞争力。引导中小软件企业向产业基地集聚和联合发展，提高软件行业国际合作水平。

(三)在通信设备、信息服务、信息技术应用等领域培育新的增长点

加速信息基础设施建设，大力推动业务创新和服务模式创新，强化信息技术在经济社会领域的运用，积极采用信息技术改造传统产业，以新应用带动新增长。

加速通信设备制造业大发展。以新一代网络建设为契机，加强设备制造企业与电信运营商的互动，推进产品和服务的融合创新，以规模应用促进通信设备制造业发展。加快第三代移动通信网络、下一代互联网和宽带光纤接入网建设，开发适应新一代移动通信网络特点和移动互联网需求的新业务、新应用，带动系统和终端产品的升级换代。支持IPTV(网络电视)、手机电视等新兴服务业发展。建立内容、终端、传输、运营企业相互促进、共赢发展的新体系。

加快培育信息服务新模式新业态。把握软件服务化趋势，促进信息服务业务和模式创新，综合利用公共信息资源，进一步开发适应我国经济社会发展需求的信息服务业务。积极承接全球离岸服务外包业务，引导公共服务部门和企事业单位外包数据处理、信息技术运行维护等非核心业务，建立基于信息技术和网络的服务外包体系。提高信息服务业支撑服务能力，初步形成功能完善、布局合理、结构优化、满足产业国际化发展要求的公共服务体系。

加强信息技术融合应用。以研发设计、流程控制、企业管理、市场营销等关键环节为突破口，推进信息技术与传统工业结合，提高工业自动化、智能化和管理现代化水平。加速行业解决方案的开发和推广，组织开展行业应用试点示范工程，支持RFID(电子标签)、汽车电子、机床电子、医疗电子、工业控制及检测等产品和系统的开发和标准制定。支持信息技术企业与传统工业企业开展多层次的合作，进一步促进信息化与工业化融合。结合国家改善民生相关工程的实施，加强信息技术在教育、医疗、社保、交通等领域应用。提高信息技术服务“三农”水平，加速推进农业和农村信息化，发展壮大涉农电子产品和信息服务产业。

四、政策措施

(一)落实扩大内需措施

结合国民经济和社会信息化建设以及家电下乡、其他重点产业调整和振兴规划的实施，进一步拓展电子信息产业的发展空间，引导推进第三代移动通信网络、下一代互联网、数字广播电视网络、宽带光纤接入网络和数字化影院建设，拉动国内相关产业发展。完善普遍服务机制，推进农村信息化建设，加强农村电信和广播电视覆盖，加速实现“村村通”。支持国内光伏发电市场发展和LED(发光二极管)节能照明产品推广。建立国家资金支持的重大工程配套保障协调机制，带动电子信息产品以及相关服务发展，引导国内企业互相配套。

(二)加大国家投入

国家新增投资向电子信息产业倾斜，加大引导资金投入，实施集成电路升级、新型显示和彩电工业转型、TD-SCDMA第三代移动通信产业新跨越、数字电视电影推广、计算机提升和下一代互联网应用、软件及信息服务培育等六项重大工程，支持自主创新和技术改造项目建设。鼓励地方对专项支持的关键领域和重点项目给予资金支持，引导社会资源投向电子信息产业领域。加大信息技术改造传统产业的投入。

(三)加强政策扶持

继续实施《国务院关于印发鼓励软件产业和集成电路产业发展若干政策的通知》(国发[2000]18号)明确的政策，抓紧研究进一步支持软件产业和集成电路产业发展的政策措施。进一步完善并适当延长液晶等新型显示器件优惠政策。落实数字电视产业政策，推进“三网融合”。在高新技术企业认定工作中，根据电子信息产业发展状况适时调整认定目录和标准。研究出台光伏发电和半导体照明推广应用的鼓励政策。

（四）完善投融资环境

落实金融促进经济发展的有关政策措施，加大对电子信息产业的信贷支持。引导地方政府加大投入，有效发挥信用担保体系功能，支持金融机构为中小电子信息企业提供更多融资服务。依托产业基地、企业孵化器等产业集聚区，扩大电子信息中小企业集合发债试点。对符合条件的电子信息企业引进先进技术和产品更新换代的外汇资金需求，通过进出口银行提供优惠利率进口信贷方式给予支持。积极发展风险创业投资，大力支持海外归国人才在国内创业发展。落实优惠条件，降低商检和物流费用，支持国外企业稳定在我国的生产规模，扩大投资。加强产业基地公共基础设施和支撑服务体系建设，优化产业集聚区发展环境。发挥海关特殊监管区域的政策和功能优势，加大打击走私力度，促进电子信息产品研发、维修、配送及服务外包业务的发展。

（五）支持优势企业并购重组

在集成电路、软件、通信、新型显示器件等重点领域，鼓励优势企业整合国内资源，支持企业"走出去"兼并或参股信息技术企业，提高管理水平，增强国际竞争力。鼓励金融机构对电子信息企业重组给予支持。

（六）进一步开拓国际市场

继续保持并适当加大部分电子信息产品出口退税力度，发挥出口信用保险支持电子信息产品出口的积极作用，强化出口信贷对中小电子信息企业的支持。落实科技兴贸规划。采取综合措施为企业拓展新兴市场创造条件，支持企业"走出去"设立研发、生产基地，建立境外营销网络。拓展与国外政府、企业间的合作，大力推动TD-SCDMA等标准技术在海外市场的拓展和商用。落实促进离岸服务外包产业发展的扶持政策，推动软件外包企业加快发展。

（七）强化自主创新能力建设

加快实施国家科技重大专项，推动产业创新发展。加强移动通信、笔记本电脑、软件、新型显示器件等领域创新能力建设，完善公共技术服务平台。支持电子元器件、系统整机、软件和信息服务企业组成各种形式的产业联盟，促进联合协同创新。大力推进TD-SCDMA、地面数字电视、手机电视、数字音视频编解码、中文办公文档格式、WAPI（无线局域网安全标准）、数字设备信息资源共享等标准产业化进程，加强RFID、数字版权管理、数字家庭产品等关键标准的制定和推广工作，加快制定工业软件、信息安全、信息技术服务标准和规范。加强对电子信息产品和服务的知识产权保护。将集成电路升级等六项重大工程所需高端人才引进列入国家引进高层次海外人才的相关计划，提高国内研发水平。

五、规划实施

各地区要按照《规划》确定的目标、任务和政策措施，结合当地实际抓紧制定具体落实方案，确保取得实效。具体工作方案和实施过程中出现的新情况、新问题要及时报送发展改革委、工业和信息化部等有关部门。

纺织工业调整和振兴规划

纺织工业是我国国民经济的传统支柱产业和重要的民生产业，也是国际竞争优势明显的产业，在繁荣市场、扩大出口、吸纳就业、增加农民收入、促进城镇化发展等方面发挥着重要作用。

为应对国际金融危机的影响，落实党中央、国务院关于保增长、扩内需、调结构的总体要求，确保纺织工业稳定发展，加快结构调整，推动产业升级，特编制本规划，作为纺织工业综合性应对措施的行动方案，规划期为2009~2011年。

一、纺织工业现状及面临的形势

进入21世纪以来，我国纺织工业快速发展，形成了从上游纤维原料加工到服装、家用、产业用终端产品制造不断完善的产业体系。生产持续较快增长，产品出口大幅增加，结构调整取得进展，对就业和惠农的贡献突出。2007年，纺织工业实现工业增加值8126亿元，占全部工业增加值的6.9%，占全国GDP的3.3%。纺织工业约30%的产品销往国际市场，国际市场占有率连续十余年位居全球首位;2007年纺织品服装出口总额1756亿美元，比2000年增长2.3倍，年均增长18.7%，占全国出口总额的14.4%，占国际纺织品服装贸易额的30%。产品应用范围已扩大到航空、航天、水利、农业、交通、医疗等众多领域。全行业吸纳就业人数超过2000万人，其中80%为农民工;消化农业提供的棉、毛、麻、丝天然纤维近1000万吨，惠及1亿农民。我国已经成为世界纺织服装生产大国。但是，纺织工业在快速发展的过程中，长期积累的矛盾和问题也日渐凸显。主要表现在：自主创新能力薄弱，高技术、功能性纤维和复合材料开发滞后，高性能纺织机械装备主要依靠进口;产业布局不尽合理，纺织工业能力的80%集中在沿海地区，出口市场近50%集中在欧盟、美国和日本，尚未形成多元化格局;节能减排任务艰巨，纺织工业能耗、水耗、废水排放量分别占全国工业总能耗、总水耗、总废水排放量的4.3%、8.5%和10%;产能规模盲目扩张，部分行业产能过剩。2008年下半年以来，国际金融危机对我国纺织工业造成严重影响，市场供求失衡，企业经营困难、亏损增加，吸纳就业人数下降，我国纺织工业陷入多年未见的困境。

应该看到，我国纺织工业具备较强的适应能力，产品在国际市场具有比较优势，国内市场需求还有很大潜力，纺织工业发展仍具有广阔的市场空间。必须采取有效措施，稳定国内外市场，提高自主创新能力，淘汰落后产能，优化产业布局，加快自主品牌建设，促进纺织工业持续健康运行，为经济平稳较快发展做出贡献。

二、指导思想、基本原则与目标

(一)指导思想

全面贯彻落实党的十七大精神，以邓小平理论和“三个代表”重要思想为指导，深入贯彻落实科学发展观，按照保增长、扩内需、调结构的总体要求，稳定纺织工业国际市场份额，扩大国内市场消费需求，以自主创新、技术改造、淘汰落后、优化布局为重点，推动纺织工业结构调整和产业升级，巩固和加强纺织工业就业惠农的支撑地位，推进我国纺织工业实现由大到强的转变。

(二)基本原则

坚持开拓国际市场与扩大内需相结合。统筹兼顾国际、国内两个市场，采取综合措施，在巩固和开拓国际市场、保持出口份额基本稳定的同时，努力培育和扩大国内消费需求。

坚持扶持骨干企业与带动中小企业相结合。发挥骨干优势企业在产业调整和振兴中的带动作用，支持优势企业兼并重组、做大做强，积极帮助中小企业应对危机，增强具有良好业绩和发展潜质的中小企业抵御风险的能力。

坚持自主创新、技术改造与淘汰落后相结合。抓住对行业科技进步带动明显的关键环节和重要领域，加快技术研发及产业化步伐，推动棉纺、印染、化纤、针织等行业的技术改造，加快淘汰落后工艺和产能。

坚持发挥市场机制作用与加强政策引导相结合。充分发挥市场配置资源的基础性作用，促进产业结构调整和企业加强管理，实现优胜劣汰。加强政策支持和引导，保持行业稳定发展，推动产业结构优化升级。

(三)规划目标

2009~2011 年，纺织工业生产保持平稳增长，产业结构进一步优化，自主创新能力、技术装备水平、品种质量有明显提高，产业布局趋于合理，自主品牌建设取得较大突破，落后产能逐步退出，由纺织大国向纺织强国转变迈出实质性步伐。

1.总量保持稳定增长。到 2011 年，规模以上企业实现工业增加值 12000 亿元，年均增长 10%；出口总额 2400 亿美元，年均增长 8%。

2.产业结构明显优化。纤维加工量过快增长的态势得到明显控制。服装、家用、产业用三大终端产品纤维消耗比例调整至 49:32:19；中西部纺织工业产值所占比重提高到 20%左右。培育 100 家左右具有较强影响力的自主知名品牌企业，自主品牌产品出口比重提高到 20%。

3.科技支撑力显著提高。高新技术产品的产业化及应用取得显著进展，具有国际先进水平的纺织技术装备比重提高到 50%左右，新产品产值率不断提高，全行业劳动生产率年均提高 10%。

4.节能减排取得明显成效。全行业实现单位增加值能耗年均降低 5%、水耗年均降低 7%、废水排放量年均降低 7%。

5.淘汰落后取得实质性进展。到 2011 年，淘汰 75 亿米高能耗、高水耗、技术水平低的印染能力，淘汰 230 万吨化纤落后产能，加速淘汰棉纺、毛纺落后产能。

三、产业调整和振兴的主要任务

(一)稳定国内外市场

1.稳定和开拓出口市场。在不违反 WTO 规则的前提下，实施灵活的出口税收政策，积极应对贸易摩擦，稳定纺织品国际市场份额。实施出口市场多元化战略，积极开拓新兴市场，培育新的增长点；鼓励有实力的纺织企业“走出去”，在具有相对优势的国家和地区投资设厂；鼓励企业在主销市场设立物流中心和分销中心；下大力气打造国际知名品牌，在全球范围内实现销售、研发、生产各个环节的优化配置，提高我国纺织工业在全球价值链中的地位。

2.促进国内纺织品服装消费。引导纺织企业大力开发新产品，满足不同消费者需求；优化和创新商业模式，加强营销网络建设，减少流通环节；积极开拓农村市场，增加对边远乡村的销售，便利农民消费。

3.扩大国内产业用纺织品的应用。结合实施扩大内需促进经济增长的政策措施，通过完善相关标准规范，促进产业用纺织品在水利、交通、建筑、新能源、农业、环保和医疗等领域的应用。

(二)提高自主创新能力

1.推进高新技术纤维产业化和应用。加速实现高性能碳纤维、芳纶、聚苯硫醚、超高分子量聚乙烯、玄武岩纤维、聚酰亚胺、新型聚酯等高新技术纤维和复合材料的产业化，总产量由目前的 7 万吨提高到 14 万吨。充分利用农产品、农作物废弃物和竹、速生林等资源，实现可降解、可再生生物质纤维及综合开发利用的产业化，溶剂法纤维素纤维实现万吨级产业化，生物法生产多元醇实现千吨级产业化，生物质纤维素纤维比例由目前的 6.3%提高到 8%。

2.加快产业用纺织品的开发应用。加快推进产业用纺织品新产品的开发和产业化，满足水利、交通、建筑、新能源、农业、环保和医疗等新领域的需求。重点发展以宽幅高强工艺技术为主的土工格栅、土工布、防水卷材等多功能复合材料，高端土工布材料国内市场占有率由 20%提高到 50%；加快推进针刺、水刺、纺粘等先进工艺和高性能纤维在环保过滤用纺织材料生产上的应用，新材料比重由 20%提高到 50%；支持多功能篷盖材料、膜结构材料等轻量化特殊装饰用纺织材料的开发应用；支持采用高性能纤维开发风力发电机叶片，航空和航天器预制件等高性能增强复合材料，年产量达到 5000 万平方米；开发节水灌溉、储水材料和缓释包装材料等农用纺织材料;加快手术衣、隔离服、仿生器官等医用纺织材料及制品的开发和应用;推广纺粘、熔喷、水刺及其复合非织造工艺技术,突破“三抗”(抗微生物、抗血液、抗酒精)手术衣、隔离服等科技攻关项目的产业化难题。

3.提高纺织装备自主化水平。通过加强自主研发和引进消化国际先进技术,实现具有自主知识产权的新型纺织机械技术的重大突破,加快纺织机械技术装备自主化。国产纺织机械市场占有率由目前的60%提高到70%。一是提高传统纺织关键整机的技术水平;二是加快产业用纺织品机械开发和产业化;三是加强高效、连续、短流程等节能减排染整设备和能源、资源回收利用技术的研发和应用;四是以提高专用基础件、配套件可靠性为切入点,加大纺织机械专用基础件、配套件的研发和产业化力度。

4.加强标准化体系建设。尽快制定碳纤维等高性能纤维、生态纺织品、功能性纺织品和新型成套装备的产业技术标准;制定和完善航空、航天、水利、农业、交通、建筑、新能源、环保和医疗等领域产业用纺织品的标准和使用规范;修订和完善纺织工业资源节约和综合利用标准,建立和完善进出口产品检验检测体系。

(三)加快实施技术改造

以技术改造为抓手,采用先进适用技术改造传统产业,提高纺织行业生产效率,改善产品结构,增强市场有效供给能力。

1.纺纱织造行业。推行原料精细化、仪器化检测,提高企业电子配棉能力;推广高档精梳纱线、多种纤维混纺纱线和差别化、功能化化纤混纺、交织针织、机织面料的生产工艺;加大高支毛精纺面料、半精纺面料以及真丝、麻类高附加值产品开发力度;大力提高无卷、无接头纱、无梭布、精梳纱产品的比重,形成一批品牌效应好、市场占有率高的优质产品,进一步缩小与世界先进水平的差距。

2.印染行业。以现代电子信息技术、自动化技术、生物技术为手段,推广高效短流程、无水或少水印染技术和设备,提高生产自动控制水平。重点解决印染行业自动化程度低、能耗和水耗高、环境污染严重等问题,增加新产品和高附加值产品的开发生产。企业单位增加值能耗降低10%以上,中水回用率达到35%以上;新型纤维面料、功能整理产品等高档产品比重由目前的20%提高到30%左右。

3.化纤行业。采用先进适用技术提升传统化纤工艺、装备及生产控制水平,实现聚酯、涤纶、粘胶、锦纶、腈纶等产品柔性化、多样化、高效生产,提高产品附加值。加快多功能、差别化纤维的研发和纺织产品一条龙的应用开发,化纤差别化率由目前的36%提高到50%左右。

(四)淘汰落后产能

进一步加大对高能耗、高污染等落后生产工艺和设备的淘汰力度。棉纺行业重点淘汰建国前生产的以及所有“1”字头纺纱和织造设备,A512型、A513型系列细纱机;毛纺行业重点淘汰B250型毛精纺机、H212型毛织机等落后设备;印染行业重点淘汰74型染整生产线、落后型号的平网印花机、热熔染色机、热风布铗拉幅机、短环烘燥定型机及其他高能耗、高水耗的落后生产工艺设备;化纤行业重点淘汰R531型酸性老式粘胶纺丝机、湿法氨纶生产工艺,限制使用2万吨/年以下粘胶生产线、二甲基甲酰胺(DMF)溶剂法腈纶和氨纶生产工艺、涤纶长丝锭轴长900mm以下的半自动卷绕装置及间歇法聚合聚酯生产工艺设备。

(五)优化区域布局

东部沿海纺织工业发达地区充分利用技术、资金、研发、品牌、营销渠道的优势,跟踪国际最新技术和产品,重点发展技术含量高、附加值高、资源消耗低的纺织行业和产品。鼓励中西部地区发挥资源优势,积极承接产业转移,发展纺织服装加工基地,形成东中西部优势互补的区域布局,严防低水平产能的转移和扩张。加强内地与新疆的合作,建设优质棉纱、棉布和棉纺织品生产基地。支持大企业集团将其产业链的一端移入新疆发展,构建跨区域上下游紧密联系、协同发展的产业链,把新疆建成依托内地面向中亚乃至欧洲的纺织品服装出口加工基地和区域性国际商贸中心。

继续推进和深化“东桑西移”。重点巩固提高现有200个中西部地区蚕桑生产基地,推广规模化、标准化种桑养蚕模式;延伸中西部地区缫丝、织绸产业链,提高企业加工水平。在全国发展50家以“公司加农户”为主要形式、具备自主创新能力和自主品牌的丝绸企业。

(六)完善公共服务体系

建立纺织重点行业和企业运行情况、质量等跟踪监测制度，加强产业信息平台与预警机制建设；建立出口纺织产品国内外技术法规、标准和管理服务体系，以及产品质量安全通报、退货核查等应急处理系统；建设30个面向中小企业、功能完善、服务能力较强的公共服务平台，提供信息咨询、产品设计开发、社会责任推广、市场开拓、人才培训等方面的服务；加快产品质量检测体系建设，提升实验室和装备水平，完善检测标准和手段。大力推动企业信息化建设，推广适合化纤、纺织、印染和服装等重点行业特点的企业资源计划(ERP)管理系统、电子商务系统等。

(七)加快自主品牌建设

实施自主品牌建设工程，培育形成若干个具有国际影响力的自主知名品牌，提高纺织服装自有品牌出口比重10个百分点，提升我国纺织业在全球产业分工中的地位。以服装、家用等终端产品自主品牌建设为突破口，选择100家左右具有自主知识产权的优势品牌企业，加强技术进步，提高质量水平，建设和完善设计创意中心、技术研发中心、品牌推广中心，提高信息化管理水平和市场快速反应能力。支持优势品牌企业跨地区兼并重组、加强产业整合，提高产业集中度，增强品牌企业的市场控制力。

鼓励和引导品牌企业"走出去"，通过收购、入股等形式进行境外投资、品牌收购、设立境外合作区、设置销售网络等，建立为扩大自主品牌产品出口提供信息、政策、贸易等服务的咨询机构。建立和推行生态纺织品认证制度。积极开展与主要贸易伙伴间的多层面交流与合作，建立检测、认证结果的互认机制。

(八)提升企业竞争实力

纺织企业要从自身实际出发，抓住产业调整和振兴的机遇，深化企业改革，加快现代企业制度建设步伐，完善公司治理结构，不断提升企业管理和科学决策水平，提高核心竞争能力；加强企业自律，强化质量管理，落实安全生产措施；加大产品研发和技术进步投入，增强新技术产品、高附加值产品的开发能力和生产能力，进一步提高产品的档次和水平；把握国内外市场形势变化，努力开发适销对路产品，提高对市场需求的快速反应能力，使产品开发、品牌培育与市场紧密结合；坚决淘汰高能耗、高污染、低效率的落后生产能力，加强节能管理和成本管理；优势企业可利用自身规模、技术和品牌优势，通过兼并重组进一步做大做强；坚持以人为本，做好员工培训，全面履行社会责任，建立和谐企业。

四、政策措施及保障条件

(一)继续提高纺织品服装出口退税率。认真落实提高部分轻纺产品出口退税率的政策措施；加快出口退税进度，确保及时足额退税。

(二)加大棉花、厂丝收购力度。为保护棉农、蚕农利益，通过增加中央储备或其他办法，加大棉花、厂丝收购力度。

(三)加大技术进步和技术改造投资力度。支持企业技术进步和技术改造，重点支持高新技术纤维产业化及应用、产业用纺织品开发应用、新型纺织装备自主化，支持纺纱织造、印染、化纤等行业的技术改造，以及自主品牌建设等。

(四)进一步扩大国内消费。优化商业环境，扩大营销网络，减少流通费用，制定加快推进我国服装自主品牌建设的指导意见，推进名品进名店、名牌产品下乡，扩大纺织品服装消费；营造统一规范的市场环境，推进异地质检互认制度，减少重复检测；制定和完善产业用纺织品的相关技术标准和使用规范，提高产业技术水平和产品质量；鼓励国内基础设施建设项目采用符合质量要求的土工布材料、过滤用纺织材料、装饰装修用纺织品、高性能增强复合材料等产业用纺织品。

(五)鼓励企业实施兼并重组。鼓励纺织服装行业优势骨干企业对困难企业进行兼并重组；兼并重组过程中，在流动资金、债务核定、人员安置等方面给予支持，妥善安置企业职工的，可按有关规定减免契税；对实施兼并重组企业符合条件的技术改造项目给予优先支持。

(六)加大对纺织企业的金融支持。对一些基本面较好、带动就业明显、信用记录较好、无严重环境违法行为、有竞争力、有市场、有订单但暂时出现经营和财务困难的纺织企业，金融机构要加大信贷支持力度，允许将到期的贷款适当展期；认真落实《国务院办公厅关于当前金融促进经济发展的若干意见》(国办发[2008]126号)，放宽中小纺织企业贷款呆账核销条件，简化税务部门审核金融机构呆账核销手续和程序，对中小纺织企业贷款实行税前全额拨备和提供风险补偿。支持符合条件的企业发行公司债券、企业债券、中小企业集合债券、短期融资券等，简化审批程序，拓展企业融资渠道；中央和地方财政要加大对资质好、管理规范的中小企业信用担保机构的支持力度，鼓励担保机构为中小纺织企业提供信用担保和融资服务。

(七)减轻纺织企业负担。对受金融危机影响较大、暂时遇到经营困难的企业，按照有关规定，实施缓缴社会保险费或降低相关社会保险费率等政策。对采取在岗培训、轮班工作、协商薪酬等办法稳定员工队伍，并保证不裁员或少裁员的困难企业，允许使用失业保险基金支付社会保险补贴和岗位补贴。地方政府制定的产业扶持政策，应适当向纺织企业倾斜。加快清理各种不合理收费。

(八)加大对中小纺织企业扶持力度。现有支持中小企业发展的专项资金(基金)等向纺织企业适当倾斜，支持纺织企业巩固和开拓国内外市场；支持面向中小企业的公共服务平台建设，完善环保、检测、信息等公共服务体系，推进纺织企业园区化、集群化发展；加大对纺织应用基础研究及技术创新的支持力度。

(九)加强产业政策引导。制定并完善印染、粘胶行业准入条件，指导行业规范发展；调整淘汰落后工艺技术目录，研究完善高污染企业和落后产能退出机制和保障措施；环保、土地、信贷等相关政策要与产业政策相互配合，体现区别对待、有保有压；研究制定产业转移指导意见；积极创造条件，引导外商投资企业将结算中心、成本和利润核算中心设在境内，以企业在岸资产进行担保并落实抵押担保条件。

(十)发挥行业协(商)会作用。行业协(商)会要充分发挥桥梁和纽带作用，在政府指导下，组织应对国际贸易中的反倾销、反补贴诉讼；及时反映行业情况、问题和企业诉求，引导企业落实产业政策，加强行业自律，促进行业有序发展。

五、规划实施

国务院各有关部门要按照《规划》分工，加强沟通协商，密切配合，尽快制定完善各项配套政策措施，并加强指导和监督检查。有关部门要适时开展《规划》的后评价工作，及时提出评价意见。

各地区要按照《规划》确定的目标、任务和政策措施，结合当地实际抓紧制定具体落实方案，确保取得实效。具体工作方案和实施过程中出现的新情况、新问题要及时报送发展改革委、工业和信息化部等有关部门。

有色金属产业调整和振兴规划

有色金属产业是重要的基础原材料产业，产品种类多、应用领域广、产业关联度高，在经济建设、国防建设、社会发展以及稳定就业等方面发挥着重要作用。为应对国际金融危机的影响，落实党中央、国务院关于保增长、扩内需、调结构的总体要求，确保有色金属产业平稳运行，加快产业结构调整，推动产业升级，特编制本规划，作为有色金属产业综合性应对措施的行动方案。规划期为2009~2011年。

一、有色金属产业现状及面临的形势

进入21世纪以来，我国有色金属产业迅速发展，在技术进步、改善品种质量、淘汰落后产能、开发利用境外资源方面取得明显成效，生产和消费规模不断扩大，已成为全球最大的有色金属生产和消费国。2008年，全国十种有色金属总产量2520万吨，总消费量2517万吨；其中铜、铝、铅、锌、镍总产量分别占全球产量的20%、32.7%、37.8%、33%、9.5%，总消费量分别占全球消费量的27.2%、32%、35.7%、31.7%、23.5%。规模以上企业完成工业增加值5766亿元，占全国GDP的1.9%，直接从事有色金属生产的就业人数300万人。

2008年下半年以来，随着国际金融危机对实体经济的影响不断加深，我国有色金属产业受到较大冲击，产品价格大幅下跌，产量不断下降，国内消费疲软，企业流动资金紧张，行业全面亏损，产业平稳发展面临严峻挑战。同时，我国有色金属产业存在的深层次矛盾仍很突出，部分产品产能过剩，产业布局亟待调整，产业集约化程度低，资源保障程度不高，自主创新能力不强，再生利用水平较低，淘汰落后产能任务艰巨。

应该看到，有色金属产业在经历了多年的高速增长之后，客观上必然要进行一次大的调整。现阶段，有色金属产业在我国实现城镇化、工业化、信息化中的重要作用没有改变，作为现代高新技术产业发展关键支撑材料的地位没有改变，产业发展的基本面没有改变。要充分利用当前的有利时机，加快淘汰落后产能，推动企业兼并重组，提高工艺技术水平和关键材料加工能力，促进增长方式转变，实现产业结构优化升级。同时，引导企业"走出去"，积极利用境外矿产资源。

二、指导思想、基本原则和目标

(一)指导思想

全面贯彻落实党的十七大精神，以邓小平理论和"三个代表"重要思想为指导，深入贯彻落实科学发展观，按照保增长、扩内需、调结构的总体要求，采取综合措施，稳定和扩大国内市场；以控制总量、淘汰落后产能、加强技术改造、推进企业重组为重点，推动有色金属产业结构调整和优化升级；充分利用境内外两种资源，着力抓好再生利用，大力发展循环经济，提高资源保障能力，促进有色金属产业可持续发展。

(二)基本原则

坚持应对危机与产业振兴相结合。着力解决当前有色金属产业当前面临的困难，保市场稳定，保先进生产力，保重点企业，保主要品种，促进产业平稳运行；利用市场机制，充分发挥各种有利因素的作用，加快产业结构调整，提高产业竞争力。

坚持控制总量与优化布局相结合。根据能源、资源、环境、市场等条件，严格控制产能扩张，加快淘汰落后产能，推动上下游企业重组，支持在具有资源、能源优势的中西部地区发展深加工，优化产业布局。

坚持自主创新与技术改造相结合。加快关键技术由引进向消化吸收再创新转变，由注重单项技术研究开发向集成创新转变。积极采用先进适用技术，加快技术改造，提高工艺装备水平和产品质量，增加产品品种，降低资源和能源消耗。

坚持企业重组与体制创新相结合。加强体制创新，消除影响企业重组的体制性障碍，为推动有色金属企业集团化发展和实现跨地区、跨行业的重组创造良好的体制环境。

坚持资源开发与节约利用相结合。合理开发利用国内有色金属资源，注重开发国内市场，控制初级产品出口，鼓励深加工产品出口，支持企业"走出去"，大力发展循环经济，提高资源再生利用水平，加强资源节约和综合利用。

（三）规划目标

力争有色金属产业2009年保持稳定运行，到2011年步入良性发展轨道，产业结构进一步优化，增长方式明显转变，技术创新能力显著提高，为实现有色金属产业可持续发展奠定基础。

1.生产恢复正常水平。2009年，采取综合措施稳定市场需求和生产运行，企业生产经营状况好转，主要财务指标明显改善。

2.按期淘汰落后产能。2009年，淘汰落后铜冶炼产能30万吨、铅冶炼产能60万吨、锌冶炼产能40万吨。到2010年底，淘汰落后小预焙槽电解铝产能80万吨。

3.节能减排取得积极成效。重点骨干电解铝厂吨铝直流电耗下降到12500千瓦时以下，粗铅冶炼综合能耗低于每吨380千克标准煤、硫利用率达到97%以上，余热基本100%回收利用，废渣100%无害化处置。每年节能约170万吨标准煤，节电约60亿千瓦时，减少二氧化硫排放约85万吨。

4.企业重组取得进展。形成3~5个具有较强实力的综合性企业集团，到2011年，国内排名前十位的铜、铝、铅、锌企业的产量占全国总产量的比重分别提高到90%、70%、60%、60%。

5.创新能力明显增强。力争在关键工艺技术、节能减排技术，以及高端产品研发、生产和应用技术等方面取得突破，推动产业技术进步，提高产品质量，优化品种结构。采用富氧底吹等先进技术的铅冶炼能力达70%，框架材料、无氧铜材、中厚板等高档铜、铝深加工产品基本能够满足国内需求。

6.资源保障能力进一步提高。2011年，铜、铝、镍原料保障能力分别提高到40%、56%、38%；加强煤铝共生矿资源开发利用，形成100万吨氧化铝生产规模；再生铜、再生铝占铜、铝产量的比例分别提高到35%、25%，比2008年分别提高6个和4个百分点。

三、产业调整和振兴的主要任务

（一）稳定国内市场，改善出口环境

积极落实国家扩大内需措施，改善产品结构，增加有效供给，满足电力、交通、建筑、机械、轻工等下游行业对有色金属产品的需求。适应航空航天、国防军工、高新技术等领域的需要，大力开发新产品和新材料，培育新的消费增长点，稳定和扩大国内市场。

在继续严格控制"两高一资"产品出口的同时，实施适度灵活的出口税收政策，支持技术含量和附加值高的深加工产品出口。对符合铜冶炼行业准入条件的大型铜冶炼企业开展加工贸易试点。加快转变出口方式，鼓励出口机械装备、运输工具、电子电器、仪器仪表等终端产品，带动有色金属间接出口。积极应对国外反倾销等贸易摩擦。

（二）严格控制总量，加快淘汰落后产能

严格执行国家产业政策，今后三年原则上不再核准新建、改扩建电解铝项目。严格执行准入标准和备案制，严格控制铜、铅、锌、钛、镁新增产能。按期完成淘汰反射炉及鼓风炉炼铜产能、烧结锅炼铅产能、落后锌冶炼产能和落后小预焙槽电解铝产能。逐步淘汰能耗高、污染重的落后烧结机铅冶炼产能。

（三）加强技术改造，推动技术进步

实施技术改造和技术研发专项，重点支持符合国家产业政策并按规定核准或备案建设的骨干企业，以及国防军工、航空航天、电子信息关键材料生产企业。加强对铜铅锌冶炼短流程工艺、共伴生矿高效利用、尾矿和赤泥综合利用，高性能专用铜铝材生产工艺，再生金属保持性能，吨铝直流电耗低于12000千瓦时的电解铝关键工艺等前沿共性技术的研发。支持填补国内空白、满足国民经济重点领域需要的高精尖深加工项目。采用先进适用的冶炼技术改造和淘汰落后产能，提高工艺装备水平。

（四）促进企业重组，调整产业布局

鼓励有实力的铜、铝、铅锌等企业以多种方式进行重组，实现规模化、集团化，提高产业竞争力。支持大型骨干企业实施跨地区兼并重组、区域内重组和企业集团之间的重组；支持铝企业与煤炭、电力企业进行跨行业的重组；鼓励再生金属企业间重组。

严格控制资源、能源和环境容量不具备条件地区的有色金属产能；在能源丰富的中西部，特别是具有水电优势的地区，推进铝电联营方式；在资源、能源和环境容量好的地区经核准建设的铝工业基地，要延伸产业链，发展高水平深加工，增强竞争力。抓紧实施汶川地震灾区重建生产力布局和产业调整专项规划确定的有色金属项目。

（五）开发境内外资源，增强资源保障能力

加大国内短缺的有色金属资源地质勘探力度，增加资源储量及矿产地储备。鼓励大型有色金属企业投资矿山勘探与开发，提高资源自给率。

加大境外资源开发力度，支持具备条件的企业到境外独资或合资办矿。引导企业遵守所在国的法律法规，尊重所在国的文化传统和生活习惯，履行必要的社会责任，促进当地就业和经济社会发展，实现互利共赢。组织实施好有关境外投资项目。

（六）发展循环经济，搞好再生利用

支持采用先进适用工艺技术，开发利用铜、铅锌低品位矿、共伴生矿、难选冶矿、尾矿和熔炼渣等，提高资源综合利用水平；制定煤铝共生资源利用专项规划，抓好高铝粉煤灰利用示范工程；搞好铜、铅、锌冶炼余热利用；推广废渣、赤泥等固体废弃物的应用，实现生产“零排放”。

加快建设覆盖全社会的有色金属再生利用体系，支持具备条件的地区建设有色金属回收交易市场、拆解市场。支持有条件的企业采用高效、低耗、低污染的工艺装备，建设若干年产30万吨以上的再生铜、铝等生产线，促进资源化利用上规模、技术上水平、产品上档次，减少矿产资源消耗。

（七）加强企业管理和安全监管，注重人才培养

有色金属企业要加快建立现代企业制度，完善公司治理结构，严格执行产业政策；增强对市场的预见和判断能力，增强风险防范意识，增强国际竞争能力；加快推进管理创新，加强质量管理，强化安全生产监管，切实落实安全生产责任制，健全管理制度和安全操作规范；加强节能管理和成本管理；加强企业文化和人才队伍建设，注重培养高素质的经营管理和技术人才，促进企业持续健康发展。

四、政策措施

（一）完善出口税收政策

在继续控制“两高一资”产品出口的同时，进一步调整有色金属产品出口退税率结构，研究适当调整技术含量高、高附加值产品的出口退税率。

（二）抓紧建立国家收储机制

根据形势需要，研究进一步扩大有色金属国家收储规模的方案，抓紧建立和完善国家收储机制。

（三）加大技术进步及技术改造投入

在新增中央投资中安排专项资金，以贷款贴息形式支持有色金属产业技术研发和技术改造。加大节能技术改造财政奖励支持力度，鼓励、引导企业积极推进节能技术改造。

（四）推进直购电试点

抓紧推进直购电试点，重点支持符合国家环保、土地法律法规以及投资管理规定，有利于产业结构调整的骨干电解铝企业降低生产成本，增强企业活力。根据情况，逐步扩大直购电试点企业范围。

（五）完善企业重组政策

进一步完善政策措施，妥善解决人员安置、企业资产划转、债务核定与处置、财税利益分配等问题，推进企业重组，完善公司治理结构，提高企业管理水平。对大型企业跨省区联合重组的技术进步和技术改造项目给予优先支持。

（六）支持企业“走出去”

支持骨干企业通过多种方式，按照互利共赢原则，加强国际合作，提高资源保障能力；简化境外项目审批程序，完善信贷、外汇、保险、财税、人员出入境等政策措施；加强境外资产的经营管理，切实防范和化解风险；严格境外资源开发企业准入条件，对符合准入条件的骨干企业，在境外资源开发项目的资本金注入、外汇使用等方面给予支持。

（七）修订完善产业政策

根据产业发展状况，修订完善《产业结构调整指导目录》及相关产业发展政策，重点提高技术装备、能耗、水耗、污染物排放、资源利用率等准入条件，严格用地标准，制定深加工产品分类细则等。

（八）合理配置资源

进一步规范矿权市场，制定矿权人资质条件，提高矿权市场准入标准。明确矿山资源配置的具体要求，大型矿区要列入国家矿产资源开发规划，优先配置给重点骨干企业，确保矿产资源的合理、集约、高效利用。

（九）继续实施有保有压的融资政策

加大对有色金属骨干企业的融资支持力度，对符合产业政策与环保、土地法律法规以及投资管理规定的项目，以及实施并购、重组、“走出去”和技术改造的企业，在发行股票、企业债券、公司债以及银行贷款等方面给予支持。对违法违规建设、越权审批的项目和产能落后企业，继续实施限制融资等措施。

（十）严格执行节能减排淘汰落后产能问责制

进一步研究完善落后产能退出机制，妥善解决好职工安置、企业转产、债务化解等问题，促进社会和谐稳定。严格执行节能减排淘汰落后产能问责制，对未完成节能减排、淘汰落后产能任务的地区，暂停投资项目的核准和审批。地方各级政府要对限期淘汰的落后装备严格监管，禁止擅自扩容改造和异地转移。对擅自扩容改造或异地转移落后装备的，金融机构不提供任何形式的信贷支持，国土资源部门不予办理用地手续。

（十一）建立产业信息的交流和披露制度

建立部门联合信息发布制度，适时向社会发布有色金属产业政策、项目核准、生产销售库存、产能利用、淘汰落后产能、企业重组、污染排放、贷款、产业损害预警等信息，为企业投资决策提供信息服务。

（十二）发挥行业协会（商会）作用

充分发挥行业协会（商会）的桥梁和纽带作用，及时反映行业存在的问题与企业诉求，积极为企业提供服务，引导企业落实国家产业政策，推广运用先进适用技术，加强行业自律，维护市场秩序，提高行业整体素质。

五、规划实施

国务院各有关部门要按照《规划》分工，加强沟通协商，密切配合，尽快制定完善各项政策措施，并加强指导和监督检查。有关部门要适时开展《规划》的后评价工作，及时提出评价意见。

各地区要按照《规划》确定的目标、任务和政策措施，结合当地实际抓紧制定具体落实方案，确保取得实效。具体工作方案和实施过程中出现的新情况、新问题及时报送发展改革委、工业和信息化部等有关部门。

装备制造业调整和振兴规划

装备制造业是为国民经济各行业提供技术装备的战略性产业，产业关联度高、吸纳就业能力强、技术资金密集，是各行业产业升级、技术进步的重要保障和国家综合实力的集中体现。

为应对国际金融危机的影响，落实党中央、国务院关于保增长、扩内需、调结构的总体要求，确保装备制造业平稳发展，加快结构调整，增强自主创新能力，提高自主化水平，推动产业升级，特编制本规划，作为装备制造业综合性应对措施的行动方案。规划期为 2009~2011 年。

一、装备制造业现状及面临的形势

经过多年发展，我国装备制造业已经形成门类齐全、规模较大、具有一定技术水平的产业体系，成为国民经济的重要支柱产业。特别是《国务院关于加快振兴装备制造业的若干意见》(国发[2006]8号)实施以来，装备制造业发展明显加快，重大技术装备自主化水平显著提高，国际竞争力进一步提升，部分产品技术水平和市场占有率跃居世界前列。我国已经成为装备制造业大国，但产业大而不强、自主创新能力薄弱、基础制造水平落后、低水平重复建设、自主创新产品推广应用困难等问题依然突出。同时，受国际金融危机影响，2008 年下半年以来，国内外市场装备需求急剧萎缩，我国装备制造业持续多年的高速增长势头明显趋缓，企业生产经营困难、经济效益下滑，可持续发展面临挑战。

应该看到，我国目前正处于扩大内需、加快基础设施建设和产业转型升级的关键时期，对先进装备有着巨大的市场需求；金融危机加快了世界产业格局的调整，为我国提供了参与产业再分工的机遇，装备制造业发展的基本面没有改变。必须采取有效措施，抓住机遇，加快产业结构调整，推动产业优化升级，加强技术创新，促进装备制造业持续稳定发展，为经济平稳较快发展做出贡献。

二、指导思想、基本原则和目标

(一)指导思想

全面贯彻落实党的十七大精神，以邓小平理论和“三个代表”重要思想为指导，深入贯彻落实科学发展观，依托国家重点建设工程，大规模开展重大技术装备自主化工作；通过加大技术改造投入，增强企业自主创新能力，大幅度提高基础配套件和基础工艺水平；通过加快企业兼并重组和产品更新换代，促进产业结构优化升级，全面提升产业竞争力，努力推进装备制造业由大到强的转变。

(二)基本原则

坚持装备自主化与重点建设工程相结合。加强政策支持和市场引导，充分利用实施重点建设工程和调整振兴重点产业形成的市场需求，加快推进装备自主化，保障工程需要，带动产业发展。

坚持自主开发与引进消化吸收相结合。支持企业自主开发新产品，鼓励开展引进消化吸收再创新，引导企业逐步由依赖引进技术向自主创新转变，大力推进技术产业化。

坚持发展整机与提高基础配套水平相结合。努力实现重大技术装备自主化，带动基础配套产品发展。提高基础件技术水平，开发特种原材料，扭转基础配套产品主要依赖进口的局面。

坚持发展企业集团与扶持专业化企业相结合。支持装备制造骨干企业通过兼并重组发展大型综合性企业集团，鼓励主机生产企业由单机制造为主向系统集成为主转变，引导专业化零部件生产企业向“专、精、特”方向发展，形成优势互补、协调发展的产业格局。

(三)规划目标

1.产业实现平稳增长。保持装备制造业生产经营稳定，增加值占全国工业增加值的比重逐步上升，为扩大内需、转变发展方式、确保国民经济稳定增长提供保障。

2.市场份额逐步扩大。提高国产装备质量水平，扩大国内市场，国产装备国内市场满足率稳定在70%左右，巩固出口产品竞争优势，稳定出口市场。

3.重大装备研制取得突破。全面提高重大装备技术水平，满足国家重大工程建设和重点产业调整振兴需要，百万千瓦级核电设备、新能源发电设备、高速动车组、高档数控机床与基础制造装备等一批重大装备实现自主化。

4.基础配套水平提高。基础件制造水平得到提高，通用零部件基本满足国内市场需求，关键自动化测控部件填补国内空白，特种原材料实现重点突破。

5.组织结构优化升级。形成若干家具有国际竞争力的科工贸一体化大型企业集团，形成一批参与国际分工的“专、精、特”专业化零部件生产企业。

6.增长方式明显转变。生产组织方式和重要生产工艺得到改进，现代制造服务业得到发展，单位工业增加值能耗、物耗和污染物排放显著降低，劳动生产率显著提高，大型企业集团的现代制造服务收入占销售收入比重达到20%以上。

三、产业调整和振兴的主要任务

(一)依托十大领域重点工程，振兴装备制造业

1.高效清洁发电。以辽宁红沿河、福建宁德和福清、广东阳江、浙江方家山和三门、山东海阳以及后续核电站建设工程为依托，推进二代改进型、AP1000核电设备自主化，重点实现压力容器、蒸汽发生器、控制棒驱动机构、核级泵阀、应急柴油机等主要设备的国内制造。以东北、西北、华北北部和沿海地区大型风电场工程为依托，推进风电设备自主化，重点实现变频控制系统、风电轴承、碳纤维叶片等产品的国内制造。进一步提高70万千瓦以上水电设备、大型抽水蓄能机组、百万千瓦级超临界/超超临界火电设备、大型燃气机组、垃圾焚烧发电设备等技术装备的性能质量。开发太阳能发电设备。发展大型火电、核电站辅机。

2.特高压输变电。以特高压交直流输电示范工程为依托，以交流变压器、直流换流变压器、电抗器、电流互感器、电压互感器、全封闭组合电器等为重点，推进750千伏、1000千伏交流和±800千伏直流输变电设备自主化。

3.煤矿与金属矿采掘。以平朔东、胜利东二号、白音华、朝阳等十个千万吨级大型露天煤矿，酸刺沟等十个深井煤矿，以及大型金属矿建设为依托，大力发展新型采掘、提升、洗选设备，重点实现电牵引采煤机、液压支架、大型矿用电动轮自卸车、大型露天矿用挖掘机等设备的国内制造。

4.天然气管道输送和液化储运。以西气东输二线、陕京三线等天然气管道输送工程为依托，发展长距离输送管道燃压机组、大型管线球阀和控制系统等装备；以浙江、江苏、珠海、青岛等液化天然气接收站工程为依托，发展大型液化天然气运输船及接收站等设备。

5.高速铁路。以在建的京沪、京广、京沈、沪昆等约1万公里高速铁路客运专线，以及西部干线铁路、煤运通道建设项目为依托，组织实施铁路交通设备自主化，实现高速动车组、大功率交流传动电力/内燃机车、重载货车、大型养护机械等装备的国内制造。

6.城市轨道交通。以北京、上海、广州、深圳等17个城市近70条线路工程项目为依托，重点实施城市轨道交通车辆、信号系统、列车网络控制系统、制动系统、主辅逆变器等机电设备自主化。

7.农业和农村。以国家新增千亿斤粮食工程为依托，大力发展大功率拖拉机及配套农机具、节能环保中型拖拉机等耕作机械，通用型谷物联合收割机、新型半喂入式水稻联合收割机、高效玉米联合收割机、自走式采棉机等收获机械，免耕播种机，节水型喷灌设备等。适应新农村建设、农业现代化的需要，重点发展农产品精深加工成套设备、灌溉和排涝设备、沼气除料设备、农村安全饮水净化设备等。

8.基础设施。适应交通、能源、水利、房地产等行业发展需要，以大型隧道全断面掘进机、大型履带吊和全路面起重机、架桥机、沥青混凝土搅拌和再生成套设备等为重点，发展大型、新型施工机械；以空管设备和空管自动化系统、行李和货物高速分拣系统、安检设备与智能化监测系统、航显综合系统及设备、机场信息集成系统及设备等为重点，发展机场专用装备；以大型斗轮堆取料机、翻

车机、装卸船机等为重点，发展港口机械。

9.生态环境和民生。适应环境保护和社会民生需要，大力发展污水污泥处理设备、脱硝脱硫设备、余热余气循环再利用设备、环境在线监测仪器仪表，食品、药品、煤矿瓦斯等安全检测设备，重大事故应急救援设备，数字化医疗设备等。

10.科技重大专项。加快实施高档数控机床与基础制造装备科技重大专项，重点研发高速精密复合数控金切机床、重型数控金切机床、数控特种加工机床、大型数控成形冲压设备、重型锻压设备、清洁高效铸造设备、新型焊接设备与自动化生产设备、大型清洁热处理与表面处理设备等八类主机产品，基本掌握高档数控装置、电机及驱动装置、数控机床功能部件、关键部件等的核心技术。

(二)抓住九大产业重点项目，实施装备自主化

1.钢铁产业。以钢铁产业调整和振兴规划确定的工程为依托，以冷热连轧宽带钢成套设备、大型板坯连铸机、彩色涂层钢板生产设备、大型制氧机、大型高炉风机、余热回收装置等为重点，推进大型冶金成套设备自主化。

2.汽车产业。结合实施汽车产业调整和振兴规划，重点提高汽车冲压、装焊、涂装、总装四大工艺装备水平，实现发动机、变速器、新能源汽车动力模块等关键零部件制造所需装备的自主化。

3.石化产业。以石化产业调整和振兴规划确定的工程为依托，以千万吨级炼油、百万吨级大型乙烯、对苯二甲酸(PTA)、大化肥、大型煤化工和天然气输送液化储运等成套设备，大型离心压缩机组、大型容积式压缩机组、关键泵阀、反应热交换器、挤压造粒机、大型空分设备、低温泵等为重点，推进石化装备自主化。

4.船舶工业。结合实施船舶工业调整和振兴规划，重点提高焊接、涂装工艺装备水平，实现船用柴油机、曲轴、推进器、舱室设备、甲板机械等关键零部件制造所需装备的自主化。

5.轻工业。结合实施轻工业调整和振兴规划，以食品机械、制浆造纸机械、塑料成型机械、制革制鞋机械、光机电一体化缝制机械、包装设备以及食品安全检测设备等为重点，推进轻工机械自主化。

6.纺织工业。结合实施纺织工业调整和振兴规划，以粗细联、细络联、高速织造设备，非织造成套设备、专用织造成套设备，高效、连续、短流程染整设备等为重点，推进纺织机械自主化。

7.有色金属产业。结合实施有色金属产业调整和振兴规划，以高精度轧机、大断面及复杂截面挤压机等为重点，推进有色冶金设备自主化。

8.电子信息产业。结合实施电子信息产业调整和振兴规划，以集成电路关键设备、平板显示器件生产设备、新型元器件生产设备、表面贴装及无铅工艺整机装联设备、电子专用设备仪器及工模具等为重点，推进电子信息装备自主化。

9.国防军工。结合国防军工发展需要，以航空、航天、舰船、兵器、核工业等需要的关键技术装备，以及试验、检测设备为重点，推进国防军工装备自主化。发挥军工技术优势，促进军民结合。

(三)提升四大配套产品制造水平，夯实产业发展基础

1.大型铸锻件。重点发展大型核电设备铸锻件，百万千瓦级超临界/超超临界火电机组铸锻件，70万千瓦以上等级大型混流式水轮机组铸锻件，石化、煤化工重型容器锻件，冷热连轧机铸锻件，大型船用曲轴、螺旋桨轴锻件，大型轴承圈锻件等。

2.基础部件。重点发展大功率电力电子元件、功能模块，大型、精密轴承，高精度齿轮传动装置，高强度紧固件，高压柱塞泵/电动机、液压阀、液压电子控制器、液力变速箱，气动元件，轴承密封系统、橡塑密封件等。加快发展工业自动化控制系统及仪器仪表、中高档传感器等。

3.加工辅具。重点发展大型精密型腔模具、精密冲压模具、高档模具标准件，高效、高性能、精密复杂刀具，高精度、智能化、数字化量仪，高档精密磨料磨具等。

4.特种原材料。重点发展耐高温、耐高压、耐腐蚀电站用钢（钢管），大型变压器用高磁感取向硅钢，高压、特高压输变电设备用绝缘材料，高速列车转向架、轮对用特种钢，飞机用高档铝型材，轴承、齿轮、模具、量具、刃具、高强度紧固件用特种钢，机床滚珠丝杠和直线导轨专用钢材，高耐磨钢，高强度、耐高温、低磨损、长寿命复合密封材料等。

(四)推进七项重点工作，转变产业发展方式

1.加快产业组织结构调整。重点支持装备制造骨干企业跨行业、跨地区、跨所有制重组，逐步形成具有工程总承包、系统集成、国际贸易和融资能力的大型企业集团。加大对重点基础配套企业的投入力度，引导民营资本和外资投向基础零部件、加工辅具等领域，发展一批高起点、大规模、专业化企业，健全产业配套体系。

2.增强自主创新能力。加大科研投入力度，集中攻克一批长期困扰产业发展的共性技术。加快建设一批带动性强的国家级工程研究中心、工程技术研究中心、工程实验室等，提升企业产品开发、制造、试验、检测能力。推进以企业为主体的产学研结合，鼓励科研院所走进企业，支持企业培养壮大研发队伍。

3.提高专业化生产水平。改进企业生产组织方式，合理配置资源，整合区域内铸造、锻造、热处理、表面处理四大基础工艺能力，建设专业化生产中心。加大技术改造投入力度，推广先进制造技术和清洁生产方式，提高材料利用率和生产效率，降低能耗，减少污染物排放。

4.加快完善产品标准体系。加快制(修)订装备产品技术标准，提高标准水平，促进新技术、新工艺、新设备、新材料的推广应用，淘汰落后产品。跟踪国际先进技术发展趋势，注重与国际标准接轨，积极参与国际标准制(修)订工作，促进自主创新产品进入国际市场。

5.利用境外资源和市场。充分吸收借鉴境外先进管理经验，有选择地引进先进技术，为海外专业技术人才回国工作创造良好条件，提高我国装备制造业技术水平。支持有条件的企业兼并重组境外企业和研发机构。稳定和扩大装备产品出口，提高出口产品技术含量、附加值和成套水平。

6.发展现代制造服务业。围绕产业转型升级，支持装备制造骨干企业在工程承包、系统集成、设备租赁、提供解决方案、再制造等方面开展增值服务，逐步实现由生产型制造向服务型制造转变。鼓励有条件的企业，延伸扩展研发、设计、信息化服务等业务，为其他企业提供社会化服务。

7.加强企业管理和人才队伍建设。引导装备制造企业加快改革步伐，优化产权结构，转换经营机制，建立现代企业制度，加强企业管理，全面提高科学决策和生产、经营水平，增强参与国际竞争和防范市场风险的能力。改进企业生产组织方式，加强产品质量管理，落实各项安全生产措施，提高生产效率和产品质量。加强人才队伍建设，重点引进和培养创新型研发设计人才、开拓型经营管理人才、高级技能人才等专业人才，强化职工培训，提高职工队伍素质，满足企业可持续发展需要。

四、政策措施

(一)发挥增值税转型政策的作用

充分发挥增值税转型政策对企业技术进步的促进作用，鼓励企业加大技术改造力度，加快装备更新，调整产品结构，推动企业技术进步。

(二)加强投资项目的设备采购管理

中央预算内投资项目要支持自主创新的技术装备。项目申报文件中须附有设备采购清单，项目咨询评估阶段需对设备采购方案进行评估，项目实施阶段要加强对设备招投标的监督和指导，确保自主创新设备采购方案的落实。

(三)鼓励使用国产首台(套)装备

建立使用国产首台(套)装备的风险补偿机制。鼓励保险公司开展国产首台(套)重大技术装备保险业务。

(四)加大技术进步和技术改造投资力度

制定《装备制造业技术进步和技术改造项目及产品目录》，支持使用国产首台(套)重大技术装备，支持目录内装备的自主化、节能节材减排改造、企业兼并重组后内部资源整合、区域性四大基础工艺中心建设、发展现代制造服务业等。

(五)支持装备产品出口

完善出口退税政策，适当提高部分高技术、高附加值装备产品的出口退税率。鼓励金融机构增加出口信贷资金投放，支持国内企业承揽国外重大工程，带动成套设备和施工机械出口。

(六)调整税收优惠政策

鼓励开展引进消化吸收再创新，对生产国家支持发展的重大技术装备和产品，确有必要进口的关键部件及原材料，免征关税和进口环节增值税。在对铸件、锻件、模具、数控机床产品增值税实行先征后返的政策到期后，研究制定新的税收扶持政策，调整政策适用范围，引导发展高技术、高附加值产品。

(七)推进企业兼并重组

制定鼓励境内企业跨地区、跨行业、跨所有制重组的政策措施，妥善解决富余人员安置、债务核定与处置、财税利益分配等问题；对重组企业发行股票、企业债券、公司债券、中长期票据、短期融资券以及申请贷款等予以支持；对境内企业并购境外制造企业和研发机构，可给予相关项目贷款贴息支持。鼓励金融机构在风险可控的条件下开展境内外并购贷款业务。

(八)落实节能产品补贴和农机具购置补贴政策

用好节能产品补贴资金,对购买高效节能装备产品的终端用户给予补贴,2009年先行开展对高效电机推广应用的补贴。抓紧落实好农机具购置补贴政策,及早兑现到户。

(九)建立产业信息披露制度

适时向社会发布产业政策导向、项目核准、企业重组、产能利用、进出口、生产销售库存等信息，为企业投资决策、银行贷款、土地预审等提供信息指导。

(十)支持产品检验检测和认证机构建设

加强产品质量检验检测能力建设,提高质量检测水平。建设高速铁路、城市轨道交通等新型装备产品检验检测和认证机构，完善国家强制性产品认证体系。

五、规划实施

国务院有关部门要根据《规划》分工,尽快制定完善相关政策措施,密切配合,形成合力,确保《规划》顺利实施。要适时开展《规划》的后评价工作,及时提出评价意见。

各地区要按照《规划》确定的目标、任务和政策措施,结合当地实际抓紧制定具体落实方案,确保取得实效。具体工作方案和实施过程中出现的新情况、新问题要及时报送发展改革委、工业和信息化部等有关部门。

轻工业调整和振兴规划

轻工业承担着繁荣市场、增加出口、扩大就业、服务“三农”的重要任务，是国民经济的重要产业，在经济和社会发展中起着举足轻重的作用。为应对国际金融危机的影响，落实党中央、国务院关于保增长、扩内需、调结构的总体要求，确保轻工业稳定发展，加快结构调整，推进产业升级，特编制本规划，作为轻工业综合性应对措施的行动方案。规划期为2009~2011年。

一、轻工业现状及面临的形势

进入21世纪以来，我国轻工业快速发展，企业规模与实力明显提高，产业竞争力不断增强，吸纳就业和惠农作用显著。2008年，我国轻工业实现增加值26235亿元，占国内生产总值的8.7%，家电、皮革、塑料、食品、家具、五金制品等行业100多种产品产量居世界第一；出口总额3092亿美元，占全国出口总额的21.7%，产品出口200多个国家和地区，家电、皮革、家具、羽绒制品、自行车等产品国际市场占有率超过50%。全行业吸纳就业3500万人。轻工业70%的行业、50%的产值涉及农副产品加工，使2亿多农民直接受益，对解决“三农”问题发挥了不可替代的作用。制浆造纸、家用电器、塑料制品、皮革等行业通过引进消化吸收国外技术和关键设备，具备了较强的集成创新能力和一定的自主创新能力。我国已成为轻工产品生产和消费大国。

但是，轻工业在快速发展的同时，长期积累的矛盾和问题也逐步显现。一是自主创新能力不强。出口产品以贴牌加工为主，产品附加值较低，关键技术装备主要依赖进口。二是产业结构亟待调整。生产能力主要分布在沿海地区，中西部地区发展滞后。出口市场主要集中在欧、美、日，尚未形成多元化格局。中低端产品多，高质量、高附加值产品少。低水平重复建设和盲目扩张严重。三是节能减排任务艰巨。化学需氧量(COD)排放占全国工业排放总量的50%，废水排放量占全国工业废水排放总量的28%。四是产品质量问题突出。产品质量保障体系不完善，企业质量安全意识不强，食品安全事件时有发生。

2008年下半年以来，国际金融危机对我国轻工业造成严重冲击，国内外市场供求失衡，产品库存积压严重，企业融资困难，生产经营陷入困境，轻工业稳定发展形势严峻。我国轻工业市场化程度较高，适应能力较强，产品在国际市场上也具有一定的比较优势，内需市场的进一步扩大，为轻工业发展提供了广阔的市场空间。只要抓住时机，充分利用市场倒逼机制，下决心积极采取综合措施，就能够实现轻工业的调整和振兴。

二、指导思想、基本原则和目标

(一)指导思想

全面贯彻党的十七大精神，以邓小平理论和“三个代表”重要思想为指导，深入贯彻落实科学发展观，按照保增长、扩内需、调结构的总体要求，采取综合措施，扩大城乡市场需求，巩固和开拓国际市场，保持轻工业平稳发展；通过加快自主创新，实施技术改造，推进自主品牌建设，淘汰落后产能，着力推动轻工业结构调整和产业升级；走绿色生态、质量安全和循环经济的新型轻工业发展之路，进一步增强轻工业繁荣市场、扩大就业、服务“三农”的支柱产业地位。

(二)基本原则

1.积极扩大内需，稳定国际市场。加强消费政策引导，增加有效供给，促进轻工产品消费。巩固传统出口市场，开拓国际新兴市场。

2.突出重点行业，培育骨干企业。将产业关联度高、吸纳就业能力强、拉动消费效果显著、结构调整带动作用大的行业作为调整和振兴的重点，支持产品质量好、市场竞争力强、具有自主品牌的骨干企业发展壮大。

3.扶持中小企业，促进劳动就业。采取积极的金融信贷、信用担保等政策，支持业绩良好、具有发展潜质的中小企业发展，充分发挥中小企业吸纳劳动力就业的作用。

4.加快技术进步，淘汰落后产能。提高企业自主创新能力，重点推进装备自主化和关键技术产业化；加快造纸、家电、塑料、照明电器等行业技术改造步伐，淘汰高耗能、高耗水、污染大、效率低的落后工艺和设备，严格控制新增产能。

5.保障产品质量，强化食品安全。以食品、家具、玩具和装饰装修等涉及人民群众身体健康的行业为重点，加强质量管理，完善标准和检测体系，打击制售假冒伪劣产品的违法行为，保障产品使用和食用安全。

（三）规划目标

1.生产保持平稳增长。在稳定出口和扩大内需的带动下，轻工业产销稳定增长，行业效益整体回升，三年累计新增就业岗位300万个左右。

2.自主创新取得成效。变频空调压缩机、新能源电池、农用新型塑料材料、新型节能环保光源等关键生产技术取得突破。重点行业装备自主化水平稳步提高，中型高速纸机成套装备实现自主化，食品装备自给率提高到60%。

3.产业结构得到优化。企业重组取得进展，再形成10个年销售收入150亿元以上的大型轻工企业集团。轻工业特色区域和产业集群增加100个，东中西部轻工业协调发展。新增自主品牌100个左右。

4.污染物排放明显下降。到2011年，主要行业COD排放比2007年减少25.5万吨，降低10%，其中食品行业减少14万吨、造纸行业减少10万吨、皮革行业减少1.5万吨；废水排放比2007年减少19.5亿吨，降低29%，其中食品行业减少10亿吨、造纸行业减少9亿吨、皮革行业减少0.5亿吨。

5.淘汰落后取得实效。淘汰落后制浆造纸200万吨以上、低能效冰箱（含冰柜）3000万台、皮革3000万标张、含汞扣式碱锰电池90亿只、白炽灯6亿只、酒精100万吨、味精12万吨、柠檬酸5万吨的产能。

6.安全质量全面提高。完善轻工业标准体系，制订、修订国家和行业标准1000项。生产企业资质合格，内部管理制度完善，规模以上食品生产企业普遍按照GMP（优良制造标准）要求组织生产。质量安全保障机制更加健全，产品质量全部符合法律法规以及相关标准的要求。

三、产业调整和振兴的主要任务

（一）稳定国内外市场

1.促进国内消费。总结“家电下乡”的试点经验，完善农村家电物流、销售、维修体系，切实做好“家电下乡”工作。加快皮革、家具、五金、家电、塑料、文体用品、缝制机械、制糖等行业重点专业市场建设，进一步发挥专业流通市场的作用。指导工商企业开展深度合作，加快市场需求信息传导，鼓励商贸企业扩大采购和销售轻工产品的规模。

2.增加有效供给。丰富产品花色品种，研发生产满足多层次消费需求的产品。生产与安居工程、新农村建设、教育医疗、灾后重建、农村基础设施、交通设施以及放心粮油进农村、进社区示范工程等相配套的轻工产品。开发个性化的文体用品及特色旅游休闲产品。积极发展少数民族特需用品。

3.稳定和开拓国际市场。积极应对贸易摩擦，巩固美、欧、日等传统国际市场；实施出口多元化战略，积极开拓中东、俄罗斯、非洲、北欧、东南亚、西亚等新兴市场。一是支持骨干企业通过多种方式“走出去”，在主要销售市场设立物流中心和分销中心。二是建立经贸合作区，积极推进海外工业园区和经贸合作区建设。三是继续支持外贸专业市场建设，建设针对东南亚、中亚、东北亚等地区的轻工产品边境贸易专业市场，在中东、北欧、俄罗斯等有条件的地区组建中国轻工产品贸易中心，加强对外宣传，方便货物、人员出入境。四是发挥加工贸易作用，支持企业扩大加工贸易。

4.健全外贸服务体系。建立轻工出口产品国内外技术法规、标准管理服务平台和培训体系，以及质量安全案例通报、退货核查、预警和应急处理系统，提高企业质量管理水平，维护中国产品形象。简化轻工产品出口通关、检验手续，降低相关收费标准，提高通关效率，促进贸易便利化。

（二）增强自主创新能力

1.提高重点装备自主化水平。在引进消化吸收再创新的基础上，突破重点装备关键技术，加快装备自主化。造纸装备重点发展大幅宽、高车速造纸成套设备。食品装备重点发展新型绿色分离设备、节能高效蒸发浓缩设备、高速和无菌罐装设备、膜式错流过滤机、高速吹瓶设备等，自主化率由40%提高到60%。塑料成型装备重点发展全闭环伺服驱动、电磁感应加热和多层共挤技术的挤出设备。工业缝制装备重点发展电控高速多头多功能刺绣机、电控裁剪整烫设备，光机电一体化设备比重由10%提高到50%，生产效率提高40%。

2.推进关键技术创新与产业化。采取产学研结合模式，支持农用新型塑料材料、变频空调压缩机、高效节能节材型冰箱压缩机、隧道式大型连续洗涤机组、糖能联产、新型节能环保光源、新型微生物高浓废水处理复合材料、特色功能表面活性剂、新能源电池、污染物减排与废弃物资源化利用等关键技术、设备的创新与产业化。建立重点行业公共技术创新服务平台，建立粮油、电池、皮革行业国家工程技术研究中心，建立造纸、发酵、酿酒、制糖及皮革技术创新联盟。

3.做好公共服务。完善轻工业特色区域和产业集群公共服务平台建设，为企业提供信息、技术开发、技术咨询、产品设计与开发、成果推广、产品检测、人才培训等服务。

（三）加快实施技术改造

1.提升行业总体技术水平。支持造纸行业应用深度脱木素、无元素氯漂白、中高浓等技术和全自动控制系统进行技术改造；支持家电行业电冰箱、空调器、洗衣机等关键部件生产线升级改造，实现高端及高效节能电冰箱、空调器、洗衣机等产品的产业化；支持塑料行业绿色塑料建材、多功能宽幅农膜生产技术升级；支持表面活性剂行业推广应用绿色表面活性剂，实现绿色功能性产品产业化；支持五金行业传统加工工艺及设备升级，提高制造水平。

2.推进企业节能减排。重点对食品、造纸、电池、皮革等行业实施节能减排技术改造。食品行业加快应用新型清洁生产和综合利用技术。造纸行业加快应用清洁生产、非木浆碱回收、污水处理、沼气发电技术，推广污染物排放在线监测系统。电池行业重点推广无汞扣式碱锰电池技术，普通锌锰电池实现无汞、无铅、无镉化，锂离子电池替代镉镍电池。皮革行业加快推广保毛脱毛、无灰浸灰、生态鞣制等清洁生产技术和固体废弃物资源化利用技术。编制重点行业清洁生产推广规划，支持重点行业企业实施循环经济示范工程；推广《国家重点节能技术推广目录（第一批）》中的轻工行业节能技术；支持食品、造纸、电池、皮革行业节能减排计量统计监测体系软硬件建设。

3.调整产品结构。支持发展市场短缺产品，优化产品结构，提高自给率。支持农副产品深加工，重点推进油料品种多元化，实施高效、低耗、绿色生产，促进油料作物转化增值和深度开发，新增花生油100万吨、菜籽油100万吨、棉籽油50万吨、特色油脂100万吨产能，保障食用植物油供给安全；继续实施《全国林纸一体化工程建设"十五"及2010年专项规划》，加快重点项目建设，新增木浆220万吨、竹浆30万吨产能，提高国产木浆比重，推动林纸一体化发展。

（四）实施食品加工安全专项

1.大力整顿食品加工企业。对全国食品加工企业在生产许可、市场准入、产品标准、质量安全管理方面逐项检查，坚决取缔无卫生许可证、无营业执照、无食品生产许可证的非法生产加工企业，严肃查处有证企业生产不合格产品、非法进出口等违法行为，严厉打击制售假冒伪劣食品、使用非食品原料和回收食品生产加工食品的违法行为。

2.全面清理食品添加剂和非法添加物。深入开展食品添加剂、非法添加物专项检查和清理工作，按照《食品添加剂使用卫生标准》（GB2760-2007），理清并发布违法添加的非食用物质和易被滥用的食品添加剂名单，规范食品添加剂安全使用。

3.加强食品安全监测能力建设。督促粮油、肉及肉制品、乳制品、食品添加剂、饮料、罐头、酿酒、发酵、制糖、焙烤等行业重点企业，增加原料检验、生产过程动态监测、产品出厂检测等先进检验装备，特别是快速检验和在线检测设备。完善企业内部质量控制、监测系统和食品质量可追溯体系。

4.提高食品行业准入门槛。明确食品加工企业在原料基地、管理规范、生产操作规程、产品执行标准、质量控制体系等方面的必备条件，加快制定和修订乳制品、肉及肉制品、水产品、粮食、油料、果蔬等重点食品加工行业产业政策和行业准入标准。

5.建立健全食品召回及退市制度。建立和完善不合格食品主动召回、责令召回及退市制度，建立食品召回中心，明确食品召回范围、召回级别等具体规定，使食品召回及退市制度切实可行。健全食品质量安全申诉投诉处理体系，加强申诉投诉处理管理。

6.加强食品工业企业诚信体系建设。通过政府指导、行业组织推动和企业自律，加快建立以法律法规为准绳、社会道德为基础、企业自律为重点、社会监督为约束、诚信效果可评价、诚信奖惩有制度的食品工业企业诚信体系。制定食品工业企业诚信体系建设指导意见，开展食品企业诚信体系建设试点工作。跟踪评价食品工业企业诚信体系建设指导意见贯彻实施情况，及时修改完善相关规范和标准。

（五）加强自主品牌建设

1.支持优势品牌企业跨地区兼并重组、技术改造和创新能力建设，推动产业整合，提高产业集中度，增强品牌企业实力。引导企业开拓国际市场，通过国际参展、广告宣传、质量认证、公共服务平台等多种形式和渠道，提高自主品牌的知名度和竞争力。

2.支持国内有实力的企业“走出去”，实施本地化生产，拓展国际市场，扩大产品覆盖面，提高品牌影响力。

3.完善认证和检测制度，积极开展与主要贸易伙伴国多层面的交流与合作，提高国际社会对我国检测、认证结果的认可度，树立自主品牌国际形象。

4.加强自主品牌保护，加大宣传力度，增强企业和全社会保护自主知名品牌的意识和责任感。

（六）推动产业有序转移

1.结合优化区域布局，鼓励具有资源优势等条件的地区充分总结和借鉴产业集群发展经验，改善建设条件和经营环境，积极承接产业转移，着力培育发展轻工业特色区域和产业集群。

2.根据行业特点和发展要求推进产业转移。推动冰箱、空调、洗衣机等家电行业重点产品的研发、制造、集散，逐步由珠三角、长三角和环渤海等地区向本区域内有条件地区和中西部地区转移；引导制革和制鞋行业集中的东部沿海地区，利用其优势重点从事研发、设计和贸易，将生产加工向具备资源优势的地区转移；推进陶瓷和发酵行业向有原料优势、能源丰富的地区转移。

同时，产业转移过程中要严格遵守环境保护法律法规，杜绝产业转移成为“污染转移”。

（七）提高产品质量水平

1.建立产品质量安全保障机制。一是切实贯彻《中华人民共和国产品质量法》，严格市场准入制度和产品质量监督抽查制度，加快建立质量安全风险监测、预警、信息通报、快速处置以及产品追溯、召回和退市制度，严惩质量违法违规企业。二是落实企业对产品质量安全的主体责任，严格执行产品质量标准，全面加强质量管理，从原料采购、生产加工、出厂检验等环节控制产品质量，确保产品质量符合标准要求。三是建立规范的企业质量信用评价制度和产品质量信用记录发布制度，加强行业自律。四是完善国家产品质量检测技术服务平台，提高检测装备水平。

2.加快行业标准制订和修订工作。制订食品添加剂、肉品、酿酒、乳制品、饮料、家具、装饰装修材料等行业新标准450项，其中食品添加剂等国家标准70项，家具和装饰装修材料等行业国家标准150项。修订塑料、五金、皮革、洗涤用品、饮料等行业标龄超过5年的标准550项。完善家电、造纸、塑料、照明电器、五金、皮革等重点行业的安全标准、基础通用标准、重点产品标准和检测方法标准。制订和修订塑料降解、制浆造纸、皮革鞣制、电池回收等资源节约与环境保护方面的标准，完善相应的技术标准体系。

（八）加强企业自身管理

加大法律宣传力度，加强企业自律，全面提高企业素质，增强企业守法经营意识和社会责任感。深化企业改革，加快现代企业制度建设，完善公司治理结构，提高企业管理的科学性。树立现代管理理念，加强企业管理，提高经营决策、产品设计、资源配置、产品生产、质量管理、市场开拓等水平，增强对市场需求的快速反应能力，努力开发适销对路产品，通过管理提高效益。重视人才培训，提高员工素质，合理配置人力资源。

（九）切实淘汰落后产能

建立产业退出机制，明确淘汰标准，量化淘汰指标，加大淘汰力度。力争三年内淘汰一批技术装备落后、资源能源消耗高、环保不达标的落后产能。造纸行业重点淘汰年产3.4万吨以下草浆生产装置和年产1.7万吨以下化学制浆生产线，关闭排放不达标、年产1万吨以下以废纸为原料的造纸厂。食品行业重点淘汰年产3万吨以下酒精、味精生产工艺及装置。皮革行业重点淘汰年加工3万标张以下的生产线。家电行业重点淘汰以氯氟烃为发泡剂或制冷剂的冰箱、冰柜、汽车空调器等产能和低能效产品产能。电池行业重点淘汰汞含量高于1ppm的圆柱形碱锰电池和汞含量高于5ppm的扣式碱锰电池。加快实施节能灯替代,淘汰6亿只白炽灯产能。

四、政策措施

(一)进一步扩大"家电下乡"补贴品种。根据农民意愿和行业发展要求,将微波炉和电磁炉纳入"家电下乡"补贴范围,并将每类产品每户只能购买一台的限制放宽到两台。中央财政加大对民族地区和地震重灾区的支持力度。

(二)提高部分轻工产品出口退税率。进一步提高部分不属于"两高一资"的轻工产品的出口退税率,加快出口退税进度,确保及时足额退税。

(三)调整加工贸易目录。继续禁止"两高一资"产品加工贸易。对符合国家产业政策和宏观调控要求,不属于高耗能、高污染的产品,取消加工贸易禁止。对部分劳动密集型产品以及技术含量较高、环保节能的产品,取消加工贸易限制。对全部使用进口资源且生产过程中污染和能耗较低的产品,允许开展加工贸易。

(四)解决涉农产品收储问题。进一步扩大食糖国家储备。鼓励地方政府采取流动资金贷款贴息等措施,支持企业收储纸浆及纸、浓缩苹果汁等涉农产品,缓解产品销售不畅、积压严重的状况。

(五)加强技术创新和技术改造。支持重点装备自主化、关键技术创新与产业化,支持提高重点行业技术装备水平、推进节能减排、强化食品加工安全以及自主品牌建设等。

(六)加大金融支持力度。尽快落实《国务院办公厅关于当前金融促进经济发展的若干意见》(国办发[2008]126号),鼓励金融机构加大对轻工企业信贷支持力度,对一些基本面较好、带动就业明显、信用记录较好但暂时出现经营困难的企业给予信贷支持,允许将到期的贷款适当展期;简化税务部门审核金融机构呆账核销手续和程序,对中小企业贷款实行税前全额拨备损失准备金;支持符合条件的企业发行公司债券、企业债券、中小企业集合债券、短期融资券等,拓展企业融资渠道;中央和地方财政要加大对资质好、管理规范的中小企业信用担保机构的支持力度,鼓励担保机构为中小型轻工企业提供信用担保和融资服务;利用出口信贷、出口信用保险等金融工具,帮助轻工企业便利贸易融资,防范国际贸易风险。鼓励保险公司开展产品质量保险和出口信用保险,为轻工企业提供风险保障。建立和完善中央集中式的、以互联网为基础的动产和权利担保登记中心,简化登记手续,降低登记收费,落实债权人的担保权益。

(七)大力扶持中小企业。现有支持中小企业发展的专项资金(基金)等向轻工企业倾斜,中央外贸发展基金加大对符合条件的轻工企业巩固和开拓国外市场的支持力度;按照有关规定,对中小型轻工企业实施缓缴社会保险费或降低相关社会保险费率等政策。

(八)加强产业政策引导。尽快研究制定发酵、粮油、皮革、电池、照明电器、日用玻璃、农膜等产业政策以及准入条件,研究完善重污染企业和落后产能退出机制,适时调整《产业结构调整指导目录》和《外商投资产业指导目录》。环保、土地、信贷、工商登记等相关政策要与产业政策相互衔接配合,充分体现有保有压的调控作用。

(九)鼓励兼并重组和淘汰落后。认真落实有关兼并重组的政策,在流动资金、债务核定、职工安置等方面给予支持;对于实施兼并重组企业的技术创新、技术改造给予优先支持。各级政府要加大轻工业重点行业淘汰落后产能力度,解决好职工安置、企业转产、债务化解等问题,促进社会和谐稳定。

(十)发挥行业协会作用。充分发挥行业协会在产业发展、技术进步、标准制定、贸易促进、行业准入和公共服务等方面的作用。建立轻工业经济运行及预测预警信息平台,及时反映行业情况和问题,引导企业落实产业政策,加强行业自律。

五、规划实施

国务院有关部门要按照《规划》分工,尽快制定完善相关政策措施,加强沟通,密切配合,确保《规划》顺利实施。要适时开展《规划》的后评价工作,及时提出评价意见。

各地区要按照《规划》确定的目标、任务和政策措施,结合当地实际抓紧制定具体落实方案,确保取得实效。具体工作方案和实施过程中出现的新情况、新问题要及时报送发展改革委、工业和信息化部等有关部门。

石化产业调整和振兴规划

石化产业是国民经济的支柱产业，资源资金技术密集，产业关联度高，经济总量大，产品广泛应用于国民经济、人民生活、国防科技等各个领域，对促进相关产业升级和拉动经济增长具有举足轻重的作用。为应对国际金融危机的影响，落实党中央、国务院关于保增长、扩内需、调结构的总体要求，确保石化产业稳定发展，加快结构调整，推动产业升级，特编制本规划，作为石化产业综合性应对措施的行动方案。规划期为2009~2011年。

一、石化产业现状及面临的形势

我国是石化产品生产和消费大国。进入21世纪以来，石化产业保持快速增长，产业规模不断扩大，综合实力逐步提高。工业增加值年均增长20%左右，拉动国民经济增长约1个百分点。化肥、农药、成品油、乙烯、合成树脂等产品产量位居世界前列。相继建成了14个千万吨级炼油、3个百万吨级乙烯生产基地，云南、贵州、湖北三大磷肥产区，青海、新疆百万吨钾肥工程。但是，石化产业在快速发展过程中，长期积累的矛盾和问题也日益凸现，主要表现为：集约发展程度偏低，产业布局分散；创新能力不强，高端产品生产技术和大型成套技术装备主要依赖进口；产品结构不尽合理，中低端产品比重较大；资源环境约束加大，产业发展与环境保护的矛盾加剧；农资供给需要加强，低成本产品产能不足，市场调控体系不完善；一些地区不顾资源、环境条件，不注重能源转换效率，盲目发展煤化工。2008年下半年以来，受国际金融危机影响，石化产业受到较大冲击，国内外市场萎缩，生产持续下降，企业库存增加、价格大幅下跌，行业经济效益下滑、生产经营困难。当前，我国石化产品消费仍处于增长期，油品、化肥、农药刚性需求长期存在，高端石化产品市场潜力巨大，必须抓住机遇，加快石化产业的调整和振兴，促进产业平稳运行和健康发展。

二、指导思想、基本原则和目标

（一）指导思想

全面贯彻落实党的十七大精神，以邓小平理论和"三个代表"重要思想为指导，深入贯彻落实科学发展观，按照保增长、扩内需、调结构的总体要求，稳定石化产品市场，保持产业平稳增长；依托大型企业和产业基地，按照炼化一体化、园区化、集约化模式和发展循环经济、保护生态环境、促进安全生产的要求，优化石化产业布局；统筹国内外资源，保障农资供给；推进自主创新，实施技术改造，发展高端产品，着力提高创新能力和管理水平；加快结构调整和产业升级，不断增强产业竞争能力，进一步增强石化产业的支柱产业地位。

（二）基本原则

坚持稳定生产运行与促进产业振兴相结合。既要着力解决当前石化产业面临的突出问题，保障产业平稳运行，又要着眼长远，加快转变增长方式，促进产业升级，增强发展后劲。

坚持调整产品结构与增加有效供给相结合。抓住有利时机，优化资源配置，降低生产成本，提高中高档产品比重，促进产品升级换代，增加有效供给能力，满足市场需求。

坚持加快技术改造与推进自主创新相结合。加大引进技术的消化吸收力度，推动产业技术进步；强化技术改造，促进石化产业技术的系统化和集成化；加强关键和前沿技术研发，增强自主创新对产业发展的支撑能力。

坚持实施重大项目与调整产业布局相结合。加快重大项目建设，严格控制炼油乙烯新布点，统筹考虑对外合作项目规划布局。推动大型企业兼并重组，优化资源配置，促进产业集中布局、集约发展。

(三)规划目标

2009~2011年，石化产业保持平稳较快增长。2009年力争实现平稳运行，经过三年调整和振兴，到2011年，产业结构趋于合理，发展方式明显转变，综合实力显著提高。

1.产量保持稳步增长。到2011年，原油加工量达到40500万吨，成品油、乙烯产量分别达到24750万吨、1550万吨。

2.农资保障能力增强。到2011年，化肥产量达到6250万吨(折纯)，钾肥产量达到400万吨(折纯)，高浓度化肥比重提高到80%；在原料产地生产的化肥比重提高到60%，生产成本大幅下降；化肥储备基本满足市场调控需要。高效低毒低残留农药比重显著提高，县乡农用柴油供应网络不断完善。

3.产业布局趋于合理。成品油“北油南运”的状况得到改善。长三角、珠三角、环渤海地区产业集聚度进一步提高，建成3~4个2000万吨级炼油、200万吨级乙烯生产基地。煤化工盲目发展的势头得到遏制。

4.产品结构显著改善。2009年车用汽油全部达到国Ⅲ标准，2010年车用柴油全部达到国Ⅲ标准，2011年轻质油品收率达到75%，高端石化产品自给率明显提高。

5.技术进步明显加快。丁基橡胶等产业化技术取得突破，千万吨级以上炼油、百万吨级乙烯、大型粉煤制合成氨等成套技术装备实现本地化，煤制油、烯烃、乙二醇等示范工程建成投产。

6.节能减排取得成效。到2011年，石化产业单位工业增加值能耗下降12%以上，污水、二氧化硫和粉尘等污染物排放量减少6%以上，行业特征污染物排放得到控制。综合能耗普遍降低，大型炼油装置吨原油加工耗标准油低于63千克，大型乙烯装置吨乙烯耗标准油低于640千克，大型煤制合成氨装置吨氨综合能耗低于1.8吨标准煤。

三、产业调整和振兴的主要任务

(一)保持产业平稳运行

加快实施国家扩大内需、调整和振兴重点产业、增产千亿斤粮食等各项综合措施，拉动石化产品消费。落实有利于石化产业发展的税收和加工贸易政策，扩大石化产品市场。加强对进口石化产品的监测预警，防止境外产品倾销。打击石化产品走私，维护市场秩序。严格执行油品质量标准，严禁达不到国家规定标准的油品进入市场。扩大油品和化肥储备，减轻企业库存压力。采取积极的信贷措施，缓解企业流动资金困难。

(二)提高农资保障能力

采用洁净煤气化和能源梯级利用技术，对现有氮肥生产企业进行原料和动力结构调整，实现原料煤多元化，降低成本；在能源产地适当建设大型氮肥生产装置，替代落后产能。优化磷肥资源配置，推广硫和中低品位磷矿综合利用等技术，继续建设好云南、贵州、湖北三大磷肥基地。加大国内外钾矿资源勘探开发，科学规划青海、新疆钾肥基地发展，加强钾矿共生、伴生资源开发利用。调整农药产品结构，发展高效低毒低残留品种，推动原药集中生产。完善化肥储备制度，提高市场调控能力。加强农用柴油供应网络建设，满足季节性集中消费需要。

(三)稳步开展煤化工示范

坚持控制产能总量、淘汰落后工艺、保护生态环境、发展循环经济以及能源化工结合、全周期能效评价的方针，坚决遏制煤化工盲目发展势头，积极引导煤化工行业健康发展。今后三年停止审批单纯扩大产能的焦炭、电石等煤化工项目，原则上不再安排新的煤化工试点项目，重点抓好现有煤制油、煤制烯烃、煤制二甲醚、煤制甲烷气、煤制乙二醇等五类示范工程，探索煤炭高效清洁转化和石化原料多元化发展的新途径。

(四)抓紧实施重大项目

抓紧组织实施好“十一五”规划内在建的6套炼油、8套乙烯装置重大项目，力争2011年全部建成投产。在现有基础上，通过实施上述项目，形成20个千万吨级炼油基地、11个百万吨级乙烯基地。炼油和乙烯企业平均规模分别提高到600万吨和60万吨。

(五)统筹重大项目布局

坚持保护生态环境、发展循环经济、立足现有企业、靠近消费市场、方便资源吞吐、淘汰落后产能的原则，按照一体化、园区化、集约化、产业联合的发展模式，统筹重大项目布局，严格控制炼油乙烯项目新布点。做好新建重大炼油乙烯项目论证和区域环境影响评价等工作。近期重点做好利用境外资源在国内合作加工的炼化项目前期工作，选择2~3个条件好的现有大型炼化企业进行扩建。结合中缅原油管线的进展情况，适时开展西南地区炼化项目的布局研究。

（六）大力推动技术改造

加快前沿技术自主化、关键技术产业化、工程技术本地化，及时研究制定相关技术和产品标准。推广资源综合利用和废弃物资源化技术，推动园区化发展和清洁生产，实现节能减排。炼油乙烯行业重点推广液化气制高辛烷值汽油、渣油加氢处理、资源梯级使用等技术，提高石油资源利用率。氮肥行业重点推广废水闭路循环等技术，磷肥行业重点推广硫酸生产余热回收等技术。推动企业技术改造，开展炼油企业油品质量升级改扩建，乙烯装置节能降耗改扩建，氮肥企业原料路线和动力结构调整，磷肥企业优化资源配置，农药企业高效低毒低残留产品生产和农药废弃物处置能力建设，高端石化产品产能建设等工作。

（七）加快淘汰落后产能

淘汰工艺技术落后、产品质量差、安全隐患大、环境污染严重的落后产能。对炼油行业采取区域等量替代方式，淘汰100万吨及以下低效低质落后炼油装置，积极引导100万~200万吨炼油装置关停并转，防止以沥青、重油加工等名义新建炼油项目。对化肥行业通过上大压小，产能置换，淘汰技术落后、污染严重、资源利用不合理的产能。对农药行业依据行政法规，淘汰一批高毒高风险农药品种。加快淘汰电石、甲醇等产品的落后产能，提高污染防治和产业发展水平。

（八）加强生态环境保护

石化产业属于资源消耗量大、废弃物排放量高的产业，生态环境保护和安全生产责任重大。要加强产业监管，促进产业发展与国家主体功能区规划相协调。加强环境容量调查和规划，引导石化产业合理布局、清洁发展。行业协会要积极配合职能部门加强产业运行的监测管理。生产企业要严格遵守国家法律法规，切实履行生态环境保护和安全生产责任，进一步增强事故应急处置能力。重点加强江河湖泊和人口密集区等敏感地区产业发展的监督指导。依法关停不符合环保和安全生产要求的企业，现有企业必须达标运行，新建项目原则上应进入合规设立、环保和安全设施齐全的产业园区。

（九）支持企业联合重组

推动大型石化集团开展战略合作，优化产业布局和上下游资源配置，增强国际竞争力。引导大型能源企业与氮肥企业组成战略联盟，实现优势互补。支持骨干磷肥企业通过兼并重组，提高集中度。支持钾肥龙头企业开展产业整合，促进钾矿资源合理利用。鼓励优势农药企业实施跨地区整合，努力实现原药、制剂生产上下游一体化。支持有实力的企业开展兼并重组，扩大产业规模，做强高端石化产业。

（十）增强资源保障能力

加大国内石油资源勘探开发力度，稳定石化产业原料的国内供给；开展油钾兼探，推动青海和新疆等地含钾卤水和海相钾矿资源勘查。加强石油天然气、有色金属、煤炭资源开发利用领域硫回收，增强资源保障能力。积极实施“走出去”战略，支持国内有实力的企业开展境外油气、钾矿、硫资源开发与合作。

（十一）提高企业管理水平

石化企业要从自身实际出发，抓住产业调整和振兴的机遇，加强生产要素全球配置能力，深化企业改革，加快现代企业制度建设，完善公司治理结构，不断提高经营管理和科学决策水平，着力增强企业创新能力、风险防范能力及核心竞争力。强化质量管理和节能管理，加强安全生产监督管理，严格安全生产责任。加强环境保护，做好节能降耗和减排工作。加强职工队伍建设，培养高素质企业人才，全面履行社会责任，建设和谐企业。

四、政策措施

（一）完善化肥储备机制

完善中央、地方两级化肥淡季商业储备制度，加强淡储化肥调运，建立健全科学合理的淡储旺供的调控体系，保障供给，稳定市场价格。支持化肥骨干生产企业储备磷铵和尿素。抓紧研究建立国家化肥储备。

（二）抓紧落实油品储备

加快储备设施建设，抓住当前有利时机增加成品油国家储备。参照原油商业储备做法,尽快研究制订成品油商业储备办法和制度。

(三)加强信贷政策支持

鼓励金融机构对基本面较好、信用记录较好、守法经营、有竞争力、有市场、但暂时出现经营或财务困难的石化企业给予信贷支持。

(四)完善成品油价格形成机制

完善成品油价格政策,结合消费税制度改革,积极创造条件,加快建立有利于石化产业发展的成品油消费税征收体制。

(五)加大技术改造投入

制订《石化产业技术进步与技术改造项目及产品目录》,设立石化产业振兴和技术改造专项,重点支持油品质量升级、化肥农药结构调整、高端石化产品发展。支持异戊橡胶等前沿技术研发和推广应用,丁基橡胶和己内酰胺等关键技术产业化,大型乙烯等工程技术本地化示范工程建设。

(六)支持境外资源开发

加强引导,简化审批手续,完善信贷、外汇、税收等措施,支持符合条件的企业开展境外资源勘探和开发。

(七)实施公平税负政策

统筹兼顾石化产业与下游加工贸易发展,科学制定石化产品进出口税收政策和加工贸易政策,实行国产与加工贸易进口石化产品公平税负。抓紧完善化肥出口管理政策。

(八)推进企业兼并重组

认真落实和完善企业兼并重组的政策措施,妥善解决富余人员安置、企业资产划转、债务核定与处置、财税利益分配等问题。采取资本金注入、融资信贷(银行贷款,发行股票、企业债券、公司债券、中长期票据,吸收私募股权投资)等方式支持中央企业实施兼并重组。支持开展兼并重组的骨干企业实施技术改造,调整产品结构。

(九)完善产业发展政策

抓紧制(修)订相关产业政策、燃油质量标准、行业污染物排放标准、能源使用和污染排放管理办法、产业准入目录、鼓励发展和研发高端石化产品和技术目录。严格控制甲醇、烧碱、纯碱等产能过剩行业项目建设和炼油乙烯项目新布点。对于没有完成小炼油等落后生产装置关停并转任务的地区,禁止建设新增产能的项目。综合运用提高准入门槛、加强清洁生产审核、实施差别电价等手段,加快淘汰落后产能。建立产业退出机制,完善和落实配套政策措施。加快重点项目的环境评价、用地审核及项目核准工作。

(十)依法做好反倾销和反走私等工作

完善石化产业损害预警机制,加强对三大合成材料和高端石化产品进出口异常情况及其对我国内产业影响的监测。依法采取反倾销等贸易救济措施,维护公平贸易秩序。加强成品油进出口监管,严厉打击成品油走私活动,防止扰乱国内市场。

五、规划实施

国务院各有关部门要按照《规划》分工,加强沟通协商,密切配合,尽快制定完善各项配套政策措施,并加强指导和监督检查。要建立部门联合发布信息制度,适时向社会发布产业调整和振兴的有关信息。有关部门要适时开展《规划》的后评价工作,及时提出评价意见。

有关地区要按照《规划》确定的目标、任务和政策措施,结合当地实际抓紧制订具体落实方案,确保取得实效。具体工作方案和实施过程中出现的新情况、新问题要及时报送发展改革委、工业和信息化部等有关部门。

船舶工业调整和振兴规划

船舶工业是为航运业、海洋开发及国防建设提供技术装备的综合性产业，对钢铁、石化、轻工、纺织、装备制造、电子信息等重点产业发展和扩大出口具有较强的带动作用。为应对国际金融危机影响，落实党中央、国务院关于保增长、扩内需、调结构的总体要求，加快船舶工业结构调整，增强自主开发能力，推动产业升级，促进我国船舶工业持续、健康、稳定发展，特制定本规划，作为船舶工业综合性应对措施的行动方案。规划期为2009~2011年。

一、船舶工业现状及面临的形势

2003年以来，我国船舶工业进入了快速发展轨道。产业规模不断扩大，造船产量快速增长，造船完工量、新接订单量、手持订单量已连续多年居世界前列。综合实力稳步提升，已经具备散货船、油船、集装箱船（以下称三大主流船型）自主开发能力，在高技术高附加值船舶、海洋工程装备领域也实现了突破，大型船舶企业造船周期和质量管理达到国际先进水平。我国已经成为世界造船大国。但是，船舶工业在高速发展的同时，自主创新能力不强、增长方式粗放、低水平重复投资、产能严重过剩、船用配套设备发展滞后、海洋工程装备开发进展缓慢等矛盾日益显现。2008年下半年以来，受国际金融危机影响，国际航运市场急剧下滑，造船市场受到很大冲击，新船订单大幅减少、企业融资出现困难、履约交船风险加大，我国船舶工业发展面临严峻形势。

应该看到，经过多年的发展，我国船舶工业已经形成了原材料配套强、劳动力素质高、制造业体系完备等综合竞争优势，世界造船业正逐步向我国转移，我国船舶工业发展前景依然十分广阔。当前，我国船舶工业正处在由大到强转变的关键时期，必须抓住机遇，积极采取综合措施，加快结构调整和产业升级，巩固和提升我国船舶工业的国际地位，为经济平稳较快发展做出积极贡献。

二、指导思想、基本原则和目标

（一）指导思想

全面贯彻落实党的十七大精神，以邓小平理论和“三个代表”重要思想为指导，深入贯彻落实科学发展观，按照保增长、扩内需、调结构的总体要求，通过采取积极的信贷措施，稳定造船订单，化解经营风险，确保船舶工业平稳较快发展；通过控制新增造船能力，推进产业结构调整，提高大型船舶企业综合实力，形成新的竞争优势；通过加快自主创新，开发高技术高附加值船舶，发展海洋工程装备，培育新的经济增长点，为建设造船强国和实施海洋战略奠定坚实基础。

（二）基本原则

稳定造船订单，保持生产增长。积极应对推迟接船和弃船风险，防止出现大量撤单问题，力争船舶企业按期完成订单任务，保持生产平稳较快增长。

加强政策引导，扩大船舶需求。调整优化运力结构，淘汰落后老旧船舶，扩大船舶市场需求。

推进结构调整，整合造船资源。实施兼并重组，整合造船、修船、海洋工程装备生产资源，发展大型企业集团，促进船舶制造业和配套业协调发展。

加快自主创新，发展海洋工程装备。加大技术改造力度，加强关键技术和新产品研究开发，提高船用配套设备水平，发展海洋工程装备，提高国际竞争力。

（三）规划目标

1.船舶生产稳定增长。今后三年船舶工业保持平稳较快增长，力争2011年造船产量达到5000万吨，船用低速柴油机产量达到1200万马力。

2.市场份额逐步扩大。2011年造船完工量占世界造船完工量的35%以上，高技术高附加值船舶市场占有率达到20%，海洋工程装备市场占有率达到10%。

3.配套能力明显增强。三大主流船型本土生产的船用配套设备的平均装船率达到65%以上，船用低速柴油机、中速柴油机、甲板机械等配套设备的国内市场满足率达到80%以上。

4.结构调整取得进展。大型船舶企业集团在高端船舶市场具备较强国际竞争力，若干个专业化海洋工程装备制造基地初具规模，一批船用配套设备生产企业发展壮大，环渤海湾、长江口和珠江口成为世界级造船基地。

5.研发水平显著提高。三大主流船型研发设计实现系列化、标准化，形成一批具有国际竞争力的品牌船型，高技术高附加值船舶和海洋工程装备开发取得突破。

6.发展质量明显改善。骨干船舶企业基本建立现代造船模式，三大主流船型平均建造周期缩短到10个月以内，单位工业增加值能耗三年累计降低15%，钢材利用率显著提高。

三、产业调整和振兴的主要任务

（一）稳定船舶企业生产。采取有效措施，支持大型船舶企业和航运企业按期履行合同，积极应对推迟接船、撤单、弃船等经营风险。指导船舶企业加强生产管理，合理安排生产计划，确保造船质量和进度，保持生产连续性。

（二）扩大船舶市场需求。加快报废更新老旧船舶和淘汰单壳油轮，积极发展远洋渔船、特种船、工程船、工作船等专用船舶。

（三）发展海洋工程装备。支持造船企业研究开发新型自升式钻井平台、深水半潜式钻井平台和生产平台、浮式生产储卸装置、海洋工程作业船及大型模块、综合性一体化组块等海洋工程装备，鼓励研究开发海洋工程动力及传动系统、单点系泊系统、动力定位系统、深潜水装备、甲板机械、油污水处理及海水淡化等海洋工程关键系统和配套设备。

（四）支持企业兼并重组。支持大型船舶企业集团及其他骨干船舶企业实施兼并重组。推动大型船舶企业与上下游企业组成战略联盟，相互支持，共同发展。引导中小船舶企业调整业务结构，发展中间产品制造、船舶修理、特种船舶制造等业务，开拓非船产品市场。支持有条件的企业并购境外知名船用配套设备企业、研发机构和营销网络。

（五）提高自主创新能力。制定《船舶工业科研开发重点项目目录》，支持优化升级三大主流船型，开发适应新规范、新标准和节能环保要求的船舶，提高大型液化天然气船、大型液化石油气船、大型汽车运输船、科学考察船等高技术高附加值船舶的设计开发能力，加快新型船用柴油机及其关键零部件、甲板机械、舱室设备、通信导航自动化设备的自主研发，加快现代造船技术、船舶和海洋工程装备基础共性技术研究。

（六）加强企业技术改造。制定《船舶工业技术改造项目及产品目录》，支持高技术高附加值船舶和海洋工程装备专用生产设施项目建设，支持填补国内空白、节能环保效果显著以及产能不能满足市场需求的船舶和海洋工程装备及配套产品的技术改造。

（七）积极发展修船业务。鼓励造船企业利用现有造船设施开展修船业务。加强修船技术研究，增强大型船舶、特种船舶、海洋工程装备修理和改装能力。规范发展拆船业，实行定点拆解。

（八）努力开拓国际市场。制定并完善相关措施，巩固我国船舶工业在三大主流船型国际市场的竞争优势，扩大高技术高附加值船舶、海洋工程装备的国际市场份额；鼓励船用配套设备企业建立境外营销网络和售后服务体系，带动产品出口。

（九）加强船舶企业管理。引导船舶企业加快建立现代企业制度，深化内部改革，推进管理信息化，全面提高科学决策和管理水平；加快建立现代造船模式，推进数字化造船；加强国际造船新规范、新公约、新标准的研究，积极做好相关准备工作；推广节能节材新技术、新工艺，提高能源使用效率和钢材利用率，降低能耗物耗；增强市场分析和预测能力，加强合同管理，提高资金使用效率，控制财务成本，增强企业参与国际竞争和防范市场风险的能力；加强创新型研发设计人才、开拓型经营管理人才、高级技能人才等专业人才培养，强化职工培训，优化人才队伍结构，满足企业可持续发展需要。

四、政策措施

（一）加大生产经营信贷融资支持。各相关银行对船舶企业在建船舶和有效合同所需的流动资金贷款要确保按期到位；对船东推迟接船的，要适当给予船舶企业贷款展期支持；对信誉良好的船东和船舶企业要及时开具付款和还款保函。加强银企合作，对在建船舶实行抵押融资。支持符合条件的船舶企业上市和发行债券。加快建立船舶产业投资基金。

（二）增加船舶出口买方信贷投放。鼓励金融机构增加船舶出口买方信贷资金投放，帮助大型船舶企业集团和其他骨干造船企业稳定现有出口船舶订单。

（三）鼓励购买弃船。研究制定相关政策措施，鼓励骨干航运企业购买远洋船舶的弃船，鼓励金融租赁公司购买出口船舶的弃船。

（四）努力扩大国内船舶市场需求。对国内企业向国内海上石油天然气开采企业销售海洋工程结构物，继续实行增值税退税政策。加大预算内资金投入，提前实施纳入国家规划的政府公务性、公益性船舶建造。

（五）加快淘汰老旧船舶和单壳油轮。研究鼓励老旧船舶报废更新政策。抓紧出台单壳（包括单壳双底和双壳单底）油轮强制淘汰政策，严禁超龄船舶改造、运营。

（六）严格控制新增产能。除《船舶工业中长期发展规划（2006~2015 年）》内的造船项目外，各级土地、海洋、环保、金融等相关部门不再受理其他新建船坞、船台项目的申请。新建大型海洋工程装备专用基础设施项目需报国家核准。今后三年，暂停审批现有造船企业船坞、船台的扩建项目。

（七）完善企业兼并重组政策措施。制定出台鼓励企业兼并重组的政策措施，妥善解决富余人员安置、企业资产划转、债务合并与处置、财税利益分配等问题；采取资本金注入、融资信贷等方式支持大型船舶企业集团实施兼并重组。支持骨干船舶企业兼并重组其他船舶企业，优先核准其技术改造项目，鼓励进行产品结构调整。

（八）加大科研开发和技术改造投入。增加高技术船舶科研经费投入，支持高技术新型船舶、海洋工程装备及重点配套设备研发，支持关键共性技术和先进制造技术研究，加快船舶工业标准体系建设。支持开展船用配套设备、海洋工程装备以及特种船舶制造专业化设施设备等方面的技术改造，支持大型船舶企业兼并重组后进行信息化建设和流程再造，支持中小型造船企业符合相关产业政策要求的调整转型。支持船舶企业和科研机构研发条件建设。

五、规划实施

国务院有关部门要按照《规划》分工，加强沟通协商，密切配合，尽快制定和完善各项配套政策措施，确保《规划》顺利实施。要适时开展《规划》的后评价工作，及时提出评价意见。

有关地区要按照《规划》确定的目标、任务和政策措施，结合当地实际抓紧制订具体落实方案，确保取得实效。具体工作方案和实施过程中出现的新情况、新问题要及时报送发展改革委、工业和信息化部等有关部门。

专题三 中国工业60年高端访谈

自新中国成立至2009年，中华人民共和国已走过60年光辉历程。建国60年来，中国工业通过艰苦卓绝的奋斗，取得了光辉的成就。为了真实记录和总结中国工业最关键、变化最大的60年，中国工业报推出了中国工业60年高端访谈系列报道，涉及到七大主要行业：有色金属、石化、机械、电力、纺织、钢铁、建材。

有色金属工业与共和国一起成长

——访原中国有色金属工业总公司总经理费子文

来源：中国工业报　发布时间：2009年9月3日

人物简介：

费子文，原中国有色金属工业总公司第一任总经理（副部级）。

1949年在重庆读书时，费子文就在党的领导下参加了当地"反饥饿、反内战、争生存、争温饱"的学生运动和党的地下外围组织。1950年夏，受东北工业部的招聘，进入到有色金属工业系统。先后在沈阳东北有色金属工业管理局、吉林夹皮沟金矿、苏联有色矿山、辽宁杨家杖子矿务局大北岭矿、山西中条山有色公司和江西铜业公司等单位工作，由一名普通的矿山坑口见习技术员一步一步走到有色金属工业系统的最高领导岗位。

1983年4月，中国有色金属工业总公司成立，邱纯甫任董事长、党组书记，费子文任总经理、党组副书记。三年后董事会到届，总公司实行总经理负责制，费子文任总经理、党组书记至1994年末。

在我国现有的124个产业门类中，有113个产业都要使用有色金属。有色和钢铁、电力、建筑、机械制造、电子通讯、国防军工及许多新发展的高科技产业密切相关，其产品种类多、应用领域广、产业关联度高，在经济建设、国防建设、社会发展及稳定就业等方面发挥着越来越重要的作用。

2008年，全国10种有色金属产量达2520万吨，连续七年居世界第一，其成就之辉煌，获国内外公认。回头看看，经过战乱后的三年经济恢复，1952年全国有色金属产量仅7.4万吨，现在已是那时的340倍。形象一点说，当年的年产量大体相当于2008年的日产量。

回顾过往，我国的有色金属工业和其它工业一样，都走过了新中国初期的恢复、建设以及1978年后的大发展这些阶段。此后，中国经济开始了伟大变革，有色金属工业也进入了最为辉煌的发展阶段。

在此后的30年中，我国有色金属工业实现了从产品短缺到产量、消费量均居世界第一的转变，实现了从高度计划经济体制到社会主义市场经济体制的转变，实现了从封闭、半封闭到全方位开放的转变，实现了从主要技术依赖进口到开始有高附加值产品出口的转变……

光阴荏苒，岁月匆匆。从1949年新中国成立到2009年，我国有色金属工业走过了从小到大、从弱到强的峥嵘岁月。60年前，我国有色金属工业的情形令人痛心，但在共和国成长的60年间，我国有色金属工业的建设者在党中央、国务院的关心和支持下，承前启后，继往开来，用自己的方式为共和国建设书写了一段荡气回肠的历史。

在新中国成立60年之际，中国工业报记者走访了原中国有色金属工业总公司第一任总经理费子文，带您回顾共和国有色金属工业60年的变迁。

中国工业报：您受聘于当年的东北工业部后，并没有选择留在沈阳东北有色金属管理局，而是选择了条件艰苦的一线矿山，这是为什么？请您描述一下当年一线工人工作的情形，让今天的后辈们了解那些为共和国建设立下汗马功劳的第一代创业者。

费子文：以李华（原中央重工业部有色金属工业管理局局长）和高扬文（原冶金部副部长、党组副书记）等同志为代表的一批老前辈艰苦创业，为新中国的有色金属工业打下了基础。目前，他们中的许多人已经辞世，但他们当年设定的全国有色金属工业格局，包括地质勘探、设计、科研、教育、施工和一大批工厂、矿山，几十年里仍然发挥着重要作用。同时，在他们之后的两三代人前赴后继的努力下，在国家经济形势不断发展的情况下，使我国的有色金属工业不断焕发出新的活力。

受东北工业部招聘后，我被分配到了沈阳东北有色金属管理局，由于感觉在机关不能把所学到的知识很好地运用，在我的一再请求下，组织终于同意我到生产一线工作。于是，我到了吉林夹皮沟金矿，在那里做了一名普通的坑口见习技术员。

那时候的矿山井下，没有任何的通风防尘和劳动保护设施，全部是干式凿岩。职工们的防护意识也比较薄弱，我现在的矽肺病就是那时候得的，这是长年在矿下工作易得的常见病。与矿山打交道的工作往往是高负荷的，我们每天在矿洞里工作好几个小时，下班回来就睡在一百多人的大炕上，半夜起来后常都找不到原先睡的地方。下井穿的衣服回来照样穿，更不能洗澡，每天的伙食就是窝窝头和土白菜。

建设山西中条山的时候，许多人都睡在荒山野岭中一些简陋的农舍。夜晚耳边时不时的会传来狼叫，夏天蚊虫叮咬，冬天寒风刺骨，条件十分恶劣。

我国有色金属工业的恢复工作，首先从东北地区开始。1946年，黑龙江省解放区恢复了乌拉嘎、鸵腰子、漠河等处的黄金生产，并分别设立金矿局，1950年左右恢复了一些日寇留下来的冶炼企业。

在接下来的“一五”时期，有色金属工业进行了大规模建设。如在156项全国重点建设工程中，有色金属工业占13项。经过“一五”时期的大规模建设，有色金属工业初具规模，产量由1952年的7.4万吨，上升到1957年的21.45万吨，并拥有10万~115万吨的后备生产能力。

组建有色金属工业总公司

中国工业报：在上世纪80年代初期，改革开放在全国展开，有色金属工业也顺应时代发展要求进行了改革。作为中国有色金属工业总公司的第一任总经理，您亲身参与了变革，当年总公司组建的情况是怎样的。

费子文：1981~1982年，国家成立过国家有色金属工业管理总局。到1983年初，由于新的形势要求，由国家经委负责，责成袁宝华、邱纯甫等同志带头组建总公司。1983年4月1日，国务院发出通知，原则同意国家经委《关于成立中国有色金属工业总公司的报告》，决定将有色金属工业从冶金部划分出来，成立直属国务院的中国有色金属工业总公司。

国务院《通知》要求，总公司的组建要有新的突破，成为名副其实的产销结合、工贸一体的经济实体。总公司上收了一部分企业，并从冶金部成建制的划转了部分施工企业、科研设计院所、学校和地质勘察队伍。同时，受国务院委托，管理全国有色金属工业行业。后来，国务院又决定将有色的对外贸易从中国五金矿产公司划归有色总公司。

1983年4月4日，总公司成立大会在北京举行，原中共中央政治局委员、国务院副总理方毅出席大会并讲话。他指出："总公司的成立是振兴有色金属工业的新起点，也是有色金属工业发展史上一个新的里程碑。"在其后的十多年间，方毅同志十分关心和支持有色工业的发展，我们永志在心。

中央批准由邱纯甫任总公司的董事长、党组书记，林泽生任副董事长、党组副书记，我任总经理、党组副书记，刘学新和茅林任副董事长、党组成员，王哲和朱雷任副总经理、党组成员。此外，还选出孙鸿儒、洪戈等十几位同志，和上述党组成员一起组成常务董事会。总公司实行董事会领导下的总经理负责制，常务董事中的绝大多数都是在北京工作多年的冶金或有色的老领导，只有我是从江西调上来的新兵。

上收企业后，总公司拥有直属企事业单位321个，其中生产企业151个、施工企业16个、设计和勘察院13个、地质勘察局18个、科研院所20个、大专院校17所、供销单位23个、进出口公司36个、其它21个。在广州、南宁、西安、成都、新疆、兰州、贵阳、沈阳、昆明、南昌和长沙等地设有11个地区公司，作为总公司的派出单位。此外，还有县级以上地方有色金属企(事)业单位592个，全国有色职工共133万人，其中总公司直属101万人。

后经中央领导同志指示，国务院会议决定加快有色工业发展，给了总公司不少优惠政策，其中最重要的是增加了经营自主权，即由总公司统一向国家承包经营，利税上缴66%、自留34%，而国家的重视使公司从机关到企业的积极性空前高涨。

提高产量为当务之急

中国工业报：从江西被调到总公司任总经理，一定遇到了不少的挑战，当时在生产建设上面临的突出问题是什么？

费子文：总公司刚成立时，大家热情很高，但面临的生产建设形势相当严峻。因为，新成立的总公司面临的首要任务就是如何尽快把产量提高上去。国家批准的"七五"规划中，要求到1990年有色金属年产量要达到180万吨，后来进一步要求1990年的产量要达到200万~220万吨。

总公司在对国家实行财政上缴定比包干后，对直属企业分别实行了六种不同形式的承包经营责任制。1983~1987年，企业实现利税增长约70%，而企业留利却从1983年的2.4亿元增加到1987年的9.3亿元；企业的折旧、新技术开发等四项自有资金也从6.9亿元增加到14.4亿元；职工平均年收入由937元增加到1802元。

同时，总公司还加强了与地方的合作，提出"大家办有色"的方针，广东、陕西、甘肃、四川、新疆和贵州等六个省、自治区先后全权委托有关地区公司代管他们的有色企业。北京、上海、重庆、山西、湖北、河南、浙江、江苏八个省市，主动要求把他们的有色公司实行以地方为主总公司为辅的双重领导。

总公司对管理地方有色企业既不要编制，也不收费用，并决定每年拿出1000万元，为地方办有色矿山无偿贴息。地方的积极性提高了，也就逐步加大了产量和在全国有色金属产量中的比重。

另外，随着改革开放的不断深入，企业的积极性成为主导有色金属提高产量的主要推动力量。据国家统计局的数据，1982年的产量为125万吨，1983年为132.6万吨；1984年后开始以10万吨级增长，为144万吨，1985年为155.8万吨，1986年为169.4万吨。

这时，党组经过认真调查研究和反复思考，提出了1988年实现200万吨的目标。经过上下齐心的奋力拼搏，1987年完成产量181.6万吨，1988年完成204万吨。这不仅大幅度提前完成了国家原"七五"计划中1990年的180万吨指标，也提前两年实现了修订计划200万~220万吨的下限。

1949~1978年，全国有色金属产量完成第一个

100万吨用了30年。1979~1988年，超额完成了第二个100万吨，这被分别称作有色工业的第一高度和第二高度。在第二个100万吨完成的过程中，前五年只增长了32万吨，总公司成立后的五年增长了73万吨。这十年中，后五年的利税增长是前五年的五倍。

在这样的大好形势下，1988年总公司开始酝酿新的奋斗目标。在1989年末的全国工作会议上，我代表党组正式提出，在1994年前后要攀登有色工业的第三高度，即与1992年相比，到世纪末的工业销售额、实现利税、全员劳动生产率、国际贸易额等方面都翻一番的目标。

就这样，随着市场经济的不断发展，各种关系逐步理顺，产量随着市场需求节节攀升。到1992年之后，总公司和我的注意力再也没有放在产量上，继1992年达到299.2万吨之后，1993年达到了343万吨，1994年达到394.5万吨，1995年一年就增加100万吨，达到496.6万吨，大大超过国家“八五”计划中280万吨的指标。总公司成立时，我国有色工业在世界各国按产量排名为第七位，六年后的1989年即上升到第四位。

以投资为体制改革的切入点

中国工业报：随着产量的不断增长，总公司根据新形势，提出了攀登有色金属第三高度的规划，具体内容包括哪些？

费子文：主要有四个方面的内容：一是产量要达到300万吨的新高度；二是实现利税80亿元，经济效益达到新水平；三是要建立三个层次、三个中心的管理体制新格局；四是充分利用国内外两种资源、两种资金、两个市场，实现国际合作的新突破等。为了实现这个目标，势必还要针对承包经营、投资、地质勘探和矿山等方面存在的问题进行改革。

中国工业报：以攀登有色金属第三高度为目标，您和您的团队开始了新一轮的改革。随着这轮改革的不断深化，有色金属工业也得到了迅猛的发展，当时您选择了哪些方面作为改革推进的切入点？

费子文：当时有色产量的持续增长，是需要通过固定资产投资的增加来实现的。另外，在当时计划经济的影响下，固定资产投资是不讲投入与产出的。许多地方和企业千方百计争项目争投资，形成摊子大、战线长、项目多、建设资金相对不足的局面。不少项目开工后，不能按正常工期一鼓作气建起来，建成后生产单位接过去，又没有能力向国家返还资金。

以1990年的拨改贷为例，有色基建投资中拨款只占1.6%，国家低息贷款占7%，其余全是银行的高息贷款，当时总公司和企业根本没有能力担负项目的资本金。资金由以往的全额拨款变化到以贷为主，生产企业、设计和施工单位的思想观念一时很难转过来。有的设计单位做可行性研究，只要给钱一律可行；只要生产企业提出要求，往往同意一再增加预算。有的施工单位只图揽活儿，项目愈多愈好，只撒网不收网。有的设备制造单位粗制滥造，更缺乏良好的售后服务，设备投产后常常不能正常运转。

造成这些问题的主要原因是体制的弊端，所以总公司根据国家有关规定，较早地在全系统实行了生产企业的业主负责制来改革投资体制。具体做法是，由总公司授权业主对设计、施工和设备制造等单位实行招标，撤销原有的独立施工建设指挥部，由业主负责贷款和还款。这项改革的阻力很大，但我和党组特别是分管基建的副总经理态度坚决，下面只能照办。

发展铅锌铜奠定行业基础

中国工业报：您和您的团队提出的“优先发展铝、积极发展铅锌，创造条件发展铜”的发展规划，深刻影响了今天有色工业的发展，也为现在有色金属的发展奠定了基石，当时提出这一方针的背景是什么？

费子文：优先发展铝、积极发展铅锌，创造条件发展铜，根据市场需求发展有色金属的方针，在总公司成立前后已经大体确定，后来又加以修改和完善。这是根据国家和市场需要、国内矿产资源状况、现有企业布局，和行业发展的外部条件等来制定的。

当时，我国铝的人均年消费量只有0.5公斤，是世界平均水平的1/8，日本的1/40，美国的1/50。在十几年的410.28亿元的基建投资中，铝工业为

179.1亿元，占43.65%，为各品种的第一位。新增氧化铝能力194万吨，电解铝60.5万吨，铝加工21.3万吨。除扩建了原有的郑州铝厂、山东铝厂、贵州铝厂、青铜峡铝厂、华北铝加工厂、西南铝加工厂外，还新建了山西铝厂、中州铝厂、白银铝厂、青海铝厂和平果铝厂等。这些项目都是成功的。

技术改造战略的成功实现

中国工业报：在提出对具体矿产品种支持的同时，技术改造也被总公司列入优先发展的范畴。据了解，自总公司成立起的十几年时间里，技改投资累计达到544.06亿元，占全部固定资产投资的57.01%，极大增强了老企业的活力。当时选择在技术改造上下功夫的出发点是什么，又是如何开展这项工作的？

费子文：总公司直属的150多个生产企业中，不少企业由于装备和工艺落后不能达标达产。如果对某一个或几个工序中的薄弱环节加以技术改造，就可以达产甚至大幅提高生产能力，这些改造往往花钱少见效快。如葫芦岛锌厂的锌产量由6万吨增加到14万吨，只花了2.2亿元，西北铅锌冶炼厂新建15万吨锌项目则需要9亿多元。山东铝厂的氧化铝由35万吨增加到50万吨，只花了1.37亿元，而山西铝厂新建20万吨氧化铝项目花了8.5亿元。

当然，从有色工业的全局看，必须逐步建设一些新项目。有的新项目是为了给以后扩建打基础所以需要多花一些钱，但新项目和老厂改造的投资不能作简单比较，要实事求是。而在扩大生产能力的过程中，优先从老厂着手无疑是正确的。

在技改和基建项目陆续发挥作用、总公司领导班子团结一致、各企业同心协力，以及改革开放形势带动的共同作用下，有色产量在1992年达到299.2万吨，比原定1994年达到300万吨的目标提前了两年，实现利税则迟后一年，即在1995年达到95亿元。

风口浪尖上的管理体制改革

中国工业报：1988年末，公司党组正式提出经过若干年的努力，在总公司内部逐步形成三级管理、三个中心的经营管理体制，您和您的团队又一次站在了改革的风口浪尖，对于这次管理体制改革是怎样设计的？

费子文：提出这个设想有四个针对性：一是改变总公司对企业的产供销、人财物、内外贸实行集中管理的传统做法。实践证明，总公司没必要什么都去管，既管不好也管不了。二是加大企业的经营自主权。当时有的企业不经批准将大笔资金向外投是不允许的，因为企业并不是投资主体。三是明确指出联合企业和独立大型工厂下属的工厂矿山或分厂，哪怕规模再大也不是法人，纠正当时在“权放基层”的名义下企业利润中心的多元化，出现上百个银行户头的混乱现象。四是指出今后总公司不能继续保持150多个生产企业的户头，必须进行优化组合，直到几十个甚至十个左右。这样，企业的实力和竞争力提高了，总公司缩小了管理幅度，工作效率和活力必然增强。

之后，总公司守住决策和投资中心这个底线，大事请示国家，许多经营上的权力下放企业。企业向外自行投资的现象有所收敛，但仍未完全杜绝。企业下属单位的生产成本中心确立了，但企业集团的组合遇到了很大的阻力，尝试了几次都没有成功，总公司的管理幅度还是很大。这个构想曾发挥过一定的历史作用，也广在有色系统中流传。

1993年，党中央召开的十四届三中全会提出建立现代企业制度，明确指出“按照现代企业制度的要求，现有全国性行业公司要逐步改组为控股公司。”总公司抓住这一契机，于当年末正式向国务院呈送了进行控股公司试点的申请报告。报告同时提出，筹建全国有色金属行业协会，使总公司政企分开。

我离开总公司后得知，国务院曾一度批准有色总公司试办控股公司，但后来由于其它原因夭折了。而三个层次、三个中心的管理体制改革，和两种资源、两种资金、两个市场的利用，则牵涉到总公司内外的种种因素，虽然有所进展但未能完全实现最初的设想。

国营矿山模式已经走到死胡同

中国工业报：听业内的前辈说，您很重视有色金属矿山的建设，是什么原因让您如此关注矿山建设？

费子文：上世纪90年代，转产分流、主辅分离成为时髦名词。全社会不同性质的企业，尤其是国有企业为了提高企业生产效率纷纷甩掉负担，企业办社会一去不复返。在有色行业，矿山的转产分流也被逐步提上总公司的重要日程。

当时矿山的强烈呼声是，国家对矿山增加拨款投资，提高矿工工资待遇，给矿产品提价，为矿工在农村的家属转到矿山落户（即农转非），对待业青年大招工，等等。这些要求直观上看合情合理，但完全属于计划经济的模式，不符合国家经济体制改革的大趋势。

我在江西铜业公司工作期间，曾对澳大利亚矿山作过两次长达四个月的深入考察，到总公司后，又曾多次访问西方的工厂矿山。对比起来，我国矿山有其深层次的矛盾，如果只迎合上述呼声去解决问题，只能是饮鸩止渴，加剧恶性循环，要改变这种现状，就必须从矿山的根本入手进行变革。

有色工业是以开发有色金属矿产资源为起始，再行冶炼、加工的原材料工业，因此，矿山是有色工业的基础。如果按矿山、冶炼、加工等工序划分，在全部基建投资中，矿山为37.84%，占据首位。只要是资源可靠，有开采价值，总公司便立即着手扩建或新建，包括德兴铜矿、安庆铜矿、金川二矿区、锡铁山铅锌矿等17座矿山，只可惜资源不足建得少。当时用了很大精力解决矿山问题，虽然有一定成效，但远不圆满，我感到非常遗憾。

总公司直属的151个生产企业中，88个是矿山企业，加上联合企业所属矿山在内，共有矿山127个，职工36万多人，占总公司直属单位职工的三分之一。有色矿山多处深山老林，且90%是地下开采，条件艰苦，负担重，效益差。我在矿山工作30多年，深有体会。矿山是总公司内的弱势群体。但是，矿山不发展，有色工业就会陷入无米之炊的发展境地。

1986年末，党组决定第二年夏天召开矿山工作会议。1987年1月、2月、3月和5月，我四次带队共用52天时间，到23个矿山和18个地质勘察队和勘探现场进行考察。虽然不是很深入，但从宏观上初步掌握了共性问题。当年7月，在杨家杖子矿务局召开了全国有色系统的矿山工作会议，会上统一了认识，认为矿山面临严重的问题，一是资源枯竭，品位下降，生产能力急剧减少，统配矿山70%进入中晚期；二是矿山人员多，劳动生产率低，并且社会负担重，平均每三个职工担负一名离退休人员，每五个职工担负一名待业青年，盈利矿山只占37.5%，亏损的占39.1%，其余在盈亏线上挣扎；三是大量农民进入矿区乱采滥挖。

会议明确指出，矿山建设的传统模式，是使矿山陷入困境的主要原因之一。其表现一是产品单一；二是用工固定，新工人一开始就捧上铁饭碗直到老或者过世，家属的就业和子女的入学、就业都得管；三是保供包销，主要原材料和产品都由国家按指令性计划分配；四是自办社会，所有辅助的生产、学校、医院、公安等机构一应俱全；五是不负盈亏，盈利上缴国家，亏损由国家补贴，吃大锅饭。30多年来，这种国营矿山的模式已经走到了死胡同，到了非改不可的时候了。

努力探索办矿新模式

中国工业报：发现问题就要着手治理，那么在治理矿山的过程中采取了哪些措施？

费子文：我们要求矿山职工动员起来，努力探索办矿新模式，主要内容涉及几个方面，一是人少效率高，多用农民轮换工。二是一业为主，多种经营，合理开发，综合利用。三是对辅助生产、生活等设施，尽量利用社会上已有能力。四是实行承包经营，自负盈亏。由于各矿山情况不同，总公司提出要结合自身实际去办，并宣布了八种不同的承包经营形式，要求新建矿山坚决按新模式去办。同时，决定成立总公司多种经营中心，每年投入2000万元，每年拿出1000万元补助老矿山在外围和深部找矿等。

四年之后的1991年9月，公司在云南易门铜矿召开第二次矿山会议，之前也进行了与过去类似的调查研究。这次会议树立了华铜、牟定两矿为多种经营样板，加之安庆、夹槼、锡铁山和水口山的康家湾等四种不同类型新模式办矿典型的涌现，使大家看到了希望。

但是，多数矿山仍然困难。人们的思想观念也难以改变，国家仍在实行计划经济为主、市场调节为辅的有计划的商品经济，这也使我们认识到，有色工业和矿山的改革只能一步一步向前走。矿山问题直接牵涉到地质勘探，缺乏可靠的足够的地质储量，就谈不到开发矿山。过去总是宣传我国的有色矿产资源储量丰富、品种齐全，具有得天独厚的优势，这是不符合事实的。除几个小品种外，大宗的铝、铜、铅、锌已发现和探明的储量都不多，且品质低下，开采条件不好。总公司拥有18个地质勘探局，共辖134个地质勘探队，职工7.6万人，力量相当雄厚。但当时平均每年获得的新增储量才19.1万吨，只相当于统配矿山年消耗的五分之一，入不敷出极为严重。其原因一方面可能受我国地理和成矿地质条件所限，另一方面则是落后的体制因素。

当时的地质勘探队伍是事业单位，由国务院地质矿产部统一分配拨款，开始几年每年是3亿元左右，人均4000元/年，在吃饭和日常开销外，很少有资金去搞勘探，更难谈到更新设备和技术。此外，当时国家还有一个规定，勘探队只有建在县城邮路不到的地方，才能享受每人每天0.6~1.2元的野外补贴，这是个很大的诱惑，使所有勘探队都人为地以荒郊野外为基地，全面建成和矿山一样的小社会，生活条件比矿山更艰苦，所有勘探成果一律无偿地交给国家安排使用。

那时的队伍真是好样的，无论严寒酷暑，常年奋斗在荒郊野外，仍然为国家提供了大量的有色矿产资源，但是，从根本上说，这些政策很难充分调动勘探队伍的积极性。

在党组的支持下，总公司地质勘探局为了勘探队伍能集中力量做好本职工作办了两件事：一是多方筹集6亿多元资金，前后经历10年，把134个地质勘探队全部搬到了县城。二是大力开展多种经营，特别是发挥自身优势，在城市各种基础建设和房地产开发中，承揽工程地质和水文工程等。他们的多种经营，在总公司内部是搞得最早也是最好的。

无奈实施矿山转产分流

中国工业报：新矿山可以按照高标准建设，对于当时老旧甚至亏损的矿山在建设上又采取了哪些措施？

费子文：当时国家虽提出扭亏无望的企业实行关、停、并、转，但没有相应的政策支持，更没有破产这一说。矿山关停后，人员往哪里去？并，谁愿意来并？所以我们只能选择转。

1992年7月28日，时任副总理朱镕基在他的办公室听取了我们对矿山问题的汇报后，在书面报告上当面批准了我们的两项要求，一是国家每年安排矿山转产专项贷款两亿元，总公司再自筹1亿元。二是转产项目在建设中免收固定资产投资方向调节税，投产后的头3年及还贷期免收产品税、增值税和所得税。

上述贷款和优惠政策一直延续到1998年总公司解散。同年9月，总公司在北京召开第三次矿山工作会议，专门安排矿山转产。要求有关矿山进行认真的调查研究，针对市场需要选准项目。强调新项目要学习乡镇企业的机制去办，不能办成“二国营”。安排总公司所属科研院所、大专院校，一个单位帮助一个矿山，实施技术扶贫。

由于实施过程中的困难很多，从总公司到矿山在思想认识到实际操作，都有一个相当长的适应过程。

1994年7月，总公司在辽宁华铜矿召开了第四次矿山工作会议，交流总结了矿山转产分流的好经验，阐述了有色矿山生产经营的有关规律，强调科学办矿及继续加强勘探等。

1992~1995年，有色矿山开工转产共70项，总投资8.4亿元，其中国家专项贷款5.28亿元。除在建的23项外，办得比较成功的有27项，占57.14%，基本失败的8项，占17.14%，已建成尚待观察的12项，占25.72%。1992年，这些矿山共有在职职工17.86万人，离退休职工7.59万人，经转产分流，到1995年年底，在职职工为15万人，离退休职工9.24万人。在15万在职职工中，从事矿山工作的有8万人，通过转产安排了1万人，利用原有存量资产安置了两万人，还有4万富余职工需要继续分流。

虽然在矿山工作上下了较大功夫，也取得了一定成效。但是，对国营地质勘探和矿业开发的改革尚处于探索之中，还有很长的路要走。

成功实现价格放开和期货交易

中国工业报：随着经济体制改革的步伐加快，价格放开成为经济发展中最为迫切的愿望。但在这个问题的看法上，一些知名经济学者如履薄冰，而您在这方面却进行了成功的尝试。为了加速有色金属价格与世界接轨的速度，您还创建了有色金属深圳期货交易所，并在伦敦国际交易所成功实现上市交易，其中的细节是怎样的？

费子文：有色产品过去一贯由国家定价，并实行指令性调拨，铝锭2760元/吨，电解铜5500元/吨，多年不变。国家进口的有色金属，也按国内定价分配。总公司成立时，执行国家定价的指令性计划占总产量的80%。价格不改革，企业生产的就是产品而不是商品，谈不到经济效益和自负盈亏，就得继续吃国家的大锅饭。

在价格放开这个问题上首先是总公司十分重视。价格双轨制实施后，经向国家有关部委的不断汇报和力争，到1992年，上交国家的平价统配资源已减少到生产总量的12.4%。1993年，进一步减少到3%，只有铜和锌两个品种。有的品种虽然名义上被列入指令性计划，但价格已随行就市，这才使有色金属的产量、品种、质量及价格真正与国内外市场的联系密切起来。

另外是吸取乡镇企业经验。1988年年初，我和其他党组成员组织一批企业，对江苏、广东以有色为主的乡镇企业进行了系统考察。5月，在广州召开了深化改革座谈会。可以明显看出，当时乡镇企业和中外合资企业的活力大大超过了我们。前者使用商品经济的机制办企业，直接面向市场；而我们仍停留在计划经济时代，面向国家依赖国家。这在总公司上下引起了极大震动。

1989年年末，在号召全行业攀登有色工业的第三高度的同时，我们提出充分利用国内外两种资源、两种资金、两个市场的发展战略。

由于认识到国内矿产资源不足，总公司多次组织到国外矿业公司考察和谈判，也几度达成初步合作协议，但由于国家外汇不足，失去了不少机会。其中，1997年与美国铝业公司签订协议，利用海外融资，购置其40万吨/年的生产能力30年。这一协议顺利执行十多年，获利丰厚。

总公司先后在深圳、珠海、厦门、海口建立了特区公司，还在中国香港和十来个发达国家建立了进出口公司，以引进资金、技术、设备和矿产原料，推销我们的出口产品等。其中，深圳公司和香港东方鑫源公司成绩显著。到1993年底，总公司所属的合资、联营、股份制改造和进行资产重组的大小企业287个，其中中外合资企业84个。

1991年6月，总公司和深圳市合作，在国内率先成立深圳有色金属期货交易所，上市交易铝、铜等八个金属品种，并制定了期货交易的一系列法规文件。1991~1998年的8年中，累计完成期货交易量4682吨，交易额8965亿元。1995~1997年，交易所的铝交易量分别占全国的52.9%、83.47%和62.27%，发挥了期货市场的价格发现功能，促进了企业产品质量的提高和价格的套期保值。

以上一系列改革的总目标，是在总公司的宏观调控下，把企业直接推向市场，使其在市场竞争中发展壮大，同时增强了总公司在国际有色领域中的实力。从总公司成立，有色工业就从冶金系统分离出来，开始成为国民经济的重要支柱行业之一，后来尽管总公司解散，管理体制一变再变，但有色工业的地位没有动摇，并日益发展壮大，这使我们这些有色工业领域的老兵们备感欣慰。

下个60年定会成就有色强国

中国工业报：在过去60年中，中国的崛起是世界上重要的事件之一，您作为中国有色金属工业沧海巨变的见证者，能否展望一下下个60年？

费子文：新世纪赋予后来人以新的历史使命。近年我到过一些有色企业，目睹巨大变化感到惊讶和兴奋不已。

目前，有色行业还面临许多困难，如国内资源不足，乱采滥挖现象仍然存在，矿产品进口条件苛刻；环保要求高，电价上涨，成本上升因素多；历史遗留人员多，社会负担重，以及国有企业体制机制上的弊端并未完全解决；急功近利的重复建设不断发生；国内外市场价格波动大，非国有企业的生产能力已占半壁江山，竞争十分激烈，国际金融危机影响短期难以消除，等等。

尽管他们面临着不少挑战，但是我坚信，这些都不会阻挡有色工业前进的步伐，在国家加强宏观调控和企业进入有序竞争后，我国有色工业的发展会更加科学、更加协调、更有创新、更有活力，不但是世界有色金属大国，而且一定会成为这个行业的强国。

记者手记：

7月的一个下午，记者有幸采访到了原中国有色金属工业总公司的第一任总经理费子文。业内人士说，他是有色金属工业界的元老，那些在现代商战中攻城略地、霸气十足的企业家对他都很尊敬。

他个子不高，目光沉稳，语速平缓，完全没有我想象中的严厉，在整个采访中，不时宽厚地微笑。

作为中国有色金属工业总公司第一任总经理，他是一个真正从基层一步步走上领导岗位的人。他和他的团队提出的充分利用两种资源、两种资金、两个市场的发展战略现在还在运用；他领导组建的深圳有色金属期货交易所加速了有色金属价格与市场的接轨；他任职期间实行的优先发展铝，积极发展铅锌，创造条件发展铜，根据市场需求发展其它有色金属的方针为现代有色金属工业的发展打下了基础……

在整个采访过程中，中国有色金属工业老干部局、中国有色金属工业协会办公室的负责人给予了大力支持，在此一并感谢。

相关链接：

什么是有色金属

有色金属是元素周期表中除了铁、铬、锰以外的64种金属元素的总称，可分为六类：一是轻金属3种：铝、镁、钛。二是重金属7种：铜、铅、锌、镍、锡、锑、汞。以上两类在我国称为10种常用有色金属，通常讲的有色金属产量就是指这10种，它占全部有色金属产量的97%以上，特别是铝、铜、铅、锌4种占95%以上。三是稀有金属27种。四是稀土金属16种。五是贵金属8种。六是半金属3种。

新中国成立时，我国只能生产十来种有色金属，在中央领导的亲自过问和批示下，各科研单位奋力攻关，到1962年，我国已能全部掌握64种有色金属的提炼技术。我国的优势品种为钨、钼、锡、锑，是传统的出口产品。在建国之初，这4种金属的出口一度占全国出口创汇的31%。其后，稀土金属突出起来，无论矿产储量、生产量和出口量，均为世界第一。

石油和化学工业时刻改变人民生活

——访原化学工业部副部长谭竹洲

来源：中国工业报 发布时间：2009年9月14日

人物简介：

谭竹洲，山东平度人，1954年加入中国共产党，1956年赴苏联卡尔巴里特化工厂学习，1957年回国，曾任上海化工厂分厂副厂长、上海塑料工业公司副经理、上海有机化学工业公司经理（总工程师）、上海市化工局局长、化学工业部副部长、中共十二大代表。

在时尚界讨论今年的流行色是熏衣草紫还是海水蓝时，请不要忘记让色彩斑斓、夺目的石油和化学工业。

随着中国的化工产品由极度短缺到较大丰富，中国人民告别了使用洋油的时代，中国的公共汽车也卸掉了大气包……由化肥进口大国变成自给有余的生产大国，这一切都离不开新中国成立以来高速发展的石油和化学工业。

伴随着新中国前进的步伐，石油和化学工业经历了从无到有的突破，从小到大的发展，从落后到先进的飞跃。尤其是进入21世纪以来，石油和化学工业开始致力于调整产业结构，走新型工业化的发展道路。为更加真实地勾画新中国石油和化学工业高速发展的绚丽篇章，本报记者近日专访了原化学工业部副部长谭竹洲，畅谈石油和化学工业60年来发生的巨大变化。

50年前想到做不到的事
我国化工园区建设驶入快车道

中国工业报：当年您是否想过，有一天在上海的金山、奉贤两区的交界处会屹立起一个国际化的化工园区？在这个化工区里，一边是管廊林立，一边是五星级酒店和鸟语花香的生态湿地？

谭竹洲：想过，但当时做不到。2008年11月，在上海市化工局成立50周年大会上，我发言时也说："不是我们没想到，而是当时我们既没有经济条件，也没有思想的解放。"

上世纪70年代末，国家提出要解决吃、穿、住、行的问题。当时化工行业想到要解决穿的问题，就需要发展合成纤维。而我当时想搞一家染料厂，来为合成纤维和棉纤维提供各种染料，希望能让人民穿上颜色丰富的服装。

当时，上海的染料厂都在市区，而且规模都比较小，也容易产生污染，所以当时的上海市化工局考虑在原奉贤县(现奉贤区)建设一家染料厂。我当时在上海有机化学工业公司，做了一个在上海市郊发展染料厂的规划，最后选点在奉贤地区，这个地方和现在的上海化学工业区就在一条海岸线上。

大约在1975年，当时的化工部在山东青岛召开规划会议时，我曾经带着方案去向化工部领导汇报。我们提出："为响应国家解决吃、穿、用的问题，想发展一个染料厂。"部领导说："你这个想法很好，要多少钱？"我说："5000万元。"部领导一听："哦，这么多！那不行。"

实际上，那时候我们就想到海边来发展化工产业，那里居民少，靠近海，可以更好地解决污染问题。为此，当时的上海市化工局还专门成立了漕泾地区筹备办公室，准备开辟一个新的化工区，但没有办成。

当时就有人提出："怎么去那个地方发展呢，充分利用已有的地方发展就行了嘛！"。坦率地讲，我们当时也没有现在的思想高度，当时的出发点就是要解决穿的问题，从战略上的考虑不多，但很早就开始了对我国石油和化工产业的发展走什么路的讨论。

现在我们提出走化工园区的发展道路，不是上世纪50~60年代单独、孤立地建一个厂，而是选择一个5~50平方公里的区域，把化工企业都集中到一起集聚式发展。化工园区有好处，公用工程可以大家一起用。

对化学工业来讲，建设和发展化工园区是一种新的模式。这种通过产业集聚的形式，充分发挥化学工业产业链长、产品衔接紧密以及对水、电、气、热、物流配送、环境治理等公用工程要求高的特点，走资源节约型、环境友好型道路，来实现产业效应的最大化。我认为，贯彻落实科学发展观，对化学工业来讲，走园区化发展道路是一种必然的选择。

国外发展化工园区已有几十年的历史，积累了丰富的经验，比较著名化工园区有：美国得克萨斯墨西哥湾化工园区，韩国蔚山、丽川石油化工园区，新加坡裕廊工业园，日本千叶、水岛、鹿岛化工园，荷兰鹿特丹沿江石油化工带，比利时安特卫普化工区，沙特朱拜勒石化基地，德国路德维希化工区、鲁尔化工区等。

我国化工园区的发展起步于上世纪90年代初期，到90年代中期特别是进入2000年以后，化工园区的开发与建设进入新的阶段，对带动我国化学工业的发展发挥了重要作用。2003年，国务院办公厅下发了《关于治理整顿各类开发区加强建设用地管理的通知》。这几年，经国家发改委核准公布了8批各类开发区和工业园区的名单，其中主导产业为化工的有357个。

近年来，我国化工园区的建设驶入了快车道。上海化学工业区的开发建设引入了世界级大型化工区一体化的先进理念，通过对区内产品项目、公用辅助、物流传输、环境保护和管理服务的整合，为进区投资者提供最佳的投资环境。目前，英国石油化工，德国巴斯夫、拜耳，美国亨斯迈，日本三菱瓦斯化学、三井等跨国公司，以及苏伊士集团、荷兰孚宝、法国液化空气集团、美国普莱克斯等世界著名公用工程公司均已落户区内。截止到2007年12月底，上海化学工业区的项目投资总额已达100.4亿美元，它的建设目标是成为亚洲最大、最集中、水平最高的世界一流石化基地之一。

我国沿海、沿江的一些地区利用自身航运、交通、水源、环境的优势，大力实施园区建设，取得了显著成绩。中西部一些地区在参考东部经验的基础上，也在筹划建设新的园区。据不完全统计，近十多年，我国省级以上人民政府批准建设的新建化工园区达60多家，主要有：上海化学工业区(曹泾)，南京化学工业园区，江苏国际氟化工园区(常熟)，苏州经济新区化工区，中国精细化工(泰兴)园区，浙江杭州湾精细化工园区，宁波化学工业园区，天津开发区化学工业区，福建泉港石油化工区，广东大亚湾开发区石化工业区（惠州），沈阳化学工业区，广东茂名石化工业区，广东珠海石化工业区，山东齐鲁化学工业园，山东青岛石化工业园，等等。

时刻改变人民生活 为其它行业提供材料配套服务

中国工业报：新中国成立以来，石油和化学工业的发展让人民的吃、穿、住、行发生了哪些变化？

谭竹洲：石化行业与国民经济的发展，以及对提高人民生活水平密切相关，可以说，吃、穿、住、行都离不开石油和化工。现在有些人对化工行业的认识有些误区，既爱化工又恨化工。坦率地说，石油化工与人民生活息息相关，如果处理不好也会给人民带来危害。

近年来，国家在发展工业的同时十分重视环境的保护，石油和化学工业的发展一定要同保障人身安全、改善人民生活健康水平联系起来。好的地方要多发扬，对人民可能造成危害的要坚决取缔。

现代建筑物中大量使用着化工建材，地板、家具、防水材料和油漆都离不开化工。汽车工业的发展更离不开石油化工，除了成品油以外，还有汽车用的轮胎橡胶。以前我们大量使用的是斜交胎，质量比较差。近年来，我国子午胎占全国轮胎生产总量的60%~70%，轮胎质量大大提高。现在我国高速公路发展迅速，如果没有子午胎，汽车将无法在高速公路上长期行驶。

家用电器产品同样离不开石油和化工产品，空调、电冰箱、洗衣机中都大量使用化工产品。化工产品在家电中的应用，明显改善了家电产品的工艺外观和产品质量。军工生产同样离不了石油和化工，大飞机的发展需要数以千计的化工新材料。

农业的发展更离不开化学肥料。近几年，我国的化肥工业发展迅猛，上世纪50年代，我国只有非常低级的氮肥，质量比较差。现在发展高端氮肥尿素的同时，也发展磷肥、钾肥、复合肥料。农业生产中，增产粮食中的30%要靠化肥的使用，中国13亿人要吃饭，没有化肥的发展不行。

美国、日本、德国、英国、意大利等发达国家的石油和化工业都非常发达，石油和化学工业是服务性的行业，为其它国民经济行业提供材料的配套服务。石油和化学工业的发展，每时每刻都在改变着人民的生活。

60年的变化翻天覆地 石化工业随新中国一起茁壮成长

中国工业报：60年前我国的石油和化学工业是什么状况？当前我国的石油和化学工业又取得了哪些成就？

谭竹洲：石油和化学工业作为国民经济的重要能源和原材料产业，伴随着新中国一起茁壮成长，60年间发生了翻天覆地的变化，取得了巨大的历史性进步。

新中国成立之时，我国石油和化学工业的基础非常薄弱，其中，原油年产量只有12万吨（其中天然石油7万吨），天然气年产量仅0.07亿立方米，石油探明储量2900万吨。但到了2008年，我国原油年产量已达18972.8万吨，天然气年产量达760.8亿立方米，分别是1949年的1581倍和10869倍。

1949年，我国仅能生产12种油品，不足国内需求量的10%，石油化工更是一片空白。到2008年底，全国原油加工量为34206.6万吨，生产乙烯1025.6万吨，生产合成树脂及共聚物3129.6万吨，生产合成橡胶238.3万吨，生产合成纤维聚合物1157万吨。1949年，化工总产值仅1.77亿元，只有硫酸、纯碱、烧碱、轮胎等少数几种产品，而到了2008年，化工产值已达35522.8亿元。

经过60年的发展，我国合成氨、化学肥料、合成纤维聚合物、硫酸、农药、烧碱、电石、染料等主要产品产量已跃居世界第一位，原油加工量和乙烯、涂料、轮胎等重点产品产量位居世界第二。2007年，石油和化学工业总产值占全国工业总产值的13.16%，实现利润占全国工业利润的五分之一。石油和化工企业迅速发展壮大，中国石油、中国石化、中国海油、中国中化等大型企业集团相继进入世界500强的行列。

我国石油和化学工业已经具有相当规模，形成拥有油气勘探开发、石油化工、煤化工、盐化工、精细化工、生物化工、国防化工、化工新材料、石油化工机械等几十个行业，可生产4万多种产品，门类比较齐全，品种较为配套，成为我国国民经济的重要支柱。

改革开放以来，特别是上世纪90年代以来，石油和化学工业领域中以非公有控股企业为主体的中小企业迅速崛起，打破了国企一统天下的局面。据国家统计局资料显示，到2007年底，全国规模以上(年销售收入500万元以上)石油和化工企业有27478家。其中，非公有控股企业22747家，占全国石油和化工企业总数的83.6%。2007年，全行业完成工业总产值和实现利润分别为53221.6亿元和5029.59亿元。其中，非公有控股企业产值21647.7亿元，占40.7%；非公有控股企业利润1250.79亿元，占24.8%。此外，石化工业从业人员582.3万人。其中，非公有控股企业220.4万人，占37.8%。

值得一提的是化肥和轮胎。由于我国磷少、钾缺、氮多的状况曾长期存在，但在近十年里，在政府的支持和企业的共同努力下，通过产品结构调整，磷肥、钾肥有了飞速发展，这种磷、钾肥的缺口的状态将会彻底改变。但是，目前我国施肥还存在不小的浪费，在合理施肥、科学施肥、减少浪费、减少对水质和土地的污染等方面，仍有很多工作要努力去做。

有关资料显示，1978年，全国氮肥产量869万吨，大中型企业生产能力只占氮肥总能力的15%。磷肥产量103.9万吨，其中磷铵产量仅占0.65%，大多数小型普钙厂、钙镁磷肥厂技术装备落后，产品质量差、原材料消耗高，钾肥产量仅8.32万吨。

2007年，全国基础化肥生产企业2184家。其中，氮肥518家，磷肥400家，钾肥78家，复合肥935家。化肥年生产能力约5500万吨(按有效养分100%计)，位居世界第一。生产氮肥4187.1万吨，磷肥1256.7万吨，钾肥256万吨。2007年，合成氨年生产能力8万吨以上的中型企业有333家。尿素单厂产量≥15万吨的企业有190家，产量占氮肥总量的80%。

1978年，轮胎产量935.9万条，没有子午胎。1985年轮胎产量1924.65万条，子午胎25.6万条，子午化率仅为1.33%。近年来，受益于我国经济的高速发展，基础投资力度不断加大，汽车工业迅猛增长，高速公路总里程增至世界第二，汽车产销量的爆发式增长大大拉动了轮胎制造业的发展。2006年，全国轮胎产量达2.8亿条，其中子午胎1.8亿条，子午化率达到64%。预计2010年，我国轮胎总产量可达到6.3亿条，子午胎可达到5.3亿条，子午化率达到85%。

一代代人孜孜不倦地追求
夯实了我国石油和化学工业发展基石

中国工业报：在新中国石油和化学工业60年发展历程中，哪些重要事件不能遗忘，哪些是石油和化学工业发展的重要里程碑？

谭竹洲：新中国成立以来，我国石油和化学工业取得了非常大的成就，尤其是改革开放30年以来，让我始终不能遗忘的有几件事：

一是原化工部老领导为行业发展打下的坚实基础。

1956年5月，化学工业部成立，彭涛同志任第一任部长，那时化工部的老领导是很有远见的。

上世纪50~60年代，我国先后成立了十几家科技研究院所，同时成立了近10所大学(大专)、8大化工设计院、13家化工建设公司和两家化工勘察设计公司。这些大学、研究院所、建设公司和勘探公司所培养的技术人才，对我国石油和化学工业的发展发挥了巨大的作用。现在国家提出要科学发展，这批人才将是中坚力量。

二是在上世纪70年代，毛主席指示要“工业学大庆”，全国工业战线和化工战线大张旗鼓地开展学大庆活动。由于化工系统和石油系统有密切关联，又是近邻，在学习上有更加有利的条件，“三老四严”、“四个一样”可以说深入人心。

1975年4月，石油化学工业部(简称石化部)在兰州召开学大庆现场会，会上推广了兰化公司和兰州炼油厂学大庆的经验。会后，石化部向全国石化系统提出“学大庆、赶两兰”的口号。

上世纪80年代初，在学习大庆的基础上，又结合化工行业的特点，在原化学工业部部长秦仲达的领导下，具体由原化学工业部副部长贾庆礼亲自负责，提出了创六好企业、抓无泄露企业和清洁文明企业的活动，声势浩大、影响广泛。这完全符合化工行业的实际，不仅在当时，就是在现在也有重要意义。

无泄露工厂不仅和当前提出的节能减排紧密相连，同时也创造了安全生产环境，与保障职工身体健康紧密相连。清洁文明工厂和现在提出的加强环境治理、经济发展和环境治理、环境友好紧密相关。

创六好企业对于企业来说就是不仅要求生产任务完成好，还提出要思想政治工作好等多方面要求。现在看来，凡是认真开展这项工作的企业都取得了很大的收获。不久前，我在贵州开磷集团考察时看到，企业车间整洁、生产有序。开磷集团负责人表示，开磷今天的成绩得益于对原化工部各项规章制度的坚持。

当时，在倡导清洁文明工厂的过程中，贾庆礼经常下去检查，进一步提出化工厂要沟见底、轴见光、设备见本色。

另外，我印象特别深的是原化工部根据化工生产特点及多年血的教训，提出了41条禁令。这是保证化工生产安全和职工身体健康不受损害的重要保障。41条禁令指出了化工企业什么该做，什么不该做，什么该怎么做，什么不该怎么做。这些明确的规定和要求，到现在还有企业在执行。

三是上世纪90年代初，在原部长顾秀莲的领导下，又提出了化工系统学吉化，抓出口创汇、对外技术交流、科技发展和技术进步，以及抓大基地、大企业和大化工的战略要求。这些工作如果能长期坚持抓一定会有很大收获，只是由于多种因素的变化，没有获得更大的发展。

是一代代化工人孜孜不倦的追求，构建了我国石油和化学工业的今天，我们不能忘记专业部委对国民经济发展起到的历史作用。

尊重历史发展进程
从小化肥到大化肥的特色发展之路

中国工业报：在我国石油和化学工业发展中，小化肥的发展曾经引起了很大争议，您是怎么看的？

谭竹洲：我国是农业国家，化肥不发展不行。新中国成立后，化工部门贯彻了为农业服务的方针，把发展化肥工业放在首位。有人说，化工部实际上是化肥部。

上世纪50~70年代，我国石油和化学工业基础非常薄弱，设备制造能力、工艺水平都比较落后。大化肥生产需要大型装备，而在当时我国没有能力生产大型装备。仅生产大型装备的特殊钢（耐高压、耐腐蚀、耐高温）都无法自己生产。大型的化肥厂没办法建设，只能生产小化肥。

1958年，为适应农业发展的迫切需要，根据党中央关于加速建设化肥工业的指示，原化工部部长彭涛提出兴办小型氮肥厂的设想。

当时，化工部氮肥设计院在年产1万吨合成氨、配4万吨碳酸氢铵（简称碳铵）的方案测算中发现，可以采用含二氧化碳较多的合成氨原料气与氨气直接进行碳化制取碳铵。随后，原化工部副部长侯德榜直接领导科研人员进行试验研究工作，完整地提出了碳化法合成氨流程制碳酸氢铵工艺。同年3月，侯德榜和原化工部生产司总工程师谢为杰等在上海组织编制了年产2000吨合成氨配8000吨碳酸氢铵装置（当时称为县级氮肥厂）的设计。同年，上海化工研究院建成一套示范性试验装置，生产出了第一批碳铵产品。

随后，北京、大连又建起了小型氮肥试验装置，各地纷纷推广。后来，多数新建的800吨型厂因为设备不配套或设备质量不好而不能投产，少数投了产的也因产量低、消耗高、亏损大难以维持。后来，通过技术攻关，小型氮肥厂逐步实现了正常生产。1964年，上海、江苏等省、市办有小型氮肥厂的一些县，大部分成了粮食亩产千斤县。

侯德榜当然知道生产大化肥的生产规模大、产品质量高的好处，而小化肥含量很低，使用起来也不方便。但当时的条件不行，在国外的技术封锁、产品也不出口中国的情况下，只能用碳铵来满足当时农业生产的需要。

当时争论特别厉害，是发展碳铵还是尿素、发展大化肥还是小化肥？小化肥是以碳铵为代表，大化肥以尿素为代表。现在看来，小化肥的发展对当时的农业生产起到了积极的历史作用。从当时中国面临的国际环境和国内条件来说，发展小化肥这条路走得对。

随着农业生产对化肥需求量的日益增长和我国石油、天然气资源的大规模开发，1973年开始，我国从美国、荷兰、日本、法国引进了13套日产1000吨合成氨和1620~1740吨尿素成套装置。这些在50~60年代是进口不来的，当时没人会卖给我们。

现在，通过几十年的努力，中国生产大化肥的设备已经能自己造了，特殊钢也能生产了，生产工艺和技术也掌握了。但如果没有小化肥的发展，能有今天化肥行业的发展吗？客观地讲，当时我在上海，上海也有7~8套小化肥，国家当时提出一个县一套，当地生产当地使用，这对农业生产很有利。这是历史发展的过程，我们要历史地看问题。

引进－消化－吸收－再创新设备
引进奠定乙烯工业发展基础

中国工业报：上世纪70年代，我国引进了多套大型乙烯生产设备，而技术引进却被冠以“洋跃进”之名，引起了巨大争议。站在新中国成立60年的宏大背景下，您对此如何评价？

谭竹洲：上世纪80年代，随着我国石油产量的迅速提高，石油化学工业得到了较快发展。

石油化工的代表产品是乙烯，第一套乙烯装置是上世纪50年代后期从苏联引进的，以炼厂气为原料，建在兰州化工公司，1961年底投产。1964年，我国自行设计、自制设备，在上海高桥化工厂建成一套以炼厂气为原料的小型乙烯生产装置。从西德鲁奇公司引进了一套砂子炉裂解闪蒸原油制乙烯装置，1970年投产。

上世纪60年代后期，我国建设了若干套蓄热炉裂解渣油生产乙烯的小型装置。这时间，我国在乙烯原料路线和裂解、分离技术的选择上走了一点弯路。到1970年，我国的乙烯年产量还不到3万吨。上世纪70年代初期，世界石油化工飞跃发展。1972年2月，国家做出了成套引进化学纤维、化学肥料技术和设备的决定。从1973年开始，燃料化学工业部先后从国外引进了13套化肥和一套乙烯联合装置，这些工厂成为我国石油化工行业的骨干企业。

1976年5月，北京石油化工总厂从日本引进的年产30万吨乙烯、18万吨高压聚乙烯、8万吨聚丙烯等装置投入生产。1976年，我国第一套30万吨/年乙烯裂解装置建成投产，迎来了乙烯工业发展的曙光。

粉碎“四人帮”以后，原化学工业部研究了加快石油化工发展的问题，大家都有一股要把失去的时间夺回来的劲儿，有些急于求成。1978年，我国签订了引进4套30万吨合成氨和4套30万吨乙烯联合装置的合同。1980年，国民经济进行调整，由于化工引进项目过多过大，超过了当时的财政支付能力，国家决定暂缓建设。

同时，为了保证重点建设，调整基建规模，把1978年在建的114个大型项目逐渐减少，到1982年减到56个，初步调整了化学工业的投资方向。但随着国家经济的好转，国务院决定陆续恢复引进项目的建设。其中，4套30万吨合成氨装置分别建在浙江镇海、新疆乌鲁木齐、宁夏银川和山西潞城，4套30万吨乙烯联合装置分别建在黑龙江大庆、江苏南京、山东齐鲁石油化工公司和上海。

在大型乙烯设备的引进过程中，原化学工业部的老领导曾挨过批评。但现在看来，没有这些乙烯成套设备的进口，我国石油和化学工业就不可能取得今天的成绩。

现在材料解决了、设备能制造了，技术也基本掌握了，中石化、中石油、中海油都上了80~100万吨/年的乙烯装置。

我个人是赞成乙烯设备引进的，当时我国的乙烯规模很小、技术水平不高，乙烯的下游产品品种不多，生产乙烯大型设备的材料国内也解决不了。现在看来，没有当时的引进，没有引进过程中的消化、吸收、再创新，就没有今天乙烯工业的发展。

转变思想观念
尊重循序渐进的经济发展过程

中国工业报：对石化业60年来的发展，您如何评价？改革开放30年来石化工业的发展，您最大的体会又是什么？

谭竹洲：一个国家的发展和一个国家工业经济的发展，都要有一个循序渐进的过程，前面的发展为后来的发展打下重要基础。中国工业经济的飞速发展，得益于改革开放，邓小平同志功不可没。

2001年，政府机构改革后，我在中国石油和化学工业协会当会长，有一次去看望原化工部副部长李艺林。李艺林说：“年轻人，你们现在工作好忙啊？我对你们有看法，现在你们在干事的年轻人，工资比我拿得高，开始我看不惯，但是我想得通。现在搞市场经济和计划经济时不一样，过去在工作中没钱了就打报告给国务院，原料、材料不够也打报告给国务院。计划经济好办，但现在你搞项目遇到资金问题要找市场。计划经济和市场经济的不同在于,计划经济找政府,市场经济要靠自己解决,所以你们工资高点,我想得通。”

老部长的话实际上表达了两个意思:一是市场经济要发挥主观能动性,有活力。二是一定要解放思想,按市场规律办。实际上,正是思想观念的转变,中国经济才能快速发展。

党的十四大确立了建立社会主义市场经济体制的改革目标,党的十四届三中全会提出《关于建立社会主义市场经济体制若干问题的决定》。《决定》明确提出“整体改革和重点突破相结合”的改革战略,要求在财政税收,银行金融、外汇管理,国有企业、社会保障等各个领域全面深化改革,培育和发挥市场作用,在20世纪末初步建立社会主义市场经济体制。对于体制改革,我有两点体会较为深刻:

一是计划经济转变为市场经济。我国在计划经济指导下经历了20多年,一切经济活动都要纳入分配,同样需要配套的水、电、运输等也纳入分配。在这种体制下,生产企业同市场长期脱节,处于被动地位。当然计划经济在历史上也起到过一些积极作用,只是随着改革开放的不断深入,特别是我国加入世贸,经济与国际接轨,再沿用计划管理体制就不能适应新的要求,因此建立社会主义市场经济就成为必然。

二是投资体制的改革。在计划经济体制下,国有企业的发展只能靠国家单一投资,其它的投资形式是不允许存在的。公司经营好坏都靠国家承担,风险背在国家身上。

在改革开放30年的伟大历史进程中,石油和化学工业不断深化改革,实现了四个重要转变:一是从单一产权的国有企业转变为产权多元化的股份制企业。二是民营企业从无到有,异军突起,高速发展,在精细化工和产品深加工领域占据了主导地位。三是外资独资和中外合资企业得到了迅速发展,涉及国家有美国、日本、德国、韩国、英国、法国、澳大利亚、意大利,以及我国香港和台湾地区等。这不仅引进了大量外资,同时还引进了先进的技术和管理经验,对促进我国石化产业的发展有着积极作用。四是国有独资的大中型石化企业有150多家,这是国有企业的重点企业,也是关系国计民生的关键企业。

30年的改革开放,极大促进了我国石油和化学工业的发展,有力推动了出口。1978年全行业进出口总额仅为16.4亿美元,2007年达到3198亿美元,贸易活动涉及200多个国家和地区。由于不断提高利用外资的水平和质量,优化引进外资结构,到2007年底全行业累计利用外资1657亿美元。目前,世界500强中的大型石油和化工公司都在华投资建厂,不少国家还将地区总部和研发中心迁到我国。2007年底,石油和化学工业外资企业已达2055家,涉及以油气开发、油品营销、石油化工、精细化工、专用化学品、化工新材料、仓储物流等。

在积极引进外资的同时,我们还积极贯彻“走出去”的战略扩大合作领域,参加国际经济技术合作和竞争。中石油、中石化和中海油积极开拓油气资源的国际合资合作,目前已扩展到20多个国家,拥有海外项目60多个,境外权益油产量2700万吨、天然气产量7亿立方米,对弥补国内油气资源不足,建立国外稳定的油气供应基地具有重要的战略意义。

搞科学技术不能单凭热情
还需加强产业发展规划与企业竞争力

中国工业报:今年是新中国成立60周年,您对“石油和化学工业百年”有什么感想?

谭竹洲:十六大、十七大之后,中央和国务院提出了科学发展观,贯彻可持续发展,大力推进技术创新、节能减排,搞好环境治理。希望能通过对科学发展观的贯彻和落实,真正解决我国过去经济发展中存在的问题。企业在经营思路上要改变对规模提升和价格竞争的过分依赖,不断加强和改善企业组织和员工的素质,提高经营理念和企业文化建设,对关键技术要不断提高自主创新能力,不断扩大自主品牌的影响力,提升企业在国内国际市场中的竞争力。

长期以来,包括石油和化学工业在内的多数工业行业,仍然存在企业比较分散、投资比较盲目的问题,要从国家层面上出发加强产业发展规划,大项目要把好关。比如说,虽然我国石油、乙烯的规模已经不小了,但也应该发展。是不是每个省都要上?一定要做好科学规划,头脑不要发热,不要低水平重复建设。现在有些产品已经出现过剩,不能再盲目发展。

要科学发展石油和化学工业,发展规模上要科学规划、布点上要合理,目前国外都是集中发展,他们的规模大、竞争力强。

石油资源是有限的,有些国家已经开始寻找合适的替代能源,我赞成走多元化的发展路子,生物能、太阳能、风能、核能等都可以发展。在没有找到更合适的替代能源时,根据国情可以通过发展煤化工作为迎接下一代新能源的过渡。但是煤制油、煤制烯烃、煤制甲醇和煤制二甲醚也要逐步上,有计划地发展。我也主张搞煤制油,开始可以搞一个5~10万吨/年的中小型工业装置,进行长周期、稳定运转,以达到掌握技术、取得数据、培训队伍、积累经验的目的,不要盲目追求装置最大、生产规模最大。工作要做扎实,科学技术来不得半点虚假,单凭热情是不够的。乙烯的发展已经半个多世纪了,现在最大规模也还只有100万吨/年左右,而煤制油要上100万吨甚至更大,我看太急了点,不要轻看了煤制油的技术难度和风险。

石油和化学工业要发展,一定要依靠技术创新,通过技术创新,做好产品结构升级,要多上档次高、高附加值的产品。另外,还要重视和研究世界产油大国发展石油化工对我国形成的价格竞争和挑战,这已经是现实问题了,要提出对策和出路,这样才能对石油和化学工业的发展、对中国经济的未来更加充满信心。

记者手记

为化肥正名

“在新中国成立60年的大背景下,任何个人都是微不足道的。”谭竹洲一点都不愿意谈起自己的故事,记者多次试图探求其1956年去苏联学习的故事,均被婉言推辞。而在采访中,谭竹洲却多次向记者表示,一定要通过报纸向社会大众普及一个常识———化学肥料与有机肥料都是好肥料。

“人们现在对化肥有误区,比如我常常去菜市场买蔬菜和水果,听到有人说这个是施有机肥的所以价格高,好像施化肥都是不好的。这种说法是不对的,哪个国家的农业生产都离不开化肥。如果没有化肥,我国的农业生产将是什么情况!不能说化肥就不好,化肥并不会直接损害人们的身体健康。当然,如果化肥施用量过大,会造成江、河污染,所以要科学用肥。”谭竹洲说。

谭竹洲说:“重要的是怎么用好化肥,过去只用氮肥是不行的,西瓜、苹果等经济作物的口味变了,甜度差了。现在使用专用肥、复合肥、缓释肥,甚至还添加锌、硼等稀有元素,这样的肥料能保留果实良好的口感。”他介绍,我国施用肥料具有悠久的历史,早在商朝殷墟甲骨文中已有“粪田”字样,战国时代就开始讲究施肥技术,到了宋朝和元朝已用石灰、石膏和硫黄等作肥料。

施用化肥是从20世纪开始的,1909年我国开始施用硫酸铵(当时称肥田粉)。1910年和1914年,河北保定和吉林公主岭农事试验场,相继进行了化肥的田间试验。但在旧中国,农民无力购买化肥,只能依靠施用农家肥料,国内生产化肥也很少。而今天,国家每年都对农民给予生产补贴,化肥生产企业无论从产品品种、质量和规模上,都能基本满足农业生产的需要。并且,我国还开展了多年的农化服务,上世纪80年代初开始,首先在河北冀县开展测土施肥,帮助农民合理施肥,并向全国推广。

在谭竹洲身上,虽没能发掘一星半点的故事,但我看到了一个老化工人对石油和化学工业的热爱,因为石油和化学工业已经成为他的信仰。

见证中国机械工业60年

——访原机械工业部部长何光远

来源：中国工业报　发布时间：2009年9月21日

人物简介：

何光远，男，汉族，1930年2月出生，河北安新人，1945年7月加入中国共产党，苏联基辅工学院机械系毕业，研究员级高级工程师。

1945~1949年在冀中军区、晋察冀边区工作学习；1949~1951年在北京华北大学工学院学习；1951~1956年在苏联基辅工学院学习；1956~1976年先后任长春第一汽车制造厂工艺师、副科长、科长、锻造分厂副厂长、厂长、总厂副厂长；1977~1979年任长春拖拉机厂厂长、党委书记；1979~1980年任长春市副市长，1980~1996年先后任农业机械部、机械部、机械委、机电部副部长、副主任、部长。1996~2003年任全国政协八届、九届常委，九届提案委员会主任。中共第十二届、十三届中央候补委员、第十四届中央委员。

对何光远的采访，是在聊天中开始的。

这位原机械工业部的老部长，今年已经79岁了，但看上去没有一点老态龙钟的样子，满面红润，气色很好，思维敏捷，十分健谈。据说，何光远很喜欢游泳——只要不出差，他每星期都要坚持游泳两三次。

1945年，还是在冀中任丘上小学时，何光远就加入了地下党，当时只有15周岁。1946年抗战胜利后到部队，在冀中军区军政干部学校学习，学的是测绘参谋业务，后来被分配到冀中军区兵工管理处，在政治部作技术书记，还兼办了一份叫做《劳动报》的小报，每周出版一期。

为什么要办这个《劳动报》呢？原来冀中军区兵工管理处下面有十几个兵工厂，其中有炸药厂、手榴弹厂、修械厂等，是华北老军工的一部分。“也就是从这儿开始接触了工业，虽然当时很落后。”他说。

也许是机缘凑巧，1947年石家庄解放后，我们党抽调了一些年轻人，为了今后的建设去学习，何光远进了华北大学工学院的先修班——相当于现在的预科。1949年北京解放后，华北大学迁到了北京。经过正式高考，他考上了备取生，报考的专业是华北大学工学院机械系，开始了正式大学的本科学习。两年后，也就是1951年，国家大批向苏联派留学生，何光远也被国家重工业部派到苏联学习。他至今清楚地记得，当时的重工部部长何长工在欢送会上的讲话很幽默。他打了一个比喻：“你们是第一批留学生，前面的乌龟爬开路，后面的王八跟着爬。”——引得全场哄堂大笑。何光远说，他一辈子都不会忘记这句话。“当时我们这一批留学生，两个专列，上千人”。

在苏联留学的这五年，因为没有学过俄语，前两年很吃力，好在国内已有两年大学的基础，可以通过学专业课学俄语，最初给何光远的感觉，听课就像听天书似的。“因为老师是用俄语讲课，老师讲完一句话，你要先把老师的话转化成汉语——想一想这句话在汉语中是什么意思，你这句话还没有想明白，老师又开始讲新的了。”为了过好语言关，他和中国同学们经常是每天12个小时抱着字典学俄语。到了大学三年级的时候就自由多了，他和同学们已经能听懂老师的讲课了，省略了转化的过程。到了大学四五年级，“考试成绩名列前茅的，大都是中国留学生。”

1956年，何光远从苏联基辅工学院机械系毕业回国，从此与中国机械工业结下了不解之缘。

激情燃烧的岁月

背景：

中国机械工业是在一穷二白的基础上起步的。1953~1957年第一个五年计划期间，是中国工业发展60年历史上第一个取得了重要成就的时期，初步形成了以沈阳、鞍山为中心的东北工业基地等八大工业区格局，被誉为新中国工业的奠基石。特别是以156项工程为中心的重点建设，建成了一批大型重点企业，奠定了中国机械工业的发展基础，自力更生、奋发图强，从无到有创造了许多“中国第一”。例如，中国的第一台蒸汽机车研制成功，中国的第一辆拖拉机制造成功，中国的第一辆轿车研制成功，中国的第一台万吨水压机研制成功，中国的第一台4立方米挖掘机研制成功，中国的第一台30万千瓦双水内冷式汽轮发电机研制成功……

1952年8月，周恩来率领陈云、李富春及政务院各部委领导人参加的中国政府代表团抵达莫斯科，就“一五”计划中苏联援建的156个项目举行谈判。“谈判谈了半年多，先是周总理谈；周总理回国后，李富春又接着谈。”直到次年5月，两国政府才签署了有关协议。因为计划公布苏联援建156项工程在先，所以虽然最后正式实施的项目为150个，但仍称为“156项工程”。

故事：

何光远告诉记者，他是1956年5月底从苏联回国的，分配到洛拖，因洛拖正在土建，一机部六局分配他直接到洛拖驻一汽的培训处报到。俗话说，无巧不成书。原一汽第一副厂长兼总工程师郭力，是当年冀中军区兵工管理处的处长兼政委，于是何光远就去看望他的这位老领导。当时的国内锻压专业人才奇缺，而何光远学的就是锻压专业，毕业论文也是围绕冲压锻造来写的。见此情景，郭力就发话说：“我把你‘扣’下来，你就留在一汽吧，不要再去洛拖了，将来我们再调干部给洛拖。”

在一汽锻造厂，何光远从技术科现场工艺师干起，后来担任副科长、科长、分厂副厂长，1965年被提升为厂长。这使得他有幸成为中国第一辆解放牌卡车下线的见证人。

作为“156项工程”之一，一汽1953年7月动工兴建，1956年7月建成投产，第一个批量产品解放牌卡车的原型，是苏联的吉斯。1956年7月15日，第一辆解放牌卡车下线。当时举行的庆祝仪式，机械工业部第一任部长黄敬参加了。何光远说：“现在回忆起来，当时的感受是特别激动，特别骄傲。”为什么呢？一是感到中国有了自己的汽车工业了；二是苏联的两个汽车厂斯大林汽车厂和高尔基汽车厂，何光远都去参观过。“无论是工厂崭新的装备、漂亮的厂房，还是非常有气势的布局，都比一汽差远了——因为一汽是新建的。”

更让人感到骄傲的是，1958年5月，一汽试制成功东风牌轿车。何光远告诉记者，“东风牌轿车的商标上有一条龙”。这辆东风牌轿车送进了中南海，毛主席在中南海后花园观看并乘坐了这辆轿车。1958年8月，一汽又设计试制成功第一辆红旗牌高级轿车。何光远不但是中国第一辆轿车的见证人，而且参与了第一辆红旗牌高级轿车的试制过程。

红旗牌轿车是用林肯车做参考样车。大家像开庙会似的，纷纷把林肯车零部件的样品领回去，然后昼夜连轴干。当时何光远所在的一汽锻造厂，领回去的是连杆、曲轴等锻件。就这样，一汽很快就搞了第一辆红旗牌轿车。开庆功会的时候，这辆红旗牌轿车先开到省委报捷，然后开到会场，会场的气氛很热烈，全厂上下都欢欣鼓舞。“第一辆红旗牌轿车是用赶庙会、群众运动的方式,用人工'抠'出来的。后来实现了小批量工业化生产,有很多变型,有很多后续车型,还有红旗防弹车,为中国国家领导人和国宾服务了很多年。"何光远如是说。

全国一盘棋背景下的项目包建

背景:

1964~1978 年,中国进行了长达 15 年、横跨三个五年计划的三线建设,中西部工业大开发的格局初具规模。先后建成 2000 个大中型骨干企业,形成了 45 个大型生产科研基地,建成了以国防科技工业为重点,交通、煤炭、电力、钢铁、有色金属工业为基础,机械、电子、化工为先导,门类相对齐全的工业体系。其中包括酒泉、西昌航天卫星发射中心,葛洲坝、刘家峡等水电站,贵州、汉中航空基地,川西核工业基地,长江中上游造船基地,重庆、豫西、鄂西、湘西常规兵器工业基地,中国第二汽车厂、东方电机厂、东方汽轮机厂、东方锅炉厂等制造基地……

故事:

1965 年,二汽列入第三个五年计划,是三线建设的重点项目。最初的考虑是靠山近水,后来觉得更安全的做法是进山,因此,建在湖北十堰的二汽,是一个山沟一个专业厂。谈到建设二汽的方式,何光远使用了"一汽'包建'二汽,一汽锻造厂'包建'二汽锻造厂"这样的措辞。事实上,二汽的建设主要是以一汽为主,全国各地还有很多企业支援。为了支援二汽,一汽将自己新开发的一款解放牌 5 吨载货车的全套设计,转给了二汽,成为二汽东风牌 5 吨载货卡车的技术来源。

除了技术转让,一汽还在二汽的队伍建设上给予了无私的支援,用何光远的话说,"二汽的骨架,干部队伍是一汽配的"。当时的做法是,像抓阄一样,把一汽的人员——包括管理干部、技术人员和三级以上的技工,按名单分成三股,由二汽筹备组来挑一股,挑到哪一股,哪一股就走,没有二话。何光远当时所在的一汽锻造厂,也有近 60 人去了二汽。现在这些人差不多都退休了,他们的子女有不少人接了班。所以现在谈到三线建设,很多人都记得这样两句话特别有名,一句是"全国一盘棋",另一句是"献了青春献子孙"。

"一汽'包建'二汽,从 1965 年、1966 年开始酝酿、实施方案,到 1967 年,该走的就都走了。"这时候,文化大革命已经开始了。

改革开放年代的意外惊喜

背景:

1978 年改革开放后,中国机械工业进入了加速发展的时期。1978 年党的十一届三中全会召开,标志着历史的拐点已经出现,旧的时代已经终结。到 1992 年邓小平发表"南巡"谈话的时候,中国的改革开放已经走过了"摸着石头过河"的阶段,开始从国民经济的各个领域向计划经济的各个环节发起全面突破,开始从放权让利转向制度创新,开始从承包制转向建立现代企业制度,开始从国外的全面引进转向提高国际合作水平。这个时期中国的改革开放,具有十分明显的阶段性特征;这个时期中国机械工业的加速发展,也具有十分明显的阶段性特征。

故事:

事情有时会给人意外的惊喜。从上世纪 70 年代开始,就发电设备行业来说,以市场换技术的一个重要的做法,是实行捆绑招标。所谓捆绑招标,就是对与国外技术水平差距明显、国内需求量较大的大型发电设备,由国家有关部门将国内用户采购需求捆绑招标,换取国外制造商转让先进技术,提高国内企业的设计制造技术水平,取得了显著的效果。例如在三峡工程中,在与国外合作的基础上成功制造了 700MW 水电机组;而在三峡二期工程中,三峡右岸 12 套机组招标,哈电、东电各得到 4 套订单。特别是 2004 年以来,电工设备行业的总产值和利润对机械工业的贡献度分别超过了 30%和 50%。对此,何光远的评价是,"电工设备行业,在整个机械工业中是发展比较好的"。

何光远还谈到了机械工业为宝钢服务的例子。宝钢的一期工程是全套引进的日本设备。二期工程是继续从国外全套引进,还是技贸结合,在与国外合作的基础上,国内企业参与制造,消化吸收引进的先进技术?曾经是有分歧的,是举棋不定的。作为机械工业的主管部门,当时的机械工业部积极主张走国内企业与国外合作制造这条路。记得有一次国务院开会,原机械工业部副部长赵明生去了，国务院的一位领导同志说："你回去告诉何光远，宝钢二期工程按照你们的方案，如果影响了工期，影响了质量，部长要撤职。"薄一波插话说："不仅要撤职，而且要开除党籍。"这对机械部来说，确实是很大的压力，"我们就原原本本地向下传达领导的讲话，变压力为动力"，最后的结果是，宝钢二期工程选择了与德国合作，国内的一重、二重和西安重机研究所等一大批企业参与研制，联铸联轧包括冷轧热轧的项目都上去了。"开始时我们是担了风险的，现在来看，宝钢二期工程总体搞得不错。"讲这番话时，何光远颇感欣慰。

"十八罗汉"的今天和新"罗汉"的诞生

背景：

改革开放以来，中国工业经济的企业所有制结构发生了深刻的变化。按工业总产值计算，2000年国有及国有控股工业企业、民营工业企业和三资工业企业，分别占比47.3%、25.3%和27.4%；到2006年时，这一组数字变成了31.2%、37.2%和31.6%。这就意味着，国有企业的一统天下已经不复存在，取而代之的是国有企业、民营企业和外资企业的三分天下。

对民营企业而言，尽管在官方的红头文件中，至今仍在用"非公经济"这样的否定性称谓来表述，但已经没有人怀疑，民营企业已经成为中国经济最大的增长板块，开始享受越来越多的国民待遇。民营企业的茁壮成长，改变了国民经济由国有企业"独木难支"的局面，为中国机械工业提供了更大的发展空间。

故事：

"十八罗汉"今何在？这是很多人曾经议论过的话题。

自2002年，我国开始成为世界最大的机床消费国，2004年进出口首次突破百亿美元大关，达到111.8亿美元。在我国机床行业已经跨入世界行列第一方阵的进程中，"十八罗汉"是一支先头部队。而所谓"十八罗汉"，其实是人们对机床行业早期国家十八家定点企业约定俗成的称呼。现在人们虽然经常说起"十八罗汉"，但"十八罗汉"已经不是原来的概念了。

记者与何光远谈起"十八罗汉"，问道："您去过哪些机床厂？"他说了一句"我现在还是机床协会的名誉会长"，然后兴致勃勃、如数家珍地报了一堆厂名：沈阳机床厂、大连机床厂、济南第一机床厂、济南第二机床厂、南京机床厂、杭州机床厂、昆明机床厂、险峰机床厂、星火机床厂……

何光远讲述了华东数控的故事。这是一家民营企业，是机床行业的后起之秀——不是原来的"十八罗汉"。何光远说，他到企业看过以后感到很惊讶，这家企业的董事长很能网络人才，很重视技术进步，搞了一个研究院。从北京到上海建高速铁路，这种高速铁路的铁轨，不是像过去一样铺在枕木上，而是直接铺在钢筋水泥构件板上。这种水泥构件板需要上磨床磨，企业研制的数控龙门铣磨复合机床，第一台是与德国一家公司合作的。合作成功后，这家企业在德国技术的基础上搞了很多创新，例如德国技术原来是一般的测量方法，这家企业经过创新实现了激光测量自动化：加工之前，先用激光测量一下，决定磨削的深度；加工之后，再用激光测量一下，检验磨削的精度。建高速铁路，每隔几十公里就需要有一个磨床厂，这家企业自己开发了26台数控龙门铣磨复合机床，全部被铁道部收购，每台磨床的价格是1480万元。"这家企业已经上市了，正在建设的新厂房跨度36米，高度25米。今后，这家企业要搞8×30米的龙门镗铣床，要搞直径16米的滚齿机……"何光远赞不绝口。

听到何光远说华东数控是一家上市公司，记者上网查看了这家公司的资料，确认了何光远所讲的水泥构件板的名称叫做CRTSⅡ型轨道板。在公司的高管名单中，记者发现了副总经理尹向东的名字，记者熟知尹向东是桂林机床股份有限公司董事长——看来，尹向东已经退休了，成为这家公司网络的人才之一。而中报显示，这家公司去年年末至今年上半年承接的国家重点工程京沪高速铁路项目所用的数控龙门铣磨复合机床及其CRTSⅡ型轨道板模具订单金额已达3.5亿元。今年上半年实现营业收入24336.49万元，同比增长23.14%；归属于上市公司股东的净利润4043.22万元，同比增长108.13%。

这正是："十八罗汉"今犹在，只是容颜改。而新"罗汉"的崛起，未尝不是一件可喜可贺的事情。

再谈“何龙之辩”

背景：2001年12月11日，中国正式成为世界贸易组织成员，这是一件不同寻常的事情。社会主义的市场经济开始与国际惯例接轨，中国开始成为世界工厂，开始融入全球经济体系。在经济全球化的条件下，中国是否应该并能否发展自主知识产权的工业？一些人的回答是否定的。但是，中国在加入WTO仅仅两年中，一系列反倾销、知识产权纠纷以及针对中国设置技术壁垒的贸易保护，都证明了工业发展的民族性和国家利益。特别是在中国加入世界贸易组织后，随着对进入管制的松动，中国汽车工业出现了吉利、奇瑞和哈飞等一批自主品牌和自主开发的企业。2004年2月，北京大学路风教授和封凯栋撰写的《发展我国自主知识产权汽车工业的政策选择》发表。这个产生重大影响的报告，其实是2003年10月由科技部办公厅调研室委托的同名研究课题成果。所有这一切都表明，在改革开放第26个年头的这样一个时间窗口，随着中国经济实力的大大增强，无论是从官产学的角度，还是从产学研的角度，开始达成共识：发展自主知识产权，已经成为新世纪中国经济发展的重大战略思想。

故事：

2005年广州花都举办了第二届汽车论坛。为什么在花都这个地方举办汽车论坛？原因是东风日产的乘用车总部在花都，花都区委为了支持汽车工业在花都的发展，同时也为了扩大当地的影响，几乎每年都要举办一次汽车论坛，“现在已经举办第五、六届了”。

在第二届花都汽车论坛上，何光远作为嘉宾，致了开幕辞。等到论坛演讲正式开始的时候，他就坐到台下去了。他清楚地记得，第一个上台演讲的嘉宾，是龙永图，其他的演讲嘉宾还有汽车协会的张小虞等人。

论坛议程的第二个单元，是请演讲嘉宾上台与台下听众互动。这时，台下有一个人提了一个问题：“请问张会长，你对中国汽车工业自主品牌的发展现状和未来趋势有什么看法？”本来这个问题是提给张小虞的，正当主持人准备把话筒递给张小虞的时候，龙永图抢先接过了话筒，讲了这样一番话：我们不要为自主品牌搞所谓的自主品牌，我们追求这个东西有什么意义呢？只要这个企业在中国注册，向中国纳税，在中国招工，这就是好企业，追求自主品牌没有什么实际的意义。

龙永图此话一出，会场有些愕然，很多人都在想，像龙永图这样重量级的人，怎么能这样回答问题呢？看到论坛一时陷入冷场，坐在台下的何光远有些按捺不住，“我就举手发言了。”

何光远在讲话中的态度很明朗：我不赞成龙永图刚才发言讲的这个观点，这和他在演讲时谈到的尊重知识产权是相矛盾的。知识产权是什么？知识产权是有主人的。正是因为没有知识产权，没有自主品牌，所以我们吃了很多亏，我们只能给别人打工。这个问题不是没有意义，我们尊重知识产权，就是要追求拥有自己的自主品牌。“我当时很激动，我没有讲几句话。”他回忆说。

话虽不多，但掷地有声，会场顿时响起了热烈的掌声。这种情景让坐在台上的龙永图，显得多少有些尴尬。于是，何光远便站起来说：“今天因为是个论坛，谁有不同观点都可以讲，请大家不要这样。”谁知话音未落，龙永图很激动地跟了一句：“何部长，咱们两个人观点到底谁的正确，十年以后见分晓！”

也许是因为这届论坛新闻界去的人比较多，所谓的“何龙之辩”很快就出来了，炒得比较厉害。消息一挂到网上，评论如潮，何光远的支持率远远领先，在总票数的三分之二以上。但此时的何光远做了低调处理，有些活动龙永图参加了，他就尽量避开不去；有些媒体要采访何光远，他也表示“我不再谈了”。在何光远看来，自主品牌“这个问题，大家都已经很清楚，没必要再火上浇油了”。据说，后来在另外一个会上，龙永图说何光远对他的观点有些“误解”。“但是，我没有看到原文。”何光远这样告诉记者。

很显然，所谓的“何龙之辩”，并非是何光远的即兴发挥，而是一以贯之。对外资的并购，有人主张靓女先嫁，何光远说：“我对这个观点是不大赞成的。”这几年，外资收购机械工业的排头兵企业，凡是找到他的，他都表示坚决反对。“我们很多的排头兵企业，一不缺钱，二不缺技术，为什么非要把自己卖掉呢？”

何光远讲述了天润曲轴总厂的故事。这是国内最大的一家内燃机曲轴生产企业，是内燃机工业配附件行业的龙头企业，拥有国际先进水平的曲轴生产线，年产各类曲轴50多万支，2005年在国内大中型工程机械发动机配套市场占有率为65%，在重型商用车发动机市场占有率为50%以上。国家曲轴技术中心就设立在这家企业。

就是这样一个行业龙头企业，当地政府在德国蒂森克虏伯并购天润曲轴总厂的项目中，存在违规操作问题。为了避开国家有关部门的统一审批，该项目将原计划总投资额1.8亿美元分拆至9500万美元，将7200万美元注册资本分拆至4000万美元。何光远得知此事后明确表态，认为将这样的龙头企业交给外方控股，今后中国车用、工程机械、军用等配套发动机的曲轴50%以上市场份额将由德方控制，这对中国内燃机工业及为之配套的汽车、工程机械等行业的发展和自主创新都是无益的。于是，他写信给原副总理曾培炎，曾培炎作了批示。就这样，把这个事给挡住了。

"现在这个企业上市了，搞得很好。"何光远说。

记者手记：

共和国不会忘记

马恒昌和他的小组，倪志福和他的群钻，沈鸿和他的万吨水压机……可以说，中国机械工业60年，展现了一幅时代的人物画卷。作为原机械工业部的老部长何光远，自然也是这幅人物画卷中不可或缺的一个人物。就人物类型的特点来说，何光远也许算不上是叱咤风云的英雄人物，也许谈不上是神出鬼没的传奇人物。然而，有一句歌词唱得好："不经历风雨，怎能见彩虹？"中国机械工业60年，充满了风云变幻和时代变迁，何光远称得上是一位既经历了风雨，又见到了彩虹的人物。他是见证人、亲历者和管理者。

还是在一汽锻造厂当厂长的时候，何光远就有个绰号叫"何管理"。为了提高生产效率，他搞了多劳多得的计件工资制试点；为了保证产品质量，他严格了工艺流程，整顿了工艺纪律；为了做好后勤服务，他为工人们争取了保健食品：先是一杯奶，后是一盘肉。

但文化大革命开始后，这些都变成了何光远的"罪证"。为了抓革命，促生产，他曾经在一个血雨腥风的夜晚，不顾街上还打着冷枪，骑车到省委党校，做促进工厂里两派大联合的工作。不料，第二天造反派就对他兴师问罪了。也许是初生牛犊不怕虎的缘故，他在厂里专门组织的所谓答辩会上据理力争，结果是他的"罪行"升级了：由"反革命修正主义路线的执行者"升级为"反革命修正主义分子"，名字也被打了×，人被剃了光头，关到地下室里，进了牛鬼蛇神棚。接踵而来的是抄家，抄出了他和苏联同学来往的信件、照片，于是他的头上又多戴了一个"苏修特务"的帽子。随之而来的是，搞了他的"罪行"展览——连吉林省的革委会主任都观看了这个展览。

何光远至今还清楚地记得，造反派后来在宣布"解放"他的时候，是这样说的："经过革命群众340多次批判，何光远没有回到毛主席的革命路线上来，今天解放何光远，是为了落实毛主席他老人家给出路的政策。"回忆起这些，何光远唏嘘不已，感叹道：文化大革命不堪回首，大水冲了龙王庙，自家人不认自家人。而此时，记者忽然想起了古人的一句哲言："天将降大任于斯人也，必先苦其心志，劳其筋骨，饿其体肤，空乏其身……"

1975年，邓小平出来后抓整顿。这时的"何管理"变成了"何整顿"：先是牛刀小试，何光远受命整顿在文化大革命中乱得一塌糊涂、"成了全厂瓶子口"的一汽铸造厂。他响亮地提出了"砸碎瓶子口，争当火车头"的口号。通过大刀阔斧地整顿，两年后，铸造厂成为一汽的先进典型。紧接着，1977年他又临危受命到长春拖拉机厂抓整顿，抓了一年大变样，抓了两年，这家几乎崩溃的企业，在农机行业中成了先进单位。党的十一届三中全会召开后，1979年何光远走上了新的领导岗位，先是升任长春市常务副市长、农机部副部长，接着又调任机械工业部副部长、部长。从此，领导整个行业，抓整顿管理，抓改革开放，与中国机械工业结下了不解之缘。

在采访何光远的过程中，有时会出现一点插曲，这插曲不是别的，是聊天。有一次，何光远谈到了我们的这张《中国工业报》。他说，在现在所有的报纸中，我比较爱看的是你们的这份报纸，虽然报道的是整个工业领域，但机械工业的内容报道得很多，作为我们这个层次的人，愿意看你们这份报纸。

老部长的这番话，不禁让记者颇多联想。一是联想到爱屋及乌这个寓意深刻的成语；二是联想到某部描写工厂题材电视剧中的一句台词："工厂对你们这些年轻人，只是个领工资的地方；对我们老工人来说，工厂是家，是爹，是娘，是眼珠子，是命根子！"；三是联想到2005年在全国产生很大影响的"何龙之辩"。

记者忽然明白了，对何光远这样的"老机械"而言，他们无疑会像爱护眼珠子一样地爱护机械工业——进而爱护我们的这张报纸；他们无疑会像保护命根子一样地保护机械工业——进而大风吹倒梧桐树，敢于仗义执言论短长。"头脑中要有一根弦，我们这样一个大国，要自主发展，不能在技术上依附于人。这个观念，有些领域、有些人树立得不牢固；现在虽然好多了，但惯性依然存在。"何光远讲的这些肺腑之言，记者不会忘记，共和国不会忘记。

感言：

装备制造业永远是工业的脊梁

中国机械工业60年，大体上可以划分为两个阶段，即前30年和后30年。不同的阶段，体会自然也是不同的。

奠定发展基础的第一个30年

何光远对前30年（1949~1979年）的体会，可以概括为三句感言。

第一句感言，装备制造业永远是整个工业的脊梁。

一个国家如果没有强大的装备制造业，成为工业强国是不可能的。机械工业是装备制造业的重要组成部分，机械工业的地位是非常重要的。解放初期有所谓"一黑一白"之说，所谓"一黑"，指的是煤炭；所谓"一白"，指的是粮食。后来，又有所谓"朝阳工业和夕阳工业"之争，何光远并不赞成所谓"机械制造业是夕阳工业"的观点。他认为，随着经济的发展，机械工业的重要地位也越来越被人们所认识。

第二句感言，国家对机械工业是非常重视的。

建国初期工业的底子是"破烂摊子"，机械工业几乎是空白，是一穷二白的状况。例如，当时的机床企业都是一些小的修理企业。何光远说："现在回忆起来，从一开始，国家对机械工业就非常重视。"以156个项目为例，"一五"时期开工了147个项目。其中，煤炭25项、石油两项、电力25项、钢铁7项、有色11项、化工7项、机械24项、轻工1项、医药两项、军工43项。而军工中的43个项目，包括航空12项、兵工16项和船舶3项。这些项目从大行业来说，都属于装备制造业。把机械的24项和军工的项目加起来，整个装备制造业占了大头。以机械的24项来说，国家投资的都是一些很大的项目——何光远一一列举了这些项目的名称：长春第一汽车厂、哈尔滨锅炉厂、沈阳第一机床厂、哈尔滨量具刃具厂、沈阳电缆厂、哈尔滨仪表厂、哈尔滨汽轮机厂、沈阳第二机床厂、武汉重型机床厂、洛阳拖拉机厂、兰州石油机械厂、西安高压电磁厂、西安开关整流器厂、西安绝缘材料厂、西安电力电容器厂、洛阳矿山机械厂、哈尔滨电机厂汽轮发电机车间、富拉尔机重机厂、哈尔滨炭刷厂、哈尔滨滚珠轴承厂、湘潭船用电机厂、兰州炼油化工机械厂等。他说，对这样一大批大型企业的重点投资，显示了国家对机械工业是非常重视的。

从另一个侧面，也可以看得出国家对机械工业的重视程度。何光远说，在国家各部委中，机械工业拥有两个最多：一是机械工业的研究院所是最多的，有60多个部直属的一级研究院所——都是司局级的研究院所；二是机械工业的高等院校是最多的，有20多所高等院校，号称第二教育部。此外，还有一大批中等专科学校。"从企业建设、研究机构的建设和人才培养的角度来看，国家在建国之初对机械工业就非常重视。"何光远一言以蔽之。

第三句感言，文化大革命不堪回首。

谈到文化大革命对机械工业的冲击，何光远讲了长春拖拉机厂的例子。当时，这个仅次于洛阳拖拉机厂的全国第二大拖拉机生产企业，派系斗争严重，生产秩序混乱；油桶倒在地上没人管，油流得满地都是；拖拉机轮胎四处乱扔，长春南湖里满是作为救生圈用的轮胎，都是从工厂里偷出去的。

快速发展的第二个30年

何光远对中国机械工业现状的评价，对改革开放30年(1979~2009年)的体会，仍然可以概括为三句感言：

第一句感言，从计划经济向市场经济过渡，在改革和发展上，中国机械工业是走在前面的。

1980年开始的体制改革，为机械工业的发展清除了制度性障碍。“这时，我已经调到部里来了。”何光远说。

1984年8月17日，国务院召开常务会议，决定对机械工业管理体制进行重大改革的试点。在国务院各部委中，机械工业部是最早对管理体制进行改革的部委，成为国家经济体制改革的“试验田”：从直接管理变成间接管理。部属全部62个生产企业和省属332个企业中的绝大多数，都于1985年5月下放地方，一直下放到中心城市，给企业放权，给地方放权，把企业推向市场。谈到机械行业的改制，何光远说：“除了中央直属的一些大企业外，地方的企业现在基本上已经股份制和民营化了，机械工业已经形成了多种经济成分共同竞争发展的新格局。”

何光远回忆说，机械产品原来都是国家分配物资，拿不到国家的调拨单子，有钱也没处去买，现在走向市场化了。“第一家在《人民日报》刊登广告的，是机械工业的四川宁江机床厂；第一家宣布破产的，是机械工业的沈阳防爆电机厂……”

第二句感言，在融入全球经济体系的过程中，在对外开放和国际合作上，中国机械工业也是走在前面的。

其中，对外贸易出口额2007年为1929亿美元，是1978年的739倍，年均增长25.9%。“机械产品进出口，原来一直是逆差，现在变成了顺差，而且是几百亿美元的顺差，变成了外贸出口的大头儿。”何光远说。

改革开放之初，我国机械产品国内市场自给率不到60%，2008年自给率已经超过80%。从总产值来看，机械工业占全国工业的18.29%；从增加值来看，机械工业占全国工业的16%。机械工业年增加值超过1.8万亿元，是1978年的180多倍，年均增长为19.6%。其中，发电设备年产量超过12990万千瓦，是1978年的27倍；数控机床年产量为12.33万台，是1978年的210多倍。我国已经成为世界装备制造业大国，机械工业已经形成了一个全方位对外开放的新格局。对此何光远表示：“尽管有经验，也有教训，但是现在回过头来总体评价，如果没有全方位的对外开放，中国机械工业不可能达到今天这个水平。因为对外开放，不但引进消化吸收了先进的技术，也使我们转变了观念，开阔了眼界。”

第三句感言，我国已经成为世界装备制造业大国，但还没有成为世界装备制造业强国。

在何光远看来，“即使在今天，在中国的机械行业中也还没有出现像西门子、通用电气等拥有国际竞争力的世界级制造企业”。

原因自然是多方面的。以体制改革为例，改革的大方向无疑是对的，但在具体操作的过程中，有一些随意性，有一些盲目性。何光远回忆说，从1982年开始算起，机械工业部在部一级的分分合合就有8次之多。“有时机构合并工作还没做完，干部分流还没结束，新机构马上就又要分开了”。机械工业系统内部一直流传着一句笑话，“话说机械部大事，分了就合，合了就分”。体制改革在操作上的这种随意性，在一定程度上影响了行业政策和行业发展的稳定性。他印象最深的是，2006年“两会”前夕，242家转制行业科研院所的院士联名上书国务院，建议国家尽快成立工业技术研究院，专门研究行业发展中重大的、关键的共性技术，为应对国际巨头的竞争提供技术支持。这个千呼万唤“不”出来的工业技术研究院，至今还停留在院士们的建议书上。

何光远表示，机械工业与国民经济其它各部门、各行业的发展要协调起来，通过支持和服务其它各部门、各行业的发展，提高自己的装备水平，为国家产业安全和国防安全，更好地发挥保障作用。“国家对加快振兴装备制造业的重视程度比以前高多了，现在的关键是落实，例如首台首套的问题，有的行业落实得比较好一些，有的行业落实得比较差一些。”他还说。

专家观点：

寄望中国企业五百强

■商务部国际贸易经济合作研究院梅新育

一个强大的国民经济必须具有强大的微观基础，而在任何一个已经步入现代经济且具有一定规模的国家，大企业都是国民经济的中坚力量，一国在国际经济体系和利益分配格局中的地位如何，在相当程度上取决于该国大企业群体在全球大企业群体中的地位。基于这一点，2009 年中国企业五百强名单和分析报告揭示的结果是令人欣慰的：入围门槛从上年的 93.1 亿元上升到 105.4 亿元，首次突破百亿元大关；营业收入总额在全球经济危机中仍达到 26.0 万亿元，比上年提高 19.7%；资产总额达到 74.2 万亿元，比上年提高 19.2%；净利润（1.21 万亿元）虽然因危机冲击而减少 13.23%，但收入利润率和净资产收益率等绩效指标均超过世界和美国五百强，且净利润总量超过美国五百强 700 多亿美元……所有这一切，表明中国经济的微观基础更加强固，中国经济的国际竞争力进一步提升。

鉴于中国经济开放度已经相当高，在某些领域已经超越了许多发达国家，中国大企业群体的成长业绩足以增强人们对开放经济环境下中国企业竞争力的信心。对于一个发展中国家而言，开放经济最大的风险之一就是民族经济被挤垮。事实上，已有不少中国企业在与外资企业的竞争中颓然倒下。然而，内资企业面对外资跨国巨头时并非一无是处、只能束手称臣，而是在微观和宏观两个层次都拥有现实和潜在的优势。

关于本土企业在微观层次的优势，论者已经不少。在宏观层次，中国是一个社会主义国家，社会主义制度的本质要求更加公正的社会收入和财富分配。而对于发展中国家而言，相对平均的收入分配格局有助于购买力集中于国内产品而非昂贵的进口品。而且，一个国家收入分配较为平均，也意味着每种消费品的需求一旦出现就会迅速爆炸式膨胀。这既进一步强化了国内市场的规模优势，也令在发现并满足国内市场需求方面决策相对迅速的内资企业优势更为突出。

尽管改革以来，中国收入分配公正的优势有所弱化，但社会主义制度的本质终将推动这一优势回归。只要政府在开放市场方面不采取萨克斯式的"休克疗法"，而是有序开放；只要政府不对外资企业给予持久的超国民待遇；只要政府有效维持基本市场秩序，把企业内部人的道德风险控制在一定水平之下；内资企业将充分发掘自身学习的天赋，在竞争中脱颖而出，中国产业也将在这场痛苦的磨砺中浴火重生。

众多西方巨头在危机中的拙劣表现已经动摇了对外资的盲目崇拜，中国企业五百强的发展情况应有助于增强国人对内资企业在公平竞争条件下能力的信心。除了至关重要的骨干企业外，我们要的是一个产业的兴旺发达，而不是某一家或几家企业的只生不死。

尽管如此，中国大型企业群体面前并非一片坦途。总体而言，中国在国际分工体系和国际经济利益分配格局中仍未摆脱低端地位。中国企业群体虽然无法改变资源禀赋、科技水平等劣势，但可以通过后天努力化解先天劣势，如依靠代工、贴牌、技术转让、代理贸易等起家。但是，要跃居国际分工体系和国际经济利益分配格局上层，惟自主创新一途。

虽然中国企业五百强平均研发费用与平均研发投入的比例均比上年增长，专利数和发明专利数猛增 51.3%。但这还只是万里长征第一步，中国企业自主创新依然任重道远。而在社会责任方面，大型企业从社会所得既多，承担的责任理应更高。自主创新的可持续发展机制+创造体面收入就业机会+环境保护，这是大型企业群体必须承担的责任。

需要注意的是，企业和整个经济的健康发展有赖于健康的社会环境，对企业的不规范、甚至违法行为应给予严格的监督，但不应对骨干企业滥施不公正的苛责。当公众借口中国石油企业人均营业收入远远低于西方石油巨头而对其大加挞伐时，必须意识到更好的资源禀赋是西方石油巨头们先天享受的遗产，西方军队在世界最佳油气资源产地和交通要冲的布局并非摆设。外部竞争对手做不到的事情，我们不要为他们去做，不管打的是反垄断还是其它貌似正义的旗号。

辉煌历程成就电力工业攀登世界高峰梦想

——访原电力工业部部长史大桢

文章来源　中国工业报　发布时间：2009年10月14日

人物简介：

史大桢，男，汉族，1932年生于上海。大学文化，1955年参加工作，1978年加入中国共产党。

曾任电力工业部部长、党组书记（1993年3月~1996年12月），电力部部长、党组书记兼国家电力公司总经理、党组书记（1996年12月~1997年9月）；中共十三届、十四届中央候补委员，全国政协常委，全国政协经济委员会副主任等职。

现任中国能源研究会顾问、国家电网建设专家委员会名誉主任、中国电力发展促进会名誉理事长，华北电力大学、上海交通大学、山东工业大学客座教授。

中国有电历史已逾百年，然而电力事业真正获得巨大发展，并为社会和经济生活提供巨大支持，却是在新中国成立以来60年的时间里完成的。在共和国半个多世纪的发展历程中，电力工业为经济的蓬勃发展和人们生活的日益提高做出了极大贡献。如今，电力已不是昔日帝王的专属，平常百姓生活中电力的应用早已触手可及。钢铁、有色、化工、建材、制造业等现代化工业的发展更是离不开电力的支持，电力为工业的高效运转提供了有力保障。

60年来，电力工业与新中国同呼吸、共成长。在一幅幅波澜壮阔的发展宏图中，电力工业与新中国一道，大步前进、奋发图强。如今的中国电力工业，掌握了多项世界上最先进的技术和专利，无论是从装机容量还是到发电量都已稳居世界第二位。中国已经不仅仅是一个电力大国，而且是一个电力强国。这样举世瞩目的成就来之不易，这是千千万万为电力事业而奋斗的人们勤劳付出的收获，也是无数为中国民族伟大复兴做出贡献的人们共同劳动的结晶。

共和国60华诞来临之际，中国工业报记者专访了曾在电力行业中工作多年，并担任过原电力部部长的史大桢，他对新中国成立以来电力工业的发展历程作了回顾。

新旧对比电力工业发展翻天覆地

中国工业报：1888年，清朝的紫禁城皇宫里第一次亮起了电灯。60多年后，伴随着新中国的成立，电力工业开始了又一个60年的全新发展阶段，应该怎样描述60年前和今天电力工业的发展状态呢？

史大桢：世界电力工业起源于18世纪后期。1875年，法国巴黎北火车站建成了世界上第一座火电厂，由经过改装的格拉姆直流发电机为附近提供照明供电。而仅仅过了4年，在当时的中国上海，第一盏弧光灯就在外滩亮起，引起极大轰动。而后又过了3年，中国终于也有了第一座火电厂。尽管这座火电厂的装机容量只有12千瓦，仅可供19盏弧光灯的照明用电，但这却是中国电力工业的开端。

应当说，中国有电的历史几乎与世界同步，但由于时局动荡、工业基础薄弱，电力工业的发展格外缓慢。直到1949年新中国成立，中国当时的装机容量也只有185万千瓦，发电量为43亿千瓦时，人均用电9千瓦时，装机容量占世界第21位，用电量为第25位。

新中国成立后，我国的电力工业随着社会经济的逐步繁荣而不断取得大发展。截至2008年底，我国已成为仅次于美国的电力大国，电力装机容量达7.9578亿千瓦，发电量达34334亿千瓦时，人均用电量达到2580千瓦时。

如果以1949年为时间分界点，那么新中国成立的60年，电力装机是前70年的428倍，发电量是前70年的798倍，人均用电量是前70年的286倍。1949年以前，全国只有一条220千伏线路，除东北仅有一条220千伏线路和几条154千伏线路，以及京津唐和台湾建有规模不大的地区高压电网和上海市建有33千伏电压等级的电网外，其它地区只有以城市供电区为中心的发电厂，全国没有一个超高压电网。而到2008年末，全国350千伏及以上线路达到118万公里，变电容量24亿千瓦时。其中，220千伏及以上线路36万公里，变电容量13.8亿千瓦时。另外，截至2008年底，我国还拥有了世界上运行电压等级最高的输电线路。随着1000千伏高压交流输电试验示范工程的建成投运，我国成为世界上惟一拥有投入商业运行最高等级电网的国家。

在发电方面，新中国成立以前，最大的水电站为东北丰满水电站，装机容量为60万千瓦，单机容量为10万千瓦。而现在，已于2008年全部建成的三峡水电站，装机容量为1820万千瓦，单机容量为70万千瓦，是世界上最大的电站。新中国成立以前，最大的火电站为东北的抚顺电厂，装机容量为28.5万千瓦，单机容量为5.3万千瓦。而现在，我国已建成的最大火电站为浙江北仑电厂，到2008年采用世界最先进火电技术的超超临界机组已经投运11台，装机容量已经达到1400万千瓦。这也使得我国成为采用超超临界机组最多的国家。

在新中国成立以前，核电是没有的。而截至2008年，我国核电装机已经达到885万千瓦。同时，随着我国不断强调可持续发展，坚持走科学发展的道路，新能源逐步发展壮大起来，2008年底已拥有风电装机1220万千瓦。

新中国成立后，电力工业装备和技术水平发生了根本性变化，其中尤其以改革开放30年以来取得的成就最为突出。改革开放初期，中国只有少数20万千瓦火电机组。而在十多年前，30万千瓦火电机组尚需进口。而到2007年底，30万千瓦、60万千瓦及以上火电机组已分别占总装机容量的56.79%、23.61%。

中国的电力科技水平在迅速提升，超超临界机组技术应用达到国际先进水平，大型空冷发电机组的开发应用居国际领先地位，并成为世界上大型循环流化床锅炉应用最多的国家。同时，以三峡工程为代表，单机70万千瓦的水力发电机组的制造能力和技术水平已达到国际先进水平，水电站控制自动化水平居世界先进行列；大坝建设重大技术取得重要突破，并已进入世界前列。

目前，中国已经掌握30万千瓦并逐步掌握了100万千瓦压水堆核电机组的设计和建造技术，正在逐步形成自主技术品牌核电站设计和设备制造国产化能力。同时，可再生能源发电技术也发展迅速，技术开发取得实质性进展，产业建设初现规模。

凭借特高压电网的研发和建设，我国电网技术以及设备制造技术水平双双进入世界前列。通过±800千伏特高压直流水电工程和1000千伏特高压交流输电试验示范工程的设计、施工、调试和运行维护，我国电网技术领域诸多关键技术的研究均取得丰硕成果。与此同时，通过引进、消化、吸收和自主设计制造，我国电力重大装备的制造技术整体水平整体已接近或达到世界先进水平。

上述成绩的取得十分难能可贵。而这些年来，根据逐步调整确立的电力发展方针，电力工业在“提高能源效率，保护环境，加强电网建设，有序开发水电，优化发展煤电、积极推进核电建设，适度发展天然气发电，鼓励新能源发电，带动装备工业技术进步，深化电力体制改革”等方面，也都取得了新的进展。

可以说，60年来中国电力在党中央、国务院高度重视与领导下，在全体电力职工的努力下，依靠改革、依靠科技走在了世界前列。60年来电力工业的发展成就在世界上是罕见的。

坎坷历程见证电力工业由弱变强

中国工业报：新中国电力工业60年的发展历程是非常曲折和坎坷的，这其中每一个阶段发展的特点是什么？

史大桢：以改革开放为节点，新中国电力发展的60年可以分为前后30年两个发展阶段。前30年可以算作电力工业的起步阶段。在这一时期内，电力工业发展道路较为曲折。在今天看来，有很多发展中的经验教训值得总结。

1949~1958年这一段时间，是我国三年经济恢复时期和第一个五年计划时期。当时，在党中央和国务院领导的重视下，国民经济与电力发展比较和谐。电力基本上保障了经济发展的需要。1953年11月，中共中央在当时燃料工业部的报告中指示：“煤、电、石油工业是国家工业化发展先行工业。”这为电力工业的发展明确了基调，指引了方向。到了1952年，三年恢复期结束，全国也恢复了电力设备的原有出力，并增加了11.54万千瓦的发电装机容量。

1953~1958年，我国经济建设以前苏联援助的156项重点项目为中心。当时电力以火电为主，有23项火电工程开工建设，包括辽宁的阜新和抚顺、黑龙江的富拉尔基、陕西西安、河南郑州、重庆、山西太原以及吉林省吉林电厂等的扩建与新建工程。

而在当时，水电以丰满水电站恢复与改造，新安江、新丰江、柘溪等大型水电的陆续开工建设为主。当时的新安江是新中国自行设计、自制设备、自行施工的第一座装机容量为66.25万千瓦的大型水电站，在我国的水电发展史上具有格外重要的意义。

“一五”期间，全国新增装机容量247万千瓦，超出原计划的20%，为此后的工业化加快发展提供了有力保障。

1958~1962年，是我国的第二个五年计划时期。与全国一样，电力工业也掀起了大跃进高潮。五年时间新增发电装机容量840万千瓦。提前三年完成“二五”计划，但在“先简后繁、简化发电方法”及“三边(边勘测、边设计、边施工)”的建设方针政策引导下，使得机组投产后不能安全、稳定、满发运行，为此电力工业也进入了三年(1963~1965年)的调整时期。这期间电力工业进行了调整、巩固、完善、提高的调整。而在调整过程中，我国完成了215万千瓦发电设备的填平补齐，使已有的1300万千瓦发电设备达到基本安全满发。尽管基建规模缩减了，3年中的发电设备容量年均增长率只有5%，但由于填平补齐提高了已有设备的发电能力，使得3年中的发电量年均增长率仍达到了14%的较高水平。

1966~1975年是我国的第三、第四个五年计划时期。在这段时间里，中国经受了文化大革命所带来的十年动乱。期间，全国有400多万千瓦机组不能正常发电，电力严重短缺，电网(低压)运行。据统计，当时全国缺电500万千瓦以上。

事实证明，任何违背科学与客观规律的指导思想和发展观念，最终都会严重破坏健康、正常的生产秩序，严重阻碍生产力的发展。

1978年的中共十一届三中全会为新中国吹来了一股春风。而从1979年开始，党的工作重心转移到社会主义经济建设上，从而使我国在经济上和政治上都出现了很好的发展形势。期间，电力工业也进行了全面整顿。至1978年底，全国装机5712万千瓦，发电量达到2566亿千瓦时。

应当说，是改革开放从机制上、体制上释放了全国经济建设与发展的动力与活力，也为电力工业快速发展创造了良好的外部环境，使电力工业重现了蒸蒸日上的发展势头。

随着经济的不断复苏和增长，在1978~1997年这一段时间内，电力工业的发展及保证发展的相关配套政策始终都围绕着缺电问题而展开。

缺电的根本问题还是缺少电力投资，为此，从1980年开始，电力建设资金率实行拨改贷(银行贷款)试点，走出了拓展建设资金渠道的第一步，这在当时也开创了我国建设工程使用银行贷款的先河，改变了过去电力建设全部依靠国家财政和计划切块统一分配格局的弊端，为推行以提高经济效益为中心的发展战略打下了基础。1980年，电力基本建设使用银行贷款10.32亿元，占当年电力基本建设投资总额的25.03%，而在1982年，这一比例增加到了38%。

为了解决电力投资短缺的问题，上世纪80年代初期，我国还调动地方和其它行业办电，大大增加了筹措资金的积极性，有力地推进了电力建设步伐的加快。而从1985年起，经过国务院的批准，在华东的江苏等省，还试行了在工业用电电价中征收0.02元的电力建设资金。这也是一次大胆的尝试，为稳定电力建设资金来源开辟了渠道。

1981年，国家出台了压缩烧油的煤代油政策，建立电力工业煤代油专项基金，将煤代油产生的替代利润作为煤代油专项基金，建设一批燃煤电厂，逐步把原设计的烧油设备替换下来。

1984年，我国云南鲁布革水电站成为最先利用世界银行贷款的电力项目，实施中引进了先进的施工技术和管理方法，对电力建设特别是水电建设起到了很好的示范作用。此外，从资本市场筹集资金等方式的成效都很显著。

1978~1997年，为了增加电源，解决电力短缺问题，电力工业发展的重点主要集中在电源建设、解决发电装机容量不足方面。受此影响，电源建设得到飞速发展。经过大规模的工程建设，电源规模迅速扩大，全国装机容量由1978年的5712万千瓦，发展到1987年的1亿千瓦。截至1997年底，全国发电设备容量为25424万千瓦。在这一阶段，我国发电设备容量实现了年均8.18%的增长，而到1996年全国发电装机容量和发电量均跃居世界第二位，长期困扰我国电力发展和经济发展的缺电问题得到明显改善，我国由此也进入了电力供需基本平衡甚至略有富余的新的发展阶段。

1998~2002年，亚洲金融危机爆发，我国经济发展也进入了新的调整期。由于需求减缓，电力相对富余，全国电源建设规模有所回落。电力基本建设投资中，发电工程投资由1998年最高的997.89亿元下降到2001年的593亿元，2002年仅完成677亿元。不过，这一阶段电力工业电源建设的结构性调整却取得了历史性的成就。

随着西部大开发政策的推行，水电建设逐步加快，电网建设进一步加强。长江、黄河以及其它大江大河中上游的梯级开发，投产了一批大中型水电站，改变了水火电结构，使水电比重有所上升。

2002年底，水电装机比重为24.8%，达到1992年以来的最高值。1998年装机容量330万千瓦的二滩水电站第一台55万千瓦机组投产，到1999年底，6台55万千瓦机组全部建成投产发电，成为当时我国装机容量最大的水电站。2000年，广州抽水蓄能电站8台30万千瓦机组全部建成投产发电，这是中国第一座、世界最大的抽水蓄能电站。特别是2000年，贵州省洪家渡电站、引子渡水电站、乌江渡水电站扩机工程同时开工建设，这标志着我国西部大开发的重要组成部分——“西电东送”南通道电源工程建设进程加快。

在此期间，核电重点工程建设全面(“九五”计划核电全面启动，但“十五”即进入停滞)启动：1997年，岭澳电站主体工程开工建设，2002年5月，1号机组投入运行；1998年6月，我国首座重水堆核电机组在秦山三期工程开工建设；1999年，江苏田湾核电站一期工程开工建设；2002年1月，由中国自主设计建造的秦山核电站二期工程1号60万千瓦压水堆机组投入商业运行。与此同时，全国电源“以大代小”专项投资继续实施，发电机组容量不断得到提升。

2003年以来，由于全国严重缺电，电力行业冲破了各种限制，实现了快速发展。党的十六大提出要用20年时间全面建设高水平的小康社会，到

2020年,我国人均GDP将超过3000美元,达到中等收入国家水平。这为电力工业的大发展带来了新的历史机遇。

2002年底,中国进行了以厂网分开、竞价上网、打破垄断、引入竞争为主要内容的市场化改革,带动电力工业进入了新的市场化发展阶段。

从2002年起,由于经济进入了快速上升通道,电力需求也随之急剧增加。此时,因为电力投资主体的市场化有效竞争,极大激发和调动了电力建设的积极性,电源建设投资呈现爆发式增长。据统计,电源装机容量由2002年底的35657万千瓦增加到2007年底的71822万千瓦,五年增加36165万千瓦,新增装机年均增长15%,2006年增长达到最高值20.59%,使得这一阶段成为电力工业发展历史上建设速度增长最快的时期。

体制改革赋予行业蓬勃发展新动力

中国工业报:通过统计数据可以清楚地看到,改革开放之后电力工业进入了蓬勃发展的历史时期。您如何看待这一时期进行的电力体制改革?这项改革究竟给电力工业带来了哪些重要的变化?

史大桢:应当说,改革开放以来的30多年,是电力体制改革不断推进,电力工业大发展的飞跃期。对于电力工业影响较深的政企分开、厂网分开都是在这一时期完成的。

我国的电力体制改革以投融资体制改革为先导。1980年,当时的电力部在电力工业十年计划汇报提纲中提出了利用部门与地方、部门与部门联合办电、集资办电、利用外资办电等方法来解决电力建设资金不足的思路。1981年12月份,山东龙口电厂开始动工,该电厂是我国第一个中央与地方共同集资兴建的电厂。此后,龙口模式很快在全国推广,集资办电模式逐步从火电项目扩大到水电和送变电等项目。

与此同时,电价改革也开始起步。1987年,当时的水利电力部、国家经委等部门下发了《关于多种电价实施办法的通知》,并出台了以个别机组成本为基础的还本付息上网电价、反映燃运成本燃运加价及峰谷电价等政策。这些政策的实施促进了电源建设的发展。也是从这一时期开始,在改革投融资体制的同时,电力主管部门对电力企业实行简政放权政策,扩大了企业的经营自主权,为电力企业发展打下较好的基础。

1988年是电力工业发展的重要年份,从这一年起电力工业开始政企分开的试点。当年10月,国务院印发了《电力工业管理体制改革方案》,明确将电网管理局改建为电力联合公司,省电力局改建为省电力公司,电力局与电力公司双轨运行。区域电力联合公司由能源部管理,同时明确独立省电网的电力局,也要逐步改建为省电力公司并独立经营,省电力局由能源部和省人民政府双重领导,并接受能源部委托,行使所在省电力工业的行业管理职能。

1988年12月,国务院批复同意华东电网进行以政企分开、省为实体、联合电网为主要内容的电力体制改革试点,分别成立华东电力联合公司和上海、江苏、浙江、安徽省(市)电力公司,同时保留华东电业管理局和省(市)电力工业局职能,拉开了电力工业政企分开的序幕。

1991年底,根据国务院开展组建大型企业集团试点的通知,经国务院同意,当时的能源部于1993年1月将五大网局改组为电力集团公司,组建了东北、华北、华东、华中、西北五大电力集团,在国家计划中实行单列,由能源部管理。1993年,八届人大一次会议通过决议,撤销能源部,成立电力工业部。这次机构改革,明确提出了政企分开的要求。

组建电力工业部的指导思想是:政企职责分开,大力简政放权,由部门管理转向行业管理,加强规划、协调、监督、服务职能;精简内设机构和编制,合理配置职能,提高宏观管理水平,加强宏观管理职能。凡是电力企业能够依法办到、又属于电力部权限范围内的事,全部下放给企业。按照这个思路,电力部下放和转移了对企业人、财、物及经营管理的职能,加强了电力行业发展战略、规划、政策、法规和体制改革。同时,国务院确定当时的电力部、冶金部为国务院体制改革试点,电力部则在调查研究的基础上,于1996年向国务院报送了组建国家电力公司、实行政企分开的改革试点方案。

实际上,电力工业实现比较彻底的政企分开改革,还是在国家电力公司成立之后。1996年底,国务院决定组建国家电力公司。1997~1998年,当时的电力工业部与国家电力公司实行两块牌子、两套班子、一套人员运行。根据国务院文件规定，新组建的国家电力公司是一个对发电、输电、配电、供电实行资产和经营垂直一体化的巨型企业，拥有当时48.3%国内总装机容量和77%的国内总售电量，经营管理电力部直属的全部电力企业集团公司、省级电力公司及电力企业的股权。

1998年，电力工业部撤销，实行政企分开，电力工业部的电力行政管理职能转交原国家经贸委，行业管理移交中国电力企业联合会。1998年8月，国家电力公司提出《实行厂网分开建立发电侧电力市场的实施方案框架》报原国家经贸委。同年12月，国办发[1998]146号文件批准浙江、山东、上海、辽宁、吉林、黑龙江六省（市）成为实施厂网分开、竞价上网的改革试点。

2002年，国务院印发了[2002]5号文件——《国务院关于印发电力体制改革方案的通知》，决定对电力工业实施以厂网分开、竞价上网、打破垄断、引入竞争为主要内容的新一轮电力体制改革。

这次电力体制改革的总目标是：打破垄断，引入竞争，提高效率，降低成本，健全电价机制，优化资源配置，促进电力发展，推进全国联网，构建政府监督下的政企分开、公平竞争、开放有序、健康发展的电力市场体系。根据改革方案，对原国家电力公司进行拆分和重组，组建了五大发电集团、两大电网公司和四大电力辅业集团。

2003年3月，国家电力监管委员会正式成立。自国家电监会成立以来，出台了一系列电力市场建设的指导性文件，包括市场建设指导意见、市场运营的基本规则、市场监管办法及技术支持系统建设方面的原则要求等。至此，电力工业也迎来了崭新的发展阶段。

如果要总结电力体制改革的主要成就，首先是促进了电力工业加快发展。

1978年，全国发电装机容量仅为5712万千瓦，而截至2008年底，我国装机容量已经达到80837万千瓦，发电量为34334亿千瓦时。其中，2006年、2007年净增装机容量分别为10652万千瓦、9452万千瓦，接近或超过欧洲许多发达国家的装机规模，创造了世界电力史上的奇迹。电力工业的快速发展，基本满足了不断增长的电力需求，为我国经济保持平稳较快发展提供了有力保障。

其次是建立了电力管理体系。

在政府层面，通过政企分开及多次机构改革和职能调整，国家对电力的管理和调整不断完善，并在2008年成立了国家能源局行使行业管理职能，将电力与石油、天然气、煤炭等共同纳入国家能源的综合管理范畴之内，为能源总体规划战略的实施与管控奠定了体制基础。

在电力市场监管方面，则明确了国家电监会是电力行业的监管机构，并在六大区和11个城市设立了区域和城市监管机构，建立了以《电力监管条例》为核心的电力监管法律体系，逐步摸索出一些适应电力市场化要求的监管制度和方法，在推进电力市场建设和行业节能减排、提高电力安全可靠运行水平等方面发挥了重要作用，促进了电力工业的安全、清洁和高效发展。

再其次是电价改革工作持续推进。

电价改革是电力体制改革的重要组成部分，在电力体制改革的不同历史时期，电价改革的相关政策措施都与当时电力其它领域的改革措施相配合。在保障电力体制改革顺利推进的同时，电价改革自身也在形成机制、管理制度等方面不断深化。

此外，电力法制建设的不断进步、电力市场建设的稳步推进，对于保障电力改革、推动电力工业可持续发展和政企分开等都具有重要作用。

科学发展不断增强自主创新环保意识

中国工业报：电力工业在为我国能源提供充足保障的同时，自身也在大量地消耗着能源。当前，我国正在积极推进节能减排的工作，而电力行业在生产过程中会产生大量的烟尘、二氧化硫及氮氧化物等污染物。而在电力生产结构中，火电仍占有较大比例，为此电力工业的节能减排对于提高我国能源利用效率，促进电力行业可持续发展都具有十分重要的意义。总体来看，在这方面工作的开展情况如何？

史大桢：近年来，我国电力工业进入了大机组、大电网、西电东送、全国联网的新发展阶段，电网运行也基本实现了自动化、现代化，向着高效、环保、安全、经济的更高目标迈进。

在电力工业发展的同时，我国经济也呈现出快速发展势头，在这种前提下，煤炭需求日益增加，缺水问题也不断突出，输电线损的问题也在实际生产中不断出现。对此,电力工业采取了多项措施加以应对。如进一步提高燃煤机组技术等级,不断优化电源结构,加大水电、核电、风电及其它可再生能源的建设步伐,加快水电、风电和核电装机的增长;在关停小火电机组的同时,进一步发展大容量、高参数、高效率、低能耗、低排放的节能环保型燃煤发电机组,加大节水工作力度等。近年来,火电厂水务管理在规划、选厂、设计、建设及运行的全过程,要求合理使用水源和废水资源化,以求最经济和最节约用水。

此外,为了应对当前严峻的节能形势和适应节能技术的发展需要,2005年我国《可再生能源法》颁布实施,为电力工业指出了一条可持续发展的道路,也给电力工业结构调整提出了新的思路。2007年,相关部门完成了《节能法》修订工作,并对外公布实施,这也为电力工业健康发展提供了法律保障。

总结近30年来电力工业的发展,应当说电力工业建立了较为完整的资源节约规范、标准和管理体系,并把资源节约作为规划、建设、生产经营的重点工作之一。

据统计,1978~2007年,电力工业的供电标准煤耗从471克/千瓦时下降到356克/千瓦时,累计降低了115克/千瓦时,平均每年降低4克/千瓦时;发电厂用电率由1992年的最高值7%下降到2007年的5.83%,平均每年下降0.23%。改革开放以来,输电线损也持续降低。电网输电线损由1978年的9.64%降为2007年的6.97%,下降2.67%。尽管火电装机容量和发电量大幅增长,但通过节能节油的改造,我国电力用油从1978年的2013万吨逐年下降,自1995年起基本稳定在1300万吨左右,单位发电量耗油逐年下降。到2007年,我国电力工业发电供热烧油量已经降到1000万吨以下,比改革开放初期下降了50%。此外,单位发电量耗水量和火力发电厂用水量也逐年下降。

通过多年的发展,电力工业在烟尘排放、二氧化硫排放控制等方面都取得了较为明显的成效。上世纪70年代我国只有两个电厂安装了电除尘器,其它的火电厂均采用的是水膜除尘器和机械除尘器。到了1990年,我国电厂电除尘器所占的比例已经达到34%,1995年上升到52%,2000年达到80%。据统计,1980~2007年,单位发电量烟尘排放量逐年以较大幅度降低。尽管火电装机容量在这段时间增长了11倍多,但烟尘排放总量却基本持平并略有下降。2007年烟尘排放量为350万吨。

我国于上世纪80年代中期加大了烟气脱硫技术的研究力度,进入“十一五”时期后,脱硫机组容量快速增长,2006年和2007年当年投运的10万千瓦及以上烟气脱硫机组容量分别达到1.02亿千瓦和1.16亿千瓦。截至2007年底,全国投运烟气脱硫机组总容量约2.66亿千瓦,烟气脱硫机组容量约占全国煤电机组总容量的51%。与2000年相比,全国燃煤电厂烟气脱硫机组容量增加了53倍以上。

二氧化硫排放量在2007年实现了历史性转折,改变了长期以来电力二氧化硫排放量随装机容量增长而增加的情况。据统计,2006年全国电力二氧化硫排放约1350万吨,2007年全国电力二氧化硫排放约1200万吨,电力二氧化硫排放量占全国二氧化硫排放总量的比例,由2006年的52.1%下降到48.6%;二氧化硫排放绩效由2006年的5.7克/千瓦时下降到2007年的4.4克/千瓦时。

实践证明,随着我国电力工业逐步采用高参数、大容量机组,电力工业的技术指标和环保水平都在不断提高。而随着技术的不断发展,电力工业污染控制水平也在不断提高。当前,电力工业在治理烟尘、废水和二氧化硫等物质排放方面取得了一定成绩,但有关方面仍需不断努力。要认真总结过去的经验教训,不断增加技术能力,增强自主创新能力和环境保护意识,只有这样才能在发展电力保障经济发展的同时,为促进资源节约、环境友好型社会建设做出重要贡献。

记者手记:

明天更美好

在接受采访时,正值史老大病初愈,但身体的虚弱并没有影响他认真的做事态度。

在长达两个多小时的时间里,他向记者讲述了许多电力工业发展中的重要事件,也讲述了许多电力事业发展的历史变迁。从他身上,记者渐渐感觉到一种无论何时何地始终任劳任怨、兢兢业业的精神,这或许才是电力人的真本色,也是电力人不断勇攀高峰的源动力。

60年来,中国电力工业经历了从小到大、由弱变强的发展历程。如今,不论是总资产还是投资规模、发展速度以及科技水平,电力工业的发展都令世界为之侧目。

每每谈到这些成就,史老都反复强调:"中国电力工业的发展始终是与党中央、国务院领导的关心、支持分不开的,60年来电力工业的跨越式发展,更是社会各界共同努力的结果。"而当记者问到他自己工作的成绩时,史老总是谦逊地笑一笑,挥挥手说:"是党交给的工作,我们都应该尽力做好。"

尽管这位老电力人不愿提到自己的工作成绩,但实际上,他担任电力部部长的时期,正是我国电力工业改革发展的重要阶段,电力体制改革的探索与三峡工程建设等一系列重要的事件,都倾注了这位电力人的无限热忱与心血。

与史老的交谈中,我了解到了许多电力改革的零星碎片,也知道了电力体制改革任务的繁琐和艰辛。1996~1998年前后,在史老的领导下,当时的电力工业从国家战略角度出发率先进行改革,这为其它工业行业的改革提供了宝贵经验,也为今天电力工业的发展奠定了坚固的基石。

历史不会忘记那些为新中国发展做出贡献的人们,他们的劳动与付出必将与新中国的辉煌成就共同璀璨。而记者强烈地感觉到这位与电打了一辈子交道的老人心中深深埋下的电力情结。

他至今还记得当年城市中经常拉闸停电的经历。电力的匮乏使他始终不能忘却电力工作者肩上的重大责任和艰巨使命。在采访中,他也举了很多例子说明电力工业的重要性,其中就提到过去因为没有电,即使最时尚的消费品——电视机也成了摆设。

史老认为,当前我国工业已经进入了一个崭新的发展阶段,人们生活水平也发生了重大改变。各种各样的工业品不断地被制造出来,琳琅满目的消费品层出不穷,产品的生产与社会的发展处处都离不开电力的支持。电力的应用是人类文明进步的一个重要特征,忽视电力的发展,终将会被电力所困。

他看好核能、风能、太阳能等新能源的发展,也十分关心超高压、特高压输变电技术、设备的发展与应用。在采访中,每当谈到水电、煤电、核电、电网等领域的新突破,他都会略微提高音量。每当谈到风能、太阳能等,他都会十分认真地述说。这样做或许是在提醒记者这些是重点,但同时也表明了他的希望。他盼望着中国的电力工业尽快实现结构调整和优化,从而真正实现可持续发展、环境友好的和谐发展。

对于电力工业的未来,史老充满信心。他认为,在一个电子信息时代,智能将逐渐成为工业发展的主流,那么电力是不可或缺的,同时其自身也可以实现智能发展。电,拉近了人们之间的距离,更将加快社会不断发展的脚步,这或许也是所有电力人的心里话。

成就辉煌 纺织工业成为最具活力的民生产业

——访中国纺织工业协会会长、原纺织工业部副部长杜钰洲

文章来源:中国工业报　发布时间: 2009年10月27日

人物简介:

杜钰洲,毕业于清华大学建筑专业,早年在湖南常德纺织机械厂任技术员;1973~1985年,任纺织工业部设计院设计室主任、高级建筑师、副院长、院长;1985~1993年,任纺织工业部副部长;1993~1998年,任中国纺织总会副会长、党组副书记;1998年7月~2001年1月,任国家纺织工业局局长、党组书记;2001年2月至今任中国纺织工业协会会长;第十届全国政协委员。

百姓衣着从灰白更替到现在的五彩斑斓,棉布、纺织品从凭票购买到敞开供应和种类极大丰富……伴随着这些变化,我国纺织工业走过了60年风雨兼程路,并逐渐成为我国最具国际竞争力的优势产业,发展成就举世瞩目。而在完成向生产大国、消费大国和出口大国的漂亮转型后,中国纺织工业如今正朝着纺织强国的目标前行。

60年来,纺织工业为共和国的崛起做出了不可磨灭的贡献。正如杜钰洲所言,中国纺织工业的重要地位在于其对国民经济的支柱作用,以及在满足和拉动内需、扩大就业、促进城镇化、参与全球化竞争和为新兴产业创造内需条件等方面发挥的不可替代作用。

为全面梳理纺织工业60年的发展脉络,记者日前专访了原纺织工业部副部长杜钰洲,以期向读者呈现中国纺织工业艰苦奋斗、自强不息的沧桑巨变。

新中国成立后30年
我国初步建立纺织工业体系

中国工业报:新中国成立之初,纺织工业从一穷二白开始起步,基本处于短缺经济时代,纺织品供不应求,一度还实行了凭票供应制度,您能讲述一下当时的情景吗?

杜钰洲:纺织工业在我国历史悠久。早在六、七千年前的新石器时代,我国就已经出现了手工纺织技术。中国古代纺织业曾经创造了辉煌,在两千多年前的汉代,中国产的丝绸经由陆上和海上远销亚欧各国,成为古代中国与世界各国经济、文化交流的重要载体。近代纺织工业又成为我国工业化的先驱产业,动力机器丝纺织、毛纺织和棉纺织

业均起源于清末的洋务运动，并在随后动荡的社会环境中艰难发展。

直到1949年，中国纺织工业才拥有了稳定的外部环境和不竭的内生动力。当时，全国纺织工业只有500万棉纺锭、13万毛纺锭、9万绪缫丝的加工能力，主要集中在上海、青岛、天津等沿海地区。

1950年以后，纺织工业开始进行有计划、按比例的建设，依照“就原料、就市场、就劳力”的原则，在华北、华中、西北一些主要产棉地区，新建了一批棉纺织厂。在7年左右的时间里，建成了北京、石家庄、邯郸、西安、咸阳等新兴纺织工业基地，逐步改善了整体的工业布局。经过几十年的发展，纺织工业已经遍及全国各省、市、自治区，形成了以东部沿海地区为主，逐渐向中、西部地区扩散、转移的产业区域分布格局。

纺织工业肩负着满足全国人民穿衣和其他纺织品需求的重任，与国内消费市场联系紧密。新中国成立后的30年，中国纺织工业从小到大，逐渐成长为棉、毛、麻、丝等各种纺、织、印染加工能力综合发展的工业行业。其间，布票的出现和消失就是我国纺织业飞速发展的一个缩影。

改革开放以前，我国基本处于短缺经济时期，纺织品供不应求。1949年，全国人均布产量只有7尺，约合2.3米，不够一个成人做一套衣服，连一床被子也做不了。1954年，开始实行居民布票制度，即限量供应。经过20多年的发展，到1977年我国棉布产量突破100亿米，纺织品供应状况明显好转。1982年，国内棉布产量达到153.5亿米，基本满足了人民需要。

值得一提的是，新中国成立后，我国纺织行业职工队伍不断发展壮大。纺织就业大军从1949年的76.8万人增加到1978年的311万人，全行业为国家提供的利税占财政收入的比重，从1952年的3.8%上升到1978年的14%，出口占全国的比重从1952年的5.2%上升到1978年的29.1%。可以说，新中国成立到改革开放前，是中国纺织工业自力更生、艰苦奋斗，初步建立起完整工业体系的30年。

改革开放30年
持续高速发展成就纺织工业大国

中国工业报：改革开放以后，纺织工业实现了持续高速发展，中国一举成为世界最大的纺织生产国、消费国和出口国。在您看来，改革开放究竟为纺织行业带来了怎样的机遇？

杜钰洲：从改革开放到20世纪末，是纺织工业持续高速发展，进而建设成为纺织大国的重要时期。尤其是到1983年12月1日，实行了整整30年的凭票购买棉布、棉絮的供应制度退出历史舞台，这是改革开放新时期结束短缺经济，以及人民群众过上温饱、小康生活最早、最有力的佐证。

中国的改革从农村开始，但是中国人民的形象改变是从穿衣戴帽开始。20世纪80~90年代，在基本解决了温饱问题的基础上，人们的衣着消费开始从数量满足向品质要求发展，90年代开始又提升到对审美的追求上。

改革开放后，中国纺织工业发展壮大的重要标志就是纺织专业市场的形成，并在20世纪末完成了向世界最大的纺织生产国、消费国和出口国等三个“纺织大国”的转变。可以说，改革开放给中国市场经济带来的深刻变化，在纺织工业得到了生动、完整的体现，使中国纺织服装行业成为最有活力的民生产业。

尤其在1998年亚洲金融危机期间，中国纺织工业面临内外双重压力：在国内，纺织行业实施压锭减员，进行调整重组；在国际市场，亚洲金融危机带来了强烈的冲击，他国货币纷纷贬值。正是由于人民币的坚挺，这场危机才没有继续恶化和蔓延，可以说中国挽救了世界经济。

改革开放以来，纺织工业生产力实现了迅猛发展。从1978年到2007年，我国化纤产量从28.5万吨增至2389万吨，纤维加工总量从276万吨增至3500万吨。2008年，我国纱产量达到2149万吨，布产量为5277267万米，纺织行业规模以上纺织企业完成工业总产值21272.55亿元，人均产值达到32.41万元；我国规模以上纺织企业超过4万家，直接就业人口为2100万人，间接就业人口达到1亿人。

有一组数据显示：改革开放后30年，纺织工业规模以上企业共实现利税超过1.3万亿元，是改革开放前30年利税总额的6.5倍，为支持国民经济发展积累了大量资金，做出了突出贡献。

纺织工业也是我国融入全球化、最具国际竞争优势的产业。自1983年纺织工业满足国内市场需求、放开供应之后，就开始大踏步走向国际市场，为我国国际收支平衡、扩大贸易结余做出了不可替代的贡献。1978 年，我国纺织品服装出口 24.31 亿美元，占世界的 3.5%。2008 年纺织品服装出口则达 1896.24 亿美元，占世界的 30%，比 1978 年增长了 77 倍。1981~2008 年，纺织品服装贸易顺差比全国货物贸易顺差总额还高出 0.3%。

进入新世纪
中国纺织工业步入黄金发展期

中国工业报：进入 21 世纪，中国纺织经济继续高歌猛进，尤其是在 2001 年加入世贸组织后，中国面临由大变强的发展机遇，您如何评价新世纪以来中国纺织工业的黄金发展期？

杜钰洲：在 20 世纪末期成为生产大国、消费大国和出口大国后，中国在新世纪宣布将建设纺织强国。最近十年，特别是 2001 年加入 WTO 后的 8 年间，是改革开放以来中国纺织工业发展最快最好的时期。

在由大变强的过程中，中国纺织工业面临重大发展机遇：

第一，经济全球化进程加速纺织行业国际化进程。加入世贸组织后，利用 1994~2004 年取消配额的十年过渡期，纺织工业逐渐成为国际竞争优势最明显的产业。纺织行业充分发挥人力资源丰富、产业体系完整等方面的比较优势，更大规模地吸收资金，引进先进技术和管理经验，同时运用国内外两种资源开拓国内和国际两个市场。在引进来的同时，纺织企业还不忘“走出去”。中国纺织业不仅在越南、柬埔寨、印尼等地进行投资，现在又开始进入日本、美国和欧盟市场。例如，我国家纺知名品牌亚光在美国纽约和澳大利亚都占有重要的市场份额，而波司登去年底也在英国开设了两家零售专卖店。

第二，新科技革命不断深化，促进纺织工业向创新型产业发展。加入 WTO 以来，纺织工业加大了在技术进步和提高自主创新能力方面的投入，不断采用先进技术装备改造、淘汰落后生产能力，同时加强引进、消化、吸收、再创新和原始创新，加强产学研合作和产业链集成创新，使产业技术水平和生产效率迅速提高。我国规模以上纺织企业的全员劳动生产率从 2000 年的 3 万元/人/年提高到 2008 年的 8.3 万元/人/年，7 年里提高了近 1.7 倍。

值得一提的是，新型纤维和新型纺织材料的开发应用丰富了产品品种，提高了产品附加值。大量连续化、大容量、自动化、高速化、高效率的纺织装备替代了传统设备，提高了生产效率和产品品质。2000~2007 年，我国棉纺清梳联比例从 29.1%提高到 41.1%，精梳纱比重从 20.6%提高到 26.3%，无结头纱比重从 45.1%提高到 62.8%，无梭布比重从 23.5%提高到 63.9%。2008 年，我国化学纤维的差别化率已经提高到近 40%。

与此同时，纺织清洁生产技术得到大量应用，如短流程前处理工艺、低浴比染色技术、数字喷墨印花技术等，不但使纺织工业节能、减排、降耗和环境治理得到显著改善，而且显著提升了研发能力和竞争力。

为整体推进行业技术进步，纺织工业制定了《纺织工业科学技术进步纲要》，明晰了“十一五”期间行业技术进步的总体目标，提出了需要重点攻关的 28 项关键技术和 10 项成套关键设备。2005、2006 年分别进行了具体的细化和落实，编制了各行业具体攻关项目目录。2008 年，又对《纲要》中的关键技术项目进行了细化、分解、调整和修订，推出了“十一五”纺织行业科技攻关和产业化项目指南。通过《纲要》的逐步实施，许多项目获得了国家相关部门在科研、开发计划方面的支持，一批关键技术实现突破，成效显著。

随着技术水平和创新能力的提高，越来越多的企业从过去的贴牌加工发展到创建自主品牌。现如今，一大批在国内市场上竞争力、影响力强的纺织服装自主品牌脱颖而出。截至 2008 年，纺织、服装行业共拥有 304 个中国名牌产品。与国际品牌本土化相呼应，本土品牌在占据国内大众市场主体地位的同时，国际化进程也明显加快。

“十一五”期间，纺织工业将提高科技贡献率和品牌贡献率作为主要发展思路，提出要在大力推动技术改造和科技创新的同时加大自主品牌的培育力度。在当前国际产业结构调整加速的时期，培育自主品牌有利于国内企业“走出去”，开展跨国资源并购，构建国际营销网络，进而转变纺织外贸增长方式。

第三，全面建设小康社会、扩内需，成为纺织工业由大变强的重要支撑。内需市场是纺织行业得天独厚的优势条件，随着中国经济的发展，国内市场对纺织品消费的需求不断增加。据统计，城市居民人均衣着消费支出已从1981年的67.56元上升到2007年的1042元，农村居民人均衣着支出从1978年的14.74元上升到2007年的192.6元。更何况，在30年的城市化进程中，城市化人口增长了2.52倍（增加4.34亿人口），乡村人口减少了8.7%（减少6879万人）。

据统计，规模以上纺织企业的国内销售比重已从2000年的67%上升到2008年的77%。虽然我国是纺织品服装出口大国，但是在消费、投资和出口拉动经济的三驾马车中，消费一直是纺织行业发展的第一驱动力，未来内需市场对产业发展的支撑作用还将继续加大。这是因为，城镇化进程将提升全国衣着总体消费水平，产业用纺织品等生产用消费将进入高速增长期，国内现代化建设对纺织的产业支撑作用加大，资源环境约束将催生低碳经济和绿色纺织等。

令人欣喜的是，在实现高速发展的同时，纺织工业又好又快的发展模式正在形成。近年来，纺织工业发展更加重视质量效益、劳动生产率、企业社会责任和节能减排，更加关注产业的可持续发展。比如，纺织工业在全国制造业中率先开展了企业社会责任建设工作。从2004年开始，纺织工业推出了国内首个社会责任管理体系——中国纺织企业社会责任管理体系（简称CSC9000T），并在国内企业、产业集群进行系统化地实施。

迄今为止，纺织工业已经发布了《中国纺织服装行业社会责任年度报告》和《中国纺织服装企业社会责任报告纲要》，在行业内建立企业社会责任报告制度，同时与国际机构、公司开展社会责任交流与合作，在国际产业链推广CSC9000T。纺织工业开展的企业社会责任建设工作，不仅提升了行业的内在竞争力，而且推动了国内企业社会责任的建设进程，在国际上树立了我国纺织工业的良好形象。

60年成就斐然 成就纺织生产、消费和出口大国

中国工业报：正如您所讲述的那样，新中国成立以来，纺织工业不仅摆脱了一穷二白的窘境，而且完成了向纺织生产、消费、出口大国的转变。回顾60年风雨历程，作为中国纺织工业成长的见证者，您认为中国纺织工业60年发展的巨大成就可以从哪些方面得到体现？

杜钰洲：如今中国已经成为世界最大的纺织品服装生产国、消费国和出口国，纤维加工量超过全球纤维加工总量的四成以上，纺织出口额占到全球纺织品出口贸易的四分之一，人均纤维消费量远远超过世界平均水平。纺织工业60年的发展成就，可以从如下几个层面得到生动体现：

第一，产业规模迅速发展，产业链和产品结构不断完善。

新中国成立以来，我国纺织工业规模不断扩大，特别是改革开放以后实现了加速发展，纺织产品产量显著增长。多年来，我国棉纱、棉布、呢绒、丝织品、化纤和服装等主要纺织产品生产量稳居世界第一位。纺织工业纤维加工总量从1978年的276万吨、占世界的10%，发展到2008年的约3503万吨、超过世界纤维加工总量的40%。

在产业规模迅速扩张的同时，纺织产品的应用领域不断扩大，从传统的服装领域扩展到家纺和产业用纺织品消费领域，且三大消费领域的最终产品均取得了长足发展。其中，家用纺织品已经占到近三分之一，产业用纺织品近几年发展迅速，应用范围已扩大到航空、航天、水利、农业、交通、医疗等众多领域，年均纤维消费量约600万吨。

发展到今天，我国纺织工业产业链逐步完善，产品日益丰富，已经形成从天然纤维与化学纤维、纺纱、织造、非织造、针织、染整到服装、家纺、产业用品、配套产品等上下游相互配套，纤维、纤维制品生产与纺织机械制造协调发展的产业链体系，具备了世界上独一无二的整体产业优势。

第二，纺织工业作为国民经济支柱产业、重要的民生产业和国际竞争优势产业的历史作用十分突出。

纺织工业属于传统支柱产业，也是重要的民生产业。可以说，中国纺织工业的发展与工业化、城市化进程一脉相承。改革开放30年来，我国纺织工业就业人数持续上升。1978年规模以上纺织工业直接就业人数337万人，2008年规模以上及规模以下纺织就业人数超过2000万人，其中约80%来自农村转移劳动力。不仅如此，纺织工业每年还要消化国内农业提供的棉、毛、麻、丝天然纤维近

1000万吨，惠及1亿农民，在增加农民收入、解决“三农”问题方面发挥着特殊作用。

第三，市场化起步早，国际化程度高。

改革开放以前，纺织工业作为关系到国计民生的产业，实行严格的计划经济。像棉花、羊毛、蚕茧等主要纺织原料实行统一收购、统一经营、统一分配，纱、布等主要纺织产品实行计划生产、商业统购和包销，主要纺织原料进口和纺织品出口由国家指定公司垄断经营，实行许可证和配额管理。

改革开放以后，我国纺织产品逐步取消了统购、包销，企业逐步成为市场主体，并取得内外销经营自主权。而纺织工业以市场配置资源为基础，按照市场经济体制运行。

从20世纪80年代后期开始，纺织工业投资主体日趋多元化，民营资本、外资大量进入纺织工业。到20世纪90年代后期，国有资本加速从纺织行业退出，非公有制经济快速发展，形成了多种所有制经济共同发展的新局面。

特别是近10年来，外资加速进入纺织产业。目前外资企业在我国纺织工业中的作用越来越大，占到我国纺织生产和出口的三分之一以上。统计数据显示：在纺织工业实收资本中，国有资本占比从1978年的93.71%下降到2007年的4.93%，集体资本占比从1978年的6.29%下降到2007年的2.58%；个人资本从1998年的1.72%上升到2007年的28.67%；港澳台和外资比重1978年为零，2007年迅速提高到37.24%。

在外资加速涌入的同时，我国纺织品市场的国际化进程也在加快。1985年以前，纺织工业以满足国内市场需求为主，出口规模较小。随着纺织工业开始实施“以扩大纺织品出口为重点”的战略转移，北京、天津、大连等沿海12个重点出口城市均设立了出口基地，纺织品出口显著增长，很快成为我国第一大类出口创汇产品，为我国国民经济建设提供了大量的外汇资金。

从1995年开始，我国抓住全球纺织品服装贸易逐渐自由化的发展机遇，一直保持世界第一大纺织品服装出口国的地位。进入新世纪以来，随着国际纺织品贸易的自由化，以及中国加入WTO，我国纺织工业出口竞争力大幅提升。2001~2008年，我国纺织品服装年均增长速度高达19.55%。

改革开放30年来，我国纺织品服装累计出口13735亿美元，贸易顺差为10951.82亿美元，比同期全国贸易顺差总额高出1.26%。以纤维制品为例，其出口额从1978年的24.31亿美元，占世界的3.5%，上升到2008年的1896.24亿美元，约占世界的30%，30年里增长了77倍，年均增长率为15.63%。与此同时，出口产品结构也不断优化。改革开放初期，纺织品与服装的出口比例为7:3，如今这一比例为3:7，服装等产成品已经占据主导地位。目前纺织品一般贸易比重达到69.51%，比全国一般贸易比重46.38%高出23.13个百分点。

解决纤维资源不足难题
60年打造世界化纤工业大国

中国工业报：中国是人口大国，要满足十几亿人口不断增长的衣着消费需求，必须自力更生解决纤维资源不足的问题。伴随着纺织工业的大发展，化纤工业也在不断崛起，那么化纤工业选择了什么样的发展模式？

杜钰洲：中国人口多耕地少，农村人口人均耕地面积0.2公顷左右，在保证粮食安全的前提下，每年用于棉花的耕地始终没有超过全部耕地面积的4%。尽管棉田的单产在60年发展中大幅提升，但至今也只占我国全部纤维使用量的22%。

新中国成立后不久，为真正解决人民群众的穿衣问题，国家首先恢复了安东化纤厂和上海安东人造丝厂的生产。20世纪50年代末又从前东德引进粘胶长丝技术建设保定化纤厂，引进尼龙长丝生产技术和设备建设了北京合成化纤实验厂。尽管如此，当时总产量仅达1万吨，远远无法满足纺织工业发展的需要。于是，从20世纪70年代开始，党中央国务院决定建设上海金山、辽阳化纤、天津化纤、四川维尼纶、仪征大型现代化化纤生产基地。

在化纤业50余年的发展历程中，近20年的发展尤为迅速，使中国化纤业发生了翻天覆地的变化，形成了品种较为齐全、结构基本合理的完整工业体系，为我国纺织工业发展做出了基础性的重大贡献，也同时使我国崛起为世界化纤大国。

纵观世界现代化纤工业发展史，欧美发达国家曾经是化学纤维的鼻祖和主要供应中心，但是目前其在全球市场的比例已经由原来的44%下降到

23%，而以中国为代表的亚洲发展中国家后来居上。目前，亚洲发展中国家整体产能产量已超过欧美，所占比重达到60%。世界化纤生产的重心已由欧美转移到亚洲，这是亚洲发展中国家在化纤领域实现"后发先至"的代表。

上世纪50年代初期，全国化学纤维总生产量仅为1000吨左右，而且大部分为嫘萦纤维素纤维。2008年，全国化纤总产量超过2400万吨，占到世界化纤总产量的一半以上，是1980年产量的50多倍，平均年增长率超过15%，成为不可替代的化纤生产大国。

同时，化纤逐渐成为我国纺织行业的主要原料，差别化、功能性化纤产品不断增加，差别化比例从改革开放初期的10%提高到近年的40%，大幅提高了我国纺织面料质量水平、花色品种和附加效益。

化纤产品的应用领域也从满足一般性纺织品服装的原料需求，逐渐拓展至为国防建设、航空航天和工业化建设等领域提供先进的纤维材料。目前，我国实现产业化的高性能化纤产品主要包括间位芳纶、高强高模聚乙烯、芳砜纶、粘胶基碳纤维等，这些高新化纤材料已经应用于航空航天、环境保护等领域，成为我国纺织行业现代化、高科技化的代表产品。

事实上，我国化纤工业的技术进步经历了从引进消化吸收到自主创新的过程。世界化纤工业发展已有百年历史，而我国化纤工业发展至今不过50余年，其科技进步的捷径就在于引进消化再创新。早期，我国通过引进技术、进口装备(成套设备、生产线)建设自己的化纤工业。在引进技术的基础上，我国进行消化吸收再创新，从研究开发到工业化试验，再到自主建设，逐步走向技术和设备的国产化。尤其是近十年来，我国化纤工业的技术进步明显加快，成套新型工艺技术、装备水平快速提升，以聚酯、涤纶为代表的自主研发新型工艺和大型装备国产化技术，以及"交钥匙"工程的推广应用，显著提升了国内产业的技术水平。

如今，我国已经具备了大规模开发聚酯生产的能力。"十五"期间，我国大型国产化聚酯工程成套装置与技术及配套直纺长丝设备工艺与工程，在技术上达到国际先进水平。同时，建设周期缩短了一半，单位生产能力投资仅为"八五"期间投资的1/10左右，单位产品运行成本降低20%左右，产品竞争力明显增强。

整合资源提升竞争力
特色纺织产业集群渐成主力军

中国工业报：众所周知，纺织行业中小企业众多，企业布局比较分散，这在一定程度上削弱了行业的综合竞争力。令人欣慰的是，近年来纺织产业集群作为一种新生事物如雨后春笋般蓬勃发展起来，您如何评价纺织集群的产生、作用和发展前景？

杜钰洲：纺织行业是我国最早实施市场化的行业之一，受劳动力资源丰富、技术进入门槛低、市场竞争充分等因素影响，形成了行业分布较为分散、中小企业占绝对多数的布局。在全国纺织行业规模以上企业中，中小企业占99.5%。尽管大量规模以下的小企业、个体户不在统计范围之内，但它们对现阶段我国多层次经济结构的构成仍发挥着无可替代的作用。

1992年邓小平同志南巡讲话后，中国纺织乡镇企业开始异军突起，推动了城镇化进程。改革开放以来，随着集体和民营纺织经济的高速发展，各地陆续形成了众多纺织企业相对集中、产品特色明显的纺织产业集群地区。在市场竞争机制的驱动和宏观引导下，纺织产业集群不断向社会化层次升级，其整体规模效应日益增强，弥补了广大中小企业较为分散的弱势，提升了共同竞争力。

通常来讲，纺织产业集群是我国纺织行业在市场配置资源发挥基础作用的条件下，社会资本、人力资本和产业支撑体系基于产业特点、地域特点与网络特性的比较优势，所形成的新型产业结构组织。它是生产要素跨地区市场配置、城镇化速度加快、区域经济活力增强、比较优势得到充分发挥，以及对外开放的必然产物。

基于社会主义初级阶段的历史特点，以县镇区域经济为主的纺织产业集群地区，活力更盛、发展更快，不仅在数量、规模等方面大幅增长，而且产业水平也日渐提升。一些优秀集群地在自主创新、技术进步、公共服务体系和社会责任建设等方面都取得了明显成效。

对我国纺织产业来说，产业集群的持续健康发展具有重要的战略意义,已经成为影响行业持续、快速、健康发展的关键。可以说,纺织产业集群已经成长为我国纺织产业竞争力的重要军团。

为引导纺织产业集群的健康有序发展,中国纺织工业协会从 2002 年开始在我国陆续开展纺织产业集群试点工作,第一批选择了 38 个县、镇。到 2008 年,先后有 6 批共 145 个纺织产业集中的县(市、区、镇)成为试点地区,并获得了中国纺织产业基地市、县或纺织产业特色名城、镇的称号。这些纺织产业集群分布在全国 15 个省区,主要以长江三角洲、珠江三角洲和环渤海三角洲三大经济圈为辐射中心,经济总量超过了全国纺织经济总量的 40%,加上其他纺织产业集中的副省级、地市级区域,如深圳市、杭州市、宁波市、温州市、郑州市等,集群经济已占全国纺织经济的 70%以上。在一些中西部省区的贫困地区,纺织产业集群成为当地发挥资源优势、脱贫致富的重要手段。

我国纺织产业集群大都以县、镇区域经济为主,以“一镇一品”、“一县一业”为重要特点,产业特色非常鲜明,配套相对完整,生产及公共配套成本较低,规模效益明显。产业集群以特色产品为依托,以生产企业、专业市场、品牌产品为核心共同打造区域特色。以家纺行业为例,截至目前,经中国纺织工业协会评定,家纺行业共有以床品、布艺、绣品、毛巾、植绒、毯类等为特色产品的 10 余个产业集群。这些家纺产业集群多数集中在东南沿海乡镇地区,每个集群产值收入一般在 100 亿元以上,总体增长幅度高于行业平均水平。同时,由于产业集群内产业链配套逐渐完整,使集群内小企业的优势得到进一步发挥,形成了小企业大群体、小产品大产业的发展格局。服装、针织、毛纺、丝绸、麻纺、化纤、纺机各行业都有大批生机勃勃的产业集群,成为当代中国产业组织形式的特色。

当然,随着我国纺织产业集群的持续发展,注重创新成为各集群地的关注所在。各产业集群在产业公共服务平台与支撑体系建设、区域品牌建设和产业园区建设等方面投入了更多资金,并加大了管理力度。社会资源与区域宏观资源相结合推动着纺织产业集群区域竞争力的提升,使其进入更快的发展轨道。例如,广东西樵纺织产业创新平台自 2003 年 9 月建设以来,先后启动了产品研发体系、检测和质量认证体系、教育和培训体系、信息化服务体系、电子商务和现代化物流配送体系建设,促进了产业技术创新和优化升级。西樵推行的产业升级做法被称为“西樵模式”,受到了业界的肯定,并成为全国纺织产业集群学习的示范平台。

蓄势待发
产业升级是纺织工业发展新使命

中国工业报:2008 年下半年以来,百年一遇的国际金融危机突然来袭,作为最具国际竞争优势的纺织行业首当其冲地遭遇了沉重的打击,运行低谷何时见底尚无定论。您认为,中国纺织工业从这场金融危机中学到了什么?在后金融危机时代,中国纺织工业的可持续发展又将何去何从?

杜钰洲:当前这场席卷全球、史无前例的国际金融危机给世界经济造成重大冲击和损失,我国纺织工业也不例外。在国际市场需求持续走低的情况下,2009 年来纺织工业出口出现下滑,企业效益下滑,就业减少,两极分化严重,形势严峻。

但是,由于我国宏观经济的基本面在中央一系列重大方针政策指引下,始终保持了稳定增长态势,纺织工业经过多年的发展和调整,具备世界上最完整的产业链和很强的加工配套水平,应对市场风险的自我调节能力不断增强,国际竞争优势依然十分明显。尽管世界纺织贸易以 10%的降幅在萎缩,但我国在世界市场的份额仍有所增加。内需的增长成为纺织业应对危机企稳回升的坚实保障。从整体上看,我国纺织工业前景依然看好。

通过应对百年一遇的金融危机,中国纺织工业更清醒地认识到,这场危机过后绝不是简单地恢复,一定是世界范围更深刻的结构调整。金融危机成为经济全球化和新科技革命深化条件下世界经济,包括产业经济新结构调整的加速剂。从新中国纺织工业所承载的基本国情和面临的时代机遇来看,加速结构调整和产业提升,恰恰是从纺织大国建成纺织强国的关键。

新时期纺织工业的总体发展方向,就是从纺织大国建成纺织强国,其核心是落实科学发展观,转变发展方式,在更高的水平上承担在全面建设小康社会阶段的国民经济支柱作用、重要的民生产业作用,以更强的国际竞争力参与国际竞争。

面对金融危机，为把产业结构调整与转变发展方式、保持中长期又好又快发展结合起来，国家推出了《纺织工业调整和振兴规划》，为今后几年纺织工业的发展指明了方向。具体任务包括：稳定纺织工业国际市场份额，扩大国内市场消费需求，以自主创新、技术改造、淘汰落后、优化布局为重点，推动纺织工业结构调整和产业升级，巩固和加强纺织工业就业惠农的支撑地位，推进我国纺织工业实现由大到强的转变。

具体来说，纺织工业转变发展方式，就是要实现五大转变：从依靠劳动力比较优势向创新驱动转变；从资源消耗依赖型向资源节约型转变；从牺牲环境向环境友好型社会转变；从传统粗放型组织结构向现代集约型组织结构转变。积极跨国配置资源，扩大国际合作；从市场秩序不够完善向更加完善的市场秩序转变。

上述五大转变是金融危机下加快纺织产业升级的重要步骤。现阶段，中央的大政方针和一系列扶持政策正在发挥作用，纺织行业已经从今年3月份开始企稳回升。一方面，我国逐渐稳住了国际市场份额，其中在美国市场的份额上半年上升了3个百分点；另一方面，行业技术进步、结构调整明显加快。值得欣喜的是，目前由于订单量大幅增加，东部沿海地区已经出现了招工困难的现象，这充分说明行业大形势正在逐步好转。

相信在中央“保增长、扩内需、调结构”的大政方针指引下，纺织工业必将加快结构调整，形成可持续发展机制，走上一条科技含量高、经济效益好、资源消耗低、环境污染少、人力资源得到充分发挥的新型工业化发展之路，实现从纺织大国向纺织强国的转变。

记者手记：

纺织工业成就了工业化和城镇化

不止一次听说，杜钰洲拥有一种独特的艺术家气质，精通多项才艺。虽然记者曾经多次在不同场合见过杜老，但是面对面的专访还是第一次。在整个专访过程中，杜老始终面带笑意，娓娓道来。

回顾纺织工业60年的发展历程，杜老始终站在整个行业的宏观层面阐述纺织工业的变迁与成就，列举了大量的数字，但很少谈及个人的成绩。于是，记者忍不住抛出了一个相对私人的问题：请他评价一下自己在纺织工业系统奋斗的心路历程。

本以为杜老会就着记者的问题展开自我评价，但他却笑着说：“就我个人而言，只是全国纺织工业战线无数奉献者中的一分子，并没有什么值得骄傲的心路历程。”

回顾自己的纺织生涯，杜钰洲说：“当初毛主席听取汇报时，全国每年增加的棉花只够国民每人做一条短裤，于是国家提出发展四大化纤战略，我就被从湖南调到北京发展化纤事业。”回忆起那段经历，杜老开玩笑说，当时自己始终在玩数量和品质的命题游戏。

事实上，杜老并非纺织专业科班出身，他毕业于清华大学，学的是建筑专业。1985年正式调任纺织工业部副部长一职后，杜老时刻不忘给自己充电，勤奋学习纺织技术、管理和财经等各方面的专业知识。在他看来，就学习方法而言，建筑艺术和服饰艺术、建筑文化和纺织文化是彼此相通的。

杜老一直重视设计，早在1987年就提出“设计是灵魂”的理念，继而又提出了名牌战略，并将品牌构成分为质量、创新、快速反应和社会责任四大要素，提出质量是品牌的生命，创新是品牌的灵魂，快速反应是品牌的活力，社会责任是品牌的道德标准。

在采访中，杜老几次强调说，中国工业化、城镇化与纺织工业的发展进程是一脉相承的，可以说，工业化和城镇化推动了纺织工业，纺织工业成就了工业化和城镇化。“纺织工业的贸易顺差一度达到全国的1.5~2倍，如果没有纺织，全国贸易就是逆差，现在也一样。”据统计，在加入世贸组织后的8年间，纺织行业的贸易顺差几乎等同于全国贸易顺差。

在采访的最后，杜老信心满怀地向记者表示，按照小平同志的设想，在新中国成立100年的时候，中国将建成世界中等发达国家水平，人均GDP达3万美元。在巨大的内需市场和广阔的产业用纺织品市场的共同推动下，中国纺织工业所肩负的历史使命将更加厚重。“但我坚信，中国纺织行业一定能够继续发挥传统支柱产业和重要民生产业的作用，为祖国现代化建设和社会进步、民生改善做出更大的贡献。”

建成世界最大行业体系
工业长子蓄势打造钢铁强国

——访原冶金工业部副部长吴溪淳

文章来源：中国工业报　发布时间：2009年11月12日

人物简介：

吴溪淳，1935年生，辽宁省辽中县人，教授级高级工程师，大学学历，中共党员，曾当选政协第九届全国委员会委员。

1951~1955年在北京钢铁学校炼钢专业学习，1956~1961年鞍山钢铁学院（夜校部）炼钢专业学习；1955年在鞍钢第二炼钢厂任技术员、工程师；1964年在冶金工业部西南钢铁研究院热工室任副主任；1972年在冶金工业部攀枝花钢铁研究院任炼钢室主任；1974~1991年在冶金工业部生产司任副处长、处长、副总工程师、副司长、司长；1991~1996年任冶金工业部总工程师、副部长、党组成员；1994年兼任鞍山钢铁（集团）公司党委书记；1999年起先后担任中国钢铁工业协会会长、顾问。现为中国钢铁工业协会名誉会长。

1949年6月，鞍钢2号高炉流出了新中国第一炉铁水，开启了新中国钢铁工业发展的新篇章。60年沧桑巨变，60年历练成长，如今，中国已成为名副其实的钢铁大国，从1996年超过1亿吨开始，我国钢产量已连续13年居世界第一位。

总结60年的发展成就，原冶金部副部长吴溪淳接受本报专访时用“建成世界最大规模的钢铁体系”来概括。

回首钢铁工业60年走过的道路，吴溪淳感慨万千。从1955年从事钢铁行业工作以来，他没有离开过一天。从企业到部委，再到协会，他亲历了中国钢铁工业大发展的整个过程。吴溪淳这样总结自己的过去：“历史的机遇把我推到了钢铁工业大发展的浪尖上，钢铁工业大发展的时段，正是我主持钢协这几年，舞台很宽阔，人生有这样的机遇很难得。对于我自己来讲，当前特别需要做的是利用自己的知识经验很好地思考今后若干年中国钢铁工业发展如何适应世界潮流。”

以铜为鉴，可正衣冠；以史为鉴，可知兴替。吴溪淳对记者的采访表示很欢迎。“对于我个人而言，在新中国60华诞之际，也确实需要好好地总结60年来中国钢铁工业的发展历程、主要成就和基本经验。”虽然他并不愿意过多地提及个人的经历及当时的心情，但对整个脉络清晰的梳理，仍然让这段尘封的历史显得别开生面、振奋人心。

而在整个采访过程中，吴溪淳并未按记者提供的采访提纲一一作答，而是按照将新中国钢铁工业的艰难创业和辉煌发展阶段娓娓道来。

前30年奠定改革开放发展基础

从1949~1978年，我国钢产量从15.8万吨增加到3178万吨。其中，1953~1957年第一个五年计划期间，钢产量从135万吨上升到535万吨，年均增长31.6%。

第一个五年计划时期，是中国钢铁工业发展史上的第一个辉煌时期。老一代人都非常怀念这个辉煌的时期。在苏联专家的指导下，当时的大型设备制造都是由苏联制造的。也就是说，中国工业化一开始就是高起点的。

第一个五年计划期间，1956年召开的党的第八次代表大会，确定把发展生产力作为第一要务。如果按照党的“八大”提出的生产路线一直搞下去，中国经济在改革开放之前就不会出现那么大的动乱。

三年大跃进一开始由钢铁引起的。以钢为纲，把钢作为工业发展的纲领，提出钢铁翻番的目标。1957年产量的535万吨，提出的目标是1070万吨。全国人民把1070看成很神圣的东西，全国人民都为之奋斗，连时任全国人民代表大会常务委员会副委员长的宋庆龄都在家里的后院支起炉灶炼钢。

当年的《人民日报》还曾报道过这件事：全国人民代表大会常务委员会宋庆龄副委员长十分关心钢铁生产。在她的建议和鼓励下，和她在一起工作的人员在她住宅的小花园里砌起一座炼低温钢的炼钢炉。宋庆龄经常亲临现场指导，并参加劳动。

这支炼钢队伍，每天早上6时开始，一直炼到夜晚。产量最高的一天，七个人炼出了155公斤钢。大家的手上磨起了血泡，腰也累得直不起来了。宋庆龄知道了这个情况，亲自到炉前去鼓励大家坚持下去，不要半途而废。她说：炼钢也是炼人，炼出了钢，人也受了锻炼，可以得到两方面的收获。宋庆龄还到炉前，亲自为他们掌钳，让年轻人抡起铁锤在通红的钢铁上锻打。

在农村，百姓把山上的树木砍下来，把木材烧成木炭，然后用木炭炼铁。三年大跃进对钢铁行业而言，绝大多数地方搞小土群（小高炉、土法上马、群众运动），有些地方炼出的不是钢，而是废渣。

1958年开始的三年大跃进和1966年开始的十年文革动乱，使中国钢铁工业发展遭遇了严重挫折，钢铁生产几经徘徊，丧失了宝贵的发展机遇。

1956年毛泽东主席发表《论十大关系》，强调从中国国情出发，发挥中央和地方两个积极性，走大中小相结合的发展道路，为改革开放后30年的发展奠定了重要基础。

改革开放前30年中，最主要的成就是建成了“三大（鞍钢、武钢、包钢）、五中（太钢、重钢、马钢、石景山钢铁厂、湘钢）、十八小（邯郸、济南、临汾、新余、南钢、柳州、广州、三明、合肥、长城特钢、新疆八一、杭州、鄂城、涟源、安阳、兰州、贵阳、通化）”，以及攀枝花、酒泉、水城等钢铁企业，初步形成了基本完整的钢铁工业体系，并在国家经济生活处于十分困难的情况下，于1974年开始建设武钢1.7米热连轧和冷连轧机及其配套工程，拉开了中国钢铁工业进行现代化改造的序幕，为改革开放之后的发展奠定了基础。

我国1978年生产3178万吨钢，人均产钢只有33公斤，是当年世界平均水平的五分之一。当年我国消费钢总量的28.8%靠进口，用掉了国家三分之一的外汇。对于国家来说，当时的钢铁业是一个沉重的负担。

虽然说中国钢铁业的发展主要靠后30年，但没有前30年奠定的基础，就没有后来的辉煌。

打开国门向市场经济过渡

这一阶段是改革开放的初期阶段，是从计划经济体制向市场经济体制的过渡阶段。首钢创造了生产经营承包责任制的经验，钢铁行业找到了一系列调动职工积极性的改革方法，逐步减少指令性计划，扩大市场调节比例，政府对企业放权让利，钢铁企业指令性计划也从1978年的100%减少到1992年的20%。

1979~1992年，我国钢产量从1978年的3178万吨增加到8093万吨。1983年、1986年、1989年、1991年钢产量分别突破4000万吨，5000万吨，6000万吨和7000万吨。在普遍实行承包制情况下，1992年钢铁企业留利占当年实现利润总额的56%，企业更新改造资金来源的25.5%来自企业留利。钢铁工业年均收入由1978年的不到500元提高到1992年的3800元，企业生产经营活力显著增强。

这一阶段最重要的是打开国门，对外开放，利用外资，引进先进技术装备和管理方法。

这一时期我国建设了现代化的上海宝钢和天津大无缝钢管厂，一个是中国最大最现代化的钢铁联合企业，另一个是当时世界最大的现代化无缝钢管生产企业。

这一时期我国钢铁企业利用外资60多亿美元，引进700多项先进技术，缩小了与世界先进水平的差距。

初步建立社会主义市场经济体系

1993~2000年我国社会主义市场经济体制建立的初期阶段，也是钢铁工业建立和完善市场体系的阶段，钢产量从1992年的8093万吨上升到2000年的12850万吨。

1992年党的十四大确定了在我国建立社会主义市场经济体制的目标。钢铁最先被推进市场。

1993年国家基本上取得了钢铁产品的指令性计划（军工和铁路用钢除外），结束了钢材价格的双轨制，企业完全根据市场需求决定生产销售和价格，各地钢材市场迅速发展。钢铁企业实行政企分开，进行建立现代企业制度改革，加快股份制改造。

到2000年，我国钢铁上市股份制企业达到27家，特大型钢铁企业走上了股份制改革的发展道路，钢铁生产的主力军成为市场经济的主体。

这一时期钢铁企业完成了国家提出的从1998年开始的国有企业三年脱困目标，采取了三大措施：一是全面清理三角债（1995年全行业应收账款高达970亿元，应付账款400多亿元）解决资金链断裂问题；二是推广武钢精干主体、分离辅助经验，解决企业办社会的沉重负担问题，推广邯钢模拟市场核算、实行成本否决的经验，解决企业进入市场转换经营机制问题；三是国家从财政政策上实行债转股改革，解决资产和债务统一所有权问题，卸下企业沉重的利息负担。同时，实施国家贴息贷款，帮助企业加快技术改造，解决企业装备落后问题。

这一阶段是我国钢铁工业技术引进最多，技术进步最快的阶段，吨钢综合能耗下降56.4%，反映钢铁工业技术水平的重要指标连铸比由30%上升到87.3%。自1996年超过1亿吨后，我国钢产量稳居世界产钢第一至今。2008年，粗钢产量达到5亿吨，占全球产钢量的38%，直接出口钢材钢坯6046万吨，进口钢材钢坯1562万吨，占世界钢铁贸易量的15%。

行业与国民经济共同进入发展快车道

党的十六大提出到2020年我国GDP要比2000年翻两番的宏伟目标，钢铁工业跟随国民经济发展进入了快速发展轨道。

2001~2007年，我国国民经济和钢铁工业都进入了快速增长阶段。这一阶段是多种所有制钢铁企业共同发展的阶段。非国有钢铁企业迅速发展。2007年非国有钢铁企业产钢量占全国钢产量的40%，接近2亿吨。股份制企业上市公司增加到39家，营业收入占全行业的50%以上。

从2003年开始，我国GDP年增长率连续5年增长在两位数以上。国内生产总值从2000年的89403.6亿元上升到2007年的257305.6亿元，增长2.87倍。同期，钢产量从12850万吨上升到48929万吨，增长3.8倍。2007年的钢产量中直接出口钢材和钢坯折合粗钢7306万吨，另外通过机电产品出口带走的钢（间接出口）约5000万吨，两项合计约占钢产量的四分之一。

钢产量2003年突破2亿吨，2005年突破3亿吨，2006年突破4亿吨，2008年突破5亿吨。2003~2007年，我国钢产量连续5年年均增长6138万吨，由2003年净进口钢材钢坯折合净进口粗钢3655万吨，到2006年我国净出口钢材和钢坯折合粗钢净出口3463万吨，2007年进一步上升到净出口5487万吨，实现了历史性的转折，结束了100多年来靠净进口钢材和钢坯发展经济的历史。

钢铁工业的快速发展不仅支撑了我国经济的快速发展，而且在2006~2007年还支持了世界经济的较快发展。

转变发展方式启动产业调整和振兴

从2007年党的十七大以后，2008年开始，我国钢铁工业进入了新发展阶段，即转变经济发展方式的产业调整和振兴阶段。

这个新阶段要全面贯彻党的十七大精神，以邓小平理论和“三个代表”重要思想为指导，深入贯彻落实科学发展观，按照保增长、扩内需、调结构的总体要求，统筹国内外两个市场，以控制总量、淘汰落后、企业重组、技术改造、优化布局为重点，着力推动钢铁产业结构调整和优化升级，切实增强企业素质和国际竞争力，加快推动钢铁产业由大向强的转变。

到2011年，钢铁产业粗放型发展方式要得到明显改变，技术水平、创新能力要再上新台阶，综合竞争力显著提高，支柱产业地位得到巩固和加强，步入良性发展的轨道。

要达到国务院要求这一振兴目标，任务十分艰巨，全行业必须认真做好钢铁产业调整和振兴规划中提出的八项任务，即保持国内市场稳定，改善出口环境；严格控制钢铁总量，加快淘汰落后；促进企业重组，提高产业集中度；加大技术改造力度，推动技术进步；优化钢铁产业布局，统筹协调发展；调整钢材品种结构，提高产品质量；完善进口铁矿石价格形成机制，整顿市场秩序；开发国内外两种资源，保障产业安全。

2008年9月爆发的国际金融危机对世界经济今后的发展格局将产生深远的影响，世界经济结构也孕育着深刻转型。国际金融危机给我国经济带来的最大影响是外需急剧下降，出口面临很大困难，部分行业产能严重过剩，产品价格下滑，原料价格上升和企业生存压力增大等。随着国民经济发展方式的转变，我国内钢铁市场也将出现新变化，这就需要加强对国际国内钢铁市场变化的深入研究，及时调整发展思路。

建成世界最大规模的钢铁体系

1955年中国钢产量只有285万吨，到2008年，已发展到5亿吨。亲历钢铁行业由需求不足到产能过剩，吴溪淳很庆幸自己一天都没有离开过钢铁行业。国家三线建设时期，冶金工业部建设西南钢铁研究院，他被调任去组建炼钢研究室；1964年在冶金工业部西南钢铁研究院热工室任副主任；1972年在冶金工业部攀枝花钢铁研究院任炼钢室主任，攀钢开工建设炼第一炉钢的时候，他亲临现场。总结新中国钢铁行业60年的发展成就，他无疑是最有发言权的人。

谈及成就，人们通常会用若干个“第一”的排比句来举证。而吴溪淳却认为，钢铁行业的发展成就最主要体现在“建成了世界最大规模的钢铁体系”。

产业规模扩大、结构优化升级，产品品种优化、技术升级……经过60年的发展壮大，中国的钢铁工业不仅支撑了中国经济的快速发展，而且支持了世界经济的较快发展。而这一系列的成就很难在一篇文章里一一罗列。

“关于技术进步，用两个小时也说不完，因此只能高度概括。”吴溪淳着重强调了成就的几个方面。

第一，我国建立起世界规模最大的钢铁生产体系，有力支撑了我国经济的快速发展和综合国力的日益强大，这也是我国钢铁工业发展取得的最显著的成就。

2008年，我国国内生产总值达300670亿元，年生产钢5亿吨，国内表观消费钢4.53亿吨。2003年开始的连续5年经济的两位数增长，如果没有钢铁工业的相应增长是不可能实现的。5亿吨钢是日、美、俄、印度、韩、德、乌克兰、巴西等世界产钢第二位至第九位八个国家产钢之和。2008年我国净出口钢4763万吨，如果是净进口4763万吨，世界各国将不能满足我国的需要。2008年除中国外，世界其它地区合计产钢8.26亿吨。

2001年中国商品房屋施工面积为77213.5万平方米，2008年商品房屋施工面积高达274149万平方米，建筑规模增加近20亿平方米。如果没有钢铁供应能力的增长，房屋施工的发展速度也是无法实现的。

改革开放前30年中国只生产3亿多吨钢，改革开放后30年生产了42亿多吨钢，促进了工业化、城镇化步伐的加快和对外贸易的较快增长。

第二，钢铁产品品种扩大、质量改善和供给能力增强，支持了装备制造业的迅速发展。钢材国内市场占有率从1978年的71.2%上升到2008年的97.14%。

第三，钢铁工业的技术装备在国际上的总能力已名列前茅，成为世界上钢铁工业设计和设备制造、施工建设综合能力最强的国家之一。我国用不到三年的时间自行设计、制造、建设了鞍钢营口鲅鱼圈沿海钢厂和首钢曹妃甸沿海钢厂两个现代化的大型钢铁联合企业，且设备90%以上是自主制造。

第四，行业技术进步步伐加快，大大缩小了与世界先进水平的差距。随着技术装备水平的提高，工艺优化，企业技术创新和管理创新，钢铁工业各项技术经济指标有了很大改善，与发达产钢国的距离大大缩小，大中型企业的很多指标已接近、达到甚至超过发达产钢国的水平。而且，还培养造就了一支强大的生产、技术、管理人才队伍。

60年发展得益于三大要素

60年的跨度很大，需要总结的东西很多。吴溪淳强调，在回顾发展历程中，不要忘记当今世界是经济全球化日益发展的时代，科技进步与资源的高效利用是推动全球化经济发展的基本动力，考虑中国事情离不开世界，要有长远眼光，要从全球角度考虑问题。

金融危机后，世界各国都在大调整，都在反思自己的过去，都在反思虚拟经济与实体经济，消费与积累，对外开放与贸易保护等各种关系的处理，然后寻找新的经济增长点。

总结钢铁行业60年来发展的基本经验，吴溪淳重点强调了三个重大要素：一是坚持改革开放和市场经济体制是中国钢铁工业发展的强大动力，也是今后实现由大向强转变的决定性因素。改革开放为钢铁工业提供了广阔的市场，为钢铁工业利用国外先进技术、资金、资源、市场创造了有利条件，也为钢铁企业最大限度调动人的积极性和创新能力提供了体制和机制保证。

二是坚持不断解放思想，不断进行观念创新、制度创新、技术创新、管理创新，是实现钢铁强国的必由之路。我国钢铁工业取得的一切成就和进步，都是解放思想不断创新的结果。解放思想本身是与时俱进的，在每个时期都有不同的内容，解放思想就要跟上发展潮流，永不落后。

三是坚持不断深入研究国情，在科学发展观的指导下准确把握实现工业化、城镇化的不同阶段需要多少钢，需要什么样的钢，需要什么样的钢铁企业，做到发展既不落后也不太超前于市场需求，是今后实现钢铁工业健康发展的关键。

资源与环境成未来发展最主要影响因素

回顾60年来，特别是改革开放后30年来，中国钢铁工业在取得巨大成就的同时，也付出了过大的资源和环境代价。

由于对国情的认识不足，对13亿人要实现小康社会目标对钢铁的巨大市场需求估计不足，制定的发展规划大大落后于实际，以致在宏观调控过程中，管住了大企业的发展，客观上放开了小企业和低水平建设项目的发展，造成了目前的结构性产能过剩矛盾突出和钢铁工业布局不合理，产业集中度低，资源控制能力弱，产业安全缺乏保障等问题的存在，是需要深刻反思的教训。

吴溪淳认为，今后中国钢铁工业的健康发展，取决于能否深入贯彻落实以人为本、统筹兼顾、全面协调可持续发展的科学发展观，走新型工业化道路。把我国钢铁工业打造成资源节约，环境友好，可持续发展，创新能力强，经济效益好，能满足我国全面建成小康社会和实现国家工业化现代化需要，具有较强国际竞争力的现代化产业，是今后的努力方向。而今后钢铁业发展面临很多新的课题，最主要的是资源与环境问题。

资源方面，中国是缺少铁矿的国家，钢铁业需要的原材料一半以上需要进口，要打破国际垄断，还有很多工作要做。在应对气候变化方面，全世界面临发展低碳经济的任务，中国钢产量占世界38%，必须解决发展与环境之间的矛盾问题，走节能减排、充分提高利用资源利用效率的道路。

依靠市场竞争机制解决发展问题

我国钢铁工业要进一步发展，就要解放思想，不断更新观念。有新观念才有新思路，有了新思路才有新的出路。60年过去了，成绩代表过去，今后发展任重道远。

如今，作为钢铁协会的顾问，吴溪淳仍然一刻没有停止思考。中国钢铁业由数量上满足不了需求变成产能过剩严重的行业，解决产能过剩与实现产业升级、结构优化的路子到底怎么走？让他感觉比较头疼和困惑的是中国如何营造市场竞争环境的问题。

钢铁工业发展到今天的动力是市场竞争。而现在中国最缺的依然是竞争。近年来经济的高速发展，导致了竞争的缺失，诸多行业都存在这个问题。这就造成优胜劣汰只在一部分比较早进入市场的行业实现，如轻工行业。而像钢铁这样在国民经济中具有举足轻重地位的行业，政府的管理始终缺少一个通过市场竞争实现淘汰落后的环境。从行业发展历史阶段看，前期国内需求旺盛，后期国际需求旺盛。金融危机来了，国际市场需求大幅下滑，而国内政策又倾向于刺激消费，这样市场又失去了淘汰落后的动力。

在吴溪淳看来，今后，如何实现依靠市场竞争机制解决钢铁行业发展的问题，是政府亟须思考的问题。如何创造公平的市场竞争环境，是钢铁行业发展很重要的课题。

中国经济实现转型后，中国钢铁业将面临以满足内需为主，那么，内需是什么？要回答这个问题需要考虑两个方面的因素，一是城市化，二是工业化。也就是说，要认真分析，今后一段时期内，我国经济将出现哪些重大变化，这个问题清楚了，钢铁市场的问题就清楚了。这其中最关键的仍是要使思想符合实际。也就是说，只有不断地解放思想，与时俱进地思考问题，才能促进钢铁行业平稳健康地发展。

记者手记：

国企改革贵在解放思想

高调做事、低调做人是业界对吴溪淳的评价。这也让他在行业中树立了很好的口碑和很高的威望。虽然采访之前，记者已做好了充分的思想准备，但关于他的故事丝毫没有打探到，仍是本次采访的一大遗憾。

即便是对于鞍钢，这个他曾先后工作过15年之久、饱含深情的企业，他也不愿意做过多评价。面对记者的再三追问，他也只是把它放在大的历史背景下粗描淡写："可以说，我亲眼目睹了鞍钢这样的老国企是如何走出困境的。"

其实，对于鞍钢的脱困，他功不可没。

鞍钢，这个被誉为共和国钢铁工业"长子"、共和国钢铁工业"摇篮"的企业，在由计划向市场转轨的最初时期曾一度不适。1994年，鞍钢合同严重不足，资金短缺，发不出工资，两座高炉停产，人欠货款138亿元，欠人货款86亿元，濒于破产倒闭。

在鞍钢最困难的时候，时任冶金工业部副部长的吴溪淳被派至鞍钢兼任党委书记。同时，他还推荐了一个在鞍钢60年发展史上颇有争议的人物来担任鞍钢总经理、党委副书记。

吴溪淳被调派到鞍钢并非偶然。可以说，他就是一名老鞍钢人。1956~1961年，他曾在鞍山钢铁学院(夜校部）炼钢专业学习，1955年在鞍钢第二炼钢厂任技术员、工程师。这个企业是他踏入钢铁业的起点，对企业的一草一木他都再熟悉不过了。事实证明，他确实没有让组织失望，他的到来为企业带来了重大转机。

为了促进思想解放和观念更新，从1994年8月开始，他带领鞍钢员工开展鞍钢解放思想大讨论，使广大职工摒弃了等靠要的计划经济旧观念，树立了市场是经济主体的新观念，为企业发展奠定了重要的思想基础。思想的解放、观念的转变为鞍钢的改革和发展提供了坚强的思想保证和强大的精神动力。

表面上看，鞍钢技术改造搞得轰轰烈烈，实质上推动它发展的根本是思想解放，这也是一项非常难的工作。

吴溪淳很是感慨：像鞍钢这样一个老企业，首先要从思想上尊重它，要看到老企业为国家做出的重大贡献。在计划经济时代，老企业把奉献放在第一位，养成了非常朴实的思想作风，任劳任怨，能够吃苦。反过来，这些企业又是受计划经济影响最深的，越是老的企业，一切由国家安排，生产与销售都由国家定，越是养成了依靠依赖习惯。这让它们变得很可怜，变成了既能吃苦耐劳又思想愚昧的矛盾体。对于它们而言，最难的是解放思想。

直到现在，鞍钢仍将解放思想作为法宝，从来没丢过。每年都结合当年发展实际，开展解放思想的大讨论。观念决定思路，思路决定出路。这已成为鞍钢发展的精髓。在这条路上，鞍钢还培养造就了很多人才。

鞍钢的另一个重大成就是抓住机遇，实现了高起点的技术改造。吴溪淳将其概括为"敢于走别人没走过的路子。"

例如，平炉改转炉，美国提出得最早，但没实现，没有打破旧的思想局限，认为改造就要减产，期间效益和工人工资就都没有了。鞍钢不能走停产改造的路子，这就需要创新。后来，鞍钢设计院的几个工程师想出个办法，在平炉钢厂的原料车间建设转炉，然后再停平炉。在不停产的情况下实现了技改。迈出了很大一步。这使鞍钢走上了技改新道路：尽可能利用现有条件，不放弃装备的高起点。

在"技改找死，不技改等死"的背景下，企业被逼走上了一条"不变也得变"的路，创新就此开始了。鞍钢在技术改造过程中大量使用国产化设备，源于在这个过程中缺少资金。而这又恰恰锻炼了企业的干部，并支持了国家装备制造业的发展。鞍钢在这个过程中也交了很多朋友，如一重、大连重工等。鞍钢通过技术改造项目为这些制造企业提出了新的课题，反过来这些企业通过项目实现了技术进步。这种做法使鞍钢完成了低成本的技术改造，用最少的投资实现了设备的高起点。

可以说，解放思想为鞍钢开辟了国企改革的新路径。作为这一理念的提倡者，吴溪淳强调最多的一句话就是：解放思想才有新思路，有新思路才有新出路，这是亘古不变的道理。

如今，身为钢铁协会的顾问，吴溪淳依然精神矍铄，一刻也没有停止对钢铁行业前途的思考。钢铁行业很需要他，需要像他这样经验丰富且对行业有深厚情感的前辈。他告诉记者，当前自己特别需要做的，就是利用自己的知识经验很好地思考今后若干年中国钢铁工业发展如何适应世界潮流。说这话时，记者看到了他坚定的眼神，这无疑是对新一代钢铁人最强有力的支持与鼓励。

建材工业沧桑巨变铸辉煌

——访中国建筑材料联合会会长、原国家建材工业局局长张人为

文章来源：中国工业报　发布时间：2009年11月25日

人物简介：

张人为，男，汉族，1940年生，江苏省太仓县人，中共党员、教授级高级工程师。现任中国建筑材料联合会会长，兼任中国硅酸盐学会理事长、中国建筑玻璃与工业玻璃协会会长。第十届全国政协委员、全国政协人口资源环境委员会副主任委员。

1963年毕业于上海华东化工学院（现华东理工大学）硅酸盐专业。1963~1978年任大连玻璃厂技术员，1978~1979年任大连玻璃厂工程师、科研室副主任，1979~1980年任大连玻璃厂副厂长，1980~1985年任辽宁省建材局副局长，1985~1989年任国家建材局副局长，1989~1993年任国家建材局党组副书记、副局长，1994~2001年任国家建材局党组书记、局长，2001年至今任中国建筑材料工业协会会长、中国建筑玻璃与工业玻璃协会会长兼任中国硅酸盐学会理事长、同济大学顾问及兼职教授、华东理工大学兼职教授、中国建材股份有限公司独立董事。

在记者采访的当日早晨，中国建筑材料联合会会长、原国家建材工业局局长张人为一如往日，微笑着快步走进办公室，开始一天的工作。

他的办公桌上放着回顾新中国成立60年来建材工业的统计数据。数据显示，如今全球近一半的水泥、平板玻璃、建筑和卫生陶瓷都在中国生产，从1985年起，这些产品的部分指标就先后跃居世界首位；自主研发的无机非金属新材料产业，为“两弹一星”及航天事业做出贡献；拥有自主知识产权的洛阳浮法玻璃技术已成为世界三大浮法技术之一。

采访就在这样一个看似平凡的早晨开始。在这位见证我国建材工业风雨历程超过半个世纪的老者的讲述中，建材工业60年波澜壮阔、跌宕起伏的非凡历程逐步展现。

忆往昔峥嵘岁月
艰苦环境中打下良好基础

背景：

目前，我国已经成为名副其实的建材生产大国，水泥、平板玻璃、建筑陶瓷和卫生陶瓷等主要建材产品年产量均居世界首位，正在向建材强国迈进。然而，60年前，我国建材工业的基础却非常薄弱：全国水泥产量仅66万吨，平板玻璃产量仅91.2万重量箱，砖瓦、石材等地方建材工业生产极

不稳定，非金属矿基本处于停产状态，还有很多建材产品都是空白。

第一个五年计划期间，建材工业开始大力发展水泥生产，积极扩大建材品种，采用新的技术装备，建设一批水泥厂、玻璃厂和砖瓦厂。根据国家建设的需要和地区的平衡，国家共安排限额以上建设项目21个。

1957年，建材工业的发展重点有：保证国家基本建设的需要；支持地方发展小型水泥厂，支援农田水利建设；大力研制和开发无机非金属新材料；扩大建材产品的代用（代替钢材、木材）范围；加强对非金属矿的管理。此后的“大跃进”使建材工业的发展一度遭受了严重挫折。直到1961年，建材工业部门开始贯彻执行中共中央关于对国民经济实行“调整、巩固、充实、提高”的方针。

经过调整，到1963年底我国建材及非金属矿企业在“大跃进”中遭到破坏的生产能力得到恢复。1965年，建材工业的生产和建设全面好转。水泥产量达到1634万吨，平板玻璃产量达到598.5万重量箱。新兴的水泥制品工业也很快形成，仅当年就生产水泥管4914公里、水泥电杆146.5万根、水泥轨枕326.5万根，分别节钢代木80多万吨和90多万立方米。

1965年，从事新材料研制的科研人员由原不足100人发展到500人，有7大类、300多种产品陆续研制成功并投产。

故事：

1963年的夏天，毕业的日子一天一天临近，上海华东化工学院硅酸盐专业毕业生的分配方向开始确定。经过5年的专业学习，张人为做好了去研究院所的准备。

然而，在公布方案的前一天，负责毕业分配的学校系党总支书记找到当时的班长张人为说：“有一个变动，需要你到建材部的大连玻璃厂去。这是一家很好的工厂，但条件比较艰苦，我们有好几个毕业生不辞而别。希望你服从组织安排，去了以后好好工作，给我们学校争光。”在那个一切服从组织分配的年代，张人为怀揣着对祖国建材事业的满腔抱负，踏上了北上的路。

大连玻璃厂始建于上世纪20年代，虽然是当时为数不多的几家重点玻璃厂之一，但条件仍然无法与上海相比，劳动条件差、机械化程度低。同时，北方气候寒冷、南北方生活习惯差异较大，这给初来乍到的张人为带来重重困难。

张人为回忆：“为了融入群众，我在工厂尽量讲普通话，虚心向工人学习和请教，工人很纯朴、很直爽，对人很真诚。我一到工厂还挺受重视的，被分配到了新产品车间，搞玻璃纤维、玻璃棉保温材料。当时，工厂生产还没有现在这么多控制环节，检测手段也没这么多，往往凭职工经验、技艺调控和处置生产问题。大连玻璃厂当时从苏联引进了一条完整的玻璃棉生产线，我跟着工人三班倒。这段经历对我十分有价值，使我积累了不少生产经验，也把书本知识运用到实践中，同时树立了正确的世界观，学会了处理好群体智慧与个人作用的关系，培养了自己雷厉风行的工作作风。”

张人为在大连玻璃厂一干就是18年。他至今深深怀念工厂环境对他人生观、思想、能力、作风等诸多方面的熏陶和培养，这段时间的历练为他日后几十年为党和人民工作打下了坚实的基础。

在这18年中，一方面，我国建材工业在四川、云南、贵州、陕西、甘肃、青海、宁夏等7省（自治区），以及山西、河南、湖北、湖南等四省，兴建了一批水泥厂、玻璃厂和无机非金属新材料工厂；另一方面，抓紧复建了“大跃进”时期停建、缓建的一些条件较好的项目，初步形成了建材工业格局。

1976年10月粉碎“四人帮”后，建材工业各级生产指挥系统和管理工作步入正轨，生产秩序逐步恢复。随着全党工作重点的转移，建材工业也迎来了加快发展的春天，为今后的发展打下了良好基础。1978年，建材工业总产值完成153.8亿元。全国水泥产量6524万吨，平板玻璃1784万重量箱，卫生陶瓷228万件，建筑陶瓷546万平方米，砖1100亿块。

1978年后的惊喜 建材工业乘上高速发展的列车

背景：

党的十一届三中全会作出了改革开放的历史性抉择，国民经济开始恢复并呈现全面发展的新局面，集中迸发出对各种建筑材料的强烈需求，主要建材产品异常紧缺。

针对这种状况，国务院及时指出，要把国民经济搞上去，建材工业必须先行。国务院在1978年《关于立即着手加速发展建材工业报告》中作出批示"要把建材工业搞上去。"当年7月，国务院批转了《加速发展水泥工业报告》；12月，批转了《关于加速发展建材工业的几项措施》，要求各地加强对建材工业的领导。同时，国家增加了对建材工业的投资，尽快扩大生产能力，解决供求严重失衡的矛盾，成为这一时期建材工业的主要任务。

在国家加快投资骨干项目建设步伐以及资金十分紧张的背景下，河北冀东、安徽宁国、江苏淮海三大水泥引进项目的建设先后完成。

但是，只靠国家投资建设项目远远满足不了急剧增长的市场需求。1985年，在《中共中央关于经济体制改革的决定》的指引下，国家建材局制定了《建材工业发展纲要》，调动各方面积极性投资建材，扭转了水泥、玻璃等主要建材产品供不应求的被动局面。

在这期间，拥有我国自主知识产权的洛阳浮法玻璃技术通过了国家级鉴定并得到了推广。此外，引进的10余项国际先进的新型干法水泥主要设备制造技术，以及墙体材料革新工作的启动等，都为我国建材工业迈向新的发展阶段奠定了初步基础。

故事：

在1978年这个历史的转折点上，我国建材工业乘上了高速发展的列车，张人为也进入了事业的上升期。

1978~1980年，张人为先后被提拔为厂科研室副主任、技术科副科长、副厂长、代厂长。1980年8月，辽宁省提拔年轻干部，张人为被调任辽宁省建材局副局长。

回忆起当年的事，张人为感慨万千："当时我说我自感素质和水平都不够，向省委申请是否能免去我在省里的职务，希望在工厂做点事。后来省里给了正式答复——'你可以在工厂再工作一段，但是副局长任命不变'。1981年7月，辽宁省委组织部通知我到中央党校中青干部培训班学习一年。1982年7月党校毕业后，我就自觉到省里报到，开始在辽宁省建材工业局工作。"

辽宁省的建材工业在全国是数得着的，工业基础较好，拥有6家大型水泥企业，玻璃、陶瓷、耐火材料厂、新型建材厂、机械厂等不少企业。东北地区的发展，为辽宁省建材工业提供了广阔的市场空间。

但即便在这个工业基础好的省份，建材企业的情况还是很困难。大多数企业经过几十年的运行，工艺落后、装备陈旧。如果把旧生产线完全推倒新建，在没有资金的情况下不现实。这个烫手的山芋，张人为接了过来。在建材局党组领导下，张人为从水泥入手开始着力抓紧技术改造。他说："我们把省里6大水泥企业怎么进行技术改造，每个厂搞什么方案，怎么论证，认真组织起来。"就在辽宁水泥企业技改的前期工作搞得热火朝天之时，1985年张人为被调国家建材局任副局长。他回忆省局2年多的工作时深情地说："大家帮我熟悉政府部门的工作，为日后在国家局开展工作提供了帮助。"

而此时不仅是辽宁，全国的水泥企业都到了必须技改的时刻。大小水泥企业当时的比例为2:8。国家的基础建设正处于快速发展时期，水泥特别是优质大水泥供不应求。1986年，国家建材局实行了"抢救十四个老水泥企业"的行动。通过技术改造，更新工艺和设备，使水泥企业面貌一新。

一方面水泥企业的技改需要资金，一方面为了满足日益增长的需求，国家还要新建水泥线。经过几十年的运转，不仅是水泥，其它建材企业的设备条件也到了需要改造的时候，所有的现实困难都摆在了当时的国家建材局面前。

张人为说："当时的老局长带着我们到国家有关部门、金融机构宣传建材工业面临着怎样的形势，需要什么样的帮助。"1987年，《建材工业发展纲要》简称"十二条"正式出台。《纲要》调动了各方面的积极性，倡导跨部门、跨地区、跨所有制发展建材。"过去是国家来定项目，不给钱就干不了，现在是有好项目就不怕没有钱，让市场配置资源，建材项目投资利润率要高于社会平均利润率，资源配置就会往你这边倾斜。"

跨世纪的纲领
由大变强靠新出强的发展战略

背景：

进入上世纪90年代，建材产品供需日趋平衡，同时孕育着由卖方市场向买方市场的重要转折。

由于先进与落后的各种生产力并行发展，建材工业的结构性矛盾日益突出。国家建材局把"结构、节能、出口"列为"八五"计划的工作重点，并确定实施冀东日产4000吨新型干法水泥生产线、泰安万吨玻纤池窑生产线国产化4个重点建设项目，以带动全行业技术进步。制定了沿江沿海("T"型)水泥发展战略，以满足东部地区经济蓬勃发展对水泥的需求。

根据党的十四届五中全会提出的两个根本性转变要求，国家建材局党组在认真分析建材工业实际状况的基础上明确提出：临近和进入21世纪，我国建材工业的发展要从以产量增长为主转到大力提高集约化生产程度、提高工艺技术装备水平、提高质量和配套能力的轨道上来，即以提高经济运行质量和经济效益为中心，把跨世纪的中国建材工业逐步建成具有国际竞争力的现代原材料和制品工业。

在国务院领导同志的亲自指导下，在集中行业内外专家和广大建材职工的智慧，深入剖析建材工业大而不强特征的基础上，"由大变强、靠新出强"的建材工业跨世纪发展战略被提出，成为指导行业发展的纲领。

故事：

1993年末起，张人为相继担任了国家建材局党组书记、局长，摆在他面前的既有机遇，又有挑战。当时我国已经成为建材大国，但非建材强国，张人为总结当时的行业特点是"四大五低"。

四大——产品产量大，水泥、平板玻璃、建筑卫生陶瓷和石墨、滑石等部分非金属矿产品产量居世界第一。企业数量大，全行业共有规模以上建材企业2万余家。职工队伍大，全行业职工350多万人。能源消耗大，建材工业1993年消耗能源折标准煤17938万吨。

五低——劳动生产率低，非金属矿采选业、制品业劳动生产率分别占全国工业企业平均水平的49%和64%。集约化程度低，集中表现为生产和资源利用的集中度低。科技含量低，数量众多的小企业大部分仍采用陈旧设备，产品科技含量低。市场应变能力低。经济效益低。

综合看来，我国建材行业尽管顶着诸多项产量"第一"的光环，但还缺乏国际竞争力，跨国企业和中高档产品纷纷进入中国，一大批企业面临巨大压力。同时，落后的产业结构，土地、能源的大量占用，也对可持续发展形成挑战。

为此张人为提出了"由大变强、靠新出强"的建材工业跨世纪发展战略，成为指导行业发展的纲领。实现由大变强的目标，根本途径是靠新出强。

张人为回忆："最难的就是这点，自主创新不够。我们怎么做呢？第一步是引导水泥向新型干法方向转变。因为当时水泥在我国建材行业中占一半以上的份额。我们提出了技术创新、设计优化、国产设备、业主负责的思路，其中业主负责特别重要。以前建新线的资金是国家和业主出，生产线的好坏由业主负责，但建设过程中的决策是设计院负责，这使很多设计考虑不到投资利用率的问题，造成水泥生产线新建投资巨大。业主负责制理顺了其中的关系，是革新的核心点。谁投资谁决策，谁受益谁担风险。"

国家建材局组织全国主要水泥设计研究单位天津院、南京院等和水泥大企业海螺、山水等在低投资、国产化上进行联合攻关，突破发展新型干法水泥项目投资过高的瓶颈。只有强力的业主才能和设计院"较劲"，切中要害提出问题。

说起那段历史，张人为记忆犹新："建一条日产2000吨新型干法水泥线，海南项目花了12亿元，北京项目花了8亿元，而在海螺白马山和山水日产2000吨新型干法水泥项目上，只花了近3亿元。多么大的变化啊！"为此，国家建材局专门在安徽召开了现场会，推动低投资、国产化的广泛实施。

第二步是抓墙体材料革新。在当时召开的第二次墙体材料革新的工作会上，大家坐在一起研究怎么搞墙体材料革新，怎么发展新型墙体材料，怎么利用废渣废弃物来生产墙体材料，包括粉煤灰、煤矸石等。后来，新型墙体材料每年以1%~1.5%的比例递增，目前已达到近50%的水平。

第三推动新材料的研发，为军工、航天产业服务。"我们调整结构就是要解决建筑材料、非金属矿物和制品、无机非金属新材料这三个板块的协调发展问题，发展新型建材，将无机非金属新材料和非金属矿物材料及制品作为建材工业新的经济增长点。我们从零起步，至今实现了年产万吨玻璃纤维池窑拉丝工艺技术装备的国产化。"

新世纪的转变
管理体制变革为行业发展注入活力

背景：

进入新世纪，党的十六大明确提出，我国工业要走新型工业化道路。建材工业根据行业实际，以调整产业结构和节能减排为突破口，大力推广循环经济发展模式，沿着新型工业化道路大步前进。

行业结构调整的加快，促进了建材工业的全面发展。水泥工业由于实现了低投资、国产化，新型干法工艺得到了迅速推广，2004~2008年生产能力年均新增1亿吨，2008年新型干法水泥产量占水泥总产量的比重达到62%。2001~2008年共淘汰落后水泥能力约2亿吨。在水泥、平板玻璃、建筑卫生陶瓷、玻璃纤维等行业中，先进生产能力已占据主导地位，节能减排也由此取得明显成效。

近几年来，建材工业着力研究和推进循环经济发展模式，不但在理论上进行了深入研究，在实践上也进行了有益的探索。目前，建材工业已被国家列为发展循环经济的重点行业。北京水泥厂、乌兰水泥集团公司、亚泰水泥集团公司、蒙西高新技术产业园等成为了国家循环经济试点。

故事：

2001年2月20日，一个惊人的消息被公开，在国家经贸委召开的新闻发布会上，当时的国家经贸委主任盛华仁宣布，按照国务院批准的《国家经贸委管理的国家局机构改革和国家经贸委机关内设机构调整方案》要求，正式撤销国家经贸委管理的包括国家建筑材料工业局在内的9个委管国家局。该调整是1998年国务院机构改革的继续和深化，是推进政府机构改革，形成精简、统一、高效行政管理体制的又一重大举措。

这次撤销的委管国家局，联系和管理着近300个行业协会。按照有关规定，国家局撤销后，这些协会都要由国家经贸委负责联系和管理。其中包括中国建筑材料工业协会。

2月21日，中国建筑材料工业协会举行了隆重而简朴的揭牌仪式，张人为、雷前治、蒋明麟、邹传胜、孙向远、黄书谋等出席了仪式。协会会长张人为、副会长雷前治在热烈的掌声中为新牌匾揭幕。

体制变了，人员的思想和工作方式却不好转变，协会的行政化特点依然明显。张人为认真分析了原因："分流到我们协会的基本是非技术类、非管理类的干部，我保留了几个骨干，并调动各方面的积极性来支持我们协会工作。"

他说："协会是另一种转变，当年我请了在上海搞得比较好的会长、秘书长到建材工业协会来，向全体机关干部介绍协会是怎么搞的，让大家改变观念，从过去依靠行政手段进行管理，转到依靠自己的本事用服务来领导行业，为行业服务。"

在这个过程中，建材行业的管理体制从直接的、微观的、部门的转向间接的、宏观的、全行业的，管理方式也由单纯的行政手段变为法律、经济、技术、行政手段并用。

同时，国家通过计划、投资、价格、财政、金融、劳动、人事等方面的一系列改革，激活了建材工业的主体——建材企业，使其逐步成为自主经营、自负盈亏、自我发展、自我约束的富有生机和活力的整体。对外开放和建立社会主义市场经济体制，促进了建材人在思想观念上发生深刻变革，那些封闭、保守、狭隘、落后的小生产意识，被开放、竞争、法制、创新等现代意识取代，为行业的发展注入了巨大的活力。

理性发展再续辉煌
四大关键词描绘建材工业发展蓝图

故事讲到这里，已然没有了百转千回，讲述的人和听讲的人都已豪情满怀。建材工业60年来取得的辉煌成就，无法用简单的几句话或一两个故事概括，只能用几个关键词，管窥一二。

关键词一：理性发展

经过60年的发展，我国建材行业拥有了多项世界第一的桂冠。而从建材大国向建材强国转变的同时，我国建材行业也将实现理性发展。

我国的水泥、平板玻璃、建筑陶瓷和卫生陶瓷等主要建材产品年产量，从1985年起就先后跃居世界首位。2008年，我国水泥产量从1949年的66万吨快速增长到14亿吨，年均增长13.9%；平板玻璃产量为5.7亿重量箱，年均增长11.5%；陶瓷砖产量由1949年的0.2万平方米快速增长到61.9亿平方米，年均增长28.8%；卫生陶瓷由1949年的0.6万件增长到1.55亿件，年均增长18.8%。

经过60年的发展，我国建材行业产品种类日益丰富，质量和生产技术水平明显提高，配套能力显著增强，建立起了全新的运行机制，形成了多元化的投资格局，企业组织和地区结构不断优化。同时，行业技术、装备、产品全面进步，自主创新能力明显增强，主要产品、技术和装备达到或接近国际先进水平。

在坚持以市场需求为导向，接受国家产业政策和规划指导的基础上，建材行业积极关注建筑业的需求。目前，70%以上的建材产品应用于建筑业。研究表明，建筑业每增加1万元产值，将直接和间接消耗0.35万元建材产品。目前，我国的城镇化率是44.9%，低于发展中国家的平均水平，按照年均增加1个百分点计算，到2020年，我国还将有近2亿人口进入城镇。而每新增一个城镇人口至少需要配套6万元的住宅、公共设施和市政设施。这是建材工业未来的最大市场需求所在。

张人为表示，坚持以建筑业需求为主要导向的同时，我国建材行业还要注意研究包括汽车、化工、冶金、新能源、航空航天、国防军工等相关产业发展，以及国际市场给建材工业带来的需求变化、趋势和机会。“注重发现需求，挖掘需求，引导需求，以全面满足国民经济建设和人民生活水平日益提高的需要。”

实现行业理性发展，需要注意把握好速度和质量、效益的关系。进入建材行业的技术、资金门槛相对都不算太高，面对一时的需求拉动，极易导致过热发展。但过热的市场状态是不可能持久的，建材工业已不止一次地吃过重复建设的苦头。当前，我国正处于经济社会转型的新起点上，与此相适应的是，包括建材工业在内的竞争性行业在完成了从卖方市场向买方市场的过渡后，将告别过去的高增长历史，进入平稳增长时期。大企业更要立足行业全局，在引领理性发展方面发挥积极作用。

关键词二：发展循环经济

近几年建材工业在推广循环经济发展模式方面取得了可喜成果，在利用工业固体废弃物、矿山尾矿、建筑废弃物和有毒有害废弃物等方面进行了许多有益的探索。

2008年，建材工业粉煤灰的综合利用量占全国的30%以上，煤矸石的利用量占全国的50%以上，利用固体废弃物5.7亿吨，是2000年的2倍多。水泥工业建成纯低温余热发电机组92台，总装机容量740兆瓦，年发电能力49.6亿千瓦时，相当于年节能182万吨标准煤，减排二氧化碳473万吨。实践证明，建材工业完全可以也正在朝着资源节约型、环境友好型产业的方向迈进。

原材料离不开矿产，生产离不开窑炉，矿业+窑业是建材工业的基本产业特征。过去建材工业长期存在“小、散、差”和资源能源过度消耗的问题。可以毫不夸大地说，建材工业改革开放30年的发展过程，就是一个以节能为中心的产业结构调整过程，是一个不断摸索如何推进行业节约发展的过程。

张人为介绍，建材是工业领域中较早进行发展循环经济研究的部门，在理论和行业实践的结合上做出了许多有益的实践，取得了比较显著的成果，“三个循环”有力地推动了行业实现持续发展。

“三个循环”是指建材企业自身废水、废气、余热、废渣利用等的小循环；建材企业大量使用粉煤灰、高炉矿渣等工业废渣替代天然资源作为原料，利用电厂脱硫石膏生产石膏板，利用建筑垃圾代替砂石和骨料等建材与化工、电力、建筑等行业之间的中循环；建材企业消纳、处理工业和生活废弃物、有毒有害废弃物并节省资源、利用热能等建材行业与社会之间的大循环。

目前，建材工业已经成为国民经济体系中资源综合利用的关键环节和消纳固体废弃物的主要工业部门之一。而水泥工业和墙体材料工业则是建材全行业发展循环经济的重点。

建材工业发展循环经济具有得天独厚的优势，也具有十分广阔的前景。这些前景不仅孕育于已经成功开展的降低资源、能源消耗和提高利用率方面，还孕育于广泛开展的对各种废弃物的再利用，产品质量和寿命的提高及性能的改善，以及对建筑垃圾再利用的深入推进等许多方面。此外，建材工业发展循环经济还具有遍在性特征，无论是上、中、下游还是相关领域，都有很多文章可做。

关键词三：向轻型化转变

“国务院领导同志曾经指出，过去我们讲建材工业的发展，偏重于讲生产、讲产量，重制造轻加工，重生产轻应用，建材工业要向制品业方向发展。30年的发展成就充分证明这一指示是完全正确的。”张人为说，“建材行业的原材料重工业属性要向轻型化转变，要向制品业发展。”

目前，建材工业的内涵早已不是单纯原材料制造业的概念。无论是水泥、玻璃还是陶瓷工业，每一个产业都是一个体系，健康发展离不开自身产业链上的协调。

我国水泥工业60年来之所以发生了巨大变化，是与水泥粉磨、散装水泥和混凝土等产业的快速发展密不可分的，这些环节都是水泥熟料制造业延伸、衔接市场应用必不可少的环节。平板玻璃工业的发展如果没有工业技术玻璃等深加工玻璃制品业的发展支撑，就会缺乏载体甚至不可想象。

张人为表示，从行业整体的角度看，我国水泥制造业的工业增加值在建材行业所占比重之所以会告别一业独大的历史，下降到2008年的30%，主要是因为建材其它产业，尤其是加工制品业的快速发展。今天建材工业的“百花园”，就是始终坚持产业协调发展的结果。

建材工业延伸产业链的结果是不仅有原材料制造业，还派生出加工制品业、物流业和商业，产业构成了比较完整的体系。在这个体系中，形成了每个行业的高、中、低端技术和产品结构，形成了大、中、小企业组织结构的相互匹配、协调发展。各有分工、各有侧重、相互配套、协调发展，构建了比较完整的建材工业体系，既较好地促进了行业协调发展，形成了良好的竞争与合作关系，又较全面满足了不同市场、不同层次消费主体的需要。

张人为表示，从原材料制造业到加工制品业是一次重大提升。一个只重视制造，忽视发展加工制品的行业，就会出现长板或者短板现象，这样的“独舞”是无法演绎出一台令人心动的大戏的。红花还需绿叶配，坚持大力发展加工制品业的产业协调理念，不仅有利于改变单纯追求规模和数量的老套路，也有利于提升行业的整体竞争优势，实现行业的协调发展。

关键词四：自主创新

近年来，我国建材主要产业在技术进步方面经历了以引进消化为主到引进和自主创新相结合，进而以自主创新为主的过程，主体技术和装备已经达到或接近国际先进技术水平，不仅满足了国内需求，还实现了出口。如坚持独立自主研发的无机非金属新材料产业，为航空航天和国防工业提供了高精尖部件。

目前，我国已经建成日产4000吨级及以上新型干法生产线241条，其中海螺集团建成的4条日产万吨生产线已经成功投产运行多年。日产4000~6000吨生产线的装备国产化率达到90%。具有自主知识产权的洛阳浮法玻璃技术日臻成熟，建成了多条日熔化900吨浮法玻璃生产线，在超厚和超薄浮法玻璃的生产技术方面取得重大突破。电子工业用0.55毫米、0.70毫米超薄浮法玻璃产品拥有自主知识产权，产品质量达到国际先进水平。自主开发生产7800吨陶瓷压砖机，打破了长期依赖进口的局面。超大超薄陶瓷板、多晶硅石英陶瓷坩锅研发成功并实现产业化。大吨位玻璃纤维池窑技术、全氧燃烧技术达到国际先进水平。新型建筑材料、树脂基玻纤增强复合材料、混凝土及制品、非金属矿材料和无机非金属材料及制品等行业，在工艺、技术和装备领域都取得了显著进步。3.0兆瓦级风力发电机玻璃钢叶片、年产千吨级的碳纤维项目均已投产。

张人为介绍，过去我国建材工业之所以长期发展不上去，除了资金和市场等约束外，自主创新能力薄弱，工艺、技术和装备的落后也拖了行业发展的后腿。近几十年来，通过增强自主创新能力，行业工艺、技术和装备落后的瓶颈得到突破。以水泥工业为例，在引进、消化和吸收的基础上，抓住新型干法水泥投资高、效益差的主要矛盾，通过实施科技创新、设计优化、国产设备、业主负责的重大措施，实现了低投资，从而达到了加快发展的目的。

今天，我国建材主要产业已拥有许多具有自主知识产权的核心技术，使得产业结构调整和升级从梦想变成了现实。30年的发展经验证明，坚持自主创新，实施科教兴建材的战略，是推动行业实现科学发展的关键。

一个行业能否实现科学发展，要看其是否具备自主创新能力。过去常说的建材工业大而不强，实际就是自主创新能力不强。实现由大变强，就是要通过创新工艺、创新装备、创新产品和创新观念、创新机制等来实现。自主创新能力是行业实现由大变强、科学发展的关键。

记者手记：

为共和国建设添砖加瓦

对张人为的采访，艰难又顺利。艰难，是因为记者没有找到一份有关其个人的公开资料，仅有的就是一份简历，不好做访前的准备；顺利，是因为谈起多年来的沧桑巨变，张人为感慨万分，滔滔不绝，70岁的老者，思维敏捷，口若悬河，丝毫不逊于当年。

他说："建材工业走过了60年，我经历了51年，看到各个方面的发展和进步，心情很激动。我很少接受记者采访，但是60周年了，我觉得可以和工业报的同志坐在一起谈一谈了。"

沧桑甲子一轮回。当年意气风发踏进华东化工学院（现华东理工）大门的江苏小伙子踌躇满志，而今两鬓斑白的老领导回首往事感慨万千。从一个基层技术员，一步一个脚印成长为我国建材工业的领军者，张人为无疑是我国建材人艰苦奋斗、自强不息的典型代表之一。而他的成长路径，也展现了我国建材工业由小到大，由弱到强，开拓进取的辉煌篇章。

这60年中，我国建材工业走过了非凡的历程，生产力获得极大发展，产业结构不断优化，体制不断创新，活力不断增强。而在辉煌成绩的背后，是建材人前仆后继、孜孜以求的执著付出与艰辛跋涉，他们用毕生的勤劳与智慧为共和国的建设添砖加瓦。

最后，张人为特意告诉中国工业报记者："我要由衷地感谢国有企业和国企的职工们，他们承载了历史的重负，做出了贡献，不计条件，不计报酬。但由于改革原因，有些方面考虑不够，现在国家十分关心和重视这个问题的解决，要让改革成果得到分享。亚当斯密说，如果一个社会的财富不能为全体人民所享有，这个社会不会稳定。我们现在正在印证这个精神——要让改革发展的成果为全体人民享有。"

重点领航企业风采篇

2010

中国工业经济年鉴

重点领航企业

风采篇

品牌·中国

中国知名品牌企业风采展示专辑

郭金龙市长到北汽集团调研

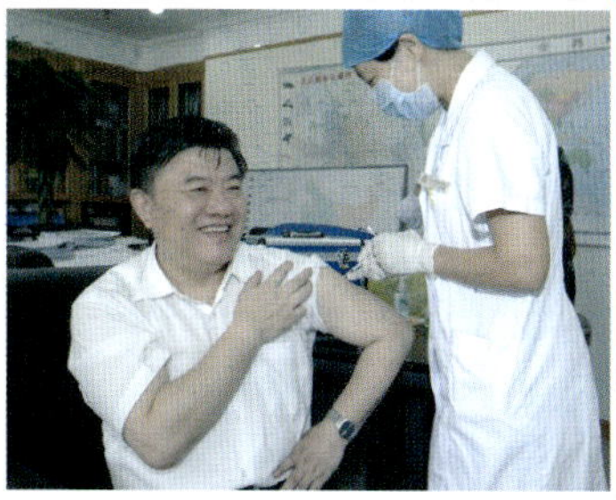

流感疫苗生产工艺流程

第二批生态园建设启动会

北京市与国防科技工业公司签订战略合作框架协议

北京市产业调整和振兴方案新闻发布会

中共中央政治局常委、全国政协主席贾庆林出席京东方八代线奠基仪式

石化新材料科技产业基地

1号高炉外景

中国石油集团

渤海钻探工程有限公司第二钻井工程分公司

公司经理、党委书记 陈景奎同志

中国石油集团渤海钻探工程有限公司第二钻井工程分公司的前身是华北石油管理局第一钻井工程公司，成立于1976年2月，2008年3月，按照中石油集团的统一部署，重组更名为中国石油集团渤海钻探工程有限公司第二钻井工程分公司。

公司拥有C－Ⅰ－Ⅱ、1320－UE等美国进口钻机和ZJ70D、ZJ50DB、ZJ50DBF、ZJ40D、ZJ30K、ZJ30C、ZJ20K、ZJ32L、ZJ45J等国产钻机共42台套及TESCO、VACAO、NATIONAL顶部驱动钻进系统4套，可承包7000米以内石油、天然气井、热水井、地下水井、盐卤井和煤层气井钻井工程及钻前土方、井架安装工程，提供各种钻井技术服务和劳务。是我国石油钻井业第一个在国内其它油田进行承包钻井工程作业和第一个按中国石油天然气总公司技术质量标准在国外对外国公司实行钻井承包作业的专业化钻井公司。

目前，公司主要在华北油田的内蒙二连、河北冀中，青海、吐哈、塔河等国内油田和苏丹、委内瑞拉、蒙古、古巴、美国、叙利亚等国外油田承包石油钻井工程。截止2008年12月，公司累计完成开钻6739口，完井6704口，钻井进尺1286万米。

公司先后荣获"国家计量一级单位"、"国家二级标准化企业"、河北省文明单位、河北省重合同守信用企业、河北市场重质量守信誉示范单位、河北省优秀企业、河北省明星企业、河北省双文明单位、河北省理论教育先进单位、河北省先进基层党组织、全国"五四"团委、全国青年文明号等荣誉称号；有30多个队次获得集团公司和原长城钻井公司金、银、铜牌钻井队称号；涌现出了全国劳动模范、全国"五一"劳动奖章、河北省劳动模范、河北省优秀党务工作者、河北省优秀创业企业家、中国石油集团公司劳动模范等一大批省部以上级先进人物，是河北省工商行政管理协会副会长单位。2007年9月，被河北省精神文明建设委员会、河北省整顿和规范市场经济秩序领导小组办公室、河北省工商行政管理局等11单位联合授予"河北省诚信企业"称号。从1999年起，先后通过了ISO9002、ISO9001：2000质量体系认证和HSE／OSH管理体系认证。

公司经理、党委书记陈景奎同志是中国石油集团劳动模范、河北省优秀党务工作者、河北省优秀创业企业家和河北省工商行政管理协会副理事长。

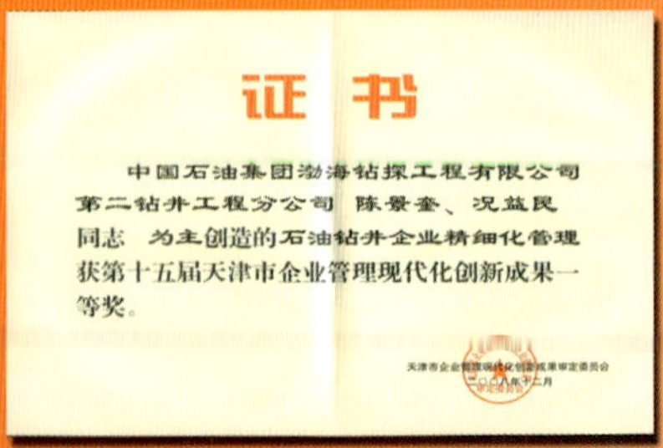

证书

中国石油集团渤海钻探工程有限公司第二钻井工程分公司 陈景奎、况益民同志 为主创造的石油钻井企业精细化管理获第十五届天津市企业管理现代化创新成果一等奖。

天津市企业管理现代化创新成果审定委员会
二〇〇八年十二月

公司主要业绩

1979年7月，在内蒙古二连盆地阿尔善构造带首次发现良好生油构造。并经过10年的勘探开发，钻井1588口，为建成年产100万吨原油产能的二连油田做出了巨大贡献。

1981年5月至1985年8月，作为我国石油钻井行业第一个走出本油田在外承包钻井工程的单位，在大庆油田钻井1247口，为保证大庆油田稳产5000万吨原油产量做出了突出贡献。

1990年6月，在新疆吐哈油田勘探开发中，先后发现和证实了温吉桑、丘陵、巴喀等9个含油气构造，成功完成该油田最深的鄯科1井(完钻井深5500米)，为吐哈油田的建成创造了不朽业绩。

1995年4月，公司45123(现50513)钻井队赴蒙古国按中国国家质量标准承包SOCO公司石油钻井工程，目前已连续施工十四年，公司在蒙古国钻机增加到13台。

1997年4月，公司50003钻井队进入中石油长城钻井公司海外钻井市场的第一个项目苏丹国钻井市场。十年来，培养和造就了一大批海外项目管理人才，在施工速度、工程质量、安全生产等方面创出了优异成绩，先后创造和打破了16项苏丹钻井记录，受到苏丹大尼罗河有限公司的高度评价和赞扬，成为长城钻井公司苏丹项目的“带头羊”。

2001年5月，公司70006钻井队(GW63)赴委内瑞拉执行石油钻井项目合同，在同赴该国的7支中国钻井队中，创造了钻井最多、钻井速度最快、施工质量最优、HSE管理水平最佳、综合经济效益最好的优异成绩，成为惟一被中国石油长城钻井公司委内瑞拉项目经理部授予的金牌钻井队。先后获得委内瑞拉国家石油公司(PDVSA)授予的连续安全生产750天、1000天、2000天HSE管理奖牌。

2002年11月，由公司50503钻井队承钻的中国钻井史海拔最高(4000米)、青海油田钻探最深的柴6井成功完成，该井完钻井深4316米。

2003年5月，公司20509钻井队在泰国北部乌隆塔尼府PHU HORM-3钻井项目成功完成欠平衡钻井作业。

2004年6月，在新疆哈密的沙试4井，由公司32918钻井队承担的我国首例煤层气空气钻井获得成功，填补国内煤层气钻井技术空白。

2005年7月，GW46钻井队进入古巴石油钻井市场，成为第一个在古巴市场开钻、完井的中国钻井队。古巴共产党中央政治局委员、政府基础部部长娅狄娜先后4次到该队视察工作，并参加了首口井的开钻典礼。

2005年11月，50517队在塔河油田成功完成侧钻短半径水平井TK836CH井。该井完钻井深6161米，造斜点位于5723.24米，全井最大造斜率1.09度/米，最大井斜95.22度/米，水平位移445.45米造斜进尺91.51米，水平段进尺346.25米。

2006年8月，GW170钻井队在美利坚合众国承钻的ETAL-1井开钻，标志着公司向国际钻井高端市场迈出了坚实的一步。

2007年7月21日，古巴共和国国务委员会副主席(副总统)卡洛斯.拉赫.达维拉到GW140队视察。

2008年4月26日，公司GW170钻井队转战叙利亚SSKOC项目的第一口井——GB-H-234开钻。

此外，公司还先后在胜利油田、克拉玛依油田、长庆油田、焉耆油田、广东三水、广西合浦及中石油集团公司原新区勘探事业部所属银根一额济纳旗、青海、东北、三塘湖、煤层气等油气项目经理部承包石油钻井工程，为中国石油西气东输管道分公司承包金坛盐穴储气库工程，在西安、咸阳、北京、天津等地承包热水井钻井工程。

蒙古作业井场

展翅青藏高原

古巴共和国国务委员会副主席(副总统)
卡洛斯·拉赫·达维拉（中）在GW140队施工现场

DareGlobal 大亚科技

大亚铝业

总经理 赵丹辰

大亚铝业是现时国内最主要的铝箔产品供应商之一，主要生产经营0.005/5.5/6/6.5/7/9mm厚度的“双零”铝箔，为食品、医药、卷烟以及电容器行业用户提供高质量、替代进口的铝箔产品。

公司现有主体生产设备全部从国外引进，现拥有德国、英国制造的1480mm铝箔轧机三台，配套铝箔合卷机、分卷机、轧辊专用磨床及铝箔退火炉若干台，年产15000吨“双零”铝箔。

1993年投产以来，本着“争国内领先，创世界一流”的不懈追求，大亚铝业完全依靠自身力量，消化吸收了全套引进设备的维护技术，形成了具有自身特色的技术风格和成熟的铝箔加工工艺，保证了产品品质的稳定和提高，主要技术指标已达国际先进水平，完全实现了不同品种的标准化生产和针对不同客户特殊需求定制加工的生产能力。

以品质为依托，以服务为宗旨，大亚铝业广交天下朋友，目前已形成遍布全国的营销网络体系，国内市场覆盖面、占有率位居行业前列，产品出口北美、东南亚、澳洲、中东等地区。

公司通过了ISO9001：2000版质量体系认证和ISO14000环境体系认证，是国家计量保证确认合格单位。产品多次被评为省名牌产品和省质量信得过产品，获得中国有色金属工业协会产品质量认证金杯奖、中国包装协会包装科技成果奖，2006年荣获铝箔行业首届“中国名牌”称号，2009年获人力资源和社会保障部全国有色行业先进集体称号。

公司地址：江苏省丹阳市经济开发区金陵西路95号
国内业务：0511-86960791 86981329
国际业务：0511-86982603
客　服：0511-86982556
传　真：0511-86887412
邮　编：212310

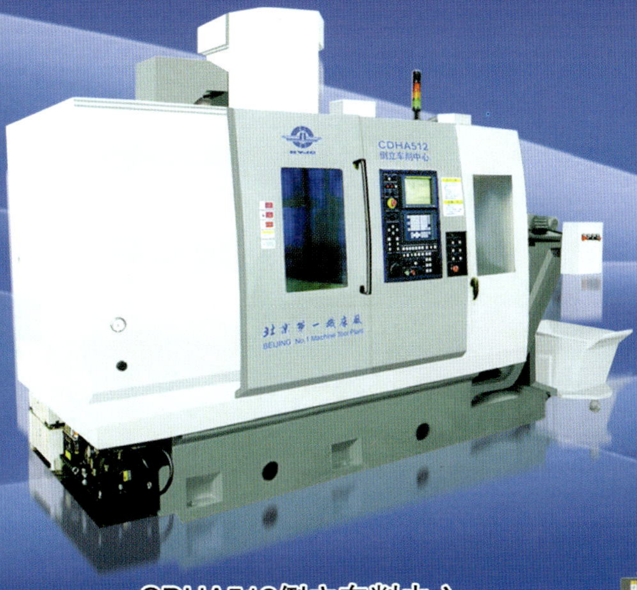

CDHA512倒立车削中心

XHAE7610卧式加工中心

北京北一数控机床有限责任公司与日本大隈株式会社合资成立了北一大隈（北京）机床有限公司，全套引进大隈株式会社技术，批量生产立、卧加工中心机床、数控车床。

北京第一机床厂、圣和精机株式会社、CMEC日本株式会社三方合资成立了北一圣和（北京）精密工具有限公司，引进日本圣和精机株式会社技术，生产数控机床功能部件、刀具、刀柄等精密零部件。

北京第一机床厂已成功收购德国阿道夫·瓦德里希科堡机床有限两合公司。

北京第一机床厂、北京北一数控机床有限责任公司、北一大隈（北京）机床有限公司、北一圣和（北京）精密工具有限公司将本着精良制造、精诚合作、创新发展、贡献社会的宗旨，竭诚为社会各界用户服务。

电话：010—89496161　　传真：010—89451869　　www.byjc.com.cn

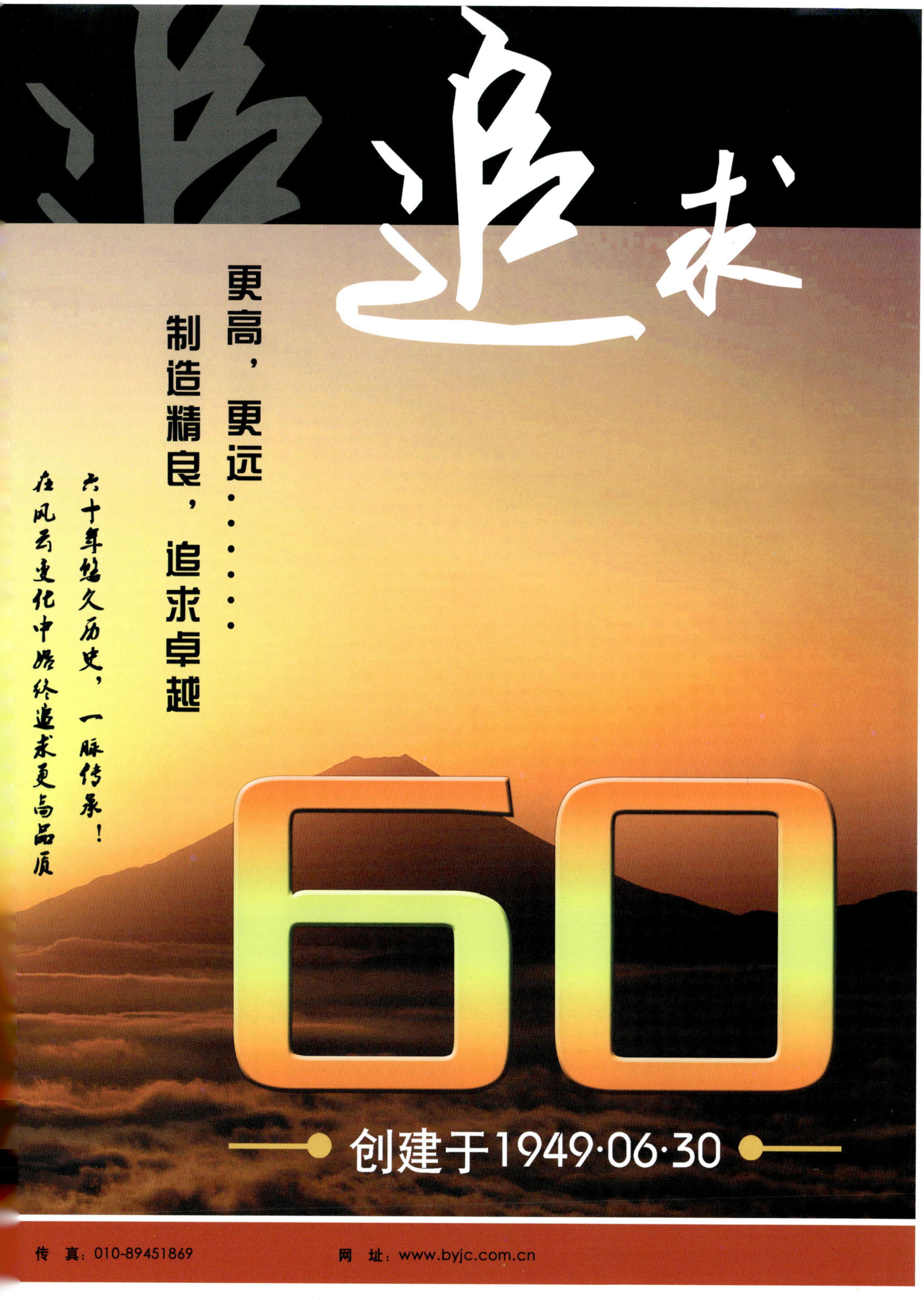
追求
更高，更远……
制造精良，追求卓越
六十年悠久历史，一脉传承！
在风云变化中始终追求更高品质
60
创建于1949·06·30
传 真：010-89451869
网 址：www.byjc.com.cn

中国天津第一机床总厂

先 进 的 设 备 ， 精 彩 的 创 造 ， 呈 现 出 完 美 的 产 品 。

近六十年历史中国专业从事齿轮加工机床研发制造基地
中国独家掌握弧齿锥齿轮成套加工机床制造技术的企业
中国齿轮机床行业仅有的一家承担国家“863”项目的企业

插齿机床系

主要产品：
插齿机系列、
刨齿机系列、

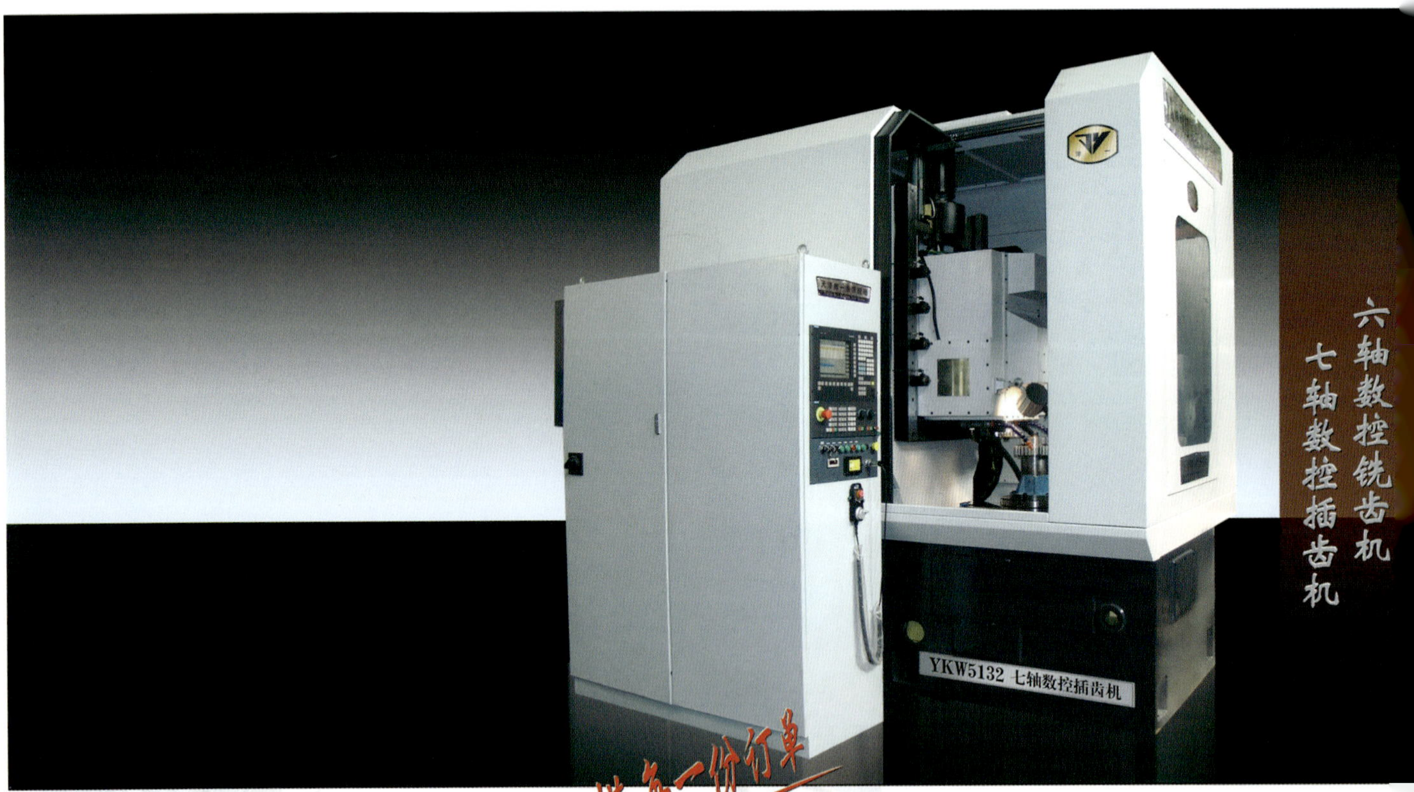

尊重每一位客户，珍惜每一份订单

产品覆盖：
国内30个省、市、自治区和台湾地区；国外美国、德国、西班牙、日本、捷克、巴西、印度等30个国家和地区

铣齿机床系列加工直径从Φ120mm－Φ2000mm

YKD2250A 数控弧

天津第一机床总厂 天津第一机床销售有限公司
TIANJIN NO.1 MACHINE TOOL WORKS

轮直径从Φ150mm—Φ3200mm

列、磨齿机系列、

机系列、相关配套机床系列

YK5115 数控插齿机

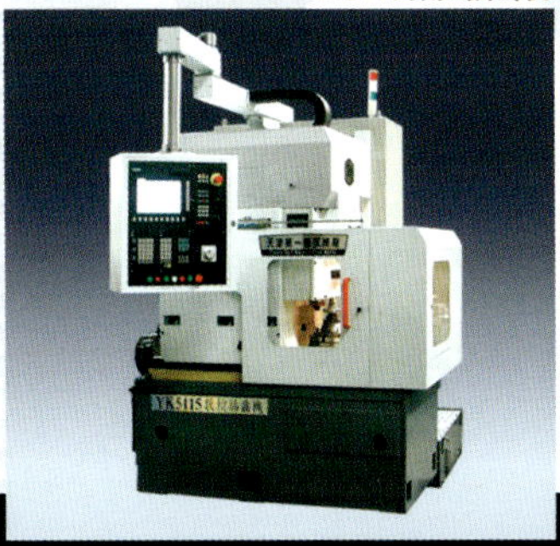

YK51250 数控插齿机

YKW2950A 数控万能弧齿锥齿轮拉齿机

YK22160 重型数控弧齿锥齿轮铣齿机

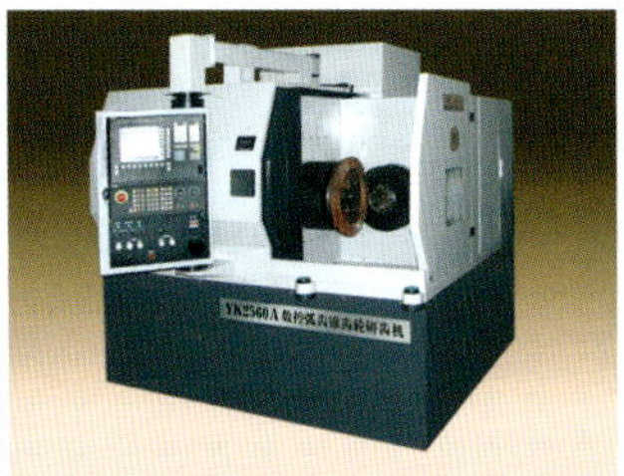

YK2560A 数控弧齿锥齿轮研齿机

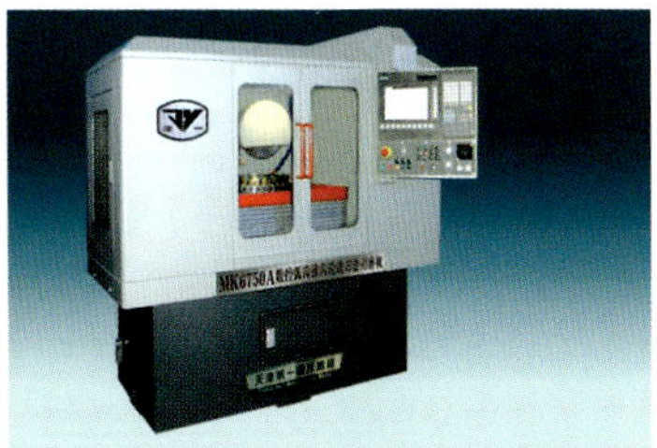

MK6750A数控弧齿锥齿轮铣刀盘刃磨机

址：天津市河东区津塘路146号
：146Jintang Road,Hedong District,Tianjin,China
电话Tel：(022)24390723　24399565
传真Fax：(022)24390644
http：// www.tmtw.com
E-mail：sales@tmtw.com　yjc@tmtw.com
邮编Postal Code：300180

齐重数控装备

齐重数控装备股份有限公司(简称齐重数控)，前身为齐齐哈尔第一机床厂，始建于1950年，是国家“一五”时期重点建设的156个项目之一，为我国机床行业大型重点骨干企业和行业排头兵企业。2007年末，浙江天马轴承股份有限公司与齐重数控进行了战略重组，重组后的齐重数控为上市股份公司。公司占地面积106万平方米，建筑面积42万平方米。企业拥有雄厚的生产制造能力，拥有柔性加工线、柔性加工单元等国内外高精尖设备2000余台套。目前，年生产各类机床能力1500台套，自建厂以来，累计生产各类机床4万多台套。

公司主导产品以立、卧式重型机床为主，同时拥有重型深孔钻镗床、铁路车床、轧辊车床、曲轴车床、落地铣镗床、立式磨床、立式铣齿机床、滚齿机床等10大类、26个系列、600多个品种的机床产品。公司的一大批产品已经达到了世界先进水平，设计结构合理、生产技术先进，并且全部拥有自主知识产权。公司能够生产世界最大的数控立式车床加工直径达25米，工件最大承重600吨；卧式车床最大加工直径达6.3米，最大加工长度为18米。国内机床产品市场占有率达到50%。

公司科研实力雄厚，拥有国家级技术中心，拥有以政府特殊贡献专家、国内机床行业学科带头人为代表的科研开发队伍。公司引进了美国戴尔公司的网络系统、工作站、服务器，通过应用UG绘图软件、CAD、CAPP、三维动态仿真、虚拟制造技术对产品进行三维实体装配、干涉检测、动态分析等现代化设计手段实现了设计信息化，大大提高了设计质量，缩短了设计周期。齐重数控是国内机床行业首家成功实施ERP资源管理的企业，是国家科技部认定的国家级重点高新技术企业，全国CAD应用工程示范企业。公司与清华大学、哈工大、华中理工等院校形成紧密的科研联合体，是黑龙江省研究生培养创新基地，建立了博士后工作站。公司是国家一级计量企业，拥有美国进口的超声波探伤仪、日本进口的三坐标测量仪、双频激光干涉仪等一批精密检测仪器。

近年来，齐重数控大力推行技术创新和管理创新，并通过大规模的技术改造，加速技术创新成果转化，取得了显著成效。通过技术改造齐重数控一大批高精尖的重型把关设备陆续投入使用，一些代表国内先进水平的现代化重型生产车间相继建造完成。目前，企业拥有1.5万平方米亚洲最大的超重型机加装配车间、1万平方米国内最大的数字化生态重型加工车间、3.5万平方米具有国际竞争力的柔性制造中心、1.3万平方米具有国际先进水平的精密轴齿加工中心、1.5万平方米的结构件制造中心等一批国内先进的现代化车间。

世界上最大的核电加工超重型数控单柱移动立式车床

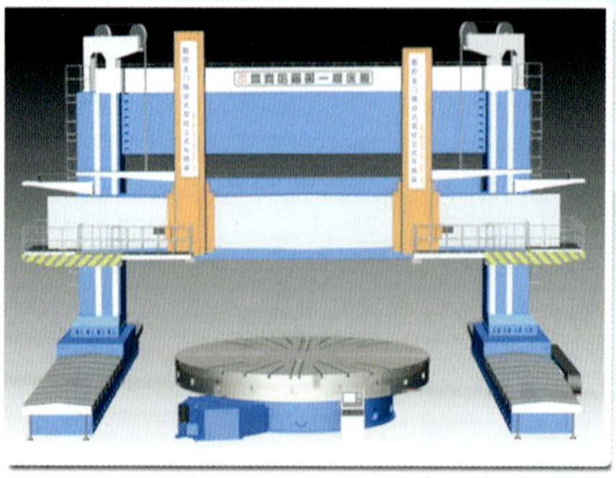

世界最大的25米数控双柱移动立式车铣床

数控五米大卧车

股份有限公司

齐重数控已经跻身世界级机床企业行列，重型机床产品的技术水平和生产制造能力已经步入世界第一方阵，成为国际知名、国内一流的重大装备及国防装备保障产业化基地。

公司始终把创造市场需求作为技术创新的出发点，以提高国家综合国力和振兴民族装备制造业为目标，努力在重点领域寻求突破。几年来，为国防、交通、能源等行业的生产加工提供了大量专利技术及成套设备，为国家重点急需项目提供了大量数控装备，这些产品的研制不但打破了国外对我国的技术封锁，而且高端产品全面打入欧美、日本、韩国等30多个国家和地区，为加强我国综合国力和提高我国国防地位做出了重要贡献。

几年来，齐重数控取得了一系列荣誉，从“中国工业行业排头兵企业”到“国家火炬计划重点高新技术企业”，从“中国名牌”到“创新型国家典型企业”，从“全国五一劳动奖状”到“国家高新技术产业化十年成就奖”，从“黑龙江省第一批高新技术企业”到“机床行业新十八罗汉”排名第三。

今天，齐重数控将继续努力做精做强企业，为我国综合国力的提升和装备制造业的振兴而不懈努力奋斗，为把企业打造成国际知名、世界一流的重大装备及国防装备保障产业化基地而努力奋斗！

数控立式磨床

数控立式铣齿机

国内首台数控重型曲轴旋风切削加工中心

数控立式磨齿机

高精度超重型数控龙门移动铣镗床

齐齐哈尔二机床（集团）有限责任公司

董事长　曲波

齐齐哈尔二机床（集团）有限责任公司是我国大型工业企业和重型机床及锻压设备的著名生产基地，是国家发展数控机床产业化专项重点扶持企业，机械工业经济效益前50强企业、中国工业行业排头兵企业。企业荣获机床工具行业自主创新、数控产值、产品销售收入、精心创品牌活动、综合经济效益五项“十佳企业”等称号。闻名全国的马恒昌小组成长于齐二机床。2008年7月，齐二机床集团正式加入中国通用技术集团，重新回归央企行列，使企业资本实力和竞争能力全面提升,综合实力跃居国内同行前列。

企业主导产品有重型数控落地铣镗床、重型数控龙门镗铣床、重型数控立、卧式车床、重型机械压力机、重型数控立式车铣加工中心、数控铣床及加工中心、大型自动锻压机、大型数控缠绕机、五轴联动混联机床及各类大型数控专机等400多个品种。产品突出“重”字，重型、超重型类机床产品产值率达80%，重型金切机床产值居国内同行业第一。主要服务于国防、军工、航空、航天、造船、汽车、能源等国家重点行业。填补了国家200余项空白，重型数控铣镗床国内市场占有率达85%以上，大重型数控产品已成功打入欧洲、美洲、东亚、南亚等国外市场。“齐二”牌重型数控铣镗床被评定为“中国名牌产品”，数控机床产品荣获“最具市场竞争力品牌”称号。企业技术中心被认定为国家级技术中心。企业成为清华大学、哈尔滨工业大学、燕山大学、上海交通大学等多所院校的科研制造基地。

齐二机床

——中国重型数控机床生产制造基地

据中国机械工业联合会和《中国机电工业》信息统计，齐二机床2008年在全国机械工业企业经济效益100强排名中位列第16位，排序较2007年前移了33位，在重型机床行业排名第一位，其中工业总产值、工业增加值、销售收入三项指标位居全国机床行业前列。

到2010年，齐二机床通过自身发展、并购重组国内同类型企业、收购国际先进源头技术、扩大资本规模等战略举措，重型机床主导产品技术及制造水平达到国际先进水平，确立重型机床国内领军地位。到2015年，通过国际化资本运营和国际化经营战略，使经济总量扩大到150亿元以上，产品在国际市场占有率达到60%以上，实现“把世界技术引进中国，让中国制造引领世界”，建成世界级重型机床龙头企业，跻身世界机床领导者行列。

1. 重型数控动梁龙门镗铣床
2. 重型数控卧式车床
3. 正在装配中的重型数控立式车床群
4. 重型数控车铣加工中心
5. 安装在一汽大众的重型数控多连杆压力机冲压生产线

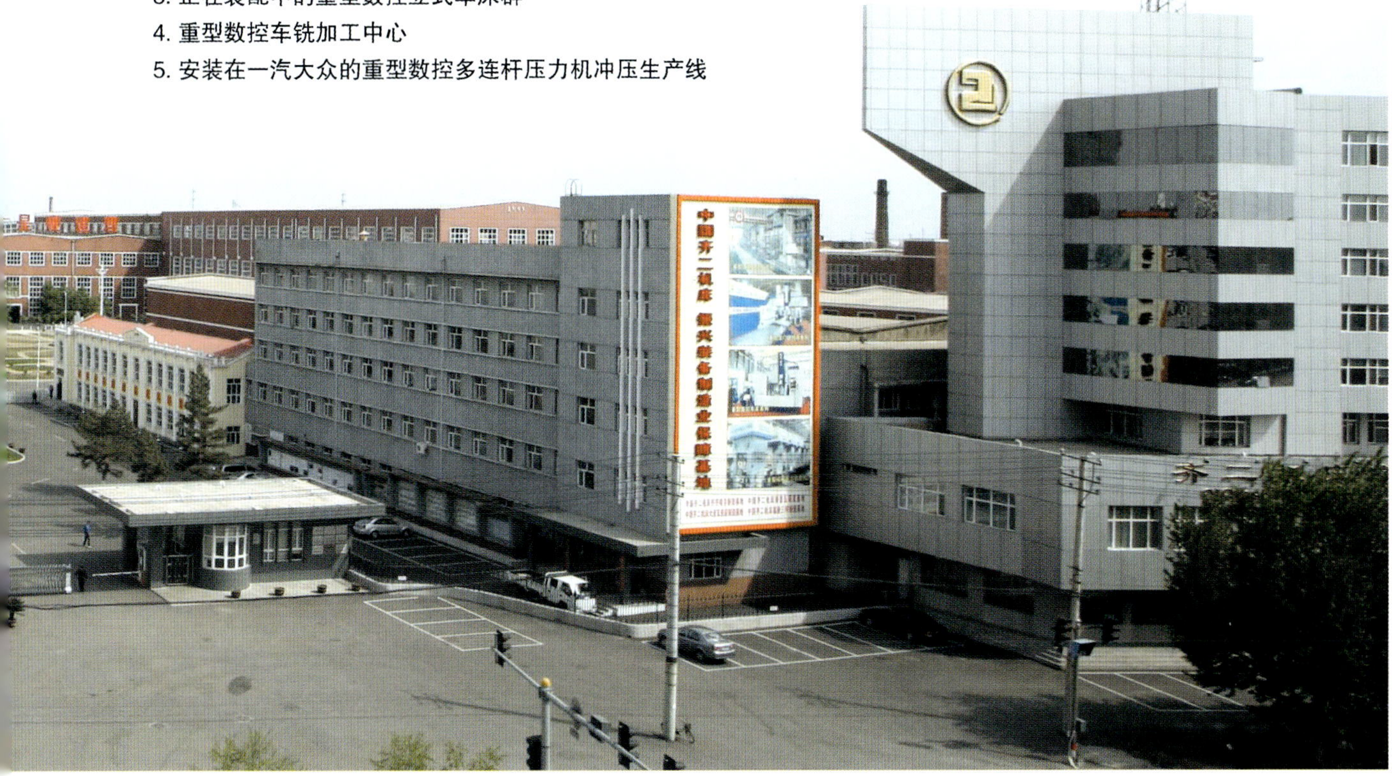

HDCNC® 威海华东

威海华东数控股份有限公司成立于2002年，注册资本12,000万元。2008年6月，在深圳证券交易所中小板成功上市。公司现有员工1,800人，企业占地面积24万平方米。主要生产数控龙门加工中心系列、数控龙门导轨磨床系列、数控落地镗铣床系列、数控外圆磨床系列、立、卧式加工中心系列；普通平面磨床、内外圆磨床、数控铣床、万能摇臂铣床及主要零部件的生产和加工等。

数控落地镗铣床

数控动梁龙门移动式铣镗床

2008年度公司新获得发明专利4项，实用新型专利7项，并获得了“中国专利山东明星企业”的荣誉称号；多项产品荣获山东省技术创新优秀新产品奖：并且公司自主研发的BZM-650博格式轨道板专用数控磨床荣获一等奖、中国机械工业科学技术奖二等奖”为中国的高速铁路建设作出了特殊贡献。

2009年1月公司与德国希斯庄明有限公司合资成立威海华东重工有限公司，注册资本1500万美元，合作进行大型精密机床设计、制造及发电设备零部件的加工项目。公司总占地面积33万平方米，全部工程预计2010年底建成。

中大创远数控装备有限公司

推动民族基础工业进步，铸造民族工业坚实脊梁

1.1基本情况

中大创远数控装备有限公司是2004年4月由湖南创远投资集团、中南大学、长沙科技风险投资管理有限公司共同组建的高新技术企业。

企业注册资本4000万元。主要从事数控螺旋锥齿加工机床的研发、制造和销售，并提供螺旋锥齿轮数字化精密加工成套技术服务，是全球三家掌握高档数控螺旋锥齿轮加工机床核心技术的企业之一，并且是至今为止我国唯一的一家能够生产七轴五联动（全数控）螺旋锥齿轮磨齿机的企业。其自主设计制造的YK20100磨齿机是目前世界上最大的全数控螺旋锥齿轮磨齿机。公司是制造螺旋锥齿轮成套技术和成套装备并加工高精度螺旋锥齿轮的专业化公司。被国家标准化委员会批准为全国金属切削机床标准化技术委员会齿轮机床技术委员分会数控螺旋锥齿轮机床工作组秘书处组长单位。

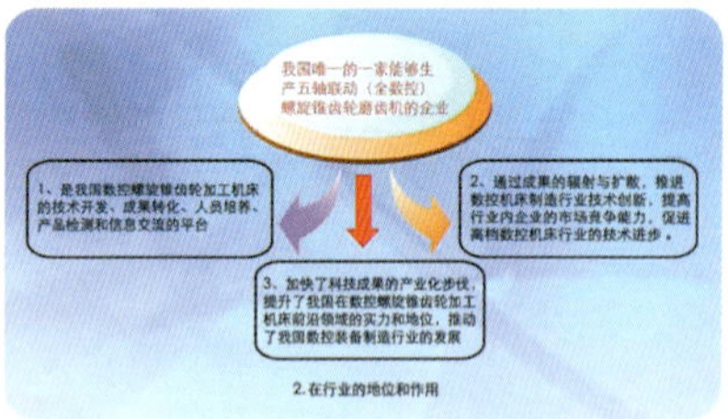

2.在行业的地位和作用

中大创远座落于国家级长沙经济技术开发区，占地77000m²，第一期投资8000万元建成年产量120台、年产值5亿元的数控螺旋锥齿轮加工机床产业化基地。拥有10000m²厂房（其中有3000m²空调精密装配车间和400m²恒温恒湿计量中心）、700m²研发大楼，配备了美国M&M公司的Sigma7齿轮测量中心、英国雷尼绍公司的激光干涉仪、比利时LMS公司的数据采集及模态分析系统等先进测量仪器。

公司通过了湖南省科技厅08年高新技术企业认证、湖南省信息产业厅的“双软”认定和中国检验认证集团的质量体系ISO9001—2000认证。是湖南省“十一五”期间“小巨人”计划扶持企业及“双百”工程企业，是湖南省拟重点推荐60家上市公司（排名第七位），银行信用等级AA级。

1.2主导产品及技术来源

公司坚持走自主创新和产学研相结合的道路，秉承“品质感动客户”的核心价值观，以市场为导向、以技术为支撑，开放创新，整合全球资源，为客户提供螺旋锥齿轮数字化精密加工成套应用技术解决方案。

公司整合中南大学等国内著名高校的技术资源，承担了“数字化制造基础研究”国家973项目、国家科技支撑计划、国家科技创新基金等重点专项；创造了三个“中国第一”和一个“世界第一”：中国第一台全数控螺旋锥齿轮铣齿机、第一台全数控螺旋锥齿轮磨齿机和第一条螺旋锥数字化精密制造生产线，全球最大、磨削工件直径达1米的全数控螺旋锥齿轮磨齿机YK20100；4项成果被鉴定为国内首创、国际先进水平，批准了7项软件著作权登记，申报了发明专利、实用新型专利30多项，获得了50多项独有技术。“全数控螺旋转锥齿轮磨齿机系列产品的研究与制造”获得湖南省科技进步一等奖，全数控螺旋锥齿轮磨齿机被评为“湖南名牌产品”，全数控螺旋锥齿机铣齿机、磨齿机、研齿机、检查机获得国家新产品证书。企业主导产品及市场占有率如表1.1所示。

表1.1 企业主导产品及市场占有率情况

产品名称	计量单位	年生产能力	市场占有率	同业排位
磨齿机	台	70	51%	第一
铣齿机	台	42	32%	第一
研齿机	台	30	17%	第一
检查机	台	20	15%	第一

---数控螺旋锥齿轮机床工作组秘书处组长单位，是数控螺旋锥齿轮机床国家标准的制定者
---数字化制造基础研究”国家973项目实验基地
---公司是中国齿轮专业协会常务理事单位
---中国机床工具协会理事
---长沙市企业技术中心
---长沙市齿轮技术工程中心
---通过ISO9001—2000认证
---湖南省“十一五”期间“小巨人” 企业
--- “双百”工程企业
---湖南省科技厅08年新高新技术企业

---获得6项专利
---获得7项软件著作权
---齿轮行业优秀新产品特等奖
---全数控螺旋锥齿轮磨齿机获得国家重点新产品
---全数控螺旋锥齿轮铣齿机获得国家重点新产品
---全数控螺旋锥齿轮研齿机获得国家重点新产品
---.全数控螺旋锥齿轮检查机获得国家重点新产品
---.湖南省科技进一等奖
---湖南省名牌产品

地址：国家级长沙经济技术开发区盼盼路8号　电话：0731—84878488　84878388　传真：0731—84878399　网址：www.zdcy.net

开发了完全拥有自主知识产权开发3大类100种规格系列产品，包括数控螺旋锥齿轮机床类、数控圆柱齿轮机床类、数控复杂曲面加工机床类。形成数控齿轮加工技术多元结构的设备“超市”和相对应产品附件服务供应商

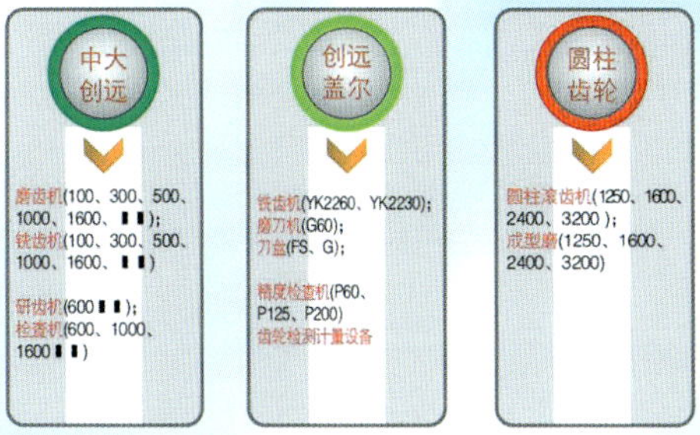

创造了三个“中国第一”、一个“世界第一”

中大创远坚持走产学研结合的道路，在行业内首家成立数控螺旋锥齿轮机床研究院。同时依托中南大学“机械设计及理论”、“机械制造及其自动化”和“数字装备与计算制造”三个博士点及“机械工程”博士后科研流动站，自主开发了拥有自主知识产权的螺旋锥齿轮数字化加工铣、磨、研、检高档数控机床系列化产品，实现了螺旋锥齿轮制造的数字化、网络化和智能化。

产品图片

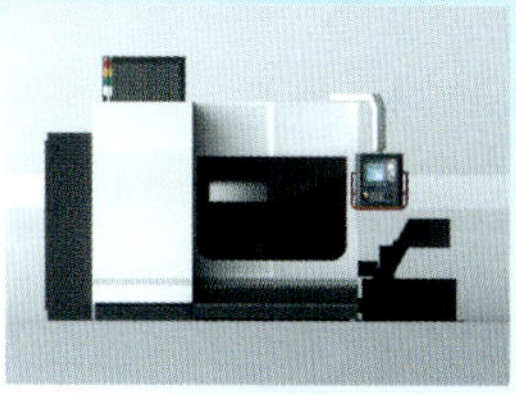

全数控螺旋锥齿轮铣齿机　全数控螺旋锥齿轮铣齿机型谱

YK2210、YK2230、YK2250、YK22100、YK22160、YK22200

产品技术特点：

1.总体结构采用计算机优化设计，刚性与精度俱佳。
2.操作界面简洁，各轴伺服电机动态性能好，可靠性高，具有远程通讯和控制功能。
3.全自动、闭环控制，可切削展成发、成形法大轮和变性法、刀倾法小轮。
4.可切削加工1600mm以下所有螺旋锥齿轮，还可根据客户实际需求进行铣齿机配置选型或定制设计。
5.全面体现现代锥齿轮机床的高性能性、高刚性、高可靠性、高精度要求。整机结构紧凑，响应速度快，具有很强的柔性加工能力。
6.YK22100、YK22160同比加工能力强，效果高

全数控干切削数控锥齿轮铣齿机(YK2260)

产品技术特点：

1.总体结构采用计算机优化设计，刚性与精度俱佳。
2.操作界面简洁，三个旋转主轴采用电主轴和力矩电机形式，机床具备自动余量分配和防撞、防打刀机构，能最大限度的减少因误操作和打刀带来损失。
3.全自动、闭环控制，可加工格里森制与奥利康制的锥齿轮。
4.机床具刚高性、大功率、高精度特点，具有干切削功能，可高效加工各种锥齿轮，加工效率较以前湿切削机床可提高2－3倍。加工精度可达GB5级。
5.全面体现现代锥齿轮机床的高性能性、高刚性、高可靠性、高精度要求。整机结构紧凑，响应速度快，具有很强的柔性加工能力。

全数控螺旋锥齿轮研齿机（YK2560）：

产品技术特点：

1.五轴三联动　2.全自动、闭环控制，可高效精密研磨螺旋锥齿轮齿面，改善面接触区，降低齿轮传动噪音
3.采用西门子控制系统、伺服电机　4.中英文操作界面，研齿位置即时动态显示，各类数据调整及数据库管理，简单齐全可靠
5.通过数字控制伺服电机转矩加载方式，可方便调整研齿力矩　6.机床布局合理紧凑，工件装夹，辅助机构动作采用气动控制
7.对齿采用柔性啮合装置，不伤齿轮齿面及机床构件。

全数控螺旋锥齿轮磨齿机　全数控螺旋锥齿轮磨齿机型谱

YK2030、YK2050/YK2050A、YK2060/YK2060A、YK20100、YK20160

产品技术特点：

1.全自动、闭环控制，所有产品均可磨削展成法大轮和变性法、刀倾法小轮。
2.YK2050A、YK2060A带有偏心磨削机构，可高效磨削成形法大轮。
3.可磨削1600mm以下的所有螺旋锥齿轮。　4.总体结构采用计算机优化设计，刚性和精度俱佳。
5.操作界面简洁，各轴伺服电机动态性能好，可靠性高，具有远程通讯和控制功能。
6.冷却过滤系统全自动控制，流量大，冷却充分。　7.砂轮修整自动控制，修磨精度高。
8.机床调整时间短，柔性加工能力强

青海华鼎重型机床有限责任公司

公司始建于1967年，1998年改制。占地面积25万平方米，现有员工1035人。

公司为国内机械行业重点骨干企业，大重型专用、通用机床主要生产企业，主要产品为铁路专用机床系列、重型卧式车床系列、轧辊机床系列以及无心车床系列等。

公司建有省级技术中心，设有特种、数控机床研究所及与之相配套的工艺部门，专门从事机床产品的开发、设计工作。现有工程技术人员158名，其中具有高级专业技术职务的人，中级技术职务的人。

公司拥有2500平方米的新产品试验基地，近万平方米的大型、精密件加工车间。拥有金切设备台，其中精、大、稀设备台。加工设备中拥有德国科堡公司的精密周边导轨磨床、那尔斯公司的精密数控成型齿轮磨床、那克索斯·犹里公司的精密数控万能外圆磨床，西班牙沙赛姆公司的数控刨台式镗铣床。

拥有同行业中较为领先的检测手段，如意大利DEA公司的桥式三坐标测量机，英国雷尼绍公司、美国惠普公司的双频激光干涉仪及齿轮整体误差测量仪、滚刀测量仪等。

公司产品全部服务于国家重点支持的交通、能源、原材料等基础产业，符合国家的产业政策，拥有较为广阔的市场空间。国内市场平均占有率75%以上，产值数控化率超过60%，部分产品出口到非洲、欧洲、东南亚等30多个国家和地区。

公司已开发了230多个品种、规格的机床产品，形成了以数控、高精度重型卧式机床为主的产品格局，先后有14种数控机床产品被认定为国家级高新技术产品和国家重点新产品，13种数控机床产品获省部级科技进步奖，“青重牌”车轮车床系列产品、重型卧式车床系列产品为青海省名牌产品，“青重”图形商标被认定为青海省著名商标。

地址：青海省大通县体育路1号　电话：0971-2750661 2750662

传真：0971-2722163 2723286　E-mail:xiaosh@public.xn.qh.xn

北京京城机电控股有限责任公司

董事长、党委书记任亚光

北京京城机电控股有限责任公司（京城机电）是由北京国有资本经营管理中心出资设立的大型装备制造业公司，是中国最大500家企业集团之一。公司在北京的产业发展历史已逾百年，新中国成立以来，一直在党和国家、北京市的关心和支持下茁壮成长。公司现有资产247亿元，30家重要的装备制造业企业，13家合资公司，1家上市公司，3家科研院所和学校，员工2万余人。2009年主营业务收入150亿元。

京城机电以制造精良、装备世界为使命，旗下拥有数控机床、发电设备、高压容器、印刷机械、工程机械、环保装备、输变电设备、工业物流以及液压基础件等多个产业集群，集工程设计、产品开发、设备制造和技术服务为一体，为电力、冶金、船舶、交通、工程建设、机械制造、航空航天等多个工业领域提供高质量的专业机电一体化设备与服务，客户已经遍及全球70多个国家和地区。

京城机电始终立足装备制造业，拥有强大的产品设计研发和设备加工制造能力。公司建立了以技术研究院和企业技术中心为核心的研发体系，拥有15家技术中心，其中3家为国家级，7家为北京市级，技术研发人员2000余人。公司部分产品长期居国内领先水平，创造出一大批代表国家装备工业水平、处于世界领先的产品，从新中国第一台X53K—1型数控铣床、新中国第一台J2201型对开双色胶印机、新中国第一台QD100型大型汽车起重机，到现在的世界上跨度最大的XKA28105300数控桥式龙门车铣复合机床、世界首台600MW“W”型火焰超临界锅炉机组等，都来自于京城机电的执著专注和不懈追求。

京城机电秉持“精于术理，诚以信合”的核心价值理念，致力于通过不断地创新、学习和变革，实现对先进制造技术和管理思想的开发和实践，实现对资源效率和企业价值的优化和提升。坚持用诚实承载信用，用忠诚对待事业，用热诚对待工作，用合作实现和谐，达到合作伙伴之间、企业与员工之间的共同成长和成功。努力推进中国装备制造业的振兴，成为全球领先的专业机电一体化设备和服务供应商。

京城机电旗下一机床生产的
世界跨度最大超重型数控机床

京城机电旗下机电源高技术股份公司
固废处理中心医疗废物焚烧工程项目

京城机电旗下北人股份自主
研发的国内首台中型印报机75A

京城机电旗下天海公司气瓶生产线

京城机电旗下北京巴威公司承制的
世界首台W型火焰超临界锅炉项目

京城机电旗下京城重工
生产的全路面汽车起重机

地址：北京市朝阳区东三环中路59号京城机电大厦
邮编：100022
总机：(010)67702828

泓陽 FORWARD MACHINERY

上海泓阳机械有限公司

SHANGHAI FORWARD MACHINERY CO.,LTD

上海泓阳机械有限公司是台湾明星企业旌阳集团于上海设厂为重型设备制造厂，上海泓阳机械有限公司于上海设厂已逾10余年，始创于1968年之旌阳集团。经40多年来的发展，已成为一个以基础性研究为先导，以高新技术创新和应用发展为主体的综合性企业。公司多年来一直致力于压延机流水线及其辅机的研发与生产，实行科研、设计、生产、技术等方面一条龙服务。

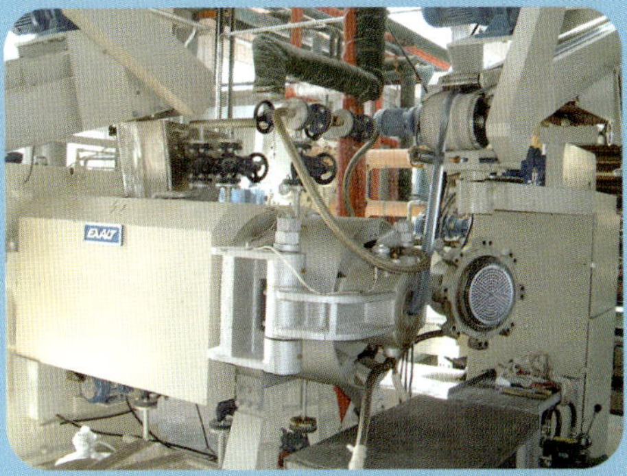

SGB SHIJIAZHUANG INDUSTRIAL PUMP FACTORY CO.,LTD.

石家庄工业泵厂有限公司（原石家庄工业泵厂）是集研发、设计、制造、营销、服务于一体的国内渣浆泵领军航母企业。公司有60多年的机械制造历史，具有自营对外进出口贸易权。为河北省先进企业，河北省名牌产品企业，首届全国十佳选煤设备制造厂。公司生产的ZJ、DT系列等上百种产品应用于电力、冶金、煤炭、化工及江河疏浚等行业，用于输送含有固体颗粒的磨蚀性或腐蚀性浆体。泵性能优越，先后被国家经贸委、国家计委、国家科委推荐为优秀节能产品；相继荣获国家级新产品、机械工业节能机电产品、河北省节能新产品、河北省名牌产品、中国名优产品等荣誉称号。公司拥有完善的管理体系和先进的ERP信息化管理系统。1998年取得“ISO9001质量体系认证”，于2003年、2009年顺利通过2000版、2008版的换版认证，近年又相继取得“ISO14001环境管理体系认证”、“GB/T28001职业健康安全管理体系认证”和“GB/T19022测量管理体系认证”。

石家庄工业泵厂有限公司

（原石家庄工业泵厂）

地址：石家庄市井陉矿区

电话：0311—82073343（营销部）

传真：0311—82072808

HTTP:WWW.CN-PUMP.COM

E-MAIL:PUMP@CN-PUMP.COM

- 机床工具行业劲旅 中国模具行业先锋
- 西北地区最具实力模具加工基地
- 中国谐波减速器研发生产的摇篮

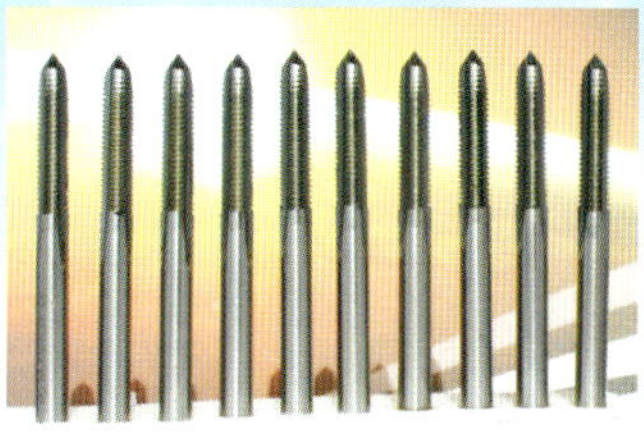

高性能机用丝锥

高性能挤压丝锥

陕西渭河工模具总厂（国营第七○二厂）是机械电子行业工模具专业生产企业。兴建于1960年，原名国营渭河工具厂，陕西渭河精密工模具总厂。占地面积 34.5 万平方米。固定资产原值1.5亿元，现有职工1600人。

主要生产经营：精密模具及冲压件、精密冷冲模架、量刃具（丝锥、铰刀、立铣刀、槽铣刀、中心钻等）、电子专用工具、硬质合金烧结及深加工制品、机床附件（精密平口钳、磁力夹具、平行垫铁等）、精密齿轮及谐波齿轮传动装置、线切割机床及机床零部件八大类3000余种规格产品。以“雪菱”、“丰利”为注册商标的工模具产品在国内市场久负盛誉远销海外15个国家和地区，先后有40项产品100余次荣获各种科技成果奖和部优、省优产品奖称号。企业已通过ISO9001-2000国际质量体系认证及国军标质量体系认证。

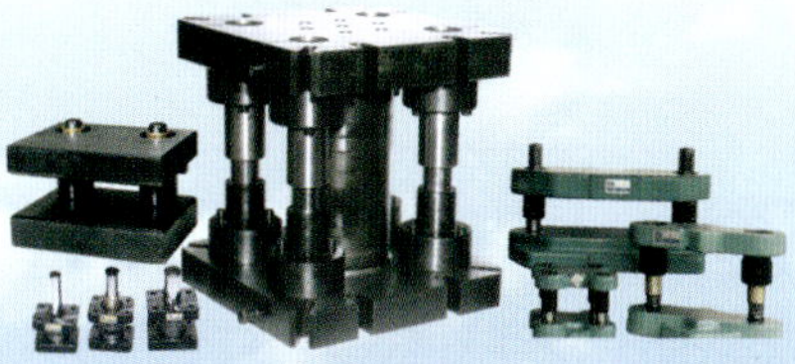

精密冷冲模架

精密平口钳

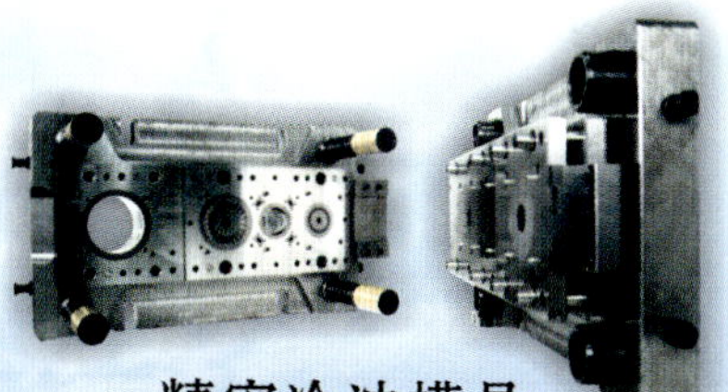

精密冷冲模具

陕西渭河工模具总厂
SHAANXI WEIHE TOOL WORKS
地址：陕西省宝鸡市蔡家坡 邮编：722405
电话（传真）：0917-8582440 8583537
网址：http://www.weihetools.com.cn
电子邮箱：weihe@weihetools.com.cn

EXPO 2010 SHANGHAI CHINA

中国电信 CHINA TELECOM

中国2010年上海世博会全球合作伙伴
Global Partner of Expo 2010 Shanghai China

中国电信上海公司

中国电信上海公司一贯以科学发展观为指导，深入推进企业转型，积极践行“聚焦客户的信息化创新”战略和“激情、创新、合作、诚信”的精神，坚持创新发展的主线，坚持战略转型，实现了品牌和转型双突破，保持了上海地区的通信领先地位，公司连续几年收入增长水平名列集团第一，各项转型指标位居集团前列。目前中国电信上海公司拥有中国电信集团内最大的本地网，为1600多万用户（其中：固定电话870万、固定宽带376万、移动业务260万、IPTV业务102万）提供全方位的综合信息服务，承担了全国50%以上的国际电话汇接；互联网国际出口带宽112.5G，占中国电信总出口带宽40.4%。上海已经成为国内拥有固定电话、宽带和IPTV用户数最多、内地国际通信出口流量最大的城市。

2009年中国电信上海公司大力推进“城市光网”建设，年内完成75万户覆盖，实现百兆到户；2M覆盖达到98%，4M覆盖达到93%，8M覆盖达到77%；楼层光缆覆盖的楼宇达530幢，商务楼PON覆盖达到554幢。9月中旬，中国电信正式启用新中美海底光缆系统（TPE），上海至全球互联网总带宽达140G，IP城域网出口能力突破1140G，成为国内首个具备T级别出口带宽能力的城市，基本建成“无线上海”。

2009年中国电信上海公司在集团内率先建成全覆盖的商用3G网络，也成为上海最早商用的3G网络。实现长江隧桥、地铁7号线等重大工程的C网覆盖，地铁站已全面实现3G覆盖。

中国电信上海公司积极把握物联网等新技术发展机遇，聚焦汽车交通、公共事业、公共安全、金融、医疗急救等多个行业，成功拓展诸如上海通用ONSTAR项目、上海三菱电梯远程服务系统、宝山医疗急救中心救护车CDMA通讯等多个项目在集团内率先实现行业应用。

2009年中国电信上海公司在世博园区实现了“城市光网”的全覆盖，并开始向中国馆、主题馆、世博中心、演艺中心和世博轴提供通信能力。8月15日，信息通信馆完成结构封顶，年内在世博会18个企业馆中率先竣工并通过验收。11月12日，开世博举办史上先河的网上世博会成功上线，世博网站的三维展馆、视频点播、视频直播、图片分享、BBS等频道可及时、直观地向全球展示，世博会全球CDN服务也获2010年度上海工博会大会金奖。此外，中国电信上海公司的“962010多语言世博服务热线”和12项世博承诺等创新服务举措，以及世博倒计时一周年、倒计时300天大型宣传活动，得到社会广泛关注和一致好评。在2010年上海世博会上，中国电上海公司将积极推出LTE第四代移动通信、智慧家庭、非接触式移动支付、物联网、城市光网、多语言识别系统、掌上世博、手机Push to X、以及集全球眼、视频呼叫、世博信息查询、紧急援助等诸多业务于一身的世博信息亭等在内的多项科技亮点，通过新的视角、新的方式记录世博、呈现世博，让世人见证电信科技与人文世博的完美结合。

展望未来，中国电信上海公司将以最大的努力，构建自身的全业务竞争运营优势，助推和谐发展的信息产业生态圈建设，共同为客户提供更丰富的服务内容与更精彩的服务体验，让上海的企业和老百姓真真切切地感受到综合信息服务带来的便利。

2009年12月16日，中国电信上海公司庆祝IPTV用户突破100万

中国电信上海公司积极为2010年上海世博会提供优质服务。图为应急通信车及电信人员在世博园区现场进行通信保障。

2010年4月27日，中国电信上海公司推出8大科技亮点和18项新业务，为市民享受美好信息新生活提供可能。

2010年初，中国电信上海公司发布家庭信息第四屏——“魔屏”，助力“城市光网”建设。

地址：中国上海世纪大道211号信息大楼　电话：021-63240069　邮编：200120　网址：www.shanghaitelecom.com.cn

泰隆集团

泰隆集团地处扬子江畔的泰兴市区，是泰兴人引以为豪的国家大型企业。集团在全国优秀企业家、江苏省劳动模范董事长殷根章的领导下，经过20多年的悉心经营，昂首迈进了中国机械工业500强，成为全国减变行业排头兵企业。集团现拥有总资产8.19亿元，固定资产6.92亿元，占地面积60万平方米，员工3000多人，专业工程技术人员1100人。从美国、德国、日本、俄罗斯、奥地利等国家引进的大型数控磨齿机、大型数控镗铣床、蜗杆磨床、加工中心、碳氮共渗炉等一批高精尖的生产设备和检测设备占48%，磨齿加工工件直径最大达到5米，生产的单台减速机最大达120吨。建立了全国同行业中检测功能最全、仪器最先进的2000KW测试中心，创建了省级工程技术中心。

公司的主打产品减速机在原有十几个系列，几十万种规格的基础上，采用先进的模块化、点线啮合等技术开发出了TL模块化齿轮减速电机、TXP行星模块化减速器、重载模块化齿轮减速器、点线啮合减速器、立式磨机及边缘传动磨机齿轮箱、铝冶金行业的联合开卷取齿轮箱、三环减速器、星轮减速器、风电齿轮箱、水力发电变速装置、核电齿轮箱等高新技术产品，以及各类特殊非标齿轮箱。泰隆工业园区已经成为国内最大的钢帘线设备生产基地，双叶、三叶罗茨风机及高温风机批量出口东南亚及欧美。

公司现为全国减速机标准化技术委员会秘书处单位。公司荣获“全国首批守合同重信用企业”，“全国重点高新技术企业”、“全国机械工业质量管理奖”、“全国用户满意服务”、等荣誉。在同行业中率先通过了国家AAAA标准化良好行为企业认证、一级安全质量标准化机械制造企业认证、GB/T19022-2003完善计量检测体系认证、ISO9001-2000质量体系认证、ISO14001-2004环境体系认证、ISO28001-2001职业健康安全认证。产品通过矿用产品安全标志认证、起重行业型式试验认可认证，泰隆牌商标被国家工商总局认定为中国驰名商标，泰隆牌减速机被评为中国名牌产品。

拥有自主知识产权、列入国家火炬计划项目的TL模块化组合齿轮减速机

偏航变桨齿轮箱

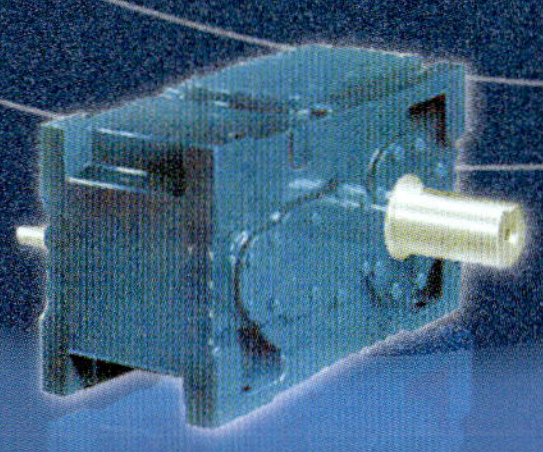

TLMC重载模块化减速器

TXP模块化行星减速器

变桨减速齿轮箱

全钛醋酸精馏塔

宝色特种设备有限公司

宝色特种设备有限公司隶属于宝钛集团有限公司控股的南京宝色股份公司，是独立法人单位。前身为宝钛集团有限公司装备设计制造公司。公司主要产品有：钛、镍、钼、锆、铜、钢、不锈钢及其复合板制压力容器、非标设备、工磨具及备品备件。公司拥有A1、A2压力容器制造资质，A2压力设计资质，美国ASME“U”钢印证书。产品广泛应用于石油化工、化工、制碱、制盐、制药、冶金、海洋工程、环保工程、海水淡化、船舶工程等领域。

宝色特种设备有限公司愿与国内外客户携手合作，共谋发展！

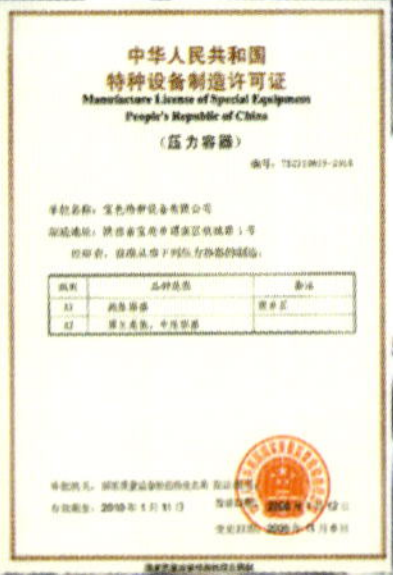

特种设备制造许可证

特种设备设计许可证

锆钢复合板反应釜

哈氏合金反应器

钛钼镍加热室

多搅拌高压反应釜

地址：陕西省宝鸡市钛城路一号
邮编：721014
电话：0917-3382035　3382098　3382777
　　　3382174　3382782　3382201
传真：0917-3382606
http://www.baotigroup.com
E-mail:zbgs@baoti.com

创新推动大发展，创新实现新跨越

河北省磁县申家庄煤矿

河北省磁县申家庄煤矿系全资国有企业，国家安全高效二级矿井，全国煤炭百强矿，企业总资产近10亿，综合实力稳居邯郸市工业企业五十强前列。

现矿井核定生产能力8　5万吨．地面建有两座年入洗能力分别为210万吨和60万吨的洗煤厂、2.4万千瓦矸石发电厂以及资源综合利用项目——年产4500万块标砖的粉煤灰砖厂，在建项目——裕隆260万吨煤焦化一期工程已全面开工建设。目前企业在册职工2378人，主打产品“冀申”牌精煤产销率连年100％。2009年在连续实现第四个安全生产年的基础上，完成项目投资2亿多元，上缴利税6.8亿元，开创了建矿以来历史性突破。

多年来，申家庄煤矿始终秉持创新发展的理念，将“创新”做为不断推动企业向前跨越的原动力，瞄准前沿求突破，锐意进取谋发展。科技创新，管理创新，经营创新．如三股不竭的源泉，强势推动矿山持续．健康．快速发展。在科技研发上，率先在全国地方煤矿实现了由炮采到机采的跨越，复杂条件下俯斜大倾角煤层放顶煤开采技术全国领先，通过推广轻型放顶煤一次采全高新工艺，使井下工效成倍提升；在管理体制上，积极推进用人制度、成本考核制度和目标责任制度改革，引入ISO:EQHMS管理体系，将产品质量、节能减排、职业卫生纳入全过程、规范化管控之中，同时着力实施网络信息化建设，借助OA无纸化协同办公系统，全面打造现代化企业管理平台；在经营理念上，秉持“强基固本、深度开发、循环发展、以精博大”的战略运营导向，做大做强关联产业，将210万吨大精煤战略作为产业支撑平台，以在建项目——260万吨煤焦化为龙头，递次延伸下游产业链条，打造规模以上级循环经济产业圈，着力构建建设具有申煤特色、多元化、可持续发展的现代企业集团。

创新彰显大气魄．创新推动大发展。在不断的创新发展中，申家庄煤矿先后被能源部评为“特级质量标准化矿井”．被中国矿业联合会授予“全国十佳矿山”，被省政府授予“省级先进企业”，被省总工会、劳动厅联合授予“A A A级劳动关系和谐企业”．被省文明办授予“诚信企业”等殊荣。一家集原煤开采、精煤洗选、矸石发电、粉煤灰制砖、煤焦化为一体的现代化、集团化、规模化新型绿色矿山正巍然崛起于冀南煤海！

中兴财光华会计师事务所有限责任公司

董事长 主任会计师:姚庚春

中兴财光华会计师事务所有限责任公司是具有证券期货相关业务资格的独立法人机构。事务所以北京为中心，分别在河北、天津、上海、山东、山西、吉林、湖北、深圳、广东、重庆、江西等设有工作机构。

中兴财光华会计师事务所现有从业人员631名，其中注册会计师351名、国际注册管理咨询师8名。资深教授、副教授、高级会计师、高级工程师、高级税务师、高级管理咨询师122名。荟萃了会计、审计、证券期货、资产评估、税务、金融、工程、经济管理等各类专业人才。是一支年龄结构合理、团结和谐、充满朝气和活力的执业队伍，是行业内有核心竞争力的会计师事务所之一。在2010年全国百强会计师事务所中排名第33位，是入围具国资委2010年～2011年审计项目的会计师事务所。

中兴财光华会计师事务所高层领导研究《业务质量控制制度》

中国注册会计师协会会长刘仲黎同志在中注协秘书长陈毓圭同志陪同下视察中兴财光华会计师事务所时合影（前排右起第四位为刘仲黎同志、右起第三位为中注协秘书长陈毓圭同志）

董事长姚庚春同志在中兴财光华会计事务所注册会计师后续教育培训班上授课

中兴财光华会计师事务所服务范围遍及金融、证券期货、电信、钢铁、石油、煤炭、外贸、纺织、物产、电力、新闻出版、科技、交通运输、制药、农牧业、房地产等行业。为大中型企业提供内控设计、企业策划、投资项目可行性研究服务。为企业改制、资产重组、投资等经济活动提供财务、经济评价和可行性研究，为多家大型企业集团担任常年财务顾问。树立了良好的社会形象，得到了社会各界的广泛赞誉。2009年被中国质量协会全国用户委员会评为“全国实施用户满意工程先进单位”。董事长、主任会计师姚庚春同志被评为“用户满意杰出管理者”和“2008和谐中国十大领军人物”。

中兴财光华会计师事务所以“做优、做大、做强、上规模、上档次、上水平”为发展战略目标，多年来坚持“以质量求信誉，以信誉促发展”的经营理念，奉行“高效优质、为客户创造价值、为社会创造效益”的服务宗旨，追求稳健务实，与国际接轨的长远发展目标。全体员工精诚团结、锐意进取、竭诚为社会各界提供优质高效服务，为社会经济发展做出积极的贡献。

中兴财光华会计师事务所企业内部控制规范研讨会

易初明通卡特彼勒工程机械西部技术支持及再制造中心在成都经开区奠基

四川省保护知识产权举报投诉服务中心成都经开区工作站成立

吉利首款SUV在成都经开区下线

成都神钢集团创百亿迁扩建项目竣工投产

成都经济技术开发区

成都经济技术开发区于2000年经国务院批准为四川省唯一的国家级开发区。2005年被信息产业部批准为国家电子元器件产业园，总体规划面积约60平方公里。是四川省委、省政府重点培育的两大特色 “千亿产业园区”之一，是中国国际跨国公司研究会、联合国全球契约组织、联合国环境规划署推选的“跨国公司最佳投资开发区”。

截至目前，已引进国内外工业项目546个，有340多个项目建成投产。区内已聚集包括一汽大众成都有限公司、吉利轿车成都基地、一汽丰田新基地、大运汽车生产基地、一汽专用汽车、川汽集团等一批汽车整车项目，富士神钢、普什重机、南车集团、海瑞克盾构机等一批知名工程机械项目，以及一批整机关键零部件项目、新型材料和电子电器产业项目。基本形成以汽车（工程机械）整车制造产业为主导，同时涵盖电子电器、新型材料产业的集中集群集约发展格局。

成都经济技术开发区热忱欢迎国内外客商考察、投资这片充满希望的热土！

招商电话：028-84852308
传真：028-84868719
网址：www.cdetdz.gov.cn

投资7亿欧元的一汽大众成都轿车建设项目在成都经开区正式启动

投资21亿元的大运汽车项目落户成都经开区

投资36亿的四川一汽丰田汽车有限公司搬迁扩建项目开工仪式

企业篇

鞍钢着力打造绿色钢铁样板工厂

2006年5月经国家发改委批准建设的鞍钢鲅鱼圈钢铁新区，是鞍钢落实国家《钢铁产业发展政策》，适应经济全球化形势，实施沿海发展战略，建设最具国际竞争力跨国钢铁集团的标志性重大举措，对于鞍钢发展具有现实而深远的意义，拉开了中国钢铁产业战略调整的序幕。

鞍钢鲅鱼圈钢铁新区，是我国首例自主设计、技术总负责、自己施工、工艺技术最先进、装备水平和产品档次最高的世界一流循环经济示范企业，是具有国际竞争力的绿色钢铁样板工厂。规划建设按照钢铁生产流程连续、柔性、可控、可持续原则进行，采用当今国际最先进的钢铁生产工艺和装备，应用多项自主集成与创新技术，致力于建成覆盖全系列船板和全品种厚板的精品板材生产研发中心和高强度、超薄度的热轧精品板材生产基地。年设计产铁493万吨、钢500万吨、材488万吨，主导产品定位于集装箱用钢、管线钢、船板、锅炉板、容器板、桥梁板、建筑用钢等。

2008年9月10日，以1#高炉为标志的Ⅰ系列39个项目顺利投产；2009年5月1日，以2#高炉为标志的Ⅱ系列12个项目顺利开工，创造了中国第一个沿海现代化联合钢铁项目一次试车成功、平稳运行的新纪录。提高装备国产化水平，国产化率达97.3%，投资额同比降低10.2%。创造多项创新技术，受理专利23项、授权1项，认定专有技术37项。采用扁平高效的事业部制，推行作业长制，全员劳动生产率1800吨钢/年·人以上，达到世界先进水平。2#高炉《预装炉料准确率》等纪录连续创造鞍钢高炉开炉史上五项"第一"，开创大型高炉开工新纪录。鲅鱼圈钢铁项目Ⅰ系列一次试车成功等4项创新成果入选中国企业新纪录。"装备高度国产化的成功实践、卓越高效的生产实践、示范性绿色钢铁制造技术"科技成果，经省级鉴定整体达到国际水平。

2008年12月12日，胡锦涛总书记视察鲅鱼圈钢铁新区时对鞍钢提出殷切希望，他要求鞍钢发挥品牌优势、技术优势，多生产高附加值、低成本的钢铁产品，提高企业产品在国际上的占有率。并希望鞍钢成为节能、环保、可持续发展的创世界一流的企业。

一、绿色制造

鞍钢鲅鱼圈钢铁新区全面落实循环经济原则，积极探索钢铁工业发展的绿色制造模式，依托工艺流程的紧凑化、技术装备的现代化、生产管理的信息化，建立起铁素资源和能源循环、水资源循环、固体废弃物再资源化的综合生产体系，形成社会综合利用循环经济链，成为绿色钢铁样板型工厂。

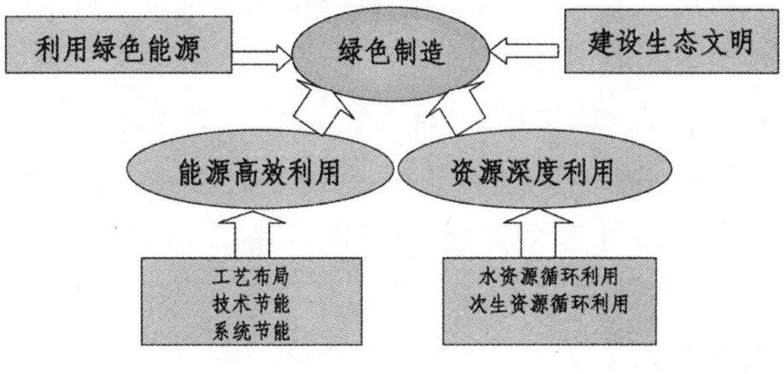

（一）绿色物流

鞍钢鲅鱼圈钢铁新区位于辽东半岛中部的渤海之滨，地处环渤海和东北亚经济圈的中心，航线覆盖全国主要港口，辐射日本、韩国、东南亚等世界各地，北靠造船、重型机械、汽车制造等传统重工业发达的东北地区广袤腹地，是东北地区参与国际经济合作最便捷、最经济的出海口，是北方沿海建设钢铁厂的最佳位置，可实现全球化资源和产品配置。现鲅鱼圈钢铁新区原燃料60%实施国际化采购，70%产品通过海运外销。

(二)科学布局

充分利用沿海港口自然条件，工业用地 8.32 平方公里,其中填海造地 3.65 平方公里。采用国际首创的台阶式竖向布置和国际先进的“一线形”布局,工艺科学、合理、紧凑,吨钢用地仅 0.64m²,达到世界领先水平。

(三)节能减排

在规划初期就充分考虑国家“十一五”减排目标要求,坚持“3R+G”(减量化、再循环、再利用、绿色能源)原则,倡导低碳经济,遵循经济增长、社会进步、环境保护三者协调与和谐发展的循环经济理念,主动实施污染减排项目,发展循环经济,减少二氧化碳、二氧化硫等温室气体排放量,从根本上改变了高污染、高消耗的传统生产过程,建设集钢铁产品制造功能、能源转换功能、社会大宗废弃物处理与消纳功能于一体的世界一流清洁钢铁企业。通过资源能源减量、二次能源利用与清洁能源支撑低消耗;通过高效环保技术支撑低污染、低排放;通过先进处理技术支撑废物“再用化”与“资源化”,二次能源发电比例达 61%,吨钢综合能耗达 620kg/t。

在具体设计上,焦炉煤气采用先进的真空碳酸钾法脱硫工艺,设计处理煤气量 12 万立/时,脱硫效率 96.7%,处理后煤气含硫量<200mg/立方米,每年减排二氧化硫 8400 余吨；配套建设 1200 立/时生产废水处理厂和 200 立/时生活污水处理厂,经处理后水质达到回用水水质标准，作为生产补水回用,水循环率达到 98.3%,吨钢耗新水跃居国际先进水平。采用国内最先进的钢渣热焖工艺技术,建设钢渣处理生产线,渣钢、粒铁供炼钢回用,转炉泥、炼钢除尘灰、瓦斯泥、瓦斯灰、原料场除尘灰经强混优化配比后 100%供烧结。

利用 CCPP 煤气—蒸汽循环联合发电机组回收利用剩余煤气,年发电 11.8 亿 kWh,实现煤气高效利用；建设 CDQ 干熄焦发电机组回收利用熄焦显热,年发电 2.4 亿 kWh;利用 TRT 高炉煤气余压发电,年发电 2.9 亿 kWh。全年余能回收发电 17 亿 kWh，实现减排 171.5 万吨 CO_2/年，其中 CCPP 和 CDQ 均已成功注册联合国 CDM 项目,每年减排约 142.4 万碳汇流入国际碳交易市场。

(四)绿色能源

不断拓展钢铁行业“清洁、绿色、低碳”发展内涵,开创了中国钢铁企业同时开发利用风能、太阳能、海水淡化技术的先河,成为钢铁企业利用绿色能源“示范基地”。

1.风力发电

发挥紧靠渤海湾、沿海建厂、风力资源丰富的优势,开发利用可再生风力资源,建设 7 台风电机组(装机容量 9750kWh)供厂区内办公楼及路灯照明使用,并计划再建成 8 台风电机组,装机容量达到 10000kW,探索建设大规模海上风力发电机组的可行性。通过对 1580mm 热轧生产线平整机组用电负荷稳定性分析,计划接入 2 台风电机组进行“风电适应于平整机组供电项目”试验,探索风电支撑轧机运行技术。

2.光伏利用

开发利用太阳能,建成 6 座太阳能热水装置,满足员工热水洗浴需求，每年可减少 5800 吨标煤消耗,正在研究太阳能发电用于仓库吊装设备动力。

3.海水淡化

利用丰富海水资源，建设海水淡化试验装置，节约淡水资源,实现日产淡水 120 吨,为行政办公大楼提供生活用水,正在筹备二期海水淡化项目,日产淡水 4 万吨,满足二期 50%生产用水。

(五)绿色产品

贯彻绿色制造思想,设计绿色产品生产比例达到 60%以上。定位于生产高强度钢替代低强度钢,降低钢材单耗；生产高耐蚀耐磨钢替代低耐蚀耐磨钢,延长使用寿命;同时开发风能、水能和核能等清洁能源用钢,满足“低碳”经济发展需求。

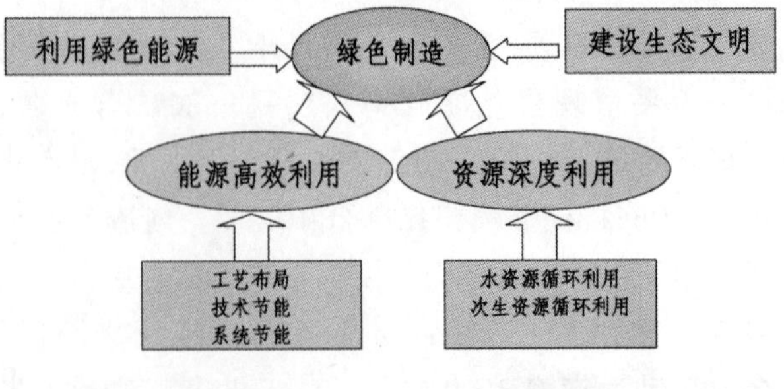

1.厚板产品

目前绿色产品比例达 32%,年产量 64 万吨。主要包括管线钢、船板海洋工程、能源用钢、高强度工程机械、高硬度耐磨钢、耐候钢、建筑用钢、高强度结构钢等八个系列。产品最大宽度 5300mm,最大厚度 150mm （二期可达到 400mm)；最大强度

1300Mpa。4800mm 钢板已替代进口产品；SA533Gr.B、20MND5 等核电用钢填补国内空白；独家生产 15MnNi 核岛支撑材料用钢。X100、X120、Q960E 等高端产品研发取得阶段性成果。

2.热轧产品

目前绿色产品比例达 21%，年产量达 78 万吨。主要包括管线钢、高强度集装箱板、耐候钢和工程机械等四个系列。产品最小厚度 1.2mm，最大强度 960Mpa。

为更好地推进绿色产品应用，建立了规范的 EVI 技术服务模式，帮助客户进行绿色产品适应性技术改造，通过参与客户产品更新，实现下游产品降低钢材消耗和能源消耗。

二、绿色管理

坚持绿色钢铁理念，以信息化管理为平台，以组织创新为支撑，以机制创新为保障，尝试冶金企业管理新模式，实践绿色管理，全面推进绿色钢铁样板工厂建设。

（一）信息化管理

以数字化支撑现代化，建立适应现代化大型钢铁企业运营的管理框架，实现信息流、资金流、物资流的同步、动态管理，构建“产销一体、管控衔接、三流同步”信息化管理模式。

1.厂区 ERP

构建覆盖产品全制造过程的物流、工作流、资金流及信息流高度集成的 ERP 系统，实现管理提升与创新，提高运营质量和效率。

2.公共网络

公共网络采用标准的层次化网络架构，由核心层、汇聚层、接入层三个主要层次构成，主要承载业务包括：企业管理办公自动化（OA）、视频会议、工业电视及视频安全保卫监控等各类视频信号传输、数字一卡通管理系统传输、物资持出管理系统传输、消防网络管理系统传输、气体检测报警网络管理系统传输等。

3.多功能管理驾驶舱

在总调度室安装大屏幕，将信息以图形化方式展示给管理者，辅助生产决策。

4.能源管理

采用先进能源管理模式和理念，结合鲅鱼圈厂区能源管理实际，自主研发建设集自动化技术、计算机与信息技术、网络技术为一体的能源管理系统，实现能源动力实时在线调控、优化。管理系统涵盖动力管理系统、电力管理系统、环保监测系统、大屏幕系统、能源生产视频监控系统。主要功能架构：信号采集与监视报警、能源计划管理、能源实绩管理、系统运行支持、重点设备管理、能源介质质量管理、环保管理。

5.信息化办公

适应现代化大型钢铁企业运营的管理框架，逐步实现对钢铁产品整个生命周期全过程、全流程、全方位的管控。

6.信息化管理软件

软件应用	主要作用
ERP、SCM	降低物料消耗，减少物流损失，提高能源效率
CRM、EC	减少传统交易设施，减少物流运输和商品的浪费
PLM、CAD	创新节能环保产品，节约样品制造
MES	降低能耗，减少物料消耗
办公自动化系统（OA）	倡导无纸化办公，提高工作效率，

（二）组织创新

改变传统冶金企业“直线职能制”多层级管理，借鉴“事业部制”分权管理模式优点，导入管理即服务理念，实行横向集权、纵向分权一级管理的冶金企业管理新模式。

按照“纵向扁平，横向优化，精干高效，运转协调”原则，以扁平化组织架构为基础，以一级职能管理与一级作业管理为核心，以流程优化与制度创新为保证，以信息化建设为平台，以“集中一贯制、区域负责制、作业长制、项目经理制”为支撑，实行“一级事业部制”管理模式，全员劳动生产率达到 1800 吨/人·年。

1.集中一贯制

采购营销、生产计划、科研开发、设备、自动化、能源环保、物流、化检验、财务、人力资源等实行一体化式集中一贯管理，实现集中度更高、准确度更高、运行效率更高的管理目标。

2.事业部制

各产品制造单元作为利润和成本中心责任主体，遵从工序服从的原则，模拟事业部形式运作。授权事业部独立行使本区域生产运行、产品研发、质量控制、异议处理、事故管理、安全消防、成本控制等管理权力，充分发挥事业部自主管理、自主协调的效率优势。

3.作业长制

按照“权利委让、工序服从、横向协作”原则，充分赋予作业长现场生产指挥权利，提高作业系统效率，适应短流程、自动化、快节奏的现代化生产特点。

4.项目经理制

在科研、工程、管理等项目上，以项目经理为责任主体，聚集优秀人才，跨职能部门、生产单元设立虚拟组织或无边界团队，形成合力，确保高质量、高效率完成阶段性目标任务。

(三)机制创新

以发展规划为先导，以关注市场为焦点，以生产经营为中心，以创新突破为手段，以履行职责为根本，在财务、客户、内部流程、学习与成长四个维度，建立全面、系统的经营管理绩效评价体系，引领企业科学管理发展方向，保障企业持续提高竞争力。

●利益保障体系：强化区域管理、系统评价，建立既相互独立、又系统支撑的绩效评价体系。区域管理注重生产制造单元成本、产量、利润等关键绩效指标评价；系统评价注重职能管理系统产量、综合能耗、资金占用等关键绩效指标评价。

●对标提升体系：以世界一流绩效指标为目标，建立三级对标体系，强化对标达标，追求卓越绩效。

●创新激励体系：强化创新促发展，构建创新发展平台，建立创新激励机制。

●管理责任体系：推行管理点检，深化行为评价，实施六类七级事故管理，强化履行职责，追究管理失职责任，提高管理控制力与执行力。

三、生产实践

坚持“一心一意谋达产，群策群力促达标，开拓创新迎发展”指导思想，按照“安全第一、稳字当头、夯实基础、关注效益”工作方针，炼焦、炼铁、炼钢、热轧及能源动力系统投产10个月实现达产，厚板投产7个月实现达产，创冶金行业大型现代化钢铁联合企业达产速度之最。主要技术经济指标达到设计标准，并居同行业先进水平。

1.主要技术经济指标

序号	项目	单位	设计值	实际值
1	全焦耗洗煤	kg/t	1355	1354
2	高炉利用系数	t/m³d	2.3	2.34
3	综合焦比	kg/t	480	482
4	入炉焦比	kg/t	290	302
5	喷煤比	kg/t	200	186
6	钢铁料消耗	kg/t	1120	1116
7	吨钢综合能耗	kg/t	668	620
8	吨钢耗新水	t/t	3.735	3.54
9	热轧成材率	%	97.5	97.73

2.产品拓展

1580热轧线完成调试16个系列65个钢牌号，代表105个钢牌号。规格厚度1.6~12.4mm，宽度914~1430mm，覆盖设计大纲99.5%以上，集装箱薄材产能达到2万吨/月以上。产品获得出口欧盟产品CE认可和泰国TISI认可。

5500厚板线完成调试14个系列83个钢牌号(包含2个形状的LP板)，代表220个钢牌号。规格厚6~280mm，成品宽度1800~4800mm，覆盖设计大纲96.5%以上。完成9国船级社船板认证，锅炉和压力容器用钢通过国家质检总局特种设备制造许可认可，出口欧盟产品CE认可和泰国TISI认可。其中特种设备制造许可中07MnNiMoVDR牌号为鞍钢范围内目前独有的生产资质，规格范围最小厚度6mm、最大宽度5200mm；CE认证牌号S355N/S355NL最大厚度为100mm。

在以“低碳”、“非涉碳”为标志的世界性经济结构调整中，鞍钢鲅鱼圈钢铁新区全面提升自主创新能力与可持续发展能力，以满足社会需求和发展为己任，注重生态文明和谐，践行绿色钢铁之路，建设最具国际竞争力的绿色钢铁样板工厂，成为钢铁行业排头兵，引领钢铁行业未来发展方向，为振兴东北老工业基地和促进中国钢铁工业发展而不懈奋斗。

中海油进军国际一流能源公司

2009年，中国海洋石油总公司（以下称“中国海油”）认真贯彻落实党中央、国务院关于应对国际金融危机重大战略部署，充分履行中央企业肩负的历史责任，以认真组织深入学习实践科学发展观活动为契机，将积极应对国际金融危机冲击，克服经济发展困难作为最大实践、最重要的实际和最需要取得的实效，以打造支撑公司可持续发展能力建设、制度建设和队伍建设为着力点，加大产能建设，推进主业发展，加大重大装备投入，推进深水勘探开发能力建设，加大市场开发力度，强化资源获取，加强基础管理，深化内部改革，实现了储量产量同步增长，上中下游协同发展，改革发展稳定同步推进，队伍的凝聚力、向心力、战斗力进一步增强，公司的影响力进一步提升，国际一流能源公司建设取得新进展。

生产经营取得良好业绩。在石油价格大幅震荡，石化、成品油、化肥、盐化工、专业技术服务市场萎缩，消费乏力，竞争加剧的背景下，经过公司全体干部员工共同努力，实现了难得的好于预期的经营业绩。全年实现销售收入2218亿元，增长4.8%，在实现油价同比下跌32.7%的情况下实现利润总额520亿元，上缴税费490亿元。总资产首次突破5000亿元，达5247亿元，增长22.9%，净资产达3240亿元，增长10.8%。

公司的发展质量和财务健康状况继续保持良好水平。总资产收益率为11%，净资产收益率12.5%，处在行业较好水平。按经济增加值（EVA）计算，公司实现经济增加值220亿，处在央企前列，在国际同行中也属较好水平；公司销售利润率为23%，成本费用利润率为33%，在国际同行中也有较强竞争力。截至2009年底，公司总资产在央企中排第7位，销售额排第11位，利润排第4位，单位人工成本产生利润6.4元，排名第2位。

为应对国际金融危机导致的外部经营环境恶化，企业加大主业投资，加快主业发展，公司主要产品产量稳步快速增长。全年完成油气产量4766万吨油当量，增长11%，其中原油3697万吨，增长14%；天然气107亿方，增长2%；进口LNG 580万吨；乙烯92万吨，增长10%；发电量86亿千瓦小时，增长44%；甲醇81万吨，增长5%；化肥308万吨，下降2%。

企业形象和影响力进一步提升。公司在《财富》“世界500强企业”中的排名继续攀升，由409位升至318位，一年大幅跃升91位。在美国《石油情报周刊》“世界50大能源公司”最新排名中，有限公司列第48位，净利润居第18位。特别值得一提的是，有限公司入选2009年美国《商业周刊》“全球最佳企业40强”，位列第16位，成为首家进入该榜单的中国内地企业。公司的行业地位、国际化程度及成长性得到高度认可。

公司积极承担中央企业社会责任。2009年，中国海油秉承“大企业、大责任”的理念，继续履行好自身肩负的社会责任，加大对慈善社会公益事业的投入，进一步做好援藏、救灾、扶贫以及捐资助学等工作，继续推进“母亲水窖”等慈善项目，加快实施四川地震灾区灾后援建工作，全年实际投入1.6857亿元人民币用于各项公益事业，取得了良好的社会效果。公司获得了包括“抗震救灾可持续发展项目”、“中国妇女公益事业慈善先锋奖”、“希望工程20年特殊贡献奖”等在内的各项荣誉，获得社会各界的充分肯定和广泛赞誉。

2009年中国海油主要取得了以下工作业绩：

（一）上游油气主业勘探开发建设进展顺利

2009年是实现“十一五”规划的高峰建设年，是实现5000万吨战略目标的冲刺之年。一年中海上油气生产面临了极其困难的情况：一是台风频繁，撤台风的次数远较往年增多；二是油田生产建设的工程资源非常紧张，工程建设和安装工作量是历史之最。但通过全体员工艰苦的努力，勘探开发生产各项工作进展顺利，油气产量仍然实现了快速增长。一是油田生产管理抓出成效。精细化油田管理使生产时率始终保持在95%以上，老油田挖潜和新的增产措施，使老油田焕发青春，有效注水、聚合物驱、加密井等措施使产量增加递减下降，渤海有13个油田实现零递减。二是油田建设进展顺利。在空前的建设工程量面前，中国海油各单位齐心协力，抓紧实施大项目建设，全年完成钢材加工量20多万吨，导管架安装25座，组块安装29座，铺设海底管道700公里，13个油田全部按期或提前投产，既为当年产量增加做了贡献，也大力促进了公司产能建设，为2010年国内实现5000万吨油当量奠定了产能基础。同时，公司在建的具有3000米水深作业能力的深水钻井船，铺管船等大型资源装备建造及青岛场地建设稳步推进。深水钻井、开发的技术和管理准备全面展开。三是油气勘探取得了历史最好成绩。全年共获得多个商业和潜在商业发现，其中包括数个中型以上的优质油气田。新增原油地质储量和天然气储量达到历史最好水平，为“十二五”产量再上新台阶积累了物质基础。

(二)中下游业务发展迅速，公司产业结构进一步完善

经过近三年的艰苦努力，1200万吨惠州炼油项目于2009年全面完成工程建设，并实现各装置一次投产成功，创造了国内炼厂整体开工投产的最佳业绩。全面完成年度生产任务。惠炼一期的建成投产完善了公司的产业链，标志着集团综合性能源公司产业架构基本建成，集团规模竞争优势和抗风险能力有了实质的提升。

炼化板块“两洲一湾”(长江三角洲、珠江三角洲、环渤海湾)的产业布局更加清晰，惠州炼油二期等多个项目开始启动。销售板块努力保障进口原油供应，逐步做大油品贸易规模，强化统一销售和专业化销售的管理理念，采取差异化营销方式，积极开拓市场，完善营销网络建设，增强了在国内成品油市场中的竞争力。油气利用板块在将科研成果转化为生产力和经济效益方面取得突破性成果，36-1沥青经过激烈角逐中标长安街改造工程。天然气及发电板块产业链条进一步完善，抗风险能力和综合实力进一步增强，业务已扩展到LNG板块、管道管网板块、发电板块、城市燃气板块、LNG加注板块、液态分销板块、贸易板块等多个业务板块，为中国海油天然气市场区域提供了清洁、高效、可靠和安全的能源支持。化肥板块在全球金融危机肆虐、行业受到严重冲击的背景下，紧紧抓住生产经营、降本增效这一主线，采取了一系列行之有效的措施，确保了各基地生产装置的平稳运行，取得了行业最优的经营业绩。

(三)积极应对金融危机取得明显成效

国际金融危机对中国海油的经营形成直接冲击。特别是对化肥、盐化、成品油及LNG销售等业务构成了巨大冲击压力。面对国际金融危机冲击，企业缜密分析、准确判断、辩证分析、沉着应对，既努力防范风险，又充分把握机遇，始终以积极的心态来应对，以主动的姿态来应对，通过强化管理来应对，立足协调发展来应对，着眼“后危机时代”的长远发展来应对。面对不利形势，公司加大市场开拓力度，强化内部管理，加大技术创新，开发新产品，加大培训力度，提高员工素质，压缩行政开支，努力降本增效，取得了很好的业绩。

公司准确把握金融危机冲击下全球石油行业变化态势，把握危机背景下原材料价格波动的有利时机，着眼长远发展，加大主业投资，增强了公司综合实力，主业发展基础进一步夯实。为迎接下一轮经济增长，公司加强资源获取，获得约212亿吨煤炭勘察权，在钾、磷资源获取上也取得较大进展。在上海、广东、福建、山东、天津、河北等沿海地区完成了一批土地、港口、岸线、码头资源的储备。

面对市场需求的波动和市场竞争的加剧，公司逐步深化对市场规律的认识，努力巩固原有市场，奋力开拓新的市场，取得良好收益。气电业务完善市场销售策略，成功推进卡塔尔气的销售，在多个城市拓展汽车加气站业务，为扩大LNG销售开辟了空间。炼化与销售板块密切把握油品市场变化态势，优化产品结构，把握销售节奏和力度，扩展营销渠道，实现产销平衡，取得良好销售业绩。沥青板块抓住国家扩大基础设施投资的有利机遇，调整产品结构，实施差异化竞争，开创了营销工作新局面。化肥板块顺应变化，捕捉商机，调整结构，经受住了市场萎缩和行业周期低谷的考验。金融板块完善服务职能，创新服务产品，为公司应对危机、安全有效管控资金，显著降低财务风险和成本做出贡献。

（四）抓好节能减排，发展清洁能源，推动发展方式转变

中国海油把节能减排放在更加重要位置。加大推动节能减排和督察工作力度，取得良好成效。提前一年完成国家下达的"十一五"期间节能和污染减排目标。渤海、北部湾等重点保护海域海上油田实现了增产不增污，石油烃排放大幅下降，中下游炼化、石化产业实现生产污水零排放，化学需氧量和二氧化硫减排效果明显。

2009年公司继续加快了清洁能源和可再生能源的探索和发展，深化了与战略合作伙伴在清洁能源特别是液化天然气产业发展中的互利合作关系；同时，在风电、汽车动力电池和生物质能等方面迈出了坚实步伐，在煤基清洁能源领域进行了深入探索。上述努力对提高公司的低碳竞争优势，增强公司的可持续发展能力将起到重要作用。

（五）海外资源获取获得重大突破

2009年海外发展有两大重要突破。一是重返美国市场，进入墨西哥湾深水领域并首次在油气高富集区进行合作勘探，具有重大战略意义；二是LNG资源获取实现重大突破。海外LNG资源获取曾经多年来徘徊不前，国内沿海LNG市场受到空前冲击，中国海油的LNG战略和市场布局受到空前挑战。经过不懈努力，2009年终于在资源获取上实现了重大突破。特别是与BG的合作，重新塑造了中国市场的LNG价格曲线，实现了广东大鹏LNG价格以来最低价格；第一次同时在气田开发、液化厂建设、贸易及运输等全链条进行参与。截至2009年底，25年长期合同供气量达1590万吨/年。今后25年将为国家提供相当于5.2亿吨油当量的清洁能源，对于保障国家能源安全、改变我国能源结构具有重要意义。此外，现货贸易也取得了可喜成绩。这些成果有力支撑了已有沿海LNG市场的开发。

（六）企业内部管理不断加强，管理水平不断提升

公司把国际金融危机带来的冲击看作一次"破坏性检修"机会，深入查找管理中的薄弱环节，完善体制机制、提高管理水平、加强风险管控、增强创新能力、提高队伍素质，为实现更好更快发展打下坚实基础。

安全生产是企业生产建设、健康发展最基础的工作和最基本的保证。经多年努力，中国海油管理制度化、体系化建设不断深入，安全文化不断强化。特别是新加入的企业大力推行集团安全管理理念和管理制度，开展大规模培训，树立安全生产理念，查找安全隐患，落实整改措施，取得明显成效。各单位安全生产管理水平普遍提高，总体上保持了良好的安全生产形势，促进了公司健康安全发展。

在金融危机背景下，各单位不断提高精细化管理水平，大力开展降本增效，加强队伍作风建设，取得良好成效。公司组织领导干部赴延安学习，鼓励各级干部将国有企业的政治优势、组织优势转化为了战胜危机的强大力量。各级干部坚定了信心、提振了精神、接受了教育。"艰苦奋斗、厉行节约"活动进一步常态化，努力压缩非生产性开支，全年全系统节约开支超过1.7亿元。

不断完善风险管控体系建设，以财务管理为切入点，制定《财务管理制度》及《财务内控制度体系》，初步形成系统规范的管理制度体系，推动各管理系统的制度体系化建设全面开展。以全面风险管理体系建设为重点，全面推进惩防体系建设。

信息化管理迈上新台阶，经过近5年不懈努力，中国海油ERP系统集中建设阶段的工作已经完成，目标基本实现。集团范围内建立了统一经营管理基础信息平台，在业务操作层面全面采用标准化数据，运行规范流程，夯实了现代企业制度的管理基础，集团信息化水平和科学管理水平整体上了一个台阶。

（七）创新的驱动作用进一步加强

进一步强化创新的驱动作用，努力将依靠投资、装备拉动的外延式增长转变到依靠技术、管理和劳动者素质提升的内涵式发展上来。通过加快技术创新和管理创新，不断激发公司发展的内在动力。

技术创新对发展的促进作用不断增强。勘探基础研究、"三低"油气田勘探配套技术、ELIS测井技术、高精度地震采集系统等油气勘探开发新技术研究取得新突破，为储产目标的实现提供了有力支撑；中下游科技创新领域不断拓宽，LNG液化、油砂沥青采输炼一体化等关键工艺技术研究和重大装备研制取得重要进展。科技管理体制改革不断深化，创新体系不断完善，公司研究总院的成立，为总公司建立创新型企业、实现可持续发展提供了重要战略支撑。

管理创新扎实推进。油气田开发理念不断创新，全局意识和统筹意识不断增强，开发管理水平跃上新台阶。渤海油田实施区域开发、依托开发、边际开发的创新开发模式，实行高度集约、合理简约、严格制约的“三约”管理模式，大幅提高了油田效益。南海西部油田推进管理、技术创新的融合，建成中国海上第一个长距离小机组电力组网，解决了区域油气田开发生产中的节能减排、安全生产、边际油田开发、成本控制四大难题。

国酒茅台精心酿造高品质生活

中国贵州茅台酒厂有限责任公司（以下简称为“集团公司”）总部位于贵州省遵义市赤水河畔的茅台镇，集团公司以贵州茅台酒股份有限公司为核心企业，拥有7个全资子公司、18个控股公司、13个参股公司，所涉足的产业包括白酒、啤酒、葡萄酒、金融、科研、物业、证券及白酒上下游产业等。公司总部现占地面积5000余亩(335万平方米)，建筑面积230多万平方米，公司现有员工10000余人，企业总资产达255亿元，是国家一级企业和特大型企业，是白酒行业唯一荣获国家企业管理最高奖金马奖的企业，是首批荣获全国质量管理奖的企业。

（一）国酒茅台是一个拥有自主知识产权，具有悠久历史和丰富文化的民族品牌

公司主导产品“贵州茅台酒”历史悠久、源远流长，是世界三大蒸馏名酒之一。茅台酒始于秦汉，熟于唐宋，精于明清，盛兴于当代，蝉联五次“中国名酒”评比之冠，是我国大曲酱香型白酒的鼻祖和典型代表。茅台酒拥有丰富的文化内涵，是中国文化酒的典范，也是集国家地理标志产品、绿色食品、有机食品和国家非物质文化遗产于一身的健康白酒品牌。被誉为外交酒、政治酒、文化酒、友谊酒、健康酒等，尊为国酒。

从公元前135年汉武帝饮“甘美之”的赞誉到巴拿马万国博览会荣膺金奖，从红军长征过茅台与中国革命结下不解之缘，到茅台酒融化中美、中日关系的坚冰，从把质量当作企业的信仰到对健康理念的不懈追求，茅台品牌以厚重的历史和持续的传承，占据了中国白酒文化的制高点，同时又与时俱进，不断赋予品牌文化以新的内涵，成就了茅台品牌恒久、经典和时尚的多重内涵。

（二）国酒茅台是一个坚持“以质求存，继承创新”，始终为顾客创造价值的高品质产品

贵州茅台酒是中国具有自主知识产权的民族品牌，也是世界知名的酒类品牌，在我国的政治、经济、文化特别是外交事务中发挥过特殊的作用。茅台酒本身已经远远超越了普遍意义上的“物质产品”的含义，成为了一种文化结晶，一种对国家和民族具有象征意义的精神产品。为此，70年代以来，我们就把“爱我茅台，为国争光”作为企业精神，把做好茅台酒事业提高到“为国争光”的高度，并作为确保茅台酒质量，搞好生产、经营和管理的文化力量。茅台酒工艺受国家秘密保护，科学合理、顺应自然规律的传统酿造工艺是保持茅台酒独特风格和良好品质的坚强保证。

2003年以来，为更好地传承茅台企业精神，集团公司对企业理念作了进一步提炼和升华：把“以健康的品质和深厚的文化打造最具价值和最具国际影响力的白酒企业”作为企业愿景，把“酿造高品位的生活”作为企业的经营理念，把“以质求存，以人为本，恪守诚信，继承创新”作为核心价值观，把“有机茅台，人文茅台，科技茅台，世界最好的蒸馏酒”作为产品定位，始终坚持崇本守道、坚守工艺、贮足陈酿、不卖新酒的质量理念。整个理念体系均以“质量、文化、继承、创新、诚信”作为核心定位，并作为制订企业发展战略的主要依据和经营管理活动的指导思想。在整个生产经营活动中，集团公司坚持“四个服从、三个控制”，确保产品质量，从原料基地建设、生产管理、技术创新、市场营销到售后服务等产品价值实现全过程予以落实实施，确保为顾客提供高品质的产品，不断为顾客创造价值。

公司不断开发适应国内外市场需求的个性化品种，为客户提供高品位的消费体验，努力培养酱香型白酒消费群体，拓展酱香型白酒在市场中的份额和影响力，进行了多档次、多品牌、多规格的产品开发。公司先后开发了15年、30年、50年、80

年陈年茅台酒，开发了茅台王子酒、茅台迎宾酒等酱香系列酒，开发了“酱门经典”、“世纪殊荣”、“水立方”等四大区域品牌。公司现有255个产品规格，形成了高、中、低端的产品层次，产品达到了多样化、个性化、系列化、合理化。2010年是上海世博会之年，国酒茅台成为上海世博会白酒行业唯一高级赞助商，公司还特别开发了“上海世博会纪念酒”。

（三）国酒茅台是不断追求卓越，不断超越自我，正处于快速成长时期的现代白酒企业

贵州茅台酒是中华老字号适应时代发展潮流，在继承中创新，以创新求发展的优秀代表。1951年，人民政府在赎买、没收三家私人作坊的基础上，建立了地方国营茅台酒厂；1953年8月正式更名为贵州省茅台酒厂；1952年，茅台酒年产量仅为72吨，到1977年，通过25年的曲折发展，茅台酒产量达到750吨；1978年，茅台酒的年产量也发展到1000吨，并一举甩掉了连续16年亏损的帽子；1991年，茅台酒年产量突破2000吨大关，利税超过亿元。

1992年，小平同志南巡讲话后，我们坚持“发展是硬道理”，不断解放思想，深化改革，锐意进取，企业进入快速发展阶段。到1995年，茅台酒产量突破4000吨。

1998年，东南亚金融危机之后，贵州茅台酒厂集团真正开始市场经济转型，从此进入持续跨越式发展的快车道。当年，茅台集团主要经济指标从行业第七一跃成为行业第二，2003年，茅台酒基酒产量超过万吨目标，2005年，贵州茅台酒单支品牌销量首次超过主要竞争对手，人均利润率、人均创利税遥遥领先，2008年，茅台酒基酒产量突破两万吨，提前两年实现百亿集团目标。

2009年，国酒茅台克服全球金融危机影响，变压力为动力，化挑战为机遇，全面提升企业可持续发展能力与水平，再度实现企业经济新增长。2009年，集团公司实现白酒产量46，842吨，同比增长11.82%；茅台酒基酒产量23004吨，同比增长12.59%；白酒销量达37015吨，同比上升14.91%；茅台酒销量达10397吨，销售完成年度计划的103%，同比上升6.4%。集团公司实现销售收入（含税）117.71亿元，同比增长18.53%；实现利润65.04亿元（2009年无股票减持带来的利润），同比增长3%；集团公司利税合计93.45亿元，同比增长8.22%；上交税金47.35亿元，同比增长14.37%。

目前，在“健康永远，国酒永恒”的企业愿景，“酿造高品位生活”的经营理念和“爱我茅台，为国争光”的企业精神的指引下，企业正以积极稳妥的发展战略、良好稳定的客户关系、持续改进的现代管理、行业领先的利润空间和广博深入的企业文化为基础，保持着快速、稳定和可持续发展的良好势头。

（四）国酒茅台是一个重视企业品牌形象，关注投资者回报，勇于承担社会责任的公众企业

2001年，公司上市以来，贵州茅台凭借卓越的品牌价值、良好的盈利能力、广阔的市场潜力、诚实守信的企业形象、规范的市场运作，逐步获得了广大机构投资者和股东的认可和青睐，公司的股价一路上扬，不断创出新高。企业也多次荣获“十佳上市公司”称号，多年占据沪深两市第一高价股的地位。2008年以来，受全球金融危机影响，沪深股市持续低迷，“贵州茅台”（600519）股票长期保持沪深两市第一高价股地位，也是当前沪深两市百元股票中排名前三，是中国白酒行业市值最高的上市公司。

茅台对企业品牌形象的不懈追求和持续投入，也得到了广泛的关注和认可，连续多年被评为CCTV中国最具价值上市公司。2006年，全球最大的商业杂志——美国《商业周刊》依据品牌的忠诚度、影响的地理范围、行业发展趋势和企业已获得的利润，以及未来可能获得的利润等，经过认真的评估，正式公布了在中国价值最高的20强品牌，其中，“茅台”以13.2亿美元的品牌价值排名第八，是中国酒类企业中唯一进入前十名的品牌，也是紧随其后的白酒品牌价值的近四倍。在英国《金融时报》发布的2008年全球上市公司500强排行榜中，贵州茅台列第363位，在全球饮料行业排名第9位，是中国饮料行业唯一上榜企业；上榜2008~2009年度中国最受尊重企业；茅台酒荣获“国家名片”称号；再次登上《财富》杂志“最受赞赏的中国公司”全明星榜和《福布斯》排行榜，荣获“2009年度中国上市公司市值管理百佳榜”第二名，“中国上市公司价值百强”第一名。

公司积极认真履行社会责任，加大工业反哺农业的力度。近十年来，公司以自身跨越式发展，带动了区域经济的快速发展。税收贡献率占地方财政总收入的80%以上，在支持"三农"建设、参与城镇规划、改善交通状况、加强生态环境保护、增加就业机会、扶贫帮困、参与文化事业建设、坚持拥军优属、抗击自然灾害等等方面做出积极贡献。同时，积极参与社会慈善捐赠及捐款等公益活动，塑造了良好社会公众形象。

海尔白电全球第一 世界消费者共享顶级品质

2009年末，世界著名的消费市场研究机构Euromonitor(欧洲透视)发布年市场调研数据。海尔冰箱以10.4%的品牌市场占有率蝉联第一，海尔洗衣机则以品牌份额8.4%，跃居全球第一。这显示了海尔品牌在行业内的绝对领导地位，更意味着海尔产品得到了全球消费者的认可。

全球第一，品质有保障

成立于1972年的“欧洲透视”公司是世界上最具权威的全球战略调研公司，一直致力于为全球客户提供有关商业、行业和消费者的各类信息。此次调研是对全球市场的卖场零售量进行监测并发布的数据。当席卷全球的经济危机让任何一个企业都无法独善其身时，海尔集团却能整合全球研发资源，不断满足客户需求，生产出具有全球竞争力的家电产品，并得到全球消费者的认可，在强手如林的世界家电品牌中脱颖而出，成为名副其实的“家电领袖”。

在国内，中怡康统计数据显示，海尔白电产品在中国市场的比重将近40%，占据了国内市场的半壁江山。国内的龙头地位为海尔在海外市场的开拓提供了强有力的支持。

据了解，海尔生产采用国际现进的六西格玛(成功率99.99966%)工具，全生产线是“零缺陷”下线，此外海尔是国内唯一一家推出5星级服务的家电品牌……第一品牌就是品质的保证，质量好、服务好，用着更放心。

用海尔产品，就是紧随世界潮流

据悉，从1990年产品出口创牌开始，到2000年第一个海外基地投产运营，海尔的每一步都始终紧盯如何满足全球用户的需求。

十多年来，海尔整合了全球研发资源，通过差异化的产品，为全球消费者提供美好住居生活的解决方案。海尔旗下的高端子品牌“卡萨帝”就是海尔满足高端群体需求的例证。为了打造这一品牌，海尔发挥全球29个三位一体的本土运营基地的优势，汇集了世界顶级设计师，推出了卡萨帝法式、意式、美式等一系列颠覆传统设计的高端冰箱，为海尔冰箱竞争全球市场注入了活力，并取得了出色的市场业绩。

据统计，在欧洲，海尔凭借卡萨帝意式三门冰箱独创的抽屉式设计与时尚的外观，被欧洲消费者誉为“艺术品”，在德国，海尔结合欧洲人注重生活品质的特点，开发了“静音”系列洗衣机；在美国，为了满足消费者集中洗衣的生活习惯，海尔提供了一次性解决方案，推出了13公斤大容量洗衣机；在中国，海尔卡萨帝高端子品牌系列产品，已经成为白领消费者的首选……

这些在海外受到高端用户认可的产品，在国内各大卖场都可以买到，可以说购买了海尔产品，就是购买了世界潮流的最新趋势，人们在家门口，就可以享受到全球第一家电品牌的顶级品质！

沈阳机床：自主创新铺就登峰之路

沈阳机床集团自2000年开始步入自主创新阶段，从此沈阳机床集团开始了不懈的登峰之旅。

沈阳机床集团的自主创新不仅是技术创新，还包括管理创新和文化创新。机床，作为生产生产工具的生产工具，影响着其他生产工具的发展。对通用机械、能源动力、交通运输、通信电子、航空航天等各行各业发展均有重要的推动力。沈阳机床集团充分认识所在行业的基本属性，深入挖掘机床工具对生产工具，乃至生产力发展的重要意义，坚持把自主创新作为发展企业成为"既大又强，世界第一的机床产业集团"的根本手段，从2000年的国际机床行业名不见经传，发展到2009年的经济规模行业排名世界第三。

一、坚持技术为基，形成"面向内部、面向客户和面向未来"的技术体系

1.面向内部。以生产流程持续改进、制造技术进步、提升产品品质和降低生产成本等为主要内容的企业制造技术体系。

2.面向客户。以产品商业化开发、产品客户化设计和产品持续改进为主要内容的企业产品技术分部。

3.面向未来。以新产品开发和基础共性技术研究为主要内容的集团总部的设计研究院，以及主攻高档数控机床研发的德国分院；主攻飞机零件加工技术的北京分院；主攻基础共性技术研究的上海分院。

二、坚持整合资源，形成国家企业重点实验室、国家级企业技术中心、数控创新战略联盟三个开放式创新平台

1. 高档数控机床国家重点实验室。2008年4月，科技部批准沈阳机床集团筹建"高档数控机床企业国家重点实验室"。目前，该实验室是国内机床行业唯一的企业国家重点实验室，研究领域覆盖了数控机床性能测试与优化、机床检验与标准、数控系统应用与开发、切削工艺技术等方面。

2009年，实验室承担国家"973"项目1项（超高速切削及其装备）；组织召开全国高校切削机床研讨会和中德先进制造技术学术会议各1次；承担包括用于钛合金航空结构件加工的五轴联动加工中心、带AB轴的高速五轴联动加工中心、铣头可自动交换的高速龙门五轴加工中心等"高档数控机床与基础制造装备"科技重大专项9个项目，参与研究14个项目。

2.国家级企业技术中心。沈阳机床集团所属沈阳机床股份公司技术中心是国家级企业技术中心，是于1996年12月由国家发改委、财政部、国家税务总局、海关总署等部门联合审批建立。目前设置包括车床研究所，钻镗床研究所、功能部件研究室、标准化室、技术情报室等部门。负责沈阳机床股份有限公司新产品研发工作，研发人员近百人。

2009年，技术中心以调整产品结构，实现产品升级换代为目的，开发低成本国际化的新五类产品获得成功。新五类产品包括新镗床系列、新CAK系列、新HTC 系列、新立加系列、新卧加系列，这五个系列产品不仅代表了中国机床产业整体技术水平的升级，而且展示了现代工业制造技术与艺术的完美结合；共开发数控机床新产品91个规格，满足用户不同需求；获得专利18项。其中，发明专利1项，实用新型专利16项，外观专利1项。

3.数控机床创新战略联盟。2008年12月，在科技部支持下，由沈阳机床集团牵头，与14家企业、院所共同签署了《数控机床高速精密化技术创新

战略联盟框架协议书》，建立数控机床高速精密化技术创新战略联盟。

战略联盟主要任务是充分利用国家重点实验室、企业技术中心和高校科研院所等现有研究开发机构，建立协作机制，建立形成数控机床高速精密化共性技术的研究平台，实现在数控机床高速精密化技术领域的突破。

2009 年，战略联盟已在“飞阳”牌数控系统的研发及其产业化生产方面取得了可喜成果。

三、坚持高端路线，形成“人才专家化、产品国际化和服务超值化”的三化路线

1.人才专家化。企业的发展和社会的进步，归结到一点上，就是人的发展。沈阳机床集团从三个方面统筹兼顾员工发展。一是鼓励和培养员工自身的全面发展；二是促进员工之间协调发展；三是为员工发展提供机会、创造空间。沈阳机床集团为员工制定职业生涯规划提供支持，帮助员工向各自钻研领域的专家型人才发展。

沈阳机床集团为员工提供个性化培训。员工培训方式灵活多样，有 E-learning、出国专项培训、短期学习与考察、听取专家学者报告、内部培训交流等多种方式。沈阳机床集团与大连理工大学、吉林大学、东北大学、东北财经大学等高校进行联合办学，开办工程硕士班、会计硕士班、工商管理硕士班等，为员工在提升业务素质及工作能力方面创造有利条件。

2.产品国际化。沈阳机床集团产品国际化体现在国际先进的设计理念、采购全球化和制造标准国际化。

沈阳机床集团在产品开发时，始终坚持国际前沿研发理念和最新技术，开发的每一款产品都定位于国际先进水平。实行全球化采购，与国际知名的重要供应商建立战略合作伙伴关系。采用国际标准制造机床。

3.服务超值化。“为客户提供超值服务”是沈阳机床集团的服务理念。沈阳机床集团致力于为客户全面系统解决问题，而不是仅仅注重产品性能方面满足用户使用需求，更以切削专家视角更早、更专业、更长远为客户创造最大价值综合考虑，努力使客户企业成为效益型、节约型、节能型、安全型和环保型的“绿色企业”。

四、自主创新催生企业高速发展

1.机床产量。沈阳机床集团机床产量持续保持世界第一，2007 年达到历史最高，为 8.6 万台。

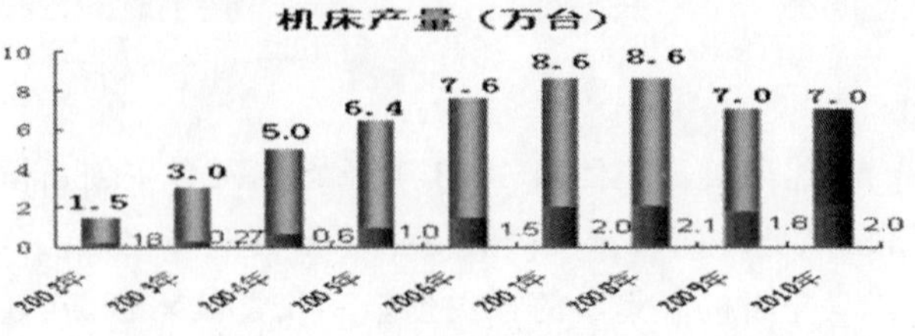

2.经济规模。沈阳机床集团经济规模在国内持续保持首位，世界排名连年攀升。2009 年，销售收入达到 120 亿元，进入世界机床行业前三。

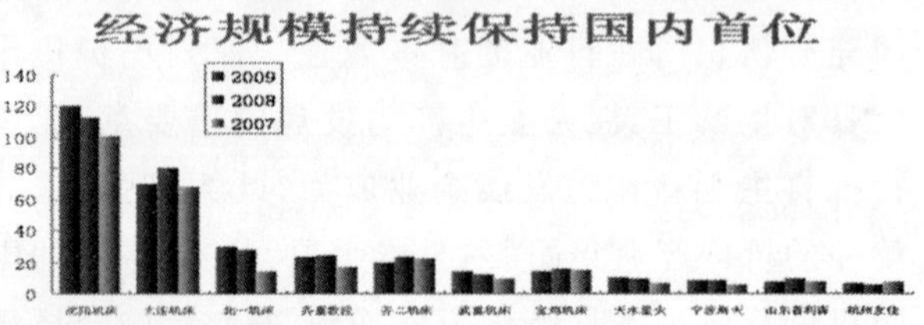

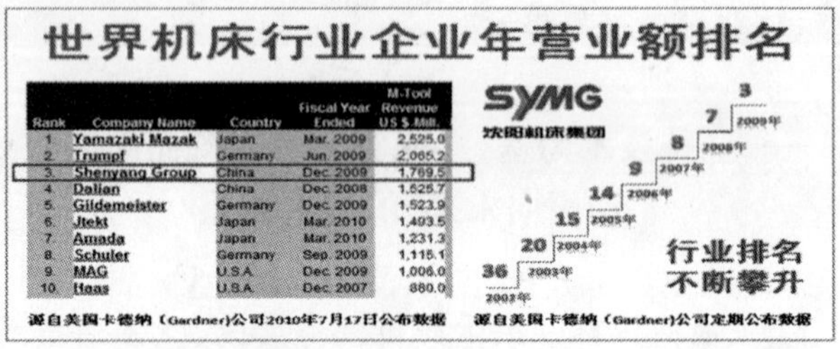

Rank	Company Name	Country	Fiscal Year Ended	M-Tool Revenue US $ Mill.
1.	Yamazaki Mazak	Japan	Mar. 2009	2,525.0
2.	Trumpf	Germany	Jun. 2009	2,065.2
3.	Shenyang Group	China	Dec. 2009	1,769.5
4.	Dalian	China	Dec. 2008	1,625.7
5.	Gildemeister	Germany	Dec. 2009	1,523.9
6.	Jtekt	Japan	Mar. 2010	1,493.5
7.	Amada	Japan	Mar. 2010	1,231.3
8.	Schuler	Germany	Sep. 2009	1,115.1
9.	MAG	U.S.A.	Dec. 2009	1,006.0
10.	Haas	U.S.A.	Dec. 2007	880.0

3.技术水平。几年来，沈阳机床集团开发数控机床新产品达 350 余个规格，每款新产品的开发都属于国内领先、世界先进水平。多数产品属于填补国内空白。

2009 年 2 月 5 日——中国机床工具协会公布由沈阳机床集团所属企业昆明机床股份公司研发制造的 FMS1000 型和 FMS1600 型两种规格的柔性制造生产线为 2008 年度机床工业一号创新新品。

2009 年 8 月 15 日——在昆明举办的第十八届全国发明展览会上，由沈阳机床集团所属企业沈阳第一机床厂研发制造的 HTM125 系列车铣五轴加工中心，中捷机床有限公司 CMCmr3 系列龙门移动式加工中心、FBC200r 落地式铣镗加工中心，中捷立加事业部 VMC850 立式加工中心等 4 个参展

项目荣获金牌。中捷立加事业部 VMC850 立式加工中心被授予“世界知识产权组织青年发明奖”。

2009 年 9 月 1 日——第八届中国国际制造业博览会上，沈阳机床集团展出的 7 台配置飞阳牌数控系统产品在展会亮相，圆满完成“飞阳牌数控系统应用示范”的参展主题。同时，展出了国家科技支持计划项目之一——并联主轴头，表明沈阳机床集团在数控系统、并联主轴头等关键功能部件的研制上获得突破性的成果。

2009 年 11 月——国家科学技术部、国务院国资委和中华全国总工会授予沈阳机床集团“创新型企业”。

2009 年 12 月 8 日——沈阳机床集团承担的国家“十一五”科技支撑计划课题“飞机部件级装配系统”的核心部件之一——MDE60 型多功能制孔执行器，同“飞机部件级装配系统”项目一起顺利通过国家科技部和机械工业联合会的验收。

2009 年 12 月 10 日——沈阳机床集团自主研制的面向飞机自动装配的精加工机床生产线、TC-ZX01 托辊制造成套设备、GTM500200 龙门移动式车铣中心，通过中国机床工具协会专家组的首台套鉴定。这三台套产品均具有自主知识产权，填补国内空白。

另外，HTM80600sub 车铣加工中心、GMC1230u 龙门五轴加工中心获得辽宁省科技进步三等奖；GMCmr3 系列龙门移动式加工中心、VMC25100u 立式五轴加工中心、VMC850 立式加工中心等三种产品获得沈阳市科技进步二等奖；HTM125 系列车铣五轴加工中心、VMC850 立式加工中心、FBC200r 落地式铣镗加工中心、GMCmr3 系列龙门移动式加工中心等四种产品获得全国发明展览会金奖。

五、沈阳机床集团的登峰之路

2009 年，沈阳机床集团重新梳理企业文化，重新审视沈阳机床集团的过去、现在和将来，思考作为制造装备母机这一国家战略物资的企业，作为国家高档数控机床重点实验室唯一落户企业、作为中国最大的机床制造企业，作为世界机床行业五强企业，作为跨地区跨国经营企业，沈阳机床集团的未来，路在何方？

2008 年 12 月 13 日，国家主席胡锦涛同志在视察沈阳机床集团时，勉励沈阳机床人要“树雄心、立壮志，努力建设成为世界一流跨国公司”。2009 年 7 月 13 日，前任国家主席江泽民同志在视察沈阳机床时，挥笔写下“坚持自主创新，铸就民族品牌”的题词。

多年来，沈阳机床集团坚持“装备中国为己任”，倾力打造“金属加工专家”形象，始终秉承“成就客户、造福员工、回报股东、贡献社会”的企业宗旨，勇担企业社会责任。2009 年，经过内外部分析和论证，沈阳机床集团确定了把“育大、育精、育强、育高”作为企业发展方向，制定了到 2015 年，首先“成为既大又强，世界第一的机床产业集团”的战略目标，以及“努力成为世界一流的创新型跨国公司”的企业愿景。这就是沈阳机床集团制定的登峰目标。

未来的沈阳机床是以机床制造为主业，以上下游产业和关联产业构成的同心多元化；以产品国际化、服务全球化、品牌世界级构成的向心国际化，具有规模影响力、品牌影响力、技术影响力和文化影响力的机床产业集团。目前，沈阳机床集团已初具上述四种影响力。未来的登峰之路必须依靠自主创新来铺就。

登峰是沈阳机床人历来传承的一种精神，表现出沈阳机床人开阔的视野、博大的胸襟、无畏的胆魄和高远的追求，反映出沈阳机床人强烈的事业心和责任感，展示出沈阳机床人团结一致、朝气蓬勃、奋发向上的精神状态。“勇攀高峰”是最能体现沈阳机床人的共性特征，是沈阳机床人获得事业成功的源动力，是沈阳机床人面向未来的胆略和气魄。

石家庄工业泵厂:迎难而上 开拓进取

2009年是石家庄工业泵厂有限公司苦练内功、精细管理、攻坚克难、化危为机,保持企业平稳发展的一年。一年来,该公司坚持在冀中能源及装备公司的领导下,迎难而上,开拓进取,积极应对全球金融危机给企业带来的不利影响。公司上下始终坚持"以提升企业发展品质"为核心,扎实推进"夯实渣浆泵、做好脱硫泵、拓展船用泵、扩大备件占有量"战略,为确保2009年各项经济指标稳中有升交上了一份满意的答卷。

据统计,2009年石家庄工业泵厂完成工业总产值38299.4万元,同比降低4.8%;完成订货合同完成42268.2万元,同比提高7.1%;实现销售收入37980万元,同比提高5.4%。

加大研发力度
提高新产品市场占有率

一年来,全公司干部职工"以提升企业发展品质"工作思路为核心,沉着应对金融危机,积极做好基础管理,产品发展战略得到充分贯彻。定型渣浆泵成为支撑企业经济规模的主力;脱硫泵在业内的信誉不断提升;船用泵取得实质性进展,全年成功生产挖泥泵130余吨。

1."夯实渣浆泵"。为使这一市场做到好中更好,强中更强,不断巩固渣浆泵的市场占有率。企业从管理、技术、市场等各方面进行加强。不断改进技术,优化产品,增强产品竞争力。一是在65ZJ-30以上型号泵上推广了迷宫密封结构,提高了泵防漏油的效果;二是对80ZJ-42、150ZJ-C42、100ZJG-42等多种泵型进行低压水自循环机封配套设计,满足了用户的节水需求;三是设计300ZJ-C90、350ZJ-C100两种宽流道泵,150ZJG-B45给料泵等新产品,填补了产品空白;四是推广GLH-1号材料补焊工艺,攻克多年来焊接性差这一难关,提高该类产品的成品率。在市场拓展上,企业以技术为保障,立足现有产品在洗煤行业的品牌知名度,不断扩大市场占有率,在洗煤行业订货占泵全年总订货的一半以上,与国内大型选煤承包公司进入合作的最佳时期,在大型选煤承包公司的订货额占煤炭选煤市场的34.3%,渣浆泵系列产品在该市场的主导地位更加突出。

2."做好脱硫泵"。受电力市场低迷、脱硫设备正常运行率大大降低影响,市场需求急剧下降,企业在无法改变大环境的情况下,狠抓产品技术及工艺手段的提高。设计50DT-B40小脱硫泵,拓展了现有脱硫泵型谱,使用户选用范围增大。针对大脱硫循环泵渗漏难题开展攻关,经过反复跟踪试验,已取得良好效果。对大脱硫泵叶轮成功采用消失模造型,不仅有效控制不平衡质量,而且还提高造型生产的工作效率。防渗漏和消失模技术的应用成功,为大型泵件的生产制造积累了技术和现场生产的经验。

3."拓展船用泵"。对这一新型产品,公司上下从技术工艺、措施保证、装备支持、加工制造能力诸方面展开工作。在技术前期保证上,针对其零部件体积大、重量大(护套9吨左右)的特点,认真组织策划,多次评审工艺方案,保证技术的可靠性;在设备能力配备上,新购600千瓦台车式电阻炉、改造扩大天车起吊能力;在机械加工上,4米立车改装数控装置,攻克梯形螺纹加工难题;在铸造生产中,创新性的实施了双部天车起吊、护套整体造型、发热覆盖剂加发热冒口补缩工艺;在规程制订上,根据其特殊性制定了专门的大件熔炼、起吊、翻转、打压等操作规程及作业指导书,加强了安全生产和产品质量的过程控制;在生产进程中,技术人员与生产单位结合,紧密跟踪各工艺环节,设计专用工具及工装，及时解决现场问题，保证了船用泵件的成品率。船用泵备件质量经过用户及监造人员的验收，得到一致的认可，为后续合作奠定了基础。

4.“扩大备件占有量”。在这一思路的指导下，企业营销部内部完善备件管理制度，对不应丢失的备件订货进行责任追究，与收入挂钩；对外则根据煤炭市场行业一枝独秀的形势，尽全力保证了煤炭行业的备件订货量，2009年比上年提高7.88%。同时加大对钢铁冶金市场的攻击力度，取得备件大额订单。在脱硫主机市场不利的情况下，对脱硫泵备件市场加大关注力度，大、小脱硫泵备件同期平均增长67.6%。围绕国外脱硫泵备件国产化改造这一市场，技术部门与营销部紧密配合，加大技术转化力度，储备原始技术资料，为扩大公司在这一块市场份额打好基础，已取得部分订单。

练好内功
企业管理水平不断提升

一年来，围绕提升企业发展品质这一核心，练内功，夯基础，经营整体运行效率和经营质量进一步提高，保证了企业平稳运行。

1.成本和资金管理得到加强。在2009年全球金融危机的严峻形势下，价格竞争成为市场竞争的主旋律，针对此，企业抓成本控消耗，赢得产品利润空间，保证了企业经济效益。一是在元月初就启动成本费用管理工作，召开专门会议，成立成本管理组织机构，制定工作内容和考核办法。按照工作计划，狠抓制度建设。二是重新核定铸造材料定额。设计与生产成本专业组，经过三个月的生产实地跟踪，采取设计计算、现场试验、历史记录来相互验证的方法，完成了铸造炉料烧损率、造型用砂铁比、废品率、电耗能等的核定工作，使铸造材料定额进一步科学化；加上前期推行的新机加工和装配工时定额，这些工作的开展为产品成本真实性核算奠定了基础。三是降低库存资金占用。在物资采购部建立物资欠件信息反馈制度，通过计算机网络传递，使信息沟通即准确又降低了库存资金占用。四是采取多种途径降低物资采购成本，在强化大宗物资招标采购的基础上，组织泵用配套件产品供应商招标会议，逐步形成互利共赢的良性机制，使电机等配套件的价格进一步降低，交货期缩短。五是加强用电管理。设备部分别针对总厂和铸造分厂功率因数低的问题，精心计算，配备调整相应的补偿电容，从而达到功率因数的考核要求，减少了企业不必要的电费支出。六是狠抓技术降成本工作。顺利推行耐磨铸铁优化配料降低材料成本的技术方案；改变现有金属脱硫循环泵过流部件成本较高现状，积极寻求新型材料替代，经过近一年的努力，确定了用复合陶瓷材料的方案，经过多次配比及工艺性试验，现正在进行样机制作。

2.市场营销取得新成绩。针对市场形势的急剧变化，企业营销部门科学研究、认真制定应对市场的策略，从办法制定、政策考核、人员配备等各方面进行了系统谋划。抓住煤炭行业相对其他行业市场较好的形势，创新工作方法，严格考核奖惩，在该行业市场保持了绝对优势，确立了主导地位。以管理促营销目标的完成，一年来，营销部以订货、收款、控制欠款底线这三大考核为主线来展开各项工作，在不同时期，开展特色不同的主题竞赛活动，激发了工作积极性，配合了订货、收款的较好开展。强化营销策略的“差异化”和“多样化”，加强市场领域信息的交换及共享，进一步加大了部对各区、片市场的督导管理力度。在市场环境异常恶劣的条件下，全年泵订货与去年同比增长6.7%；泵收款创历史新高；控制欠款底线取得新成效。努力提高售后服务质量，初步构建营销服务体系，售后服务费用大幅降低，仅为2008年的33%。完善营销承包考核办法，建立第一责任者制度，使责权更清晰；坚持公平、公正的原则，严格考核，数据说话，拉大业务人员收入差距，也为年末优胜劣汰机制提供基础资料，不断保持业务员队伍活力。

3.技术创新和质量管理持续加强。一年来，企业一手抓产品技术创新，一手抓质量提升，双管齐下，使企业发展的基础更牢。在技术创新方面，一是设计开发了350ZJ-C100、300ZJ-C100宽流道泵、150ZJG-B45给料泵、50DT-B40小脱硫泵并投放市场。二是在与业主进行多次技术交流基础上，完成了多套船用泵备件图纸的转化工作，保证了产品试制的成功。三是完成了GLH-1、GLH-2、GLH-3材料的改进试验，以满足用户冲击韧性高工况要求。在质量管理方面，以综合管理体系运行为主线，以抓工艺过程控制为核心，一是顺利完成了年度质量管理体系的换版外审及其它三个体系的外审工作。二是针对关键及特殊工序专门制定工艺文件,强化过程控制,降低了质量事故的发生。三是加强分厂现场定置管理,对工位线、通道等进行油漆,使标识更清晰,为下一步推行5S管理创造条件。四是强化每月综合体系检查及每周质量例会制度,使工作安排较好落实,推进了质量管理的制度化、规范化。

4.生产反应速度不断提高。一年来,以提高合同兑现为重点,以ERP信息系统二期深入推进为契机,以强化考核为手段,主动适应形势要求,提高了生产反应速度。一是加强了对危机的提前预测,针对一季度将要出现生产任务相对较少的状况,认真分析,科学安排毛坯件及半成品的生产,保证了合理的库存量。二是根据合同任务,生产计划部利用补充的四种常用工装,合理调整了三个铸造单位的毛坯件生产,使各分厂产能基本均衡。三是充分利用ERP系统功能,使计划力求做到科学安排,同时利用其综合查询、预算和报警等来指挥生产进度,保证了生产任务的按期完成。四是构建了“信息沟通绿色通道”,加快了生产信息的反馈及解决的速度。五是各分厂及相关部门,以保作业计划完成为中心,服从大局要求,结合自身设备及人员能力状况,不计得失、加班加点,保证合同的按时完成,为提高合同兑现率做出了贡献。

5.安全生产管理开创新局面。一年来,企业始终坚持“安全第一、预防为主、综合治理”的安全生产方针,以巩固安全质量标准化二级达标成果和创建一级精品车间、样板班组活动为重点,切实加强生产场所的安全督导检查,强化各单位的自查自纠管理,加大生产现场的安全管理及奖惩力度,投入资金对薄弱环节进行改进完善,逐步构建安全生产的长效机制,促进了公司安全生产稳定形势的形成,安全管理创出历年最好水平,实现了安全生产年。

天津百利机电在变革中前行

天津百利机电控股集团有限公司(简称天津百利机电)系经天津市国资委批准,由原天津市机电工业控股集团公司改制更名的国有独资公司,为国有资产授权经营主体,注册资本13.6亿元,年主营业务收入超300亿元。拥有企业110余家,职工总数2万余人。

转制做实以来,集团传承天津机械工业百余年的产业积淀,按照"十一五"发展规划和扛起天津装备制造业大旗的标准,整合优势资源,确立了电工电器、重型矿山、机床工具、通用及环保四大板块核心产业。从增强管控能力入手,构建发展战略、研发、运营、财务、人力资源等"五大管理中心"。——投资1亿元整合集团系统11个科研院所建立了以天津百利研究院为主体的研发中心,集科研中心、信息中心、检测中心、标准中心为一体,形成自主创新平台和高端科技人员特区,成为集团技术转化和产品孵化基地;整合集团系统设备成套公司、机械设计院、机械进出口公司、物资公司建立营运中心,集各种资质和能力进入市场;建立以所属院校为载体的事业部制人力资源中心,整合集团系统"高职"、"中职",组建职业培训机构,形成既面向社会又反哺集团的人才培训基地。

应该说,转制做实,不仅仅是公司名称的改变。新的体制、新的机制、新的责任、新的使命,催发了百利机电在思想观念、发展思路、经营理念、管理模式等方面的一系列深刻变革。正如集团党委书记、董事长张文利所说"当今时代是日新月异的变化,甚至是波澜壮阔的变化,因此我们就不得不去思考、选择和行动,来适应这日新月异、波澜壮阔的变化。"几年来,天津百利机电人在"预见变化、跟踪变化、适应变化和享受变化"理念倡导下,通过全方位的变革,呈现出一派勃勃生机,正在朝着先进的大型现代化企业集团迈进。

思想观念的改造

百利机电集团作为天津机械工业的传统基地,在天津机械工业的改革调整中发挥了举足轻重的作用,自身也在随之不断的变革发展。从管理局模式向现代企业集团的转型,是公司发展的一次质的飞跃,一次深刻变革。百利机电集团作为市场经济运营主体,原来的"管理局"模式不仅严重束缚了企业的活力,更僵化了领导干部、员工的思想,缺乏创新意识、责任意识。而其最终导致的则是国有资产安全的危险。集团领导决心要把思想观念的"脱胎换骨"改造作为改革的第一刀,在集团全系统开展了"深入落实科学发展观大讨论"主题教育活动,用科学发展观武装头脑,进行思想脱胎换骨改造,转变领导干部思维方式,创新改革发展理念,围绕为什么发展、为谁发展、怎样发展进行讨论,引导大家"三个弄清、三个明确、增强三个意识",用科学发展观这个指导发展的世界观和方法论,解决思想的新认知、思维模式新变化、思路的新突破、举措的新改进,进行发展战略和模式根本性再思考、彻底性再设计,创造性提出符合科学发展观要求和市场经济规律的发展思路。

如果说开展"大讨论"主题教育活动是向思想僵化、观念陈旧动的第一刀,那么,随后集团倡导的"走近数字企业"理念是向虚假数字、水份数字开的第一枪。集团党委书记、董事长张文利说:"我们之所以倡导'走近数字企业',是基于对2004年清产核资暴露出集团所属企业十年资产损失的震撼与反思。"他在多次会议上强调,数字企业是一种管理思想和理念,它的本质是将现代管理的思想、技术、方法及手段充分加以数字化,进而提高管理效率与效益。我们倡导"走近数字企业"是要建立这样一种思维方式:用量化的数字思考问题,用适用的工具分析问题,从而发现事物的本质,找到从根本上解决问题的答案或办法。提倡一切用数字说话,为的是把职业经理人的经营理念给与企业的每一位经营者,希望企业经营者在科学发展观的指导下不断创新,明确企业经营创造企业价值的目的,不断摸索出一条科学的企业经营之道。现在"走近数字企业"的理念深深植根于每位员工心中,在全集团系统形成了一个运用数字理念导向经济管理的良好氛围。

产业结构的调整

在集团改制转型之前,集团所属企业的特点是小、散、弱,集团要做大做强,企业没有规模、形不成一定的气候,就缺乏竞争力,就有被别人挤垮、吃掉的危险。为改变这个局面,集团早在2006年就下大的决心开始对产业结构进行大的调整,提高企业的集中度、延长产业链、培育利润超千万元产业集群。着力从"三治"入手:一是"治小"。调整企业结构,抓大放小,降低国有及国有控股企业亏损面,通过三年改革调整,使亏损和盈利企业的比例达到3:7;二是"治散"。调整产品结构,使优势产品向6大成套设备、10类重点产品集中;三是"治弱"。不断提高企业经济效益,培育利润超千万的企业群,做实做大集团。并确定国有及国有控股中小企业通过以上市公司为依托,完成集团中输配电产业资源整合等8个途径,力求用三年时间使国有及国有控股企业亏损面降到30%以下的调整思路和具体措施。集团通过三年改革攻坚,到2009年底,集团企业小、散、弱有了大的改观,形成了以百利电气、天发水电、天锻压力机、泵业集团等公司为代表的利润超千万的企业群。

治小、治散、治弱和实施困难亏损企业退出是手段不是目目标,目标是做大做强天津机电,这是"百利机电人"孜孜的追求。几年来,集团不断比对全国、同行业先进,查找集团的差距与问题,用思想创新重新明确了新定位,用观念更新重新明确了新标准,确定了比对标杆和追赶目标。提出了集团服务和装备工业的四大领域(板块),为形成以电工电器、重型矿山、机床、通用机械及环保"四大产业板块"发展战略奠定了基础,按不同的行业特色,将所属企业按产业链进行梳理,打造出了以百利电气、天锻压力机、天发重型水电、泵业集团、国际机械和百利阳光等一批行业领先企业为核心的板块龙头企业。

体制机制的改革

天津百利机电集团继倡导"走近数字企业"理念的第二年,又提出了"走进公司治理"新的理念,对集团企业管理体制和机制进行改革调整,建立健全适应市场竞争的现代企业制度。用集团党委书记、董事长张文利的话说,"'走进公司治理'的实质是规范公司治理,这是提升集团管控能力的关键。因为提升管控能力,不仅需要一套完善的公司治理结构,而且更需要一套超越公司治理结构的治理机制"。

为加强管控建设、规范公司治理、推进企业健康成长,集团开展了"发挥'三个优势',建立中国特色现代企业制度"改革尝试:完善决策咨询机构,体现决策科学优势;强化落实决策的执行责任,体现执行有力优势;健全规则程序,体现协调高效优势。完善了科学决策机制,避免决策风险;加强对经理班子执行情况的督促检查,促进经理班子严谨高效开展工作;"责任共担、职责互补、协调运转、执行高效"工作机制的建立,使董事会能够集中精力抓全局、抓战略、抓大事,经理层围绕总体目标发挥作用,两者有效衔接、避免磨擦,杜绝了错位、越位和缺位现象;在转制公司建立双向进入、交叉任职的领导体制,使具备条件的党委成员依法进入董事会,具备资格的董事人员推选进入党委会,董事长与总经理原则上分设;建立完善董事会、监事会、党委会《议事规则》,为科学决策奠定了基础。

集团以提升标准、明确职责为重点,建立了领导人员胜任力模型。加强对领导班子能力素质、经营业绩定性定量的考核分析。对业绩突出干部,采取年薪制、项目奖励、特殊奖励、股权奖励以及提拔使用等激励;对不想干、不会干、干不成事,甚至误事、出事、背信经营的干部,坚决进行调整;对存在突出问题和薄弱环节的,给予黄牌警告和帮促,有针对性地落实整改措施。在选拔、培养干部上坚持"四不用"的用人导向和"四必调"的用人原则,支持一身正气的干部,鼓励老实干事的干部,鞭策不思进取的干部,教育跟风行事的干部,约束投机取巧的干部，惩处贪污腐败的干部，提高选人用人的公信度，形成正确的用人导向，在系统领导干部中产生较大的激励作用。

自主技术的创新

创新成就未来、发展源于创新。天津百利机电集团围绕"以市场为导向、以产品为龙头、以资产为纽带、以四大产业板块为依托，打造高端化高质化高新化装备制造业"的产业升级战略，不断加大科技投入力度，加快自主创新步伐，以建立百利机电研究院为标志，引领和带动集团企业自主创新能力的提高，优化集团产业产品结构，提升集团核心竞争力。建立百利机电研究院起着对集团自主技术创新引领作用，集团系统企业技术中心不断壮大，天锻压力机公司、天发水电公司经过多年的努力和有关部门的支持，2009年，这两家企业技术中心通过了国家五部委组织的认定，使集团实现了国家认定企业技术中心零的突破，集团市级企业技术中心已达到18家；一机床总厂、起重设备公司和津机磨床公司通过了高新技术企业认定，集团高新技术企业增加到13家。

集团以开发科研项目为突破口，把加快技术创新与借外脑强自身结合起来，充分利用国内外科研院所技术资源和技术成果，加大产学研结合力度，2008年建立百利机电研究院以来，先后与天津大学博士后科研交流站结合，建立了百利机电集团博士后科研工作站，聘请了"两院"院士、长江学者等国家级创新人才以及国内机电行业专家60名为集团顾问和研究院专家，并先后与哈尔滨工业大学、天津大学等11家高校签署了产学研创新联盟战略合作协议，共同策划和研发项目。围绕集团"四大产业板块"发展战略，在新技术、新材料、新工艺和共性技术、集成技术研发上下功夫，在数控化、大型化、集成化和高参数化方面开发了一批在行业处于领先地位、具有自主知识产权重点新产品。集团承担的国家863项目—220kV超导限流器的研发，以及市科技创新专项资金项目—高压共轨燃油系统产业化等一批国家和市级重点项目，已取得阶段性成果。"35kV超导限流器"挂网运行成功，处于国际领先水平，实现了世界最强"超导"天津百利机电造；为北京奥运场馆提供的生活垃圾精分选线为国内首创。拥有"大桥牌"、"金山牌"和"天锻牌"3个国家驰名商标以及"津一牌"(全国名牌产品)等15个天津市著名商标。2009年，集团共申请专利300件，其中，发明专利75件。截至目前，累计申请专利1535件，其中，发明专利298件。

集团文化的革新

文化之于企业好比思想之于人。集团要做大做强必须培育、打造与之发展相适应的企业文化。实施"文化升级战略"是百利机电加快做实做强的又一战略举措。2009年3月，基于集团转制做实，由"天津机电"向"百利机电"品牌转换的迫切需要，也是契合集团以真正的企业实体身份面向市场确立新的品牌形象的需要，集团首先启动了"VI"体系建设，历经1年之余，在传承产业积淀，融合全员智慧，彰显发展志向的基础上，确立了集团新的标志、新的视觉形象，并以集团VI体系的全面导入及其向子企业的渗透为切入点，推进集团系统的文化整合，加强对子企业文化建设的引领，进一步树立和强化集团大文化观，打造即富有集团优秀传统文化积淀，又具有战略引领意义的集团核心价值体系。基本确立了："扛起振兴天津装备制造业大旗"的使命观、"创造智慧、装备经济、造福社会"的价值观以及"人与工具的创新"品牌主张。并通过形式多样的文化建设活动，使集团文化逐渐从入眼、入耳到入脑、入心，转化为自觉行为，不断增强集团文化的生命力，为提升集团核心竞争力，提供了强有力的文化支撑。如今当你步入百利机电，统一规范，富有现代气息的环境形象；精神奕奕，富有职业风范的员工面貌；高效快捷，富有时代脉动的工作节拍，无处不令人感受到一个厚重大气，而又充满活力的国际化大集团公司的气韵。

天津百利机电集团从管理局模式到现代企业集团，由2000年产值55亿元、利润-15364万元，到2009年实现工业总产值294.6亿元、主营业务收入303亿元、利润总额28亿元，以及到2011年实现产值将达到600亿元目标，这些巨大变化与集团锐意改革是密不可分的。在不断拼搏进取，不断变革创新，不断追求卓越中，百利机电正在成为一个业务流程高效、整体优势突出、综合实力明显、发展潜力充足的多元化现代大型企业集团。

转型升级，杭汽轮冲出金融危机重围

2008年底发源于美国的国际金融危机导致出口下滑，这对外贸依存度达60%以上的我国经济带来了严重冲击，不期而至的危机，提前释放了原来以快速粗放发展为特征的产业结构中的各种矛盾。

就在装备制造行业因为订单减少而陷入困局，核心技术研发散、综合配套水平低、“走出去”能力弱等“软肋”逐一暴露的背景下，站在“杭州制造”队伍前列的杭汽轮集团，2009年实现主营业务收入204.6亿元，同比增长35.3%；实现利润11.60亿元，同比增长11.8%。杭汽轮集团不仅全面超额完成了年初确定的“158”经营目标，而且还提前一年实现了集团“十一五”后三年发展规划所确定的200亿主营业务收入目标。

在生物进化历史中，每一次气候的巨大变迁都会为物种的进化带来飞跃——不能进化的物种会灭绝，适应环境的物种将进入大规模繁衍的新时代，这是生物的进化；对企业而言也是一样，面对经济气候的剧烈变迁，哪家企业能针对新环境迅速应变，哪家企业就能在经济调整过后迎来新的市场发展机遇，这就是转型和升级。杭汽轮集团，正是在金融危机中化危为机、转型升级的佼佼者之一。杭汽轮究竟走出了一条什么样的转型升级路径？有什么共性的经验值得其他企业的借鉴？

从制造到服务
变生产型工业为服务型工业

产品服务升级，提升产品服务利润率，是应对经济全球化挑战、把握发展主动权、建立现代产业体系，走新型工业化道路，提高国际竞争力的战略举措。杭汽轮董事长聂忠海认为，现代制造服务业的最高境界，就是为用户提供增值服务，而向用户提供整体解决方案，是所有增值服务中的“皇冠”。随着用户对产品的多样化、个性化的需求，制造企业生产的产品内涵已经从单一的实物，扩展到为用户提供从产品个性化设计到设备安装、运行（包括远程监控）、维修、改造直至报废回收全过程的全面解决方案，这是企业获得更大利润空间的有效途径。为了提高产品利润率和增强产业话语权，企业必须努力从单一的制造向制造服务转型。

从制造向服务转型，通过整合制造和服务来降低成本、提升产品附加值、提升客户满意度并开拓新的赢利增长点，成为杭汽轮突破竞争红海的锐利武器。该集团以主机产品为载体，通过工程总承包、BOT等项目服务，除了给用户提供工业汽轮机外，还帮助他们设计工艺流程、布局系统工程、提供成套设备，帮他们采购相配套的锅炉、发电机、齿轮箱等设备，并培训相关的工作人员，提高附加值，在做强制造服务业的同时，也获取了相应的设计费用和培训费用，极大增加服务性收入在工业板块销售收入中的比重，公司的收益也得到大幅度提高。例如集团公司控股的杭州汽轮机械设备公司在为用户设备改造项目中，获得了技术设计、设备供应、工程施工等的一揽子合同，以延长寿命和提升效率为目标，通过技术改造等途径，优化对运行产品全寿命周期的管理和服务，扩大装备再制造的市场空间。中能公司是杭汽轮集团下属一个分公司，在成功开发出“水泥余热”利用成套工程及BOT项目之后，又重新夺回曾经放弃的“蒸汽小透平”市场，介入“减温减压器”产品市场，并引进专业人才，开展余热利用工程设计和技术咨询服务，为用户提供“余热利用、节能减排”整套解决方案，有效掌握余热发电设备成套供应领域的话语权——集团制造业向服务业转变的一个典型事例。

为了更好地实现本地化服务，集团公司在国内设立各地售后服务中心、搞好售后服务的同时，还专门在印度设置了维修中心和备件库，成为在国外设维修中心和备件库的为数不多的中国装备制造企业之一，更进一步强化了竞争力。

依靠科技创新
走差异化路线延伸企业产业链

企业通过整合产业链的相关资源，开拓市场、增强抗风险能力，是企业转型升级的又一个重要选择。此次金融危机的一个特点，就是受其危害的产业链传导效应非常明显，有效的防御手段就是保持产业链各环节间的合作稳定，而维持产业链稳定的最佳方式就是进行产业链整合。企业通过整合上下游产业链，可以稳定经营、开拓新业务应对经营风险；可以降低成本、增加利润增长点；可以促进企业多元化经营，提高企业在行业快速发展过程中参与竞争的能力。

近年来，杭汽轮集团大胆突破传统的加工工艺和生产模式，加快了信息技术在设计制造中的应用，建立了CAD/CAPP/PDM/BOM集成系统，使设计人员通过网络平台进行互联互动设计，从而大大缩短了产品技术准备周期。依靠科技创新，在高端市场保持自己的优势，实现从单机到成套，从成套到工程承包，从“交钥匙工程”到提供金融服务、工程咨询、维修外包等领域，把工程、制造、服务、甚至融资结合起来，把技术、人才、管理凝结起来，把科研、生产、营销衔接起来，走差异化路线延伸产业链，提高附加值，进而提高系统设计能力、设备成套能力、技术创新能力、贸易服务能力，增强核心竞争力。这家技术密集型的装备制造业龙头企业，正是通过有效的产业链整合，接连改写了国际汽轮机制造史上的多个纪录：根据国内石化、电力生产向规模化、集约化发展趋势，依靠技术创新，抓住市场向高参数、大容量、高端化发展的需求，开辟了“三个百万等级”（即年产100万吨乙烯驱动汽轮机、年产100万吨PT驱动汽轮机，100万千瓦发电用锅炉给水泵汽轮机）驱动用汽轮机市场，并开拓了煤化工、空分、PTA、乙烯等新兴市场。2009年，公司为印度市场开发150MW高压再热空冷发电机组，使用了新型扭叶片技术，热力性能指标优于同行；研制了百万千瓦级压水堆核电站辅助应急给水泵用汽轮机样机，有望打破该领域国外厂商垄断局面，填补百万千瓦核电站汽动辅助给水泵国产化空白。2010年3月份，杭汽轮生产的4台工业驱动汽轮机顺利通过美国专家审核，真正撬开了美国市场的大门，为“杭州制造”又增添了厚重的一笔。

抓好研发与销售
实现产业链从低端到高端升级

制造业的“微笑曲线”表明，前端的研发和设计、后端的销售和物流是整个产业链中利润较高的环节，而生产制造的环节利润较低。如果仅仅局限于产品的生产制造环节，将面临同质竞争愈加激烈、产品利润越来越低的严峻压力。实现从产业链的低级向高端转换，是企业突破危机，在市场中保持竞争优势、实现长远发展的战略举措，必然成为企业的不二选择。从低端向高端升级，既可以是产品与服务升级，也可以是产业链升级。产业链升级，指企业经营从产业链低端的制造向高端的研发设计、销售物流升级(即所谓的产业链“微笑曲线”的两端)，从而增强企业在产业链中的地位和话语权，提高企业抗风险能力。

“现在最成熟的商业模式就是，抓好研发和销售这两个产业链的高端环节。”经济学者郎咸平这样说，这个观点在杭汽轮得到了充分的印证。在产品研发上，杭汽轮依托博士后工作站、院士工作站，加大研发投入，持续推进技术创新，不断完善新产品开发体系，并加快研发成果的推广应用。在产品设计中，按照国际上要求最严格的美国石油协会标准进行；制造中，每一个焊接件、每一道焊缝都有专门的质量文件，得到了市场的认可，并被纳入了专业生产压缩机的日立公司的全球采购系统。2009年，公司申报并受理发明专利4项，申报实用新型专利1项，获得授权专利2项；太阳能发电机组、合成气高转速大功率汽轮机、管道三维设计系统等一批创新项目研发取得重要进展，《超超临界百万等级锅炉给水泵汽轮机》被认定为省装备制造业重点领域国内首(台)套项目等的成果申报，《100万千瓦超超临界火电站锅炉给水泵汽轮机及100万吨/年乙烯成套用汽轮机技术改造项目》被列入2009年度浙江省第一批工业转型升级项目。

在产业转型升级过程中，杭汽轮不仅注重研发,还树立了“市场为王”的理念,一切以用户需求为核心,努力开拓新市场。在自主创新的同时,把销售人员变成市场销售的“尖刀兵”，并拿出200万元重奖销售精英,调动员工积极性,释放员工所有能量全力抓订单,大订单要抓,小订单也绝不能放过。用杭汽轮人的一句话很形象地表达了他们抓销售的“狠劲”——我们不仅要吃肉，还要啃骨头，必要的时候还要喝汤。依靠过硬的产品和服务,近年来杭汽轮的产品成功打入伊朗炼油、越南化肥、中非炼油市场，并融入日立的全球采购体系。在国际发电市场,先后拿到了东南亚、土耳其、东欧、非洲以及中美洲等新兴市场的订单。主打产品工业驱动汽轮机进入欧美高端市场，国际化战略得以逐步推进。

完善“三本”管理
实现企业管理精细化

“练内功”,精细化管理是中国企业转型升级的必然选择。企业过去的快速增长,很大程度来自于市场本身的快速增长。在目前市场增长放缓、竞争加剧、利润摊薄的情况下,原有的追求规模扩张、资源浪费严重、成本居高不下的粗放式经营发展模式已难以为继。充分利用现代信息技术,实现从粗放经营到精细管理,规范流程、强化管理,关注细节,从而使企业降低成本、提高效率,成为企业转型升级的手段之一。着重抓好“三本——成本、人本、资本”管理,是杭汽轮精细化管理的又一成功实践。

杭汽轮集团公司党委深刻地认识到:只有培养好人才、使用好人才,才能使企业在激烈的市场竞争中做大、做优、做强,永远立于不败之地。集团突破了以往“高级专业技术人员才是人才”的旧观念,不惟学历,不惟身份,不惟岗位,不惟工种,拓宽人才工作视野,把经营管理人才、专业技术人员和一线技术工人都纳入人才工作范畴，对人才队伍的总量、素质和配置制定了具体目标,做到三支队伍一起抓。坚持以人为本,做好“拓宽引进渠道,大气开放吸引人，健全教育机制，搭建平台培养人;创新薪酬体系,优厚待遇留住人;完善福利政策,人文关怀凝聚人”四篇人才管理文章,为企业持续发展提供了人才支持。

针对严峻的市场形势，加强经济责任制考核，在全体员工中持续开展降本增效活动。在成本管理上,公司强化基础管理,完善管理制度,从企业内部供应链最终端销售部门开始,优化物流系统、信息系统和资金价值流系统,细化库存、仓储、生产、采购、设计每一环节,对大宗物资(如钢材等)实行集团内部的统一采购和配送,以降低成本,提高效率。在流程管理上,通过改进设计、促使工艺进步,提高材料国产化率,优化流程节约物耗等一系列降本措施,取得明显实效。在应收款和库存管理上,对应收账款实施动态管理,设立重点项目负责人,每月制定收款计划,对欠款用户分别采取控制发货、限制备件和服务提供、运用法律手段等措施来促使其履行合约。采取有力措施加强合同项目的风险调查,避免库存和在制品增加,2009年产品库存同比下降18.57%。

以建设循环经济为载体
充分挖掘潜在应用市场

循环经济是21世纪新的经济发展模式,它按照自然生态系统中物质的循环规律和能量的流动规律重构经济系统,建立起“资源—产品—再生资源”的物质循环型经济模式,以清洁生产和废弃物的综合利用为主要特征,倡导一种与环境和谐的经济发展模式，本质上是一种生态经济。发展循环经济，能够使资源得到最大限度的利用,可以将废物排放量降低到最小程度,有利于从根本上消解长期以来经济发展与环境保护之间的矛盾，是当今国际社会的潮流和发展趋势。发展循环经济,正成为解决生态环境与发展问题的最终选择,也是实现经济、社会和生态效益多方共赢的有效选择。

杭汽轮紧紧抓住国家实施“节能减排”、“循环经济”给企业带来的商机,致力于节能技术的开发和应用,既为国家实施节能减排战略,提供了有力的技术支撑和装备保障,同时也有效延伸了现有产品的应用领域,如余热发电、废气利用、蒸汽—燃气联合循环等,增加了汽燃机市场的份额。例如在冶金行业,公司制造的工业汽轮机和燃气轮机,可以回收、利用冶炼生产过程中产生的各类余热和废气，实现再发电，既实现了“富能冶炼”，又达到了减少排放净化环境的目的。目前汽轮机产品已经渗透到节能减排、余热利用等领域。杭汽轮还将对那些以前认为利用价值较低、利用成本较高的余热、废热、地热、生物质能、太阳能、风能等进行分析研究，挖掘潜在应用市场，让科技创业成为工业制造和未来经济增长的核心源泉。在生产管理上，积极推广节能、清洁生产设备和技术，并严格按照环保要求对各项技术改造项目进 行规划和建设，加强能耗管理，推行现场6S管理，加强污染源控制和监测，提高制造过程资源循环利用水平。2009年各项污染物每单台产品排放量指标均同比下降20%以上，万元产值能耗指标也实现同比下降，被评为杭州市节能先进企业。

大事记

2009年中国工业大事记

1月

1月1日起,《中华人民共和国循环经济促进法》施行。

1月1日，国务院决定实施成品油税费改革，取消原在成品油价外征收的公路养路费、航道养护费、公路运输管理费、公路客货运附加费、水路运输管理费、水运客货运附加费等六项收费。

1月7日,工业和信息化部为中国移动、中国电信和中国联通发放3张第三代移动通信(3G)牌照。

1月7日,17时30分,兰州石化公司石油化工厂316罐区发生爆炸着火事故。

1月9日,2008年度国家科学技术奖励大会在北京人民大会堂隆重举行。在受到奖励的253项成果(通用)中,共有55个化学化工类项目。徐光宪院士因在稀土研究领域做出重大贡献获得国家最高科学技术奖。

1月14日，国务院正式通过汽车产业和钢铁产业调整振兴规划。《汽车产业调整振兴规划》规定从2009年1月20日至12月31日，对1.6升及以下排量乘用车减按5%征收车辆购置税。

1月15日,移动、联通统一收取短信费0.1元。

1月16日,晋东南—南阳—荆门1000千伏特高压交流试验示范工程正式投运。该工程是目前世界上运行电压最高、输送能力最大、代表最高技术水平的特高压交流输变电工程，其建成投运标志着我国已在世界上率先系统掌握了特高压输变电核心技术及其设备制造能力。

1月16日，我国拥有自主知识产权的和谐型大功率交流传动六轴9600千瓦货运电力机车在湖南株洲下线，标志着我国掌握了世界先进的大功率交流传动电力机车系统集成等关键技术。

1月22日,国务院新闻办举行新闻发布会,国家统计局局长马建堂介绍2008年国民经济运行情况。初步核算,全年国内生产总值300670亿元,比上年增长9.0%。

1月22日，三鹿问题奶粉系列刑事案件在石家庄市中级人民法院一审宣判。三鹿集团原董事长田文华被判处无期徒刑,剥夺政治权利终身。生产销售含三聚氰胺混合物的张玉军被判处死刑；张彦章被判处无期徒刑。向原奶中添加含有三聚氰胺混合物并销售给三鹿集团的耿金平被判处死刑。生产销售含有三聚氰胺混合物的高俊杰被判处死刑、缓期两年;薛建忠被判处无期徒刑。其他人被判有期徒刑。

1月27日,中国第一个南极内陆科学考察站在南极内陆冰盖的最高点冰穹A地区胜利建成。这是我国为人类探索南极奥秘作出的又一重大贡献。

2月

2月2日,中国第一个南极内陆考察站——中国南极昆仑站正式开站。

2月12日,中华人民共和国商务部对原产于韩国和泰国的进口对苯二甲酸进行反倾销立案调查。

2月17日，中俄双方在北京举行了第三次能源对话。由国家能源局局长张国宝带队的中方谈判代表和由俄罗斯能源部部长谢尔盖·什马特科带队的俄方谈判代表已就中俄“贷款换石油”的合同细节达成一致,并签署了正式协议。

2月19日，国务院常务会议审议并原则通过

《石化产业调整和振兴规划》。

2月22日，山西省古交市屯兰煤矿发生瓦斯爆炸事故，当日77人遇难，114名伤员在医院接受观察治疗，其中5人伤势危重。

2月25日，国务院公布《有色金属产业调整和振兴规划》。

3月

3月1日，商务部、工业和信息化部、海关总署、质检总局、国家认监委联合公布《2009年度具有出口摩托车和全地形车资质企业目录》。

3月1日，北京时间16时13分10秒，嫦娥一号卫星在北京航天飞行控制中心科技人员的精确控制下，准确落于月球东经52.36度、南纬1.50度的预定撞击点，实现了预期目标，为中国探月一期工程画上一个圆满的句号。

3月1日，工业和信息化部制定了《道路机动车辆产品检测工作监督管理规定》，并予以施行。

3月18日，商务部发布关于禁止可口可乐公司收购中国汇源公司审查决定的公告。

3月20日，工业和信息化部下发关于加强汽车生产企业投资项目备案管理的通知。

3月20日，微软在北京、上海、广州和成都四地同步发布了最新版的浏览器Internet Explorer8。

3月20日，我国首个拥有完全自主知识产权的煤间接液化工业化示范项目正式出油。

3月21日，工业和信息化部下发关于支持服务外包示范城市国际通信发展的指导意见。

3月31日起，《电子认证服务管理办法》施行。原中华人民共和国信息产业部2005年2月8日发布的《电子认证服务管理办法》(中华人民共和国信息产业部令第35号)同时废止。

4月

4月3日，财政部、商务部联合发布2009年老旧汽车报废更新补贴资金发放范围及标准公告。

4月10日起，《软件产品管理办法》施行。原中华人民共和国信息产业部2000年10月27日发布的《软件产品管理办法》(中华人民共和国信息产业部令第5号)同时废止。

4月10日起，《税控收款机生产企业资质管理办法》施行。原中华人民共和国信息产业部2004年10月29日发布的《税控收款机生产企业资质管理办法》(中华人民共和国信息产业部令第29号)同时废止。

4月10日起，《建立卫星通信网和设置使用地球站管理规定》施行。原中华人民共和国信息产业部2002年6月21日公布的《建立卫星通信网和设置使用地球站管理规定》(中华人民共和国信息产业部令第21号)同时废止。

4月10日起，《无线电台执照管理规定》施行。原中华人民共和国信息产业部1999年5月18日公布的《无线电台执照管理规定》(信部无[1999]424号)同时废止。

4月10日起，《电信业务经营许可管理办法》施行。原中华人民共和国信息产业部2001年12月26日公布的《电信业务经营许可证管理办法》(中华人民共和国信息产业部令第19号)同时废止。

4月10日起，《电信设备抗震性能检测管理办法》施行。原中华人民共和国信息产业部2001年6月15日发布的《电信设备抗震性能检测管理暂行办法》(中华人民共和国信息产业部令第12号)同时废止。

4月16日，国务院公布《电子信息产业调整和振兴规划》。

4月20日，工业和信息化部下发关于遏制钢铁行业产量过快增长的紧急通报。

4月23日，工业和信息化部发布了关于加强工业产品质量工作的指导意见。

4月24日，国务院公布了《物流业调整和振兴规划》。

4月29日，国务院公布《纺织工业调整和振兴规划》。

4月29日，商务部公告称，对原产于美国、欧盟、俄罗斯和中国台湾地区的进口锦纶6切片进行反倾销立案调查。

5月

5月5日，微软发布 Windows7RC 版。

5月7日，我国自主研发、世界首创的万吨级煤制乙二醇成套技术工业化示范项目获得成功。

5月12日，国务院办公厅发布《装备制造业调整和振兴规划》实施细则。

5月17日，中国联通正式公布3G全业务品牌名称，并决定 WCDMA 号段将(世界电信日)于正式放号，同时开通 WCDMA 业务。

5月17日，株洲红旗路高架桥在机械拆除过程中，部分桥体发生坍塌，导致9人遇难，16人受伤，24辆汽车损毁的严重事故。

5月18日，国务院公布《轻工业调整和振兴规划》。

5月18日，国务院公布《石化产业调整和振兴规划》。

5月18日，首架在天津总装生产的空客A320飞机成功地进行了第一次飞行测试，这标志着落户天津滨海新区的空客A320飞机总装生产线顺利投产。

5月21日，科技部高新司在广东顺德召开了由广东省科技厅提出的"十一五"国家科技支撑计划"二氧化碳热泵关键技术及产业化"项目可行性论证会。

5月23日，财政部、科技部、发展改革委、工业和信息化部等四部门共同在济南组织召开了"济南市节能与新能源汽车示范推广试点城市实施方案论证会"。

5月24日，财政部、科技部、发展改革委、工业和信息化部等四部门共同在合肥组织召开了"合肥市节能与新能源汽车示范推广试点城市实施方案论证会"。

6月

6月1日，国务院批准公布《促进扩大内需，鼓励汽车、家电"以旧换新"实施方案》。

6月6日，中国商用飞机有限责任公司下属大飞机项目总装制造中心在上海挂牌成立。

6月14日，财政部、科技部、发展改革委、工业和信息化等四部门共同在长春组织召开了"长春市节能与新能源汽车示范推广试点城市实施方案论证会"。

6月17日，欧洲初审法院作出最终裁决：取消对浙江新安化工集团股份有限公司草甘膦征收29.9%的反倾销税，并由欧盟理事会承担相关诉讼费用。新安化工由此成为欧盟对中国草甘膦发起反倾销调查近15年来获得胜诉的第一家企业。

6月18日，桂林三金正式获发行批文，成为IPO重启第一单。三金药业招股意向书的发布，宣告沉寂了9个月的IPO正式重启。

7月

7月1日起，根据《汽车产业发展政策》等有关规定，工业和信息化部制定了《新能源汽车生产企业及产品准入管理规则》，于即日起施行。

7月1日起，《专用汽车和挂车生产企业及产品准入管理规则》施行。本规则施行后，与本规则不一致的，以本规则为准。

7月3日，《乳制品工业产业政策（2009年修订)》正式发布。

7月8日，国务院公布《中华人民共和国食品安全法实施条例》，自公布之日起施行。

7月15日，科技部高新司组织专家在北京对863计划重点项目"绕月探测工程科学数据应用与研究"立项建议书进行了论证。同时将为我国探月工程二期、三期的探月数据的研究打下良好基础。

7月19日，诺基亚西门子通信与摩托罗拉联合宣布，前者将以12亿美元现金收购后者的大部分无线网络业务。这意味着持续多年的全球电信网络设备制造业的购并整合，终于告一段落。

7月23日，微软发布 Windows7RTM 版本，证明微软 Windows7 编辑正式完成，将开始批量生产。

7月23日，在发育与生殖研究重大科学研究计划的支持下，我国在ips细胞研究方向取得重大成果，首次利用iPS细胞通过四倍体囊胚注射得到存活并具有繁殖能力的小鼠，从而在世界上第一次证明了iPS细胞的全能性。

7月31日，中华人民共和国科学技术部、国家广播电影电视总局和上海市人民政府在上海举行了中国下一代广播电视网(NGB)启动暨上海示范网部局市合作协议签字仪式。

7月31日，国务院印发2009年节能减排工作安排的通知。

8月

8月1日，商务部发布公告，对原产于沙特阿拉伯、马来西亚、印度尼西亚和新西兰的进口甲醇进行反倾销立案调查。

8月7日，国务院总理温家宝考察了中科院无锡高新微纳传感网工程技术研发中心，指出要把传感系统与TD技术结合起来，为各行各业的信息化应用提供更加有力的支撑。

8月18日，科技部高新技术发展及产业化司在北京组织专家对"十一五"科技支撑计划重大项目"农药创制工程"进行了验收。

8月18日，财政部、科技部、发展改革委、工业和信息化部等四部门共同在江西南昌组织召开了"南昌市节能与新能源汽车示范推广试点城市实施方案论证会"。

8月23日，科技部对台科技合作与交流基地揭牌仪式在厦门市台湾科技企业育成中心举行。

8月28日，福建联合石油化工有限公司宣布，福建炼油乙烯项目化工装置(包括乙烯裂解装置、聚乙烯装置、聚丙烯装置和芳烃装置)已相继正式投料试车，并生产出合格化工产品。

9月

9月1日起，工业和信息化部、国家发展改革委会联合下发关于停止执行《汽车产业发展政策》有关条目的决定。

9月5日，2009中国企业500强名单及分析报告公布，中国石化位居榜首，入围门槛从上年的93.1亿元上升为105.4亿元，首次突破百亿元大关。

9月7日，山东省潍坊市国资委将其持有的山东海化集团有限公司51%的股权无偿划转给中国海洋石油总公司全资子公司中海石油炼化有限责任公司，使中国海油成为海化集团的控股公司。此举意味着我国最大的蓝色经济实体中国海油与国内最大的海洋化工生产和出口基地海化集团实现联合重组。

9月10日，世界经济论坛第三届新领军者年会(2009年大连夏季达沃斯年会)在大连世界博览广场开幕，国务院总理温家宝出席开幕式并致辞。

9月10日，第四届全国杰出专业技术人才表彰大会在京举行。

9月14日，上午9时20分许，我国海南航天发射场在海南省文昌市破土动工，标志着我国新建航天发射场已进入全面实施阶段。

9月15日，科技部基础研究司组织专家在北京对"国家材料环境腐蚀观测研究台站网络"建设项目进行验收。

9月19日，"辉煌60年——中华人民共和国成立60周年成就展"在北京展览馆隆重开幕。

9月19日，国务院下发关于进一步促进中小企业发展的若干意见。

9月19日，经过多年建设，国内第一个"汽车风洞"——上海地面交通工具风洞中心在同济大学正式落成。

9月20日，由第二军医大学、中科院上海生命科学研究院、中科院广州生物医药与健康研究院等单位承担的973计划"抗体分子结构与功能进化研究"项目在上海召开课题验收会，项目下设的三个课题顺利通过专家组验收。

9月20日，科技部基础研究管理中心组织专家在北京对煤炭资源与安全开采国家重点实验室进行验收。

9月23日，财政部、国家发展改革委、科技部、工业和信息化部、商务部、国资委、银监会、证监会、保监会下发关于鼓励政府和企业发包促进我国服务外包产业发展的指导意见。

9月24日，商务部正式发布立案公告，决定对原产于沙特阿拉伯和台湾地区的进口1,4-丁二醇进行反倾销立案调查。

9月26日，工业和信息化部、国家发展和改革委员会、财政部、商务部、中国人民银行、国家工商行政管理总局、国家质量监督检验检疫总局关于加快推进服装家纺自主品牌建设的指导意见。

9月26日，国务院批转抑制部分行业产能过剩若干意见的通知。

9月26日起，美国对从中国进口的所有轿车胎和轻卡胎连续3年征收税率分别为35%、30%、25%的惩罚性关税。美国这一裁定对中国轮胎行业造成重大影响和冲击。

9月26日，国务院批转发改委等10部门《关于抑制部分行业产能过剩和重复建设引导产业健康发展若干意见》。煤化工和多晶硅被列入6个产能过剩行业中。《意见》明确规定，今后3年停止审批单纯扩大产能的焦炭、电石项目，不再安排新的现代煤化工试点项目；2011年前，淘汰综合电耗大于200千瓦时/千克的多晶硅产能。

10月

10月1日，六十载奋斗创业，一甲子春华秋实。伟大的中华人民共和国迈着雄健的步伐，走过了60年光辉历程，迎来了六十华诞。

10月6日，诺贝尔奖评审委员会宣布，因对光纤通讯研究有重大贡献，香港中文大学前任校长、“光纤之父”高锟，与美国科学家史密斯和博伊尔分享今年的诺贝尔物理学奖。

10月13日，中国石油和化学工业协会发布石化协会和12家大中型企业责任关怀年度报告，行业、企业责任关怀年度报告集中发布在国内尚属首次。

10月15日，第106届广交会在广州琶洲展馆正式开幕，将从10月15日至11月4日分三期举办。

10月19日，工业和信息化部下发关于加强三聚氰胺生产经营管理的若干意见。

10月20日，中国石油和化学工业协会发布《石油和化工产业结构调整指导意见》和《石油和化工产业振兴支撑技术指导意见》。两个《指导意见》明确了行业结构调整、产业升级的原则、目标和关键技术。

10月20日，中国汽车第1000万辆下线，使中国迈入千万辆级汽车生产大国行列。

10月23日，商务部、国家发展改革委、工业和信息化部、财政部、海关总署、质检总局下发关于促进我国汽车产品出口持续健康发展的意见。

10月23日，商务部发布《二手设备流通技术规范通则》等10项国内贸易行业标准。

10月29日，新中国成立60周年百项经典暨精品工程评选活动在北京人民大会堂揭晓，大庆油田、西气东输管道工程、兖矿国泰年产20万吨醋酸和日处理1000吨煤新型气化炉等8项石油和化工工程入选，成为基础产业中入选项目最多的行业。

10月30日，商务部对原产于欧盟的进口X射线安全检查设备进行反倾销立案调查。

11月

11月5日，国家医疗器械科技产业（重庆）基地在重庆市北部新区海王星科技大厦正式揭牌运行，这是科技部批准建立的首个医疗器械科技产业示范基地。

11月6日，商务部发布关于附条件批准松下公司收购三洋公司反垄断审查决定的公告。

11月16日，我国高性能计算重大基础设施、“中国国家网格服务环境”超级结点——“国家超级计算深圳中心”正式启动建设。该中心规划用地2.5万平方米，建筑总面积4万平方米，总投资8

亿元人民币，将运维我国自主研制的千万亿次高效能计算机。

11月18日，商务部发布对原产于美国的排气量在2.0升及2.0升以上进口小轿车和越野车进行反补贴立案调查的公告。

2009年11月21日，工业和信息化部印发《关于抑制产能过剩和重复建设引导水泥产业健康发展的意见》的通知。

11月27日，工业和信息化部印发关于抑制产能过剩和重复建设引导平板玻璃行业健康发展的意见。

12月

12月2日，商务部发布对原产于欧盟、美国和韩国的进口三氯甲烷反倾销措施进行期终复审立案公告。

12月3日，工业和信息化部印发了关于制革行业结构调整的指导意见。

12月3日，填补我国煤制丙烯技术空白的流化床甲醇制丙烯(FMTP)工业技术通过鉴定。

12月4日，科技部与国家知识产权局在京召开知识产权工作会商会议。双方就在科技工作中落实知识产权战略进行了深入讨论，就部局合作事项进行会谈。这是在应对金融危机的新形势下，两部门共同推动国家知识产权战略实施的一项重要行动。

12月8日，由沈阳飞机工业(集团)有限公司承担的“十一五”国家科技支撑计划“高速高效加工技术与装备研究”重点项目“飞机部件级装配系统技术”课题顺利通过验收。

12月8日，美国《时代》周刊评选出了2009年度十大医学突破，我国科学家采用干细胞技术获得iPS小鼠这一重大成果入选，这也是我国当年入选的唯一成果。

12月8日，极大规模集成电路制造装备及成套工艺专项实施管理办公室组织召开了专项组织实施推进会，标志着“极大规模集成电路制造装备及成套工艺”重大专项进入了更为深入的阶段。

12月8日，商务部、海关总署发布关于禁止进出口莱克多巴胺和盐酸莱克多巴胺的公告。

12月9日，科技部组织专家在杭州对卫星海洋环境动力学国家重点实验室进行验收。

12月9日，“重大新药创制”科技重大专项第二批课题任务合同书签订会在北京铁道大厦举行，除候选药物研究课题外，第二批400多项课题参加了此次现场签订会。

12月10日，“重大新药创制”科技重大专项推进会在北京召开。

12月10，商务部正式发布公告，对原产于美国和俄罗斯的进口取向电工钢反倾销调查及原产于美国的进口取向电工钢反补贴调查的初步裁定。

12月14日，中国-中亚天然气管道投产通气。这一跨国天然气管道西起阿姆河右岸，向东1800公里，进入中国霍尔果斯，与西气东输二线相连，一直向东延伸到广州、上海、全线总长上万公里，是世界上最长的天然气管道。

12月15日，工业和信息化部印发了《工业和信息化部关于做好减轻企业负担工作的指导意见》。

12月15日，工业和信息化部印发了关于加快我国家用电器行业转型升级的指导意见。

12月18日，工业和信息化部、国家发展和改革委员会、农业部、卫生部等十部门发布关于印发《食品工业企业诚信体系建设工作指导意见》的通知。

12月22日，中国人民银行、银监会、证监会、保监会发布关于进一步做好金融服务支持重点产业调整振兴和抑制部分行业产能过剩的指导意见。

12月23日，由中宣部等8部门联合举办的全国文化科技卫生“三下乡”活动启动仪式，在贵州省黔西县举行，标志着2010年全国“三下乡”活动正式拉开帷幕。

12月26日，全长1068.6公里的武广高速铁路开通运营。时速350公里的高速列车将使广州至武汉的运行时间由10小时缩短至3小时。这条世界上一次建成里程最长、运营速度最快的高速铁路，还创下了重联高速列车运行394.2公里的世界高铁最高速度。

12月10日，商务部发布公告，从12月11日起，对从美、俄进口的取向电工钢征收相应的保证金。世界金融危机爆发以来，中国成为世界贸易保护主义最大受害国。

12月31日，商务部、海关总署发布《两用物项和技术进出口许可证管理目录》。

12月29日，根据《中华人民共和国反倾销条例》的规定，2008年12月29日，商务部正式发布立案公告，决定对原产于欧盟的进口碳钢紧固件进行反倾销立案调查。鉴于本案情况较为特殊和复杂，商务部根据《中华人民共和国反倾销条例》第26条的规定，决定将本案的调查期限延长6个月，即本案调查期限截止日为2010年6月29日。

附录

2010 中国工业行业排头兵企业名单

“2010 中国工业行业排头兵发布活动”本着严谨、科学、公正的原则，参照《国民经济行业分类》国家标准，按照国际惯例，根据权威统计资料，遴选出 2010 年中国工业行业排头兵企业。经网站公示后，最终确定 478 个行业的 2390 家企业为 2010 中国工业行业排头兵企业(排名不分先后)。

联系邮箱：qyllb@126.com

烟煤和无烟煤的开采洗选

兖矿集团有限公司
平顶山煤业(集团)有限责任公司
开滦(集团)有限责任公司
永城煤电(集团)有限责任公司
新汶矿业集团有限责任公司

褐煤的开采洗选

俊安(天津)实业有限公司
龙口矿业集团有限责任公司
天津俊安煤焦化工有限公司
内蒙古霍林河露天煤业股份有限公司
内蒙古平庄煤业集团有限责任公司

其他煤炭采选

菏泽中泰煤炭化工有限公司
连云港中港印配煤有限公司
平顶山金鼎煤化科技有限公司
徐州市金亿洗煤有限公司
大足县林森机焦有限公司

天然原油和天然气开采

大庆油田有限责任公司
中国石油化工有限责任公司胜利油田分公司
中国石油天然气股份有限公司长庆油田分公司
中海石油(中国)有限公司天津分公司
中国石油新疆油田分公司

与石油和天然气开采有关的服务活动

川庆钻探工程有限公司
中国石化集团中原石油勘探局
中国石油集团渤海钻探工程有限公司
中国石化集团河南石油勘探局
中国石化集团江汉石油管理局

铁矿采选

马钢(集团)控股有限公司
莱芜钢铁集团鲁南矿业有限公司
山东北金集团有限公司
福建省安溪新田矿产开发有限公司
昆明钢铁集团有限责任公司(安宁市)

其他黑色金属矿采选

武钢鄂州球团矿厂
内蒙古兴业集团股份有限公司
武钢鄂州球团矿厂
灵丘县盛益有限责任公司
灵丘县矿业有限责任公司

铜矿采选

新疆阿舍勒铜业股份有限公司
云南楚雄矿冶股份有限公司
中国有色集团抚顺红透山矿业有限公司
云南金沙矿业股份有限公司
玉溪矿业有限公司

石灰石、石膏开采

蓬莱市小门家镇杏山采石场
蓬莱市小门家镇泊李村采石场
江苏船山集团有限责任公司
溧水县云鹤矿业有限公司
淄博彤泰物资有限公司

建筑装饰用石开采

德清县磊丰矿业有限公司
华容县胜峰矿石建材厂
衡阳县井头建材有限公司
萧县胜达石材开采有限公司
阳新县富池镇砂石集团公司

耐火土石开采

洛阳浮法玻璃集团洪阳矿产分公司
多伦县奥翔矿业有限公司
平度市兆兴陶瓷原料有限公司
博爱县玄坦庙铝矾土加工厂
多伦县顺达矿业有限责任公司

粘土及其他土砂石开采

清远市源潭企业发展总公司
江西都昌铸造型砂厂
广东萨米特陶瓷有限公司
泗洪县梅花石英砂矿
信阳市平桥区甘岸镇河沙开采总公司

化学矿采选

云南磷化集团尖山磷矿有限公司(西山区)
凤城市化工集团有限公司
云浮硫铁矿企业集团公司
河南省渑池县神龙实业集团
南京云台山硫铁矿有限公司

采盐

内蒙古兰太实业股份有限公司
云南盐化股份有限公司(官渡区)
四川久大制盐有限责任公司
莱州市诚源盐化有限公司
莱州市宏远贸易有限公司

石棉、云母矿采选

灵寿县云母集团公司
日照磊鑫矿业资源有限公司
青海创安有限公司
阿克塞县多坝沟石棉有限责任公司
敦煌市矿业有限责任公司

石墨、滑石采选

平度市鹏嵩石墨加工厂
青岛美利坤石墨制品厂
平度东方石墨有限公司
广西龙广滑石开发有限公司
青岛天龙石墨有限公司

其他非金属矿采选

临湘市凡泰公司
福州远嘉矿业有限公司
奈曼旗昂乃矿业有限公司
南阳市明东化工总厂
福州华信矿业有限公司

其他采矿业

威海惠褒矿业开发有限公司
文登市界石建材厂
内蒙古科左中旗门达型砂厂
淄博北威二氧化碳开发有限公司
青岛金鑫高岭土有限公司

谷物磨制

黑龙江省北大荒米业有限公司
湖北福娃集团有限公司
湖北国宝桥米集团公司
湖北金华麦面集团有限公司
山东半球面粉有限公司

饲料加工

辽宁禾丰牧业股份有限公司
江西正邦科技股份有限公司
唐人神集团股份有限公司
潍坊六和饲料有限公司
湖南正虹科技发展股份有限公司

食用植物油加工

东海粮油工业(张家港)有限公司
九三粮油工业集团有限公司
益海(连云港)粮油有限公司
大海粮油工业(防城港)有限公司
秦皇岛金海粮油工业有限公司

非食用植物油加工

通辽市通华蓖麻化工有限责任公司
邹平县天兴化工有限公司
利津聚源油料加工有限责任公司
利津县顺超油料加工有限公司
茂名市长晟油脂工业有限公司

制糖

日照市凌云海糖业集团有限公司
南宁糖业股份有限公司
龙州南华糖业有限责任公司
广西崇左市湘桂糖业有限公司
广西贵糖(集团)股份有限公司

畜禽屠宰

吉林省长春皓月清真肉业股份有限公司
四川省资阳市四海发展实业有限公司
山东风祥(集团)有限责任公司
青岛九联集团股份有限公司
河南省华英禽业集团

肉制品及副产品加工

河南省漯河市双汇实业集团有限责任公司
临沂新程金锣肉制品有限公司
诸城外贸有限责任公司
得利斯集团有限公司
南京雨润食品有限公司

水产品冷冻加工

赤山集团有限公司
沈阳水产品加工有限公司
好当家集团有限公司
靖海集团有限公司
烟台联发水产有限公司

鱼糜制品及水产品干腌制加工

山东阿掖山集团有限公司
益阳益华水产品有限公司
福州百洋海味食品有限公司
湖北土老憨生态农业开发有限公司
瑞金市新都食品有限公司

水产饲料制造

襄樊正大有限公司
漳州市海新水产饲料有限公司
广东省广弘九江饲料有限公司
佛山市顺德区全兴水产饲料有限公司
滨州华隆生物工程有限公司

鱼油提取及制品的制造

沧州市海源生物制品有限公司
海南壹号药业有限公司
北海蓝海洋生物药品有限责任公司
浙江神舟海洋生物工程有限公司
无锡市迅达海洋生物制品厂

其他水产品加工

荣成凯普生物工程有限公司
江西西龙食品有限公司
文登市金江水产食品有限公司
万邦(莱阳)食品有限公司
文登昌阳南海开发有限公司

蔬菜、水果和坚果加工

青岛万福集团股份有限公司
合肥华泰集团股份有限公司
阳江喜之郎果冻制造有限公司
四川徽记食品产业有限公司
东营市丰泰食品有限公司

淀粉及淀粉制品的制造

中粮生化能原(榆树)有限公司
西王集团有限公司
山东省鲁洲集团有限公司
石家庄中营淀粉有限公司
滨州金汇玉米开发有限公司

豆制品制造

统一嘉吉(东莞)饲料蛋白科技有限公司
上海清美绿色食品有限公司
山东万得福实业集团有限公司
大庆天圜日月星蛋白有限公司
烟台宏发食品有限公司

蛋品加工

福建光阳蛋业股份有限公司
湖北神丹健康食品有限公司
南昌市梅氏香香禽蛋加工厂
滕州龙海松花蛋有限公司
高邮市三湖蛋品有限公司

其他未列明的农副食品加工

广州麦芽有限公司
威海家家悦生鲜加工配送有限公司
宁波麦芽有限公司
盐城市花美蜂蜜制品有限公司
三友(随州)食品有限公司

糕点、面包制造

漯河临颍县亲亲食品有限公司
蜡笔小新(福建)食品工业有限公司
上海克莉丝汀食品有限公司
好丽友食品有限公司
沈阳好利来食品有限公司

饼干及其他焙烤食品制造

好丽友食品有限公司
济南达利食品有限公司
百事食品(中国)有限公司
漯河市恒达食品有限公司
上好佳(中国)有限公司

糖果、巧克力制造

箭牌糖果(中国)有限公司
玛氏食品(中国)有限公司
东莞徐记食品有限公司
不凡帝范梅勒糖果(中国)有限公司
河南裕达食品股份有限公司

蜜饯制作

上海爱屋食品有限公司
兴隆县北区果品加工集团
天喔(福建)食品有限公司
河南省新郑奥星实业有限公司
福建东方食品集团有限公司

米、面制品制造

河南省龙云集团有限公司
漯河市金源工贸有限公司
厦门兴盛食品有限公司
四川省若男食品有限公司
岳阳金健米业精米有限责任公司

速冻食品制造

龙大食品集团
郑州思念食品有限公司
郑州市三全食品股份有限公司
河南四季胖哥实业有限公司
河南省宁陵县福润集团有限公司

方便面及其他方便食品制造

河南省南街村(集团)有限公司
今麦郎食品有限公司
杭州顶益食品有限公司
广州顶益食品有限公司
天津顶益国际食品有限公司

液体乳及乳制品制造

内蒙古蒙牛乳业(集团)股份有限公司
内蒙古伊利实业集团股份有限公司
光明乳业股份有限公司
蒙牛乳业(沈阳)有限责任公司
多美滋婴幼儿食品有限公司

肉、禽类罐头制造

四川高金翔达食品有限公司
上海福喜食品有限公司
厦门古龙罐头食品有限公司
江西丰城华英禽业有限公司
四川省美宁食品有限公司

罐头制造

佛山市顺德甘竹罐头有限公司
岳阳红锦鲮水产冷冻有限公司
太平洋恩利食品有限公司
东山县华昌食品有限公司
宁波佳必可食品有限公司

水产品罐头制造

椰树集团海南椰汁饮料有限公司
天津中辰番茄制品有限公司
上海梅林正广和股份有限公司
威海安达食品有限公司
福建省台福食品有限公司

其他罐头食品制造

天津娃哈哈食品有限公司
杭州娃哈哈食品有限公司
福建省新黑龙食品工业有限公司
安徽双佳食品有限公司
珠海泰奇食品有限公司

味精制造

通辽梅花生物科技有限公司
河南莲花味精股份有限公司
河北梅花味精集团有限公司
上海太太乐食品有限公司
山东齐鲁味精食品集团有限公司

酱油、食醋及类似制品的制造

佛山市海天调味食品有限公司
佛山市海天(高明)调味食品有限公司
李锦记新会食品有限公司
烟台欣和味达美食品有限公司
加加酱业(郑州)有限公司

其他调味品、发酵制品制造

安琪酵母股份有限公司
贵阳南明老干妈风味食品有限公司
长春大合生物技术开发有限公司
诸城市润生淀粉有限公司
长春大成发酵发展有限公司

营养、保健食品制造

天津天狮生物发展有限公司
南方李锦记有限公司
完美(中国)日用品有限公司
江西汪氏蜜蜂园有限公司
海南养生堂药业有限公司

冷冻饮品及食用冰制造

和路雪(中国)有限公司
济南群康实业有限公司
大森林食品有限公司
和路雪(中国)有限公司太仓分公司
吉林省红旗冷饮总厂

盐加工

平顶山天源盐化有限责任公司
中盐宏博(集团)有限公司
江西盐矿有限责任公司
中盐舞阳有限责任公司
中盐新干盐化有限公司

食品及饲料添加剂制造

青岛渤海农业发展有限公司
浙江贝因美科工贸股份有限公司
淄博金顺达企业集团有限公司
山东乐悟集团有限公司
青岛康大外贸集团有限公司

其他未列明的食品制造

大连华恩有限公司
湖南胖哥食品有限责任公司
吉林市长荣农副产品有限公司
海霸王汕头食品有限公司
长沙友文食品有限公司

酒精制造

吉安生化乾安酒精有限责任公司
南阳天冠集团有限公司
中粮生化能源肇东分公司
焦作市河阳酒精实业有限公司
梅河口市阜康酒精有限责任公司

白酒制造

四川省宜宾五粮液集团有限公司
中国贵州茅台集团有限责任公司
泸州老窖集团有限责任公司
湖北稻花香集团
江苏洋河酒厂股份有限公司

啤酒制造

青岛啤酒股份有限公司
北京燕京啤酒股份有限公司
百威(武汉)国际啤酒有限公司
四川蓝剑投资管理有限公司
广州珠江啤酒股份有限公司

黄酒制造

蒙洲神泉黄酒厂
中国绍兴黄酒集团有限公司
山东即墨黄酒厂
上海石库门酿酒有限公司
岳阳胜景山河生物科技股份有限公司(古越楼台)

葡萄酒制造

烟台张裕集团有限公司
中法合营王朝葡萄酿酒有限公司
烟台威龙葡萄酒股份有限公司
中国长城葡萄酒有限公司
中粮华夏长城葡萄酒有限公司

其他酒制造

劲牌有限公司
临湘茗格生物科技有限公司
登封市三楂红酒业有限公司
烟台飞龙王葡萄酒业有限公司
海南椰岛股份有限公司

碳酸饮料制造

可口可乐(中国)饮料有限公司
广东太古可口可乐有限公司
上海中美饮料食品有限公司
杭州百事可乐饮料有限公司
百事(中国)有限公司

瓶(罐)装饮用水制造

杭州娃哈哈保健食品有限公司
桂林娃哈哈饮料有限公司
华润怡宝食品饮料(深圳)有限公司
哈尔滨顶津食品有限公司
沈阳润田食品饮料有限公司

果菜汁及果菜汁饮料制造

可口可乐装瓶商生产(东莞)有限公司
广州娃哈哈恒枫饮料有限公司
庆云县山东鼎力枣业食品集团有限公司
内蒙古宇航人高技术产业有限责任公司
山东佳美食品工业有限公司

含乳饮料和植物蛋白饮料制造

厦门银鹭食品有限公司
杭州宏胜饮料集团有限公司
乐百氏(广东)食品饮料有限公司
河北承德露露股份有限公司
浙江明旺乳业有限公司

固体饮料制造

维维集团股份有限公司
东莞雀巢有限公司
大闽食品(漳州)有限公司
上海雀巢有限公司
沈阳娃哈哈食品有限公司

茶饮料及其他软饮料制造

广州顶津食品有限公司
乐天澳的利饮料有限公司
广州顶津食品有限公司
康师傅广州饮品有限公司
广东加多宝饮料食品有限公司

精制茶加工

湖北采花茶业有限公司
湖南兰岭绿态茶叶有限公司
河南蓝天生态茶业旅游股份有限公司
北京澳特舒尔保健品开发有限公司
四川龙都茶业(集团)有限公司

烟叶复烤

云南省烟草烟叶公司(复烤部)(官渡区)
文山州烟草公司
云南省烟草大理烟叶复烤有限责任公司
贵州南明烟叶有限责任公司
天昌国际烟草有限公司

卷烟制造

湖南中烟工业有限责任公司
上海烟草(集团)公司
玉溪红塔烟草(集团)有限责任公司
武汉烟草(集团)有限公司
广东中烟工业有限责任公司

其他烟草制品加工

四川三联卷烟材料有限公司
南通烟滤嘴有限责任公司
深圳市嘉达高科产业发展有限公司材料加工厂
云南昆船瑞升科技有限公司(五华区)
云南烟草保山香料烟有限责任公司

棉、化纤纺织加工

华芳集团有限公司
东营市天信纺织有限公司
石家庄常山纺织股份有限公司
鲁泰纺织股份有限公司
山东昊龙集团有限公司

棉、化纤印染精加工

山东大海集团有限公司
浙江亚太高科股份有限公司
互太(番禺)纺织印染有限公司
浙江兴美达印染有限公司
山东龙喜集团公司

毛条加工

张家港保税区天宇毛纺有限公司
宁波龙盛毛条厂
常州市毛条厂有限公司
张家港保税区新乐毛纺织造有限公司
扎鲁特旗鑫源绒毛有限责任公司

毛纺织

江苏阳光集团有限公司
山东如意科技集团有限公司
澳洋集团有限公司
江苏鹿港科技服务有限公司
德泰(宁夏)绒业有限公司

毛染整精加工

东莞德永佳纺织制衣有限公司
巴彦淖尔市大兴羊绒制品有限公司
内蒙古浩森羊绒制品有限责任公司
普宁市丽达纺织有限公司
内蒙古恒升绒毛制品有限公司

麻纺织

咸宁市精华苎麻纺织有限公司
铜陵华源麻业有限公司
浙江振兴阿祥集团有限公司
江西恩达家纺有限公司
大竹县城北纺织有限公司

缫丝加工

鑫缘茧丝绸集团股份有限公司
江苏富安茧丝绸股份有限公司
四川省内江市松林丝绸有限责任公司
盖州市暖泉绢纺厂
四川南充六合(集团)有限责任公司

绢纺和丝织加工

浙江天圣控股集团有限公司
江苏恒源丝绸集团有限公司
浙江金鹰集团有限公司
达利(中国)有限公司
吴江福华织造有限公司

丝印染精加工

吴江市苏盛印染有限公司
南充云禾印染有限公司
吴江吴伊时装面料有限公司
佛山市南海区松岗鸿华丝绸印花有限公司
杭州喜得宝集团有限公司

棉及化纤制品制造

孚日集团股份有限公司
青岛喜盈门集团有限公司
江苏梦兰集团有限公司
龙口市黄河营纺织有限公司
山东滨州亚光毛巾有限公司

毛制品制造

江苏银玲集团公司
张家港新东旭纺织印染有限公司
绍兴昆隆毛绒制品有限公司
上海新安汽车隔音毡有限公司
高阳县亚奥毛纺有限公司

麻制品制造

上海罗莱家用纺织品有限公司
烟台新潮实业股份有限公司可利尔分公司
台儿庄区大麻纺织厂
呼伦贝尔市泰龙亚麻开发有限责任公司
息县裕鑫麻纺制品有限公司

丝制品制造

浙江佰利领带服饰有限公司
浙江巴贝领带有限公司
绍兴亨利领带时装有限公司
浙江加佳领带服装有限公司
浙江佰利领带服饰有限公司

绳、索、缆的制造

文登市新新服装辅料厂
泰州宏达绳网有限公司
江苏通海线业有限公司
莱阳市羊郡社会福利网具厂
文登市泰立制线有限公司

纺织带和帘子布制造

江苏骏马集团有限责任公司
浙江博力高能纤维材料有限公司
三鼎控股集团有限公司
江苏海阳化纤有限公司
宁波锦纶股份有限公司

无纺布制造

新乡市飘安卫材集团总公司
山东海威无纺布有限公司
文登市凤凰婷装饰布有限公司
大连瑞光非织造布集团有限公司
康那香企业(上海)有限公司

其他纺织制成品制造

江苏旷达汽车织物集团股份有限公司
亚东工业(苏州)有限公司
戈尔科技(深圳)有限公司
常州旭荣针织印染有限公司
莱州市诚信染织有限公司

棉、化纤针织品及编织品制造

江门市新会区冠华针织厂有限公司
愉悦家纺有限公司
南通海林集团有限公司
江苏 AB 集团有限责任公司
浙江宝娜斯袜业有限公司

毛针织品及编织品制造

内蒙古鄂尔多斯羊绒制品股份有限公司
汕尾市城区万盛织造厂
内蒙古爱立特纺织有限公司
内蒙古兆旺羊绒制品有限责任公司
内蒙古鹿王羊绒有限公司

丝针织品及编织品制造

绍兴县无梭纺织有限公司
浙江庆盛控股集团有限公司
汕头市鹏升内衣有限公司
普宁市成发制衣有限公司
浙江神鹰集团有限公司

其他针织品及编织品制造

山东圣豪家纺有限公司
佛山市顺德区汇兴针织厂有限公司
佛山市南海区小塘针织厂
际华三五四三针织服饰有限公司
广州海日花边有限公司

纺织服装制造

波司登股份有限公司
海澜集团有限公司
红豆集团有限公司
大杨集团有限责任公司
上海美特斯邦威服饰股份有限公司

纺织面料鞋的制造

峨眉山金威利鞋业有限公司
河南荣光鞋业有限公司
长川制靴(大连)有限公司
莆田恒昱鞋业有限公司
佛山市南海区南宝鞋厂有限公司

制帽

青岛前丰制帽有限公司
青岛岱昌制帽有限公司
南通华顶手套帽业有限公司
青海伊佳民族服饰有限公司
青岛冠亨制帽有限公司

皮革制品制造

泉州祥嘉鞋服有限公司
新百丽鞋业(深圳)有限公司
万邦(清新)鞋业有限公司
清远市广硕鞋业有限公司
康奈集团有限公司

其他皮革制品制造

上海国利汽车真皮饰件有限公司
创利皮革(扬州)有限公司
雪豹集团公司
鹏程实业有限公司
华达利家具(扬州)有限公司

毛皮鞣制加工

焦作隆丰皮草企业有限公司
尉氏县凯华皮革有限公司
焦作市恒泰皮业有限公司
德州东麦兹皮制品有限公司
孟州市伊星皮毛制品有限责任公司

毛皮服装加工

河北华斯实业集团有限公司
灯塔佟二堡裘皮皮草有限公司
宁波欧意皮毛服饰制造有限公司
浙江中辉皮草有限公司
肃宁县圣虹裘革制品有限公司

皮革鞣制加工

河南鞋城皮革制品有限公司
浙江卡森实业有限公司
石家庄市同泰皮革工业有限公司
无棣星一皮革有限公司
兴业皮革科技股份有限公司

皮革服装制造

海宁蒙努集团有限公司
惠来县葵铿皮草厂有限公司
高密美尔亚时装有限公司
辛集市森斯服饰有限责任公司
河北西曼实业集团有限公司

皮箱、包(袋)制造

祥兴(福建)箱包集团有限公司
清远市诚田皮具有限公司
江苏美迪洋皮革皮件有限公司
励泰(清远)皮具有限公司
溧阳军荣旅游用品有限公司

皮手套及皮装饰制品制造

亚美(厦门)皮件有限公司
温州奋起皮业有限公司
青岛大业运动用品有限公司
山东德信皮业有限公司
广西北海利博盛安全用品有限公司

其他毛皮制品加工

河南爱伊兰皮业有限公司
青岛美登发工艺品有限公司
青岛龙丰盛发制品有限公司
奈曼旗友弘绒毛制品有限公司
孟州市光宇皮业有限公司

羽毛(绒)加工

江苏广丰羽毛有限公司
桐城市鸿润羽绒有限责任公司
四川隆昌都英羽绒有限公司
江苏欣隆羽绒有限公司
隆昌龙鹏羽绒制造有限公司

羽毛(绒)制品加工

上海东隆羽绒制品有限公司
浙江三弘国际羽毛有限公司
杭州宇隆羽绒制品有限公司
浙江华兴羽绒制品有限公司
山东康博实业有限公司

锯材加工

日照市华大投资发展有限公司
开封市富森木业公司
满洲里三发木业有限公司
中山市大自然木业有限公司
青岛西树木业有限公司

木片加工

临颍县光大木业有限公司
营口阿达尼实业有限公司
大亚木业(茂名)有限公司
沈阳新富大木业制造有限公司
双辽市福融工贸发展有限公司

胶合板制造

鲁丽集团有限公司
中盐银港人造板有限公司
江苏胜阳木业集团有限公司
新乐市胶合板集团
沈阳市铭航木制品厂

建筑用木料及木材组件加工

大连通世泰建材有限公司
浙江绿家木业有限公司
抚松金隆木业集团有限公司
浙江永吉木业有限公司
浙江省舟山祥森木业有限公司

纤维板制造

大亚科技集团有限公司
江苏东盾木业集团有限公司
山东贺友集团有限公司
温州木材集团公司
辽宁中捷新型建筑板材有限公司

刨花板制造

沈阳辽枫人造板有限公司
大亚木业(福建)有限公司
吉林森林工业股份有限公司
邯郸市金赛博板业有限公司
四川顺达人造林制品有限公司

其他人造板、材制造

宜华企业集团有限公司
湖南福湘木业有限责任公司
沈阳龙阳木业有限公司
东宁县吉润木业有限责任公司
广东盈彬大自然木业有限公司

木容器制造

耐帆包装工程(无锡)有限公司
福建省漳平木村林产有限公司
湖北康欣木制品有限公司
高要市峤丞木制品有限公司
徐州三春宝桑拿设备有限责任公司

软木制品及其他木制品制造

福建王斌装饰材料有限公司
中山市金岛木业制品有限公司
吉林宏原实木制品有限公司
洛阳林恩木制品有限公司
冠县新瑞木业有限公司

竹、藤、棕、草制品制造

赤水市新宇竹业有限公司
安徽板桥草席集团
阳江市威能工艺制品有限公司
安徽龙华竹业有限公司
湘潭恒盾集团科技实业有限公司

木质家具制造

大连永泰隆木业有限公司
成都市双虎实业有限公司
青岛良木集团有限公司
敏华家具制造(惠州)有限公司
深圳天诚家具有限公司

竹、藤家具制造

永强户外用品(宁波)有限公司
濮阳市笑哈哈藤木家具有限公司
阳朔县华泰竹木业有限公司
江门市蓬江区振恒实业有限公司
青岛安山家具有限公司

金属家具制造

上海延锋江森座椅有限公司
汇美家具制造有限公司
佛冈县顺达家具有限公司
基胜工业(上海)有限公司
廊坊富沃德实业有限公司

塑料家具制造

江门市新会区宝利塑料家具厂
青岛立兴杨氏门窗配件有限公司
浙江圣鸿实业有限公司
厦门三德盛实业有限公司
台州市创新工贸有限公司

其他家具制造

山东凤阳集团股份有限公司
浙江顾家工艺沙发制造有限公司
万福阁家具(昆山)有限公司
成都市全友家私有限公司
华达利家具(中国)有限公司

纸浆制造

海南金海浆纸业有限公司
广东理文造纸有限公司
东莞建晖纸业有限公司
东莞理文造纸厂有限公司
湖南骏泰浆纸有限责任公司

机制纸及纸板制造

山东太阳纸业股份有限公司
华泰集团有限公司
山东(临清)银河纸业集团有限公司
山东泉林纸业有限责任公司
山东晨鸣纸业集团股份有限公司

手工纸制造

江都市东方纸品有限公司
台安县宝利纸制品厂
中国宣纸集团公司
上海爱辉纸业有限公司
临邑鑫源纸业有限公司

加工纸制造

亚龙纸制品(昆山)有限公司
恒安漯河临颍卫生用品有限公司
河南省江河纸业有限责任公司
金鑫(清远)纸业有限公司
河南一林纸业有限责任公司

纸和纸板容器的制造

浙江大胜达包装有限公司
利乐包装(北京)有限公司
山东望岛集团公司
上峰集团有限公司
恒安(中国)卫生用品有限公司

其他纸制品制造

利乐包装(昆山)有限公司
尤妮佳生活用品(中国)有限公司
重庆市维肯印务有限公司
恒安(中国)纸业有限公司
潜江市福达纸业有限公司

记录媒介的复制

乐金(杭州)记录媒体有限公司
桂林鸿瑞科技发展有限公司
江苏新广联科技股份有限公司
湛江华丽金音影碟有限公司
浙江华虹光电集团有限公司

书、报、刊印刷

鹤山雅图仕印刷有限公司
保定市中画美凯印刷有限公司
沈阳市新友印刷有限公司
威海市鲁东印刷包装有限公司
湖南新华印刷集团有限责任公司

本册印制

宁波广博纸制品有限公司
上海当纳利印刷有限公司
浙江广博集团股份有限公司
艾派集团(中国)有限公司
深圳市裕同印刷包装有限公司

包装装潢及其他印刷

成都印钞有限公司
北京印钞有限公司
黄山永佳集团有限公司
西安印钞厂
深圳劲嘉彩印集团股份有限公司

装订及其他印刷服务活动

上海印钞有限公司
东莞当纳利印刷有限公司
福建省蓝建集团公司
福州瑞华印制线路板有限公司
东莞新洲印刷有限公司

文具制造

上海中韩晨光文具制造有限公司
佛山市长兴铝业有限公司
樱花(福建)包装文具有限公司
上海中韩晨光文具制造有限公司
顺德工业(江苏)有限公司

笔的制造

上海贺利氏工业技术材料有限公司
昆山乐美文具有限公司
贝发集团股份有限公司
济南明泉笔业有限公司
安硕文教用品(上海)有限公司

教学用模型及教具制造

宁波华茂文教股份有限公司
南通海易瓶盖有限公司
宁波华茂科技股份有限公司
湖南长庆机电科技有限公司
长沙行知教学实验室设备实业有限公司

墨水、墨汁制造

汕头市美成化工有限公司
浙江大利实业有限公司
上海英杰化工有限公司
浙江大利实业有限公司
禹城市明泰油墨厂

其他文化用品制造

临沂阿里山胶粘制品有限公司
青岛尖能办公用品有限公司
无锡凤凰文化用品有限公司
江苏兴达文具集团有限公司
庆云县金诺钢制办公设备有限公司

球类制造

上海红双喜股份有限公司
南通凯旋体育用品有限公司
南京胜利体育用品实业有限公司
东莞冠贺运动器材有限公司
九江思麦博运动器材有限公司

体育器材及配件制造

泰山体育器材集团有限公司
中山广盛运动器材有限公司
明安运动器材(东莞)有限公司
江苏共创人造草坪有限公司
厦门侨兴工业有限公司

训练健身器材制造

漳州蒙发利实业有限公司
厦门钢宇工业有限公司
青岛二硕钢塑制品有限公司
大东傲胜保健器(苏州)有限公司
佛山市顺德区奥玛健身器材制造有限公司

运动防护用具制造

奇利田高尔夫用品(深圳)有限公司
东莞广德运动用品有限公司
东莞飞达鞋业有限公司
珠海市保税区黑钻运动设备有限公司
东莞巨佑体育用品有限公司

其他体育用品制造

山东环球渔具股份有限公司
威海伟建实业有限公司
荣成多美技钓具有限公司
山东霸纳斯渔具有限公司
文登三养钓具有限公司

中乐器制造

青岛利尔森乐器有限公司
霸州贝司克斯乐器有限公司
上海民族乐器一厂
商丘九龙乐器有限公司
江苏大风乐器有限公司

西乐器制造

广州珠江钢琴集团股份有限公司
北京星海钢琴集团有限公司
天津市津宝乐器有限公司
天津杰麦多乐器有限公司
河北金音乐器制造有限公司

电子乐器制造

天津雅马哈电子乐器有限公司
德升电子(深圳)有限公司
常州宏浩科技软件有限公司
青岛诚一乐器有限公司
揭西县美科电子电器厂

其他乐器及零件制造

萧山雅马哈乐器有限公司
东莞大迪音响器材有限公司
潍坊爱艺思乐器有限公司
青岛三弦乐器有限公司
浙江东方琴业有限公司(宁波东方琴业有限公司)

玩具制造

佛山市南海区华轩玩具厂
好孩子儿童用品有限公司
佛山市南海中美玩具厂
骏达(佛冈)玩具有限公司
韶关旭日国际有限公司

露天游乐场所游乐设备制造

常州侨裕旅游用品有限公司
济南巨源游乐设备制造有限公司
沈阳森木娱乐设备有限公司
郑州市万乐游艺设备有限公司
常州佳得顺炉业有限公司

游艺用品及室内游艺器材制造

浙江泰普森休闲用品有限公司
鸿富锦精密电子(烟台)有限公司
东莞乐迪卡游戏机制造厂有限公司
松冈机电(中国)有限公司
宁波三a集团有限公司

原油加工及石油制品制造

中国石油化工股份有限公司镇海炼化分公司
中国石油化工股份有限公司茂名分公司
中国石油天然气股份有限公司大连石化分公司
中国石油化工股份有限公司北京燕山分公司
中国石油天然气股份有限公司兰州石化分公司

人造原油生产

福建古杉生物柴油有限公司
桦甸市森德油页岩综合开发有限责任公司
四川古杉油脂化学有限公司
桦甸市日晖页岩油有限责任公司
大安市龙源化工燃料有限公司

炼焦

邢台旭阳焦化有限公司
河南利源焦化有限公司
神华蒙西煤化股份有限公司
山东铁雄能源煤化有限公司
内蒙古庆华集团庆华煤化有限责任公司

无机酸制造

湖北楚源高新科技股份有限公司
渑池县韶星冶炼集团有限公司
铜陵神虹化工有限责任公司
淄博建龙化工有限公司
双狮(张家港)精细化工有限公司

无机碱制造

天津大沽化工股份有限公司
唐山三友集团有限公司
太原化学工业集团有限公司
重庆宜化化工有限公司
昊华西南化工有限责任公司

无机盐制造

四川龙蟒集团有限责任公司
内蒙古双欣资源集团有限公司
河北诚信有限责任公司
广东多正化工科技有限公司
冀中能源邢台矿业集团有限责任公司

有机化学原料制造

中国石化扬子石油化工有限公司
中国石油股份有限公司吉林石化分公司
中海壳牌石油化工有限公司
上海赛科石油化工有限责任公司
扬子石化–巴斯夫有限责任公司

其他基础化学原料制造

吉化集团公司
宜昌兴发集团有限责任公司
上饶市合兴实业有限公司
液化空气(杭州)有限公司
辽阳石油化纤公司亿方工业公司

氮肥制造

湖北宜化化工股份有限公司
山东联盟化工集团有限公司
辽宁华锦化工(集团)有限责任公司(盘锦部分)
泸天化(集团)有限责任公司
山东华鲁恒升集团有限公司

磷肥制造

瓮福(集团)有限责任公司
贵州开磷集团有限责任公司
铜陵化学工业集团有限公司
云南云峰化学工业有限公司
云南弘祥化工有限公司(安宁市)
广东湛化股份有限公司

钾肥制造

青海盐湖元通钾肥有限公司
国投新疆罗布泊钾盐有限责任公司
冷湖昆湖钾肥有限责任公司
广东米高化工有限公司
青海盐湖元通钾肥有限公司

复混肥料制造

山东鲁北企业集团总公司
内蒙古阜丰生物科技有限公司
山东金正大生态工程股份有限公司
湖北新洋丰肥业有限公司
史丹利化肥有限公司

有机肥料及微生物肥料制造

山东洋丰肥业有限公司
龙口市龙丰田力宝肥料有限公司
菏泽众德肥料有限公司
内蒙古永业生物技术有限责任公司
江苏科地现代农业有限公司

其他肥料制造

文登市鸣星化工厂
济南龙庄园艺工程有限公司
美盛化肥(秦皇岛)有限公司
云南中正化学工业有限公司(晋宁县)
叶县腾达畜产品有限公司

化学农药制造

红太阳集团有限公司
镇江江南化工有限公司
山东侨昌化学有限公司
南通江山农药化工股份有限公司

沙隆达集团公司

生物化学农药及微生物农药制造

浙江升华拜克生物股份有限公司
江苏黑鹰化学工业有限公司
山东京蓬生物药业股份公司
江阴市农药二厂有限公司
河北威远生物化工股份有限公司药业三厂

涂料制造

广州立邦涂料有限公司
PPG 涂料(天津)有限公司
立邦涂料(中国)有限公司
庞贝捷涂料(昆山)有限公司
杜邦中国集团有限公司

油墨及类似产品制造

天津安光油墨厂
杭华油墨化学有限公司
柯达(厦门)数码影像有限公司
焦作懋源特种油墨制造有限公司
太阳油墨(苏州)有限公司

颜料制造

蓬莱市新光颜料化工有限公司
路明科技集团有限公司
常州龙宇颜料化学有限公司
河北精信化工集团有限公司
河南省佰利联化学股份有限公司

染料制造

浙江龙盛股份有限公司
巴斯夫应用化工有限公司
杭州帝凯化工有限公司
阿克苏诺贝尔防护涂料(苏州)有限公司
杭州吉华江东化工有限公司

密封用填料及类似品制造

光洋化学应用材料科技(昆山)有限公司
国民淀粉化学(上海)有限公司
山东东大一诺威聚氨酯有限公司
琳得科(苏州)科技有限公司
富乐(中国)粘合剂有限公司

初级形态的塑料及合成树脂制造

中国石化仪征化纤股份有限公司
亚邦化工集团有限公司
镇江奇美化工有限公司
宁波乐金甬兴化工有限公司
上海氯碱化工股份有限公司

合成橡胶制造

山东银河德普胶带有限公司
申华化学工业有限公司
淄博齐翔石油化工集团有限公司
青岛赛瑞特国际物流有限公司
南京扬子石化金浦橡胶有限公司

合成纤维单(聚合)体的制造

中国石油辽阳石化分公司
开氏集团有限公司
浙江华联三鑫石化有限公司
亚东石化(上海)有限公司
宁波三菱化学有限公司

其他合成材料制造

四川得阳特种新材料有限公司
山东一滕化工有限公司
腾龙特种树脂(厦门)有限公司
山东华泉集团有限公司
黄骅市鑫隆化工有限公司

化学试剂和助剂制造

山东金诚石化集团有限公司
潍坊弘润石化助剂有限公司
山东胜通集团股份有限公司
东辰控股集团有限公司
山东海科化工集团有限公司

专项化学用品制造

青岛丽东化工有限公司
山东华星石油化工集团有限公司
正和集团股份有限公司
江阴澄星实业集团有限公司

江苏飞翔化工股份有限公司

林产化学产品制造

广西梧州日成林产化工有限公司
荣成市林通化工有限公司
广东科茂林产化工股份有限公司
建阳市青松化工有限公司
广西梧州松脂股份有限公司

信息化学品制造

浙江昱辉阳光能源有限公司
乐金化学(南京)信息电子材料有限公司
重庆大全新能源有限公司
江苏顺大半导体发展有限公司
内蒙古晟纳吉光伏材料有限公司

环境污染处理专用药剂材料制造

科特拉(无锡)汽车环保科技有限公司
北京三聚环保新材料股份有限公司
江西西林科实业有限公司
菏泽唯一环保科技有限公司
博爱县富源实业有限责任公司

动物胶制造

滕州市制胶化工厂
南通中荣水产开发有限公司
罗赛洛(温州)明胶有限公司
湖南省金龙明胶有限公司
漯河市隆源明胶有限公司

其他专用化学产品制造

洛阳石化宏达实业总公司
内蒙古三爱富氟化工有限公司
罗门哈斯电子材料(东莞)有限公司
先导(清远)稀有金属化工有限公司
洛阳金达石化有限责任公司

肥皂及合成洗涤剂制造

广州宝洁有限公司
安利(中国)日用品有限公司
纳爱斯集团有限公司
强生(中国)有限公司
广州立白(番禺)有限公司

化妆品制造

江苏隆力奇集团有限公司
联合利华(中国)有限公司
玫琳凯(中国)化妆品有限公司
雅芳(中国)制造有限公司
资生堂丽源化妆品有限公司

口腔清洁用品制造

高露洁棕榄(中国)有限公司
好来化工(中山)有限公司
柳州两面针股份有限公司
扬州鸿轩实业有限公司
上海白猫股份有限公司

香料、香精制造

嘉兴市中华化工有限责任公司
武汉市合中生化制造有限公司
芬美意香料(中国)有限公司
国际香料(中国)有限公司
华宝食用香精香料(上海)有限公司

其他日用化学产品制造

李字实业集团有限公司
上海庄臣有限公司
江苏爱特福股份有限公司
宜都市华阳化工有限责任公司
浙江黑猫神蚊香集团有限公司

化学药品原药制造

石药集团有限公司
东北制药集团有限责任公司
沂水大地玉米开发有限公司
石药集团中润制药(内蒙古)有限公司
浙江医药股份有限公司新昌制药厂

化学药品制剂制造

扬子江药业集团有限公司
哈药集团有限公司
拜耳医药保健有限公司
华北制药集团有限责任公司

新乡县刘庄农工商联合社

中药饮片加工

山东鸿洋神水产科技有限公司
山东仙河药业有限公司
北京同仁堂健康药业股份有限公司
温县国盛怀药厂
中山市启泰中药饮片有限公司

中成药制造

天津天士力集团有限公司
太极集团重庆涪陵制药厂有限公司
云南白药集团股份有限公司(五华区
山东省东阿阿胶股份有限公司
江西汇仁药业有限公司

兽用药品制造

山东新发药业有限公司
浙江国邦药业有限公司
广东大华农动物保健品股份有限公司
江苏天成科技集团有限公司
沈阳禾丰生物技术有限公司

生物、生化制品的制造

河南财鑫集团有限责任公司
临沂山松生物制品有限公司
山东三维油脂集团股份有限公司
中牧实业股份有限公司
华兰生物工程股份有限公司

卫生材料及医药用品制造

威海威高集团有限公司
深圳致君制药有限公司
江苏省健尔康医用敷料有限公司
四川南格尔生物医学股份有限公司医用器具厂
湖南全洲医药食品物流配送有限公司

化纤浆粕制造

山东银鹰化纤有限公司
新疆银鹰工贸有限公司
河北吉藁化纤有限责任公司
张家港市锦丰轧花剥绒有限公司

甲乙(连云港)粘胶有限公司

人造纤维(纤维素纤维)制造

吉林化纤集团有限责任公司
南通醋酸纤维有限公司
宜宾丝丽雅股份有限公司
新乡白鹭化纤集团有限责任公司
山东海龙股份有限公司

锦纶纤维制造

广东新会美达锦纶股份有限公司
长乐力恒锦纶科技有限公司
南京帝斯曼东方化工有限公司
南通文凤化纤有限公司
泉州天宇化纤织造实业有限公司

涤纶纤维制造

江苏三房巷集团有限公司
浙江荣翔化纤有限公司
江苏恒力化纤有限公司
桐昆集团股份有限公司
江苏江南化纤集团有限公司

腈纶纤维制造

中国石油抚顺石油化工公司
浙江杭州湾腈纶有限公司
常熟市苏华集团有限公司
上海棰力实业发展有限公司
吉林省天雅地毯有限公司

维纶纤维制造

江苏中化纺科技有限公司
上海惠广精细化工有限公司
兰州新西部维尼纶有限公司
江苏中化纺科技有限公司
连云港富司达钓具有限公司

其他合成纤维制造

浙江富丽达纤维有限公司
绍兴诚邦化纤有限公司
浙江华海合力科技股份有限公司
浙江华峰氨纶股份有限公司

威海拓展纤维有限公司

车辆、飞机及工程机械轮胎

杭州中策橡胶有限公司

成山集团有限公司

山东西水橡胶集团有限公司

山东玲珑轮胎有限责任公司

风神轮胎股份有限公司

力车胎制造

山东东岳橡胶制品有限公司

天津市振新橡胶有限公司

天津大丰橡胶工业有限公司

广州广橡企业集团有限公司

苏州江南橡胶有限公司

轮胎翻新加工

招远市鹏泰轮胎翻新有限公司

青岛福盈达胶业有限公司

山东荣丰橡胶有限公司

青岛信希塑胶有限公司

三角(华达)轮胎复新有限公司

橡胶板、管、带的制造

信阳市平桥区奥龙集团公司

尉氏县久龙橡塑有限公司

南通海林汽车橡塑制品有限公司

蓬莱市临阁橡塑制品有限公司

南京金腾橡塑有限公司

橡胶零件制造

安徽省宁国中鼎股份有限公司

丰田合成(张家港)科技有限公司

申雅密封件有限公司

无锡特瑞堡减震器有限公司

无锡恩福油封有限公司

再生橡胶制造

南通回力橡胶有限公司

南京伟龙环保实业有限公司

焦作市中远橡胶工业有限公司

仙桃市聚兴橡胶有限公司

京东橡胶有限公司

日用及医用橡胶制品制造

山东龙口金峰皮革有限公司

石家庄鸿业塑胶制品有限公司

山东科亿达集团有限公司

郑州市翱翔医药包装有限公司

应城市恒天药业包装有限公司

橡胶靴鞋制造

内江市巨安置业有限公司

四川省资阳市征峰鞋业有限责任公司

东营红日鞋业有限公司

惠安恒茂塑胶有限公司

际华三五三七制鞋有限责任公司

其他橡胶制品制造

濮阳蔚林化工股份有限公司

龙口市橡塑胶管有限公司

耐普罗塑胶五金(深圳)有限公司

衡水中铁建工程橡胶有限责任公司

浙江权威胶粘制品有限公司

塑料薄膜制造

浙江大东南集团有限公司

浙江欧亚薄膜材料有限公司

佛山塑料集团股份有限公司

明达实业(厦门)有限公司

申达集团有限公司

塑料板、管、型材的制造

比亚迪精密制造有限公司

芜湖海螺型材科技股份有限公司

广东联塑科技实业有限公司

辽宁宏程塑料型材有限公司

内蒙古亿利化学工业有限公司

塑料丝、绳及编织品的制造

辽宁程程塑料有限公司

正定县常山塑料制品厂

石家庄市瑞定塑业有限公司

临邑县桦阳塑料工业有限公司(临邑华阳经贸

有限公司)
威海华丰塑料工业有限公司

泡沫塑料制造
宁波新桥化工有限公司
焦作飞鸿包装有限公司
台达化工(中山)有限公司
蓬莱天日聚氨酯有限公司
海啊进出口集团有限公司

塑料人造革、合成革制造
浙江无名皮塑集团有限责任公司
南亚塑胶工业(南通)有限公司
江苏双象集团有限公司
河南省艺龙塑胶有限公司
沈阳鸿祥塑胶制造有限公司

塑料包装箱及容器制造
亚普汽车部件有限公司
上海紫江企业集团股份有限公司
珠海中富实业股份有限公司
杭州顶正包材有限公司
深圳市迅宝投资发展有限公司

塑料零件制造
亚光耐普罗精密注塑(天津)有限公司
奔泰电子机电设备(青岛)有限公司
旭荣电子(深圳)有限公司
闳晖科技(苏州)有限公司
LG 化学(广州)工程塑料有限公司

塑料鞋制造
东莞裕元制造厂
莆田新飞天鞋业有限公司
莆田市涵江区章圣鞋业有限公司
东莞兴昂鞋业有限公司
广东顺风实业有限公司

日用塑料杂品制造
M 中国有限公司
宁波利时塑胶有限公司
新亚控股集团有限公司

高露洁三笑有限公司
林德信(清新)五金塑胶制品有限公司

其他塑料制品制造
贝尔罗斯(广州)电子部件有限公司
成都汇利包装实业有限公司
天津塑力集团超高压电缆有限公司
广州宏信塑胶工业有限公司
湖南五强产业集团股份有限公司

水泥制造
吉林亚泰(集团)股份有限公司
唐山冀东水泥股份有限公司
山东新沂州水泥集团有限公司
河北曲寨集团有限公司
山东山水水泥集团有限公司

石灰和石膏制造
井陉县下安联合总公司
新余新钢实业公司
沈阳东北大学冶金技术研究所有限公司
井陉县上安西南山灰粉厂
井陉县上安东南山石灰厂

水泥制品制造
上海建工材料工程有限公司
辽宁新新集团建筑材料有限公司
上海城建物资有限公司
贵州中铁路桥工程有限公司
中铁二十三局集团养马河工程有限公司

砼结构构件制造
江苏建华管桩有限公司
北京中铁房山桥梁有限公司
赤峰九天建化集团
中港第四航务工程局新会分公司
江苏汤始建华管桩有限公司

石棉水泥制品制造
河南双龙建材有限公司
沈阳茨榆坨鑫盛建材有限公司
新郑市顺喜机制瓦厂

江西省大华管桩有限公司
河南建喜建筑材料有限公司

轻质建筑材料制造

天津天筑建材有限公司
山东龙新建材股份有限公司
浙江汉德邦建材有限公司
重庆江北特种建材有限公司
山东天玉建材有限公司

其他水泥制品制造

宁波明峰建材股份有限公司
佛山市顺德区鸿业水泥制品有限公司
南部县陵江商品混凝土有限公司
河北省吴桥天马纤维水泥制品有限公司
四川路通建筑机械有限公司

粘土砖瓦及建筑砌块制造

郑州中牟良诚建材有限公司
华容县塔市建材厂
文登市口子建材厂
郑州市宏鑫建材有限公司
肥城富源建材有限公司

建筑陶瓷制品制造

杭州诺贝尔集团有限公司
广东博德精工建材有限公司
湖南兆邦陶瓷有限公司
佛山市三水惠万家陶瓷有限公司
广东博华陶瓷有限公司

建筑用石加工

文登市华岩石材有限公司
岑溪市岑城镇花岗岩板材厂
沈阳精品石材市场有限责任公司
环球石材(东莞)有限公司
浑源县花岗岩管理委员会

防水建筑材料制造

山东东海塑胶有限公司
山东山泰集团
肥城市泰山涂塑帆布有限公司

日照大地彩涂板有限公司
东平金马帘子布有限责任公司

隔热和隔音材料制造

西安万凯工贸有限公司咸阳绿得新型建材厂
青岛大道隔热材料有限公司
华南建材(深圳)有限公司
北京豪特耐管道设备有限公司
亨特道格拉斯工业(中国)有限公司

其他建筑材料制造

威海市东海建筑机械有限公司
雅致集成房屋股份有限公司福州分公司
成都建丰饰材有限公司
上海江河幕墙系统工程有限公司
沈阳舞龙复合材料制品有限公司

平板玻璃制造

江苏华尔润集团
金晶(集团)有限公司
山东蓝星玻璃(集团)有限公司
中国洛阳浮法玻璃集团有限责任公司
台玻长江玻璃有限公司

技术玻璃制品制造

光宇集团有限公司
北京江河幕墙股份有限公司
四川国栋建设集团有限公司
上海远大铝业工程有限公司
信义汽车玻璃(深圳)有限公司

光学玻璃制造

蓬莱大庆电子装配有限公司
伯恩光学(深圳)有限公司
山东力诺瑞特新能源有限公司
成都光明光电股份有限公司
蓬莱市远东光学元件有限公司

玻璃仪器制造

山东省药用玻璃股份有限公司
武汉力诺股份濮阳公司
濮阳北方玻璃制品有限公司

济南力诺玻璃制品有限公司
江苏世泰实验器材有限公司

日用玻璃制品及玻璃包装容器制造

武汉力诺太阳能股份有限公司中原公司
宝鸡市育才玻璃(集团)有限公司
扬州美瑞华工艺礼品有限公司
佛山华兴玻璃有限公司
广东华兴玻璃有限公司

玻璃保温容器制造

南昌市五江保温瓶实业有限公司
北京鹿牌都市生活用品有限公司
顺帆家庭用品(南通)有限公司
淄博耀川玻璃制品有限公司
凤阳金星实业有限公司

玻璃纤维及制品制造

巨石集团有限公司
重庆国际复合材料有限公司
四川威玻新材料集团有限公司
建滔(连州)玻璃纤维有限公司
山东三玉集团有限公司

玻璃纤维增强塑料制品制造

连云港中复连众复合材料集团有限公司
百兴集团有限公司
营口市万通耐特玻璃钢有限公司
沁阳市永威装饰材料有限公司
中材科技风电叶片股份有限公司

其他玻璃制品制造

濮阳市华峰塑玻制品有限公司
深圳莱宝高科技股份有限公司
南京电气(集团)有限公司
佛山市汤姆斯玻璃金属制品有限公司
烟台玛努尔高温合金有限公司

卫生陶瓷制品制造

唐山惠达陶瓷(集团)股份有限公司
佛山市禅城区中冠浴室设备厂
东陶(上海)有限公司
佛山市高明安华陶瓷洁具有限公司
新乐卫浴(佛山)有限公司

特种陶瓷制品制造

山东金麒麟集团有限公司
山东鲁阳股份有限公司
清新县石坎镇同福电瓷厂
信益陶瓷蓬莱有限公司
迪尔工业(日照)有限公司

日用陶瓷制品制造

佛山高明顺成陶瓷有限公司
佛山市南海新亚陶瓷有限公司
广西三环企业集团股份有限公司
景德镇金意陶陶瓷有限公司
湖南华联瓷业股份有限公司

园林、陈设艺术及其他陶瓷制品制造

福建省德化县佳美工艺品有限责任公司
唐山市亚利陶瓷有限公司
广东长城集团有限公司
佛山市顺德区金铨刚陶瓷材料有限公司
骏马瓷业有限公司

石棉制品制造

井陉金柱实业总公司
多伦县立高保温材料有限公司
扶余县隆源瓦业有限公司
青岛东方耐火材料有限公司
博爱县青天河保温材料厂

云母制品制造

灵寿县科汇云母有限公司
江苏冰城电材股份有限公司
中国非金属矿工业进出口公司灵寿云母厂
行唐县秦台矿业加工厂
岳阳县鼎诚电工材料有限公司

耐火陶瓷制品及其他耐火材料制造

营口青花耐火材料股份有限公司
海城市后英经贸集团有限公司
河南省耕生耐火材料有限公司

北京利尔高温材料股份有限公司
濮阳濮耐高温材料有限公司

遵义市红花岗区坪桥工业有限责任公司
明拓集团有限公司

石墨及碳素制品制造

河南省西保冶材集团有限公司
济宁碳素工业总公司
河南飞孟金刚石工业有限公司
中钢集团吉林炭素股份有限公司
内蒙古霍煤通顺碳素有限责任公司

镍钴冶炼

金川集团有限公司
吉林昊融有色金属集团有限公司
新疆有色金属工业公司阜康市冶炼厂
兰州金川金属材料技术有限公司
浙江嘉利珂钴镍材料有限公司

其他非金属矿物制品制造

河南黄河实业集团股份有限公司
天津荣程祥矿产有限公司
安泰科技股份有限公司
河南华晶超硬材料股份有限公司
大连道氏硅业有限公司

金属结构制造

精功集团有限公司
江苏沪宁钢机股份有限公司
安徽鸿路钢结构(集团)有限公司
唐山市丰南区新利达钢管有限公司
唐山友发钢管制造有限公司

炼铁

华盛江泉集团有限公司
新兴铸管股份有限公司
本溪北营钢铁(集团)股份有限公司
邯钢集团邯宝钢铁有限公司
宝钢集团新疆八一钢铁有限公司

金属门窗制造

沈阳远大铝业集团有限公司
辽宁东林瑞那斯股份有限公司
步阳集团有限公司
石家庄文生门窗装饰有限公司
星月集团有限公司

炼钢

武汉钢铁(集团)公司
唐山钢铁股份有限公司
崇利制钢有限公司
天津荣程联合钢铁集团有限公司
天津钢铁有限公司

切削工具制造

江苏天工集团有限公司
株洲钻石切削刀具股份有限公司
山东三山集团有限公司
杭州杭工工具实业有限公司
上海工具厂有限公司

钢压延加工

宝山钢铁股份有限公司
江苏沙钢集团有限公司
鞍山钢铁集团公司
太原钢铁(集团)有限公司
莱芜钢铁集团有限公司

手工具制造

临沂文春工贸有限公司
文登威力工具集团有限公司
四川省大竹工具有限公司
青岛地恩地机电科技股份有限公司胶州分公司
史丹利(中山)工具有限公司

铁合金冶炼

鄂尔多斯电力冶金股份有限公司
江南实业集团有限公司
内蒙古华业特钢股份有限公司

农用及园林用金属工具制造

山东耀昌球团有限公司
阳东金恒实业有限公司
永康市中坚工具制造有限公司

石家庄连达农业机械有限公司
浙江超越实业有限公司

刀剪及类似日用金属工具制造

上海双立人亨克斯有限公司
上海吉列有限公司
文登大星金属制品有限公司
江苏金鹿集团有限公司
佛山市三水日美五金制品有限公司

其他金属工具制造

上海新朋金属制品有限公司
吉田拉链(深圳)有限公司
岑溪市泰丰金属制品有限公司
广州翔骏金属有限公司
文登现代研磨材料有限公司

集装箱制造

江苏新华昌集团有限公司
东方国际集装箱(锦州)有限公司
广东新会中集特种运输设备有限公司
扬州润扬物流装备有限公司
惠州太平货柜有限公司

金属压力容器制造

北京天海工业有限公司
沈阳辽冶重工机械制造有限公司
广东盈泉钢制品有限公司
福建鼎盛五金制品有限公司
山东环日集团有限公司

金属包装容器制造

攀枝花钢城集团恒升包装有限公司
杭州中粮包装有限公司
飞鹰集团有限公司
波尔亚太(深圳)金属容器有限公司
升兴(福建)集团有限公司

金属丝绳及其制品的制造

法尔胜集团公司
江苏兴达钢帘线股份有限公司
湖北福星科技股份有限公司
天津高力预一预应力钢绞线有限公司
浙江元立金属制品集团有限公司

建筑、家具用金属配件制造

常州岩松金属制品有限公司
佛山市承安铜业有限公司
本田制锁(广东)有限公司
浙江中立集团有限公司
烟台三环锁业集团有限公司

建筑装饰及水暖管道零件制造

华油钢管有限公司
河北中原钢管制造有限公司
路达(厦门)工业有限公司
济南玫德铸造有限公司
吉林省昊宇石化电力设备制造有限公司

安全、消防用金属制品制造

蓬莱市水玲砝码厂
河北虎牌集团柜业有限公司
福建白沙消防工贸有限公司
上海迪堡安防设备有限公司
江西阳光安全设备有限公司

其他建筑、安全用金属制品制造

广东顺德浦项钢板有限公司
张家港市新港星科技有限公司
日照铸福实业有限公司
铁岭市恒安建筑工程有限公司
清新县龙颈镇兴隆建筑器材厂

金属表面处理及热处理加工

江苏国强镀锌实业有限公司
常州常松金属复合材料有限公司
山东远大板业科技有限公司
山东科瑞钢板有限公司
浙江华达钢业有限公司

工业生产配套用搪瓷制品制造

佛山市顺德区富信家电配件制造有限公司
江苏扬阳化工设备制造有限公司
三河巨阳节能设备有限公司

常州市化工设备有限公司
章丘市六和搪瓷配件厂

搪瓷卫生洁具制造

石家庄正中搪瓷有限公司
捷安特(天津)有限公司
阿波罗(中国)有限公司
佛山市歌纳洁具制品有限公司
佛山市雅斯顿洁具有限公司

搪瓷日用品及其他搪瓷制品制造

湖南五江轻化集团有限公司
淄博昌顺化工设备厂
四川新象瓷业有限责任公司
佛山市三水加美实业有限公司
河南金丹搪瓷有限公司

金属制厨房调理及卫生器具制造

烟台东方不锈钢工业有限公司
江门市日新不锈钢材料厂有限公司
佛山市潮兴发不锈钢有限公司
佛山市顺德区天河实业有限公司
广东雅洁五金有限公司

金属制厨用器皿及餐具制造

浙江爱仕达电器股份有限公司
山东丽鹏股份有限公司
苏泊尔集团有限公司
深圳成霖洁具股份有限公司
武汉苏泊尔炊具有限公司

其他日用金属制品制造

佛山市南海艺华不锈钢铝业有限公司
佛山市南海新亚铝业不锈钢有限公司
东莞市坚朗五金制品有限公司
安徽浙泰不锈钢有限责任公司
浙江东明不锈钢制品股份有限公司

铸币及贵金属制实验室用品制造

深圳国宝造币有限公司
上海造币厂一分厂
湖北博世达科技发展有限公司

东莞市上明纽扣有限公司
大庆同拓瑞尔防腐科技有限公司

其他未列明的金属制品制造

天津大桥焊材集团有限公司
展运(上海)电子有限公司
天津市西青区龙鹏焊接材料厂
广东精达里亚特种漆包线有限公司
四川大西洋焊接材料股份有限公司

锅炉及辅助设备制造

华西能源工业股份有限公司
哈尔滨锅炉厂有限责任公司
上海锅炉厂有限公司
无锡华光锅炉股份有限公司
济南锅炉集团股份有限公司

内燃机及配件制造

神龙汽车有限公司襄樊工厂
江苏林海动力机械集团公司
上海柴油机股份有限公司
中国重汽集团杭州发动机有限公司
常柴股份有限公司

汽轮机及辅机制造

东方电气集团东汽投资发展有限公司
杭州汽轮机股份有限公司
上海汽轮机有限公司
哈尔滨汽轮机厂有限责任公司
南京汽轮电机(集团)有限责任公司

水轮机及辅机制造

上海福伊特西门子水电设备有限公司
沈阳格泰水电设备有限公司
宜宾富源发电设备有限公司
重庆水轮机厂有限责任公司
柳州市久源水轮机有限责任公司

其他原动机制造

维斯塔斯风力技术(中国)有限公司
无锡润奥动力机械实业有限公司
天津东汽风电叶片工程有限公司

浙江华仪风能开发有限公司
新华控制工程有限公司

金属切削机床制造

沈阳机床(集团)有限责任公司
大连机床集团有限责任公司
秦川机床工具集团有限公司
齐齐哈尔二机床(集团)有限责任公司
齐重数控装备股份有限公司

金属成形机床制造

天津市天锻压力机有限公司
合肥锻压集团
重庆江东机械有限责任公司
天水锻压机床有限公司
宝鸡机床集团有限公司

铸造机械制造

安庆市环新集团有限公司
徐州市福达机械制造有限公司
诸城市贝斯特工贸有限公司
佛山市富雄铸造厂有限公司
巩义市信达液压机械有限公司

金属切割及焊接设备制造

唐山开元自动焊接装备有限公司
自贡市东安金厦电站设备制造有限公司
深圳市佳士科技发展有限公司
沈阳大陆激光成套设备有限公司
唐山鸿鹏焊业有限公司

机床附件制造

烟台海德机床有限公司
山东威达机械股份有限公司
福州市盖山机床厂
无锡徐氏数控功能部件有限公司
呼和浩特众环机床集团有限责任公司

其他金属加工机械制造

成都铁公鸡钢筋加工有限公司
广东精艺金属股份有限公司
四平市远大重型机器厂

郑州大方桥梁机械有限公司
山东博远物流发展有限公司

起重运输设备制造

徐州工程机械集团有限公司
上海振华港口机械(集团)股份有限公司
奥的斯电梯(中国)投资有限公司
上海三菱电梯有限公司
日立电梯(中国)有限公司

泵及真空设备制造

辽宁太克液压机械集团有限公司
佛山安德里茨技术有限公司
上海凯泉泵业(集团)有限公司
上海电力修造总厂有限公司
石家庄工业泵厂有限公司

气体压缩机械制造

上海日立电器有限公司
松下·万宝(广州)压缩机有限公司
开山集团
青岛捷能汽轮机股份有限公司
阿特拉斯科普柯(无锡)压缩机有限公司

阀门和旋塞的制造

苏州纽威阀门有限公司
福建省辉煌水暖集团有限公司
郑州高压阀门厂
华夏阀门有限公司
开封高压阀门有限公司

液压和气压动力机械及元件制造

胜利油田胜利动力机械有限公司
济南二机床集团有限公司
河南千里机械有限公司
青岛雷沃工厂
山东华兴机械股份有限公司

轴承制造

洛阳 LYC 轴承有限公司
瓦房店轴承集团有限责任公司
舍弗勒(中国)有限公司

佛山市顺德区富日交通机械有限公司
广东富华工程机械制造有限公司

瑞能北方风电设备有限公司
广东日立工机有限公司

齿轮、传动和驱动部件制造
杭州前进齿轮箱集团股份有限公司
南京高速齿轮制造有限公司
重庆青山工业有限责任公司
力士(徐州)回转支承有限公司
西门子机械传动(天津)有限公司

喷枪及类似器具制造
青岛三利集团有限公司
诺信(中国)有限公司
宁波李氏实业有限公司
上海广成涂装技术工程有限公司
苏州黑猫(集团)有限公司

风机、衡器、包装设备等通用设备制造
北京神雾热能技术有限公司
佛山市顺德区华艺五金电器有限公司
古河奇宏电子(苏州)有限公司
上海汉虹精密机械有限公司
应达工业(上海)有限公司

包装专用设备制造
湖北京山轻工机械股份有限公司
青岛华池包装机械有限公司
佛山市顺德区锐新机械设备有限公司
广州达意隆包装机械股份有限公司
山东滨鹰包装机械(集团)有限公司

风机、风扇制造
沈阳鼓风机集团有限公司
陕西鼓风机(集团)有限公司
通用电气能源(沈阳)有限公司
苏州美恩超导有限公司
苏州聚力电机有限公司

衡器制造
梅特勒-托利多(常州)称重系统设备有限公司
梅特勒-托利多(常州)测量技术有限公司
梅特勒-托利多(常州)精密仪器有限公司
江苏赛摩集团有限公司
中山市金叶衡器有限公司

气体、液体分离及纯净设备制造
杭州杭氧股份有限公司
四川空分设备(集团)有限责任公司
杭州鼎胜实业集团有限公司
开封赛普空分有限公司
江苏苏净集团有限公司

其他通用设备制造
重庆齿轮箱有限责任公司
江苏泰隆减速机股份有限公司
SEW-传动设备(天津)有限公司
江阴德玛斯特钻具有限公司
泰星减速机股份有限公司

制冷、空调设备制造
大连冰山集团有限公司
盾安集团有限公司
青岛马士基集装箱工业有限公司
上海三电贝洱汽车空调有限公司
伟世通汽车空调(北京)有限公司

金属密封件制造
蓬莱市石化配件有限公司
烟台胜地汽车零部件制造有限公司
诸城市义和车桥有限公司
和光(烟台)金属制品有限公司
山东联诚集团有限公司

风动和电动工具制造
牧田(昆山)有限公司
武汉凯迪电力股份有限公司
博世电动工具(中国)有限公司

紧固件、弹簧制造
晋亿实业股份有限公司
苏州胜利精密制造科技股份有限公司
常熟市标准件厂

山东省文登市双力板簧(集团)有限公司
宁津县机械弹簧厂

机械零部件加工及设备修理

安徽应流铸业有限公司
沈阳亿环佳机械有限公司
沈阳鑫源利机械有限公司
辽宁天久信息科技产业有限公司
陕西延长石油材料有限责任公司

其他通用零部件制造

三花控股集团有限公司
四川腾中重工机械有限公司
佛山市顺德区富雄机械制造有限公司
润盈达电子实业有限公司
江苏力星钢球股份有限公司

钢铁铸件制造

天津市天重江天重工有限公司
黄石新兴管业有限公司
沈阳机床银丰铸造有限公司
河南中原特殊钢集团有限公司
佛冈县腾辉冶炼厂

锻件及粉末冶金制品制造

山东墨龙石油机械股份有限公司
齐鲁特钢有限公司
信义集团公司
山东龙口兴民车轮有限公司
武汉重工铸锻有限责任公司

采矿、采石设备制造

沈阳矿山机械集团设备制造有限公司
中信重工机械股份有限公司
太原重型机械集团有限公司
郑州煤矿机械集团有限责任公司
中煤张家口煤矿机械有限责任公司

石油钻采专用设备制造

中国石油集团渤海石油装备制造有限公司
宝鸡石油机械有限责任公司
中油辽河宝石石油装备有限公司
四川宏华石油设备有限公司
兰州兰石集团有限公司

建筑工程用机械制造

长沙中联重工科技发展股份有限公司
三一集团有限公司
广西柳工机械股份有限公司
山推工程机械股份有限公司
厦门厦工机械股份有限公司

建筑材料生产专用机械制造

江苏省恒远机械制造有限公司
天津中天仕名科技集团有限公司
合肥中亚建材装备有限责任公司
郑州三和水工机械有限公司
唐山盾石机械制造有限责任公司

冶金专用设备制造

大连华锐重工特种备件制造有限公司
中国第二重型机械集团公司
中国第一重型机械(集团)有限责任公司
上海重型机器厂有限公司
中钢集团邢台机械轧辊有限公司

炼油、化工生产专用设备制造

哈尔滨空调股份有限公司
上海宝世威石油钢管制造有限公司
浙江嘉兴中达集团有限责任公司
张家港市化工机械有限公司
达力普石油专用管有限公司
锦西化工机械(集团)有限责任公司

橡胶加工专用设备制造

四川亚西橡塑机器有限公司
益阳橡胶塑料机械集团有限公司
天津赛象科技股份有限公司
桂林橡胶机械厂
大连华韩橡塑机械有限公司

塑料加工专用设备制造

宁波海天塑机集团有限公司
佛山市顺德区震德塑料机械有限公司

莱州市发达铸造材料有限公司
海阳远丰粉末设备有限公司
广东伊之密精密机械有限公司

木材加工机械制造

乳山市工力木工有限公司
吉林省恒业工程机械有限公司
临颍县木工机械厂
山东百圣源集团有限公司
上海人造板机器厂有限公司

模具制造

昆山乙盛机械工业有限公司
河源龙记金属制品有限公司
上海赛科利汽车模具技术应用有限公司
鸿准精密模具(昆山)有限公司
广东圣都模具股份有限公司

其他非金属加工专用设备制造

湖南加清环保设备有限公司
广东佳明机器有限公司
莱州山发石材机械有限公司
淄博田家机械厂
中天仕名(淄博)重型机械有限公司

食品、饮料、烟草工业专用设备制造

上海烟草机械有限责任公司
常德烟草机械有限责任公司
新乡市亚特兰食品有限责任公司
内蒙古九强机械有限公司
秦皇岛烟草机械有限责任公司

农副食品加工专用设备制造

江苏正昌集团有限公司
山东福临机械制造有限公司
江苏晶谷米机有限公司
开封市茂盛粮食机械有限公司
山东万兴集团有限公司

饲料生产专用设备制造

新泰市时星粮油饲料机械厂
辽宁北方饲料机械工程有限公司
齐齐哈尔市北方牧业机械一厂
淄博汇德饲料机械有限公司
新兴县科联机械有限公司

制浆和造纸专用设备制造

美卓造纸机械(中国)有限公司
沁阳市造纸设备厂
温县青峰机械有限公司
焦作市崇义轻工机械有限公司
济南金拓亨机械制造有限责任公司

印刷专用设备制造

辽宁中野科技实业发展有限公司
青岛美光机械有限公司
上海高斯印刷设备有限公司
北人印刷机械股份有限公司
上海光华印刷机械有限公司

日用化工专用设备制造

江阴市华英成套设备有限公司
通用信号(中国)有限公司
青岛海之诚化工有限公司
南京国昌化工科技有限
大连华阳-恩赛有限公司

照明器具生产专用设备制造

四川柏狮光电技术有限公司
吉林省金奥矿业设备有限公司
德阳市恒达灯具制造有限公司
上海正贝照明电器有限公司
法格赫照明(苏州)有限公司

玻璃、陶瓷和搪瓷制品生产专用设备制造

广东科达机电股份有限公司
天华化工机械及自动化研究设计院
烟台市风机厂
山东三金玻璃机械股份有限公司
上海北玻玻璃技术工业有限公司

其他日用品生产专用设备制造

成都彩虹电器(集团)股份有限公司
安培威机械制造(上海)有限公司

巩义市远东机械制造有限公司
法麦凯尼柯机械(上海)有限公司
郑州市中州型煤机械厂

纺织专用设备制造

东飞马佐里纺机有限公司
经纬纺织机械股份有限公司
郑州纺织机械股份有限公司
青岛宏大纺织机械有限公司
宁波市裕人针织机械有限公司

皮革、毛皮及其制品加工专用设备制造

佛山高明伟大机械有限公司
福建冠兴皮革有限公司
嘉兴大钰机械有限公司
六安三希皮革制品有限公司
福建冠兴皮革有限公司

缝纫机械制造

浙江美机缝纫机有限公司
宝石控股(集团)有限公司
珠海兄弟工业有限公司
西安标准工业股份有限公司
杰克控股集团有限公司

其他服装加工专用设备制造

文登市光辉制针有限公司
上海中日家用电器有限公司
三河市汇洁洗涤设备有限公司
宁津县恒信机械有限公司
邹平县通达纺织有限公司

拖拉机制造

中国一拖集团有限公司
四川东风四通车辆制造有限公司
福田雷沃国际重工股份有限公司潍坊车辆厂
云南力帆骏马车辆有限公司拖拉机装配厂
约翰·迪尔天拖有限公司

机械化农业及园艺机具制造

福田雷沃国际重工股份有限公司潍坊农业装备事业部
洛阳一拖东方实业有限公司
江苏东洋插秧机有限公司
郑州中联收获机械有限公司
约翰·迪尔佳联收获机械有限公司

营林及木竹采伐机械制造

临沂市森工机械厂
青岛千川木业设备有限公司
内蒙古赤峰天山农牧业机械有限责任公司
溧阳市平陵林机有限公司
青岛弘元基实业有限公司

畜牧机械制造

高唐双龙养殖设备有限公司
乾地农牧机械(大连)有限公司
青岛大牧人机械有限公司
利拉伐(上海)乳业机械有限公司
石家庄万通机械制造有限公司

渔业机械制造

佛山市顺德区永安丝印器材有限公司
文登泰兴渔具有限公司
蓬莱贝雷格尼海洋工程设备有限公司
荣成市成华机械制造有限公司
威海汉阳钓具有限公司

农林牧渔机械配件制造

久保田农业机械(苏州)有限公司
开封宏达拨叉集团有限公司
山东顺达机械有限公司
山东遨游汽车部件有限公司
开封千里车轮有限公司

其他农林牧渔业机械制造及机械修理

山东时风(集团)有限责任公司
山东五征集团有限公司
青州市南阳工商贸易总公司
扶沟县力神机械有限公司
溧水县大金山农用车制造有限公司

医疗诊断、监护及治疗设备制造

深圳迈瑞生物医疗电子股份有限公司

航卫通用电气医疗系统有限公司
新乡市宇安医用卫生材料有限公司
沈阳东软医疗系统有限公司
北京万东医疗装备股份有限公司
北京金菩嘉医疗科技有限公司
中山荣南机械工业有限公司
山东银江医疗科技有限公司
佛山市东方医疗设备厂有限公司

口腔科用设备及器具制造

信利仪器(汕尾)有限公司
福建梅生医疗科技股份有限公司
咸阳西北医疗器械集团有限公司
淄博威斯特齿科器械有限公司
佛山市雅博士医疗设备有限公司

实验室及医用消毒设备和器具的制造

山东新华医疗器械集团
青岛颐中生物工程有限公司
沈阳科友真空技术有限公司
强生(中国)医疗器材有限公司
成都润兴消毒药业有限公司

医疗、外科及兽医用器械制造

山东淄博医用器材有限公司
上海西门子医疗器械有限公司
四川科伦药业股份有限公司
欧姆龙(大连)有限公司
徐州富山医疗制品有限公司

机械治疗及病房护理设备制造

中山厚福应用技术有限公司
青岛健特医疗器械有限公司
伟康医疗产品(深圳)有限公司
新乡市驼人器械有限公司
天津喜来健医疗器械有限公司

假肢、人工器官及植(介)入器械制造

瑞声达听力技术(中国)有限公司
微创医疗器械(上海)有限公司
乐普(北京)医疗器械股份有限公司
惠州安东五金塑胶电子有限公司
北京威联德骨科技术有限公司

其他医疗设备及器械制造

北京源德生物医学工程有限公司

环境污染防治专用设备制造

江苏华宏实业集团有限公司
天洁集团有限公司
福建龙净环保股份有限公司
武汉凯迪电力环保有限公司
菲达集团有限公司

地质勘查专用设备制造

西安市普瑞森科技有限公司
连云港黄海机械厂有限公司
保定宏业石油物探机械制造有限责任公司
浙江杭钻机械制造股份有限公司
张家口中地装备探矿工程机械有限公司

邮政专用机械及器材制造

宁海县大唐邮电设备有限公司
北京鸿安达邮政机械有限公司
上海邮政通用技术设备公司
康沃益(上海)物流设备有限公司
贵阳普天物流技术股份有限公司

商业、饮食、服务业专用设备制造

北京长吉加油设备有限公司
北京三盈联合石油技术有限公司
江苏海狮机械集团有限公司
合肥南亚桑拿浴设备有限责任公司
南京大金马实业总公司

社会公共安全设备及器材制造

同方威视技术股份有限公司
博世(珠海)安保系统有限公司
浙江金盾控股集团有限公司
集保控制设备有限公司
南京高灵(集团)公司

交通安全及管制专用设备制造

紫光捷通科技股份有限公司

安徽皖通科技股份有限公司
合肥工大高科信息技术有限责任公司
沈阳清林机械厂
上海新益交通设施器材厂

水资源专用机械制造

河南省商城县禹王水工机械有限责任公司
江苏天雨环保集团有限公司
青岛三利集团有限公司
青岛三利中德美水设备有限公司
上海汉华水处理工程有限公司

其他专用设备制造

北京电力设备总厂
郑州宇通重工有限公司
上海 ABB 工程有限公司
上海电气核电设备有限公司
辻产业重机(江苏)有限公司

铁路机车车辆及动车组制造

南车株洲电力机车有限公司
南车四方机车车辆股份有限公司
中国北车集团大连机车车辆有限公司
青岛四方-庞巴迪-鲍尔铁路运输设备有限公司
齐齐哈尔市轨道交通装备有限责任公司

工矿有轨专用车辆制造

湘电重型装备股份有限公司
湖南双马电气有限公司
湘潭恒安牵引电机电器有限公司
鹤壁市兴华工矿铸业有限公司
山西永恒机械制造有限公司

铁路机车车辆配件制造

常州轨道车辆牵引传动工程技术研究中心
今创集团有限公司
大连东芝机车电气设备有限公司
克诺尔车辆设备(苏州)有限公司
株洲南车电机股份有限公司

铁路专用设备及器材、配件制造

中铁山桥集团有限公司
中铁宝桥股份有限公司
中铁昆明大型养路机械集团有限公司(官渡区)
中铁科工集团有限公司
北京铁路信号工厂

其他铁路设备制造及设备修理

沈阳机车车辆有限责任公司
青岛鲁纺技术开发公司
太原轨道交通装备有限责任公司
南车成都机车车辆有限公司
襄樊金鹰轨道车辆有限责任公司

汽车整车制造

中国第一汽车集团公司(母公司)
上海通用汽车有限公司
东风汽车有限公司东风日产乘用车公司
中国重型汽车集团有限公司
北汽福田汽车股份有限公司

改装汽车制造

深圳市比亚迪汽车有限公司
资阳市南骏汽车有限责任公司
金龙联合汽车工业(苏州)有限公司
山东临清迅力机械集团
南京晨光集团有限责任公司

电车制造

湖南南车时代电动汽车股份有限公司
上海东裕电动车有限公司
珠海亿威电动产业股份有限公司
上海绿亮电动车有限公司
徐州平安人家电动车制造有限公司

汽车车身、挂车的制造

扬州中集通华专用车有限公司
湖南同心实业有限责任公司
诸城市洋晨机械制造有限公司
中集车辆(辽宁)有限公司
深圳中集专用车有限公司

汽车零部件及配件制造

万向集团公司

富奥汽车零部件股份有限公司
北京现代摩比斯汽车零部件有限公司
上海汇众汽车制造有限公司
陕西法士特汽车传动集团公司

汽车修理

北京市汽车修理公司
温州之星汽车有限公司
温州好德宝汽车服务有限公司
哈尔滨华通丰田汽车服务有限公司
兰州赛弛丰田汽车销售服务有限公司

摩托车整车制造

江门市大长江集团有限公司
重庆银钢科技集团有限公司
重庆隆鑫机车有限公司
江门市豪爵精密机械有限公司
增城市奔马实业有限公司

摩托车零部件及配件制造

万丰奥特控股集团有限公司
重庆渝安弹簧制造有限公司
泰兴市汇源电器有限公司
隆鑫工业有限公司
广州昭和汽车零部件有限公司

脚踏自行车及残疾人座车制造

永祺(常州)车业有限公司
常州普利司通自行车有限公司
杭州钱鸿实业集团有限公司
天津泰美自行车有限公司
金山开发建设股份有限公司

助动自行车制造

江苏新日电动车股份有限公司
山东英克莱集团有限公司
浙江绿源电动车有限公司
江苏雅迪科技发展有限公司
天津新日机电有限公司

金属船舶制造

大连船舶重工集团有限公司
江苏新时代造船有限公司
上海外高桥造船有限公司
江苏扬子江船厂有限公司
沪东中华造船(集团)有限公司

非金属船舶制造

沈阳德信无限科技有限公司
宁波新乐造船有限公司
湖南太阳鸟游艇股份有限公司
显利(珠海)造船有限公司
湖南金瀚船艇制造有限公司

娱乐船和运动船的建造和修理

中山华斯曼利设备制造有限公司
简阳市飞舟船厂
威海新正游艇制造有限公司
漳州神舟造船工业有限公司
欧伦(大连)船业有限公司

船用配套设备制造

武汉船用机械有限责任公司
大连船用柴油机有限公司
海洋石油工程(青岛)有限公司
江苏省江阴经济开发区靖江园区博泰船务有限公司
南京淳天科技发展集团

船舶修理及拆船

中远船务工程集团有限公司
中船澄西船舶修造有限公司
大连中远船务工程有限公司
拆船钢铁有限公司
友联船厂(蛇口)有限公司

航标器材及其他浮动装置的制造

南通中远船舶钢结构有限公司
无锡兴泰船舶装备有限公司
无锡市华星船舶设备有限公司
南京发达铁路预应力设备有限公司
高碑店市海顺船舶配件有限公司

潜水及水下救捞装备制造

南京贝特环保通用设备制造有限公司

无锡华洋潜水器材设备有限公司
淄博干式真空泵有限公司
南京蓝海户外用品公司
泳达实业(河源)有限公司

交通管理用金属标志及设施制造

四川蓝灵(集团)有限责任公司
明尼苏达矿业制造膜结构(上海)有限公司
沈阳万众公路设施标牌厂
冠县通安交通设施公司
新世纪标志(深圳)有限公司

其他交通运输设备制造

青岛泰发集团股份有限公司
天津富士达自行车有限公司
烟台海德专用汽车有限公司
浙江曙光实业有限公司
衡阳连续运输机械有限公司

发电机及发电机组制造

新疆金风科技股份有限公司
东方电气集团东方电机有限公司
北京金风科创风电设备有限公司
哈尔滨电机厂有限责任公司
国电联合动力技术(保定)有限公司

电动机制造

湘电集团有限公司
卧龙控股集团有限公司
上海电气集团上海电机厂有限公司
山东华力电机集团股份有限公司
佳木斯电机股份有限公司

微电机及其他电机制造

江苏三江电器集团有限公司
日本电产(大连)有限公司
江苏大中电机股份有限公司
日本电产(浙江)有限公司
章丘海尔电机有限公司

变压器、整流器和电感器制造

保定天威集团有限公司
新东北电气集团有限公司
中电电气集团有限公司
江苏华鹏变压器有限公司
特变电工股份有限公司

电容器及其配套设备制造

上海京瓷电子有限公司
荣成飞尔可电子有限公司
思源电气股份有限公司
沈阳金通信元铁塔有限公司
桂林电力电容器有限责任公司

配电开关控制设备制造

中国西电集团公司
白云电气集团有限公司
大全集团有限公司
平高集团有限公司(sz)(FR)
浙江正泰电器股份有限公司

电力电子元器件制造

沈阳工业大学科技园有限公司
北京四方继保自动化股份有限公司
上海科世达-华阳汽车电器有限公司
万控集团有限公司
荣成双太电子有限公司

其他输配电及控制设备制造

许继集团有限公司
诸城市龙光电力投资集团有限公司
北京 ABB 电气传动系统有限公司
南京南瑞继保工程技术有限公司
国电南京自动化股份有限公司

电线电缆制造

无锡市沪安电线电缆有限公司
万达集团股份有限公司
亨通集团有限公司
江苏上上电缆集团有限公司
远东控股集团有限公司

光纤、光缆制造

长飞光纤光缆有限公司

江苏通光光缆有限公司
四川汇源光通信股份有限公司
海门市鑫源新材料有限公司
杭州富通通信技术股份有限公司

绝缘制品制造

蓬莱市绝缘材料总厂
龙口市硅橡胶绝缘材料厂
佛山市威奇电工材料有限公司
龙口澳兴绝缘材料有限公司
宜兴市茂达化工有限公司(江苏茂达电磁线有限公司)

其他电工器材制造

荣成裕罗电器有限公司
德尔福派克电气系统有限公司
乳山市光明电器有限公司
漯河市永光电气设备有限公司
湖南电力线路器材厂

电池制造

无锡尚德太阳能电力有限公司
江西赛维 LDK 太阳能高科技有限公司
保定天威英利新能源有限公司
深圳市比亚迪锂电池有限公司
三洋能源(苏州)有限公司

家用制冷电器具制造

海尔集团公司(本市)
海信科龙电器股份有限公司
苏州三星电子有限公司
江苏双良集团有限公司
合肥美菱集团控股有限公司

家用空气调节器制造

美的集团有限公司
珠海格力电器股份有限公司
乐金电子(天津)电器有限公司
广东美的集团芜湖制冷设备有限公司
广东志高空调有限公司

家用通风电器具制造

广东美的环境电器制造有限公司
艾美特电器(深圳)有限公司
杭州老板实业集团有限公司
广东正野电器有限公司
深圳联创实业有限公司

家用厨房电器具制造

广东格兰仕集团有限公司
九阳股份有限公司
广东东菱凯琴集团有限公司
广东康宝电器有限公司
杭州九阳小家电有限公司

家用清洁卫生电器具制造

合肥荣事达洗衣设备制造有限公司
重庆海尔空调器有限公司
杭州松下家用电器有限公司
无锡小天鹅股份有限公司
合肥海尔洗衣机有限公司

家用美容、保健电器具制造

珠海经济特区飞利浦家庭电器有限公司
厦门蒙发利科技(集团)有限公司
河源市美平电器制品厂
松下电工.万宝电器(广州)有限公司
宁波嘉福塑胶电器有限公司

家用电力器具专用配件制造

青岛海立美达股份有限公司
黄石东贝机电集团有限责任公司
河南科隆集团
芜湖欧宝机电有限公司
佛山市顺德区容桂天隆燃具电器有限公司

其他家用电力器具制造

东莞汇勋电器制品有限公司
东莞厚街鸿亮机电设备有限公司
浙江卓力电器集团有限公司
华裕电器集团有限公司
先锋电器集团有限公司

燃气、太阳能及类似能源的器具制造

广东万和集团有限公司
三河华隆新能源有限公司

樱花卫厨(中国)股份有限公司

无锡市佳诚太阳能科技有限公司(江苏佳诚太阳能有限公司)

江苏太阳雨太阳能有限公司

其他非电力家用器具制造

北京桑宝阳光科技开发有限公司沁阳分公司

肥城市宏源环保机械有限公司

山东多乐采暖设备有限责任公司

宁波斯易安清洁设备有限公司

石家庄华星采暖炉厂

电光源制造

欧司朗(中国)有限公司

佛山电器照明股份有限公司高明分公司

青岛东方铁塔股份有限公司

佛山电器照明股份有限公司

濮阳县家雄灯饰有限公司

照明灯具制造

世纪阳光控股集团有限公司

中山市欧普照明股份有限公司

蓬莱市节能元件厂

上海振欣电子工程有限公司

濮阳广宝电器有限公司

灯用电器附件及其他照明器具制造

广州市中德电控有限公司

上海亚明灯泡厂有限公司

凯峰开拓投资集团有限公司

广东东松三雄电器有限公司

重庆雷士照明有限公司

车辆专用照明及电气信号设备装置制造

上海小糸车灯有限公司

大连松下汽车电子系统有限公司

秦皇岛海湾安全技术有限公司

广州小糸车灯有限公司

长春海拉车灯有限公司

其他未列明的电气机械制造

天津市中国水利水电第十三工程局有限公司

胜利油田高原石油装备有限责任公司

锦州汉拿电机有限公司

龙口市泰进机械有限公司

路斯特绿能电气系统(上海)有限公司

通信传输设备制造

达人(上海)电脑有限公司

南京国网电瑞电力科技有限责任公司

熊猫电子集团有限公司

先锋高科技(东莞)有限公司

阳立电子(苏州)有限公司

通信交换设备制造

华为技术有限公司

中兴通讯股份有限公司

上海贝尔股份有限公司

南京爱立信熊猫通信有限公司

武汉邮电科学研究院

通信终端设备制造

旭丽电子(广州)有限公司

兄弟高科技(深圳)有限公司

捷普科技(上海)有限公司

珠海松下通信系统设备有限公司

广东步步高电子工业有限公司

移动通信及终端设备制造

诺基亚通信有限公司

惠州三星电子有限公司

天津三星通信技术有限公司

摩托罗拉(中国)电子有限公司

深圳富泰宏精密工业有限公司

其他通信设备制造

创见咨讯(上海)有限公司

京信通信系统(广州)有限公司

京信通信技术(广州)有限公司

东莞致通电脑有限公司

上海大亚科技有限公司

广播电视节目制作及发射设备制造

北京中科大洋科技发展股份有限公司

北京北广科技股份有限公司
北京数码视讯科技股份有限公司
吉林大通集团有限公司
江苏亿通高科技股份有限公司

广播电视接收设备及器材制造

深圳市同洲电子股份有限公司
中达视讯(吴江)有限公司
兆赫电子(深圳)有限公司
歌尔声学股份有限公司
摩比天线技术(深圳)有限公司

应用电视设备及其他广播电视设备制造

广州璨宇光学有限公司
四川金网通电子科技有限公司
苏州松下系统科技有限公司
浙江大华技术股份有限公司
成都索贝数码科技股份有限公司

电子计算机整机制造

鸿富锦精密工业(深圳)有限公司
达功(上海)电脑有限公司
鸿富泰精密电子(烟台)有限公司
仁宝资讯工业(昆山)有限公司
纬智资通(昆山)有限公司

计算机网络设备制造

杭州华三通信技术有限公司
亚旭电子科技(江苏)有限公司
天弘(东莞)科技有限公司
仁宝网路资讯(昆山)有限公司
国际商业机器科技产品(深圳)有限公司

电子计算机外部设备制造

富顶精密组件(深圳)有限公司
乐金显示(南京)有限公司
福建捷联电子有限公司
冠捷科技(宁波)有限公司
仁宝电子科技(昆山)有限公司

电子真空器件制造

大连大显集团有限公司

华映光电股份有限公司
深圳三星视界有限公司
东莞三星视界有限公司
天津三星视界有限公司

半导体分立器件制造

苏州松下半导体有限公司
江苏中能硅业科技发展有限公司
南通富士通微电子股份有限公司
无锡开益禧半导体有限公司
乐山无线电股份有限公司

集成电路制造

海力士恒忆半导体有限公司
纬创资通(中山)有限公司
环旭电子(深圳)有限公司
飞思卡尔半导体(中国)有限公司
威讯联合半导体(北京)有限公司

光电子器件及其他电子器件制造

友达光电(厦门)有限公司
达富电脑(常熟)有限公司
南海奇美电子有限公司
江阴江东集团公司
北京京东光电科技有限公司

电子元件及组件制造

群康科技(深圳)有限公司
无锡夏普电子元器件有限公司
富泰京精密电子(北京)有限公司
中达电子(江苏)有限公司
正文电子(苏州)有限公司

印制电路板制造

伟创力制造(珠海)有限公司
健鼎(无锡)电子有限公司
得宝数字通信(烟台)有限公司
旭电(苏州)科技有限公司
瀚宇博德科技(江阴)有限公司

家用影视设备制造

海信集团有限公司

四川长虹电子集团公司
深圳创维-RGB 电子有限公司
TCL 王牌电器(惠州)有限公司
康佳集团股份有限公司

家用音响设备制造

索尼精密部件(惠州)有限公司
忠毅(清远)电子塑胶五金有限公司
厦门松下电子信息有限公司
TCL 通力电子(惠州)有限公司
佛山高飞电子有限公司

工业自动控制系统装置制造

江苏沃得机电集团有限公司
江苏扬力集团有限公司
株洲南车时代电气股份有限公司
重庆川仪自动化股份有限公司
马钢(扬州)钢材加工有限公司

电工仪器仪表制造

浙江正泰仪器仪表有限责任公司
江阴长仪集团有限公司
广州南方电力集团电器有限公司
兰吉尔仪表系统(珠海)有限公司
晨泰集团有限公司

绘图、计算及测量仪器制造

哈尔滨量具刃具集团有限责任公司
梅特勒托利多仪器(上海)有限公司
长沙银宁量具厂
怡信集团苏州怡信光电科技有限公司
湖南三星机床工具有限公司

实验分析仪器制造

安捷伦科技(上海)有限公司
横河电机(苏州)有限公司
徐州市精英电器技术有限公司
赛默飞世尔(上海)仪器有限公司
武汉高德红外股份有限公司

试验机制造

威海市海翔试验机制造有限公司

济南试金集团有限公司
唐山百川智能机器有限公司
营口新华通重型机械有限公司
海门伽玛星探伤设备有限公司

供应用仪表及其他通用仪器制造

江苏林洋电子有限公司
华立仪表集团股份有限公司
长沙威胜电子有限公司
宁波三星电气股份有限公司
可瑞尔科技(扬州)有限公司

环境监测专用仪器仪表制造

创斯达(南通)机电有限公司
福建大拇指环保科技有限公司
南通星维海威精密机械有限公司
西安盛赛尔电子有限公司
荣成东一环保设备有限公司

汽车及其他用计数仪表制造

大陆汽车电子(芜湖)有限公司
杭州西湖汽车零部件集团股份有限公司
瑞立集团有限公司
延锋伟世通汽车电子有限公司
上海德科电子仪表有限公司

导航、气象及海洋专用仪器制造

乐金电子(昆山)电脑有限公司
陕西凌云电器总公司
太原航空仪表有限公司
佛山市领华电子实业有限公司
杭州宝鼎铸锻有限公司

农林牧渔专用仪器仪表制造

曲阜市华东仪表有限公司
泰兴市粮油机械有限公司
温岭市航泰机电设备厂
泰兴市粮油机械有限公司
广兴牧业设备有限公司

地质勘探和地震专用仪器制造

中国石油集团测井有限公司

河北赛赛尔俊峰物探装备有限公司
山东胜利伟业石油工程技术服务有限公司
济宁浩珂矿业工程设备有限公司
华瑞抚顺煤矿安全仪器有限公司

教学专用仪器制造

浙江天煌科技实业有限公司
亚龙科技集团有限公司
湖南长海控股集团有限公司
南京金象来电教器材有限公司
江苏红叶视听器材股份有限公司

电子测量仪器制造

宁波奇信电子有限公司
苏州达方精密
上海世禄仪器有限公司
日照中大机械轻工有限公司
上海贺利氏电测骑士有限公司

其他专用仪器制造

江苏亚星锚链股份有限公司
中国航空工业第607厂
依玛士(上海)标码技术有限公司
艾欧史密斯电气产品(岳阳)有限公司
江苏富仁集团有限公司

钟表与计时仪器制造

福建上润精密仪器有限公司
烟台博康钟表有限公司
乐得利钟表(深圳)有限公司
肇庆市力恒塑胶五金电子厂
中山翔江水晶表面制品厂

光学仪器制造

索尼数字产品(无锡)有限公司
M材料技术(苏州)有限公司
西安北方光电有限公司
信泰光学(深圳)有限公司
尼康光学仪器(中国)有限公司

眼镜制造

陆逊梯卡华宏(东莞)眼镜有限公司
上海依视路光学有限公司
海昌隐形眼镜有限公司
中西眼镜(大连双D港)有限公司
北京博士伦眼睛护理产品有限公司

电影机械制造

哈尔滨电影机械厂
深圳华强智能技术有限公司
虎丘影像科技(苏州)有限公司
宁波星峰摄影器材有限公司
南京光电仪器产业有限公司

幻灯及投影设备制造

东信科技(深圳)有限公司
昆山伟视光学有限公司
欧瑞康(上海)有限公司
上海中晶科技有限公司
无锡信诺视听设备有限公司

照相机及器材制造

佳能珠海有限公司
天津三星光电子有限公司
奥林巴斯广州工业有限公司
腾龙光学(佛山)有限公司
富士能(深圳)科技有限公司

复印和胶印设备制造

佳能(苏州)有限公司
理光(深圳)工业发展有限公司
京瓷美达办公设备(东莞)有限公司
佳能(苏州)有限公司
夏普办公设备(常熟)有限公司

计算器及货币专用设备制造

金宝电子(中国)有限公司
冲电气实业(深圳)有限公司
安迅(北京)金融设备系统有限公司
迪堡金融设备有限公司
广州广电运通金融电子股份有限公司

其他文化、办公用机械制造

得力集团有限公司

富士电机(深圳)有限公司
深圳中航信息科技产业股份有限公司
深圳惠格浩电子有限公司
三木控股集团有限公司

其他仪器仪表的制造及修理

淄博骏马电子有限责任公司
福州高意通讯有限公司
青岛普瑞尔设备制造有限公司
济南热工仪表厂
北京北分麦哈克分析仪器有限公司

雕塑工艺品制造

河北科威园林雕塑工程有限公司
河北中久石业雕刻有限公司
江西桐青金属工艺品有限公司
文登尼汇工艺品有限公司
新乐市伊甸园雕刻厂

金属工艺品制造

中钞国鼎投资有限公司
浙江金海贵金属有限公司
浙江金牛工贸有限公司
山东华瀚轻工业品有限公司
沈阳泉银实业总公司

漆器工艺品制造

果喜实业集团有限公司
泉州亚伦轻工有限公司
九江高信实业有限公司
滕州市金太阳工艺礼品有限责任公司
青岛圣一工艺品有限公司

花画工艺品制造

莆田市集友艺术框业有限公司
吉安新鹏工艺品有限公司
仁源艺品有限公司
荣成大都造花有限公司
台前县华泰羽毛制品有限公司

天然植物纤维编织工艺品制造

山东省莱州工艺品集团有限责任公司
安徽庆发柳编集团有限公司
安徽省华安达工艺品有限公司
山东省曹普工艺有限公司
诸城市爱玲包袋服饰有限公司

抽纱刺绣工艺品制造

中艺花边集团有限公司
山东云龙绣品有限公司
文登宇光织衫有限公司
文登市芸祥绣品有限司
威海铭元家纺有限公司

地毯、挂毯制造

郑州华德永佳地毯有限公司
临清联创实业有限公司
威海市海马集团
威海山花博美地毯有限公司
东升地毯集团有限公司

珠宝首饰及有关物品的制造

上海老凤祥有限公司
佛山市顺德周大福珠宝金行有限公司
周大福珠宝金行(深圳)有限公司
从化东麟钻石有限公司
浙江日月首饰集团有限公司

其他工艺美术品制造

许昌鹏辉发制品有限公司
威海家乐玩具集团公司
浙江王斌装饰材料有限公司
惠来县新宏开玩具有限公司
泉州海日星工艺美术有限公司

制镜及类似品加工

嘉兴村上石崎汽车配件有限公司
杭州大明玻璃有限公司
杭州桑莱特卫浴有限公司
沁阳市益喜来制镜有限公司
东莞庆章光机有限公司

鬃毛加工、制刷及清扫工具的制造

扬州五星牙刷有限公司

扬州赛特刷业有限公司
中原制鬃集团有限公司
巴林左旗鑫旺达清洁用品有限公司
泰州市江海鬃制品厂

其他日用杂品制造

台州永强工艺品有限公司
上海吉田拉链有限公司
东莞明门幼童用品有限公司
亚达科技集团有限公司
杭州天堂伞业集团有限公司

煤制品制造

许昌市恒源物资有限公司选煤厂
巴林左旗金阳光煤炭销售有限公司
安徽省福文科工贸有限公司
内黄县益民能源物流中心
长春市德瑞霖燃料清化公司

金属废料和碎屑的加工处理

天津大无缝钢铁炉料开发有限公司
江苏永恒钢铁实业有限公司
江苏星丰金属资源有限公司
东港富安金属铸造有限公司
湖北兴业钢铁炉料有限公司

非金属废料和碎屑的加工处理

安徽光武塑业集团有限公司
佛山市顺德区桂盛油料有限公司
莱州市华明塑料工业有限公司
宁波天益金属冷挤压有限公司
佛山市禅城区三新固废处理有限公司

电力供应

广东电网公司
江苏省电力公司
浙江省电力公司
山东电力集团公司
华北电网有限公司

火力发电

大庆石油管理局
洛阳新安电力集团有限公司
登封电厂集团有限公司
华阳电业有限公司
内蒙古大唐国际托克托发电有限责任公司

水力发电

中国长江电力股份有限公司
黄河上游水电开发有限责任公司
龙滩水电开发有限公司
贵州乌江水电开发有限责任公司
五凌电力有限公司

核力发电

广东核电合营有限公司
岭澳核电有限公司
江苏核电有限公司
秦山第三核电有限公司
核电秦山联营有限公司

其他能源发电

大唐赤峰赛罕坝风力发电有限责任公司
深圳市广前电力有限公司
华能嘉祥发电有限公司
天津市中材节能发展有限公司
赤峰龙源风力发电有限公司

热力生产和供应

双鸭山矿业集团有限公司
柳州五菱汽车工业有限公司
中国石化集团北京燕山石油化工有限公司
华电(北京)热电有限公司
山东聊城热电有限责任公司

燃气生产和供应业

乌审旗天然气公司
北京市燃气集团有限责任公司
广东大鹏液化天然气有限公司
上海燃气(集团)有限公司
潮州市欧华能源有限公司

自来水的生产和供应

广州市自来水公司

深圳市水务(集团)有限公司
北京市自来水集团有限责任公司
上海市自来水市北有限公司
上海市自来水市南有限公司

污水处理及其再生利用

北京城市排水集团有限责任公司
绍兴水处理发展有限公司
中科城环保集团股份有限公司
成都市排水有限责任公司
沈阳振兴环保产业集团有限公司

其他水的处理、利用与分配

广东粤港供水有限公司
武汉凯迪水务有限公司
辽宁华孚环境工程有限公司
衡阳市精创富康实业有限公司
河南省武陟县聚龙净水材料有限公司

附录二

中国工业经济联合会简介

中国工业经济联合会（英文名:China Federation of Industrial Economics,缩写 CFIE)是经国务院批准成立、国家民政部注册登记的全国性社会团体,简称中国工经联。

中国工经联前身为 1988 年成立的中国工业经济协会。1998 年 10 月,经国务院领导同意,有关部门批准,更名为中国工业经济联合会,作为全国工业行业的联合组织，林宗棠同志担任会长。党和国家领导人为中国工经联题词、作指示和写来贺信。

2003 年 11 月中国工经联召开第四次全国会员代表大会换届。经中共中央批准,全国政协副主席、中国工程院院长徐匡迪同志兼任中国工经联会长,顾秀莲同志、林宗棠同志为名誉会长。新一届全国理事会理事顾问 107 名，理事 399 名,其中常务理事 219 名,副会长 45 名,主席团主席 36 名。党和国家领导人胡锦涛、吴邦国、温家宝、贾庆林、曾庆红、黄菊对中国工经联工作分别作了重要指示。

中国工经联是全国工业行业协会的联合组织。由全国性工业行业协会,省、自治区、直辖市、计划单列城市工业经济联合会和工业行业骨干企业为主,同时吸收部分科研设计单位、国家有关部门工作人员以及工业经济界知名人士自愿联合组成。

中国工经联的宗旨是:高举马列主义、毛泽东思想、邓小平理论和“三个代表”重要思想的伟大旗帜，坚持党在社会主义初级阶段的基本路线和纲领,遵守宪法、法律、法规和国家政策,遵守社会道德风尚，通过加强调查研究、指导行业协会工作,为政府、行业和企业服务,为完善社会主义市场经济体制,推进社会主义工业现代化建设,全面建设小康社会作出贡献。

中国工经联的主要工作是：坚持科学发展观，积极推进中国工业的现代化进程。推进工业管理体制改革和工业企业的科技创新;通过调查研究，向政府反应有关情况和意见，为政府决策提供建议;积极稳妥地推进“中国工业大奖”评选、品牌战略、行业协会建设和国际贸易争端协调等方面的工作;努力开展同世界各国及地区的工业、商贸等经济团体和组织的交往与合作；有效整合各类资源,利用多种形式和平台,切实提高为会员服务的质量和水平。

为探索社会主义市场经济体制下行业组织的改革与发展，使中国工经联真正成为代表企业利益的行业联合组织,逐步与世界相应组织接轨,中国工经联从 2002 年 4 月起实行主席团制。主席团是常务理事会闭会期间中国工经联重大事项的决策机构。主席团目前由 36 位主席组成，徐匡迪会长任执行主席，另一位执行主席由企业家轮流担任。中国远洋运输（集团）总公司总裁魏家福任 2004 年度执行主席。中国海洋石油总公司总经理傅成玉任 2005 年、2006 年度执行主席。现任执行主席为上海宝钢集团公司原董事长谢企华和中粮集团有限公司董事长宁高宁。

附录三

中国工业报社简介

中国工业报社(英文名称China Industry News Agency,缩写CINA)是经国务院国有资产监督管理委员会同意，中央机构编制委员会办公室批准的法人事业单位,隶属于中国工业经济联合会,由中国工业经济联合会、中国机械工业联合会联合主办。

《中国工业报》国内外公开发行,每周一、二、三、四、五出版,每期对开八版。其前身是中国机电日报社，创建于1980年。所办报纸《中国机电日报》一直是原机械工业部、国家机械工业委员会、机械电子工业部、国家机械工业局的机关报。

报纸宗旨　以权威性、实用性、专业性服务于工业企业和行业管理者。

报纸特色　阐释工业政策信息，突出参考性;发布行业分析预测,突出准确性;提供各类市场信息,突出实用性;推荐典型管理案例,突出借鉴性。

发展目标　打造工业经济领域强势媒体,成为中国产业信息第一品牌。

《中国工业报》版面设置:

工业要闻　传达、阐释国家经济政策,报道工业领域重要新闻。

趋势分析　总结、分析、预测各行业的运行状况、发展趋势等。

观察访谈　聚集工业领域的重大事件,多角度对话热点话题。

区域经济　多层面、多角度关注区域经济发展。

信息资讯　以权威的数据、图表等,发布国内外市场实用信息。

企业资讯　工业领域骨干重点企业微观层面报道。

《装备制造周刊》是我国产业媒体中最具权威性和影响力的专业周刊，重点服务于中国装备制造业,全面报道机床工具、工程机械、农业机械、石化通用、重型机械、内燃机、基础件、仪器仪表、环保机械、食品包装机械等行业。每周一、四出版,每期对开四版。

《汽车周刊》是全面报道汽车行业发展的主流周刊，是中国汽车工业协会的工作报。每周五出版,对开八版,彩色印刷。

《名牌消费品周刊》是中国名牌产品培育、评价、推介工作的指定宣传媒体。也是中国工业大奖组委会指定的宣传报道、信息发布媒体,每周三出版,对开四版,彩色印刷。

中国工业报社已在全国各地设立了68个记者站，在80余个工业发布城市聘有4000多名通讯员。国内100余家权威研究机构、政府机关及300余个工业行业协会为其提供后援支持,1000余位专家学者为其提供专业支持。报社业务网络健全,社会资源十分丰富。

社长、党委书记:陈卫

总编辑:杨青

副社长:张波

地址:北京市西城区展览路葡萄园1号

邮政编码:100037

电话/传真:010-68321348　68325919

网址:http://www.cinn.cn

E-mail:qyllb@126.com